JN328755

日本文化紹介
和独事典

Lexikon zur japanischen Kultur
Japanisch-Deutsch

中埜芳之
Oliver Aumann

朝日出版社

表紙：大下賢一郎

daibutsu 大仏（→S.28）

鎌倉長谷高徳院阿弥陀仏（写真提供：鎌倉市市民経済部観光課）

Tempel in Kyōto 京都の寺院（→S.215）

（写真提供：京都市観光協会）

Hiroshima 広島（→S.5, 218）
（写真提供：広島市）

Kokugikan 国技館（→S.357）
（写真提供：小代文喜氏）

Bunraku-Puppe 文楽人形「阿古屋」（→S.309）
（写真提供：国立文楽劇場）

sensu 扇子（ōgi 扇）（→S.351）
（写真提供：京都市観光協会）

wagashi 和菓子（→S.456）

irori いろり，囲炉裏（→S.397）

(o-) mikoshi (御) 神輿 (→S.56)

koma-inu 狛犬 (→S.56)

配慮しました。オーストリアの女性作家M.v. エーブナー・エッセンバハに,「言語の本性は,他の言語に翻訳できないことばのなかに最も明瞭にあらわれる」という意味のアフォリスムがありますが,「事典」を作る作業をすすめながら,ときどきこの言葉を思い出しておりました。この事典においては採用している語彙や事項等が一般の辞書・事典類とは大きく違っていますが,取捨選択の基準になっているのは上記の2点,つまり一つは現在の日本のあり方を強く反映したものであること,もう一つは日本の歴史や文化に深く根ざしたものであることです。

日本の歴史や文化とのかかわりを考え,今回の版では,かなり多くのことわざを取り上げました。またおとぎ話や民間伝承も追加してあります。さらにページをめくっていただければお気づきいただけるように,いわゆる「からだ言葉」も多く採り入れました。「からだ言葉」というのは,体の部位や名称を含んだ熟語・慣用句類ですが,日本語で身体部位を含む言い回しをそのままドイツ語に訳しても多くの場合意味が通じません。「肩たたきをする」「肩入れする」「弱腰」「腰砕け」「本腰を入れる」等のところをお読みいただければ分かることですが,本書の第7章では各言い回しの背後にある歴史的なことがらや日本人の身体意識についても少々触れさせていただきました。

最初の『難訳語中心　日本文化紹介小和独事典』から今日に至るまでインターネット版の和独辞典Ulrich Apels Japanisch-Deutsches Wörterbuchには大変お世話になりました。特に新語や学術語などの分野で多くの貴重な情報をこの辞典から得ることができました。この辞書の存在を知ったのは,上記『事典』の作業をはじめてからまもなくのことであったと記憶していますが,この辞典と並んでわれわれの『事典』作成の過程でもう一つ,「事件」と呼んでもよいような大変なことがありました。それはミュンヘンのiudicium verlagから刊行がはじまっている『和独大辞典』(全3巻)のことです。現在のところAからIまでを扱っている第1巻(2009年刊)が出ている段階ですが,3年ごとに残りの2巻が出ることになっていますので,第2巻がまもなく出るのではないかと心待ちにしています(2014年3月の段階ではまだ出ていません)。目下のところ和独辞典といえば上記のインターネット版を除けば木村謹治著『和独大辞典』が最大のものですが(この辞書は出版されてから相当の歳月が経過しており,ほかにも和独の中辞典が数種類存在しますが)現在刊行中の上記3巻本はその規模といい徹底性といい群を抜くもので，今後わが国の和独辞典について語る場合は，あるいは数十年後，数百年後といった遠い将来別の大和独辞典が編纂される場合にも，この辞典に触れないことはありえないことであると考えられます。われわれもこの辞書全体から見れば全体の3分の1にあたるAからIまでの部分にすぎませんが，自分たちの作業に際して十分参考にさせていただきました。ほかに参考にさせていただいた主要な文献・資料については巻末の参考文献表に挙げてありますが，上記の2点以外に特にお世話になったものとしてもう1点挙げさせていただくとすれば，早川東三（著者代表）氏他の『日独口語辞典』（朝日出版社，1985年刊）ということになります。終始参考にさせていただきました。

本書は，ある程度ドイツ語を学んだ後にドイツ語を用いて日本からまた日本について情報を発信したいと考えている人たちならびにドイツ語圏の日本語・日本文化学習者のことを念頭において執筆しました。そういった方々にとってこの『事典』が何らかの形で役立つことがあれば，それは執筆者にとって限りない喜びであります。イラストを今回新たに30点加えていただきました。日本に生まれ育った者にとってはなじみのある事柄であっても，ドイツ語圏のひとたちには十分に知られていないことも多々ありますので，そういったことも念頭におきながら，イラストを描いていただきました。

このたびも朝日出版社の藤野昭雄氏には終始大変お世話になりました。心からお礼を申し上げます。

2014年　秋

中埜芳之

Vorwort

Dieses Lexikon hat zwei Vorgänger, das *Kleine Lexikon zur japanischen Kultur Japanisch-Deutsch – Im Fokus schwer zu übersetzende Wörter* aus dem Jahr 2006 und dessen *Erweitertete und verbesserte Auflage* von 2008. Die vorliegende Ausgabe hat einen wesentlich größeren Umfang, deshalb ist das Wörtchen „klein" aus dem Titel verschwunden. Außerdem haben wir auf die Einschränkung „Im Fokus schwer zu übersetzende Wörter" verzichtet; nicht nur, weil es eine etwas sperrige Formulierung war, sondern vor allem, weil sie nahelegte, dass es eine klare Unterscheidung zwischen leicht und schwer zu übersetzenden Wörtern gäbe. Dessen sind wir uns heute nicht mehr sicher. Auch scheinbar einfache Wörter, wie beispielsweise die japanischen Bezeichnungen für menschliche Körperteile, haben im besonderen historischen und kulturellen Kontext oft Bedeutungen angenommen, die eine längere Erklärung erforderlich machen.

Das Lexikon ist als Nachschlagewerk und Lese-Lexikon konzipiert und wir hoffen, dass Leser, die nur die deutschen oder nur die japanischen Texte verstehen, ebenso davon profitieren, wie „Spezialisten", denen sich die Einträge in beiden Sprachen erschließen. Die Erklärungen der Stichwörter sind parallel gestaltet, aber es handelt sich nicht immer um direkte Übersetzungen, weil wir die Verständlichkeit in den jeweiligen Sprachen höher bewertet haben, als eine wortgetreue Übersetzung.
Man hat mich gefragt, ob heute im Zeitalter der umfassenden Digitalisierung und des mobilen Internets ein Lexikon als Buch im klassischen Sinne überhaupt noch zeitgemäß sei. Dazu soll der Hinweis genügen, dass heute zwar tatsächlich sehr viele Informationen zu Japan online zu finden sind, dass es aber sehr mühsam sein kann, deren Zuverlässigkeit zu überprüfen.

Mitten in den Arbeiten zu diesem Buch überraschte uns 2009 die Publikation des ersten Bandes des *Großen japanisch-deutschen Wörterbuchs* (A-I) des Verlags *iudicium* (Hg. Jürgen Stalph u.a.). Dieses Wörterbuch wird, wenn es einmal in allen drei Bänden erschienen sein wird, für jede japanisch-deutsche Übersetzertätigkeit neue Maßstäbe setzen und das auf viele Jahrzehnte hinaus. Angesichts dieses Epoche machenden

Werks haben wir sehr ernst über den Sinn der Fortsetzung unserer eigenen bescheidenen Arbeit reflektiert, denn es war schnell klar, dass wir in Fällen, wo es um reine Worterklärungen geht, schwerlich bessere Übersetzungen würden finden können als das vielköpfige Autorenteam des *Großen Wörterbuchs*. Was uns ermutigt hat, die Arbeit dennoch fortzusetzen, war die unterschiedliche Zielsetzung unseres handlichen Lexikons, das außer den genauen Übersetzungen der japanischen Begriffe auch Hintergrundwissen und Lesevergnügen vermitteln soll. Selbstverständlich konnten wir aber die hervorragenden Übertragungen des *Großen Wörterbuchs* nicht ignorieren und haben sie bei einfachen Worterklärungen regelmäßig zu Rate gezogen. Den Verfassern des *Großen Wörterbuchs* sei an dieser Stelle für ihren großartigen Beitrag für die deutschsprachige Japanforschung ausdrücklich gedankt.

Ein weiterer Dank muss dem von Ulrich Apel betreuten Japanisch-Deutschen Internet-Wörterbuch www.wadoku.de ausgesprochen werden, das sich schon seit längerer Zeit als ein wichtiges Hilfsmittel der Japanologie etabliert hat.

Wir hoffen, dass deutschsprachige Japan-Interessenten von dem Lexikon ebenso profitieren wie angehende Japanologen oder Deutsch lernende Japaner, oder einfach jeder, der zwischen beiden Kulturen vermittelnd tätig ist, und schon allein dadurch für die Autoren ein „Verbündeter" im Geiste ist.

Ich danke Professor Nakano Yoshiyuki, dessen umfangreiches Wörterarchiv die wichtigste Grundlage des Lexikons bildete, für die langjährige, vertrauensvolle und geduldige Zusammenarbeit. Wir beide sind Herrn Fujino Akio vom Asahi-Verlag für seine Hilfe bei der Erstellung dieses Buches zu großem Dank verpflichtet.

Ōsaka, im Frühling 2014

Oliver Aumann

目次

Inhalt

まえがき Vorwort …… i
Benutzerhinweise / 略語 …… viii

0. 日本一般・地理・気象 …… 1
Japan allgemein, Geographie, meteorologische Erscheinungen

1. 宗教・思想・心理・神話 …… 23
Religion, Denken, Psychologie, Mythologie

2. 人間関係・社会一般・風物・風俗・暦 …… 64
Menschliche Beziehungen, Gesellschaft allgemein, Land und Leute, Sitten und Gebräuche, Jahreslauf

3. 政治・経済・産業・司法・歴史 …… 191
Politik, Wirtschaft, Industrie, Justiz, Geschichte

4. 学校・教育・学術研究・技術 …… 276
Schule, Erziehung, Forschung, Wissenschaft und Technologie

5. 余暇・趣味・芸能・芸術・文学・スポーツ …… 305
Freizeit, Hobbys, Bühnenkunst, Kunst, Literatur, Sport

6. 衣・食・住・交通・環境 …… 366
Kleidung, Essen, Wohnung, Verkehr, Umwelt

7. 身体・医療・福利厚生 …… 461
Körper, Medizin, Wohlfahrt

8. 言語・情報・コミュニケーション …… 519
Sprache, Information und Kommunikation

9. 迷信・民間伝承・おとぎ話その他 …… 548
Aberglaube, Folklore, Märchen usw.

索引 Register …… 567
参考文献 Literatur …… 652

Benutzerhinweise

Japanische Begriffe werden in der revidierten Hepburn-Umschrift angegeben. Zur Aussprache des Japanischen: Vokale werden wie im Deutschen ausgesprochen, Konsonanten wie im Englischen: „ch“ wie „tsch“ (vgl. engl. *cheese*), „j“ wie deutsch „dsch“ (vgl. engl. *jeans*), „y“ wie deutsch „j“ (vgl. engl. *New York*), „z“ wie ein weiches deutsches „s“ wie in „Saft“.

意味分野その他を示す略語

Abk.	略語
Buddh.	仏教
Geol.	地質学
Gesch.	歴史
Gramm.	文法
Literaturw.	文芸学
Soziol.	社会学
Theat.	演劇
Med.	医学
Meteor.	気象, 気象学
Mythol.	神話
Rel.	宗教
Sprichw.	諺
engl.	英語
pl.	複数形
pseudoengl.	和製英語
schriftspr.	文章語
ugs.	日常語, 口語
wörtl.	逐語訳

0. 日本一般・地理・気象

Japan allgemein, Geographie, meteorologische Erscheinungen

◆age-shio 上げ潮，上潮
1) die (ansteigende) Flut 2) das Wachstum, der Aufschwung **age-shio ni noru 上げ潮に乗る** in Schwung kommen; gedeihen

◆Ainu アイヌ
die Ainu 現在は北海道に住む一種族。人種および言語の系統は明らかでない。Heute eine ethnische und sprachliche Minderheit auf Hokkaidō, deren Herkunft unklar ist. **Ainu-shinpō アイヌ新法** das Neue Ainu-Gesetz (「アイヌ文化の振興並びにアイヌの伝統等に関する知識の普及及び啓発に関する法律」), 1997 (平成9) 年施行。Gesetz zur Bewahrung und Förderung der Ainu-Kultur von 1997

◆aki no sora 秋の空
der Herbsthimmel, das Herbstwetter 秋の空(天気)は変わりやすいということで，人の心や愛情などが変わりやすいことのたとえとして用いられることがある。Das Wetter im Herbst, der Herbsthimmel, gilt als wechselhaft und wird deshalb manchmal als Metapher für das menschliche Herz, die Liebe usw. verwendet. **onna-gokoro to aki no sora 女心と秋の空** Frauenherzen sind so launisch wie der Herbsthimmel. **otoko-gokoro to aki no sora 男心と秋の空** Männerherzen sind so launisch wie der Herbsthimmel. 歴史的に見ると，数の上では「男心と秋の空」の例が圧倒的に多いが，「女心」形もすでに18世紀半ばには筆録されている。In der Geschichte der japanischen Literatur finden sich überwältigend viele Beispiele für die entsprechende Beschreibung der Männerherzen, aber auch die Variante mit den Frauenherzen ist seit Mitte des 18. Jhs. belegt. **aki-bare 秋晴れ** das herbstliche Schönwetter; das strahlende Herbstwetter

◆Amedasu アメダス
AMeDAS *Automated Meteorological Data Acquisition System* (= System zur automatischen Erfassung meteorologischer Daten) 気象庁の地域気象観測システム。日本で1974(昭和49) 年から使用されている。全国1,300ヶ所以上に設置してあるロボット気象計を，東京のセンターがコンピュータで管理し，観測データを集計して，各地の気象台に配信するシステム。System des Wetteramts zur Erfassung regionaler Wetterdaten, das in Japan seit 1974 in Betrieb ist. Dabei werden regionale Wetterdaten, die von über 1 300 automatisierten Mess-Stationen im ganzen Land gesammelt werden, in Tōkyō von einem zentralen Computer verwaltet, die Beobachtungsdaten verrechnet und an die Wetterstationen vor Ort verteilt.

◆anshō 暗礁
1) das verborgene Felsenriff 2) unerwartete

Schwierigkeiten **anshō ni nori-ageru 暗礁に乗り上げる** 1) auf ein verborgenes Felsenriff geworfen werden 2) scheitern; an einen toten Punkt kommen; auf unerwartete Schwierigkeiten stoßen

♦ao-tenjō 青天井

1) das blaue Firmament; der blaue Himmel 2) keine Grenze (von Preisen, Zahlen etc.) 1) (青空を天井に見立てて) 青空 2) (青空には限りがないように見えるところから) ものの数値がどこまでも上がること。

♦baiu (tsuyu) 梅雨

die Regenzeit 6月上旬から7月中旬にかけて，北海道を除く日本に見られる雨期のこと。梅雨の末期には集中豪雨に見舞われることもある。Die Regenzeit dauert in Japan (ausgenommen Hokkaidō, wo es keine Regenzeit gibt) von Anfang Juni bis Mitte Juli. Besonders gegen Ende der Regenzeit kommt es häufig zu regional begrenzten wolkenbruchartigen Regenfällen. **tsuyu-iri 梅雨入り** der Anfang der Regenzeit **tsuyu-ake 梅雨明け** das Ende der Regenzeit **kara-tsuyu 空梅雨** eine trockene Regenzeit **baiu-zensen 梅雨前線** die Wetterfront in der Regenzeit **tsuyu-zamu 梅雨寒** der Kälteeinbruch während der Regenzeit

♦Biwako 琵琶湖

der Biwa-See 滋賀県の中央部に位置し，面積は674平方キロメートル，日本最大の湖である。größter japanischer Binnensee (674 km^2), westlich von Kyōto in der Präfektur Shiga gelegen

♦bonchi 盆地

{Geol.} das Becken 盆地とは，周囲を山地に囲まれた平地のことである。日本語の「盆」は，食器や茶器を載せる平たい台であるが，中国では，洗面器や植木鉢，食物を入れる容器も「盆」と呼ばれる。つまり，日本語の「盆地」の盆は，中国語の意味で使われているということ。Ein geologisches Becken ist eine ringsum von Bergen eingeschlossene Ebene. Das Wort *bon* (erster Teil des japanischen Wortes *bonchi*) bezeichnet in Japan ein flaches Tablett für Ess- oder Teegeschirr, während man das gleiche chinesische Schriftzeichen in China auch in der Bedeutung „Waschschüssel", „Pflanztopf" oder „Teller" verwendet (also für Gegenstände mit einer Vertiefung). D.h., dass *bon* im japanischen Wort *bonchi* in der in China gebräuchlichen Bedeutung verwendet wird. (例) 長野盆地 das Nagano-Becken; das Becken von Nagano

♦Chishima-rettō 千島列島

„Archipel der tausend Inseln", die Kurilen 北海道本島東端からカムチャツカ半島の南端に達する列島。クリール列島。1855年の日露和親条約ではエトロフ・ウルップ間に国境を定めているが，第二次世界大戦後ロシア (旧ソ連) の管理下にあり，日本では「北方領土」と呼んでいる。Inselgruppe zwischen dem östlichen Rand Hokkaidōs und dem Süden der russischen Halbinsel Kamtschatka. Im japanisch-russischen Friedensvertrag von 1855 wurde die japanisch-russische Staatsgrenze zwischen den beiden im Süden des Archipels gelegenen Inseln Etorofu (russ. Iturup) und Uruppu (russ. Urup) festgelegt, aber nach dem Zweiten Weltkrieg wurden die Kurilen von der damaligen Sowjetunion besetzt. Japan fordert seither deren Rückgabe und bezeichnet die Inseln als „nördliche Territorien“ Hoppō-ryōdo.

♦chokusen-kyori 直線距離
die Luftlinie; die kürzeste Entfernung zwischen zwei Punkten 2地点間の直線距離も，最近ではパソコンに2つの地名を入力するだけで簡単に知ることができるようになった。Auch die Luftlinie zwischen zwei geographischen Punkten; heutzutage kann man diese Entfernung mit Hilfe von Computer und Internet leicht ermitteln.（例文）「東京と大阪間は直線距離にしておおよそ400キロだ。」Die kürzeste Entfernung zwischen Tōkyō und Ōsaka ist ca. 400 km.

♦Dejima (Deshima) 出島
Dejima (Deshima) 長崎市内の地名。1634（寛永11）年ポルトガル商人を住まわせるために建設された扇形人工島。ポルトガル船の来航が禁止された後は，オランダ人の居住地となり，鎖国時代，唯一の貿易地であった。1903（明治36）年周囲が埋め立てられ，市街地と陸続きになった。1634 im Hafen von Nagasaki künstlich angelegte Insel, auf der zunächst portugiesische und, nach dem Inkrafttreten eines Anlegeverbots für portugiesische Schiffe, holländische Kaufleute eine Faktorei unterhielten. 1903 wurde die Umgebung der Insel zugeschüttet und heute ist Dejima ein Teil der Stadt Nagasaki. **jinkō-tō 人工島** die künstliche Insel

♦dosha-buri 土砂降り
der Regenguss, der Wolkenbruch **ama-ashi 雨脚，雨足** 1) die Stärke des Regens 2) wie Bindfäden fallender Regen **dosha-buri ni (ame ga) furu 土砂降りに（雨が）降る** Es regnet in Strömen. Es gießt wie aus Eimern. **ame futte ji katamaru 雨降って地固まる** (Sprichw.) wörtl.: „Wenn es geregnet hat, verfestigt sich der Erdboden.“ Durch eine Auseinandersetzung kann sich eine Beziehung verbessern.

♦doyō-nami 土用波
hohe Brandung im Hochsommer 夏の土用（立秋の前18日間）の頃，日本の太平洋岸で，晴天で風がなくても見られる大波。はるか南方の熱帯台風域から伝わってくるうねりである。Hohe Brandung zur Zeit der Hundstage (18 Tage vor Herbstanfang, siehe *doyō*), die an der japanischen Pazifikküste auch bei schönem, wolkenlosen Wetter und bei Windstille beobachtet werden kann. Dabei handelt es sich um Wellen, die ihren Ursprung weit im Süden in der tropischen Taifunzone haben.

♦fēn-genshō フェーン現象
wörtl.: „das Föhn-Phänomen“; der Föhn, der Föhnwind, die Föhnwetterlage

♦Fuji-san 富士山

der Berg Fuji; der Fuji-san 海外においては誤って「フジヤマ」と呼ばれること

もある。日本一高い山で標高3,776メートル，静岡県と山梨県の県境にそびえる。長い間火山活動を停止している。Manchmal fälschlicherweise auch als „Fujiyama“ (deutsch früher auch Fudschijama) bezeichneter höchster Berg Japans (3 776 m) an der Grenze der Präfekturen Shizuoka und Yamanashi. 1707 (宝永4) 年に大噴火して以降，静止の状態にある。Seit seinem letzten Ausbruch im Jahr 1707 ist der Fuji-san nicht aktiv. 富士山は2013 (平成25) 年6月22日にユネスコの世界文化遺産に登録された。Der Fuji wurde am 22. Juni 2013 in die Liste des UNESCO-Weltkulturerbes aufgenommen.

♦fūka 風化

1) die Verwitterung 2) das Verblassen, das Nachlassen (einer Erinnerung usw.)「戦争体験が風化する」は，die Kriegserlebnisse verblassen

♦fukai-shisū 不快指数

{Meteor.} der Unannehmlichkeitsquotient 夏の気温と湿度を組み合わせて，人体が感じる快・不快の感じを数量（指数）で示したもの。指数75では半数が不快感を持ち，80以上では，全員が不快になるという。Ein Zahlenwert, der aus einer Kombination von sommerlicher Temperatur und Luftfeuchtigkeit errechnet wird, und der den Grad an Unannehmlichkeit für den menschlichen Körper angibt. Bei einem Unannehmlichkeitsquotienten von 75 sollen die Hälfte der Menschen, bei einem Wert von über 80 alle Menschen, das Wetter als unangenehm empfinden.

♦fuyu-shōgun 冬将軍

wörtl.: „General Winter“; „Väterchen Frost“冬の厳しさを擬人化した表現。日本では特に冬季に到来するシベリア寒気団を指す。Personifikation der Strenge des Winters. Besonders für sibirische Kaltluftmassen, die im Winter nach Japan gelangen.

♦gekijin-saigai 激甚災害

die schwere Katastrophe **Gekijin-saigai-hō 激甚災害法** das Katastrophenhilfegesetz 大規模な地震や台風など，著しい被害を及ぼした災害に適用される法律で，この法律が適用されると，被災地の復興にあてられる国庫補助金の割合が大きくなる。Gesetz, das bei schweren Erdbeben, Taifunen etc. zur Anwendung kommt, wenn eine große Zahl von Opfern zu beklagen ist. Im Fall seiner Anwendung kann der Anteil staatlicher Beihilfen zum Wiederaufbau der betroffenen Regionen aufgestockt werden.

♦go-raikō ご来光

der von einem Berggipfel (z.B. Gipfel des Fuji-san) aus betrachtete aufgehende Sonne **go-raikō o ogamu ご来光を拝む** von einem Berggipfel aus ehrfürchtig die aufgehende Sonne begrüßen

♦gōsetsu-chitai 豪雪地帯

eine besonders schneereiche Gegend; ein Gebiet mit starkem Schneefall 冬シベリアからの寒気が到来する日本海側に豪雪地帯が多い。Im Winter strömt sibirische Kaltluft nach Japan, deshalb gibt es auf der Seite des Japanischen Meeres viele schneereiche Gegenden. **ji-fubuki 地吹雪** der aufgewirbelte Schnee

♦**hana-bie 花冷え**
die Kälte zur Zeit der Kirschblüten 桜の咲く頃に寒さが戻って冷え込むこと。ドイツの「氷の聖人たち」(5月中頃）と呼ばれる現象 die Eisheiligenに相当する。Von *hana-bie* spricht man, wenn es zur Zeit der blühenden Kirschbäume noch einmal abkühlt. Die Eisheiligen (Mitte Mai) bezeichnen ein entsprechendes Phänomen in Deutschland.

♦**haru-ichiban 春一番**
der erste Südsturm im Frühling 立春 (2月4日頃）の後はじめて吹く強い南風。der erste heftige Südwind eines Jahres nach dem traditionellen Frühlingsbeginn um den 4. Februar (siehe: *Risshun*) **haru-ranman 春爛漫** der Frühling in voller Blüte **haru-gasumi 春霞** der Frühlingsdunst **hana-gumori 花曇り** die Bewölkung zur Zeit der Kirschblüte; das trübe Frühlingswetter

♦**hidamari 陽だまり，日だまり**
der sonnige Fleck; das sonnige Fleckchen **komorebi 木漏れ日** das Sonnenlicht, das durch Baumkronen fällt

♦**Hiroshima 広島**
Hiroshima (Stadt), Hauptstadt der Präfektur Hiroshima かつては城下町であったが，日清戦争以後は軍事都市として発展した。1945年8月6日人類史上最初の原爆の投下を受けた。犠牲者は20万人以上に及ぶ。Ursprünglich eine Burgstadt, entwickelte sich Hiroshima seit dem japanisch-chinesischen Krieg (1894-95) zu einem militärischen Zentrum. Am 6. August 1945 wurde die Stadt Opfer des ersten Atombombenabwurfs in der Geschichte der Menschheit, der mehr als 200 000 Todesopfer forderte. **bakushin-chi 爆心地** das Explosionszentrum **hibakusha 被爆者** das Bombenopfer, (insbes.) Atombombenopfer **genbaku-shō 原爆症** die Atombombenkrankheit **genbaku-dōmu 原爆ドーム** der Atombombendom もと広島県物産陳列館跡，1996 (平成 8) 年よりユネスコの (負の) 世界文化遺産。Ruine der ehemaligen Kammer zur Förderung der Industrie in Hiroshima; seit 1996 UNESCO-Weltkulturerbe **Genbaku-kinen-kan 原爆記念館** das Atombomben-Museum

♦**hīto-airando ヒート・アイランド**
(von engl. *heat island*) wörtl.: die „Hitzeinsel“; das Stadtklima 都市部が周辺域より高い温度になっている現象。気温分布図の等温線を結ぶと島のようになっているのでこのように言う。エアコンその他から放出される人工熱や，地表がコンクリートで覆われていることなどによる。風の弱い晴れた夜に顕著になる。So nennt man das Phänomen, dass die Temperatur in Großstädten höher ist als in der Umgebung. Der englische Begriff *heat island* leitet sich davon ab, dass Großstädte auf Wetterkarten, auf denen die Temperaturverteilung in einer Region dargestellt wird, wie Inseln mit erhöhter Temperatur erscheinen. Gründe dafür sind z.B. Klimaanlagen und andere künstliche Wärmequellen in der Stadt und die Versiegelung des Bodens mit Beton. Besonders deutlich wird das Phänomen in klaren Nächten mit schwachem Wind.

♦**Hokkaidō 北海道**
Hokkaidō 日本列島の最北端にあり，日本海, オホーツク海, 太平洋に囲まれ, 本州とは津軽海峡で隔てられている。面積78,509平方キロメートル, 日本の面積の21.2%を占める。Die nördlichste der vier Hauptinseln mit 78 509 km² (21,2% der japanischen Landfläche). Hokkaidō ist vom Japanischen und dem Ochotskischen Meer sowie dem Pazifischen Ozean umgeben und von Honshū durch die Tsugaru-Straße getrennt. **dosanko 道産子** 1) Pferde aus Hokkaidō 2) auf Hokkaidō geborene Person

♦ Honshū 本州
Honshū 日本列島の主部をなす島で, 東北, 関東, 中部, 近畿, 中国の5地方からなっている。面積は230,400平方キロメートル, 日本の面積の62.2%を占める。Die größte der vier Hauptinseln umfasst die Regionen Tōhoku, Kantō, Chūbu, Kinki und Chūgoku und hat eine Fläche von 230 400 km² (62,2% der japanischen Landfläche).

♦ ichii-taisui 一衣帯水
der schmale Streifen Wasser; der schmale Fluss; die Meerenge; die Trennung durch einen schmalen Streifen Wasser

♦ ido 緯度
der Breitengrad **keido 経度** der Längengrad 日本は, 北緯46度と北緯23度の間に, また東経123 度と東経149度の間に広がっている。Japan erstreckt sich zwischen 46° und 23° nördlicher Breite sowie 123° und 149° östlicher Länge.

♦ ijō-kishō 異常気象
das ungewöhnliche Wetter, die Wetteranomalie 30年に1回程度の割合で出現する気象のことであるが, 実際には, 気象災害が起きるような極端な気象をこのように呼ぶ場合が多い。Wetterereignisse, die nur etwa einmal in 30 Jahren auftreten; in der Praxis wird aber oft extremes Wetter mit einhergehenden schweren Schäden so bezeichnet.

♦ jinari 地鳴り
das Dröhnen der Erde 地震や火山活動などの際に種々の音が鳴り響くこと。Das Dröhnen der Erde bei einem Erdbeben, vulkanischer Aktivität usw. **jinari ga suru 地鳴りがする** Die Erde dröhnt.

♦ jishin 地震
das Erdbeben **jishin-gaku 地震学** die Seismologie **jishin-koku 地震国** ein Land mit häufigen Erdbeben **jishin no kyōdo 地震の強度** die seismische Intensität **shindo yon no jishin 震度4の地震** ein Erdbeben der Stärke 4 **gunpatsu-jishin 群発地震** der Erdbebenschwarm 限られた地域において, 比較的小さい地震が頻発する現象。震源は浅いことが多い。Das Auftreten von zahlreichen aber relativ leichten Erdbeben in einem begrenzten Gebiet. Die Epizentren liegen bei einem Erdbebenschwarm meist nahe der Erdoberfläche. **yoshin 余震** das Nachbeben **senpatsu-jishin 浅発地震** Erdbeben mit nah an der Erdoberfläche gelegenem Hypozentrum **shinpatsu-jishin 深発地震** Erdbeben mit einem tiefliegenden Hypozentrum **ekijōka-genshō 液状化現象** die Verflüssigung, die Liquefaktion (des Bodens bei Erdbeben) 2011 (平成23) 年3月の東日本大震災においては, 従来の常識を覆すような規模の液状化現象が見られた。Beim gro-

ßen Erdbeben in Ostjapan im März 2011 konnten Liquefaktionen des Bodens in einem Ausmaß betrachtet werden, welches die herkömmliche Vorstellungen von diesem Phänomen umstürzten. **katsu-dansō 活断層** aktive Verwerfung **katsu-dansō-chitai 活断層地帯** Zone mit aktiven Verwerfungen **torafu トラフ** (von engl. *trough*) der Tiefseegraben **Jishin-yochi-renrakukai 地震予知連絡会** Koordinierungskomitee für Erdbebenvorhersage 1969 (昭和44) 年設立された。Das Komitte wurde 1969 eingerichtet. **Kan-taiheiyō-jishintai 環太平洋地震帯** (**Kan-taiheiyō-kazantai 環太平洋火山帯**) Erdbeben-und Vulkangürtel rund um das Pazifische Becken; der Pazifische Feuerring 太平洋の周辺部を取り巻く世界最大の地震帯。世界の巨大地震の大部分がここで発生している。Der weltweit größte Erdbeben- und Vulkangürtel, der sich rund um den Pazifischen Ozean erstreckt; die meisten der größten Erdbeben ereignen sich dort. **jishin kaminari kaji oyaji 地震・雷・火事・親父** Erdbeben, Blitzschlag, Brände und (wütende) Väter かつて日本で恐れられていたものを順に並べた表現。このなかで親父は一般には恐怖の対象ではなくなった。雷もかつてほど恐れられてはいない。雷や親父に替わっていま恐れられているのは何であろうか？ 津波？ 原発？ Der Ausdruck zählt auf, was die Menschen in Japan früher gefürchtet haben. Die Väter sind heute im Allgemein nicht mehr gefürchtet und auch Blitze sind nicht mehr so beängstigend wie früher einmal. Was könnte man heute anstatt der Väter und Blitze einsetzen? Tsunami? Atomkraftwerke?

♦jukai 樹海

wörtl.: „Meer von Bäumen" 広い範囲に樹木が繁茂し，高所から見ると，海原のように見えるところ。日本では富士山麓の樹海が特に有名。Eine dicht bewaldete Region, die von oben betrachtet an ein Meer erinnert. In Japan ist eine Region am Fuß des Berges Fuji dafür besonders berühmt.

♦kaigan-sen 海岸線

die Küstenlinie 日本は島国であるだけに，海岸線はきわめて長く，総延長は27,353キロメートル以上に達する。Japan ist ein Inselstaat und seine Küstenlinie ist mit mehr als 27 353 km äußerst lang.

♦kaikyō 海峡

die Meerenge, die Straße **Kanmon-kaikyō 関門海峡** die Kanmon-Straße; die Meerenge zwischen den Städten Shimonoseki (auf der japanischen Hauptinsel Honshū) und Kitakyūshū (auf der Insel Kyūshū) **Tsugaru-kaikyō 津軽海峡** die Tsugaru-Straße; die Meerenge zwischen den Hauptinseln Honshū und Hokkaidō

♦kairyū 海流

die Meeresströmung **danryū 暖流** eine warme Meeresströmung **kanryū 寒 流** eine kalte Meeresströmung **Tsushima-kairyū 対馬海流** die Tsushima-Strömung **Nihon-kairyū 日本海流** die Japan-Strömung (warme Meeresströmung entlang des japanischen Archipels)

♦Kamigata 上方

„die höheren Gefilde", alte Bezeichnung für die Region Kyōto und Ōsaka 明治維新前京都に皇居があったため，京都およびそ

の付近を，また広く畿内地方を上方と呼んだ。Weil sich in Kyōto bis zur Meiji-Restauration der Kaiserpalast befand, wurde die Region so bezeichnet.

♦ **kaminari 雷**

der Donner「雷」は，「神鳴り」の意味で，昔は雷は神が鳴らすものと信じられていた。ドイツ語のDonnerも同じような考えに基づいており，ゲルマン神話の雷神Donar (Thor)に由来する。Das Wort *kaminari* bedeutet wörtlich „die Götter dröhnen“; früher glaubte man, dass die Götter den Donner ertönen ließen. Das deutsche Wort „Donner“ geht auf eine ähnliche Vorstellung zurück, es leitet sich vom Namen des germanischen Donnergottes Donar (Thor) ab. **kaminari ga naru 雷が鳴る**。Es donnert. **kaminari ga ochiru 雷が落ちる**。Ein Blitz schlägt ein. **rakurai 落雷** der Blitzschlag **inabikari (inazuma) 稲光（稲妻）** der Blitz **inabikari ga suru 稲光がする**。Es blitzt. **inazuma ga hikari kaminari ga naru 稲妻が光り雷が鳴る**。Es blitzt und donnert. **raiu 雷雨** das Gewitter **rakurai ni yoru higai 落雷による被害** der Blitzschaden **hiraishin 避雷針** der Blitzableiter

♦ **Kanmon-tonneru 関門トンネル**

der Kanmon-Tunnel（3本あるので，複数にして，die Kanmon-Tunnel[s] のようにするケースも当然考えられる）関門海峡を通る海底トンネルで，本州と九州を結び付けている。Die 3 Tunnels unter der Kanmon-Meerenge zwischen Honshū und Kyūshū. 山陽本線の関門トンネルは，下りが1942（昭和17）年に，上りが1944（昭和19）年に開通した。また関門国道トンネルは，1958（昭和33）年に開通，山陽新幹線の新関門トンネルは，1975（昭和50）年に開通。Der Tunnel für die Bahnlinie San’yō-honsen in Richtung Kyūshū wurde 1942 und derjenige in Richtung Honshū 1944 eröffnet. Der Autobahntunnel kam 1958 hinzu und 1975 wurde der neue Tunnel für die San’yō-Linie des *Shinkansen* in Betrieb genommen. **Seikan-tonneru 青函トンネル** der Seikan-Tunnel 津軽海峡の海底部分を通り本州と北海道を結ぶ鉄道トンネル。Der Eisenbahntunnel unter der Tsugaru-Straße zwischen Honshū und Hokkaidō. 1985（昭和60）年貫通，1988年開業。全長53.85キロメートル。Der Durchstich des Tunnels erfolgte 1985, und 1988 wurde der Zugverkehr aufgenommen. Der Seikan-Tunnel hat eine Gesamtlänge von 53,85 km.

♦ **Kansai 関西**

Kansai; die Region Kansai 西日本のうち京阪神を中心とした地域で，この地域の方言を関西弁という。Bezeichnung für die westliche Region auf der Hauptinsel Honshū um die Städte Kyōto, Ōsaka und Kōbe, die heute auch Kinki genannt wird. Der Dialekt dieser Region heißt Kansai-ben.

♦ **kantaku 干拓**

die Landgewinnung (durch Dränage) 国土地理院の発表によると，2008（平成20）年10月1日の日本の国土面積は377 943.57平方キロで，過去一年間に東京ドーム289個分の13.58平方キロ増加した。なおこの増加分は，干拓など開発事業の影響が大きいという。Laut einer Veröffentlichung des Landvermessungamts betrug am 1. Oktober 2008 die Fläche Japans 377 943,57 km^2 , und sie ist im vorangegangenen Jahr um 13,58 km^2 angewachsen (das entspricht der 289-fachen Fläche des Baseball-Stadions Tokyo *Dome*), wobei die Landgewinnung durch Dränage einen großen Einfluss hat. **jiban-chinka 地盤沈下** die Erdsenkung; die Absenkung des Erdbodens たとえば地下水の過剰な揚水のように人為的な原因によって地盤沈下が生ずることもあるが，2011 (平成23) 年3月の東日本大震災の場合には東北地方太平洋沿岸の多くの場所で地盤沈下がみられ，所によっては1m前後の沈下が見られるところもあった。Manchmal kommt es zwar auch durch menschliche Einwirkungen zu Erdsenkungen, z.B. durch übermäßiges Abpumpen von Grundwasser, aber beim großen Erdbeben in Ostjapan im März 2011 konnte man entlang der Pazifikküste in der Region Tōhoku vielerorts Erdabsenkungen beobachten, mancherorts hatte sich Erdboden um etwa einen Meter abgesenkt.

♦Kantō 関東

Kantō; die Region Kantō 東京都とその周辺6県の総称。Zu dieser Region im Osten der Hauptinsel Honshū zählt man neben Tōkyō als Mittelpunkt sechs weitere Präfekturen.

♦kazan 火山

der Vulkan **katsu-kazan 活火山** der aktive Vulkan **kyū-kazan 休火山** der ruhende, untätige Vulkan **shi-kazan 死火山** der erloschene Vulkan **kaitei-kazan 海底火山** submariner Vulkan; unterseeischer Vulkan **funka 噴火** der Vulkanausbruch, die Eruption **go-jinka 御神火** ein göttliches Vulkanfeuer 火山の噴火・噴煙を神聖視していう言い方。特に，伊豆大島の三原山のものを指していう。So bezeichnet man einen Vulkanausbruch oder den Rauch aus einem Vulkankrater, wenn man diese Naturphänomene als Göttererscheinungen interpretiert. Insbesondere der Vulkan Miharayama auf der Inselk Izu-Ōshima wird oft so genannt. **funka-kō 噴火口** der Krater, der Vulkankrater **funka-suru 噴火する** ausbrechen; aktiv sein **kasai-ryū 火砕流** der Lavastrom (Strom von geschmolzenem Fels und Vulkanasche)

♦kaze-atari ga tsuyoi 風当たりが強い

1) dem Wind stark ausgesetzt sein 2) unter Beschuss sein; kritisiert werden **oi-kaze 追い風** der Rückenwind **oi-kaze o ukeru 追い風を受ける** den Wind im Rücken haben **jun-pū 順風** der günstige Wind; der glückliche Wind **junpū-manpan 順風満帆** günstiger Wind und volle Segel **mukai-kaze 向かい風** (**gyaku-fū 逆風**) der Gegenwind; der widrige (ungünstige) Wind (auch im übertragenen Sinn) **ashita wa ashita no kaze ga fuku 明日は明日の風が吹く** wörtl.: „Morgen weht ein anderer Wind“. Morgen ist auch noch ein Tag. Heute ist heut! Lass die Sorgen von morgen für morgen! **doko fuku kaze to kikinagasu どこ吹く風と聞き流す** etwas in den Wind schlagen; etwas ignorieren; überhören **doko fuku kaze to itta taido どこ吹く風といった態度** die völlig gleichgültige Haltung; das absolute Desinteresse **kaza-kami 風上** die Luv; die Luv-Seite; die Windseite **kaza-kami ni mo okenai 風上にも置けない** es nicht verdienen, …genannt zu werden; einen Namen nicht verdienen 臭気の強いものが風上にあっては，風下では

臭くてたまらないことから，この言い回しは，品性や行動が卑しく，同じ仲間としては付き合っていられないという非難や軽蔑の気持ちを表わす言葉として用いられる。Etwas, das auf der Windseite stinkt, kann man im Windschatten überhaupt nicht ertragen; davon abgeleitet benutzt man die Redewendung, um Missbilligung und Verachtung für jemanden zum Ausdruck zu bringen, mit dem man wegen seines schlechten Charakters oder Verhaltens keinen Umgang haben möchte.（例文「お金が無いからといって刀を質入れするなどというのは，サムライの風上にも置けない奴だ」Ein Beispiel: Ein *Samurai*, der aus Geldnot sein Schwert verpfändet, verdient es nicht, *Samurai* genannt zu werden. **kaza-shimo 風下** die Lee; die Lee-Seite

♦ kion 気温

die Temperatur **saikō-kion 最高気温** die Höchsttemperatur **saitei-kion 最低気温** die Tiefsttemperatur **ondan-zensen 温暖前線** die Warmfront **kanrei-zensen 寒冷前線** die Kaltfront

♦ Kishō-chō 気象庁

die Meteorologische Zentrale; das Wetteramt **shūkan-tenki-yohō 週間天気予報** die Wettervorhersage für eine Woche **chōki-tenki-yohō 長期天気予報** die Langzeit-Wettervorhersage

♦ kishō-yohōshi 気象予報士

der staatlich geprüfte Meteorologe 国家資格。気象予報士は，気象庁の天気予報とは別に独自に天気予報業務をおこなって一般に向けて発表することができる。Staatliche Qualifikation, die dazu befähigt, unabhängig von den Vorhersagen des Zentralen Wetteramts eigene Wettervorhersagen durchzuführen und zu veröffentlichen.

♦ kogarashi 木枯らし

der kalte Windstoß; der schneidend kalte Wind 木を吹き枯らす風の意味。秋から初冬にかけて吹く，強く冷たい風。Das Wort bedeutet: „Wind, der die Bäume ausdorrt." Bezeichnung für heftigen, kalten Wind vom Herbst bis zum Winteranfang.

♦ koharu-biyori 小春日和

der Altweibersommer, der Nachsommer 晩秋から初冬にみられる暖かい晴天の日。なお小春は，陰暦10月（神無月）の異称。Angenehme warme und heitere Tage zwischen dem Ende des Herbstes und dem Winteranfang. Der zehnte Monat nach dem Mondkalender (*Kannazuki*) wurde auch als *koharu*, kleiner Frühling, bezeichnet.

♦ kōin ya no gotoshi 光陰矢のごとし

(Sprichw.) Pfeilschnell fliegt die Zeit dahin. 「光」は日「陰」は月のことで光陰で月日という意味であるが，「光陰」は日常語としてはあまり用いられない。*Kō* bedeutet Sonne (Tage), *in* bedeutet Mond (Monate) und das in der Alltagssprache nicht übliche Wort *kōin* bedeutet Zeit.

♦ kokka 国花

die Nationalblume その国を代表するものとして，国民から最も親しまれている花。日本の場合は桜または菊。世界的に見れば，伝説や国王の紋章に由来するものが多い。ドイツにはこのような意味での国花はない。Die beliebteste Blume eines Landes als ein nationales Synbol. In Japan gelten Kirschblüte oder Chrysantheme als Nationalblumen. Weltweit haben viele Nationalblumen ihren Ursprung in Legenden, oder sie entstammen den Wappen von Herrscherfamilien. Deutschland hat keine Nationalblume.

♦koku-chō 国鳥

der Nationalvogel その国を代表するものとして選ばれた鳥。日本の場合は雉。1947 (昭和22) 年日本鳥類学会の選定による。ドイツでこういった種類の鳥を挙げるとすれば鷲であろうか。ドイツの国章の例もあるように，ドイツの紋章には多く鷲が使われている。Eine Vogelart als ein nationales Symbol. In Japan bestimmte die Japanische Gesellschaft für Ornithologie im Jahr 1947 den Fasan als japanischen Nationalvogel. In Deutschland könnte man vielleicht den Adler als Nationalvogel bezeichnen, der in vielen deutschen Wappen verwendet wird, z.B. auch im Wappen der Bundesrepublik Deutschland (Bundesadler).

♦kokuritsu-kōen 国立公園

der Nationalpark 国を代表するに足りる傑出した自然の景勝地で，環境大臣が指定した公園。2014 (平成26) 年現在，31地区が指定されている。Außergewöhnlich schöne Naturlandschaften, die das Umweltministerium als Nationalparks auszeichnet, weil sie als repräsentativ für das ganze Land gelten können. Gegenwärtig (2014) gibt es 31 japanische Nationalparks.

♦kōon-tashitsu 高温多湿

hohe Temperatur und hohe Luftfeuchtigkeit **nettai-ya 熱帯夜** die tropisch heiße Nacht 最低気温が摂氏25度より下がらない夜のこと。eine Sommernacht, in der die Temperatur nicht unter 25°C sinkt

♦kōsa 黄砂

{Meteor.} wörtl.: der „gelbe Sand“, der gelbe Staub 中国大陸の黄土地帯の細かい砂が強風で吹き上げられ広がり，次第に降下してくる現象。春先，日本でもしばしば観察される。Löss, der auf dem chinesischen Festland durch starke Winde aufgewirbelt und weit verbreitet wird, bis er allmählich niedergeht. Zum Frühlingsanfang lässt sich das Phänomen bisweilen auch in Japan beobachten.

♦kōzui 洪水

das Hochwasser, die Überschwemmung **shinsui 浸水** die Überschwemmung **yukaue-shinsui 床上浸水** die Überschwemmung über Fußbodenhöhe **yukashita-shinsui 床下浸水** die Überschwemmung bis unter Fußbodenhöhe **shinsui-kaoku 浸水家屋** das überschwemmte Haus **abare-gawa 暴れ川** wörtl.: der „tobende Fluss“; der schwer zu bändigende Fluss; ein Fluss, der oft über die Ufer tritt **teppō-mizu 鉄砲水** wörtl.: das „Gewehr-Wasser“; der Wasserschwall 集中

豪雨などが原因で生じる，急激な出水・増水のことを鉄砲水と呼ぶ。So nennt man einen plötzlichen und heftigen Wasserschwall, wie er etwa bei extrem starken Regen auftreten kann. **chisui 治水** die Flussregulierung **chisui-kōji 治水工事** die Flussregulierungsarbeit **kōzui-keihō 洪水警報** die Hochwasserwarnung

♦ kun-pū 薫風
(schriftspr.) leichte Brise (im Frühsommer); der Zephir (dichterisch, veraltet) **seiran 青嵐** (schriftspr.) der Frühjahrssturm, der Maisturm

♦ Kuroshio 黒潮
wörtl.: die „Schwarze Strömung"; die Kuroshio-Strömung; der Japan-Strom 太平洋を日本列島に沿って流れる暖流で，藍黒色をしているのでこの名前がついた。Warme Meeresströmung im westlichen Pazifik auf der Ostseite des japanischen Archipels, der Name leitet sich von der tiefblauen Wasserfarbe ab. **shiome 潮目** der Übergang zwischen zwei Meeresströmungen **Oyashio 親潮** die Oyashio-Strömung; der Kurilische Strom 北方から日本の東北海岸沖へ南下してくる寒流。von Norden kommende kalte Meeresströmung vor der Nordostküste Japans

♦ Kyūshū 九州
Kyūshū 日本列島の4大島のうち最南西の島。面積は42,000平方キロメートル，日本の面積の11.4%を占める。Südwestlichste der vier Hauptinseln mit ca. 42 000 km^2 (11,4 % der japanischen Landfläche)

♦ mafuyu-bi 真冬日
der Eistag; ein kalter Wintertag mit Höchsttemperatur unter 0°C 日本では，一日の最高気温が0°C未満の日を真冬日と呼ぶ。In Japan spricht man von einem Eistag, wenn die Höchsttemperatur den ganzen Tag unter dem Gefrierpunkt bleibt. **fuyu-bi 冬日** wörtl.: der „Wintertag"; ein kalter Tag, an dem die Temperatur unter 0°C sinkt. 最低気温が0°C未満になる日。

♦ manatsu-bi 真夏日
ein heißer Sommertag mit Höchsttemperatur über 30°C 一日の最高気温が30°C以上の日。**natsu-bi 夏日** wörtl. der „Sommertag"; ein Tag mit Höchsttemperatur über 25°C 一日の最高気温が25°C以上の日。

♦ manchō 満潮
die Flut **kanchō 干潮** die Ebbe **takashio 高潮** die Sturmflut 台風通過による強風や気圧の変化により，海水面が異常に上昇する現象。Außergewöhnlicher Anstieg des Meeresspiegels durch starken Wind und Veränderungen des Luftdrucks infolge eines vorüberziehenden Taifuns. **ōshio 大潮** die Springflut

♦ man-getsu 満月
der Vollmond **mangetsu no yoru 満月の夜** die Vollmondnacht **mikazuki 三日月** wörtl.: der „Dreitagemond"; die Mondsichel **izayoi-no-tsuki 十六夜の月** der Mond der sechzehnten Nacht **jōgen-no tsuki 上弦の月** der zunehmende Mond **kagen-no tsuki 下弦の月** der abnehmende Mond **oborozuki おぼろ月，朧月** der durch Wolken verhangene Mond **oborozuki-yo おぼろ月夜，朧月夜**

die verhangene Mondnacht

◆Mizuho no kuni 瑞穂の国

das Land der reichlich sprießenden Reisähren 日本の国の美称。Euphemistische Bezeichnung für das Land Japan

◆mōsho 猛暑

große Hitze; schreckliche Hitze 1日の最高気温が35°C以上の日を猛暑日という。Wenn die Höchsttemperatur an einem Tag über 35°C übersteigt, spricht man von *mōsho-bi*. **zansho 残暑** anhaltende Sommerhitze (gegen Ende des Sommers)

◆mu-hyō 霧氷

der Raureif, der Rauhreif 水蒸気や霧が過冷却状態で樹枝に凍り付いたもので，気温が零下5°C以下の環境で生じる。蔵王（山形・宮城両県），伊吹山（滋賀・岐阜両県），富士山（静岡・山梨両県）などの霧氷が日本では特に有名。In der Luft erhaltener Wasserdampf oder Tau, der durch Abkühlung an Ästen und Zweigen gefriert. Raureif entsteht bei Temperaturen unter -5°C. Besonders berühmt für Raureif sind in Japan u.a. die Region Zaō (Präfekturen Yamagata und Miyagi), der Berg Ibuki-Yama (Präfekturen Shiga und Gifu) und der Berg Fuji (Präfekturen Shizuoka und Yamanashi).

◆nadare 雪崩

die Schneelawine, die Lawine **hyōsō-nadare 表層雪崩** oberflächlich abrutschender Schnee **nadare-genshō o okosu 雪崩現象を起こす** lawinenartig zunehmen

◆Nagasaki 長崎

Nagasaki (Stadt), Hauptstadt der Präfektur Nagasaki 鎖国政策が実施されていた江戸時代にあっては長崎は，オランダと中国との交易が可能な国内唯一の開港場であった。1945年8月9日，日本で2番目の原爆投下により一時期は廃墟になったが，現在は造船業，水産業，機械工業，観光業などによって栄えている。In der Zeit der Landesabschließung in der Edo-Zeit war Nagasaki der einzige Hafen, wo Handel mit den Holländern und Chinesen erlaubt war. Durch den Abwurf der zweiten amerikanischen Atombombe am 9. August 1945 wurde die Stadt völlig zerstört, aber heute ist Nagasaki ein Wirtschaftszentrum, bekannt für Schiffsbau, Fischerei, Maschinenbau und als Touristikzentrum.

◆Nakasendō 中山道

{Gesch.} wörtl.: „die Straße durch die zentralen Gebirge"; die Nakasendō-Straße 江戸時代に江戸と京都をつないだ二つの街道のうちの一つで，東海道が海寄りの街道であったのに対し，中山道は内陸部の街道であった。Eine der beiden großen Straßen in der Edo-Zeit, die Edo (heute Tōkyō) mit der Kaiserstadt Kyōto verbanden. Im Gegensatz zum küstennahen Tōkaidō führte der Nakasendō durch das Inland.

◆natane-zuyu 菜種梅雨

die Regenzeit der Rapsblüte (Ende März bis April) 3月下旬から4月にかけて降り続く春の長雨を，梅雨になぞらえていう語。菜の花が咲く頃に降る長雨であるところから，この名がついた。Eine längere Regenperiode von Ende März bis April, die man in

Anlehnung an die eigentliche Regenzeit (siehe *tsuyu*) und weil zu dieser Zeit der Raps in Blüte steht, so bezeichnet.

♦ **nihon-bare (nippon-bare) 日本晴れ**
strahlendes Wetter **satsuki-bare 五月晴れ** strahlender klarer Himmel im Mai ドイツにおいても，ハイネが「うるわしい五月に」と詠っているように，爽やかな日に恵まれることが多いが，日本でも5月には晴天に恵まれることがあり，晴れ渡った空はこのように呼ばれる。In Deutschland gibt es im Mai viele Tage mit schönem Wetter, so wie es Heinrich Heine in seinem Gedicht „Im wunderschönen Monat Mai" besingt. Aber auch Japan ist im Mai oft mit einem strahlenden klaren Himmel gesegnet, diesen nennt man *Satsuki-bare*.

♦ **Nihon-kai 日本海**
das Japanische Meer **Nihon-kaikō 日本海溝** der Japangraben

♦ **Nihon-sankei 日本三景**
die drei berühmtesten japanischen Landschaften 京都府の天の橋立，宮城県の松島および広島県の厳島（神社）を日本三景とする。*Amanohashidate* die „Himmelsbrücke", eine Landzunge in der Präfektur Kyōto, *Matsushima*, die „Kieferninseln", eine mit Kiefern bewachsene Inselgruppe in der Präfektur Miyagi und *Itsukushima*, die „Schrein-Insel", eine Insel in der Präfektur Hiroshima mit dem Itsukushima-Schrein sind „die drei berühmtesten japanischen Landschaften".

♦ **nihyaku-tōka 二百十日**
der zweihundertzehnte Tag nach Frühlingsanfang 立春から数えて210日目，9月1日頃。晩稲（おくて）の開花期で台風襲来の時期に当たるため，稲作農家は警戒する。Der zweihundertzehnte Tag nach dem traditionellen Frühlingsanfang (siehe: *risshun*), um den ersten September. Zu dieser Zeit blüht der sogenannte Spätreis (eine Reissorte) und es kommen oft Taifune, weshalb Reisbauern besondere Vorsicht walten lassen müssen.

♦ **Nippon (Nihon) 日本**
(das) Japan ［中性名詞の地名，国名の場合，前に形容詞等がつくときは定冠詞を付すが，そうでない場合は無冠詞］**nippon-biiki 日本贔屓** der Japanophile, der Japan-Fan **nihon-gaku 日本学** die Japanologie **nihon-gakusha 日本学者** der Japanologe **nippon-girai 日本嫌い** die Japanphobie **nihon-tsū 日本通** der Japankenner **nihon-jin-ron 日本人論** Theorien über die Besonderheiten der japanischen Kultur und der Japaner; Debatte um das Japanertum; der Japaner-Diskurs **chinichi-ha 知日派** die japanfreundliche Gruppe **chinichi-ka 知日家** der Japankenner, der Japanfreund **Nippon-kabushiki-gaisha 日本株式会社** die Japan-AG 日本の経済体制を揶揄した言い方。ironische Bezeichnung für die japanische Wirtschaft

♦ **Nippon-rettō 日本列島**
die japanische Inselkette; der japanische Archipel 日本列島は，北海道，本州，四国，九州，南西諸島およびそれらに付属する3700余の島々から成り立っている。Der

japanische Archipel besteht aus Hokkaidō, Honshū, Shikoku, Kyūshū und der Nansei-Inselgruppe (südwestlich von Kyūshū) sowie über 3700 kleineren Inseln. **rettō 列島** die Inselkette **ritō 離島** die abgelegene Insel **shimaguni 島国** das Inselreich

◆nowaki (nowake) 野分
(schriftspr.) wörtl.: „das Feld teilen"; heftiger Wind im Spätherbst; die Windböen im Spätherbst 野の草を分けて吹く風という意味。Der Ausdruck *Nowaki* kommt daher, dass die Windböen das Gras auf den Feldern auseinanderwehen.

◆ontai 温帯
die gemäßigte Zone **ontai-chihō 温帯地方** die gemäßigte Region **anettai 亜熱帯** die subtropische Zone **anettai-kikō 亜熱帯気候** das subtropische Klima 沖縄の気候は，亜熱帯海洋性気候である。In Okinawa herrscht ein subtropisches maritimes Klima.

◆rei-ka 冷夏
wörtl.: der„kalte Sommer"; ein ungewöhnlich kalter Sommer 夏季3ヶ月の平均気温が平年と比べて低い場合，冷夏と呼ばれる。Wenn die Durchschnittstemperatur drei Monate in Folge unter dem Durchschnittswert liegt, spricht man von einem „ungewöhnlich kalten Sommer".

◆riasu-shiki-kaigan リアス式海岸
die Riasküste (auch Riaküste) 狭い湾のなかに入りくんだ海岸線をもつリアス式海岸は，日本では，三陸海岸（青森県，岩手県，宮城県）や志摩半島（三重県）などに見られる。リアス海岸ともいう。Eine verschlungene Küstenlinie mit schmalen Buchten. In Japan z.B. die Pazifikküsten von Sanriku (Präfekturen Aomori, Iwate und Miyagi) und die Küste der Halbinsel Shima (Präfektur Mie).

◆ryū-hyō 流氷
das Treibeis 北海道のオホーツク海沿岸では，1月中旬から4月にかけて，流氷を見ることができる。An der Küste des Ochotskischen Meeres in Hokkaidō findet man Treibeis von Mitte Januar bis April.

◆Ryūkyū 琉球
die Ryūkyū-Inseln, andere Bezeichnung für Okinawa 琉球は，沖縄（琉球諸島地域）の別名。日本最南端の島。太平洋戦争において住民を巻き込んだ激戦地となり，多くの死傷者を出し，なかには自殺へ追い込まれた者もあった。戦後アメリカの占領下に置かれたが，1972（昭和47）年巨大基地の存続等の問題を抱えたまま，施政権が日本に返還された。Inselgruppe im äußersten Südwesten der japanischen Inselkette. Im Pazifischen Krieg wurden die Inseln von der US-Marine erobert, bei den heftigen Kämpfen gab es zahlreiche zivile Opfer, es wurden auch sehr viele Zivilisten in den Selbstmord getrieben. 1945 annektierten die Amerikaner die Ryūkyū-Inseln und errichteten auf der Hauptinsel eine gewaltige Militärbasis. 1972 wurden die Inseln zwar an Japan zurückgegeben, doch eine starke amerikanische militärische Präsenz besteht bis heute.

◆sakyū 砂丘
die Düne, die Sanddüne, der Sandhügel 海

辺にあるものを海岸砂丘，砂漠などにあるものを内陸砂丘と呼ぶ。日本では，鳥取の砂丘が特に有名。Man unterscheidet zwischen Küstendünen an der Meeresküste und Binnendünen (Flugsandfeldern) im Innland. In Japan sind die Küstendünen in Tottori besonders berühmt.

♦**samidare** さみだれ，五月雨

{schriftspr.} Regen im Frühsommer 陰暦5月頃に降り続く雨，またその時期。つゆ，さつきあめともいう。Anhaltender Regen im fünften Monat nach dem Mondkalender, auch eine Bezeichnung für diese Zeit des Jahres. Er wird auch als *tsuyu* oder *satsukiame* bezeichnet (siehe: *tsuyu*). **samidare-shiki ni さみだれ式に** mit einzelnen Unterbrechungen über längere Zeit andauernd, so wie der Regen im Mai

♦**sango-shō** さんご礁，珊瑚礁

die Korallenbank, das Korallenriff 水深20メートル程度の暖かいきれいな海で形成される。日本では，沖縄諸島のさんご礁がよく知られている。Korallenriffe bilden sich in einer Wassertiefe von etwa 20 Metern, wo das Meer warm und sauber ist. In Japan sind vor allem die Korallenriffe von Okinawa bekannt.

♦**sankan-shion** 三寒四温

der plötzliche Wechsel von vier warmen und drei kalten Tagen 3日間寒い日が続いた後4日間は暖かくなるという周期的繰り返しの現象が冬の終わりから春先にかけて見られることをいう。Der periodische Wechsel von drei kalten und vier wärmeren Tagen lässt sich gegen Ende des japanischen Winters bis zum Frühlingsbeginn beobachten.

♦**sanshi-suimei** 山紫水明

wörtl.: „violette Berge und klares Wasser"; die schöne Landschaft; die landschaftliche Schönheit; die (pl.) Naturschönheiten

♦**sasame-yuki** 細雪

(schriftspr.) 1) der feine Schnee; der leichte Schneefall 2) (Buchtitel) Roman (1946-48) von Tanizaki Jun'ichirō (1886-1965)

♦**sato-yama** 里山

wörtl.: „der Hausberg"; der Berg bei einem Dorf 里山とは，人里，集落近くにあって，その土地に住んでいる人たちの暮らしと密接に結び付いている山のこと。Der Hausberg befindet sich in der Nähe eines Dorfes oder einer Siedlung und er spielt im Leben der Anwohner eine besondere Rolle. **oku-yama 奥山** das innerste Gebirge

♦**sazare-ishi** さざれ石，細石

der Kiesel 細かい石，小さい石の意味であるが，日本の国家「君が代」の歌詞に「さざれ石の巌となりて苔のむすまで」と歌われているので，この呼び方がよく知られることとなった。Das Wort bedeutet „Kiesel" oder „kleiner Stein," und weil dieses Wort in der japanischen Nationalhymne (siehe *Kimi ga yo*) vorkommt („bis der Kiesel zum Felsen wird und Moos seine Seiten bedeckt"), ist es weithin bekannt.

♦**seikō-tōtei no kiatsu-haichi** 西高東低の気圧配置

Luftdruckverteilung, bei der Hochdruck im

Westen und Tiefdruck im Osten herrscht 日本付近の，典型的な冬の気圧配置。日本列島の西に高気圧，東の海上に低気圧がある気圧配置。北西の季節風が強まり，日本海側では雪の日が，太平洋側では，乾いた晴天の日が続く。Die typische winterliche Luftdruckverteilung in Japan. Dabei herrscht westlich der japanischen Inselkette Hochdruck, während sich über dem Meer auf der japanischen Ostseite Tiefdruckgebiete befinden. Dadurch kommt es zu starken Winden aus nordwestlicher Richtung und auf der Seite des japanischen Meeres zu anhaltendem Schneefall, während sich an der Pazifikseite trockene Tage bei klarem Himmel aneinander reihen.

♦seirei-shitei-toshi 政令指定都市
die durch Regierungserlass bestimmte Stadt 地方自治法の規定により政令で指定された人口 50 万人以上の大都市。区を設けることができるなど，普通の市とは異なった行財政上の扱いを受ける。Große Städte mit einer Bevölkerung von über 500 000 Einwohnern, die aufgrund des Gesetzes über die lokale Selbstverwaltung bestimmt werden. Sie können z.B. in Stadtbezirke eingeteilt werden und werden auch sonst verwaltungstechnisch anders behandelt als kleinere Städte.

♦seiten no hekireki 青天の霹靂
ein Blitz aus heiterem Himmel 霹靂は，急激な雷鳴の意。*Hekireki* bedeutet „plötzlicher Blitz und Donner".

♦sekai-isan 世界遺産
das Weltkultur- und Weltnaturerbe 1972（昭和47）年ユネスコで採択された条約に基づく遺産で，日本は1992（平成4）年にこの条約に加入した。日本においては，屋久島や知床半島などが自然遺産に，姫路城，法隆寺地域の仏教建築物，古都京都の文化財，広島の厳島神社等が文化遺産として登録されている。Aufgrund einer 1972 von der UNESCO verabschiedeten Konvention zum Schutz des Kultur- und Naturerbes der Welt registrierte Kultur- und Naturschätze. Japan trat der Konvention im Jahr 1992 bei, und heute sind u.a. die Insel Yakushima und die Halbinsel Shiretoko als Weltnaturerbe und die Burg von Himeji, die Tempelanlage des Hōryū-ji, Kulturgüter der alten Kaiserstadt Kyōto und der Itsukushima-Schrein in der Präfektur Hiroshima als Weltkulturerbe registriert.

♦Sekigahara 関が原
Sekigahara (Ort am Südwestrand der Präfektur Gifu) 1600（慶長5）年9月関が原において石田三成の西軍と徳川家康の東軍とが天下分け目の戦いを行ったことで有名。Sekigahara ist als der Ort „der entscheidenden Schlacht" zwischen den Armeen Ishida Mitsunaris und Tokugawa Ieyasus im September des Jahres 1600 berühmt. Tokugawa Ieyasu ging als Sieger aus der Schlacht hervor und erlangte in der Folge die Vorherrschaft über ganz Japan. **tenka-wakeme no tatakai 天下分け目の戦い** die Entscheidungsschlacht; der entscheidende Kampf

♦Seto-naikai 瀬戸内海
die Seto-Inlandsee 本州と四国・九州に囲まれた内海で，風光明媚のゆえ国立公園に指定されている。Bezeichnung für die

Meeresregion, die von den japanischen Hauptinseln Honshū, Shikoku und Kyūshū eingeschlossen wird, und die wegen ihrer besonderen landschaftlichen Schönheit heute als Nationalpark ausgezeichnet ist.

♦Seto-ōhashi 瀬戸大橋

die Große Seto-Brücke 本四連絡橋の児島・坂出ルートの通称。鉄道と自動車道路併用の吊り橋で，1988（昭和63）年開通。なお本四連絡橋は他に2ルートがある。Landläufige Bezeichnung für die Brücke zwischen Kojima (Präfektur Okayama) und Sakaide (Präfektur Kagawa) der Hon(shū)-shi(koku)renraku-kyō („Verbindungsbrücke zwischen Honshū und Shikoku“). Die Hängebrücke wird für den Auto- sowie für den Zugverkehr genutzt und wurde 1988 eröffnet. Es gibt noch zwei weitere Brücken zwischen Honshū und Shikoku.

♦shigure しぐれ，時雨

leichter Regen im späten Herbst; Sprühregen im späten Herbst **shigure-moyō 時雨模様** herbstlich regnerisches Wetter「時雨模様だ」は，Es ist herbstlich regnerisch.

♦shike しけ，時化

1) die stürmische See; der Meeressturm 2) der schlechte Fang wegen der stürmischen See **shikeru しける，時化る** 1) stürmisch werden; rau werden 2) einen schlechten Fang haben; in eine Flaute kommen **nagi なぎ，凪** die Meeresstille, die Windstille

♦Shikoku 四国

日本で第4番目の広さを持つ島。九州と本州西部間に位置し面積18,778平方キロメートル，日本の面積の5.1％を占める。Die kleinste der vier japanischen Hauptinseln liegt zwischen Kyūshū und dem Westen von Honshū und hat eine Fläche von 18 778 km² (5,1% der japanischen Landfläche).

♦shinkirō 蜃気楼

die Luftspiegelung, die Fata Morgana 日本では富山湾の魚津海岸に春見られる蜃気楼が有名。In Japan sind besonders die Luftspiegelungen berühmt, die man im Frühling an der Küste von Uozu in der Bucht von Toyama beobachten kann. **nigemizu 逃げ水** wörtl.: „entfliehendes Wasser“; die Luftspiegelung auf dem Land 蜃気楼の一種。砂地や舗装道路で，強い日差しのとき，前方に水たまりがあるかのように見えるが，近づくとその先に移ってしまう現象。Eine besondere Art der Luftspiegelung, wobei Sandflächen oder asphaltierte Straßen bei starker Sonneneinstrahlung so wirken, als wären sie nass. Wenn man sich annähert, scheint sich dieses Wasser von einem zu entfernen.

♦shinrin 森林

der Wald 日本の国土の67％は森林である。67% der japanischen Landfläche sind bewaldet. **kōyō-jurin 広葉樹林** der Laubwald **konkō-jurin 混交樹林** der Mischwald **shinyō-jurin 針葉樹林** der Nadelwald

♦shūchū-gōu 集中豪雨

heftige regional begrenzte Niederschläge **dosha-kuzure 土砂崩れ** der Erdrutsch

♦shuto-ken 首都圏

das Hauptstadtgebiet; Tōkyō und Umgebung

1956 (昭和31) 年首都圏整備法で定められた，関東地方に山梨県を加えた1都7県。Dieses Gebiet wurde im Jahr 1956 durch das „Gesetz zur Ordnung des Hauptstadtgebiets“ bestimmt und umfasst neben den sechs Präfekturen der Region Kantō die Präfektur Yamanashi und die Hauptstadt Tōkyō.

◆**sokobie 底冷え**
die durch Mark und Bein frierende Kälte **sokobie ga suru 底冷えがする** Es friert mich durch Mark und Bein. Es friert Stein und Bein.

◆**taifū 台風**
der Taifun **taifū-ken 台風圏** das Taifungebiet **taifū no me 台風の目** das Auge des Taifuns **taifū no shūrai 台風の襲来** die Heimsuchung durch einen Taifun **meisō-taifū 迷走台風** der Taifun mit unbestimmter Richtung **taifū ni mimawareru 台風に見舞われる。** von einem Taifun heimgesucht werden **taifū no tsumeato 台風の爪あと** wörtl.: die „Krallenspuren eines Taifuns“; die Spuren eines Taifuns

◆**Tanegashima 種子島**
Tanegashima 九州南西部にある（鹿児島県大隈諸島の島の一つ）。面積445平方キロメートル。1543 (天文12) 年ポルトガル人が漂着，領主種子島時尭は彼らから鉄砲２挺を買い取り，家臣にその使用法・製法等を学ばせたが，それはその後，日本における火器製造のモデルとして役立つところとなった。今日，種子島には，宇宙航空研究開発機構 (JAXA) に属する，種子島宇宙センターがある。ロケット打ち上げ開始は1969 (昭和44) 年から。Insel südwestlich von Kyūshū, die heute zur Präfektur Kagoshima gehört (Landfläche 445 km²). Im Jahr 1543 strandete dort ein portugiesisches Schiff, dessen Mannschaft landete in Japan. Der Inselherr Tanegashima Tokitaka kaufte von ihnen zwei Musketen und ließ seine Gefolgsleute in deren Gebrauch und Herstellung unterrichten. Später diente diese Musketen als Modell für die Herstellung japanischer Feuerwaffen. Heute ist die Insel Sitz des *Tanegashima Space Center,* das zur *Japan Aerospace Exploration Agency* (*JAXA*) gehört. Der Weltraumbahnhof auf Tanegashima ist seit 1969 in Betrieb.

◆**tatsumaki 竜巻**
wörtl.: „der Drachenwirbel“; die Windhose (über dem Meer: Wasserhose) 海上の場合はdie Wasserhoseという。なお竜巻という名称は，竜が天空に昇るさまを想像させるところから来ている。Die japanische Bezeichnung „Drachenwirbel“ kommt daher, dass eine Windhose an einen zum Himmel aufsteigenden Drachen erinnert.

◆**tenki-yohō 天気予報**
der Wetterbericht, die Wettervorhersage **mizore みぞれ** der Schneeregen **yuki 雪** der Schnee **kōsetsu 降雪** der Schneefall **fubuki 吹雪** der Schneesturm **arare あられ** die Graupel, das Graupelkorn **hyō ひょう，雹** der Hagel, das Hagelkorn **shimo 霜** der Reif **kiri 霧** der Nebel **nōmu 濃霧** der dichte Nebel **romen-tōketsu 路面凍結** das Glatteis **harō-chūi-hō 波浪注意報** die Warnung vor hohem Wellengang **teitai-zensen 停滞前線** die stationäre Front **fūsetsu-chūi-hō 風雪注意報** die Schneesturmwarnung **kōsui-**

kakuritsu 降水確率 die Niederschlagswahrscheinlichkeit; die Wahrscheinlichkeit von Niederschlägen **shitsuzetsu 湿舌** die Feuchtigkeitszunge (Wetterphänomen einer zungenförmigen Front mit hoher Luftfeuchtigkeit) **guzutsuita tenki ぐずついた天気** das unbeständige Wetter; die schwankende Wetterlage

♦ tennen-kinenbutsu 天然記念物

das Naturdenkmal 学術研究上価値が高いものとして，法律で保護を指定された動物・植物・鉱物。Bestimmte Tierarten, Pflanzen oder Mineralien, die z.B. aufgrund ihrer Bedeutung für die Wissenschaft gesetzlich geschützt sind.

♦ Tennō-zan 天王山

1) Berg zwischen Kyōto und Ōsaka, wo im Jahr 1582 die Entscheidungsschlacht zwischen Toyotomi Hideyoshi und Akechi Mitsuhide geschlagen wurde. 2) die Entscheidungsschlacht, der Wendepunkt 1) 京都と大阪の中間（詳しくは，京都府乙訓郡大山崎町）にある山。ここで1582（天正10）年，羽柴（豊臣）秀吉と明智光秀の間で，両軍の勝敗を決する戦いが行われた。2) 勝敗や運命の大きな分岐点。

♦ tensai 天災

die Naturkatastrophe 地震・台風・雷・洪水など自然現象によってもたらされる災難。Katastrophen, die von Erdbeben, Taifunen, Blitzen, Fluten etc. verursacht werden **tensai ni mimawareru 天災に見舞われる** von einer Naturkatastrophe heimgesucht werden **jinsai 人災** die menschenverursachte Katastrophe; die menschengemachte Katastrophe 人間の不注意・怠慢・過失が原因で起こる災害。天災の被害が防災対策の不備などで増幅された場合も人災とされる。Eine Katastrophe, die durch menschliche Unaufmerksamkeit, Nachlässigkeit oder Irrtum verursacht wird. Man spricht auch dann von einer menschengemachten Katastrophe, wenn die Schäden einer Naturkatastrophe sich durch mangelhafte Vorsichtsmaßnahmen ausweiten.

♦ ten takaku uma koyuru aki 天高く馬肥ゆる秋

der Herbst, wenn der Himmel klar ist und die Pferde gut im Futter stehen. **mikaku no aki 味覚の秋** der Herbst mit seinen (kulinarischen) Genüssen **aki no mikaku 秋の味覚** herbstliche Geschmacksfreuden

♦ Tōkaidō 東海道

wörtl.: die „Ostmeer-Straße" 江戸時代に江戸（日本橋）と京都（三条大橋）を結んだ街道で53の宿駅があった。現在の東海道新幹線とほぼ同じルートをたどった。Die alte Küstenstraße zwischen Edo, dem heutigen Tōkyō, und Kyōto mit 53 Stationen. Heute folgt der Superexpress *Shinkansen* zwischen Tōkyō und Kyōto ungefähr derselben Streckenführung.

♦ tsunami 津波

der Tsunami 海底地震や海底火山の噴火などによって生じる波。die durch ein Erdbeben oder einen Unterseevulkan ausgelöste Flutwelle **tsunami-keihō 津波警報** die Tsunami-Warnung 日本語に由来するtsunamiは近年，世界の様々な言葉に取り入れられている。地層研究その他により数百年に一度日本は巨大な津波に襲われたことがわかっている。なお明確な記録が残されている津波のなかでこれまで日本国内における最大のものは，1896（明治29）年東北の三陸地方を襲ったものであったとされてきたが，2011（平成23）年3月11日にほぼ同じ地域で生じた津波は，それをも超える大規模なものであったことが明らかになった（ただし津波の直接人的被害に関してのみ言えば，1896年の地震・津波による被害の方が大きい）。Das japanische Wort *tsunami* wurde in den letzten Jahren als Lehnwort in viele Sprachen aufgenommen. Durch die Erforschung der Erdschichten etc. weiß man heute, dass in Japan alle paar Jahrhunderte riesige Tsunamis auftreten. Als größter japanischer Tsunami, über den es sichere Aufzeichnungen gibt, galt lange derjenige, der 1896 die Region Sanriku in Tōhoku (Nordost-Japan) verwüstete. Es hat sich allerdings erwiesen, dass der Tsunami, der am 11. März 2011 fast die gleiche Region heimsuchte, sogar noch gewaltiger war (hinsichtlich der unmittelbar durch Erdbeben und Tsunami zu Tode gekommenen Opfer war die Katastrophe von 1896 jedoch noch verheerender).

♦ tsurube-otoshi no aki no hi つるべ落としの秋の日

die schnell untergehende Herbstsonne つるべを井戸の中へ落とす時のように，秋の日は，速く落ちる，と人は言う。Wie der Schöpfeimer in den Ziehbrunnen fällt, so sagt man, geht die Herbstsonne sehr schnell unter.

♦ Ura-Nihon (Ura-Nippon) 裏日本

wörtl.: „Hinter-Japan“; Küstengebiet der Japansee 本州の日本海側の旧称。明治以後，近代化の進んだ太平洋側の表日本に対し，日本海側をこのように呼んだが，表に対する裏はネガティヴな語感を持つので，裏日本という呼び方は現在，公的には用いられていない。Alter Name für das Küstengebiet des japanischen Meeres auf der Insel Honshū. Diese Bezeichnung wurde seit der Meiji-Zeit verwendet, und zwar als Gegensatz zur japanischen Pazifikküste (Omote-Nihon, „die Vorderseite Japans“), an der die Modernisierung voranschritt. Weil aber das Wort *ura* („Rückseite“) abwertend klingt, findet diese Benennung heutzutage keine offizielle Verwendung mehr.

♦ uten-jun'en 雨天順延

Falls es regnet, wird die Veranstaltung auf den nächsten schönen Wettertag verschoben. **uten-kekkō 雨天決行** Durchführung auch bei schlechtem Wetter

♦ Yamato 大和

(das) Yamato, das alte Japan 日本の古称，異称。Alter Landesname Japans, ursprünglich die Bezeichnung für das erste japanische Gemeinwesen, das von 4. bis 8. Jh. vermutlich in der Nähe der heutigen Stadt Nara bestand. **yamato-kotoba 大和言葉** rein japanische Wörter im Unterschied zu sino-japanischen, die erst durch die Einführung der chinesischen Schrift entstanden sind **yamato-damashī 大和魂** der Geist von Yamato; der japanische Geist 日本民族固有の精神。勇猛で潔いのが特性とされる。国家主義の中にあって兵士や一般国民を鼓舞するた

めにこの言葉が用いられたこともある。Bezeichnung für angebliche Vorzüge des japanischen Nationalcharakters. Besonders in der Zeit des japanischen Nationalismus wurde der Geist von Yamato oft beschworen, um Soldaten und Zivilisten zu Todesverachtung und Opferbereitschaft anzustacheln.

♦yū-dachi 夕立

der Regenschauer an einem Sommerabend **uma no se o wakeru 馬の背を分ける** lokal regnen; strichweise regnen 雨が局地的に降って，馬の背の片方では雨が降り，もう片方では降らないという意味で，夕立などがごく近い所でも，降る場所と降らない場所があることのたとえ。„Es regnet nur auf einer Seite des Pferdes"; die Metapher drückt aus, dass es manchmal lokal begrenzte Regenschauer gibt, wobei es zur gleichen Zeit ganz in der Nähe trocken bleibt.

♦yukiguni 雪国

das Schneeland; das schneereiche Gebiet; auch der Titel eines Romans von Kawabata Yasunari (1899-1972) 冬にはシベリアから吹いてくる冷たい季節風が，本州の日本海側に大雪を降らせ，その反面山脈の太平洋側にはあまり雪が積もらない。そのため，太平洋側から日本海側へトンネルを抜けると，いきなり雪国が出現することになる。川端康成の『雪国』の冒頭部分「国境の長いトンネルを抜けると雪国であった」は，そのような情景を描いたものである。Im Winter führt der Einstrom kalter Luft aus Sibirien an Japans Westküste regelmäßig zu starken Schneefällen, während die Ostküste, durch Gebirgsketten geschützt, davon verschont bleibt. Wenn man von der pazifischen Seite her durch einen Tunnel in Richtung Nordwesten fährt, kommt man deshalb plötzlich in eine Schneelandschaft. Mit diesem Bild beginnt auch Kawabata Yasunaris Roman „Schneeland": „Als ich aus dem langen Grenztunnel kam, war ich im Schneeland." **ne-yuki 根雪** der liegenbleibende Schnee; der Dauerschnee 冬期間消えずに引き続き地面を覆っている雪のこと。Schnee, der während des Winters liegenbleibt **mannen-yuki 万年雪** der Firnschnee **yuki-akari 雪明り** das Schneelicht; das Leuchten des Schnees in der Nacht **yuki-geshiki 雪景色** die Schneelandschaft **yuki-geshō 雪化粧** die Decke aus Schnee über der Landschaft **yuki- moyoi 雪催い** der Schneehimmel; das Anzeichen für baldigen Schneefall **gin-sekai 銀世界** wörtl.: „die Silberwelt"; schneebedeckte, silbern schimmernde Welt; die glitzernde Schneelandschaft **yuki-oroshi 雪下ろし** Hinunterschaufeln des Schnees vom Dach **yuki-gakoi 雪囲い** der Schneeschutz; Abdecken des Hauses, um es bei starkem Schneefall zu schützen

1. 宗教・思想・心理・神話

Religion, Denken, Psychologie, Mythologie

♦aki-matsuri 秋祭り
das Herbstfest 広い意味では，秋に行なわれる祭りすべてを含むが，一般的に，春の祈年祭に対し，秋の祭りは，新穀を供えて神に感謝する祭りが多い。Im weiteren Sinn nennt man so alle Feste, die im Herbst gefeiert werden. Im Unterschied zum Frühlingsfest *Kinen-sai* dankt man bei den Festen im Herbst oft den Göttern für die gute Ernte und opfert frisch geerntetes Getreide.

♦amae 甘え
die Verwöhntheit 相手や状況からの恩恵や働きを期待してこれに依存する態度。その原始的・原初的形は，母親に対する子供の気持ちに表れているという。日本人のパーソナリティを理解するための鍵概念とする研究者もいる。Nach der Auffassung einiger japanischer Psychologen sehnt sich das japanische Subjekt nach Geborgenheit und Abhängigkeit, die es in hierarchischen Beziehungen findet, als deren Vorbild die Mutter-Kind-Beziehung angesehen wird. ただし日常語における「甘える」の意味は，sich anschmiegen; sich wie ein Kind verhalten; sich die Freundlichkeit eines anderen zunutze machen である。**amaenbō 甘えん坊** das verzärtelte Kind, die Schmusekatze, das Muttersöhnchen

♦Ama no iwato 天の岩戸
{Mythol.} die Felshöhle im Himmelsgewölbe (wo sich einem japanischen Mythos zufolge die Sonnengöttin zeitweilig verborgen hatte)

♦Amaterasu-ōmikami 天照大神
die Sonnengöttin Amaterasu 日の神と仰がれる皇室の祖先神。ちなみに伊勢の皇大神宮（内宮）の祭神は，天照大神である。Die japanische Sonnengöttin und legendäre Ahnherrin des *Tennō*-Geschlechts, der der so genannte „Innere Schrein“ des großen Schreins in Ise geweiht ist.

♦Amida 阿弥陀 (Amida-butsu 阿弥陀仏)
der Amida-Buddha 西方極楽浄土に住し浄土教の中心をなす仏。Buddha des Reinen Landes, der im so genannten Amida-Buddhismus oder Buddhismus des Reinen Landes verehrt wird. **Amida-kyō 阿弥陀経** das Amida-Sutra **Amida-shinkō 阿弥陀信仰** die Verehrung des Amida-Buddha

♦ashita ni wa kōgan arite yūbe ni wa hakkotsu to naru あしたには紅顔ありて夕べには白骨となる
Heute rot, morgen tot. Heute Blume, morgen Heu. Heute Trab, morgen im Grab. 上記の表現は，藤原義孝（954-974）の詩に見られるものであるが，蓮如（1415-1499）が

「御文章」(「御文」) のなかに引用したことから，一般に広く知られるところとなった。Die japanische Redewendung findet sich in einem Gedicht des Fujiwara no Yoshitaka (954-974), aber allgemein bekannt wurde sie durch Rennyo (1414-1499), der sie in seinen Schriften (*Gobunshō* oder *Ofumi*) zitiert.

♦bachi ばち，罰

die gerechte Strafe 人間の悪事やおごりに対する神仏の懲らしめ。Himmlische Strafe gegen menschliche Verfehlungen oder Überheblichkeit **bachi ga ataru 罰が当たる** die Himmelstrafe empfangen; verdammt werden **bachi-atari 罰当たり** die Verdammnis, die Verfluchtheit; die verdiente Strafe

♦bateren バテレン，伴天連

{Gesch.}(von port. *padre*) der katholische Missionar; der Pater, das Christentum キリスト教が日本へ伝来した当時のカトリックの宣教師。転じて，キリスト教そのものを意味することもあった。Katholische Missionare zur Zeit der Einführung des Christentums in Japan, im übertragenen Sinne wurde die Bezeichnung manchmal auch für das Christentum selbst verwendet.

♦bodai 菩提

die Erleuchtung; das Erkennen der höchsten Wahrheit; das Seelenheil 仏の悟り，煩悩を断じ真理を明らかに知って得られる境地。**bodai-ji 菩提寺** der Familientempel 一家が代々帰依して葬式や年忌法要等を依頼する寺。Die meisten japanischen Familien gehören seit Generationen zu einem bestimmten Tempel, den sie durch Spenden unterstützen, und der die Beisetzung verstorbener Familienmitglieder und Gedenkzeremonien für die Verstorbenen durchführt. **bodai o tomurau 菩提を弔う** für das Seelenheil eines Verstorbenen beten **bodai-shin 菩提心** die buddhistische Frömmigkeit; das Streben nach Erleuchtung

♦bon 盆 (o-bon お盆，urabon 盂蘭盆)

das buddhistische Totenfest; das *Bon*-Fest 民間では，旧暦7月15日前後に死者の霊がこの世に戻ってくるという信仰があり，この時期特に先祖の墓参りをしたり霊を祀る行事が行なわれている。Unter dem Volk gibt es den Glauben, dass die Seelen der Verstorbenen zur Zeit um den 15. Juli nach dem Mondkalender (nach dem heutigen Kalender um den 15. August) in diese Welt zurückkehren, und so besucht man zu dieser Zeit die Gräber der Ahnen und führt verschiedene Zeremonien für ihre Seelen durch. **bon-odori 盆踊り** der Tanz beim *Bon*-Fest もともとは精霊を迎え慰めるために盂蘭盆に行われた踊り。起源は古いが，仏教伝来後はお盆の儀式となり，室町時代末期以後は民衆の娯楽としての色彩が強まった。形としては，円舞式のものと行進式のものがある。Ein besonderer Tanz, der zur Begrüßung und zum Trost für die Seelen der Verstorbenen aufgeführt wurde. Die Ursprünge dieses Tanzes reichen weit zurück, aber nach der Einführung des Buddhismus wurde er zu einem Ritual beim *Bon*-Fest. Seit Ende der Muromachi-Zeit hat sich der Tanz als eine Art volkstümliche Unterhaltung entwickelt. Er wird meistens im Kreis manchmal auch in einer Reihe getanzt. **tsukiokure no obon 月遅れのお盆** das durch die Umstellung auf den modernen

Sonnenkalender um einen Monat verspätete *Bon*-Fest (also im August) **ara-bon (nī-bon) 新盆**, **hatsu-bon 初盆** das erste *Bon*-Fest nach dem Tod einer Person 人が死んで始めて迎えるお盆。**bon to shōgatsu ga issho ni kita yō 盆と正月が一緒に来たよう** wörtl:. „als wären *Obon* und Neujahr auf einen Tag gefallen"; als wären Ostern und Weihnachten auf einen Tag gefallen **bon kure no tsuketodoke 盆暮れの付け届け** die Geschenke zu *Obon* und zum Jahresende

◆bonnō 煩悩

{Buddh.} die Begierde 人間の心身の苦しみを生み出す心の働き。Nach buddhistischer Vorstellung sind verschiedene Arten von Begierde die Ursache für alles Leiden.

◆bosatsu 菩薩

{Buddh.} der Bodhisattva もともとは悟りを求めて修業する人びと，悟りをそなえた人びとを意味したが，実際には多義に用いられている。仏に次ぐ存在を菩薩と称することもある。Ursprünglich bezeichnete man so Menschen, die nach Erleuchtung strebten, oder sie erlangt hatten, aber tatsächlich wird der Begriff heute mit unterschiedlichen Bedeutungen gebraucht. Manchmal nennt man so ein Wesen, das auf der Stufe direkt unter einem Buddha steht.

◆bōzu 坊主

der Bonze, der Mönch; der buddhistische Priester 坊主という日本語は，16世紀以来，ヨーロッパ人が，アジア地域の仏教の僧侶を呼ぶ際に用いられてきた。この言葉は，キリスト教の聖職者と仏教の僧侶を区別する語として用いられ，否定的な意味合いを込めて用いられることも少なくなかった。ドイツ語の単語Bonzeは，宗教的領域を離れても用いられることがあるが，多くの場合，否定的あるいは軽蔑的ニューアンスを含む。Das Wort Bonze ist von dem japanischen Wort *bōzu* abgeleitet und diente in Europa seit dem 16. Jahrhundert als Bezeichnung für asiatische buddhistische Mönche. Damit sollte sprachlich ein Unterschied zwischen christlichem Klerus und buddhistischen Priestern gemacht werden, wobei das Wort Bonze in der Regel einen negativen Beigeschmack hatte. Im Deutschen wird das Wort heute oft außerhalb des religiösen Bereichs und mit einer negativen und abwertenden Bedeutungsnuance verwendet. **bōzu nikukerya kesa made nikui 坊主憎けりゃ袈裟まで憎い** (Sprichw.) Wenn man den Priester hasst, hasst man sogar seine Schärpe. An einer Person, die man hasst, findet man alles schlecht. **mikka-bōzu 三日坊主** wörtl.: „drei Tage Bonze"; Person, die sofort alles wieder hinschmeißt; jemand, der immer gleich aufgibt; jemand, dem es an Ausdauer fehlt **namagusa-bōzu 生臭坊主** verderbter (zuchtloser) Priester **bōzu maru-mōke 坊主丸儲け** ohne Investitionen (wie ein Mönch) zu viel Geld kommen

◆Bukkyō 仏教

der Buddhismus 日本への仏教の伝来は西暦538年のこととされる。最初貴族を中心とした支配者層によって受け入れられたが，13世紀になって親鸞，日蓮，道元等の出現により一般大衆のなかに広がりをみせた。現在日本には，さまざまな教団・宗派がある。Der Buddhismus soll im Jahr 538 nach Japan eingeführt worden sein, wo er zunächst unter den Herrschenden Aufnahme fand. Erst im 13. Jh. wurden volksreligiöse Bewegungen ins Leben gerufen, z.B. von Shinran, Nichiren und Dōgen, die zur allgemeinen Verbreitung des Buddhismus führten. Es existieren heute in Japan zahlreiche buddhistische Schulen mit verschiedenen Glaubensvorstellungen. **Kamakura shin-bukkyō 鎌倉新仏教** der neue Buddhismus in der Kamakura-Zeit 旧仏教に対し，鎌倉時代に新たに起こされた仏教運動およびその宗派を，鎌倉新仏教と呼ぶことがある。法然・栄西・親鸞・道元・日蓮などは，旧仏教ないし伝統的仏教を学びながらも，時には批判を加えつつ消化しなおし，独自の教理体系や実践論を打ち立て，浄土宗・臨済宗・浄土真宗・曹洞宗・日蓮法華宗などの開祖となった。Im Gegensatz zu den älteren Formen des Buddhismus in Japan bezeichnet man so gelegentlich die in der Kamakura-Zeit neu entstandenen buddhistischen Bewegungen sowie die aus ihnen hervorgegangenen Schulrichtungen. Buddhistische Erneuerer wie z. B. Hōnen (Jōdo-Schule), Eisai (Rinzai-Schule), Shinran (Jōdo-shin-Schule), Dōgen (Sōtō-Schule) und Nichiren (Nichiren-Schule), die den älteren bzw. traditionellen japanischen Buddhismus studiert hatten, übten oft Kritik, brachten Reformen auf den Weg und schufen eigene Systeme religiöser Theorie und Praxis. **bukkyō-gaku 仏教学** die Buddhologie **bukkyō-to 仏教徒** der Buddhist **bukkyō-hosupisu 仏教ホスピス** das buddhistische Hospiz

♦butsudan 仏壇

der buddhistische Hausaltar 江戸時代にキリスト教を禁止した徳川幕府は，各家に仏壇を置くよう強制したが，現在では，信仰心の喪失や住宅事情の悪さのため，特に都市部においては，仏壇のない家も少なくない。

Als das Christentum in der Edo-Zeit verboten war, wurde jede Familie verpflichtet, einen buddhistischen Hausaltar einzurichten. Aufgrund abnehmender Religiösität, beengter Wohnverhältnisse etc. sind Familien ohne einen Hausaltar aber heutzutage keine Seltenheit mehr, besonders in der Großstadt. (Abbildung) **senkō 線香** das Weihrauchstäbchen, das Räucherstäbchen (vor dem buddhistischen Altar) **butsuma 仏間** Zimmer mit dem Hausaltar; Zimmer, in dem sich ein buddhistischer Hausaltar befindet

♦butsu-mon 仏門

der Buddhismus 字義通りには，仏教の門，悟りの入り口であるが，仏教そのものをいう。インド仏教や中国仏教には「仏門」に相当する語はない。wörtl.: das „Buddha-Tor“, also der Eingang zur Lehre des Buddha oder zur Erleuchtung, man bezeichnet aber auch den Buddhismus selbst so. Im indischen und chinesischen Buddhismus gibt es kein entsprechendes Wort. **butsu-mon ni hairu 仏門に入る** buddhistischer Mönch werden; buddhistische Nonne werden

♦butsu-zō 仏像

die Buddhastatue **honzon 本尊** das Hauptverehrungsbild; das zentrale Kultbild eines buddhistischen Tempels **busshi 仏師** der Bildhauer für buddhistische Statuen **butsu-**

ga 仏画 das Bild Buddhas; das Buddhabild **hi-butsu 秘仏** die unter Verschluss gehaltene Buddhastatue **hi-butsu o kaichō suru 秘仏を開帳する** eine sonst unter Verschluss gehaltene Buddhastatue öffentlich ausstellen **hotoke tsukutte tamashī irezu 仏作って魂入れず** (Sprichw.) wörtl.: „eine Buddhastatue schnitzen und sie nicht einweihen"; das Wesentliche vergessen; es fehlt das Eigentliche.

♦chinju 鎮守

der lokale Schutzgott **chinju no mori 鎮守の杜** der Hain einer lokalen Schutzgottheit **chinju no yashiro 鎮守の社** der Schrein einer lokalen Schutzgottheit; der Schrein des Schutzgottes

♦chinkon 鎮魂

die Besänftigung der Totenseelen; die Seelenruhe der Verstorbenen

♦chū 忠

die Treue, die Vasallentreue; die Treueverpflichtung (besonders gegenüber dem Fürsten oder Herrscher) 主君に対して臣下たる本分を尽くすこと。

♦chūkon-hi 忠魂碑

wörtl.: „Grabsäule für die treuen Seelen"; das Denkmal für die toten Getreuen 戦死者の慰霊碑。日露戦争前には，記念碑，招魂碑と呼ばれるものが建てられていたが，忠魂碑として全国に普及していくのは日露戦争以後のことである。当初は，神社の境内に建てられたが，次第に小学校の敷地内に建てられるようになった。日中戦争が始まると，大日本忠霊顕彰会が発足し，その指導によって，戦死者の遺骨を納める納骨施設を伴った忠霊塔が各市町村に一基ずつ建設されるようになった。忠魂碑は，戦死者の追悼にとどまらず，これを通じて国家への忠誠心を養成するという軍部や国家指導者の意図に沿うものであったのである。敗戦直後，忠魂碑は国家主義的・軍国主義的であるということで撤去されたり，その地所に埋められたりしたが，対日講和条約締結（1951）の頃より復活されるようになり，同碑をめぐる慰霊祭などが，靖国問題・憲法問題との関連で議論や裁判の対象にされることがある。Grabsäule (Kenotaph) für gefallene Soldaten. Vor dem Russisch-japanischen Krieg nannte man solche Stelen „Gedenksteine" (*kinen-hi*) oder „Gedenksteine zu Anrufung der Toten (*shōkon-hi*), erst nach diesem Krieg kam die Bezeichnung *chūkon-hi* landesweit in Gebrauch. Zunächst errichtete man sie auf dem Areal von Schreinen, aber im Lauf der Zeit ging man dazu über, sie auf dem Gelände von Grundschulen aufzustellen. Zu Beginn des Chinesisch-japanischen Krieges wurde die „Großjapanische Gesellschaft zur Würdigung treuer Seelen" ins Leben gerufen, auf deren Initiative hin in allen Gemeinden zusammen mit einer Einrichtung zur Beisetzung der Asche von Gefallenen „Stelen für die getreuen Seelen" errichtet wurden. Die Grabsäulen dienten nicht nur dem Gedenken der Verstorbenen, vielmehr sollte - nach dem Willen der Militärs und der Staatsführung - durch sie auch die patriotische Treue zum Vaterland gefördert werden. Direkt nach Ende des Zweiten Weltkriegs wurden die Säulen größtenteils niedergerissen oder vergraben, weil man sie als nationalistisch und militaristisch betrachtete, aber etwa seit dem Friedensvertrag von San Francisco (1951) wurden sie vielerorts wieder aufgestellt und es kam wegen der dabei durchgeführten Gedenkfeiern zu Diskussionen und Gerichtsverfahren, die man im Zusammenhang mit der Diskussion um den Yasukuni-Schrein und die japanische Nachkriegs-Verfassung sehen kann.

♦ daibutsu 大仏

wörtl.: „großer Buddha"; monumentale Buddha-Statue 巨大な仏像。丈六（像高約4.8メートル）以上のものをいう。奈良東大寺の盧遮那仏や鎌倉長谷高徳院の阿弥陀仏が特に有名。Buddha-Statuen, die eine festgelegte Mindestgröße (ca. 4,8 m) überschreiten, bezeichnet man als *Daibutsu*. Die berühmtesten japanischen *Daibutsu* sind die Darstellungen des Buddha Vairocana im Tempel Tōdai-ji in Nara und des Amida-Buddha des Tempels Kōtoku-in in Kamakura. (Abbildung) **daibutsuden 大仏殿** die Halle des großen Buddha 大仏を安置する殿堂。奈良東大寺の大仏殿が有名。鎌倉の大仏ももともとは大仏殿のなかにあったが，1495年津波による被害を受けてから（1498年の地震によるという説もある）露座のまま現在に至っている。Tempelhalle, in der eine große Buddha-Statue verehrt wird. Berühmt ist die Halle des großen Buddha am Tempel Tōdai-ji in Nara; der große Buddha von Kamakura steht heute im Freien wegen des Tsunami im Jahr 1495 oder des Erdbebens 1498.

♦ daigo-mi 醍醐味

1) der tiefste Sinn der buddhistischen Lehren 2) der feinste Geschmack; der höchste Genuss; die wahre Freude

♦ Daijō-bukkyō 大乗仏教

der Mahāyāna-Buddhismus, der Buddhismus des großen Fahrzeugs 紀元前1世紀以後インドに起こり，中国・朝鮮・日本等の東アジアやチベット等に伝わった仏教の流れの通称。Eine buddhistische Lehrtradition, die sich seit dem ersten Jh. v. Chr. in Indien aus dem älteren Hīnayāna-Buddhismus entwickelt hat, und heute hauptsächlich in Ostasien (China, Korea, Japan usw.) und Tibet verbreitet ist. **Shōjō-bukkyō 小乗仏教** der Hīnayāna-Buddhismus, Buddhismus des kleinen Fahrzeugs

♦ daimoku 題目（o-daimoku お題目）

1) die Gebetsformel der *Nichiren*-Sekte: „*namu myōhō renge-kyō*" (siehe *Myōho-renge-kyō*) 2) leeres Gerede 1) 日蓮宗で唱える「南無妙法蓮華経」(「妙法蓮華経」を参照) 2)（多くの場合「お題目」の形で）口先だけで，実質がともなわない主張。例「お題目を並べただけ」

♦ Dainichi-nyorai 大日如来

{Buddh.} der Große Sonnenbuddha; der *Dainichi* Buddha; der *Mahāvairocana* 宇宙の実相を仏格化した根本仏。Zentral-Buddha oder Ur-Buddha, der das Wesen des

Kosmos in Gestalt eines Buddha-Bildes darstellen soll

♦Daizō-kyō 大蔵経

{Buddh.}Sammlung der heiligen Schriften des Buddhismus; die Gesamtheit der kanonischen Schriften des Buddhismus

♦danka 檀家

die buddhistische Gemeinde; das Mitglied einer buddhistischen Gemeinde 一定の寺院に属し，定期的な布施によりその寺を経済的に支える俗家。Die Familien, die zu einem buddhistischen Tempel gehören und ihn durch regelmäßige Spenden unterstützen. **danka-seido 檀家制度** das *Danka*-System (**jidan-seido 寺檀制度** das *Jidan*-System, **terauke-seido 寺請制度** das *Terauke*-System) 江戸時代幕府がキリスト教禁圧を目的として制定した制度であるが，キリシタンがほとんど根絶された後も，民衆統制の制度として機能した。この制度そのものは1873 (明治6) 年に廃止されたが，その影響は今日にまで及んでいる。Das System, wonach sich alle japanischen Familien bei einem buddhistischen Tempel registrieren ließen, wurden in der Edo-Zeit u.A. mit der Absicht eingeführt, das Christentum zu verbannen. Nach der fast völligen Abschaffung des Christentums diente das System auch dazu, das Volk zu kontrollieren. Dieses System wurde zwar 1873 abgeschafft, aber sein Einfluss wirkt bis auf den heutigen Tag nach. **monto 門徒** der Anhänger, der Gläubige (besonders in der Jōdo-shin-Schule) 宗門を同じくする信徒の意味だが，特に浄土真宗の信者を指すことが多い。

♦daruma だるま，達磨

1) (der) Bodhidharma 2) der *Daruma* 1) 南インドに生まれ中国に渡って禅宗を伝えた。かれは9年もの間石の上で座禅を続けたため，足が萎えて歩くことができなかったといわれる。Verkürzte japanische Transkription von Sanskrit Bodhidharma, dem legendären ersten Patriarchen der Zen-Schule. Er soll neun Jahre lang auf einem Stein meditiert haben, so dass ihm die Beine lahm wurden und er nicht mehr gehen konnte. 2) 上記のだるまの座禅の姿を模して作った張子の玩具。全体は丸く形どられ，渋面の顔以外は赤く塗られている。開運の縁起物として，最初片目だけが描かれており，願いごとがかなった時に，もう一方の目玉を描き入れるならわしがある。Eine rot-weiße kugelige Figur mit grimmigem Gesichtsausdruck und nur einem aufgemalten Auge. Das zweite Auge malt man hinzu, wenn ein bestimmter Wunsch in Erfüllung gegangen ist. **hi-daruma 火達磨** der brennende Mensch **hi-daruma ni naru 火達磨になる** ganz in Flammen stehen

♦dōso-jin 道祖神

der Wegegott 村境や峠に祀られる，禍・悪霊を防ぐ神。旅の安全もつかさどる。婚姻や出産の神とされることもある。Eine Gottheit, die man z.B. am Rande eines Dorfes oder an einem Bergpass verehrt und die vor Unheil und bösen Geistern schützt. In der Regel handelt es sich dabei um eine Gottheit für die Sicherheit von Reisenden, manchmal aber auch um eine für Eheglück, Kindersegen etc. zuständige.

♦eirei 英霊

die Heldenseele 死んだ人，特に戦死者の魂を敬っていう語。verherrlichende Bezeichnung für die Seelen der Verstorbenen, besonders der im Krieg Gefallenen

♦ema 絵馬

das Votivtäfelchen 祈願や報謝のために神社ときには寺院に奉納する絵の額。もともとは馬の絵を描いたが，後に馬以外の画題も扱われるようになった。Votivtäfelchen aus Holz, oft mit einer Pferdedarstellung, die an Shintō-Schreinen, manchmal auch an buddhistischen Tempeln, in der Hoffnung auf Erfüllung persönlicher Wünsche, oder aus Dankbarkeit, weil ein Wunsch in Erfüllung gegangen ist, geopfert werden. (Abbildung) **ema-dō 絵馬堂** die Halle für Votivtäfelchen

♦en 縁

die Bedingung, die Beziehung, das Karma 今日では，人と人を結ぶ，人力を超えた不思議な力，間柄を示す語として用いられることが多いが，もともとは仏教用語で，原因を助けて結果を生じさせる作用を言う。Ursprünglich ein buddhistischer Fachterminus, der den Prozess bezeichnete, in dem mithilfe verschiedener Ursachen bestimmte Wirkungen hervorgebracht werden. Heute benutzt man das Wort oft, um eine Beziehung zwischen Menschen oder eine geheimnisvolle übermenschliche Kraft zu bezeichnen. **kusare-en 腐れ縁** die verhängnisvolle Liaison; eine unglückliche aber unauflösbare Beziehung **en mo yukari mo nai 縁もゆかりもない** nicht das Geringste zu tun haben **en naki shujō wa doshi-gatashi 縁なき衆生は度し難し** Ein Mensch, der keinen Kontakt zur buddhistischen Erlösungslehre hat, ist so gut wie verloren. Eine verlorene Seele kann nicht gerettet werden. Eine verlorene Seele kann nicht erlöst werden. **en wa i na mono aji na mono 縁は異なもの味なもの** (Sprichw.) Wie unerklärlich und doch süß knüpft sich das Band der Liebe; Ehen werden im Himmel geschlossen **en-dōi 縁遠い** 1) keine enge Beziehung haben 2) geringe Heiratsaussichten haben **en-musubi 縁結び** die Eheschließung

♦engi 縁起

Ursache und Wirkung 仏教の中心思想で，一切の事物は固定的実態を持たず，様々な原因や条件が寄り集まって成立するという考え。Ein zentrales Konzept buddhistischer Lehren: Alles, was ist, existiert nicht in einem unveränderlichen Zustand, sondern entsteht durch das Zusammentreffen verschiedener Ursachen und Bedingungen. **engi no ī 縁起のいい** glückverheißend; ein gutes Omen sein **engi no warui 縁起の悪い** unglückbringend; ein böses Omen sein **engi o katsugu 縁起を担ぐ** abergläubisch sein; an Prophezeiungen glauben **engi de mo nai 縁起でもない** Unglück bringend; Unglück verheißend

♦enri(od. onri)-edo, gongu-jōdo 厭離穢土 欣求浄土

{Buddh.}Abkehr von dieser unreinen Welt

und der inständige Wunsch nach Wiedergeburt im Reinen Land

♦**fūryū 風流**

der verfeinerte Geschmack **fūryū o kaisanai 風流を解さない** keinen verfeinerten Geschmack haben

♦**fuse 布施 (ofuse, obuse お布施)**

das Almosen; Spenden für buddhistische Mönche, die buddhistische Gemeinde oder Bedürftige 出家修行者（僧侶），仏教教団，貧窮者などに財物その他を施し与えること。

♦**fushaku-shinmyō 不惜身命**

{Buddh.} das eigene Leben für die buddhistische Lehre hingeben 仏道を修めるためには，自らの身命をもかえりみないということ。Wer dem buddhistischen Übungsweg folgen will, darf keine Rücksicht auf sein eigenes Leben nehmen.

♦**futaiten 不退転**

1) {Buddh.} das Nicht-Wieder-Zurückfallen 2) die Unbeugsamkeit, die Entschlossenheit **futaiten no ketsui 不退転の決意** der unbeugsame Entschluss; die unwiderrufliche Entscheidung

♦**gaki 餓鬼**

der Hungergeist; die Seele eines Verstorbenen, der in der Hölle unter ewigem Hunger und Durst leiden muss **gakidō 餓鬼道** die Welt der Hungergeister, eine der sechs buddhistischen Welten 餓鬼は，育ち盛りの子供の卑称として用いられることもある。Manchmal verwendet man das Wort *gaki* auch abwertende für pubertierende Kinder. **gaki-daishō 餓鬼大将** der Anführer einer Kinderbande; kleiner Rädelsführer; der Oberlausbub

♦**gasshō 合掌**

1) das Zusammenlegen der Handflächen (normalerweise vor der Brust) 2) steil zusammengefügte Dachbalken (etwa in der Form von zusammengelegten Handflächen) **gasshō suru 合掌する** die Handflächen zusammenlegen 東アジアのいくつかの国や地域においては合掌は，日本のお辞儀のように，人々が出会ったときの挨拶の礼法である。日本において合掌は，仏教徒が仏像等に礼拝するときの礼法であるが，その他，墓参りのときや食事の前などにも合掌することが多い。In einigen Ländern und Regionen Ostasiens legt man bei der höflichen Begrüßung die Handflächen aneinander, das entspricht in seiner Bedeutung einer höflichen Verbeugung in Japan, hier allerdings kommt *gasshō* hauptsächlich im religiösen Kontext vor, z.B. beim Gebet vor einer Buddhastatue, auch bei dem Besuch eines Grabes oder vor dem Essen.

♦**gense-riyaku 現世利益**

{Buddh.} die Gnaden (auch das weltliche Glück), die dem Gläubigen in diesem Leben zuteil werden

♦**Gion-matsuri 祇園祭**

das Gion-Fest (17.-24. Juli)（正確には7月1日から7月31日まで）祇園祭は京都・祇園の八坂神社の祭礼で，日本の三大祭の一つ。一番の呼び物は7月17日に行なわれる山鉾巡行である。Das Gion-Fest in Kyōto ist ein Fest des Yasaka-Schreins im

Gion-Viertel und wird zu einem der drei größten Feste Japans gezählt. Die Hauptattraktion des Festes ist der am 17. Juli stattfindende Festumzug der *Yamaboko* (siehe dort).

♦ gishin-anki o shōzu 疑心暗鬼を生ず
略して「疑心暗鬼」という。Kurzform: *gishin anki*; Argwohn gebiert Schreckgespenster; Misstrauen ruft unbegründete Schreckbilder hervor.

♦ gō 業
1) {Buddh.} das Karma, das Karman; die Wirkung des Karma 2) der Verdruss 1) 仏教語。人間の身体・言語・心によって行なわれる行為。またその行為が，未来の苦楽の結果を導く働き。2) 業腹の略 1) (buddh. Fachwort) die körperlichen als auch die in der Rede oder im Denken begangenen Taten eines Menschen; auch die positiven oder negativen Folgen dieser Taten in der Zukunft 2) Abkürzung für *gō-hara*; große Wut **gō ga waku 業が沸く** in jemandem brodelt es **gō o niyasu 業を煮やす** sich furchtbar ärgern; vor Wut kochen; sehr ungehalten sein

♦ gokuraku 極楽
das buddhistische Paradies; das Reine Land; die buddhistischen Gefilden der Seligen サンスクリットのSukhāvatīの訳語。阿弥陀仏の浄土。西方十万億土のかなたにあり，広大無辺で，まったく苦患のない安楽な世界であるとされる。西方浄土，極楽浄土など多くの異称がある。Übersetzung von Sanskrit *sukhāvatī*. Das Reine Land des Buddha Amitabha (siehe Amida-butsu) ist eine paradiesische Welt frei von jeglichem Kummer und Leid. Nach der buddhistischen Kosmologie liegt es 10 Billionen Buddha-Länder entfernt in westlicher Richtung und ist unendlich groß. Es gibt viele andere Bezeichnungen, wie z.B. „Westliches Reines Land“ (*saihō-jōdo*) oder „Paradies und Reines Land“ (*gokuraku-jōdo*). **gokuraku-ōjō 極楽往生** Hinübergehen und Wiedergeburt im Westlichen Paradies **gokuraku-tonbo 極楽とんぼ** wörtl.: die „Paradies-Libelle“; ein unbekümmerter Mensch のんびりと思い煩わずにいる者をからかってあるいは罵って言う言葉。 **kiite gokuraku mite jigoku 聞いて極楽見て地獄** Dem Rufe nach ein Paradies, in Wirklichkeit eine Hölle.

♦ gongu-jōdo 欣求浄土
{Buddh.} der Herzenswunsch nach der Wiedergeburt im Reinen Land 浄土に往生することを心から願い求めること。なおこれと対をなす概念として 厭離穢土（おんりえど又はえんりえど）がある。けがれた現世を厭い離れるという意味である。Von Herzen nach der Geburt im Reinen Land verlangen, der Begriff wird meistens in Kombination mit *onri-edo* (od. *enri-edo*), d.h. das unreine Land (diese Welt) verlassen, verwendet.

♦ go-riyaku ご利益
göttliche Hilfe; der Segen Gottes (od. Buddhas); die Segnung **go-riyaku ga aru ご利益がある** Ein Gebet wird erhört; sich als segenbringend zeigen

♦ haibutsu-kishaku 廃仏毀釈（排仏棄釈）
{Gesch.} Anti-buddhistische Bewegung 仏法を廃し，釈迦の教えを棄却するという

意味で，明治初年に神仏分離令が出されたのをきっかけに，神道家などを中心に引き起こされた仏教排斥・排撃運動。各地で寺院や仏像の破壊，僧侶の還俗強制などが行なわれた。Eine Bewegung zur Abschaffung des Buddhismus und der buddhistischen Lehre in den ersten Jahren der Meiji-Zeit. Ein neues Gesetz zur Trennung von Shintō und Buddhismus wurde u.a. von einigen Shintōisten zum Anlass genommen, den Buddhismus zu ächten und seine Abschaffung zu erreichen. Im ganzen Land wurden Tempel und Buddha-Statuen zerstört und Mönche zur Rückkehr in den Laienstand gezwungen.

♦hana-matsuri 花祭り
{Buddh.} das Blumenfest; Fest zum Geburtstag Śākyamuni Buddhas 釈迦の降誕を祝して行なう法会。4月8日の灌仏会(かんぶつえ)の通称。信者達が誕生仏に甘茶をかける習わしがある。„Blumenfest“ ist die landläufige Bezeichnung für die Zeremonie *Kanbutsue* (siehe dort), eine am 8. April durchgeführte Feier zum Gedenken an Buddhas Geburtstag, bei der eine Buddhastatue von den Gläubigen mit einem bestimmten Tee übergossen wird.

♦Hannya-shingyō 般若心経
{Buddh.} Herz-Sūtra von der Erleuchtungsweisheit; sanskr.: *Prajñāpāramitāhṛdaya-sūtra* 膨大な般若経の内容を簡潔に表した経典。サンスクリット本2種，漢訳本7種があるが，日本では，「色即是空，空即是色」の句のある玄奘訳が読経用に広く用いられている。Ein kurzer buddhistischer heiliger Text, der den Inhalt der sehr umfangreichen Literatur der Weisheits-Sūtren prägnant zusammenfasst. Es sind zwei Sanskritfassungen und 7 Übersetzungen ins Chinesische überliefert. In Japan wird im Allgemeinen die Übersetzung des chinesischen Mönchs Xuanzang (jap. Genjō) rezitiert, in welcher auch die berühmte Textstelle *shiki soku ze kū – kū soku ze shiki* „Form ist Leere – Leere ist Form“ enthalten ist.

♦harai 祓い (o-harai お祓い)
die shintōistische Reinigung; die Reinigungszeremonie 災厄を除くために神社などで行なう神事。Eine Zeremonie, die z.B. an einem shintōistischen Schrein zur Abwehr von Unglück durchgeführt wird.

♦hatsu-mōde 初詣
der erste Tempel- oder Schreinbesuch im Neuen Jahr **hatsu-mōde o suru 初詣をする** am Jahresanfang einen Tempel- oder Schreinbesuch machen; zum ersten Mal im Jahr einen Tempel oder Schrein besuchen

♦henro 遍路
{Buddh.} der Pilger, die Pilgerfahrt 弘法大師修行の遺跡である四国八十八ヶ所の霊場を巡拝すること，またその人。Eine Pilgerfahrt zu den 88 heiligen Stätten auf der Insel Shikoku, wo der berühmte Mönch Kōbō-daishi (auch Kūkai, 774-835) wirkte. Auch die Bezeichnung für eine Person, die eine solche Pilgerfahrt unternimmt.

♦higan 彼岸
1) das Jenseits, das Paradies 2) die Tagundnachtgleiche, das Äquinoktium 1) 生死の海を渡って到達する理想・悟りの世界。Die

ideale Welt oder Welt der Erleuchtung, die man erlangt, wenn man den Ozean von Geburt und Tod überschreitet. 2) 春分・秋分の日を中日としてその前後7日間。この時期に先祖の墓参りに行くことが多い。Die sieben Tage um die Tagundnachtgleiche im Frühling und Herbst. Zu dieser Zeit besuchen viele Japaner die Gräber ihrer Ahnen. **higan'e 彼岸会** buddhistische Andachtszeremonie in der Woche der Tagundnachtgleiche **hakamairi 墓参り** der Besuch eines Grabes; der Friedhofsbesuch **atsusa samusa mo higan made 暑さ寒さも彼岸まで** (Sprichw.) Hitze wie Kälte dauern nur bis zur Tagundnachtgleiche (bis zum Äquinoktium im Frühling oder Herbst).

♦ hōji 法事

die buddhistische Zeremonie, besonders ein Totengedenken 一般的には仏教の法会，行事の意味であるが，狭義では年忌に営む仏事。**sho-nanuka** (**sho-nanoka**) **初七日** das Totengedenken am siebten Tag nach jemandes Tod **shijūku-nichi-hōyō 四十九日法要** das Totengedenken am 49. Tag nach jemandes Tod **chūin 中陰** (**chūu 中有**) die sieben Wochen nach jemandes Tod; die dunkle Sphäre zwischen dieser und der nächsten Welt 人の死後次の生を受けるまでの間の状態またはその期間で，日本では49日とされる。中陰（中有）を認めない派もある。Der Zustand oder der Zeitraum nach dem Tod eines Menschen bis zu seiner Wiedergeburt, in Japan nimmt man an, dass dieser Zeitraum 49 Tage dauert. Einige buddhistische Schulen erkennen die Existenz einer solchen Übergangsphase nicht an.

♦ hokora ほこら，祠

der kleine Schrein 神を祀る小さな社。神仏混合により，道祖神に関連した仏が祀られていることもある。神社と異なり鳥居はないか，あっても非常に小さなものである。Ein kleiner Schrein zur Verehrung der Götter. Durch die Vermischung von Shintō und Buddhismus werden manchmal auch Buddhas, die mit lokalen Schutzgottheiten in Beziehung stehen, so verehrt. Im Unterschied zu einem gewöhnlichen Schrein (*jinja*) gibt es an einem *hokora* entweder gar kein oder nur eine winziges Schreintor (*torii*) (Abbildung)

♦ hōmyō 法名

{Buddh.} der „Dharma-Name" auch **kaimyō 戒名** der „Gelübde-Name" 仏門に入って僧となる人に，その宗門で授ける名前。在家仏教の場合，死後に贈られることも多い。Der Name, den jemand verliehen bekommt, wenn er buddhistischer Mönch oder Nonne wird. Laien erhalten oft postum einen solchen Namen.

♦ hongan 本願

{Buddh.} das Gelübde eines Buddha oder Bodhisattva 仏・菩薩が衆生を救済するためにおこした誓願。阿弥陀仏の四十八願など。Das Gelübde eines Buddha oder Bodhisattva, alle Wesen zu erlösen, insbesondere die 48 Gelübde des Buddha Amithaba (siehe Amida-butsu).

♦**honji-suijaku-setsu 本地垂迹説**
der Glaube an die Offenbarung eines Buddha oder Bodhisattva in Gestalt einer shintōistischen Gottheit 日本の神の本地は仏または菩薩であり，衆生を救うために垂迹したとする神仏同体説。**gongen 権現** wörtl.: „temporäre Erscheinung" ; die temporäre Erscheinung eines Buddhas oder Bodhisattvas in der Welt zur Erlösung der Lebewesen 仏や菩薩が衆生を救うために種々の姿をとって権(仮)に現れたもの。(im engeren Sinn) die Erscheinung eines Buddhas in Gestalt einer japanischen (Shintō-) Gottheit 狭義では，仏が化身して日本の神となって現われること，またその身。

♦**honne 本音**
die wahre Absicht; das eigentliche Motiv im Gegensatz zu *tatemae* **tatemae 建前** die vorgegebene Absicht; das offizielle, aber unrealistische Prinzip **honne o haku 本音を吐く** seine wahre Absichten offenbaren; die Katze aus dem Sack lassen

♦**honzan 本山**
der Haupttempel einer buddhistischen Schule 各宗派の中心寺院。江戸時代，幕府は，各宗派に本末制度を実施させ，その頂点に立つ寺院を本山として，そのもとに末寺を統制させる組織を形成した。Der jeweilige Haupttempel einer buddhistischen Schule. In der Edo-Zeit systematisierte die Shōgunatsregierung die Tempelhierarchie in den buddhistischen Schulen, machte den Tempel an der Spitze zum Haupttempel und etablierte das System, in dem die Untertempel diesem Tempel nachgeordenet sind.

♦**hotoke 仏**
1) (der) Buddha, *Śākyamuni* 2) die Buddhadarstellung 3) die Seele eines Verstorbenen; der Verstorbene 1) 仏陀，特に釈迦のこと 2) 仏像，また仏の画像 3) 死者，またその霊 **hotoke no kao mo sando 仏の顔も三度** (Sprichw.) Auch Buddhas Geduld hat ihre Grenze; auch der Barmherzigste verliert irgendwann die Geduld. いかに温和な仏でも，顔を三度も撫でられると腹を立てるの意から，いかに温和で慈悲深い人でも，無法をたびたび加えられれば，ついには怒り出すという意味で用いられる。So wie auch der mildeste Buddha ärgerlich wird, wenn man ihm zum dritten Mal ins Gesicht fasst, so wird auch der mitfühlendste und freundlichste Mensch schließlich zornig, wenn man ihm wiederholt Unrecht tut. **shiranu ga hotoke 知らぬが仏** (Sprichw.) Unwissenheit ist Seligkeit. Was ich nicht weiß, macht mich nicht heiß. Nichtwissen ist oft glücklicher als Wissen. **hotoke-gokoro (busshin) 仏心** 1) Buddhas Barmherzigkeit 2) ein mitleidvolles Herz; ein barmherziges Herz

♦**ichiren-takushō de aru 一蓮托生である**
wörtl.: „in der gleichen Lotosblüte geboren werden"; im gleichen Boot sitzen; miteinander das gleiche Schicksal teilen 死後，極楽の同じ蓮華の上に生まれ変わるという意味で，結果はどうなろうと，行動や運命をともにするということ。仏典にはなく，日本の浄土信仰から生まれた考え。Nach

den Paradiesvorstellungen der buddhistischen Tradition vom Reinen Land sind, werden die Verstorbenen im Paradies in Lotosblüten wiedergeboren. Gemeint ist, dass man auf Gedeih und Verderb zusammenhält, gemeinsam handelt und das gleiche Schicksal teilt. Die Redewendung stammt aus keinem buddhistischen Sutra, sondern ist aus dem japanischen Glauben an das Reine Land hervorgegangen.

♦Iezusu-kai イエズス会

{Christent.} Jesuiten; Gesellschaft Jesu; Societas Jesu (SJ) スペインのイグナティウス・ロヨラが同志のものたちと1534年に結成し，1540年にローマ教皇の公認を受けた男子修道会。同会士フランシスコ・ザビエルが1549（天文18）年日本にキリスト教を伝えた（イエズス会士は，今日でも自分たちの名前の後にSJという略記号を付けている）。Christlicher klerikaler Männerorden, der 1534 in Spanien von Ignatius von Loyola und Gleichgesinnten gegründet und 1540 vom Papst bestätigt wurde. Francisco de Xavier, ein Mitglied des Ordens, brachte 1549 das Christentum nach Japan. (Die Mitglieder tragen auch heute noch hinter ihrem Namen das Kürzel SJ).

♦ihatsu o tsugu 衣鉢を継ぐ

wörtl.: „Gewand und Bettelschale erben"; Nachfolger des Meisters werden 衣鉢は，「えはち」あるいは「えはつ」と言うこともある。衣鉢は，禅宗で，法統を継いだ証拠として師僧から弟子に授けられるものであるが，教法・奥義そのものを指すこともある。さらにまた，学問や芸術などで，師から弟子に伝えられるその道の奥義を意味することもある。Manchmal spricht man die Zeichen für *ihatsu* auch *ehachi* oder *ehatsu* aus. Zwar werden Gewand und Bettelschale in der Zen-Schule tatsächlich als Beweis für die Nachfolge in der Lehrtradition vom Meister an den Schüler (Nachfolger) weitergeben, aber das Begriffspaar steht auch für den Inhalt der Lehre und deren innerste Bedeutung. Manchmal verwendet man das Wort in diesem Sinne auch für die Nachfolge in den Wissenschaften oder den traditionellen Künsten.

♦iki 粋

die Eleganz, der Schick, die Kultiviertheit 近世後期の美意識の一種で，気性・態度・身なりがあかぬけしていて張りがあり，自然な色気が感じられること。Ein ästhetisches Ideal seit der späten Edo-Zeit, wobei ein kultivierter Charakter, eine entsprechende innere Haltung und eine gepflegte äußere Erscheinung mit Spannkraft und dem Ausstrahlen einer natürlichen Sinnlichkeit einhergehen.

♦ikkatsu 一喝

das Andonnern, das Anschreien 1) 一声大声で叱りつけること。2) 禅家で，悟りを得させるために加える叱咤。1) jemanden mit einem lauten Schrei beschimpfen 2) in der Zen-Tradition ein Schrei, der bei jemandem eine Erleuchtungserfahrung auslösen soll **shitta suru 叱咤する** andonnern; mit Donnerstimme anfahren

♦inari いなり，稲荷

die Gottheit der Reispflanzen 五穀をつかさどる倉稲魂神（うかのみたまのかみ）を祀った神社。キツネを神の使いとするのは俗信。Füchse werden volkstümlich als die Diener *Inaris* angesehen.

♦indō o watasu 引導を渡す

1) für jemanden ein Sterbegebet sprechen; für jemanden die Totenmesse abhalten 2) jemandem den Gnadenstoß geben

♦inga 因果

1) {Buddh.} Ursache und Wirkung; die Kausalität 2) das Schicksal, das Geschick **inga o fukumeru 因果を含める** jemandem einreden, etwas als Schicksal aufzufassen; jemanden überzeugen, das Unvermeidliche zu akzeptieren **oya no inga ga ko ni mukui 親の因果が子に報い** Die Sünden der Eltern rächen sich an den Kindern. 親が犯した悪業の結果が子に及んで，子が苦しむということ。Damit ist gemeint, dass die Kinder unter den Folgen der bösen Taten ihrer Eltern zu leiden haben. **inga-ōhō 因果応報** die Vergeltung der Taten; die Wirkung des Karma **inga na kagyō 因果な稼業** das missliche Geschäft

♦innen 因縁

{Buddh.} die Kausalität; Ursache und Wirkung 原始経典においては，因 *hetu* と縁 *pratyaya* はともに原因を意味する語であったが，のちに因を直接原因，縁を間接原因，あるいは因を原因，縁を条件とみなす見解が生じた。すべての物事は，この二つの働きによって起こると説く。派生的意味としては，定められた運命，しかるべき理由，由来，来歴，関係，かかわりなどがある。In den Pali-Texten des frühen Buddhismus wurden die beiden Begriffe *hetu* (jap. *in*) und *pratyaya* (jap. *en*) gleichermaßen in der Bedeutung „Ursache" verwendet, aber später wurde *in* als eine unmittelbare und *en* als eine mittelbare Ursache, bzw. *in* als Ursache und *en* als Bedingung interpretiert. Alles, was existiert, – so ein verbreitetes buddhistisches Dogma – ist durch das Zusammenwirken dieser beiden Faktoren entstanden. Im weiteren Sinne wird *in-nen* auch in der Bedeutung „(unabänderliches) persönliches Schicksal", „hinreichender Grund", „Ursprung", „Herkunft", „Beziehung" und „Verbindung" gebraucht. **innen o tsukeru 因縁をつける** einen Vorwand suchen; jemandem einen Streit aufdrängen 無理に因果関係ないしは理由をこじつけて，相手の非を責め立てる，言いがかりをつける，という意味で用いる。Ursache und Wirkung verdrehen oder einen Grund erfinden, um jemanden für etwas verantwortlich machen zu können, zu beschuldigen und einen Streit vom Zaun zu brechen. **iwaku-innen いわく因縁** weit in die Vergangenheit zurückreichende komplizierte Gründe

♦Ise-jingū 伊勢神宮

der Großschrein von Ise 三重県伊勢市にある皇室の宗廟。明治以後，国家神道の中心になったが，第二次世界大戦後は1宗教法人。Mausoleum für die Ahnen der Kaiserfamilie in der Stadt Ise (Präfektur Mie). Seit der Meiji-Zeit wurde dieser Schrein zum Zentrum des Staats-Shintō (siehe *Kokka-shintō*) aber nach dem Zweiten Weltkrieg zu einer Religionsgemeinschaft als Körperschaft des öffentlichen Rechts. **ise-mairi 伊勢参り** die Pilgerfahrt zum Ise-Schrein; die Pilgerfahrt nach Ise

♦ishin-denshin 以心伝心

die Übertragung von Geist zu Geist 禅宗において，言語では表わされない真理を師から弟子の心に伝えること。Dogma der *Zen*-Schule, wonach die Wahrheit nicht äußerlich durch Worte, sondern durch eine unmittelbare Übertragung von Geist zu Geist vermittelt wird.

♦Izanagi-no-mikoto 伊弉諾尊，伊邪那岐命

{Mythol.} Männliche Gottheit der japanischen Mythologie, die durch die Vereinigung mit Izanami-no-Mikoto die japanischen Inseln sowie die Sonnengottheit Amaterasu-ōmikami und weitere Gottheiten geschaffen haben soll. 日本神話で，国産みと神産みを行なった男神で，伊弉冉尊とともに天照大神や他の神々をもうけたとされる。**Izanami-no-mikoto 伊弉冉尊，伊邪那美命** {Mythol.} Weibliche Gottheit der japanischen Mythologie, die durch die Vereinigung mit Izanagi-no-mikoto die japanischen Inseln sowie die Sonnengottheit Amaterasu-ōmikami und weitere Gottheiten geschaffen haben soll. 日本神話で，伊弉諾尊の配偶女神として国産み・神産みを行ない，天照大神その他の神々の母神とされる。

♦Izumo-no-kami 出雲の神

1) Ōkuni-nushi-no-Mikoto; die im Schrein von Izumo verehrte Gottheit 2) Gott der Eheschließung 1)出雲大社の祭神，大国主命 2)男女間の縁結びの神，毎年陰暦10月，全国の神々が出雲に集まり，男女の縁を結ぶという俗信がある。1) die im Großschrein von Izumo verehrte Gottheit, Ōkuni-nushi-no-Mikoto 2) die Gottheit, die Männer und Frauen zusammenführt; Gott der Eheschließung; nach einem Volksglauben versammeln sich jedes Jahr im Oktober (nach dem Mondkalender) alle japanischen Götter in Izumo und führen Männer und Frauen zusammen. **Izumo-taisha 出雲大社** der Izumo-Schrein (in der Präf. Shimane)

♦jichin-sai 地鎮祭

die Feier der symbolischen Versiegelung des Bodens; die Shintō-Weihe einer Baustelle 建築工事などで，工事開始にあたって，土地の神をまつり，工事の無事安全を祈る儀式。ドイツにおいても，たとえば建物全体の枠組みができた段階で，工事関係者や建築主に感謝し，新築される建物に神の祝福や加護を祈る儀式が行われることがある。Shintōistische Zeremonie beim Arbeitsbeginn an einer Baustelle, wobei die Erdgötter befriedet werden und man um einen sicheren Verlauf der Bauarbeiten bittet. In Deutschland wird oft nach der Fertigstellung des Rohbaus und des Dachstuhls eines Hauses das Richtfest gefeiert, wobei man den Handwerkern und dem Bauherrn dankt und um Gottes Segen für das neue Haus bittet.

♦jigoku 地獄

die Hölle **jigoku-e 地獄絵** das Bild, auf dem die Qualen der Hölle gemalt sind; das Höllengemälde **jigoku no sata mo kane shidai 地獄の沙汰も金次第** (Sprichw.) Selbst beim Höllentribunal kann man sich mit Geld freikaufen; Geld regiert die Welt; Geld ist der Schlüssel zu allem; Geld öffnet alle Türen **jigoku de hotoke 地獄で仏** wörtl.: „Buddha in der Hölle"; unerwartete Hilfe in der Not「地獄で仏」は「地獄で仏に会ったよう」の略。Gemeint ist, dass man in der Hölle (in einer unerträglichen Situation) dem Buddha begegnet. **iki-jigoku 生き地獄** die Hölle auf Erden **shiken-jigoku 試験地獄** die Prüfungshölle, die Examenshölle **tsūkin-jigoku 通勤地獄** die Pendlerhölle **ari-jigoku あり地獄, 蟻地獄** 1) der Ameisenlöwe 2) das Ameisenlöwenloch **abi-kyōkan 阿鼻叫喚** das Schmerzensgeschrei der schlimmsten Hölle; eine Hölle unaussprechlicher Qualen

♦jihi 慈悲

die Barmherzigkeit; das Mitleid (insbesondere eines Buddhas oder Bodhisattvas) 仏や菩薩が衆生を哀れみ慈しむ心。

♦jikujitaru 忸怩たる

(schriftspr.) beschämend **jikujitaru-mono ga aru 忸怩たるものがある** Ich muss mich tief schämen.

♦jingi 仁義

1) Humanität und Gerechtigkeit 2) grundlegende moralische Regeln, denen man folgen soll 3) das Begrüßungszeremoniell unter *Yakuza* 1) 仁と義 2) 人が守るべき道徳 3) やくざ仲間などの初対面の挨拶 **jingi o kiru 仁義を切る** sich formell begrüßen (in der japanischen Unterwelt)

♦jingū-ji 神宮寺

{Rel.} der an einen Schrein angeschlossene Tempel 神仏習合思想の表れで，神社に付属して建てられた寺院。1868（明治元）年の神仏分離令により分離または廃絶した。Buddhistische Tempel, die geographisch und organisatorisch an einen bestimmten shintōistischen Schrein angeschlossen waren, sind ein Zeichen für den Synkretismus zwischen beiden Religionen. Im Jahr 1868 wurden diese Tempel infolge des „Gesetzes zur Trennung von Shintō und Buddhismus" entweder von den Schreinen getrennt oder aufgelöst.

♦jizō 地蔵 (ojizō-san お地蔵さん)

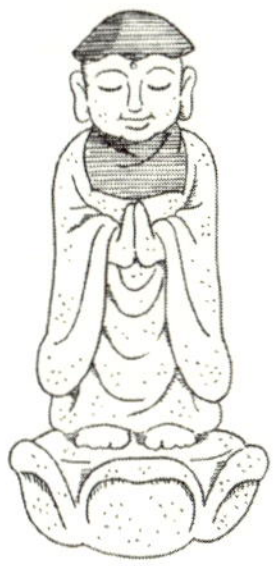

der Jizō; die Jizō-Statue 地蔵菩薩の略，ないしは親しみをこめた言い方。特に子供の守護者として尊敬され，赤い前掛けをした（場合によっては同じ色の頭巾を被り）道端に立っている姿を見かけることがある。Eine Schutzgottheit für die Kinder, deren Statuen häufig am Wegesrand aufgestellt und mit roten Lätzchen und/oder Mützchen geschmückt sind. Ursprünglich der Name eines Bodhisattvas. (Abbildung)

mizuko-jizō 水子地蔵 Eine *Jizō*-Statue für Fehlgeburten und abgetriebene Kinder **mizuko-kuyō 水子供養** die Opferzeremonie für verstorbene Neugeborene, Fehlgeburten oder abgetriebene Kinder **ishi-jizō 石地蔵** die *Jizō*-Statue aus Stein; der steinerne *Jizō*

♦jōdo 浄土

das Reine Land 仏・菩薩の住する国。In der buddhistischen Kosmologie wird der Bereich, in dem Buddhas und Bodhisattvas weilen und wo es nichts Böses gibt, als Reines Land bezeichnet. **Jōdo-sanbu-kyō 浄土三部経** die Drei Sutren vom Reinen Land

♦jokuse 濁世

{Buddh.} diese verschmutzte Welt; diese korrupte Welt 仏法が廃れ，乱れた世の中。Diese chaotische Welt, in der die Lehre Buddhas abhanden gekommen ist.

♦Jukyō 儒教

der Konfuzianismus 孔子を祖とする中国の教説。その教えは5世紀には日本に伝わっていたが，特に武家政権によって儒教は庇護されるところとなり，民衆の道徳的教化の面で多大の影響を与えた。明治時代になり儒教の道徳的教説の一部は「教育勅語」のなかにも取り入れられ新たな「臣民」形成のための教説となった。Eine chinesische Weisheitslehre mit Konfuzius als Gründer. Im 5. Jh. wurde diese Lehre nach Japan überliefert, wo sie besonders unter der Regierung des Kriegeradels gefördert wurde und auf die moralische Unterweisung des Volkes einen großen Einfluss ausübte. In der Meiji-Zeit wurde ein Teil der konfuzianistischen Morallehren in den Kaiserlichen Erziehungserlass (siehe *Kyōiku-chokugo*) aufgenommen und zu einer neuen Doktrin zur Schaffung von so genannten „japanischen Untertanen".

♦jūshoku 住職

{Buddh.} der Hauptpriester eines buddhistischen Tempels

♦juzu 数珠 (nenju 念珠)

{Buddh.} der buddhistische Rosenkranz; die buddhistische Gebetskette 仏などを拝んだり，念仏の際に手にかけて用いる仏具。Die buddhistische Gebetskette hält man beim *Nenbutsu* (siehe dort) oder bei der Buddha-Verehrung in der Hand.

♦kagura 神楽

der heilige Tanz im Schrein 皇居や皇室とのかかわりの深い神社で奉納される舞楽。Ein traditioneller Tanz mit Musikbegleitung, der an Shintō-Schreinen aufgeführt wird, die eine starke Beziehung zum Kaiserpalast oder zur Kaiserfamilie haben.

♦kaji-kitō 加持祈祷

Beschwörungen und Gebete 密教の行法に始まり，民間信仰にも広まった祈祷の形態。神仏の加護を求め，病気平癒や除災を祈る。Beschwörungen und Gebete, mit denen man um den Schutz durch Gottheiten oder Buddhas sowie die Genesung von Krankheiten und das Ausbleiben von Katastrophen bittet, haben ihren Ursprung in Zeremonien des esoterischen Buddhismus und haben sich auch in Volksglauben weit verbreitet.

◆**kako-chō 過去帳**

das Totenregister 寺院で檀家・信徒の死者の法名，俗名，死亡年月日などを記しておく帳簿。Ein Buch an einem Tempel, in das die Namen der verstorbenen Gemeindemitglieder und Gläubigen mit ihrem (meistens postum) verliehenen „Dharma-Namen" (siehe: *hōmyō*), ihrem weltlichen Namen, dem Sterbedatum etc. eingetragen werden.

◆**kakure-kirishitan 隠れキリシタン**

die verborgenen Christen 江戸幕府のキリシタン禁制（1612年）後，ひそかに信仰を持続した信者。キリシタン禁制は1873（明治6）年まで続いた。Während des offiziellen Verbots des Christentums in der Edo-Zeit (ab 1612) mussten die japanischen Christen ihren Glauben im Untergrund praktizieren. Das Verbot wurde 1873 aufgehoben.

◆**kami-dana 神棚**

der shintōistische Hausaltar 家の中で，神を祀るためにこしらえてある棚。一軒の家に仏壇と神棚両方があることも珍しくない。Ein Altar in einem Privathaus für shintōistische Gottheiten. Es ist nicht ungewöhnlich, dass es in einem Haus einen buddhistischen (siehe *butsudan*) und einen shintōistischen Hausaltar gibt.

◆**kanbutsu-e 灌仏会（hana-matsuri 花祭り）**

das Blumenfest; das Geburtstagsfest Buddhas; Fest zum Geburtstag Śākyamuni Buddhas (am 8. April) (siehe *hana-matsuri*)

◆**kangyō 寒行**

{Buddh.} harte Übungen religiöser Askese in der kältesten Jahreszeit 寒中に寒さを耐え忍んで行なう修行・苦行。

◆**kan-jin 勧進**

1) die gute Leitung oder Förderung des Guten durch Buddhismus 2) (Geld-) Spendensammlung für religiöse Zwecke

◆**Kannon 観音（Kanzeon-bosatsu 観世音菩薩）**

Bodhisattva Avalokiteśvara 大慈大悲の象徴として最も広く尊崇されている菩薩。Bodhisattva, der die Hilferufe der Welt vernimmt, einer der beliebtesten Heiligen des Buddhismus (siehe *bosatsu*)

◆**kanzen-chōaku 勧善懲悪**

Belohnung des Guten und Bestrafung des Bösen 善を勧め悪を懲らすという意味。小説や芝居などでは，善人が栄え，悪人は滅ぶ，といった筋書きとなる。出典は中国の古典であるが，日本では，儒教思想の流れを汲む文学観に仏教の因果応報思想が結び付き，特に江戸時代後半の小説や芝居に多く見られた。Gemeint ist, dass das Gute befördert und das Böse bestraft wird. Muster für den Handlungsverlauf in Romanen und Dramen, wobei die Guten zum Reichtum und Glück kommen, während die Bösen zu Grunde gehen. Als Quellen dafür lassen sich zwar einerseits die chinesischen Klassiker anführen, aber in Japan hat sich diese konfuzianisch-literarische Anschauung mit buddhistischen Vorstellungen von karmischen Ursachen und Wirkungen verbunden und fand ihren Niederschlag besoders in Romanen und Dramen während der zweiten Hälfte der Edo-Zeit.

♦kegare 穢れ
die Unreinheit; die Befleckung 死・出産・血などがもろもろの災厄を引き起こすと見る日本の神道および民俗信仰における中心的な不浄観念。Vorstellung im *Shintō* und im japanischen Volksglauben, dass durch Tod, Geburt, Blutvergießen und andere als „unrein" betrachtete Ereignisse oder Phänomene verschiedenes Unglück herbeigerufen werden kann.

♦kengyō 顕教
{Buddh.} der exoterische Buddhismus 密教に対し，言語・文字によって説き示された仏教の教えをこのようにいう。Im Gegensatz zum esoterischen Buddhismus bezeichnet man so Richtungen des Buddhismus, deren Lehren durch Wort und Schrift jedermann erklärt werden können.

♦kibun 気分
die Stimmung **kibun-tenkan 気分転換** die Abwechslung **kibun-ya 気分屋** die launische Person **omatsuri-kibun お祭り気分** eine Stimmung wie auf dem Jahrmarkt

♦kinensai 祈年祭 (toshigoi-no-matsuri としごいの祭り)
das Shintō-Ritual für eine gute Ernte 毎年陰暦2月4日に行なわれ，一年の五穀豊穣などを祈願した神道の祭儀。Ein Ritual, das jedes Jahr am 4.Tag des 2. Monats nach dem Mondkalender durchgeführt wird und bei dem man für eine gute Getreideernte betet. **gokoku-hōjō 五穀豊穣** reiche Ernte 五穀は五種の主要な穀物という意味であるが，その内容は時代や地域によって異なっており，かならずしも具体的な五種を指さすものではなく，穀物全般の総称と考えてよいものと思われる。*Gokoku* („fünf Getreide") bezeichnet zwar die wichtigsten Getreidesorten, aber die konkrete Bedeutung dieses Wortes war und ist in verschiedenen historischen Perioden und Regionen nicht einheitlich; es sind damit nicht unbedingt fünf bestimmte Getreidesorten in einem konkreten Sinn gemeint, sondern man versteht den Begriff eher als eine Sammelbezeichnung für die zentralen Agrarprodukte.

♦Kirisuto-kyō キリスト教
das Christentum キリスト教は，1549 (天文18) 年鹿児島に到着したイエズス会士フランシスコ・ザビエルによって日本に伝えられた。17世紀初頭には日本におけるキリスト教の信者数は75万人にのぼったといわれている。しかし徳川幕府は，イエズス会が日本に対して領土的野心を抱いていると疑い，キリスト教を禁止した。このような状況は，19世紀末に日本が欧米と国交を再開するまで続いた。第二次世界大戦中もキリスト教は，敵国の宗教であるとして排斥された。21世紀転換期の日本において，キリスト教徒の数は，人口の1%程度であると言われている。Das Christentum gelangte durch den Jesuiten Francisco Xavier nach Japan, der 1549 in Kagoshima landete. Im 17. Jh. soll die Zahl der Christen in Japan auf bis zu 750 000 angestiegen sein. Da aber die Shogunatsregierung der Tokugawa die Jesuiten kolonialistischer Absichten verdächtigte, kam es schließlich zu einem Verbot des Christentums, das bis zur erneuten Öffnung Japans gegenüber dem Westen Ende des 19. Jhs. andauerte. Wäh-

rend des Zweiten Weltkriegs wurde das Christentum als die Religion der Feinde geächtet. Um die Wende zum 21. Jh. beträgt, so sagt man, der Anteil der Christen an der japanischen Bevölkerung etwa 1 Prozent.

♦ kokubetsu-shiki 告別式

die Trauerfeier; die Beisetzungsfeier 死者の霊に対して別れを告げる儀式。Zeremonie, bei der man sich von der Seele eines Verstorbenen verabschiedet **iei 遺影** das Bild des Verstorbenen, häufig ein Foto **ihai 位牌** die buddhistische Totentafel; das Ahnentäfelchen mit dem *hōmyō* oder *kaimyō* (siehe dort) des Verstorbenen **meifuku 冥福** Glückseligkeit im Jenseits; das Seelenheil des Verstorbenen

♦ kokubun-ji 国分寺

{Gesch.} wörtl.: „Tempel in jedem Teil des Landes"; der Provinzialhaupttempel 741 (天平13)年聖武天皇の勅願により，国分尼寺とともに国ごとに建立された官寺。Aufgrund eines Gelübdes von Shōmu-Tennō im Jahr 741 wurden in allen Provinzen des Reiches staatliche Provinzialhaupttempel (für Mönche) und entsprechende Tempel für Nonnen errichtet.

♦ komusō 虚無僧

{Buddh.} der Komusō もともとは禅宗の一派の普化宗（ふけしゅう）の有髪の托鉢僧。尺八を吹き喜捨を請いながら諸国を行脚修行した。江戸時代には武士のみに許され，浪人者がほとんどであった。Ursprünglich Bettelmönche der *Fuke*-Schule des Zen-Buddhismus, die ihr Haar ungeschoren trugen. Mit dem Spiel auf der *Shakuhachi* (siehe dort) baten sie um Almosen und so zogen sie durch die Provinzen. In der Edo-Zeit waren nur Angehörige des Kriegerstandes zugelassen, die meisten waren *Rōnin* (siehe dort).

♦ konjō 根性

1) der Charakter, die Natur, die Gesinnung
2) die Willensstärke; die Willenskraft; geistige Ausdauer **dokonjō ど根性** der unbeugsame Charakter **dorei-konjō 奴隷根性** die sklavische Gesinnung **shimaguni-konjō 島国根性** die Inselmentalität **sukebe-konjō 助平根性** die Geilheit, die Lüsternheit **konjō o kitaeru 根性を鍛える** Willenskraft stärken **konjō ga kusatteiru 根性が腐っている** verdorben, grundverdorben

♦ kōyō 孝養

die Kindespflicht gegenüber den Eltern, besonders im hohen Alter 親に孝行をして養うこと。

♦ kuge 供花，供華

(schriftspr.) die Blumenspende 仏前または死者に花を供えること。das Blumenopfer vor dem buddhistischen Altar oder zu Ehren eines Verstorbenen

♦ kunshu sanmon ni iru o yurusazu 葷酒山門に入るを許さず（不許葷酒入山門）

Es ist nicht erlaubt, Knoblauch und *Sake* in den Tempelbezirk mitzunehmen. 大蒜（ニンニク）や韮（ニラ）のように臭気の強い野菜や酒は，修業の妨げになるので，寺の門内に持ち込むことを許さない，という意味。禅寺の門の脇の戒壇石に刻まれている言葉。„Intensiv riechende Gemüse, wie

Knoblauch oder Lauch, und alkoholische Getränke dürfen nicht durch das Tempeltor in den Tempelbezirk mitgenommen werden"; weil sie angeblich die religiösen Übungen der Mönche stören. Diese Warnung ist in chinesischer Schriftzeichen auf einer Stele am Tempeltor von Zen-Tempeln eingraviert.

♦Kurisumasu クリスマス

(von engl. *Christmas*) das Weihnachten（普通は冠詞なしでnormalerweise ohne Artikel）日本で最初のクリスマスは，1552 (天文21) 年に，宣教師が山口において日本人信徒を招いて行なったものであると考えられている。その後，江戸時代にはキリスト教は徹底的に弾圧を受けたが，明治時代になるとまず教会でクリスマスが祝われることとなり，プロテスタントでは，1872 (明治5) 年に横浜でおこなわれたクリスマスが最初のものとされる。その後，大正期にかけてクリスマスは一般の家庭でも徐々に受け入れられるようになり，さらに第二次世界大戦後は，アメリカ文化の影響を受けながら大衆消費社会の展開のなかで日本人一般に浸透していった。経済の復興とともに大都市の繁華街などでにぎやかにクリスマスが祝われるようになり，高度経済成長期になると，盛り場でのクリスマスにかわって家族そろって自宅で祝うクリスマスが多くなった。21世紀への転換期ころには若者の間では，クリスマスは若い男女が二人で過ごす日とされ，女性への高額なプレゼントやレストランでのディナーが流行った時期もある。クリスマスはこのように当初よりキリスト教本来の宗教的側面はかならずしも重要視されずに，消費生活と結び付いて，場合によっては商店街やデパートの歳末大売出しなどに利用される形で，広まったことは否定できない。Das erste Weihnachtsfest in Japan soll 1552 in Yamaguchi von katholischen Missionaren mit ihren japanischen Anhängern gefeiert worden sein. Später in der Edo-Zeit unterlag das Christentum einem vollständigen Verbot, und in der Meiji-Zeit wurde Weihnachten zunächst in Kirchen gefeiert. Die erste protestantische Weihnachtsfest soll 1872 in Yokohama stattgefunden haben. Danach, während der Taishō-Zeit, wurde Weihnachten allmählich auch von den gewöhnlichen (d.h. nicht unbedingt christlichen) Familien übernommen, und ganz besonders nach dem Zweiten Weltkrieg verbreitete sich das Weihnachtsfest unter dem Einfluss der amerikanischen Kultur und während der Entwicklung der Massenkonsumkultur unter allen Japanern. Einhergehend mit der wirtschaftlichen Erholung in der Nachkriegszeit entstand in den Geschäftsstraßen der Großstädte ein regelrechter Weihnachtsrummel, und zur Zeit des Wirtschaftswunders haben viele Familie begonnen, Weihnachten nicht mehr im Trubel der Großstadt sondern zu Hause zu begehen. Um die Wende zum 21. Jh. gab es eine Zeit, in der es Mode war, dass junge Paare den Weihnachtstag gemeinsam verbrachten, wozu oft auch teuere Geschenke für die Frauen und ein schickes Abendessen im Restaurant gehörte. Es lässt sich nicht leugnen, dass bei der Verbreitung von Weihnachten in Japan von Anfang an nicht unbedingt der ursprüngliche religiöse Aspekt im Mittelpunkt stand, sondern dass das Fest vielmehr mit dem Konsumentenleben verbunden war, und dass es manchmal auch für den Jahresschlussverkauf der Geschäftsstraßen und Kaufhäuser benutzt wurde. **Kurisumasu-ibu クリスマス・イブ** (von engl. *Christmas Eve*) der Heiligabend; der heilige Abend **kurisumasu-tsurī クリスマス・ツリー** (von engl. *Christmas tree*) der Weihnachtsbaum **santa-kurōsu サンタ・クロース** (von engl. *Santa Claus*) der Weihnachtsmann; Sankt Nikolaus

◆kurushii toki no kamidanomi 苦しいときの神頼み

(Sprichw.) Not lehrt beten. Wenn die Not am größten ist, ist Gott am nächsten. 日本語のほうは，日頃神様など拝んだことがない者が，苦しいときだけ，困ったときだけ，神様に助けを求めるという意味である。Das japanische Sprichwort bedeutet, dass Leute, die im Alltag nicht zu den Göttern beten, deren Hilfe erbitten, wenn sie in Schwierigkeiten sind. **sawaranu kami ni tatari nashi 触らぬ神に祟りなし** (Sprichw.) Keine schlafenden Hunde wecken.

◆kuyō 供養

die buddhistische Opfergabe oder Opferzeremonie, insbesondere ein buddhistisches Totengedenken **eitai-kuyō 永代供養** 永代経に同じ。故人の供養のため（この点に関しては，宗派により考え方が異なる），毎年の忌日や彼岸などに寺院において永代にわたり行なわれる読経。Die jährlich an bestimmten religiösen Festtagen durchgeführte Sutrenrezitation im Tempel für das Seelenheil der Verstorbenen (die Interpretation ist in den verschiedenen buddhistischen Schulen unterschiedlich).

◆kyō 経 (o-kyō お経)

das Sutra; der heilige buddhistische Text **shakyō 写経** das eigenhändige Abschreiben eines Sutras zum Erlangen religiöser Verdienste

◆mandara 曼荼羅

{Buddh.} das Mandala 画面に諸仏を描いた図形や象徴的に表した記号を特定の形式で配置し，悟りの世界や仏の教えを示した図絵。Bildliche Darstellungen der Welt der Erleuchtung und der buddhistischen Lehre in einer genau festgelegten, standardisierten Form mit Bildern der verschiedenen Buddhas und anderen Symbolen.

◆mandō-e 万灯会

{Buddh.} die Mandōe-Zeremonie 懺悔や報恩のために多くの灯明をともして供養する行事。奈良時代から行われている。奈良の東大寺のものが特に有名。Eine buddhistische Zeremonie, bei der zum Zeichen der Reue oder aus Dankbarkeit unzählige Lampions aufgehängt werden. Sie wird seit der Nara-Zeit abgehalten, besonders berühmt ist diese Zeremonie am Tempel Tōdai-ji in Nara.

◆mappō 末法

{Buddh.} die Endzeit der buddhistischen Lehre 釈尊入滅後の仏教流布の期間を3区分した最後の時期。仏の教えが廃れ，教法は存在するが，修行をする者も悟りを得る者もなくなる時期。日本では1052（永承7）年に末法に入ったといわれた。Nach einer dreiteiligen Periodisierung der Zeit nach dem Tode des historischen Buddha nennt man so die letzte Phase, in der die

Lehren des Buddha verworfen werden, und in der, obwohl der Buddhismus formal weiter besteht, es niemanden mehr gibt, der sich religiösen Übungen widmet und die Erleuchtung erreicht. In Japan soll dieses Zeitalter im Jahr 1052 angebrochen sein.

♦mentsu 面子

(von chin. *mianzi*) das Gesicht **mentsu o ushinau 面子を失う** das Gesicht verlieren **mentsu o tamotsu 面子を保つ** das Gesicht wahren

♦mikkyō 密教

{Buddh.} esoterischer Buddhismus 広義には神秘的な宗教の総称とされるが，狭義では大乗仏教のなかの秘教を意味し，日本においては顕教に対するものとして意識されている。Allgemein werden so alle mystischen Richtungen des Buddhismus bezeichnet, im engeren Sinn meint man damit nur die entsprechenden Traditionen im Buddhismus des großen Fahrzeugs (Mahāyāna-Buddhismus). Im japanischen Kontext wird die Bezeichnung im Gegensatz zum exoterischen Buddhismus verwendet.

♦misogi みそぎ, 禊

{Rel.} die rituelle Waschung 神道で，水による祓いを意味する。身体に罪や穢れのあるとき，または神事にたずさわる前に，水で身体を洗い清めること。Im *Shintō* die rituelle Reinigung des Körpers mit Wasser, um ihn von Sünden oder Befleckungen zu reinigen, oder die Waschung vor dem Durchführen einer religiösen Zeremonie.

♦miya-mairi 宮参り

der Schreinbesuch 広義では神社へ参ることすべてが宮参りであるが，狭義では，初宮参り，つまり子供が生まれて約1ヶ月目に，健やかな成長を願って，両親や祖母とともに参詣する神社参りを指す。Im weiteren Sinn ist damit jeder Schreinbesuch gemeint, im engeren Sinn der erste Besuch beim Schrein mit einem Baby, etwa im Alter von einem Monat, um für dessen Gesundheit und gesunde Entwicklung zu beten. Manchmal gehen die Eltern und die Großmutter an diesem Tag zusammen zum Schrein.

♦mokugyo 木魚

der Holzfisch 読経や念仏の際に叩いて鳴らす仏具。木製で，先端を布や革で包んだ撥（ばち）で打って鳴らす。もとは魚の形をした板であった。Holztrommel, auf der man mit einem besonderen Schlägel (*bachi*) aus Holz, dessen Spitze mit Stoff oder Leder umwickelt ist, z.B. beim Sutrenlesen oder bei der Anrufung des Buddha-Namens (siehe *nenbutsu*) den Rhythmus schlägt. Ursprünglich verwendete man ein Brett in Form eines Fisches, daher der Name.

♦mokutō suru 黙祷する

mit einer Schweigeminute jemandes gedenken; für jemanden eine Schweigeminute einlegen **shinsai no giseisha ni taishite ippunkan no mokutō o suru 震災の犠牲者に対して一分間の黙祷をする** eine Minute zum Gedenken an die Erdbebenopfer schweigen

♦Monju-bosatsu 文殊菩薩

{Buddh.} der Bodhisattva *Mañjuśrī*, der Bodhisattva der Weisheit **monju no chie 文殊**

の智慧 die Weisheit des Mañjuśrī; hervorragende Weisheit **sannin yoreba monju no chie 三人寄れば文殊の智慧** (Sprichw.) wörtl.: „Wenn drei Personen zusammen sind, so sind sie so weise wie Mañjuśrī.“ Vier Augen sehen mehr als zwei.

♦ mono no aware もののの哀れ

das Angerührtsein von den Dingen der Welt; die Ergriffenheit von der Schönheit und Vergänglichkeit der Dinge 人生の機微やはかなさ等に触れたときに感じるしみじみとした情感。

♦ mottainai もったいない，勿体ない

(um etwas) schade sein; verschwenderisch 「勿体ない」という言葉は，神仏や貴人などに対して畏れ多くて具合が悪いというような意味もあるが，もう一つ，もっと有意義な使途があると思われるのにそのものの値打ちが十分生かされず残念であるという意味がある。アフリカ人女性として初めてノーベル賞（2004年平和賞）を受賞したケニアのワンガリ・マータイ Wangari Muta Maathai (1940-2011) 女史がこの意味のMOTTAINAIを世界に広めたいとして様々な国際会議でアピールしたこともあって，世界的に知られるところとなった。彼女はこの「もったいない」を，*reduce*（ごみの減量），*reuse*（再使用），recycle（再生利用）という三つのRに要約していていたが，最近四つ目のRとして，*respect*（尊敬）を付け加えることを提唱している。Das Wort *mottainai* bedeutet einerseits, dass etwas einer Gottheit, einem Buddha oder einer hochstehenden Person gegenüber nicht angemessen oder unehrerbietig ist. Der andere Gebrauch des Wortes *mottainai* ist, dass man damit zum Ausdruck bringt, dass es schade um eine Sache ist, und dass der Wert einer Sache nicht ausreichend geschätzt wird. Durch die kenianische Umweltschützerin Wangari Muta Maathai (1940-2011), die 2004 als erste Afrikanerin den Friedensnobelpreis gewann, und die sich auf verschiedenen internationalen Konferenzen für eine weltweite Verbreitung des *mottainai*-Konzepts eingesetzt hat, wurde das japanische Wort weltweit bekannt. Ihr zufolge lässt sich *mottainai* durch die drei Begriffe *reduzieren* (von Müll), *wiederverwenden* und *recyclen* definieren, auf Englisch spricht sie von den „drei R“ (*reduce*, *reuse*, *recycle*). In der letzten Zeit wurde vorgeschlagen, noch ein viertes „R“, nämlich für respektieren (*respect*), hinzuzufügen.

♦ mujō 無常

die Vergänglichkeit; die Unbeständigkeit alles Irdischen **mujō-kan 無常観** das Wissen um die Vergänglichkeit alles Irdischen; Sicht des Lebens als etwas höchst Vergängliches; das Bewusstsein von der Vergänglichkeit 仏教が，日本人の無常観に多大な影響を与えたこと，またその無常観が，中世以降の日本的な美意識や日本人の人生観の形成に極めて大きな影響を与えたことは間違いない。Der Buddhismus hat das japanische Bewusstsein von der Vergänglichkeit stark beeinflusst, außerdem hat diese Vorstellung seit dem Mittelalter auf die Entwicklung der japanischen Ästhetik und des japanischen Lebensgefühls zweifellos einen großen Einfluss ausgeübt.

♦munen-musō 無念無想

1) die Abwesenheit von Gedanken und Vorstellungen 2) die Gedankenlosigkeit 1)一切の想念を離れ，無我の境地に入ること 2)思慮の足りないこと 1) sich, z.B. bei Meditation, von allen gedanklichen Vorstellungen frei machen und in einen Zustand der Ich-losigkeit eintreten. 2) sich zu wenig Gedanken um eine Sache machen

♦mu-shūkyō 無宗教

die Religionslosigkeit, die Areligiösität 宗教に無関心だとする人も少なくないが，そういった人たちも日本では，折に触れて神社や寺に足を運んだりする。Zwar gibt es nicht wenige Personen, die kein Interesse an Religion haben, aber in Japan besuchen auch diese Personen gelegentlich Schreine oder Tempel.

♦Myōhōrengekyō 妙法蓮華経

{Buddh.} Sūtra vom Lotos des wunderbaren Dharma; das wunderbare Lotos-Sūtra; Sanskrit: *Saddharma-pundarika-sūtra* 略して法華経という。大乗経典のなかでも最も重要な経典の一つ。日本でも讃仰者は多く，天台宗・日蓮宗の所依の経典。Abgekürzt auch *Hokke-kyō*. Dieses Sutra gilt als einer der wichtigsten heiligen Texte des Mahāyāna-Buddhismus. Auch in Japan gibt es viele Verehrer dieser Schrift, auf die sich insbesondere die *Tendai*- und die *Nichiren*-Schule berufen.

♦namu(namo)amidabutsu 南無阿弥陀仏

{Buddh.} (Gebets- bzw. Anrufungsformel, besonders in der Jōdo- und Jōdo-shin-Sekte) 阿弥陀仏に帰依することを意味する名号で，「南無」はサンスクリット語*namo*の音写語。Die Bedeutung der Anrufungsformel ist: „Ich nehme meine Zuflucht zu (glaube an) Amida-Buddha“, *namu* ist eine sinojapanische Umschrift des Sanskrit-Terminus *namo*.

♦natsu-matsuri 夏祭り

das Sommerfest 夏季に行なわれる神社の祭り。疫病・災厄などを祓う祈願から発生したものが多い。Schreinfeste im Sommer, die sehr oft auf Gebete oder Rituale zurückgehen, mit denen Epidemien und Naturkatastrophen abgewehrt werden sollten.

♦nehan 涅槃

{Buddh.} das Nirwana もともとは煩悩の火が吹き消された状態の安らぎ，悟りの境地をいう。また，生命の火が吹き消されたということで，入滅，死去を意味することもある。Ursprünglich das Ideal des Buddhismus, das Verlöschen aller Illusionen und das Erlangen von innerem Frieden. Manchmal auch im Sinne von Sterben verwendet.

♦nenbutsu 念仏

{Buddh.} die Buddha-Anrufung; die Anrufung Buddhas (心に仏の姿や功徳を観じ)口に例えば「南無阿弥陀仏」というように仏名を唱えること。その意義・解釈等は宗派によって若干異なる。Anrufung des Amida-Buddha, z.B. mit der Gebetsformel „*namu-amida-butsu*“ in der Hoffnung auf Wiedergeburt im buddhistischen Paradies oder die Erlösung. Das *Nenbutsu* wird in verschiedenen Lehrtraditionen unterschiedlich interpretiert. **uma no mimi ni nenbutsu 馬の耳に念仏** wörtl.: „einem Pferd Buddha-Anrufungen ins Ohr sprechen"; tauben Ohren predigen; in den Wind reden「それは馬の耳に念仏だ」は，Das heißt, tauben Ohren predigen.

♦nyonin-kinsei 女人禁制

{Rel.} (Eintritt für) Frauen verboten 女性は穢れが多いとする考えが一部にあり，また女性は男性の僧の修行の妨げになるとして，寺院や霊場のなかには今日なお女性の山内への立ち入りを禁じているところがある。Bestimmten Vorstellungen zufolge gelten Frauen als unrein und dürfen deshalb einige Tempel oder heilige Orte auch heute noch nicht betreten. Außerdem wird befürchtet, dass die Anwesenheit von Frauen die Männer bei ihren asketischen Übungen behindern könnte.

♦nyorai 如来

{Buddh.} der Tathāgata, wörtl.: „der so Gekommene"; einer der vielen Beinamen des Buddha **Amida-nyorai 阿弥陀如来** der Amida-Buddha 1) der Amitābha-tathāgata: der Buddha des unendlichen Lichtes 2) der Amitāyus-tathāgata; der Buddha des unendlichen Lebens

♦nyoze-gamon 如是我聞 (gamon-nyoze 我聞如是)

{Buddh.} „So habe ich es gehört."「私はこのように聞いた」という意味で，多くの仏教経典の最初の語。伝説によれば，釈尊の教えをまとめる最初の会議において，阿難陀（Anandaの音写，釈尊の従弟で十大弟子の一人）がこのように言ってから経の誦出をはじめたので，以後，経典はこの文句で始まるようになったという。Formel, mit der verschiedene Sutras (siehe: *kyō*; *o-kyō*) eingeleitet werden. Der Legende zufolge soll Ānanda (einer der 10 großen Schüler des Buddha) beim ersten buddhistischen Konzil, wo die Lehre des Buddha zusammengefasst wurde, seine Darlegung der Lehre mit diesen Worten begonnen haben, und seither wurden diese Worte zur einleitenden Formel der buddhistischen Sutras.

♦oharai おはらい，お祓い

die shintōistische Reinigungszeremonie **oharai o suru お祓いをする** eine (shintōistische) Reinigungszeremonie durchführen

♦ohyakudo-mairi お百度参り

社寺に参ってその境内の一定の距離を百回往復し，そのたびに礼拝・祈願を繰り返すこと。Zwischen zwei bestimmten Punkten im Schrein- oder Tempelbezirk hundertmal betend hin- und hergehen (um seinem Gebet Nachdruck zu verleihen).

♦ōjō-suru 往生する

1) in die Ewigkeit eingehen; das Zeitliche segnen; ins Paradies kommen; gehen, um wiedergeboren zu werden 2) sterben, einschlafen 3) nachgeben; sich beugen 4) in Verlegenheit kommen; in die Tinte geraten **tachi-ōjō suru 立ち往生する** stecken bleiben; sich festfahren; weder vor noch zurück können; weder ein noch aus wissen 立ち往生は，もともとは，立ったまま死ぬという意味であった。転じて，行き詰まって処置できなくなることを意味するように

なった。*Tachi-ōjō suru* bedeutete ursprünglich „im Stehen sterben", davon abgeleitet ist die Bedeutung „weder ein noch aus wissen" **dai-ōjō 大往生** der würdevolle Tod im hohen Alter **ōjō-giwa 往生際** 1) die Grenze zum Tod 2) der letzte Zeitpunkt, um abzudanken oder aufzugeben **ōjō-giwa ga warui 往生際が悪い** ein schlechter Verlierer sein; nicht wissen, wann Schluss ist

♦ oku no in 奥の院

der innerste Tempel 寺院で，本殿の後方あるいはそれよりさらに奥にあって，開山祖師の像や秘仏などを安置してある建物。Halle in einer Tempelanlage, die hinter der Haupthalle, bzw. weiter im Inneren der Anlage, steht, wo Statuen des Tempelgründers, öffentlich nicht zugängliche Buddha-Statuen usw. aufgestellt sind.

♦ omamori お守り

das Amulett, der Talisman 幸運を呼び入れ，邪気を追い払うといわれているもので，交通安全や学業成就など目的のはっきりしたものもある。小さい紙片や木片に，神の名や祈祷文・守護神の絵姿などが書かれ，色つきの小さな袋に入れられているものが多い。Amulette, die Glück herbeirufen und Übel abwenden sollen, oft für genau definierte Zwecke, wie z.B. Sicherheit im Straßenverkehr oder Erfolg im Studium. Häufig in Form kleiner bunter Stoffsäckchen, die den Namen, die Gebetsformel oder eine Abbildung der jeweiligen Schutzgottheit enthalten.

♦ omikuji おみくじ，御神籤

das Orakelzettelchen 社寺でことの吉凶を占うためにひく。読み終えたくじを境内の木の枝などに結び付けたりする。An Schreinen oder Tempeln werden oft Orakelzettelchen feilgeboten, die man nach dem Lesen an einen Baum o.Ä. befestigen kann. (Abbildung)

♦ oni 鬼

der böse Geist「おに」の語源については諸説がある。漠然とした在来的「おに」の概念に，仏教の鬼や中国の鬼の概念が結び付いたものと考えられる。Der Ursprung des Wortes ist unklar, aber vermutlich wurde eine indigene japanische Vorstellung von bösen Geistern mit buddhistischen und chinesischen Konzepten verbunden. **oni ni kanabō 鬼に金棒** dem Teufel eine Eisenstange geben (die Stärke eines ohnehin schon Mächtigen verdoppeln) **oni no me ni mo namida 鬼の目にも涙** selbst ein Teufel weint Tränen; auch ein unbarmherziger Mensch kann Mitleid empfinden **rainen no koto o iu to oni ga warau 来年のことを言うと鬼が笑う** (Sprichw.) Wenn man vom nächsten Jahr spricht, lachen sich die bösen Geister ins Fäustchen. **oni no kubi o totta yō ni yorokobu 鬼の首を取ったように喜ぶ** wörtl.: „sich freuen, als hätte man einem Teufel den Kopf abgeschlagen"; sich wie ein Stint freuen; sich triumphierend freuen **oni no inu ma ni sentaku 鬼のいぬ間に洗濯** wörtl.: „Die Wäsche machen, wenn der Dämon aus dem Haus ist." Ist die Katze aus dem Haus, tanzen die Mäuse auf dem Tisch.

この洗濯というのは命の洗濯，つまり日頃の苦労を忘れてのびのびと気晴らしすること。全体としては，主人や監督するもののいない間に，くつろいで息抜きすることのたとえになっている。Mit „Wäsche“ im japanischen Sprichwort ist hier gemeint, dass man die Anstrengungen des Alltags vergisst, und sich etwas Erholung und Abwechslung gönnt. Im Allgemeinen ist das heute eine Metapher dafür, dass man sich eine entspannende Pause gönnt, wenn der Hausherr oder der Aufseher nicht da ist. **oni ga deru ka ja ga deru ka 鬼が出るか蛇が出るか** wörtl.: „Ob wohl ein Dämon oder eine Schlange erscheint?“ Man weiß nie, was einem als nächstes passiert. 次にどのようなことが起きるか予想もできない，という意味。 からくり人形師の口上から出た言葉であると言われる。Man kann nicht vorhersehen, was als nächstes passiert. Das Wort soll auf die Ansprache eines Marionettenspielers zurückgehen. **kokoro o oni ni suru 心を鬼にする** sein Herz verhärten; ein hartes Herz haben **shinshutsu-kibotsu 神出鬼没** das übernatürliche Erscheinen und Verschwinden **kiseki 鬼籍** das Sterberegister **kiseki ni iru 鬼籍に入る** ins Sterberegister eingehen; sterben **oni no kakuran 鬼の霍乱** plötzliche Krankheit eines Kerngesunden 普段非常に健康な人が，突然めずらしく病気になること。Gemeint ist, dass jemand, der sich sonst immer der besten Gesundheit erfreut, ganz plötzlich und ausnahmsweise einmal krank wird.

♦Onmyōdō (On'yōdō) 陰陽道

die Lehre von Yin und Yang 中国の陰陽五行説に基ついて災異・吉凶を説明しようとする方術。日本には6世紀頃伝えられ重要視されたが，平安時代以降は神秘的な面が強調され，俗信化した。Aus der chinesischen Lehre von den fünf Elementen hervorgegangenes System zur Erklärung und Beeinflussung des Schicksals, seit dem 6. Jh. in Japan bekannt. Seit der Heian-Zeit wurde die magische Seite betont und es entwickelten sich daraus volkstümliche Glaubensvorstellungen. **onmyōji 陰陽師** der Yin-Yang-Meister; der taoistische Magier

♦onryō 怨霊

der Rachegeist **iki-ryō 生き霊** der Rachegeist (einer lebenden Person) **shi-ryō 死霊** der Rachegeist (eines Verstorbenen)

♦rinne 輪廻

die Werdewelt サンスクリットの原語は，「流れること」，「転位」を意味する。生あるものが生死を繰り返すことを指す。インドでひろく流布した考えであるが，仏教では，解脱しないかぎり，生ある者は三界六道に迷いの生死を重ね止まることがないと考えられていた。Das zugrunde liegende Sanskritwort bedeutet „fließen“ oder „Wandel“, es bezeichnet die Vorstellung, dass alles Lebendige sich in einem Kreislauf von Geborenwerden und Sterben befindet. Diese in Indien allgemein verbreitete Vorstellung wurde im Buddhismus so interpretiert, dass die Lebewesen, so lange sie nicht erlöst sind, endlos in der Welt der Verblendung, d.h. in den Drei Welten und den „Sechs Wegen“, Geburt und Tod wiederholen.

♦rokkon-shōjō 六根清浄

{Buddh.} wörtl.: „Reinigung der sechs Wurzeln (der Verblendung/Verwirrung)" 人間に具わった六根を清らかにすること。六根とは，感覚器官とその器官が有する能力という意味。Reinigung der „sechs Wurzeln (der Verblendung/Verwirrung)", mit denen der Mensch versehen ist; mit den sechs Wurzeln sind die Sinnesorgane und ihre Funktionen gemeint.

♦rokudō 六道

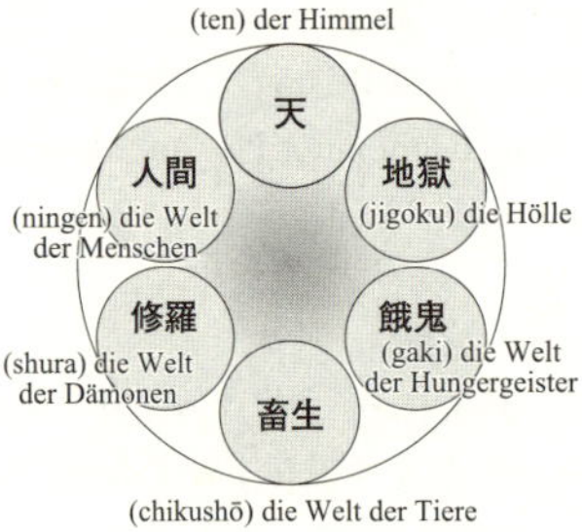

{Buddh.} „die Sechs Wege" 仏教の考えで，衆生が善悪の業によって赴き住む六つの迷界で，地獄・餓鬼・畜生・修羅・人間・天をさす。Sechs Daseinsbereiche oder Formen der Existenz, aus denen nach buddhistischer Vorstellung der Geburtenkreislauf besteht, in dem die Lebewesen gefangen sind, und aus dem sie erlöst werden müssen: **jigoku** 地獄 die Hölle, **gaki** 餓鬼 die Welt der Hungergeister, **chikushō** 畜生 die Welt der Tiere, **shura** 修羅 die Welt der Dämonen, **ningen** 人間 die Welt der Menschen, **ten** 天 der Himmel, die Welt der Götter.

♦rōshō-fujō 老少不定

{Buddh.} die Unbeständigkeit des Lebens; der Tod verschont niemanden 死は年齢とは関係なく訪れるから，予測できるものではないということ。Die Redensart will sagen, dass der Tod unabhängig vom Alter zu einem kommen kann und nicht vorhersagbar ist.

♦saikai-mokuyoku 斎戒沐浴

die rituelle Reinigung; die rituelle Waschung **saikai-mokuyoku suru 斎戒沐浴する** eine rituelle Waschung vornehmen (z.B. vor einer religiösen Zeremonie)

♦sai no kawara 賽の河原

das steinige Flussbett 民間信仰と結び付いた仏教説話。賽の河原は，冥土に至る途中にあると信じられている河原。親に先立って死んだ小児が，父母供養のためにこの河原で小石を積んで小さな塔を作ろうとするが，石を積むとすぐに鬼が現われて壊してしまう。そこへ地蔵菩薩が現われて小児を救うという話がある。Eine vom Volksglauben inspirierte buddhistische Legende. Das steinige Flussbett soll sich auf dem Weg in das Totenreich befinden. Dort müssen die Kinder, die vor ihren Eltern gestorben sind, als Opfergaben für ihre Eltern kleine Pagoden aus den kleinen Steinen des Flussbetts auftürmen, die aber immer wieder von *Oni* (siehe *Oni*) zerstört werden. Zur Rettung der Kinder soll sich dort der Bodhisattva Kṣitigarbha (siehe: *Jizō*) manifestieren.

♦saisei-itchi 祭政一致

die Theokratie; die Einheit von Kirche und Staat 祭祀と政治とが一元化していること。古代社会に多い。Die Untrennbarkeit von Religion und Politik war ein Kennzeichen vieler Gesellschaften des Altertums.

◆sange 散華

die buddhistische Blumenprozession 法会のときに偈を唱えながら列を作って歩き，蓮の花びらの形をした紙を撒き散らすのを散華というが，戦死を美化してこのように呼ぶこともある。Bei bestimmten buddhistischen Zeremonien bilden Mönche eine Prozession, wobei sie Hymnen auf Buddha rezitieren und Lotosblütenblätter aus Papier zerstreuen; das Wort *sange* wird aber auch als ein Euphemismus für den Tod auf dem Schlachtfeld gebraucht (wobei man den ehrenvollen Tod für das Vaterland mit der Schönheit herabfallender Blüten vergleicht).

◆sankotsu 散骨

das Verstreuen der Asche eines Verstorbenen 遺骨を細かく砕き，山や海に撒く葬法。「葬送を目的として，相当の節度を持って行なうならば違法ではない」という法解釈が現在有力。Form der Bestattung, wobei die sterblichen Überreste nach der Kremation fein zerstoßen und dann z.B. in den Bergen oder auf dem Meer verstreut werden. Wenn es „zum Zweck einer Trauerfeier in angemessener Form durchgeführt“ wird, ist diese Form der Bestattung nach aktueller Rechtsauslegung in Japan nicht verboten.

◆Sanshu no jingi 三種の神器

die drei göttlichen Kleinodien; die drei Reichsinsignien Japans 皇位の標識として歴代の天皇が受け継いできたという三つの宝物。Drei Kleinodien, von denen es heißt, dass sie als Zeichen der Macht von *Tennō* zu *Tennō* weitergegeben werden. Sie bestehen aus einem Spiegel, einem Schwert und einer Kette mit Krummjuwelen.

◆sanzu no kawa 三途の川

der Totenfluss; der Fluss der Unterwelt 死者が冥界に入る前に渡るとされる川の名前。中国で成立した偽経による。Ein Fluss, den die Verstorbenen überqueren müssen, um in die Unterwelt zu gelangen (nach einem in China entstandenen apokryphen Sutra).

◆satori 悟り

die Erleuchtung 日常語としては，理解すること，知ることを意味するが，仏教においては，迷いが解けて，真理を会得することを意味する。Ideal des Buddhismus, die Überwindung aller Illusionen und das Erlangen der Wahrheit. Im alltäglichen Sprachgebrauch auch einfach nur „Verstehen“, „Wissen“.

◆seiaku-setsu 性悪説

die ethische Lehre, dass der Mensch von Natur aus böse sei **seizen-setsu 性善説** die ethische Lehre, dass der Mensch von Natur aus gut sei 古代中国哲学に於ける二つの相反する立場で，人間の本性は悪であるという立場を代表するのは荀子，それに対して，人間の本性は善であるという立場に立ったのは孟子である。Es handelt sich um zwei Grundpositionen in der klassischen chinesischen Philosophie, wobei die Lehre von der angeborenen Bosheit des Menschen von Xunzi vertreten wird, demgegenüber Mengzi (auch Menzius) die Lehre von der ursprünglich guten Natur des Menschen vertritt.

◆seihin 清貧

die ehrliche Armut 行いが清らかで私欲がなく，そのために貧しく暮らしていること。In einfachen Verhältnissen leben, weil man ehrlich und nicht selbstsüchtig ist.

♦senja-fuda 千社札
die Votivzettel 神社や仏閣に参拝した記念として山門などに貼る，自分の名前などを書き込んだ札のこと。江戸時代中期以降に流行した。Streifen (meistens Papierstreifen) mit dem eigenen Namen, die man als Zeichen für den Schrein- und Tempelbesuch z.B. an das Tor des Heiligtums klebt. Populär seit der mittleren Edo-Zeit.

♦sesshō 殺生
{Buddh.} die Zerstörung von Leben; das Nehmen von Leben 生きものを殺すこと。生命あるものを殺すことは，仏教の罪のなかでも最も重いものとされている。Ein Lebewesen zu töten gilt im Buddhismus als das schwerste Vergehen.

♦Shaka-nyorai 釈迦如来
{Buddh.} Śākyamuni Tathagata **Shakuson 釈尊** einer der Ehrentitel Gautama Buddhas **Shaka ni seppō 釈迦に説法** (Sprichw.) wörtl.: „Buddha predigen"; dem Papst das Beten beibringen; Eulen nach Athen tragen

♦Shichi-fukujin 七福神

die sieben Glücksgötter 福をもたらす7柱の福徳の神で，仏教・神道・道教の神や聖人からなる。宝船に乗った姿で描かれる。Die Gruppe der sieben volkstümlich verehrten Glücksgötter setzt sich aus buddhistischen, shintōistischen und taoistischen Heiligen zusammen. Sie werden oft im „Schatzschiff" *Takarabune* dargestellt. **Ebisu えびす，恵比寿** Ebisu (auch Yebisu); Gott des Reichtums, einer der sieben Glücksgötter **ebisu-gao えびす顔，恵比須顔** ein freudestrahlende Gesicht **kariru toki no ebisu-gao, kaesu toki no enma-gao 借りる時の恵比須顔，返す時の閻魔顔** Ein freudestrahlendes Gesicht beim Borgen, ein furchterregendes Gesicht beim Zurückzahlen; ein Engel beim Borgen, ein Teufel beim Zurückzahlen 借りるときの地蔵顔済（な）すときの閻魔顔という言い方もある。

♦Shikoku-hachijūhachi-kasho 四国八十八箇所
{Buddh.} die 88 heiligen Stätten auf der Insel Shikoku 四国にある弘法大師空海ゆかりの88の霊場。他の地方にもこれを模した同様のものがある。88 heilige Stätten (Tempel), die auf den heian-zeitlichen Mönch Kūkai (774-835) zurückgehen und die den berühmtesten japanischen Pilgerweg bilden. Auch in anderen Regionen Japans hat man nach diesem Vorbild je 88 heilige Stätten errichtet. **henro no tabi ni deru 遍路の旅に出る** auf Pilgerfahrt gehen; sich auf eine Pilgerreise begeben **henro-yado 遍路宿** die Herberge für Pilger; die Pilgerherberge Schlafplatz während einer Pilgerfahrt **go-ei-ka 御詠歌** das Pilgerlied

◆shiku-hakku 四苦八苦

{Buddh.} vier Leiden und acht Qualen 四苦とは生（生まれること）・老・病・死で，これに怨憎会苦（憎いものと会う苦しみ）・愛別離苦（愛するものと別れる苦しみ）など他の四苦を加えて四苦八苦という。ただし日常語として「四苦八苦する」という意味で用いるのであれば，schrecklich leiden とか in großen Schwierigkeiten sein という表現を用いればよい。Im Buddhismus bezeichnet man Geburt, Alter, Krankheit und Tod als vier Leiden, außerdem spricht man auch von acht Qualen (worin die vier Leiden enthalten sind), z.B. dem Zusammensein mit verhassten Menschen, dem Getrenntsein von geliebten Menschen usw. In der Alltagssprache verwendet man *shiku-hakku* einfach in der Bedeutung „schrecklich leiden“ oder „in großen Schwierigkeiten sein“.

◆shimekazari 注連飾り

das heilige Strohseil 正月などに門や神棚などに注連縄を張って飾ること。また，その注連縄。Das Aufhängen eines geweihten Strohseils am Tor oder am shintoistischen Hausaltar z.B. an Neujahr. Das heilige Strohseil heißt auch so.

◆shimenawa しめ縄，注連縄

das geweihte Strohseil an einem Shintō-Heiligtum; auch ein aus Stroh gefertigter Glücksbringer, der zum Jahreswechsel am Hauseingang aufgehängt wird, um Unheil fernzuhalten. 神事において神聖な場所を画するため，また新年に門口に魔よけのために張ったりする縄。

◆shinbutsu-shūgō 神仏習合

{Rel.} der Synkretismus aus Shintō und Buddhismus 日本古来の神と外来宗教である仏教とを結び付けた信仰のこと。習合とは，習（かさ）ね合うという意味である。すでに奈良時代から，寺院に神が祀られたり，神社に神宮寺が建てられたりした。Die Verschmelzung der indigenen japanischen Shintō-Religion mit dem vom Festland importierten Buddhismus zu einer eigenen, japanischen Form von Religiosität. Schon in der Nara-Zeit wurden an Tempeln auch Shintō-Gottheiten verehrt und Tempel im Bezirk von Schreinen erbaut (siehe *jingū-ji*).

◆shin-shūkyō 新宗教

die Neureligion 既成の宗教に対して，新しく興った宗教のことで，特に幕末以降に成立した宗教教団を指す。かつてマスコミは，新しく興り，既成の宗教に比べて宗教的価値が低いというニューアンスを込めて，新興宗教という言葉を使っていた。これに対して研究者は，中立的立場で「新宗教」という用語を使用し，現在ではこちらの呼び方が普及している。Im Gegensatz zu den etablierten Religionen bezeichnet man Religionsgemeinschaften, die besonders seit dem Ende der Edo-Zeit neu entstanden sind, als Neureligionen. In den Medien wurde früher die Bezeichnung *shinkō-shūkyō* (wörtl.: „neu aufgekommene Religion“) oft mit einem negativen Unterton verwendet. In der Religionswissenschaft verwendet man dagegen die neutrale Bezeichnung Neureligion (*shin-shūkyō*), die sich immer mehr durchsetzt. **shin-shin-shūkyō 新新宗教** 1970年代から隆盛となった一群の新宗教を，従来の新宗教と

は異なった性質を持つものとして新新宗教と呼ぶことがある。Bezeichnung für eine Gruppe von Neureligionen, die seit den 70er Jahren des 20. Jhs. aufblühten und sich durch einen besonderen Charakter auszeichnen, der sie von den anderen Neureligionen unterscheidet.

♦Shintō 神道

der *Shintō*; der Shintōismus 日本固有の民族宗教。祖先神や自然神への尊崇を中心とする古来の民間信仰に発する。Die indigene japanische Volksreligion. Sie ist aus Glaubensvorstellungen entstanden, die seit alters her unter dem Volk verbreitet waren, und hauptsächlich durch die Verehrung von Ahnen als Gottheiten und von Naturgeistern charakterisiert. **Kokka-shintō 国家神道** der Staats-*Shintō* 明治維新後，神道国教化政策により，神社神道を皇室神道のもとに再編して作られた国家宗教。軍国主義・国家主義と結び付いて推進され，天皇を現人神とし天皇制支配の思想的支柱になった。Die Meiji-Regierung verfolgte eine Politik, den *Shintō* zur japanischen Staatsreligion zu erheben, und ordnete den politisch ausgerichteten Zweig des *Shintō* dem des Kaiserhauses unter. Der Staats-*Shintō* wurde mit militaristischen und nationalistischen Ideen verbunden, durch sie gefördert, und betrachtete den *Tennō* als menschgewordene Gottheit, wodurch sich diese Form des *Shintō* zu einer ideologischen Stütze der *Tennō*-Herrschaft entwickelte. **go-shintai ご神体** das Allerheiligste in einem *Shintō*-Schrein **kannushi 神主** der *Shintō*-Priester **miko 巫女** die Schreinjungfrau; junge Frauen, die an einem *Shintō*-Schrein arbeiten **norito 祝詞** die shintōistische Fürbitte; das shintōistische Gebet **jinja 神社** der *Shintō*-Schrein, der Schrein **torii 鳥居** das *Torii*; der Torbogen vor einem *Shintō*-Heiligtum (Abbildung) **(o-) mikoshi (御) 神輿** der *Mikoshi*-Schrein; der tragbare Schrein 神幸の際，神体または御霊代が乗るとされる輿。Ein kleiner *Shintō*-Schrein, der bei einem Schrein-Fest in einer Parade durch die Straßen getragen wird. **mikoshi o sueru みこしを据える** sich (häuslich) niederlassen; lange bleiben ここでは，次の表現と同じく，輿と腰が掛け言葉になっている。Hier und in dem folgenden Ausdruck handelt es sich auch um ein Wortspiel mit dem Homophon *mikoshi*, das einerseits „tragbarer Schrein", andererseits „Hüfte" bedeuten kann. **mikoshi o ageru みこしを上げる** sich endlich erheben **koma-inu 狛犬** der Schreinschutzhund in Löwengestalt 神社の社頭や社殿の前に据え置かれる一対の獅子に似た獣の像。魔よけのためという。仏教寺院に置かれているケースもある。Löwenähnliche Wächterfiguren aus Holz, Stein oder Metall, die paarweise aufgestellt den Eingang von *Shintō*-Schreinen magisch beschützen, gelegentlich auch am Eingang von buddhistischen Tempeln. **saisen-bako 賽銭箱** der Opferstock 社寺の堂の前また

は中に置き，参詣人の賽銭を受ける箱。Kasten für Spenden an *Shintō*-Schreinen oder buddhistischen Tempeln. **kashiwa-de 柏手, 拍手** rituelles Klatschen im *Shintō*-Schrein「柏手を打つ」は, betend in die Hände klatschen **mitarashi (mitarai) 御手洗** der Brunnen zur rituellen Reinigung in einer Schreinanlage

♦ shita-gokoro 下心

heimlicher Wunsch; geheime Absicht **shita-gokoro ga aru 下心がある** einen heimlichen Wunsch hegen; eine geheime Absicht haben

♦ shogyō-mujō 諸行無常

alles Irdische ist unbeständig. 仏教の根本思想の一。万物は常に変化して少しの間もとどまらないことをいう。Einer der Grundgedanken des Buddhismus: Alles, was ist, ist in ständigem Wandel und bleibt auch nicht einen Moment unverändert.

♦ shōja-hitsumetsu 生者必滅

Alles, was entstanden ist, muss vergehen; alles, was lebt, muss sterben. 仏教の人生観の原点を示す語の一つ。『平家物語』(成立年不詳) 冒頭の一節にもあるように，中世無常観の象徴的用語として文学作品にも散見される。Eine der Formulierungen, in denen die Grundlage des buddhistischen Menschenbildes ausgedrückt wird. Als symbolischer Ausdruck der mittelalterlichen Anschauung von der Vergänglichkeit findet sich die Formulierung gelegentlich auch in der Literatur, wie z.B. in den Anfangszeilen des *Heike-monogatari* (Entstehungsjahr unklar).

♦ shōkon-sha 招魂社

der Schrein für die im Krieg Gefallenen 明治維新前後から，国家のために殉難した者の霊を祀った神社。1868 (明治元) 年各地の招魂場を改称，東京招魂社は1879 (明治12) 年靖国神社と改称された。地方の招魂社は1939 (昭和14) 年護国神社と改称された。Schreine, in denen die Seelen derjenigen verehrt werden, die seit etwa der Meiji-Restauration im Krieg für ihr Land gefallen sind. Die neue Bezeichnung *shōkon-sha* wurde 1868 landesweit eingeführt und der entsprechende Schrein in Tōkyō heißt seit 1879 Yasukuni-Schrein (siehe: *Yasukuni-jinja*). Die als *shōkon-sha* bezeichneten regionalen Schreine wurden 1939 in Gokoku-jinja (wörtl.: „Schreine zum Schutz des Landes“) umbenannt.

♦ Shugen-dō 修験道

Shugendō 密教の一派であるが，日本古来の山岳信仰や神道的要素も取り入れられている。修験道の宗教的指導者を山伏と言う。Eine Schule des esoterischen Buddhismus, die Elemente der indigenen japanischen Bergverehrung und des *Shintō* aufweist. Die religiösen Führer des *Shugen-dō* werden *Yamabushi* genannt.

♦ shuin-chō 朱印帳

das „Heft für die roten Siegel“; das Pilgerbuch 特定の寺院や神社において巡礼者や参拝者は，朱印帳にそれぞれの寺社の朱印を受けることができるようになっている。朱印はみごとな形象のものも多く，たいてい参拝の年月日も記されるところから，この朱印帳をもとに，巡礼の経過を振り返ってみることができる。Pilger und

Besucher können sich an bestimmten Tempeln und Schreinen ein Siegel des Heiligtums in ihr Pilgerbuch geben lassen. Die roten Stempel sind oft sehr prächtig gestaltet und der Eintrag enthält meist auch das Datum, sodass sich anhand des Heftes der Verlauf einer Pilgerreise nachvollziehen lässt.

♦shukubō 宿坊

die Tempelherberge 寺院で参詣者を宿泊させる施設。独特の雰囲気や精進料理などを体験できる。Ein buddhistischer Tempel, wo man übernachten und die besondere Atmosphäre sowie die Fastenspeisen (siehe *shōjin-ryōri*) kennen lernen kann.

♦sōgi 葬儀 (sōshiki 葬式)

die Beerdigung, die Begräbnisfeier; die Bestattung **shini-shōzoku 死に装束** das Totenhemd, das Totengewand **mofuku 喪服** die Trauerkleidung **kaisōsha 会葬者** die Trauergäste; die Teilnehmer an der Trauerfeier **nobe-okuri 野辺送り** das letzte Geleit; der Trauerzug 遺骸を火葬場または埋葬場まで見送ること。Teil der Bestattungsfeier, bei dem der Verstorbene unter dem Geleit der Angehörigen zur Einäscherungshalle (Krematorium) oder zum Friedhof gebracht wird. **moshu 喪主** der Veranstalter der Trauerfeier (normalerweise der nächste Angehörige des Verstorbenen) **shōkō 焼香** das Verbrennen von Weihrauchpulver; das Weihrauchopfer 焼香は，葬儀のみならず仏教の儀式全般において広く行なわれる。Weihrauchopfer gibt es nicht nur bei Trauerfeiern, sondern auch bei vielen anderen buddhistischen Zeremonien. **kasō 火葬 (dabi 荼毘)** die Feuerbestattung, die Einäscherung **dosō 土葬** die Erdbestattung, das Erdbegräbnis, die Beerdigung 土葬は日本では，古代から江戸時代までは，葬法の主流であった。第二次世界大戦後も，高度経済成長期までは，都市部以外の地域でしばしば行なわれていた。厚生労働省の統計によると，1960 (昭和35) 年度には，全国で死亡者の約37%に当たる約30万人が土葬された。しかし土葬は年々減少し，2009 (平成21) 年度には約800人，全体の0.07%になった。現在日本において土葬の許可基準は各自治体の裁量に任されており，禁止されている地域もある。Vom Altertum bis in die Edo-Zeit war die Erdbestattung in Japan die Hauptform der Bestattung. Auch nach dem Zweiten Weltkrieg bis zum Wirtschaftswunder wurden außerhalb der großen Städte oft Erdbestattungen durchgeführt. Nach einer Statistik des Ministeriums für Wohlfahrt und Arbeit wurden im Jahr 1960 etwa 300 000 Personen so bestattet, das entspricht ungefähr 37 % aller Verstorbenen. Aber die Zahl der Erdbestattungen geht von Jahr zu Jahr zurück und 2009 wurden nur etwa 800 Personen beerdigt, was 0,07 % entspricht. Heute liegen die Richtlinien für die Genehmigung einer Erdbestattung im Ermessen der lokalen Verwaltung und in manchen Regionen sind Beerdigungen grundsätzlich verboten. **kōden 香典** das Beileidsgeschenk 香の代わりに霊前に供える金品。喪家のものは，葬儀に際して特別の包みに入れられたお金を受け取るという習慣がある。Bei der Trauerfeier erhalten die Hinterbliebenen *Kōden* in Form von Geldgeschenken, die in einem besonderen Umschlag übergeben werden. **kōden-gaeshi 香典返し** das Gegengeschenk für ein Beileidsgeschenk **sōgi-sha 葬儀社**

das Bestattungsinstitut **reikyū-sha 霊柩車** der Leichenwagen **missō 密葬** 1) heimliche Beerdigung 2) Beerdigung im engsten Kreis

♦sōhei 僧兵
der Mönchsoldat, der Kriegermönch 平安時代後期以降，延暦寺（京都），興福寺（奈良）などの大寺において，武芸を練り，仏法守護の名目で戦闘にも従事した下級僧侶。織田信長・豊臣秀吉らに滅ぼされた。Mönche der niederen Mönchsränge, die seit der späten Heian-Zeit an den großen Tempeln, z.B. am Enryaku-ji (Kyōto) und am Kōfuku-ji (Nara), als Soldaten trainiert wurden, und unter dem Vorwand die buddhistische Lehre zu beschützen in den Krieg geschickt wurden. Oda Nobunaga, Toyotomi Hideyoshi u.a. haben die Mönchsoldaten vernichtend geschlagen.

♦sokushin-jōbutsu 即身成仏
{Buddh.} die Erlangung der Buddhaschaft noch zu Lebzeiten 密教の宗教理想で，人間がこの肉身のままで成仏の境地に達すること。Nach dem religiösen Ideal des esoterischen Buddhismus kann der Mensch noch in diesem Leben und in diesem Körper die Buddhaschaft vollenden.

♦sokuten-kyoshi 則天去私
Folge dem Himmel, verlasse dein Ego! 天に則り私を去る，つまり我執を捨てて自然に身をゆだねるということで，夏目漱石（1867-1916）が晩年に理想とした境地。Dem Himmel folgen und sein Ich aufgeben, d.h. seine Anhänglichkeiten verwerfen und sich der Natur, bzw. dem natürlichen Lauf der Dinge anzuvertrauen. Ethisches Ideal des Schriftstellers Natsume Sōseki (1867-1916) in seinen späten Lebensjahren.

♦sosen-sūhai 祖先崇拝
der Ahnenverehrung 祖先や祖霊に対する信仰。子孫や一族の加護を祈るのが一般的形態。Der Glaube an die Ahnen oder die Seelen der Verstorbenen, die man dann im Allgemeinen um Schutz für die Nachkommen oder die Familie bittet.

♦taigi-meibun 大義名分
Prinzipien der Gerechtigkeit もともとは儒教に由来する考え方であるが，今日では，行動を起こすに当たって，その正当性を主張するための根拠，という意味で用いられている。Ursprünglich eine Lehre des Konfuzianismus, aber heute wird *taigi-meibun* oder die Prinzipien der Gerechtigkeit dazu benutzt, um damit bei der Durchführung einer Handlung deren Berechtigung zu beteuern.

♦Takamagahara (Takama no hara) 高天原
wörtl.: das „hohe Himmelsgefilde"; der Göttersitz in der japanischen Mythologie 日本神話で，神々が住んだという天上の国。天照大神が支配。人の住む葦原中国（あしはらのなかつくに），死者が赴く黄泉（よみ）の国に対置される。Ein himmlisches Land, in dem der japanischen Mythologie zufolge die Götter ihren Wohnsitz haben, und das von der Sonnengöttin Amaterasu-ōmikami beherrscht wird. Dem hohen Himmelsgefilde steht einerseits die Welt der Menschen *Ashihara no nakatsukuni* (das „Land in den Schilfebenen") und andererseits

das Totenreich *Yomi no kuni* (wörtl.: „das Land der gelben Quellen“) gegenüber.

♦ tamagushi 玉串

der *Sakaki*-Zweig mit Papierschmuck (als Opfergabe für eine *Shintō*-Gottheit)

♦ tariki-hongan 他力本願

Erlösung durch das Gelübde und die Gnade Amida-Buddhas 弥陀の本願の力によって成仏すること。本来の意味から離れて，自分では何もせず，他人の助けをあてにして頼る，というような意味で用いている者も少なくない。Nicht selten wird *tariki* (wörtl.: „Anderkraft“, gemeint ist die Kraft des Buddha) fernab der ursprünglichen Bedeutung so gebraucht, dass man sich, ohne selbst etwas zu tun, ganz auf die Hilfe anderer Leute verlässt **jiriki. 自力** 1) eigene Kraft; eigene Anstrengung 2) Erlösung aus eigener Kraft

♦ teihatsu てい髪，剃髪

die Tonsur 1)髪を剃ること。特に，仏門に入る際，髪を剃り落とすこと。2) 江戸時代の刑罰の一つ。姦通などをした女性の髪を剃り落とし，親元へ引き渡たした。Die Rasur des Haupthaares, besonders in dem Fall, wenn jemand in den buddhistischen Orden eintritt. 2) In der Edo-Zeit eine Form der Körperstrafe. Frauen, die des Ehenbruchs schuldig befunden wurden, wurden die Haare abrasiert und sie wurden in das Haus ihrer Eltern zurückgebracht.

♦ tenchi-shinmei 天地神明

alle Gottheiten im Himmel und auf Erden **tenchi-shinmei ni chikau 天地神明に誓う** bei allen Göttern schwören

♦ Tenjin-Matsuri 天神祭り

das Tenjin-Fest (am 24. und 25. Juli) 天神祭りは全国の天満宮で行なわれる。大阪の天満宮を中心に祭神の菅原道真の命日にちなんで行なわれる天神祭りは，日本の三大祭の一つに数えられる。Das Tenjin-Fest findet in den *Tenmangū*-Schreinen überall in Japan statt. Dieses Fest, das am 24. und 25. Juli (anlässlich des Todestages von Sugawara no Michizane) am Osaka Tenmangū gefeiert wird, zählt zu den drei größten Festen Japans

♦ Tenjin-sama 天神様

der als Gottheit der Literatur verehrte Literat Sugawara no Michizane (845-903) 菅原道真 (845-903年) を祭神とする神社を天満宮と呼ぶ。Schreine, die ihm geweiht sind, bezeichnet man als *Tenmangū*-Schreine.

♦ tokudo 得度

die buddhistische Priesterweihe; die buddhistische Ordination **tokudo suru 得度する** die buddhistische Priesterweihe empfangen; buddhistischer Mönch/buddhistische Nonne werden **genzoku 還俗** die Laisierung (eines buddhistischen Mönches bzw. einer Nonne); die Rückkehr in den Laienstand (ins weltliche Leben) **genzoku suru 還俗する** wieder in den Laienstand treten; aus dem Priesterstand ausscheiden; in das profane Leben zurückkehren

♦ tsuya 通夜

die Totenwache 死者を葬る前に，家族・縁者・知人などが遺体の側で終夜過ごすこと。しかし近頃では，弔問客が (翌日の葬儀に参列できない場合) 喪家に対して哀悼の意を表す儀式にもなっている。Während der Nacht vor der Begräbnisfeier halten Angehörige, Freunde und Bekannte des Verstorbenen die Totenwache. Aber in der letzten Zeit nutzen Trauergäste, die am folgenden Tag nicht am Begräbnis teilnehmen können, die Totenwache manchmal als eine Gelegenheit, den Angehörigen ihr Beileid auszusprechen.

♦uchōten 有頂天

die Entzückung, die Begeisterung もともとは仏教用語であるが，現在では，大喜びで我を忘れる，という意味で用いられている。Ursprünglich ein buddhistischer Fachterminus, heute meint man damit, dass man sich vor lauter Freude selbst vergisst. **uchōten ni naru 有頂天になる** vor Freude ganz außer sich sein

♦ujigami 氏神

1) der Schutzgott eines Geschlechtes 2) der Sippengott eines Dorfes 1) 氏の祖先の霊を神として祀ったもの。2) 住む土地の鎮守の神。

♦ujiko 氏子

wörtl.: „Kinder" einer (lokalen) Schrein-Gottheit; Bezeichnung für die Anwohner, die im Einflussbereich eines *Shintō*-Schreins leben

♦unsui 雲水

wörtl.: „Wolke und Wasser"; der *Zen*-Mönch 本来は，行雲流水のようにところ定めず遍歴修行をした禅僧を意味したが，現在一般的には一定の道場に留まって修行する参禅弁道の修行僧をも雲水という。Ursprünglich ein *Zen*-Mönch auf Pilgerschaft, der unbeständig wie die Wolken und das Wasser umherzieht. Heute allgemeine Bezeichnung für *Zen*-Mönche in der Ausbildung, auch wenn sie fest in einem Kloster leben.

♦wa 和

1) der Friede 2) die Harmonie 3) die Summe 聖徳太子の制定とされている十七条の憲法にもあるように，日本においては古来，他者との調和を重んじる和を重要視してきたことが分かる。Schon in der „Verfassung in 17 Punkten" (aus dem Jahr 720), die traditionell dem Shōtoku Taishi zugeschrieben wird, kann man erkennen, dass in Japan von alters her der Friede durch den harmonischen Umgang mit den Mitmenschen eine wichtige Rolle spielen soll.

♦wabi わび，侘び

die geschmackvolle Einfachheit; die Ruhe ausstrahlende Schlichtheit 飾りを棄てた閑寂な風情 **sabi さび** die Patina; durch eine Patina des Alterns entstandene geschmackvolle Einfachheit 古びて閑寂な趣があること。

♦wasan 和讃

die Hymnik in Japanisch 仏や菩薩，仏教の教義などを日本語で讃嘆した讃歌。平安朝末から鎌倉時代にかけて多く作られた。Hymnen auf die Buddhas, Bodhisattvas oder die buddhistische Lehre in japanischer Sprache. Seit dem Ende der Heian-Zeit bis zur Kamakura-Zeit entstanden viele solche buddhistische Hymnen.

♦yamabushi 山伏

der Bergasket 仏道修行のために山野に起臥する僧。手には錫杖(しゃくじょう)やほら貝を持ち，頭に斑蓋を付けた姿で知られる。Buddhistische Asketen, die sich für ihre religiösen Übungen in die Berge und Wälder zurückziehen. Typisch für sie sind Pilgerstab, große Muschelhörner, die wie eine Art Trompete geblasen werden, und kleine Kappen auf dem Kopf.

♦Yamato Takeru no mikoto 日本武尊

Prinz Yamato Takeru 大和国家成立期の伝説的英雄。景行（けいこう）天皇の皇子。『古事記』『日本書紀』にその記述がある。Legendärer Held bei der Errichtung des Reiches Yamato. Sohn des Keikō-Tennō. Er wird im *Kojiki* und *Nihon-shoki* (siehe jeweils dort) erwähnt

♦yaoyorozu no kami 八百万の神

wörtl.: „acht Millionen Götter"; Myriaden von Göttern 無数の神々，あらゆる神々ということ。die zahllosen Götter, alle Götter

♦Yasukuni-jinja 靖国神社

der Yasukuni-Schrein 1869 (明治2) 年招魂社として設立され，1879年に現在名に改称。戦死者等国事に殉じた者を祀る。1869 errichtet und seit 1879 unter diesem Namen bekannter *Shintō*-Schrein in Tōkyō, der den japanischen Gefallenen geweiht ist. **Yasukuni-jinja kōshiki-sanpai 靖国神社公式参拝** der offizielle Besuch des Yasukuni-Schreins 極東国際軍事裁判においてA級戦犯とされた人たちが合祀されていたことが判明して以来，政府高官，特に首相の公式参拝が問題視され，同時に中国や韓国等の反発もまねき外交問題にもなっている。Der Schrein gilt oft als Symbol des japanischen Nationalismus, besonders seit in den 80er Jahren des 20. Jhs. einer breiten Öffentlichkeit bekannt wurde, dass neben den vielen anderen gefallenen Soldaten auch Personen verehrt werden, die in den Tōkyōter Prozessen als „Kriegsverbrecher der Klasse A" verurteilt wurden. Offizielle Besuche von einzelnen Spitzenpolitikern (besonders des Ministerpräsidenten) führen regelmäßig zu Protesten, besonders in China und Korea.

♦yorishiro よりしろ，依り代

das Haus der Gottheit 憑依物としての樹木や岩石など。zeitweiliger Sitz einer Gottheit wie ein Baum oder ein Stein

♦yūgen 幽玄

der mystische Zauber 奥深く微妙で，容易に図り知ることができないこと。これは余韻を重んじ，省略をよしとする日本人の美意識と深く関わるものである。Japanisches ästhetisches Ideal einer tief verborgenen, delikaten Schönheit, die sich einer einfachen Beschreibung entzieht. Dabei legen die Japaner viel Wert auf den „Nachklang" eines ästhetischen Eindrucks, und das Wesentliche wird eher angedeutet als offengelegt.

♦yumemakura ni tatsu 夢枕に立つ

im Traum erscheinen 神や仏が夢枕に立って人に物事を告げるというのは，日本の宗教史や宗教文学でしばしばみられるモ

udari 天下り
vom Himmel herabsteigen, das Her- n vom Himmel“, das Überwechseln rangigen Bürokraten aus Ministerien vatwirtschaft (nach der Pensionierung) 僚が退職後，勤務官庁と関連の深 会社や団体の高い地位に就くこ 業間の談合を生み出す温床として， 声も高い。Diese Praxis wird heftig , weil sie leicht zu Unternehmensab- führen kann.

ga furō ga yari ga furō ga 雨が うが槍が降ろうが
egal ob Regen oder ob Lanzen vom fallen“; unter allen Umständen; auf ll; egal was passiert; auf Biegen und

otoko 雨男
nn, von dem man scherzhaft sagt, mmer Regen gibt, wenn er auftaucht nn er etwas unternehmen will. **ame-** 女 Eine Frau, von der man scherz- , dass es immer Regen gibt, wenn sie t oder wenn sie etwas unternehmen

ga attara hairitai 穴があったら たい
sart) Wenn ich könnte, wollte ich im den) Erdboden versinken. Vor Scham ch fast in die Erde sinken.

an-nyōbō 姉さん女房
u, die älter als ihr Ehemann ist 姉女 言う。Man sagt auch *ane-nyōbō*.

♦ ao-nisai 青二才
wörtl.: „grün und zweijährig“; der Grünschnabel; der grüne Junge 年若く，未熟な人を見下した言い方。「青」は，未熟の意。「二才」については，いくつかの説がある。Herablassende Bezeichnung für einen jungen oder unerfahrenen Menschen. „Grün“ bedeutet unreif und für „zweijährig“ gibt es verschiedene Erklärungen.

♦ arigata-meiwaku ありがた迷惑
der unwillkommene Gefallen; die lästige Wohltat; der Bärendienst 最後の Bärendienst というのはフランスの詩人ラ・フォンテーヌ (1621-95) の『寓話集』に由来する。熊が，園丁の鼻にとまったハエを取ってやろうとその鼻を叩き，彼を殺してしまうという話である。Das Wort „Bärendienst“ stammt aus einer Fabel des französischen Schriftstellers Jean de La Fontaine (1621-95), in der ein Bär einen Gartenfreund von einer lästigen Fliege befreien will, die auf dessen Nase sitzt, und ihn dabei aus Versehen erschlägt.

♦ asagao 朝顔

die Winde アジア原産のつる草で，盛夏頃から初秋にかけて花を咲かせる。日本へは7世紀から8世紀にかけて，遣唐使によって薬用として持ち込まれたといわれている。江戸時代後期に園芸植物として改良され，多くの品種ができた。湿気が多く暑い日本の夏には，朝の涼しい空気のなかで花を咲かせる朝顔は，心和む清

ティーフである。Die Traumoffenbarung durch einen Buddha oder eine Gottheit, die jemandem etwas prophezeit, ist ein häufiges Motiv in der japanischen Religionsgeschichte und Literatur.

♦ zanki 慙愧
die Scham, das Schamgefühl 仏教語。古くは「ざんぎ」と発音した。自分の言動を反省し深く恥じ入ること。Buddhistischer Terminus, der früher *zangi* ausgesprochen wurde. Über seine eigenen Worte und Taten reflektieren und sich dafür schämen **zanki ni taenai 慙愧に耐えない** sich zu Tode schämen

♦ zazen 座禅
die *Zen*-Meditation 主として禅宗で行なわれる仏教の修行法の一つ。古代インドの修行形式を取り入れられており，修行者は，結跏趺坐あるいは半跏趺坐し，半眼の姿勢をとり瞑想する。Religiöse Übung vor allem in den *Zen*-Schulen des japanischen Buddhismus. In die äußere Form dieser kontemplativen Übung sind Elemente aus altindischen Meditationsformen eingeflossen, deshalb wird sie im vollen oder halben Lotussitz und mit halbgeschlossenen Augen durchgeführt.

♦ zen 禅
das Zen, die Versenkung この語は，サンスクリットのdhyānaからの音写による。古くからインドで行なわれる修行方法。心を安定・統一させることによって宗教的叡智に達しようとする。Japanische Aussprache des chinesischen Wortes *chan*, das seinerseits eine phonetische Wiedergabe des Sanskrit-Terminus *dhyāna* („Meditation“) darstellt. Asketischer Übungsweg, der seit altersher in Indien praktiziert wurde. Dabei wird durch eine Kultivierung des Geistes religiöse Erkenntnis angestrebt.

♦ Zen-shū 禅宗
die *Zen*-Schule; die *Zen*-Sekte, der *Zen*-Buddhismus 座禅を中心においた修行が重視される。日本では現在特に，臨済宗，曹洞宗等が知られる。その先行形態はインドにも見られたが，6世紀に中国へ伝えられて発達した。20世紀の60年代，ヨーロッパにも共鳴者が現われるようになり，現在幾つかの国に，禅の修業を目的とした組織も存在する。Bezeichnung für Lehrtraditionen des Buddhismus, in denen die Meditation eine zentrale Rolle einnimmt. In Japan heute vor allem durch die *Sōtō*-Schule und *Rinzai*-Schule vertreten. Die Ursprünge dieser Meditationsform finden sich in Indien, im 6. Jh. wurde sie nach China überliefert, wo sie weiter entwickelt wurde. Seit den 60er Jahren des 20. Jhs. wurde der *Zen*-Buddhismus durch teilweise idealisierende Darstellungen auch im Westen populär und ist heute als buddhistische Religionsgemeinschaft in einigen Ländern etabliert. **kōan 公案** das *Kōan*, die *zen*-buddhistische Meditationsaufgabe 禅宗で，修行者に研究課題として与えられる問題。優れた修行者の言葉や事績から取られることが多い。In der *Zen*-Schule wird dem Übenden als Meditationsaufgabe oft ein *Kōan* gegeben, viele *Kōan* sind von Aussprüchen oder besonderen Leistungen hervorragender Meister abgeleitet. **zen-mondō 禅問答** *Zen*-Dialog (z.B. zwischen *Zen*-Meister und Schüler)

2. 人間関係・社会一般・風物・風俗・暦

Menschliche Beziehungen, Gesellschaft allgemein, Land und Leute, Sitten und Gebräuche, Jahreslauf

♦ada-uchi あだ討ち
{Gesch.} die Blutrache, die Racheaktion, die Rache, die Revanche 主君や親兄弟などを殺したものを討ち取って，恨みを晴らすこと。江戸時代には，武士階級で慣習として公認されていたが，1873 (明治6) 年禁止された。Die Ermordung seines Herren, seiner Eltern oder Geschwister blutig rächen und so sein Rachegefühl befriedigen. In der Edo-Zeit war diese Sitte unter den *Samurai* als Gewohnheitsrecht anerkannt, aber 1873 wurde sie verboten. **kaeri-uchi ni au 返り討ちにあう** von dem, den man zu töten versuchte, umgebracht werden

♦agattari de aru 上がったりである
(ugs.) hoffnungslos sein; am Ende sein; auf den Hund gekommen sein

♦ageku 挙句
1) der Schlussvers; die Schlussstrophe bei einem Kettengedicht (*renga; renku*, bestehend aus zweimal 7 Silben) 2) das Ende, der Schluss 1) 連歌や連句の最後の七・七の句。2) 終わり，結果。**age-ku no hateni 挙句の果てに** am Ende, schließlich; zu guter Letzt「挙句」とは，連歌や連句の最後の7-7の句。そこからものごとの終わりを意味するようになった。*Ageku* ist der Schlussvers eines Kettengedichts, davon abgeleitet bezeichnet der Ausdruck heute das Ende einer Angelegenheit.

♦aho (ahō) あほう, 阿呆
der Idiot, der Dummkopf, der Schwachkopf「馬鹿」とほぼ同義であるが，「阿呆」は，近畿地方や中国地方で多く用いられる傾向がある。Das Wort hat fast die gleiche Bedeutung wie *baka* und wird tendenziell in den Regionen Kinki und Chūgoku oft verwendet. **ahō no hitotsu-oboe 阿呆の一つ覚え** das alte Lied; die gleiche Platte; das einzige Rezept「馬鹿の一つ覚え」という言い方もある。Es gibt auch die Version *baka no hitotsu-oboe*.

♦aiai-gasa 相合傘
gemeinsam unter einem Schirm gehen (ein Mann und eine Frau); sich bei Regen einen Schirm teilen 封建時代には親しい関係にある男女も，人前では一緒にいるべきではないとされた。めったにないチャンスの一つが，雨の日の相合傘であった。In der Feudalzeit durften sich Männer und Frauen, selbst wenn sie eine innige Beziehung hatten, nicht gemeinsam in der Öffentlichkeit zeigen, aber ein Regentag bot eine seltene Gelegenheit, sich öffentlich einen Schirm zu teilen. **bangasa 番傘** der Papierregenschirm 太い竹の骨に和紙を張り，その上に油を引いた実用的な傘。商家などで番号を付けて客に貸したところからこの名がある。

Praktischer Schirm aus einem soliden Bambusgestell, das mit japanischem Papier bespannt und mit Öl imprägniert ist. Der Name bedeutet „Nummern-Schirm“, weil manche Geschäfte solche Schirme früher mit einer Nummer versehen und an ihre Kunden ausgeliehen haben. **ama-yadori 雨宿り** der Schutz vor dem Regen; unter einem Dach das Ende des Regens abwarten

♦aishō ga ii 相性がいい
die gleiche Wellenlänge haben; gut zusammenpassen **aishō ga awanai 相性が合わない** nicht gut zusammenpassen

♦aiso (aisō) 愛想
1) die Liebenswürdigkeit, die Leutseligkeit, die Umgänglichkeit 2) die Rechnung **aiso ga tsukiru 愛想が尽きる** nichts mehr zu tun haben wollen; die Geduld (mit jemandem) verlieren **aiso ga ii 愛想がいい** entgegenkommend; zuvorkommend

♦akai-hane bokin undō 赤い羽根募金運動
wörtl.: „die Spendenbewegung Rote Feder“ 毎年10月に行なわれる社会福祉のための募金活動。eine jährlich im Oktober durchgeführte Spendensammlung für wohltätige Zwecke この募金に応じた者には，襟などに付ける赤い羽根が渡される。Als Zeichen, dass man etwas gespendet hat, bekommt man eine rote Feder zum Anstecken.

♦aka no tanin 赤の他人
der (die) Wildfremde; der (die) völlig Unbekannte「あか」の意味については，「明白な」,「まったくの」という意味の接頭語

として用いられ
いくつか見られ
のような意味でぁ
bedeutet hier „of
Man findet scho
weitere Beispiel
setzungen mit *aka*

♦akujo no fuka
die tiefe Liebe ein
Zuneigung einer
hässliche Frau lie

♦aku-junkan
der Teufelskreis
循環に陥る in ei

♦aku-un 悪運
1) das Unglück; d
widrige Geschick
das Glück des Bös
が強い unversc
Teufel auf seiner
üblen Lebenslauf
tsukiru 悪運が
schämtes Glück ge

♦ama 海女
die Taucherin 海
てあわびや食用
ら顔を出すと大
出す口笛のよう
Frauen, die in der
lonen, Meeresgem
die Taucherinnen
kommen, holen sie
ein eigentümliches
man *Isobue* nennt.

♦amak
wörtl.: „
absteige
von hoch
in die Pr
高級官
い民間
と。企業
批判の
kritisier
sprache

♦ame
降ろ
wörtl.: „
Himmel
jeden Fa
Brechen

♦ame-
Ein Ma
dass es
oder we
onna 雨
haft sag
auftauc
will.

♦ana
入り
(Redens
(od. in
wollte

♦anes
eine Fr
房とも

涼剤となっている。Kletterpflanze aus Asien mit einzeln stehenden Blüten, Blütezeit: Hochsommer bis Frühherbst. Sie soll zwischen dem 7. und 8. Jh. durch die frühen japanischen Gesandtschaften von China aus zunächst als Medizinkraut in Japan eingeführt worden sein. Seit der späten Edo-Zeit werden Winden in Japan als Zierpflanzen kultiviert und in verschiedenen Rassen gezüchtet. Im schwülheißen japanischen Sommer vermittelt die Winde, deren Blüten in der kühlen Morgenluft blühen, eine angenehme erfrischende Stimmung. **hirugao 昼顔** die Japanische Zaunwinde

◆asshī アッシー (asshī-kun アッシー君)
(ugs.) der ungeliebte aber automobilisierte Freund (einer Frau) 送迎専用のボーイフレンド。バブル経済時代に若い女性が用いた言葉だが，それ以後も，事情によってはそれなりに用いられている。Ein Mann, mit dem eine Frau nur wegen seines Autos befreundet ist, weil er sie damit überall hin bringt. Das Wort kam zur Zeit der Seifenblasenwirtschaft auf und wird noch gelegentlich gebraucht.

◆atarazu tomo tō karazu 当たらずとも遠からず
wörtl.: „nicht treffend, aber nicht weit vom Ziel entfernt"; nah dran sein; fast erraten; schon ganz gut geraten.

◆atatte kudakero 当たって砕けろ
Gib dein Bestes (lass nichts unversucht), egal, was das Ergebnis sein wird. 成功するかどうかは分からなくても，思い切ってやってみろ，ということ。Auch wenn man nicht weiß, ob man erfolgreich sein wird, soll man in jedem Fall sein Bestes versuchen.

◆ate-uma 当て馬
der Scheinkandidat (bei einer Wahl) **ate-uma ni suru 当て馬にする** jemanden als Scheinkanditaten zu Wahl aufstellen「当て馬」とは，馬の種付けの際に，牝馬の発情を促したり確認したりするための牡馬のことであるが，転じて，相手の反応や様子を探るため，仮の者を表面に出してみること，またその者。Bei der Begattung in der Pferdezucht bedeutet *ateuma*, einen Hengst mit einer Stute zusammenzubringen, um festzustellen, ob eine Stute brünftig ist, davon abgeleitet das Vorstellen eines Scheinkandidaten, um die Reaktion der anderen Seite auszuloten, auch die Bezeichnung für einen Scheinkandidaten.

◆ato-kusare 後腐れ
der spätere Ärger; der nachträgliche Unannehmlichkeiten **ato-kusare no nai yō ni suru 後腐れのないようにする** etwas in Ordnung bringen, um späteren Ärger zu vermeiden

◆ato wa no to nare yama to nare 後は野となれ山となれ
wörtl.: „nach mir mag eine Ebene oder ein Berg entstehen"; nach mir die Sintflut このSintflutというのは，『旧約聖書』にある「ノアの洪水」のことである。したがってこのドイツ語は「私より後に洪水が来ようが，知ったことではない」という意味になる。Die Sintflut bezeichnet im Alten Testament die große Flut zur Lebzeit des Noah und die Redewendung bedeutet, dass jemandem die zukünftigen Folgen seines

Handelns nicht interessieren.

♦ atto iu ma ni あっという間に

wörtl.: „in der Zeit, in der man gerade nur *a* sagt“; im Nu; im Handumdrehen

♦ awa o kuu 泡を食う

wörtl.: „Schaum fressen“; in Verwirrung geraten; aus der Fassung geraten; den Kopf verlieren「あわ」は，動詞「慌(あわ)てる」の語幹で，これを同音の「泡」にかけた「掛詞（かけことば)」である。Bei dem Ausdruck „Schaum fressen“ handelt es sich um ein Wortspiel (siehe *kakekotoba*) mit *awa*-dem Stamm des Wortes *awateru* („außer sich sein“) und dem Substantiv *awa* („Schaum“).

♦ ayakaru あやかる

jemandes Beispiel folgen; sich jemanden zum Vorbild nehmen; so glücklich sein wollen wie …; jemandes Glück teilen wollen「彼にあやかりたい」Ich möchte sein wie er.

♦ azuma-otoko ni kyō-onna 東男に京女

Die Männer aus Edo (Tōkyō) und die Frauen aus Kyōto sind die besten.

♦ baka de mo chon de mo 馬鹿でもちょんでも

wörtl.: „der Dummkopf und der Idiot“; jeder Depp **baka ni naranai 馬鹿にならない** nicht zu vernachlässigen sein; nicht unterschätzen dürfen; nicht auf die leichte Schulter nehmen dürfen **baka o miru 馬鹿を見る** den Kürzeren ziehen **baka to hasami wa tsukai yō 馬鹿と鋏は使いよう** (Sprichw.) Dumme und Scheren bewegen sich, wie man sie handhabt. **baka ni tsukeru kusuri wa nai 馬鹿につける薬は無い** (Sprichw.) Gegen Dummheit ist kein Kraut gewachsen. **baka wa shinanakya naoranai 馬鹿は死なきゃ治らない** wörtl.: „Ein Dummkopf wird erst durch seinen Tod geheilt.“ Dummheit heilt nicht.「馬鹿」は，当て字。サンスクリットの*moha*（痴），または*mahallaka*（無智）が転じたもので，僧侶が隠語として用いたことによる，という。Die Schriftzeichen für *baka* sind Lautzeichen. Das Wort soll auf Sanskrit *moha* („Dummheit“) oder *mahallaka* („Unwissenheit“) zurückgehen und aus dem Jargon der Mönche stammen.

♦ banji-kyūsu 万事休す

Alles ist verloren! Wir sind am Ende; nicht mehr zu retten sein. 出典は，中国の古典。「休す」は「止む」の意。Formulierung aus einem chinesischen Klassiker, *kyūsu* bedeutet hier „aufhören“.

♦ bankan 万感

wörtl.: „zehntausend Gefühle“; die verschiedensten Empfindungen **bankan mune ni semaru 万感胸に迫る** Unzählige Gefühle drängen sich in der Brust

♦ bankara 蛮カラ，バンカラ

die Barbarei, die Ungeschliffenheit; das unzivilisierte Benehmen「バンカラ」とは，「ハイカラ」(wörtl.: „der hohe Kragen“; der modische Schick; der westliche Stil 西洋風の身なりや生活様式）に対するアンチテーゼとして造りだされた言葉で，言動や行動が粗野なこと，またわざとそのように振る舞うことを意味する。典型的な様式としては弊衣破帽があり，旧制高等学校の生徒のなかで流行した。粗末な衣装によって，表面の姿かたちに惑わされず，真理を追究する，という姿勢を表現したものとされている。Das Wort wurde als Gegenbegriff zu *high collar* („der hohe Kragen"; der modische Schick; westlicher Stil etc.) gebildet und bezeichnet eine grobe Ausdrucksweise und ein entsprechendes Verhalten, oder jemanden, der sich bewusst so verhält. Als typisch dafür kann kaputte Kleidung und ein zerlumpter Hut gelten, so wie es unter den Schülern des früheren Oberschulsystems einige Zeit Mode war. Vermutlich wollten die Schüler damit zum Ausdruck bringen, dass es ihnen auf Äußerlichkeiten nicht ankomme, weil für sie nur die Suche nach der Wahrheit wichtig war.

◆ bannan o haishite 万難を排して

entgegen allen Schwierigkeiten; allen Schwierigkeiten zum Trotz; auf jede Gefahr hin

◆ Barentain-dē バレンタイン・デー

(von engl. St. *Valentine's day*) der Valentinstag 聖バレンタインの記念日 (2月14日)。この日に愛する人に (特に女性から男性に) 贈り物を贈る。日本では1958年頃より流行，贈り物としては，チョコレートが圧倒的に多い。ドイツではこの日に男性が女性に贈り物をする。たいていは花束である。ドイツにおいてこういった風習が一般的になったのは，第二次世界大戦後のことである。Gedenktag für St. Valentin (14. Februar), an dem sich Liebende beschenken. Während in Deutschland an diesem Tag die Männer den Frauen etwas schenken (meistens Blumen), ist es in Japan so, dass die Frauen den Männern etwas schenken, und zwar vor allem Schokolade. In beiden Ländern wurde der Valentinstag erst nach dem Zweiten Weltkrieg (in Japan seit ungefähr 1958) populär. **honmei-choko 本命チョコ** das ernst gemeinte Schokoladengeschenk (zum Valentinstag) **giri-choko 義理チョコ** das obligatorische Schokoladengeschenk am Valentinstag (z.B. für den Chef)

◆ bata-kusai バタ臭い

wörtl.: „nach Butter stinkend"; einen Buttergeruch haben, eine (als negativ empfundene) westliche Ausstrahlung haben バターのにおいがするものは，西洋から来たものというところから，西洋風である，西洋かぶれしているという意味。Was nach Butter riecht, kommt aus dem Westen, davon abgeleitet meint das Wort auch „im westlichen Stil", „vom westlichen Einfluss angesteckt sein".

◆ batsu 閥

die Clique **gakubatsu 学閥** die akademische Clique **zaibatsu 財閥** die Industriellenclique **gunbatsu 軍閥** die militärische Clique **habatsu 派閥** die Clique; die Fraktion **keibatsu 閨閥** der Nepotismus; die Vetternwirtschaft **monbatsu 門閥** die Abstammung; die vornehme Familie

◆ batsu ga warui ばつが悪い

es ist einem peinlich; man fühlt sich peinlich berührt その場の成り行き上きまりが悪い，具合が悪く恥ずかしいという意味。

◆ batsuichi バツイチ

einmal geschieden sein 離婚をすると戸籍

の名前の上に×印が付けられることから「バツイチ」は，一度離婚したことを意味するようになった。この言葉には，「離婚」という言葉が持つ暗く重いイメージがなく，若い人たちの間で1990年代の初め頃から使われるようになった。Im japanischen Familienregister wird bei einer Scheidung über dem Namen ein Kreuz (*batsu*) eingetragen. Das Wort *batsuichi* (wörtl.: „ein Kreuz“) klingt nicht so negativ wie das Wort „Scheidung“ (*rikon*), deshalb wird es von jungen Leuten seit Anfang der 90er Jahre umgangssprachlich mit der Bedeutung „einmal geschieden sein“ verwendet.

♦beiju 米寿

besondere Bezeichnung für das 88. Lebensjahr, wörtl.: „Reisalter“（米の字を分解すると八十八になることから）88歳のこと。Die Striche des chinesischen Schriftzeichens „Reis“ 米 lassen sich als zweimal das Zeichen „acht“ 八 und das Zeichen „zehn“ 十 interpretieren. ただし米寿を祝うは，den 88. Geburtstag feiernでよい。このほかに，古希（古稀）(70歳)，喜寿（77歳)，傘寿（80歳)，卒寿（90歳）等を祝う人もいる。Außerdem wird manchmal der 70. (*koki*), der 77. (*kiju*), der 80. (*sanju*) oder 90. (*sotsuju*) Geburtstag gefeiert.

♦bijin-kontesuto 美人コンテスト

der Schönheitswettbewerb, die Misswahl **bijin-kontesuto ni sankasuru 美人コンテストに参加する** an einem Schönheitswettbewerb teilnehmen **zessei no bijin 絶世の美人** die einzigartige Schönheit; eine beispiellose Schönheit; die bildschöne Frau **bijin-hakumei 美人薄命** wörtl.: „Eine schöne Frau stirbt früh.“

♦binbō himanashi 貧乏暇なし

wörtl.: „Arme haben keine Zeit.“ 貧乏をしていると，生活に追われて，少しの時間の余裕も持てないということ Wer arm ist, ist voll damit beschäftigt, seinen Lebensunterhalt zu verdienen und hat nicht den geringsten zeitlichen Spielraum. Arme können sich keinen Müßiggang leisten.

♦binbō-kuji 貧乏くじ

die Niete; das schlechteste Los **binbō-kuji o hiku 貧乏くじを引く** die Niete ziehen; das schlechteste Los ziehen; den Schwarzen Peter ziehen/bekommen; den Kürzeren ziehen（この最後のドイツ語の言い回しは，麦わらなどをくじ代わりに用いて，短い方を引いたものを負けとしたことによる。Der letzte deutsche Ausdruck geht auf ein Losverfahren zurück, bei dem eine Person verschieden lange Strohhalme in der Hand hält, und die anderen reihum je einen herausziehen, wer den kürzesten Halm zieht, hat verloren.）

♦binta o kurawasu びんたを食らわす（binta o kuwaseru びんたを食わせる）

jemanden mit der flachen Hand auf die Wange schlagen; jemandem eine Ohrfeige geben: jemanden ohrfeigen

♦bōhan-kamera 防犯カメラ

die Überwachungskamera, die Sicherheitskamera なおテレビ番組などにおけるいわゆる「ドッキリカメラ」は versteckte Kamera という。

◆ **bōjaku-bujin 傍若無人**
die Dreistigkeit, Rücksichtslosigkeit 傍に人がいてもまったく気にせずに，自分勝手に振る舞うこと。Auch wenn man nicht alleine ist, ignoriert man die anderen und handelt völlig nach eigenem Gutdünken. **bōjaku-bujin na 傍若無人な** dreist, rücksichtslos

◆ **boketsu o horu 墓穴を掘る**
wörtl.: „sich das eigene Grab schaufeln"; seinen eigenen Untergang herbeiführen; den Ast absägen, auf dem man sitzt

◆ **bōnen-kai 忘年会**
wörtl.: „Party, um das Jahr zu vergessen"; die Jahresabschlussfeier 学生同士や会社の仕事仲間などさまざまなグループが，過ぎた一年のことを忘れ，飲んだり食べたりする。合間に余興なども入れて，2〜3時間を過ごす。ドイツではこの頃クリスマスが祝われるわけだが，日本の忘年会とドイツのクリスマス・パーティでは内容・実態が大きく異なる。Eine Party am Jahresende im Kreis der Kommilitonen, Arbeitskollegen usw., um das vergangene Jahr beim gemeinsamen Essen und Trinken zu vergessen. In den Pausen werden kleine Darbietungen eingeschoben und die Veranstaltung kann zwei bis drei Stunden dauern. In Deutschland finden etwa zur gleichen Zeit Weihnachtsfeiern statt, die sich aber inhaltlich und von der Atmosphäre ziemlich von einer *Bōnen-kai* unterscheiden. **shinnen-kai 新年会** die Neujahrsfeier **nijikai 二次会** das zweite Treffen (z.B. einer Kneipentour) **sanjikai 三次会** das dritte Treffen (z.B. einer Kneipentour); die dritte Feier (direkt nach der ersten und zweiten)

◆ **boshi-katei 母子家庭**
die vaterlose Familie; die Familie ohne Vater **shinguru-mazā シングル・マザー** die alleinerziehende Mutter (mit Kind oder Kindern) **fushi-katei 父子家庭** die mutterlose Familie; die Familie ohne Mutter **shinguru-fāza シングル・ファーザー** der alleinerziehende Vater (mit Kind oder Kindern) **kata-oya 片親** ein Elternteil **kata-oya no kodomo 片親の子供** Kind mit nur einem Elternteil **kaku-kazoku 核家族** die Kernfamilie (bestehend aus Eltern und deren Kindern)

◆ **bōsō-zoku 暴走族**
die Motorradbande; der Rocker オートバイや自動車のエンジン，クラクション等をけたたましくならしながら（多くの場合深夜）路上を無軌道に走り回る若者の集団。motorisierte Gruppen, die durch laute Fahrgeräusche die Nachtruhe der Anwohner stören

◆ **Bunka-kunshō 文化勲章**
der Kulturorden 科学・芸術など文化の発達に卓越した功績のあった者に授与される勲章。1937（昭和12）年に制定された。Kulturpreis, der seit 1937 an hervorragende Wissenschaftler, Künstler usw. verliehen wird

◆ **Bunka no hi 文化の日**
Tag der Kultur 11月3日，国民の祝日。自由と平和を愛し，文化をすすめる日，とされている。1946（昭和21）年のこの日新憲法が公布された。Ein gesetzlicher Feiertag am 3. November. Ein Tag, der dazu dienen

soll, die Freiheit und den Frieden zu lieben und die Kultur zu fördern. An diesem Tag wurde 1946 die Nachkriegsverfassung proklamiert.

♦burei-kō 無礼講
ungezwungene Gesellschaft 身分とか地位の上下などを考えないで，つまり堅苦しい礼儀を抜きにして行う酒盛り。Ein Trinkgelage, bei dem man die gesellschaftliche Hierarchie vergisst und auf steife Höflichkeit verzichtet. **burei-kō ni suru 無礼講にする** unter Verzicht auf gute Formen zechen

♦bureru ぶれる
1) wackeln; ins Wanken kommen (Meinung, Haltung etc.) 2) unscharf sein (Foto)

♦burikko ぶりっ子
(ugs.) Frauen mit gekünstelt-mädchenhaften Verhalten かわい子ぶることで異性の関心を引こうとする女の子，女性。若者言葉で 1981（昭和 56）年頃から流行。Diese Bezeichnung für Frauen, die in der Gegenwart von Männern durch übertrieben mädchenhaftes Verhalten (gespielte Hilflosigkeit, Naivität etc.) die Aufmerksamkeit auf sich zu ziehen versuchen, ist etwa seit 1981 in Mode.

♦cha-bōzu 茶坊主
1) der Page, der für die Teezeremonie verantwortlich ist 2) der Kriecher 1) 室町時代から江戸時代において，武家に仕えて茶の湯のことを司った剃髪の男子。Von der Muromachi-Zeit bis zur Edo-Zeit beschäftigten die Angehörigen des Kriegeradels Pagen für die Teezeremonie, die den Kopf nach Art buddhistischer Mönche geschoren hatten. 2) 茶坊主たちはしばしば政治に口を挟み権力者に追従したことから，今日この語は，権力者におもねる者を罵る言葉となっている。Die Tee-Pagen mischten sich oft in die politische Diskussion ein und schmeichelten den Machthabern, das Wort *cha-bōzu* wird heute in der Bedeutung von Kriecher benutzt.

♦chanchara okashii ちゃんちゃらおかしい
(ugs.) lächerlich, lachhaft; ein Witz sein 明治時代の初めにはすでにこの言い方は存在したが，現在でも使用可能。Den Ausdruck gab es schon in der Meiji-Zeit und kann heute noch verwendet werden.

♦chanomi-tomodachi 茶飲み友達
1) der gute Freund zum Plaudern; der alte Freund 2) ein Ehepaar, das erst in hohem Alter geheiratet hat (auch: die Bezeichnung für einen der Partner eines solchen Ehepaars)

♦cha-tsumi 茶摘み
das Teepflücken 晩春から夏の初めに，茶の木の芽を摘み取ること，またその人。Vom Ende des Frühlings bis zum Sommeranfang werden die frischen Blattspitzen des Tees gepflückt. Als *Cha-tsumi* bezeichnet man auch die Person, die den Tee pflückt. **cha-tsumi-uta 茶摘み歌** das Lied zum Teepflücken

♦chikan 痴漢
der Sittenstrolch, der Triebtäter, das Sittlichkeitsverbrechen, der Grapscher **chikan ni au 痴漢にあう** (von einem Grapscher) belästigt werden **bōhan-beru 防犯ベル** ein Gerät zum Mitnehmen, mit dem Frauen durch einen

lauten Alarm auf sich aufmerksam machen können, wenn sie sich bedroht fühlen.

◆chindon-ya ちんどん屋

der Chindon'ya 人目を引く服装をし，宣伝用のポスターを掲げて，何種類かの楽器を鳴らしながら練り歩き，さまざまな催しものの宣伝をすることを生業とする人。Ein auffallend gekleideter Straßenkünstler mit mehreren Musikinstrumenten, der mit Plakaten etc. für alle möglichen Veranstaltungen Werbung macht.

◆chōchin-mochi ちょうちん持ち，提灯持ち

1) das Vorausleuchten mit einer Laterne; der Laternenträger 2) der Lobredner, der Schmeichler 1) 夜道などで，提灯を持って先導する役，また，その人。2) ある人の手先となってその人をほめて回ること。また，その人をあざけって言う語。Bei einer nächtlichen Prozession o.Ä. mit einer Laterne vorausleuchten, auch die Bezeichnung für die entsprechende Person 2) Spöttische Bezeichnung für eine Person, die als jemandes Handlanger diesen lobend die Runde macht.

◆chonmage ちょんまげ，丁髷

der Haarknoten 江戸時代の男子の髪型の一つ。現在では，関取の風俗として残っている。Eine Männerfrisur der Edo-Zeit, die heute nur noch als eine Sitte der *Sumō*-Ringer überlebt hat. **nihon-gami 日本髪** die japanische Damenfrisur 明治以降の洋髪に対して，日本に古くからある髪形の総称。Sammelbezeichnung für traditionelle japanische Damenfrisuren im Gegensatz zu den seit der Meiji-Zeit bekannten westlichen Frisuren.

◆chōrei 朝礼

der Morgenappell in der Schule und im Betrieb 学校や工場などで朝の始業前に全員が集まり，挨拶を交わしたり連絡や報告を受けたりする行事。日本の学校や工場に於ける独特の雰囲気形成に関わっていると考えられる。Vor Beginn des Unterrichts oder der Arbeit müssen die Schüler bzw. Angestellten manchmal in Reih und Glied antreten, um den Schulleiter oder einen Vorgesetzten zu begrüßen, und/oder eine kleine Ansprache zu hören. Diese Veranstaltung soll zur besonderen Atmosphäre an japanischen Schulen oder Unternehmen beitragen.

◆chōsan-boshi 朝三暮四

wörtl.: „morgens drei, abends vier" 1) sich in unwichtige Details verrennen 2) jemanden mit Schönrednerei austricksen 1) 目先の違いに気を取られて，結果が同じになることに気がつかないこと。2) うまい言葉で人をだますこと。中国の故事による。狙公（＝猿回し）が飼っている猿に栃の実を与えるのに，朝に三つ，暮れに四つ与えると言ったところ猿が少ないと怒ったために，朝に四つ，暮れに三つに改めたところ，たいそう喜んだというもの。Nach einer alten chinesischen Geschichte von einem Gaukler und seinem Affen. Als der Mann dem Affen morgens drei und abends vier Rosskastanien versprach, wurde der Affe ärgerlich, weil das zu wenig sei. Als er ihm aber morgens vier und abends drei versprach, war er sehr zufrieden.

♦ **chōshi ni noru 調子に乗る**

1) übermütig werden; sich gehen lassen 2) etwas geht gut; sich mitreißen lassen **chōshi ni norisugiru 調子に乗り過ぎる** übermütig werden; es zu weit treiben **chōshi ni norunja naiyo 調子に乗るんじゃないよ** Lass dich nicht gehen! Werd nicht übermütig!

♦ **chō yo hana yo to sodateru 蝶よ花よと育てる**

(etwas veraltet) ein Mädchen sehr fürsorglich aufziehen 子供，特に女の子をいつくしみ可愛がって育てる様子。ein Kind, besonders ein Mädchen, liebevoll aufziehen

♦ **chōyō no jo 長幼の序**

Achtung der Altersfolge 年長者と年少者の間には，守るべき順序があるとする考え。孟子による。Die Vorstellung, dass unter Älteren und Jüngeren eine gewisse Rangfolge zu bewahren sei, stammt von Mencius (372-289 v.Chr.).

♦ **chūgen 中元 (o-chūgen お中元)**

die Jahresmitte, auch das Geschenk zur Jahresmitte 起源的には道教と仏教の混交が見られる。半年生存の無事を祝い，知り合いや世話になった人等に贈り物をする。(贈答の期間は一般に，7月前半とされている。) Ursprünglich handelt es sich bei diesem Brauch um eine Vermischung von taoistischen und buddhistischen Traditionen. Mitte Juli feiert man, dass man gut durch die erste Hälfte des Jahres gekommen ist, und beschenkt bei dieser Gelegenheit Freunde und Bekannte. **seibo 歳暮 (o-seibo お歳暮)** Das Jahresende, auch das Geschenk zum Jahresende. Neben der Jahresmitte ist das Jahresende der wichtigste Termin für Geschenke.

♦ **chūryū-kaikyū 中流階級**

die Mittelschicht, die Mittelklasse **chūryū-katei 中流家庭** die Mittelschichtfamilie, die Mittelklassenfamilie **chūryū-ishiki 中流意識** das Mittelschichtbewusstsein, das Mittelklassenbewusstsein

♦ **daiji o toru 大事をとる**

achtsam sein; kein Risiko eingehen; auf Nummer Sicher gehen **daiji o totte 大事をとって** vorsichtshalber, sicherheitshalber

♦ **daikan 大寒**

wörtl.: „große Kälte", die kälteste Zeit des Jahres 太陰暦では二十四節気の一つ。太陽暦では1月21日頃。Um den 21. Januar; einer der 24 Abschnitte des Mondkalenders.

♦ **Daimonji-gozan-okuribi 大文字五山送り火**

Abschiedsfeuer auf den fünf Bergen rund um Kyōto 毎年8月16日お盆の終わりの日に京都の五山で焚かれる送り火（文字とシンボル）のこと。大文字の送り火は，狭義では，如意が岳中腹の「大」文字での送り火を指す。 Die *Daimonji*-Feuer in Form verschiedener Schriftzeichen und Figuren, die am Abend des 16. August zum Ende des *Obon*-Festes auf fünf Bergen rund um Kyōto entzündet werden. Im engeren Sinn meint man damit insbesondere das Schriftzeichen *dai* 大 („groß") am Hang des Berges Nyoigatake.

♦ **dame de motomoto だめでもともと**

wörtl.: „Wenn es schief geht, ist es so wie

vorher.“ Mehr als schiefgehen kann’s nicht. Ein Versuch kostet nichts.

♦ **dankai no sedai 団塊の世代**
die „Klumpen-Generation“, die Babyboom-Generation（他世代に比して人数が特に多いことからこのように言う）1947（昭和22）年から1949（昭和24）年のベビー・ブーム時代に生まれた世代 die Generation, die während des Babybooms von 1947 bis 1949 geboren ist

♦ **danson-johi 男尊女卑**
der Androzentrismus; die Bevorzugung der Männer und die Diskriminierung der Frauen **danson-johi no shakai 男尊女卑の社会** die androzentrische Gesellschaft

♦ **dashi 山車**
der geschmückte Festwagen 神社の祭礼のときに引く，種々の飾りものを付けた屋台。Ein dekorierter Festwagen, der bei einem Schreinfest durch die Straßen gezogen wird. **yamaboko 山鉾** der *Yamaboko* 祭礼の山車の一つで，山の形の台の上に，矛，なぎなたなどを立てたもの。京都の祇園祭のものが特に有名。Eine Art von *Dashi*, wobei der Festwagen mit einer aufgesetzten Hellebarde oder einer ähnlichen Dekoration verziert ist. Besonders berühmt sind sie beim Fest Gion-Matsuri in Kyōto.

♦ **dasoku 蛇足**
wörtl.: „Schlangenfuß“; der Überfluss, das Zuviel; etwas Überflüssiges 出典は中国の『戦国策』のなかの故事。Aus einer alten Geschichte in dem chinesischen Klassiker ch. *Zhanguo Ce*.

♦ **datsu-sara suru 脱サラする**
aus dem Angestelltenleben aussteigen; sich vom Angestelltendasein befreien (und sich selbständig machen)

♦ **deai-gashira 出会い頭**
der Augenblick einer Begegnung; das plötzliche Zusammentreffen **deai-gashira ni 出会い頭に** bei einer zufälligen Begegnung; bei einem plötzlichen Zusammentreffen

♦ **deba-kame 出歯亀**
wörtl.: die „Schildkröte mit Überbiss“, der Spanner 女湯をのぞくなど変態的なことをする男の蔑称。明治期の変態性欲者池田亀太郎の名に由来するという。出歯の亀太郎の意味。Pejorative Bezeichnung für einen Mann, der z.B. Frauen im Bad heimlich beobachtet, oder ähnliche perverse Handlungen durchführt. Das Wort leitet sich von einem Voyeur in der Meiji-Zeit ab, in dessen Name das Schriftzeichen für Schildkröte enthalten war.

♦ **debana o kujikareru 出鼻（出端）をくじかれる**
im Keim erstickt werden; einen schlechten Start haben; von Anfang an schiefgehen

♦ **dekichatta-kekkon できちゃった結婚**
(ugs.) wörtl.: „heiraten, weil etwas passiert ist“; die Mussheirat, das Heiratenmüssen 結婚していないのに妊娠してしまったためにする結婚のこと。つまり結婚期間が妊娠期間よりも短いケースをいう。こういった事例は1980（昭和55）年頃より増加の傾向を示しているが，若者のあいだで上記のような言い方がされるようになったのは1995(平成7)年頃からである。ちなみに厚生労働省の統計によると，2004(平成16)年のいわゆる「できちゃった結婚」による嫡出第1子は，全体の約27%であるという。Heiraten müssen, weil die Frau schwanger geworden ist. In diesem Fall ist die Zeit von der Eheschließung bis zur Geburt kürzer als eine Schwangerschaft. Zwar haben diese Fälle seit ungefähr 1980 zugenommen, aber unter jungen Leuten kam die oben genannte Formulierung erst etwa seit 1995 in Gebrauch. Einer Statistik des Ministeriums für Gesundheit, Arbeit und Soziales aus dem Jahr 2004 zufolge beträgt der Anteil der durch *Dekichatta-kekkon* ehelichen erstgeborenen Kinder in Japan etwa 27 Prozent.

◆dekinai sōdan　できない相談

der unmögliche (od. unannehmbare) Vorschlag「できない相談」とは，「はじめからまとまる可能性のない話し合い」，「応じられない誘いかけ」のこと。

◆demodori　出戻り

die geschiedene Frau, die wieder zum Elternhaus zurückkehrt oder zurückgekehrt ist　一度出た職場などにもう一度戻ることを冗談半分にこのように言うこともある。Man nennt scherzhaft so auch jemanden, der z.B. zu einer Arbeitsstelle zurückgekehrt ist, wo er einmal gearbeitet hatte.

◆deru kui wa utareru　出る杭は打たれる

(Sprichw.) wörtl.: „Herausstehende Pfosten werden eingeschlagen." Wer auffällt, bekommt eins auf den Deckel. Ein hoher Baum fängt viel Wind.

◆dēto　デート

(von engl. *date*) die Verabredung, das Treffen, das Date, das Rendezvous「デートする」は，sich verabreden; sich treffen **dēto-supotto** デート・スポット (pseudoengl. *date spot*) der (beliebte) Treffpunkt für Rendezvous

◆dezome-shiki　出初式

die Neujahrsparade der Feuerwehr　1月初旬に行なわれる消防関係の仕事始めの式。はしご乗りなどが披露されるところもある。Parade der Feuerwehr Anfang Januar mit akrobatischen Einlagen und Vorführungen

◆dōdō-meguri　堂々巡り

1) Beten während man um den Tempel herumgeht 2) sich im Kreis drehende Gedanken oder Diskussion 3) volkstümliche Bezeichnung für die Abstimmung, bei der sich die Parlamentarier in einer bestimmten Weise nacheinander von ihren Plätzen zur Abstimmungsurne begeben 1) 祈願のために寺や神社の堂の周りを回ること。2) 同じ考えや議論が何度も繰り返されて先へ進まないこと。3) 国会で投票によって議決する時，各議員が順次演壇上の投票所へ赴き投票する方式の俗称。

◆dogeza 土下座
das Niederfallen auf die Knie 地面に跪いて礼をすること。江戸時代には大名の通行に際して，庶民は時には土下座をさせられた。現今では極端に卑下した謝罪のあり方として土下座がある。Die Begrüßung, indem man auf dem Boden niederkniet und sich tief verbeugt. In der Edo-Zeit musste das Volk oft der Prozession eines vorüberziehenden *Daimyō* (siehe dort) auf diese Art seine Hochachtung erweisen. Heutzutage ist diese Form der Verbeugung die äußerste Stufe einer demütigen Entschuldigung. **dogeza suru 土下座する** sich niederwerfen; sich niederknien; sich zu Boden werfen

◆doitsu mo koitsu mo どいつもこいつも
(ugs.) jeder, keiner ausgenommen「だれもかれも」に相当する乱暴な言い方。ein grober Ausdruck für *dare mo kare mo*.

◆doji o fumu どじを踏む
einen blöden Fehler machen; stümperhaft vorgehen「どじ」の語源に関しては幾つかの説があるが，確定的なものは存在しない。Zur Ethmologie von *doji* gibt es verschiedene Theorien, aber keine ist gesichert.

◆dokkoi-dokkoi どっこいどっこい
(ugs.) eines wie das andere sein; eins zu eins stehen; ungefähr gleich sein

◆dokudan-jō 独壇場
eine unumstrittene Position もともとは，独擅場（どくせんじょう）と言ったが，現在では「独壇場」も，もう誤用とは呼べないほどに定着している。Ursprünglich sagte man *dokusen-jō*, aber die eigentlich nicht ganz korrekte Form (in der ein Zeichen falsch geschrieben ist) *dokudan-jō* hat sich eingebürgert und gilt heute nicht mehr als falsch. **dokudan-jō de aru 独壇場である** eine unumstrittene Position einnehmen; unschlagen sein

◆doku o kurawaba sara made 毒を食らわば皿まで
(Sprichw.) wörtl.: „Hast du Gift gegessen, iss auch gleich den Teller mit!“ Wenn schon, denn schon; Es gibt kein Zurück.

◆dokushin-kizoku 独身貴族
der/die wohlhabende Alleinstehende 多くの場合，親の家に住み，給料は自分のものという，金銭的にも時間的にも余裕のある若い独身男女。使用されるようになったのは1977(昭和52)年頃から。Alleinstehende junge Männer und Frauen, die oft noch bei ihren Eltern wohnen und ihr Gehalt ganz für sich ausgeben können, sie haben ausreichend Geld und Zeit. Das Wort findet man etwa seit 1977.

◆dondo どんど (dondo-yaki どんど焼き)
Feuerfest im neuen Jahr, bei dem der Neujahrsschmuck verbrannt wird 小正月（1月15日）に村境などで行なう火祭り。門松や注連縄などを集めて焼く。Das Fest wird am 15. Januar manchmal am Rande der Dörfer gefeiert, wo man die *kado-matsu*, *shimenawa* (siehe dort) und anderen Neujahrsschmuck verbrennt.

◆donguri no sei-kurabe 団栗の背比べ
(Redensart) wörtl.: „die Größe von Eicheln vergleichen“; eins ist wie das andere; man

kann keinen Unterschied feststellen; sich gleichen wie ein Ei dem andern

♦ **dorobō ni oisen 泥棒に追い銭**
dem Dieb Geld nachwerfen; den Dieb mit einem Geldgeschenk laufen lassen 損をした上にさらに損を重ねることのたとえ。

♦ **doro-jiai 泥仕合**
das gegenseitige Mit-Schmutz-Bewerfen; das Durch-den-Dreck-Ziehen der Gegner; die Schlammschlacht 互いに相手の弱点や秘密・失敗などを暴き立てて醜く争うこと。eine schmutzige Auseinandersetzung, bei der die Gegner gegenseitig ihre Schwächen, Geheimnisse, Misserfolge etc. bloßstellen

♦ **doronawa-shiki de aru 泥縄式である**
das Seil erst flechten, wenn man den Räuber schon gefangen hat 泥棒を捕らえてから縄をなうという意味。最後の土壇場になってから，あるいは事が起こってしまってから， 対策を講じることのたとえ。erst auf den letzten Drücker Vorsichtsmaßnahmen ergreifen oder sogar erst nachträglich, wenn es schon zu spät ist

♦ **doro-numa 泥沼**
1) der Sumpf, der Morast 2) die Aussichtslosigkeit, die Ausweglosigkeit; die kaum zu rettende Situation **doro-numa ni ochikomu 泥沼に落ち込む** in einen Sumpf (Morast) geraten; im Sumpf (Morast) steckenbleiben **doro-numa kara nukedasu 泥沼から抜け出す** sich aus einem Sumpf (Morast) befreien

♦ **doro o kaburu 泥をかぶる**
wörtl.: „sich Schmutz über den Kopf gießen"; sich mit Schmutz bedecken; die Schuld auf sich nehmen; sich selbst bezichtigen 関係者全員の責任を自分一人が負う，損な役を引き受ける，という意味で用いられる。Man benutzt den Ausdruck, wenn ein Einzelner die Verantwortung für alle Beteiligten übernimmt und den ganzen Schaden auf sich nimmt.

♦ **dosakusa どさくさ**
(ugs.) das Durcheinander, das Tohuwabohu, der (das) Kribskrabs, das Chaos 語源についてはいくつかの説がある。Zur Ethymologie dieses Ausdrucks gibt es verschiedene Theorien. **dosakusa ni magirete どさくさにまぎれて** im allgemeinen Durcheinander; im Schutz der allgemeinen Verwirrung; im Tohuwabohu

♦ **dōshō-imu 同床異夢**
wörtl.: „dasselbe Bett, verschiedene Träume"; Zugehörigkeit zur selben Gruppe, obwohl man unterschiedliche Wünsche hat

♦ **dota-kyan ドタキャン，どたキャン**
(ugs.) der Rückzieher im letzten Moment; die Stormierung in letzter Minute 土壇場でキャンセルするという意味。直前になって約束や申し込みを取り消すこと。もとは，旅行業界や芸能界で使われていた言葉で，一般に用いられるようになったのは，1990年代の初め頃かららしい。Von *dotanba de kyanseru suru*, etwas vor Ort canceln. Eine Abmachung oder eine Meldung in letzter Minute stornieren. Ursprünglich ein Ausdruck aus der Reisebranche und der Unterhaltungsindustrie, der seit Beginn der 1990er Jahre allgemein in Gebrauch ge-

kommen zu sein scheint.

◆**dotanba** 土壇場
1) (eigentlich) die Hinrichtungsstätte, der Richtplatz 2) der allerletzte Moment **dotanba de** 土壇場で im letzten Augenblick

◆**dotchi mo dotchi** どっちもどっち
(ugs.) einer wie der andere; keiner ist besser; zwischen beiden gibt es keinen großen Unterschied

◆**doyō** 土用
die Hundstage; 18 Tage vor Frühlings-, Sommer-, Herbst- und Winteranfang 一年に4回あり，立春・立夏・立秋・立冬の前の各18日間が土用であるが，立秋前の夏の土用が最もよく知られている。日本では一年中でいちばん暑いのはこの頃であり，夏の土用の丑の日に鰻を食べる風習がある。*Doyō*-Tage gibt es vier Mal im Jahr (je 18 Tage lang), aber die Tage vor dem Herbstanfang sind besonders bekannt, denn sie gelten als die heißeste Zeit des Jahres (Hundstage). In Japan gibt es die Sitte, am so genannten Tag des Ochsen (*ushi no hi*) während der *Doyō*-Tage Aal zu essen.

◆**dozaemon** 土左衛門
(ugs.) die Wasserleiche; der Ertrunkene 溺死者の死体。この呼び方は，江戸時代の力士成瀬川土左衛門の身体的特徴に由来するという。Die Leiche eines Ertrunkenen. Die Bezeichnung soll auf den Edo-zeitlichen Sumō-Ringer Narusegawa Dozaemon und dessen körperliche Eigentümlichkeiten zurückgehen.

◆**Edo no kataki o Nagasaki de utsu 江戸の敵を長崎で討つ**
wörtl.: „sich an einem Feind aus Edo in Nagasaki rächen“; an einem unvermuteten Ort Vergeltung üben; sich für eine Beleidigung auf indirekte Weise rächen

◆**eiten** 栄転
die ehrenvolle Versetzung; die Versetzung in eine höhere Stelle; die Beförderung **sasen** 左遷 wörtl.: „nach links versetzt werden“; die Versetzung auf eine schlechtere Position かつて中国において，右を尊び左を卑しむ観念があったが，「左遷」という表現もそのことと関連している。日本においても，例えば「右に出るものはいない」という表現に見られるように，右を上位に置く考え方があった。「左遷」という語が日本の漢文に受け入れられたのは古いが，この言葉が一般に用いられるようになったのは，近代以降である。Früher gab es in China die Vorstellung, die rechte Seite sei verehrungswürdig und die linke Seite verachtenswert; der Ausdruck „nach links versetzt werden“ hat damit zu tun. Auch in Japan wurde die rechte Seite als die höherstehende betrachtet, wie man an Redewendungen, *migi ni deru mono wa inai* (auf Deutsch etwa: keiner kommt dem auf der rechten Seite nahe) sehen kann. Das Wort *sasen* an sich ist alt, aber erst in der Neuzeit wurde die Formulierung allgemein gebräuchlich.

◆**engi-mono** 縁起物
das Maskottchen; der Glücksbringer 吉事の到来を祝う，あるいはそれを願うための品物。正月の注連飾りや門松，神社への参詣人に売られる熊手(くまで)やだるまなどの類。Ein Gegenstand, mit dem man bereits eingetretenes Glück feiert, oder zukünftiges herbeiwünscht, z.B. ein geweihtes Strohseil (siehe *shimekazari*), Kieferschmuck am Hauseingang (siehe *kadomatsu*) an Neujahr, eine Bambusharke, die als Glücksbringer an Schreinen verkauft wird, oder ein *Daruma* (siehe dort).

♦enjo-kōsai 援助交際
die Schulmädchenprostitution 多くは中・高校の女生徒が中年男性と付き合う代わりにお金をもらう交際。交際も食事・デート以外に性的関係を含む場合が多く，売春行為に等しい。Beziehungen (inklusive sexueller) zwischen Schülerinnen und Männern mittleren Alters gegen finanzielle Zuwendungen.

♦ennichi 縁日
der Jahrmarkt; der Festtag an einem Schrein oder Tempel 特定の神仏に縁のある日という意味。参詣人相手に市が開かれることも多い。**ennichi no roten 縁日の露店** die Jahrmarktsbude **roten 露店** die Bude, der Verkaufsstand 露天は江戸時代から盛んで，江戸時代後期には，常設の露店も存在した。Verkaufsstände sind seit der Edo-Zeit beliebt und in der späten Edo-Zeit gab es auch ständig geöffnete. **roten o dasu 露天を出す** eine Bude aufstellen 露天商が夜になっても出店していたり，夜だけ店を出している場合，これを夜店という。Einige Betreiber von Verkaufsständen öffnen auch abends, wenn eine solche Bude nur am Abend geöffnet ist, spricht man von *yomise*.

♦ēpuriru-fūru エープリル・フール
(von engl. *April fool*) der Aprilnarr; der April-Scherz この風習「四月ばか」は，大正時代に日本へ伝わったらしい。Diese Sitte soll in der Taishō-Zeit in Japan eingeführt worden sein.

♦etchi エッチ
1) pervers, lüstern, pornographisch 2) der Sex, der Geschlechtsverkehr 1) hentaiの頭文字からきていて，「変態」「いやらしい」「助平」等の意味で用いられる。2) 1980年代から使われ始め，あるタレントがテレビなどで使用して広まった。一種の若者言葉で猥雑感があまりないことも時代感覚にマッチしているのかもしれない。1) Das Wort ist vermutlich von der englischen Aussprache des Buchstabens „h“ abgeleitet, dem Anfangsbuchstaben des Wortes *hentai* („pervers“), und wurde ursprünglich in diesem Sinne abwertend benutzt. 2) Seit den 80er Jahren kam der Ausdruck in Gebrauch und wurde durch Entertainer im Fernsehen etc. popularisiert. Als ein Wort der Jugendsprache, das auch nicht sonderlich anstößig klingt, spiegelt es vielleicht irgendwie den Zeitgeist wider. **hitori-etchi 一人エッチ** (ugs.) die Selbstbefriedigung, die Masturbation この行為に対して今日多くの言い方が存在するし，この表現も現在かならずしも定着した言い方とは言えない。Heute gibt es hierfür viele Bezeichnungen und man kann nicht immer von einer bestimmten Formulierung sprechen.

♦eto 干支
die japanischen (asiatischen) Tierkreiszeichen 時間と空間を秩序付ける方法で，古代中国において考え出され中国やアジアの漢字文化圏で用いられてきた。単独または組み合わせて年・月・時刻・方位等を表すのに用いられる。その記号には，子，丑，寅，卯，辰，巳，午，未，申，酉，戌，亥の12種類の動物が当てられる。Die in ganz Asien verbreiteten Tierkreiszeichen, die Grundlage des so genannten „chinesischen Horoskops“ sind: Ratte, Rind, Tiger, Hase, Drache, Schlange, Pferd, Ziege, Affe, Hahn, Hund und Wildschwein. Jedes der zwölf Zeichen ist sowohl einem ganzen Jahr, bestimmten Tageszeiten als auch Himmelsrichtungen zugeordnet.

♦ **fūbutsu-shi 風物詩**

1) die Landschafts- oder Naturlyrik 2) Dinge, die ein Gefühl von Jahreszeiten hervorrufen; Dinge oder Ereignisse, die zu einer Jahreszeit gehören 1) 風物をうたった詩。2)季節の感じをよく表わしている物事。

♦ **fūfu-genka 夫婦喧嘩**

der Ehestreit, der Ehekrach **fūfu-genka wa inu mo kuwanai 夫婦喧嘩は犬も食わない** (Sprichw.) wörtl.: „Den Ehestreit frisst kein Köter.“ Ein Ehestreit ist so belanglos, dass sich nicht einmal ein Hund dafür interessiert, der doch sonst alles frisst. 夫婦喧嘩は，一時的なものですぐに仲直りをするから，仲裁などするものではないということ。Weil ein Ehekrach nicht lange dauert und sich die Partner bald wieder versöhnen, braucht man sich nicht einmischen, um etwa zu schlichten.

♦ **fugu-taiten no teki 不倶戴天の敵**

wörtl.: der „Feind, mit dem man nicht unter einem Himmel leben kann“; der Erzfeind; der Todfeind この世において共存できないような敵ということで，命にかけても恨みを報復したいような間柄。Ein Feind, mit dem man nicht gemeinsam auf dieser Welt existieren kann, und bei dem man sich rächen muss, koste es was es wolle.

♦ **fujin-kai 婦人会**

der Frauenverein 婦人たちが，親睦，教養，娯楽，社会奉仕等を目的として組織している団体で，内容，実態は多種多様である。Frauenvereine widmen sich der Geselligkeit, der Kulturpflege, Unterhaltung und vielen praktischen ehrenamtlichen Tätigkeiten für die Gesellschaft.

♦ **fukkakeru 吹っかける(fuki-kakeru 吹きかける)**

1) anblasen, anhauchen, besprühen, bespritzen 2) provozieren; Streit heraufbeschwören 3) einen zu hohen Preis nennen; einen überhöhten Preis verlangen.

♦ **fuku-bukuro 福袋**

wörtl.: „der Glücksbeutel“; die Überraschungstüte 中に様々なものを入れて封をし，余興として各人にそれを選び取らせたり，商店の初売りなどで格安の値段で売ったりする袋。Überraschungstüten mit unterschiedlichem Inhalt, von denen jeder Anwesende eine auswählt. Oder beim Neujahrsverkauf werden in Geschäften *fuku-bukuro* als eine Art Sonderangebot verkauft, wobei der Inhalt viel mehr wert ist, als der Verkaufspreis.

♦ **fukuro-dataki 袋叩き**

das Verprügeln durch eine Gruppe; die

Tracht Prügel, das Zusammenschlagen 一人または少数の人を大勢で取り囲んで存分に殴ること。大勢の人から集中的に非難される場合にも用いる。Das rückhaltlose Verprügeln einer Einzelperson oder einer kleinen Personengruppe durch viele Leute; man verwendet das Wort auch, wenn sich die Kritik von vielen Leuten auf eine Person konzentriert. **fukuro-dataki ni suru 袋叩きにする** verdreschen, verprügeln, zusammenschlagen

♦ fukuro no nezumi 袋のねずみ, 袋の鼠

wörtl.: „eine Maus im Sack"; **fukuro no nezumi de aru 袋の鼠である** (wie eine Maus) in der Falle sitzen; (sich) keinen Ausweg mehr wissen, gefangen sein

♦ fukushin 腹心

wörtl.: „Bauch und Brust" **fukushin no buka 腹心の部下** {schriftspr.} der treue Vasall **fukusin no tomo 腹心の友** der Busenfreund; der vertraute Freund

♦ funkei no tomo 刎頸の友

(schriftspr.) der Freund in der Not; der verschworene Freund「刎頸」は，首をはねることの意味。「刎頸の友」というのは，たとえ首を斬られても悔いないほどの固い友情で結ばれた友人の意。*Funkei* bedeutet „enthaupten", gemeint ist ein treuer Freund, der einem beisteht, selbst wenn er dadurch sein eigenes Leben gefährdet.

♦ funman yaru kata nai 憤懣やる方ない

nicht wissen, wie man seinem Ärger Luft machen kann

♦ furikae-kyūjitsu 振り替え休日

der Ersatzfeiertag 日本では法定休日が日曜日と重なる場合は，次の月曜日が振り替え休日となる。ドイツではそれに対応するようなような制度は存在しない。Wenn in Japan ein Feiertag auf einen Sonntag fällt, wird der darauffolgende Montag automatisch ein Ersatzfeiertag. In Deutschland gibt es keine entsprechende gesetzliche Regelung.

♦ furin 不倫

die Unmoral; der Seitensprung **furin no koi 不倫の恋** die unsittliche Liebesaffäre; die unmoralische Liebe **uwaki 浮気** der Seitensprung; die eheliche Untreue

♦ fūrin 風鈴

das Windglöckchen 金属・陶器・ガラスなどで作った鈴で，夏，軒下などにつるしておくと，そよ風が吹いたときに，心地よい軽やかな音色があたりに広がり，日本の夏の暑さをしのぎやすくしてくれる。Ein kleines Glöckchen aus Metall, Keramik oder Glas, das man im Sommer z.B. unter dem Dachvorsprung aufhängt, und das beim geringsten Luftzug einen angenehmen leichten Klang verbreitet, der die Hitze des japanischen Sommers besser ertragen lässt.

♦ furīransu フリーランス

(engl. *free lance*) der freie Mitarbeiter; der Freelancer 特定の組織に属さないで仕事をする人。ein Mitarbeiter, der keiner besonderen Organisation angehört

♦ furītā フリーター

(von engl. *free* und dt. *Arbeiter* abgeleitet) der

Gelegenheitsarbeiter, der Zeitarbeiter 英語の free とドイツ語の Arbeiter から作られた造語。学校卒業後正社員として就職するのではなく，臨時的に，パートタイム的に仕事に従事している人。jemand, der ohne Zukunftsperspektive jobbt; jemand, der sich mit Gelegenheitsjobs durchschlägt (meistens junge Leute nach der Oberschule oder nach dem Studium)

♦ fūsai 風采

die äußere Erscheinung; das Aussehen **fūsai ga agaranai 風采が上がらない** unansehnlich sein; nach nichts aussehen; von unauffälliger Erscheinung sein

♦ futamata-kōyaku 二股膏薬

wörtl.: „Salbe auf beiden Schenkeln"; die Doppelzüngigkeit, die Achselträgerei, die Untreue 内股膏薬とも言う。内股にはった膏薬のように，どちら側にも付くこと。節操がなく，その時の都合次第で，あっちに付いたりこっちに付いたりすること。Auch *uchimata-kōyaku,* wörtl.: „Salbe auf den Innenschenkeln". Salbe, die man auf einer Seite des Innenschenkels aufträgt, verteilt sich beim Gehen automatisch auch auf der anderen Seite. Das wird als Metapher für einen prinzipienlosen Charakter verwendet, der sich bei allen Gelegenheiten opportunistisch anbiedert. **futamata kakeru 二股かける** auf beiden Achseln [Wasser] tragen; sich bei zwei gegensätzlichen Seiten anbiedern; zweigleisig fahren; zwei Eisen im Feuer haben

♦ futokoro-gatana 懐刀

wörtl.: der „versteckte Dolch"; die Geheimwaffe; der heimliche Berater 秘密の計画などにあずかる腹心の部下。ein sehr vertrauter Untergebener, mit dem man z.B. einen geheimen Plan teilen kann

♦ futoku mijikaku ikiru 太く短く生きる

kurz und erfüllt leben; ein kurzes, aber erfülltes Leben führen; kurz und intensiv leben

♦ futoku no itasu tokoro 不徳の致すところ

das war meine eigene Unzulänglichkeit 事がうまくいかなかったのは自分が至らなかったからだ，と言っているわけで，das ist meine Schuld というドイツ語と比べると，白黒をはっきりさせるという意味では大きな違いが存在する。Wenn etwas schief gegangen ist, kann man mit dieser Redewendung indirekt einen Teil der Verantwortung übernehmen, aber die Formulierung ist lange nicht so eindeutig wie der deutsche Ausdruck „das ist meine Schuld".

♦ futsutsuka-na ふつつかな

ungehobelt, untauglich, unerfahren 多くの場合，自分ないし自分の家族などについて，謙遜して言う場合に用いられる。Diesen bescheidenen Ausdruck benutzt man meistens für sich selbst oder für seine eigenen Familienmitglieder.

♦ futte waku 降って沸く

sich unerwartet ereignen; plötzlich geschehen; aus heiterem Himmel passieren 天から降ってきたり地から湧いてきたりということで，物事や問題が突然予期せぬ形で生じるときに「降って湧いたように」という表現を用いる。Etwas fällt vom Himmel oder quillt plötzlich aus der Erde hervor; gemeint ist, dass eine Sache oder Problem ganz plötzlich und unvorhersehbar entsteht. Man benutzt es in dem Ausdruck *futte waita yō ni.* **futte waita yō na hanashi 降って沸いたような話** etwas vollkommen Unerwartetes

♦ fūun kyū o tsugeru 風雲急を告げる
Es braut sich etwas zusammen. Es herrscht eine gespannte Lage. Die Situation ist bedrohlich. **fūun 風雲** wörtl.: „Wind und Wolken"; 1) die Natur, die Naturkräfte 2) die Sachlage, das Sachverhältnis 3) die Zeit großer gesellschaftlicher Umwälzungen; die Krise **fūun-ji 風雲児** der Held in schwierigen Zeiten

♦ fuwa-raidō suru 付和雷同する
blind nachfolgen; unbesonnen ins gleiche Horn blasen 一定の主義・主張がなく，安易に他の説に賛同すること。ohne einen eigenen Standpunkt zu behaupten oder sich an ein bestimmtes Prinzip zu halten, einfach einem Anderen zustimmen und blind nachfolgen

♦ fuya-jō 不夜城
Stadtviertel, das keine Nacht kennt; das nachtlose Viertel 灯火が輝いて，夜も昼のように明るく，賑わっているところ。歓楽街のこと。Ein Viertel, wo die Laternen brennen, die Nacht taghell und belebt ist, ein Freudenviertel

♦ fūzen no tomoshibi de aru 風前の灯である
wie eine Kerze im Wind sein; in einer sehr kritischen Situation sein

♦ fūzoku-eigyō 風俗営業
das Unterhaltungsgewerbe **Fuzoku-eigyō-torishimari-hō 風俗営業取締法** das Gesetz zur Kontrolle des Unterhaltungsgewerbes **nōpan-kissa ノーパン喫茶** (von engl. *no pants* abgeleitet) ein Unten-ohne-Café

♦ gaden-insui 我田引水
wörtl.: „die Wasserleitung zum eigenen Reisfeld"; der Eigennutz; etwas zu seinen eigenen Gunsten tun **gaden-insui no 我田引水の** eigennützig, selbstsüchtig; auf den eigenen Vorteil bedacht

♦ gaijū-naigō 外柔内剛
wörtl.: „außen weich, innen hart"; nach außen freundlich, aber innen hart; weiche Schale und harter Kern 外面はやわらかそうに見えるが，内実は意志が強くしっかりしていること。

♦ gakeppuchi 崖っぷち
der Rand eines steilen Abhangs (Abgrunds) **gakeppuchi ni tatasareru 崖っぷちに立たされる** an den Rand des Abgrunds getrieben werden

♦ gama no abura がまの脂
das Krötenfett, Krötensalbe ヒキガエルから採集される分泌液を膏剤と混ぜて作った軟膏。昔から，戦陣の膏薬として用いられ，やけどや切り傷等に効くと言われる。江戸時代から明治時代にかけて，香具師（やし）が街頭で人を集め，独特の口上を述べながら販売した。Eine Fettsalbe mit dem Hautsekret von Kröten als Wirkstoff, die seit altersher z.B. auf dem Schlachtfeld in Wundverbänden eingesetzt wurde, und der

man Wirksamkeit bei Verbrennungen, Schnittwunden usw. nachsagte. Von der Edo- bis zur Meiji-Zeit wurde Krötensalbe von Marktschreiern auf der Straße verkauft, wo sie das Volk um sich versammelten und ihre Ware unterhaltsam anpriesen.

♦gamushara-ni がむしゃらに，我武者羅に

blindlings, draufgängerisch, rücksichtslos, tollkün 語源は不明，漢字は当て字と見られる。Die Etymologie ist unklar, die *Kanji* sind vermutlich nur wegen ihres Lautwerts gewählt (*ateji*).

♦ganji-garame 雁字搦め

das kreuzweise Fesseln; das völlige Eingeschnürtsein **ganji-garame ni naru 雁字搦めになる** völlig eingeschnürt werden; alle Bewegungsfreiheit einbüßen なお「雁字」は当て字である。Die *Kanji*-Zeichen für *ganji* werden nur der Aussprache wegen verwendet (*ate-ji*).

♦ganjitsu 元日 (gantan 元旦)

der Neujahrstag; der erste Tag des Jahres; der erste Januar

♦gashin-shōtan 臥薪嘗胆

wörtl.: „auf Brennholz schlafen und Galle auflecken"; allerlei bittere Erfahrungen durchmachen, um ein Ziel zu erreichen 春秋時代の中国の故事による。もともとは，仇を晴らすという気持ちを忘れないため意識的に艱難辛苦の生活を続けることを意味したが，今日では一般的に，目的を達するために長い間さまざまな苦労を重ねるという意味で用いられている。Der Ausdruck geht auf die Zeit der Frühlings- und Herbstannalen (Epoche der chinesischen Geschichte 8. bis 5.Jh.v. Chr.) zurück, und bedeutete, dass bewusst ein bitteres Leben führen, um seine Rachgier am Leben zu erhalten; heute allgemein: allerlei bittere Erfahrungen durchmachen, um ein Ziel zu erreichen.

♦gattsu ガッツ

(ugs.) (von engl. guts) der Mumm, der Schneid, die Willenskraft **gattsu ga aru ガッツがある** mutig sein; Mumm (Schneid) haben; willensstark sein **gattsu-pōzu ガッツ・ポーズ** die Siegerhaltung, die Siegerpose

♦gebahyō 下馬評

das Gerücht, das Gerede 下馬先で主人を待っている間，供のものなどが言いあう批評の意。第三者が興味本位でする噂や批　評。Gerede unter den Gefolgsleuten, während sie am Eingangstor (wo die Pferde und Wagen abgestellt werden mussten) auf die Rückkehr ihrer Herren warten; aus Neugier verbreitete Gerüchte und Kommentare von Dritten.

♦geisha 芸者

die *Geisha* 歌舞や三味線などで酒席に興を添えるのを業とする女性。professionell ausgebildete Unterhaltungsdame, die die Gäste mit Tanz, Gesang und Musik unterhält **hanamachi 花街** wörtl.: „Blumenviertel", das Vergnügungsviertel, Viertel mit Restaurants, *Geisha*-Häusern, Bars usw. **maiko 舞妓** junge Tänzerin 舞を舞って酒宴の興を添える少女。京都の祇園の舞妓は特に有名。Eine junge Tänzerin, die bei einem

Bankett tanzt und für Unterhaltung sorgt. Besonders berühmt sind die *Maiko* aus dem Gion-Viertel in Kyōto.

♦ **gekirin ni fureru 逆鱗に触れる**
wörtl.: „die Schuppen (am Kinn des Drachen) anlangen"; sich den Zorn (Ärger) einer mächtigen Person zuziehen「逆鱗に触れる」というのは，もともとは天子の激しい怒りを受けるという意味だが，転じて，目上の人に逆らって大変な怒りを買うという意味で用いられるようになった。Ursprünglich bedeutete das Wort, dass man den heftigen Zorn des Kaisers auf sich zog, davon abgeleitet ist die heutige Bedeutung, sich durch Ungehorsam den heftigen Zorn einer höherstehenden Person zu ziehen.

♦ **gendaikko 現代っ子**
ein Kind der Gegenwart; die Kinder von heute; die heutigen Jugendlichen; die heutige Jugend

♦ **genpuku (genbuku) 元服**
{Gesch.} Zeremonie beim Erreichen des Mannbarkeitalters für Söhne des Hof- und Schwertadels 奈良時代以降，貴族や武士の男子が成人(11歳から17歳頃まで)になったことを示し，それを祝う儀式。江戸時代には，貴族以外では儀式は簡略化された。Zeremonie, die seit der Nara-Zeit für die Söhne des Hof- und Schwertadels gefeiert wurde, wenn sie das Erwachsenenalter erreicht hatten (etwa im Jahr zwischen 11 und 17 Jahren). In der Edo-Zeit wurde die Zeremonie für die Familien außerhalb des Hofadels vereinfacht.

♦ **gesu no kanguri 下衆の勘ぐり**
der Argwohn des Gemeinen「げす」は，「下種」・「下司」などとも書かれる。品性が下劣であること，またそういった人の意味。「下衆の勘ぐり」とは，品性の卑しい人は，ひがみっぽく，物事を悪く考えがちであるの意。*Gesu* bedeutet eine niedere Gesinnung oder ein gemeiner Mensch, *kanguri* bedeutet Argwohn. Mit *Gesu no kanguri* bringt man zum Ausdruck, dass ein Mensch von niederer Gesinnung die Tendenz hat, leicht argwöhnisch zu werden und über alles schlecht zu denken. **gesu no atojie 下衆の後知恵** Narren sind erst hinterher klüger. Die Weisheit des Toren kommt hinterher. Im Nachhinein sind die Toren immer schlauer.

♦ **gien-kin 義援金，義捐金**
die Geldspende, das gespendete Geld, die Spendengelder, die Hilfsgelder **gienkin-boshū 義援金募集** die Spendensammlung; die Sammlung von Hilfsgeldern

♦ **giri 義理**
das Pflichtgefühl, die Verbindlichkeit 特に江戸時代以後みられるようになった人間関係で，人が他人に対し交際上の関係からいやでも勤めなければならない行為や物事。In der Edo-Zeit entwickeltes System japanischer Sozialethik für den gesellschaftlichen Umgang, in dessen Zentrum die formale gegenseitige Verpflichtung der Menschen untereinander steht. **ninjō 人情** das menschliche Gefühl; die Menschlichkeit 自然に備わる人間の愛情。人心の自然の動き。しばしば「人情」と対比的意味で用いられる。Natürliche Menschenliebe, manchmal als Gegensatz

zur gesellschaftlichen Verpflichtung *giri* verwendet. **giri o kaku 義理を欠く** seine zwischenmenschlichen Verpflichtungen nicht genügend nachkommen

♦gojippo(gojuppo)-hyappo 五十歩百歩

nur ein belangloser Unterschied; auf das Gleiche hinauslaufen 戦闘の際に50歩退却した兵が100歩逃げた兵を臆病者だといって笑ったが，逃げたことに変りはないという『孟子』にある寓話から，少しの違いはあっても本質的には同じである，という意味で用いる。Nach einem Gleichnis des Mencius, in dem ein Soldat, der sich 50 Schritte von der Front zurückgezogen hat, seinen Kameraden, der 100 Schritte geflohen ist, als Feigling verlacht, obwohl doch beide gleichermaßen aus Angst weggelaufen sind. Die Redewendung bezeichnet eine Situation, in der ein kleiner Unterschied bedeutungslos ist, weil der entscheidende Punkt identisch ist.

♦gomame no hagishiri ごまめの歯軋り

wörtl.: „das Zähneknirschen einer getrockneten jungen Sardine“; die vergebliche Protest einer hilflosen Person; der sinnlose Widerstand eines machtlosen Menschen 力のないものがいたずらにいきり立つことのたとえ。

♦gomasuri ごますり，胡麻擂り

wörtl.: „das Sesamreiben“, die Speichelleckerei, das Schleimen, der Speichellecker, der Schleimer その語源については，すり鉢で胡麻をすると，胡麻は四方に付くので，あちこちに付いてへつらうことを，あるいはその人を胡麻擂りという説がある。Über den Ursprung des Wortes „Sesamreiben“ im Sinne von Speichelleckerei gibt es verschiedene Theorien. Möglicherweise erinnert ein aufdringlicher Speichellecker an Sesamkörner, die beim Reiben an allen Seiten des Sesammörsers festkleben. der Radfahrer **goma o suru ごまをする** radfahren; nach oben katzbuckeln このradfahrenというドイツ語の表現は，自転車をこぐとき，身をかがめてペダルを踏むが，その格好からの連想から来ていて，日本語とやや異なり，「上にはへつらい，下に対しては威張る」という意味である。Beim Radfahren ist der Körper nach oben gebuckelt, während man nach unten in die Pedale tritt, davon ist die deutsche Metapher abgeleitet, die bedeutet, dass jemand seinen Vorgesetzten schmeichelt und sich vor seinen Untergebenen wichtig macht. Der japanische Ausdruck ist davon ziemlich verschieden.

♦goneru ごねる

1) (ugs.) mäkeln, nörgeln; allerlei Bedingungen stellen, bevor man schließlich zustimmt 2) sterben **gone-doku ごね得** Profit durch Nörgelei; der durch ständiges Mäkeln erzielte Vorteil **gone-doku suru ごね得する** durch Nörgelei Profit machen

♦gō ni itte wa gō ni shitagae 郷に入っては郷に従え

(Sprichw.) Wenn du in Rom bist, verhalte dich wie ein Römer! Wenn in Rom, tu wie die Römer. Wenn du an einen fremden Ort kommst, folge den dortigen Sitten!

♦gori-muchū 五里霧中

wörtl.: „Nebel im Umkreis von fünf Meilen“;

die vollkommene Orientierunglosigkeit; die völlige Hilflosigkeit **gori-muchū de aru 五里霧中である** nicht ein noch aus wissen; völlig ratlos sein; ganz verloren sein

♦ **gorotsuki ごろつき**
(ugs.) der Halunke, der Lump 一定の住所や職業を持たずあちこちをうろついて，他人の弱みに付け込んで，ゆすりや脅しなどをする悪者。Jemand (normalerweise eine männliche Person), der ohne feste Arbeit und ohne festen Wohnsitz herumlungert, andere Leute belästigt, erpresst oder bedroht.

♦ **gōruden-uīku ゴールデン・ウィーク**
(pseudoengl. *golden week*) die Goldene Woche 4月29日から5月5日までの連休のことである。Feiertage vom 29. April bis zum 5. Mai **renkyū 連休** aufeinanderfolgende Feiertage **tobiishi-renkyū 飛び石連休** (wörtl.: „Trittstein-Feiertage“) die von einem oder zwei Arbeitstagen unterbrochene Reihe von Feiertagen

♦ **gō-sain ゴー・サイン**
(pseudoengl. *go sign*) das Startzeichen; Zeichen, mit etwas anzufangen; das Okay; das grüne Licht

♦ **gotabun ni morezu ご多分に漏れず**
wie so viele andere; wie die meisten (Leute); wie es zu gehen pflegt; wie es nun einmal geht in der Welt 他の多くと同じように，世間一般によくあるように，という意味。

♦ **gote ni mawaru 後手に回る**
dem anderen die Initiative überlassen; ins Hintertreffen geraten; zu spät sein

♦ **goyō hajime 御用始め**
der erste Arbeitstag von Behörden im Neuen Jahr **goyō osame 御用納め** der letzte Arbeitstag von Behörden am Jahresende

♦ **gozen-sama 午前様**
wörtl.: der „Herr am Morgen“; jemand, der erst nach Mitternacht nach Hause kommt 使われだしたのは1988(昭和63)年頃。Diesen Ausdruck findet man etwa seit 1988. **asagaeri 朝帰り** das Heimkommen am frühen Morgen; das Nachhausegehen am frühen Morgen よそで夜を過ごし，朝になって帰宅することであるが，かつては，遊郭や妾宅に泊まって，翌朝家に帰るという意味で用いられたこともある。Das Heimkommen am frühen Morgen nach einer außer Haus verbrachten Nacht, früher auch in der Bedeutung, dass jemand, der die Nacht im Freudenviertel oder bei der Nebenfrau verbracht hat, morgens nach Hause kommt.

♦ **gurabia-aidoru グラビア・アイドル**
(pseudoengl. *gravure idol*) das mädchenhafte Pin-up-Girl 裸とまでは言わないまでも，例えば水着姿でセクシーなポーズをして，主として男性向きの雑誌に写っている若いアイドルのこと。ここで言われている英語のグラビアという語は，写真製版法による凹版印刷の一種である。Ein oft sehr junges Fotomodel, das in erotischen Posen, z.B. in Badebekleidung, aber nicht ganz nackt auftritt. Die Fotos erscheinen hauptsächlich in Männermagazinen. Das dem Begriff zugrunde liegende englische Wort (*photo*) *gravure* bezeichnet ein besonderes Druckverfahren für Fotos.

♦**guru ni naru ぐるになる**
mit jemandem unter einer Decke stecken 「ぐる」は，一緒になって悪だくみなどをする仲間。語源は必ずしも明らかではないが，江戸時代末期には用例を見ることができる。*Guru* ist der Komplize, mit dem man etwas Böses anstellt. Die Etymologie ist unklar, aber das Wort findet sich schon in der späten Edo-Zeit.

♦**gyafun to iu ぎゃふんと言う**
(ugs.) sich geschlagen geben; das Handtuch werfen; nichts mehr erwidern können **gyafun to iwaseru ぎゃふんと言わせる** jemanden in Grund und Boden reden; jemanden zum Schweigen bringen; jemanden in die Enge treiben

♦**gyofu no ri 漁夫の利**
wörtl.: „des Fischers Gewinn"; „der Erfolg des Fischers"; Wenn zwei sich streiten, freut sich der Dritte. 鳥（シギ）が貝（ハマグリ）の肉をついばもうとして双方が争っていると，漁師がやってきて両方ともとられてしまったという中国の故事による。Nach einer chinesischen Geschichte, die vom Streit zwischen einer Schnepfe und einer Venusmuschel erzählt und von einem Fischer, der davon profitiert, indem er beide einfängt.

♦**gyūjiru 牛耳る**
wörtl.: die „Kuh am Ohr führen"; die Zügel führen; die Zügel fest in der Hand haben; unter seiner Kontrolle haben ; die vollständige Kontrolle haben（支配者となって）ある組織や団体などを意のままに操縦するという意味である。eine Organisation, Gruppe o.Ä. beherrschen und willkürlich steuern

♦**haba o kikaseru 幅を利かせる**
seinen Einfluss geltend machen; seine Macht ausüben; sein Gewicht in die Waagschale werfen

♦**haburi 羽振り**
wörtl.: der „Flügelschlag (eines Vogels)"; die Macht; eine hohe soziale Stellung **haburi ga yoi 羽振りがよい** Macht (Einfluss) haben; mächtig sein; Macht und Geld haben **haburi o kikasu 羽振りを利かす** Einfluss nehmen; Macht ausüben

♦**hachi-awase 鉢合わせ**
wörtl.: „das Zusammenprallen mit den Köpfen"; der frontale Zusammenstoß **hachi-awase suru 鉢合わせする** mit den Köpfen zusammenprallen (zusammenstoßen); jemandem unerwartet begegnen; jemanden zufällig treffen

♦**hachijūhachi-ya 八十八夜**
der achtundachtzigste Tag nach dem Frühlingsanfang 5月の1日か2日頃にあたり，茶どころでは，茶摘みの最盛期を迎える。Dieser Tag fällt auf den ersten oder zweiten Mai und gilt in Teebaugebieten als die beste Zeit für das Teepflücken.

♦**hadaka-matsuri 裸祭り**
ein Fest, bei dem die Teilnehmer fast unbekleidet sind 褌一つの若者が，神輿を担いだり，もみ合ったりすることを特色とする祭り。Eine bestimmte Form von traditionellen Festen (siehe *matsuri*), bei denen die

Teilnehmer (zumeist junge Männer) nur mit einem Lendenschurz (*fundoshi*) bekleidet sind, tragbare Schreine (siehe *mikoshi*) auf den Schultern tragen oder sich im Gedränge gegenseitig anrempeln und umherstoßen usw.

◆haenuki 生え抜き
an einem Ort geboren und dort aufgewachsen sein はじめから続けてその会社・部署に勤務している人についても言う。Auch jemand, der sein ganzes Berufsleben lang der gleichen Firma, Abteilung oder Organisation angehört.

◆haisui 背水
wörtl.: „Wasser auf der Rückseite"; die geographische Lage mit einem Gewässer im Rücken; die Situation ohne Fluchtmöglichkeit **haisui-no-jin o shiku 背水の陣を敷く** wörtl.: „ein Feldlager mit einem Gewässer im Rücken aufschlagen"; alle Brücken hinter sich abbrechen; ein Schritt, nachdem es kein Zurück mehr gibt

◆haite-suteru hodo 掃いて捨てるほど
(ugs.) wörtl.: „so viele, dass man sie wegfegen kann"; in rauen Mengen; wie Sand am Meer

◆haji mo gaibun mo nai 恥も外聞もない
sich weder genieren noch auf seine Ehre achten; scham- und ehrlos sein **haji- no-uwanuri 恥の上塗り** wörtl.: „mit Schande doppelt angestrichen sein"; auf Schmach noch Schande **haji no uwanuri o suru 恥の上塗りをする** zusätzliche Schmach auf sich laden **iki-haji o sarasu 生き恥を晒す** in Schande (weiter) leben; sich der Verachtung anderer aussetzen

◆hakoiri-musume 箱入り娘
das wohlbehütete Mädchen; das weltfremd erzogene, arglose Mädchen; die sorgsam behütete Tochter

◆hakuhyō 薄氷
wörtl.: „dünnes Eis"; die dünne Eisdecke **hakuhyō o fumu 薄氷を踏む** auf dünnem Eis gehen; dünnes Eis betreten; sich auf dünnem Eis bewegen

◆hakushi 白紙
das weiße Papier; das unbeschriebene Papier; *Tabula rasa* **hakushi ni modosu 白紙に戻す** etwas ungeschehen machen; den Ausgangszustand wiederherstellen; wieder von vorne anfangen

◆hama-ya 破魔矢
verzierter Pfeil, der böse Geister abwehren soll 神社で厄除けのお守りとして売り出される正月の縁起物。Glücksbringer (für das eigene Heim), der zu Neujahr an Schreinen zur Abwehr böser Geister verkauft wird.

◆hame o hazusu 羽目をはずす
über die Stränge schlagen; es zu weit treiben; ausgelassen sein

◆hanabi 花火
wörtl.: „die Feuerblumen"; das Feuerwerk 多くの日本人にとって花火は，気持ちの上では，暑い夏の日々と結びついている。Für viele Japaner ist das Feuerwerk gefühlsmäßig mit den heißen Sommertagen verbunden. **uchiage-hanabi 打ち上げ花火** die

Feuerwerksrakete **senkō-hanabi 線香花火** die Wunderkerze (öster.: der Sternspritzer) **hanabi-taikai 花火大会** das Großfeuerwerk 花火は日本の夏の宵を彩る風物で，現在でもその人気は衰えていない。多くの場合，川岸で打ち上げられる。花火の技術は，徳川時代より今日まで代々受け継がれてきている。ドイツにおいても花火大会は，多くの夏祭りのクライマックスやフィナーレを飾ることが多い。ドイツでは大晦日に花火を打ち上げる習慣があるが，日本には存在しない。Feuerwerke prägen traditionell viele japanische Sommerabende und erfreuen sich auch heute noch großer Beliebtheit. Großfeuerwerke werden oft an Flussufern veranstaltet. Die entsprechende Technologie wurde seit der Edo-Zeit weitergegeben. Auch in Deutschland bilden große Feuerwerke den Höhepunkt und Abschluss vieler sommerlicher Volksfeste. Silvesterfeuerwerk ist in Japan allerdings unbekannt.

♦hanami 花見 (ohanami お花見)
die Kirschblütenschau 花（おもに桜）を見て遊び楽しむこと。観桜。fröhliche Feier mit Freunden oder Bekannten unter blühenden Kirschbäumen im Frühling **hanami-zake 花見酒** Trinkgelage unter den blühenden Kirschblüten **hanami-zake o nomu 花見酒を飲む** bei der Kirschblütenschau trinken

♦hanamuke はなむけ
wörtl.: „die Nase ausrichten“; das Abschiedsgeschenk 旅立ちや門出を祝って，別れ行く人に，金品や詩歌などを贈ること。昔，旅に出る人の馬の鼻を行く方向へむけて見送ったことから，「うまのはなむけ」が餞別の意味になり，そこから「はなむけ」という言葉が生まれた。Jemandem, der zu einer Reise aufbricht oder etwas Neues beginnt, zum Abschied Geld oder ein Gedicht schenken. Früher hat man sich von einem Abreisenden verabschiedet, indem man die Nase seines Pferdes in Reiserichtung ausgerichtet und ihm dabei ein Gedicht oder Geld geschenkt hat. So bekam das Wort *uma no hanamuke* („die Ausrichtung der Pferdenase“) die Bedeutung Abschiedsgeschenk, daraus hat sich *hana-muke* entwickelt.

♦hana o motaseru 花を持たせる
wörtl.: „jemanden die Blume tragen lassen“; jemandem den Ruhm überlassen; jemandem den Erfolg überlassen; jemanden gewinnen lassen

♦han-don 半ドン
(veraltet) der halbe Arbeitstag; der halbe freie Tag; Tag, an dem nur zum Mittag gearbeitet wird 半は半分の意味，ドンはオランダ語の*zondag*に由来する。*Han* bedeutet „halb“, „die Hälfte“, *don* kommt vom holländischen *zondag* (Sonntag).

♦hangan-biiki (hōgan-biiki) 判官贔屓
das Wohlwollen gegenüber einem Schwächeren oder Unglücklichen; die Sympathie für einen tragischen Helden 源義経（1159-1189）が，兄頼朝にねたまれて滅びたのに対し人々がこの薄幸の英雄に同情し愛惜したことに由来するが，転じて，弱者に対する第三者の同情や贔屓を意味するようになった。なお判官は，源義経の役職名。Das Wort geht auf den berühmten Samurai Minamoto no Yoshitsune (1159-1189) zurück,

der durch seinen eifersüchtigen älteren Bruder Minamoto no Yoritomo vernichtet worden war, und später vom Volk als ein unglücklicher Held verehrt wurde und viel Sympathie auf sich zog. Im übertragenen Sinn bezeichnet der Ausdruck die Sympathie oder Bevorzugung eines Unterlegenen durch die Außenstehenden. *Hangan (Hōgan)* war der Amtstitel Yoshitsunes. **hangan-biiki o suru 判官贔屓をする** sich für den Schwächeren einsetzen

♦hanko 判子 (inkan 印鑑)

der Stempel 印鑑ともいう。欧米における署名の役割を果たす。Stempel mit dem Familiennamen, der in Japan oft anstelle der Unterschrift zur Unterzeichnung von Dokumenten verwendet wird. (Abbildung) **mitome-in 認印** das Privatsiegel; der unregistrierte Stempel für den alltäglichen Gebrauch **jitsu-in 実印** das amtlich registrierte Siegel **san-mon-ban 三文判** der billige, serienmäßig gefertigte Namensstempel **shuniku 朱肉** die rote Stempelfarbe **han de oshita yō ni 判で押したように** wörtl.: „wie mit einem Stempel aufgedrückt"; ausnahmslos, stereotyp, schablonenhaft **kōin 公印** das Amtsstempel, der Behördenstempel **ryō shorui ni wari-in o osu 両書類に割り印を押す** jeweils eine Siegelhälfte auf beide Dokumente abdrucken (zur Bestätigung der Echtheit beider Dokumente, denn die beiden Hälften passen genau zusammen) **taiko-ban 太鼓判** der sehr große Stempel, im übertragenen Sinn: die sichere Garantie **inkan-shōmei 印鑑証明** die Beglaubigung der Registrierung eines Namensstempels (beim Rathaus)

♦happō-bijin 八方美人

der Allerweltsfreund; jedermanns Freund もともとはどの点から見ても欠点のない美人という意味であったが，そこから転じて，誰に対しても如才なく振る舞う人のことを，非難の気持ちを込めてこのように言うことが多くなった。Das Wort bezeichnete ursprünglich eine von jeder Seite aus betrachtet makellos schöne Frau. Im übertragenen Sinn meint man damit heute eine Person, die sich gegenüber jedem gefällig verhält, das Wort wird oft abwertend gebraucht.

♦happō-fusagari 八方塞がり

Schwierigkeiten auf allen Seiten **happō-fusagari de aru 八方塞がりである** auf allen Seiten ernste Schwierigkeiten haben; nicht mehr vor noch zurückkönnen; von Schwierigkeiten umgeben sein; in der Tinte sitzen

♦hari-kuyō 針供養

die „Totenfeier" für abgenutzte und zerbrochene Nähnadeln (am 8. Februar oder am 8. Dezember) 2月8日または12月8日に，針仕事を休み，折れた針を集めて豆腐やこんにゃくに刺し，針の供養をすること。今日では，日常的に針仕事に携わる特定の人によってのみ行なわれている。Unbrauchbar gewordene Nähnadeln werden zum Dank in *Tōfu* oder *Konnyaku* gesteckt und nachher zu einem Schrein oder Tempel gebracht oder in der Erde begraben. Heutzutage wird diese Zeremonie nur noch von Personen durchgeführt, die beruflich mit Näharbeiten zu tun haben.

◆ **hasami-uchi ni suru 挟み撃ちにする**
in einer Zangenbewegung angreifen; in die Zange nehmen **oiuchi o kakeru 追い撃ちをかける** die geschlagenen Feinde verfolgen (od. angreifen); jemandem einen zusätzlichen Schlag versetzen **yami-uchi 闇討ち** der nächtliche Angriff; der Angriff in der Dunkelheit

◆ **hashikure はしくれ，端くれ**
1) das Stückchen, das Überbleibsel, der Rest 2) ein kleiner….; ein unbedeutender.... 多くの場合，謙遜しながら自分のことを言い表すときに用いる。Sehr oft eine bescheidene Bezeichnung für sich selbst「芸術家の端くれ」ein kleiner Künstler; jemand, der ein wenig zur Kategorie der Künstler gerechnet wird

◆ **ha-tenkō 破天荒**
die Unvergleichlichkeit, die Beispiellosigkeit **ha-tenkō na 破天荒な** bahnbrechend, epochenmachend, unvergleichlich, noch nie dagewesen「破天荒」とは，まだ誰も成し得なかったことを成し遂げること。「天荒」は未開の荒地で，「破」は，そういう土地を切り開くこと。中国の故事に由来する成語。Etwas schaffen, was noch niemandem gelungen ist. *Tenkō* bezeichnet ein noch nicht kultiviertes Land, *ha* bedeutet, ein solches Land zu erschließen. Das Kompositum geht auf eine alte chinesische Geschichte zurück.

◆ **hatsuyume 初夢**
der erste Traum im neuen Jahr 元日または正月2日の夜にみる夢。現在では元日の夜または正月2日の夜にみる夢を初夢と言っているが，古くは，節分の夜から立春の明け方にかけてみる夢をこのように呼んだ。Während man heute den Traum in der ersten Nacht des neuen Jahres oder am 2. Januar *hatsuyume* nennt, bezog sich die Bezeichnung ursprünglich auf den Traum in der Nacht des traditionellen Frühlingsfestes nach dem Mondkalender (siehe *setsubun*). **masayume 正夢** der die Wahrheit voraussagende Traum; Traum, der später Wirklichkeit wird; der prophetische Traum **saka-yume 逆夢** Traum, in dem man das Gegenteil von dem träumt, was dann tatsächlich eintritt **ichi fuji ni taka san nasubi 一富士二鷹三なすび** zuerst vom Berg Fuji, dann von einem Falken, dann von einer Aubergine (träumen) 初夢に見ると縁起が良いものを列挙した言葉 Aufzählung von besonders glücksverheißenden Symbolen, die im Neujahrstraum erscheinen können.

◆ **hayaimono kachi 早いもの勝ち (hayai ga kachi 早いが勝ち)**
Wer zuerst kommt, mahlt zuerst. このドイツ語の表現は，「最初に来たものが最初に粉をひく」ということで，中世社会における水車・風車小屋を巡る利権や葛藤と関係があると考えられる。Die deutsche Redewendung geht vielleicht auf Rechtsansprüche und Streitigkeiten zurück, die sich in der mittelalterlichen Gesellschaft im Kontext von Wasserrädern oder Windmühlen ergaben.

♦ **haya-oki wa san-mon no toku 早起きは三文の得**

(Sprichw.) wörtl.: „Frühaufstehen bringt 3 *Mon* (3 Heller) Gewinn.“; Morgenstund' hat Gold im Mund.

♦ **heiki no heiza 平気の平左**

völlig gleichgültig sein; egal sein「平気の平左」は，「平気の平左衛門」の略。平気で動じないことを，人名のように言い表した言い方。Abkürzung für *Heiki no Heizaemon*. *Heiki* bedeutet „unbeweglich“, das Wort ist klanglich einem Personennamen nachempfunden.

♦ **hesokuri へそくり，臍繰り**

der Notgroschen; die heimlichen Ersparnisse「臍繰り金」のことで，臍は綜麻（へそ）を人間の臍と混用した当て字である。主婦などが，倹約して内緒で少しずつ貯めたお金。Das Wort geht auf *heso*, d.h. „Hanf weben“, zurück und bezeichnete ursprünglich das Geld, das man damit verdiente. Heute schreibt man *heso* mit dem Schriftzeichen für „Nabel“, wobei es sich aber lediglich um die willkürliche Zuordnung eines Schriftzeichens aufgrund von Lautgleichheit (siehe *ateji*) handelt. Geld, das z.B. eine Hausfrau durch Sparsamkeit heimlich angesammelt hat.

♦ **he to mo omowanai 屁とも思わない**

(ugs.) sich nichts aus etwas machen; jemandem wurscht sein; jemandem vollkommen egal sein

♦ **hiasobi 火遊び**

1) das Spiel mit dem Feuer 2) das Spiel mit der Liebe; die gefährliche Liebschaft (Liaison) 1) 火をもてあそぶこと 2) 男女間の危険な遊び

♦ **hi-dane 火種**

1) die Funken zum Feuermachen; die glühende Kohle zum Feueranzünden 2) der kleine Auslöser (eines Streits etc.)

♦ **hiiki no hikidaoshi o suru ひいきの引き倒しをする**

jemanden durch übermäßige Gunst ins Verderben stürzen; durch zu große Bevorzugung einen schlechten Dienst erweisen

♦ **hikaremono no kouta 引かれ者の小唄**

wörtl.: das „Lied eines Verurteilten auf dem Weg zur Richtstätte“; der Galgenhumor 刑場へ連れて行かれる者が，強がりを見せて鼻歌などを歌う意から，絶望的な事態にありながら，あえて負け惜しみで強がりを言うことのたとえ。Das Bild eines zum Tode Verurteilten, der auf dem Weg zur Hinrichtung flunkert und vor sich hin summt, wird als Metapher dafür verwendet, dass jemand angesichts einer ausweglosen Situation großspurig redet, weil er den starken Mann spielen will.

♦ **hike o toru 引けを取る**

den Kürzeren ziehen; besiegt werden; ins Hintertreffen geraten **hike o toranai 引けを取らない** jemandem nicht nachstehen; jemandem gewachsen sein; es mit jemandem aufnehmen können なお名詞「引け」は，動詞「引ける」からきている。Das Substantiv *hike* kommt von dem Verb *hikeru*

(„einen Rückzieher machen“).

♦ **hikidemono** 引き出物
das Mitbringsel von einer Feier; das Geschenk für die Gäste 宴会に当たって主人側から，土産物として来客に贈る贈り物。古くからの習俗であるが，現今では，結婚披露宴の引き出物にその代表的例を見ることができる。Die Sitte, dass der Gastgeber eines Banketts den Gästen zum Abschied ein Geschenk überreicht, hat eine lange Tradition und ist heute besonders bei Hochzeiten üblich.

♦ **hikikomori** 引きこもり
der völlige Rückzug aus der Gesellschaft; das Cocooning 1990年代に社会的に注目されるようになった，人間関係の拒絶や社会参加の拒否などの特徴を持つ行動形態。若年層の場合には不登校になり，長年自分の部屋に閉じこもり，家族とも会わないというようなケースも見られる。Seit den 90er Jahren des letzten Jhs. bezeichnet man so eine Verhaltensauffälligkeit, bei der sich die Betroffenen völlig aus der Gesellschaft und eventuell der Familie zurückziehen, wenn sie jung sind, den Schulbesuch verweigern und im Extremfall das eigene Zimmer jahrelang nicht mehr verlassen.

♦ **hikkomi ga tsukanai** 引っ込みがつかない
es gibt kein Zurück mehr; nicht mehr zurück können

♦ **hikkomi-jian** 引っ込み思案
die Zurückhaltung, die Schüchternheit, die Verschlossenheit, die Unzugänglichkeit **hikkomi-jian no 引っ込み思案の** zurückhaltend, schüchtern, verschlossen, kontaktscheu; unzugänglich

♦ **himotsuki no** ひも付きの
wörtl.: „mit einer Schnur “; bedingt; mit Bedingungen **himotsuki-enjo ひも付き援助** die bedingte (od. gebundene) Unterstützung **himotsuki-yūshi ひも付き融資** das bedingte Darlehen; die zweckgebundene Finanzierung

♦ **hina-matsuri** 雛祭り

das Mädchenfest; das Puppenfest 3月3日の節句に女児のいる家で雛壇を設けて雛人形やその調度品を飾り菱餅・白酒・桃の花を供えてまつる行事。In Familien mit Töchtern wird um die Zeit dieses Festes, das am 3. März gefeiert wird, häufig ein besonderes Podest mit bunten Püppchen aufgestellt. Außerdem schmückt man das Podest mit *Mochi*, weißem Sake und Pfirsichblüten. 3月3日の節句を「桃の節句」とも呼ぶ。Das Fest am 3. März wird auch als Pfirsichfest bezeichnet.

♦ **hinata-bokko (o) suru** 日向ぼっこ(を)する
sich sonnen; sich in die Sonne legen; sich in

der Sonne aufwärmen「日向ぼっこ」とは，陽の当たる場所にとどまって太陽光を受けて身体を温めることであり，日差しの強い夏場の陽に当たることは「日向ぼっこ」とは言わない。Gemeint ist, dass man sich an einem sonnigen Ort der Sonne aussetzt, um sich aufzuwärmen; wenn man im Sommer von den starken Sonnenstrahlen getroffen wird, nennt man das nicht so.

♦ **hinome o miru 日の目を見る**
das Tageslicht sehen; ans Tageslicht kommen; wahrgenommen werden これまで人に知られずにうずもれていた物や人が，世に出て知られるようになったり認められたりすること。Das Bekannt- oder Anerkanntwerden einer Sache oder Person, die bisher unbekannt war oder im Verborgenen existierte.

♦ **hinshuku ひんしゅく，顰蹙**
das Stirnrunzeln; die finstere Miene; die Missbilligung **hinshuku o kau 顰蹙を買う** scheel angesehen werden; verächtlich angesehen werden; Missbilligung ernten 社会的良識に反するようなことをして他人に嫌われ，非難・軽蔑されること。Scheel angesehen werden, weil man gegen bestimmte gesellschaftliche Konventionen handelt.

♦ **hin sureba don su 貧すれば鈍する**
(Sprichw.) Armut macht dumm (gemein). 人間というものは，貧乏になると精神までが貧しくなり，品性がさもしくなる，ということ。

♦ **hi o miru yori akiraka de aru 火を見るより明らかである**
wörtl.: „klarer als wenn man ins Feuer blickt“; sonnenklar sein; vollkommen klar sein; glasklar sein; auf der Hand liegen

♦ **hippari-dako no 引っ張りだこの**
begehrt (gefragt, gesucht) sein「引っ張りだこ」とは，人気があって，引く手あまたの人や物について言う言葉。これは，たこの乾物を作るとき，足を四方に引っ張り拡げて干すその形が，あちこちから求められているように見えることに由来する。Das Wort benutzt man für Personen oder Sachen, die so beliebt sind, dass man den Eindruck hat, dass viele Hände gleichzeitig an ihnen ziehen. Die Metapher ist vom Trocknen eines Oktopus abgeleitet, dessen Beine man in aller vier Richtungen auseinander zieht, und der so aussieht, als ob er in alle Richtungen gezerrt würde.

♦ **hira-ayamari 平謝り**
die unterwürfige Bitte um Entschuldigung **hira-ayamari ni ayamaru 平謝りに謝る** auf den Knien um Verzeihung bitten; sich zutiefst entschuldigen

♦ **hirakinaoru 開き直る**
(ugs.) seine Haltung plötzlich ändern, insbesondere eine drohende (trotzige) Haltung annehmen; auf stur schalten; trotzig werden

♦ **hiru-andon 昼行灯**
wörtl.: die „(tragbare) Laterne am helllichten Tag“; der unnütze Mensch; der Nichtsnutz 日中に火をともしている行灯の意味で，ぼんやりしている人や役に立たない人を

嘲って言う語。Spöttische Bezeichnung für einen zerstreuten und unnützen Zeitgenossen, der mit einer tagsüber angezündeten Laterne verglichen wird.

♦ hito-awa fukaseru 一泡吹かせる
verblüffen; jemanden aus der Fassung bringen; jemanden aufs Kreuz legen

♦ hito ga kawaru 人が変わる
ein anderer Mensch werden; sich (in seiner Persönlichkeit) ändern

♦ hito-giki ga warui 人聞きが悪い
schlecht klingen (in den Ohren anderer Leute); sich nicht gut anhören; was man anderen Leuten besser nicht zu Gehör bringen sollte; einen schlechten Eindruck machen

♦ hitohada-nugu 一肌脱ぐ
jemandem unter die Arme greifen 和服の袖から腕を抜いて上半身を出すことを「肌脱ぎ」と言うが，かつて力仕事をするときなどこのような姿になることがあった。そこから転じて，困っている人を助けるようなときに，肌脱ぎになったつもりで本気で力を尽くすことを「一肌脱ぐ」と言う。*Hitohada-nugu* bedeutete ursprünglich, dass man einen Arm aus dem *Kimono* zieht und so den Oberkörper halb nackt macht, in dieser Aufmachung hat man früher harte körperliche Arbeiten verrichtet. Davon abgeleitet ist die Bedeutung, jemandem, der in Schwierigkeiten ist, tatkräftig zu helfen.

♦ hitomishiri 人見知り
das Fremdeln (vor allem bei Kindern fremden Menschen gegenüber); die Schüchternheit

hitomishiri suru 人見知りする fremdeln; (fremden Menschen gegenüber) schüchtern sein

♦ hito no furi mite waga furi naose 人の振り見てわが振りなおせ
(Sprichw.) Sieh das Betragen anderer und lerne daraus dein eigenes zu bessern! Achte auf das Verhalten anderer und bessere deines!

♦ hito o norowaba ana futatsu 人を呪わば穴二つ
(Sprichw.) wörtl.: „Wenn man jemandem flucht, braucht man zwei Gräber“; Wer andern eine Grube gräbt, fällt selbst hinein. 他人を呪い殺そうとして墓穴を掘れば，その報いが自分にも及んで，その人を埋める墓穴のほかに，自分が埋められる墓穴も用意する必要がある，という意味。Wenn man jemanden verflucht, sind zwei Gräber nötig; eines für den Verfluchten und eines für sich selbst (weil sich ein Fluch auch gegen den Fluchenden selbst richtet).

♦ hitosuji-nawa 一筋縄
wörtl.: „ein Seil“; das herkömmliche Mittel; die gebräuchliche Methode「普通の方法」の意味。**hitosuji-nawa de wa ikanai 一筋縄ではいかない** einer Sache ist mit herkömmlichen Mitteln nicht beizukommen; etwas ist mit der konventionellen Methode nicht zu bewerkstelligen

♦ hito-tamari mo naku ひとたまりもなく
ohne den geringsten Widerstand; ohne den kleinsten Widerstand; ganz einfach

◆hiya-mizu o abiseru 冷や水を浴びせる
wörtl.: „jemanden mit kaltem Wasser übergießen"; jemandem einen kalten Guss verpassen

◆hodasareru ほだされる
gefesselt werden; überwältigt werden; gefangen werden「情にほだされて」von der Liebe gefesselt (gebunden)

◆hogo 反故
der Papierabfall, der Papiermüll **hogo ni suru 反故にする** in den Papierkorb werfen; rückgängig machen; für ungültig erklären; für null und nichtig erklären

◆hōhō-no-tei de nigedasu ほうほうの体で逃げ出す
Hals über Kopf davonlaufen; sich Hals über Kopf aus dem Staube machen「ほうほう」は「這う這う」のことで，這うようにして，の意。*Hōhō* kommt von *hō* und bedeutet „auf allen Vieren kriechen".

◆home-goroshi 褒め殺し
wörtl.: „das Todloben"; das Zu-Tode-Loben もともとは伝統芸能関係で用いられてきた言葉で，頭角を現わしてきた若手を必要以上に褒めることで有頂天にさせ，その才能をつぶしてしまうという意味であったが，日本の戦後の政治のなかで右翼の一派が，攻撃相手を賛美・賞賛しながら相手のイメージ・ダウンをはかるという政治手法として用いて以来，一般にも知られる言葉となった。Das Wort wurde ursprünglich im Zusammenhang mit den traditionellen Künsten gebraucht und bedeutete, dass man das Talent eines vielsprechenden Nachwuchskünstlers verderben kann, wenn man ihn über die Maßen lobt und er dann in Selbstzufriedenheit versinkt. Das Wort wurde aber erst nach dem Zweiten Weltkrieg allgemein bekannt, und zwar als eine politische Strategie einer Fraktion der Ultra-Rechten, die es darauf anlegten, das Image ihrer Gegner durch Verherrlichung und Lobpreisungen zu beschädigen.

◆honkai 本懐
der lang gehegte Wunsch; der Herzenswunsch **danshi no honkai 男子の本懐** der Herzenswunsch eines Mannes

◆honmatsu-tentō suru 本末転倒する
wörtl.: „Stamm und Stengel verwechseln"; das Pferd von hinten aufzäumen (「馬の尻尾に手綱をつける」という意味), die Pferde hinter den Wagen spannen (「馬車の後ろに馬をつなぐ」という意味) etwas am falschen Ende beginnen; eine Sache verkehrt anfangen

◆honmei 本命
1) der Favorit; aussichtsreichster Kandidat
2) der erste Wahl **honmei no daigaku 本命の大学** jemandes Universität erster Wahl バレンタイン・デーの「本命チョコ」については，69ページを参照のこと。

◆hosu 干す
(ugs.) jemanden kaltstellen; jemanden unberücksichtigt lassen; jemanden aufs Trocknen setzen **hosareru 干される** des Lebensunterhalts beraubt werden; keine Arbeit zugeteilt bekommen

♦hosuto-kurabu ホスト・クラブ
der Host-Club（男性が女性客を接待する）女性専用のナイト・クラブ。1号店は1965（昭和40）年東京で開店。Der Nachtklub mit männlichen Hostessen für weibliche Gäste. Der erste Host-Club wurde 1965 in Tōkyō eröffnet.

♦hotaru 蛍
das Glühwürmchen, der Leuchtkäfer 5月頃から7月中旬にかけて姿を現わす。尾のあたりから青白い光を発するため，夏の夜に浴衣を着て蛍を見に出かけたり，虫かごに入れてその光を観賞するなどした。近年蛍の姿が以前に比べて減少の傾向にあるが，蛍が住める環境を作りたいとするさまざまな試みもなされている。Glühwürmchen findet man in Japan von Mai bis Mitte Juli, sie gehören zu den traditionellen Vorboten der heißen Jahreszeit. Früher ist man in Sommernächten oft im leichten Kimono hinausgegangen, um Glühwürmchen zu beobachten oder einzufangen und in kleinen Bambuskäfigen zu betrachten. In letzter Zeit gibt es vermehrt Versuche, die selten gewordenen Insekten durch besondere Schutzmaßnahmen wieder anzusiedeln. **hotaru no hikari 蛍の光** das Licht eines Glühwürmchens **Hotaru no haka 火垂るの墓** {Buchtitel} Das Grab der Leuchtkäfer 自伝的要素も含む野坂昭如の小説名（1967）。Teilweiser autobiografischer Roman von Nosaka Akiyuki, 1967 (Anime-Version: Die letzten Glühwürmchen, 1988)

♦hotobori ほとぼり
1) die Hitze; die Resthitze 2) der Aufruhr, die Aufregung, die Begeisterung **hotobori ga sameru made ほとぼりが冷めるまで** bis sich die Aufregung gelegt hat; bis der Aufruhr geklungen ist; bis sich die Wogen geglättet haben

♦hyaku mo shōchi de 百も承知で
in voller Kenntnis sein; sich über etwas völlig im Klaren sein

♦hyakusen-renma 百戦錬磨
die Erprobtheit in zahlreichen Kämpfen **hyakusen-renma no 百戦錬磨の** kampferfahren, erprobt; in allen Sätteln gerecht sein

♦hyōshi-nuke suru 拍子抜けする
enttäuscht sein; sich enttäuscht sehen; jemandem wird der Wind aus den Segeln genommen この最後の表現は，帆がはらんだ風が抜かれてしまう，という意味。

♦hyōtan ひょうたん，瓢箪
der Flaschenkürbis 鑑賞用，日除けなどに用いる。eine Zierpflanze, die auch als Schattenspender dient（容器としては）die Kürbisflasche (aus der getrockneten Frucht hergestelltes Gefäß) **hyōtan-namazu 瓢箪鯰** etwas ist so schwierig, wie einen (glitschigen) Wels mit einer (glatten) Kürbisflasche festzuhalten とらえどころのない人物を表わすのにも用いる。ドイツ語のaalglattに相当する。Auch eine Bezeichnung für eine undurchschaubare Person, dann auf Deutsch: „aalglatt". **hyōtan kara koma 瓢箪から駒** wörtl.: „ein Pferd aus einer Kürbisflasche", etwas völlig Unerwartetes; aus Scherz wird plötzlich Ernst.

◆ibara no michi いばらの道
der dornige Weg; der Dornenweg, der Leidensweg **ibara no michi o tadoru いばらの道をたどる** einen dornigen Weg beschreiten

◆ichihime nitarō 一姫二太郎
erst ein Mädchen, dann ein Junge 子供を持つには，長子は女で，次子は男がよいという昔からの言い伝え。Althergebrachte Redewendung, die besagt, dass es beim Kinderkriegen am besten sei, zuerst ein Mädchen und dann einen Jungen zu bekommen.

◆ichi ka bachi ka yattemiru 一か八かやってみる
wörtl.: „Eins oder acht! Lassen wir's drauf ankommen." alles auf eine Karte setzen; alles auf einen Wurf setzen どうして「一」と「八」という数字になるのか，その由来については諸説があって詳しいことは分からないが，「一か八か」をドイツ語に訳すとすれば，Alles oder Nichts ということになろう。Es ist nicht geklärt, warum hier gerade die Zahlen eins und acht verwendet werden, gemeint ist „alles oder nichts".

◆ichimai-iwa 一枚岩
1) der massive Fels, der Felsblock 2) die eingeschworene Gemeinschaft; die Gruppe wie aus einem Guss **ichimai-iwa no 一枚岩の** monolithisch, felsenfest, unverbrüchlich **ichimai-iwa no danketsu 一枚岩の団結** die monolithische Solidarität; der unverbrüchliche Zusammenhalt

◆ichimai kamu 一枚かむ
in etwas einsteigen; an etwas beteiligt sein; bei etwas mittun; eine Rolle bei etwas spielen この表現の由来については諸説がある。Zum Ursprung dieses Ausdrucks gibt es verschiedene Theorien.

◆ichimokusan ni 一目散に
ohne einen Blick nach rechts oder links zu werfen; Hals über Kopf 語源は不詳。Etymologie unklar.

◆ichi mo ni mo naku 一も二も無く
ohne noch einmal nachzudenken; ohne weiter zu fragen; ohne Wenn und Aber; ohne weiteres

◆ichinan satte mata ichinan 一難去ってまた一難
Ein Unglück folgt dem anderen. Ein Unglück kommt selten allein.

◆ichinichi senshū no omoi de matsu 一日千秋の思いで待つ
auch: *ichijitsu-senshū...* mit solcher Ungeduld warten, dass einem ein Tag wie tausend Jahre vorkommt

◆ichiyō ochite tenka no aki o shiru 一葉落ちて天下の秋を知る
(Sprichw.) Wenn ein Blatt fällt, so merkt man schon, dass der Herbst gekommen ist. Große Ereignisse kündigen sich oft durch fast unmerkliche Vorzeichen an. 物事の僅かな兆しからその後に来る大勢を察知するたとえ。

◆iede 家出
das plötzliche Verschwinden von zu Hause; das Ausreißen 家出という現象は，従来より存在したものの，社会の近代化・都市化にともない増加する傾向にある。日本では，1960年代以降，経済の高度成長や都市化への進展が要因となって，家出という現象にも質的変化が見られるようになった。Das Phänomen, dass Personen plötzlich ihre Familie verlassen, gab es zwar auch früher schon, aber mit der Modernisierung und Urbanisierung nahmen diese Fälle tendenziell zu. In Japan führte seit den 60er Jahren des 20. Jh. das Wirtschaftswachstum und die urbane Entwicklung zu einer qualitativen Veränderung des Phänomens. **jōhatsu suru 蒸発する** sich in die Luft auflösen 周囲の人間にはまったく心当たりがないのに，ある日突然失踪すること。1960年代の後半，社会問題になった。なお化学などで用いる液体の蒸発は，verdampfenである。Das plötzliche Verschwinden von Personen, ohne dass die persönliche Umgebung etwas davon ahnt. In der zweiten Hälfte der 60er Jahre wurde das zu einem sozialen Problem. In der Chemie bedeutet das Wort „verdampfen".

◆iemoto 家元

das Haupt einer Schule; die Stifterfamilie einer Kunstrichtung 華道や茶道，古典芸能の多くはそれぞれいくつかの流派を持っているが，家元とは，その流派の芸道を受け継いでいる，正統の家または人物のこと。In vielen der traditionellen Künste, wie z.B. *Ikebana* oder der Teezeremonie, gibt es mehrere Traditionslinien. Als *Iemoto* bezeichnet man die Familie, in der eine solche Tradition authentisch überliefert wird, oder die entsprechende Person. **iemoto-seido 家元制度** das *Iemoto*-System

◆ie-seido 家制度

das *ie*-System; das patriarchalische Familiensystem 1898（明治31）年に制定された旧民法のもとで規定された家族制度であり，戸主の支配権で統率された，戸主と家族との共同体のこと。1898 auf Grundlage des alten Zivilrechts festgesetztes Familiensystem, nach dem die Familie mit dem Familienoberhaupt, das sie beherrscht und leitet, eine Einheit bildet.

◆igami-au いがみあう

jemandem (mit jemandem) spinnefeind sein; mit jemandem auf Kriegsfuß stehen; sich feindlich gegenüberstehen; sich gegenseitig anknurren

◆iitoko-dori o suru いいとこ取りをする

sich das Beste aussuchen 全体のなかから自分の利益になるところだけを選んで取るということ。sich aus allem nur das herauspicken, was einem selbst nützt

◆ikari shintō ni hassuru 怒り心頭に発する

vor Wut entbrannt sein; zorneswütig sein 「心頭」は，心，心の中という意味。したがってこの表現は，心の底から怒りが激しくこみ上げてくる，という意味になる。これを，怒りが頭に達すると誤解している人が非常に多く，文化庁が発表した2005（平成17）年度「国語に関する世論調査」では，本来の言い方である「怒り心頭に発する」を使う人が14.0%，間違った言い方「怒り心頭に達する」を使う人が74.2%という結果が出ている。Das Wort *shintō* bedeutet hier„Herz/Geist" oder „im Herzen". Deshalb meint der Ausdruck, dass ein gewaltiger Zorn vom Grunde des Herzens aufsteigt. Extrem häufig wird die Formulierung allerdings in dem Sinne missverstanden, dass der Zorn „im Kopf ankommt" (=*ikari shintō ni tassuru*). Die „Umfrage zum Japanischen" des Amtes für Kunst und Kultur aus dem Jahr 2005 zeigte, dass nur 14% der Befragten die ursprüngliche, korrekte Formulierung (*ikari shintō ni hassuru*), wohingegen 74,2% angaben, den falschen Ausdruck (*ikari shintō ni tassuru*) zu gebrauchen.

♦ikemen イケメン，いけ面

der gut aussehende Mann; der fesche Typ 「いけているメン」の略で，「メン」は，英語の*man/men*と「面」をかけたもの。「かっこいい男（たち）」の意。2000（平成12）年頃から用例が散見される。Abkürzung für *iketeiru* (jugendsprachl.: „cool sein") und *men*, wobei *men* einerseits jap. „Gesicht" (面) und engl. „*man/men*" bedeutet, daher die Bedeutung „gut aussehender Mann". Etwa seit 2000 findet man Beispiele für den Gebrauch dieses Wortes.

♦ikigake no dachin ni 行きがけの駄賃に

eine sich bietende Gelegenheit wahrnehmen; etwas nebenbei tun 一つのことをしたついでに，他のこともすること。「行きがけ」は行くついでに，「駄賃」は駄馬による運賃を意味した。「行きがけの駄賃」は江戸時代，馬子が駄馬を引いて荷物を受け取りに行くついでに，空の駄馬を引いていくのはもったいないということで，他の荷物を運んで行き，余分に運び賃をかせいだことから来た表現。Etwas nebenbei erledigen, während man eigentlich gerade etwas anders macht. *Ikigake* bedeutet „bein Gehen" und *dachin* ist der Preis für ein Lastpferd. Der Ausdruck ist in der Edo-Zeit aufgekommen, als Packpferdetreiber auf dem Hinweg zum Beladen ihrer Tiere die leeren Pferde Lasten tragen ließen, damit sie diesen Weg nicht umsonst gehen mussten. So konnten zusätzliche Transportgebühren eingenommen werden.

♦iki-uma no me o nuku 生き馬の目を抜く

wörtl.: „einem lebenden Pferd die Augen herausnehmen"; sehr schnell und gewitzt sein (um einen Vorteil für sich herauszuschlagen); so schnell und schlau behandeln, wie wenn man dem Richter die Uhr aus der Tasche stiehlt

♦inaoru 居直る

1) plötzlich seine Haltung ändern 2) eine drohende Haltung annehmen **inaori-gōtō 居直り強盗** der Dieb, der zu Gewalt übergeht こっそり盗みに入った者が，家人に見つかり，その場で強盗になること。Jemand, der unbemerkt einen Diebstahl begehen wollte, wird plötzlich gewalttätig, weil er von den bestohlenen Hausbewohnern entdeckt wird.

♦ingin-burei 慇懃無礼

wörtl.: die „Beleidigung durch Höflichkeit", die falsche, übertriebene oder vorgetäuschte Höflichkeit, die in Wirklichkeit beleidigend ist 表面はひどく丁寧で礼儀正しいように見えるが，実は尊大で無礼なこと。

◆inkyo 隠居

wörtl.: „im Schatten leben"; der Rücktritt ins Privatleben **inkyo suru 隠居する** sich vom öffentlichen Leben zurückziehen; in den Ruhestand treten; sich ins Privatleben zurückziehen; sich auf das Altenteil zurückziehen **raku-inkyo 楽隠居** das Leben in behaglicher Zurückgezogenheit **raku-inkyo shiteiru 楽隠居している** in behaglicher Zurückgezogenheit leben; seinen Lebensabend genießen **inkyo-shigoto 隠居仕事** die Rentnerbeschäftigung, die Rentnertätigkeit

◆inochi atte no monodane 命あっての物種

Man kann nur solange handeln, wie man lebt. Alles beginnt und endet mit dem Leben. 何事をするにも，命があってのことで，命がすべて，命がなくなればおしまいだから，命を大切にしなさい，という教え。Was immer man auch unternehmen will, man muss dafür am Leben sein. Wenn man das Leben verliert, ist alles vorbei; die Redewendung will dazu ermahnen, das Leben hochzuschätzen.

◆ippai chi ni mamireru 一敗地にまみれる

(schriftspr.) eine schwere Niederlage erleiden 喧嘩，勝負，事業などで，再起不能なほどひどい負け方をする。Bei einem Streit, in einem Wettkampf, bei der Arbeit etc. eine so schwere Niederlage erleiden, dass man sich nicht mehr davon erholen kann.

◆ippiki-ōkami 一匹狼

(von engl. *lone wolf*) der Einzelgänger; der Einzelkämpfer 仲間や組織の力に頼らずに，ひとり独自の立場をとる人。この表現そのものは現在でも用いられるが，かつて日本に生息していた「ニホンオオカミ」は，1905(明治38)年奈良県で捕獲されたのを最後に絶滅した。Jemand, der ohne sich auf Mitstreiter oder eine Organisation zu verlassen, seinen eigenen Standpunkt einnimmt und entsprechend handelt. Der Ausdruck selbst ist zwar heute in Japan gebräuchlich, aber der letzte japanische Wolf (*Nikon-ōkami*) wurde 1905 in der Präfektur Nara gefangen; seither sind Wölfe in Japan ausgerottet.

◆ire-jie 入れ知恵

die Andeutung, die Einflüsterung, der Tipp **ire-jie (o) suru 入れ智恵(を)する** jemandem eine Idee (einen Gedanken) eingeben (einflüstern); jemandem einen Tipp geben

◆ire-zumi 入れ墨

die Tätowierung **ire-zumi o shiteiru 入れ墨をしている** tätowiert sein; eine Tätowierung haben 江戸時代には刺青は，特定の社会集団において好んで行なわれた。また江戸時代には，庶民の窃盗罪に対し，（単独で，または）他の刑に付加する形で入墨が行なわれた。In der Edo-Zeit waren Tätowierungen in bestimmten gesellschaftlichen Gruppen beliebt. Manchmal wurden auch Diebe zusätzlich zu einer anderen Strafe tätowiert.

◆iro-megane de mono o miru 色眼鏡で物を見る

etwas durch eine gefärbte Brille sehen; mit Vorurteilen behaftet sein

♦iro o tsukeru 色を付ける
(ugs.) wörtl.: „Farbe auftragen“; etwas reizvoll machen; etwas attraktiver gestalten (einen Preisnachlass geben, ein kleines Zugeständnis machen usw.)

♦isari-bi いさり火，漁火
die (pl.) Bootslichter (zum Fischen) 魚を誘い寄せるために夜間船でたくかがり火。現在では，電灯による電気照明になっている。Lichter oder Holzfeuer, die man nachts an den Fischerbooten befestigt, um damit Fische anzulocken. Heute benutzt man elektrische Lampen.

♦ishi-bashi o tataite wataru 石橋を叩いて渡る
wörtl.: „die Steinbrücke beklopfend überqueren“; übertrieben vorsichtig sein **abunai hashi o wataru 危ない橋を渡る** wörtl.: „über eine riskante Brücke gehen“; ein Risiko eingehen; einen gefahrvollen Weg einschlagen; eine Gratwanderung machen（最後のドイツ語は「尾根歩きをする」という意味）

♦Ishibe Kinkichi 石部金吉
(Herr) „Eisenhart Steinmann“ (fiktiver Personenname) 石と金という硬いものを二つ並べて人名のようにしたもの。非常に生真面目で堅い人。特に女色にまどわされない人。また，融通のきかない人。Aneinanderreihung von Stein und Metall als zwei sehr harten Materialien, womit eine todernste Person bezeichnet wird, insbesondere ein Mann, der sich nicht so leicht von Frauen betören lässt oder eine sehr unflexibele Person.

♦ishi ni kajiri-tsuite mo 石にかじり付いても
auch wenn man sich an einem Felsen festbeißen müsste; koste es, was es wolle; um jeden Preis

♦ishi no ue ni mo san-nen 石の上にも三年
(Sprichw.) Beharrlichkeit setzt sich durch; Steter Tropfen höhlt den Stein. 冷たい石の上でも三年座っていれば暖かくなる，の意。Selbst ein kalter Stein wird warm, wenn man drei Jahre beharrlich darauf sitzt.

♦issei-ichidai 一世一代
etwas, das einem nur einmal im Leben passiert; das einzige Mal im Leben **issei-ichidai no ō-shigoto 一世一代の大仕事** das größte Werk des Lebens

♦isseki-nichō 一石二鳥
(Sprichw.) wörtl.: „zwei Vögel mit einem Stein“; zwei Fliegen mit einer Klappe schlagen (「ひとつのハエ叩きで一度に2匹のハエを叩き殺す」という意味。); zwei auf einen Streich

♦isshi o mukuiru 一矢を報いる
wörtl.: „einen Pfeil mit einem Pfeil vergelten“; jemandem mit gleicher Münze heimzahlen 敵に対して，矢を一本効果的に射返す。

♦isshō kōnatte(narite) bankotsu karu 一将功成りて（成って）万骨枯る
(Sprichw.) Eines Generals Ruhm kostet vieler Soldaten Gebeine. Für eines Feldherrn Glorie zahllose Gebeine verbleichen.

♦ **ita-basami 板挟み**
wörtl.: „das Eingeklemmtsein zwischen zwei Brettern"; das Dilemma (zwischen zwei Standpunkten, die man beide nicht einnehmen kann) **giri to ninjō no ita-basami 義理と人情の板挟み** der Konflikt zwischen Pflicht und Neigung

♦ **itatamarenai 居たたまれない**
zum Davonlaufen sein; es nicht mehr aushalten können; etwas nicht länger ertragen; unerträglich sein **ite mo tatte mo irarenai 居ても立ってもいられない** wörtl.: „es weder sitzend noch stehend aushalten"; ganz ungeduldig (aufgeregt, nervös) sein; nicht länger warten können; wie auf glühenden Kohlen sitzen

♦ **ittō-ryōdan 一刀両断**
wörtl.: „das Entzweischlagen mit einem Schwertstreich"; das Zweiteilen mit einem Schlag **ittō ryōdan suru 一刀両断する** 1) mit einem Schlag in zwei Hälften trennen; mit einem Hieb in zwei Stücke teilen 2) sofort eine Entscheidung treffen; sich kurzerhand entscheiden

♦ **iwa-kan 違和感**
das Unwohlsein; das körperliche Unbehagen; das Gefühl der Fremdheit; das Gefühl, fehl am Platz zu sein

♦ **iwaku-tsuki no onna いわくつきの女**
eine Frau mit Vergangenheit; eine Frau mit einer komplizierten Vorgeschichte

♦ **iza Kamakura いざ鎌倉**
wörtl.: „Auf nach Kamakura!" der Ernstfall ist eingetreten「さあ，鎌倉幕府に一大事が起こり，はせ参ずべき時だ」の意味。Abgeleitet von: „In Kamakura (dem Sitz des Shōgunats) ist etwas Wichtiges passiert, jetzt müssen wir alle dorthin eilen."

♦ **ja-ja-uma o narasu じゃじゃ馬を馴らす**
wörtl.: „ein wildes Pferd zureiten"; ein widerspenstiges Mädchen zähmen

♦ **jakuniku-kyōshoku 弱肉強食**
wörtl.: „der Schwache wird vom Starken gefressen"; das Überleben des Stärkeren; das Gesetz des Dschungels

♦ **ja no michi wa hebi 蛇の道は蛇**
(Sprichw.) Eine Schlange kennt die andere. Die Bösen durchschauen einander leicht. (大きな) 蛇の通る道は他の蛇にも分かっているということで，同業の者のすることは，その仲間には，すぐに分かるということのたとえ。Das japanische Sprichwort besagt, dass eine Schlange den Weg erkennt, wo eine andere Schlange entlanggeht; damit ist gemeint, dass Vertreter des gleichen Gewerbes sich sofort verstehen.

♦ **jigō-jitoku 自業自得**
das verdiente Los; die wohlverdiente Folge seiner eigenen Tat; Wie man sich bettet, so schläft man.「身から出たさび」も，この「自業自得」とほぼ同じ意味である。Der Ausdruck *mi kara deta sabi*, „der Rost aus dem Körper (eines Schwertes)" hat fast die gleiche Bedeutung.

◆**jijō-jibaku 自縄自縛**

das Sichverfangen im selbstgesponnenen Netz; Verstrickung im eigenen Netz 自分で言った（行なった）ことのために，自分で苦しむこと。**jijō-jibaku ni ochiiru 自縄自縛に陥る** sich im eigenen Netz verfangen (verstricken)

◆**jikan-kasegi 時間稼ぎ**

auf Zeit spielen; jemanden (im Sport den Gegner) hinhalten; absichtlich langsam handeln, um eine günstige Situation herbeizuführen oder abzuwarten **jikan-kasegi ni 時間稼ぎに** um jemanden hinzuhalten

◆**jiku-ashi 軸足**

1) Bein, das den Drehpunkt bildet 2) Dreh- und Angelpunkt 1) スポーツなどで，軸のように自分の体を支える方の足 2) 方策・行動などの重点

◆**jinchū-mimai 陣中見舞い**

1) der Frontbesuch 2) Aufmunterungsbesuch 1) 戦場に軍人を訪ね，労をねぎらうこと。2) 選挙運動中の人や忙しい仕事に携わっている人を訪ね，慰問すること。1) die Soldaten an der Front besuchen und ihnen seine Dankbarkeit erweisen 2) jemandem, der z.B. im Wahlkampf, sehr beschäftigt ist, einen Besuch abstatten und eventuell ihm etwas schenken

◆**jinji o tsukushite tenmei o matsu 人事を尽くして天命を待つ**

alles Menschenmögliche tun und das Weitere dem Himmel überlassen

◆**jōi-katatsu 上意下達**

die Top-Down-Kommunikation 上の者の意志や命令を下位の者に通じさせること。den Willen oder die Anweisungen der Oberen an die Untergebenen übermitteln; Gegenteil: *kai-jōtatsu* 下意上達

◆**jonan 女難**

Scherereien mit Frauen **jonan no sō ga aru 女難の相がある** seine Gesichtszüge deuten darauf hin, dass er leicht in Scherereien mit Frauen gerät

◆**joya no kane 除夜の鐘**

das Glockenläuten in der Silvesternacht 大晦日の午後12時前から元日にかけて仏教寺院で打ち鳴らす鐘。108の煩悩を除去する意味で108回打ち鳴らす。この機会に寺へ参詣してきた信者も一緒になって除夜の鐘をたたくというような寺も少なくない。An vielen buddhistischen Tempeln werden in der Silvesternacht die Tempelglocken 108 Mal geschlagen, die Zahl steht für die nach buddhistischer Vorstellung 108 menschlichen Begierden, die so überwunden werden sollen. An manchen Tempeln dürfen bei dieser Gelegenheit die Gläubigen auch selbst die Glocke schlagen.

◆**jukunen 熟年**

das reife Lebensalter, die 50 bis 65-Jährigen このような言い方がされるようになったのは，1978（昭和53）年頃からである。Die Bezeichnung ist ungefähr seit 1978 im Gebrauch.

◆**jū-nin to-iro 十人十色**

(Sprichw.) wörtl.: „zehn Menschen, zehn

Farben.“ so viele Köpfe, so viele Sinne; viele Köpfe, viele Sinne

♦jūnishi 十二支
siehe *eto*

♦jun-shi 殉死
die Selbsttötung nach dem Tod seines Herrn; die Selbstaufopferung beim Tod seines Herrn 近代になってからでは，1912（明治45＝大正元）年，明治天皇の大葬の日に陸軍大将乃木希典が妻静子とともに殉死した例が知られる。In der Neuzeit ist besonders der Fall der Selbsttötung von General Nogi Maresuke und seiner Ehefrau Shizuko am Tag der Trauerfeier für den Meiji-Tennō im Jahr 1912 bekannt.

♦kaban-mochi かばん持ち，鞄持ち
1）der Kofferträger 2）der dienstbeflissene Begleiter 主人・上役の荷物を持ったり身の回りの世話をする人を指す言葉として用いるほか，上役にへつらっていつもついて回る者を軽蔑する言葉としても用いられる。Das Wort verwendet man für Personen, die ihrem „Herrn“ (z.B. Dienstpersonal seinem Dienstherrn oder Mitarbeiter ihrem Chef) das Gepäck tragen und ihn umsorgen; es kann aber auch abschätzig für jemanden benutzt werden, der sich bei seinem Vorgesetzten einschmeichelt.

♦kabu ga agaru 株が上がる
seine Aktien steigen その人の評判・評価が高くなるということ。Gemeint ist, dass das Ansehen oder die Bewertung einer Person steigt. 反対は die Aktien fallen (sinken)。

♦kachō-fūgetsu 花鳥風月
wörtl.: „Blumen, Vögel, Wind und Mond“; die Schönheiten der Natur **kachō-fūgetsu o tomo to suru 花鳥風月を友とする** die Schönheiten der Natur genießen; sich an den Schönheiten der Natur erfreuen

♦kachū no kuri o hirou 火中の栗を拾う
für jemanden die Kastanien aus dem Feuer holen 猿におだてられた猫が，囲炉裏の中の栗を拾って大やけどをしたという，ラ・フォンテーヌ（1621-1695）の寓話から出た言葉。自分の利益にならないのに，他人のために危険を犯す，という意味で用いられる。上記見出しの表現は，その出典を意識させないほどに日本語にもドイツ語にも溶け込んでいる。Die Redensart stammt aus einer Fabel von Jean de La Fontaine (1621-1695), in der eine Katze von einem Affen dazu überredet wird, für ihn Kastanien aus einer Feuerstelle zu holen, und sich dabei die Pfoten verbrennt. Gemeint ist, dass man sich für einen Anderen einer Gefahr aussetzt, ohne selbst davon zu profitieren. Die Redensart ist sowohl im Japanischen als auch im Deutschen geläufig, ohne dass man sich dabei ihres Ursprungs bewusst wäre.

♦kaeri-zaki 返り咲き
1）das Wiederaufblühen 2）das Comeback **kaeri-zaki suru 返り咲きする** wieder aufblühen; seine zweite Blüte erleben; ein Comeback machen

♦kaeru 蛙，カエル
der Frosch 日本における蛙は，生息に適した水辺や水田が多かったことから，人にとって身近な存在であった。古称としては「かわず」と呼ぶ呼び方もある。「かわず」というのはもともとは鳴き声が美しい「かじかがえる」der Singfrosch (*Buergeria buergeri*) のことであるが,「かえる」と「かわず」は, 平安時代初期よりたえず混同されてきた。芭蕉や一茶の俳句に出てくるのみならず, 諺になっているものもある。Weil es in Japan viele Wassergräben und Nassfelder (für Reisanbau) gibt, die günstige Biotope für Frösche darstellen, waren Frösche den Japanern immer vertraut. Die alte japanische Bezeichnung für Frosch lautete *kawazu*, was ursprünglich nur den Singfrosch *(Kajika-gaeru; Buergeria buergeri)* mit seinem schönen Ruf bezeichnete; aber seit der frühen Heian-Zeit wurden die beiden Namen *kaeru* und *kawazu* ständig vermischt. Frösche kommen nicht nur in den Haikus von Bashō und Issa, sondern auch in Sprichwörtern vor. **kaeru no ko wa kaeru 蛙の子は蛙** (Sprichw.) wörtl.: „Das Kind des Frosches wird auch ein Frosch." Wie der Vater, so der Sohn. (父が父なら, 息子も息子) Der Apfel fällt nicht weit vom Stamm. 蛙は, 子供のとき (つまりおたまじゃくしのとき) 親とまったく違った姿かたちをしていても大きくなれば蛙になるように, 人間も子供のときは親と違って見えることがあっても, 子はやっぱり親に似るものだ, という意味。Auch wenn es in der Jugend manchmal nicht so aussieht, gleichen die Kinder letztlich doch ihren Eltern. So wie bei den Fröschen, wo die Nachkommen (Kaulquappen) auch zuerst ganz anders aussehen als die Eltern. **i no naka no kawazu taikai o shirazu 井の中の蛙大海を知らず** (Sprichw.) Der Frosch im Brunnen weiß nichts vom großen Ozean. Ein Frosch im Brunnen kennt das weite Meer nicht. **kaeru no tsura ni shonben 蛙の面にションベン** wörtl.: „einem Frosch ins Gesicht pinkeln."

♦ kafū 家風

die Familiensitte; die Familientradition その家特有の気風・習慣。ただし,「家風に合わない」は, nicht in die Familie passen でよい。Aber *kafū ni awanai* bedeutet, nicht in die / unsere Familie passen. **kakun 家訓** der Familienkodex, die Hausordnung

♦ kagami-mochi 鏡餅

der „Spiegel-*Mochi*", der flache, runde Reiskuchen für das Neujahrsfest **kagami-biraki 鏡開き** das *Kagamibiraki*-Fest, das Anschneiden der Neujahrs-*Mochi* (am 11., 15. oder 21. Januar)「開き」は,「割り」の忌み詞。正月に神や仏に供えた鏡餅を下ろし, 雑煮や汁粉にして食べること。もともとは正月20日に行なったが, その後11日に行なうところが多くなった。他に, パーティなどで, 酒樽の蓋を木づちで割って開け, 汲み上げた酒で乾杯するのも「鏡開き」「鏡割り」と呼ばれる。*Hiraki/biraki* (wörtl.: „öffnen") wird hier anstelle des eigentlich gemeinten, aber mit negativen Assoziationen verbundenen Tabuworts *wari* „zerbrechen" verwendet. Im Januar werden die Spiegelmochi, die man für die Götter oder Buddhas dargebracht hat, heruntergeholt und als *zōni* oder *shiruko* (siehe jeweils dort) gegessen. Ursprünglich wurde das am 20. Januar durchgeführt, aber heute macht man es gewöhnlich schon am 11. Januar. Außerdem spricht man bei einer Party oder einer Veranstaltung von *kagami-biraki* oder *kagami-wari*, wenn der Holzdeckel eines *Sa-*

ke-Fasses feierlich zerbrochen wird und man sich mit dem herausgeschöpften *Sake* zuprostet.

◆kage no usui jinbutsu 陰の薄い人物
wörtl.: „eine Person mit einem schwachen Schatten"; eine wenig beeindruckende Person; eine Person, die keinen Eindruck macht

◆kagikko 鍵っ子
das Schlüsselkind 両親が勤めに出て家に誰もいないため，いつも鍵を持ち歩いている子供。Kinder, deren Eltern tagsüber arbeiten, und die deshalb immer selbst einen Hausschlüssel dabeihaben

◆kahō wa nete mate 果報は寝て待て
(Sprichw.) Dem Seinen gibt's der Herr im Schlaf. Gott gibt's den Gerechten im Schlaf. 幸福の訪れは人間の力ではどうすることもできないから，あせらないで待てば，いつかは必ずやって来るものだ，ということ。Das Glück kommt ganz sicher irgendwann, aber man kann es nicht durch menschliche Anstrengung herbeizwingen, deshalb ist es manchmal besser zu warten, anstatt sich hektisch zu bemühen.

◆kai-inu 飼い犬
der Haushund, der eigene Hund **kai-inu ni te o kamareru 飼い犬に手をかまれる** wörtl.: „von seinem eigenen Hund in die Hand gebissen werden"; von einem Gefolgsmann hintergangen werden; von jemandem, dem man vertraut, enttäuscht werden **nora-inu 野良犬** der herrenloser Hund; der streunender Hund; der Streuner

◆kajiba-dorobō 火事場泥棒
der Dieb an der Brandstätte; der Plünderer 火事場の騒ぎに紛れて盗みを働く者のことであるが，どさくさまぎれに不正な利益を得る者のこともこのように言う。Jemand, der im Tumult um eine Brandstätte einen Diebstahl begeht, oder das Durcheinander einer Situation dazu benutzt, sich einen ungerechten Vorteil zu verschaffen.

◆kakā-tenka かかあ天下，嬶天下
das Weiberregiment; das Pantoffelregiment 妻が所帯を支配し，夫の力が弱いこと。Familie, in der die Frau dominiert und der Mann nichts zu sagen hat **teishu-kanpaku 亭主関白** der Haustyrann; der herrische Ehemann **kyōsai-ka 恐妻家** der Pantoffelheld **fushō-fuzui 夫唱婦随** wörtl.: „der Mann spricht, die Frau folgt"; der Gehorsam der Ehefrau gegenüber ihrem Ehemann

◆kakeochi 駆け落ち
das Durchbrennen mit dem/der Geliebten かつては，武士が戦いに負けて逃げることを，また江戸時代においては，庶民が他郷へ逃げ失せることを意味したが，その後，恋しあう男女が，何らかの事情があって，ひそかに連れ立って他の地へ逃亡するという意味で用いられるようになった。Das Wort *kake-ochi* bedeutete ursprünglich, dass ein *Samurai* nach verlorenem Kampf Fahnenflucht beging, in der Edo-Zeit meinte man damit, dass einfache Leute ihre Heimat verließen. Später wurde *kake-ochi* für die Situation verwendet, wenn ein Liebespaar aufgrund irgendwelcher Umstände heimlich an einen anderen Ort flüchtet.

♦ kakusei no kan ga aru 隔世の感がある

Es ist, als ob Generationen dazwischen lägen. Es kommt mir vor, als ob ich aus einer völlig anderen Welt käme.

♦ kame no kō yori toshi no kō 亀の甲より年の劫(功)

(Sprichw.) wörtl.: „die Jahre sind ehrwürdiger als der Panzer der Schildkröte"; Erfahrung ist die beste Meisterin. 劫は功とも書く。甲と劫(功)の語呂合わせ。長年の経験は尊ぶべきであるということ。(鶴と亀は日本では長寿のシンボルとされている。) Wortspiel mit zwei Schriftzeichen für *kō*; das eine Zeichen (甲) bedeutet Panzer (z.B. einer Schildkröte), das andere (劫 manchmal auch 功) ist ein buddhistischer Terminus und bedeutet eine sehr lange Zeit. Gemeint ist, dass ein langer Zeitraum mit vielen Erfahrungen (auf einem bestimmten Gebiet)hoch zu bewerten sind. (Schildkröte und Kranich symbolisieren in Japan langes Leben.)

♦ kamiza (jōza) 上座

der Ehrenplatz 一つの部屋に同席する場合に，上位の人や客が座るべき場所。どこをその部屋の上座と考えるかは，部屋の配置や構成によって若干異なる。Der Platz, wo in einem Zimmer die ranghöchste Person oder der Gast sitzt. Welcher Platz jeweils als der Ehrenplatz gilt, kann je nach den Gegebenheiten des Zimmers unterschiedlich sein. **shimoza 下座** der untere Platz **sekiji 席次** die Sitzordnung; die Reihenfolge der Sitzplätze **shimoza ni tsuku 下座に着く** einen rangniedrigen Sitzplatz einnehmen

♦ kamon 家紋

das Familienwappen 家々によって定められた紋。起源は，平安時代持ち主を区別するため貴族の牛車に付けられた紋であるといわれている。その後武士の間にも普及し，旗印に用いられたのをはじめ，衣服，家具や家庭用品にも付けられたりした。In der Heian-Zeit wurden die Ochsenwagen der Adelsfamilien mit unterschiedlichen Wappen geschmückt, später verbreitete sich der Gebrauch von Familienwappen unter den Samurai-Familien, die sie auf Flaggen, Kleidung, Möbeln usw. verwendeten. (Abbildung)

♦ kanai anzen 家内安全

das Wohlergehen des Hauses; die Familienwohlfahrt (家族一同が息災であること。) 社寺において家内安全を祈願する人も少なくない。Häufiger Inhalt von Gebeten oder frommen Wünschen an Tempeln und Schreinen.

♦ kanko-dori ga naku 閑古鳥が鳴く

wörtl.: „der Kuckuck ruft"; wie ausgestorben sein; total leer sein (z.B. ein Geschäft oder eine Einkaufsstraße) 閑古鳥は，郭公(カッコウ)の別名。この鳥の鳴き声は，さびしい山の中の情景を思わせるところから，

「閑古鳥が鳴く」というのは，客が来なくて商売がはやらず寂れている状態を示す言葉となっている。*Kanko-dori* ist ein anderer Name für den Kuckuck (der sonst auf Japanisch *kakkō* heißt). Der Ruf des Kuckuck in den Bergen wird oft als sentimentaler Ausdruck von Einsamkeit empfunden, davon abgeleitet bedeutet der Ausdruck, dass keine Kundschaft in die Geschäfte kommt und dass man kaum Umsatz macht.

♦kan-kon-sō-sai 冠婚葬祭

die vier wichtigsten Zeremonien im Leben eines Menschen: Volljährigkeit, Hochzeit, Bestattung und Ahnenverehrung; Seit altersher gelten diese vier feierlichen Handlungen als besonders wichtig 古来最も重要とされてきた四つの大きな礼式である冠（＝元服），婚（＝婚礼），葬（葬式），祭（祖先の祭祀）のこと。現在では人生儀礼全般の総称と見なされている。Heute wird *kan-kon-sō-sai* als Sammelbezeichnung für die Feiern im Lebenslauf verwendet.

♦kannin bukuro 堪忍袋

wörtl.: „der Geduldbeutel“ 堪忍をする度量を袋に喩えて言う言い方。Hier wird das Maß der Geduld, über die man verfügt, mit einem Beutel verglichen (und natürlich geht jedermanns Geduld irgendwann zur Neige). **kannin-bukuro no o ga kireru 堪忍袋の緒が切れる** die Geduld verlieren; jemandem reißt der Geduldsfaden; der Geduldsfaden ist abgelaufen

♦kanreki 還暦

besondere Bezeichnung für das 60. Lebensjahr 干支で年齢を数えると60年で再び生まれた年の干支に還るから数え年61歳をこのようによんだ。Im altjapanischen Sechzigerzyklus kommt alle 60 Jahre das gleiche Tierkreiszeichen wieder, unter dem man geboren wurde, und es beginnt ein neuer Lebenszyklus. Daher kommt dem 60. Geburtstag und Lebensjahr eine besondere Bedeutung zu.

♦kanri-shoku 管理職

der Verwaltungsposten oder jemand, der einen Verwaltungsposten innehat **chūkan-kanri-shoku 中間管理職** das mittlere Management; die mittlere Führungsebene **hirashain 平社員** der einfache Angestellte; der (die) Sachbearbeiter(in)

♦kanzashi かんざし，簪

der Haarnadel (als Schmuck); der Haarpfeil 女性用髪飾りの一種。江戸時代中期頃より一般に用いられるようになった。Ein Schmuckgegenstand für Frauen, der in der mittleren Edo-Zeit allgemein in Gebrauch kam.

♦kareshi 彼氏

wörtl.: „Herr Er“; der Freund, der Geliebte 昭和初期の造語。人称代名詞「彼」に「氏」をつけたもの。Das aus dem Pronomen *kare* („er“) und der Anrede *shi* („Herr“) zusammengesetzte Kunstwort kam Anfang der Shōwa-Zeit in Gebrauch.「わたしの理想の彼氏」der ideale Freund für mich.

♦kasegu ni oitsuku binbō nashi 稼ぐに追いつく貧乏なし

(Sprichw.) Fleiß ist der Armut immer voraus. Keine Armut vermag den Fleißigen einholen.

♦kasō 火葬 (dabi 荼毘)
die Feuerbestattung, die Einäscherung 死体を焼き，残った骨を葬ること。日本では，700 (文武4) 年に僧道昭が遺言により火葬に付されたのが文献上の初例である。Die Beisetzung der Knochen, nachdem der Leichnam verbrannt wurde. In Japan ist die Feuerbestattung des Mönchs Dōshō im Jahr 700, die seinem Testament gemäß durchgeführt wurde, das erste schriftlich belegte Beispiel dafür. **kasō ni suru 火葬にする** einäschern, verbrennen, kremieren **kasō-ba 火葬場** das Krematorium, die Einäscherungshalle

♦katabō o katsugu 片棒を担ぐ
wörtl.: „eine Seite der Stange schultern"; mitmachen; mit anpacken「片棒」とは，二人で駕籠をを担ぐそのうちの一方。「片棒を担ぐ」とは，ある企てや仕事などの一半を担うということで，多くの場合，悪い仕事について言う。Gemeint ist ursprünglich eine Seite der Tragestange einer von zwei Personen getragenen Sänfte. *Katabō o katsugu* meint, dass man bei einem Vorhaben oder bei einer Arbeit die Hälfte auf sich nimmt. Man benutzt das Wort meistens im negativen Sinn.

♦katagaki 肩書き
wörtl.: die „Schulterbeschriftung"; Dienstbezeichnung auf der Visitenkarte oder im Briefkopf; der Titel 社会的な身分や地位のことを指すが，肩書きというのは，名刺や手紙の宛名書きで，姓名の肩の位置，つまり縦書きならば右の上，横書きならば左上の位置に書かれることからこのように呼ばれている。Gemeint ist die Angabe der sozialen Position auf der Visitenkarte oder im Briefkopf; die Bezeichnung kommt daher, dass diese Angabe in der Regel links (oder rechts) oberhalb des Familiennamens steht, sozusagen auf der Schulter des Namens.

♦katami 形見
das Andenken, das Erbstück, das Erinnerungsstück (insbesondere an Verstorbene) **katami-wake 形見分け** die Verteilung von Andenken; die Nachlassverteilung 故人の衣服や所持品などを，その親族や親友などに分配すること。Die Kleidung und andere Besitztümer eines Verstorbenen unter den Familienangehörigen oder guten Freunden aufteilen.

♦katana ore ya tsukiru made 刀折れ矢尽きるまで
wörtl.: „bis das Schwert zerbrochen und die Pfeile verschossen sind" 激しい戦いの末，敗れて打つ手が無くなった状態。出典は中国『後漢書』。今日でも用いられる表現。Der Zustand am Ende einer Schlacht, wenn die Niederlage schon sicher ist und man keinen Handlungsspielraum mehr hat. Der Ausdruck stammt aus dem chinesischen Klassiker ch. *Hou Hanshu* „Buch der Späteren Han" und ist heute noch gebräuchlich.

♦kateinai-bōryoku 家庭内暴力
die Gewalt in der Familie 家庭内で起こる，家族に対する暴力的言動や行為。夫婦間の暴力を意味することもないわけではないが，子供が家庭内で親に対してふるう暴力を指すことが多い。Gewalt unter Familienmitgliedern; damit kann zwar auch Gewalt zwischen Eheleuten gemeint sein,

aber meistens bezeichnet man damit gewalttätige Angriffe der Kinder gegen ihre Eltern. 「家庭内暴力」と「ドメスティック・バイオレンス」は本来同義であるが，後者については『広辞苑』(第6版)で，「夫や恋人など親密な関係にある男性から女性が加えられる暴力」とあるように，現在では両者はいくらか異なった意味で用いられることが多い。Die Wörter *kateinai-bōryoku* und *domestic violence* (abgekürzt *dīvī*, von engl.: *dv*) sind ursprünglich synonym, aber das Wörterbuch *Kōjien* (6. Auflage) definiert das letztere als „Gewalt, die Frauen von ihren nahestehenden Männern, z.B. ihren Ehemännern oder Geliebten zugefügt wird", und dementsprechend werden die beiden Ausdrücke heute oft in unterschiedlicher Bedeutung verwendet.

♦katte kabuto no o o shimeyo 勝って兜の緒を締めよ

(Sprichw.) Binde das Helmband auch nach dem Siege fest! Auch nach dem Sieg lasse das Helmband nicht locker!

♦kawarimi ga hayai 変わり身が早い

sich schnell anpassen; sein Mäntelchen nach dem Wind drehen このドイツ語熟語は，ゴットフリート・フォン・シュトラスブルクの『トリスタンとイゾルデ』に由来する。Der deutsche Ausdruck geht auf das Werk *Tristan und Isolde* des Dichters Gottfried von Straßburg zurück.

♦kazoedoshi 数え年

„die gezählten Jahre" 生年月日が何月何日であっても，生まれた年を1歳とし，以後正月になると1歳を加えて数える年齢の数え方。Traditionelle (veraltete) japanische Berechnung des Lebensalters, wobei die Kalenderjahre gezählt werden, in denen man gelebt hat. Das Geburtsjahr gilt dabei unabhängig vom tatsächlichen Geburtsdatum als volles erstes Lebensjahr und in der Folge wird an jedem Neujahr ein Jahr hinzugezählt.

♦kazoku mizu-irazu de 家族水入らずで

im engsten Familienkreis 「水入らず」というのは，他人がなかに入らないで，ということで，他に例えば「親子水入らずで」,「一家水入らずで」,「夫婦水入らずで」などの用例を挙げることができる。*Mizu-irazu* bedeutet, dass kein Außenstehender dabei ist. Als weitere Beispiele für ähnliche Ausdrücke lassen sich anführen: *oyako-mizu-irazu de* (nur die Eltern mit den Kindern), *ikka-mizu-irazu de* (nur diese eine Familie), *fūfu-mizu-irazu de* (nur die Ehepartner).

♦kega no kōmyō 怪我の功名

wörtl.: „durch einen Zufall zu Ruhm gelangen"; der glückliche Zufall; das unverhoffte Glück 過失や何気なしにやったことが，偶然に良い結果を生むこと。Ein früheres Unglück oder etwas, das man unbedacht gemacht hat, führt danach zufällig zu einem positiven Ergebnis.

♦kegirai 毛嫌い

wörtl.: „Fell-Abneigung"; die unbegründete Antipathie; unwillkürliche Abneigung 特別の理由も無く，ただ感情的に嫌うこと。鳥獣が，相手の毛並みによって好悪を示すことがあるというところから来ているらしい。Eine rein gefühlsmäßige Abneigung ohne besonderen Grund. Der Ausdruck kommt offenbar daher, dass Tiere oft am Zustand des Fells eines Artgenossen Zu- oder Abneigung erkennen können.

♦keichitsu 啓蟄
wörtl.: „die Zeit der Wurmschlüpfe“ 冬ごもりの虫が這い出る意で，太陽暦にすれば3月6日頃。太陰暦でいう24節気の一つ。Die ersten Insekten sollen an diesem Tag nach dem Winter wieder auftauchen (um den 6. März, einer der 24 Abschnitte des Jahres nach dem alten Mondkalender).

♦keikō to naru mo gyūgo to naru nakare 鶏口となるも牛後となるなかれ
(Sprichw.) Werde lieber der Schnabel eines Hahns als der Schwanz eines Ochsen. Besser der Erste im Dorf als der Zweite in der Hauptstadt. 出典は中国の『史記』。Aus dem chinesischen Klassiker ch. *Shiji* „Historische Aufzeichnungen“.

♦Keirō no hi 敬老の日
der Tag der Ehrfurcht vor dem Alter 従来の「老人の日」を新たに祝日とし，1966 (昭和41) 年に制定された。9月15日であったが2003 (平成15) 年より9月の第3月曜日に改められた。Dieser gesetzliche Feiertag wurde 1966 eingeführt und wird seit 2003 am 3. Montag im September gefeiert (davor am 15. September).

♦kejime けじめ
die Grenze, der Unterschied 境目，区別 **kejime o tsukeru けじめをつける** die Grenze ziehen; auseinander halten

♦kekkon 結婚
die Heirat, die Eheschließung **kekkon o mōshikomu 結婚を申し込む (puropōzu (o) suru プロポーズ(を)する)** einen Heiratsantrag machen **kekkonshiki 結婚式** die Hochzeit, die Hochzeitsfeier **kon'in-todoke 婚姻届** Eintragung der Heirat ins Standesregister; die Anmeldung der Eheschließung **tama no koshi 玉の輿** (ugs.) die Einheirat in eine reiche Familie; die Heirat mit einem Partner von höherem gesellschaftlichen Rang **gyaku-tamanokoshi 逆玉の輿 (gyaku-tama 逆玉)** (ugs.) die Heirat eines mittellosen Mannes mit einer reichen Frau

♦kekkon-hirōen 結婚披露宴
die Hochzeitsfeier **oiro-naoshi お色直し** der Kleiderwechsel der Braut während der Hochzeitsfeier **nyūseki 入籍** die Eintragung ins Familienregister **nyūseki suru 入籍する** jemandes Namen ins Familienregister eintragen lassen

♦ken'en no naka 犬猿の仲
wörtl.: das „Verhältnis wie Hund und Affe“ 日本語では犬と猿の関係にたとえられているが，ドイツ語では犬と猫の関係になる。Auf Japanisch benutzt man als Metapher das Verhältnis von Hund und Affe, auf Deutsch sagt man dazu „wie Hund und Katze“.

♦kengamine 剣が峰
1) der Rand eines Vulkankraters; der Rand des Abgrundes 2) die Begrenzung des Sumōringes 1) 火山の噴火口，あるいは奈落の周縁。2) 相撲で，土俵の円周を作る俵の外周。

♦**kenjin-kai 県人会**
die Versammlung von Leuten aus derselben Präfektur

♦**kenka o uru 喧嘩を売る**
eine Auseinandersetzung provozieren; einen Streit vom Zaun brechen **kenka o kau 喧嘩を買う** auf eine Provokation eingehen; sich auf einen Streit einlassen

♦**kenka-ryōseibai 喧嘩両成敗**
Bei einem Streit müssen beide Seiten bestraft werden. 喧嘩をした者は，理非に関わらず，両方とも同じように処罰されるべきであるということ。戦国時代以降法制化された。Die Streitenden sind, unabhängig von Recht und Unrecht, beide gleichermaßen zu bestrafen. Dieses Prinzip fand seit der Sengoku-Zeit Eingang in die Rechtsprechung.

♦**Kenkoku-kinen no hi 建国記念の日**
der Reichsgründungstag (nationaler Feiertag am 11. Februar) 2月11日，国民の祝日の一つ。1872 (明治5) 年日本書紀伝承による神武天皇即位の日を紀元の始まりとして「紀元節」を制定，第二次大戦後廃止されたが，1966 (昭和41) 年「建国記念の日」として復活した。1872 wurde ein Feiertag eingeführt, an dem der Inthronisation des mythischen ersten *Tennō* Jinmu gedacht wurde. Dieser Feiertag wurde nach dem Zweiten Weltkrieg zunächst abgeschafft, und seit 1966 wird der Reichsgründungstag wieder als gesetzlicher Feiertag am 11. Februar begangen.

♦**Kenpō-kinen-bi 憲法記念日**
der Tag der Verfassung 日本国憲法の施行－1947 (昭和22) 年－を記念する日。5月3日。Gesetzlicher Feiertag am 3. Mai, dem Tag, an dem 1947 die japanische Nachkriegsverfassung in Kraft trat. **goken-undō 護憲運動** die Bewegung zum Schutz der Verfassung **kenpō-kaisei 憲法改正** die Verfassungsreform, die Verfassungsrevision

♦**ke-otosu け落とす，蹴落とす**
1) mit dem Fuß hinunterstoßen 2) jemanden aus dem Sattel heben; jemanden entthronen

♦**kerenmi けれん味，外連味**
die Effekthascherei, die Manieriertheit; der publikumswirksame Trick 歌舞伎や文楽 (人形浄瑠璃) においてウケを狙って奇抜な演出がなされることがあるが，これは芸の本筋から外れているという意味で「外連」と呼ばれた。そこから「外連味」は，俗受けを狙ったいやらしさ，ハッタリを意味するところとなった。Manchmal zeigt man beim *Kabuki* oder *Bunraku*, traditionellen japanischen Puppentheater im *Kabuki*-Stil seltsame Inszenierungen, mit denen man sich beim Publikum beliebt machen will, diese gehören aber nicht zum klassischen Kernrepertoire der Kunst, deshalb nennt man sie *keren* (zu Deutsch etwa „unorthodox“). Davon abgeleitet ist die heutige negative Bedeutung Effekthascherei, um sich bei der Masse beliebt zu machen. **kerenmi no nai けれん味のない** unprätentiös, unaffektiert

♦**keri o tsukeru けりを付ける**
wörtl.: „ein *keri* anhängen“; Schluss machen; etwas beenden 和歌や俳句などをはじめ古典の文章には，助動詞「けり」を付けて

終結しているものが多いことから来ているという説や,『平家物語』を琵琶の伴奏で語った「弾き語りもの」において「けり」と言う言葉で語り収めたことに由来するという説などがある。Es gibt zwei Theorien dafür, warum *keri* zu einem Synonym für „Ende“ geworden ist. *Keri* ist einerseits ein Hilfsverb der Vergangenheit in der japanischen Schriftsprache, und andererseits enden Erzählungen aus dem berühmten *Heike-monogatari* (siehe dort) u.a. meistens mit diesem Wort.

♦ketsuen 血縁
die Blutverwandtschaft **ketsuen-kankei 血縁関係** die blutverwandtschaftliche Beziehung; die Blutverwandtschaft **ketsuen-shakai 血縁社会** die auf Blutverwandtschaft beruhende Gesellschaft

♦kichi-jitsu 吉日
der Glückstag; der glückverheißende Tag

♦ki ga okenai 気がおけない
sich wie zu Hause fühlen; sich frei fühlen 気兼ねのいらない,気が許せるという意味。現在,本来とは逆の,気が許せない,という意味の誤用も増えている。Ohne Befangenheit, ungeniert sein. Heute wird das Wort zunehmend in der gegenteiligen Bedeutung „befangen sein“ falsch gebraucht.

♦kiji きじ,雉
der Fasan (siehe *kokuchō*「国鳥」を参照) **kiji mo nakazuba utaremai 雉も鳴かずば打たれまい。**(Sprichw.) Der Fasan, der nicht schreit, wird nicht geschlossen.

♦kina-kusai (kina-gusai) きな臭い
1) angebrannt (brenzlig) riechen 2) es sind Anzeichen spürbar 1) こげくさい。2)(硝煙の臭いがすることから)戦争や動乱などの起こりそうな気配がする。1) es riecht angebrannt 2) Weil es nach verbranntem Schießpulver riecht, ahnt man die Gefahr eines drohenden Krieges oder Aufstands.

♦ki ni take o tsugu 木に竹を接ぐ
wörtl.: „Holz mit Bambus flicken“; inadäquat sein; zu etwas wie die Faust aufs Auge passen 調和が取れていない,ちぐはぐ,頓珍漢ということ。unharmonisch, grob, unsinnig

♦kinka-gyokujō 金科玉条
die goldene Regel; das A und das O; das, worauf es vor allen Dingen ankommt

♦kinmu 勤務
der Dienst, die Dienstleistung, die Arbeit **kinmu-saki 勤務先** der Arbeitsplatz **kinmu-jikan 勤務時間** die Dienstzeit **kinmu-jōken 勤務条件** die Arbeitsbedingungen **zaitaku-kinmu 在宅勤務** wörtl.: „zu Hause arbeiten“; die Telearbeit 通信ネットワークなどを用いて在宅のまま勤務する形態。Man erledigt seine Arbeit zu Hause z.B. am eigenen Computer, während man aber bei einer Firma angestellt ist. 日本語にはやや古い言葉で「居職(いじょく)」という単語がある。これも自宅にいて仕事をこなすという意味であるが,印判師,裁縫師など自宅で仕事に従事する職業,また,その人。Auf Japanisch gibt es dafür auch das etwas veraltete Wort *ijoku*. Das bedeutet zwar auch, zu Hause zu arbeiten, wird aber nur für be-

stimmte Berufe, z.B. Siegelschneider, Schneider etc. verwendet. **furekkusu-taimu フレックス・タイム** (von engl. *flex time*) die gleitende Arbeitszeit

♦Kinrō kansha no hi 勤労感謝の日

der Tag des Dankes für die Arbeit 11月23日，国民の祝日，もと新嘗祭。Gesetzlicher Feiertag am 23. November. Das Datum geht auf ein Fest am Kaiserhof zurück (Nīname-sai).

♦Kinshi-kunshō 金鵄勲章

Orden des Goldenen Milan 武功抜群の軍人・軍属に下賜された勲章。1890 (明治23) 年に制定され，1947 (昭和22) 年に廃止された。Ein Orden, der an herausragende Mitglieder des Militärs verliehen wurde. Er wurde 1890 eingeführt und 1947 abgeschafft.

♦kireidokoro きれいどころ，綺麗どころ

wörtl.: „die Schönen", die *Geishas* 美しき着飾った女性，特に花柳界の芸者を指して言う。Bezeichnung für prächtig gekleidete Frauen, besonders für die *Geishas* der Freudenviertel

♦kireru 切れる，キレる

(ugs.) unbeherrscht übermäßig reagieren; ausflippen; jemandem brennt die Sicherung durch; jemandem gehen die Pferde durch 自分の気に食わないことに対して我慢できなくなり，怒りが爆発すること。若者言葉で，「キレる」と表記されることが多い。1998(平成10)年教師を刺殺した中学生が用いた言葉として注目された。近年日本ではキレる若者が社会問題になっている。Ein explosiver Wutausbruch, wenn einem etwas nicht passt und man es nicht mehr aushalten kann. Als ein Wort der Jugendsprache schreibt man es oft キレる. Das Wort fand Beachtung, als es 1998 von einem Mittelschüler verwendet wurde, der seinen Lehrer erstochen hatte. Junge Leute, die „ausflippen", stellen in Japan in den letzten Jahren ein soziales Problem dar. **buchi-gireru ぶち切れる** (ugs.) ausrasten, ausflippen, explodieren

♦kiseru キセル，きせる，煙管

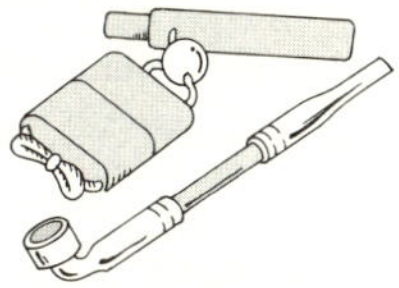

1) die japanische Tabakspfeife 2) das Schwarzfahren 1) 刻みタバコを吸うための用具。吸い口と火皿・雁首の部分が金属でできており，その他のところは竹製または木製のものが多い。2) 列車で，乗降車駅付近だけの乗車券を所有し，乗車区間の途中をただにする不正乗車。1) Mit der kleinen japanischen Tabakspfeife raucht man ganz fein geschnittenen Tabak. Der Pfeifenkopf und das Mundstück sind aus Metall, das Mittelteil oft aus Bambus oder Holz gefertigt. (Abbildung) 2) Eine Methode beim Schwarzfahren, wenn man nur ein Ticket für den Anfang und das Ende der Fahrt kauft, und für den mittleren Streckenabschnitt nicht bezahlt.

♦kishi-kaisei 起死回生

die Wiederbelebung; das Wiedererwachen vom Tod zum Leben; Überwindung einer

Krisensituation und die Wendung zum Besseren

♦ kita-makura 北枕

Schlafen mit dem Kopf nach Norden 頭を北の方角へ向けて寝ること。釈迦が涅槃のとき頭を北に，顔を西に向けて臥したといわれることから，死者を寝かせるときの作法とされる。一般には不吉としてこれを忌む。Weil der Buddha bei seinem Eingang ins Nirwana mit dem Kopf nach Norden und dem Gesicht nach Westen gelegen haben soll, werden Verstorbene ebenso ausgerichtet. Im Allgemeinen vermeidet man es, mit dem Kopf nach Norden zu schlafen, weil es als unglückverheißend gilt.

♦ ki wa kokoro 気は心

Es kommt von Herzen. ささやかな気配りであっても，本人の真心の一端を表すものである，換言すれば，量はわずかだが誠意が込められているということで，贈り物をするときなどに用いる言葉。Wenn man etwas verschenkt, kann man mit diesem Wort sagen, dass das Geschenk, obwohl es nur eine Kleinigkeit ist, doch ein ehrliches Gefühl ausdrückt, mit anderen Worten, man schenkt zwar nicht viel, aber dafür kommt es von Herzen.

♦ Kiyomizu no butai kara tobioriru 清水の舞台から飛び降りる

wörtl.: „die Terrasse des Kiyomizu hinunterspringen"; sich in ein Wagnis stürzen; sich zu einem Entschluss durchdringen **Kiyomizu-dera 清水寺** der Tempel Kiyomizu 京都市にある仏教寺院。本堂は，その前の懸崖に造られた掛け出しの大舞台で有名である。Name eines buddhistischen Tempels in Kyōto; dessen Haupthalle für ihre große Terrasse bekannt ist, die auf einer hölzernen Balkenkonstruktion an einem steilen Berghang errichtet wurde.

♦ kiyū 杞憂

wörtl.: „die Angst der Qi"; überflüssige Angst (Furcht); grundlose Sorge 杞は古代中国の国名。その国の人物で，天が崩れ落ちてくるのではないかとひどく心配した者がいたという故事にちなむ。Ki (chin. Qi) ist der Name eines Landes im chinesischen Altertum. Einer alten Geschichte zufolge soll in diesem Land ein Mann in der schrecklichen Angst gelebt haben, dass ihm irgendwann der Himmel auf den Kopf fallen könnte; daher kommt der Ausdruck.

♦ kōban 交番

die Polizeiwache; die Polizeibox 1994（平成6）年から正式の名称となった。Seit 1994 die offizielle Bezeichnung für eine Polizeiwache.

♦ kodakara ni megumarete iru 子宝に恵まれている

mit Kindern gesegnet sein「子宝」というのは，語義としては「大事な宝である子供」という意味である。Das Wort *kodakara* bedeutet wörtlich, dass Kinder ein wertvoller Schatz sind.

♦ kodoku-shi 孤独死

Tod in Einsamkeit; das Allein-Sterben 単身世帯の増加にともない，誰にも看取られることなく死ぬ人の数が近年増えてきている。本人の生前の人間関係が希薄な場合，死後相当長期間にわたってそのまま放置され，腐敗による異臭によって発見されるケースもある。数としては，未婚・離婚の中高年男性に多い。Weil in den letzten Jahren die Zahl der Einpersonenhaushalte zugenommen hat, gibt es auch immer mehr Menschen, die sterben, ohne dass sie jemand betreut. Wenn eine Person zu Lebzeiten nur spärliche soziale Beziehungen hatte, kommt es sogar vor, dass der Verstorbene längere Zeit unbemerkt bleibt, und erst durch den Verwesungsgeruch entdeckt wird. Unverheiratete oder geschiedene Männer mittleren oder fortgeschrittenen Alters bilden die Mehrzahl der Fälle. また地域社会から孤立した状態で死亡するのはかならずしも独居老人とは限らず，夫婦，きょうだい，親子等が社会から隔絶した状態で死亡したケースも最近いくつか報告されており，こういった場合マスメディア等で「孤立死」と呼ばれることが多い。Nicht immer handelt es sich dabei um alleinstehende ältere Menschen, die alleine gestorben sind; in der letzten Zeit wurden auch Fälle bekannt, in denen Ehepaare, Geschwister, Eltern und ihre Kinder etc. abgesondert von der Gesellschaft den Tod fanden, dann spricht man in den Medien oft von *koritsu-shi*.

◆Kodomo no hi こどもの日

der Tag der Kinder (das ehemalige Knabenfest) 5月5日，国民の祝日。子供の幸福をはかる趣旨で制定された。Gesetzlicher Feiertag am 5. Mai, an dem man den Kindern eine glückliche Zukunft wünscht.

◆kōen-debyū 公園デビュー

der erste Parkbesuch (od. Spielplatzbesuch) 幼児が1歳を過ぎてよちよち歩きを始めた頃母親に連れられてはじめて近所の公園(児童公園)へ出かけ，そこにいる他の母子連れの仲間入りをすること。1990年代の半ば頃からマスコミで取り上げられるようになった言葉。Der erste Besuch eines Kleinkindes, etwa nach dem ersten Geburtstag, wenn es gerade unsicher anfängt zu laufen, mit seiner Mutter im nahegelegenen Park (oder Spielplatz), um zum ersten Mal die anderen Kinder und Eltern zu treffen. Das Wort wird seit Mitte der 1990er Jahre in den Medien verwendet.

◆kogyaru コギャル

wörtl.: das „kleine Mädchen"; das *Kogyaru* コは「子供」の略，ギャルは*gal*。中高校生や同世代の若い女性で，制服のスカートの丈を短くし，ルーズソックスを履き，髪を茶色に染め，ピンクの口紅などのファッションをしている場合が多い。「コギャル語」を話す。コギャルという語が使われ始めたのは，1990年代の後半か。*Ko* ist eine Abkürzung für das japanische Wort *kodomo* (Kind) und *gyaru* steht für das amerikanische Englisch *gal*. Beim *Kogyaru*-Stil sind die jungen Frauen (normalerweise Mittelschülerinnen) in Schuluniform mit gekürztem Rock, weiten Socken (siehe: *rūzu sokkusu*) gekleidet, färben sich die Haare braun, tragen rosa Lippenstift usw. Sie sprechen eine bestimmte Art von Slang. Das Wort *kogyaru* ist vermutlich seit Mitte der 90er Jahre in Gebrauch.

◆koinobori こいのぼり，鯉幟

das Karpfenbanner 5月5日の端午の節句に男の子の成長を祝って立てる布または紙

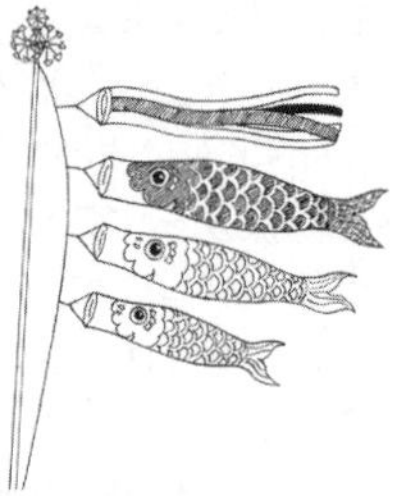

で作った鯉の吹流し。Bunte Fahnen in Karpfenform aus Stoff oder Papier, die um die Zeit des früheren Knabenfestes (heute „Tag der Kinder") aufgehängt werden. Der Karpfen gilt als Symbol für einen erfolgreichen Lebensweg. (Abbildung)

♦kō-itten 紅一点

eine einzige Dame unter den Anwesenden これと逆のケース，つまり多くの女性のなかでのただ一人の男性を表す表現として，日本語には決まった言い回しはないが，ドイツ語には，Hahn im Korb という言い方がある。Einen festen Ausdruck für den umgekehrten Fall, nämlich, dass unter vielen Frauen nur ein Mann ist, gibt es im Japanischen nicht, auf Deutsch kann man sagen: „Hahn im Korb".

♦kōji ma ōshi 好事魔多し

(Sprichw.) Wo viel Licht ist, ist auch viel Schatten.

♦kōkai saki ni tatazu 後悔先に立たず

(Sprichw.) Reue kommt immer zu spät.

♦koke こけ，虚仮

1) {Buddh.} die Lüge 2) die Dummheit, der Dummkopf **koke-odoshi こけおどし，虚仮威し** die Effekthascherei, der Bluff **koke ni suru 虚仮にする** jemanden auf den Arm nehmen

♦koken 沽券

wörtl.: „die Verkaufsurkunde bei Grundstücks- od. Hausverkauf"; das Ansehen, die Autorität, die Würde **koken ni kakawaru 沽券に関わる** unter jemandes Würde sein; jemandes Ehre antasten 沽券とは，面目や体面，プライドの意味。*Koken* bedeutet Ehre, guter Ruf oder Stolz. **koken ni kakawaru to omou 沽券に関わると思う** etwas für unter seiner Würde halten

♦Kokumin-eiyo-shō 国民栄誉賞

der Nationale Ehrenpreis 1977 (昭和52) 年に創設された。「広く国民に敬愛され，社会に明るい希望を与えることに顕著な業績があった者」に，内閣総理大臣より贈られる。受賞第1号は，プロ野球の王貞治選手。Vom japanischen Premierminister seit 1977 verliehener Preis für Persönlichkeiten, die „unter weiten Teilen der Bevölkerung ein hohes Ansehen genießen und der Gesellschaft strahlende Hoffnung geschenkt" haben. Der erste Preisträger war der Profi-Baseballspieler Ō Sadaharu.

♦kokusai-kekkon 国際結婚

die internationale Heirat; die Heirat mit einem ausländischen Partner 国際結婚は，第二次世界大戦以前は非常に少なかったが，戦後新憲法のもとで国籍法も改正され，その数は増え，2005 (平成17) 年にはおおよそ3万5千組であった。最近の国際結婚のほぼ8割は日本人男性と外国人女性のカップルであり，同年の統計では，外国人女性の出身国 (国籍) は，中国 (台湾を含む）がトップで，以下フイリピン，韓国・北朝鮮，タイの順である。また日本人女性の結婚相手となる男性の最多は韓国・北朝鮮で，アメリカがこれに続く。Bis zum Zweiten Weltkrieg gab es in Japan sehr wenige internationale Eheschließungen, aber seit im Zusammenhang mit der Nachkriegsverfassung das Staatsbürgerschaftsrecht novelliert wurde, hat ihre Zahl zugenommen und im Jahr 2005 wurden etwa 35 000 solcher Ehen geschlossen. In der jüngeren Zeit handelt es sich dabei in etwa 80% der Fälle um japanische Männer, die (so eine Statistik aus dem gleichen Jahr) sich vor allem mit Frauen aus China und Taiwan verheiraten, es folgen Ehen mit Frauen aus den Philipinen, Nord-und Südkorea und Thailand. Die männlichen Partner von Japanerinnen, die sich international verheiraten, sind (zumindest ihrer Nationalität nach) Nord- oder Südkoreaner (die aber in den meisten Fällen in Japan geboren und aufgewachsen sind), an zweiter Stelle stehen hier Amerikaner.

◆kone ga aru　コネがある

gute Beziehungen haben; Vitamin B haben「コネ」は，英語の*connections*から来ている。Das Wort *kone* kommt vom Englischen *connections*.

◆konkatsu　婚活（kekkon-katsudō 結婚活動）

die Suche nach einem Ehepartner「結婚活動」の略。理想の結婚相手を見つけるために様々な活動をすること。女性の社会進出，終身雇用の崩壊による男性の収入の不安定化，その他ライフスタイルの多様化などにより結婚をめぐる状況にも大きな変化が生じ，若者の未婚化，つまり必ずしも独身主義者ではないが結婚していない若者が多くみられるようになってきた。そういった流れを受けて，結婚するためには，就職の場合と同じように積極的な働きかけが必要な時代になったのだという主張もなされるようになり，生み出されたのがこの「婚活」という言葉である（2008年ころ）。Abkürzung für *kekkon-katsudō*. Allerlei Aktivitäten, um den idealen Partner zum Heiraten zu finden. Während einerseits immer mehr Frauen im Beruf Karriere machen, ist andererseits das Einkommen der Männer unsicherer geworden, weil das System der lebenslangen Beschäftigung bei einer einzigen Firma zusammengebrochen ist; diese und andere Veränderungen im Lebensstil haben zu großem Wandel der Heiratssituation geführt. Junge Leute bleiben zunehmend ledig, auch wenn sie nicht grundsätzlich gegen die Ehe eingestellt sind. Das Wort *konkatsu* (etwa seit 2008) bringt die Meinung zum Ausdruck, dass man in diesem Trend bei der Suche nach einem Ehepartner genauso aktiv zu Werke gehen müsse, wie bei der Stellensuche.

◆kon'yoku　混浴

das gemischte Baden von Männern und Frauen 江戸時代末期にヨーロッパから日本へ来航した人たちは，日本の混浴をみて驚きを隠さなかった。今日では混浴はきわめてまれである。ある程度類似の現象をドイツでさがすとすれば，FKKをあげることができる。また例えば特定の曜日に男女が水着を着用しないで，つまり裸のままで一つのプールを共用するといったケースもある。ドイツを東西に分けていた壁が崩壊する前は，こういった点で西ドイツに比べて東ドイツの方がおおらかであった。Die europäischen Reisenden, die Mitte des 19. Jhs. nach Japan kamen, waren über die japanische Sitte des gemeinsamen nackten Badens sehr erstaunt. Heute ist das gemeinsame Baden von Männern und Frauen in Japan äußerst selten. In Deutschland werden manchmal „FKK (Freikörperkultur)-Strände“ für das Nacktbaden (Männer und Frauen gemischt) ausgewiesen und es gibt auch Schwimmbäder, in denen beispielsweise an bestimmten Wochentagen nackt gebadet werden kann. Vor dem Mauerfall gab es besonders in Ostdeutschland eine große Freizügigkeit hinsichtlich des Nacktbadens.

◆koppu no naka no arashi コップの中の嵐

Sturm im Wasserglas もともとはフランスの啓蒙思想家モンテスキュー(1689-1755)の言葉。英語では，*storm in a teacup* という。大勢には関係ないがある限られた範囲内で起こっているもめごと。Der Ausdruck geht auf das Wort *une tempête dans un verre d'eau* des französischen Aufklärers Charles de Montesquieu (1689-1755) zurück, auf Englisch sagt man *storm in a teacup*. Aufregung um etwas, das für viele Leute belanglos ist.

◆kōreika-shakai 高齢化社会

die vergreisende Gesellschaft; die überalterte Gesellschaft 高齢者の定義が確立しているわけではないが，現在先進国の間では65歳以上を高齢者とするのが一般的である。2012（平成24）年の日本では，おおよそ国民の4人に1人（24.1%）が高齢者であった。ドイツでも類似の傾向が見られ，2020年までには，64歳以上の人が占める割合は，人口の22%に達すると見られている。Es gibt zwar keine genaue Definition für „hohes Alter“, aber in den Industrieländern werden im Allgemeinen Personen über 65 als „alte Menschen“ angesehen. Im Jahr 2012 war ein Viertel der Bevölkerung (24.1%) über 65 Jahre alt. In Deutschland gibt es eine ähnliche Entwicklung und es wird erwartet, dass der Anteil der über 64-Jährigen bis zum Jahr 2020 auf etwa 22 % ansteigt.

◆koremiyogashi ni これ見よがしに

demonstrativ; in auffälliger Weise

◆koritsu-shi 孤立死

孤独死を参照。(siehe *kodokushi* 孤独死)

◆korobanu saki no tsue 転ばぬ先の杖

(Sprichw.) Vorsicht ist besser als Nachsicht.

◆kōrogi こおろぎ，蟋蟀

die Grille 日本人の季節感と結び付いた昆虫の一つ。美しい音色で鳴くのはオスである。古くは，秋に鳴く虫の総称であった。Das liebliche Zirpen der Grillen (genauer gesagt der Grillenmännchen) kündigt den japanischen Herbst an, früher wurden alle zirpenden Herbstinsekten als *kōrogi* bezeichnet. **mushi no ne 虫の音** das Zirpen der Insekten

◆koseki 戸籍

das Familienregister **honseki-chi 本籍地** der familienrechtliche Wohnort **jūmin-tōroku 住民登録** die Anmeldung **jūmin-hyō 住民票** die Meldebescheinigung, der Einwohnermeldeschein **shusshō-todoke 出生届** die Anmeldung einer Geburt **shibō-todoke 死亡届** die Todesmeldung

◆koshi-ginchaku 腰巾着
der anhängliche Speichellecker; der anhängliche Kriecher 常にある人につき従って離れない者。例えば「社長の腰巾着」。Jemand, der unentwegt einer bestimmten Person (z.B. dem Chef) nachläuft (um ihr zu schmeicheln), und sich nicht von ihr trennen kann.

◆ko-shōgatsu 小正月
wörtl.: „kleines Neujahr" 1月1日の大正月に対して，1月15日を中心とした数日を小正月という。今でもさまざまな民俗的行事が全国的に見られる。Im Unterschied zum „großen Neujahr" (*ō-shōgatsu*) am 1. Januar nennt man so die Tage um den 15. Januar, und auch heute noch finden landesweit verschiedene volkstümliche Veranstaltungen zu dieser Zeit statt.

◆kotobuki-taishoku 寿退職
die freiwillige Kündigung einer Arbeitnehmerin wegen ihrer Heirat **sengyō-shufu 専業主婦** die Vollzeithausfrau **pāto パート**; **pāto-taimā パート・タイマー** (von engl. *part time*) der (die) Teilzeitarbeiter(in)

◆kowamote こわもて，強面，恐持て
grimmiges Aussehen; der durch Angst motivierte Respekt **kowamote ga suru 強持てがする** aus Angst umschmeichelt werden「彼は強持てがする」は，Vor ihm hat man mehr Angst als Respekt. などと言うことができる。*Kare wa kowamote ga suru* bedeutet: „Vor ihm hat man mehr Angst als Respekt."

◆kugi o sasu 釘を刺す
wörtl.: „einen Nagel einschlagen"; jemandem im Voraus etwas deutlich zu verstehen geben 後になって問題が生じないように，事前に念を押したり厳しく注意しておくこと。日本の木造建築は古くは，木材に切込みを入れて組み合わせる工法を用いていたが，江戸時代中頃になって，念のため釘を刺す（打つ）ようになり，「釘を刺す」という言葉が生まれることとなった。Jemanden im Voraus ganz deutlich auf etwas aufmerksam machen, damit es später keine Probleme gibt. Ursprünglich wurden in der japanischen Holzarchitektur Fertigungstechniken ohne Nägel verwendet, aber seit der mittleren Edo-Zeit hat man vorsichtshalber auch noch Nägel eingeschlagen, von dieser Praxis ist die Redewendung *kugi o sasu* abgeleitet. **kugi-zuke ni naru 釘付けになる** wie angenagelt sein

◆kuizome 食い初め
wörtl.: die „erste Mahlzeit" 生後100日目あるいは120日目に，乳児を初めて（母乳以外の）食事につかせる儀礼（実際には食べさせるまねだけをする）。現在の日本で，必ずしも広く一般に知られているわけではない。Der festliche Brauch, einem Säugling am 100. oder 120. Tag nach der Geburt erstmals andere Kost als Muttermilch zu reichen (was das Kind aber nicht wirklich essen muss). Heutzutage ist dieser Brauch aber nicht in ganz Japan allgemein bekannt.

◆kuniku no saku 苦肉の策
wörtl.: „eine Maßnahme, die einem körperliche Schmerzen bereitet"; die Notlösung; die verzweifelte Maßnahme「苦肉」は，中国伝

来の漢語ではなく，日本で作られた熟語で，身(肉)を苦しめるという意味である。苦しい状況を脱するために，自分の身を苦しめてまで行なう策のこと。*Kuniku* ist kein ursprünglich chinesisches Wort, sondern eine japanische Wortschöpfung; *niku* (eigentlich „Fleisch") bedeutet hier „Körper". Gemeint sind verzweifelte Maßnahmen, die man ergreift, um sich aus einer Notsituation zu befreien, wobei man sogar körperliche Schmerzen in Kauf nimmt.

♦kuragae 鞍替え

wörtl.: umsatteln", der Berufswechsel, das Umsteigen 1) 遊女・芸者が他の店に勤め変えをすること。2) 職などを変えること。1) Der Wechsel des Etablissements eines Freudenmädchens oder einer Geisha. 2) der Berufs- oder Gewerbewechsel

♦kuri-ageru 繰り上げる

vorverlegen; auf ein früheres Datum verlegen「月曜日まで二日間繰り上げる」auf Montag zwei Tage vorverlegen **kuri-sageru 繰り下げる** verlegen, vertagen, verschieben, aufschieben「会議を水曜日に繰り下げる」die Sitzung auf den Mittwoch aufschieben

♦kuro-maku 黒幕

wörtl.: „der schwarze Vorhang"; der Drahtzieher hinter den Kulissen; der Dunkelmann; der geheime Anführer; der Strippenzieher もともとは芝居に用いる黒い幕のことであるが，転じて，陰にあって画策したり指図をする人を意味する言葉として用いられるようになった。Ursprünglich bezeichnete das Wort den schwarzen Vorhang beim Theater, im übertragenen Sinn eine Person, die im Verborgenen plant und Anweisungen gibt.

♦kūru-bizu クール・ビズ

das „COOL-BIZ" (英語のcoolとbusinessの略語であるbiz.を組み合わせた造語)「夏のビジネス軽装」の意味。温室効果ガス削減のキャンペーンの一環として，2005(平成17)年より環境省主導のもとに行われている取り組み。国家公務員は，夏のオフィスのエアコンの温度設定を28°Cとし，仕事中ネクタイや上着は着用せずに，袖の短いシャツといった夏用の軽装の着用が求められている。Eine sommerliche Energiespar-Kampagne des japanischen Umweltministeriums seit 2005. Die staatlichen Angestellten werden dazu angehalten, die Klimaanlagen in den Büros auf 28 Grad Celsius einzustellen, auf Krawatte und Jacket (ansonsten vorgeschrieben) zu verzichten, und leichte sommerliche Kleidung, z.B. kurzärmlige Hemden, zu tragen. **uōmu-bizu ウオーム・ビズ** das „WARM-BIZ" 夏の「クール・ビズ」に対するもので，2005-06の冬から言われており，室温を20°Cに設定し，たとえば上着の下に暖かいベストを着用することを勧めるというものである。Das winterliche Pendant zum *kūru-bizu* (seit dem Winter 2005/06) mit der Temperaturvorgabe von 20 Grad für die Heizung und der Empfehlung, z.B. eine warme Weste unter der Jacke zu tragen.

♦kurumaza 車座

Sitzen im Kreis **kurumaza ni naru 車座になる** sich im Kreis setzen 車座とは多くの人たちが輪のようになって内側を向いて座ること。*Kurumaza* bedeutet, dass viele Leute einander zugewandt im Kreis sitzen

◆kusaba no kage 草葉の陰
wörtl.: „im Schatten der Gräser“; unter der Erde; im Grab; das Jenseits 草葉の陰というのは，草の葉の下，つまり墓の下，転じてあの世ということ。*Kusaba no kage* bedeutet unter dem Gras, also im Grab, im übertragenen Sinn auch im Jenseits.

◆kyabakura キャバクラ
der Cabaret-Club フランス語のcabaretと英語のclubの合成語。新傾向の風俗営業の一種で，キャバレーの大衆性とクラブの高級感を備えようとしている。通常，キャバクラ嬢と呼ばれる女性スタッフが客の席について接待を行なう。Aus französischem *cabaret* und englischem *club* gebildetes Kompositum. Eine neuere Form des Unterhaltungsgewerbes, das die Popularität eines Varieté-Theaters mit dem elitären Ambiente eines Nachtklubs kombinieren soll. Die als *kyabakura-jō* bezeichneten Angestellten bewirten die Gäste an ihren Plätzen .

◆kyōdai wa tanin no hajimari 兄弟は他人の始まり
(Sprichw.) Die Geschwister sind der Fremden Anfang; Brüderschaft ist Anfang der Entfremdung. 兄弟姉妹といえども，成長して各自がそれぞれ独自の生活を送るようになり，さらに離れて住むことになれば，その関係は，次第に他人のようになっていくこともある，ということ。Selbst Geschwister können wie Fremde für einander werden, wenn sie als Erwachsene ihr jeweils eigenes Leben führen und weit entfernt wohnen.

◆kyūshi ni isshō o eru 九死に一生を得る
sich mit knapper Not retten; dem Tod knapp entgehen; gerade noch mit dem Leben davonkommen このドイツ語の表現は「命拾いする」のドイツ語訳としても使える。Mit diesen deutschen Formulierungen kann man auch *inochi-biroi suru* übersetzen.

◆madogiwa-zoku 窓際族
diejenigen, die am Fenster sitzen; auf der Karriereleiter kaltgestellte Mitarbeiter 会社などにおいて実質的な仕事を与えられず，業務の中心からはずされて毎日を退屈に過ごす中高年のサラリーマン。Abwertende Bezeichnung für Firmenangestellte mittleren oder höheren Alters, denen keine wichtigen Arbeiten mehr übertragen werden und die ihre Arbeitstage an einem ruhigen Platz am Fenster verbringen müssen. **kanshoku 閑職** der Ruheposten, das Ruhepöstchen **kanshoku ni oi-yarareru 閑職に追いやられる** auf einen Ruheposten (einen wenig verantwortungsvollen Posten) herabgesetzt werden

◆mago no te 孫の手
wörtl.: die „Hand des Enkelkinds“, der Rückenkratzer (meistens aus Bambus) 長さ50 cm程の棒の先を手首の形に作り，背中など手の届かない所を掻くのに用いる。Das Ende eines etwa 50 cm langen Stocks ist in der Form einer Hand gefertigt und man benutzt ihn dazu, sich Stellen am Rücken zu kratzen, die man mit der Hand nicht erreichen kann.

◆mai-būmu マイブーム
(pseudoengl. *my boom*) das, wofür sich jemand gerade interessiert; jemandes zeitweili-

ges Hobby 自分が現在好きで凝っていること。**mai-hōmu** マイホーム (pseudoengl.: *my home*) das eigene Heim; das eigene Haus **mai-kā** マイカー (pseudoengl.: *my car*) das eigene Auto **mai-pēsu** マイペース (pseudo-engl. *my pace*) jemandes eigener Rhythmus; jemandes eigener (Lebens-) Stil.

♦ **maihōmu-shugi** マイホーム主義

(von engl. *my home*) die auf die eigene Familie konzentrierte Lebensweise; die familienorientierte Lebensweise 自分の家庭や家族をなによりも大切にする生き方。

♦ **makanu tane wa haenu** 蒔かぬ種は生えぬ

(Sprichw.) wörtl.: „Ungesäte Saat geht nicht auf"; Von nichts kommt nichts. Ohne Saat, keine Ernte.

♦ **make-inu** 負け犬

1) der im Kampf geschlagene Hund (der sich davon schleicht) 2) der (die) Geschlagene, der Verlierer 喧嘩に負けて逃げる犬のことであるが，競争に負けてすごすごと引き下がる人のたとえとしても用いられる。Ursprünglich meinte man damit einen im Kampf unterlegenen Hund, heute verwendet man es als Metapher für jemanden, der einen Wettkampf verloren hat und sich mutlos zurückzieht. **make-inu no tōboe** 負け犬の遠吠え wörtl.: „das Heulen eines geschlagenen Hundes"; das Mäkeln eines schlechten Verlierers

♦ **makeru ga kachi** 負けるが勝ち

(Sprichw.) Der Klügere gibt nach. Die vorläufige Niederlage ist zuletzt ein Sieg.

♦ **mama** ママ (**mama-san** ママさん)

die „Mama", die Barbesitzerin バーなどの女主人。第二次世界大戦後アメリカ占領軍（進駐軍）の兵士が残した言葉であるとされる。Die Bezeichnung *Mama-san* wurde von amerikanischen Soldaten geprägt, die nach dem Zweiten Weltkrieg in Japan stationiert waren.

♦ **maneki-neko** 招き猫

die einladende Katze; die Winkekatze 座って片方の前足を上げて人を招く姿をした猫の像。顧客・財宝を招くというので，縁起物として商家や飲み屋などで飾られる。Darstellung einer sitzenden Katze, gewöhnlich aus Keramik, die mit einer der Vorderpfoten eine einladende Geste macht. Glücksbringer in Geschäften, Kneipen oder Bars, wo sie die Kundschaft herbeirufen und den Umsatz fördern soll. (Abbildung)

♦ **man o jisu** 満を持す

auf den richtigen Moment warten; in Bereitschaft sein; gewappnet sein この日本語の表現は，弓を十分引いて，そのままの姿勢を保つことを意味したが，転じて，十分に準備を整えて機会が来るのを待つことを意味するようになった。Das japanische Wort beschreibt eigentlich die Situation, in der man beim Bogenschießen die Bogensehne gespannt hat und in dieser Haltung wartet, bis der Schuss sich löst. Im übertragenen Sinn meint man damit, dass alle Vorbereitungen getroffen sind und man nur noch auf die rechte Gelegenheit zum Handeln wartet.

♦ manshin-sōi no 満身創痍の

am ganzen Körper mit Wunden übersät sein 「創痍」は，刀などで受けた傷のこと，「満身創痍」は，体じゅう傷だらけであること。心理的に手ひどく痛めつけられている，という意味でも用いる。*Sōi* sind Verletzungen, z.B. von einem Schwert, *manshin-sōi* bedeutet, dass der ganze Körper mit Wunden übersät ist. Das Wort wird auch bei seelischen Verletzungen durch psychische Grausamkeit verwendet.

♦ maruku osameru 丸く収める

wörtl.: „etwas rund machen"; etwas reibungslos erledigen; friedlich lösen; einen Ausgleich finden **kado ga tatsu 角が立つ** wörtl.: „Ecken und Kanten haben"; unnötige Schwierigkeiten verursachen 相手との関係が穏やかでなくなる，物事が荒立つ，と言うこと。Reibungen in einer menschlichen Beziehung, die nicht mehr harmonisch ist.

♦ matsugo no mizu 末期の水

das Wasser, mit dem man die Lippen eines Sterbenden befeuchtet **matsugo no mizu o toru 末期の水をとる** die Lippen eines Sterbenden befeuchten「死に水をとる」とも言う。**shini-me ni au 死に目に会う** an jemandes Sterbebett sein

♦ matsu no uchi 松の内

wörtl.: „innerhalb der Kiefern"; vom 1. bis zu 7. (oder 15.) Januar 正月の松飾りを立てておく期間。昔は1月15日まで，現在では通常1月7日まで。Die Zeit, in der der Hauseingang mit Kiefern geschmückt ist (früher bis zum 15., heutzutage gewöhnlich bis zum 7. Januar).

♦ mazakon マザコン

(*mazā-konpurekkusu* マザー・コンプレックス) (von engl. *mother complex*) der Mutterkomplex 母親に対する過度な愛着や執着をいう語。母親や母親に似た女性を慕う傾向が見られる。Die übermäßige Anhänglichkeit eines Mannes an die eigene Mutter mit der Tendenz sich zu ihr oder zu Frauen, die ihr ähnlich sind, hingezogen zu fühlen.

♦ meikyō-shisui 明鏡止水

(schriftspr.) ein Geist, der so klar ist wie ein unbefleckter Spiegel und ruhig wie stehendes Wasser

♦ meishi 名刺

die Visitenkarte 日本では，仕事の関係で人と初めて会うとき，互いの名刺を交換することが多い。名刺には，名前のほかに，会社名，役職，会社のアドレス，電話番号等が書かれているものが一般的。In Japan werden beim ersten Treffen mit Personen, mit denen man eine offizielle Beziehung, z.B. eine Geschäftsbeziehung, eingeht, oft Visitenkarten ausgetauscht. Auf der Visitenkarte stehen außer dem eigenen Namen, der Name der Firma, die Position, die Firmenadresse, die Telefonnummer usw. **meishi o dasu 名刺を出す** seine Visitenkarte überreichen **meishi o kōkan suru 名刺を交換する** Visitenkarten austauschen

◆ **mejiro-oshi ni 目白押しに**

wörtl.: „wie Brillenvögel zusammengedrängt“; dicht gedrängt; eng beisammen 目白（das japanische Weißauge, *Zosterops japonica*）が樹上に押し合うように並んでいるところから来た表現。Der Mejiro „Japan-Brillenvogel“ ist ein weit verbreiteter kleiner Singvogel, der oft dicht zusammengedrängt mit seinen Artgenossen auf den Zweigen sitzt.

◆ **menjū-fukuhai 面従腹背**

(schriftspr.) ins Gesicht freundlich, hinter dem Rücken feindlich; die vorgetäuschte Loyalität 表向きは服従するように見せかけておきながら，内心では反抗すること。なおドイツ語の諺に，類似の表現（直訳は「前でお辞儀をするが，背後で拳を固める」）がある。Äußerlich so tun, als ob man treu ergeben sei, während man sich im Inneren auflehnt. Im Deutschen gibt es eine ähnliche Redensart: „Die sich vorne bücken, machen ein Fäustchen in Rücken.“

◆ **menkui 面食い**

jemand, der auf jedes hübsche Lärvchen hereinfällt; jemand, der bei der Partnerwahl vor allem auf ein schönes Gesicht Wert legt

◆ **menmoku (menboku) o ushinau 面目を失う**

das Gesicht verlieren; erniedrigt werden

menmoku(menboku) o tateru 面目を立てる Gesicht (Ehre) retten (wahren)

◆ **meru-tomo メル友**

der E-Mail-Freund 電子メールを媒介とした友人。双方の面識がない場合も少なくない。1990年代に一般化した言い方。Ein Freund, mit dem man vor allem durch E-Mail in Kontakt steht und oft nicht persönlich kennt. Die Formulierung verbreitete sich in den 90er Jahren.

◆ **messō mo nai 滅相も無い**

もともとは仏教語で「とんでもない」「あるべきことではない」の意味である。ドイツ語としては，状況に応じていろいろな言い方が考えられる。Es handelt sich ursprünglich um einen buddhistischen Terminus, den man je nach Kontext mit einem der folgenden Ausdrücke ins Deutsche übersetzen kann: Nichts ist unsinniger als der Gedanke! Nichts könnte absurder sein. Sie spinnen wohl! Sind Sie wohl verrückt? Das ist unerhört! Das ist ja verrückt!

◆ **michikusa o kuu 道草を食う**

wörtl.: „am Wegesrand grasen“; trödeln; sich auf dem Weg Zeit lassen 路傍の草を食べるのは，人ではなく，乗って出かけた馬である。馬が途中で路傍の草を食べ初めて動かない。そこから，目的地に達する途中で他のことに時間を取られるのを，「道草を食う」と言うようになった。Am Wegesrand grast natürlich nicht der Mensch, sondern das Pferd, mit dem er unterwegs ist. Und wenn das Pferd anfängt zu fressen, geht es nicht mehr voran. Davon abgeleitet ist diese Redewendung, die ausdrückt, dass jemand auf dem Weg zum Zielort bummelt und Zeit mit anderen Dingen verbringt.

◆ **Midori no hi みどりの日**

der „Tag des Grüns“ 国民の祝日の一つ。自然に親しむとともにその恩恵に感謝し，豊かな心を育む日，とされる。昭和時代には4月29日は「天皇誕生日」であったが，昭和天皇の没後1989（昭和64=平成元）よりこの日は「みどりの日」という名称の国民の祝日として残された。2007（平成19）年には「みどりの日」は5月4日に移され，4月29日は再度名称を変え「昭和の日」という名の国民の祝日となった。Ein gesetzlicher Feiertag, der eingerichtet wurde, damit sich Menschen mit der Natur vertraut machen, dankbar für ihre Segnungen werden und sich innerlich reich entwickeln. In der Shōwa-Zeit feierte man am 29. April den Geburtstag des Tennō, nach dessen Ableben im Jahr 1989 wurde der Tag als „Tag des Grüns" bezeichnet und blieb so ein gesetzlicher Feiertag. 2007 wurde der „Tag des Grüns" auf den 4. Mai verlegt und am 29. April wurde ein neuer Feiertag eingerichtet, der „Shōwa-Tag" (siehe *Shōwa no hi*).

♦ migi e narae o suru 右へならえをする
mitziehen; sich nach jemandem richten なお号令で「右へ倣え！」の場合には，Rechts, richtet euch! Die Augen rechts! など。軍隊の号令については，地域や時代によってかならずしも同一とは言えない。Die deutschen militärischen Kommandos sind je nach Epoche und Land unterschiedlich.

♦ migi ni deru 右に出る
übertreffen; überlegen sein **migi ni deru mono ga(wa) inai 右に出るものが(は)いない** niemand kommt jemandem gleich; in einer Gruppe der Erste sein この表現は，古代中国で，右を上席としたことと関連している。Dieser Ausdruck steht damit im Zusammenhang, dass im alten China der Sitz an der rechten Seite als der ranghöhere galt.

♦ mikudari-han 三行半
{Gesch.} wörtl.: „dreieinhalb Zeilen"; der Scheidebrief oder schriftliche Scheidungsmitteilung der Edo-Zeit eines Mannes an seine Frau, bestehend aus dreieinhalb Zeilen 江戸時代の，夫から妻への離縁状の俗称。

♦ mimi-doshima 耳年増
eine junge Frau, die vieles, nur vom Hörensagen weiß 若い女性が，経験はないが他人の話を聞くことで，豊富な知識を持っていること。多く，性的な知識について言う。Eine junge Frau, die selbst unerfahren ist, aber von anderen Leuten viel gehört und so viel Wissen erworben hat, vor allem in sexueller Hinsicht.

♦ minoue-sōdan 身の上相談
die Konsultation in persönlichen Angelegenheiten 新聞や雑誌に見られる身の上相談で，類似のものはドイツにも存在する。Lebensberatung in Form einer regelmäßigen Ratgeberecke in Zeitungen oder Zeitschriften gibt es sowohl in Japan als auch in Deutschland.

♦ mite minufuri o suru 見て見ぬふりをする
so tun, als würde man nicht sehen; ein Auge zudrücken; über etwas hinwegsehen

♦ mitsugo no tamashii hyaku made 三つ子の魂百まで
(Sprichw.) Die Seele des dreijährigen Kindes bleibt während des ganzen Lebens unverändert.

♦ **mitsuyubi o tsuite** 三つ指を突いて

mit drei Fingern auf dem Boden (*Tatami*) 親指と人指し指と中指を畳などに突いて行なう丁寧なお辞儀の仕方を言う。So nennt man eine höfliche Verbeugung im Fersensitz (siehe *seiza*), wobei drei Finger (Daumen, Zeigefinger und Mittelfinger) jeder Hand ausgestreckt auf dem Boden bzw. den Tatami aufgesetzt werden.

♦ **mizuhiki** 水引

die zweifarbige Geschenkschleife (aus Papierfäden) 進物用の包み紙などを結ぶのに用いる紙糸。慶事の進物用には，紅白，金銀などのものを用い，凶事の場合には，黒白，黒銀などのものを用いる。Mit der Geschenkschleife wird das Einwickelpapier etc. von Geschenken zusammengehalten. Bei feierlichen Anlässen werden dafür rote und weiße oder gold- und silberfarbene Papierfäden verwendet, bei Geschenken für Trauerfeiern etc. hingegen schwarze und weiße oder schwarze und silberfarbene.

♦ **mizu-kusai** 水臭い

wörtl.: „verwässerter Geruch"; kühl, reserviert, distanziert, zugeknöpft; distanziertes Verhalten zeigen; auf Distanz halten **mizu-kusai yatsu da na 水臭い奴だな** Du bist mir ein schöner Freund.

♦ **mizu ni nagasu** 水に流す

wörtl.: „ins Wasser gießen"; etwas vergeben und vergessen; Schwamm drüber; über etwas Gras wachsen lassen この最後のドイツ語は，「上に草が生えるのにまかせる」という意味。

♦ **mizu o sasu** 水を差す

jemandem eine kalte Dusche geben (für jemanden eine kalte Dusche sein); auf jemanden eine ernüchternde Wirkung haben

♦ **mizu-shōbai** 水商売

wörtl.: der „Handel mit Wasser", das Gaststättengewerbe 客の人気によって成り立ってゆく，収入の不確かな商売のこと。待合，料理店，バーその他。Sammelbezeichnung für alle unbeständigen Gewerbezweige, die von der Gunst ihrer Kundschaft abhängig sind, z.B. Teehäuser, Restaurants, Bars usw.

♦ **mochitsu-motaretsu** 持ちつ持たれつ

gegenseitiges Helfen; Geben und Nehmen; eine Hand wäscht die andere 互いに助けたり助けられたりすること。**mochitsu motaretsu no kankei 持ちつ持たれつの関係** auf Geben und Nehmen beruhende Beziehung

◆**mokke no saiwai もっけの幸い，勿怪の幸い**

unerwartetes Glück, glücklicher Zufall 「もっけ」は，人にたたりをなす「物の怪」に由来し，それが妖怪変化を意味するようになり，さらに室町時代になって，「意外なこと」の意味に用いられるようになった。*Mokke* bezeichnete ursprünglich einen bösen Geist, der die Menschen verflucht, später auch etwas Gespenstisches; seit der Muromachi-Zeit wird das Wort auch in der Bedeutung „etwas Unerwartetes“ verwendet.

◆**momiji-gari 紅葉狩り**

wörtl.: die „Jagd auf das rote Laub“; der Herbstausflug, um die Laubfärbung zu betrachten 山や丘が秋色で彩られる季節に，紅葉を眺め楽しむ行事。春の花見と同じく，平安時代の貴族の行事に由来する。紅葉狩りが庶民の間にも広がったのは，江戸時代以降のことである。Der Ausflug bildet das herbstliche Pendant zur Kirschblütenschau *Hanami* im Frühling und geht ebenso wie diese auf Veranstaltungen der Hofadligen in der Heian-Zeit zurück. Herbstausflüge wurden im Volk seit der Edo-Zeit beliebt.

◆**monzen-barai o kuwasu 門前払いを食わす**

jemandem die Tür vor der Nase zuschlagen; es ablehnen, jemanden zu sehen **monzen-barai o kuu 門前払いを食う** nicht empfangen werden; wieder weggeschickt werden

◆**mori-shio 盛り塩**

kleines Salzhäufchen (am Eingang eines Hauses) 料理店やその他のところで，塩を三角錐型または円錐形に盛り，玄関先に置く風習。主に，縁起担ぎ，厄除け，魔よけの意味を持つ。Es gibt den Brauch, z.B. am Eingang von Gaststätten etc., kleine Salzhäufchen, oft in Form einer Dreieckspyramide oder in Kegelform, aufzustellen. Das soll Glück bringen, negative Einflüsse und böse Geister abhalten.

◆**moroha no tsurugi 諸刃の剣**

zweischneidiges Schwert 相手を切ろうとして振り上げると，自分をも傷つける恐れのあるところから，一方では非常に役に立つが，他方では自分自身もそれなりの打撃を被る恐れのあることのたとえとして用いられる。Wenn man mit einem zweischneidigen Schwert zum Angriff ausholt, besteht die Gefahr, dass man sich dabei auch selbst verletzt. Im übertragenen Sinne bezeichnet ein zweischneidiges Schwert etwas, das sowohl Vorteile als auch Nachteile hat.

◆**mote-amasu 持て余す**

nicht wissen, wie man mit jemandem (od. etwas) umgehen soll; nicht wissen, was man mit jemandem (od. etwas) anfangen soll; einem zu viel sein; jemandem zur Last fallen

◆**moto-kare 元カレ**

(ugs.) der Ex-Freund **moto-kano 元カノ** die Ex-Freundin いつ頃から使われるようになったかは不明だが，両者とも比較的新しい若者言葉である。Es ist unklar, seit wann diese Bezeichnungen in Gebrauch sind, aber bei beiden Wörtern handelt es sich um relativ neue Jugendsprache.

♦ **moto no mokuami ni naru** 元の木阿弥になる

wörtl.: „wieder der alte Mokuami werden"; (wieder) zum Ausgangszustand zurückkehren (normalerweise im negativen Sinn); wieder dort sein, wo man einmal angefangen hat 木阿弥というのは，日本の戦国時代の武将・筒井順昭が病死した後その身代わり役をつとめた奈良の盲目の僧侶の名前で，木阿弥はその役目を終えた後，またもとの身分に逆戻りした，という故事にちなむ。Mokuami war der Name eines blinden Mönchs aus Nara, der zur Zeit der streitenden Provinzen zeitweise die Rolle des verstorbenen Feldherrn Tsutsui Junshō übernommen hatte. Nachdem diese Aufgabe beendet war, kehrte er wieder in seinen ursprünglichen Stand zurück.

♦ **motte-koi no** もってこいの

wie geschaffen (für etwas); genau richtig; ideal; genau passend「もってこい」の語源は，「持って」「来い」であると考えられている。Ursprung dieses Ausdrucks ist vielleicht die Imperativform *motte-koi*, „bring her!"

♦ **muen-botoke** 無縁仏

der Tote, für den niemand betet 弔う縁者のない死者 ein Verstorbener, der keine Angehörigen oder Freunde hat, die um ihn trauern **muen no haka** 無縁の墓 das Grab, um das sich niemand mehr kümmert **muen-bochi** 無縁墓地 der Friedhof für Verstorbene ohne Angehörige; das Massengrab **mumei-senshi no haka** 無名戦士の墓 das Grabmal des unbekannten Soldaten

♦ **muen-shakai** 無縁社会

die beziehungsarme Gesellschaft; die indifferente Gesellschaft 社会構造の変化に伴って地縁・血縁が希薄化し人と人との結びつきが乏しくなった現代社会の一面を捉えた言い方で，例えば独り暮らしの老人ばかりが住んでいるマンションなどはその典型的な例の一つである。Die Formulierung weist auf einen Aspekt der gegenwärtigen Gesellschaft hin, in der aufgrund der veränderten Sozialstruktur die lokalen und verwandschaftlichen Bindungen zwischen den Menschen verarmen. Appartements, in denen fast nur alte Leute allein leben, sind ein typisches Beispiel für diese Entwicklung. **chien-shakai** 地縁社会 die auf dem gemeinsamen Wohnort beruhende Gesellschaft **ketsuen-shakai** 血縁社会 die auf Blutverwandtschaft beruhende Gesellschaft

♦ **mukae-bi** 迎え火

das „Willkommensfeuer" 盂蘭盆に精霊を迎えるための火。Feuer beim *Bon*-Fest, um die Seelen der Verstorbenen heimzubegleiten und willkommen zu heißen. **okuri-bi** 送り火 das „Abschiedsfeuer" 盂蘭盆の終りの日に精霊を送るためにたく火。Feuer beim *Bon*-Fest, um die Seelen der Verstorbenen zu verabschieden und/oder ihre Heimkehr zu erleichtern.

♦ **mukashi totta kine-zuka de** 昔取った杵柄で

wörtl.: „mit dem Reisstampfer, den man früher in der Hand hatte"; unter Ausnutzung früherer Erfahrungen 今は止めているがかつて鍛えた技量があるので，の意味。

Gemeint sind gute Fähigkeiten, die man früher einmal erworben hat, selbst wenn man sie gegenwärtig eigentlich nicht mehr nutzt.

♦ muko-yōshi 婿養子

der in die Familie der Braut aufgenommene Schwiegersohn 婿養子縁組は，男子が養子縁組により養子となると同時に養親の娘と婚姻することで，これは家の存続を念頭に置いた結婚形態である。Eine Form der Eheschließung zur Fortführung der Familienlinie, indem eine Familie, die selbst keine Söhne hat, einen Mann adoptiert, der zugleich mit der Tochter verheiratet wird.

♦ mura-hachibu 村八分

der Ausschluss aus der Dorfgemeinschaft 江戸時代以降，村民に規約違反などが見られた場合，村全体が申し合わせによりその家との交際を絶った，私的制裁。転じて一般に，仲間はずれにすることにも用いられる。Seit der Edo-Zeit eine inoffizielle, private Strafmaßnahme für Familien, die gegen die im Dorf gültigen Abmachungen verstoßen haben. Im übertragenen Sinn heute der Ausstoß aus einer Gemeinschaft. **mura-shakai ムラ社会，村社会** die Dorfgemeinschaft

♦ muteppō na 無鉄砲な

draufgängerisch, waghalsig, unbesonnen 本来は「無手っ法」と書くべき語で「無鉄砲」は，当て字。方法や思慮の無いまま物事をするやり方。Das Wort müsste eigentlich mit anderen Zeichen geschrieben werden (die eigentlichen Zeichen bedeuten soviel wie „Methode ohne Hand“, aber die Zeichen, mit denen man es heute oft schreibt, bedeuten „ohne Gewehr“); etwas ohne Methode und ohne Überlegungen machen.

♦ myōji 名字，苗字

der Familienname, der Zuname, der Nachname 江戸時代においては，武士，公家のほか若干の特例者のみが名字を名乗ることを許されていたが，明治時代になり，1875(明治8)年に政府が出した布告により，すべての国民に名字を名乗ることが義務化された。In der Edo-Zeit war es außer den Angehörigen des Kriegerstandes und des Adels nur wenigen besonderen Personen gestattet, einen Familienname zu führen, aber die Regierung der Meiji-Zeit verpflichtete 1875 durch einen Erlass die gesamte Bevölkerung dazu, Familiennamen anzunehmen.

♦ nagai mono ni wa makarero 長い物には巻かれろ

(Sprichw.) wörtl.: „Von etwas Langem muss man sich einwickeln lassen.“ Wider den Strom ist übel schwimmen. Gegen einen Einflussreichen lässt sich kaum etwas ausrichten.

♦ nagare ni sao sasu 流れに掉さす

wörtl.: „über den Strom staken“; mit dem Strom schwimmen 文化庁が発表した2006(平成18)年度「国語に関する世論調査」では，「その発言は流れに掉さすものだ」を，本来の意味である「傾向に乗って，勢いを増す行為をすること」で使う人が17.5%，間違った意味「傾向に逆らって，勢いを失わせる行為をすること」で使う人が62.2%という結果になっている。Laut einer „Umfrage zum Japanischen“, die 2006 vom Kultusministerium veröffentlicht wurde, verwenden nur 17,5% der Japaner den Ausdruck *nagare ni saosasu* in der ursprünglichen Bedeutung, „mit dem Strom schwimmen". 62,2% hingegen verwenden die Redewendung falsch und im gegensätzlichen Sinn, nämlich mit der Bedeutung „gegen den Strom schwimmen".

♦ **naibu-kokuhatsu-sha 内部告発者**
ein Insider, der internes Fehlverhalten öffentlich anprangert (z.B. anonym in den Medien) 内部告発は企業や団体の隠された不正などを，組織内部の人間が，外部に明らかにし訴えること。

♦ **naien 内縁 (naien-kankei 内縁関係)**
die nicht ins Familienregister eingetragene Ehe; die eheähnliche Lebensgemeinschaft; die wilde Ehe **naien-kankei o musubu 内縁関係を結ぶ** in freier (wilder) Ehe leben

♦ **naijo no kō 内助の功**
die „innere Unterstützung" 特に妻が家庭内にいて，夫の働きを助けること。Gemeint ist die Unterstützung durch die eigene Ehefrau, wenn der Mann arbeitet, während die Frau den Haushalt führt und ihn unterstützt.

♦ **naimono-nedari o suru 無い物ねだりをする**
Unerreichbares begehren; nach den Sternen greifen 実現できないことを無理に望むこと。nach etwas verlangen, das es gar nicht gibt, bzw. sich etwas wünschen, was nicht in Erfüllung gehen kann

♦ **naisu-midoru ナイス・ミドル**
(pseudoengl. *nice middle*) ein charmanter Mann in den mittleren Jahren

♦ **naite mo waratte mo 泣いても笑っても**
wörtl.: „ob man weint oder lacht"; ob man will oder nicht; wohl oder übel

♦ **nakama-uchi de 仲間内で**
innerhalb der Gruppe, zu der man selbst gehört

♦ **nakazu tobazu 鳴かず飛ばず**
wörtl.: „weder piepsen noch fliegen"; keinen Muckser (od. Piepser) von sich geben もともとは，将来の活躍に備えて，機会を待っているさまを表わす言葉であったが，現在では，ながいこと何もしないでいることを軽蔑または自虐して用いるのが普通。Ursprünglich meinte man damit, dass jemand sich im Stillen auf eine günstige Gelegenheit für zukünftiges Wirken vorbereitet, aber heute sagt man es verächtlich über eine Person (oder über sich selbst), die lange Zeit untätig ist.

♦ **nakute nanakuse 無くて七癖**
(Sprichw.) Jeder hat seine Eigenheiten.

♦ **nana-korobi ya-oki 七転び八起き**
wörtl.: „siebenmal straucheln und sich achtmal erheben"; das Auf und Ab des Lebens **nana-korobi ya-oki suru 七転び八起きする** viel Auf und Ab im Leben durchmachen **shichiten-battō 七転八倒** furchtbare Schmerzen; das Sichwinden in Schmerzen **shichiten-battō suru 七転八倒する** furchtbare Schmerzen haben

♦ **nanpa suru ナンパする，軟派する**
(ugs.) sich an ein Mädchen heranmachen; sich ein Mädchen aufreißen 男性が女性に声をかけて誘うこと。若者言葉。1980（昭和55）年頃より用いられている。Gemeint ist, dass Männer Frauen ansprechen und einladen. Jugendsprache. Etwa seit 1980 in Gebrauch. **gyaku-nan 逆軟，逆ナン** wörtl.: „umgekehrte Anmache"; 女性が男性に声をかけ誘うこと。das Anmachen von Männern durch Frauen

♦ **narifuri なりふり，なり振り**
das Auftreten; die äußere Erscheinung; der Look **nari-furi o kamawazu なり振りを構わず** sich nicht um sein Äußeres kümmernd; sich nicht darum kümmern, was die Leute denken; ohne Rücksicht auf das Aussehen; ohne Rücksicht auf andere

♦ **nawabari なわばり，縄張り**
wörtl.: „Seile aufspannen" 1) das Absperren eines Areals mit Seilen (z.B. als Reservierung für ein *Hanami*) 2) das eigene Terrain; das Einflussgebiet **nawabari o arasu 縄張りを荒らす** jemandes Revier verletzen; in jemandes Tätigkeitsbereich eindringen **nawabari-arasoi 縄張り争い** Streit um das Einflussgebiet

♦ **na wa tai o arawasu 名は体を表わす**
(Sprichw.) Der Name zeigt das Wesen; *nomen est omen*（ラテン語であるがよく用いられる）**namae-make shiteiru 名前負けしている** seinen Namen nicht verdienen; seinem Namen keine Ehre machen

♦ **nayamashii 悩ましい**
1) erregend, verführerisch 2) schmerzlich, qualvoll, schwermütig 1) は，官能が刺激されて心が乱れる，2) は，難儀である，悩みが多い，気持ちが晴れないという意味であるが，2001（平成13）年度の文化庁の調査では，「悩ましい」を1) の意味で使う人が48%，2) の意味で用いる人が32%であった。歴史的に見ると，2) のほうが古く，その用例は『日本書紀』(720) にまで遡るという。Das Wort hat zwei Bedeutungen: 1. Der Geist wird durch Sinnesreize verwirrt. 2. Probleme bereiten, viele Sorgen haben, das Gemüt ist verdunkelt. Nach einer Erhebung des Kultusministeriums aus dem Jahr 2001 verwenden allerdings 48% der Befragten das Wort in der ersten Bedeutung und 32% in der zweiten Bedeutung. Historisch gesehen ist jedoch die zweite Bedeutung die ältere, sie findet sich schon in *Nihon-shoki* (siehe dort) aus dem Jahr 720.

♦ **negattari kanattari 願ったり叶ったり**
etwas kommt jemandem (sehr) gelegen 例「この申し出は私にとって願ったり叶ったりのことでした。Beispiel: Das Angebot kam mir sehr gelegen.

♦ **neko-baba 猫ばば，猫糞**
wörtl.: der „Katzenkot"; die Veruntreuung 猫が，糞をした後，後足で砂をかけてそれを隠すところから，悪いことをして素知らぬ顔をすること，特に，拾得物などをこっそり自分のものとすること。Nach dem Kotabsetzen benutzen Katzen die Hinterpfoten um ihre Hinterlassenschaft mit Erde zuzudecken, davon abgeleitet bezeichnet *neko-baba* das unschuldige Gesicht, das

jemand aufsetzt, nachdem er etwas Unrechtes getan hat, besonders in dem Fall, wenn er sich etwas heimlich zu eigen gemacht hat z.B. eine Fundsache.

♦nemawashi 根回し

die Vorverhandlung; der frühzeitige Ausgleich von Interessengegensätzen あることを実現しやすいようにあらかじめ周囲の各方面に話をつけておくこと。Vorverhandlungen mit allen Beteiligten, um die Realisierung eines Projekts zu erleichtern und zu beschleunigen.

♦nenga-jō 年賀状

die Neujahrskarte, die Neujahrsgrußkarte 賀状にめでたい言葉を書いて送るという慣わしは，言霊信仰と結び付いており，その原初的形態は，すでに平安時代に存在した。1871 (明治4) 年郵便制度が発足した当初は，年始挨拶の手紙として郵送されることはまれであったが，その後徐々に年賀状の習慣が広まり，1899 (明治32) 年には，年賀郵便を年末の一定期間に出すと，元日に配達されるという制度がスタートした。その後，1937 (昭和12) 年，日中戦争とともに，虚礼廃止，紙の節約ということで年賀状交換は次第に行なわれなくなっていったが，1949 (昭和24) 年「お年玉つき年賀はがき」が発行されるにおよんで，年賀状は爆発的広がりを見せることとなった。Die Gewohnheit, Neujahrskarten mit glückverheißenden Botschaften zu verschicken, stand mit dem Glauben an die magische Kraft bestimmter Wörter (*kotodama-shinkō*) in Zusammenhang, der in primitiver Form bereits zur Heian-Zeit existierte. Nach der Gründung der japanischen Post im Jahr 1871 wurden zunächst fast keine Briefe mit Neujahrsgrüßen verschickt, aber allmählich verbreitete sich die Sitte, einander Neujahrskarten zu schicken und 1899 begann das aktuelle System, dass Neujahrsgrußkarten, die man am Jahresende während einer bestimmten Frist aufgibt, dem Empfänger am 1. Januar zugestellt werden. Seit 1937 wurde im Zuge des Chinesisch-Japanischen Krieges der Austausch formeller Höflichkeiten eingestellt, und um Papier zu sparen, verzichtete man nach und nach auch auf den Austausch von Neujahhrskarten. Nachdem jedoch 1949 erstmals Neujahrskarten mit Losnummern für die Neujahrslotterie herausgegeben wurden, erlangten Neujahrskarten geradezu explosionsartig eine immense Popularität. **otoshidama-tsuki-nenga-hagaki お年玉つき年賀はがき** die Neujahrskarte mit Lotterieabschnitt **nenga-ketsurei 年賀欠礼** Versäumnis der Neujahrsgrüße 喪中の場合は年賀状を出さずに，前年の11月の終わりか12月の初めに（年賀状を交換している相手に対して），自分（たち）は喪中なので年賀状を欠礼する旨を書面で書き送るのが一般的である。Wenn man in Trauer ist, schickt man gewöhnlich keine Neujahrskarten und schickt stattdessen Ende November oder Anfang Dezember eine Nachricht, dass man wegen der Trauerzeit keine Neujahrskarte senden kann.

♦ne ni motsu 根に持つ

jemandem etwas nachtragen; nachtragend sein; gegen jemanden einen alten Groll hegen 恨みに思っていつまでも忘れないこと。

♦nenriki 念力

1) die Willenskraft (「意思の力」の意 2) die Psychokinese (超心理学 Parapsychologie の用語。物理的手段を用いないで物体を「念力」で動かすなど。)「念力で病気を直す」などの場合は1) の die Willenskraft であろう。「念力岩をも通す。」Der Wille bricht Eisen. Mit starker Willenskraft lässt sich alles durchsetzen.

♦neta ko o okosuna 寝た子を起こすな

(Sprichw.) wörtl.: „Schlafende Babys soll man nicht wecken." Schlafende Hunde soll man nicht wecken.

♦netto-kafe-nanmin ネットカフェ難民

der Internet-Café-Flüchtling 昼は低賃金の日雇い的な仕事などをして過ごし，夜は24時間営業のインターネット・カフェの安いボックスに寝泊まりすることが常態化している若年のホームレス。Ein junger Obdachloser, der im billigen Einzelabteil eines 24-Stunden-Internet-Cafés übernachtet, und tagsüber, vielleicht als Tagelöhner, schlecht bezahlte Arbeit verrichtet.

♦nikumarekko yo ni habakaru 憎まれっ子世にはばかる

(Sprichw.) wörtl.: „Das ungeliebte Kind wird in der Welt einflussreich." Unkraut vergeht nicht. この「はばかる」は，「はびこる」と同義で，幅を利かすという意味である。Das Wort *habakaru* ist hier synonym zu *habikoru* „Macht haben", „einflussreich sein".

♦nitamono-fūfu 似たもの夫婦

Wie der Mann, so die Frau; gleich und gleich gesellt sich gern. 仲のよい夫婦は，性質や趣味などがよく似るということ。またそのような夫婦。Es heißt, dass die Partner in einer harmonischen Ehe sich in Charakter und Geschmack ähnlich seien. Auch die Bezeichnung für so ein Ehepaar. **oshidori-fūfu おしどり夫婦** das zärtliche Ehepaar どうしても鳥を引き合いに出したい場合は die Turteltauben (コキジバト) ということになる。しかしこれは男女の仲がむつまじい例えであるから，二人が結婚していない場合にも使える。*Oshidori* ist eine Entenart (Mandarinente), die als Metapher für ein zärtliches Ehepaar herangezogen wird. Will man beim Übersetzen die Vogelmetapher wiedergeben, wird man wahrscheinlich den Ausdruck Turteltauben wählen, den man jedoch (im Unterschied zu *oshidori-fūfu*) auch für unverheiratete Paare verwenden kann.

♦nitchi mo satchi mo ikanai にっちもさっちもいかない

nicht vom Fleck kommen; an einem toten Punkt gelangt sein 最初はそろばんの用語であったが，それが，商売で金銭の融通ができない状態を意味するようになり，さらに転じて，物事が行き詰まって身動きが取れない状態を表わす表現となった。Ursprünglich ein Fachwort aus dem Bereich des Abakus (siehe *soroban*), daraus hat sich die Bedeutung „beim Handel finanziell nicht flexibel sein" entwickelt und im übertragenen Sinne bezeichnet man damit heute den Zustand, wenn eine Sache ins Stocken geraten ist, und es keinen Bewegungsraum mehr gibt.

♦ **nō aru taka wa tsume o kakusu 能ある鷹は爪を隠す**

(Sprichw.) wörtl.: „Der gewandte Falke verbirgt seine Krallen." Wer wirkliches Talent hat, hängt es nicht an die große Glocke. Wer wirkliche Talente hat, hängt sie nicht an die große Glocke.

♦ **nokorimono ni wa fuku ga aru 残り物には福がある**

(Sprichw.) wörtl.: „In den Resten liegt das Glück." In übriggebliebenen Dingen liegt Glück. Der Rest bringt Glück. Das letzte Stück bringt Glück.

♦ **nomi no fūfu 蚤の夫婦**

wörtl.: das „Ehepaar der Flöhe" 夫よりも妻の方が体の大きい夫婦。ein Ehepaar, bei dem die Frau größer (und vielleicht dicker) ist als der Mann

♦ **noshi のし，熨斗**

langer Streifen aus Seeohr oder Papier als Schmuck und zur Markierung von Geschenken **noshibukuro のし袋，熨斗袋** der Umschlag für Geldgeschenke (Abbildung)

noshibukuro

♦ **notare-jini suru 野垂れ死にする**

am Wegesrand sterben; wie ein Hund sterben; elend sterben 路傍などに行き倒れになって死ぬこと。また，それに似たみじめな死に方をすること。Am Wegesrand zusammenbrechen und sterben, oder einen ähnlich elenden Tod finden

♦ **no-yaki 野焼き**

das Abbrennen von vertrocknetem Gras im Frühjahr (damit das frische Gras besser wachsen kann) **nobi 野火** das Feuer auf dem Feld (beim Abbrennen von dürrem Gras) **yama-yaki 山焼き** das großflächige Abbrennen von vertrocknetem Gras auf einem Berg oder Hügel 早春に行われる山や丘陵地の大がかりな山焼きは各地で年中行事の一つとして行われている。奈良の若草山の山焼きは特に有名。Es wird zu Beginn des Frühjahrs mancherorts im zeremoniellen Rahmen durchgeführt, besonders bekannt ist dafür der Berg Wakakusa-yama in Nara.

♦ **nuka-yorokobi ぬかよろこび，糠喜び**

voreilige (od. vorzeitige, verfrühte) Freude **nuka-yorokobi suru 糠喜びする** sich zu früh freuen「糠喜び」は，当てが外れて，喜びが無駄になること，また，そのようなつかの間の喜びを意味する。「糠」は，玄米を精白するときに生じる，種皮などが砕けた粉末のことであるが，ここでは，「頼りにならない」「はかない」ものを表わしている。Von *nuka-yorokobi* spricht man, wenn das, worauf man sich gefreut hat, unerwarteter Weise nicht eintritt, und man nennt so auch die trügerische Freude. *Nuka* sind die ungenießbaren Deckspelzen der Reiskörner, die bei der Reisverarbeitung in der Reismühle als Abfallprodukt. Hier bedeutet es trügerisch oder flüchtig.

♦ **nukegake o suru 抜け駆けをする**

jemandem vorgreifen; jemandem zuvorkommen（このドイツ語は，「ある人に先んじる」という意味）; jemandem die Schau stehlen（このドイツ語は，「他人の見せ場

を横取りする」という意味。

◆nure-nezumi ぬれねずみ，濡れ鼠
wörtl.: „nasse Ratte“; jemand, der ganz durchnässt ist; jemand, der pudelnass ist この表現は，1603（慶長8）年に刊行された『日葡辞書』にも見える。例文：「今日は午後外出したが，傘を持たずに出かけたところ夕立にあい，濡れ鼠になってしまった。」Dieser Ausdruck findet sich bereits im 1603 herausgegebenen Japanisch-Portugiesischen Wörterbuch *Vocabvlario da Lingoa de Iapam*. Beispielsatz: „Als ich heute Nachmittag ausging und keinen Schirm dabei hatte, wurde ich im Regenschauer pudelnass.“

◆nure-ochiba 濡れ落ち葉
wörtl.: „nasses Herbstlaub“ ひところの「粗大ごみ」に代わる亭主糾弾語。地域活動などで活躍している妻にまとわりついて離れない定年退職後の夫。1980年代の末ころから用いられた。Verächtliche Bezeichnung für einen (meistens pensionierten) Ehemann, ähnlich der früher einmal verbreiteten Bezeichnung „Sperrmüll“. Ein pensionierter Mann, der seiner Ehefrau bei allen ihren lokalen und sozialen Aktivitäten an den Fersen heftet (so wie nasses Laub an den Schuhen kleben bleibt). Seit Ende der 80er Jahre in Gebrauch.

◆nyōbō 女房
1) (eigene) Ehefrau; die bessere Hälfte 2) (früher) die Hofdame **nyōbo no shiri ni shikareru 女房の尻に敷かれる** unter dem Pantoffel der Ehefrau stehen **nyōbō no shiri ni shikareta otto 女房の尻に敷かれた夫** der Pantoffelheld; ein Ehemann, der unter dem Pantoffel seiner Frau steht **nyōbō-yaku 女房役** der Getreue; der treue Gehilfe

◆nyū-hāfu ニュー・ハーフ
(pseudoengl. *new half*) Eine Person, die als Mann geboren wurde, unter einer Geschlechtsidentitätstörung leidet und sich geschlechtsangleichenden Maßnahmen unterzogen hat.（男性として生まれたものの，性同一性障害のため，性適応の処置を受けたひと。）

◆obasute-yama 姨捨山 (ubasute-yama)
wörtl.: der „Berg, wo man alte Frauen aussetzt“; auch die volkstümliche Bezeichnung eines Berges in der Präfektur Nagano; die Versetzung eines älteren Mitarbeiters auf eine undankbare Position 老人を山に棄てるという伝説。老母を山に置き去りにした男が，また翌朝連れ戻しに行ったという話もある。現在，組織などで，年を取ってあまり役にたたなくなった人を移しておく部署や地位のことを冗談にあるいは皮肉を込めてこのように呼ぶこともある。Einer Legende zufolge soll man früher alte Leute in den Bergen ausgesetzt haben. Außerdem gibt es eine Geschichte von einem Mann, der, nachdem er seine alte Mutter in den Bergen ausgesetzt hatte, am nächsten Morgen reuig zurückkehrte. Heute nennt man auch einen schlechten Posten oder eine undankbare Position scherzhaft oder ironisch *obasute-yama*, wohin ältere Personen versetzt werden, wenn sie aufgrund ihres Alters in einer Organisation nur noch wenig beitragen können.

♦ oboreru-mono wa wara o mo tsukamu 溺れる者は藁をも摑む

(Sprichw.) wörtl.: „Ein Ertrinkender greift nach jedem Strohhalm.“ Der Ertrinkende klammert sich an jeden Strohhalm. これは英語の *A drowing man will catch at a straw.* を日本語に訳したもので，1910 (明治43) 年に刊行された日本のことわざ集には収載されている。Übersetzung des englischen Sprichworts *a drowing man will catch at a straw*, die 1910 in einer Sammlung japanischer Sprichwörter auftaucht.

♦ odawara-hyōjō 小田原評定

das Palaver; das endlose Hin- und Hergerede 長引いてなかなか決定しない相談。langes Herumreden, ohne zu einem Entschluss zu kommen

♦ ofuisu-redī オフイス・レディ，オーエル，OL

(pseudoengl. *office lady*) die Büroangestellte 当初，ビジネス・ガールと言われていたが，語感が悪いというので，このように改められた。一般化したのは，1960年頃から。Zunächst verwendete man das Wort *bijinesu-gāru* (*business girl*), das man aber wegen dessen negativer Konnotation in die heutige Bezeichnung korrigiert hat. Seit etwa 1960 allgemein verbreitet.

♦ ogoru mono (wa) hisashikarazu 驕る者（は）久しからず

Hochmut kommt vor dem Fall. **eiko-seisui 栄枯盛衰** Aufstieg und Untergang; Aufstieg und Verfall; Gedeihen und Verderben

♦ ohaguro おはぐろ，お歯黒，鉄漿

{Gesch.} das Schwarzfärben der Zähne 歯を黒く染めること。平安後期には公家や武家の男子も行い，のち民間にも流行し，江戸時代には既婚婦人のしるしとなった。Die Zähne schwarz einfärben. In der späten Heian-Zeit haben sich auch Männer des Hof- und Kriegeradels die Zähne geschwärzt, später verbreitete sich diese Mode unter dem Volk und in der Edo-Zeit wurden die schwarzen Zähne ein Kennzeichen verheirateter Frauen.

♦ oharaibako ni naru お払い箱になる

gefeuert werden; entlassen werden; auf die Straße gesetzt werden; den Stuhl vor die Tür gesetzt bekommen

♦ ohitori-sama おひとりさま

Frau Alleine この言葉はもともとは，レストランやホテルなどを独りで利用する人に対して用いられていた用語であった。しかし2007 (平成19) 年ある社会学者の著書がきっかけとなって，この言葉は(ある程度の) 高齢になって一人暮らしをする人，特に女性，という文脈で用いられることが多くなった。Das Wort ist ursprünglich eine Bezeichnung für allein kommende Gäste in Restaurants, Hotels etc. Anlässlich eines Buchs, das eine Soziologin 2007 veröffentlicht hat, wird das Wort für allein lebende Personen, insbesondere Frauen fortgeschrittenen Alters, benutzt.

♦ oite masumasu sakan de aru 老いてますます盛んである

mit zunehmendem Alter immer stärker werden; je älter, desto toller.

◆**okabu o ubau お株を奪う**
jemanden überstrahlen; jemandem die Schau stehlen; jemanden auf seinem eigenen Gebiet übertreffen 江戸時代以前から，ある特権を握っている人たちの集まりに「株」と呼ばれるグループがあった(商人の営業と結び付いた株，通詞株，その他)。やがてその株は，その人たちの得意分野を現わすものと理解されるようになった。そこから「お株を奪う」が，他人の得意分野や技を奪い取るという意味になった。Bereits vor der Edo-Zeit gab es Personengruppen (z.B. bestimmte Stände oder Berufe), die über besodere Privilegien verfügten, die man als *kabu* bezeichnete. Schon bald verstand man unter *kabu* das Spezialgebiet dieser Gruppen. Davon abgeleitet ist die Bedeutung des Ausdrucks *o-kabu o ubau*, nämlich sich jemandes Spezialgebiets, seines Fachwissens oder seiner besonderen Fähigkeiten bemächtigen.

◆**okado-chigai o suru お門違いをする**
an die falsche Adresse kommen; an die falsche Tür klopfen

◆**okaeshi お返し**
das Gegengeschenk 日本では，人間関係を円滑にするために，品物や金銭を贈り，それに対してお返しをするという儀礼的習慣が現在でも残っている。贈り物にもお返しにも，いつどのようにすべきかというおおまかな基準がある。中元や歳暮のほか，慶事・弔事のときも，贈られた側は多くの場合，慣例にしたがってお返しをする。In Japan werden zur Aufrechterhaltung guter zwischenmenschlicher Beziehungen Präsente oder auch Geld verschenkt, und die Höflichkeit gebietet es auch heute noch, dies jeweils mit einem Gegengeschenk zu vergelten. Es gibt dabei gewisse Standards, wann und wie Geschenke ausgetauscht werden. Außer zur Jahresmitte (siehe *chūgen*) und zum Jahresende (siehe *seibo*) antworten Beschenkte sowohl bei freudigen Anlässen als auch im Trauerfall traditionell mit einem Gegengeschenk. **han-gaeshi 半返し** Gegengeschenke mit dem halben Wert des erhaltenen Geschenks 贈られた金品の半額にあたる金品を礼として返すこと。

◆**o-kage-de おかげで（o-kage-sama de おかげさまで，お陰さまで）**
dank (od. durch) jemandes Unterstützung; mit Hilfe von 語義としては，神仏の加護や人から受けた恩恵によってということであるが，文脈によってはdank Ihre freundlichen Hilfeの意味になることがあるし，場合によっては，Gott sei Dankやglücklicherweiseなどをのような意味で用いられて，それが誰の（何の）おかげであるかが明確でないこともあり得る。Von der Wortbedeutung her meint man damit die Gnade oder Hilfe, die eine Person von Göttern oder Buddhas oder anderen Personen empfängt; je nach dem Kontext bedeutet es manchmal „dank Ihrer freundlichen Hilfe“, „Gott sei Dank“ oder einfach nur „glücklicherweise“. Dann lässt sich manchmal nicht mehr erkennen, wem eigentlich gedankt wird.

◆**okama お釜**
(ugs.) wörtl.: der „Kessel“; die Tunte 男色。男性の同性愛者を卑しんで言うスラング表現。お釜はもともとお尻の異称で，そこから男色の意味に転じた。Abwertende

Bezeichnung für homosexuelle Männer. *Okama* war ursprünglich eine Bezeichnung für Gesäß, davon abgeleitet ist die Bedeutung „schwule Liebe".

◆okame-hachimoku 岡目（傍目）八目
Die Zuschauer wissen am besten, wie man spielen muss. Außenstehende sehen die Dinge objektiver als Beteiligte; der Vorteil der Unbeteiligten. 岡目は第三者の立場で見ること。他人の囲碁を傍らで見ていると，実際に対局しているときよりも良く見えて，八目も先まで読めることがあるということ。転じて，第三者には，物事の是非，利・不利が当事者以上に良く分かる，という意味。Mit *okame* bezeichnet man den Standpunkt eines Außenstehenden. Wenn man beim *Go*-Spiel (siehe dort) anderen Leute zusieht, hat man einen besseren Überblick als wenn man selbst spielt, und, so die Redewendung, man könne acht Steine voraussehen. Im übertragenen Sinn ist damit gemeint, dass ein unbeteiligter Dritter oft Recht und Unrecht, Gewinn und Verlust bei einer Sache besser beurteilen kann.

◆okuri-ōkami 送り狼
ein böser Begleiter in harmloser Maske; der Wolf im Schafspelz 表面上は好意的に人を送り届けるふりをしているが，途中で乱暴をはたらく人物。Begleiter in harmloser Maske, der sich auf dem Weg in einen bösen Wolf verwandelt.

◆omei 汚名
wörtl.: „der beschmutzte Name"; der Schandfleck, die Schande; der schlechte Ruf **omei o kōmuru 汚名をこうむる** Schande auf sich laden; in Schimpf und Schande geraten **omei o sosogu 汚名をそそぐ** sich von Schande frei machen; sich rehabilitieren

◆omiai お見合い
das arrangierte Treffen möglicher Heiratskandidaten bei einer vermittelten Heirat 今日いわゆる恋愛結婚が主流になっているが，それでもいざ結婚となると仲人（媒酌人）を立てることが多い。Heute ist zwar auch in Japan die Liebesheirat *Ren'ai-kekkon* die Regel, aber oft holt man auch in diesem Fall pro forma eine offizielle Heiratsvermittlung nach. **miai-kekkon 見合い結婚** die Heirat durch Vermittlung **nakōdo 仲人（baishaku-nin 媒酌人）** der Heiratsvermittler 結婚の媒酌人としては，新郎新婦いずれかの職場の上司などがつとめることもある。結婚式において一定の役を演じるほか，（近年まれになったとはいえ，）新婚夫婦の相談相手になったりすることもある。Als Vermittler bei einer Heiratsvermittlung fungiert manchmal der Vorgesetzte einer der beiden zukünftigen Ehepartner. Der Heiratsvermittler spielt bei der Hochzeitszeremonie und eventuell auch später als Ansprechpartner der jungen Eheleute eine Rolle. **ren'ai-kekkon 恋愛結婚** die Liebesheirat (Gegenbegriff zur traditionell vermittelten Heirat) **sansankudo 三々九度** die Trauungszeremonie, der Austausch von *Sake*-Schälchen bei der Hochzeitsfeier **buraidaru-sangyō ブライダル産業** (von engl. *bridal*) die Hochzeitsindustrie **nakōdo-guchi wa ate ni naranai 仲人口は当てにならない** (Sprichw.) Die Worte eines Heiratsvermittlers sollte man nicht auf die Goldwaage legen. Den Worten eines

Heiratsvermittlers kann man nicht trauen.

♦ Ōmisoka 大晦日

der (das) Silvester 1年の最後の日ということで,この日までに家中の大掃除を済ませておき，帰省してきた家族をまじえて新年を迎える準備をする。夜の12時近くになると全国の寺で除夜の鐘がなり始める。除夜の鐘の音を聞きながら，翌年の健康や長寿を願って年越しそばを食べる人も少なくない。Bis zum letzten Tage des Jahres hat man den Großputz im Haus abgeschlossen und nun bereitet man sich zusammen mit den Familienmitgliedern, die zu diesem Anlass in ihre alte Heimat gekommen sind, auf das Neue Jahr vor. Gegen Mitternacht beginnt an den Tempeln im ganzen Land das Läuten der Silvesterglocken (siehe *joya no kane*) und nicht wenige Familien essen, während die Glocken schlagen, *Soba*-Nudeln (siehe *toshikoshi-soba*) und wünschen sich Glück und Gesundheit für das Neue Jahr.

♦ Omizutori お水取り

das Fest des Wasserschöpfens 奈良東大寺二月堂の行事。3月（もとは陰暦2月）13日未明，堂前の若狭井の水を汲み本堂に納める式。その水を飲むと病気が治るという。Zeremonie an der Halle Nigatsu-dō des Tempels Tōdai-ji in Nara in der Nacht auf den 13. März, wobei Wasser aus dem Brunnen vor der Halle geschöpft und vor dem Altar geweiht wird. Diesem Wasser wird eine heilsame Wirkung zugeschrieben.

♦ omou tsubo ni hamaru 思う壺にはまる

jemandem auf den Leim gehen; jemandem in die Falle gehen ここで言う壷は，博打でさいころを入れて振る道具のことである。Mit *tsubo* ist hier ein Gefäß gemeint, das beim Würfeln wie einen Würfelbecher verwendet wird.

♦ omowase-buri 思わせぶり

die Anspielung, die Andeutung; die absichtliche Täuschung **omowase-buri o suru 思わせぶりをする** anspielen, andeuten; absichtlich täuschen

♦ on 恩

die Gunst, die Gnade, das Wohlwollen (der Eltern gegenüber ihren Kindern oder des Fürsten gegenüber seinen Untertanen) 君主・親などの恵み，いつくしみ。恩を受けた者は，例えば武士であれば，主君のために命を投げ出し，子供たちの場合には，年老いて両親の面倒を見，親孝行をすべきものとされていた。Wer die Gunst empfangen hat, ist seinerseits zum treuen Dienst verpflichtet, sei es, indem er in der Schlacht sein Leben für den Fürsten opfert, oder, im Falle der Eltern-Kind-Beziehung, sich um die alten Eltern kümmert. **on ni kiru 恩に着る** jemandem in Dankbarkeit verbunden sein; sich zu Dank verpflichtet fühlen **on ni kiseru 恩に着せる** von jemandem eine Dankesschuld einfordern; auf Dankbarkeit pochen **on o ada de kaesu 恩を仇で返す** Gutes mit Bösem vergelten; eine Gunst mit Undank vergelten; ein Wohlwollen mit Groll vergelten; Güte mit Schlechtigkeit vergelten **on-shirazu 恩知らず** der undankbare

Mensch **ko o motte shiru oya no on 子を持って知る親の恩** (Sprichw.) Erst wenn man selbst Kinder hat, erkennt man, was man seinen Eltern verdankt.

♦onaji ana no mujina de aru 同じ穴の狢である

wörtl.: „Dachse aus demselben Loch sein"; zusammen unter einer Decke stecken

♦onna datera ni 女だてらに

unschicklich für eine Frau; bei Frauen selten 女に似合わずということで，固定的な女性像の持ち主から非難の意味を込めて用いられる言い回し。von Vertretern eines stereotypen Fraubildes oft mit kritischer Absicht verwendet

♦on no ji 御の字

etwas Willkommenes; das Ideale 「御」は尊敬の意を表わしたり，名詞の頭につけてものごとを丁寧に言うときに用いるが，その「御」の字をつけたくなるほど有り難い，すばらしい，ということ。江戸時代初期の遊里語から出た言葉。*On* (auch *o*) wird als Höflichkeitspräfix verwendet und kann Substantiven vorangestellt werden; aber hier bedeutet es, dass einem eine Sache so willkommen ist, dass man dieses Höflichkeitspräfix anwenden möchte. Das Wort ist Anfang der Edo-Zeit in der Sprache der Freudenviertel aufgekommen.

♦onshi 恩師

der Lehrer, dem man viel verdankt **shaon-kai 謝恩会** die Dankesparty für die Lehrer **onjin 恩人** der Wohltäter **inochi no onjin 命の恩人** die Person, der man sein Leben verdankt; der Lebensretter

♦oshi-ya 押し屋

der Türquetscher (der die Fahrgäste in den Zug drückt) ラッシュ・アワーに乗客を列車に押し込む駅員やアルバイト学生の姿は，さまざまなメディアを通じて紹介され，世界的に有名になった。現在状況は若干改善されたとはいえ，大都市における通勤・通学時間帯における交通機関の混雑は基本的には変わりない。Bilder von Personen (Bahnangestellten oder jobbenden Studenten), die die Fahrgäste in der Rushhour in die Züge quetschen, wurden durch Medien verbreitet und weltweit berühmt. Obwohl sich die Situation vielleicht etwas gebessert hat, sind die öffentlichen Verkehrsmittel der Großstädte zu den Hauptverkehrszeiten nach wie vor grundsätzlich überfüllt.

♦otaku おたく

1) höfliche Bezeichnung für das Heim des Gesprächspartners 2) der Fan, der Fanatiker **anime-otaku アニメおたく** der fanatische *Anime*-Fan **manga-otaku マンガおたく** der fanatische *Manga*-Fan 「おたく」の語義は，かならずしも確定しているとは言えず，時代や論者によって若干異なっているが，広い意味では1970年代に日本に誕生したサブカルチャーのファンのことである。この語はもともとは，相手または第三者を敬ってその家または住居を指す言葉であったが，それが1980年代においてアニメやSFファンの一部において二人称の代名詞として使われるようになり，その後この用語は，ある種の趣味・事物には関心を示すものの，社会性・社交性が欠如した人物を意味するようになった。1990年代になって，この語が当初持っていた否定的意味は希薄になり，何かの趣味に強いこだわりを持つ人物一般を意味する言葉となった。Die Wortbedeutung von *otaku* ist keineswegs ganz eindeutig, je nach Zeitperiode bzw. Autor gibt es erhebliche Unterschiede. Im weiteren Sinn ist damit ein Anhänger der seit den 1970er Jahren entstandenen japanischen Subkultur gemeint. Das Wort bezeichnete ursprünglich höflich das Haus oder die Wohnung des Gesprächspartners oder einer dritten Person. In den 80er Jahren kam *otaku* unter *Anime-* und *Science Fiction*-Fans als Personalpronomen der zweiten Person Singular in Gebrauch, etwas später bezeichnete man so die Personen, denen es an gesellschaftlichem Umgang und an Gesellschaftsfähigkeit mangelt, obwohl sie sich in übertriebener Weise auf bestimmte Hobbies oder Interessengebiete konzentrieren. In den 90er Jahren verblasste die anfänglich vorhandene negative Konnotation des Wortes und es wurde zu einer allgemein verbreiteten Bezeichnung für jemanden, der sehr stark an einem Hobby hängt.

◆otame-gokashi おためごかし，お為ごかし

die Freundschaftelei 表面は相手のためにするように見せかけて，実は自分の利益をはかること。Ein Verhalten, das angeblich einer anderen Person dienen soll, in Wirklichkeit aber eigennützig ist. **otame-gokashi ni お為ごかしに** Freundlichkeit heuchelnd; unter dem Deckmantel der Freundlichkeit

◆otoko ga sutaru 男がすたる

die Selbstachtung als Mann verlieren; jemandem gegen die Mannesehre gehen 男としての面目が立たなくなる，ということ。例「困っている彼女を見殺しにするようでは男がすたる」Beispiel: „Eine Frau in Not im Stich zu lassen, geht gegen die Mannesehre." **otoko o ageru 男を上げる** sein Ansehen als Mann heben; seine Mannesehre retten; seine Mannesehre einlegen 例「彼は，名演説によって男を上げた」。Beispiel: „Durch eine vielbeachtete Rede hat er seine Mannesehre gerettet." **otoko no naka no otoko 男の中の男** wörtl.: „Mann unter Männern"; ein ganzer Mann

◆otoko-myōri ni tsukiru 男冥利に尽きる

die größte Gnade für einen Mann; das schönste, was ein Mann erleben kann「冥利」は仏教語で，「冥利に尽きる」というのは，仏のおかげというほかはない，という意味。*Myōri* ist ein buddhistischer Terminus und *myōri ni tsukiru* bedeutet, dass man etwas nur durch Buddhas Gnade erlangen kann.

◆otoshimae o tsukeru 落とし前をつける

(ugs.) büßen, wiedergutmachen; eine Schuld begleichen「落とし前」とは，もともとはヤクザや的（てき）屋などが好んで用いた隠語で，揉め事・喧嘩・失敗などの後始末や決着を，またそのための金品を意味した。Das Wort war ursprünglich im Jargon der *Yakuza* und Marktschreier beliebt und bezeichnete die Aussöhnung nach Meinungsverschiedenheiten, Streitereien, Pannen etc. oder auch den Geldbetrag bzw. dieWertgegenstände, mit denen man für eine Wiedergutmachung aufkam.

♦ otsubone-sama お局様

(ugs.) die Mitarbeiterin, die jüngere Kollegen schikaniert 職場を取り仕切る，意地悪な古参の（たいていの場合独身の）女性を嘲って言う言葉。1989（平成元）年NHKで放映された「春日の局」がきっかけとなった。Spöttische Bezeichnung für ältere (oft unverheiratete) boshafte Kolleginnen, die am Arbeitsplatz eine Art inoffizielle organisatorische Funktion innehaben. Die Bezeichnung verbreitete sich nach der Ausstrahlung einer Fernsehproduktion des Senders NHK mit dem Titel *Kasuga no tsubone* im Jahr 1989.

♦ ottori-gatana de 押っ取り刀で

wörtl.: „mit dem Schwert in der Hand"; ohne Vorsatz, unvorbereitet 急な出来事で，刀を腰に差す暇もなく，手に持ったままであること。大急ぎで駆けつけることの形容に用いる。Die Situation, wenn man in einem plötzlichen Geschehen das Schwert (das vielleicht neben einem auf den *Tatami* gelegen hatte) in die Hand genommen hat. Man verwendet den Ausdruck als Beschreibung für große Hast, im übertragenen Sinn auch für unvorbereitetes Handeln oder Handeln ohne Vorsatz.

♦ oya-baka 親馬鹿

die Affenliebe (der Eltern); die Vernarrtheit der Eltern in die Kinder; die Verrücktheit der Eltern nach ihren Kindern

♦ oyabun 親分

der Boss; der Chef 徒党を組むもののかしら，親玉の意。**kobun 子分** der Anhang, der Anhänger 親分・子分の関係は，家族制度の延長線上にあるように思われる。経済的・政治的・社会的勢力を持ち上位にある親分が，下位にある子分の面倒を見，子分は親分のために働く。Die Beziehung zwischen *Oyabun* und *Kobun* ist fast wie die in einer Familie, der *Oyabun* hat wirtschaftlich, politisch oder gesellschaftlich eine hohe Position inne und kümmert sich um seine Anhänger, die im Gegenzug für ihn arbeiten. **oyabun to kobun 親分と子分** Führer und Anhänger; der Boß und seine verschworene Gefolgschaft 今日この言葉はたいてい，ヤクザ社会など特定の分野との関連で用いられるが，社会的・経済的に有力な親方に対して子方が従属し，双方の間は庇護・奉仕（支配・被支配）の関係が成り立っており，こういった関係は他の分野でも見ることができる。Heute verwendet man diese Wörter meistens im Zusammenhang mit spezifischen sozialen Gruppen, wie z.B. *Yakuza*-Banden; aber ähnliche Beziehungen zwischen gesellschaftlich oder finanziell einflussreichen Personen und ihrer Anhängerschaft, und die durch Gönnerschaft und Dienstbarkeit (Herrscher und Beherrschtsein) charakterisiert sind, kann man auch in anderen Bereichen finden. **oyabun-kaze o fukaseru 親分風を吹かせる** großspurig auftreten; den großen Herrn spielen **oyabun-hada 親分肌** der Großmut

♦ oya-kōkō 親孝行

die Liebe zu den Eltern; die Fürsorge für die Eltern (besonders im Alter); die kindliche Pietät 親を大切にし，真心をもってよく尽くすこと。sich, ohne Mühen zu scheuen, aufrichtig und liebevoll um seine Eltern kümmern

◆oya no nanahikari 親の七光り
sich im Glanz seiner (berühmten) Eltern sonnen「親の七光り」は,「親の光は七光り」の略。親の社会的地位や名声のおかげで，子供がいろいろな面で恩恵をこうむっている，という意味で用いる。Abkürzung für *oya no hikari wa nana-hikari*, „der Glanz der Eltern strahlt siebenfach". Gemeint ist, dass die Kinder einflussreicher und berühmter Eltern in verschiedener Hinsicht begünstigt sind.

◆oyayubi-sedai 親指世代
wörtl.: die „Daumengeneration" ゲーム・ボーイで遊んだり，携帯電話で電話・メール・インターネットなどを使いこなし，日常生活の一部として高い頻度でこういった機能を利用する若者世代のこと。So bezeichnet man die junge Generation, die mit dem Gameboy spielt, mit dem Handy telefoniert, damit E-Mails verschickt und das Internet benutzt, und die entsprechenden Funktionen häufig und als selbstverständlichen Teil ihres Alltags benutzt.

◆panpan ぱんぱん, パンパン
{Gesch.} (ugs.) die Straßendirne, die Prostituierte 第二次世界大戦後の占領統治下で進駐軍兵士を相手にした街娼に対する俗称。語源に関しては諸説がある。Nach dem Zweiten Weltkrieg eine populäre Bezeichnung für Prostituierte, die für die Besatzungstruppen arbeiteten. Über die Ethymologie des Wortes gibt es verschiedene Theorien.

◆pawa-hara パワハラ
(von pseudoengl. *power harassment*) das Mobbing am Arbeitsplatz この言葉が用いられるようになった当初は，会社や役所などで上役が権限や地位を利用して部下に嫌がらせをするという意味で用いられていたが，2012 (平成24) 年厚生労働省の作業部会が行なった報告では，そういった場合のみならず，同僚同士や部下から上司への嫌がらせも含まれるとしている (年上の部下や高度なパソコン技能を持つ部下からの嫌がらせ)。Als das Wort zuerst in Gebrauch kam, bezeichnete man damit Situationen, in denen Vorgesetzte von ihrer Autorität und Position Gebrauch machen, um ihre Untergebenen zu schikanieren; aber laut einem Bericht des Ministeriums für Gesundheit, Arbeit und Soziales aus dem Jahr 2012 ist das Phänomen nicht darauf beschränkt und es gibt auch Fälle, in denen gleichgestellte Kollegen sich untereinander oder Untergebene ihre Vorgesetzten belästigen (z.B. Schikanen durch ältere Untergebene oder jüngere Kollegen, die besser mit dem Computer umgehen können als ihre älteren Vorgesetzten).

◆pēpā-doraibā ペーパー・ドライバー
(pseudoengl. *paper driver*) jemand, der zwar einen Führerschein besitzt, aber fast nie Auto fährt

◆pinchi ピンチ
(von engl. *pinch*) die Notlage, die Klemme, die Zwangslage **pinchi no toki ni ピンチのときに** in der Not; wenn man in der Klemme steckt; wenn man sich in einer Zwangslage befindet **pinchi o kiri-nukeru ピンチを切り抜ける** sich aus einer Zwangslage befreien

◆**pin kara kiri made ピンからキリまで**
eine ganze Bandbreite von etwas (z.B. von ganz billig bis ganz teuer; von ganz schlecht bis sehr gut etc.) ピンは，ポルトガル語の *pinta* (Punkt) に由来すると言われている。キリに関しては，キリは「切り」であって，終わりを意味するという説が有力。Nach einer weithin akzeptierten Herleitung ist *pin* von portugiesischem *pinta* (Punkt) abgeleitet und *kiri*, so vermutet man, bedeutet „Ende" oder „Begrenzung".

◆**puraibashī プライバシー**
(von engl. *privacy*) die Privatsphäre **puraibashī no kenri プライバシーの権利** Recht auf eine Privatsphäre **puraibashī no shingai プライバシーの侵害** eine Verletzung der Privatsphäre

◆**puresshā プレッシャー**
(von engl. *pressure*) der Druck **puresshā o kakeru プレッシャーをかける** auf jemanden Druck ausüben; jemanden unter Druck setzen

◆**rabu-hoteru ラブホテル**
(pseudoengl. *love hotel*) das „Love Hotel"; das Stundenhotel かつてのいわゆる連れ込み旅館が，第二次大戦後の混乱期を経た後，1970年代になって，時にはグロテスクな印象を与える，現在見られるような形になった。Hotels, in denen Paare einige intime Stunden verbringen konnten, gab es in Japan auch früher schon, aber erst seit den 70er Jahren nach den Wirren der Nachkriegszeit findet man die charakteristischen japanischen „*Love Hotels*" in der heutigen Form mit ihren oft verspielten und manchmal grotesk wirkenden Fassaden.

◆**rachi ga akanai 埒が明かない**
zu nichts führen; nicht vorankommen 埒は，馬場の周りの柵のこと。「埒が明く」は，柵が明くことから転じて，物事がうまくはかどる意味になった。現在では「埒が明かない」というように否定形で用いられ，事態が進展しない，物事の決まりがつかない，ということを意味する。Das Wort *rachi* bezeichnet die Umzäunung einer Pferderennbahn. *Rachi ga aku* („der Zaun geht auf") bedeutete im übertragenen Sinn, dass sich etwas gut entwickelt. Heute wird die negative Form *rachi ga akanai* verwendet, um auszudrücken, dass es mit einer Sache nicht vorangeht oder dass man zu keinem Ende findet.

◆**rikon 離婚**
die Scheidung; die Ehescheidung **rikon suru 離婚する** sich scheiden lassen; geschieden werden **rikon-ritsu 離婚率** die Scheidungsrate 離婚数および離婚率は，1991 (平成3) 年以降上昇を続けてきたが，2002 (平成14) 年をピークとして2003年以降の3年間は低下を続けている。低下の背景としては，離婚発生の大きな母体を成してきた団塊の世代が50歳を越えて，離婚の適齢期を去ったことが第一に考えられる。In Japan stieg die Scheidungsrate seit 1991 konstant an, bis 2002 ein Spitzenwert erreicht wurde; seit 2003 ging sie dann 3 Jahre lang wieder zurück. Der Rückgang steht vermutlich vor allem damit in Zusammenhang, dass die geburtenstarken Jahrgänge der so genannten „Klumpen-Generation" (siehe *dankai no sedai*), aus der viele Scheidungs-

willige hervorgingen, das 50. Lebensjahr überschritten haben und sich jetzt kaum noch scheiden lassen. **bekkyo 別居** wörtl.: „das getrennte Wohnen“; die Trennung von Tisch und Bett **bekkyo suru 別居する** getrennt leben **rikon-soshō 離婚訴訟** die Scheidungsklage **rikon-soshō o okosu 離婚訴訟を起こす** die Scheidung einreichen; einen Scheidungsantrag stellen **kyōgi-rikon 協議離婚** Scheidung im gegenseitigen Einvernehmen **rikon-todoke 離婚届** die (pl.) Scheidungspapiere

♦ringi 稟議

die Entscheidung durch Rundschreiben 会社や官庁などで，会議を開く程重要でない案件について，主管者が決定案を作って関係者間に回付し，同意を求めること。In Firmen, Ministerien usw. wird die Zustimmung der Mitarbeiter bei weniger wichtigen Entscheidungen, welche die formelle Einberufung einer Arbeitsbesprechung nicht rechtfertigen, oft in Form eines Rundschreibens eingeholt. (siehe *ringi-sho*)

♦rinki-ōhen ni 臨機応変に

den Umständen angepasst; den Umständen gemäß; je nach den Umständen **rinki-ōhen no shochi o toru 臨機応変の処置をとる** den Umständen gemäße Maßnahmen ergreifen

♦risshin-shusse 立身出世

die Karriere; der soziale Aufstieg **risshin-shusse (o) suru 立身出世(を)する** aufsteigen; es weit bringen **risshin-shusse-shugi-sha 立身出世主義者** der Karrierist, der Karrieremacher, der Aufsteiger

♦risshū 立秋

der traditionelle Herbstanfang (nach dem Mondkalender) 24節気の一つで，太陽暦で8月8日頃。Nach dem jetzigen Kalender fällt dieser Tag auf ein Datum um den 8. August. Einer der 24 Abschnitte, in die das Jahr traditionell eingeteilt wurde.

♦risshun 立春

der traditionelle Frühlingsanfang (nach dem Mondkalender) 24節気の一つ。太陽暦で2月4日頃。Nach dem jetzigen Kalender fällt dieser Tag auf ein Datum um den 4. Februar. Einer der 24 Abschnitte, in die das Jahr traditionell eingeteilt wurde.

♦rōba-shin 老婆心

wörtl.: „das Herz einer alten Frau“; übertriebene Fürsorge (wie von einer alten Frau) **rōba-shin kara 老婆心から** aus vielleicht unnötiger Besorgnis

♦rokuyō 六曜 (rokki 六輝)

wörtl.: „sechs Kalendertage“; sechs Kategorien von Kalendertagen, die Glück oder Unglück bringen sollen 暦で吉凶判断に関わる6つの日。そのなかでも，友引，仏滅，大安等は，結婚式や葬儀の日程を決める際に問題にする人が少なくない。Eine Reihe von sechs immer wiederkehrenden Tagen, die auf dem Kalender als Glück oder Unglück verheißend beurteilt werden. Bei der Planung von Hochzeitsterminen oder Trauerfeiern beachten viele Leute insbesondere die Tage *tomo-biki* („Freunde mitreißen“), *butsumetsu* („Tod des Buddha“) und *taian* (siehe dort).

♦**romansu-gurē ロマンス・グレー**
(pseudoengl. *romance gray*) 1) charmanter graumelierter Herr 2) (charmante) graumelierte Haare

♦**rorikon ロリコン**
(von pseudoengl. *Lolita complex*) der Lolitakomplex 成人男性が少女に対して異常な愛着や性的興味を持つこと。komplexbeladenes sexuelles Verlangen nach sehr jungen Mädchen

♦**rui wa tomo o yobu 類は友を呼ぶ**
(Sprichw.) Gleich und Gleich gesellt sich gern.

♦**rūzu-sokkusu ルーズソックス**
(engl. *loose socks*) „lose Socken" 今世紀はじめ，特に女子中学生などを中心に流行した，大きくゆったりしたソックス。Sehr weite und große Socken oder Kniestrümpfe, die etwa seit dem Jahr 2000 manchmal als Modegag von Schülerinnen getragen werden.

♦**ryōte ni hana 両手に花**
wörtl.: „in jeder Hand eine Blume", auf doppelte Weise beglückt sein; besonders zwischen zwei schönen Damen sitzen 二つのよいものを同時に手に入れることをたとえて言う。特に，左右に美女がいて独り占めにしているような状態をいう。

♦**ryūtō-dabi 竜頭蛇尾**
wörtl.: „Drachenkopf und Schlangenschwänzchen"; die Antiklimax; starker Anfang und schwaches Ende; der wilde Anfang mit zahmem Ende

♦**saifu no himo o shimeru 財布の紐を締める**
den Beutel zuhalten; die Hand auf dem Geldbeutel halten（このドイツ語は，「財布の上に手を置いている」という意味）

♦**saiō ga uma 塞翁が馬**
unvorhersagbar und wechselhaft ist das menschliche Schicksal; Ironie des Schicksals 中国・前漢時代の思想書『淮南子』のなかの故事による。昔，中国の北方の辺境の老人が飼っていた馬が逃げたが，数ヵ月後立派な馬を連れて帰ってきた。老人の子がその馬から落ちて脚をおったが，そのために戦争に行かずにすみ，父子ともに無事であった。このように人生の幸・不幸は簡単には定めがたいということ。Nach einer chinesischen Geschichte aus der Frühen Han-Zeit, die sich in den philosophischen Schriften des ch. *Huainanzi* findet. Einem alten Mann, der an der nördlichen Grenze des Reichs lebt, rennt sein Pferd davon, aber nach einigen Monaten kommt es zurück und bringt sogar noch ein anderes prächtiges Pferd mit. Der Sohn des Mannes bricht sich beim Sturz von diesem Pferd das Bein, aber gerade das rettet ihn, als eine Armee ausgehoben wird und Vater und Sohn kommen sicher durch die Kriegszeit. So ist es nicht immer leicht zu entscheiden, was im Leben Glück oder Unglück ist.

♦**saisaki ga ii 幸先がいい**
einen guten Start haben; die Vorzeichen sind gut; ein gutes Omen sein **saisaki ga warui 幸先が悪い** einen schlechten Start haben; die Vorzeichen sind schlecht; ein schlechtes Omen sein

◆saka-urami 逆恨み
der „falsche Groll" 1)こちらが恨んで当然なのに，逆に恨まれること 2)人の好意を悪く取ってかえって恨むこと 1) jemandem böse sein, der selbst allen Grund hätte, auf einen böse zu sein 2) sich über jemanden ärgern, der einem eigentlich wohlgesinnt ist; Groll aufgrund eines Missverständnisses

◆sakazuki-goto 杯(盃)事
Austausch der Trinkbecher 原義は，杯を交わして酒を飲むことであるが，そこから特に，夫婦・親分子分・兄弟分などの関係を誓って同じ杯で酒を飲み約束を固めることを意味するようになった。Die ursprüngliche Wortbedeutung ist das Austauschen der Sakebecher, aber im übertragenen Sinn ist damit das Treueversprechen zwischen Ehepartnern, zwischen Hochstehenden und ihrem Gefolge (siehe *oyabun to kobun*), zwischen Duzfreunden untereinander etc. gemeint, das man durch das Trinken aus einem gemeinsamen Sakeschälchen besiegelt. **kyōdai no sakazuki o kawasu 兄弟の杯(盃)を交わす** (mit jemandem) Brüderschaft trinken

◆sakura (no hana) 桜(の花)
die Kirschblüte **sakura-zensen 桜前線** die Kirschblütenfront der Yoshino-Kirsche (lat. *Prunus yedoensis*) 桜前線とは，ソメイヨシノの開花した地点を結んだ線。(ただしこれはマスコミによる造語で，気象庁の公式用語ではない)。3月末九州から北上し，5月はじめ北海道に至る。かつては北東方向に順次，北上していたが，最近は複雑な曲線を描いて進んでいくこともある。Als „Kirschblütenfront" bezeichnet man die Verbindungslinie zwischen den Orten, wo die *Yoshino*-Kirschen blühen (es handelt sich dabei allerdings um ein von den Massenmedien geschaffenes Kunstwort und nicht um den offiziellen Sprachgebrauch des Amts für Meteorologie). Die Kirschblütenfront bewegt sich ab Ende März von Kyūshū aus in Richtung Norden bis sie im Mai Hokkaidō erreicht. Früher schritt sie allmählich nach Nordosten fort, aber in den letzten Jahren weist sie manchmal komplizierte Kurven auf. **hanami 花見 (ohanami お花見)** die Kirschblütenschau 花（おもに桜）を観て遊び楽しむこと。観桜。花見は平安時代に宮廷貴族など貴人の遊びとして始まり，鎌倉時代以後は，武家の間でも行なわれるようになった。江戸時代末期に登場したソメイヨシノ（現在日本で最も広く見られる桜の種類である）のおかげで，全国に花見の風習が広がったと言われている。Blüten (vor allem Kirschblüten) anschauen und sich dabei amüsieren. Kirschblütenbetrachtung. Die Sitte, gemeinsam Kirschblüten anzuschauen, begann als ein Zeitvertreib am Heian-zeitlichen Kaiserhof sowie unter den Adligen und verbreitete sich seit der Kamakura-Zeit auch unter dem Kriegeradel. Es heißt, dass die Japaner die landesweite Verbreitung dieser Sitte dem Auftauchen der *Somei-yoshino*-Kirsche (heute am weitesten verbreitete Kirschbaumsorte Japans) Ende der Edo-Zeit verdanken. **yo-zakura 夜桜** Kirschblüten in der Nacht; Ansicht der Kirschblüten am Abend **sakura-fubuki 桜吹雪** Kirschblütenblätter, die bei einem Windstoß wie Schneeflocken herabfallen **hanami- zake 花見酒** die Trinkgelage unter den blühenden Kirschblüten **hanami-zake**

o nomu 花見酒を飲む bei der Kirschblütenschau trinken **ada-zakura あだ桜** die kurzlebige Kirschblüte; die rasch blühende Kirschblüte; vergängliche Dinge **uba-zakura 姥桜** die dahinwelkende Schönheit **yama-zakura 山桜** die Wildkirsche, die Bergkirsche **Sakura no sono 桜の園** der Kirschgarten (Drama von Anton Pawlowitsch Tschechow, 1904) **kaika-sengen 開花宣言** Bekanntgabe, dass die Blütezeit der Kirschen anfängt

♦sakura さくら

(ugs.) der Claqueur, der Scheinkäufer 客を装って品物をほめたり高く買ったりして，他の客の購買心をそそる者。明治時代に，露天商などの隠語から広まった語であろうと考えられている。Jemand, der sich als Kunde ausgibt, die Ware in höchsten Tönen lobt und scheinbar zu einem hohen Preis kauft, um dadurch die eigentlichen Kunden zum Kaufen animieren. Möglicherweise nahm die Verbreitung des Wortes im Jargon der Straßenhändler in der Meiji-Zeit ihren Ausgang.

♦samā-taimu サマー・タイム

(von engl. *summer time*) die Sommerzeit 夏の間だけ標準時刻を進めて，日照時間を有効に使おうとする制度。現在ドイツにおいては実施されている。日本では，1948 (昭和23) 年から1951 (昭和26) 年までの間実施された。Das Verfahren, die Uhr im Sommer vorzustellen, um die Zeit des Tageslichts besser nutzen zu können. In Deutschland gibt es heute Sommerzeit, in Japan gab es sie von 1948 bis 1951.

♦sando-me no shōjiki 三度目の正直

Beim dritten Mal stimmts. Aller guten Dinge sind drei. 占いや勝負などで，一回目や二回目は当てにならない，三回目の結果が大切，期待通りの結果になるものだ，ということ。Beim Wahrsagen, beim Wetten etc. ist der dritte Versuch der wichtigste und der trifft bestimmt zu, wenn man bei den ersten beiden Malen daneben gelegen hat.

♦sangoku-ichi no hanamuko 三国一の花婿

wörtl.: „der beste Bräutigam aus den drei Reichen"; der ideale Bräutigam 三国とは，日本・中国・インドのことで，16世紀に日本がヨーロッパ世界と接触を持つまでは，日本人の意識において，三国は世界を意味した。したがって「三国一」ということは「世界一」ということ。この表現は，室町時代の流行語の一つで，嫁入りや婿取りの場合の賛辞において用いられることが多かった。Die „drei Reiche" sind Japan, China und Indien und stehen für die ganze Welt, weil diese Länder in der japanischen Vorstellung bis zum Kontakt mit Europa im 16. Jahrhundert die ganze Welt bedeuteten. Der beste Bräutigam aus den drei Reichen bedeutete also der beste in der ganzen Welt; der Ausdruck gehörte zu den Modewörtern der Muromachi-Zeit und wurde oft in Lobreden bei Eheschließungen verwendet.

♦sankaku-kankei 三角関係

die Dreiecksbeziehung, das Dreiecksverhältnis 三者間の関係，特に三人の間の (同性愛のことがあるので，三人の「男女間の」とは言えない) 複雑な恋愛関係。Eine Beziehung zwischen drei Personen, insbesodere eine komplizierte Liebesbeziehungen zu dritt.

♦san-kō 三高（結婚の条件）
wörtl.: „dreifache Höhe“ (als Heiratsbedingungen) 高収入，高学歴，高身長の三つの「高」，これが1990年代日本の女性が結婚しようとするときあげている条件だといわれたことがある。その後バブル景気の崩壊後の日本で言われるようになったのが三つのC (*comfortable, communicative, cooperative*) である。*comfortable*（快適な）というのは要するにある程度の収入が保証されている，ということである。communicative（理解しあえる）というのは，価値観やライフスタイルに大きな差が無いということであると考えられる。cooperative（協調的な）というのは，家事や育児において協力的であるということか。Hohes Einkommen, hohe Bildung und eine hohe Statur waren die drei „Höhen“, die die japanischen Frauen in den 90er Jahren angeblich als Bedingung für ihre zukünftigen Ehepartner genannt haben. Nach dem Zusammenbruch der Seifenblasenwirtschaft kam der Ausdruck „drei Cs“ auf. Die drei Cs stehen wohl für *comfortable* (angenehm, gemeint ist ein Einkommen, von dem man gut leben kann), *communicative* (kommunikativ, gemeint ist gegenseitiges Verstehen und keine großen Unterschiede im Wertesystem oder Lebensstil) und *cooperative* (kooperativ, Bereitschaft zur Mitarbeit im Haushalt und bei der Kindererziehung).

♦sanko no rei 三顧の礼
sehr höfliche Bitte eines Hochgestellten, um einen talentierten Mitarbeiter zu gewinnen 才能のある人物を得るために，地位の高い人物が何回も訪問し，手厚く礼を尽くして迎え入れること。中国の故事にちなんだ表現。Um eine sehr fähige Person zur Mitarbeit zu bewegen, geht ein hochrangiger Vertreter mehrfach dorthin und bittet sehr inständig und höflich darum, dass die Person das Angebot annimmt. Der Ausdruck hängt mit einer alten chinesischen Geschichte zusammen.

♦sansan-gogo 三々五々
wörtl.: „drei, drei, fünf, fünf“; in kleinen Gruppen; zu zweit oder zu dritt 三人とか五人とか，少人数のまとまりになって行動する様子。例文「コンサートは終わり，人々は，三々五々家路についた」In kleinen Gruppen von drei oder fünf Personen etwas unternehmen. Beispiel: „Nach dem Konzert machten sich die Leute in kleinen Gruppen auf den Heimweg.“

♦san-sukumi ni naru 三すくみになる
drei stehen sich im Wge; drei behindern sich gegenseitig **mitsu-domoe 三つ巴** ein Symbol aus drei kommaförmigen Formen (Abbildung)

mitsu-domoe no arasoi 三つ巴の争い der Kampf mit drei beteiligten Parteien; der Streit zwischen drei Parteien

♦sararī-man サラリーマン
der Angestellte, der Firmenangestellte 英語

では*salaried man*。明治期に用いられ始めた和製英語。ある程度一般化して用いられるようになったのは大正時代になってから。Pseudoenglisches Wort (engl. *salaried man*), das seit der Meiji-Zeit in Gebrauch ist. Seit der Taishō-Zeit ist es relativ weit gebräuchlich.

♦saru mono wa hibi ni utoshi 去る者は日々に疎し

(Sprichw.) wörtl.: „Wer geht, wird nach und nach vergessen.“ Aus den Augen, aus dem Sinn.「去る者」とは，死者および遠方に離れていった人という意味。死者は，月日の経つとともに忘れられ，また親しい人も，遠くへ行ってしまうと，次第に疎遠になるということ。*Saru mono* meint einen Verstorbenen oder jemanden, der an einen weit entfernten Ort geht. Die Verstorbenen werden nach einer gewissen Zeit vergessen und auch von jemandem, der einem nahesteht, entfremdet man sich allmählich, wenn er in die Fremde geht.

♦sashi-chigaeru 刺し違える

sich gegenseitig mit dem Schwert erstechen 互いに刃物で刺し合って死ぬことであるが，比喩的には，自分を犠牲にして相手に損害を与えるという意味にも用いる。Das Wort bedeutet zwar, dass sich zwei Kämpfer gegenseitig mit ihren Klingen durchstoßen und sterben, aber metaphorisch verwendet man es, wenn sich eine Person opfert und gleichzeitig einer anderen Person Schaden zufügt.

♦sashi-gane さしがね，差し金，指矩

die Anstiftung; das Strippenziehen hinter den Kulissen もともとは歌舞伎や人形浄瑠璃で，作り物や人形の手・首を動かすための細長い棒のこと。転じて，陰で人に指図して操ることを意味するようになった。Ursprünglich ein Begriff aus der Welt des *Kabuki*-Theaters und des *Jōruri*-Puppenspiels etc., dort bezeichnet man die Stäbe, mit denen man die Figuren (ähnlich wie bei Marionetten mit Fäden) oder Gegenstände bewegt, als *sashi-gane*. Im übertragenen Sinn meint man damit heute die Manipulation von Personen aus dem Verborgenen.

♦sato-gaeri 里帰り

1) der erste (zeremonielle) Besuch einer jungverheirateten Frau in ihrem Elternhaus 2) zeitweiliger Aufenthalt von Dienstboten in deren Heimat 1) 結婚後新婦が初めて生家へ行く儀式 2) 奉公人が親元へ一時帰ること。1), 2)とも，現在では，生活様式が変化し多様化しているため，かつてとは，その実態が大きく異なっていることは間違いない。Die konkrete Form von *sato-gaeri* in beiden Bedeutungen hat sich aufgrund der Vielgestaltigkeit der modernen Lebensformen stark verändert.

♦sato-oya 里親

die (pl.) Pflegeeltern 里親という名称自体は古く平安時代から存在した。他人の子供を里子として預かり，養育する親が里親(育ての親)であるが，現在，一般的には，児童福祉法に基づき，親（保護者）の無い児童や親元に置くことが不適切であると認められる児童を引き取り，養育する者のことをこのように呼ぶ。Die Bezeichnung *sato-oya* existiert schon seit der

Heian-Zeit. Gemeint ist jemand, der ein fremdes Kind als Pflegekind annimmt und anstelle der biologischen Eltern aufzieht. Im Rahmen des Gesetzes für die Kinderwohlfahrt (*Jidō-fukushi-hō*) nennt man heute im Allgemeinen so die Pflegeeltern von Waisenkindern oder Kindern, deren Verbleib bei den leiblichen Eltern als unangemessen festgestellt wurde oder wird. **sato-go** 里子 das Pflegekind

♦sayaate さや当て，鞘当

1) der Streit 2) die Nebenbuhlerschaft 1)（武士が道ですれ違ったとき，互いの刀の鞘の先が触れたという理由で相手に喧嘩を売ったことから）ささいなことから起こる喧嘩。2) 二人の男が一人の女を目当てに争うこと。1) *Saya-ate* bedeutete das Anstoßen der Schwertscheide, z.B. wenn zwei *Samurai* aneinander vorbeigingen und sich dabei die Spitzen ihrer Schwertschneiden versehentlich berührten. Weil es dann manchmal zum Streit kam, spricht man heute von *saya-ate*, wenn man wegen einer Kleinigkeit einen Streit vom Zaum bricht. 2) der Streit zweier Männer um eine Frau

♦sebumi o suru 瀬踏みをする

wörtl.: „die Tiefe eines Flusses abschätzen (bevor man ihn durchquert) 1) die Stromtiefe messen 2) jemandem auf den Zahn fühlen; bei jemandem auf den Busch klopfen

♦seidaku-awase nomu 清濁併せ呑む

wörtl.: „Reines und Trübes zusammen hinunterschlucken"; Gutes und Böses hinnehmen 度量が大きくて善悪の区別無く受け入れるということ。großherzig sein und sowohl das Gute als auch das Böse akzeptieren

♦Seijin no hi 成人の日

der Tag der Erwachsenen; der Feiertag der jungen Erwachsenen 国民の祝日の一つ。1月の第2月曜日。成年（満20歳に達した男女）を祝い励ます日。ちなみにドイツにおいては18歳で成人になるが，成人した人たちのための特別の祝日は存在しない。Gesetzlicher Feiertag am 2. Montag im Januar, an dem alle jungen Erwachsenen, die bis zu diesem Datum das 20. Lebensjahr vollendet haben, ihre Volljährigkeit feiern. Auch juristisch gilt man in Japan mit 20 Jahren als volljährig, in Deutschland bereits mit 18 Jahren, aber es gibt keinen deutschen Feiertag zu Ehren der volljährig Gewordenen. **seijin-shiki 成人式** die Feier für die jungen Erwachsenen

♦seishin-ittō nanigoto ka narazaran 精神一到何事かならざらん

(Sprichw.) Wo ein Wille ist, ist auch ein Weg. この日本語は，精神を集中して事に当たればどんなことでも成し遂げられないことは無いという意味で，ドイツ語の表現との間には意味の上で差がある。Das japanische Sprichwort besagt, dass man alles erreichen kann, wenn man Körper und Geist konzentriert, während der deutsche Ausdruck eine etwas andere Bedeutung hat.

♦seitewa koto o shisonzuru 急いてはことを仕損ずる

(Sprichw.) Eile tut nie gut. **zen wa isoge 善は急げ** (Sprichw.) Gutes soll man nicht verschieben. Gutes ist am besten gleich getan.

♦ **seiyō-kabure 西洋かぶれ**
die blinde Nachahmung des Westens; die Nachahmerei des Europäertums **seiyō-kabure shita 西洋かぶれした** vereuropäsiert; von europäischer Art angesteckt

♦ **seiza 正座**

der Fersensitz; das aufrechte Sitzen auf Knien 国語（日本語）辞典で「正座」と言う単語の意味調べても「姿勢正しく座ること」などと書かれていて，「姿勢正しく」の意味が必ずしも明らかではない。現在日本語で「正座」と呼ばれている座り方が武家中心に広まったのは江戸時代，それも後半になってからであり，さらに日本全体に広く受け入れられるようになったのは，明治時代になってある程度の年月が経過してからのことであった。「正座」の広まりと畳の普及は大いに関係がある（江戸時代には身分による畳の使用制限があった）が，明治時代になって身分制度が廃止されるとともにそのような制限もなくなり住環境が変化していったこと，さらに明治政府が，近隣諸国との差を引き立たせるために日本独自の作法の教育にも意を用いてそれが座り方にも及んでいたことが考えられる。なお「正座」と言う言葉そのものは以前から存在していたが，それが現在われわれが「正座」と呼んでいるものを意味するようになったのは，明治時代になってからである。 Schlägt man die Bedeutung des Wortes *seiza* in japanischen Wörterbüchern nach, findet man „Sitzen in richtiger Körperhaltung“etc., wobei aber nicht unbedingt klar ist, welche Körperhaltung damit gemeint ist. Die Sitzhaltung, die im heutigen Japanisch *seiza* genannt wird, verbreitete sich erst in der zweiten Hälfte der Edo-Zeit und zwar vor allem unter den *Samurai*, in ganz Japan setzte sich diese Art zu Sitzen sogar erst im Laufe der Meiji-Zeit durch. Die Verbreitung von *seiza* hängt eng mit der Verbreitung der *Tatami* zusammen (in der Edo-Zeit war der *Tatami*-Gebrauch bestimmten Ständen vorbehalten) und erst nach Abschaffung des Ständesystems mit den entsprechenden Regulierungen änderten sich auch die Wohnverhältnisse; hinzu kam vielleicht auch, dass die Meiji-Regierung, um sich von den Nachbarländern abzugrenzen, Wert auf eine Erziehung in spezifisch japanischer Etikette legte, die sich bis auf die Art des Sitzens erstreckte. Das Wort *seiza* gab es zwar früher schon, aber erst seit der Meiji-Zeit wird es im heutigen Sinn gebraucht. **seiza suru 正座する** aufrecht auf dem Boden knien **agura あぐら，胡坐** der (informelle) Schneidersitz **agura o kaku 胡坐をかく** im Schneidersitz sitzen 既得の地位や権力をよりどころとして，自分では何の努力もせずに，ずうずうしく構えている，という意味でも用いられる。Das Wort wird auch in der Bedeutung gebraucht, dass sich jemand auf seiner gesicherten Position und Autorität ausruht, und sich passiv und überheblich gebärdet. このような場合には，対応するドイツ語は sich auf seinen Lorbeeren ausruhen（「自分の月桂冠の上で休息する」の意味）であろう。**hanka-fuza 半跏趺坐** der Halblotossitz 胡坐をかき，右側の足のみを左のもも の上に置く座り方。die Sitzhaltung, bei der nur der rechte Fuß auf dem linken Oberschenkel liegt **renge-za 蓮華坐** der Lotossitz; (auch Lotussitz) **kekka-fuza 結跏趺坐** der Lotossitz, der Yogasitz 仏教における座法の一つ。胡坐をかき，左右のももの上に，反対の足を置き，足の裏をあおむけにして組むもの。Eine formelle Sitzweise bei der Meditation, bei der die Füße jeweils auf dem gegenüberliegenden Oberschenkel ruhen.

◆seken 世間

die Welt; der eigene Lebenskreis; der eigene Wirkungskreis もともとは仏教用語で事象が生起する世界のことであるが，現在の日本人にとって世間とは，自分たちの活動・交際する場としての社会と，そこに住んでいて自分と直接・間接のかかわりを持つ人たちのことである。Ursprünglich ein buddhistischer Fachterminus („Welt" im Sinne von „Erscheinungswelt"). Heute bedeutet *seken* in Japan den Teil der Gesellschaft, in dem man selbst wirkt und mit dem man Umgang hat, sowie die Menschen, die bei einem in der Nähe wohnen, und mit denen man direkt oder indirekt zu tun hat. **seken-tei 世間体** das Ansehen; die Rücksichtnahme auf die Anderen **seken-tei o ki ni suru 世間体を気にする** sich um sein Ansehen sorgen; sich darum kümmern, was die Leute sagen **seken-tei o tsukurou 世間体を繕う** sein Ansehen bewahren; den Schein wahren

◆seki no yama 関の山

das Höchste, worüber hinaus man nichts mehr tun kann; das Äußerste, was man tun kann 語源については諸説が有るが，裏付けがない。Zur Ethymologie des Ausdrucks gibt es verschiedene unbestätigte Theorien.

◆seki o keru 席を蹴る

wütend aus dem Zimmer stürzen; wütend das Zimmer verlassen

◆sekuhara セクハラ

(von engl. *sexual harassment*) die sexuelle Belästigung 性的いやがらせ（セクシュアル・ハラスメント）。特に職場において，女性を不快・苦痛な状態に追い込む言動。1990年頃から裁判に持ち込まれるケースもみられるようになった。Die Würde einer Person durch Bemerkungen und/oder Handlungen verletzen, die auf das Geschlecht des Opfers abzielen, unerwünschte sexuelle Annäherung. Sexuelle Belästigung, vor allem am Arbeitsplatz, hat seit etwa 1990 in Japan auch zu Gerichtsprozessen geführt.

◆semi せみ，蝉

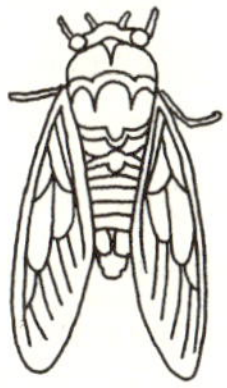

die Zikade 蛍やこおろぎなどと並んで，蝉は日本人の季節感と強く結び付いた昆虫である。夏になると山や里の木々で一斉に鳴く声が聞かれる。歌や俳句にもよく詠まれており，松尾芭蕉の句にも蝉を詠んだ有名な句がある。Eines der Insekten, die in Japan mit bestimmten Jahreszeiten verbunden sind (siehe auch *hotaru* und *kōrogi*). Das manchmal recht laute Zirpen der japanischen Zikaden erklingt im japanischen Sommer und ist auch ein beliebtes Thema in *Haiku* und *Waka*, so hat z.B. Matso Bashō (1644-1694) in einem berühmten Haiku die Zikaden besungen. **semi-shigure せみ時雨** die Zikadensinfonie, das Zikadenkonzert **aburazemi あぶらぜみ, 油蝉** (wörtl. „die Ölzikade") die große braune Zikade (lat. *Graptopsaltria nigrofuscata*) 日本で最もよく見られる蝉である。蝉の種類によって鳴く時間帯が異なっており，油蝉は昼から夕方にかけて鳴く。Die in Japan häufigste Zikade. Der Gesang der Zikaden und die Tageszeit, zu der er zu hören ist, ist von Art zu Art unterschiedlich, und die große braune Zikade singt tagsüber bis in die Abendstunden. **higurashi ひぐらし, 蜩** die *Higurashi*-Zikade (lat. *Tanna japonensis*) 7月から9月にかけて出現し，樹木のあるところでは，早朝や夕方「かなかな」と鳴く。涼感や哀感を誘う鳴き声として，映画やテレビ・ドラマの演出に用いられることもある。*Higurashi*-Zikaden findet man von Juli bis September fast überall dort, wo es Bäume gibt, und ihr Gesang (der auf Japanisch als *kanakana* wiedergegeben wird) ist vor allem morgens und abends zu hören. Der melancholische Gesang der *Higurashi*-Zikaden vermittelt eine angenehme Kühle in der Hitze des japanischen Sommers und kommt auch in Kino- und Fernsehfilmen zum Einsatz.

♦ sendō ōku shite fune yama e(ni) noboru 船頭多くして船山へ(に)登る

(Sprichw.) wörtl.: „Bei zu vielen Bootsführern fährt das Schiff den Berg hinauf." Zu viele Köche verderben den Brei. 指図する者が多くて，物事がうまく運ばないことのたとえとされる。

♦ senpai 先輩

der Ältere 同じ学校や職場などで先に入った人。また学芸・地位などで先に進む人。伝統的な芸事においても，自分より経験を積んでいてランクが上の人をこのように言ったりする。中学・高校や大学のクラブ活動においても先輩後輩の関係は大きな役割を示す。Jemand, der vor einem selbst in die gleiche Schule oder den gleichen Arbeitsplatz eingetreten ist. In den traditionellen japanischen Künsten nennt man so jemanden, der mehr Erfahrung und einen höheren Rang innehat. Auch in den Arbeitsgemeinschaften, an einer Schule oder Universität (siehe *bukatsu*) spielt das *senpai-kōhai*-System eine große Rolle. **senpai-kaze o fukaseru 先輩風を吹かせる** sich gönnerhaft verhalten; sich viel auf seinen *Senpai*-Status einbilden **kōhai 後輩** der Jüngere

♦ senzai-ichigū no kōki 千載一遇の好機

wörtl.: „die günstige Gelegenheit, die sich nur einmal in tausend Jahren bietet"; die äußerst seltene Gelegenheit; die Chance des Lebens; die einmalige Chance

♦ seppa tsumaru 切羽詰まる

in die Enge getrieben werden; in die Klemme geraten 土壇場に追い詰められて身動きがとれなくなること。「切羽」とは，刀の鍔のところの金具であるが，これが詰まって塞がると刀の抜き差しができなくなるところからこの表現が生まれた。Im letzten Augenblick gedrängt werden und sich nicht mehr bewegen können. *Seppa* ist ein Metallteil am Schwertstichblatt eines japanischen Schwerts. Wenn die Schwertscheide hier verschlossen wird, kann man das Schwert nicht mehr herausziehen, daraus hat sich der Ausdruck entwickelt.

◆setsubun 節分
das Frühlingsfest; der *Setsubun*-Tag 広義の節分は，季節の移り変わるとき，すなわち立春・立夏・立秋・立冬の前日のことを言うが，一般的にはそのなかでも立春の前日のことをいう。豆をまいて鬼を追い払うなど，邪神や災厄を防ぐための行事が行われる。Im weiten Sinn bezeichnet das Wort einen Jahreszeitenwechsel, d.h. jeweils den Tag vor dem Frühlings-, Sommer-, Herbst- und Winteranfang, aber gewöhnlich meint man damit den Tag vor dem Frühlingsanfang. Man streut an diesem Tag z.B. Sojabohnen aus, um böse Geister zu vertreiben, und Dämonen und Unheil abzuwehren. **mame-maki 豆まき** das Verstreuen von Bohnen beim Frühlingsfest 節分に「福は内，鬼は外」と唱えながら豆を撒く儀式。Dabei ruft man: *Fuku wa uchi, oni wa soto*; „Glück herein, Dämonen hinaus!"

◆shachō 社長
der Firmenpräsident **senmu-torishimariyaku 専務取締役** der Direktor; der Hauptgeschäftsführer **jōmu-torishimariyaku 常務取締役** der geschäftsführende Direktor **buchō 部長** der Hauptabteilungsleiter **kachō 課長** der Abteilungsleiter **kachō-kokoroe 課長心得** der diensthabende Abteilungsleiter **kakarichō 係長** der Vorsteher, der Chef einer Unterabteilung

◆shajō-arashi 車上荒らし
Diebstahl aus einem parkenden Auto 駐車している車のなかの品物を盗むこと。

◆shakaijin 社会人
der Erwachsene als vollwertiges Mitglied der Arbeitswelt (Studenten sind zwar Erwachsene, aber keine *shakai-jin*) **shakaijin-nyūgaku 社会人入学** die Einschreibung von Erwachsenen (auch älteren Menschen) an einer Universität **shakaijin-saikyōiku 社会人再教育** die Erwachsenenbildung

◆shako-shōmei 車庫証明
der Parkplatzbescheinigung 自動車の登録にあたり日本では保管場所のあることを証明する書類が必要。Um ein Auto anzumelden, muss man in Japan nachweisen, dass man einen Parkplatz dafür hat.

◆shakui 爵位
der Adelstitel, der Hofrang 日本では1884(明治17)年公爵以下五段階の爵位が設けられ，1947(昭和22)年日本国憲法により廃止された。In Japan wurde seit 1884 ein fünfstufiges System von Adelstiteln eingeführt, das 1947 durch die japanische Verfassung abgeschafft wurde.

◆shakushi-jōgi 杓子定規
wörtl.: „mit dem Schöpflöffel Maß nehmen"; die Paragraphenreiterei, Prinzipienreiterei 杓子は，汁や飯などをすくうのに用いる道具であるが，古くはその柄が曲っていた。「杓子定規」というのは，そういった柄の曲がった杓子を定規代わりに用いるという意味であった。このように定規にならないものを定規の代用とするということから，一定の基準・形式で他のすべてを処置しようとする融通のきかないやり方や態度を意味するようになった。*Shakushi* ist ein Schöpflöffel für Suppe oder Reis und „mit dem Schöpflöffel Maß zu nehmen" bedeutete früher, dieses gebogene Gerät anstelle eines Lineals zu verwenden. Man verwendete also etwas als Maßstab, das dafür ungeeignet war; die davon abgeleitete Bedeutung ist, dass man versucht, einen ganz bestimmten Standard oder eine bestimmte Formalität unflexibel auf alle anderen Fälle zu übertragen. **shakushi-jōgi ni furumau 杓子定規に振る舞う** den Amtsschimmel reiten

♦ sha ni kamaeru 斜に構える

wörtl.: „eine schräge Haltung einnehmen"; eine zynische Haltung einnehmen **sha ni kamaete jinsei o okuru 斜に構えて人生を送る** das Leben eines Zynikers führen「斜に構える」とは，もともとは剣道で刀を斜めに構えることを意味する表現であるが，転じて，ものごとに正面から接するのではなく，ことさらずれた対応の仕方をする意味になった。Das Wort geht auf einen Ausdruck beim *kendō* zurück, wo es eine schräge Schwerthaltung bezeichnet, davon abgeleitet hat sich Bedeutung entwickelt, dass jemand einer Situation nicht gerade von vorne, sondern bewusst in einer schiefen Art und Weise begegnet.

♦ shayō-zoku 斜陽族

wörtl.: die „Klasse des Sonnenuntergangs"; die untergehende Klasse 太宰治の小説『斜陽』に由来する。急激な社会の変動によって没落した上流階級。Bezeichnung für die obere Klasse der Gesellschaft, die durch plötzliche gesellschaftliche Veränderungen zu Grunde geht. Nach dem Titel eines Romans von Dazai Osamu (1909-1948).

♦ shayō-zoku 社用族

der Spesenritter「斜陽族」と語呂合わせをして作られた言葉。社用にことよせて，社費で遊興などをする連中。バブル経済崩壊後，その数は激減した。Das künstlich als Homophonie zu *shayō-zoku* (die „Klasse des Sonnenuntergangs", siehe dort) geschaffene Wort, bezeichnet Personen, die sich auf Firmenkosten amüsieren. Nach dem Ende der Seifenblasenwirtschaft (siehe: *baburu*) ist ihre Zahl stark zurückgegangen.

♦ Shichi-go-san 七五三

wörtl.: „Drei-fünf-sieben"; das Kinderfest für drei-, fünf- und siebenjährige Kinder 男子は3歳と5歳，女子は3歳と7歳とに当たる年の11月15日に氏神に参詣する行事。Das shintōistische Kinderfest für drei- und fünfjährige Knaben und drei- und siebenjährige Mädchen wird am 15. November gefeiert. (Abbildung) **chitose-ame 千とせ飴，千歳飴** das rot-weiß gestreifte, lange stangenförmige Bonbon (das bei diesem Fest verkauft wird)

◆shifuku 雌伏
Warten auf den günstigen Augenblick, seine Fähigkeiten zu zeigen 他人の支配に服することがあっても実力をたくわえながら，将来の活躍の機会をじっと待つこと。Obwohl man sich einer anderen Person unterordnet, sammelt man seine Kräfte und wartet auf eine günstige Gelegenheit in der Zukunft aktiv zu werden. **shifuku suru 雌伏する** im Verborgenen auf seine Chance warten

◆shiga ni mo kakenai 歯牙にも掛けない
wörtl.: „etwas nicht einmal mit den Zähnen berühren"; sich nichts (aus etwas) machen; gar nicht beachten; links liegen lassen

◆shigarami しがらみ
1) die Sperrwand (aus Holz oder Reisig) 2) (gesellschaftliche) Fesseln「日常生活のしがらみを逃れる」sich aus den Fesseln des Alltags befreien

◆shiki 四季
die vier Jahreszeiten 近年，異常気象と呼ばれる現象に見舞われることは少なくないが，日本人は古来，四季の移ろいを強く意識してきた。日本語には，季語と呼ばれるものが存在し，それが連歌とか俳句といった文学形式と結び付いてきたが，これは特異なことである。In Japan ist seit altersher der Wechsel der Jahreszeiten stark im Bewusstsein verankert, obwohl in den letzten Jahren nicht selten Phänomene beobachtet werden, die man als abnormales Wetter bezeichnen muss. Eine Besonderheit des Japanischen sind beispielsweise Jahreszeitenwörter (*kigo*), die mit bestimmten literarischen Formen, z.B. *renga* und *haiku* in Beziehung stehen.

◆shikii ga takai 敷居が高い
wörtl.; die „Türschwelle ist hoch"; jemandes Schwelle nur schwer übertreten können; es nicht mehr wagen, jemanden zu besuchen 不義理又は面目ないことがあって，その人の家に行きにくいということ。Ursprünglich deshalb, weil zwischen der Person und einem selbst etwas Ungerechtes oder Peinliches vorgefallen ist und man es nicht mehr wagt, ihr unter die Augen zu treten.

◆shimaguni-konjō 島国根性
die Inselmentalität 島国に住む住民にありがちな，視野が狭く閉鎖的でこせこせした性質。Inselbewohnern werden manchmal besondere Charakterzüge zugesprochen, sie sollen einen engen Horizont haben, verschlossen und kleinlich sein.

◆shimen-soka 四面楚歌
{schrifts.} wörtl.: „auf allen vier Seiten (hört man) die Lieder der Chu"; die hoffnungslose Lage.『史記』の故事にちなむ。周りが敵や反対者ばかりで，味方がいないこと。Die Redewendung geht auf eine Begebenheit in einem alten chinesischen Geschichtsbuch zurück, und bezeichnet eine Situation, in der man nur von Feinden oder Gegnern umgeben ist, und niemanden auf seiner Seite hat.

◆shinde hanami ga sakumono ka 死んで花実が咲くものか
wörtl.: „Nach dem Tod gibt es doch keine Blüten und Früchte mehr." Sterben hilft auch nicht weiter. Durch den Tod lässt sich nichts

erreichen. 枯れ木に花が咲いたり実がなったりしないように，人間も死んだのでは何の幸せも得られない，生きていればこそ，良いことに巡り合えるものだから，苦しくても，自殺は何の解決にもならない，とにかく生きていなさい，ということ。So wie ein verdorrter Baum kein Blüten und Früchte mehr trägt, kann auch der Mensch nach dem Tod kein Glück mehr erlangen; nur solange man lebt, kann einem Gutes widerfahren; soll heißen, dass man auch in schwierigen Lebenssituationen weiterleben soll und dass Selbstmord kein Ausweg ist.

♦shindemo shinikirenai 死んでも死に切れない

das würde mich im Grabe nicht ruhig schlafen lassen; ich kann so nicht beruhigt sterben

♦shini-mizu o toru 死に水をとる

einem Sterbenden (mit Watte) die Lippen befeuchten (als Abschiedsritual) 末期の水をとる，とも言う。

♦shin-jinrui 新人類

wörtl.: „neue Menschensorte"; „die neue Menschheit" 1960年代の高度経済成長の時代に生まれ，物質的な面では，それ以前の世代に比べてある程度恵まれており，テレビの発展とともに成長してきた世代。従来なかった新しい感性や価値観を持つ若い世代を異人種のようにみなして言った言葉で，著名なジャーナリストによる造語。昭和60年頃から広まった。Die Generation, die in den 1960 Jahren, zur Zeit des schnellen Wirtschaftswachstums, geboren wurde, die in materieller Hinsicht besser gestellt war als die früheren Generationen und mit Fernsehen aufgewachsen ist. Die neue Generation hat nie dagewesene Gefühle und Wertempfindungen und wurde deshalb als eine neue Art von Mensch bezeichnet, das Wort wurde von einem bekannten Journalisten geschaffen und verbreitete sich seit der Mitte der 1980er Jahre.

♦shinjū 心中

der gemeinsame Freitod; der Doppelselbstmord 相愛の男女が事情があってこの世で添い遂げることができず一緒に自殺するというのは，日本の文学で好んで取りあげられたテーマの一つであった。Der gemeinsame Freitod von Liebespaaren, deren Beziehung aufgrund äußerer Umstände keine Zukunft hat, war ein beliebtes Motiv in der japanischen Literatur. **ikka-shinjū 一家心中** der gemeinsame Selbstmord einer ganzen Familie **muri-shinjū 無理心中** der erzwungene Doppelselbstmord **muri-shinjū o suru 無理心中をする** jemanden in den Tod mitnehmen; jemanden zum gemeinsamen Selbstmord zwingen

♦shinogi o kezuru しのぎをけずる，鎬を削る

die Schwerter kreuzen; aufs Heftigste kämpfen 鎬というのは，刀の刃と背の間の少し小高くなった部分のこと。激しく切りあうときに，この部分が互いに削られるような感触を受けることから，激しく争うことを，鎬を削るという。Als *shinogi* wird die leicht erhabene Gratlinie eines japanischen Schwertes bezeichnet. Werden bei einem heftigen Schwertkampf die Klingen gekreuzt, dann fühlt sich das so an, als ob die Schwerter entlang dieser Gratlinie aneinander schleifen. *Shinogi o kezuru* heißt wörtlich die „Gratlinien der Schwerter schleifen aneinander“, davon abgeleitet ist die Bedeutung „aufs Heftigste kämpfen“.

♦shintai kiwamaru 進退きわまる

in der Klemme sein (sitzen, stecken); in der Bredouille sitzen; zwischen Szylla und Charybdis gefangen sein

♦shiohigari 潮干狩り

das Muschelsammeln bei Ebbe 潮の引いた浜へ出てアサリや蛤を採って遊ぶこと。春の大潮のときが好期とされる。Besonders zur Zeit der Springflut im Frühjahr werden gern Muscheln gesammelt.

♦shio o maku 塩を撒く

Salz ausstreuen 塩は，嫌な訪問客が帰った後とかお葬式から帰ってきたときなどに，撒かれることがあるし，力士が土俵に蒔く塩もよく知られている。こういった塩には，清めの意味が込められている。Salz gilt als reinigend, deshalb streut man manchmal vor der Haustür Salz aus, wenn ein unangenehmer Besuch gegangen ist, oder wenn man von einer Trauerfeier zurückgekommen ist. Bekannt ist auch der Brauch der *Sumō*-Ringer, vor dem Kampf Salz in den Ring zu werfen.

♦shippai wa seikō no moto 失敗は成功の因

(Sprichw.) Scheitern ist die Grundlage des Erfolgs. Kein Erfolg ohne anfängliche Misserfolge.

♦shippe(i)-gaesi o suru しっぺ(い)返しをする，竹篦返しをする

jemanden mit gleicher Münze bezahlen もともとは，竹篦 (die Bambusrute) で打たれたのをすぐ打ち返すという意味であった。*Shippe(i)* ist eine Bambusrute und der Ausdruck meint, dass jemand, der damit geschlagen wurde, sofort zurückschlägt.

♦shiranu kao no Hanbē o kimekomu 知らぬ顔の半兵衛を決め込む

so tun, als wüsste man von nichts この半兵衛は，戦国時代の武将竹中半兵衛のことらしい。Der Personenname Hanbei geht anscheinend auf den Feldherrn Takenaka Hanbei aus der Zeit der streitenden Provinzen zurück.

♦shiriuma ni noru 尻馬に乗る

jemandem blind folgen; jemandem nachlaufen「尻馬」は，馬の手綱を取っている人の後部，つまり他人が乗っている馬の尻の部分を指す。そこに乗ればすべてを前の人に任せた状態になることから，分別もなく他人の言動に同調すること，無批判に他人のすることに便乗して行動することを意味するようになった。*Shiriuma* bedeutet, dass man auf dem Hinterteil eines Pferdes sitzt, also hinter dem Reiter, der die Zügel hält. Wer so reitet, überlässt alles seinem Vordermann. Davon abgeleitet ist das Verhalten von jemandem, der sich undifferenziert an die Aussagen und das Verhalten anderer Leute anpasst und ihnen kritiklos folgt.

♦shishi-mai 獅子舞

der Löwentanz, der Löwenmaskentanz 獅子頭をかぶって舞う民俗芸能。信仰的には，五穀豊穣や悪魔祓いを目的とするものが多い。Volkstümliche Tanzkunst, wobei eine Löwenmaske getragen wird. Oft mit volksreligiösen Motiven, wie der Hoffnung auf eine gute Ernte und/oder dem Schutz vor bösen Geistern verbunden.

♦shishi-shinchū no mushi 獅子身中の虫

(schriftspr.) wörtl.: „der Wurm im Körper des Löwen"; der an der eigenen Brust genährte Schädling; ein Verräter aus Freundeskreis; der geheime Feind 獅子の体内に寄生して，ついには獅子を死に至らしめる虫の意味で，仏徒でありながら仏法に害をなす者，さらに，組織の内部にいながら組織に害を及ぼす者のこと。Die Metapher bezeichnet einen Parasiten, der im Körper des Löwen lebt und letztlich den Löwen tötet; ein Buddhist, der der buddhistischen Lehre schadet; auch jemand, der der Organisation, der er angehört, Schaden zufügt.

♦shitashiki naka ni mo reigi ari 親しき仲にも礼儀あり

(Sprichw.) Auch unter Freunden sollte es Höflichkeit geben. Auch unter Freunden gelten Anstandsregeln.

♦shiyū o kessuru 雌雄を決する

(schriftspr.) eine Entscheidungsschlacht schlagen; es (mit jemandem) auf eine Kraftprobe ankommen lassen

♦shōbu-yu 菖蒲湯

das Lilienbad 5月5日の節句に菖蒲の葉や根を入れて沸かす風呂。邪気を払うという。Am Tag des Knabenfestes werden dem Badewasser die Blätter oder Wurzeln von Schwertlilien beigesetzt, denen eine besondere Abwehrkraft nachgesagt wird.

♦shō-chiku-bai 松竹梅

Kiefer, Bambus und Pflaume (glückverheißende Pflanzen) 日本ではめでたいものとして，正月，結婚式など慶事に用いられる。本物の木や枝や葉を用いるが，これらを描いた絵を用いることもある。Kiefer, Bambus und Pflaume gelten in Japan als glückverheißende Pflanzen und finden an Neujahr, bei Hochzeiten und anderen feierlichen Anlässen Verwendung. Man verwendet dabei entweder echte Bäume und Zweige oder auch Abbildungen derselben.

♦shochū-mimai 暑中見舞い

wörtl.: der „Besuch (oder Gruß) in der Hitze"; die Sommergrüße 夏の土用の間に，友人・知人に対し訪問したり手紙やはがきを出して，安否を尋ねること。Eine förmliche Grußkarte, ein Brief oder ein persönlicher Besuch in der heißesten Zeit des Sommers, um sich nach dem Wohlergehen von Freunden oder Bekannten zu erkundigen. **zansho-mimai 残暑見舞** Erkundigung nach jemandes Wohlbefinden in der anhaltenden Sommerhitze こういった生活習慣や言葉も無くなったわけではないが，生活のあり方そのものの変化とともに，かつてのような使われ方がされることも少なくなったのではないか。Die Sitte und der Ausdruck sind zwar nicht verschwunden, aber durch die Veränderungen im Lebenswandel gibt es heute vielleicht weniger Leute, die diesen Brauch aufrechterhalten.

♦ Shōgatsu 正月

das Neujahr 正月は日本において重要な祝日で，三が日は休むところが多い。初詣に出かけたり年賀状を交換したりする。子供はお年玉をもらったりする。Neujahr ist in Japan ein wichtiges Fest, das an den ersten drei Tagen des Jahres gefeiert wird. Man besucht Schreine und/oder Tempel, verschickt und bekommt Neujahrsgrußkarten und die Kinder bekommen Geldgeschenke. **kadomatsu 門松** die „Tor-Kiefer"; Kiefernzweige am Hauseingang als Neujahrsschmuck; die Neujahrskiefern 門松は，松の枝を組み合わせて作った飾りに，竹や梅が添えられたもので，正月の間，家の門前に一対飾る。日本では，松竹梅は，縁起が良いとされており，特に松は古来，長寿を意味するものとして尊ばれてきた。Paarweise aufgestellter Neujahrsschmuck aus Kiefern oder Kiefernzweigen am Hauseingang, manchmal zusammen mit Bambus- oder Pflaumenzweigen. Kiefer, Bambus und Pflaume gelten in Japan als segensbringend und besonders die Kiefer wird seit altersher als Symbol für ein langes Leben verehrt.

kadomatsu wa meido no tabi no ichiri-zuka, medetaku mo ari medetaku mo nashi 門松は冥土の旅の一里塚，めでたくもありめでたくもなし Die Neujahrskiefer ist ein Meilenstein zum Jenseits, sie bringt zugleich Freude und Trauer.「数え年」では，生年月日が何月何日であっても，生まれた年を1歳とし，正月になると1歳を加える形で年齢を数えた。正月はめでたいけれども，立てるたびに冥途へ一歩ずつ近づいているわけで，死への一里塚のようなものである，ということ。Bei der traditionellen Zählung des Lebensalters (siehe *kazoedoshi*) gilt das Jahr, in dem jemand geboren wird, als erstes Lebensjahr, und bei jedem Neujahr wird ein Jahr hinzugezählt. Deshalb ist das Neujahrsfest zwar ein freudiges Ereignis, aber zugleich auch ein Schritt in Richtug Tod, und wird deshalb als ein „Meilenstein zum Jenseits" bezeichnet. **otoshidama お年玉** das Neujahrs-Geldgeschenk für Kinder

♦ shōjin kankyoshite fuzen o nasu 小人閑居して不善をなす

(Sprichw.) Ein kleiner Mensch neigt zum Laster, wenn er alleine lebt; Müßiggang ist aller Laster Anfang.

♦shōryō-nagashi 精霊流し

die Seelen der Verstorbenen verabschieden 盂蘭盆の終わり（陰暦7月15日の夕方または16日の早朝）に行われる精霊を送る行事で，供物や灯籠を川や海に流す行事。最近では公害（環境美化）との関係もあって，さまざまな工夫がこらされている。Zeremonie am Ende des *Bon*-Fests (am Abend des 15. oder am Morgen des 16. Tags im siebten Monat nach dem Mondkalender), bei der die Seelen der Verstorbenen verabschiedet werden, indem man Opfergaben und Schiffchen mit Papierlaternen im Fluss oder im Meer schwimmen lässt. In der letzten Zeit spielt dabei auch das Thema Umweltverschmutzung (bzw. „Verschönerung des Lebensraums") eine Rolle, und man bemüht sich, die dabei entstehende Belastung für die Natur zu reduzieren.

♦shōshika 少子化

das Absinken der Geburtenrate; der Trend zu weniger Kindern; der Rückgang der Kinderzahl 出生率の低下に伴い，総人口に占める子供の数が少なくなること。日本の出生率は，すでに先進国のなかでも低い水準となっている。この傾向が続くと2060年には日本の人口は8674万人になると推定され（2010年の人口は1億2806万人），その場合65歳以上の老人が人口全体に占める割合はほぼ40%（2010年には23%）であるという試算がなされている。Das Absinken der Geburtenrate führt zu einer Abnahme des Kinderanteils in der Gesamtbevölkerung. In Japan liegt die Geburtenrate auch im Vergleich zu anderen Industrienationen bereits jetzt auf einem niedrigen Niveau. Wenn sich dieser Trend fortsetzt, schätzt man, dass die japanische Bevölkerung bis zum Jahr 2060 auf 86,74 Millionen zurückgehen wird (2010: 128,06 Millionen), wobei der Anteil der über 65-Jährigen den Berechnungen zufolge auf etwa 40% der Gesamtbevölkerung betragen wird (2010: 23%). **shōshika-shakai 少子化社会** die Gesellschaft mit sinkender Geburtenrate

♦Shōwa no hi 昭和の日

der Shōwa-Tag 昭和時代に「天皇誕生日」であった4月29日は，平成元年より「みどりの日」と呼ばれる祝日になったが，2007（平成19）年に「みどりの日」は5月4日に移され，4月29日は「昭和の日」という祝日とされることになった。この「昭和の日」というのは，激動の日々を経て復興を遂げた昭和の時代を顧み，国の将来に思いをいたす日とされる。In der Ära des Shōwa-*Tennō* war der 29. April der Geburtstag des *Tennō* und somit ein gesetzlicher Feiertag; nach dem Ableben des Shōwa-*Tennō* und dem Beginn der Ära Heisei im Jahr 1989 wurde der Feiertag beibehalten und in „Tag des Grüns" (siehe dort) umbenannt. Dieser wurde 2007 auf den 4. Mai verschoben und der 29. April wurde zu einem Feiertag mit dem Namen Shōwa-Tag. Dieser Feiertag soll dazu dienen, sich an Wiederaufbau nach den Erschütterungen in der Shōwa-Ära zu erinnern, und so eine gute Zukunft für das Land herbeizuführen.

♦shūdan-shikō 集団志向

die Gruppenorientierung, die Gruppenmentalität 日本人の集団帰属意識についてはこれまで様々な関連において指摘されてきた。ある論者はそれを，日本の稲作文化と関係づけて論じている。しかし現在の若い世代の者たちは，産業社会に育ち，西洋的個人主義の影響も受けている。また終身雇用制度も現在部分的には崩壊しており，そういった要素は集団帰属意識に影響を与えずにはおかない。かつて言われた日本的集団主義については，様々な局面で再検証してみることが必要であろう。Auf die angebliche Gruppenmentalität der Japaner wurde schon seit längerem in unterschiedlichen Zusammenhängen verwiesen. Bestimmte Verfechter dieser These leiten diese Mentalität davon ab, dass die japanische Kultur eine reisanbauende Kultur gewesen sei. Die heutige junge Generation aber wächst in einer Industriegesellschaft auf und wird auch vom westlichen Individualismus beeinflusst. Außerdem befindet sich das System der lebenslangen Anstellung bei einer Firma teilweise in Auflösung und solche Faktoren können nicht ohne Auswirkung auf die früher gern herangezogene japanische Gruppenmentalität bleiben. Deshalb ist es vielleicht erforderlich, diese These aus verschiedenen Blickwinkeln neu zu bewerten.

♦shūdan-sokai 集団疎開

{Gesch.} die Gruppenevakuierung 第二次世界大戦末期，都会の学童を集団で地方の農村や山村へ移動させたことをいう。Gegen Ende des Zweiten Weltkriegs wurden Schulkinder aus den Städten in Gruppen aufs Land in Bauern- oder Bergdörfer evakuiert.

♦shūgen 祝言

1) die Glückwünsche 2) die Hochzeit **kari-shūgen 仮祝言** die provisorische Hochzeit

♦shūgi 祝儀

1) die Feier; insbesondere die Hochzeitfeier 2) das Trinkgeld **shūgi-bukuro 祝儀袋** der (besondere) Umschlag für ein Geldgeschenk oder für Trinkgeld

♦shukiobi-unten 酒気帯び運転

die Trunkenheit am Steuer; das Autofahren unter Alkoholeinfluss 2007 (平成19) 年9月に道路交通法が改正され，飲酒運転に対する罰則が強化された。運転者に酒を勧めること，酒を飲んだ人に車を貸すこと，飲酒運転の車に同乗すること，すべてが悪質な行為であると明確に規定され，新たな罰則が追加された。Im Jahr 2007 wurde die japanische Straßenverkehrsordnung novelliert und die Strafen für Trunkenheit drastisch verschärft. Es ist nun klar definiert, dass man sich auch dann strafbar macht, wenn man einem Autofahrer Alkohol anbietet, jemandem, der Alkohol getrunken hat, ein Auto ausleiht oder mit ihm ins Auto steigt, und es wurden entsprechende Strafen festgelegt.

♦Shunbun no hi 春分の日

die Frühlings-Tagundnachtgleiche; das Äquinoktium 国民の祝日の一。3月21日頃。春分にあたり，自然をたたえ生物をいつくしむ日。Gesetzlicher Feiertag, der um den 21. März gefeiert wird. Am Tag der Tagundnachtgleichen preist man die Natur und umsorgt die Lebewesen.

♦shu ni majiwareba akaku naru 朱に交われば赤くなる

(Sprichw.) Wer mit Zinnober umgeht, macht sich rot. Wer Pech anlangt, besudelt sich.

♦ shuraba (shura-jō) 修羅場

1) in der indischen Mythologie der Ort, an dem eine gewaltige Schlacht zwischen zwei mythologischen Gestalten stattgefunden haben soll 2) der Ort, an dem eine blutige Schlacht stattfindet 1) インドの神話で阿修羅と帝釈天が争ったとされる場所 2) 血なまぐさい戦いや争いが行われる場所。

♦ shūshoku-katsudō 就職活動

die Suche nach einem Arbeitsplatz 1980年代には当時の大学生たちは，就職を勧誘する企業からの資料を数多く受け取り，働きたい会社を自分で選べるような状況にあった。しかしその後不況とともに就職においても「氷河期」「超氷河期」と呼ばれるような期間が到来した。その後も状況は好転しているとは言えず厳しい状況が続いている。就職を希望する大学生たちはまず，希望する企業・職種を選び，説明会に出て，会社訪問を行い，履歴書などを提出し，筆記や面接などの試験を受け，その後内定を得るというのが一般的な流れとなっている。In den 80er Jahren erhielten Studenten von Firmen, die Mitarbeiter anwerben wollten, viel Informationsmaterial und die Situation war so, dass sich die Studenten die Firma praktisch aussuchen konnten. Aber danach kam es in Folge der Wirtschaftskrise zu einer so genannten Eiszeit oder Hypereiszeit am Stellenmarkt. Auch danach haben sich die Umstände nicht verbessert und die kritische Situation dauert weiter an. Das Prozedere ist jetzt im Allgemein so, dass sich die Studenten zunächst Firmen, für die sie sich interessieren, auswählen, dort Informationsveranstaltungen besuchen und Firmenbesichtigungen machen, dann ihre Unterlagen einreichen und zudem eventuell schriftliche Tests und Bewerbungsgespräche führen müssen, bevor sie ein vorläufiges Ergebnis über eine zukünftige Anstellung erhalten.

♦ shusshō-ritsu 出生率

die Geburtenziffer, die Geburtenrate 一般に，人口1000人当たりの，1年間の出生児数の割合で，「普通出生率」と呼ばれる。他に，1人の女性が生涯に産む子供の数の平均を算出した「合計特殊出生率」と呼ばれるものもあり，この数値は，少子化問題に関連して引用されることが多い。Im allgemeinen versteht man unter der Geburtenziffer oder Geburtenrate die Zahl der jährlichen Geburten pro 1000 Einwohner. Außerdem gibt es die zusammengefasste Fruchtbarkeitsziffer, die angibt, wieviel Kinder eine Frau durchschnittlich in ihrem Leben bekommt, im Zusammenhang mit dem Trend zu weniger Kinder (siehe *shōshika*) wird insbesondere diese Zahl oft herangezogen. **shusshō-ritsu ga teigen suru 出生率が低減する** die Geburtenziffer sinkt

♦ soba-zue o kuu 側(傍)杖を食う

in Mitleidenschaft gezogen werden; in eine Sache verwickelt werden; als Unbeteiligter Schaden erleiden「そばずえ」は，「とばっちり」や「まきぞえ」とほぼ同義。Fast gleichbedeutend sind *tobatchiri*, bzw. *makizoe*.

♦ sodaigomi 粗大ごみ

der Sperrmüll 1) 処理のやっかいな大型のごみ。2) 定年退職後の夫を指して邪魔者という皮肉を込めて1980年代より使われる。1) Sperrmüll im eigentlichen Wortsinn

2) eine ironische Bezeichnung von Frauen für ihre pensionierten Ehemänner, die sich nur noch passiv zu Hause aufhalten

♦ sokkin 側近
die nächste Umgebung **shushō no sokkin 首相の側近** die nächste Umgebung des Ministerpräsidenten

♦ sōkō no tsuma 糟糠の妻
die Ehefrau, mit der man auch Armut geteilt hat「糟」は酒かす,「糠」はぬかの意味で,「糟糠」は,粗末な食物を意味する。「糟糠の妻」というのは,粗食を共にし,貧苦を分かち合ってきた妻,ということ。*Sōkō* bedeutet Treber bei der Sakeherstellung und Reisspelzen, beides sind extrem minderwertige Lebensmittel. Der Ausdruck bezeichnet demach eine Ehefrau, mit der zusammen man schlechtes Essen und ein armseliges Leben geteilt hat.

♦ sōku 走狗
wörtl.: „der Jagdhund"; das Werkzeug もともとは,狩猟のとき獣を追い立てるのに使われる犬のことであるが,転じて,人の手先として使われる者を意味する。Ursprünglich ein Hund zur Verwendung bei der Jagd, im übertragenen Sinn eine Person, die als Handlanger benutzt wird.

♦ soppo o muku そっぽを向く
die Augen abwenden; sich abwenden; jemandem die kalte Schulter zeigen「そっぽ」とは,「脇」die Nebenseite「よそのほう」die andere Richtung, die Außenseiteの意味である。

♦ sōpu-rando ソープ・ランド
(pseudoengl. *soapland*) das *Soapland* 女性が接待する個室式特殊浴場。この名称は「トルコ風呂」に変えて1984(昭和59)年に造られた新語。Ein Bordell mit Badezimmer-Séparées; der Neologismus wurde 1984 als Ersatz für *Toruko-buro* („türkisches Bad") geprägt.

♦ sori ga awanai 反りが合わない
sich nicht vertragen hönnen; nicht zusammen passen 刀の反りが鞘に合わないという意味から転じて,相手と考え方や気質などが違っていて,しっくりといかない,協調できないという意味で用いられる。*Sori* bedeutet Krümmung und *sori ga awanai* meint, dass die Krümmung eines Schwertes nicht in die Scheide passt. Im übertragenen Sinn meint man damit, dass man mit der Denkweise oder dem Charakter einer Person nicht zurecht kommt und nicht mit ihr zusammenarbeiten kann.

♦ soshina 粗品
die Kleinigkeit ひとに贈る品物の謙譲語。Bescheidene Bezeichnung für etwas, das man selbst jemandem schenkt, z.B. in der Redewendung: „*Soshina desu ga...*" wörtl.: „Es ist nur eine Kleinigkeit…"

♦ sōshoku-kei-danshi 草食系男子
wörtl.: „Männer aus der Gattung der Pflanzenfresser"; der Softie; ein Mann, der nicht dem Bild vom starken und dominanten Mann entspricht; ein in Liebesdingen passiver Mann 草食男子,草食系男子という言葉が見られるようになったのはそれぞれ2006(平成18)と2008(平成20)年のこと

で，2009年になってテレビだけでなく，新聞の文化面・家庭面でも特集記事で取り上げられるようになり，海外のメディアでも何度か紹介された。Die Bezeichnungen *sōshoku-danshi* bzw. *sōshoku-kei-danshi* sind 2006 bzw. 2008 aufgekommen und im Jahr 2009 haben nicht nur das Fernsehen, sondern auch Sonderartikel in den Kultur- und Familienseiten der Zeitungen das Thema aufgenommen, und auch ausländische Medien haben das Thema vorgestellt. **nikushoku-kei-joshi 肉食系女子** wörtl.: „Frauen aus der Gattung der Fleischfresser"; eine Frau, die nicht dem Bild von der schwachen und unterwürfigen Frau entspricht; eine in Liebesdingen aktive Frau

♦sō sukan o kuu 総すかんを食う，総スカンを食う

(ugs.) von allen abgelehnt werden; von allen ignoriert werden; von allen missachtet werden

♦sukebe-jijī スケベじじい，助平じじい

(ugs.) der wollüstige alte Mann; der alte geile Bock「スケベ」「助平」は，「好き」をしゃれて擬人化して「～兵衛」をつけて「好兵衛」(すきべい) から変化したもの。Das Wort *sukebe* ist ein Wortspiel, genauer gesagt die Personifikation des Wortes *suki* („mögen") durch Anhängen der Endung *bē*, die einen Männernamen kennzeichnet. *Jijī* bedeutet „alter Mann." **sukebē na 助平な** (ugs.) wollüstig, geil, lüstern

♦sumi ni okenai hito 隅に置けない人

wörtl.: „jemand, der sich nicht in die Ecke stellen lässt"; eine Person, die bessere Fähigkeiten hat als man vermutet 思いのほかに技量・才能等があってあなどりがたい人。

♦sutōkā ストーカー

(von engl. *stalker*) der Stalker; jemand, der eine Person durch Verfolgung belästigt 自分が一方的に関心を抱いた相手にしつこく付きまとう人。待ち伏せ・尾行・メール・電話などの行為を執拗に繰り返す。2000 (平成12) 年ストーカー規制法が制定された。Jemand, der einseitig an einer anderen Person interessiert ist, und diese aufdringlich verfolgt. Ein Stalker lauert seinem Opfer auf, verfolgt es und/oder belästigt es mit wiederholten E-Mails oder Telefonanrufen. Im Jahr 2000 wurde ein Gesetz gegen das Stalken erlassen.

♦sutta-monda すったもんだ，擦った揉んだ

viel Aufheben; viel Hin und Her; ein großes Theater **sutta-monda no ageku すったもんだの挙句** nach vielem Hin und Her; nach großem Theater

♦tada yori takai mono wa nai ただより高いものは無い

(Sprichw.) Für nichts muss man teurer bezahlen, als für das, was man umsonst bekommt.

♦taian 大安

der Glückstag (nach einem traditionellen System von günstigen und ungünstigen Tagen) 大安は，結婚式，宝くじの購入その他諸事に吉日とされる。*Taian*-Tage gelten für alle Veranstaltungen (z.B. die Hochzeitsfeiern, das Kaufen von Lotterielosen etc.) günstig.

♦taigan-no-kasai(kaji)-shi suru 対岸の火災（火事）視する
wörtl.: „etwas wie ein Feuer am jenseitigen Ufer betrachten“; etwas als Außenstehender betrachten; etwas distanziert betrachten; bei etwas gleichgültig zusehen

♦Taiiku no hi 体育の日
Tag des Sportes 国民の祝日。1966（昭和41）年制定。東京オリンピック大会開会の日にちなんで10月10日とされたが，2000（平成12）年より10月の第2月曜日に変更になった。スポーツに親しみ，健康な心身をつちかう日とされている。Gesetzlicher Feiertag, der 1966 anlässlich der Eröffnungsfeier der Olympischen Spiele eingerichtet wurde. Zunächst bestimmte man den 10. Oktober als Termin, aber im Jahr 2000 wurde der Tag auf den 2. Montag im Oktober verlegt. Der Feiertag soll dazu dienen, die Menschen besser mit dem Sport vertraut zu machen und das Bewusstsein für Gesundheitsvorsorge durch Bewegung stärken.

♦Taiin-reki 太陰暦
der Mondkalender 大陰月をもととして作った暦。1ヵ月を29日または30日とする。die Kalenderberechnung auf der Grundlage des Mondmonats mit 29 oder 30 Tagen **taiyō-reki 太陽暦** der Sonnenkalender 地球が太陽を一回りする時間を1年とする暦。1年を365日とし，4年に一度366日の年を設ける。Die Kalenderberechnung auf der Grundlage des Sonnenjahres mit 365 Tagen, wobei jedes vierte Jahr (Schaltjahr) 366 Tage hat. 1872（明治5）年政府は，太陽暦の採用を布告し，太陰暦の明治5年12月3日を太陽暦の明治6年1月1日とすることとした。この布告は，その20数日後という衝撃的短期間ののち実施に移された。この変更が日常生活や年中行事など民間習俗に与えた混乱や影響はきわめて大きなものであった。Im Jahr 1872 bestimmte die Regierung durch einen Erlass die Einführung des Sonnenkalenders, und der 3. Tag des 12. Monats wurde als 1. Januar des Jahres 1873 bestimmt. Weil zwischen dem Erlass und seiner Umsetzung nur die erschreckend kurze Spanne von etwas mehr als 20 Tagen lag, war die Verwirrung und der Einfluss auf das Alltagsleben, sowie auf Jahresfeste und volkstümliches Brauchtum außerordentlich groß.

♦taiko-mochi 太鼓持ち
wörtl.: der „Trommelträger“; der Kriecher もともとは宴席などに出て客の機嫌を取り，酒興を助けるのを仕事とする男性を意味したが，今日そういった職業は見られなくなっており，現在では（たとえば職場の上司といったような）人に追従し，その機嫌を取るのに懸命な人物をさす語として用いられる。Der *Taiko-mochi* war ursprünglich eine männliche Person mit der Aufgabe, die Gäste eines Banketts bei Laune zu halten. Diesen Beruf gibt es heute nicht mehr, heute wird so ein übereifriger Opportunist genannt, der einer (höherstehenden) Person nachläuft, und sich dabei stark anbiedert.

♦Taiyō-zoku 太陽族
die Taiyō-zoku; die Sonnenbanden 1955（昭和30）年に発表され翌年映画化された石原慎太郎の『太陽の季節』から。既成の秩序にとらわれず奔放な生き方をする戦後の若者たちのこと。Nach dem Roman *Taiyō no kisetsu* „Die Jahreszeit der Sonne" von Ishihara Shintarō, der 1955 erschien und im folgenden Jahr verfilmt wurde. Banden von jugendlichen Halbstarken in der Zeit nach dem Zweiten Weltkrieg, die der traditionellen japanischen Gesellschaft entfremdet sind.

♦ takami no kenbutsu o suru 高みの見物をする

wörtl.: „von der Anhöhe aus betrachten"; tatenlos zusehen; untätig (von weitem) zusehen

♦ taka o kukuru 高を括る

wörtl.: „das Ausmaß von etwas unterschätzen "; etwas auf die leichte Schulter nehmen 「高を括る」とは，高が知れていると見くびって侮ること。一方ドイツ語のleichte Schulterというのは，人間の肩には担う力に強弱があり，軽い荷物しか担えない方の肩がleichte Schulterであるという考え方に立つもので，auf die leichte Schulter nehmenというのは，担う荷物を軽く見て，あるいは見くびって，容易な方の肩に引き受けるということである。Gemeint ist, dass man etwas, dessen Bedeutung man eigentlich kennen müsste, unterschätzt. Die deutsche Formulierung „etwas auf die leichte Schulter nehmen", geht davon aus, dass ein Mensch eine starke und eine schwache Schulter hat. Zu versuchen, etwas auf der leichten Schulter zu tragen, hat deshalb die Bedeutung, das Gewicht einer Sache zu unterschätzen.

♦ tana-age suru 棚上げする

wörtl.: „etwas auf das Wandbrett legen"; etwas beiseite legen; etwas auf Eis legen

♦ Tanabata 七夕

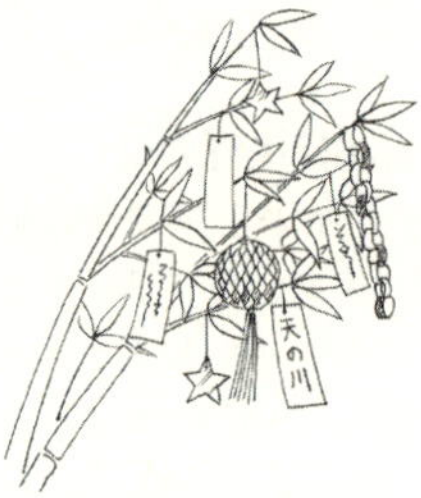

das *Tanabata*-Fest; das Sternenfest 7月7日の夜星を祭る年中行事で，中国に由来する。天の川の両岸にある牽牛星と織女星とが年に一度相会するという。願いや詩歌を書いた短冊・色紙などを竹につるす。Sternenfest am siebten Juli, das auf eine chinesische Legende zurückgeht. Der Stern des Hirten (Altair) überschreitet in dieser Nacht die Milchstraße und trifft einmal im Jahr seine Geliebte, die Weberin (Wega). Bei diesem Fest werden bunte Papierstreifen mit Gedichten oder Wünschen an Bambuszweigen aufgehängt. (Abbildung)

♦ Tango no sekku 端午の節句

das Knabenfest (am 5. Mai) 五節句の一。近世以降は男子の節句とされ，男児のいる家では鯉のぼりを立て，甲冑や武者人形を飾って祝うようになった。現在5月5日は，こどもの日として国民の祝日になっている。Eines von fünf jahreszeitlichen Festen. Seit der Neuzeit hat sich daraus das Knabenfest entwickelt, und manche Familien, in denen es Knaben gibt, lassen an diesem Tag Karpfenbanner (siehe *koinobori*) steigen und schmücken das Haus mit Ritterrüstungen, Kriegerpuppen usw. Heute ist der 5. Mai als Tag der Kinder (siehe *Kodomo no hi*) ein gesetzlicher Feiertag. **musha-ningyō 武者人形** die Kriegerpuppe (zum Knabenfest am 5. Mai)

♦tanki wa sonki 短気は損気

(Sprichw.) Ungeduld bringt Schaden.「損気」は短気に語呂を合わせたもので，全体として短気は損な性分だ，くらいの意味。Das Wort *sonki* ist dem Wortklang von *tanki* („Ungeduld") angeglichen und die Redewendung drückt aus, dass Ungeduld eine uneinträgliche Veranlagung ist.

♦tanshin-funin 単身赴任

getrennt von der Familie, in der Nähe des Arbeitsplatzes wohnen; auch die Versetzung an einen anderen Ort, während die Familie in der Heimat bleibt

♦tarai-mawashi たらい回し，盥回し

1) das Jonglieren einer Waschschüssel mit den Füßen (wobei man auf dem Rücken liegt) 2) das Delegieren von Arbeiten 1) 足でたらいを回す曲芸。2)職務等を順送りに受け渡すこと。一つの物事を，責任を持って処理することなく，次々と送り回すこと。1) ein akrobatisches Kunststück 2) das Weiterreichen bzw. Delegieren von Berufspflichten, ohne die Verantwortung für deren Erledigung zu übernehmen

♦tateba shakuyaku suwareba botan aruku sugata wa yurinohana 立てば芍薬，座れば牡丹，歩く姿は百合の花

stehend eine Pfingstrose, sitzend eine Päonie, gehend eine Lilie 美人の姿を形容する言葉として知られている。Diese Worte sind eine bekannte Beschreibung der weiblichen Schönheit.

♦tate ni toru 盾（楯）に取る

etwas als Schutzschild verwenden; etwas als einen Vorwand benutzen; etwas vorschützen

♦taue 田植え

das Reispflanzen 苗代で育てた稲の苗を水田に移し植えること。かつてはこのときに田植え歌などが歌われたりしたが現在はほとんど機械化されている。Das Aussetzen der in speziellen Beeten (*Nawashiro*) herangezogenen Reispflanzen. Früher sang man dabei besondere Lieder (*Taue-uta*), heute wird diese Arbeit meistens maschinell erledigt. **saotome 早乙女** das Reis pflanzende Mädchen **tanbo 田んぼ** das Reisfeld **taue-uta 田植え歌** das Lied zum Reispflanzen **taue-ki 田植え機** die Reispflanzmaschine

♦tazei ni buzei de aru 多勢に無勢である

Der Mehrheit gegenüber ist man machtlos. 少人数で多勢に向かって，とても敵しがたいこと。

♦tedama ni toru 手玉に取る

jemanden um den (kleinen) Finger wickeln「手玉に取る」とは，人を自分の思いのままに動かし扱うこと。「手玉」とはいわゆる「お手玉」のことで，布製の小さな袋の中に小豆などを入れたものである。曲芸師などがこの手玉を自由自在に扱ったことから，思うままに人を操りもてあそぶ意に転じた。なおドイツ語の um den (kleinen) Finger wickeln というのは，糸を(小)指に巻きつけるごとく簡単に意に沿わせてしまう，という意味である。Sich andere Leute ganz nach dem eigenen Sinn zunutze machen. Ein *(o-)tedama* bezeichnet eigentlich ein kleines Stoffsäckchen, das mit Bohnen o.Ä. gefüllt ist, und das man z.B. zum Jonglieren benutzt. Von der Leichtigkeit, mit der ein Jongleur das *tedama* herumfliegen lässt, ist die Bedeutung „andere Menschen willkürlich manipulieren“ abgeleitet. Die deutsche Metapher vergleicht das einfache Manipulieren von jemandem mit einem Faden, den man sich um den kleinen Finger wickelt.

♦teinen-taishoku 定年退職

die Pensionierung wegen des Erreichens der Altersgrenze **teinen de taishoku suru 定年で退職する** in Pension gehen, weil man die Altersgrenze erreicht hat

♦tejime 手締め

das gemeinsame In-die-Händeklatschen 物事の決着や成就を祝ったりあるいは約束のしるしとして手を打ち鳴らすこと。Gemeinsam in die Hände klatschen, manchmal in einem bestimmten Rhythmus, um sich zum erfolgreichen Abschluss einer Sache (z.B. eines Geschäfts) zu beglückwünschen oder um eine getroffene Verabredung zu besiegeln.

♦tenchū o kuwaeru 天誅を加える

(schriftspr.) wörtl.: „jemanden im Auftrag des Himmels bestrafen“; jemanden seiner gerechten Strafe zuführen

♦ten'i-muhō na 天衣無縫な

ungezwungen; ungekünstelt; natürlich und vollkommen「天衣無縫」とは，天女の着物には人工的な縫い目がないというのがもともとの意味であるが，そこから，詩歌などが自然で完美であることを，さらに，人柄が天真爛漫で飾り気がないことを意味するようになった。So bezeichnete man ursprünglich das Gewand einer Himmelsfee, das keine von Menschen gefertigte Nähte aufweist. Davon abgeleitet wurde das Wort in der Poesie als Metapher für natürliche und vollkommene Schönheit verwendet, außerdem auch für einen ungekünstelten und aufrichtigen Charakter.

♦ten ni (mukatte) tsuba suru 天に(向かって) 唾する

wörtl.: „in den Himmel spucken“ 上を向いてつばを吐くと，それがそのまま自分の顔に落ちてくるところから，人に害を与えようとして，かえって自分が被害を受けることのたとえ。Wenn man nach oben spuckt, fällt es einem selbst ins Gesicht, davon abgeleitet meint der Ausdruck, dass der Schaden, den man anderen Leuten zufügt, letztlich auf einen selbst zurückfällt.

♦Tennō-tanjōbi 天皇誕生日

der Geburtstag des *Tennō* 国民の祝日の一つ，12月23日。Der Geburtstag des *Tennō* am 23. Dezember ist in Japan ein gesetzlicher Feiertag.

◆**teruteru-bōzu 照る照る坊主**

das Schönwetterpüppchen 晴天を祈って，窓や軒下などにつるしておく紙や布などで作った人形。Püppchen aus Papier bzw. Stoff, die am Fenster oder am Vordach des Hauses aufgehängt werden, um schönes Wetter herbeizuwünschen. (Abbildung)

◆**tobi-shoku とび職，鳶職**

der Gerüstarbeiter 建築の基礎工事や建築物の骨組みの組み立てなどをする職人。江戸時代には彼らは火事の際，火消し人足として活躍した。鳶は，彼らが持っていた鳶口という道具に由来する。Bauarbeiter, die z.B. Fundamente legen oder die Gerüste von Gebäuden errichten. In der Edo-Zeit wirkten sie im Brandfall auch als Feuerwehr. Die Bezeichnung *tobi-shoku* (wörtl.: „Milan-Arbeiter“) leitet sich von einem bestimmten für diese Arbeiter typischen hakenförmigen Werkzeug ab, das *tobi-guchi* (wörtl.: „Milanschnabel“ genannt wird.

◆**tobokeru とぼける**

sich dumm stellen; sich unwissend stellen; tun, als ob man von nichts wüsste; den Dummen spielen **tobokeru no ga umai とぼけるのがうまい** gut darin sein, den Unwissenden zu spielen (sich dumm zu stellen)

◆**tobu-tori o otosu ikioi de aru 飛ぶ鳥を落とす勢いである**

wörtl.: „so mächtig sein, dass man selbst die Vögel im Flug vom Himmel fallen lassen kann“; auf dem Gipfel seiner Macht sein

◆**tōge o kosu 峠を越す**

wörtl.: „einen Pass überqueren“; den Höhepunkt überschreiten; über den Berg sein 病気の場合は，最悪の状態を脱したということ。bei einer Krankheit das Schlimmste überstanden haben

◆**tōji 冬至**

die Wintersonnenwende 太陽暦では12月21日頃。北半球では一年中で昼がいちばん短く，夜がいちばん長くなる日。地方によっては，この日にゆず湯に入ったり，かぼちゃを食べたりする風習がある。Die Zeit des kürzesten Tages und der längsten Nacht, nach dem Sonnenkalender um den 21. Dezember. Es gibt verschiedene regionale Gebräuche, mancherorts gibt man diesem Tag Limonen ins Badewasser (*yuzu-yu*) oder es werden Kürbisse (*tōji-nankin*) gegessen.

◆**tokage no shippo-kiri トカゲのしっぽ切り，蜥蜴の尻尾きり**

wörtl.: „Schwanzabwerfen einer Eidechse“; das Bauernopfer; die Opferung eines Mitgliedes niedrigen Ranges zum Wohl des Ganzen (od. um sich der Verantwortung zu entziehen) 危険な状態になった蜥蜴が（例えば尻尾を押さえられたとき）尾を切り離して逃げるように，不祥事などが露見したとき，上位の者が下位の者に責任をかぶせ影響が他に波及しないようにすること，あるいはそうすることによって上位の者が自分の身を守ること。So wie eine Eidechse ihren Schwanz abwirft, um bei Gefahr zu fliehen, lasten hochstehende Personen die Verantwortung (z.B. für einen aufgedeckten Skandal) ihren Untergebenen an, damit der Einfluss sich nicht ausweitet, oder um sich selbst zu schützen. So eine Situation nennt man *tokage no shippo-kiri*.

♦ tōku no shinseki yori chikaku no tanin 遠くの親戚より近くの他人

(Sprichw.) Ein naher Fremder ist besser als ein weiter Verwandter. Ein guter Nachbar ist besser als ein entfremdeter Verwandter.

♦ tomobiki 友引

wörtl.: „einen Freund mitnehmen" 友を引くということで，この日に葬式を出すことを忌むという俗信がある（週に1，2度友引の日があり，それを記したカレンダーも少なくない）。Nach einem Volksglauben vermeidet man es, an diesen Tagen Begräbnisfeiern durchzuführen (jede Woche gibt es einen oder zwei solche Tage und sie sind in manchen Kalendern eingetragen).

♦ tomokasegi-fūfu 共稼ぎ夫婦

die Doppelverdiener **tomokasegi no katei 共稼ぎの家庭** der Doppelverdienerhaushalt

♦ tonbo トンボ，とんぼ，蜻蛉

die Libelle 日本国の古称・異称として「あきずしま」（秋津洲，秋津島，蜻蛉洲）という呼び方があるが，「あきず」「あきつ」は，とんぼの古名である。夏から秋口にかけて日本では様々な種類のとんぼを見ることができるし，とんぼは日本の代表的昆虫であるということがいえる。秋の詩情を表した童謡「赤とんぼ」は多くの日本人に親しまれている。Ein alter Landesname für Japan lautet Akizu-shima, wörtl: „Inseln der Libellen." Vom Sommer bis zum Herbst kann man in Japan viele verschiedene Libellenarten beobachten und man könnte Libellen durchaus als die für Japan typischen Insekten bezeichnen. Den meisten Japanern ist auch das Kinderlied *Akatonbo* „Die rote Libelle" vertraut, das die poetische Atmosphäre des Herbstes zum Thema hat. **tonbo-gaeri とんぼ返り** 1) der Überschlag, der Salto 2) der Pendelverkehr; irgendwohin fahren und kurz darauf wieder heimkehren 1) 空中で体を上下一回転させること。宙返り。2) 目的地についてすぐ引き返すこと。

♦ tora-no-ko 虎の子

wörtl.: das „Tigerjunge", der Schatz, die Ersparnisse **tora-no-ko no yō ni daiji ni suru 虎の子のように大事にする** etwas wie seinen Augapfel hüten **koketsu ni irazunba koji o ezu 虎穴に入らずんば虎子を得ず** wörtl.: „Ohne sich in die Höhle des Tigers zu begeben, kommt man nicht an seine Jungen." 危険を冒さなければ望みのものは得られないことのたとえ。Um das Erwünschte zu erlangen, darf man vor dem Risiko nicht zurückscheuen. **tora no i o karu kitsune 虎の威を借る狐** wörtl.: der „Fuchs in der Würde des Tigers"; der Esel in der Löwenhaut

♦ tōri-ma 通り魔

ein umherstreifendes Phantom 瞬間的に通り過ぎ，行きずりの他人を殺傷する人のこと。こういった行為を引き起こす動機になにがあるのか，明確な理由を挙げることはきわめて困難であるが，暴力に対する自己快楽ないしは社会に対する恨み（復讐）による犯行が多いとみる心理学者もいる。Eine Person, die ohne vorherige Provokation willkürlich Leute attackiert und dabei verletzt und/oder tötet. Eindeutige Gründe für dieses Verhalten zu nennen, ist äußerst schwierig, aber einige japanische Psychologen nennen Freude an der Gewalt und Hass auf die Gesellschaft als mutmaßliche Ursachen.

♦ tōryū-mon 登竜門

wörtl.: das „Tor, das der Drache überwinden muss"; das Tor zum Erfolg 困難ではあるが，そこを突破すれば立身出世ができるという関門。中国の黄河中流の急流である竜門を登った鯉は竜になるという言い伝えによる。Ein Barriere, die zwar schwierig zu überwinden ist, über die man aber hinweg muss, wenn man Karriere machen will. Das Wort geht auf eine Stromschnelle im Gelben Fluss in China zurück, von der es heißt, dass die Karpfen, die sie überwinden, zu Drachen werden.

♦ toshi ga hitomawari chigau 年（年齢）が一回り違う

eine Runde / einen Zyklus jünger oder älter sein; zwölf Jahre älter oder jünger この一回りというのは，十二支が一回り違うということ。Mit „Runde" ist der zwölf Jahre umfassende Zyklus der Tierkreiszeichen gemeint (siehe *eto*) 例文「あの人は奥さんとは年が一回り違う」Beispiel: Er ist zwölf Jahre älter (od. jünger) als seine Frau.

♦ toshima 年増

Frau in den besten Jahren かつて花柳界などで使われていた言葉。娘盛りを過ぎ，女盛りにある婦人の称。江戸時代には，20歳を過ぎたあたり，昭和時代に入ると30台の後半を指した。現在では，一般的には，ほとんど用いられない。Früher ein Wort aus der Szene der Freudenviertel. Veraltete Bezeichnung für eine Frau im besten Alter, die die Mädchenzeit hinter sich gelassen hat. In der Edo-Zeit meinte man damit das Alter von etwas über 20, Anfang der Shōwa-Zeit bezeichnete der Ausdruck ungefähr das Alter zwischen 35 und 40. Heutzutage im Allgemeinen kaum noch gebraucht.

♦ toshi ni wa katenai 年には勝てない

das Alter macht sich bemerkbar; das Alter verrät sich; gegen das Altern ist kein Kraut gewachsen.

♦ toshiyori no hiya-mizu 年寄りの冷や水

wörtl.: „das kalte Wasser alter Leute"; die Unbesonnenheit (od. Unbedachtsamkeit) alter Leute 体の衰えた老人が生水を飲む，あるいは冷水を浴びるというのは体によくないし危険だということから，「老人の冷や水と」いうのは，老人が不似合いな危ういことをする喩えとして用いられる。また老人が，差し出がましい振る舞いをするのを，警告したり冷やかしたりする場合にも用いられる。Weil es nicht gesund ist oder sogar gefährlich sein kann, wenn alte und gebrechliche Leute kaltes Wasser trinken oder sich mit kaltem Wasser waschen, wird dieser Ausdruck als Metapher dafür verwendet, dass alte Leute manchmal unpassende und gefährliche Dinge tun. Man benutzt den Ausdruck auch, um alte Leute, die sich aufdringlich verhalten, zu ermahnen oder zu verspotten.

♦ **totan no kurushimi 塗炭の苦しみ**
(schriftspr.) die äußerste Not; die größte Trübsal 泥や火の中にいるようなはなはだしい苦しみ。Die äußerste Not, als ob man sich in Schlamm und Feuer befände.

♦ **totte tsuketa yō na 取って付けたような**
aufgesetzt, künstlich, unnatürlich, gekünstelt, gezwungen **totte-tsuketa yō na oseji o iu 取って付けたようなお世辞を言う** leere Komplimente machen

♦ **tsuba-zeriai つばぜり合い, 鍔ぜり合い**
der Nahkampf, das Handgemenge 互いに打ち込んだ刀を鍔で受け止めてそのまま押し合いを続けることで，優劣のつけがたい勝負を意味する。Ein Nahkampf mit dem Schwert, wobei sich die gekreuzten Schwerter der Kontrahenten an den Stichblättern berühren und die Kämpfer weiter gegeneinander drücken und stoßen. In dieser Situation sind Sieger und Verlierer schwer zu bestimmen. **uchi-jini suru 討ち死にする** auf dem Schlachtfeld den Tod finden; im Kampf fallen これらの言い回しは，比喩的意味においては，現在でも用いられることがある。

♦ **tsubushi ga kiku つぶしがきく**
(ugs.) noch für etwas anderes zu gebrauchen sein; anders verwendbar sein; wiederverwertbar sein（金属製品は溶かして他のものにして使うことができるところから）それまでの仕事をやめても，他の職業・仕事に就くことができる，ということ。(Abgeleitet von der Wiederverwertung von Metallgegenständen, die durch Einschmelzen recycelt werden.) Die bisherige Arbeit beenden und eine neue Stelle suchen. 例文「かれの仕事は専門職すぎてつぶしがきかない」 Beispiel: „Er ist zu stark spezialisiert und zu keiner anderen Arbeit zu gebrauchen."

♦ **tsukazu-hanarezu 付かず離れず**
weder abhängig noch distanziert **tsukazu-hanarezu no kankei 付かず離れずの関係** eine weder enge noch zu distanzierte Beziehung

♦ **tsuke ga mawatte kuru 付けが回ってくる**
wörtl.: „die Rechnung kommt später"; etwas zurückzahlen müssen もともとは，後から請求書が回ってきて支払いをさせられるという意味であるが，悪いことをしたり，無理を通したりした当座は何の問題も無く済ますことができても，後になってその始末を付けなければならなくなる，ということ。Die ursprüngliche Bedeutung ist, dass man z.B. für eine Ware später die Rechnung bekommt, die man dann bezahlen muss. Im übertragenen Sinn meint man damit, dass man für alles Böse, das man tut, oder alles, das man erzwingt, irgendwann zur Rechenschaft gezogen wird, auch wenn es zuerst vielleicht den Anschein hat, dass man die negativen Folgen der eigenen Handlung vermeiden könne.

♦ **tsuke-todoke 付け届け**
1) das Geschenk 2) die Bestechung 1) 謝礼・依頼・義理などのために贈り物をするこ

と。2) 転じて賄賂。

♦tsukimi 月見

die Mondschau; das Vollmondfest im September 東洋には，月を鑑賞する習慣があり，日本でも，旧暦8月15日の夜に，月見団子やススキの穂，季節の果物などを飾って，満月を鑑賞した。In Ostasien ist das festliche Betrachten des Vollmonds eine weit verbreitete Sitte und auch in Japan feiert(e) man am 15. August nach dem Mondkalender ein Mondfest, bei dem es besondere Klöße aus Reismehl (*dango*) zu essen gibt und man Gräser und Früchte der Jahreszeit im Haus aufstellt. **jūgo-ya 十五夜** die fünfzehnte Nacht nach dem Mondkalender; die Vollmondnacht

♦tsuki to suppon hodo chigau 月とすっぽんほど違う

wörtl.: „so verschieden wie Mond und Schildkröte“; so verschieden wie Tag und Nacht 月もすっぽんも丸い形をしているがまったく違うように，すべてがまったく違うということ。Sowohl der Mond als auch die chinesische Weichschildkröte haben zwar eine runde Form, aber beide sind doch in jeder Hinsicht verschieden.

♦tsuno-kakushi 角隠し

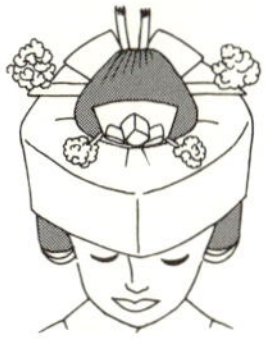

wörtl.: die „Haube, die die Hörner bedeckt“; die Brauthaube (Teil des traditionellen japanischen Brautkleids) 名称の由来については諸説があり，怒りを象徴する角を隠して従順な妻になるという意味があるとの説もあるが，これは女子への訓示としての性格を含んだ俗説である。Für die Herkunft dieses Wortes gibt es verschiedene Erklärungen, z.B., dass die Frau durch das Verdecken der Hörner, die als Symbol für Zorn gedeutet werden, eine gehorsame Ehefrau werden soll. Diese Erklärung beinhaltet eine volkstümliche Ansicht mit dem Charakter einer Ermahnung an die Frauen. (Abbildung)

♦tsuno o tamete ushi o korosu 角を矯めて牛を殺す

(Sprichw.) wörtl.: „die Hörner zurecht biegen und das Rind dabei umbringen“; das Kind mit dem Bade ausschütten. (このドイツ語の意味は「子供を風呂の水と一緒に流してしまう」ということ。)

♦tsureko 連れ子

das Kind aus einer früheren Ehe **harachigai no ani (otōto) 腹違いの兄(弟)** der Stiefbruder **harachigai no ane (imōto) 腹違いの姉(妹)** die Stiefschwester

♦tsuru 鶴

der Kranich 日本には「鶴は千年，亀は万年」という俚言がある。鶴は，亀とともに，長寿を象徴するめでたい動物とされてきた。鶴は大型で頸と脚が長く，その美しさから，古来日本の民話や絵画に多く登場する。In Japan gibt es das geflügelte Wort „der Kranich lebt tausend Jahre, die Schildkröte lebt zehntausend Jahre“. Beide gelten als Symbole für ein langes Leben und als Glücksbringer. Der Kranich ist ein eindrucksvoller eleganter großer Vogel mit einem langen Hals und langen Beinen und man begegnet ihm deshalb oft in Sagen oder als Motiv in der Malerei. **tsuru no hitokoe 鶴の一声** wörtl.: „ein Schrei des Kranichs"; die alles entscheidende Stimme

♦ tsutsuji　つつじ, 躑躅

die Azalee 桜の花が4月の花だとすれば，5月の花はつつじである。日本の山地に自生するが，観賞用として栽培されることも多い。ドイツでつつじは，室内での観賞用に好まれている。Den für den April typischen Kirschblüten entsprechen im Mai die Azaleen. Sie kommen in den Bergen Japans zwar auch wild vor, werden aber oft als Zierpflanzen angepflanzt. In Deutschland sind Azaleen beliebte Zimmerpflanzen.

♦ tsutsumotase　つつもたせ, 美人局

die Erpressung des Liebhabers einer Frau durch deren Partner 男が，妻や情婦に他の男を誘惑させ，それを種にその相手の男から金銭をゆすり取ること。Ein Mann veranlasst seine Partnerin, eine Beziehung mit einem anderen Mann einzugehen, mit dem Plan, diesen anschließend zu erpressen.

♦ uchi-benkei 内弁慶

jemand, der nur zuhause ein Held ist 弁慶は，武蔵坊弁慶（～1189?）のことであるが，ここでは強い者を意味している。「内弁慶」とは，外では意気地がないが，家のなかでは威張り散らすこと，また，そのような人。Der Name Benkei leitet sich von der historischen Person Musashibō Benkei (~1189?) ab, damit ist hier ein kraftstrotzender Mann gemeint. *Uchi-benkei* bedeutet, dass jemand zwar draußen ein Feigling ist, aber zu Hause den starken Mann spielt, es ist auch die Bezeichnung für so eine Person.

♦ uchi-geba　内ゲバ

innere Streitigkeiten ゲバは，ドイツ語のGewaltから来ている。組織内，あるいは類似の傾向をもつ党派間で主導権争いのために行なわれる暴力的な内部抗争。もともとは学生運動の極左集団の諸派間での暴力闘争を意味した。Von Deutsch „Gewalt" abgeleitet. Führungsstreitigkeiten oder gewalttätige Auseinandersetzungen innerhalb einer Organisation oder zwischen ähnlich orientierten Fraktionen in einer Partei. Ursprünglich bezeichnete man so die gewalttätigen Grabenkämpfe in der ultralinken Studentenbewegung.

♦ uchi-iwai 内祝い

1) die Familienfeier, das (private) Familienfest 2) Geschenk anlässlich einer Familienfeier **uchi- iwai o suru 内祝いをする** eine Familienfeier abhalten

♦ udatsu ga agaranai　うだつが上がらない

wörtl.: der „Dachfirst hebt sich nicht"; es zu nichts bringen; keine höhere Position erlangen können; nicht hochkommen

♦ uguisu うぐいす, 鶯

japanische Nachtigall うぐいすは，ちょうど梅の花が咲くとき里に来て鳴き始めるので，梅とうぐいすの組み合わせは，絵や詩歌の題材となることが多かった。Weil die japanische Nachtigall gerade zur Zeit der

Pflaumenblüte in die Gärten der Wohnhäuser kommt und zu singen beginnt, findet man in Malerei und Dichtung oft die Kombination von Nachtigall und Pflaumenblüte.

◆**ukabareru 浮かばれる**
erlöst werden; in den Himmel (ins Paradies) kommen 例文「これで，死んだ者たちも浮かばれる」Beispielsatz: Damit werden die Verstorbenen erlöst.

◆**ukai 鵜飼い**
das Kormoranfischen 訓練を受けた鵜を使って，魚を獲る日本古来の方法である。鵜が捕らえた魚を呑み込まないように，つながれている紐は首の部分が輪になっている。今日では観光行事的色彩が強い。Bei dieser traditionellen Methode des Fischfangs werden zahme Kormorane mit Ringen um den Hals versehen und ins Wasser gelassen. Die Vögel sind an Seilen angebunden und die Ringe um den Hals verhindern, dass sie die gefangenen Fische verschlucken. Heute kann man das Kormoranfischen als Touristenattraktion beobachten. **unomi うのみ，鵜呑み** 1) das Verschlingen, das Herunterschlucken 2) unreflektiertes Übernehmen

◆**uke ni iru 有卦に入る**
wörtl.: „in eine *uke*-Periode eintreten"; eine Glückssträne haben 陰陽道の考え方で，その人の干支により，7年間幸運が続く年回りのことを「有卦」と言う。Nach der Lehre von Yin und Yang bezeichnet man eine Folge von sieben Jahren, in denen das Glück anhält, als *uke*.

◆**ukete tatsu 受けてたつ**
die Herausforderung annehmen; sich auf einen Kampf einlassen; den Fehdehandschuh aufnehmen

◆**uko-saben suru 右顧左眄する**
bald nach rechts, bald nach links schauen; schwanken; unschlüssig sein

◆**uma ga au 馬が合う**
wörtl.: „das Pferd passt"; sich gut mit jemandem verstehen; gut mit jemandem auskommen 人が馬と呼吸が合ってうまく乗りこなすことができるように，相手と気が合って，うまくやっていけるという意味。Mit jemandem so gut harmonieren und kooperieren wie ein Reiter, der mit seinem Pferd in Einklang ist und fest im Sattel sitzt.

◆**uma no hone 馬の骨**
wörtl. „Knochen eines Pferdes"; ein Mensch von unbekannter Herkunft; eine völlig unbekannte Person; dahergelaufener Kerl; jemand aus dem Kohlenkeller; ein Niemand 素性のわからない者を嘲って言う言葉。馬の骨は，昔中国においては役に立たないものの一つとして数えられたが，それが意味の変遷を経て，現在のような意味になったらしい。Abwertige Bezeichnung für jemanden, dessen Herkunft man nicht kennt. Die Knochen eines Pferdes galten in China als etwas Unnützes, daraus soll sich nach und nach die heutige Bedeutung entwickelt haben.

◆**umi-biraki 海開き**
die (offizielle) Eröffnung der Badesaison am Meer 海水浴場をその年に初めて一般の

人々に開放すること。また，その日。Die Öffnung der Badestrände für die Allgemeinheit, auch die Bezeichnung für diesen Tag. **yama-biraki 山開き** die (offizielle) Eröffnung der Besteigungssaison eines Berges

♦ Umi no hi 海の日

der Tag des Meeres 国民の祝日の一つ。7月の第3月曜日。海の恩恵に感謝し，海洋国日本の繁栄を願う日。1995（平成7）年に制定され（当初は7月20日），翌年から施行された。現在の月日になったのは2003（平成15）年から。Gesetzlicher Feiertag am dritten Montag im Juli. An diesem Tag dankt man für die Segnungen des Meeres und bittet um das Wohlergehen des Insellandes Japan. Der Feiertag wurde 1995 durch ein Gesetz eingerichtet (zunächst legte man den 20. Juli als Termin fest) und seit dem darauffolgenden Jahr begangen. Seit 2003 feiert man den Tag des Meeres am dritten Montag im Juli.

♦ umisen-yamasen no shitataka-mono 海千山千のしたたか者

jemand, der sich in vielen Dingen gut auskennt; der alte, schlaue Fuchs; jemand, der mit allen Wassern gewaschen ist 海に千年山に千年住んだ蛇は竜になるという言い伝えから来ている。Der Legende nach kann eine Schlange zum Drachen werden, wenn sie tausend Jahre im Meer und tausend Jahre in den Bergen gelebt hat.

♦ undei no sa 雲泥の差

wörtl.: „ein Unterschied wie Wolken und Schlamm"; himmelweiter Unterschied「雲泥」は，天にある雲と地にある泥で，両者の違いがはなはだしいことを言う。Die Wolken im Himmel und der Schlamm auf dem Boden als Metapher für einen eklatanten Unterschied.

♦ urami-tsurami 恨みつらみ

der Ingrimm, die Verbitterung つらみは「辛らみ」で，意味を補い語調を整えるために添えた類義語である。*Tsurami* bedeutet „Bitterkeit"und wurde hier vielleicht an das Wort *urami* „Groll" angehängt, um den Klang des Wortes zu verstärken.

♦ uri-futatsu de aru 瓜二つである

wörtl.: „wie zwei Melonenhälften"; wie ein Ei dem andern gleichen 瓜を縦に二つに切ると，その二つが同じ形をしていることから，見分けがつかないほどよく似ている場合にこのように言う。Wenn man eine Melone längs in zwei Hälfen schneidet, sehen beide gleich aus. Das Wort drückt aus, dass sich Dinge zum Verwechseln ähnlich sehen.

♦ usan-kusai 胡散臭い

verdächtig **usan-kusaku omoeru 胡散臭く思える** jemandem verdächtig vorkommen

♦ usa o harasu 憂さを晴らす

den Kummer (die Sorge) vertreiben; sich zerstreuen; sich aufheitern; sich ablenken

♦ ushi-no-toki mairi 丑の時参り (ushi-no-koku mairi 丑の刻参り)

jemanden zur Geisterstunde am Schrein verwünschen 人を呪う方法。丑の刻（午前2時頃）火をつけたろうそくを頭にかざしてひそかに神社にもうで，呪う相手に模したわら人形を神木に打ち付ける。(ちなみにドイツでは幽霊の出る時間は，真夜中の12時からということになっている。) Eine Methode, jemanden zu verwünschen. Dabei geht man zur Stunde des Ochsen (gegen zwei Uhr nachts) heimlich zu einem Schrein, trägt dabei angezündete Kerzen auf dem Kopf und schlägt eine Strohpuppe, deren Aussehen dem Opfer nachempfunden ist, gegen einen heiligen Baum. (Die Geisterstunde in Deutschland beginnt bereits um Mitternacht.) **ushimitsu-doki 丑三つ時** zwei bis halb drei Uhr nachts; Geisterstunde かつては「草木も眠る丑三つ時」と言われた。Früher nannte man diese Zeit „die Zeit des Ochsen, wenn Gräser und Bäume schlafen".

◆utsutsu o nukasu 現(うつつ)を抜かす
jemandem (etwas) verfallen sein 好ましくないと思われる物事や人に心を奪われて夢中になっているということ。Von einer unliebsamen Sache oder Person hingerissen und besessen sein. 例文「かれは賭け事に現を抜かしている」Beispielsatz: Er ist dem Glücksspiel verfallen.

◆uwamae o haneru 上前をはねる
absahnen; sich bereichern 仕事や売買を行なう際に，仲介者が金品の一部を，勝手に自分のものにすること。Gemeint ist, dass sich ein Mittelsmann bei der Durchführung von Arbeiten oder bei einem Geschäft bereichert, indem er einen Teil des gezahlten Betrags für sich behält.

◆uwa no sora de 上の空で
geistesabwesend; nicht bei der Sache; mit seinen Gedanken ganz woanders「上の空」という表現は，『源氏物語』にも出てくる。他のことに気を取られて，心が集中できない状態。Der Ausdruck findet sich bereits im *Genji-Monogatari* und bezeichnet einen Zustand, in dem man sich nicht konzentrieren kann, weil man im Gedanken mit etwas anderem beschäftigt ist.

◆uya-muya ni shiteoku うやむやにしておく
etwas in der Schwebe lassen; unentschieden lassen「うやむや」は，物事がどうなっているのかはっきりしない状態。和語であると考えられているが，語源ははっきりしない。*Uyamuya* ist der Zustand, in dem nicht klar ist, wie sich eine Sache verwickelt. Man vermutet, dass es sich um ein ursprünglich japanisches Wort handelt, aber die Etymologie ist unklar.

◆uyo-kyokusetsu 紆余曲折
die (pl.) Verwicklungen, die (pl.) Komplikationen **uyo-kyokusetu o hete 紆余曲折を経て** nach viel Hin und Her; nach vielem Wenn und Aber

◆wagami o tsunette hito no itasa o shire わが身をつねって人の痛さを知れ
(Sprichw.) Zwicke dich selbst, um den Schmerz eines anderen nachzufühlen.

◆wakage no itari 若気の至り
jugendlicher Übermut; jugendlicher Leichtsinn **wakage no itari de 若気の至りで** in jugendlichem Übermut; in jugendlichem Leichtsinn

♦ **wan-koin** ワン・コイン
(pseudoengl. *one coin*) wörtl.: „eine Münze“; 料金が硬貨一つですむということで，ある商品を購入したり食事をしたりする場合に使ったりする。現在（2010年代）の日本では，500円硬貨の意味で用いられている。Ein Preis für ein Produkt oder eine Mahlzeit, den man mit einer einzigen Münze bezahlen kann. Im gegenwärtigen Jahrzehnt meint man damit 500 Yen.

♦ **wan-man** ワン・マン，ワンマン
(von engl. *one man*) der Autokrat, der Despot, der Alleinherrscher ワンマンは他人の意見や世評に耳を貸さず自分の思う通りに振る舞う人のことであるが，このような意味で用いるのは日本独自の用法である。Gemeint ist, dass sich jemand nicht um die Meinung anderer Leute oder das Urteil der Umwelt kümmert und so handelt, wie er es selbst für richtig findet. Dabei handelt es sich um eine rein japanische Verwendung der englischen Wörter (siehe *wasei- eigo*) 例「ワンマン社長」autokratischer Direktor; autokratischer Firmenpräsident **wan-man-kā** ワンマン・カー der Ein-Mann-Wagen **wan-man-basu** ワンマン・バス der Ein-Mann-Bus

♦ **wari-kan ni suru** 割り勘にする
die Rechnung teilen 割り勘にする，とは請求された飲食代金の総額を，各人が何をどれだけ飲食したかに関係なく，参加者の頭数で割って，各自が同額を支払う方法である。Bei dieser Form des Bezahlens übernimmt jeder der Beteiligten den gleichen Anteil, unabhängig davon, was er gegessen oder getrunken hat. 何人かで食事をしたときなどに，自分の分はそれぞれ自分が支払うというのであれば，Jeder zahlt für sich. と言う。Wenn mehrere Person zusammen ausgehen und jeder nur das bezahlt, was er selbst gegessen oder getrunken hat, ist das nicht *warikan*, in diesem Fall sollte man auf Deutsch sagen: „Jeder zahlt für sich.“

♦ **waruagaki suru** 悪あがきする，悪足掻きする
sich vergeblich bemühen; sich unnütz anstrengen; sinnlosen Widerstand leisten

♦ **warunori suru** 悪乗りする
es zu weit treiben 調子に乗って，度を越えた行いをすること。sich von der Stimmung anstecken lassen und etwas übertreiben

♦ **watariau** 渡り合う
1) einen Streit mit dem Degen austragen; die Klingen kreuzen 2) heftig debattieren; sich mit jemandem auseinandersetzen

♦ **watari-dori** 渡り鳥
der Zugvogel 繁殖のために日本より南の国からやって来て，日本で夏を過ごし，繁殖期が終わると再び越冬のために南の国へ渡っていくツバメのような鳥，あるいは，主として越冬のために日本より北の国から日本へやって来て，冬を日本で過ごし，冬が終わると再び繁殖のために北の国へ渡っていくユリカモメやオオハクチョウのような渡り鳥も日本人の季節感と強く結び付いている。Vögel, die, wie z.B. Schwalben, aus südlichen Regionen im Sommer zur Fortpflanzung nach Japan kommen, und nach der Fortpflanzungszeit zum Überwintern wieder in den Süden zurück-

kehren; oder Vögel, die hauptsächlich zum Überwintern aus nördlichen Regionen nach Japan kommen, und zur Fortpflanzung dorthin zurückkehren, wie z.B. Lachmöven oder Schwäne. Zugvögel spielen in der japanischen Wahrnehmung der Jahreszeiten eine große Rolle.

♦yaboten 野暮天
der Gipfel der Geschmacklosigkeit; der extrem unkultivierte Mensch なお野暮の反意語は粋 (iki, sui) である。*Yabo* ist Gegenbegriff zu *iki* (siehe dort) **yabona 野暮な** ungeschliffen

♦yabu-hebi やぶ蛇
die Schlange im Busch aufstöbern; schlafende Hunde wecken「やぶ蛇」は,「やぶをつついて蛇を出す」の略。よけいなことをして, かえって自分にとって悪い結果を招くこと, の意。*Yabu-hebi* ist eine Abkürzung für *yabu o tsutsuite hebi o dasu*, „in einem Busch herumstochern und die Schlange heraustreiben“, gemeint ist, dass man durch überflüssige Handlungen negative Folgen für sich selbst verursacht.

♦yabuiri 薮入り
(veraltet) wörtl.: „in die Büsche gehen“; Ferien des Dienstpersonals 草深い土地へ帰るという意味。かつて奉公人が正月および お盆に主家から休暇をもらって親元などへ帰ったが, そのことまたはその日のことをこのように呼んだ。Mit diesem Wort bezeichnete man die Rückkehr der Dienstboten zu ihren Familien auf dem Land (wo das Gras hoch wächst), wenn der Hausherr zu Neujahr oder *O-bon* (siehe dort) seinem Gesinde freie Zeit einräumte.

♦yabu-kara-bō ni 藪から棒に
wörtl.: „wie ein Stock aus einem Busch“; urplötzlich「藪から棒」は,「藪から棒を突き出す」を省略したもの。藪は, 外部からは中が見えないので, 急に棒を突き出されると驚くほか無いが, そこから, この言い回しは, 人の意表をついた行動をしたり, 予想外のことが起こる場合のたとえとして使われるようになった。Abkürzung für *yabu kara bō o tsukidasu* („aus dem Busch mit einem Stock hinausstechen“). Weil man von außen nicht sehen kann, wer oder was in einem Busch drinnen ist, muss man erschrecken, wenn plötzlich jemand mit einem Stock heraussticht. Davon ist der Ausdruck abgeleitet, den man verwendet, wenn jemand etwas Unerwartetes macht oder wenn etwas geschieht, was man sich nicht vorstellen konnte.

♦yabure-kabure de やぶれかぶれで
aus Verzweiflung「破れ」は動詞「破れる」から来ており,「だめになる」の意。「かぶれ」には特に意味は無く,「破れ」の意味を強調しまた語呂合わせのために用いられている。*Yabure* kommt von *yabureru*, „zugrunde gehen“, „kaputt gehen“, *kabure* hat hier keine besondere Bedeutung und ist nur angehängt, um den Klang des Wortes zu verstärken.

♦yagō 屋号
Name eines Hauses, Firmenname 村落での住居・屋敷の通称, 商家の通称, 歌舞伎役者の家の通称。Die übliche Bezeichnung für ein Haus oder Anwesen in einer Sied-

lung, für ein Geschäft oder die Familie eines Kabuki-Schauspielers.

♦yajiuma やじ馬，野次馬，弥次馬

der (die) Schaulustige「やじ馬」の語源については諸説あるが，「親父馬」つまり老馬から来ているという説が有力である。老馬は役に立たず，若い馬の尻について歩くことから，自分とは無関係なことに興味を示し，騒ぎ立てる人を，また事故現場の見物人などを含めて，このように呼ぶようになったという。Zur Herkunft des Wortes *yaji-uma* gibt es verschiedene Theorien, am wahrscheinlichsten ist vielleicht, dass es sich um eine Ableitung von *oyaji-uma*, also „altes Pferd", handelt. Das alte Pferd ist zur Arbeit nicht mehr zu gebrauchen und läuft zwecklos hinter einem jungen Pferd her. So bezeichnet man auch eine Person als *yaji-uma*, die für Angelegenheiten Interesse zeigt, die sie eigentlich nichts angehen, aber viel Lärm darum macht. Auch Schaulustige, z.B. an einer Unfallstelle.

♦yake-bokkui ni hi ga tsuku 焼けぼっくいに火がつく，焼け木杭に火が付く

eine alte Liebe flammt wieder auf「焼けぼっくり」と言われることがあるが「焼けぼっくい」が正しい。「焼けぼっくい」は火が付きやすいことから，過去に恋愛関係にあった男女は，一度縁が切れても，再び元に戻りやすいということ。Man sagt oft *yake-bokkuri*, aber korrekt ist *yake-bokkui*. Weil ein Pfosten, der einmal gebrannt hat, leicht wieder Feuer fängt, sagt man, dass ein früheres Liebespaar, auch wenn sie sich einmal getrennt haben, leicht wieder in den früheren Zustand zurückkehrt.

♦yake-butori 焼け太り

wörtl.: „die Bereicherung durch einen Brand"; durch einen Brand Profit machen 火事にあって，その後の生活や事業が以前よりもかえって豊かになること。Das Leben und die Geschäfte gehen nach einem Brand besser als zuvor.

♦yake-ishi ni mizu de aru 焼け石に水である

Das ist nur ein Tröpfchen auf den heißen Stein.

♦yaku-doshi 厄年

das kritische Alter 災難等にあうことが多いので，気をつけるべきだとされる年齢。ein (nach der chinesischen Lehre von Yin und Yang) kritisches Lebensjahr 数え年で男は25, 42, 61歳，女は19, 33, 37歳。Nach der altjapanischen Zählweise der Lebensjahre (siehe *kazoedoshi*) bei Männern das 25., 42. und 61. Lebensjahr und bei Frauen das 19., 33. und 37. Lebensjahr. **yaku-otoshi 厄落とし** (**yaku-barai 厄払い**) der Exorzismus, die Geisterbeschwörung 厄年に当たる人が，厄難を逃れるために行なう行為。社寺に参詣するなどのほか，地方によっては，招宴を張ったり，金や餅をまくなどの風習が残っているところもある。Eine Art Reinigungszeremonie für Personen, die sich nach der alten chinesischen Lehre von Yin und Yang im kritischen Lebensjahr befinden. Außer dem Besuch von Schreinen und Tempeln gibt es je nach Region noch unterschiedliche Bräuche, so werden z.B. Partys gefeiert, Geldgeschenke verteilt oder Reiskuchen (*Mochi*) in die Menge geworfen.

♦yakuza やくざ
die (pl.) *Yakuza*; organisierte Gangsterbanden in Japan; auch Bezeichnung für deren Mitglieder (dann: „der Yakuza“) かつては伝統的な博徒の集団およびその成員を意味する語であったが，現在日常的には組織暴力団およびその成員をさす語として用いられている。Ursprünglich eine Bezeichung für Mitglieder traditioneller Spielerbanden, heute im alltäglichen Gebrauch für organisierte Verbrecherbanden benutzt. Offiziell (z.B. in den Nachrichten) spricht man von: **bōryoku-dan 暴力団** die Gangsterbande **bōryoku-dan-in 暴力団員** das Bandenmitglied **kōiki-bōryoku-dan 広域暴力団** das Verbrechersyndikat mit einem weiten Einflussbereich **Bōryoku-dantai-taisaku-hō 暴力団体対策法** das Gesetz zur Bekämpfung des organisierten Verbrechens **gokudō 極道** die extreme Verruchtheit; die Lasterhaftigkeit **gokudō-mono 極道者** der Schurke, der Gangster **ashi o aratte katagi ni naru 足を洗って堅気になる** sein bisheriges Leben aufgeben und solide werden

♦yama-no-kami 山の神
1) der Berggeist, die Berggottheit 2) mein Hausdrachen; meine Alte (scherzhaft für die eigene Frau) 山の神は，山に宿る神の総称。全国に見られる民間信仰で，多くの場合，山の神は女神である。口うるさい妻の呼称となったのは，中世以降のことである。Sammelbezeichnung für die Götter der Berge. Im landesweiten Volksglauben stellt man sich Berggottheiten sehr oft weiblich vor. Als Bezeichnung für eine nörgelnde Ehefrau findet man das Wort seit dem Mittelalter.

♦yamato nadeshiko やまとなでしこ，大和撫子
1) die Nelke (*Dianthus superbus var. longicalycinus* 2) verschönende Bezeichnung für die japanische Frau; das klassische japanische Frauenideal

♦yamikumo ni やみくもに，闇雲に
blindlings, aufs Geratewohl, wahllos「闇雲」は，闇の中で雲をつかむ，という意味。Die Wortbedeutung ist „in der Dunkelheit nach den Wolken greifen“.

♦ya mo tate mo tamarazu 矢も楯もたまらず
wörtl.: „weder mit Pfeil noch mit Schild aufhalten können“; sich durch nichts von etwas abbringen lassen; sich nicht mehr zurückhalten können 思いつめて，気持ちを抑えとどめることができない，ということ。

♦yanagi 柳
die Weide 春の到来を告げる植物の中でも柳は，日本じゅうどこにでも見られる植物であり，日本人に親しまれてきた。種類は多く90以上あるが，最もよく知られているのは，しだれ柳であろうか。Unter den Pflanzen, die den japanischen Frühling ankündigen, ist die in ganz Japan anzutreffende Weide besonders bekannt. Es gibt über 90 verschiedene Varietäten, am bekanntesten ist vielleicht die Trauerweide. **yanagi no shita ni itsumo dojō wa inai 柳の下にいつも泥鰌はおらぬ** (Sprichw.) Unter der Weide gibt es nicht immer Schmerlen. 柳の木の下でたまたま泥鰌をみつけたことがあるからといって，どの柳の木の下にも泥鰌が

いると考えてはいけない，ということ。Nur, weil man einmal zufällig unter einer Weide eine Schmerle gefangen hat, darf man nicht denken, dass es unter jeder Weide Schmerlen gäbe. **shidare-yanagi しだれ柳** die Trauerweide

♦yarazu-buttakuri 遣らずぶったくり

(ugs.) das ständige An-sich-reißen ohne zu geben「遣らずぼったくり」ともいう。Man sagt auch *yarazu-bottakuri*.

♦yarōjidai 夜郎自大

einen beschränkten Horizont haben und doch dünkelhaft sein; unwissend aber hochmütig 夜郎は，古代中国の少数民族の名前，自大は，自分の力量を知らずに，自分が一番だと思い込んでいること。Yarō ist der Name einer Minderheit im chinesischen Altertum, *jidai* bedeutet, dass man seine eigenen Fähigkeiten nicht richtig einschätzen kann, und sich einbildet, die Nummer Eins zu sein.

♦yase-gaman suru やせ我慢する

Unangenehmes gleichgültig ertragen; so tun, als ob nichts wäre (um zu zeigen, wie stark man ist).

♦yashi 香具師

der Marktschreier 縁日・祭礼など人出の多いところで見せ物の興業や大道芸などで人を集め，粗製の商品などを巧みに売りつけることを職業とする者。露天商の場所の割り当てや世話をする場合もある。最近ではその数は少ない。Jemand, der davon lebt, bei Tempel- oder Schreinfesten, wo viele Leute zusammenkommen, Kunststückchen vorzuführen oder als Straßenkünstler aufzutreten und dabei billige Ware listig zu verkaufen. Manchmal ist er an der Verteilung der Plätze für die fliegenden Händler beteiligt. Heute sind *Yashi* selten geworden.

♦yasu-ukeai 安請け合い

das unüberlegte Versprechen; das voreilige Versprechen; die leichtfertige Übernahme (einer Verpflichtung) **yasu-ukeai suru 安請け合いする** unüberlegt etwas versprechen; voreilig etwas versprechen; (einen Vorschlag) ohne Überlegung übernehmen

♦yatsu-atari suru 八つ当たりする

seinen Ärger (seine Wut) an jedermann auslassen（だれかれの区別なく）八方へ当たり散らすこと。例:「かれは，落第した腹いせに弟に八つ当たりする」Seine Wut an irgend jemandem auslassen, der eigentlich unbeteiligt ist. Beispiel: „Er ärgert sich, weil er durchgefallen ist, und lässt seine Wut an seinem kleinen Bruder aus.“「夫は，会社で嫌なことがあると，私や家族に八つ当たりする」。„Wenn mein Mann Ärger in der Firma hatte, lässt seine Wut immer an mir und der Familie aus.“

♦yatsugi-baya ni 矢継ぎ早に

in schneller (rascher) Folge; Schlag auf Schlag; aufeinanderfolgend

♦yobai 夜這い

der nächtliche Besuch bei der Geliebten; das Fensterln もともと男が女のもとへ通う婚姻形式が一般的であったが，その後嫁入り婚が支配的になると，夜這いは次第に不道徳なものと考えられるようになった。Ursprünglich (in der Heian-Zeit) haben in Japan die Männer die Frauen aufgesucht, wenn sie mit ihnen eine intime Beziehung hatten. Erst später hat sich die Sitte dahingehend gewandelt, dass die Frau gleich nach der Hochzeit zur Familie des Mannes gehörte. Die Bedeutung des Wortes hat sich in der Folge allmählich zum Negativen gewandelt und man dachte eher an etwas Unmoralisches.

♦yoi no kuchi 宵の口

der frühe Abend **yoi no kuchi ni 宵の口に** am frühen Abend; früh am Abend 例文「まだ宵の口ですよ」Es ist noch früh am Abend.

♦yoko-bai 横ばい

1) das Seitwärtslaufen, das Seitwärtskriechen 2) das Stabilbleiben 2) を動詞として用いる場合，stabil bleiben の他に unverändert bleiben, konstant bleiben などが考えられる。

♦yokogami-yaburi no 横紙破りの

wörtl.: „so wie das Papier quer zu reißen"; eigensinnig, eigenwillig, uneinsichtig 和紙は横には破りにくいところから，道理に合わない物事を自分の思いどおりに無理に押し通そうとする人，またそのさまを「横紙破り」と言う。Da man japanisches Papier quer zu seiner Laufrichtung nur schwer zerreißen kann, benutzt man diese Metapher für jemanden, der unvernünftig etwas mit aller Gewalt durchsetzen will oder für diese Handlungsweise.

♦yoko-guruma 横車

1) etwas Törichtes tun wie „den Wagen quer schieben" 2) das seitliche Schwingen einer *Naginata* (siehe: dort) oder eines Stockes (als eine Kampftechnik) 1) 車を横に押すように理不尽なこと。2) 薙刀や棒を横に振り回す武術の手。

♦yoko-renbo suru 横恋慕する

sich in eine verheiratete Person verlieben 他人の配偶者（や愛人）に恋慕すること。

♦yoko-yari 横やり，横槍

wörtl.: „seitliches Stoßen mit dem Speer"; die Unterbrechung, die Einmischung **yoko-yari o ireru 横やりを入れる** dazwischenfahren; sich einmischen

♦yome-ibiri 嫁いびり

wörtl.: das „Quälen der Braut" 姑や小姑などが嫁をいじめること。schlechte Behandlung einer verheirateten Frau durch ihre Schwiegermutter oder ihre Schwägerin(nen)

♦yonige 夜逃げ

die Flucht in der Nacht 事情あって住み続けることができなくなり夜の間にこっそり逃げること。bei Nacht und Nebel sein Haus verlassen und spurlos verschwinden

♦yori より，縒り

die Verflechtung, die Verdrehung **yori o modosu よりを戻す** 1) etwas zurückdrehen 2) sich aussöhnen; sich (wieder) versöhnen (男女の仲など)

♦yowami ni tsukekomu 弱みに付け込む

jemandes Schwäche ausnutzen; jemandes schwachen Punkt benutzen **yowami o miseru 弱みを見せる** Schwäche zeigen; sich eine Blöße geben **yowami o nigiru 弱みを握る** jemandes Schwäche herausfinden; jemandes wunden Punkt herausfinden

♦yubikiri 指切り

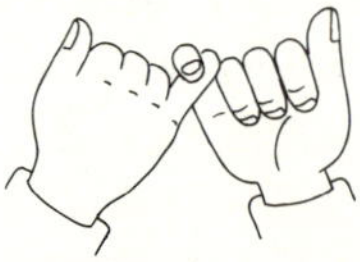

das Verhaken der kleinen Finger 子供などが約束のしるしとして，互いの小指を曲げてひっかけあうこと。その際「指切りげんまん，嘘ついたら，針千本のます」などという。Um ein Versprechen zu untermauern, verhaken z.B. Kinder manchmal die kleinen Finger untereinander. Dazu gibt es den Vers: *Yubikiri genman uso tsuitara hari senbon nomasu.* Zu Deutsch ungefähr: „Wir verhaken die Finger und wenn du lügst, sollst du tausend Nadeln schlucken.“ (Abbildung)

♦yudan-taiteki 油断大敵

Achtlosigkeit ist das größte Risiko. Die Gefahr ist dann am nächsten, wenn man nicht an sie denkt.

♦yuinō 結納

das Verlobungsgeschenk, das Brautgeschenk もともとは婚約の証として婿・嫁双方からの金銭や織物・酒肴などの品物を取り交わしたが，現在では男方から女方へ金品を渡すこととして理解するむきが多い。Früher wurden als Zeichen der Verlobung zwischen beiden Familien Geschenke, häufig Geld, Stoffe und/oder Speisen und Getränke ausgetauscht, heutzutage meint man mit *Yuinō* zumeist ein Geldgeschenk von der Familie des Bräutigams an die Familie der Braut.

♦yuki-daruma 雪だるま

der Schneemann **yuki-daruma-shiki ni ōkiku naru 雪だるま式に大きくなる** sich wie ein Schneeball vergrößern, den man auf dem Schnee rollt; sich nach dem Schneeballprinzip vermehren 大きくなっていくのは，雪だるまを作ろうとして転がしている雪の塊であるから，Schneeball「雪の玉」を用いる。Beim Bauen eines Schneemanns macht man zunächst große Schneekugeln, indem man sie auf dem Schnee rollt, deshalb spricht auf Deutsch vom „Schneeballprinzip“ und nicht wie auf Japanisch vom „Schneemannprinzip“.

♦yukimi 雪見

die Schneeschau; das Betrachten einer Schneelandschaft **yukimi-zake 雪見酒** *Sake*, den man beim Betrachten der Schneelandschaft trinkt

♦yusaburi o kakeru 揺さぶりをかける

versuchen, etwas aus der Balance zu bringen

♦za ga shirakeru 座が白ける

Eine peinliche Stimmung verbreitet sich. Eine leichte Verstimmung befällt die Gesellschaft.

3. 政治・経済・産業・司法・歴史

Politik, Wirtschaft, Industrie, Justiz, Geschichte

◆**abuku-zeni** あぶく銭，泡銭

(ugs.) wörtl.: „Schaumgeld"; leicht verdientes oder nicht verdientes Geld; das zu leicht erworbene Geld; das mühelos gewonnene Geld

◆**adauchi o suru** あだ討ちをする

jemanden rächen; für jemanden Rache üben; Vergeltung üben 自分の主君や父などを殺害した者をみつけだし，あだ討ちをする慣習は，1873（明治6）年に禁止された。Die eigenmächtig verübte Vergeltung für die Ermordung des eigenen Fürsten, Vaters o.Ä. wurde 1873 verboten. (siehe *adauchi*)

◆**afutā-sābisu** アフター・サービス

(pseudoengl. *after service*) der Kundendienst; der Dienst am Kunden; die Kundenbetreuung 英語では *after-sales service* または単に *service*。

◆**Aikoku-fujin-kai** 愛国婦人会

der „Vaterländische Frauenverein" 出征兵士や傷病兵の慰問，軍人遺家族の援護などを目的として1901（明治34）年に創設され，1942（昭和17）年に，大日本婦人会に統合された。1901 gegründete Organisation zur Unterstützung von Soldaten, Verwundeten und Hinterbliebenen von Gefallenen. Im Jahr 1942 Vereinigung zum „Großjapanischen Frauenverein".

◆**akagami** 赤紙

wörtl.: der „rote Brief" 1) 旧日本軍の召集令状の俗称 2) 差し押さえの封印証書の俗称 1) umgangssprachlich für den Einberufungsbefehl (der alten, Kaiserlichen Japanischen Armee) 2) umgangssprachlich für Zwangsvollstreckungbefehl (Pfändungsbefehl)

◆**akaji** 赤字

wörtl.: „die roten Buchstaben", „die mit roter Farbe geschriebenen Buchstaben"; die roten Zahlen; das Defezit, der Passivsaldo **akaji de aru 赤字である** in den roten Zahlen sein; im Defizit sein **akaji ni naru 赤字になる** in die roten Zahlen kommen; ins Defizit geraten **akaji o dassuru 赤字を脱する** aus den roten Zahlen herauskommen **akaji-rōkaru-sen 赤字ローカル線** die defizitäre Lokalbahn

◆**akka wa ryōka o kuchiku suru** 悪貨は良貨を駆逐する

(Sprichw.) Schlechtes Geld vertreibt gutes Geld (aus dem Umlauf). 良いものが追い払われて悪いものがのさばる，という意味。イギリス人トーマス・グレシャム（1519-1579）に由来する言葉。英語では，Bad money drives out good. という。Das Gute wird vertrieben und das Schlechte setzt sich durch. Die Redewendung geht auf Thomas Gresham (1519-1579) zurück, auf Englisch sagt man: *Bad money drives out good.*

◆Akō-gishi 赤穂義士（Akō-rōshi 赤穂浪士）

{Gesch.} die 47 *Samurai* des Akō-Clans 1703（元禄15）年12月14日夜，江戸本所（ほんじょ）の吉良義央（きらよしなか）邸を襲い，主君でありかつての赤穂の大名であった浅野長矩（あさのながのり）の仇を報いた47人の侍。In der Nacht vom 14. auf den 15. Tag im 12. Monat des Jahres 1703 stürmten 47 Samurai das Anwesen des Kira Yoshinaka und töteten ihn, um damit Asano Naganori, ihren ehemaligen Herrn und *Daimyō* von Akō, zu rächen.

◆akusen mi ni tsukazu 悪銭身に付かず

(Sprichw.) Unrecht Gut gedeiht nicht. 不正な手段で得た金は，有難味が無いので浪費されやすく，すぐ無くなってしまう，ということ。Unrechtmäßig erworbenes Geld hat keinen echten Wert, man verschwendet es oft und es ist schnell wieder ausgegeben.

◆akusesu-ken アクセス権

1) 一般市民が，国や自治体などが持つ文書・情報などの内容を公開させて知ることのできる権利。2) マスメディアを利用して，意見広告や反論を発表する権利。1) das Recht der allgemeinen Bevölkerung, öffentlichen Zugang zu Texten und Informationen des Staates oder der Gemeinde zu haben 2) das Recht, sich durch den Gebrauch der Massenmedien seine eigene kritische Meinung zu bilden, und diese frei zu äußern

◆ame to muchi no seisaku 飴と鞭の政策

die Zuckerbrot-und-Peitsche-Politik 支配者の硬軟両様の政策。ヨーロッパの歴史から例をとれば，ビスマルクが社会主義者たちに対して取った政策にその例を見ることができる。Politisches Handeln der Machthaber einerseits mit Härte und andererseits mit Nachgiebigkeit. Ein bekanntes Beispiel aus der europäischen Geschichte ist die Politik Bismarcks gegenüber den Sozialisten.

◆ami-moto 網元

wörtl.: „der Netzbesitzer"; der Boots- und Netzbesitzer; der Fischereiunternehmer 船舶・魚網などを所有し，網子（あみこ）と呼ばれる多くの漁夫を雇用して漁業を営むもの。古くは網元と網子の間には封建的身分関係が見られた。Großer Fischereiunternehmer, der die Fischerboote und -netze besitzt, mit denen bei ihm angestellten Fischer (*Amiko*) arbeiten. Früher gab es zwischen *Ami-moto* und *Amiko* feudale Standesbeziehungen.

◆Anpo-jōyaku 安保条約

der Japanisch-Amerikanische Sicherheitsvertrag 日米安全保障条約（1960）のこと。—1951（昭和26）年サンフランシスコ講和条約と同時に日米間で調印されたが——一般的に「安保」と呼び慣わされているのは，1960（昭和35）年の改定交渉による新条約であり，新たに日米両国の共同防衛，米軍の軍事行動に関する日米両国の事前協議制度等が定められた。この新条約締結に当たって学生や労働組合等により激しい反対闘争が繰り広げられた。Abgekürzt: Anpo. Bilateraler Vertrag zwischen Amerika und Japan aus dem Jahr 1960, in dem sich Amerika als Schutzmacht Japans verpflichtete. Den Abschluss des Vertrages begleiteten heftige Proteste von Studentenorganisationen, Gewerkschaften usw., die darin de facto ein Militärbündnis zwischen den beiden Staaten erkannten. **zainichi-bei-gun no kichi-mondai 在日米軍の基地問題** das Problem der amerikanischen Militärstützpunkte auf japanischem Territorium

♦Ansei no taigoku 安政の大獄

{Gesch.} die Ansei-Massenverhaftung 1858 (安政5) 年から翌年にかけて江戸幕府が尊皇攘夷派に対して行なった弾圧。Massenverhaftungen (und vereinzelte Exekutionen) von Gegnern der Reichsöffnungspolitik des Edo-Shogunats in den Jahren 1858-59 der Ära Ansei.

♦anzen-shinwa 安全神話

der Sicherheitsmythos 日本は安全であるという神話がかつて存在した。この神話は，1995年の阪神淡路大地震や同年のオウム真理教による地下鉄サリン事件により揺るぎ，2011年の東北地方の大地震・津波・原発事故で崩壊した。Es gab einmal den Mythos, dass Japan ein sicheres Land sei. Dieser Sicherheitsmythos wurde 1995 durch das Erdbeben in Ōsaka und Kōbe und den Sarin-Anschlag in der Tōkyōter U-Bahn (im gleichen Jahr) erschüttert und zuletzt 2011 durch das große Erdbeben in Tōhoku, den Tsunami und das AKW- Unglück in Fukushima zerstört.

♦aota-gai 青田買い

1) Reiskauf bevor dieser reif ist; der Ankauf von Reis vor der Ernte 2) Arbeitsverträge mit Studenten, noch vor deren Examen 1) 稲の成熟の前にあらかじめその田の収穫量を見越して産米を買い入れること。2) 転じて企業が人材確保のため，卒業予定の学生の採用を早くから内定すること。1) Den Ertrag eines Reisfelds vorausberechnen und die erwartete Reisernte kaufen, noch bevor die Ähren reif sind. 2) Im übertragenen Sinn nennt man so die Praxis von Unternehmen, zur Absicherung ihres Personalbestands vorläufige Anstellungsverträge mit Studenten abzuschließen, die noch weit vor dem Universitätsabschluss stehen.

♦aota-uri 青田売り

1) Reisverkauf vor der Ernte 2) Immobilienverkauf vor Abschluss der Bauarbeiten 経済的に困った農民が，青田の時期に米の収穫量を見越して先売りすること。2) 転じて，不動産業者が，工事完了前の宅地や建物を販売すること。着工直後から販売し始めるケースも見られる。1) Reisbauern in finanziellen Schwierigkeiten schätzen den Ertrag ihrer Felder ab und verkaufen die zu erwartende Ernte schon, während die Felder noch grün sind. 2) Im übertragenen Sinn nennt man so die Praxis von Immobilienhändlern, die Wohnhäuser oder andere Gebäude schon verkaufen, obwohl sie noch im Bau sind. Manchmal beginnt der Verkauf schon direkt nach dem Baubeginn.

♦apareru アパレル

(von engl. *apparel*) die Bekleidung **apareru-sangyō アパレル産業** die Bekleidungsindustrie 繊維2次製品の製造・流通を中心とする産業である。Der Industriezweig, der hauptsächlich mit der Herstellung und dem Vertrieb von Erzeugnissen aus Textilfasern beschäftigt ist. **apareru-mēkā アパレル・メーカー** der Bekleidungshersteller

♦aribai アリバイ

(von engl. *alibi*) das Alibi 現場不在証明。犯罪が行なわれた時間に被疑者は現場におらず，犯人にはなり得ないという証拠・証明。Beweis oder Nachweis dafür, dass sich eine verdächtige Person zur Tatzeit eines Verbrechens nicht am Tatort aufgehalten hat und somit nicht als Täter in Frage kommt.

♦ashigaru 足軽

{Gesch.} der Fußsoldat, der niederrangige *Samurai* 平常は雑役に従い，戦時には，歩卒となるもの。江戸時代には，武士の最下位をなした。Personen, die gewöhnlich anderen Tätigkeiten nachgehen, aber im Krieg als Fußsoldaten eingesetzt werden. In der Edo-Zeit der niedrigste Rang unter den *Samurai*.

♦atsuryoku-dantai 圧力団体

der Interessenverband, die Lobby 特定の目的を持って組織された社会集団で，議会や政党，行政官庁などに政治的圧力を加えて，政策決定に影響を及ぼそうとする団体。Eine gesellschaftliche Gruppe, die sich zu einem bestimmten Ziel organisiert hat, und durch politischen Druck auf Parlament, Parteien und Behörden versucht, Einfluss auf politische Entscheidungen zu nehmen.

♦Azuchi-momoyama-jidai 安土桃山時代

{Gesch.} Azuchi-Momoyama-Zeit 1568 (od. 1573)～1600 (od. 1598) 織田信長・豊臣秀吉が政権を握っていた時代から，徳川家康が関が原の戦いで勝利した年まで。Bezeichnung für die Herrschaft Oda Nobunagas und Toyotomi Hideyoshis bis zum Sieg Tokugawa Ieyasus in der Schlacht von Sekigahara

♦baburu-keizai バブル経済

die Bubble-Wirtschaft; die Seifenblasenwirtschaft 1986年12月から91年9月頃まで続いた加熱経済。Der durch Spekulationen und faule Kredite ausgelöste überhitzte Wirtschaftsboom des Landes (ungefähr Dez. 1986 bis Sept. 1991). **baburu ga hajikeru バブルがはじける** die Blase (die Seifenblase) platzt **baburu-keizai no hōkai バブル経済の崩壊** der Zusammenbruch der überhitzten Bubble-Wirtschaft

♦Baishun-bōshi-hō 売春防止法

das Gesetz zur Bekämpfung der Prostitution; das Antiprostitutionsgesetz 売春を助長する行為などを処罰するとともに，売春の防止を図ることを目的とする法律(1956年公布)。ドイツにおいては，2001年の法律により，売春は（それまでも事実上存在はしていたが）合法的行為とみなされるようになった。Gesetz aus dem Jahr 1956, das die Förderung der Prostitution unter Strafe stellte, und auf ein Verbot der Prostitution abzielte. In Deutschland hat das Prostitutionsgesetz von 2001 die bis dahin rechtlose Situation der Prostituierten beendet, deren Dienste in Deutschland heute juristisch als Erwerbstätigkeit gelten und nicht mehr rechtswidrig sind. **akasen-chitai 赤線地帯** das „Viertel der roten Linie“; das Freudenviertel 警察などで地図に赤線を引いて示したことに由来する。かつて売春が公認されていた地域。売春防止法で廃止された。ドイツでは現在，青少年保護等を目的とし，売春が禁止されている地域が設けられている。Der Stadtbezirk, wo bis 1956 Prostitution offiziell erlaubt war, war auf dem Stadtplan der Polizei mit einer roten Linie gekennzeichnet, daher der Name. In Deutschland gibt es hingegen so genannte Sperrbezirke, Bereiche, in denen z.B. aus Gründen des Jugendschutzes, Prostitution verboten ist. **baishun-fu 売春婦** die Prostituierte, die Dirne, die Hure **baishun suru 売春する** der Prostitution nachgehen; sich prostituieren **kaishun 買春** der Kauf von Sex; der Kauf sexueller Dienstleistungen この語については，「ばいしゅん」というのが本来の読み方であるが，同音の売春と区別するため「かいしゅん」と発音されることが多い。Dieses Wort müsste eigentlich *baishun* gelesen werden, aber um die Homophonie mit *baishun* („Prostitution“) zu vermeiden, wird es oft *kaishun* ausgesprochen.

♦bakufu 幕府

{Gesch.} wörtl.: die „Zeltregierung“ 1) das Feldlager des Großfeldherrn 2) Militärregierung mit dem Shōgun an der Spitze; die Shōgunatsregierung 1)（戦場で，幕を張って将軍の陣営としたことから）将軍の本陣 2）武家政権の政庁，また武家政権そのもの。

♦bakuhan-taisei 幕藩体制

{Gesch.} das System von Shōgunat und Provinzen 江戸幕府と，その支配下にありながら独立の領地をもつ諸藩とを統治機関とする封建的な政治体制。Bezeichnung für das feudalistische politische System, in dem die Regierungsgewalt zwischen den lokalen Clans und der Shogunatsregierung in Edo geteilt war. Die Clans wurden zwar vom Shōgunat kontrolliert, verfügten aber über unabhängige Territorien.

♦bakumatsu 幕末

das Ende der Edo-Zeit 江戸幕府の末期で，普通1853（嘉永6）年ペリー来航以後1868年明治政府の成立までを指す。Bezeichnung für die Periode seit der Ankunft der „Schwarzen Schiffe“ des Commodore Perry 1853 bis zur Meiji-Restauration 1868.

♦benchā-bijinesu ベンチャー・ビジネス

(pseudoengl. *venture business*) das risikofreudige Unternehmen 専門性が高く，革新力に富んだ知識集約型の小企業。この名称は，和製英語であるが，企業のあり方としては，アメリカからの流れを汲むものである。Kleine hochspezialisierte und innovative Unternehmen im Bereich der Hochtechnologie und Informatik. Der Begriff ist zwar eine japanische Wortschöpfung, aber die bezeichnete Unternehmensform stammt aus Amerika.

♦bēsu-appu ベース・アップ

(pseudoengl. *base up*) die Gehaltserhöhung 定期昇給分以外の賃金水準を，物価の上昇など経済情勢の変化に合わせて引き上げること。die Angleichung der Löhne und

Gehälter an gestiegene Lebenshaltungskosten

♦Bōei-shō 防衛省

das Verteidigungsministerium 2007（平成19）年1月，防衛庁（Verteidigungsamt）は昇格し，防衛省となった。Im Jahr 2007 wurde das Amt für Verteidigung (*Bōei-chō*) zum Verteidigungsministerium hochgestuft.

♦bōeki-masatsu 貿易摩擦

die Handelsfriktion 貿易相手国との間に著しい貿易収支の不均衡が生じ，それが国内経済にも悪影響を及ぼし，そのため両国間で，政治的・経済的利害の対立が激化すること。Ernster politischer und wirtschaftlicher Interessengegensatz zwischen internationalen Handelspartnern, der auf ein Ungleichgewicht in der Handelsbilanz zurückgeht, wodurch die jeweilige Binnenwirtschaft negativ beeinflusst wird. **bōeki-kuroji 貿易黒字** der Handelsbilanzüberschuss, der Handelsüberschuss **bōeki-akaji 貿易赤字** das Handelsdefizit **kokusai-shūshi-kuroji-koku 国際収支黒字国** das Land mit positiver Handelsbilanz

♦bōnasu ボーナス

(engl. *bonus*) der Bonus, die Gratifikation 主に年末あるいは夏期に，正規の給与以外に特別に支払われる賞与金。zusätzliche Geldleistung des Arbeitgebers zumeist am Jahresende und/oder im Sommer **taishoku-kin 退職金** der Abschiedszuschuss; die Abfindungszahlung anlässlich der Pensionierung

♦bugyō 奉行

{Gesch.} der Kommissar, der Verwalter 武家時代の職名。江戸幕府では，行政・司法の最高責任者。Amtstitel der Feudalzeit. In der Shōgunatsregierung der Edo-Zeit war der *bugyō* der Hauptverantwortliche für Verwaltung und Justiz. **Jisha-bugyō 寺社奉行** der Kommissar für Schreine und Tempel **Kanjō-bugyō 勘定奉行** der Finanzkommissar

♦buke-jidai 武家時代

Zeitalter der *Samurai*-Herrschaft (umfasst Kamakura-, Muromachi-, Azuchi-Momoyama- und Edo-Zeit) 鎌倉幕府創建から室町時代，安土桃山時代を経て江戸時代の終りまで。

♦buke-seiji 武家政治

{Gesch.} die Feudalregierung 武家が政権の中心となった政治。鎌倉時代から江戸末期まで，約700年に及ぶ。Die etwa 700 Jahre umfassende Periode der japanischen Geschichte, in der die *Samurai* im Zentrum der politischen Macht standen (Kamakura- bis Edo-Zeit).

♦Buke-shohatto 武家諸法度

{Gesch.} das Gesetzeskanon für den Ritterstand 江戸幕府が大名統制のために制定した基本法。1615（元和元）年交付。13か条よりなる。のち数回にわたり改変された。Grundlegendes Gesetz für die Etablierung des *Daimyō*-Systems, das 1615 von der Shōgunatsregierung in Edo erlassen wurde. Der Kanon umfasste zunächst 13 Artikel und wurde später mehrfach noveliert.

♦bunmei-kaika 文明開化

{Gesch.} die Kulturerneuerung 明治時代の初め，西洋諸国をモデルとしながら文化的側面や社会制度等の近代化をはかったことをいう。Bezeichnung für die kulturelle Erneuerung und Modernisierung Japans nach dem Vorbild der westlichen Staaten zu Beginn der Meiji-Zeit.

◆Bunroku-keichō no eki 文禄・慶長の役

{Gesch.} die beiden Eroberungsversuche Koreas durch Toyotomi Hideyoshi 1592 (文禄元) 年と1597 (慶長2) 年に行なわれた豊臣政権による2度の朝鮮侵略戦争。はじめの出兵は翌年に停戦，2度目の出兵は，出兵の翌年秀吉が死去したことにより撤退した。2度の出兵は，朝鮮側に甚大な被害を与えたのみならず，過酷な軍役・徴発によって豊臣政権の基盤をも大きく揺るがす結果となった。Die beiden Eroberungsversuche Koreas (1592–93 und 1597–98) durch die Regierung Toyotomi Hideyoshis verursachten nicht nur gewaltiges Leid auf der koreanischen Seite, sondern erschütterten infolge von Zwangsrekrutierungen zum unbarmherzigen Kriegsdienst letztlich das Fundament von Hideyoshis Herrschaft.

◆bushi 武士

der Krieger, der Ritter, der *Samurai* **bushi-dō 武士道** der Weg des Kriegers; der Ehrenkodex der *Samurai* 日本の武士階級に発達した道徳。鎌倉時代から発達し，江戸時代に儒学思想と結合して確立した。封建体制の精神的支柱となり，明治以降も国民道徳の中心とされた。主君への絶対的な忠誠のほか，勇敢，信義，礼節，名誉などを重んじる。Im japanischen Kriegerstand entwickelter Moralkodex. Er entstand seit der Kamakura-Zeit und wurde in der Edo-Zeit nach der Synthese mit konfuzianistischen Ideen etabliert. Er wurde zu einer geistigen Stütze des japanischen Feudalsystems und seit der Meiji-Zeit zum Zentrum allgemeiner japanischer Moralvorstellungen. Im *Bushidō* spielen u.a. die Treue zum Herrscher, Mut, Loyalität, Sittlichkeit und Ehre eine große Rolle **bushi wa aimi-tagai 武士は相身互い** (Sprichw.) *Samurai* sollten einander beistehen. Ein *Samurai* muss dem anderen helfen. **bushi wa kuwanedo taka-yōji 武士は食わねど高楊枝** (Sprichw.) Ein *Samurai* reinigt seine Zähne mit dem Zahnstocher, auch wenn er nichts gegessen hat. Ein *Samurai* zeigt seinen Hunger nicht. **bushi no shōhō 武士の商法 (shizoku no shōhō 士族の商法)** wörtl.: „die Geschäftsmethode des Kriegers“; unkluges Geschäftsgebaren eines Nichterfahrenen; laienhafte Geschäftsmethoden 商売のやり方が下手なことのたとえ。明治維新以後，かつて武士であったものが商売を始めても，その多くは，威張ってばかりいて失敗することが多かったので，このように言われた。Sinnbild für einen ungeschickten Händler. Nach der Meiji-Restauration betätigten sich viele ehemalige *Samurai* als Kaufleute, weil aber die meisten von ihnen aufgrund ihres überheblichen Auftretens im Geschäftsleben scheiterten, entstand dieser Ausdruck. **no-bushi 野武士** wilder *Samurai* 中世，落ち武者の武具などを剥ぎ取って武装した農民の集団。他に，一定の主人を持たない放浪武士など。Gruppen von Bauern, die im Mittelalter die Waffen und Ausrüstung von aus dem Schlachtfeld geflohenen *Samurai* an sich nahmen und sich so bewaffneten. Außerdem *Rōnin* (siehe dort) und andere *Samurai*, die keinem festen Herrn unterstanden. **bushi-dō-**

seishin 武士道精神 der *Samurai*-Geist **bushi no nasake 武士の情け** die Ritterlichkeit; die ritterliche Barmherzigkeit

♦buta-bako 豚箱

(ugs.) wörtl.: „Schweine-Zwinger"; das Kittchen, das Loch, der Knast, die Polizeizelle この俗語は，江戸時代末期にはすでに現れている。Dieses umgangssprachliche Wort findet sich schon am Ende der Edo-Zeit. **buta-bako ni irerareru 豚箱に入れられる** ins Kittchen geworfen werden

♦Chian-iji-hō 治安維持法

das Gesetz zur Wahrung der öffentlichen Sicherheit 国体の変革，私有財産制の否認をめざす結社・組織等を取り締まることを目的とした治安立法で1925（大正14）年成立，1941（昭和16）年には全面改正され，取り締まり範囲を拡大，予防拘禁を採用，罰則を強化，拡張解釈により思想・学問・政治活動の弾圧に用いられた。戦後占領軍の指令で1945（昭和20）年に廃止された。Das Gesetz aus dem Jahr 1925 kontrollierte Vereine und Organisationen, die eine Reform der Staatsform anstrebten oder Privateigentum abschaffen wollten. 1941 wurde das Gesetz umfassend novelliert, die Kontrollen ausgeweitet, Verhaftungen auf Verdacht ermöglicht, die Strafen verschärft und durch seine erweiterte Auslegung konnte es dazu benutzt werden, Druck auf das Denken, die Wissenschaft und politische Aktivitäten auszuüben. Nach dem Zweiten Weltkrieg wurde das Gesetz 1945 auf Anordnung der Besatzungsmacht aufgehoben.

♦chihō-bunken 地方分権

die Dezentralisation; die Dezentralisierung der Verwaltung **chihō-jichi 地方自治** die kommunale Selbstverwaltung **chūō-shūken 中央集権** die Zentralisierung (der Staatsgewalt), die Zentralisation

♦Chikatetsu-sarin-jiken 地下鉄サリン事件

der Sarin-Anschlag in der Tōkyōter U-Bahn 1995（平成7）年3月20日東京都の地下鉄でカルト新興宗教教団オウム真理教が起こした無差別大量殺人事件。猛毒のサリンが散布され，乗客と駅員ら13人が死亡，被害者は6000人以上に及んだ。Terroranschlag der neureligiösen Sekte *Ōmu Shinrikyō* („Aum-Sekte") am 20. März 1995 mit dem Giftgas Sarin in der Tōkyōter U-Bahn. Durch Freisetzung des hochgiftigen Sarin wurden 13 Fahrgäste und U-Bahnmitarbeiter getötet und mehr als 6000 Personen verletzt.

♦chiteki-zaisan 知的財産

das geistige Eigentum 精神活動の成果として，特許・著作・意匠その他。Die Ergebnisse geistiger Arbeit, z.B. Patente, Bücher, Muster etc. **chiteki-zaisan-ken 知的財産権** das Recht am geistigen Eigentum（英）*intellectual property right*

♦chōeki 懲役

die Zuchthausstrafe **chōeki sannen no kei ni shosuru 懲役3年の刑に処する** jemanden zu drei Jahren Zuchthaus verurteilen **jikkei-hanketsu 実刑判決** ein Urteil, das sofort vollstreckt wird; ein Urteil auf Gefängnisstrafe ohne Bewährung **shikkō-yūyo 執行猶予** der Aufschub der Strafvollstreckung; die

Bewährung **shikkō-yūyo ni naru 執行猶予になる** zur Bewährung verurteilt werden **ryōkei 量刑** die Festsetzung der Strafe **jōjō o shakuryō shite 情状を酌量して** unter Berücksichtigung der mildernden Umstände **kari-shakuhō 仮釈放** vorläufige Entlassung

♦chōhei-seido 徴兵制度

die Wehrpflicht 国民に兵役義務を課し，強制的に軍隊に編入する制度。日本では1873（明治6）年徴兵令が出され，当初は種々の免除規定があったが，その後改変され1889（明治22）年には国民皆兵による天皇制軍隊が確立し，1945（昭和20）年まで続いた。現在日本には徴兵制度はない。西ドイツにおいては1957年以来徴兵制があり，再統一後のドイツにおいても2011年までそれまでの徴兵制が実施されてきた。In Japan galt Wehrpflicht von 1873 bis 1945, wobei in der ersten Zeit, bis zu einer Reform des Wehrpflichtgesetzes und der Einrichtung einer Volksarmee unter der Herrschaft des *Tennō* im Jahr 1889, viele Ausnahmeregelungen zur Befreiung von der Wehrpflicht geltend gemacht werden konnten. Heute besteht in Japan keine Wehrpflicht. In Deutschland bestand die allgemeine Wehrpflicht von 1957 bis 2011. **chōhei-kensa 徴兵検査** die Musterung **sennin-bari 千人針** die *Senninbari*; die Leibbinde für Soldaten 一枚の布に1000人の女性が赤い糸で一針ずつ縫って千個の縫玉を作り，出征兵士に対して贈り武運長久を祈った。Ein Tuch, in das 1000 Frauen je einen Stich mit einem roten Faden gemacht hatten, und das man Soldaten schenkte, die in den Krieg zogen. Es wurde mit der Hoffnung auf Kriegsglück überreicht. **imon-bukuro 慰問袋** das Unterstützungspaket aus der Heimat (für Soldaten im Feld) 戦地の兵士を慰めるために，日用品や手紙などを入れて送った袋。

♦chōja-banzuke 長者番付

die Rangliste der Spitzenverdiener 高額所得者（高額納税者）を上から順に列記したもの。税務署が毎年公表している高額納税者名簿の俗称。Umgangssprachliche Bezeichnung für die absteigende Rangliste der Spitzenverdiener (berechnet nach der Höhe der abgeführten Steuern), die jedes Jahr von der Steuerbehörde veröffentlicht wird.

♦chōkai-shobun 懲戒処分

die Disziplinarmaßnahme 職員としての義務に違反したものに対する制裁として科せられる処分で，刑罰とはその性格が異なる。公務員に対する懲戒処分としては，免職，停職，減給，戒告などがある。Maßnahmen gegen Beamte, die ein Dienstvergehen begangen haben. Disziplinmaßnahmen sind von Strafen im strafrechtlichen Sinne zu unterscheiden. Beispiele für mögliche Maßregelungen von Beamten sind: Amtsenthebung, Suspendierung vom Dienst, Gehaltskürzung und Verwarnung etc.

♦chōnai-kai 町内会

der Nachbarschaftsverein 地区（町内）に組織される住民の自治組織であるが，地方自治体の公共の活動に協力するという働きもしている。die Selbstverwaltungsorganisation innerhalb eines Stadtteils, die auch gemeinnützige Aufgaben übernimmt

♦chōnin 町人
{Gesch.} die Bürger (im Gegensatz zu *Samurai* und Bauern) 江戸時代，都市に住んだ商・工業者の総称。身分的には，武士や農民より下に位置づけられたが，富を蓄積し，また，町人文化の担い手ともなった。In der Edo-Zeit ein Sammelbegriff für Kaufleute und Handwerker. Im Ständesystem waren diese zwar den *Samurai* und Bauern untergeordnet, aber einige Bürger konnten großen Reichtum erlangen und sie waren die treibende Kraft der städtischen Kultur.

♦chōrei-bokai 朝令暮改
wörtl.: „morgens das Gesetz und abends die Novelle"; „das am Morgen Befohlene am Abend ändern"; das politische Flickwerk 朝に法令を出して夕方それを改めるということで，命令や方針が絶えず改められて当てにならないこと。Morgens wird ein Gesetz erlassen, das am Abend schon wieder geändert wird, d.h. die Verordnungen und Richtlinien werden ständig neu festgelegt und sind deshalb unglaubwürdig.

♦chūdoku-taishi 駐独大使
der in Deutschland akkrediterte Botschafter **chūdoku-nihon-taishi 駐独日本大使** der japanische Botschafter in Deutschland **chūnichi-taishi 駐日大使** der in Japan akkreditierte Botschafter **chunichi-doitsu-taishi 駐日ドイツ大使** der deutsche Botschafter in Japan

♦chūgoku-zanryū-koji 中国残留孤児
in China zurückgelassene Kinder 太平洋戦争敗戦の際，主に中国東北地方（旧満州）で肉親から取り残され中国人に養育された満蒙開拓団員らの子女。1981（昭和56）年以来一部が帰国している。Am Ende des Zweiten Weltkriegs wurden beim Rückzug aus den besetzten Teilen Chinas, vor allem in der Mandschurei, Kinder von ihren leiblichen Eltern zurückgelassen, die von chinesischen Familien aufgenommen und großgezogen wurden. Seit 1981 ist ein Teil dieser Personen in das Heimatland ihrer Eltern „zurückgekehrt".

♦chūshin-koku 中進国
das Schwellenland **senshin-kōgyō-koku 先進工業国** das Industrieland **hattentojō-koku 発展途上国** das Entwicklungsland

♦chūshō-kigyō 中小企業
mittlere und kleine (od. kleinere) Unternehmen 資本金や従業員数に関してどの程度の規模の会社を中小企業に含めるかについては，業種別に法律（「中小企業基本法」）に定められている。Die Maßstäbe, nach denen Firmen hinsichtlich ihres Kapitals und Mitarbeiterzahl als mittele und kleinere Unternehmen gelten, regelt ein Gesetz je nach ihrer Betriebsart („Grundlegendes Gesetz über mittlere und kleinere Unternehmen"). **dai-kigyō 大企業** das Großunternehmen **dōzoku-gaisha 同族会社** das Familienunternehmen **oya-gaisha 親会社** die Dachgesellschaft, die Muttergesellschaft, die Mutterfirma **ko-gaisha 子会社** die Tochtergesellschaft, die Tochterfirma **hankan-hanmin no kaisha 半官半民の会社** das halbstaatliche, halb privat geführte Unternehmen; die halbstaatliche Gesellschaft **machi-kōba 町工場** kleine Fabrik in der Stadt 町のなかにある小規模の工場のこと

で，従業員は少なく，中小企業に分類される。高度な技術を持っているケースもある。Ein kleines Unternehmen in der Stadt mit wenigen Mitarbeitern, das zur Gruppe der mittleren und kleineren Unternehmen zählt. Einige dieser Firmen verfügen über ein sehr hohes technisches Niveau.

◆daidō-danketsu 大同団結
der Zusammenschluss, die Vereinigung (verschiedener Parteien) aufgrund gemeinsamer Interessen **daidō-danketsu suru 大同団結する** sich aufgrund gemeinsamer Interessen verbünden

◆daihakkai 大発会
die erste Börsensitzung des Jahres **dainōkai 大納会** die letzte Börsensitzung des Jahres

◆Daihon'ei 大本営
{Gesch.} das kaiserliche Hauptquartier 天皇に直属する最高の統帥機関。1893 (明治26) 年に法制化され，太平洋戦争の終末まで存続した。Oberste militärische Kommandozentrale, die direkt dem Tennō unterstellt war. Sie wurde 1893 per Gesetz eingerichtet und bestand bis zum Ende des Zweiten Weltkriegs. **sanbō-honbu 参謀本部** der Generalstab **sanbō-sōchō 参謀総長** Chef des Generalstabs

◆daimyō 大名
{Gesch.} der *Daimyō*, der Territorialfürst 単に大名といえば，江戸時代に直接将軍に仕えた一万石以上の領主を指すことが多い。鎌倉時代，室町時代，戦国時代にも大名は存在したが，それらの大名は，江戸時代の大名とは政治的・歴史的性格を異にする。Oft wird die Bezeichnung *Daimyō* für einen Fürsten in der Edo-Zeit verwendet, der direkt dem *Shōgun* unterstand und dessen Einkommen (gemeint ist die Reisernte seines Territoriums) mehr als 10 000 *koku* (siehe dort) betrug. Auch in der Kamakura-, Muromachi- und Sengokuzeit existierten *Daimyō*, aber ihr politischer und historischer Charakter unterschied sich sehr von dem der edo-zeitlichen *Daimyō*. **daimyō-ryokō 大名旅行** die Luxusreise, die Prunkreise **koku 石** 体積の単位。米穀などを量るのに用いる。一石は約180リットル。かつて大名・武士の知行高を表すのにも用いた。Volumeneinheit. Benutzt zum Abmessen von Reis etc. Ein *koku* entspricht etwa 180 Litern. Früher auch dazu verwendet, den Ertrag des Lehens eines *Daimyō* oder eines *Bushi* zu bezeichnen. **kirishitan daimyō キリシタン大名** christliche *Daimyō*; zum Christentum konvertierte *Daimyō* 戦国時代末期から江戸時代初期にかけて，キリスト教の信徒となった大名たち。Eine Reihe von zum Christentum konvertierten *Daimyō* zwischen der Zeit der streitenden Reiche bis zum Anfang der Edo-Zeit.

◆Dainippon-teikoku-kenpō 大日本帝国憲法
{Gesch.} die Großjapanische Verfassung; die Meiji-Verfassung 1889 (明治22) 年に発布され，天皇主権を基本原則とした日本最初の近代的成文憲法。1947 (昭和22) 年日本国憲法の制定により廃止。Die erste japanische Verfassung der Moderne aus dem Jahr 1889 mit dem *Tennō* als Souverän. 1947 durch die japanische Nachkriegsverfassung ersetzt.

◆ **daisan-sekutā 第三セクター**

der tertiäre Sektor 国または地方自治体が民間企業との共同出資によって設立した法人のこと。Juristische Personen (Unternehmen/Organisation), die durch gemeinsame Investitionen der öffentlichen Hand und der Privatindustrie gegründet werden.

◆ **Daitōa-kyōei-ken 大東亜共栄圏**

{Gesch.} die Großostasiatische Wohlstandssphäre 太平洋戦争期に日本が掲げたアジア支配正当化のためのスローガン。Slogan zur Legitimation des japanischen Herrschaftsanspruchs in Asien während des Zweiten Weltkriegs

◆ **dangō 談合**

die Besprechung, die Verabredung 競争入札の際に，複数の入札参加者が前もって相談し，入札価格や落札者などを決めておくこと。Insbesondere Absprachen mit mehreren Bietern bei einer Wettbewerbsausschreibung, um den Gebotspreis sowie denjenigen, der den Zuschlag bekommen wird, im voraus festzulegen.

◆ **danjo-dōken 男女同権**

die Gleichberechtigung von Mann und Frau; die rechtliche Gleichstellung der Geschlechter **danjo-sabetsu 男女差別** die Geschlechterdiskriminierung; die geschlechtsspezifische Diskriminierung

◆ **Danjo-koyō-kikaikintō-hō 男女雇用機会均等法**

das Gleichstellungsgesetz; das Gesetz über die berufliche Chancengleichheit von Männern und Frauen 1985 (昭和60) 年に成立し，1997 (平成9) 年に改正された。採用，昇進，教育訓練，退職など雇用管理に関して男女の差別を禁止する法律。Das 1985 verabschiedete und 1997 reformierte Gesetz verbietet jegliche sexuelle Diskriminierung im Berufsleben, z.B. bei der Einstellung, Beförderung, Weiterbildung oder Pensionierung.

◆ **dappoku-sha 脱北者**

der Flüchtling (der Emigrant, der Überläufer) aus Nordkorea 国境を越える北朝鮮離脱者。

◆ **datsua-nyūō 脱亜入欧**

{Gesch.} die Loslösung von Asien und der Anschluss an Europa 近代日本の特徴的な姿勢の一つで，アジアから脱して，欧米諸国の仲間入りを目指したこと。eine Devise bei der Modernisierung Japans

◆ **datsuzei 脱税**

die Steuerhinterziehung; die Hinterziehung von Steuern **shotoku-zei no datsuzei 所得税の脱税** die Hinterziehung von Einkommensteuern; die Einkommensteuerhinterziehung **datsuzei suru 脱税する** Steuern hinterziehen

◆ **deguchi-chōsa 出口調査**

Befragung der ein Wahllokal verlassenden Wähler; die Umfrage am Ausgang eines Wahllokals 公職選挙の当日，投票所の出口で，投票を終えて出てきた人に，どの候補者（政党）に投票したかを聞く調査。当選予想を出す資料にする。日本では1992 (平成4) 年，テレビ局が初めて行なった。Wahlumfrage am Wahltag für öffentliche Ämter, bei der man die Wähler beim Verlassen des Wahllokals fragt, für welchen Kandidaten (welche Partei) sie gestimmt haben. Das Umfrageergebnis dient als Grundlage der Hochrechnungen und wurde in Japan erstmals 1992 von einem Fernsehsender durchgeführt.

♦de-kasegi 出稼ぎ

Arbeit getrennt von der Familie; das Arbeiten in einer anderen Gegend **de-kasegi o suru 出稼ぎをする** getrennt von der Familie einer Arbeit nachgehen 農民などが一定期間居住地を離れて働き，就労期間経過後は居住地へ帰る形態。日本の出稼ぎ労働は，第二次世界大戦後多様な形態で行なわれていたが，大戦後の高度成長期には，大規模な出稼ぎが見られた。ただ戦後の西ドイツと比べてみるとき大きく異なるのは，ドイツでは労働者はいわゆるGastarbeiterとしてトルコ，イタリア，ギリシャその他の外国から来たのに対し，日本の場合はそのほとんどが日本国内においての移動であり，寒冷地の農民が農閑期を利用し大都市周辺や首都圏の建設現場等へ働き口を求めて移動したという点である。雪国出身の田中角栄が首相になると，出稼ぎがなくても雪国で暮らせるようにと日本列島改造論を唱え，全国で公共事業が増え，そのなかで出稼ぎの数は減少していった。季節工として都会で働くことを希望する人はないではないが，メーカー側は近年人材派遣業を通して労働力を求める傾向があり，従来の出稼ぎは大きく様変わりをせざるを得ない状況にある。Das Phänomen, dass z.B. bäuerliche Landbevölkerung für einen bestimmten Zeitraum ihren Wohnort verlässt, um zu arbeiten und danach wieder zurückzukehren. In Japan gab es zwar bereits kurz nach dem Zweiten Weltkrieg verschiedene Formen dieser Art von Erwerbstätigkeit, aber während des Wirtschaftswunders in der Nachkriegszeit entwickelte sich das zu einem Massenphänomen. Im Gegensatz zur Situation nach dem Krieg in West-Deutschland, wo man Gastarbeiter aus der Türkei, Italien, Griechenland und anderen Ländern nach Deutschland holte, wurde in Japan der Bedarf an Arbeitskräften hauptsächlich durch die innländische Bevölkerung gedeckt, indem Bauern aus kälteren Regionen während der landwirtschaftlichen Ruhezeiten in die Nähe der Großstädte oder die Hauptstadt kamen, wo sie für Baustellen angeworben wurden. Als Tanaka Kakuei, der selbst aus der Region „Schneeland" (siehe *yuki-guni*) stammte, Ministerpräsident wurde, proklamierte er einen Umstrukturierungsplan für den japanischen Archipel, der ermöglichen sollte, dass die Menschen im „Schneeland" leben und arbeiten können, ohne ihren Wohnort zu verlassen. Dazu vermehrte er landesweit die Zahl öffentlicher Betriebe, wodurch die Zahl der Arbeitnehmer, die in anderen Regionen arbeiten müssten, reduziert wurde. Zwar gibt es immer noch Personen, als die Saisonarbeiter in den Großstädten arbeiten wollen, aber die Arbeitgeberseite tendiert in den letzten Jahren eher dazu, ihren Personalbedarf mithilfe von Leiharbeiteragenturen zu decken, so dass sich die Situation der Menschen, die im früheren Sinne zum Arbeiten ihre Heimat verlassen, stark gewandelt hat.

♦detchi 丁稚

{Gesch.} der Lehrjunge, der Ladenbursche,

der Lehrbursche 丁稚とは，職人や商人の家に年季奉公した年少者のことで，このような年季奉公は，江戸時代から第二次世界大戦の頃まで行なわれた。丁稚は，10歳前後で店主の家に住み込んで使い走りや雑役をしながら仕事を覚え（給与はなく，衣食住が保証されたのみであった），首尾よくいけば30歳前後でのれん分けされ，独立することが許された。第二次大戦後，GHQの指令により労働法規が整備されたことや義務教育の年限が延長されたことにより，こういったスタイルは，システムとしては無くなった。Als *detchi* bezeichnete man Lehrjungen, die bei einem Handwerker oder Kaufmann lebten; das System existierte von der Edo-Zeit bis zum Zweiten Weltkrieg. Die Lehrjungen kamen etwa im Alter von zehn Jahren in das Geschäft, wohnten mit der Familie und lernten das Handwerk oder Gewerbe, indem sie zunächst allerlei Hilfstätigkeiten und Handlangerdienste ausübten (dafür wurden sie nicht entlohnt, erhielten aber Kost, Logis und Kleidung), im günstigen Fall erhielten sie etwa im Alter von 30 Jahren die Erlaubnis, sich durch die Gründung einer Filiale selbständig zu machen. Nach dem Zweiten Weltkrieg verschwand dieses System u.a. infolge der vom Allgemeinen Hauptquartier der alliierten Kräfte (*GHQ*) eingerichteten Arbeitsgesetzgebung und der Verlängerung der Schulpflicht.

♦dobuita-seiji どぶ板政治

wörtl.: die „Rinnstein-Politik“; die Politik, die sich um die alltäglichen Kleinigkeiten kümmert 主に，生活に密着した面に主眼を置いて行なう政治。Ein *dobuita* ist ein Brett, mit dem die Abflussrinne vor dem Haus abgedeckt wird. Außerdem ist *dobuita* auch ein Symbol für das private Milieu, deshalb nennt man so eine Politik, die ihr Hauptaugenmerk auf die Alltäglichkeiten richtet. **dobuita-senkyo どぶ板選挙** wörtl.: „die Rinnstein-Wahlen“; die Wahlpropaganda von Tür zu Tür 候補者が路地の一軒一軒を歩いて回るような選挙運動。生活に密着した面での改善を主張して支持を訴えることが多い。Wahlwerbung, wobei der Kandidat von Haus zu Haus geht, um Wähler zu werben. Dabei wird oft die Verbesserung der konkreten Lebensbedingungen versprochen, um Stimmen zu erhalten.

♦dogū 土偶

{Gesch.} die Lehmfigur, die Tonfigur 粘土を材料として焼き上げた人形で，日本では，縄文時代を特色付ける遺物。女性をかたどるものが多く，多産や豊穣などの呪術に用いられたと考えられている。Aus Lehm oder Ton geformte und gebrannte menschliche Figuren; in Japan sind die Überreste solcher Figuren typisch für die Jōmon-Zeit. Es gibt viele Frauendarstellungen und man vermutet, dass diese im Kontext von Fruchtbarkeits- und Erntekulten verwendet wurden.

♦Dokusen-kinshi-hō 独占禁止法

das Antimonopolgesetz 1947（昭和22）年に成立した。Das Gesetz wurde 1947 erlassen.

♦donburi-kanjō どんぶり勘定

Geschäfte mit ungenauer Buchführung; pauschale Berechnung 細かく収支を勘定せずに，あるにまかせて無計画にお金を

使うこと。das planlose Ausgeben von Geld ohne genaue Bilanzierung

♦**Edo-jidai 江戸時代**

{Gesch.} die Edo-Zeit; die Tokugawa-Zeit 徳川家康が1600 (慶長5) 年関が原の戦いで勝利を収め，1603年江戸に幕府を開いた頃から，1867 (慶応3) 年徳川慶喜による大政奉還に至るまで。なお江戸は，1868 (慶応4) 年東京と改称した。Im Jahr 1600 siegte Tokugawa Ieyasu in der Schlacht bei Sekigahara und im Jahr 1603 errichtete er in Edo die Shōgunatsregierung des Tokugawa-Clans. Die Periode ab 1603 bis zur Rückgabe der Regierungsgewalt durch Tokugawa Yoshinobu an den *Tennō* im Jahr 1867 wird als Edo-Zeit oder Tokugawa-Zeit bezeichnet. 1868 wurde Stadt Edo in Tōkyō umbenannt. **edokko 江戸っ子** ein waschechter Tōkyōter; ein Kind der Stadt Edo 江戸で生まれ江戸で育った者のことであるが，東京で生まれ東京で育ったものについても言う。So nannte man jemanden, der in Edo geboren und aufgewachsen war, aber heute nennt man so die gebürtigen Tōkyōter.

♦**ekken-kōi 越権行為**

die Kompetenzüberschreitung; die Überschreitung der eigenen Befugnisse **ekken-kōi o suru 越権行為をする** seine Kompetenz überschreiten

♦**ekonomikku-animaru エコノミック・アニマル**

(von engl. *economic animal*) das Wirtschaftstier 経済的利益を追い求めることに汲汲とする人間の意。1965 (昭和40) 年頃から，国際社会における日本人の打算的・利己的な姿を皮肉って言われた言葉。Menschen, die nur damit beschäftigt sind, in ihrem Leben nach wirtschaftlichem Profit zu streben. Seit etwa 1965 wurde das Wort international als eine ironische Bezeichnung für die als berechnend und egoistisch dargestellten Japaner gebraucht.

♦**ē-kyū-senpan A級戦犯**

der Kriegsverbrecher der Klasse A; der Hauptkriegsverbrecher 第二次世界大戦後に連合国が訴追した日本の重要戦争犯罪人のこと。通例の戦争犯罪を裁いたBC級戦犯とは区別され，極東国際軍事裁判（東京裁判）にかけられた。Die japanischen Hauptverantwortlichen für schwere Kriegsverbrechen, die nach dem Zweiten Weltkrieg von den Allierten angeklagt wurden. Man unterschied sie von den Kriegsverbrechern der Klassen B und C und sie wurden bei den Tōkyōter Prozessen (Internationaler Militärgerichtshof für den Fernen Osten) angeklagt. **Kyokutō-kokusai–gunji-saiban 極東国際軍事裁判** Internationaler Militärgerichtshof für den Fernen Osten **bī-shī-kyū-senpan BC級戦犯** Kriegsverbrecher der Klassen B und C

♦**endaka 円高**

der starke Yen; der teuere Yen, die Yen-Stärke, die Yen-Verteuerung, die Yen-Aufwertung, die Aufwertung des Yen; die Höherbewertung des Yen **endaka defure 円高デフレ** die Deflation durch den teuren Yen **endaka-fukyō 円高不況** die Rezession durch den teuren Yen **endaka-saeki 円高差益** der Profit durch das Steigen des Yen-Wechselkurses **endaka-saeki kangen 円高差益還元** die Reduktion der Gewinne durch den teuren Yen

♦Engishiki 延喜式

{Gesch.} (Werktitel) *Engishiki* 平安中期の律令の施行細則，40巻。905（延喜5）年，醍醐天皇の勅により編集が開始され，927（延長5）年完成した。Gesetzeswerk aus der mittleren Heian-Zeit mit den genauen Straf- und Verwaltungsvorschriften des *Ritsuryō*-Systems (siehe *ritsuryō*), 40 Bände. Die Kompilation begann im Jahr 905 (in der Regierungsdevise Engi, daher der Name) auf Befehl des *Tennō* Daigo und wurde 927 abgeschlossen.

♦enyasu 円安

der schwache Yen; der billige Yen; die Yen-Verbilligung; die Yen-Schwäche; die Yen-Abwertung; der niedrige Yen-Kurs

♦en'yō-gyogyō 遠洋漁業

die Hochseefischerei **kinkai-gyogyō 近海漁業** die Küstenfischerei **yōshoku-gyogyō 養殖漁業** die Fischzucht 魚介・海藻等を人工的に飼養する漁業法のこと。**saibai-gyogyō 栽培漁業** die Aquakultur 栽培漁業とは，広い海域等を利用しそこへ種苗（=稚魚）を播いて成長させ，自然の生産力を利用しながら成魚にして漁業資源の増大をはかる漁業のあり方。Bei der Aquakultur nutzt man z.B. große Meeresflächen, um dort Fischbrut auszusetzen und heranwachsen zu lassen. Es handelt sich um eine Fischereimethode, bei der die Produktionskapazität der Natur für die Aufzucht von Fischen genutzt wird, um die Ressourcen für den Fischfang zu vermehren.

♦en-zai えん罪，冤罪

die falsche Anschudigung; die falsche Beschuldigung **en-zai o kōmuru 冤罪をこうむる** fälschlich beschuldigt werden **en-zai o harasu 冤罪を晴らす** sich von einer falschen Anschuldigung befreien

♦fudō-hyō 浮動票

die (pl.) Stimmen von Wechselwählern; die (pl.) unsicheren Wählerstimmen

♦Fudoki 風土記

{Gesch.} (Werktitel) das *Fudoki*; „Topographische Landesbeschreibung“ 奈良時代の地誌。713（和銅6）年元明天皇の詔により，諸国の産物・地形・古伝説や地名の由来などを記させたもの。一部現存している。In der Nara-Zeit (713) auf Befehl der Kaiserin (*Tennō* Genmei) abgefasstes topographisches Werk über die verschiedenen Provinzen, in dem lokale Produkte, geographische Besonderheiten, alte Legenden und der Ursprung von Ortsnamen verzeichnet sind. Ein Teil des Werks ist erhalten.

♦fūfu-bessei 夫婦別姓

die getrennte Namensführung von Ehepartnern

♦fūjikome-seisaku 封じ込め政策

{Gesch.} die Eindämmungspolitik 1947年頃からアメリカがとった一連の世界政策で，資本主義諸国が協力して共産主義諸国を封じ込め，その勢力の拡大を阻止しようとした政策。Seit 1947 von den USA verfolgte weltweite politische Strategie zur Eindämmung des Kommunismus durch die Kooperation der kapitalistischen Staaten.

◆fujin-sanseiken 婦人参政権
das Frauenwahlrecht 日本において婦人参政権を求める動きは1920年代から存在したが，実現したのは第二次世界大戦後の1945（昭和20）年GHQの指示に基づき，衆議院議員選挙法が改正されたことによる。ドイツにおいてはワイマール共和国成立時1918年に導入された。Obwohl bereits in den 20er Jahren des 20. Jhs. einige Bewegungen zur politischen Gleichberechtigung der japanischen Frauen entstanden waren, dauerte es lange, bis Frauen in Japan auf Anweisung der amerikanischen Besatzungsmacht 1945 das allgemeine Wahlrecht erhielten. In Deutschland wurde das Frauenwahlrecht mit der Gründung der Weimarer Republik im Jahr 1918 eingeführt.

◆fukakōryoku 不可抗力
1) die höhere Gewalt; die *vis major*; die *force majeur*（このラテン語やフランス語の表現は現在あまり用いられない） 2) die Unvermeidlichkeit, die Schicksalhaftigkeit

◆fukoku-kyōhei 富国強兵
{Gesch.} Wohlstand für das Land und Stärke für das Militär; die Vergrößerung des nationalen Wohlstands und Stärkung des Militärs 国を富ませ，兵力を強めること。明治政府の基本政策であった。Slogan der Meiji-Regierung

◆fumi-e 踏み絵
{Gesch.} das Tretbild, das Trampelbild 江戸時代にキリスト教を禁止し，キリシタン宗徒でないことを証明させることを目的として，聖母マリア像やキリスト十字架像などを踏ませた。Während des Verbots des Christentums gab es eine Prüfung, mit der bewiesen werden sollte, dass jemand kein Christ war, dabei musste mit dem Fuß auf ein am Boden liegendes Christus- oder Marienbild getreten werden.

◆fumitaosu 踏み倒す
(ugs.) wörtl.: „niedertreten"; nicht bezahlen, prellen **inshoku-dai o fumitaosu 飲食代を踏み倒す** die Rechnung im Restaurant oder in der Kneipe nicht bezahlen; die Zeche prellen **shakkin o fumitaosu 借金を踏み倒す** Schulden nicht begleichen

◆funshoku-kessan 粉飾決算
die Bilanzkosmetik, die Bilanzverschleierung; die frisierte Bilanz

◆furō-shotoku 不労所得
die (pl.) Vermögenseinkünfte; nicht aus erwerbsmäßiger Arbeit gewonnenes Einkommen **kinrō-shotoku 勤労所得** das Arbeitseinkommen; durch Arbeit erworbenes Einkommen

◆furyō-saiken 不良債権
der notleidende Kredit; der faule Kredit **furyō-saiken shori 不良債権処理** die Bereinigung notleidender Kredite; die Abschreibung eines faulen Kredits

◆Fusei-kyōsō-bōshi-hō 不正競争防止法
Gesetz gegen den unlauteren Wettbewerb 1934（昭和9）年に制定され，1993（平成5）年全面改訂された。Das Gesetz wurde 1934 erlassen und 1993 in großem Umfang novelliert.

♦**gaiatsu 外圧**

der Druck von außen; der politische Druck anderer Staaten **gaiatsu ni kussuru 外圧に屈する** dem Druck von außen nachgeben

♦**gaiju 外需**

die Nachfrage aus dem Ausland; die ausländische Nachfrage; die Auslandsnachfrage **naiju 内需** die Inlandsnachfrage; die einheimische Nachfrage; der Inlandsbedarf **naiju-kakudai 内需拡大** die Vergrößerung der Inlandsnachfrage

♦**Gaikokujin-tōroku-hō 外国人登録法**

das Gesetz über die Ausländerregistrierung (aus dem Jahr 1952) **gaikokujin-tōroku 外国人登録** die Ausländerregistrierung **gaikokujin-tōroku-shōmeisho 外国人登録証明書** der Ausweis über die Ausländerregistrierung **zairyū-kādo 在留カード** die Aufentkaltskarte (engl. *Resident Card*) 2012 (平成 24) 年7月，それまでの外国人登録制度は廃止され，外国人登録証にかわるものとして「在留カード」が交付されることになった。Im Juli 2012 wurde das alte Ausländermeldegesetz abgeschafft. Aufgrund eines neuen Verwaltungssystems für den Aufenthalt ausländischer Staatsangehöriger wird eine neue Aufenthaltskarte ausgestellt.

♦**gaikoku-kawase 外国為替**

die Devise **gaikoku-kawase-sōba 外国為替相場** der Wechselkurs **gaikoku-kawase-ginkō 外国為替銀行** die Devisenbank **gaikoku-kawase-saeki 外国為替差益** der Wechselkursgewinn **gaikoku-kawase-sason 外国為替差損** der Wechselkursverlust

♦**gaisan-yōkyū 概算要求**

die Budgetforderung der (einzelnen) Ministerien（国の予算編成に先立って，）各省庁が(毎年8月末までに)財務省に対して翌年度予算の見積り資料を提出すること。Als Berechnungsgrundlage für die Festlegung des Staatshaushalts reichen alle Ministerien jedes Jahr bis Ende August ihre Budgetforderungen für das folgende Jahr beim Finanzministerium ein.

♦**gaisen-sha 街宣車**

der Lautsprecherwagen, der Propagandawagen (insbes. rechter Parteien) 特に，右翼の街宣車

♦**gakumen 額面**

der Nennwert, das Pari **gaku-men dōri ni uketoru 額面どおりに受け取る** etwas für bare Münze nehmen; etwas für voll nehmen; jemandem etwas aufs Wort glauben

♦**gakuto-shutsujin 学徒出陣**

{Gesch.} die Zwangsrekrutierung von Studenten für den Kriegsdienst 第二次世界大戦中1943（昭和18）年12月から，文科系学生の徴兵猶予が停止され，大学生は在籍のまま陸海軍に入隊し，戦争に参加した。Während des Zweiten Weltkriegs wurde im Dezember 1943 die bis dahin geltende Rückstellung vom Wehrdienst für Studenten der Geisteswissenschaften aufgehoben. Von diesem Zeitpunkt ab wurden die Studenten vom Heer und der Marine eingezogen und in den Krieg geschickt, ohne dadurch ihren Studentenstatus zu verlieren.

◆gasa-ire ガサ入れ
(ugs.) (Polizei- und Gaunersprache) die Hausdurchsuchung, die Razzia 「ガサ」は「捜す」の「さが」を逆に読んだもの。警察その他の隠語で，家宅捜索を意味する。Das Wort *ga-sa* ist durch die Umkehrung der Silben aus dem Verb *sa-ga-(su)* gebildet.

◆gasshō-renkō 合従連衡
das Vereinen der Kräfte und Schließen der Bündnisse 中国戦国時代の故事に基づく。その時々の状況に応じて，幾つかの勢力が団結したり離れたりすること。Von einer alten chinesischen Begebenheit aus der Zeit der streitenden Provinzen abgeleitete Redewendung. Den jeweiligen Umständen entsprechend schließen sich die Mächtigen entweder zusammen oder lösen sich von einander.

◆gekijōgata hanzai 劇場型犯罪
Verbrechen, das durch Medienpräsenz vor aller Augen stattfindet 劇場型犯罪というのは，犯罪が演劇の一部であるかのように行なわれる犯罪のこと。世間や企業などを舞台とし，実行犯が主役，警察が脇役，マスメディアや一般人が観客とみなされる構成になっているものが多い。日本での代表的な例としては，1984 (昭和59) 年，京阪神を舞台として食品会社を標的とした「グリコ・森永事件」がある。犯人とおぼしき人物は何度か目撃されたが，逃げられてしまったため，結局正体はわからなかった。犯人はその後も逮捕されていない。Verbrechen, die wie als Teil einer Inszenierung durchgeführt werden. Oft wird der öffentliche Raum oder eine Firma als „Bühne“ gewählt, und es entwickelt sich eine Situation, in der der Täter zur Hauptfigur, die Polizei zu Nebendarstellern und die Medien und die Bevölkerung zum Publikum gerät. Als typisches japanisches Beispiel gilt der Fall „Glico-Morinaga“ aus dem Jahr 1984, für den die Kidnapper die Region Kyōto, Ōsaka und Kōbe als „Bühne“ wählten, und dessen Ziel die Lebensmittelhersteller Glico und Morinaga waren. Die vermutlichen Täter wurden zwar mehrfach gesehen, konnten aber letztlich unerkannt entkommen und auch später nicht verhaftet werden.

◆gekokujō 下克上
{Gesch.} die Überwindung der Oberen durch die Unteren 伝統的権威や価値体系を否定し，下位のものが上位の者の地位や権力を奪取することで，室町時代中期から戦国時代にかけて多く見られた。Gemeint ist die Situation, wenn die sozial niedriger Stehenden die traditionelle Autorität und das Wertesystem der höher Stehenden ablehnen und ihnen die Macht entreißen. Von der Mitte der Muromachi-Zeit bis zur Sengoku-Zeit war das oft der Fall.

◆gengō 元号 (nengō 年号)
der Äraname; die Ärabezeichnung **kai-gen 改元** die Änderung des Äranamens **kai-gen suru 改元する** den Äranamen ändern 歴史的には吉事を理由とする改元，凶事に際してその影響を断ち切るための改元が行なわれた例もあるが，明治時代からは一世一元の制が施行されてきた。第二次世界大戦後，元号の法的根拠はいったん無くなったが，1979 (昭和54) 年施行の元号法により，皇位の継承があった場合にかぎり元号を変更することが定められた。

In der Geschichte findet man zwar auch Beispiele dafür, dass *gen-gō* nach freudigen oder besoders tragischen Ereignissen geändert wurden, z.B.um die Nachwirkungen einer Katastrophe vergessen zu machen, aber seit der Meiji-Zeit gilt, dass jeder Tenno nur eine Ärabezeichnung wählt. Nach dem Zweiten Weltkrieg war die gesetzliche Grundlage für diese Äradevise zeitweise nicht mehr gegeben, aber 1979 wurde das Gesetz über die Äranamen verabschiedet, das festlegt, dass die Ärabezeichnung nur im Falle der Thronfolge durch einen neuen *Tennō* geändert werden kann.

♦genkō 元寇

{Gesch.} Mongolen-Invasionen in Japan (von 1274 und 1281) 鎌倉時代，フビライ治下の元の軍隊が1274（文永11）年と1281（弘安4）年日本に来襲した事件。In der Kamakura-Zeit wurde Japan in den Jahren 1274 und 1281 von einer Armee der chinesischen Yuan-Dynastie unter dem mongolischen Herrscher Kublai Kahn angegriffen.

♦genrō 元老

{Gesch.} der *Genrō*; der kaiserliche Berater 明治中期以後昭和前期まで，天皇を助けて重要な政務に関与した政治家。憲法規定以外の地位で，重要な政治問題について天皇の諮問に答えたり後継首相の推薦などを行なった。Von der Mitte der Meiji-Zeit bis in die erste Phase der Shōwa-Zeit hinein existierte diese Position eines kaiserlichen Beraters, der bei wichtigen Staats angelegenheiten zu Rate gezogen wurde. Es handelte sich dabei um einen Posten außerhalb der Verfassungsrichtlinien und der *Tennō* hielt bei wichtigen politischen Fragen mit seinem *Genrō* Rücksprache, so etwa bei der Empfehlung eines neuen Premierministers.

♦genron no jiyū 言論の自由

die Redefreiheit; die Freiheit der Rede; die Meinungsfreiheit; das Recht auf freie Meinungsäußerung **genron no jiyū o danatsu suru 言論の自由を弾圧する** die Redefreiheit unterdrücken **genron no jiyū o hoshō suru 言論の自由を保障する** die Redefreiheit garantieren **shuppan no jiyū 出版の自由** die Pressefreiheit

♦gensen-chōshū 源泉徴収

die Quellenbesteuerung, der Quellensteuerabzug **gensen-chōshū-zei 源泉徴収税** die Quellensteuer **gensen-chōshū-hyō 源泉徴収票** die Quellensteuerbescheinigung; das Zertifikat über den Quellensteuerabzug

♦gentan 減反

die Reduzierung der Anbaufläche (für Reis) **gentan-seisaku 減反政策** die Politik zur Reduktion von Anbauflächen 減反とは，一般的には作付面積を減らすことであるが，日本において問題にされているのは，米の生産に関わる事で，1970（昭和45）年に始まった稲の作付制限のことを言う。Damit kann zwar die Reduktion von Anbauflächen im Allgemeinen gemeint sein, aber in Japan geht es hierbei um die Reduktion der Anbaufläche für Reis und bezeichnet die erstmals 1970 vorgenommene Beschränkung der dafür genutzten Flächen.

♦gifun 義憤

der gerechte Zorn; die Entrüstung (aus einem

Gerechtigkeitsgefühl heraus) **gifun ni karare te 義憤に駆られて** von gerechtem Zorn getrieben

♦ Gokajō no goseimon 五箇条のご誓文
{Gesch.} Fünf-Artikel-Eid 1868 (慶応4) 年3月，明治天皇が宣布した明治新政府の基本政策。5か条よりなり，第1条には，「広く会議を興し，万機公論に決すべし」とある。Im März des Jahres 1868 wurden in diesem Erlass die Grundlagen der neuen Politik des Meiji-*Tennō* bekanntgegeben. Der Text umfasst 5 Artikel, der erste davon lautet: „Alle wichtigen Staatsangelegenheiten sollen nach ausführlichem Meinungsaustausch in Übereinstimmung mit der öffentlichen Meinung entschieden werden."

♦ gokō-gomin 五公五民
{Gesch.} wörtl.: „die Hälfte für die Regierung, die Hälfte für das Volk" 江戸時代に，収穫米の半分を年貢として納め，半分を農民の収入としたこと。この割合が通則であったが，実際には，その他の比率のケースも存在した。In der Edo-Zeit mussten die Bauern die Hälfte ihres Reisertrages als jährliche Tributzahlung abgeben, die andere Hälfte war ihr Einkommen. Im tatsächlichen Verhältnis von Einkommen und Tribut gab es allerdings auch Fälle, in denen von dieser allgemeinen Formel abgewichen wurde.

♦ gokumon 獄門
{Gesch.} 1) wörtl.: „das Gefängnistor" 2) die Zurschaustellung des Kopfes eines Enthaupteten am Gefängnistor 江戸時代に庶民に科された死刑の一つで，打ち首の後，刎ねた首を台に載せて3日間（2晩）見せしめとして刑場または犯罪地に晒した。晒し首とも言う。In der Edo-Zeit eine Form der Todesstrafe für das gemeine Volk, wobei nach der abgeschlagene Kopf nach der Hinrichtung drei Tage lang (zwei Nächte) auf ein spezielles Podest gesetzt und an der Richtstätte oder am Ort des Verbrechens zur Schau gestellt wurde. Man spricht auch von *sarashi-kubi.*

♦ go-shuin 御朱印
{Gesch.} der rote Stempel; das rote Siegel 朱色の印肉で押した印。特に戦国時代以降，将軍や大名などが（命令・公認などの）公的文書に用いたものを言う。Von der Sengoku- bis zur Edo-Zeit durften nur der *Shōgun* und *Daimyō* rote Siegel zur Unterzeichnung ihrer offiziellen Dokumente verwenden. **kokuin 黒印** der schwarze Stempel; das schwarze Siegel 百姓，町人は黒印を用いた。Bauern und Kaufleute unterzeichneten ihre Dokumente mit schwarzen Siegeln.

♦ go-shuin-sen 御朱印船
{Gesch.} wörtl.: „das Schiff mit rotem Stempel" 江戸時代初期の鎖国まで存在した官許の貿易船 durch das Shogunat für den Außenhandel autorisiertes Schiff (bis zur Landesabschließung in der Edo-Zeit)

♦ gozen-kaigi 御前会議
{Gesch.} die Sitzung in Anwesenheit des Kaisers 明治憲法下で国家の緊急時に天皇出席のもと開催された最高会議で，出席者は，元老，大臣，軍首脳など。In der Meiji-Verfassung war für Fälle von besonderer staatlicher Dringlichkeit die Einberufung dieser Versammlung vorgesehen, an der au-

ßer dem Kaiser u.a. sein Berater (siehe: *Genrō*), die Minister und die militärische Führung teilnahmen.

♦gun-shin 軍神

1) der Kriegsgott 2) der vergöttlichte Kriegsheld 近代日本において，当初は武勲を立てて壮烈な戦死をとげた軍人に対し主としてマスコミなどがこの語を用いていたが，昭和10年代の半ばになると，軍が公式に軍神を指定するようになり，軍神に指定された軍人の生家には，「軍神の家」という表札が掲げられるようになった。Ursprünglich wurde das Wort im modernen Japan vor allem von den Massenmedien für Gefallene verwendet, die besondere militärische Leistungen vollbracht und einen „heldenhaften Tod" gefunden hatten, aber etwa seit 1940 wurden die Soldaten auch vom Militär offiziell so bezeichnet und ihren Familien wurden Türschilder mit der Aufschrift „Haus eines Kriegsgottes" verliehen.

♦gun'yū-kakkyo 群雄割拠

{Gesch.} Konkurrenz zahlreicher Regionalfürsten um die Herrschaft 群雄が各地に勢力を張り対立すること。室町時代末期の状態についてこのように言うことが多い。Die Rivalität der regionalen Fürsten untereinander. Man verwendet das Wort oft, um die Situation am Ende der Muromachi-Zeit zu bezeichnen.

♦gurōbarizēshon グローバリゼーション

(von engl. *globalization*) die Globalisierung 経済，情報，技術，文化などが地球規模で一体化していく傾向にあること。Tendenz zur weltweiten Vereinheitlichung von Wirtschaft, Information, Technik und Kultur.

♦gyokuon-hōsō 玉音放送

{Gesch.} die Rundfunkansprache des *Tennō* 1945年8月15日正午に放送された「戦争終結の詔書」が有名。そのなかに「堪へ難キヲ堪へ」という表現がある。Am Mittag des 15. August 1945 verkündete der *Tennō* in einer Radioansprache die japanische Kapitulation. Dabei benutzte er die berühmt gewordene Formulierung „das Unerträgliche ertragen".

♦gyokusai 玉砕

{Gesch.} wörtl.: das „Zerbrechen der Perle"; der Ehrentod 玉が美しく砕けるように，名誉や忠義を重んじて，いさぎよく死ぬこと。太平洋戦争の末期，「全滅」はしばしば「玉砕」と言い換えて報じられた。Tapfer in Ruhm und Ehre sterben, so wie eine Perle, die schön zerbricht. Gegen Ende des Pazifischen Krieges wurde häufig vom „Zerbrechen der Perle" als Euphemismus für die vollständige Vernichtung von Armee-Einheiten berichtet. **gyokusai suru 玉砕する** sich aufopfern; einen ehrenvollen Tod sterben; bis zum letzten Mann kämpfen

♦gyōsei-kaikaku 行政改革

die Verwaltungsreform 行政の機構，人事，予算，管理手法などに関する諸改革の総称。当然のことながら，政治改革の側面をもつ。Reformen in der Verwaltung, die sich auf die Organistion, das Personal, das Budget, das Management usw. beziehen und mit denen stets auch eine Neuausrichtung der Politik einhergeht. **gyōsei-kaikaku o okonau 行政改革を行なう** eine Verwaltungsreform durchführen **gyōsei-kaikaku ni tomonau shomondai 行政改革にともなう諸問題** die Probleme, die eine Verwaltungsreform einhergehen **Gyōsei-fufuku-shinsa-hō** (1962) **行政不服審査法** Gesetz über Beschwerden gegen administrative Handlungen (1962)

◆gyūho-senjutsu 牛歩戦術

wörtl.: „Taktik im Schritttempo einer Kuh"; die Zeitlupentaktik, die Filibusterei 議会などで議事の進行を遅らせるために（少数派の人たちが），投票などの際にのろのろと行動すること。die Taktik (einer Minderheit), durch sehr langsames Verhalten die Beschlussfassung bei einer Sitzung absichtlich hinauszuzögern

◆haihan-chiken 廃藩置県

{Gesch.} die Abschaffung des Feudalsystems und die Einrichtung der Präfekturen 1871（明治4）年，明治政府が中央集権化を図るため，全国261の藩を廃し，府県を置いたこと。1871 löste die Meiji-Regierung die historischen Provinzen (*han*, insgesamt 261) auf und richtete die Präfekturen ein, um die Staatsgewalt zu zentralisieren.

◆haikin-shugi 拝金主義

die Verehrung des Geldes; die Anbetung des Mammon; der Mammonismus **haikin-shugi-sha 拝金主義者** der Anbeter des Mammon; der Mammonsdiener, der Geldanbeter

◆haken-shain 派遣社員

der Leiharbeiter 派遣業務は，人材派遣に従事して働く派遣労働者（派遣社員，派遣スタッフ），派遣労働者を雇用して働き手を派遣する派遣元（つまり派遣会社），およびそれを受け入れる派遣先の会社という三者から成り立っている。全体の流れを追うと，まず労働者は派遣会社に登録して派遣社員になる。そして派遣会社から仕事の紹介を受け，条件等の合意があれば，契約が成立する。派遣先は派遣会社と，派遣会社は派遣社員と契約を交わし，派遣社員は派遣先で仕事をする。派遣先から派遣会社に契約の賃金が支払われ，派遣会社から派遣社員に給与が支払われる。Das Leiharbeitersystem besteht aus drei Teilen, den Leiharbeitern (Arbeitnehmer; *haken-shain* oder *haken-sutaffu*), der Leiharbeiteragentur (Zeitarbeitsfirma) und dem Entleiher, der Firma, wo der Arbeitnehmer tatsächlich arbeitet. Das Prozedere ist wie folgt: Zuerst lässt sich ein Arbeitnehmer bei einer Zeitarbeitsfirma registrieren und bekommt so den Status eines Zeitarbeiters. Die Zeitarbeitsfirma vermittelt ihm dann Stellenangebote, und wenn er mit den Bedingungen einverstanden ist, macht er einen Arbeitsvertrag. Die Entleiherfirma schließt einen Vertrag mit der Leiharbeitsfirma, die wiederum einen Vertrag mit dem Arbeitnehmer abschließt, dieser nimmt daraufhin seine Arbeit auf. Der Entleiher zahlt der Zeitarbeitsfirma eine Leihgebühr und die Zeitarbeitsfirma dem Arbeiter seinen Lohn. **jinzai-haken-gyō 人材派遣業** das Leiharbeiter-Vermittlungsgewerbe **jinzai-haken-gaisha 人材派遣会社** die Agentur für Leiharbeiter

◆hakkō-ichiu 八紘一宇

{Gesch.} die acht Weltgegenden unter einem Dach 太平洋戦争の時期に日本の海外進

出を正当化するために用いられた標語。ein Slogan vor und während des Zweiten Weltkriegs, mit dem die Expansion Japans euphemistisch beschrieben wurde

♦hako-mono 箱物, ハコモノ

wörtl.: „der Kasten“; (ugs.) sinnlos errichtete öffentliche Gebäude 国や地方公共団体などが建設した学校, 美術館, 多目的ホールなどで, それらが十分に活用されていない場合に, ネガティヴな文脈において用いられる。Das Wort wird im negativen Kontext für Schulen, Museen, Mehrzweckhallen etc. verwendet, die vom Staat oder von Gemeinden errichtet wurden, aber oft nicht ausreichend genutzt werden.

♦hakuri-tabai 薄利多売

bescheidener Gewinn bei großem Umsatz; schneller Umsatz bei kleiner Gewinnspanne

♦hakusho 白書

das Weißbuch 政府の各省庁が発表する, 活動の現状や対策・展望などを国民に知らせるための報告書。日本では, 1947 (昭和22) 年片山内閣が発表したのが最初。Für die Öffentlichkeit bestimmter Bericht verschiedener Ministerien und Behörden über die akutuelle Lage, die geplanten politischen Maßnahmen, die Zukunftsaussichten usw. In Japan wurde das erste Weißbuch 1947 vom Kabinett Katayama herausgegeben.

♦haniwa 埴輪

{Gesch.} die *Haniwa*-Figur 古墳の上や周囲に立て並べられた人物・動物・家屋などをかたどった土製品。日本古代の衣服や住居等を知る手がかりを与えてくれる。Tonfiguren von Menschen, Tieren, Häusern usw., die um oder auf Grabhügeln (siehe: *kofun*) aufgestellt wurden. Sie geben Informationen über Kleidung, Wohnformen usw. im japanischen Altertum.

♦Hanshin-awaji-daishinsai 阪神淡路大震災

das Große Hanshin-Awaji-Erdbeben 1995 (平成7) 年1月17日, 神戸を中心とする阪神・淡路地域を大震災が襲った。淡路島は大阪湾にある島で, この地震は, 淡路島北部を震源地とするものであった。死者は6434名, 未明の地震であり, 死者の多くは倒壊した家屋の下敷きによるものであった。Am 17. Januar 1995 wurde das Gebiet um Kōbe, Ōsaka und der Insel Awaji-shima (in der Bucht von Ōsaka) von einem schweren Erdbeben heimgesucht. Das Epizentrum lag im Norden der Insel Awaji-shima. Die Zahl der Todesopfer belief sich auf 6434, von denen viele unter den Trümmern ihrer Häuser begraben wurden, weil sich das Erdbeben in der frühen Morgendämmerung ereignete.

◆harō-wāku ハロー・ワーク（公共職業安定所）
(pseudoengl. *Hello Work*) das Arbeitsamt 職業紹介や雇用保険の手続きなども行う厚生労働省の機関。これまで失業者は，ハロー・ワークへ赴いて求職活動を行ってきたが，2004(平成16)年1月から，ハロー・ワークがインターネット上に求人希望企業名を公表するようになり，ハロー・ワークの紹介を介さずに直接事業所に応募して就職する件数も，30歳代を中心に増加している。Eine Einrichtung des Ministeriums für Gesundheit, Arbeit und Soziales, die Stellen vermittelt, für die Arbeitslosenversicherung zuständig ist usw. Bis Januar 2004 mussten die Stellensuchenden das Arbeitsamt besuchen und sich vor Ort um Arbeit bemühen, aber seither werden die Namen der ausschreibenden Firmen im Internet veröffentlicht und die Fälle, in denen sich Stellensuchende ohne die Vermittlung des Arbeitsamts direkt bei den Firmen bewerben, haben zugenommen, besonders bei Personen zwischen 30 und 40.

◆hata-age 旗揚げ
1) das Ausheben von Truppen, die Truppenaushebung 2) die Unternehmung, die Gründung; der Start von etwas Neuem **hata-age suru 旗揚げする** 1) zur Fahne rufen; eine Armee aufstellen 2) ein Unternehmen starten 1)兵を挙げること 2)転じて，新たに事を起こすこと **hitohata-ageru 一旗揚げる** etwas Großes leisten; sein Glück mit etwas versuchen **hata-furi 旗振り** das Fahnenschwingen (der Fahnenschwinger) 2) das Anführen (der Anführer) **hanki o hirugaesu 反旗を翻す** sich jemandem widersetzen; rebellieren; sich gegen jemanden empören; einen Aufstand anzetteln

◆hata-bi 旗日
wörtl.: „der Fahnentag“ (ugs.) der gesetzliche Feiertag 国旗を掲げて祝うところからきた国民の祝日の俗称。この語の使用頻度は少なくなってきている。Volkstümliche Bezeichnung für staatliche Feiertage, weil dann an manchen Häusern die japanische Flagge gehisst wird. Das Wort wird heute weniger oft verwendet.

◆hato-ha ハト派，はと派
die „Tauben“; die gemäßigten Politiker タカ派と対置される穏健派の政治家たち。Politische Gruppierung, die im Gegensatz zu den „Falken“ für gemäßigte Lösungen eintritt.

◆Heian-jidai 平安時代
{Gesch.} die Heian-Zeit (794~1192) 平安京に都が定められた794（延暦13）年から鎌倉幕府が開かれる1192（建久3）年頃まで。Periode von der Verlegung der Hauptstadt nach Heian-kyō bis zur Einrichtung des Kamakura-Shōgunats gegen 1192. **Heian-kyō 平安京** {Gesch.} Heian-kyō 794（延暦13）年長岡京から平安京へと遷都され，1868（明治元）年に東京へ移されるまで平安京は（1180年平清盛による福原遷都の一時期を除き）千年以上の長きにわたって日本の首都であった。現在の京都市のほぼ中心部にあたる。Im Jahr 794 wurde die Hauptstadt des japanischen Gemeinwesens von Nagaoka nach Kyōto (auch Heian) verlegt. Mit Ausnahme einer kurzen Episode im 12. Jahrhundert (1180), als Taira

no Kiyomori die Hauptstadt für wenige Monate nach Fukuhara verlegte, blieb Heian-kyō bzw. Kyōto über 1000 Jahre lang die Hauptstadt Japans, erst im Jahr 1868 wurde Tōkyō zur neuen Hauptstadt. Heian-kyō liegt ungefähr im Zentrum der heutigen Stadt Kyōto.

♦ Heian-sento 平安遷都

{Gesch.} die Verlegung der Hauptstadt nach Kyōto 桓武天皇の時代794年，長岡京から京都に遷都され，以後1868年首都が東京へ移されるまで京都が日本の首都であった。Im Jahr 794 erklärte Kaiser Kanmu die Stadt Kyōto zur japanischen Hauptstadt und erst im Jahr 1868 wurde Tōkyō Hauptstadt.

♦ Heisei-jidai 平成時代

die Heisei-Zeit 1989年1月7日昭和天皇が没し，翌日元号（年号）は平成と改元された。なお「平成」というのは「（内外・天地ともに）平和が達成される」という意味である。Am 7. Januar 1989 starb Kaiser Hirohito (Shōwa-tennō) und am nächsten Tag wurde der Äraname in Heisei geändert. Das Wort Heisei bedeutet „Innen und Außen, im Himmel wie auf der Erde Frieden schaffen".

♦ Higashinippon-daishinsai 東日本大震災

das Große Erdbeben in Ostjapan 2011（平成23）年3月11日に東北地方ならびに近接地域で発生したM.9.0の大地震は，全世界的に見ても最も巨大な地震の一つであり，また大津波が発生したことで東北地方の太平洋沿岸に甚大な被害がもたらされた。人的被害に関してのみ言えば，この地震・津波による犠牲者の数は発生後1年を経た2012年3月11日の段階で，死者は15854名・行方不明者は3155名で，同じく津波を伴いおおよそ2万7000人の犠牲者が出た1896（明治29）年の明治三陸地震を越えるものではない。ただこの東日本大震災では津波による被害が甚大で，広範囲にわたり生活基盤そのものが壊滅的被害を受けたこと，さらに福島県においては，地震・津波によりこれまでの想定を超えた大規模な原子力発電所事故が引き起こされその影響は空間的・時間的に測り知れないものがあるという点において，日本においてこれまで見られた地震・津波とはその性格が大きく異なるものであることは否定しがたい。Am 11. März 2011 ereignete sich in der Region Tōhoku und den angrenzenden Regionen ein gewaltiges Erdbeben der Stärke 9,0, das auch im weltweiten Vergleich zu den größten aufgezeichneten Beben überhaupt zählt. Weil das Erdbeben auch einen riesigen Tsunami verursachte, brachte es verheerende Zerstörungen über das Küstengebiet der Region Tōhoku. Wenn man nur die Opferzahl betrachtet — am 11. März 2012, ein Jahr nach der Katastrophe — wurde die Zahl der Todesopfer mit 15 854 und der Vermissten mit 3155 Personen angegeben—so liegt sie nicht über der Opferzahl des Sanriku-Erdbebens mit Tsunami von 1896, das etwa 27 000 Todesopfer forderte. Doch beim Großen Erdbeben in Ostjapan waren vor allem die Verwüstungen durch den Tsunami katastrophal und in weiten Regionen wurden die Lebensgrundlagen der Menschen zerstört; außerdem verursachte die unerwartete Schwere des Erdbebens und Tsunami die Havarie des Kernkraftwerks Fukushima und die räumlichen und zeitlichen Auswirkungen dieses GAU sind heute noch nicht einmal abzusehen. Wenn man das mit in Betracht zieht, muss man sagen, dass die durch dieses Erdbeben und den Tsunami verursachten Schäden sich mit den bisher in Japan aufgezeichneten kaum vergleichen lassen.

♦hikaku-sangensoku 非核3原則

die drei nicht-nuklearen Prinzipien; die drei Prinzipien der Kernwaffenfreiheit – 1967 (昭和42) 年佐藤首相が衆議院予算委員会で核兵器を「持たず，作らず，持ち込ませず」と表明したことによる。Seit 1967 vertritt Japan die folgenden nicht-nuklearen Prinzipien, die in diesem Jahr vom damaligen Ministerpräsidenten Satō Eisaku vor dem Haushaltsausschuss des japanischen Unterhauses proklamiert wurden: keine Produktion von Atomwaffen, kein Besitz von Atomwaffen und keine Duldung von Atomwaffen auf dem eigenen Territorium. この問題に関して，とくに核の持ち込みについて，日本とアメリカの間に密約があったことが，2010 (平成22) 年明らかにされた。2010 wurde bekannt, dass es zu diesen Prinzipien geheime Absprachen, die z.B. die Stationierung (Duldung) amerikanischer Nuklearwaffen in Japan ermöglichen, zwischen der japanischen und amerikanischen Regierung gab.

♦hikanzei-shōheki 非関税障壁

nichttarifäre Handelshemmnisse 輸入障壁のうち，関税以外の方法の総称。輸入について，数量制限を設けたり，検査基準・手続きを厳しくするなどのほか，広義には，その国独特の取引慣行など，外国企業に不利に作用する経済の仕組みや制度を含む。Sammelbezeichnung für indirekte Handelsbeschränkungen außer dem Importzoll. Es werden z.B. Kontingente bestimmt und/oder strenge Normen und bürokratische Regelungen eingeführt, außerdem meint man damit in einem weiteren Sinn auch die wirtschaftliche Organisationsstruktur mit bestimmten landestypischen Gewohnheiten im Geschäftsverkehr usw., wodurch ausländische Unternehmen benachteiligt werden.

♦hiki-nige ひき逃げ

die Fahrerflucht, die Verkehrunfallflucht **hiki-nige suru ひき逃げする** Fahrerflucht begehen **hiki-nige shita kuruma ひき逃げした車** Auto, mit dem Fahrerflucht begangen wurde **hiki-nige shita untenshu ひき逃げした運転手** der unfallflüchtige Fahrer

♦hi-kokumin 非国民

der Volksverräter, der Vaterlandsverräter 第二次世界大戦前・大戦中日本では，国の政策や軍に対して批判的な人たちは，しばしばこの言葉を用いて非難・糾弾された。Vor und während des Zweiten Weltkrieges wurden in Japan Personen, die die Regierung oder die Armee kritisierten, oft mit diesem Ausdruck beschimpft und angeklagt.

♦hikyaku 飛脚

{Gesch.} wörtl.: „die fliegenden Beine“; der Eilbote, der Kurier 人夫や早馬による飛脚は古くからは存在したが，江戸時代の1663 (寛文3) 年には，当時の三大都市 (江戸，京都，大坂) の間を月3回定期的に往復する飛脚便が設けられた。Obwohl es seit alters Eilboten gegeben hatte, die als Läufer oder Reiter unterwegs waren, wurden in der Edo-Zeit 1663 Kuriere eingesetzt, die regelmäßig dreimal im Monat die drei größten Städten (Edo, Kyōto und Ōsaka) verbanden.

◆himo ひも，紐

1) die Schnur 2) die Bedingung, die Beschränkung 3) der Zuhälter **himotsuki-enjo ひも付き援助** die (an Bedingungen) gebundene Hilfe

◆hinawa-jū 火縄銃

{Gesch.} das Luntenschlossgewehr, die Luntenflinte 15世紀頃にヨーロッパで考案され，1542(天文11)年ポルトガル人の種子島漂着により日本に伝えられた。銃はまもなく日本国内でも多く作られるようになり，戦国時代から江戸時代末期にかけて，戦争において大きな役割を演ずることとなった。Eine europäische Erfindung aus dem 15. Jh., die 1542 durch die Landung von Portugiesen auf der Insel Tanegashima nach Japan gelangte. Die Waffen wurden schon bald vor Ort und in großer Zahl produziert und spielten von der Zeit der streitenden Reiche (Sengoku-Zeit) bis zum Ende der Edo-Zeit eine große Rolle in der japanischen Kriegsführung.

◆hi no kuruma 火の車

die große Armut; die äußerste finanzielle Notlage 経済状態が非常に悪いことをたとえて言う言葉。もともとは仏教語の「火車」(かしゃ)に由来し，火の燃えている車のこと。罪ある者たちはそれに乗せられて地獄へと運ばれていくという。Metapher für größte wirtschaftliche Schwierigkeiten. *Hi no kuruma* ist ursprünglich ein buddhistischer Terminus und bedeutet wörtlich „Feuerwagen", damit ist ein brennender Wagen gemeint, mit dem die bösen Menschen in die Hölle gebracht werden.

◆Hinomaru 日の丸

die japanische Nationalflagge; die Flagge der aufgehenden Sonne 日章旗ともいう。ながく慣習的に日本の国旗とされてきたが，1999(平成11)年法律により日本の国旗と定められた。Die rote Sonnenscheibe auf weißem Grund, die lange Zeit gewohnheitsmäßig benutzt wurde, ist erst seit 1999 die offizielle japanische Nationalflagge.

◆Hiroshima-Nagasaki e no genbaku-tōka 広島・長崎への原爆投下

Atombombenabwurf auf Hiroshima und Nagasaki 1945(昭和20)年8月6日にアメリカ軍が広島市と8月9日に長崎市へ投下した原子爆弾により両市は壊滅的被害をこうむった。実戦で原爆が投下されたのはこれが世界で初めてのことであり，今までのところ他に例をみないことである。Am 6. und 9. August 1945 wurden von der amerikanischen Armee Atombomben auf Hiroshima und Nagasaki abgeworfen, wodurch beide Städte fast völlig vernichtet wurden. Es handelt sich weltweit um den ersten und bisher einzigen Kriegseinsatz von Atombomben.

◆hogei 捕鯨

der Walfang 1982(昭和57)年国際捕鯨委員会(IWC)は，86年以降の商業捕鯨の禁止を決定した。現在認められているのは，調査捕鯨と生存捕鯨(アラスカなどの漁民が生きるために行う捕鯨)のみである。Obwohl die Internationale Walfangkommission (IWC) den gewerblichen Walfang seit 1986 praktisch verbietet, können einzelne

Staaten weiterhin nationale Sondergenehmigungen für Walfang zu Forschungszwecken oder für den Lebenserhalt indigener Bevölkerungsgruppen (z.B. der Inuit, die für den Eigenbedarf Wale jagen) erteilen. **chōsa-hogei 調査捕鯨** der Walfang zu Forschungszwecken **hogei-kinshi-undō 捕鯨禁止運動** die Antiwalfangbewegung **hogei-sen 捕鯨船** der Walfänger (als Schiffstyp) **hogei-koku 捕鯨国** die Walfangnation; die walfangende Nation

♦ hōjin 法人
die juristische Person; die Körperschaft des öffentlichen Rechts **hōjin-ka 法人化** die Umwandlung staatlicher Institutionen (z.B. Universitäten) in juristische Körperschaften des öffentlichen Rechts **zaidan-hōjin 財団法人** die rechtsfähige Stiftung **shūkyō-hōjin 宗教法人** die Religionsgemeinschaft als Körperschaft des öffentlichen Rechts **dokuritsu-gyōsei-hōjin 独立行政法人** die Selbstverwaltungskörperschaft **kōeki-hōjin 公益法人** die gemeinnützige Körperschaft

♦ hōman-keiei 放漫経営
das laxe Management; die nachlässige Unternehmungsführung; die schlampige Wirtschaft

♦ hyakushō-ikki 百姓一揆
{Gesch.} der Bauernaufstand 江戸時代，農民が集団を形成し，領主の悪政や過重な年貢に対して集団で反抗した闘争。土一揆とも呼ばれる。In der Edo-Zeit kam es wiederholt zu Erhebungen der Bauern gegen ihre Fürsten, die bäuerliche Bevölkerung schloss sich zusammen, um Widerstand gegen schlechte politische Maßnahmen und/oder zu große Tributforderungen zu leisten. Man sprach auch von *do-ikki* (auch *tsuchi-ikki*, wörtl.: „Boden-Aufstand“).

♦ hyōden 票田
das Stimmenlager 選挙で，ある候補者または政党の票が多量に見込まれる地域。Ein Wahlkreis, in dem ein Kandidat oder eine Partei voraussichtlich viele Stimmen erhält.

♦ ichibatsu-hyakkai 一罰百戒
Bestrafung eines Missetäters und dadurch die Ermahnung vieler; einmal bestrafen, hundertfach mahnen 罪を犯した一人を罰することによって，他の大勢の戒めにすること。

♦ ichiji-fusairi 一事不再理
juristischer Grundsatz, dass jemand wegen derselben Tat nicht zweimal angeklagt werden kann. 事件について（有罪・無罪または免訴の）判決が確定したとき，同一事件については再度の審理をすることを許さないという原則。Nachdem in einem juristischen Verfahren ein Urteil gefällt worden ist, kann eine Person wegen desselben Delikts grundsätzlich nicht noch einmal angeklagt werden.

♦ iken-rippō-shinsaken 違憲立法審査権
das Recht zur Feststellung der Verfassungswidrigkeit von Gesetzen; das Recht der Normenkontrolle 一切の法律等が憲法に適合するかしないかを決定する裁判所の権限。Gemeint ist das Recht von Gerichten, alle Gesetze auf Übereinstimmung mit der

Verfassung zu prüfen.

♦ikki-tōsen no tsuwamono 一騎当千の兵

ein Krieger, der so kräftig ist wie tausend andere 一騎で千人の相手をすることができるほど強い，という意味である。比ゆ的意味においては，現在の日本語でも用いることはできる。Ein Krieger, der so stark ist, dass er es mit tausend Gegnern aufnehmen kann. Als Metapher kann der Ausdruck auch heute noch auf Japanisch gebraucht werden.

♦ikkō-ikki 一向一揆

der *Ikkō*-Aufstand; der Aufstand von Anhängern der buddhistischen *Ikkō*-Sekte 室町・戦国時代，北陸・近畿・東海などの各地に起こった宗教一揆。一向宗（浄土真宗）の僧侶や門徒の農民たちが連合して大名の領国支配と戦った。Religiöse Aufstände während der Muromachi- und Sengoku-Zeit u.a. in den Regionen Hokuriku, Kinki und Tōkai. Mönche und Laienanhänger der *Ikkō*-Schule (*Jōdo-shin*-Schule) schlossen sich mit der bäuerlichen Bevölkerung zusammen, um gegen die Herrschaft ihrer Landesherren zu kämpfen.

♦ikkoku-ichijō no aruji 一国一城の主

{Gesch.} der Landesfürst 一つの国を領し，一つの城を有すること。転じて，他の干渉や援助を受けず，自分の領分を持つ者。Ein Fürst, der eine Provinz beherrscht und eine eigene Burg besitzt. Im übertragenen Sinn jemand, der keine äußere Einmischung akzeptiert, und von niemandem Unterstützung akzeptiert; jemand, der sein eigener Herr ist.

♦insaidā-torihiki インサイダー取引

der Insider-Handel, das Insider-Geschäft（上場会社の役員その他が，一般には）未公開の内部情報を利用して行なう証券取引で，違法行為。Die Verwendung von Insider-Informationen für Börsengeschäfte. Insider-Handel ist eine Straftat.

♦insei 院政

{Gesch.} das *Insei*-System; die Herrschaft durch einen abgedankten Tennō 天皇が譲位後，上皇または法皇として国政を行う政治形態。転じて，いったん引退したはずの人が，実権を握って取り仕切ることをこのように言うこともある。Eine Regierungsform, wobei der *Tennō* nach seiner Abdankung entweder als *Jōkō* (abgedankter *Tennō*) oder *Hōō* (abgedankter *Tennō*, der buddhistischer Mönch geworden ist) die Politik des Reichs bestimmt. Im übertragenen Sinn bezeichnet man so manchmal Personen, die zwar zurückgetreten sind, danach aber in Wirklichkeit großen Einfluss ausüben.

♦iriai-ken 入会権

das Mitbenutzungsrecht; das kommunale Nutzungsrecht 一定の地域の住民たちが，山林，原野，漁場に対して，平等に利用，収益し得る慣習法上の権利。das Gewohnheitsrecht der Bevölkerung eines bestimmten Gebiets, die entsprechenden Wälder, Brachflächen und Fischgründe gleichberechtigt zum eigenen Gewinn zu nutzen. **irihama-ken 入浜権** das Recht auf freien Zugang zum Strand (zum Meer)

♦jiba-sangyō 地場産業

die örtliche Industrie 特定の自然的・歴史的条件をもつ土地において，その地方で古くから発展し，その地に定着している産業。Industriezweige, die sich aufgrund besonderer lokaler Gegebenheiten, z.B. natürlicher und historischer Voraussetzungen, in einer Region entwickelt und angesiedelt haben

♦jidan 示談

außergerichtlicher Vergleich; der Kompromiss **jidan ni suru 示談にする** einen Vergleich schließen; einen Kompromiss eingehen **jidan-kin 示談金** die Abfindung

♦Jieitai 自衛隊

die Selbstverteidigungsstreitkräfte – 1954 (昭和29) 年防衛庁設置法および自衛隊法により設置された。陸上・海上・航空の3自衛隊より成り，防衛省の管理下におかれている。日本は1992 (平成4) 年平和維持活動 (PKO) に自衛隊を派遣，2003 (平成15) 年には有事関連3法が成立した。1954 eingerichtete japanische Armee, die sich aus Heer, Marine und Luftwaffe zusammensetzt. Seit 1992 entsendet Japan seine Selbstverteidigungsstreitkräfte auch zu friedenserhaltenden Maßnahmen (PKO *Peacekeeping operations*) der Vereinten Nationen, und im Jahre 2003 wurden außerdem drei Notstandsgesetze erlassen, die den Einsatz der Selbstverteidigungsstreitkräfte regeln. **shūdanteki-jiei-ken 集団的自衛権** das kollektive Selbstverteidigungsrecht ある国が武力攻撃を受けた場合，これと密接な関係にある他国が共同して防衛に当たる権利。das Recht eines Staates, sich im Falle eines Militärangriffs in Koalition mit verbündeten Staaten zu verteidigen **Rikujō-jieitai 陸上自衛隊** die Landstreitkräfte (der japanischen Selbstverteidigungsarmee) **Kaijō-jieitai 海上自衛隊** die Seestreitkräfte (der japanischen Selbstverteidigungsarmee) **Kōkū-jieitai 航空自衛隊** die Luftstreitkräfte (der japanischen Selbstverteidigungsarmee) **bunmin-tōsei 文民統制** (**shibirian-kontorōru シビリアン・コントロール**)(von engl. *civilian control*) die zivile Kontrolle des Militärs; der Vorrang des Zivils; das Prinzip, dass zivile Politiker den Oberbefehl über die Streitkräfte führen

♦jikō 時効

die Verjährung (im Strafrecht) 殺人事件の時効は明治時代からあり，第二次世界大戦後の刑事訴訟法にも引き継がれた。殺人事件の時効は長年15年とされてきたが，2005 (平成17) 年の改正で25年になり，さらに2010 (平成22) 年の改正により，殺人・強盗殺人等に対する時効は廃止された。なおドイツの法律では日本語の殺人に対する言葉としてder Mordとder Totschlag (一般的殺人や傷害致死を意味する) があるが，動機が悪質で計画的な殺人であるMordと，人道に対する罪および戦争犯罪に対しては時効は存在しない。Eine Verjährung für Mord gab es in Japan seit der Meiji-Zeit und sie wurde auch in die Strafprozessordnung der Nachkriegsverfassung aufgenommen. Die Verjährungsfrist für Mord betrug lange Zeit 15 Jahre, wurde 2005 auf 25 Jahre verlängert und 2010 wurde die Verjährung für Mord, Raubmord etc. abgeschafft. Dem japanischen Wort *satsu-jin* entsprechen nach deutschem

Recht die Begriffe „Mord“ und „Totschlag“. Als „Totschlag “bezeichnet man die Tötung eines Menschen (oder die Verletzung eines Menschen mit Todesfolge), während die vorsätzliche Tötung eines Menschen z.B. aus besonders unmenschlichen Motiven oder auf eine heimtückisch geplante Weise als „Mord“ bezeichnet wird. Für Mord, Verbrechen gegen die Menschlichkeit und Kriegsverbrechen gibt es in Deutschland keine Verjährung.

♦jindō-shien 人道支援

die humanitäre Hilfe 他国における切迫した人道的危機（自然災害による大量の死傷者，飢饉や集団虐殺など）に対し，非軍事的な手段により，国境を越えた救援活動を行うこと。Grenzüberschreitende nichtmilitärische Hilfe in Notsituationen, z.B. bei einer Naturkatastrophe, Hungersnot oder einem Genozid, wenn das betroffene Land selbst nicht in der Lage ist, den Opfern zu helfen.

♦jingasa 陣笠

1) {Gesch.} der Helm des niederrangigen *Samurai* 2) einflussloser Abgeordneter 1) 足軽や雑兵などが兜の代わりにかぶった笠。2)（政党などで）幹部でない一般議員。1) Der Strohhut, mit dem bewaffnete Knechte, einfache Fußsoldaten etc. ihren Kopf anstatt eines Helmes bedeckten 2) einfaches Mitglied, das nicht dem Vorstand angehört (z.B. in einer politischen Partei)

♦Jinji-in 人事院

die Nationale Personalbehörde **jinji-in kankoku 人事院勧告** Empfehlung der Nationalen Personalbehörde (z.B. hinsichtlich der Höhe von Beamtengehälter)

♦Jinmu-keiki 神武景気

{Gesch.} die *Jinmu*-Hochkonjunktur (1956-57) **Iwato-keiki 岩戸景気** die *Iwato*-Hochkonjunktur) (1958-1961) **Izanagi-keiki いざなぎ景気** die *Izanagi*-Hochkonjunktur (1965-1970) 1950年代と1960年代には日本人がそれまでに経験したことがないような好景気が3度にわたって到来し，それぞれは日本の神話に由来する名称を冠して呼ばれた。Die drei Hochwachstumszyklen der 50er und 60er Jahren, wie sie die Japaner noch nie erlebt hatten, wurden mit Namen aus der japanischen Mythologie bezeichnet.

♦jitensha-sōgyō 自転車操業

wörtl.: der „Fahrrad-Betrieb“; der hektische und unsichere Betrieb 自転車は，走るのをやめると倒れることから来た表現で，資金の借り入れと返済を繰り返しながら，かろうじて倒産を免れて操業を継続している操業状態をさす。Ein Fahrrad, das umfällt, sobald es stehen bleibt, ist hier eine Metapher für ein Unternehmen, das ständig mit der Aufnahme und der Rückzahlung von Krediten usw. beschäftigt ist und nur durch größte Anstrengung immer knapp dem Konkurs entgeht.

♦jiyū-minken-undō 自由民権運動

{Gesch.} Bewegung für Freiheit und Volksrechte (in der ersten Hälfte der Meiji-Zeit) 明治期前半の政治運動

◆jōjō-kigyō 上場企業
das börsennotierte Unternehmen **jōjō suru 上場する** amtlich notieren **jōjō-kabu 上場株** amtlich notierte Aktien

◆jōka-machi 城下町
die Burgstadt 封建制領主の居城を中心としてその近傍に発達した町。Städte, die sich in der Zeit des Feudalismus um die Burg eines Fürsten entwickelt haben. **tera-machi 寺町** ein Stadtviertel mit vielen Tempeln 近世，城下町の外縁部に寺院が集められた一区画。現在日本各地の都市にそのような地域があり，多くの場合，寺町という名称も地名として残っている。In der Neuzeit wurden in manchen Städten in der Umgebung der Burgstädte Bezirke mit vielen Tempel angelegt. Heute gibt es in vielen Städten solche Gebiete mit vielen Tempeln, und die Bezeichnung *tera-machi* hat sich als Bezeichnung für diese Stadtteile erhalten.

◆Jokō-aishi 女工哀史
{Buchtitel} *Jokō aishi*; Die traurige Geschichte der Fabrikarbeiterinnen 細井和喜蔵の著書。1925 (大正14) 年刊。著者自身や妻の体験を交えて書かれた記録文学で，過酷な労働や貧困，虐待などに苦しむ女子労働者の悲惨な姿を描き，世間に衝撃を与えた。Werk von Hosoi Wakizō aus dem Jahr 1925. In dem dokumentarischen Werk, in das der Autor seine eigenen Erfahrungen sowie die seiner Frau mit einbringt, schildert er die grausamen Arbeitsbedingungen und das elende Leben der ausgebeuteten und misshandelten Fabrikarbeiterinnen. Es schockierte die japanische Gesellschaft.

◆Jōmon-jidai 縄文時代
{Gesch.} die *Jōmon*-Zeit 縄文式土器を製作・使用していた時代で紀元前1万年頃から紀元前400年頃までとされる。Periode der japanischen Geschichte von ca. 10 000 bis 400 v. Chr., die durch eigentümliche, mit Schnurmustern (*Jōmon*) verzierte Tongefäße gekennzeichnet ist.

◆jōnin-rijikoku 常任理事国
das Ständige Mitgliedsland (des UN-Sicherheitsrates) **hi-jōnin-rijikoku 非常任理事国** das Nichtständige Mitgliedsland (des UN-Sicherheitsrates) **kyohi-ken 拒否権** das Vetorecht **kyohi-ken o kōshi suru 拒否権を行使する** sein Vetorecht ausüben

◆jōyaku-kaisei 条約改正
{Gesch.} die Revision der ungleichen Verträge 江戸時代末期の安政年間から明治初年にかけて，日本と欧米諸国との間で結ばれた不平等条約を改正するための外交交渉を「条約改正」と呼んでいる。これにより，1894 (明治27) 年には治外法権が撤廃され，1911 (明治44) 年には関税自主権が回復された。So nennt man die diplomatischen Verhandlungen, mit denen die so genannten „ungleichen Verträge“ korrigiert werden sollten, die Japan von der Ära Ansei (Ende der Edo-Zeit) bis zu Beginn der Ära-Meiji mit westlichen Staaten abgeschlossen hatte. Dabei wurde 1894 zunächst die Exterritorialität von Ausländern in Japan abgeschafft; 1911 wurden durch die Wiederherstellung der japanischen Zollautonomie die letzten Maßnahmen der ungleichen Verträge beseitigt.

♦ **jūgun-ianfu 従軍慰安婦**
{Gesch.} die „Trostfrau“; die Zwangsprostituierte 太平洋戦争期，日本軍によって将兵の性の対象となることを強いられた女性たちのこと。多くは日本の支配地・植民地出身であった。Verharmlosende Bezeichnung für Mädchen und Frauen (die meisten von ihnen aus den japanischen Kolonien und besetzten Ländern), die während des Zweiten Weltkriegs von der japanischen Armee zur Prostitution gezwungen wurden.

♦ **jūmin-kihon-daichō 住民基本台帳**
das Einwohnerregister **Jūmin-kihon-daichō-nettowāku-shisutemu 住民基本台帳ネットワーク・システム** das Netzwerksystem für Einwohnerregistrierung 市区町村の作成・管理する住民基本台帳をネットワークで結び，全国どこにおいても本人確認を可能にするシステム。住民票の4情報（住所，氏名，生年月日，性別）と住民コード（11桁）で管理する。2003（平成15）年より稼動している。System, das die von den Städten und Gemeinden eingerichteten und unterhaltenen Melderegister in einem Netzwerk zusammenfasst, sodass die Identität einer Person überall in Japan überprüfbar ist. Verwaltet werden damit die vier grundlegenden persönlichen Daten des Melderegisters: Wohnort, Name, Geburtsdatum, Geschlecht sowie der so genannte Bürgercode, eine elfstellige Registriernummer. Das System ist seit 2003 in Betrieb.

♦ **junshoku suru 殉職する**
sein Leben im Dienst opfern; mitten in seiner Pflichterfüllung ums Leben kommen **junshoku-sha 殉職者** der (die) im Dienst Umgekommene

♦ **Jūshichi-jō no kenpō 十七条の憲法**
{Gesch.} die 17-Artikel-Verfassung 604（推古11）年聖徳太子が制定したと伝えられる17ヶ条から成る条文で，貴族や官吏に対する道徳的規範を示したもの。Eine Art Gesetzestext in 17 Artikeln, der vom Kronprinzen Shōtoku Taishi im Jahr 604 verfasst worden sein soll, und in dem ethische Normen für den Adel und die höfischen Beamten niedergelegt sind.

♦ **kabunushi-sōkai 株主総会**
die Aktionärsgeneralversammlung 株式会社の意思を決定する最高機関。**sōkai-ya 総会屋** der professionelle Unruhestifter in Aktionärsgeneralversammlungen

♦ **kage-musha 影武者**
1) das Double 2) der Mann hinter den Kulissen

♦ **Kaijō-hoan-chō 海上保安庁**
das Seesicherheitsamt; japanische Küstenwache (engl. *Japan Coast Guard*)

♦ **Kaikei-kensa-in 会計検査院**
der Rechnungshof 国の収入支出の決算を検査することを任務とする機関。憲法に基づいて設置され，内閣に対して独立の地位を持つ。Einrichtung zur Kontrolle der Staatseinnahmen und -ausgaben. Die Einrichtung eines vom Kabinett unabhängigen Rechnungshofs ist in der japanischen Verfassung festgelegt.

◆kaikei-nendo 会計年度

das Rechnungsjahr, das Haushaltsjahr, das Geschäftsjahr 日本の会計年度は財政法により4月1日から翌年の3月31日までと定められている。In Japan sind Beginn und Ende des Haushaltsjahres gesetzlich geregelt, es dauert jeweils vom 1. April bis zum 31. März des folgenden Jahres. **ippan-kaikei-yosan 一般会計予算** der allgemeine Etat

◆kairai 傀儡

1) die Puppe, die Marionette 2) das Werkzeug **kairai-seifu 傀儡政府** die Marionettenregierung **kairai-kokka 傀儡国家** der Marionettenstaat

◆kaisan 解散

die Auflösung 日本の国会では，衆議院にのみ解散が認められている。In Japan kann nur das Unterhaus (*Shūgi-in*) aufgelöst werden.

◆kaisha-kazoku 会社家族

die Betriebsfamilie; die Firma als Familie バブル経済がはじける頃まで，会社に対して強い一体感を抱いた企業人のあり方は，このような言葉で言い表されることも珍しくなかった。Bis zum Ende der Seifenblasenwirtschaft hat man mit diesem Begriff die enge Bindung japanischer Beschäftigter zu ihrer Firma beschrieben. **kaisha-ningen 会社人間** der Firmenmensch

◆kaiten kyūgyō de aru 開店休業である

beim geöffneten Laden kein Geschäft machen (weil keine Kunden kommen usw.)

◆kaiun 海運

die Verschiffung; der Seetransport **kaiun-gyō 海運業** die Schiffsspedition, die Schiffsagentur **rikuun 陸運** der Überlandtransport **suiun 水運** der Transport auf dem Wasserweg; der Wassertransport **kūun 空運** der Lufttransport

◆kaizoku-ban 海賊版

der Raubdruck, der Piratendruck 著作権を無視した不法出版。日本語の「海賊版」というのは，英語の*pirate edition* の直訳語である。Illegale Publikationen, die das Urheberrecht missachten. Das japanische Wort ist eine wörtliche Übersetzung von engl. *pirate edition*.

◆kai-zuka 貝塚

{Gesch.} die steinzeitliche Muschelhaufen 人が食べた貝の貝殻が堆積した遺跡。全世界に分布するが，日本の縄文時代のものが数も多く，内容も豊かである。石器，人骨，獣骨などが同時にみつかることも多い。Archäologische Fundstätten, die aus einer Anhäufung von Muschelschalen, den Überresten menschlicher Mahlzeiten, bestehen. Obwohl sie weltweit verbreitet sind, gibt es gerade in Japan ausgesprochen viele solcher Funde aus der *Jōmon*-Zeit (siehe *Jōmon-jidai*), die auch inhaltlich besonders aufschlussreich sind. Oft findet man dort auch Steinwerkzeuge, menschliche Knochen und Tierknochen.

◆kakehiki 駆け引き

1) die Taktik, die Strategie 2) das Handeln 「駆け引き」はもともとは戦場用語で，「駆く」は軍を進めること，「引く」は退却することを意味した。そこから「駆け引き」は隊の進退を図る意味になり，さらに，相手の出方に応じ，自分の有利になるようにことを進める意味になった。Der Begriff stammt ursprünglich aus dem Kriegsvokabular und bedeutet „Vorstoß und Rückzug (einer Armee)“. Daraus hat sich zuerst die Bedeutung Vorstoßen und Zurückziehen einer Truppe oder Gruppe entwickelt und weiter die Bedeutung Strategie, d.h. auf das Verhalten des Gegenübers so zu reagieren, dass man für sich selbst den größten Gewinn erziehlt.

♦kakekomi-dera 駆け込み寺 (enkiri-dera 縁切り寺)

{Gesch.} der Tempel für die Scheidungswilligen 江戸時代に夫のことで苦しむ女などが駆け込み，足掛け3年在寺すれば離婚できるという特権を有していた寺。In der Edo-Zeit gab es Tempel, die scheidungswilligen Frauen Unterschlupf gewährten. Die Tempel hatten das Sonderrecht, eine Ehe aufzulösen, nachdem sich die Frauen dort drei Jahre aufgehalten hatten.

♦kakene 掛け値

1) der übertrieben hohe Preis; die übertriebene Forderung 2) Übertreibung **kakene no nai tokoro o iu 掛け値のないところを言う** die Tatsache darlegen, wie sie ist; die Dinge sagen, wie sie sind **kakene o iu 掛け値を言う** einen übertriebenen Preis fordern

♦kakiire-doki 書き入れ時

die Hauptgeschäftezeit; die beste Zeit; der Hochbetrieb もともとは取引の数字などを帳簿に記入することが多い時期を意味したが，営業で最も利益が上がる時期を意味するようになった。Ursprünglich bezeichnete das Wort die Zeit, in der besonders viele Geschäftszahlen in die Rechnungsbücher eingetragen werden mussten, aber heute meint man damit die Geschäftszeit, in der am meisten Umsatz gemacht wird.

♦kakuhoyū-koku 核保有国

die Atommacht, die Nuklearmacht **kaku-kaihatsu 核開発** die Entwicklung der Atomenergie **kaku-kakusan 核拡散** die Verbreitung von Atomwaffen **Kaku-fukakusan-jōyaku 核不拡散条約** Vertrag über die Nichtverbreitung von Nuklearwaffen (*Treaty on the Non-Proliferation of Nuclear Weapons*) 1970年3月発効，日本は1976 (昭和51) 年批准した。Japan ratifizierte den Vertrag, der im März 1970 in Kraft trat, im Jahr 1976. **kaku-sasatsu 核査察** die Nuklearinspektion **kaku-nenryō-saikuru 核燃料サイクル** der nukleare Kreislauf **kaku-nenryō-saishori 核燃料再処理** die nukleare Wiederaufbereitung **kaku no kasa 核の傘** der atomare Schutzschirm

♦Kamakura-bakufu 鎌倉幕府

{Gesch.} die Kamakura-Shōgunat 日本最初の武家政権。源頼朝が鎌倉に幕府を開いてから1333 (元弘3) 年まで (始期については，1183, 1185, 1192年など諸説がある)。erste Militärregierung in Japan; gegründet von Minamoto no Yoritomo 1192 (man findet auch die Jahresangaben 1183 oder 1185) und dauerte bis 1333 **Kamakura-jidai 鎌倉時代** die Kamakura-Zeit 源頼朝が鎌倉に幕府を開いてから北条高時の死に至るまで。1183, 1185 bzw. 1192 bis 1333.

Von der Gründung des Kamakura-Shōgunats (1183, 1185 oder 1192) bis zum Tode von Hōjō Takatoki im Jahr 1333.

♦kamikaze 神風

{Gesch.} wörtl.: „göttlicher Wind; Götterwind“ 神の威徳により起こるという風。特に1274(文永11)年と1281(弘安4)年に元軍が襲来したとき(元寇), その軍船を沈め日本への侵攻を阻んだとされる台風。Ein von den Göttern geschickter günstiger Wind. Besonders nennt man so die Taifune, die in den Jahren 1274 und 1281 die Schiffe der angreifenden Mongolen versenkten und Japan so vor einer Invasion bewahrt haben.

♦Kamikaze-tokubetsu-kōgekitai 神風特別攻撃隊

{Gesch.} die Kamikaze-Piloten 第二次世界大戦末期に旧日本海軍が編成した, 敵艦船への体当り攻撃を行う航空部隊。Selbstmordpiloten der Kamikaze-Sonderangriffseinheiten, die gegen Ende des Zweiten Weltkrieges noch eine Kriegswende zu Gunsten Japans herbeiführen sollten. Ihre Aufgabe bestand darin, sich in mit Sprengstoff gefüllten kleinen Flugzeugen auf feindliche Schiffe vor Japans Küsten zu stürzen.

♦kanban-hōshiki かんばん方式

das *Kanban*-System (Teil der bedarfssynchronen Produktion; *Just-in-time* Produktion) 1970年代の半ばにトヨタ自動車が確立した生産管理方式。「かんばん」は, 部品名・数量・納入日時などを記載した作業指図票で, 必要なときに必要な量だけ生産することで, 在庫の徹底的削減を目指すもの。現在ではコンピュータ・ディスプレーによる方式が一般化している。Eine Produktionsstrategie, die Mitte der 70er Jahre vom Autohersteller Toyota eingerichtet wurde. *Kanban* war ursprünglich ein Schild, auf dem die benötigten Zubehörteile, ihre Stückzahl, der Liefertermin etc. eingetragen wurde, damit man bedarfsgerecht nur die erforderliche Materialmenge produzieren konnte, um dadurch die Lagerkosten zu minimieren. Heute sind die *Kanban* zumeist durch Computermonitore ersetzt.

♦kane wa tenka no mawarimono 金は天下の回り物

(Sprichw.) Geld gehört allen; das Geld gehört niemandem, es zirkuliert bloß. お金は常に世の中を巡っていて, 貧富も, 必ずしも固定したものではない, ということ。Weil Geld ständig in der Welt hin und her bewegt wird, sind auch Armut und Reichtum keine festen Größen, sondern veränderlich.

♦kangun 官軍

{Gesch.} die (pl.) Regierungstruppen; die kaiserliche Armee **kateba kangun 勝てば官軍** Macht geht vor Recht; die Welt richtet nach dem Erfolg.

♦Kankoku-heigō 韓国併合

{Gesch.} die japanische Annexion Koreas 朝鮮支配を企図した日本が, 1904(明治37)年以降韓国(正式には大韓帝国)の内政・外交を次第に掌握し, 1910(明治43)年韓国併合条約により韓国を併合したこと(1945年まで)。In der Absicht, die Herrschaft über Korea zu erlangen, kontrollierte Japan seit 1904 allmählich die Innen- und Außenpolitik Koreas. Im Jahr 1910 wurde

Korea durch den Annexionsvertrag Teil des japanischen Staatsgebietes (bis 1945).

◆kankyō-zei 環境税
die Ökosteuer 環境汚染物質の排出など，環境に直接・間接に悪影響を与える経済活動を抑制する狙いを持った税金の総称。Sammelbegriff für die Besteuerung von umweltschädlichen Emissionen und anderen direkt oder indirekt die Umwelt schädigenden Wirtschaftsaktivitäten. Von diesen Maßnahmen erhofft man sich eine Lenkungswirkung im Sinne des Umweltschutzes. **hōjin-zei 法人税** die Körperschaftssteuer

◆kanpaku 関白
{Gesch.} der Berater des *Tennō*; der kaiserliche Regent 平安時代以降，天皇を補佐して政務を執り行った重職。王政復古に際して廃止された。今日，権勢があり威張っている人物をこのように呼ぶことがある。Seit der Heian-Zeit war der *Kanpaku* ein wichtiges Regierungsamt, er beriet den *Tennō* und leitete die Regierungsgeschäfte. Bei der Meiji-Restauration (siehe: *Meiji-ishin*) wurde das Amt abgeschafft. Heute nennt man eine einflussreiche und angeberische Person manchmal *Kanpaku*.

◆Kantō-dai-shinsai 関東大震災
{Gesch.} das Große Kantō-Erdbeben 1923 (大正12) 年9月1日関東全域と静岡県・山梨県の一部を襲った大地震。震源地は相模湾。死者9万9千人，行方不明者は4万3千人。Am 1. September 1923 wurde die gesamte Kantō-Region sowie ein Teil der Präfekturen Shizuoka und Yamanashi von einem großen Erdbeben heimgesucht. Das Epizentrum lag in der Bucht von Sagami (ca. 40 km südwestlich von Tōkyō). Die Zahl der Opfer betrug 99 000 Tote und 43 000 Vermisste.

◆Kantō-gun 関東軍
{Gesch.} die Guandong-Armee; die Kwangtung-Armee 中国の関東州および満州（中国東北部）にあった，旧日本陸軍の部隊。敗戦に至るまで，大陸侵略・満州国支配の中核をなした。Die im Zweiten Weltkrieg in der chinesischen Provinz Guandong und in der Mandschurei (im Nordosten Chinas) eingesetzte Abteilung der japanischen Armee, die bis zum Ende des Krieges im Zentrum der Invasion in China und der Mandschurei stand. **Kantō-gun-sanbō-honbu 関東軍参謀本部** die Operationsabteilung der Guandong-Armee

◆karō 家老
{Gesch.} der Burgvogt 江戸時代，家臣のうちで最上位にあり，家臣を統率した。一藩に数名以上おり，一般的には世襲。In der Edo-Zeit die obersten Anführer der Vasallen eines Fürsten. In jeder Provinz gab es mehrere *karō* und das Amt wurde im Allgemeinen vererbt.

◆karyū-shakai 下流社会
die Abstiegsgesellschaft（この「下流社会」と言う言葉は，現在のところ，社会に広く認められた概念となっているわけではない。）バブル崩壊後の失われた10年および21世紀初頭に顕在化してきた社会の一面を表わす言葉で，若年層のなかでも所得のみならず，労働意欲，学習意欲，消費意欲など人生への意欲が総じて低く，独り暮らしで親に生活費をたよっているかフリーター的生活を送っている人たちを指している。(Das Wort „Abstiegsgesellschaft“ ist heute kein allgemein anerkannter Begriff.) Man bezeichnet so einen bestimmten Aspekt der Gesellschaft, der in den „verlorenen zehn Jahren“ (seit dem Ende der Seifenblasen-Wirtschaft) und zu Beginn des 21. Jhs. offenkundig wurde. Die Bezeichnung bezieht sich auf Teile der jungen Generation, die nur über geringe Einkommen verfügen, wenig Leistungsbereitschaft und Konsumlust zeigen, und deren Lust auf das Leben allgemein nur gering ausgeprägt zu sein scheint. Damit ist vor allem eine Personengruppe gemeint, deren Mitglieder häufig allein und vom Geld ihrer Eltern leben oder sich als *Furītā* (siehe dort) durchschlagen.

♦kashi-daore 貸し倒れ
die uneinbringliche Schuld; das verlorene (od. tote) Darlehen; unbezahlbare Schulden **kashi-daore ni naru 貸し倒れになる** uneinbringlich werden **kashi-daore junbikin 貸し倒れ準備金** Reserve für uneinbringliche Schulden

♦kashobun-shotoku 可処分所得
das verfügbare Einkommen (eines Privathaushalts); das Nettoeinkommen 実収入から，税金や社会保険料などの非消費支出を差し引いた手取りの収入。「個人が自由に処分することができる所得」という意味で可処分所得という。das Einkommen, das einer Privatperson nach Abzug der Steuern und Abgaben frei zur Verfügung steht

♦katana-gari 刀狩り
{Gesch.} die Schwertjagd 刀剣などの武器をいっせいに没収すること。1588 (天正16) 年豊臣秀吉が行ったものが有名。Die Konfiszierung von Schwerten und allen anderen Waffen. Besonders bekannt ist die Schwertjagd von Toyotomi Hideyoshi aus dem Jahr 1588.

♦kawara-ban かわら版，瓦版
{Gesch.} Zeitung in Ziegeldruck 江戸時代に不定期に刊行された印刷ニュースの媒体。絵画を中心として説明文を書き添えたもので，実際には木版刷りが多かった。Unregelmäßig erscheinendes Printmedium in der Edo-Zeit mit vielen Bildern und erklärenden Texten dazu. Oft handelte es sich dabei in Wirklichkeit um in Holzdrucktechnik hergestellte Schriften, die nur den Namen *Kawara-ban* trugen.

♦kebiishi 検非違使
{Gesch.} das Amt zur Verfolgung von Rechtswidrigkeiten und Verbrechen. 平安時代初期，京都に置かれ，治安・検察・裁判の業務を担当した。平安後期には京都以外の諸国（地方）にも置かれたが，武士が勢力を持つようになって衰退した。Das Amt wurde Anfang der Heian-Zeit in Kyōto gegründet und war für öffentliche Sicherheit, Strafverfolgung und Justiz verantwortlich. Ende der Heian-Zeit wurden auch in anderen Provinzen entsprechende Ämter eingerichtet, aber mit dem wachsenden Einfluss der Kriegerkaste verloren sie allmählich an Bedeutung.

♦ **Keidanren 経団連**
abgekürzt für **Keizai-dantai-rengōkai 経済団体連合会** (die Vereinigung der Wirtschaftsverbände) の略。1946（昭和21）年に設立された。各種経済団体の連絡機関。政府や国会に建議などを行う。1946 gegründete Vereinigung, die Wirtschaftsinteressen gegenüber der Politik vertritt.

♦ **keiki no kaifuku 景気の回復**
die Konjunkturerholung **keiki no tekoire 景気のてこ入れ** die Konjunkturunterstützung **keiki-kōtai 景気後退** der Konjunkturrückgang, die Rezession **keiki-hendō 景気変動** die Konjunkturschwankung **keiki-shigekisaku 景気刺激策** die (pl.) Konjunkturbelebungsmaßnahmen

♦ **Keisatsu-chō 警察庁**
die Nationale Polizeibehörde 警察に関する中央の機関。国家公安委員会の管理に属し，警察庁長官を長とする。1954（昭和29）年創設。Zentralorgan der japanischen Polizei. Die Nationale Polizeibehörde wird vom Ausschuss für Staatliche Sicherheit geleitet und untersteht dem Polizeiminister, gegründet 1954. **Keishi-chō 警視庁** das Tōkyōter Polizeipräsidium 東京都を管轄区域とする警察機関。長として警視総監を置く。1874（明治7）年に設置され，1954（昭和29）年に現行の体制となる。Verwaltungsorgan der Polizei für den Raum Tōkyō. Geleitet vom Polizeigeneralinspektor. Es wurde 1874 eingerichtet und erfüllt seine gegenwärtige Funktion seit 1954.

♦ **keiyaku-shain 契約社員**
der (die) Vertragsangestellte 正社員以外の従業員，非正規の社員。主にパート，嘱託，非常勤等の雇用形態による従業員。Alle Mitarbeiter außer den festangestellten (oder regulären). Hauptsächlich handelt es sich dabei um Teilzeitarbeiter, Aushilfskräfte und befristet Beschäftigte.

♦ **Keizai-sangyō-shō 経済産業省**
Ministerium für Wirtschaft, Handel und Industrie (engl. *Ministry of Economy, Trade and Industry*) 2001年の中央省庁再編においてできたもの。Es wurde 2001 im Rahmen der Reform der Zentralregierung eingerichtet.

♦ **kenchi 検地**
{Gesch.} die Landvermessung 室町末期から江戸末期にかけて封建領主が行なった土地の測量調査。検地帳に田畑の面積・等級・石高その他を記載し，領主支配の基礎とした。豊臣秀吉の太閤検地以後，全国的規模で行なわれた。Landesvermessungen, die vom Ende der Muromachi-Zeit bis zum Ende der Edo-Zeit im Auftrag der Feudalfürsten durchgeführt wurden. In den Landregistern wurde u.a. die Fläche, die Beschaffenheit und der Reisertrag registriert und die Daten dienten den Landesherren als Grundlage ihrer Herrschaft. Seit der als *Taikō-Kenchi* bekannten Landesvermessung durch Toyotomi Hideyoshi (er trug den Amtstitel *Taikō*) wurden Landesvermessungen im landesweiten Maßstab durchgeführt.

♦ **kengyō-nōka 兼業農家**
der landwirtschaftliche Nebenerwerbsbetrieb 世帯員が農業以外の仕事にも従事して収入を得ている農家。Bauernfamilien, deren

Mitglieder neben der Landwirtschaft noch Einkommen aus anderen Beschäftigungen haben. **sengyō-nōka 専業農家** der Haupterwerbslandwirt, der Vollzeitlandwirt

♦kenji 検事 (kensatsu-kan 検察官)
der Staatsanwalt **kensatsu-chō 検察庁** die Staatsanwaltschaft **kensatsu-gawa no shōnin 検察側の証人** der Belastungszeuge 日本語の場合とは異なって，このドイツ語の語義は，「被告に不利な証言をする証人」という意味。Das deutsche Wort bringt zum Ausdruck, dass die Aussage dieses Zeugen für den Angeklagten unvorteilhaft ist. (Das japanische Wort drückt lediglich aus, dass es sich dabei um einen Zeugen des Staatsanwalts handelt.)

♦kenpei 憲兵
{Gesch.} der Militärpolizei, der Gendarm 日本では1881（明治14）年に創設され，陸軍大臣の管轄に属した。のち次第に権限を拡大し，一般民衆の思想取り締まりや国民生活全体の監視をするようになった。第二次大戦後に解体。Diese japanische Militärpolizei wurde 1881 gegründet und stand unter dem Kommando des Kriegsministers. Später wurde ihr Zuständigkeitsbereich schrittweise erweitert, so dass sie das gesamte Leben der Bevölkerung überwachte und eine Form von „Gesinnungskontrolle" ausübte. Nach dem Zweiten Weltkrieg wurde die Militärpolizei aufgelöst.

♦Kenpō-dai-kyūjō 憲法第9条
Artikel 9 der japanischen Verfassung 日本国憲法第9条には次のように書かれている。「日本国民は，正義と秩序を基調とする国際平和を誠実に希求し，国権の発動たる戦争と，武力による威嚇または武力の行使は，国際紛争を解決する手段としては，永久にこれを放棄する」。「前項の目的を達するため，陸海空軍その他の戦力は，これを保持しない。国の交戦権は，これを認めない」。Der 9. Artikel der japanischen Verfassung lautet wie folgt: „Im aufrichtigen Streben nach einem auf Gerechtigkeit und Ordnung gegründeten Frieden in der Welt verzichtet das japanische Volk für alle Zeit auf Krieg als ein souveränes Recht des Staates und auf die Androhung oder Anwendung militärischer Gewalt als Mittel zur Lösung internationaler Konflikte." „Um das Ziel des vorherigen Paragraphen zu erreichen, werden weder Land-, See- noch Luftstreitkräfte oder andere Kriegsmittel unterhalten. Ein Kriegsführungsrecht des Staates wird nicht anerkannt."

♦Kentōshi 遣唐使
{Gesch.} die altjapanischen Gesandtschaften nach China (630-894) 遣隋使の後をうけ日本から唐へ派遣された公式使節。唐の文化を摂取する目的で630年から894年まで16回にわたり派遣された。一回ごとに派遣された人数は数百名に及んだ。Nachdem der erste japanische Gesandte während der Sui-Dynastie China besucht hatte, wurden zwischen 630 und 894 insgesamt 16 Gesandtschaften in das tang-zeitliche China entsandt. Jede Gesandtschaft umfasste mehrere hundert Personen, deren Ziel das Studium der chinesischen Kultur und deren Einführung nach Japan war.

◆ **ketsu-zei 血税**
1) die harte Steuerlast 2) die Wehrpflicht 1) 負担の重い税金 2) 兵役の義務。かつて兵役義務はこのように呼ばれた。1) harte/schwere Steuerlast 2) historisch wurde die Wehrpflicht als Blutsteuer bezeichnet.

◆ **kibō-kouri-kakaku 希望小売価格**
der vom Hersteller empfohlene Preis; die unverbindliche Preisempfehlung **tentō-kakaku 店頭価格** der Ladenpreis **genka 原価** der Herstellungspreis, der Selbstkostenpreis

◆ **Kigensetsu 紀元節**
{Gesch.} der Jahrestag der Thronbesteigung des Kaisers Jinmu 2月11日。1872(明治5)年，日本書紀伝承による神武天皇即位の日を紀元の始まりとし制定した祝日。第二次世界大戦後廃止されたが，1966(昭和41)年「建国記念の日」という名前で復活し，翌年より実施された。Im Jahr 1872 wurde dieser Feiertag eingerichtet, der auf den Bericht des *Nihon-shoki* (siehe dort) zurückgeht, wonach der erste *Tennō*, Jinmu, an diesem Tag den Thron bestiegen und so das japanische Kaiserreich begründet haben soll. Nach dem Zweiten Weltkrieg wurde der Feiertag abgeschafft, aber seit 1966 wurde er unter dem neuen Namen „Tag der Reichsgründung“ wiederbelebt und seit dem folgenden Jahr wird er auch wieder begangen.

◆ **kigyō-keiretsu 企業系列**
die Unternehmensgruppe 株式保有・融資・取引などを通じて縦の継続的な結びつきを持つ企業が形成するグループ。Eine Gruppe von Unternehmen, die durch Aktienbesitz, Investitionen, Geschäftsverkehr usw. in einer Hierarchie eng miteinander verbunden sind.

◆ **kigyō-senshi 企業戦士**
wörtl.: der „Unternehmenssoldat“ 企業のために闘う猛烈社員のことを外国メディアはしばしばこのように表現した。Bezeichnung für besonders engagierte Mitarbeiter. Gelegentlich wurde die Bezeichnung von ausländischen Medien auch abwertend verwendet. **reisai-kigyō 零細企業** das Kleinunternehmen

◆ **kika 帰化**
die Einbürgerung, die Naturalisation **kika suru 帰化する** eingebürgert werden **kikajin 帰化人** der (die) Eingebürgerte 古代に関しては，日本における国家成立との関連から見て，「帰化」ではなく「渡来」という語を用いるべきであるとする主張もある。In Hinblick auf das Altertum und im Zusammenhang mit der Entstehung des japanischen Staatswesens wird auch die Meinung geäußert, dass man besser nicht von *kika* („Einbürgerung“), sondern von *torai* („Übersiedlung“) sprechen sollte.

◆ **kikan-tōshika 機関投資家**
der institutionelle Investor 法人形態の投資家。銀行，生命保険会社，損害保険会社その他。Juristische Personen, z.B. Banken, Lebens- und Schadensversicherungsgesellschaften etc, als Investoren

◆ **kiki-kanri 危機管理**
das Krisenmanagement 大地震・津波やテロなど，天災・人災を問わず不測の事態に対して事前の準備を行い，迅速・的確に対処するための諸政策。Das Treffen von Vorkehrungen, um in Notfall schnell und zuverlässig auf Naturkatastrophen (z.B. Erdbeben, Tsunami etc.) oder andere Unglücksfälle (z.B. Terroranschläge.) reagieren zu können.

◆kikin 飢饉
{Gesch.} die Hungersnot『日本書紀』にも飢饉の記述があるが，それ以後の日本でも数々の飢饉が知られている。江戸時代は全期を通じて寒冷な時代であったらしく，凶作や飢饉が絶えなかった。昭和に入ってからも1933 (昭和8) 年から35年にかけて東北地方を中心に飢饉が発生し，悲惨な生活のなかで娘の身売りなども行なわれた。Schon in den „Annalen Japans" (siehe *Nihon-shoki*) finden sich Aufzeichnungen über eine Hungersnot in Japan und auch aus der späteren Zeit sind zahlreiche Hungersnöte bekannt. Während der gesamten Edo-Zeit scheint das Klima eher kühl gewesen zu sein, und Missernten und Hungersnöte waren nicht so selten. Sogar in der Shōwa-Zeit gab es zwischen 1933 und 1935 eine Hungersnot, deren Zentrum in der Region Tōhoku lag, und das Elend zwang einige Familien sogar dazu, ihre Töchter (z.B. in die Vergnügungsviertel der Großstadt) zu „verkaufen".

◆Kimigayo 君が代
„Die Regentschaft des *Tennō*"; die japanische Nationalhymne – 1999 (平成11) 年法律により国歌と定められた。歌詞は古今和歌集にまで遡る。作曲は1880 (明治13) 年。Lange Zeit hatte Japan keine „offizielle" Nationalhymne, aber 1999 wurde *Kimigayo* per Gesetz zur Nationalhymne erklärt. Der Text ist ein Gedicht zum Lobpreis des Kaiserhauses und stammt aus der Gedichtssammlung *Kokin-waka-shū* (10. Jh.); er wurde 1880 vertont.

◆kinnō 勤皇
{Gesch.} die Loyalität gegenüber dem *Tennō*; die Kaisertreue 天皇に忠義を尽くすこと。特に，江戸末期，朝廷のために徳川幕府打倒を目指した政治運動。**kinnō no shishi 勤皇の志士** der Royalist (am Ende der Edo-Zeit), die Anhänglichkeit an die Shōgunatsregierung **sabaku-ha 佐幕派** die (pl.) Anhänger des Shōgunats

◆kisei-kanwa 規制緩和
die Deregulierung 政府や地方自治体が，許可・認可など各種の法規制を緩和することによって，民間の経済活動の活性化を図る措置。Maßnahmen der Regierung oder der lokalen Verwaltung zur Belebung der Privatwirtschaft durch die Lockerung von gesetzlichen Einschränkungen, wie Genehmigungen, Lizenzen usw.

◆Kōan-chōsa-chō 公安調査庁
das Untersuchungsbüro für öffentliche Sicherheit 1952 (昭和27) 年，破壊活動防止法の施行に伴って設置された。Dieses Büro wurde 1952 auf der Grundlage des „Gesetzes zur Abwehr subversiver Aktivitäten " eingerichtet.

◆koban 小判
kleine ovale Goldmünze (der Edo-Zeit) **neko ni koban 猫に小判** (wörtl.: „Goldmünzen vor (für) die Katze") Perlen vor die Säue

werfen. **ō-ban 大判** {Gesch.} große Geldmünze 室町時代末期から江戸時代末期にかけて造られた金貨・銀貨の一種。大型の楕円形。Eine Art von relativ großen elliptischen Gold- oder Silbermünzen, die vom Ende der Muromachi-Zeit bis zum Ende der Edo-Zeit hergestellt wurde.

♦ kōdo-seichō 高度成長

der wirtschaftliche Höhenflug; das rasche Wachstum **kōdo-seichō-ki 高度成長期** {Gesch.} die Wirtschaftswunderzeit, die Hochwachstumsphase 急激な経済成長期，特に1955（昭和30）年から1973（昭和48）年に見られた急激な経済成長期を言う。Eine Phase rapiden Wirtschaftswachstums, insbesondere meint man damit die Periode von 1955 bis 1973. **kōdo-seichō-jidai 高度成長時代** die Periode des raschen Wirtschaftsaufschwungs **mainasu-seichō マイナス成長** das Negativ-Wachstum, das Minuswachstum

♦ kofun 古墳

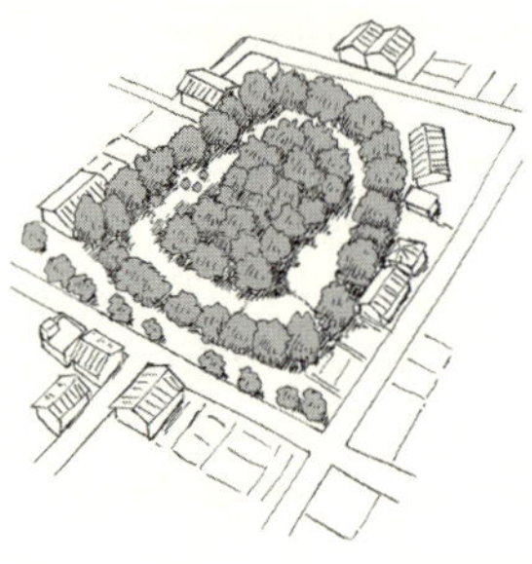

{Gesch.} der Tumulus; das altjapanische Hügelgrab 高く土盛りした古代の墳墓。**zenpō-kōen-fun 前方後円墳** der schlüssellochförmige Grabhügel; das Hügelgrab mit schlüssellochförmigem Grundriss **Kofun-jidai 古墳時代** die Kofun-Zeit, die Hügelgräber-Periode in der japanischen Geschichte (4.-7. Jh.) 鍵穴の形をした前方後円墳も見られ，今日まで残っているものもある。Charakteristisch für diese Zeit ist eine besondere Form von Hügelgräbern, oft mit schlüssellochförmigem Grundriss, von denen einige heute noch erhalten sind.

♦ Kojiki 古事記

{Gesch.}{Buchtitel} Kojiki (wörtl.: „Aufzeichnung alter Begebenheiten“) 現存する日本最古の歴史書で，天地開闢と天皇一族の系譜の神話的事象について，稗田阿礼が誦習していたものを太安万侶が文章として記録し712（和銅5）年元明天皇に献上した。天皇による支配を正当化しようとしたもの。Älteste erhaltene Reichsgeschichte. Die von Hieda no Are mündlich überlieferten mythologischen Begebenheiten über den Ursprung der Welt und die göttliche Abstammung des *Tennō*-Geschlechts wurden im Jahr 712 von Ōno Yasumaro niedergeschrieben und der Kaiserin Genmei überreicht. Das Werk sollte den Herrschaftsanspruch der japanischen Kaiserfamilie legitimieren.

♦ kokka-kōmuin 国家公務員

der (die) Staatsbeamte **chihō-kōmuin 地方公務員** der (die) Gemeindebeamte **kōmuin-hō 公務員法** das Beamtengesetz

♦ Kokka-sōdōin-hō 国家総動員法

{Gesch.} das Volksmobilisierungsgesetz 1938（昭和13）年公布・施行。日中戦争の長期化に対処するため，人的・物的資源の統制運用を目的として作られた法律。

これにより広範な権限が政府に与えられ，戦時体制が強化された。1945（昭和20）年廃止。Ein Gesetz aus dem Jahr 1938, das erlassen wurde, als sich der Japanisch- Chinesische Krieg in die Länge zog. Um ihn schneller zu beenden, sollte als Gegenmaßnahme die Nutzung kriegsrelevanter Ressourcen wie Menschen und Rohstoffe reguliert werden. Das Gesetz räumte der Regierung weitreichende Befugnisse ein und festigte die militärische Strukturen des Landes. Das Gesetz wurde 1945 aufgehoben.

♦Kokudo-kōtsū-shō 国土交通省

Ministerium für Land, Infrastruktur, Transport und Tourismus (engl. *Ministry of Land, Infrastructure, Transport and Tourism*, bis 2008 *Ministtry of Land, Infrastructure and Transport*) 2001（平成13）年，建設省，運輸省その他を統合して発足。Im Jahr 2001 entstand es in der Reform der Zentralregierung durch die Fusion des Bauministeriums (*Kensetsu-shō*) mit dem Verkehrsministeriums (*Un'yu-shō*) u.a.

♦kokui 国威

das nationale Prestige **kokui o hatsuyō suru 国威を発揚する** das nationale Prestige fördern; dem nationalen Prestige Geltung verschaffen

♦kokumin-sōseisan 国民総生産

das Bruttosozialprodukt（オーストリアでは，das Bruttonationalproduktという）経済指標として広く利用されてきたが，現在は多くの場合，国内総生産の方を用いる。Das Bruttosozialprodukt wurde als Wirtschaftindikator verwendet, aber heute verwendet man in vielen Fällen eher das Bruttoinlandsprodukt. **kokunai-sōseisan 国内総生産** das Bruttoinlandsprodukt

♦kokusai 国債

die Staatsanleihe 国家が財政上の必要から国家の信用をもって設定する金銭上の債務。Schuldverschreibungen, die z.B. vom Staat aufgrund wirtschaftlicher Notwendigkeit ausgegeben werden, und deren Wert sich nach der Bonität des Landes richtet. **akaji-kokusai 赤字国債** die Defizitfinanzierungsanleihe; Staatsanleihen zur Defizitfinanzierung **kokusai o hakkō suru 国債を発行する** Staatsanleihen herausgeben **kokusai o boshū suru 国債を募集する** Staatsanleihen auflegen

♦Kokusai-keijikeisatsu-kikō 国際刑事警察機構

die Interpol; ICPO (engl.: *International Criminal Police Organization*) die Internationale Kriminalpolizeiliche Organisation

♦Kokusai-rengō 国際連合

Vereinte Nationen (engl. *United Nations*) **Kokusai-renmei 国際連盟** (1920-1946) der Völkerbund (engl. *League of Nations*) 日本は1933（昭和8）年，満州事変の件で国際連盟を脱退した。Japan trat 1933 nach dem „Mandschurischen Zwischenfalls" aus dem Völkerbund aus.

♦kokusai-shūshi 国際収支

die Außenhandelsbilanz 一国が一定期間において外国との間で行なったすべての取引の収支の勘定。die genaue rechnerische Gegenüberstellung der Importe und Exporte eines Landes in einem bestimmten Zeitraum

◆**kokusaku 国策**

die Staatspolitik, die nationale Politik **kokusaku o suikō suru 国策を遂行する** Staatspolitik durchführen; einen politischen Leitsatz in die Tat umsetzen; die nationale Politik betreiben

◆**kokusei-chōsa 国勢調査**

die Volkszählung 行政の基礎資料を得るために，政府が全国一斉に行なう人口動態ならびにそれに付随する諸種の調査。正式調査は10年毎に行なわれるが，その中間の5年目に簡易な調査を実施する。西ドイツでは1983年に実施されることになっていた国勢調査は，プライヴァシーを侵害するとして反対運動が起こり，法律を改正した上で1987年に調査が実施されたという経緯がある。ほかにドイツでは，全世帯のうちの1%を調査対象にした抽出国勢調査が毎年実施されている。Gegenwärtig werden in Japan im Abstand von zehn Jahren umfassende Volkszählungen durchgeführt, die grundlegende Daten für die Politik liefern sollen. Im fünften Jahr nach jeder Volkszählung wird zusätzlich eine einfachere Volkszählung durchgeführt. In der Bundesrepublik Deutschland wurde 1983 ein Volkszählungsgesetz beschlossen, das unter der Bevölkerung große Proteste auslöste, weil viele Bürger eine Verletzung der Privatsphäre befürchteten. Erst 1987 konnte, nach einer Änderung des Gesetzes, eine Volkszählung durchgeführt werden. Weniger umstritten ist der so genannte Mikrozensus („kleine Volkszählung“), bei dem jährlich 1% der Haushalte in der Bundesrepublik befragt werden.

◆**kokushi 国士**

1) der hervorragende Staatsbürger 2) der Patriot

◆**kokutai 国体**

1) die Staatsform 2) das Staatswesen 3) das Volkssportfest 1) 君主制・共和制など，主権の所在によって区別される国家の形態。Die politischen Organisationsformen von Staaten, die sich danach unterschieden werden, wer über die Staatsgewalt verfügt, z.B. Monarchie und Republik. 2) 天皇を倫理的・精神的・政治的中心とする国のあり方。第二次世界大戦終結に至るまでの日本で盛んに用いられた。Die Ideologie, den Staat wie einen Körper mit dem *Tennō* als ethischem, geistigem und politischen Oberhaupt zu beschreiben, war in Japan bis zum Ende des Zweiten Weltkriegs verbreitet. 3) 国民体育大会の略。Abkürzung für *Kokumin taiiku-taikai*, das Volkssportfest

◆**kōkyō-jigyō 公共事業**

die öffentliche Unternehmung; das öffentliche Unternehmen 国または地方公共団体の予算で行なう公共的な土木工事・営繕工事の事業。Öffentliche Bau- oder Instandhaltungsarbeiten, die zu Lasten des Staatshaushaltes oder mit Mitteln regionaler öffentlicher Körperschaften durchgeführt werden

◆**kōkyō-tōshi 公共投資**

die öffentliche Investition 国や地方公共団体が財政資金により行う投資。

♦**kome-sōdō 米騒動**
{Gesch.} die Reisunruhen 米価騰貴を原因とする民衆暴動で，特に1918（大正7）年富山県魚津の漁村に端を発し全国に波及した騒動を指す。軍隊により鎮圧されたが，時の寺内内閣は，総辞職に追い込まれた。Durch gestiegene Reispreise ausgelöste Volksaufstände. Insbesondere bezeichnet man so den Aufstand, der 1918 in dem Fischerdorf Uozu in der Präfektur Toyama seinen Anfang nahm, und sich über ganz Japan ausbreitete. Der Aufstand wurde zwar vom Militär niedergeschlagen, aber damalige Premierminister Terauchi und seine Regierung mussten geschlossen zurücktreten.

♦**Kōsei-rōdō-shō 厚生労働省**
Ministerium für Gesundheit, Arbeit und Soziales (engl. *Ministry of Health, Labour and Welfare*) 2001（平成13）年の中央省庁再編により厚生省と労働省を統合して誕生した。Es entstand in der Verwaltungsreform von 2001 durch die Zusammenlegung des Ministeriums für die Gesundheit und Soziales (*Kōsei-shō*) mit dem Ministeriums für Arbeit (*Rōdō-shō*).

♦**koseki 戸籍**
das Familienregister **koseki-shōhon 戸籍抄本** der Auszug aus dem Familienregister **koseki-tōhon 戸籍謄本** die urkundliche Abschrift des gesamten Familienregisters **koseki-kakari (koseki-gakari) 戸籍係** Beamte(r) für das Standesregister **koseki kara nuku 戸籍から抜く** jemandes Namen aus dem Familienregister streichen lassen **koseki ni ireru 戸籍に入れる** jemandes Namen ins Familienregister eintragen lassen **koseki-hittōnin 戸籍筆頭人** Person, die im Familienregister an erster Stelle steht; das Familienoberhaupt

♦**kōshitsu 皇室**
die kaiserliche Familie; das Kaiserhaus **kōzoku 皇族** Mitglied der kaiserlichen Familie; die kaiserliche Familie

♦**Kōshitsu-tenpan 皇室典範**
das Gesetz über die Kaiserfamilie 1889（明治22）年に制定された旧皇室典範は，憲法と並ぶ最高法であったが，第二次大戦後廃止された。現行の皇室典範は，1947（昭和22）年，新憲法発布とともに，一般の法律として制定された。Das 1889 erlassene, frühere Gesetz über die Kaiserfamilie war neben der Verfassung das höchste japanische Gesetz, es wurde nach der japanischen Niederlage im Zweiten Weltkrieg abgeschafft. Das gegenwärtige Gesetz über die Kaiserfamilie trat im Jahr 1947 gemeinsam mit der Nachkriegsverfassung als ein allgemeines Gesetz in Kraft.

♦**kōtei-buai 公定歩合**
der amtliche Kurs; der Diskontsatz 一国の中央銀行（日本の場合は，日本銀行）が市中金融機関に貸し出しを行なう際に適用される基準金利。So bezeichnet man den Zinssatz, den die nationale Zentralbank (in Japan die Bank von Japan) anwendet, wenn sie Kredite an Geldinstitute vergibt. **kōtei-buai o hikiageru 公定歩合を引き上げる** den Diskontsatz erhöhen **kōtei-buai o hikisageru 公定歩合を引き下げる** den Diskontsatz senken

♦ kōteki nenkin 公的年金
die öffentliche Pension 国が社会保障の一環として行なう年金制度。厚生年金，国民年金，共済年金などがある。Das öffentliche Rentensystem oder der Sammelbegriff für die öffentlichen Renten, die der Staat als einen Teil der Sozialversicherung unterhält; z.B. die Wohlfahrtsrente, die Staatsrente und die auf gegenseitiger Unterstützung beruhende Rente der Beamten.

♦ kuchi-berashi 口減らし
{Gesch.} wörtl.: „die Verringerung der Zahl von hungrigen Mäulern" 経済的困窮時に家族の一員である子供を他家へ奉公に出すことなどによって，養うべき人の数を減らしたこと。In wirtschaftlichen Notzeiten die Zahl der Familienmitglieder verringern, indem man z.B. Kinder als Dienstboten zu reichen Familien schickt.

♦ kuro-fune 黒船
{Gesch.} wörtl.: „die schwarzen Schiffe" 室町末期から江戸末期に欧米諸国から来航した艦船。船体が黒く塗られていたことからこのように呼ばれた。特に江戸末期には大型の外国船はこのように呼ばれた。Schiffe westlicher Nationen, die seit dem Ende der Muromachi-Zeit bis zum Ende der Edo-Zeit nach Japan kamen. Weil ihre Rümpfe schwarz gestrichen waren, wurden sie so genannt. Insbesondere am Ende der Edo-Zeit wurden große ausländische Schiffe so bezeichnet. 1853(嘉永6)年にはアメリカ海軍のマシュー・ペリーが率いる艦船が開港を迫り来航し，大統領の親書を幕府に提出したが，日本で「幕末」と呼んでいるのはおおむね，この事件から明治維新までのことである。1853 gelangten mehrere amerikanische Schiffe nach Japan, die unter dem Kommando von Kommodore Matthew Perry standen, man forderte die Öffnung der japanischen Häfen, wozu auch ein Schreiben des amerikanischen Präsidenten an das Shogunat übergeben wurde. In Japan bezeichnet man im Allgemeinen die Periode von diesem Ereignis bis zur Meiji-Restauration (siehe: *Meiji-ishin*) als *Bakumatsu*-Zeit.

♦ kusanone minshushugi 草の根民主主義
die Graswurzeldemokratie, die Basisdemokratie ドイツ語のGraswurzelおよび日本語の「草の根」は，英語の*grass roots*の訳語。**kusanone undō 草の根運動** die Graswurzelbewegung, die Basisbewegung

♦ kyasshu-kādo キャッシュ・カード
(pseudoengl. *cash card*) die Bankkarte; die Karte für den Bankautomaten **kyasshu-kādo de okane o orosu キャッシュ・カードでお金をおろす** mit der Bankkarte Geld abheben

♦ kyasutingu-bōto キャスティング・ボート
(von engl. *casting vote*) die entscheidende Stimme **kyasutingu-bōto o nigitte iru キャスティング・ボートを握っている** die entscheidende Stimme besitzen; die entscheidende Stimme in der Hand haben

♦ kyōdō-seihan 共同正犯
die Mittäterschaft 2人以上の者が共同して犯罪を実行することで，犯罪行為の一部にしか関わっていなくても，全部の責任を問われる。Das gemeinschaftliche Begehen einer Straftat, wobei jeder Mittäter die

gesamte Schuld der gemeinsam geplanten Tat trägt, auch wenn er nur an einem Teil der Durchführung beteiligt war.

◆Kyōiku-chokugo 教育勅語

{Gesch.} der Kaiserliche Erziehungserlass; das Kaiserliche Erziehungsedikt 1890 (明治23) 年に勅語の形式で発布された日本の教学の規範書。家族国家観に基づく忠君愛国主義と儒教的道徳を内容とする。修身教育等を通じてその精神が国民に教えられ天皇制の支柱となった。1948 (昭和23) 年衆・参両議院の決議により失効。1890 erlassene kaiserliche Anordnung, die, basierend auf der Vorstellung von einer Staatsfamilie, patriotische Tugenden und konfuzianische Moralvorstellungen zum Inhalt hatte. Durch Bildung und Erziehung, besonders durch „Moralunterricht", sollten diese Ideale dem Volk vermittelt und so das Kaisertum gestützt werden. 1948 wurde sie durch Parlamentsbeschluss außer Kraft gesetzt.

◆kyoku-u 極右

1) die (pl.) rechtsextremen Ideen 2) der Rechtsextremist, der (die) Ultrarechte **kyoku-sa 極左** 1) die (pl.) linksextremen Ideen 2) der Linksextremist, der (die) Ultralinke

◆maizō-bunkazai 埋蔵文化財

unterirdische Kulturschätze 土地や水面下に埋蔵されている考古学的な遺跡・遺構・遺物のこと。埋蔵文化財は基本的には国家の所有物とされる。Archäologische Relikte, Ruinen, Fundstücke, die unter der Erde oder unter der Wasseroberfläche verborgen sind. Sie sind grundsätzlich Eigentum des Staates.

◆manē-rondaringu マネー・ロンダリング (shikin-senjō 資金洗浄)

(von engl. *money laundering)* die Geldwäsche

◆Manshū-jihen 満州事変

{Gesch.} der Mandschurische Zwischenfall 1931 (昭和6) 年9月18日，奉天 (現在の瀋陽) 北方の柳条湖の鉄道爆破事件を契機とする，日本軍による中国東北侵略戦争。15年戦争の第一段階。Am 18. September 1931 inszenierte die japanische Armee nahe der Stadt Mukden (heute Shenyang) einen Sprengstoffanschlag auf die von Japan selbst unterhaltene Südmandschurische Eisenbahnlinie. Die darauf folgende Besetzung der Mandschurei war der erste Schritt des japanischen Invasionskrieges gegen China. **Nitchū-sensō 日中戦争** der Japanisch-Chinesische Krieg 1937 (昭和11) 年7月5日の盧溝橋事件を契機とした，日本による全面的な中国侵略戦争。長期戦化し，1941 (昭和16) 年12月，太平洋戦争へと拡大した。十五年戦争の第二段階。Großflächiger japanischer Invasionskrieg gegen China nach dem Zwischenfall an der Marco-Polo-Brücke. Der Krieg zog sich in der Länge und weitete sich im Dezenber 1941 zum Pazifischen Krieg aus. Zweite Stufe des so genannten 15-jährigen Krieges. **Jūgonen-sensō 十五年戦争** der 15jährige Krieg 1931 (昭和6) 年の満州事変開始から1945 (昭和20) 年の降伏まで，日本が15年にわたって行なった戦争をこのように呼ぶ。すなわち満州事変・日中戦争・太平洋戦争の総称。Bezeichnung für die 15 Jahre andauernden Kriegshandlungen Japans seit dem Mandschurischen Zwischenfall 1931 bis zur Kapitulation 1945. Zusammenfassende Bezeichnung für den Mandschurischen Zwischenfall, den Japanisch-Chinesischen Krieg und den Pazifischen Krieg.

◆ Manshū-koku 満州国

{Gesch.} Mandschukuo (Name der Mandschurei als Kaiserreich von Japans Gnaden) 日本が満州事変によって占領した中国東北部に作り上げた傀儡国家。1932 (昭和7) 年建国，1945 (昭和20) 年日本の第二次世界大戦敗北とともに消滅。Nach dem so genannten Mandschurischen Zwischenfall (siehe *Manshū-jihen*) besetzte Japan den chinesischen Nordosten und errichtete dort 1932 den Marionettenstaat Mandschukuo. Nach der Niederlage Japans im Zweiten Weltkrieg 1945 wurde dieser Staat aufgelöst.

◆ Mantetsu 満鉄

{Gesch.} Mandschurische Eisenbahngesellschaft 1906 (明治39) 年に設立された南満州鉄道株式会社のこと。日露戦争で獲得した権益に基づき設立された半官半民の植民地会社。日本の満州支配の根幹となり，鉄道・炭鉱・製鉄所の経営など一大コンツェルンを形成した。日本の敗戦とともに消滅。Bezeichnung für die 1906 von Japan gegründete Südmandschurische Eisenbahn AG. Die halbstaatliche Firma in dem Gebiet der japanischen Kolonie im Nordosten Chinas wurde auf der Grundlage von Kriegsgewinnen aus dem Japanisch-russischen Krieg gegründet. Die Bahngesellschaft bildete einen Großkonzern aus Eisenbahn, Bergbau, Eisenproduktion usw., und war die Grundlage für die Besatzung der Mandschurei. Nach Japans Niederlage im Zweiten Weltkrieg wurde die Gesellschaft aufgelöst.

◆ maruchi-shōhō マルチ商法

das Netzwerk-Marketing; der Verkauf nach dem Schneeballsystem; das Schneeballverkaufsvertriebssystem この語は，英語の *multilevel marketing plan* の略。連鎖販売取引。販売員が新しい販売員を次々に組織に加入させて，ネズミ算的に販売組織を広げていく販売方法。Kurzform von *multilevel marketing plan*. Geschlossenes Vertriebssystem. Die Verkäufer rekrutieren bei dieser Art des Vertriebs ständig neue Verkäufer, die sie in das System aufnehmen, so weitet sich das Vertriebssystem nach dem Schneeballsystem aus.

◆ maru-nage 丸投げ

die Untervergabe 丸投げとは，官庁や企業が，自らが行なっていた業務や行なおうとしている業務を，他の企業や団体にそのまま業務委託をすること。Als Untervergabe bezeichnet man es, wenn die öffentliche Hand oder ein Unternehmen einen Auftrag an eine andere Firma oder Organisation weitergibt, anstatt diesen selbst zu erledigen. **maru-nage suru 丸投げする** einen Auftrag untervergeben

◆ mayaku 麻薬

das Rauschgift, die Droge **mayaku no mitsubai 麻薬の密売** der illegale Drogenhandel **Mayaku-torishimari-hō 麻薬取締法** das Drogenkontrollgesetz **mayaku-torishimari-kan 麻薬取締官** der Drogenkontrolleur **mayaku-jōyōsha 麻薬常用者** der (die) Drogenabhängige **taima 大麻** der Hanf

(besonders als Rauschmittel; das Marihuana)

♦ **Meiji-ishin 明治維新**
{Gesch.} die Meiji-Restauration 江戸幕府が崩壊し天皇を中心とする新政府が成立，西洋をモデルに「近代化」が推し進められた。Rückgabe der Regierungsgewalt an den Kaiser im Jahr 1868 und Beginn der „Modernisierung" Japans nach westlichem Vorbild.

♦ **Meiji-jidai 明治時代**
{Gesch.} die Meiji-Zeit 明治天皇(睦仁)在位の1868年から1912年まで。die Jahre zwischen 1868 und 1912. *Meiji* war die Ära-Devise des *Tennō* Mutsuhito, der heute als Meiji-*Tennō* bezeichnet wird.

♦ **meikyū 迷宮**
das Labyrinth **meikyū-iri 迷宮入り** (**omiya-iri お宮入り**) unaufgeklärt bleiben; ungeklärt bleiben

♦ **menshoku 免職**
die Entlassung, die Amtsenthebung, die Demission **chōkai-menshoku 懲戒免職** die Entlassung als Disziplinarmaßnahme **yushi-menshoku 諭旨免職** jemandem den Rücktritt nahelegen 行為の非を諭し，本人のための取り計らいとして，懲戒処分に変えて認める辞職。形式としては依願退職。In diesen Fällen akzeptiert man den Rücktritt einer Person, die sich etwas zu Schulden hat kommen lassen, als Vermittlungsangebot zu Gunsten des Betroffenen und als Ersatz für eine Disziplinarmaßnahme. Formal eine Amtsniederlegung auf eigenen Wunsch. **bungen-menshoku 分限免職** 公務全体の機能を維持するための免職で，精神疾患を理由に長期にわたり休職しているケースなど，職務遂行に支障のある公務員が対象になる。民間企業の解雇に相当する。Die Amtsniederlegung, um das Funktionieren einer Behörde etc. als Ganzes aufrechtzuerhalten, oft in Fällen, wenn ein Beamter seine Dienstpflichten nicht erfüllen kann, wie z.B. wenn der Betroffene aufgrund einer psychischen Erkrankung über eine längere Zeit krankgeschrieben war. In einem Privatunternehmen entspricht das einer Entlassung.

♦ **messhi-hōkō 滅私奉公**
Selbstaufopferung für das Gemeinwohl 第二次世界大戦中日本では「欲しがりません，勝つまでは」というスローガンとならんでこの「滅私奉公」という言い回しがスローガンとしてよく用いられた。Während des Zweiten Krieges wurde in Japan neben dem Ausdruck „Selbstaufopferung für das Gemeinwohl" auch der Slogan „Wir brauchen nichts – bis wir siegen" oft verwendet.

♦ **meyasu-bako 目安箱**
{Gesch.} Eingaben-Briefkasten 江戸時代，八代将軍徳川吉宗が，広く庶民の要望や不満などを受け付けるために1721 (享保6) 年に設けた投書箱。享保の改革の一環として行なわれたもので，毎月3回，将軍が投書を閲読した。Eine Art von Kummerkästen in der Edo-Zeit, die der 8. Shōgun Tokugawa Yoshimune 1721 aufstellen ließ, um sich umfassend über die Wünsche und den Unmut in der Bevölkerung zu informieren. Dabei handelte es sich um eine der Maßnahme der Reformen in der Ära Kyōhō

(*Kyōhō no kaikaku*) und der *Shōgun* las die Mitteilungen dreimal pro Monat.

♦ mihitsu no koi 未必の故意
der bedingte Vorsatz; der Eventualvorsatz; der *dolus eventualis* 法律用語。犯罪事実の発生を積極的には意図しないが，自分の行為からそのような事実が発生するかもしれないと思いながら，あえて実行する場合の心理状態。Juristischer Terminus, mit dem die psychologische Befindlichkeit einer Person bezeichnet wird, die die Durchführung eines Verbrechens zwar nicht bewusst plant, aber durchaus in Kauf nimmt, dass ihr Handeln möglicherweise zu einem Verbrechen führt.

♦ mikka-tenka 三日天下
wörtl.: die „Dreitageregierung"; die kurzzeitige Herrschaft 明智光秀 (1528 ?–1582) が天下を取り，日を経ずして殺されたことにちなんで，極めて短期間しか政権・権力を保持できないことをこのように呼ぶ。Akechi Mitsuhide (1528? – 1582) gelangte zwar an die Macht, er wurde aber kurz darauf ermordet. Davon abgeleitet nennt man die Situation, dass jemand politische Macht oder Einfluss nur für eine ganz kurze Zeit innehat, „Dreitageregierung."

♦ min'eika 民営化
die Privatisierung staatlicher Unternehmen (z.B. der japanischen Post) 郵政の民営化に見られるような国営事業の民営化は，大きな政治課題である。Die Privatisierung staatlicher Unternehmen ist, wie man z.B. bei der Privatisierung der japanischen Post beobachten kann, eine große politische Aufgabe.

♦ min-i 民意
der Wille des Volkes; die öffentliche Meinung; die Volksmeinung **min-i o tou 民意を問う** die Volksmeinung befragen **min-i o sonchō suru 民意を尊重する** den Volkswillen respektieren; den Willen des Volkes achten

♦ miyako-ochi 都落ち
das Verlassen der Hauptstadt; der Umzug aufs Land **miyako-ochi o suru 都落ちをする** gezwungen werden, die Hauptstadt zu verlassen; in die Provinz gehen; aufs Land gehen 都にいられなくなって，地方へ逃げ出すこと。例えば「平家の都落ち」。他に，都会，特に東京を離れて，地方へ転勤・転居などをする場合に，冗談めかしてこの言葉を用いる人も若干いる。In die Provinz gehen, weil man nicht in der Hauptstadt bleiben kann. Ein berühmtes Beispiel ist die Vertreibung des Taira-Clans (Heike) aus der Hauptstadt nach ihrer Niederlage gegen die Armee des Clans der Minamoto, *Heike no miyako-ochi*. Außerdem benutzen einige Leute scherzhaft das Wort für eine Versetzung oder einen Umzug von der Großstadt, insbesondere von Tōkyō in die Provinz.

♦ mizugiwa-sakusen 水際作戦
die Bekämpfungsmaßnahmen an der Landesgrenze 上陸してくる敵を水際で撃滅する作戦。転じて，病原菌や害虫，麻薬などが国内に入り込む可能性のある海港・空港で防疫体制をとること。Die Strategie, einen Feind schon bei der Landung an der Küste zu bekämpfen. Im übertragenen Sinn bezeichnet man heute den Kampf gegen das Eindringen

von Infektionskrankheiten, Schädlingen, Drogen etc. an der Landesgrenze, auf dem Flughafen oder im Hafen.

♦Monbu-kagaku-shō 文部科学省
Kultus- und Wissenschaftsministerium (engl. *Ministry of Education, Culture, Sports, Science and Technology*) 文部科学省は2001(平成13)年の中央省庁再編により文部省と科学技術庁が統合して発足した。Dieses Ministerium entstand in der Restrukturierung der japanischen Ministerien im Jahr 2001 aus der Zusammenlegung des Kultusministeriums (*Monbu-shō*) mit der Behörde für Wissenschaft und Technologie (*Kagaku-Gijutsu-chō*).

♦monzen-machi 門前町
{Gesch.} wörtl.: „Stadt vor dem Tempeltor"; die Tempelstadt 中世末以降，寺院の門前に発達した町。例：善光寺の長野。Städte, die seit dem Mittelalter vor den Toren großer Tempel entstanden sind, z.B. die Stadt Nagano in der Umgebung des Tempels Zenkō-ji.

♦moto mo ko mo nai 元も子もない
alles verlieren「元」は元金，「子」は利子の意味。失敗してすべてを失うということ。*Moto* steht für *gankin* („Kapital") und *ko* bedeutet hier „Zinsen". Ein Fiasko erleiden und alles verlieren.

♦Muromachi-jidai 室町時代
{Gesch.} die Muromachi-Zeit 1392-1573 足利氏が京都の室町に幕府を置いていた時代。時代年号については，異説もある。Benannt nach dem Stadtviertel in Kyōto, in dem die Ashikaga ihr Shogunat einrichteten. Die genaue Datierung ist umstritten.

♦musha-shugyō 武者修行
{Gesch.} die Ausbildung des Kriegers durch Wanderjahre **musha-shugyō ni dekakeru 武者修行に出かける** sich als Krieger auf die Wanderschaft begeben

♦myōji-taitō-gomen 名字帯刀御免
{Gesch.} die Sondererlaubnis, einen Familiennamen benutzen und ein Schwert tragen zu dürfen 苗字を唱え，腰に刀を差すことは，江戸時代の武士の特権であった。功労により特例として平民にも認められることがあった。Die Verwendung eines Familiennamens und das Tragen von Schwertern waren in der Edo-Zeit eigentlich Vorrechte der *samurai*, aber manchmal wurden diese Privilegien auch besonders verdienten Personen verliehen, die nicht diesem Stand angehörten.

♦Nagaoka-kyō 長岡京
784(延暦3)年から794(延暦13)年まで長岡（現在の京都府長岡京市，向日市やその近隣地域）に都がおかれていた。Von 784 bis 794 war Nagaoka-kyō (heute Nagaokakyō-shi, Mukō-shi u.a.) die Hauptstadt Japans.

♦Nagata-chō 永田町
Nagata-chō 東京都千代田区南西部の一地区。国会議事堂，首相官邸などがある。Ein Stadtteil im Südwesteil des Bezirks Chiyoda-ku in Tōkyō, wo sich das Parlamentsgebäude und der Amtssitz des Premierministers befinden. **Kasumigaseki 霞ヶ関** Kasumigaseki 東京都千代田区南部の一地区。諸官庁がある。Ein Stadtteil des Bezirks Chiyoda-ku in Tōkyō, wo sich zahlreiche Ministerien und Behörden befinden.

♦ **naien 内縁 (naien-kankei 内縁関係)**
die nicht standesamtliche Ehe; die nicht ins Familienregister eingetragene Ehe; 事実上夫婦としての生活をしながら，所定の届出を欠くため，法律上の婚姻に至らない関係。

♦ **naikaku-kaizō 内閣改造**
die Kabinettsumbildung **naikaku-sōjishoku 内閣総辞職** Rücktritt des gesamten Kabinetts **naikaku-fushinninan o teishutsu suru 内閣不信任案を提出する** einen Misstrauensantrag gegen das Kabinett einbringen **naikaku-fushinninan o kaketsu suru 内閣不信任案を可決する** einen Misstrauensantrag gegen das Kabinett verabschieden

♦ **naiyū-gaikan 内憂外患**
innere Unruhen und die Bedrohungen von außen; innere Unruhen und äußere Bedrohungen **naiyū-gaikan komogomo itaru 内憂外患こもごも至る** Innere und äußere Schwierigkeiten folgen aufeinander.

♦ **Nanban-bunka 南蛮文化**
{Gesch.} wörtl.: „die Kultur der Südbarbaren" 室町時代から江戸時代初期にかけて，南方諸地域を経て日本へ伝えられたポルトガルやスペイン中心のヨーロッパ文化。Bezeichnung für die europäische Kultur, die seit der Muromachi-Zeit bis zum Aufang der Edo-Zeit hauptsächlich von den Portugiesen und Spaniern aus südlicher Richtung nach Japan eingeführt wurde.

♦ **nanban-jin 南蛮人**
{Gesch.} wörtl.: „Südbarbaren; südliche Barbaren"; Spanier und Portugiesen, die im 16. und 17. Jh. über Südostasien nach Japan kamen. 16世紀と17世紀に東南アジアを経由して日本へ来たスペイン人とポルトガル人たち。

♦ **Nanbokuchō-jidai 南北朝時代**
{Gesch.} die Zeit der nördlichen (Kyōto) und der südlichen (Yoshino) Dynastie (1336-1392) 京都と吉野に二つの朝廷があって対立していた時代。

♦ **Nankin-daigyakusatsu 南京大虐殺**
{Gesch.} das Massaker von Nanjing 1937 (昭和12) 年12月から翌年の2月にかけて日中戦争中の日本軍が南京攻略の際に行なった大虐殺事件。Von der japanischen Armee verübtes Massaker an der Bevölkerung der chinesischen Stadt Nanjing zwischen Dezember 1937 und Februar 1938.

♦ **nanmin 難民**
der Flüchtling **Nanmin-jōyaku 難民条約** die Genfer Flüchtlingskonvention von 1951 **keizai-nanmin 経済難民** der Wirtschaftsflüchtling **Kokuren–nanmin-kōtōbenmukan 国連難民高等弁務官** der Hohe Flüchtlingskommissar der Vereinten Nationen (UNHCR) **nanmin-kyūsai 難民救済** die Flüchtlingshilfe **gisō-nanmin 偽装難民** der als Flüchtling getarnte Einwanderer; der Scheinasylant

♦ **Nara-jidai 奈良時代**
{Gesch.} die Nara-Zeit 平城京つまり奈良に都があった時代 (710-789) があるが，長岡京に都があった10年を含めることもある。Bezeichnung der historischen Periode von 710 bis 784, in der Heijō-kyō bzw. Nara die Hauptstadt des frühen japanischen Staates

war. Manchmal rechnet man noch die folgenden 10 Jahre (784-794) hinzu, in denen Nagaoka Hauptstadt war.

♦nawa-tsuki 縄付き
{Gesch.} wörtl.: die „Fesselung“, (veraltet) der (die) Verhaftete, der Häftling; 罪を犯し縄で縛られること。またその人。Das Fesseln eines Straftäters mit einem Seil. Der so Gefesselte.

♦nengu 年貢
{Gesch.} 1) der jährliche Tribut 2) die Pacht, das Pachtgeld 1) 田畑の耕作者が毎年領主に納入する租税。江戸時代には原則として田の年貢は米であったが，畑の場合は，銭納も認められた。2)明治以降は，小作料のことをいう。1) Der japanische Tribut eines Bauern. In der Edo-Zeit wurden Tributzahlungen für Reisfelder grundsätzlich in Form von Reis geleistet, aber für Gemüsefelder wurden auch Geldzahlungen akzeptiert. 2) Seit der Meiji-Zeit nannte man so den Pachtzins (*kosaku-ryō*). **nengu no osame-doki ga kita 年貢の納め時が来た** wörtl.: „Es ist Zeit, die Pacht zu zahlen.“ Jemandes Tage sind gezählt. Das Spiel ist aus.

♦nenkō-joretsu 年功序列
die Rangordnung nach dem Alter oder Dienstalter 年齢や勤務年数によって，職場での地位や賃金が決まること。Die Festlegung von Positionen und der Höhe der Gehälter nach dem Lebensalter oder der Länge der Zugehörigkeit zum Unternehmen, bzw. der Organisation, wo man beschäftigt ist. **nenkō-joretsu-seido 年功序列制度** das Senioritäts- bzw. Anciennitätssystem **nenkō-gata chingin shisutemu 年功型賃金システム** das auf dem Senioritätsprinzip basierende Entlohnungssystem

♦nezumi-kō ねずみ講
das Schneeballsystem (als Vertriebssystem) 1978 (昭和53) 年法律により禁止された。Dieses Vertriebssystem wurde 1978 gesetzlich verboten.

♦Nichi-doku-bōkyō-kyōtei 日独防共協定
{Gesch.} der Antikominternpakt 1936 (昭和11) 年，共産主義に対する共同防衛を名目に日本とドイツが締結した協定。一年後にイタリアも参加し日独伊防共協定になった。のち三国同盟に発展。Im Jahr 1936 schlossen Deutschland und Japan diesen Pakt zur Abwehr der Kommunisten. Ein Jahr später trat auch Italien dem Pakt bei, aus dem sich später der Drei-Mächte-Pakt (siehe *Sangoku-dōmei*) entwickelte.

♦nichi-doku kokkō no hajimari 日独国交の始まり
Anfang des offiziellen Austausches zwischen Japan und Deutschland 日本とプロシアは1861 (万延2) 年1月 (当時用いられていた陰暦では，前年の12月)，江戸において修好通商条約に調印した。それにより日本とドイツとの間に正式な国交が開かれることになった。Im Januar 1861 (nach dem damals in Japan verwendete Kalender: Dezember 1860) unterzeichnete Japan und das damalige Preußen in Edo (heute Tōkyō) einen Freundschafts- und Handelsvertrag, mit dem die diplomatische Beziehungen zwischen Japan und Deutschland ihren Anfang. nahmen.

♦ Nichi-ei-dōmei 日英同盟

{Gesch.} Bündnisvertrag zwischen Japan und England 1902 (明治35) 年調印, 1923 (大正12) 年失効。20世紀のはじめ, 第一次世界大戦までの間, この同盟は日本の外交政策の基盤となった。Der Bündnisvertrag zwischen Japan und England wurde 1902 unterzeichnet und trat 1923 außer Kraft. Vom Beginn des 20. Jhs. bis zum Ersten Weltkrieg war dieses Bündnis die Grundlage der japanischen Außenpolitik.

♦ Nichiro-sensō 日露戦争

{Gesch.} der Russisch-Japanische Krieg 1904 (明治37) 年2月から翌年にかけて満州と朝鮮半島の支配をめぐって戦われた日本とロシアの戦争。Krieg zwischen Japan und Russland, vom Februar 1904 bis zum folgenden Jahr, um die Herrschaft über die Mandschurei und die koreanische Halbinsel. **Pōtsumasu-jōyaku ポーツマス条約** der Vertrag von Portsmouth 1905 (明治38) 年9月アメリカのポーツマスで締結された日露戦争の講和条約。Der im September 1905 in Portsmouth in den USA geschlossene Friedensvertrag, der den Russisch-Japanischen Krieg beendete.

♦ Nihonkoku-kenpō 日本国憲法

die Japanische Verfassung 大日本帝国憲法に代わり, 1946 (昭和21) 年11月3日に公布, 47年5月3日から施行された現行憲法。国民主権・基本的人権の尊重・平和主義を基本原則とする。Die japanische Nachkriegsverfassung, die am 3. November 1946 verabschiedet wurde und am 3.Mai 1947 in Kraft trat. Sie löste die Großjapanische Verfassung (siehe *Dainippon-teikoku-kenpō*) ab und beruht auf den Grundlagen der Volkssouveränität, den grundlegenden Menschenrechten und Pazifismus.

♦ Nihon-shoki 日本書紀

{Gesch.} {Buchtitel} *Nihon-shoki* 奈良時代の720 (養老4) 年に完成した日本最古の正史。神話・伝説を含め, 漢文で記述されている。Älteste japanische Chronik aus der Nara-Zeit, deren Kompilation im Jahr 720 abgeschlossen war. Der Text enthält auch Mythen und Legenden und ist in sino-japanischen Schriftzeichen verfasst.

♦ nikisaku 二期作

zwei Reisernten im Jahr **nimōsaku 二毛作** zwei Ernten pro Jahr 同じ耕地に同じ作物 (主に稲) を1年に2度栽培し収穫するのを二期作と言い, 同じ耕地に1年に2回別の作物を作付けするのを二毛作と呼ぶ。Werden auf dem gleichen Feld innerhalb eines Jahres zweimal die gleichen Feldfrüchte (hauptsächlich meint man damit Reis) ausgesät und geerntet, spricht man von *nikisaku*. Werden in einem Jahr nacheinander zwei verschiedene Pflanzen angebaut, nennt man das *nimōsaku*.

♦ Nīnīroku-jiken 2・26事件

{Gesch.} der Zwischenfall vom 26. Februar 1936 1936 (昭和11) 年2月26日陸軍行動派青年将校が起こしたクーデター事件。Der Februarzwischenfall von 1936 war ein Putschversuch junger Offiziere.

◆ninja 忍者

der *Ninja*, der Spion, der Geheimagent 忍術を使って密偵・謀略・広報攪乱などを行なった。戦国時代，各家に抱えられて活躍した。Geheimnis umwitterte militärische Spezialisten im Auftrag eines feudalen Fürsten, v.a. in der Zeit der Bürgerkriege im 15. Jh. Ihre Kampf- und Spionagetechniken werden zusammenfassend als *ninjutsu* bezeichnet.

◆Nippon-rettō-kaizō-ron 日本列島改造論

{Gesch.} der Plan zur Umgestaltung des japanischen Archipels 1972 (昭和47) 年当時の首相田中角栄が掲げた日本開発計画。1972 von Ministerpräsident Tanaka Kakuei vorgelegter japanischer Entwicklungsplan

◆Nisshin-sensō 日清戦争

{Gesch.} der Japanisch-Chinesische Krieg 1894 (明治27) 年8月から翌年にかけて日本と清国の間で戦われた戦争。Krieg zwischen Japan und China (Qing-Dynastie) vom August 1894 bis zum folgenden Jahr **Shimonoseki-jōyaku 下関条約** der Vertrag von Shimonoseki 1895 (明治28) 年4月下関で締結された日清戦争の講和条約。Der im April 1895 in Shimonoseki geschlossene Friedensvertrag, der den Japanisch-Chinesischen Krieg beendete.

◆nōchi-kaikaku 農地改革

{Gesch.} die Agrarreform, die Bodenreform 農地の所有制度を改革すること。特に*GHQ*の指令に基づき，第二次世界大戦後の民主化の一環として，1947 (昭和22) 年から1950 (昭和25) 年に行われた土地改革をさす。Die Neuordnung der Besitzverhältnisse von Ackerland. Insbesondere als Teil der Demokratisierung Japans nach dem Zweiten Weltkrieg auf Anweisung des Generalkommandos der alliierten Besatzungsmächte (*GHQ*) durchgeführte Landreform zwischen 1947 und 1950. **kosaku-nō 小作農** der Pachtbauer **ō-jinushi 大地主** der Großgrundbesitzer **nengu-mai 年貢米** der Reis als jährlicher Tribut

◆nōgyō 農業

die Landwirtschaft, der Ackerbau 営農者の減少と高齢化は，現在日本の農業がかかえる深刻な問題である。高度経済成長以降農業就業人口は激減した。2005 (平成17) 年には，農業経営体数が200万を割り，農業衰退を強く印象付けることとなった。Die Überalterung der Landwirte und ihr zahlenmäßiger Rückgang sind gravierende Probleme der heutigen japanischen Landwirtschaft. Nach der Zeit des wirtschaftlichen Höhenflugs (siehe *kōdo-seichō-ki*) hat der Anteil der in Landwirtschaft tätigen Bevölkerung rapide abgenommen. Der Niedergang der japanischen Landwirtschaft wurde im Jahr 2005 eindrucksvoll deutlich, als die Zahl der landwirtschaftlichen Betriebe erstmals die 2 Millionen-Grenze unterschritt. **inasaku 稲作** der Reisbau **gentan 減反** die Verringerung des Reisanbaus **kyūkō-den 休耕田** das brachliegende Feld; das Brachfeld **nōgyō-gijutsu 農業技術** die Agrartechnik **nōgyō-jinkō 農業人口** die Landwirtschaft betreibende Bevölkerung **shūyaku-nōgyō 集約農業** die intensive Landwirtschaft **mu-nōyaku-nōgyō 無農薬農業** die pestizidfreie Landwirtschaft **reisai-nōgyō 零細農業** der kleinbäuerliche Betrieb **suiden-nōkō 水田農耕** der Nassfeld-Reisanbau **yūki-nōgyō 有機農業** die organische Landwirtschaft; die biologische Landwirtschaft

♦ nōgyō-kyōdō-kumiai 農業協同組合

die landwirtschaftliche Genossenschaft 1947 (昭和22) 年制定の農業協同組合法に基づいて設立された協同組合。略して農協，*JA* など。Im Jahr 1947 wurde auf der Grundlage des Gesetzes über landwirtschaftliche Produktionsgenossenschaften diese Genossenschaft gegründet. Abkürzung: *Nōkyō*, *JA*.

♦ nureginu 濡れ衣

wörtl.: „feuchte Kleidung"; die falsche Anschuldigung「無実の罪」という意味でこの言葉が使用された例は，すでに平安時代に存在する。語源には諸説あるが，その一つに次のようなものがある。継母が先妻の娘の美しさを妬み，わざと漁師の濡れた衣を寝ている娘の枕元に置いたため，漁師との関係を誤解した父親が娘を殺してしまうというものである。In der Bedeutung „falsche Anschuldigung" finden sich Beispiele für das Wort bereits in der Heian-Zeit. Zur Herkunft gibt es mehrere Erklärungen, eine lautet wie folgt: Eine Stiefmutter, die ihre Stieftochter um ihre Schönheit beneidet, legt dieser, während sie schläft, die feuchten Kleider eines Fischers neben das Kopfkissen. Daraufhin beschuldigt der Vater seine Tochter fälschlicherweise einer Affäre mit dem Fischer und bringt sie um.

♦ nurete de awa o tsukamu 濡れ手で粟をつかむ

wörtl.: „mit nassen Händen nach Hirsekolben greifen"; leichtes Geld machen; Geld scheffeln; viel Geld verdienen, ohne sich groß anzustrengen 濡れた手で粟をつかむと，多くの粟が手に付着することから，たいした努力もせずにやすやすと多くの利益を得ることのたとえとされる。Wenn man Hirsekolben mit nassen Händen anfasst, dann bleiben viele Hirsekörner an den Händen kleben, davon ist diese Redewendung abgeleitet.

♦ ochi-musha 落ち武者

{Gesch.} ein im Kampf besiegter geflohener Krieger 戦乱において敗者として生きのび，逃亡する武士のこと。落ちのびた先の山間部などに集落を作った例も見られる。Gemeint sind Krieger, die eine Schlacht überlebt haben, obwohl ihre Armee besiegt wurde. Es gab Fälle, in denen solche Überlebende nach der Flucht in den Bergen Siedlungen gründeten.

♦ oie-sōdō お家騒動

der Familienzwist, die Familienstreitigkeiten 江戸時代，大名などの家中で，家督相続や権力争いなどから起こった紛争のことであるが，会社や団体などの内輪もめもこのように呼ばれることがある。In der Edo-Zeit meinte man damit Auseinandersetzungen um die Erbnachfolge oder die Vorherrschaft z.B. innerhalb der Familie eines *Daimyō*, aber heute bezeichnet man so interne Streitigkeiten in Firmen oder Organisationen.

♦ okappiki おかっぴき
{Gesch.} der edo-zeitliche Spion; der edo-zeitliche Geheimpolizist 江戸時代，犯罪捜査や犯人逮捕の手助けをした町人。In der Edo-Zeit Bezeichnung für Bürger, die an der Untersuchung von Verbrechen und der Verhaftung von Straftätern mitwirkten.

♦ omawari-san お巡り（さん）
der Polizist auf Streife; der Wachtmeister 親しみの意をこめて警察官を呼ぶ語。eine Sympathie und Vertrautheit zum Ausdruck bringende Bezeichnung für Polizeibeamte

♦ ō-nata 大なた，大鉈
das große Beil **ōnata o furuu 大鉈を振るう** harte Maßnahmen ergreifen; massive Einschnitte machen; im großen Umfang abbauen

♦ Ōnin no ran 応仁の乱
{Gesch.} der Ōnin-Krieg 足利将軍の跡継ぎ問題その他がきっかけとなり，室町時代末期に京都を中心に勃発した大乱。戦乱は地方に拡散し，戦国時代を現出した。1467（応仁元）年から1477（文明9）年まで。Bürgerkrieg (1467-1477) am Ende der Muromachi-Zeit, der u.a. veranlasst durch Nachfolgestreitigkeiten der Ashikaga-Shōgune, in und um Kyōto ausbrach. Der Krieg breitete sich über die ganze Region aus und leitete die Zeit der streitenden Provinzen (*Sengoku-jidai*) ein.

♦ ōoka-sabaki 大岡裁き
{Gesch.} gerechtes und menschliches Urteil; salomonisches Urteil 江戸時代中期の名奉行といわれた大岡忠相の裁定・判決が公正で人情味のあるものであったといわれるところから来ている。Die Bezeichnung geht auf Ōoka Tadasuke zurück, einen berühmten Magistrat in der mittleren Edo-Zeit, der für seine gerechten und menschlichen Schiedsprüche und Entscheidungen bekannt war.

♦ ōoku 大奥
{Gesch.} die Frauengemächer in der Burg von Edo 江戸城本丸の一部で，将軍の夫人である御台所と側室の住居。

♦ osumitsuki お墨付き
1) {Gesch.} Dokument, das die Unterschrift des *Shōgun* oder eines *Daimyō* trägt 2) die offizielle Garantie 1）幕府や大名から（後日の証拠として）臣下に与えられた文章で，主君の花押の押してあるもの。Schriftstücke, welche das Shōgunat oder ein *Daimyō* seinen Untergeben als zukünftige Garantieerklärung überreichte und die vom Herrscher unterschrieben waren 2）権威ある人が与える保証。die Bürgerschaft einer Autorität

♦ otemori お手盛り
wörtl.: „Selbstbedienung“「手盛り」は自分で好きなように飯などをよそうこと。「お手盛り」は自分の都合のいいように物事を取りはからうこと。Sich selbst (z.B. bei Tisch) nach Belieben mit Essen bedienen. Im übertragenen Sinn, Angelegenheiten zum eigenen Vorteil behandeln. **otemori-yosan お手盛り予算** ein Etat, mit dem man sich selbst bereichert

♦ otori-sōsa おとり捜査
die Lockvogelfahndung 現在日本におい

ては，麻薬取締法に関してのみこの捜査方法が認められている。この方法は人権を無視したものとする見方に対して最高裁判所は2004（平成16）年，通常の捜査方法による摘発が困難な場合には適法であるとする初めての判断を下した。In Japan ist Lockvogelfahndung gegenwärtig nur im Zusammenhang mit dem Drogenkontrollgesetz erlaubt. Entgegen der Einschätzung, dass dabei die Menschenrechte missachtet würden, entschied 2004 der Oberste Gerichtshof erstmalig, dass diese Form der Fahndung in Fällen gerechtfertigt sei, in denen mit herkömmliche Ermittlungen kaum Erfolge zu erhoffen seien.

♦oyakata-hinomaru 親方日の丸
wörtl.: „das Sonnenbanner ist mein Boss"; den japanischen Staat als Arbeitsgeber haben 親方は国だからつぶれる心配がないということで，役人・公務員などの真剣味に欠けた意識を皮肉って言う言葉。Ironische Bezeichnung für Bürokraten und Beamte, denen der Sinn für den Ernst ihrer Arbeit abgeht, und die sich um nichts sorgen müssen, da der Staat, der sie beschäftigt, nicht bankrott gehen wird.

♦patokā パトカー
der Streifenwagen, das Polizeiauto パトロール・カーの略。広義では，ライフラインを点検するための水道局，ガス会社，電力会社等の巡回車両もパトロール・カーであるが，狭義では，警察の車両を指し，白黒パトカー（現在のようなデザインになったのは1955年）と覆面パトカーに大別される。Abkürzung für *Patorōru-kā*. Im weiteren Sinn nennt man so auch Fahrzeuge von Wasserwerken, Gasgesellschaften, Stromversorgen etc., die im Kontrolldienst umherfahren, aber im engeren Sinn sind damit die Streifenwagen der japanischen Polizei gemeint, wobei man grob zwischen den schwarz-weiß uniformierten Streifenwagen (das gegenwärtige Design stammt aus dem Jahr 1955) und zivilen Polizeifahrzeugen unterscheiden kann. **shiro-bai 白バイ** das Polizeimotorrad, der Motorradpolizist; die „weiße Maus" (白バイのバイは，オートバイの略。) 警察が交通違反取締りなどに使用する白塗りのオートバイ。1936（昭和11）年赤バイが白色に塗り替えられて以来の呼び名。Weiße Motorräder, die von der Polizei zur Feststellung und Verfolgung von Verkehrsstößen benutzt werden. Die Bezeichnung gibt es seit 1936, als die Farbe der Polizeimotorräder von rot auf weiß umgestellt wurde.

♦Potsudamu-sengen ポツダム宣言
{Gesch.} das Potsdamer Abkommen 1945（昭和20）年7月26日ポツダムにおいて，米・英・中3国の名で（のちソ連も，対日参戦と同時に参加）出した日本に対する降伏勧告の宣言。Am 26. Juli 1945 (in Potsdam) im Namen der Kriegsgegner Japans, nämlich der USA, England, China (und später auch der Sowjetunion) unterzeichnetes Abkommen, das Japan zur Kapitulation drängte.

♦rachi 拉致
das Entführen, das Verschleppen, das Wegführen **rachi-higaisha-kazoku 拉致被害者家族** Familienangehörige von Verschleppten

♦rakunō 酪農

die Milchwirtschaft 日本の酪農は第二次世界大戦後発展した。現在(21世紀初頭)，酪農農家数は以前に比べ減少しているものの，一戸あたりの飼育頭数は増えている。輸入牧草や輸入飼料への依存率が高いのが日本の酪農の特徴である。Die japanische Milchwirtschaft hat sich nach dem Zweiten Weltkrieg entwickelt. Gegenwärtig (zu Beginn des 21. Jhs.) geht die Zahl der milchwirtschaftlichen Betriebe zurück, während die Zahl der Milchkühe pro Betrieb zunimmt. Eine Besonderheit der japanischen Milchwirtschaft ist die starke Abhängigkeit von importiertem Heu und Futtermitteln.

♦reddo-pāji レッド・パージ

{Gesch.} (von engl. *red purge*) wörtl.: die „rote Säuberung“, die Kommunistenjagd, die Kommunistenverfolgung 共産党員やそれとみなされた者，その支持者などを公職・企業などから追放すること。日本では1950(昭和25)年*GHQ*の指令により実施され1万数千人が追放された。Der Ausschluss von tatsächlichen oder angeblichen Mitgliedern und Unterstützern der Kommunistischen Partei aus öffentlichen Ämtern und Privatunternehmen. Im Zuge dieser auf Befehl des Allgemeines Hauptquartier der allierten Kräfte (*GHQ*) (siehe *Rengōkoku sōshireibu*) im Jahr 1950 durchgeführten Kommunistenverfolgung in Japan wurden um 15 000 Personen aus den entsprechenden Positionen entlassen.

♦reikan-shōhō 霊感商法

die Bauernfängerei mit Devotionalien 不幸に悩む人たち，特に中高年の主婦たちに対して，不幸や禍は「先祖のたたり」や「悪因縁」が原因になっていると説明し，その原因を取り除く霊力があるという印鑑，壺，多宝塔などを高額で買うように仕向ける商法。1980年代半ば頃より多くの被害が報告されるようになった。Der Verkauf von sehr teuren Glaubensartikeln, wie z.B. einem Stempel, einem Krug oder einer kleinen Pagode, an Menschen, vor allem an ältere Frauen, die von Unglück heimgesucht wurden. Man sagt ihnen, ihr Unglück sei vom Fluch eines Verstorbenen oder von schlechten Karma verursacht und der magische Gegenstand könne sie davon befreien. Seit Mitte der 80er Jahre haben sich viele Opfer dieser betrügerischen Geschäfte an die Öffentlichkeit gewandt.

♦Rengōkoku-sōshireibu 連合国総司令部

{Gesch.} Allgemeines Hauptquartier der allierten Kräfte; *General Headquarters of the Allied Forces* (*GHQ*) 第二次世界大戦後，連合国軍が日本占領中に設置した総司令部。マッカーサーを最高司令官とし，占領政策を日本に施行させた。1952 (昭和27)年 講和条約発効により廃止された。Nach dem Ende des Zweiten Weltkriegs auf dem japanischen Territorium eingerichtetes Hauptquartier der allierten Streitkräfte. Von dort aus setzte Douglas McArthur als oberster Befehlshaber die Besatzungspolitik um. Das *GHQ* wurde 1952 mit dem Inkrafttreten des Friedensvertrags aufgelöst.

♦renza-sei 連座制

gemeinschaftliche Verantwortung für Verfehlungen 一人の人間の犯罪について，特定

範囲の数人が，連帯責任を負って罰せられること。現行法では，一定の選挙犯罪について認められている。Die Kollektivhaftung einer bestimmten Personengruppe für Straftaten, die von Einzelpersonen begangen wurden. Das gegenwärtige japanische Recht ermöglicht bei bestimmten Formen von Wahlbetrug diese Form der Strafe.

♦rikōru リコール
(von engl. *recall*) 1) die Abberufung; die Amtsenthebung aufgrund eines Volksbegehrens 2) der Rückruf eines Firmenproduktes wegen Fehlerhaftigkeit 1)住民による公職者への解職請求 2) 欠陥製品の回収（無料修理）

♦ringi-sho 稟議書
der Rundbrief zur Kenntnisnahme und Zustimmung 官庁・会社などで，会議を開くほど重要でない事項について，主管者が決定案を作って関係者間に回付し承諾を求めることがあるが，そのための書類をいう。Rundbriefe, in denen die Entscheidungsträger einer Firma, eines Ministeriums o.Ä. aufgefordert werden, einem Entwurf oder einer Entscheidung zuzustimmen.

♦risutora リストラ
(verkürzt von engl. *restructuring*) die Entlassung 実際には解雇による失業とほぼ同じ意味で使われている。Die Umstrukturierung oder Rationalisierung (eines Betriebes). Fast gleichbedeutend mit der Entlassung von Arbeitskräften. **risutora-utsubyō リストラ鬱病** Depressionen (pl.) im Zusammenhang mit Entlassungen 次のような種類があるという。1) 解雇されるかもしれないという不安から来る鬱病 2) 解雇によって職と同時に人生の意味を失ってしまったという思いからくる鬱病 3) 同僚が解雇されたことにより急激に仕事の負担が増えたことによる鬱病 Es gibt drei Arten solcher Depressionen: 1) Depression, weil man fürchtet, selbst entlassen zu werden. 2) Depression nach der Entlassung, weil man mit der Anstellung auch den Sinn seines Lebens verloren hat. 3) Depression der verbliebenen Arbeitnehmer, deren Arbeitsbelastung aufgrund der Entlassungen stark angestiegen ist.

♦ritsuryō 律令
{Gesch.} Strafrecht und Verwaltungsrecht; das *Ritsuryō*-System 律は刑法，令は政治・経済など一般行政に関する規定。合わせて，中央集権国家統治のための基本的法典。*Ritsu* bedeutet Strafrecht, unter *ryō* versteht man allgemeine Verwaltungsvorschriften zur Politik, Wirtschaft usw. Zusammen bilden sie den grundlegenden Gesetzeskanon für die zentralisierte Regierung des Staates in einer Periode des japanischen Altertums. **Taihō-Ritsuryō 大宝律令** der Taihō-Kodex (701) **ritsuryō-seido 律令制度** das *Ritsuryō*-System **Ritsuryō-jidai 律令時代** das Zeitalter des *Ritsuryō* 日本の古代において，（中国から採りいれた）律令が政治支配の基軸とされた時代。広義には7世紀半ばから10世紀頃まで，狭義には，奈良時代と一致する時代。Eine Periode im japanischen Altertum, in der das (ursprünglich aus China übernommene) *Ritsuryō*-System als Grundlage der politischen Herrschaft diente. Im weiteren Sinn von der Mitte des 7. bis zum 10. Jh., im engeren Sinn

deckt sich diese Periode mit der Nara-Zeit.

♦ rōdō-kumiai 労働組合

die Gewerkschaft, die Arbeitergewerkschaft 全労働者中に占める労働組合員の比率(組織率)は，第二次世界大戦直後高い比率を示したが(60%以上)，その後その比率は，年々減少している。Der gewerkschaftliche Organisationsgrad (Mitgliederanteil) in der Arbeitergewerkschaft für alle Arbeiter war direkt nach dem Zweiten Weltkrieg mit über 60% sehr hoch, aber danach ging diese Zahl von Jahr zu Jahr zurück. **kigyōbetsu-kumiai 企業別組合** die Unternehmensgewerkschaft **sangyōbetsu-kumiai 産業別組合** die Industriegewerkschaft

♦ rōjū 老中

{Gesch.} das Senatsmitglied des Shōgunats 江戸幕府の職制で最高の地位・資格をもつ執政官。将軍に直属。定員は4名または5名。大名のなかから選ばれた。月ごとに担当者を定め，幕政一般を統括した。Senatsmitglied des Edo-Shogunats, die den höchsten Rang bzw. Dienstgrad in der administrativen Hierarchie innehatten und direkt dem *Shōgun* unterstanden. Ihre Zahl war auf vier oder fünf festgelegt, und sie wurden unter den *Daimyō* gewählt. Sie bestimmten monatlich einen Verantwortlichen, der die allgemeine Politik des Shōgunats zusammenfasste.

♦ Rokōkyō-jiken 盧溝橋事件

{Gesch.} der Zwischenfall an der Marco-Polo-Brücke 1937 (昭和12) 年7月7日中国北京郊外の盧溝橋付近で日中両軍が衝突し日中戦争の発端となった。Ein Feuergefecht am 7. Juli 1937 an der Marco-Polo-Brücke außerhalb Pekings zwischen Angehörigen der chinesischen und japanischen Armee, das Japan als Vorwand für die Kriegserklärung gegen China diente.

♦ rō-nanushi 牢名主

{Gesch.} Anführer einer Gefangenengruppe 江戸時代，牢内で囚人のなかから選ばれてその取り締りに当たった長。牢内の制度や慣習に通じ，囚人のなかで絶大な権力を持った。In der Edo-Zeit der Anführer, der unter den Gefangenen im Gefängnis ausgewählt wurde. Er kannte sich mit dem System und den Gepflogenheiten im Gefängnis gut aus und genoss allergrößte Autorität.

♦ ronkō-kōshō 論功行賞

die Belohnungen (oder Auszeichnung) je nach der Leistung **ronkō-kōshō o okonau 論功行賞を行なう** Belohnungen je nach Leistung verleihen; jemanden nach Verdienst belohnen (oder auszeichnen)

♦ ruzai 流罪

{Gesch.} die Verbannung, die Deportation 流(る)ともいった。刑として辺地へ流すもので，死罪に次いで重い刑であった。近・中・遠の三等級に分かれ，期間は赦(しゃ)があるまでの無期限。Gelegentlich kurz *ru*. Die Verbannung in die Provinz galt nach der Todesstrafe als schwerste Strafe. Es gab drei Stufen (nah, mittelweit, weit), je nachdem wie weit die Region (von der Hauptstadt) entfernt war, in die jemand verbannt wurde, und Verbannungen waren bis auf Widerruf unbefristet.

♦ryōdo 領土

das Territorium **ryōdo-mondai 領土問題** das Territorialproblem **ryōkū 領空** der territoriale Luftraum **ryōkū-shinpan 領空侵犯** die Verletzung des Luftraumes, die Luftraumverletzung **ryōkai 領海** die (pl.) Hoheitsgewässer, Territorialgewässer **ryōkai-shinpan 領海侵犯** die Verletzung der Hoheitsgewässer **haitateki-keizaisuiiki 排他的経済水域** exklusive Wirtschaftszone; ausschließliche Wirtschaftszone

♦ryōhan-ten 量販店

der Großhändler 商品分野としては，家電製品，衣料品，自動車用品などのような特定の分野に絞り込まれ，全国規模でチェーン展開しているものが多い。In vielen Fällen sind Großhändler auf bestimmte Produktpaletten, z.B. Elektroartikel, Kleidung, Autozubehör usw., beschränkt und haben sich zu landesweiten Ladenketten entwickelt. **kouri-ten 小売店** das Einzelhändler **chēn-ten チェーン店** (von engl. *chain*) Ladenkette **senmon-ten 専門店** das Fachgeschäft

♦ryūtsū-sangyō 流通産業

die Vertriebsindustrie **ryūtsū-kikō 流通機構** das Vertriebssystem **ryūtsū-keiro 流通経路** der Vertriebskanal, der Vertriebsweg **ryūtsū-kakumei 流通革命** die Vertriebsrevolution **ryūtsū- gyōsha 流通業者** der Distributor

♦sābisu-zangyō サービス残業

wörtl.: „Service-Überstunden"; unbezahlte Überstunden 労働者が使用者にサービスするという意味。残業手当が支払われない時間外労働である。Überstunden, die die Arbeitnehmer sozusagen als Service für ihren Arbeitgeber leisten, ohne dafür den für Überstunden eigentlich vorgesehenen finanziellen Ausgleich zu erhalten.

♦saiban 裁判

das Gericht **saibansho 裁判所** der Gerichtshof **saikō-saibansho 最高裁判所** der Oberste Gerichtshof, das Oberste Gericht **kōtō-saibansho 高等裁判所** das höhere Gericht **chihō-saibansho 地方裁判所** das Landgericht **kan'i-saibansho 簡易裁判所** das Amtsgericht; der einfache Gerichtshof **katei-saibansho 家庭裁判所** das Familiengericht **saiban ni kakeru 裁判にかける** etwas vor Gericht bringen **saiban o ukeru 裁判を受ける** vor Gericht kommen **saiban ni makeru 裁判に負ける** einen Prozess verlieren **saiban ni katsu 裁判に勝つ** einen Prozess gewinnen **sanshin-seido 三審制度** das System, dass ein Gerichtsverfahren grundsätzlich aus drei Instanzen besteht 裁判所に（地方裁判所，高等裁判所，最高裁判所）のように上下の段階を設け，同一事件について三回の審理・裁判の機会を訴訟当事者に与える制度。Gerichte sind in einer Stufenabfolge von Instanzen (Landgericht, höheres Gericht und Oberstes Gericht) organisiert, und nach diesem System wird den beteiligten Parteien das Recht eingeräumt, dass ihr Streitfall in verschiedenen Instanzen bis zu dreimal verhandelt werden kann. **saibanin 裁判員** der Schöffe **saibanin-seido 裁判員制度** das Schöffensystem, das Geschworenengericht) 日本において裁判員裁判が導入されたのは2009（平成21）年である（なお裁判員法が成立したのは2004年）。In Japan wurde 2009 erstmals ein Geschworenengericht eingeführt (das Gesetz über die Einführung des Schöffensystems wurde 2004 verabschiedet.)

◆saikeikoku-taigū 最恵国待遇
die Behandlung nach der Meistbegünstigungsklausel **saikeikoku-taigū o ataeru 最恵国待遇を与える** als meistbegünstigtes Land behandeln

◆sakimori 防人
{Gesch.} die Wachsoldaten, der Verteidigungskrieger 古代，多くは東国から徴発されて北九州の守備に当たった兵士たち。Im Altertum nannte man so Krieger, die in vielen Fällen in den östlichen Provinzen rekrutiert und zur Verteidigung im Norden der Insel Kyūshū eingesetzt wurden.

◆sakoku 鎖国
{Gesch.} die Landesabschließung; die Abschließung des Landes gegen die Außenwelt 1633 (寛永10) 年から数次にわたって出された鎖国令により日本はペリー来航まで約200年間いわゆる鎖国の状態におかれていた。Die ca. 200 Jahre dauernde Isolation Japans von der Mitte des 17. Jhs. bis zur Mitte des 19. Jhs. Während dieser Zeit gab es nur wenige offizielle Kontakte mit dem asiatischen und europäischen Ausland, die von der Regierung streng kontrolliert wurden. **sakoku suru 鎖国する** das Land gegen die Außenwelt abschließen **sakoku-seisaku 鎖国政策** die Abschließungspolitik, die Isolationspolitik

◆samitto サミット
(von engl. *summit*) der Gipfel, das Gipfeltreffen 主要国首脳会議 1975 (昭和50) 年，石油危機による世界経済の混乱に対処するために，フランスの提唱で始まったもので，当初はアメリカ・イギリス・フランス・西ドイツ・イタリア・日本の6カ国 (G 6) の首脳による会議であった。翌年カナダが加わってG 7となり，77年からEC (現在のEU) 委員長が参加するようになった。91年にロシアのゴルバチョフ大統領とサミットの枠外で会合が持たれ，97年にはロシアが正式参加国となった。Das erste Gipfeltreffen fand 1975 statt, als die führenden Vertreter der sechs Länder Amerika, England, Frankreich, Westdeutschland, Italien und Japan (G 6) auf eine Initiative Frankreichs hin zusammentraten, um Maßnahmen gegen das weltweite Wirtschaftschaos zu erörtern, das die Ölkrise ausgelöst hatte. Im folgenden Jahr kam Kanada hinzu und es entstanden die G 7, ab 1977 nahm auch der Vorsitzende der EG (heute EU) an den Treffen teil. 1991 wurde neben dem eigentlichen Gipfeltreffen ein Treffen mit russischen Präsidenten Gorbachow abgehalten und seit 1997 nahm Russland offiziell am Gipfel teil.

◆samurai 侍
{Gesch.} der Samurai, der Krieger 時代により侍の意味は若干異なる。奈良時代には，主君の身の回りの世話をする者たちであったが，平安時代には，貴族等の警備の任に就くようになり，12世紀になると侍階級が権力を握り，幕府と呼ばれる軍事政権を樹立するに至った。江戸時代には士農工商の最上位に位置し，軍・官の役職に当たり，帯刀を許されていた。In der Nara-Zeit dienten sie in der Umgebung der Herrscher und seit der Heian-Zeit wurden

sie von den Adelsfamilien als Bewacher engagiert. Im 12. Jh. ergriffen die *Samurai* die politische Macht und errichteten eine Militärherrschaft, die als *Bakufu* bezeichnet wird. In der Edo-Zeit die oberste Klasse der Gesellschaft, aus der sich u.a. Militär und Beamte rekrutierten. Ihr äußeres Kennzeichen waren die zwei Schwerter.

♦sanbyaku-daigen 三百代言

wörtl.: der „Fürsprecher für 300 (Groschen)"; der Winkeladvokat; der nicht zugelassene Rechtsanwalt. 1893（明治26）年に弁護士法が制定されるまでは，無資格の代言人（弁護士）が300文という格安料金で弁護士の仕事をすることもあった。「三百代言」とは，そういったもぐりの代言人を指す，あるいはまた，弁護士を罵って言う言葉。Bis zur Kodifizierung des „Rechtsanwaltgesetzes" (*Bengoshi-hō*) im Jahr 1893 waren gelegentlich „Fürsprecher" bei Gericht ohne Lizenz tätig, die für den geringen Lohn von 300 *mon*, die Funktion von Rechtsanwälten übernahmen. Das Wort bezeichnet im historischen Kontext diese Fürsprecher und wird auch als ein Schimpfwort für Rechtsanwälte gebraucht.

♦Sangoku-dōmei 三国同盟

{Gesch.} der Drei-Mächte-Pakt – 1940（昭和15）年，日・独・伊が締結した軍事同盟。43年にイタリアが降伏，45年のドイツ降伏で崩壊。Militärbündnis zwischen Japan, Deutschland und Italien, aus dem 1943 Italien nach seiner Kapitulation ausschied und das 1945, nach der Kapitulation Deutschlands, zerfiel.

♦Sangoku-kanshō 三国干渉

{Gesch.} die Tripel-Intervention – 1895（明治28）年日清講和条約（下関条約）締結後，ロシア，フランス，ドイツの3国が日本に干渉を加え，条約によって得た遼東半島を清国に返還させた事件。Nach Abschluss des chinesisch-japanischen Friedensvertrags (Vertrag von Shimonoseki, 1895) intervenierten die drei Länder Russland, Frankreich und Deutschland und forderten Japan zur Rückgabe der Halbinsel Liaodong an China auf, das entsprechende Besitzrecht hatte Japan im Vertrag von Shimonoseki erlangt.

♦sanken-bunritsu 三権分立

die Gewaltenteilung; die Gewaltentrennung zwischen Administration, Legislative und Judikative 三権とは，立法権・行政権・司法権の三つの権力のことで，日本では，立法権は国会に，行政権か内閣に，また司法権は裁判所に属している。Die drei Gewalten sind Legislative, Exekutive und Judikative; in Japan liegt die legislative (gesetzgebende) Gewalt beim Parlament, die exektive (vollziehende) bei Regierung und Verwaltung und die judikative (rechtssprechende) bei den Gerichten.

♦sankin-kōtai 参勤交代

{Gesch.} wörtl. „die alternierende Dienstpflicht"; die pflichtgemäße Aufwartung beim Shōgun 江戸時代諸大名は原則として一年おきに領地と江戸に居住することを義務付けられていた。往復や江戸屋敷の経費は大名財政を圧迫したが，交通の発達や文化の全国的交流を促したともいわれる。また大名の家族が江戸に居住することは，幕府にとって，人質的意味もあった。In der Edo-Zeit waren die Provinzfürsten (*Daimyō*) verpflichtet, der Zentralregierung regelmäßig ihre Aufwartung zu machen und in der Hauptstadt Edo ständige Vertretungen zu unterhalten. Zum einen wurden die Provinzfürsten durch den dafür erforderlichen wirtschaftlichen Aufwand geschwächt und zum anderen waren ihre in Edo lebenden Familienangehörigen eine Art ständige Geiseln. Das System hat andererseits zur Entwicklung der japanischen Verkehrswege und der landesweiten kulturellen Entwicklung beigetragen. **daimyō-gyōretsu 大名行列** die *Daimyō*-Prozession 江戸時代，大名が公式の外出に規定の供揃（ともぞろえ）を従えて往来した行列。その様態は時代，家格，石高等によって異なった。Die Aufstellung des Gefolges eines *Daimyō*, wenn er sich zu offiziellen Anlässen begab, war streng geregelt und je nach Ära, Familie, Einkommen des *Daimyō* usw. unterschiedlich.

♦sarakin サラ金（sararīman-kin'yū サラリーマン金融）

der Kredithai 過剰融資，高金利，過酷な取立てなどにより社会問題になることも珍しくない。Kreditinstitute, die hohe Kredite zu überhöhten Zinsen vergeben und beim Eintreiben der Schulden auf drastische Methoden zurückgreifen, verursachen nicht selten soziale Probleme. **yami-kin'yū 闇金融** das illegale Darlehen; der illegale Geldverleih

♦sarashi-kubi さらし首，晒し首

{Gesch.} 1) die Zurschaustellung des Kopfes eines Enthaupteten am Gefängnistor oder am Ort des Verbrechens in der Edo-Zeit 2) der abgeschlagene Kopf 1) 江戸時代，斬首者の首を獄門や犯罪の行なわれた現場などに晒して世人に見せたこと。2) またその首（siehe *gokumon* 獄門）

♦seifu-kaihatsu-enjo 政府開発援助

die staatliche Entwicklungshilfe *ODA*=（英）*official development assistance* 開発途上国ないし国際機関へ，先進国の政府機関からなされる援助。Finanzielle Unterstützung von Regierungen der Industrieländer für Entwicklungsländer oder internationale Organisationen.

♦seii-taishōgun 征夷大将軍

{Gesch.} wörtl.: „Großgeneral zur Bekämpfung der Barbaren“ 1) 平安時代初期，蝦夷征討のために臨時に派遣された遠征軍の指揮官。2) 鎌倉時代以後，幕府政権の長たるものの職名。1) In der frühen Heian-Zeit Bezeichnung für den Befehlshaber der Armee, die zur Unterwerfung der *Emishi* (*Ainu*) zeitweise nach Nordjapan entsandt wurde. 2) Seit der Kamakura-Zeit der Amtstitel des Oberbefehlshabers des Shōgunats.

♦Seiji-shikin-kisei-hō 政治資金規正法

Gesetz über die Regulierung der Finanzierung politischer Aktivitäten (1948, mehrere Male revidiert)

♦seika-shugi 成果主義

das Leistungsprinzip 能率主義，能力主義ともいう。企業等において，仕事の成果，目標の達成度に応じて処遇すること。仕事で成果を上げた社員には昇給や昇格で報い，結果を示すことができない者の場合は，賃金が上がらないのみならず，下がる場合もある。日本において2008（平成20）年現在，成果主義を導入している企業は80％を超えているが，その大半は労使とも「問題あり」と見ており，「日本型成果主義」を求めて，模索が続けられている。Auch als „Effizienzprinzip“ (*Nōritsu-shugi*) oder „Fähigkeitsprinzip“ (*Nōryoku-shugi*) bezeichnet. Die Behandlung von Mitarbeitern je nach den Resultaten ihrer Arbeit oder danach, zu welchem Grad sie einen vorgegebenen Plan erfüllen. Mitarbeiter, die ihre Leistung gesteigert haben, werden dabei mit höheren Gehältern und Beförderungen belohnt; wer aber keine guten Ergebnisse vorweisen kann, dessen Gehalt bleibt nicht nur gleich, sondern wird manchmal gekürzt. Gegenwärtig (2008) haben über 80 % der Betriebe in Japan das Leistungsprinzip eingefürt, da aber in vielen dieser Betriebe sowohl die Arbeitgeber als auch die Arbeitnehmer dieses Prinzip für problematisch halten, versucht man eine „japanische Form des Leistungsprinzips“ zu finden.

♦seikyō 生協

der Coop, der Konsumverein, die Konsumgenossenschaft 正確には，消費生活協同組合。1948（昭和23）年に制定された消費生活協同組合法に基づく。同法は2007(平成19）年59年ぶりに抜本的・総合的に改正された。Offizielle Bezeichnung: *Shōhi-seikatsu-kyōdō-kumiai* (etwa „Kooperativgenossenschaft der Konsumenten“). Die erste japanische Kooperativgenossenschaft wurde 1948 auf der Grundlage eines entsprechenden Gesetzes gegründet. Dieses Gesetz wurde 2007, 59 Jahre nach seinem Inkrafttreten, drastisch und grundlegend reformiert. **seikyō no baiten 生協の売店**（大学のキャンパスなどの）der Coop-Laden (z.B. auf dem Campus einer Universität, wo die Universitätsangehörigen günstig einkaufen können)

♦seikyō-bunri 政教分離

die Trennung von Religion und Staat 日本国憲法は厳格な政教分離の原則を採用し，国や地方公共団体が特定の宗教に特権を与えたり，財政的援助を供与したり，みずからが宗教的活動を行ったりすることを禁止している。Japan ist ein laizistischer Staat und die Verfassung verbietet sowohl auf nationaler als auch auf regionaler Ebene die Erteilung von Sonderrechten an sowie die finanzielle Unterstützung von bestimmten Religionsgemeinschaften. Außerdem dürfen weder Staat noch regionale öffentliche Körperschaften selbst religiöse Aktivitäten durchführen. **seikyō-itchi 政教一致** die Einheit von Religion und Staat

♦seirei 政令

die Regierungsverordnung 憲法および法律の規定を実施するために内閣が出す命令。Verordnungen der Regierung zur Umsetzung von Verfassungs- oder Gesetzesvorschriften.

♦seishō 政商

der Geschäftsmann mit guten politischen Beziehungen; der Geschäftsmann mit einem guten Draht zur Politik 政府や政治家と結託して利権を得ている商人。ein Geschäftsmann, der gute Beziehungen zu Politikern unterhält und dadurch geschäftliche

Vorteile erlangt

♦seitō-bōei 正当防衛

die Notwehr **kajō-bōei 過剰防衛** die Notwehrexzess, die Notwehrüberschreitung **kinkyū-hinan 緊急避難** der Notstand

♦sekai keizai fōramu 世界経済フォーラム

das Weltwirtschaftsforum このフォーラムの年次総会は毎年スイスのダボスで開催される。Das Jahrestreffen dieses Forums findet alljährlich in Davos in der Schweiz statt.

♦sekihin 赤貧

(schriftspr.) bittere Armut この場合の「赤」は「赤裸々」の「赤」と同様，純粋な，まったくの，の意味。「赤貧洗うが如し」は，極めて貧しく，所有物が洗い流したように何一つ無いこと。Das Zeichen *seki* (eigentlich: „rot“) hat hier die gleiche Bedeutung wie etwa in *sekirara* („splitterfasernackt“) und bedeutet „völlig“, „ganz“. Der Ausdruck *seki-hin arau ga gotoshi* (wörtl.: „bitter arm, so wie gewaschen“) bedeutet „äußerste Armut“, gerade so, als ob alles, was man je besaß, restlos von einem „abgewaschen“ geworden wäre.

♦sekisho 関所

{Gesch.} die Kontroll- und Grenzstation 通行人や荷物の検査，あるいは防備などのために要路や国境などに設けられた。律令時代から存在し，中世には，朝廷・幕府・社寺・土豪などが関銭徴収のためにこれを設けた。近世には，治安維持のために幕府や諸藩がこれを設けた。Kontrollposten an den Hauptverkehrsstraßen und den Provinzgrenzen, die die Passanten und ihr Gepäck kontrollierten und auch zur Sicherung der Grenzen dienten. Sie existierten seit der *Ritsuryō*-Periode (7. Jh.) und wurden im Mittelalter vom Kaiserhof, der Shōgunatsregierung, Schreinen und Tempeln, von lokalen Clans usw. zur Einnahme von Wegzoll eingerichtet. In der frühen Neuzeit (Edo-Zeit) richteten die Shōgunatsregierung sowie die Provinzregierungen Grenzstationen zur Wahrung der öffentlichen Sicherheit ein. **sekisho-yaburi 関所破り** der Durchbruch einer Grenzstation **irideppō ni de-onna 入り鉄砲に出女** die Einfuhr von Waffen und das Herausschmuggeln von Frauen 江戸時代によく言われたこの言い回しは，江戸周辺の関所において，鉄砲つまり武器を江戸へ持ち込むことと女性（特に人質として江戸に残っている大名の正妻）が密かに江戸を離れることに対する取り締まりがひときわ厳しいものであったことを言い表している。Dieses geflügelte Wort der Edo-Zeit drückt aus, dass vor Edo die Kontrollen besonders streng durchgeführt wurden, um die Einfuhr von Waffen und das Herausschmuggeln von Frauen (vor allem die als Geiseln in Edo festgehaltenen Ehefrauen der *Daimyō*) zu verhindern.

♦sekiyu-kiki 石油危機

die Ölkrise (1973 und 1978) auch **oiru-shokku オイル・ショック** (von engl. *oil shock*)

♦Sekki-jidai 石器時代

{Vorgesch.} die Steinzeit 日本の石器時代

は，旧石器時代と縄文時代に分けられる。In Japan unterteilt man die Steinzeit in Altsteinzeit und *Jōmon*-Zeit. **Kyū-sekki-jidai 旧石器時代** die Altsteinzeit, das Paläolithikum

♦Sengoku-jidai 戦国時代

{Gesch.} die *Sengoku*-Zeit; die Zeit der streitenden Reiche 応仁の乱以後織田信長が天下統一に乗り出すまでの時代（1467-1568）。Die Zeit der andauernden kriegerischen Auseinandersetzungen vom *Ōnin-Krieg* (ein Bürgerkrieg) bis zum Reichseinigungsversuch durch Oda Nobunaga (1467-1568).

♦sennō 洗脳

die Gehirnwäsche **sennō suru 洗脳する** jemanden einer Gehirnwäsche unterziehen

♦senshinkoku 先進国

das entwickelte Land; das hochindustrialisierte Land **senshinkoku-shunō-kaigi 先進国首脳会議** die Konferenz der acht hochindustrialisierten Länder; die G 8 (Deutschland, Frankreich, Großbritannien, Italien, Japan, Kanada, Russland und die USA) **kankyō-senshinkoku 環境先進国** das Land, das im Umweltschutz besonders fortschrittlich ist

♦senshu-bōei 専守防衛

die ausschließliche Verteidigung des eigenen Territoriums 他国を攻撃することなく，もっぱら守ることによって，自国を防衛すること。武力行使を禁じた日本国憲法下における自衛隊のあり方とされる。Der Schutz des eigenen Landes ausschließlich durch Defensivmaßnahmen, ohne andere Länder anzugreifen. Die japanischen Selbstverteidigungsstreitkräfte, denen militärische Agression verboten ist, sollen diesem Grundsatz entsprechen. **sensei-kōgeki 先制攻撃** der Präventivangriff; der vorbeugende Schlag **sensei-kōgeki o kuwaeru 先制攻撃を加える** einen Präventivangriff durchführen; einen Präventivangriff unternehmen

♦seppuku 切腹

{Gesch.} wörtl.: „Bauch aufschneiden"; das *Seppuku* 平安時代末期以降に見られる，武士が自刃する場合の形式。江戸時代には，武士の名誉を重んじた死罪とされ，検使の前で自ら腹を切るところを，介錯人が背後から首を打ち落とした。Ende der Heian-Zeit aufgekommene rituelle Form des Selbstmords, in der Edo-Zeit eine ehrenvolle Todesstrafe für einen *Samurai*. Dabei schneidet sich der Verurteilte in Gegenwart von Zeugen selbst den Bauch auf, während ein dabeistehender Sekundant dem Delinquenten im gleichen Augenblick von hinten den Kopf abschlägt. **kaishaku 介錯** Sekundieren bzw. Sekundant beim *Seppuku* **oibara o kiru 追い腹を切る** nach dem Tod seines Herrn *Seppuku* begehen 臣下が主君のあとを追って切腹すること。

♦setogiwa-seisaku 瀬戸際政策

die Brinkmanship; das Verhandeln am Rande des Abgrunds (engl. *brink*) der gefährliche Pokern 緊張を極度に高めることにより交渉相手に譲歩を迫る政治手法。Politische Strategie, wobei der Verhandlungspartner durch extremen Druck zu Konzession genötigt werden soll.

◆**shichiya 質屋**
das Pfandhaus, der Pfandleiher 日本における質屋の起源は鎌倉時代にさかのぼると考えられる。Pfandhäuser gab es in Japan vermutlich seit der Kamakura-Zeit. **shichi-ire suru 質入する** verpfänden

◆**shikei 死刑**
die Todesstrafe **kyokkei 極刑** die Höchststrafe, die Todesstrafe **shikei o shikkō suru 死刑を執行する** die Todesstrafe vollstrecken; jemanden exekutieren **shikei-shū 死刑囚** der (die) zum Tode Verurteilte **shikei-shikkō 死刑執行** die Vollstreckung der Todesstrafe; die Hinrichtung 日本においては死刑の執行は絞首刑により行なわれる。In Japan wird die Todesstrafe praktiziert und durch Erhängen vollstreckt. **shikei-shikkō-nin 死刑執行人** der Scharfrichter, der Henker **shikei-haishi 死刑廃止** die Abschaffung der Todesstrafe **shūshin-kei 終身刑** die lebenslängliche Gefängnisstrafe なお **muki-chōeki 無期懲役**を lebenslängliche Gefängnisstrafe としている和独辞書もあるが，現在の日本における無期刑の受刑者には仮釈放によって社会に復帰できる可能性もいくらか残されているため，社会復帰の可能性がまったく無い終身刑（絶対的無期刑）とは異なったものである。Zwar findet man in manchen japanisch-deutschen Wörterbüchern als die Bedeutung von *muki-chōeki* „lebenslängliche Gefängnisstrafe“, da aber heute in Japan auch bei den zu *muki-chōeki* Verurteilten die Möglichkeit einer provisorischen Entlassung und Resozialisierung vorbehalten bleibt, handelt es sich dabei nicht um eine „lebenslängliche“ Strafe im eigentlichen Sinn des Wortes, d.h. ohne die Möglichkeit einer Rückführung in die Gesellschaft.

◆**shikin-senjō 資金洗浄**
die Geldwäsche 違法な活動で得た資金を，偽名口座へ送金したり，複雑な海外送金で金融機関の口座を転々とさせたり，お金の出所や流れを判からなくする操作。Ein Verfahren, bei dem illegal erworbenes Kapital unter der Verwendung von Bankkonten, die unter falschen Identitäten geführt werden, durch komplizierte Auslandsüberweisungen und den mehrfachen Wechsel der Geldinstitute so lange verschoben wird, bis der Ursprung des Geldes nicht mehr nachvollziehbar ist.

◆**Shimabara no ran 島原の乱**
{Gesch.} der Shimabara-Aufstand 1637（寛永14）年から翌年にかけて九州の島原・天草に起こった農民一揆。幕府のキリシタン弾圧と領主の苛政に対し天草四郎時貞を首領として約4万の農民や浪人が蜂起し，原城にこもって抵抗したが，幕府の大軍により陥落，以後幕府の禁教策は強化された。Ein Bauernaufstand, der sich in den Jahren 1637/38 in Shimabara und Amakusa in Kyūshū ereignete. Mit Amakusa Shirō als ihrem Anführer revoltierten etwa 40 000 Bauern und *Rōnin* gegen das Verbot des Christentums durch das *Bakufu* (siehe dort) und die Tyrannei der Fürsten. Die Rebellen verschanzten sich monatelang in der Burg Harajō und leisteten Widerstand, mussten sich aber schließlich einer großen Streitmacht des *Bakufu* geschlagen geben. In der Folge verschärften sich die Verbotsmaßnahmen des *Bakufu* gegen das Christentum.

♦shimei-tehai 指名手配
die steckbriefliche Suche; öffentliche Bekanntmachung eines gesuchten Verbrechers **shimei-tehai suru 指名手配する** steckbrieflich suchen; einen gesuchten Verbrecher öffentlich bekannt machen

♦shimon-ōnatsu 指紋押捺
das Abgeben von Fingerabdrücken 1952 (昭和27) 年の外国人登録法により在留外国人に義務付けられていた指紋押捺制度は，1992 (平成4) 年の部分的廃止を経て1999 (平成11) 年に廃止された。しかし2007 (平成19) 年若干の例外を除く来日外国人から指紋・顔写真採取を義務付ける新しい入国審査制度が導入された。Bis zur Novellierung des Ausländerrechts im Jahr 1992, war jeder in Japan lebende Ausländer im Rahmen der obligatorischen Ausländerregistrierung (nach einem Gesetz aus dem Jahre 1952) dazu verpflichtet, Fingerabdrücke abzugeben. Die Regelung wurde 1999 abgeschafft. Aber 2007 wurde ein neues Immigrationssytem eingeführt, wonach, von einigen Außnahmen abgesehen, jeder nach Japan einreisende Ausländer seine Fingerabdrücke abgeben und sich fotografieren lassen muss.

♦Shinjuwan-kōgeki 真珠湾攻撃
{Gesch.} der Überfall auf Pearl Harbor 1941 (昭和16) 年12月8日 (現地時間では12月7日) 日本海軍の機動部隊が，ハワイ真珠湾に集結していたアメリカ太平洋艦隊を奇襲攻撃した事件。これによって太平洋戦争が始まり，アメリカは第二次世界大戦に参戦することになった。Der Überfall auf Pearl Harbor am 8. Dezember 1941 (7. Dez. nach Ortszeit). Ein Überraschungsangriff der japanischen Marine auf die in Pearl Harbor auf Hawaii stationierte US-amerikanische Pazifik-Flotte. Mit diesem Angriff begann der Pazifische Krieg und Amerika trat in den Zweiten Weltkrieg ein.

♦shinku-tanku シンク・タンク
(von engl. *think tank*) die Denkfabrik; die Berater-Organisation さまざまな領域の専門家を集めて，政策・企業戦略の策定などに取り組む集団。Eine Organisation, in der Spezialisten verschiedener Fachgebiete versammelt sind, und die Regierungen und Unternehmen strategisch und politisch berät.

♦shi-nō-kō-shō 士農工商
{Gesch.} die vier Stände; Krieger, Bauern, Handwerker und Händler 江戸時代の基本的な身分関係を，上から順に並べたもの。das grundlegende Ständesystem der Edo-Zeit in absteigender Reihenfolge

♦Shinsen-gumi 新撰組
{Gesch.} wörtl.: „die neu ausgewählte Truppe" – 1863 (文久3) 年江戸幕府が武芸に優れた浪士を集めて編成した警備隊。京都守護職に属し，反幕府勢力の鎮圧にあたった。1863 versammelte die Shōgunatsregierung in Edo kampferfahrene *Rōnin* (siehe dort) und stellte diese Polizeieinheit auf. Sie wurde dem Militärgouverneur von Kyōto unterstellt und sollte die regierungsfeindliche Opposition unterdrücken.

♦shī-rēn シー・レーン
(von engl. *see lane*) die Seeschifffahrtsstraße

一国の通商上・戦略上，重要な価値を有し，有事に際して確保すべき海上交通路。Schiffahrtsrouten, die für ein Land als Handelsroute oder aus strategischen Gründen besondere Bedeutung haben und die im Notfall gesichert werden müssen.

♦shirubā-jinzai-sentā シルバー人材センター

abgeleitet von engl. *silver manpower center*; die Arbeitsvermittlung für Senioren 定年退職後の人たちのために臨時的・短期的な就業の機会を提供し，それにより老齢者の社会参加や追加的収入のみちを拓くことを目的に設けられている施設で，60歳以上の人が自主的に運営しており，いわゆる雇用関係に基づいたものではない。Eine Vermittlungsstelle, die Pensionisten zeitweilige und kurzfriste Beschäftigungen vermittelt, damit die älteren Menschen weiterhin an der Gesellschaft teilnehmen und etwas dazuverdienen können. Die Vermittlungsstelle wird eigenverantwortlich von über 60-Jährigen betrieben, es handelt sich also nicht um ein sogenanntes Arbeitgeber- und Arbeitnehmerverhältnis im eigentlichen Sinne.

♦shitauke-kōjō 下請け工場

die Zulieferwerkstätte **shitauke-kaisha 下請け会社** das Zulieferunternehmen **shitauke-gyōsha 下請け業者** der Zulieferer, der Subunternehmer **shitauke- shigoto 下請け仕事** die Zulieferungsarbeit

♦shitsugyō-ritsu 失業率

der Prozentsatz der Arbeitslosen; die Arbeitslosenrate **shitsugyō-hoken 失業保険** die Arbeitslosenversicherung

♦shōen 荘園

{Gesch.} das *Shōen*, das Lehen 奈良時代から戦国時代にかけて存在した中央貴族や寺社による私的大土地所有の形態。また，その私有地。鎌倉末期以後，武士に侵害されて衰え，応仁の乱および太閤検地で消滅した。Eine Form privaten Landbesitzes von in oder um die Hauptstadt ansässigen Adelsfamilien, Tempeln und Schreinen, die von der Nara-Zeit bis zur Zeit der streitenden Provinzen existierte. Auch die Bezeichnung für diese Ländereien. Seit Ende der Kamakura-Zeit wurden die Lehen durch Übergriffe des Kriegestandes geschwächt, und der *Ōnin*-Krieg (siehe *Ōnin no ran*) sowie die Landesvermessung durch Toyotomi Hideyoshi (siehe *kenchi*) führte zu ihrem Verschwinden.

♦shōgun 将軍

{Gesch.} der General, der *Shōgun* 武家最高の官職。鎌倉，室町，江戸時代と続いたが，1867年大政奉還によりなくなった。その後陸海軍（特に陸軍）の将官の俗称としても用いられた。Amtstitel für den *de facto* Regenten Japans von 1192 bis 1867, der nominell vom *Tennō* beauftragt war. Später wurden auch die Generäle der japanischen Armee (besonders des Heeres) volkstümlich so bezeichnet.

♦shōhi-zei 消費税

wörtl.: „die Konsumsteuer", die Mehrwertsteuer, die Verbrauchssteuer 日本では，1989（平成元）年に導入された。In Japan wurde 1989 erstmal eine Mehrwertsteuer eingeführt. **ruishin-kazei 累進課税** das progressive Besteuerungsverfahren **kakutei-shinkoku 確定申告** die endgültige Steuererklärung

♦shōkō-kaigisho 商工会議所

die Industrie-und Handelskammer **shōkō-kaigisho kaitō 商工会議所会頭** Präsident der Industrie- und Handelskammer

♦shōnen-in 少年院

das Erziehungsheim 家庭裁判所から保護処分として送致された者たちを収容し矯正教育を行なう施設。Einrichtung für straffällig gewordene Jugendliche, die dort nach einem Urteil des Familiengerichts untergebracht und betreut werden. **shōnen hikō 少年非行** die Jugendkriminalität **hikō-shōnen 非行少年** jugendlicher Krimineller **hikō-shōjo 非行少女** jugendliche Kriminelle **shōnen-hō 少年法** das Jugendgerichtsgesetz, das Jugendrecht

♦shōrui-awaremi no rei 生類憐みの令

{Gesch.} Gesetz über das Mitleid mit den Tieren 江戸幕府第5代将軍徳川綱吉がその治世(1680～1709)中に下した動物愛護を主旨とする法令の総称。特に犬を大切にし，犯すものは厳罰に処した。綱吉の死後，廃止された。Sammelbezeichnung für Gesetze zum Tierschutz, die der 5. *Shōgun* Tokugawa Tsunayoshi während seiner Regierungszeit (1680-1709) erließ. Besonders Hunde waren dem *Shōgun* wichtig, und Vergehen gegen den Tierschutz wurden hart bestraft. Nach dem Tod des Tsunayoshi wurden die Gesetze abgeschafft.

♦Shotoku-baizō-seisaku 所得倍増政策

die Politik zur Verdoppelung des Einkommens 1960(昭和35)年12月以降，時の池田勇人内閣が，10年間で国民所得を倍増するとした計画に基づき推進した政策。Im Dezember 1960 ausgerufener Slogan von Ministerpräsident Ikeda Hayato, dessen Politik das Ziel verfolgte, das Einkommen der Japaner in den folgenden zehn Jahren zu verdoppeln.

♦shotoku-kakusa 所得格差

die Einkommensdifferenz, die Einkommensschere 所得格差の拡大は，他の分野の格差とも連動して，現在(21世紀初頭)の日本で大きな問題になっている。Die Vergrößerung der Einkommensdifferenz ist mit Unterschieden in anderen Lebensbereichen verknüpft und stellt heute (Anfang des 21. Jhs.) in Japan ein großes Problem dar.

♦Shōwa-jidai 昭和時代

{Gesch.} die *Shōwa*-Zeit 昭和天皇（裕仁）在位の1926年から1989年まで。Die Jahre zwischen 1926 und 1989, *Shōwa* war die Ärabezeichnung (siehe *gengō*) des *Tennō* Hirohito, der heute als *Shōwa-Tennō* bezeichnet wird.

♦shōya 庄屋

{Gesch.} der Dorfvorsteher, der Dorfschulze 東国方面では，「名主」と呼ばれることが多かった。Im östlichen Teil Japans (der heutigen Region Kantō) wurde der Dorfvorsteher oft als *Nanushi* bezeichnet.

♦shuchō 首長

der Leiter, der Anführer, das Oberhaupt 市長（しちょう）との混同を避けるため「く

びちょう」と発音することもある。都道府県の知事および市町村の長のこと。Um Verwechslungen mit dem ähnlich lautenden Wort *shichō* („Bürgermeister“) zu vermeiden, sagt man anstelle von *shuchō* manchmal *kubichō*. So bezeichnet man Gouverneure der Präfekturen und Gemeindevorsteher.

◆shūdan-shūshoku 集団就職
die Masseneinstellung 地方の中学卒業生が集団で大都市の工場や商店などに就職すること。1950年代半ばより約20年間，そのような就職形態が日本で多く見られた。Die Einstellung ganzer Gruppen von Mittelschulabgängern aus der Provinz in Fabriken und Handelsunternehmen in den Großstädten. Seit der zweiten Hälfte der 50er Jahre des vorigen Jhs. war diese Einstellungspraxis etwa 20 Jahre lang in Japan häufig.

◆shūgiin 衆議院
das Unterhaus (des japanischen Parlaments) **shūgiin-giin 衆議院議員** das Mitglied des Unterhauses **sangiin 参議院** das (japanische) Oberhaus **sangiin-giin 参議院議員** das Mitglied des Oberhauses **kizoku-in 貴族院** {Gesch.} wörtl.: „Adelshaus“; das japanische Oberhaus (1890-1947)

◆shuntō 春闘
Abk. für *Shunki-tōsō*; wörtl.: der „Frühlingskampf“; die Frühjahrsoffensive der japanischen Gewerkschaften 春季闘争の略。1955 (昭和30) 年以降，労働組合が，毎年春に賃上げ闘争を中心に全国規模で行う日本独特の共同闘争 Seit 1955 jeweils im Frühling japanweit durchgeführter, typisch japanischer gemeinsamer Arbeitskampf der Gewerkschaften, vor allem, um Gehaltserhöhungen durchzusetzen.

◆shūshin-koyō-seido 終身雇用制度
das System der Anstellung auf Lebenszeit 終身といっても現実的には定年までの雇用を意味することが多い。年功序列型賃金体系にみあった制度。Mit „Anstellung auf Lebenszeit“ meint man in der Realität die Beschäftigung beim gleichen Arbeitgeber bis zur Pensionierung. Damit hängt die Bezahlung der Mitarbeiter nach dem Senioritäts- bzw. Anciennitätssystem (siehe: *nenkō-joretsu-seido*) zusammen.

◆shushō 首相
der Ministerpäsident, der Premierminister 日本の首相はドイツ語で言う場合このように訳される。ドイツの首相は der Bundeskanzler を用いる。しかしドイツの各州には州政府があり，そこの首相は der Ministerpräsident である。

◆shūshoku 就職
der Amtsantritt, der Dienstantritt **shūshoku-katsudō 就職活動** die Suche nach einem Arbeitsplatz **shūshoku-jōhō-shi 就職情報誌** die Zeitschrift für Stellenanzeigen **shūshoku-rōnin 就職浪人** der arbeitslose Graduierte

◆shūsō-retsujitsu 秋霜烈日
(schriftspr.) die drakonische Strenge; die Unerbittlichkeit 秋の厳しい霜と夏の烈しい日のように，刑罰・権威・意志などが厳しく厳かであることのたとえ。Die Tage des strengen Herbstfrostes und der heftigen

Sommerhitze werden als Metapher für Strenge und Unerbitterlichkeit z.B. hinsichtlich Bestrafung, Autorität, Willenskraft etc. gebraucht.

◆**shūwai 収賄**

die passive Bestechung; die Annahme von Bestechungsgeld **shūwai suru 収賄する** Bestechungsgelder annehmen **wairo o morau 賄賂をもらう** sich bestechen lassen **shūwai-jiken 収賄事件** die Bestechungsaffäre, der Bestechungsfall **zōwai 贈賄** die aktive Bestechung **zōwai suru 贈賄する** bestechen, schmieren **zōshūwai 贈収賄** die Bestechung

◆**sōgō-shōsha 総合商社**

allgemeine Handelsfirma 多種多様な商品を取り扱い，国の内外にわたる広範な取引市場を有する巨大商社。Eine große, national und international agierende Handelsfirma, die mit vielen unterschiedlichen Produkten Handel treibt

◆**soko-ware 底割れ**

das Sinken ins Bodenlose 低迷している景気がさらに一段と悪化すること。die Verschärfung einer an sich bereits schlechten Wirtschaftslage **soko o tsuku 底をつく** den niedrigsten Preis erreichen; die Talsohle erreichen

◆**sonnō-jōi-undō 尊皇攘夷運動**

{Gesch.} wörtl.: „verehrt den *Tennō* und vertreibt die Barbaren"; die *Sonnō-jōi*-Bewegung 幕末の政治運動のひとつで，天皇の権威の絶対化と開国反対を主張した。politische Bewegung zum Ende der Edo-Zeit, die die Verteidigung des *Tennō*-Systems und den Ausschluss westlicher Einflüsse forderte

◆**sōsenkyo 総選挙**

die (pl.) allgemeinen Wahlen **seiji-kenkin 政治献金** die politisch motivierte Geldspende **seiji-shikin 政治資金** der politische Fonds **Seiji-shikin-kisei-hō 政治資金規正法** das Gesetz über die Regulierung der Finanzierung politischer Aktivitäten **hirei-daihyō-sei 比例代表制** die Verhältniswahlsystem **shō-senkyoku-sei 小選挙区制** das System mit kleinen Wahlkreisen **chū-senkyoku-sei 中選挙区制** das System mit Wahlkreisen mittlerer Größe **mutōha-sō 無党派層** die Wechselwähler (die nicht immer dieselbe Partei wählen) **kobetsu-hōmon 戸別訪問** der Wahlkampf von Tür zu Tür (von Haus zu Haus)

◆**sūjiku-koku 枢軸国**

{Gesch.} die (pl.) Achsenmächte (die Länder der Achse Berlin-Rom bzw. der Achse Berlin-Rom-Tokyo) 第二次世界大戦前から戦時中にかけて，日本・ドイツ・イタリア3国を中心としてアメリカ・イギリス・フランスなどの連合国に対立した諸国家。1936（昭和11）年，ムッソリーニが，ローマとベルリンを結ぶ垂直線を枢軸として国際関係は転回すると演説したことに由来する。Bezeichnung für Deutschland, Italien, Japan und andere Länder, die sich vor dem Zweiten Weltkrieg bis in die Kriegszeit hinein gegen die allierten Staaten Amerika, England und Frankreich verbündet hatten. Die Bezeichnung stammt von Mussolini, der 1936 in einer Rede die Gerade, die Rom und Berlin verbindet, als die Achse bezeichnet hatte, um die sich die internationalen Beziehungen bewegten.

◆ Taigyaku-jiken 大逆事件
{Gesch.} die Hochverratsaffäre 1910（明治43）年5月，多数の社会主義者・無政府主義者が明治天皇の暗殺計画容疑で検挙された事件。大逆罪の名の下に24名に死刑が宣告され，翌年1月，社会主義者幸徳秋水ら12名が処刑された。Verhaftung zahlreicher Sozialisten und Anarchisten im Mai 1910, die unter dem Verdacht standen, ein Attentat auf den Meiji-*Tennō* geplant zu haben. 24 Personen wurden wegen Hochverrats zum Tode verurteilt, und im Januar des folgenden Jahres wurden 12 Personen hingerichtet, unter ihnen der einflussreiche Sozialist Kōtoku Shūsui.

◆ Taiheiyō-sensō 太平洋戦争
{Gesch.} der Pazifische Krieg 第二次世界大戦のうち，アジア太平洋地域が戦場となった日本と連合国（米・英・オランダ・中国など）との戦争。1941（昭和16）年12月8日，日本は米・英に宣戦，1945（昭和20）年8月15日に日本は無条件降伏，当時は，大東亜戦争と呼ばれた。Bezeichnung für die Kriegshandlungen im asiatischen Pazifikraum zwischen Japan und den Alliierten (Amerika, England, Holland, China u.a.) während des Zweiten Weltkriegs. Der Pazifische Krieg begann am 8. Dezember, als Japan Amerika und England den Krieg erklärte, und dauerte bis zum 15. August 1945, dem Tag der bedingungslosen Kapitulation Japans. Während des Krieges sprach man vom „Großen Ostasiatischen Krieg".

◆ taiho 逮捕
die Festnahme, die Gefangennahme, die Verhaftung **taiho-jō 逮捕状** der Haftbefehl **taiho suru 逮捕する** festnehmen, gefangen nehmen, verhaften **tejō 手錠** die (pl.) Handschellen; die (pl.) Handfesseln 逮捕される場合，必ずしも手錠が掛けられるわけではない。一般には，逮捕状を呈示し，被疑事実と執行時刻を確認し，連行する形が取られる。Bei einer Verhaftung wird der Verhaftete nicht unbedingt mit Handschellen gefesselt. Normalerweise wird der Haftbefehl vorgelegt, Tatverdacht und Zeitpunkt der Verhaftung verifiziert und der Verhaftete abgeführt.

◆ Taika no kaishin 大化の改新
{Gesch.} die Taika-Reform 645（大化元）年に行われた古代政治史上の大改革。Politische Reformen um das Jahr 645

◆ Tainichi-kōwa-jōyaku 対日講和条約
{Gesch.} der Friedensvertrag von San Francisco 第二次世界大戦の終結と国交回復について日本と連合国との間に結ばれた条約。1951（昭和26）年9月サンフランシスコで調印，翌年4月28日発効，占領が終結した。Der Vertrag über das Ende des Zweiten Weltkriegs und die Wieder- aufnahme diplomatischer Beziehungen zwischen Japan und den Allierten. Der Vertrag wurde im September 1951 in San Francisco (San Franzisko) unterzeichnet und trat am 28. April des folgenden Jahres in Kraft, mit ihm endete für Japan die Besatzungszeit.

◆ tairyō-hakai-heiki 大量破壊兵器
die (pl.) Massenvernichtungswaffen 一般的

には，核兵器，化学兵器，生物兵器をさす。Sammelbezeichung für Atomwaffen, chemische und biologische Waffen

♦ Taisei-hōkan 大政奉還

{Gesch.} die Rückgabe der Regierungsgewalt vom *Shōgun* an den *Tennō* (1867) 1867 (慶応3) 年11月9日徳川15代将軍慶喜が政権を朝廷に返上することを申し出て，翌日それが認められた。Am 9. November 1867 erklärte der 15. *Shōgun* Tokugawa Yoshinobu die Rückgabe der Regierungsgewalt an den *Tennō* und am folgenden Tag wurde dies offiziell akzeptiert.

♦ Taisei-yokusan-kai 大政翼賛会

{Gesch.} die Gesellschaft zur Unterstützung der Kaiserherrschaft 1940 (昭和15) 年10月創立された組織で，総裁には総理大臣が当たるなど官製的色彩が強く，翼賛選挙に活動したのをはじめ国民生活のすべてにわったて統制したが，1945 (昭和20) 年解散した。Im Oktober 1940 entstandene äußerst mächtige Organisation, die vom japanischen Premierminister geleitet wurde, und einen starken Einfluss auf das gesamte Leben des Volkes, auf die Wahlen usw., ausübte. Sie wurde 1945 aufgelöst.

♦ Taishō-jidai 大正時代

{Gesch.} die *Taishō*-Zeit 大正天皇(嘉仁) 在位の1912年から1926年まで。Die Periode zwischen 1912 und 1926, Taishō war die Ärabezeichnung (siehe *gengō*) des *Tennō* Yoshihito, der heute als *Taishō-Tennō* bezeichnet wird.

♦ Taiwan-sōtokufu 台湾総督府

{Gesch.} das Generalgouvernement von Taiwan 日清戦争後日本は台湾を植民地とし，1895 (明治28) 年台北に台湾総督府を置いた。Nach dem Ersten Japanisch-Chinesischen Krieg kolonisierte Japan Taiwan und richtete 1895 in Taipeh das Generalgouvernement ein.

♦ tajū-saimusha 多重債務者

der Mehrfachschuldner 多重債務によって自己破産を申し立てた人は，2003 (平成15) 年には24万人に達した。家庭崩壊や自殺につながるケースも少なくなく，現在，多重債務の問題を解決するために，公的ならびに私的に，様々な努力が続けられている。Im Jahr 2003 waren 240 000 Personen mehrfach verschuldet, und mussten Privatinsolvenz anmelden. In nicht wenigen Fällen führte das zum Zusammenbruch von Familien und zum Suizid der Betroffenen; gegenwärtig werden sowohl öffentlich als auch privat verschiedene Anstrengungen unternommen, um das Problem der Mehrfachverschuldung zu lösen.

♦ takaku-keiei 多角経営

vielseitiger Betrieb; Betriebsführung, die auf Diversifikation setzt

♦ takara-kuji 宝くじ

die Lotterie **takara-kuji de ittō ni ataru 宝くじで一等に当たる** in der Lotterie den ersten Preis gewinnen

♦ takokuseki-kigyō 多国籍企業

die transnationale Gesellschaft; TNG 企業の多国籍化は1960年頃より始まった。現

在，多国籍企業は，世界経済のボーダレス化の主要な歯車の一つになっている。Die Internationalisierung von Unternehmen begann in den 1960er Jahren. Heute sind die transnationalen Gesellschaften wichtige Zahnräder im Getriebe der zunehmend grenzüberschreitenden Weltwirtschaft.

◆tana-zarashi たなざらし，店晒し，棚晒し

1) Zustand, dass eine Ware lange unverkauft bleibt; der Ladenhüter 2) Zustand, nicht gelöst zu werden 1) 商品が売れずに長く店に晒されてあること。また，その商品。2) 転じて，物事が解決されずに放置されていること。1) Der Zustand, dass etwas nicht verkauft wird und im Laden alt wird. 2) Im übertragenen Sinn nennt man so einen lange ungelösten Zustand.

◆tanomoshi-kō 頼母子講

die Kreditgenossenschaft; der Verein zur gegenseitigen Finanzierung 鎌倉時代から存在した。Kreditgenossenschaften gab es in Japan seit der Kamakura-Zeit.

◆tasūketsu 多数決

der Mehrheitsbeschluss **tasūketsu ni shitagau 多数決に従う** einem Mehrheitsbeschluss folgen **tasūketsu de kimeru 多数決で決める** durch Mehrheitsbeschluss entschließen **manjō-itchi 満場一致** die Einstimmigkeit **manjō-itchi de 満場一致で** einstimmig; mit einstimmiger Zustimmung

◆tansu-yokin たんす預金

wörtl.: „Schrank-Ersparnisse"; Ersparnisse, die zu Hause und nicht auf dem Bankkonto aufbewahrt werden

◆tate-shakai タテ社会，縦社会

{Soziol.} die vertikal strukturierte Gesellschaft 人間関係における上下の秩序が重視される社会。Eine Gesellschaft, wo in den zwischenmenschlichen Beziehungen auf eine vertikale Ordnung (Hierarchie) Wert gelegt wird.

◆tatewari-gyōsei 縦割り行政

die vertikal gegliederte Administration 行政が上下の関係を中心に行なわれ，横の（例えば省庁や部署間の）関係やつながりが欠けていること。Öffentliche Verwaltung, die im Wesentlichen hierarchisch organisiert ist, und der es deshalb an horizontalem Austausch (z.B. zwischen Ministerien und Behörden) mangelt.

◆teki ni shio o okuru 敵に塩を送る

wörtl.: „dem Feind Salz schicken"; selbst dem Feind gegenüber Menschlichkeit beweisen 日本の戦国時代，上杉謙信 (1530-1578) が，塩の不足に苦しんでいる敵将武田信玄 (1521-1573) に塩を送ったという逸話に基づく。敵が苦しんでいるときに，その弱みに付け込むのではなく，逆にその苦境を救ったという話。Nach der Anekdote, dass Uesugi Kenshin (1530-1578) in der Zeit der streitenden Provinzen seinem Feind Takeda Shingen (1521-1573) Salz geschickt habe, weil dieser unter einem Mangel an Salz gelitten habe. Die Moral dieser Geschichte ist, dass man nicht die Schwäche seines Feindes ausnutzen, sondern stattdessen seine Not lindern soll. **hyōrō-zeme 兵糧攻め** die Aushungerungsstrategie **hyōrō-zeme**

ni suru 兵糧攻めにする aushungern

♦Tennō 天皇

der *Tennō*; der japanische Kaiser 天皇は，日本固有の宗教である神道の最高の祭司であったのみならず，存在そのものが「現人神」として神格化されたこともあった。政治的にはその権力は，多くの場合，名目的あるいは象徴的なものであった。現行の日本国憲法において「天皇は，日本国の象徴であり日本国民統合の象徴」であると規定されている。Der *Tennō* war nicht nur der oberste Priester der indigenen japanischen Religion, des *Shintō*, sondern seine Existenz selbst wurde auch als Mensch gewordene Gottheit interpretiert. In der Politik ist seine Macht in vielen Fällen nominell oder lediglich symbolischer Natur. In der gegenwärtigen japanischen Verfassung ist festlegt: „Der *Tennō* ist ein Symbol des japanischen Staates und der Einheit des japanischen Volkes.“ **tennō-hai 天皇杯** der *Tennō*-Pokal; der vom *Tennō* verliehene Pokal **tennō-kikan-setsu 天皇機関説** Theorie, dass der *Tennō* ein Regierungsorgan ist **Tennō-sei 天皇制** das *Tennō*- System

♦tenshukaku 天守閣

der zentrale Schlossturm 城郭の本丸にある最大の櫓。戦時には展望台や司令塔の役を果たし，平時には領主の権勢を示す役を果たした。Der höchste Turm im zentralen Gebäudekomplex einer japanischen Schlossanlage. In Kriegszeiten diente er als Aussichts- oder Kommandoturm und in Friedenszeiten war er ein Symbol der Macht des Fürsten. **kin no shachihoko 金の鯱** ein goldenes Fabeltier am Giebeldach (mit einem tigerähnlichen Kopf und dem Körper eines Fisches) **ishigaki 石垣** die Steinmauer **honmaru 本丸** die Hauptburg, der Bergfried **ni-no-maru 二の丸** die erste die Hauptburg umgebende Befestigung **san-no-maru 三の丸** die äußerste die Hauptburg umgebende Befestigung **sotobori o umeru 外堀を埋める** wörtl.: „den Außengraben zuschütten“; große Hindernisse beseitigen

♦teppō-denrai 鉄砲伝来

(siehe *hinawa-jū* 火縄銃を参照)

♦terebi-shoppingu テレビ・ショッピング

das Teleshopping, das Homeshopping; das Einkaufen am Fernseher

♦tobu yō ni ureru 飛ぶように売れる

reißenden Absatz finden (haben); sich wie warme Semmeln verkaufen

♦tokkō 特高

{Gesch.} die Geheimpolizei 特別高等警察の略。明治末期から第二次世界大戦の敗戦まで，思想犯罪取締りに当たった警察。大逆事件を契機として，1911（明治44）年警視庁に特別高等課が設けられたのに始まり，1928（昭和3）年までには全国に設置され，国民の思想・言論・政治活動を弾圧した。1945（昭和20）年に*GHQ*の指令により解体。Abkürzung für *Tokubetsu-*

kōtō-keisatsu. Polizeieinheit, die Gesinnungskontrolle ausüben sollte und vom Ende der Meiji-Zeit bis zum Ende des Zweiten Weltkrieges existierte. Sie wurde anlässlich der Hochverratsaffäre (siehe *Taigyaku-jiken*) im Jahr 1911 am Tōkyōter-Polizeipräsidium als „Besondere Obere Einheit" (*Tokubetsu-kōtō-ka*) eingerichtet, bis 1928 landesweit etabliert und bekämpfte staatsfeindliche Ideologien, Meinungsäußerungen und politische Aktivitäten in der Bevölkerung. 1945 wurde sie auf Befehl des Oberkommandos der allierten Streitkräfte (*GHQ*) aufgelöst.

♦tokuju 特需

der Sonderbedarf 一般には特別な需要という意味であるが，日本では普通，在日米軍が朝鮮戦争（1950～53休戦）やベトナム戦争（1960～75）の際，日本で行なった軍事物資等の買い付けを行なったことによる需要を言う。Im Allgemeinen bezeichnet man mit dem Wort Sonderbedarf eine besondere Nachfrage, aber in Japan nennt man so oft die Nachfrage an militärischen und anderen Gütern, die sich während des Korea-Kriegs (1950-53) und des Vietnam-Kriegs (1960-75) durch die Ausstattung der in Japan stationierten amerikanischen Streitkräfte ergab.

♦Tōkyō-sento 東京遷都

{Gesch.} die Verlegung der Hauptstadt nach Tōkyō; die Veränderung des Regierungssitzes nach Tōkyō 1868（慶応4年7月＝明治元年9月）幕府の所在地であった江戸を東京と改称，京都から遷都した。Im Jahr 1868 wurde die Stadt Edo, der Sitz der Shōgunatsregierung, in Tōkyō umbenannt und die Hauptstadt Japans von Kyōto nach Tōkyō verlegt.

♦tomurai-gassen 弔い合戦

der Vergeltungskampf 討ち死にした味方の霊を慰めるために行う復讐の戦い。eine Schlacht, um die Seelen der im Krieg gefallenen Kameraden zu trösten

♦tonari-gumi 隣組

{Gesch.} die Nachbarschaftsvereinigung 第二次世界大戦下，国民総動員体制の最末端組織。5軒から10軒を一つの単位とし，配給・供出・動員の基本的単位としての機能のほかに，相互監視の役割も担わされた。1940（昭和15）年に制度化され，1947年に廃止された。Kleinste Organisationseinheit im System der allgemeinen Mobilmachung der Bevölkerung während des Zweiten Weltkriegs. Fünf bis zehn Häuser bildeten je eine Einheit, die neben den Funktionen Rationierung von Lebensmitteln, „Spenden für das Vaterland" von Metall etc. und Mobilisierung auch der gegenseitigen Bespitzelung diente. 1940 wurden die Nachbarschaftsvereinigungen systematisiert und 1947 wurde das System abgeschafft.

♦tonosama-shōhō 殿様商法

wörtl.: „die Geschäftspraxis des Lehnsherrn"; die dilettantische Geschäftsführung 商品知識や客との駆け引きなど，もうけるための努力・工夫に気を使わない商いの仕方を皮肉ってあるいは軽蔑して言う言葉。Ironische bzw. verächtliche Bezeichnung für eine Geschäftsführung, der es an Kenntnissen über die Produkte,

Verhandlungsgeschick mit den Kunden sowie der zum Profitmachen erforderlichen Anstrengung und Planung mangelt.

♦ton'ya 問屋

der Großhandel, der Großhändler **sō wa ton'ya ga orosanai そうは問屋が卸さない** So einfach geht das nicht. So leicht geht die Sache nicht. Das machen Sie andern weis!

♦Tōshō 東証

die Börse von Tōkyō; die Tōkyōter Börse **Tōshō-kabuka-shisū 東証株価指数** der Tōkyō-Aktienindex 東京証券取引所が1969 (昭和44) 年から発表している株価指数。Aktienindex, der seit 1969 von der Börse von Tōkyō veröffentlicht wird. **tōshō-ichibu-jōjō 東証一部上場** Auflistung in der oberen Sektion der Tōkyōter Börse **nikkei-heikin-kabuka-shisū 日経平均株価指数** der durchschnittliche Nikkei-Index **dau-heikin ダウ平均 (dau-heikin-kabuka-shisū ダウ平均株価指数)** der Dow-Jones-Aktienindex

♦ushinawareta-jūnen 失われた10年

die verlorenen zehn Jahre 日本について言う場合は，1990年代初期にバブル経済が崩壊してからの10年以上に及ぶ経済不況を指す。In Bezug auf Japan meint man damit die mehr als zehn Jahre lang anhaltende wirtschaftliche Flaute seit dem Zusammenbruch der Seifenblasenwirtschaft (siehe *baburu-keizai*) Anfang der 90er Jahre. **ushinawareta nijūnen 失われた20年** die verlorenen 20 Jahre その後長引く不況と停滞の中で，失われた20年という言い方もされるようになった。Während sich die wirtschaftliche Flaute in die Länge zog, kam auch der Ausdruck „die verlorenen 20 Jahre" auf.

♦wākahorikku ワーカホリック

Kunstwort aus engl.: *work* („Arbeit") und *alcoholic* („Alkoholiker"); der *Workaholic*, das Arbeitstier 1968 (昭和43) 年頃あるアメリカ人によって作られた造語。働き過ぎの人。仕事中毒。Das Wort wurde um 1968 von einem Amerikaner für Menschen geprägt, die zuviel arbeiten oder arbeitssüchtig sind.

♦wākingu-pua ワーキングプア

(von engl. *working poor*) die Erwerbsarmut; *Working Poor* フルタイムで働いているが，ほとんど生活保護水準程度あるいはそれ以下の収入しか得られない人々のこと。Menschen, deren Einkommen trotz voller Erwerbstätigkeit gerade das Existenzminimum der Sozialhilfe (siehe *seikatsu-hogo*) erreicht oder sogar darunter liegt.

♦wakō 倭寇

{Gesch.} japanische Piraten; japanische Seeräuber (13.-16. Jh.) 倭寇の倭は，日本・日本人，寇は，賊・外敵の意味。13世紀から16世紀にかけて，朝鮮および中国大陸沿岸において，略奪行為や密貿易を行なった海賊集団に対する中国・朝鮮側の呼び方。15世紀までの倭寇は，北九州や瀬戸内海を本拠地とする日本人が多かったが，16世紀の倭寇は，中国人の密貿易者が中心であった。Das hier verwendete Schriftzeichen für *wa* 倭 bedeutet Japan bzw. Japaner, und das hier *kō* gelesene Zeichen bedeutet „Räuber" oder „äußerer Feind". Die

Bezeichnung wurde vom 13. bis 16. Jahrhundert von chinesischer und koreanischer Seite für Seeräuberbanden verwendet, die entlang der koreanischen und chinesischen Küste Plünderungen und Schmuggel betrieben. Bis zum 15. Jahrhundert handelte es sich dabei tatsächlich sehr oft um japanische Piraten, deren Basislager sich im Norden Kyūshūs oder in der Inlandsee befanden, aber im 16. Jh. waren ein Großteil als *wakō* bezeichneten Schmuggler Chinesen.

♦ **wāku-shearingu ワーク・シェアリング**

(von engl. *work sharing*) das Jobsharing, die Arbeitsplatzteilung 雇用の確保を図るために，労働時間の短縮や残業の削減などによって，総量の決まった仕事を多くの人で分かち合うこと。Arbeitszeitverkürzung und die Reduktion von Überstunden, um Arbeitsplätze zu sichern. Dabei wird die gesammte Arbeit auf viele Arbeitnehmer verteilt.

♦ **wan-sutoppu-shoppingu ワン・ストップ・ショッピング**

(von engl. *one-stop shopping*) verschiedene Besorgungen an einem Ort erledigen 一つの店舗内で必要な買い物をすべて済ませてしまうこと。Alles, was man braucht, in einem Geschäft einkaufen. **wan-sutoppu-sābisu ワン・ストップ・サービス** die Erledigung aller bürokratischen Schritte an einem Ort（一度の手続きで，必要なことすべてを完了できるように設計されたサービス。）とくに，さまざまな行政サービスを一ヶ所で一度に受けられる「ワン・ストップ・行政サービス」を指すことが多い。Die Möglichkeit, alle nötigen Formalitäten auf einmal abschließen zu können; oft hinsichtlich bürokratischer Verwaltungsvorgänge gebraucht.

♦ **Yamatai-koku 邪馬台国**

{Gesch.} Yamatai-koku; das Land Yamatai 2世紀後半から3世紀にかけて日本に存在した国。中国の『魏志倭人伝』にこの国についての記述がある。この国の所在地については，九州北部説と畿内大和説とがある。Ein Staat, der von der zweiten Hälfte des 2. Jhs. bis zum 3. Jh. in Japan existierte. In der chinesischen Quelle *Weizhi woren chuan* (jap. *Gishi-wajin-den*) „Aufzeichnungen aus der Ära *Wei* über die Menschen von *Wo* (jap. *Wa*)“ findet sich ein Bericht über dieses Land. Über die geographische Lage dieses Landes gibt es zwei konkurrierende Theorien, sie wird entweder im Norden der Insel Kyūshū oder in der Region Yamato in Kinki vermutet.

♦ **yasumono kai no zeni ushinai 安物買いの銭失い**

(Sprichw.) Wer zu billig kaufen will, verliert oft sein Geld.

♦ **Yayoi-jidai 弥生時代**

{Gesch.} die Yayoi-Zeit 縄文時代の後，古墳時代の前の時代。紀元前4世紀頃から後3世紀頃まで。名称は，（煮炊きや食事用などの）土器が東京都文京区本郷弥生町の貝塚から発見されたので，その町名にちなむ。Periode der japanischen Geschichte vom 4. Jh. v. bis 3. Jh. n. Chr. (zwischen der *Jōmon*-Zeit und der *Kofun*-bzw. Yamato-Zeit), benannt nach dem Tōkyōter Stadtteil Yayoi, wo die für diese Epoche charakteristischen Tongefäße, vor allem Koch- und Essgeschirr, erstmals gefunden wurden.

♦**yosan 予算**
der Etat, das Budjet **yosan no bundori-gassen 予算の分捕り合戦** Wettkampf um einen größeren Anteil am Etat **yosan o seiritsu saseru 予算を成立させる** das Budget verabschieden **hosei-yosan 補正予算** das Nachtragsbudget; das revidierte Budget **zantei-yosan 暫定予算** das vorläufige Budget

♦**yōsan 養蚕**
die Seidenraupenzucht 日本における養蚕の歴史は古く，『古事記』や『日本書紀』の神話に登場する。国内の養蚕業がかつてない大きな発展を示したのは，江戸時代末期以降生糸の輸出が日本の対外輸出品の主要部分を占めたことと表裏一体を成しているが，第二次世界大戦後ナイロンが実用化されるとともに，国の内外に於ける絹の需要は激減し，養蚕業も衰退せざるを得なくなった。Die Aufzucht von Seidenraupen hat in Japan eine lange Geschichte und findet schon in den Mythen des *Kojiki* und *Nihon-shok*i Erwähnung. Zu einem bisher ungekannten Boom der japanischen Seidenraupenzucht kam es seit dem Ende der Edo-Zeit, als Rohsseide zum wichtigsten japanischen Exportprodukt avancierte. Mit der praktischen Anwendbarkeit des Nylons nach dem 2. Weltkrieg ging die Nachfrage nach Seide in und außerhalb Japans stark zurück und ein Niedergang der Seidenraupenzucht war unvermeidlich.

♦**yōtō-kuniku 羊頭狗肉**
wörtl.: „Hammelkopf ans Ladenschild schreiben, aber Hundefleisch verkaufen"; der Etikettenschwindel 看板には羊の頭をかかげげ，実際には犬の肉を売るということで，看板に偽りありということ。

♦**yūji-rippō 有事立法**
das Notstandsgesetz 2003（平成15）年と2004年に日本において有事関連の7法が成立した。2003 und 2004 wurden in Japan sieben Gesetze im Zusammenhang mit der Notstandsgesetzgebung erlassen.

♦**yūkō-kyūjin-bairitsu 有効求人倍率**
das Verhältnis der registrierten offenen Stellen zu den registrierten Arbeitssuchenden 職業安定所（ハローワーク）への有効求人者数の有効求職者数に対する割合。

♦**yumizu no yō ni kane o tsukau 湯水のように金を使う**
wörtl.: „Geld ausgeben, als ob es Wasser wäre"; sein Geld zum Fenster hinauswerfen; sein Geld (mit vollen Händen) auf die Straße werfen

♦**zaibatsu 財閥**
die *Zaibatsu*, die Industriellenclique 一族・一門の家族的関係のもとに結合した資本家の多角的経営体。第二次世界大戦前の日本において発達した。In unterschiedlichen Branchen tätige Industriellencliquen auf der Grundlage familiärer Beziehungen, die bis zum Ende des Zweiten Weltkriegs einen großen Anteil an der Industrialisierung Japans hatten. **zaibatsu-kaitai 財閥解体** die Auflösung der *Zaibatsu* nach dem Zweiten

Weltkrieg 第二次世界大戦後，経済民主化の方策の一つとして，占領軍により財閥解体が実施された。Im Zuge der Demokratisierung der Wirtschaft nach dem Zweiten Weltkrieg wurden die *Zaibatsu* von der Besatzungsmacht aufgelöst.

♦zainichi 在日

die Ansässigkeit in Japan **Zai-Nihon-Daikanminkoku-Mindan 在日本大韓民国民団 (Mindan 民団)** die Vereinigung der in Japan lebenden Südkoreaner **Zai-Nihon-Chōsenjin-sōrengō-kai 在日本朝鮮人総連合会 (Chōsen-sōren 朝鮮総連)** die Liga der in Japan lebenden Nordkoreaner **zainichi-beigun 在日米軍** in Japan stationierte US-Streitkräfte 日米安全保障条約に基づき，日本国内に駐留するアメリカ軍。Die aufgrund des Japanisch-Amerikanischen Sicherheitsabkommens in Japan stationierten amerikanischen Truppen **zainichi-beigun kichi-mondai 在日米軍基地問題** das Problem der amerikanischen Stützpunkte in Japan 2010 (平成22) 年現在，日本全国の米軍基地の75%は沖縄に集中している。Gegenwärtig (Stand 2010) sind 75% der in Japan stationierten amerikanischen Streitkräfte in Okinawa konzentriert.

♦zaru-hō ざる法

das grobmaschige (ungenaue) Gesetz 笊（ざる）の目のように粗く，抜け道がたくさんある法律。*Zaru* ist ein grobmaschiges Abtropfsieb (in der Küche) und ist hier eine Metapher für ein lückenhaftes Gesetz mit vielen Schlupflöchern.

♦zenekon ゼネコン

(Abk. für engl. *general contractor*) die große Baufirma 建築および土木工事を一括して請け負う大手総合建設業者。Bezeichnung für ein allgemeines Bauunternehmen, mit dem man einen umfassenden Vertrag für alle Arten von Bauarbeiten abschließen kann.

♦zenka 前科

die Vorstrafe, die Vorbestrafung **zenka-sanpan no otoko 前科3犯の男** Mann mit drei Vorstrafen **zenka-mono 前科者** der (die) Vorbestrafte

4. 学校・教育・学術研究・技術

Schule, Erziehung, Forschung, Wissenschaft und Technologie

◆aidoringu アイドリング
(von engl. *idling*) der Leerlauf 自動車のエンジンなどを（駐車中に暖房やエアコンが使用できるように）低速で空転させること。den Automotor im Leerlauf laufen lassen (um während des Parkens die Heizung oder die Klimaanlage benutzen zu können)

◆akahara アカハラ
(von pseudoengl. *academic harassment*) die akademische Schikane; das akademische Mobbing 和製英語で「アカデミック・ハラスメント」の略。大学で，上の立場に立つ教官や教員が，下の立場に立つ教官・教員や大学院生などをいじめ，研究教育の場から追い出そうとすること。ある社会学者の造語で，1995年頃から使われるようになった。Der Versuch von hochstehenden Professoren oder Dozenten, Nachwuchswissenschaftler aus der Forschung und der Universität zu verdrängen. Der Begriff wurde von einer Soziologin geprägt und ist ungefähr seit 1995 im Gebrauch.

◆anshō-bangō 暗証番号
die Geheimnummer (für Bankautomaten etc.) **pasu-wādo** パスワード (von. engl. *password*) das Passwort

◆arubaito アルバイト
(von dt. Arbeit) der Job, der Nebenverdienst 学生たちは，アルバイトのことを単にバイトと言うこともある。In der Studentensprache spricht man manchmal einfach von *baito*. **arubaito o suru** アルバイトをする jobben

◆bākōdo バーコード
(von engl. *barcode*) der Strichcode, der Barcode **bākōdo-yomitori-ki バーコード読み取り機** das Strichcode-Lesegerät, das Barcodelesegerät

◆Bōei-daigakkō 防衛大学校
die Militärakademie, die Wehrhochschule 神奈川県横須賀市にある防衛省付属の大学校で，幹部自衛官となるべき者を教育する目的で設立された。Dem Verteidigungsministerium zugehörige Militärakademie in der Stadt Yokosuka (Präfektur Kanagawa), an der zukünftige Führungskräfte der Selbstverteidigungsstreitkräfte ausgebildet werden.

◆bukatsu 部活 (kurabu-katsudō クラブ活動)
die Arbeitsgemeinschaft (die AG), der Schulklub 児童・生徒の教科外クラブ活動で，文化的なものと体育的なものに分けられる。extrakurrikuläre Aktivitäten von Schülern, oft in den Bereichen Kultur oder Sport

◆bunbu-ryōdō ni hīderu 文武両道に秀でる

in Gelehrsamkeit und Kriegskunst bewandert sein; sowohl in Wissenschaften wie in Kriegskünsten bewandert sein

◆bunka-jin 文化人

der kultivierte Mensch; der Kulturmensch 文化人とは，芸術家や著作家，思想家，学者など，主に芸術や学問の分野で業績を上げた人を指す言葉であるが，近年ではそのなかでも特に，マスコミに頻繁に登場し，社会的影響力のある人物に対して用いられる傾向が強い。Das Wort bezeichnet zwar ursprünglich Künstler, Schriftsteller, Philosophen, Wissenschaftler etc., Personen also, die auf künstlerischen oder wissenschaftlichen Gebiet arbeiten, aber in den letzten Jahren wird die Bezeichnung besonders für Personen verwendet, die oft in den Massenmedien in Erscheinung treten und dadurch einen gewissen gesellschaftlichen Einfluss ausüben.

◆bunka-sai 文化祭

das Kulturfest —場合によっては，der Tag der offenen Tür (an Schulen und Universitäten) なども使える。— 高校や大学などにおいて生徒・大学生が，また地域において住民が主体となって，各種の展示，演劇・音楽，講演会などを催す行事。Veranstaltung mit verschiedenen Ausstellungen, Theater- und Musikaufführungen, Vorträgen usw., die von Oberschülern, Studenten oder von Bewohnern eines Stadtbezirks organisiert wird.

◆chideji (chijō-ha dejitaru) terebi 地デジ（地上波デジタル）テレビ

das terrestrische digitale Fernsehen 日本におけるテレビ放送は2011（平成23）年7月をもって，従来のアナログ放送から地上デジタル放送に切り換えられた。ただし同年3月の東日本大震災や津波による甚大な被害を受けた岩手，宮城，福島の東北三県については，特別措置が適用されその実施は，次年3月末まで延期された。In Japan werden seit Juli 2011 Fernsehprogramme (nicht mehr analog sondern) digital ausgestrahlt. Allerdings wurde die Umstellung in den drei Präfekturen Iwate, Miyagi und Fukushima, die im März des selben Jahres verheerende Schäden durch das Große Ostjapanische Erdbeben und *Tsunami* erlitten hatten, auf den März des folgenden Jahres verschoben.

◆Chūō-kyōiku-shingikai 中央教育審議会

der zentrale Beratungsausschuss für Erziehungsfragen 1952（昭和27）年当時の文部省に設置された。略して「中教審」という。戦後日本の教育政策，制度改革を方向づけてきた。現在，文部科学大臣の，教育・学術・文化政策等策定のための諮問機関である。1952 zum Zweck der Reform des japanischen Erziehungssystems vom Kultusministerium eingerichteter Ausschuss (abgekürzt: Chūkyō-shin); heute ein beratendes Organ des Ministers für Kultus und Wissenschaft.

◆chūto-taigaku 中途退学 (chūtai 中退)

der vorzeitige Schulabgang; der Abbruch der Ausbildung (大学の場合は der Abbruch des

Studiums) **daigaku o chūto-taigaku suru 大学を中途退学する** das Studium abbrechen

♦daigaku-nyūshi-sentā 大学入試センター

die Zentralstelle für universitäre Aufnahmeprüfungen 当センターは，共通一次試験の後を受けて，1990（平成2）年よりセンター試験を実施している。1990 hat die Zentralstelle die Funktion der Allgemeinen Ersten Prüfung (*Kyōtsū-ichiji-shiken*) übernommen und führt seither die universitären Aufnahmeprüfungen durch.

♦daihen 代返

das Antworten für einen fehlenden Mitschüler/Kommilitonen (um ihn zu decken) 学校，特に大学において，出欠の確認がなされる場合に，欠席者になり代わって返事をすること。In der Schule, besonders auch in der Universität, wird die Anwesenheit der Teilnehmer manchmal durch Aufrufen ihrer Namen anhand einer Teilnehmerliste kontrolliert. Wenn dabei ein anderer für den fehlenden Teilnehmer antwortet, damit es so aussieht, als ob dieser anwesend sei, spricht man von *daihen*.

♦dejitaru-kamera デジタル・カメラ

(von engl. *digital camera*) die Digitalkamera **kioku-baitai-media 記憶媒体メディア** das Speichermedium **gaso 画素** der Bildpunkt, das Pixel **dōga 動画** das bewegte Bild **seishi-ga 静止画** das Standbild

♦denshi-renji 電子レンジ

der Mikrowellenherd, die Mikrowelle 日本で最初の電子レンジが発売されたのは1961（昭和36）年のことであった。最初は業務用であったが，次第に家庭にも普及し，そのようななかで1980年代には，「チンする」というような言葉も生まれた。Die ersten Mikrowellenherde wurde in Japan im Jahr 1961 zum Verkauf angeboten. Zunächst dienten die Geräte gewerblichen Zwecken und erst allmählich verbreiteten sie sich auch in Privathaushalten. In den 80er Jahren entstand das Wort *chin suru* mit der Bedeutung etwas in der Mikrowelle erwärmen (*chin* ist ein Onomatopoetikum für den Signalton eines Mikrowellenherdes).

♦dentaku 電卓

der Taschenrechner, der Tischrechner「電卓」は，「電子式卓上計算機」の略。手の平サイズの小型電卓が日本で始めて発売されたのは1972（昭和47）年。その後高性能化が進んだ。Abkürzung für *Denshishiki-takujō-keisan-ki* („elektronische Tischrechnenmaschiene“). Der erste Taschenrechner, der in eine Handfläche passte, kam in Japan im Jahr 1972 auf den Markt. Danach wurden die Geräte mit immer mehr Funktionen ausgestattet.

♦denwa 電話 (denwa-ki 電話機)

das Telefon, der Telefonapparat **keitai-denwa 携帯電話** das Handy, das Mobiltelefon; das tragbare Telefon 21世紀に入ってからの携帯電話の急速な普及は，パソコン等の普及とあいまって，情報社会生活を大きく変えようとしている。Seit dem Eintritt in das 21. Jh. haben sich Mobiltelefone, Computer usw. rasant verbreitet und die Informationsgesellschaft geradezu revolutioniert. **keitai(denwa) ga naru 携帯（電話）が鳴る**

das Handy klingelt **keitai(denwa) no dengen o ireru 携帯(電話)の電源を入れる** das Handy anschalten **keitai(denwa) no dengen o kiru 携帯(電話)の電源を切る** das Handy ausschalten **keitai(denwa) ni denwa suru 携帯(電話)に電話する** jemanden auf dem Handy anrufen **mēru メール** die (od. das) E-Mail, die SMS (von engl. *Short Message Service*) **mēru o suru メールをする** eine Mail schreiben; mailen, simsen **chaku-mero 着メロ** Klingeltöne (eines Handys) **chaku-mero o daunrōdo suru 着メロをダウンロードする** Klingeltöne herunterladen **jisedai-keitai-denwa 次世代携帯電話** das Handy der nächsten Generation; das Handy der Zukunft **denwa ga tsunagaranai 電話がつながらない** nicht durchkommen; keine Verbindung bekommen **denwa ni deru 電話に出る** ans Telefon gehen **denwa no aite-kata 電話の相手方** der Gesprächspartner am Telefon **denwa-bangō 電話番号** die Telefonnummer **juwaki 受話器** der Telefonhörer **pusshu-hon プッシュホン** das Drucktastentelefon **denwa-ryō 電話料** die Telefongebühr (ふつう複数形で die Telefongebühren) **denwa-chū 電話中** besetzt, belegt **rusu-den 留守電** der Anrufbeantworter **furī-daiaru フリー・ダイアル** (pseudoengl. *free dial*) die gebührenfreie Telefonnummer 受信者が料金を払う電話サービス。専用の電話番号が与えられ，この電話番号あての電話の料金は，着信払いとなる。日本では1985 (昭和60) 年からNTTがサービスを開始した。Telefonservice, wobei der angerufene Gesprächspartner die Gebühren übernimmt. Dafür erhält er eine besondere Telefonnummer, die für den Anrufenden kostenfrei ist. Dieser Service wird in Japan von NTT seit 1985 angeboten. **itazura-denwa いたずら電話** Anrufe aus Jux 迷惑電話には様々な種類があるが，ドイツ語としてもその状況に応じて der Scherzanruf, der Telefonstreich, der Telefonterror などいろいろの表現がある。**mugon-denwa 無言電話** eine Form von Telefonstreich oder Telefonterror, bei dem der Anrufer schweigend am Telefon bleibt, nachdem der Angerufene abgenommen hat **machigai-denwa 間違い電話** die falsche Nummer **terehon-sekkusu テレホン・セックス** der Telefonsex

◆dōsō-kai 同窓会

der Mitschülerverein, der Alumniverein (大学の場合) 同窓会はおなじ学校の出身者の集まりであるから，かならずしも同級のものばかりの会合ということにはならない。いわゆる「クラス会」であれば，das Klassentreffen を用いる。ドイツで見られるのはほとんどこういった同一年次の卒業生が集うクラス会である。ただドイツでは近年，大学のいわゆる同窓会ネットワークが重視されるようになってきている。Die Mitglieder einer *dōsō-kai* waren Schüler derselben Schule und müssen nicht unbedingt Schüler derselben Jahrgangsstufe gewesen sein. *Kurasu-kai* im gewöhnlichen Sinne ist das „Klassentreffen". In Deutschland gibt es fast nur Klassentreffen in diesem Sinne, d.h. von Schülern derselben Jahrgangsstufe, außerdem gewinnen in den letzten Jahren so genannte Alumni-Netzwerke von ehemaligen Studenten einer Universität an Bedeutung.

♦ dōwa-kyōiku 同和教育

die integrative Erziehung (zur Beseitigung von sozialer Diskriminierung) 身分差別をなくし，真に自由で平等な人間社会の建設を目的とする教育。特に，被差別部落の解放を目指し，歴史的・科学的認識に基づいて，差別の実態を明らかにし，差別を許さない国民を育てるための教育活動。Erziehung mit dem Ziel, soziale Diskriminierung zu beseitigen und eine im wahren Sinne des Wortes freiheitliche und gleichberechtigte Gesellschaft zu schaffen. Insbesondere meint man damit Erziehungsmaßnahmen, die das Ziel verfolgen, die diskriminierte *Buraku*-Minderheit zu emanzipieren, indem man auf der Grundlage historischer und wissenschaftlicher Erkenntnisse, die Realität dieser Diskriminierung offenlegt, und sich für eine Gesellschaft ohne Diskriminierung einsetzt. **buraku 部落** 1) 比較的少数の家を構成要素とする地縁集合体。村の下部組織。Eine Siedlung, die aus einer relativ geringen Zahl von Häusern und Familien besteht. Die kleinste Organisationseinheit eines Dorfes. 2) 近世初期以降，封建的身分制で最下層に位置づけられた人々を中心に形成された地域。その住民は1871 (明治4) 年法制上は差別から解放されたが，偏見や社会的差別は今なお完全には根絶されていない。Siedlungen, in denen seit der frühen Edo-Zeit hauptsächlich die unterste Klasse im feudalen System angesiedelt wurde. Vor dem Gesetz wurde die Diskriminierung der Bewohner zwar 1871 abgeschafft, aber Vorurteile und soziale Diskriminierung sind noch nicht restlos beseitigt.

♦ eakon エアコン

(von engl. *air conditioner*) die Klimaanlage エアコンは，エア・コンディショナーの略。家庭用エアコンの登場は，1953 (昭和28) 年であった。初期の頃は，ルーム・クーラーと呼ばれ，1960年代には，カー，クーラー，カラー・テレビが3Cとしてもてはやされた。しかしその後，「冷房病」が問題となるにおよんで，60年代半ばからは，その名前もエアコンディショナー(空調機) つまりエアコンが主流になった。Die ersten Klimaanlagen für Privathaushalte wurden 1953 angeboten. Man nannte sie in der Anfangszeit *rūmu-kūrā* (*room cooler*) und in den 60er Jahren wurden sie als eines der „drei Cs" (*car, cooler, color television*) sehr gefragt. Da aber in der Folge auch gesundheitliche Probleme durch Klimaanlagen auftraten, wurde seit der zweiten Hälfte der 60er Jahre hauptsächlich die als positiv empfundene Bezeichnung *ea-kon* (Gerät zur Harmonisierung des Raumklimas) verwendet.

♦ ekishō 液晶

der Flüssigkristall **ekishō-disupurē 液晶ディスプレイ** die Flüssigkristallanzeige **ekishō-terebi 液晶テレビ** der Flüssigkristall-Fernseher; das Fernsehgerät mit Flüssigkristall-Bildschirm

♦ enma-chō 閻魔帳

1) das Notenbuch des Lehrers 教師が生徒の出欠・成績などを記しておく手帳の俗称。正式には，教務手帳という。Populäre Bezeichnung für das Notenbuch des Lehrers, in dem er die Anwesenheit und die Noten der Schüler aufschreibt (abgeleitet von 2). 2) das Buch des „Königs der Hölle" (siehe: *enma-*

daiō), in dem die guten und bösen Taten der Menschen zu Lebzeiten verzeichnet sind. 閻魔大王が，善行・悪行等亡者の生前の行動を記しておくという帳簿。

♦fude-bako 筆箱

wörtl.: „der Pinselkasten“; das Schulmäppchen, das Schreib(zeug)etui おもに生徒たちが学校へ筆記用具を持っていくために使用するもので，かつてはセルロイドやブリキ製のものが多く見られたが，現在では，プラスティック製や布製のものがほとんどである。Ein Etui, mit dem vor allem Schüler ihr Schreibzeug mit in die Schule nehmen; früher waren japanische Mäppchen sehr oft aus Zelluloid oder Blech, aber heute sind die meisten aus Plastik oder Stoff gefertigt.

♦fu-tōkō 不登校

die Schulverweigerung, die Schulabsentismus 児童・生徒が，様々な理由で学校に行かなくなったり行けなくなったりすること。2009（平成21）年度に不登校で30日以上学校を欠席した小学生は，2万人以上（全体の0.32%），中学生は10万人以上（2.77%）である。Die Fernbleiben der Kinder oder Jugendlichen von der Schule aus den verschiedensten Gründen. Im Jahr 2009 blieben über 20 000 japanische Grundschüler (0,32%) mehr als 30 Tage der Schule fern, unter den Mittelschülern waren es mehr als 100 000 (2,77%).

♦gakkō-kyūshoku 学校給食

die Schulspeisung 日本の学校においては午後も授業がなされることが多く，昼食の全部または一部を学校側が提供することが1954（昭和29）年に制定された法律によって定められている。しかしこれは「努力義務」と呼ぶべきものであって，2009（平成21）年5月の調査によると，公立中学では全国平均で80%が学校給食を導入しているということで，実施率がかなり低い府県もいくつか存在する。Da es an japanischen Schulen oft auch nachmittags Unterricht gibt, wurde 1954 gesetzlich geregelt, dass die Schulen ein Mittagessen (entweder komplett oder teilweise) für die Schüler bereitstellen müssen. Dabei handelt es sich allerdings nur um eine Empfehlung; laut einer Untersuchung vom Mai 2009 stellten zu diesem Zeitpunkt 80% der öffentlichen Mittelschulen ein Schulessen bereit, und es gab auch Präfekturen, in denen der Prozentsatz ziemlich weit darunter lag.

♦gakku 学区

der Schulbezirk **gakku-sei 学区制** das Schulbezirkssystem **ekkyō-nyūgaku (o) suru 越境入学（を）する** in eine Schule außerhalb des eigenen Bezirks gehen

♦gakkyū-hōkai 学級崩壊

der Zusammenbruch der Ordnung in einer Schulklasse 生徒の立ち歩きや私語などで授業が成り立たなくなる現象。1997（平成9）年頃から見られるようになった。So bezeichnet man die Situation, wenn Schüler aufstehen, herumgehen, schwatzen und so den Unterricht unmöglich machen. Das Phänomen wird in Japan etwa seit 1997 beobachtet. **kōnai-bōryoku 校内暴力** Gewalt in der Schule

◆gakubatsu 学閥

die akademische Clique; die akademische Seilschaft 同じ大学の出身者や同じ学派に属する人たちによって作られる派閥。Clique aus Absolventen derselben Universität oder aus Angehörigen einer bestimmten akademischen Strömung.

◆gakudō-sokai 学童疎開

{Gesch.} die Evakuierung von Schülern 第二次世界大戦末期，日本本土爆撃に備え，大都市の学童を半強制的に農村や地方の小都市へ移動させたこと。Als sich Japan gegen Ende des Zweiten Weltkries auf Bombenangriffe vorbereitete, wurden viele Schulkinder aus den Städten manchmal zwangsweise in Bauerndörfer und kleine Städte auf dem Land verschickt.

◆gakugei-kai 学芸会

die Schulaufführung（内容によってはdas Schülertheaterや das Schulkonzertなども可能。）小・中学校で，児童，生徒が劇や音楽などを発表する行事。Musik- oder Theateraufführung an Grund- oder Mittelschulen.

◆gakureki 学歴

die Schul- und Hochschulausbildung; der schulische (und akademische) Werdegang **gakureki-shakai 学歴社会** die Gesellschaft, in der großen Wert auf den formalen schulischen und akademischen Werdegang gelegt wird (und weniger auf die tatsächlichen Fähigkeiten)

◆gakusai-kagaku 学際科学

die Grenzwissenschaft; interdisziplinäre Wissenschaft（例z.B.: Biophysik 生物物理学←Biologie 生物学/ Physik 物理学）
gakusaiteki na kenkyū 学際的な研究 die interdisziplinäre Forschung

◆gakusei 学生

der Student 現在日本語で学生と言う場合，高等専門学校や短期大学を含め大学生を指す（中学生や高等学校生徒は含めない）のが一般的である。大学院については，学生の中に含める場合もあるし，別扱いで院生とする場合も少なくない。英語ではアメリカ英語とイギリス英語ではstudent に含まれる範囲が異なっていて，イギリスでは，ドイツ語の Student と同じく，高校生以下は含めないのが普通である。Im gegenwärtigen Japanisch bezeichnet man mit dem Wort *gakusei* im Allgemeinen Studierende an Hochschulen, einschließlich Fachoberschulen und Kurzzeituniversitäten, um diese Studierenden von Schülern der Mittel- und Oberschüle abzugrenzen. Die Studierenden im Graduiertenstudium (Magister- oder Doktorkurs an japanischen Universitäten) sind manchmal darin eingeschlossen, aber nicht selten benutzt man für sie die besondere Bezeichnung *in-sei* (Studierende im Graduiertenstudium). Die Bedeutungsumfang des englischen Wortes *student* ist im amerikanischen und britischen Englisch unterschiedlich, in England bezeichnet man so normalerweise die gleiche Personengruppe, die man auf Deutsch „Studenten“ nennt, wobei Schüler der Oberstufe und jüngere nicht eingeschlossen sind.
gakusei-shō 学生証 der Studentenausweis

◆gakusei-undō 学生運動

die Studentenbewegung **zengakuren 全学**

連 der *Zengakuren*, der japanische linke Studentenverband 1948 (昭和23) 年結成, 1950年代の学生運動の中心的存在。60年代に入り分裂し, 学生運動は多様化した。Gegründet 1948. Der *Zengakuren* stand im Zentrum der Studentenbewegung der 1950er Jahre. In den 60er Jahren spaltete sich der Verband, und die Studentenbewegung orientierte sich in verschiedene Richtungen neu. **Zenkyōtō 全共闘** die Kampfkomitee der gesamten Universität 全学共闘会議の略称。1968 (昭和43) 年から翌年にかけての大学紛争で, 既成の学生自治会組織とは別個に, 新左翼諸党派やノンセクトの学生たちが諸大学に作った闘争組織。Abkürzung für *Zengaku-kyōtō-kaigi*. Auf dem Höhepunkt der Studenrenrevolte in den Jahren 1968/69 wurden diese Kampforganisationen – unabhängig von den bereits bestehenden Organisationen studentischer Selbstverwaltung – an verschiedenen Universitäten und Hochschulen von den neuen Linken und zum Teil von unparteilichen Studenten gegründet. **nyū-refuto ニュー・レフト** die neue Linke **non-pori-gakusei ノンポリ学生** unpolitischer Student

♦gakushū-shōgai 学習障害

die Lernbehinderung **gakushū-shōgai no aru 学習障害のある** lernbehindert

♦gakuto-dōin 学徒動員 (gakuto-kinrō-dōin 学徒勤労動員)

der Einsatz von Schülern und Studenten in der Kriegsindustrie 第二次世界大戦末期の1943(昭和18)年以降に, 深刻な労働力不足を補うために, 中等学校(旧制)以上の生徒や学生が, 軍需産業や食糧生産に動員されたこと。Um den akuten Mangel an Arbeitskräften auszugleichen, wurden gegen Ende des Zweiten Weltkrieges (seit 1943) Schüler der Mittelschulen (im alten Schulsystem) und Studenten für die Rüstungsindustrie und Landwirtschaft mobilisiert.

♦gankō shihai ni tessu 眼光紙背に徹す

(schriftspr.) wörtl.: „der Blick durchdringt das Papier“; zwischen den Zeilen lesen; den hintergründigen Sinn verstehen

♦gariben がり勉

die Streberei, das Streben, der Streber, die Paukerei, das Pauken **gariben o suru がり勉をする** streben, pauken, büffeln 多くの場合, 軽蔑やあざけりの気持ちが込められている。我利勉と書くのは当て字。Oft abschätzig oder spöttisch benutzt. Die Schreibweise 我利勉 wird nur der Aussprache wegen verwendet (*ateji*).

♦gasshuku 合宿

das Trainingslager (スポーツの場合など) 他に, その内容によっては, das Ferienseminar も使える。*Gasshuku* können auch anderen als sportlichen Zwecken dienen, dann spricht man von einem Ferienseminar usw.

♦gasu-nuki ガス抜き

1) die Entgasung, das Gasablassen (zur Verhinderung einer Explosion) 2) das Dampfablassen **gasu-nuki suru ガス抜きする** 1) Gas ablassen, entgasen 2) Dampf ablassen; sich Luft machen; (seinem Ärger, seinem Zorn) Luft machen

♦genkō-yōshi 原稿用紙
japanisches Manuskriptpapier (mit quadratischen Feldern für die einzelnen Schriftzeichen) **yonhyaku-ji zume genkō-yōshi 400字詰め原稿用紙** das Manuskriptpapier zu 400 Schriftzeichen

♦genshiro 原子炉
der Atomreaktor **kaatsusui-gata-genshiro 加圧水型原子炉** der Druckwasserreaktor **zōshokugata-genshiro 増殖型原子炉** der Brutreaktor **kōsoku-zōshokuro 高速増殖炉** der schnelle Brüter **futtōsuigata-genshiro 沸騰水型原子炉** der Siedewasserreaktor

♦gimu-kyōiku 義務教育
die Schulpflicht **gimu-kyōiku-seido 義務教育制度** das System der allgemeinen Schulpflicht 日本の義務教育はドイツのそれとはかなり異なっている。第二次世界大戦後の日本においては，6年間の小学校と3年間の中学校が義務教育になっている。Das System der Schulpflicht ist in Japan und Deutschland recht unterschiedlich. Seit dem Ende des Zweiten Weltkriegs umfasst die Schulpflicht in Japan sechs Jahre Grund- und drei Jahre Mittelschule. **shōgakkō 小学校** die Grundschule **chūgakkō 中学校** die Mittelschule

♦ginō-orinpikku 技能オリンピック
die WorldSkills, die Berufsolympiade, die Berufsweltmeisterschaft, Handwerkerolympiade 正式には，国際職業訓練競技会（第39回以降は，国際技能競技大会）という名称が用いられている。前身はスペインの国内大会であったが，1950年より国際大会になり，以後，世界各地で2年に1度開催されている。Der offizielle japanische Titel der Veranstaltung: *Kokusai-shokugyō-kunren-kyōgi-kai* („Internationaler Berufsausbildungs-Wettbewerb“). Der Vorläufer der aktuellen Veranstaltung war ein nationaler Berufswettbewerb in Spanien, seit 1950 ist der Wettbewerb international und wird gegenwärtig weltweit alle zwei Jahre ausgetragen.

♦goyō-gakusha 御用学者
der regierungstreue Gelehrte もともとは幕府に雇われて歴史の編纂など学術研究を行なっていた者のことであるが，現在では「権力者におもねる学者」という意味で用いられる。ただある学者の言動を問題にする場合，その学者が学問的節操を守らず権力におもねっているかそれとも学者としての自己の信念をよりどころにしているか，簡単に線引きできないことも少なくない。Ursprünglich handelte es sich hierbei um Gelehrte, die vom Shōgunat z.B. mit der Kompilation von Geschichtswerken beauftragt waren; heute meint man mit dem Wort „Wissenschaftler, die sich bei den Mächtigen anbiedern“. Werden allerdings die Aussagen und/oder das Verhalten eines bestimmten Forschers problematisiert, dann ist es oft gar nicht so einfach zu entscheiden, ob dieser tatsächlich das wissenschaftliche Ethos verletzt, um sich bei den Mächtigen anzubiedern, oder ob er vielleicht seiner eigenen fachlichen Überzeugung folgt.

♦haiteku ハイテク
(von engl. *high technology*) die hochentwickelte Technologie; die Hightech **haiteku-kigyō ハイテク企業** das Hochtechnologie-

unternehmen **haiteku-sangyō ハイテク産業** die Hochtechnologieindustrie, die Hightech-Industrie

◆hakubi 白眉
(schriftspr.) der (die, das) Herausragendste (unter Personen oder Dingen); der Höhepunkt 中国の故事に拠る。Der Ausdruck geht auf eine alte chinesische Geschichte zurück.

◆hakuran-kyōki 博覧強記
große Belesenheit und gutes Gedächtnis für das Gelesene **hakuran-kyōki no hito 博覧強記の人** belesene Person mit gutem Gedächtnis

◆hankō 藩校 (hangaku 藩学)
{Gesch.} die Daimyatsschule, *die Samurai-*Schule 江戸時代，藩が藩士の子弟を教育するために設立・経営した学校。儒学教育が中心であったが，時には，洋学・医学の教育も行なった。Schulen in der Edo-Zeit, die für die Erziehung der Kinder der Vasallen in der Provinz eingerichtet und unterhalten wurden. Zwar stand dort die konfuzianische Erziehung im Mittelpunkt, aber manchmal wurden auch westliche Wissenschaften oder Medizin unterrichtet.

◆hanmen-kyōshi 反面教師
das Negativbeispiel; jemand, der demonstriert, wie man es nicht machen sollte

◆hensa-chi 偏差値
die Standardabweichung; der Index der Prüfungsnoten 学力などの検査結果が集団の平均からどの程度ずれているかを示す数値。つまり一定の試験において，ある受験者の得点が全受験生の中でどの程度の水準にあるかを示す数値として，入学試験の成功率の判定などに広く用いられている。Ein Zahlenwert, der angibt, wie weit z.B. eine Prüfungsnote vom durchschnittlichen Ergebnis einer untersuchten Gruppe abweicht. Der Wert zeigt z.B. an, wie nahe die erreichte Punktzahl eines bestimmten Prüflings am Durchschnitt aller Prüfungsteilnehmer liegt, bei der Festlegung von Erfolgsquoten bei Aufnahmeprüfungen etc. wird oft von diesem Wert Gebrauch gemacht.

◆hibuta 火蓋
der Zündpfannendeckel (eines Luntenschlossgewehres) 火縄銃の火皿火口をおおう蓋 **hibuta o kiru 火蓋を切る** wörtl.: „den Zündpfannendeckel wegdrehen"; losfeuern; zum Angriff übergehen

◆hijōkin-kōshi 非常勤講師
der (die) Lehrbeauftragte **kōshi 講師** der (die) Dozent(in) **daigaku-kyōin 大学教員** der Hochschullehrer 日本の国立大学が法人化 (2004) されて後，これまでの「教官」は「教員」と呼ばれるようになった。Seit der Umwandlung der staatlichen japanischen Universitäten in Körperschaften des öffentlichen Rechts (2004), werden die dort tätigen Hochschullehrer als *Kyōin* „angestelltes Lehrpersonal" (ehemals *Kyōkan*) bezeichnet.

◆hiki-gane 引き金
der Abzug (bei Waffen), der Drücker, der Auslöser **hiki-gane o hiku 引き金を引く** den Abzug betätigen 引き金は，小銃・拳銃等の発射装置であるが，比ゆ的には，「事

件の引き金になる」のように，物事が引き起こされるきっかけという意味でも用いられる。Ursprünglich bezeichnet das Wort den schussauslösenden Mechanismus einer Waffe, im übertragenen Sinn wird es auch für den Auslöser eines Ereignisses verwendet (z. B. *jiken no hikigane ni naru*, „das war der Auslöser des Vorfalls").

◆himan-ji 肥満児

die Adipositas bei Kindern; das stark übergewichtige Kind 子供の太りすぎが問題にされ始めたのは1970（昭和45）年頃からである。たとえば11歳男児では1970年度においては3.1%が肥満傾向があるとされたが，2004（平成16）年度には11.1%が肥満傾向にあると見なされている。Die Übergewichtigkeit bei Kindern wurde um 1970 erstmals problematisiert, so galten 1970 beispielsweise 3,1% der Elfjährigen als tendenziell fettleibig, 2004 lag der entsprechende Wert bei 11,1%.

◆hito-genomu ヒトゲノム

das menschliche Genom, das Human-Genom **hito-genomu-keikaku ヒトゲノム計画** das Human-Genom-Projekt

◆hitsuyō wa hatsumei no haha 必要は発明の母

(Sprichw.) wörtl.: „Not ist die Mutter der Erfindung"; Not macht erfinderisch.

◆hōmu-rūmu ホーム・ルーム，ホームルーム，HR

(von engl. *homeroom*) die Tutor-Stunde (in der Schule) 教科担任制をとる中学校・高等学校で，生活指導のために設けられる生徒組織。担当の教師や特定の教室などが設けられ，生活指導のほか教科外活動も行なわれる。日本で導入されたのは，第二次大戦後。Einrichtung zur allgemeinen Lebensberatung für die Schüler an Mittel- und Oberschulen, wo die einzelnen Fächer von Fachlehrern unterrichtet werden (und es deshalb keinen „Klassenlehrer" als Ansprechpartner gibt). Es werden dafür Lehrkräfte und Klassenräume zur Verfügung gestellt, und außer der allgemeinen Lebensberatung werden Aktivitäten außerhalb des Lehrplans durchgeführt. In Japan wurde das System der Tutor-Stunden nach dem Zweiten Weltkrieg eingeführt.

◆hyakubun wa ikken ni shikazu 百聞は一見にしかず

(Sprichw.) Einmal sehen ist besser als hundertmal hören. Erfahrung ist die beste Lehrmeisterin.

◆ichigan-refu 一眼レフ

die einäugige Spiegelreflexkamera **shattā シャッター** der Auslöser **serufu-taimā セルフタイマー** der Selbstauslöser **renzu レンズ** das Objektiv **kōkaku-renzu 広角レンズ** das Weitwinkelobjektiv **bōen-renzu 望遠レンズ** das Teleobjektiv **kyori-memori 距離目盛り** die Entfernungsskala **kyori-ringu 距離リング** der Entfernungsring **shibori 絞り** die Einstellung **roshutsu 露出** die Belichtung **roshutsu-jikan 露出時間** die Belichtungsdauer

◆ichi o kiite jū o shiru 一を聞いて十を知る

wörtl.: „eins hören und zehn verstehen"; alles

schon nach dem ersten Satz verstehen; schnell von Begriff sein

♦**idenshi-kōgaku 遺伝子工学**
die Gen-Technik **idenshi-kumikae 遺伝子組み換え** die Genmanipulation **idenshi-kumikae-shokuhin 遺伝子組み換え食品** das gentechnisch veränderte Lebensmittel

♦**ijime いじめ**
das Mobbing, das Quälen, die Schikane, das Piesacken 特に学校において弱い立場にあるものを精神的・肉体的に痛めつけることで，これが原因で自殺にまで追い詰められる生徒もいる。Bezeichnung für die psychische und physische Gewalt unter Schülerinnen und Schülern, nicht selten Grund für Schülerselbstmorde. **yowaimono-ijime 弱い者いじめ** das Quälen von Schwächeren **yowaimono-ijime o suru 弱い者いじめをする** sich an Schwachen vergreifen; Schwache piesacken; Schwächere schikanieren **yowaimono-ijime o suru yatsu 弱い者いじめをする奴** jemand, der gern Schwächere schikaniert

♦**iki-jibiki 生き字引**
das wandelnde (od. lebende) Wörterbuch (Lexikon)

♦**ī-mēru イー・メール, Eメール**
(von engl. *e-mail*) die (selten das) E-Mail **ī-mēru-adoresu イー・メール・アドレス（Eメール・アドレス）** die E-Mail-Adresse **ī-mēru o okuru イー・メール（Eメール）を送る** eine E-Mail schicken (senden) **okini-iri お気に入り** der Favorit, das Lesezeichen **kensaku suru 検索する** suchen **daun-rōdo suru ダウン・ロードする** downloaden, herunterladen

♦**intāhon インターホン**
(pseudoengl. *inter phone*) die Sprechanlage im Haus; das Haustelefon（戸口などにある場合は）die Klingel mit Sprechanlage

♦**interi インテリ**
(von russ. Intelligenzija) der (die) Intellektuelle インテリと言う言葉が日本で用いられるようになったのは，昭和期になってから。Das Wort kam im Japanischen in der Shōwa-Zeit in Gebrauch.

♦**jidō-gyakutai 児童虐待**
die Kindesmisshandlung 虐待には，身体的虐待，ネグレクト，心理的虐待，性的虐待などがあり，近年増加の傾向にある。2000（平成12）年「児童虐待の防止等に関する法律」が成立した。Unter Kindesmisshandlung versteht man z.B. körperliche Misshandlung, Vernachlässigung, psychische Gewalt und sexuellen Missbrauch. In den letzten Jahren hat die Zahl dieser Delikte zugenommen, und im Jahr 2000 wurde ein Gesetz zur Verhütung von Kindesmisshandlung verabschiedet. **sekkan 折檻** die Züchtigung, die Bestrafung **sekkan suru 折檻する** züchtigen, bestrafen

♦**jōhōka-shakai 情報化社会**
die informierte Gesellschaft; die Informationsgesellschaft; eine Gesellschaft, in der alle Lebensbereiche von Informations-und Kommunikationstechnologie durchdrungen sind

♦jōhō-kōgaku 情報工学
die Informatik **jōhō-shori 情報処理** die Datenverarbeitung, die Informationsverarbeitung **jōhō-shori-shisutemu 情報処理システム** das Informationsverarbeitungssystem

♦joshi-daigaku 女子大学
die Frauenuniversität, die Frauenhochschule 女子大学の中には近年共学化するところも見られるようになった。In den letzten Jahren wurden einige japanische Frauenuniversitäten auch für männliche Studierende geöffnet.

♦juken-jigoku 受験地獄
die Examenshölle, die Prüfungshölle **juken-kyōsō 受験競争** der harte Wettbewerb bei den Aufnahmeprüfungen 日本の学校の「受験地獄」については，すでに1950年代にそれについて紹介しているドイツの新聞が存在する。Schon in den 50er Jahren des letzten Jhs. wurde in deutschen Zeitungen über die „Prüfungshölle" an japanischen Schulen berichtet.

♦juku 塾
die Nachhilfeschule 書道塾，そろばん塾，英語塾，進学塾などさまざまな塾があるが現在このなかで最も多いのは進学塾である。Es gibt verschiedene Arten von *Juku*, z.B. für Kalligraphie, Rechnen mit dem *Soroban*, Englisch-Konversation oder zur Vorbereitung auf eine höhere Schule, aber die meisten bereiten auf Aufnahmeprüfungen vor.

♦jun-kyōju 准教授
der außerordentliche Professor (die außerordentliche Professur) 日本の高等教育・研究機関等において，教授に次ぐ職階。2007（平成19）年4月1日施行の法律改正により，従来の「助教授」が廃止され「准教授」が置かれることになった。たんなる名称の変更ではなく，学校教育法による定義においても，両者は大きく異なる。同時に「助教」という職階も導入された。Der zweithöchste Dienstrang nach dem „Professor" an japanischen Universitäten oder an Forschungseinrichtungen. Bei einer Gesetzesnovellierung am 1. April 2007 wurde die „Assistenzprofessur" (*jo-kyōju*) abgeschafft und durch die außerordentliche Professur ersetzt. Dabei handelt es sich nicht nur um eine neue Bezeichnung, sondern auch um die gesetzliche Definition. Gleichzeitig wurde der Dienstrang *jokyō* („Assistenzlehrkraft") eingeführt.

♦kagai-katsudō 課外活動
Aktivitäten außerhalb des Lehrplans 課外活動とは，正規の教育活動のほかに実施される教育活動のことで，クラブ活動，学校行事などがその例。Darunter versteht man Bildungsaktivitäten außerhalb des ordentlichen Lehrplans, wie z.B. Arbeitsgemeinschaften, Schulveranstaltungen usw.

♦kahogo 過保護
die übertriebene Fürsorge; die Verwöhnung **kahogo-jidō 過保護児童** das verwöhnte Kind

♦kane-jaku 曲尺，矩尺
der Winkel (Werkzeug), das Winkelmaß 大工・建具職人などが用いる直角に曲がった金属製の物差し。Rechtwinklig gebogener Maßstab aus Metall, der bei Zimmer-

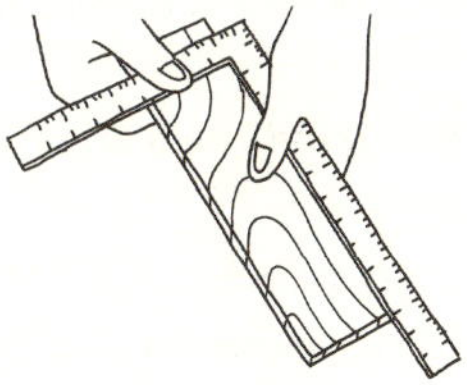

leuten, Bauhandwerkern, Schreinern etc. im Gebrauch ist.

♦ **kanningu** カンニング

(von engl. *cunning*) die Mogelei, das Schummeln **kanningu suru** カンニングする mogeln, schummeln, abgucken **kanningu-pēpā** カンニング・ペーパー der Spickzettel, der Schummelzettel

♦ **karuchā-sentā** カルチャー・センター

(pseudoengl. *culture center*) die Einrichtung der Erwachsenenbildung; die Volkshochschule 社会人を対象とした教養講座で，新聞社等が主催するものが多いが，最近では大学が主催する社会人向けのある種の開放講座も少なくない。ドイツで同様の機能を果たしているのはVolkshochschuleで，それに対しては州や地方自治体からも資金援助がなされている。In Japan werden Einrichtungen der Erwachsenenbildung oft von den großen Zeitungsverlagen getragen, es gibt aber auch an den Universitäten eine Tendenz, besondere öffentliche Lehrveranstaltungen für Gasthörer anzubieten. In Deutschland widmen sich die Volkshochschulen der Erwachsenenbildung, sie finanzieren sich aus Zuschüssen des Landes, der Gemeinde und den Kursgebühren der Teilnehmer.

♦ **katei-kyōshi** 家庭教師

der Privatlehrer; der Nachhilfelehrer, der Hausbesuche macht **hoshū-jugyō 補習授業** der Nachholunterricht **katei-kyōshi ni tsuite benkyō suru 家庭教師について勉強する** bei einem Privatlehrer (Hauslehrer) lernen **katei-kyōshi o suru 家庭教師をする** als Privatlehrer unterrichten

♦ **kawaii ko ni wa tabi o saseyo** 可愛い子には旅をさせよ

(Sprichw.) wörtl.: „Wenn du deinen Sohn liebst, schicke ihn auf Reisen.“ 子供を可愛く思うのであれば，家において甘やかすよりも，たとえば旅に出すなどして(昔の旅行はさまざまな危険を伴うものであった)，新たなことに挑戦させたほうがよい，ということ。Gemeint ist, dass es besser sei, die Kinder neuen Herausforderungen zu stellen, z.B. indem man sie auf Reisen schickt (was früher sehr gefährlich war), als sie zu Hause zu verwöhnen.

♦ **kei-jidōsha** 軽自動車

leichter Kraftwagen 日本の自動車の分類で，総排気量660 cc 以下，長さ3.4 m 以下，幅1.48 m 以下，高さ2.0 m 以下，の自動車。Fahrzeugklasse des japanischen Straßenverkehrsgesetzes: weniger als 660 cc Hubraum, Fahrzeuglänge unter 3,40 m, Breite unter 1,48 m, Höhe unter 2,00 m.

♦ **keisetsu no kō** 蛍雪の功

wörtl.: „der Erfolg durch Glühwürmchen und Schnee“ (schriftspr.) das Ergebnis intensiven und mühsamen Studiums「蛍雪の功」という表現は，貧乏な家庭に育ち，灯火用の油が買えないため，夏には袋に蛍を集めて

その光で夜，読書をした若者や，また別の若者が，窓辺の雪明りをたよりに学問をしたが，ともに立派な人物になったという中国の故事に基づく。Der Ausdruck geht auf eine alte Begebenheit in China zurück. Der Sohn einer armen Familie, die kein Geld für Lampenöl hatte, sammelte im Sommer Glühwürmchen, um am Abend in ihrem Licht lesen zu können. Im Winter studierte ein anderer Junge am Fenster im Widerschein des Schnees, und beide sollen außerordentliche Persönlichkeiten geworden sein. **kugaku suru 苦学する** sich sein Studium hart verdienen

♦kikoku-shijo 帰国子女

das Rückkehrerkind 親の勤務の関係などから長年海外で生活した後日本へ帰国した子供のこと。Kinder japanischer Eltern, die nach Japan zurückkehren, nachdem sie, z.B. aufgrund der Versetzung eines Elternteils, lange im Ausland gelebt haben.

♦kiku wa ittoki no haji, kikanu wa isshō no haji 聞くは一時の恥，聞かぬは一生の恥

(Sprichw.) Fragst du, brauchst du dich nur einen Augenblick zu schämen, fragst du nicht, schämst du dich bis an dein Lebensende.

♦kinji-tō 金字塔

1) die Pyramide 2) das monumentale Werk; das Monumentalwerk 1)(「金」の字の形をした塔の意味) ピラミッド 2) 後世に永く残る優れた著作や業績。1) ein Turm oder ein Gebäude in der Form des Schriftzeichens 金 (*kin*); die Pyramide 2) eine hervorragende Leistung, die der Nachwelt überliefert wird

♦Kōbō ni mo fude no ayamari 弘法にも筆の誤り

(Sprichw.) wörtl: „Selbst Kōbō Daishi verschreibt sich“; Niemand ist ohne Fehler. 弘法大師(空海)(774-835)は，平安時代の僧で，真言宗の開祖。能書家としても著名。Kōbō Daishi (Kūkai) (774-835) war ein berühmter Mönch und hervorragender Kalligraph in der Heian-Zeit, er ist der japanische Begründer der *Shingon*-Schule des Buddhismus. **saru mo ki kara ochiru 猿も木から落ちる** Auch ein Affe kann mal vom Baum fallen. Sogar Affen fallen von Bäumen.

♦kōfū 校風

die Schultradition **kōfū ni hansuru 校風に反する** gegen die Schultradition sein

♦kōgaku no tame 後学のため

zu künftigem Nutzen; für spätere Bezugnahme この場合「後学」とは，今後の自分のためになる知識という意味である。

♦kōka 校歌

die Schulhymne, das Schullied 日本の学校(小学校から高等学校まで)にはたいてい校歌があって，学校の行事に際して歌われることが多い。大学の場合は，存在するケースも存在しないケースもある。Die meisten japanischen Grund-, Mittel- und Oberschulen haben eine Schulhymne, die oft bei Schulveranstaltungen gesungen wird. Bei den Universitäten gibt es sowohl welche mit als auch ohne Hymne.

◆koku-gaku 国学

{Gesch.} die japanische Philologie der Edo-Zeit 江戸時代に展開した学問で，特に『古事記』『万葉集』その他の古い文献に依りながら，日本固有の文化とは何かを究めようとした。Diese Forschungsrichtung entwickelte sich in der Edo-Zeit und beschäftigte sich hauptsächlich mit alten japanischen Texten (z.B. dem *Kojiki* oder dem *Man'yōshū*), um die Besonderheiten der japanischen Kultur zu erforschen.

◆konpa コンパ

(von engl. *company*) die Studentenfete (Studentensprache) **oidashi-konpa 追い出しコンパ** die Abschiedsfeier, die Abschiedsparty **kangei-konpa 歓迎コンパ** die Willkommensfeier, die Willkommensparty **konpa o hiraku コンパを開く** eine Studentenfete machen

◆konpyūta コンピュータ

der Computer **konpyūta-uirusu コンピュータ・ウイルス** das Computer-Virus **konpyūta-gēmu コンピュータ・ゲーム** das Computerspiel **konpyūta-kensaku コンピュータ検索** die Recherche mit dem Computer **konpyūta-shien-gakushū-shisutemu コンピュータ支援学習システム** das System für computerunterstütztes Lernen **konpyūta-sofuto コンピュータ・ソフト** die Computer-Software **konpyūta-nettowāku コンピュータ・ネットワーク** das Computer-Netzwerk **konpyūta-hanzai コンピュータ犯罪** das Computerverbrechen **moji-bake 文字化け** der korrumpierte Text パソコンやEメールなどにおいて技術的問題のため文字が正しく表記されないこと。Wenn am Computer oder in E-Mails aufgrund technischer Probleme bestimmte Zeichen nicht richtig dargestellt werden, nennt man das *Moji-bake*.

◆kuku 九九

das kleine Einmaleins ドイツ語には大・小二種類の九九があり，小は1から10までの九九，大は1から20までの九九である。Auf Deutsch spricht man vom kleinen und großen Einmaleins, das kleine umfasst die Produkte aller Zahlen von 1 bis 10, das große die Produkte der Zahlen von 1 bis 20. **kuku no hyō 九九の表** die Multiplikationstafel

◆kyōgaku 共学

die Koedukation 男子と女子が区別なく同じ学校でいっしょに学ぶこと。日本では第二次世界大戦後，ドイツでは1950年代から一般的に行われている。Der gemeinsame Schulunterricht von Mädchen und Jungen ist in Japan nach dem Zweiten Weltkrieg und in Deutschland seit den 50er Jahren des vorigen Jhs. die Regel.

◆kyōiku-iinkai 教育委員会

der Bildungsausschuss 第二次大戦後の教育改革で作られた，地方の教育行政を処理する機関。最初公選制であったが，1956（昭和31）年より首長による任命制になった。Im Zug der Bildungsreform nach dem Zweiten Weltkrieg eingerichtetes Gremium, das für die kommunale Bildungspolitik verantwortlich ist. Die Mitglieder wurden zunächst öffentlich gewählt, seit 1956 werden sie vom Präfektur- oder Gemeindevorsteher berufen.

♦ Kyōiku-kihon-hō 教育基本法

das Grundgesetz der Erziehung 1947 (昭和22) 年に制定されたこの法律は，教育勅語に代わるものとして，新憲法の精神に基づいて，新しい教育の目的とその基本方針を示したものであった。2006 (平成18) 年12月，第1次安倍内閣の下で改定された。Das 1947 erlassene Gesetz löste den kaiserlichen Erziehungserlass (siehe: *Kyōiku-chokugo*) von 1890 ab und formulierte im Geiste der Nachkriegsverfassung neue Grundlagen für die Erziehung. Das Gesetz wurde 2006 unter Premierminister Abe novelliert.

♦ kyōiku-mama 教育ママ

die „Erziehungsmama“ 自分の子供の教育に過度に熱心な母親。Eine Mutter, die von der Ausbildung ihrer Kinder ganz besessen ist, und ihren Sprössling mit sanfter Beharrlichkeit oder auch psychischem Druck zu immer neuen schulischen Höchstleistungen antreibt.

♦ kyōkasho-kentei 教科書検定

die Lehrbuchgenehmigung **kyōkasho-kentei-seido 教科書検定制度** das Lehrbuchgenehmigungssystem 民間で著作・編集された教科書について，文部科学省が検定し，合格したもののみの使用を認める制度。この制度は1886 (明治19) 年に始まり，1903 (明治36) 年に教科書は国定制になったが，第二次世界大戦後の1947 (昭和22) 年に再び検定制度が採用され，現在まで続いている。Lehrbücher, die von privaten Autoren verfasst oder herausgegeben wurden, dürfen nach diesem System nur dann für den Schulunterricht verwendet werden, wenn sie vom Kultus- und Wissenschaftsministerium geprüft und zugelassen wurden. Das System wurde 1886 eingerichtet, ab 1903 gab es sozusagen staatliche Lehrbücher für den Schulunterricht, aber 1947 wurde das frühere System wieder eingerichtet und es besteht bis heute.

♦ mago-biki 孫引き

das Zitat aus zweiter Hand; das indirekte Zitat 他の本や論文に引用してある文言を，無批判にそのまま引用すること。Die unkritische Übernahme von Textstellen, die in anderen Büchern oder Artikeln als Zitate erscheinen. **mago-biki suru 孫引きする** aus zweiter Hand zitieren **inyō-fu 引用符** das Anführungszeichen

♦ mokudoku 黙読

das stumme Lesen; das stille Lesen **mokudoku suru 黙読する** stumm lesen; still lesen **ondoku 音読** das laute Lesen **ondoku suru 音読する** laut lesen

♦ monsutā-pearento モンスター・ペアレント

(pseudoengl. *monster parent*) die Monstereltern 小学校や中学校の教師に対して理不尽な要求を繰り返し，教師や学校を困らせる怪物親。命名は2007 (平成19) 年頃らしい。Eltern, die immer wieder unvernünftige Forderungen stellen, und damit die Lehrer an Grund- und Mittelschulen tyranisieren. Das Wort kam etwa im Jahr 2007 auf.

♦ monzen no kozō narawanu kyō o yomu 門前の小僧習わぬ経を読む

(Sprichw.) Der Knabe vor dem Tempeltor kann Sutras rezitieren, auch wenn er sie nicht gelernt hat.

◆naishin-sho 内申書

die Schülerakte 入学者選抜の資料として，志願者の学業成績，出欠状況などを記入し，出身校校長から入学志望校の校長へ提出する調書。Zeugnis und Beurteilung eines Schülers für die weiterführende Schule **juken 受験** die Teilnahme an der Aufnahmeprüfung **juken-sei 受験生** der Prüfungskandidat

◆nama-byōhō wa ō-kega no moto 生兵法は大怪我のもと

(Sprichw.) wörtl.: „unreife Kriegskünste verursachen große Verletzungen"; Halbwissen ist oft gefährlich. 生兵法とは，生半可な武術の心得という意味。*Nama-byōhō* bedeutet unreife Kriegskünste.

◆narau yori nareyo 習うより慣れよ

(Sprichw.) Probieren geht über Studieren; Übung macht den Meister.

◆nezumi-zan 鼠算

wörtl.: die „Mäuserechnung"; die Vermehrung in geometrischen Reihen **nezumi-zanshiki ni fueru 鼠算式に増える** Es vermehrt sich nach geometrischer Reihe. 鼠算と呼ばれるのは，よく知られている次のような例から来ている。「正月に1組の鼠が12匹の子を生む。2月にはまたそれぞれが12匹ずつ子を生むというように毎月増えていくとすると，12月には鼠は何匹になるか」Die Bezeichnung „Mäuserechnung" stammt aus folgendem berühmten Rechenbeispiel: Wenn ein Mäusepärchen an Neujahr 12 Junge bekommt, die ihrerseits im Februar jeweils 12 Junge bekommen usw., wie viele Mäuse gibt es dann am Jahresende?

◆Nihon-kyōshokuin-kumiai 日本教職員組合（Nikkyōso 日教組）

die Japanische Lehrergewerkschaft「日本教職員組合」の略称。1947（昭和22）年に結成された，日本の国・公・私立の学校の教職員を中心に組織されている労働組合。1947 gegründete Gewerkschaft für das Lehrpersonal an staatlichen, öffentlichen und privaten Schulen und Hochschulen

◆nisshin-geppo 日進月歩

stetiger Fortschritt; kontinuierliche Entwicklung **nisshin-geppo no 日進月歩の** ständig fortschreitend; sich kontinuierlich weiterentwickelnd

◆ochi-koboreru 落ちこぼれる

zurückbleiben (in der Schule); nicht (mehr) mitkommen; abgehängt werden 学校で授業についていけなくなる，さらに転じて，社会からはじき出され，取り残されるという意味で広く用いらっるようになたの刄1970年代の半ば頃から。Dem Unterricht in der Schule nicht folgen können, im übertragenen Sinn von der Gesellschaft ausgestoßen oder zurückgelassen werden; in der allgemeinen Bedeutung „zurückgelassen werden" wird der Ausdruck seit Mitte der 70er Jahre verwendet. **ochi-kobore 落ちこぼれ** der Versager

◆o-juken お受験

die Teilnahme an der Aufnahmeprüfung eines renommierten privaten Kindergartens oder einer solchen Grundschule 有名幼稚園や小

学校への入園・入学のために親子で熱心にそれに取り組むこと。いわゆる「お受験」には，受験をする本人よりも親の熱意が大きく反映しているものと考えられる。Bei der Teilnahme an so einer Prüfung, wobei die Bezeichnung *o-juken* mit dem Höflichkeitspräfix „*o*“ ironisch gemeint ist, kann oft der elterliche Eifer noch größer sein als der des Prüflings.

♦ onko-chishin 温故知新
Das Studium der Vergangenheit liefert neue Erkenntnisse. Beim Erforschen des Alten gewinnt man neue Erkenntnisse.

♦ oyatoi-gaikokujin お雇い外国人
{Gesch.} der nach Japan geholte westliche Gelehrte 明治維新後，政府が先進国の学芸や技術，制度を摂取するために官庁や学校へ招いた欧米人。Westliche Gelehrte, die nach der Meiji-Restauration (siehe: *Meiji-ishin*) von der japanischen Regierung an japanische Ministerien, Schulen und Hochschulen eingeladen wurden, um die Wissenschaften, die Technologien und (Verwaltungs-) Systeme der fortgeschrittenen Länder einzuführen.

♦ pasokon パソコン
(von engl. *personal computer*) der Personalcomputer; der PC **desukutoppu-pasokon デスクトップ・パソコン** der Desktop-Computer **nōto-pasokon ノート・パソコン** der Notebook-Computer **rapputoppu-pasokon ラップトップ・パソコン** der Laptop-Computer **pasokon-tsūshin パソコン通信** die PC-Kommunikation; die Computer-Kommunikation **pasokon-tsūshin-gyōsha パソコン通信業者** der Online-Provider

♦ purasu-arufa プラス・アルファ
(pseudoengl. *plus alpha*) plus X; noch irgendetwas zusätzlich

♦ raifu-saiensu ライフ・サイエンス
(von engl. *life sciences*) die (pl.) Biowissenschaften 生物学・医学・物理学・化学・工学などの諸分野にわたって生命現象を研究する科学の総称。Sammelbezeichnung für die Wissenschaften, die sich in ihren jeweiligen Fachgebieten, Biologie, Medizin, Physik, Chemie oder Ingenieurwissenschaften, mit der Erforschung lebender Phänomene beschäftigen.

♦ randoseru ランドセル
(von holl. *ransel*) der Ranzen, der Schulranzen 小学生が教科書や学用品などを入れて背負うかばん。この語は江戸時代末期に日本に伝えられ，当初は兵士の背嚢を意味した。Auf dem Rücken getragene Schultasche, die Grundschüler für ihre Schulbücher und Schulmaterialien verwenden. Das Wort kam Ende der Edo-Zeit in Japan in Gebrauch und bezeichnete zunächst den rucksackähnlichen Tornister der Soldaten.

♦ ran-gaku 蘭学
{Gesch.} die Holländische Wissenschaft 江戸時代中期以後，オランダ語によってなされ，またオランダ人によって伝えられた西洋の学問の総称。Sammelbegriff für die westlichen Wissenschaften, die in der zweiten Hälfte der Edo-Zeit auf Holländisch betrieben oder von Holländern vermittelt

wurden. **rangaku-sha 蘭学者** der Hollandwissenschaftler; der japanische Gelehrte, der sich in der Edo-Zeit mit westlichen Wissenschaften beschäftigte

♦ **rimokon リモコン (rimōto-kontorōru リモート・コントロール)**
die Fernbedienung **rimokon de sōsasuru リモコンで操作する** mit der Fernbedienung steuern **rimokon de terebi no suitchi o ireru リモコンでテレビのスイッチを入れる** den Fernsehr mit der Fernbedienung einschalten

♦ **rinkan-gakkō 林間学校**
die Campingschule; die Sommerschule im Wald 夏休みなどに，林間・高原などで集団生活をしながら，生徒の健康増進などを目的として行なわれる教育活動。また，その施設。Erziehungsmethode, bei der die Schüler, z.B. während der Sommerferien, zum Zweck der Gesundheitsförderung im Wald oder auf einer Hochebene gemeinsam leben. Auch der Name für eine solche Einrichtung. **rinkai-gakkō 臨海学校** die Sommerschule am Meer

♦ **rokujū no tenarai 六十の手習い**
(Sprichw.) wörtl.:„mit sechzig Jahren Schreiben lernen"; zum Lernen ist es nie zu spät. **tenarai 手習い** die Schreibübung, das Schreibenlernen

♦ **rōnin 浪人**
1) ein herrenloser Samurai 2) mindestens einmal durchgefallener Prüfling für die Aufnahmeprüfung der Hochschule, der die Prüfung wiederholen will **rōnin suru 浪人する** sich (ein Jahr oder mehrere Jahre lang) auf die Wiederholung einer Aufnahmeprüfung vorbereiten, die man beim ersten Mal nicht bestanden hat

♦ **ron yori shōko 論より証拠**
(Sprichw.) Beweise sind besser als Argumente. Ein Beweis macht alle Argumente zunichte.

♦ **ryūnen 留年**
das Wiederholen eines Schuljahres; das Sitzenbleiben **ryūnen-sei 留年生** der Wiederholer; Schüler oder Student, der ein oder mehrere Jahre wiederholt

♦ **sangaku-kyōdō 産学共同**
die Kooperation von Industrie und Forschung 産業界と研究・教育機関（主として大学）が協力して共同研究や技術者養成等を行うこと。Die Kooperation von Industrie und Forschungs- und Ausbildungseinrichtungen (besonders Universitäten), um gemeinsam Forschungsprojekte durchzuführen und den wissenschaftlichen Nachwuchs zu fördern.

♦ **seijin-kyōiku 成人教育**
die Erwachsenenbildung 一般の学校教育に対し，社会の実生活を営んでいる大人に対する教育。主婦の参加も多い。Bildungsangebote für Erwachsene, sie werden von vielen Hausfrauen wahrgenommen.

♦ **seiun no kokorozashi o idaku 青雲の志を抱く**
(schriftspr.) wörtl.: „bis zu den blauen Wolken streben"; hoch hinaus wollen; hohe Ambitionen haben; es sehr weit bringen wollen

青雲とは，雲の中でも一番高いところにある青みがかった雲ないしは青空のことで，この表現においては，高位高官のたとえに用いられている。Mit „blauen Wolken“sind entweder tiefblaue Wolken, die besonders hoch am Himmel stehen, gemeint oder der wolkenlose blaue Himmel, in diesem Ausdruck sind „blaue Wolken“eine Metapher für hochstehende Amts- oder Würdenträger.

♦sendan wa futaba yori kanbashi 栴檀は双葉より芳し

(Sprichw.) wörtl.: „Beim Sandelholzbaum duften schon die Keimblätter“; Genialität zeigt sich bereits in frühester Kindheit.

♦sengaku-hisai no 浅学非才の

weder gelehrt noch begabt 学問や知識が浅く才能が乏しいこと。自分の才能をへりくだって言うときに用いる。Seichte Kenntnisse und mangelhafte Begabung. Mit diesem Ausdruck beschreibt man bescheiden seine eigenen Fähigkeiten.

♦senmon-gakkō 専門学校

die Fachschule **kōtō-senmon-gakkō 高等専門学校** die Fachoberschule **kōgyō-kōtō-senmon-gakkō 工業高等専門学校** die technische Fachoberschule

♦senri no michi mo ippo kara 千里の道も一歩から

(Sprichw.) Auch eine Reise von tausend Meilen beginnt mit dem ersten Schritt. Auch ein langer Weg fängt mit einem Schritt an. 出典は中国の『老子』。Die Quelle dieses Sprichworts ist der chinesische Klassiker Laozi.

♦sentā-shiken センター試験

die zentrale Aufnahmeprüfung an japanischen Universitäten 1979 (昭和54) 年から実施されてきた共通一次試験に代わり1990 (平成2) 年度より導入された共通テストで，現在かなりの数の私立大学もこれに参加している。Die zentrale Aufnahmeprüfung, die 1990 neu eingeführt wurde und die frühere, seit 1979 durchgeführte so genannte „allgemeine erste Prüfung“, ersetzte. Heute beteiligen sich auch viele private Hochschulen und Universitäten an dieser Prüfung. **ashi-kiri 足切り** das Ausleseverfahren, bei dem Prüflinge mit weniger als einer bestimmten Punktzahl ausgeschlossen werden **ronjutsu-tesuto 論述テスト** ein Test mit einer Aufsatzaufgabe **mogi-shiken 模擬試験** das Probeexamen

♦shaken 車検

die Fahrzeuginspektion, der TÜV (=Technischer Überwachungs-Verein **shaken ni dasu 車検に出す** sein Auto zur Inspektion bringen; sein Auto inspizieren lassen **shaken-shō 車検証** die Bescheinigung über die Fahrzeuginspektion

♦shakkan-hō 尺貫法

{Gesch.} das *Shaku-kan-System* für Maße und Gewichte 日本古来の度量衡法。長さの単位を尺，容積の単位を升，質量の単位を貫とする。明治以降メートル法と併用されてきたが，1959 (昭和34) 年原則として廃止され，1966 (昭和41) 年，メートル法に統一された。Das altjapanische Maß- und Gewichtssystem. Als Längeneinheit wurde das *shaku*, als Volumeneinheit das *shō* und als Gewichtseinheit das *kan* verwendet. Seit der Meiji-Zeit wurde daneben auch das metrische System verwendet, das *Shaku-kan*-System wurde 1959 abgeschafft und 1966 wurden die Maß- und Gewichtseinheit mit dem metrischen System vereinheitlicht.

◆**shāpu-penshiru** シャープ・ペンシル
(pseudoengl. *sharp pencil*) der Druckbleistift **bōru-pen** ボールペン (von engl. *ball pen*) der Kugelschreiber **enpitsu** 鉛筆 der Bleistift **mannen-hitsu** 万年筆 der Füller **sain-pen** サインペン (pseudoengl. *sign pen*) der dünne Filzstift **majikku-inki** マジック・インキ der dicke Filzstift 商標名。1952 (昭和27)年にこの商品が売り出されたときは，筆記具に革命をもたらすような大きな出来事であった。その後，用途に応じ，サインペンその他の商品が次々と開発された。Produktname. Der Verkaufsstart dieses Filzstifts im Jahr 1952 revolutionierte die japanische Schreibwarenwelt. In der Folge wurden ähnliche Produkte mit unterschiedlichen Anwendungsbereichen entwickelt, z.B. der *sain-pen* (Stift zum Unterschreiben). **rain-mākā** ライン・マーカー der Textmarker

◆**shigyō-shiki** 始業式
die Schulanfangsfeier 日本においては現在新学年は4月に始まるのが一般的だが，小学校から高等学校に至るまで，一学期または一学年の学業を始めるに当たって式典が行われることが多い。In Japan beginnt das neue Schuljahr von der Grundschule bis zur Oberschule im Allgemeinen im April, und die Schulanfangsfeier wird meistens zu Beginn des Sommersemesters (ebenfalls im April) bzw. zu Beginn des Schuljahres abgehalten. 現在，小学校の学年が4月1日に始まり翌年の3月31日に終わることは法律で定められているが，明治時代の初期においては，地域や学校の事情により始まりの時期は異なっていた。学年の始まりが4月とされたことについては，明治政府が会計年度を4月から翌年の3月までと定めたことや，当時の軍隊の入隊時期との関係が考えられる。明治時代の終わりから大正時代の初め頃までには，大学も含め，すべての学校の4月入学が定着していった。Beginn und Ende des Schuljahres, das an Grundschulen jeweils vom 1. April bis zum 31. März dauert, sind heute zwar gesetzlich geregelt, aber in der frühen Meiji-Zeit war der Schulanfang je nach Region oder den jeweiligen Verhältnissen an der Schule uneinheitlich. Dass der Schulanfang auf den April gelegt wurde, hängt wahrscheinlich mit der Festlegung des Fiskaljahres durch die Meiji-Regierung vom April bis März oder mit der damaligen Einberufungssaison der Armee zusammen. Zwischen dem Ende der Meiji-Zeit und dem Beginn der Taishō-Zeit wurde festgelegt, dass das Unterrichtsjahr an allen Schule einschließlich der Universitäten im April beginnt.

◆**shikiji-ritsu** 識字率
die Alphabetisierungsrate 幕末に来航したプロイセンの人たちが，日本人の識字率の高さに驚いたという記録がある。1990 (平成2) 年の調査で日本の識字率は99.8% (男性99.9%, 女性99.7%) という数字が示されている。Die Preußen, die Ende der Edo-Zeit nach Japan kamen, zeigten sich über die große Zahl der des Lesens fähigen

Japaner überrascht. Nach einer Untersuchung aus dem Jahr 1990 liegt die Alphabetisierungsrate in Japan heute bei 99,8% (Männer 99,9%, Frauen 99,7%). **hi-shikiji-ritsu 非識字率** die Analphabetenrate

♦ shingaku-suru 進学する

auf die höhere Schuhe gehen **shingaku-kibōsha 進学希望者** ein Schüler, der auf eine höhere Schuhe gehen möchte **shingaku-kōsu 進学コース** Vorbereitungskurs für eine Schul- oder Universitätaufnahmeprüfung **shingaku-ritsu 進学率** Prozentsatz der Schüler, die auf eine weiterführende Schule oder zur Universität gehen

♦ shisha-gonyū 四捨五入

die Rundung von Dezimalzahlen (wörtl.: bis vier abrunden und ab fünf aufrunden) **shisha-gonyū suru 四捨五入する** bis zur Zahl vier wird abgerundet und ab fünf aufgerundet「57を四捨五入して60にする」57 auf 60 aufrunden「103を四捨五入して100にする」103 auf 100 abrunden

♦ shitsuke しつけ

die Disziplin, die Zucht **shitsukeru しつける** jemandem Disziplin beibringen **shitsuke ga yoi しつけが良い** gut erzogen sein **shitsuke ga kibishii しつけが厳しい** streng erzogen **shitsuke ga warui しつけが悪い** schlecht erzogen sein

♦ shōgai-kyōiku 生涯教育

das lebenslange Lernen 1960年代半ばユネスコが提唱して以来この考えは世界に広まったが，日本においても近年生涯教育について多くのことが語られている。Mitte der 60er Jahre von der UNESCO propagiert, hat sich die Idee vom lebenslangen Lernen weltweit verbreitet und wird heute auch in Japan viel diskutiert.

♦ shūgaku-ryokō 修学旅行

die Schulexkursion, der Schulausflug 生徒たちに対し，日頃経験しない土地の自然や文化などを学習させる目的で教職員が引率して行なわれる旅行。Eine von Lehrern geleitete Schulexkursion, die den Schülern Gelegenheit geben soll, an einem für sie fremden Ort etwas über die dortige Natur oder Kultur zu erfahren.

♦ shūshin 修身

{Gesch.} der Moralunterricht (im ehemaligen Schulsystem) 旧制の小・中学校に於ける道徳教育教科の名称。1872 (明治5) 年発足，1890 (明治23) 年からは，教育勅語を基準とする内容となった。1945 (昭和20) 年に授業を停止，2年後に廃止された。Bezeichnung für den Moralunterricht der Grund- und Mittelschulen im ehemaligen Schulsystem. Er wurde 1872 eingerichtet und seit 1890 richtete sich der Lehrinhalt nach dem Kaiserlichen Erziehungserlass (siehe: *Kyōiku-chokugo*). 1945 wurde der Unterricht eingestellt und zwei Jahre später das Fach abgeschafft.

♦ shutsuran no homare 出藍の誉れ

der Glanz, der den des eigenen Lehrers noch überstrahlt 弟子がその師を越えて優れているという名声。Der Ruhm eines Schülers, der noch größer ist, als der seines Lehrers. (出藍はドイツ語で言えばblauer als Indigoとなるであろう。Der Ausdruck *shutsuran* bedeutet auf Deutsch ungefähr „blauer als Indigo".)

♦soroban そろばん, 算盤

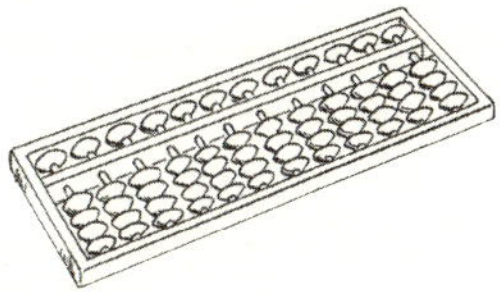

der japanische Abakus; der Rechenschieber そろばんは13世紀頃に中国から日本へ入ったといわれる。この電算機器の時代にあっても子供たちのためのそろばん塾は人気がある。Traditionelle Rechenmaschine mit auf Stäbchen angeordneten Rechenperlen, die im 13. Jh. aus China nach Japan eingeführt wurde. Selbst heute, im Zeitalter der elektronischen Taschenrechner, erfreuen sich private Schulen, in denen die Kinder das Rechnen mit dem Abakus lernen, großer Beliebtheit. **soroban ga au そろばんが合う, 算盤が合う** sich auszahlen; sich rentieren; profitabel sein **soroban ga awanai そろばんが合わない, 算盤が合わない** sich nicht auszahlen; sich nicht rentieren **soroban-zuku no そろばんずくの (soroban dakai 算盤高い)** berechnend, gewinnsüchtig **gohasan (gowasan) ご破算** das Auf-Null-Stellen der Rechenperlen eines *Soroban* **gohasan (gowasan) ni suru ご破算にする** 1) die Rechenperlen eines *Soroban* auf Null stellen 2) wieder bei Null anfangen

♦sotsugyō-shiki 卒業式

die Schulabschlussfeier, die Examensfeier 日本においては，一学年は4月に始まり翌年の3月に終わるのが一般的で，卒業式は通常2月か3月に行われる。Das neue Schuljahr beginnt in Japan allgemein im April und endet im März des folgenden Jahres, deshalb werden Abschlussfeiern gewöhnlich im Februar oder März durchgeführt.

♦sūji ni yowai 数字に弱い

schwach im Rechnen sein この場合の数字とは，例えば金銭・予算・統計など数字で表わされる事柄であって，数学のことではない。Mit „Rechnen" ist hier Geld, Budgets, Statistiken usw. gemeint, was mit Zahlen ausgedrückt wird, und nicht Mathematik.

♦sun 寸

Sun (Längereinheit von ca. 3,03 cm) 尺貫法による長さの単位で1尺の10分の1。尺貫法そのものは現在用いられていないが，寸という単位を表わす表現は，「一寸法師」「一寸先は闇」「口先三寸」等多くの言い回しのなかに残っている。Im *Shaku-kan*-System ist ein *sun* der zehnte Teil eines *shaku*. Das *Shaku-kan-System* wird heute zwar nicht mehr verwendet, aber die Einheit *sun* kommt noch immer in vielen Redewendungen vor, z.B. *issun-bōshi*, *issun saki wa yami, kuchi-saki-sanzun usw.* **issun saki wa yami 一寸先は闇** Schon einen Zoll weiter liegt die Zukunft in Finsternis. Man weiß nicht einmal, was die nächste Zukunft bringt. **kuchi-saki sanzun 口先三寸** geschickter, manipulativer Umgang mit Worten **issun no mushi ni mo gobu no tamashī 一寸の虫にも五分の魂** Auch das kleinste Würmchen hat ein Seelchen.

♦taibatsu 体罰

die körperliche Züchtigung; die Körperstrafe

現在の日本の学校教育において，体罰は禁止されている。ドイツでも同様。Heute sind Körperstrafen in der Schule sowohl in Japan als auch in Deutschland verboten.

♦ taiiku-sai 体育祭
das Sportfest なお家族参加のあるものは **undō-kai 運動会** das Sportfest mit Familienbeteiligung とすべきであろう。

♦ taiki-bansei 大器晩成
Große Talente kommen erst spät zur Reife. Gut Ding will Weile haben. 偉大な人物は大成するまでに長い年月がかかるということ。Große Persönlichkeiten kommen erst nach langer Zeit zur Vollendung.

♦ tanki-daigaku 短期大学
wörtl.: die „Kurzzeituniversität“ 1950（昭和25）年に発足した修業年限2年または3年の大学。Seit 1950 anerkannter Teil des japanischen universitären Systems. Das Studium an einer Kurzzeituniversität dauert 2 oder 3 Jahre.

♦ tazan no ishi 他山の石
wörtl.: „ein Stein von einem fremden Berg“; aus den Fehlern anderer Leute lernen よその山から出た粗悪な石でも，自分の宝石を磨く砥石として役立てることができるという意味で，他人の良くない言行でも，自分の人格を磨くのに役立つというたとえ。Die unguten Worte und Taten anderer Leute, die einem dazu dienen können, seinen eigenen Charakter zu kultivieren, werden hier mit einem rauen Stein von einem fremden Berg verglichen, den man immerhin noch als Schleifstein für die eigenen Edelsteine nutzen kann.

♦ tensū-hyōka 点数評価
die Note **manten 満点** die volle Punktzahl **yū 優** sehr gut **ryō 良** gut **ka 可** befriedigend **fuka 不可** ungenügend (nicht bestanden) **ka mo naku fuka mo nai 可もなく不可もない** weder gut noch schlecht sein **godankai-hyōka 五段階評価** das fünfstufige Benotungssystem; die fünfstufige Notenskala

♦ terakoya 寺子屋
{Gesch.} die Tempelschule; die private Grundschule in der Edo-Zeit 江戸時代の庶民のための初等教育機関。武士・僧侶・医者・神職などが教師となり，手習い・読み方・そろばんなどを教えた。Bildungseinrichtung für die elementare Volksbildung in der Edo-Zeit. Die Lehrer waren Angehörige des Kriegerstandes, buddhistische Mönche, Ärzte, Shintō-Priester etc. und das Curriculum umfasste Schreiben, Lesen, Rechnen usw.

♦ terebi テレビ（受像機）
der Fernseher, der Fernsehapparat **keitai-terebi 携帯テレビ** der tragbare Fernseher **eisei-terebi-hōsō 衛星テレビ放送** das Satellitenfernsehen **kēburu-terebi ケーブル・テレビ** das Kabelfernsehen **hai-bijon ハイ・ビジョン** (pseudoengl. *High Vision*) die Hi-Vision NHKが中心となって開発したテレビジョンの方式の愛称。鮮明な画像と良質な音声を特徴とする高品位テレビ。Bezeichnung für ein hauptsächlich vom Radio- und Fernsehsender NHK entwickeltes Fernsehsystem. Kennzeichnend dafür ist eine hohe Auflösung, wodurch eine präzise

Bilddarstellung und hohe Klangqualität ermöglicht werden. **usugata-terebi 薄型テレビ** der Flachbildfernseher

♦ teshio ni kakeru 手塩に掛ける

wörtl.: „von Hand salzen"; (das Kind) eigenhändig großziehen; mit Liebe und Sorgfalt aufziehen「手塩」は，好みの味付け用に膳に置かれた塩のこと。「手塩に掛ける」は，自分の手でいろいろ世話をして大事に育て上げるということ。*Teshio* nennt man das Salz, das auf dem Esstablett steht, und mit dem man nach eigenem Belieben nachsalzen kann. *Teshio ni kakeru* bedeutet, dass man sich eigenhändig (um ein Kind) kümmert und es mit Liebe und Sorgfalt erzieht.

♦ tokei-mawari ni 時計回りに

in Uhrzeigerrichtung 反対の方向の場合は，gegen die Uhrzeigerrichtung; entgegen der Uhrzeigerrichtung

♦ tōkō-kyohi 登校拒否

(siehe *fu-tōkō*「不登校」を参照)

♦ tora no maki 虎の巻

1) Schrift mit geheimen Überlieferungen zur Kriegskunst 2) die Eselsbrücke 1) 兵法の秘伝書。2) 教科書の練習問題の解答が書かれているような安直な参考書。1) Geheimschrift zur Kriegskunst 2) Preiswertes Heft, in dem die richtigen Lösungen zu den Aufgaben eines Lehrbuchs stehen

♦ toshokan 図書館

die Bibliothek 近代以前における日本の図書館としては，鎌倉時代中期に創設された「金沢文庫」(所在地は現在の横浜市)や室町時代から戦国時代にかけての高等教育機関であった「足利学校」(所在地は現在の栃木県足利市)のものがよく知られている。明治時代になって欧米の図書館制度を日本へ紹介したのは福沢諭吉(1835-1901)である。なお「図書館」という言葉は明治中期に作られた和製漢語である。Unter den vorneuzeitlichen japanischen Bibliotheken sind besonders die Bibliothek Kanazawa-Bunko (ihr ehemaliger Standort gehört heute zu Stadt Yokohama), die Mitte der Kamakura-Zeit gegründet wurde, und die Ashikaga-Gakkō (heute Stadt Ashikaga, Prefektur Ibaraki), die von der Muromachi- bis zur *Sengoku*-Zeit existierte und eine höhere Bildungsanstalt darstellte, bekannt. Das westliche Bibliothekssystem wurde in der Meiji-Zeit von Fukuzawa Yukichi (1835-1901) in Japan vorgestellt. Das Wort *toshokan* ist ein in Japan gebildetes pseudo-sino-japanisches Wort. **kōkyō-toshokan 公共図書館** die öffentliche Bibliothek **daigaku-fuzoku-toshokan 大学付属図書館** die Universitätsbibliothek **kokuritsu-kokkai-toshokan 国立国会図書館** die Nationale Parlamentsbibliothek **gakkō-toshokan 学校図書館** die Schulbücherei, die Schulbibliothek

♦ tsūchi-bo 通知簿 (tsūshin-bo 通信簿)

das Schulzeugnis 学校に於ける児童・生徒の学業成績・行動状況やそれらに対する所見を記入し，家に通知するための書類。Von der Schule ausgestelltes Formular, in dem die schulischen Leistungen und das Verhalten eines Schülers beurteilt und den Eltern mitgeteilt werden.

◆tsumekomi-kyōiku 詰め込み教育
die Erziehung, die das Einpauken von Wissen betont

◆tsūshin-eisei 通信衛星
der Fernmeldesatellit, der Nachrichtensatellit **kishō-eisei 気象衛星** der Wettersatellit **supai-eisei スパイ衛星** der Spionage-Satellit, der Aufklärungssatellit **chikyū-kansoku-eisei 地球観測衛星** der Erdbeobachtungssatellit **uchū-sutēshon 宇宙ステーション** die Raumstation

◆uchū 宇宙
das Universum, der Kosmos, das Weltall, der Weltraum **uchū-kaihatsu 宇宙開発** die Weltraumerschließung **uchū-kagaku 宇宙科学** die Weltraumwissenschaft **uchū-kōgaku 宇宙工学** die Weltraumtechnik **uchū-shoku 宇宙食** die Astronautenkost, die Astronautennahrung **uchū-tansa 宇宙探査** die Weltraumerforschung **uchū-hikō 宇宙飛行** die Weltraumfahrt **uchū-hikōshi 宇宙飛行士** der Astronaut, der Raumfahrer **uchū-fuku 宇宙服** der Raumanzug **uchū-butsuri-gaku 宇宙物理学** die Weltraumphysik **uchū-kaihatsu-keikaku 宇宙開発計画** die Projekte zur Erschließung des Weltalls **yūjin-uchū-hikō 有人宇宙飛行** der bemannte Raumflug

◆Uchū-kaihatsu-jigyōdan 宇宙開発事業団
Weltraumerschließungsbehörde; *NASDA* (*National Space Development Agency of Japan*) 2003（平成15）年宇宙開発事業団は独立行政法人 **Uchūkōkū-kenkyū-kaihatsu-kikō 宇宙航空研究開発機構** JAXA (*Japan Aerospace Exploration Agency*) へ統合された。2003 wurde NASDA in JAXA umgewandelt.

◆uji yori sodachi 氏より育ち
(Sprichw.) Bildung ist wichtiger als Herkunft.「氏」は，家柄，血筋の意。*Uji* bedeutet Abstammung, bzw. Blutsverwandtschaft.

◆umi no oya yori sodate no oya 生みの親より育ての親
(Sprichw.) Die Erziehung erfordert größeren Dank als die bloße Geburt.

◆unchiku 薀蓄
die tiefen Kenntnisse **unchiku o katamukeru 蘊蓄を傾ける** seine gesamten Kenntnisse anwenden; seine Gelehrsamkeit anwenden

◆uraguchi-nyūgaku o suru 裏口入学をする
（学校一般の場合は）durch ein Hintertürchen den Schuleintritt schaffen; durch die Hintertür in die Schule kommen（大学の場合は）durch Geld einen Studienplatz verschaffen; durch die Hintertür in eine Universität kommenなど

◆wan-tatchi ワンタッチ
(pseudoengl. *one touch*) die Bedienung einer Maschine per Knopfdruck 一度触れるだけで，簡単に始動・操作・着脱などができる機能を備えているということ。Wenn man eine Maschine mit nur einem Knopfdruck starten, bedienen und ausschalten kann, spricht man von „*one touch*“.

♦wasan 和算

die altjapanische Mathematik 西洋数学の影響を受ける明治以前に日本で独自に発達した数学。江戸期の関孝和(1642？－1708)が有名。So bezeichnet man die in Japan eigenständig entwickelte Mathematik bis zur Meiji-Zeit, als sie von der westlichen Mathematik beeinflusst wurde. Ein bekannter Vertreter in der Edo-Zeit war Seki Takakazu (1642? – 1708).

♦yobikō 予備校

die Vorbereitungsschule für die Aufnahmeprüfungen; die Nachhilfeschule 浪人して再度入学試験を受けようとする受験生の多くは予備校へ通う。Viele der *rōnin*, die sich auf die Wiederholung der Universitäts-Aufnahmeprüfung vorbereiten, besuchen eine solche Schule.

♦yobi-mizu 呼び水

1) das Wasser, mit dem man eine Pumpe zur Inbetriebnahme auffüllt 2) der Anstoß **yobi-mizu o suru 呼び水をする** (**yobi-mizu o sasu 呼び水を差す**) 1) eine Pumpe mit Wasser füllen 2) den Anstoß geben; anstoßen

♦yōchien 幼稚園

der Kindergarten 学校教育法による学校の一。満3歳から小学校入学までの幼児のための教育機関。日本では，1876(明治9)年に東京女子師範学校に付設されたのが最初。Erziehungseinrichtung für Kinder ab dem dritten Lebensjahr bis zum Eintritt in die Grundschule. Der erste Kindergarten in Japan wurde 1876 eröffnet und war der Pädagogischen Frauenhochschule Tōkyō (Tōkyō-joshi-shihan-gakkō) angeschlossen. **hoikuen 保育園** der Kinderhort, das Kinderheim, die Kindertagesstätte (= die Kita) 児童福祉法による児童福祉施設の一。学齢以前の乳幼児を，保護者の委託を受けて保育する施設。Wohlfahrtseinrichtung für Kinder auf der Grundlage des Kinderbetreuungsgesetzes. Einrichtung, die Kinder im Vorschulalter im Auftrag der Erziehungsberechtigten tagsüber betreut. **hoikushi 保育士** der (die) Kinderpfleger(in) 1999(平成11)年に，保母からこの名称に変更された。Diese (geschlechtsneutrale) Bezeichnung ersetzt seit 1999 die frühere Berufsbezeichnung *hobo* („Pflegemutter“).

♦yōgo-gakkō 養護学校

die Sonderschule; die Schule für körperlich oder geistig behinderte Kinder 1979(昭和54)年，都道府県に設置義務が課せられた。Im Jahr 1979 wurde die Einführung von Sonderschulen für alle japanischen Präfekturen verpflichtend. 2007(平成19)年には学校教育法が一部改正され，盲学校・聾学校・養護学校は統合されて，法律上は特別支援学校に一本化された。2007 wurde das Schul- und Erziehungsgesetz teilweise novelliert, und die Blinden-, Gehörlosen- und Sonderschulen wurden juristisch als *tokubetsu-shien-gakkō* „Schulen für besondere Förderung“ zusammengefasst. **tokubetsu-shien-gakkō 特別支援学校** die Förderschule

♦yutori-kyōiku to sono minaoshi ゆとり教育とその見直し

die freie Erziehung (die Erziehung mit Spielraum) und ihre Revision 1970年代末より，受験競争の激化，受験苦による自殺，落

ちこぼれなどが問題視される中で，教育内容の精選やゆとりの時間（学校裁量時間）が導入されてきた。しかし21世紀になって表面化してきた生徒の学力不振を背景に，これを見直そうとする動きも出てきており，特に安倍内閣のもとにおける「教育再生会議」においては，ゆとり教育の見直しがひとつのポイントになった。また文部科学大臣の諮問機関である「中央教育審議会」も，2007（平成19）年基本方針を「ゆとり教育」から「確かな学力の向上」へ転換させることを明らかにしている。Seit Ende der 70er Jahre erkannte man die Verschärfung des Wettbewerbs bei Aufnahmeprüfungen, die steigende Zahl von Schülerselbstmorden durch die Strapazen der Aufnahmeprüfungen und die auf der Strecke gebliebenen Schüler zunehmend als Problem; aus den bisherigen Unterrichtsinhalten wurde eine Auswahl getroffen (und die Inhalte damit eingeschränkt) und es wurde ein gewisser zeitlicher Spielraum (*yutori*) eingeführt, den die Schulen nach eigenem Ermessen gestalten konnten. Seit aber nach der Jahrtausendwende bekannt wurde, dass die Studienleistungen der Schüler immer mehr nachgelassen haben, wurde diese Form der Erziehung wieder in Frage gestellt und besonders unter der Regierung Abe wurde die Revision des *yutori-kyōiku*-Konzepts als eines der zentralen Probleme in der „Kommission zur Regeneration der Erziehung" angesehen. Außerdem hat auch der zentrale Beratungsausschuss für Erziehungsfragen (siehe: *Chuō-kyōiku-shingikai*), ein beratendes Organ des Ministers für Kultus- und Wissenschaft, im Jahr 2007 erklärt, eine Wende in der grundlegenden Richtlinie von „Erziehung mit Spielraum" zu „zuverlässige Verbesserung der Studienleistungen" zu veranlassen.

♦zōge no tō 象牙の塔

der Elfenbeinturm **zōge no tō ni tojikomoru (hikikomoru) 象牙の塔に閉じこもる（引きこもる）** sich in seinen Elfenbeinturm zurückziehen

5. 余暇・趣味・芸能・芸術・文学・スポーツ

Freizeit, Hobbys, Bühnenkunst, Kunst, Literatur, Sport

♦**ado-ribu** アドリブ
(von lat. *ad lib* Abk. für *ad libitum*) die Improvisation, das Improvisieren, das improvisierte Spiel, die Stegreifdarbietung 音楽で，楽譜を離れて演奏したり，演劇で即興のせりふや演技をその場の雰囲気に合わせて挿入すること。in der Musik das freie Spiel ohne Noten, im Theater das Einfügen von improvisierten Texten oder Szenen je nach der momentanen Atmosphäre im Theater **adoribu o ireru アドリブを入れる** improvisieren; aus Stegreif reden bzw. musizieren

♦**aite ni totte fusoku wa nai 相手にとって不足はない**
ein ebenbürtiger Gegner sein; ein würdiger Gegner sein 互角に渡り合える相手である，好敵手である，の意。

♦**Akutagawa-shō 芥川賞**
der Akutagawa-Preis 芥川竜之介（1892–1927）を記念し，1935（昭和10）年に創設された文学賞。1945（昭和20）年に中断，1949年に復活。年2回，新人作家の小説に授賞。Zu Ehren des Schriftstellers Akutagawa Ryūnosuke (1892–1927) eingerichteter Literaturpreis, der seit 1935 vergeben wird (von 1945 bis 1949 wurde der Preis nicht vergeben). Mit dem Preis werden zweimal pro Jahr Novellen von Nachwuchsautoren ausgezeichnet.

♦**amida-kuji 阿弥陀くじ**
das Los, die Verlosung 紙に人数分の縦線を引き，（ところどころに横線で区切りを入れる方法もある）端にそれぞれ金額を書いて隠しておき，各自が引き当てた金額を出させるくじ（横線で区切りが入れてある場合には，かならずそこを通ることになっている）。集めたお金で茶菓子などを買い，平等に分配する。Bei diesem Losverfahren werden zunächst auf einem Blatt Papier so viele senkrechte Linie gezogen, wie es Mitspieler gibt (und oft werden diese Linien durch einige beliebige waagrechte verbunden). An jeder der senkrechten Linien wird ein Geldbetrag geschrieben, der anschließend abgedeckt wird. Jetzt schreibt jeder Mitspieler seinen Namen an eine der Linien und jeder muss den Geldbetrag bezahlen, zu dem eine Linie von seinem Namen her führt, wobei jeder möglichen horizontalen Abzweigung gefolgt werden muss. Das so gesammelte Geld benutzt man z.B., um Süßigkeiten zu kaufen, die man zu gleichen Teilen unter den Mitspielern aufteilt.

♦**anaba 穴場**
ein guter Ort, der ziemlich unbekannt ist; der Geheimtipp

♦anime アニメ (animēshon アニメーション)

(von engl. *animation*) der Anime, der Zeichentrickfilm, der Animefilm **anime-otaku アニメおたく** der fanatische Anime-Fan

♦arita-yaki 有田焼

das Arita-Porzellan 佐賀県有田町を中心とした地域で作られる磁器の総称。17世紀はじめ朝鮮から渡来した李参平 (Ri Sampei kor. Yi Sam-Pyong) の創始とされる。近隣の伊万里港から全国に向けて積み出されたので，伊万里焼とも呼ばれる。Sammelbezeichnung für Porzellan, das hauptsächlich in und um die Stadt Arita in der Präfektur Saga hergestellt wird. Die Produktion wurde im 17. Jh. von dem aus Korea verschleppten Ri Sanpei (kor. Yi Sampyeong) begonnen. Weil das Porzellan von der nahe gelegenen Hafen Imari in das ganze Land verschifft wurden, wird es auch als *Imari-yaki* (*Imari*-Porzellan) bezeichnet.

♦ashi-yu 足湯

das Fußbad (z.B. in einer heißen Quelle) 足の疲れを取るため，膝から下を湯にひたすこと。Unterschenkel und Füße in warmem Wasser baden, damit sich die erschöpften Beine von der Anstrengung erholen **ashi-yu o tsukau 足湯をつかう** ein Fußbad nehmen

♦aya-tori 綾取り

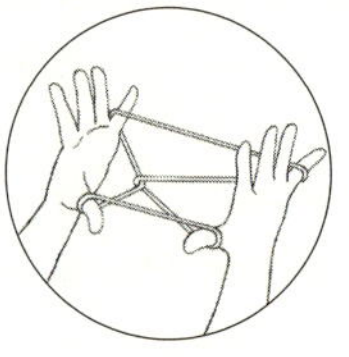

das Fadenspiel, das Schnurspiel, das Fadenabnehmenspiel 両端を結んで輪にした長さ90 cmくらいの紐を用いる遊びで，一人でも相手がいてもできる。江戸時代に女子のあいだで流行したといわれる。Bei diesem Spiel wird ein etwa 90cm langer Faden verwendet, der an den Enden zusammengebunden wird, es gibt Spielvariationen für einen oder mehrere Spieler. In der Edo-Zeit wurde es gerne von Mädchen gespielt. (Abbildung)

♦baba-nuki ばば抜き, 婆抜き

wörtl.: „ohne das alte Weib" 1) *babanuki* (ein Kartenspiel) トランプ遊びの一種。2人以上数人で行ない，順番に各自の隣の者の手札から一枚を抜き取り，同じ数の札が2枚揃ったら捨てていく。最後にジョーカー（ばば）が一枚残るが，それを持った者を負けとする。Ein Kartenspiel („Schwarzer Peter"). Es kann mit zwei oder mehr Personen gespielt werden, jeder zieht reihum von seinem Nachbarn eine Karte und Paare werden abgelegt; wer zum Schluss den Joker (*baba*, „das alte Weib") hat, hat verloren. 2) (ugs.)（結婚の条件として），嫁が姑と同居しないこと。(als Heiratsbedingung) Zustand, dass die Frau des Mannes nicht mit ihrer Schwiegermutter im selben Haus wohnen muss; das Zusamenwohnen ohne Schwiegermutter **ie-tsuki, kātsuki, baba-nuki 家付き，カー付き，婆抜き** ein Haus, ein Auto, aber bitte keine Schwiegermutter (Heiratsbedingungen)

♦bakyaku o arawasu 馬脚を現わす（露す）

wörtl.: „seinen Pferdefuß zeigen"; sich selber verraten 日本語の「馬脚を現わす」という表現は，馬の足の役を演じる役者が姿を見せてしまう意から，隠していたものが現われる，（化けの皮がはがれて）本来の姿が現われるという意味になる。まったくの偶然であるが，ドイツ語にもPferdefuß（馬脚）という語があって，「底意」「隠れていた欠点」などの意味がある。ドイツの民間伝承では，悪魔は，馬の足に似た足を持つと考えられていたことに由来する。多くの民話・伝承等において，悪魔は，姿を変えて出てくるものの，片方の足がたまたま見えてしまって正体が知れてしまうことになる。Der japanische Ausdruck „*bakyaku o arawasu* (den Pferdefuß zeigen) ist von der Situation abgeleitet, in der ein Schauspieler, der die Beine eines Pferdes spielt, versehentlich als Mensch erkennbar wird; und bedeutet dass etwas Verstecktes hervortritt oder, dass jemand sein wahres Gesicht zeigt. Zufälligerweise gibt es einen ähnlichen Ausdruck auch auf Deutsch; mit „Pferdefuß“ meint man dabei eine verborgene Absicht, einen verborgenen Nachteil usw. Ursprung der deutschen Redewendung ist der Volksglaube, dass die Füße des Teufels ähnlich aussehen, wie die Hufe eines Pferdes. In vielen Sagen und Legenden tritt der Teufel verkleidet auf, und wird daran erkannt, dass einer seiner Füße zufällig sichtbar wird. **bake-no-kawa ga hagareru 化けの皮がはがれる** die Maske fallen lassen; seine wahre Gestalt zeigen; sein wahres Gesicht zeigen; seinen wahren Charakter offenbaren

♦banka 挽歌

1) das Totenlied, die Trauerweise 2) die Elegie, das Klagegedicht 1) 死者を哀悼する詩歌 2)『万葉集』では，挽歌は，雑歌 *Zōka* 相聞歌 *Sōmonka* (wörtl.: „Lieder des gegenseitigen Befragens“; Liebeslieder) とともに，三大部立ての一つになっている。Das *Man'yōshū* (siehe dort) besteht aus *banka* (Totenlieder), *zōka* (vermischte Lieder) und *sōmon-ka* (wörtl.: „Lieder des gegenseitigen Befragens“; Liebeslieder).

♦ban-kuruwase 番狂わせ

das Durcheinanderkommen der normalen oder erwarteten Reihenfolge; (Sport) ein unerwartetes Ergebnis 予想外のできごとで，順番が狂うというのが原義であるが，勝負事やスポーツ以外でも，文脈によっては用いられる。Ursprünglich bedeutet der Ausdruck, dass der erwartete Ablauf (z.B. bei einem sportlichen Wettkampf oder Turnier) durch etwas Unvorhergesehenes durcheinanderkommt; man kann den Ausdruck aber in gewissen Kontexten auch außerhalb von Sport und Wettkampf verwenden.

♦bī-dama ビー玉

die Glasmurmel, die Murmel ビー玉のビーは，ガラスを意味するポルトガル語vidroに由来する。*Bī* ist von dem portugiesischen Wort *vidro* für „Glas“ abgeleitet und *tama* bedeutet „Kugel“. **bī-dama asobi o suru ビー玉遊びをする** Murmeln spielen; klickeln

♦binīru-bon ビニール本 (bini-bon ビニ本)

das in Klarsichtfolie (Vinyl) eingeschweißte Pornomagazin 透明なビニールに包装された猥褻写真集。1970年代半ばから発売され，1980年代にピークを迎えた。Der Verkauf von eingeschweißten Pornoheften begann in der zweiten Hälfte der 70er Jahre und erreichte in den 80er Jahren sein Maximum.

♦**biwa 琵琶**

die japanische Laute 起源はペルシア・アラビアとされ，インド・中国を経て奈良時代に日本へ伝来した。Dieses Musikinstrument soll ursprünglich aus Persien oder dem arabischen Raum stammen und wurde in der Nara-Zeit über Indien und China nach Japan überliefert.

♦**biwa-hōshi 琵琶法師**

der *Biwa*-Spieler 琵琶の弾き語りを職業とした法師姿の盲人音楽家。平安時代から存在した放浪芸人の一種。Ein blinder Musiker, der im Gewand eines buddhistischen Mönchs die *Biwa* spielte und dazu Geschichten erzählte. Diese Art von umherziehenden Straßenkünstlern gab es seit der Heian-Zeit. (Abbildung)

♦**bokuseki 墨跡**

wörtl.: „Tuschespuren"; das Tuschgeschriebene; das mit Tusche Geschriebene 筆で書いた文字のことであるが，日本では，禅僧の筆跡を指してこのように言うのが一般的。Das Wort bedeutet eigentlich „mit dem Pinsel Geschriebenes", aber in Japan wird die Bezeichnung im Allgemeinen für die Kalligraphie der *Zen*-Mönche verwendet.

♦**bonkei 盆景**

die Miniaturlandschaft auf einem Tablett 盆の上に自然石や砂を配置し風景を創作し，その風趣を味わう。Auf einem Tablett werden Natursteine, Sand usw. wie in einem Landschaftsgarten arrangiert. (Abbildung)

♦**bonsai 盆栽**

der *Bonsai*; der Zwergbaum als Topfpflanze 陶磁器の鉢などに植物を栽培し，その姿を整え鑑賞する。代表的なのは松であるが，そのほかの草木も育てられる。Ein in einem Topf oder einer Schale gepflanzter Baum, dessen Wachstum gesteuert wird. Häufig werden Kiefern verwendet, aber es finden auch andere Baumarten und Pflanzen Verwendung. **sentei 剪定** das Beschneiden, das Stutzen **sentei suru 剪定する** beschneiden, stutzen「盆栽」は早くドイツ語に取り入れられた日本語の一つである。*Bonsai* ist eines der japanischen Wörter, die früh in die deutsche Sprache Eingang fanden.

♦**budō 武道**

1) Oberbegriff der japanischen Kriegskünste 2) der Weg der Krieger 1)（剣術・馬術など）武芸の総称。2) 武士の守るべき道。武

士道。1) Sportarten, die ursprünglich mit den Kriegskünsten in Verbindung standen, wie etwa Schwertkampf oder Reiten 2) Das Ethos und die Lebensweise der *Samurai*

♦**būingu ブーイング**
(von engl. *booing*) das Buhrufen, das Ausbuhen, das Auspfeifen, das Pfeifkonzert **būingu o abiseru ブーイングをあびせる** jemanden ausbuhen; jemanden auspfeifen

♦**bundan 文壇**
die literarische Welt; die literarischen Kreise; die Welt der Schriftsteller **bundan ni tōjō suru 文壇に登場する** in der literarischen Welt debütieren

♦**bunko-bon 文庫本**
das kleine und billige Taschenbuch (105 × 148 mm); das kleinformatige Taschenbuch

♦**bunraku 文楽**
das traditionelle japanische Puppentheater im *Kabuki*-Stil 人形浄瑠璃の通称。能，歌舞伎と合わせて三大古典芸能とされる。普通3人の人形遣いが一つの人形を操る。Das *Bunraku*-Puppentheater gehört mit dem *Nō*-Theater und dem *Kabuki*-Theater zu den drei klassischen japanischen Theaterformen. Ein Leiter und zwei Helfer führen je eine Handpuppe. **jōruri 浄瑠璃** der Begleitgesang für das *Bunraku*

♦**buttsuke-honban de ぶっつけ本番で**
ohne Probe; unvorbereitet; ohne Vorbereitung; aus dem Stegreif

♦**chanbara ちゃんばら，チャンバラ**
(onomatopoetische Wiedergabe eines Kampfes) der Schwertkampf, die Prügelei「ちゃんちゃんばらばら」の略。刀で斬りあうこと。また，それを見せ場とする芝居や映画。それをまねた子供の遊びもこのように呼ばれている。Abkürzung für *chanchan-barabara*. Mit Schwertern gegeneinander kämpfen. Auch die Bezeichnung für entsprechende Theater- und Filmszenen oder das Schwertkämpfchen als Kinderspiel.

♦**chanoyu 茶の湯**
die japanische Teezeremonie; die japanische Teekunst（茶会の意味でも茶道の意味でも用いる。）**sadō, chadō 茶道** die japanische Teekunst; der Teeweg 鎌倉時代，禅宗の寺院において定められた喫茶の礼に始まる。茶室や道具類が整うとともに精神面が強調されるようになり，やがて千利休がこれを侘茶として大成した。Die Geschichte der japanischen Teezeremonie beginnt mit der kamakura-zeitlichen Tee-Etikette in Tempeln der *Zen*-Schule. Mit der Entwicklung bestimmter Tee-Gerätschaften und des Tee-Zimmers ging auch eine Betonung der geistlichen Aspekte des Teewegs einher, bis dieser schließlich von Sen no Rikyū (1522-1591) als so genannter *Wabi-cha* (siehe *wabi*) systematisiert wurde. **chagama 茶釜** der Teekessel **chadōgu 茶道具** die (pl.) Teeutensilien, das Teegerät **hatsugama 初釜** die erste Teezeremonie im neuen Jahr **ichigō-ichie 一期一会** 茶道に由来する言葉で，茶会は，いつも，その日その時は二度と戻らないたった一度のものであるから，この一瞬を大切に思い，主客ともに実意をもって接するべきである，とい

う茶道の心得を示したもの。Die Redewendung bringt ursprünglich ein Motto aus der Welt der Teezeremonie zum Ausdruck, nämlich dass jede Begegnung einmalig und unwiederbringlich ist, deshalb sollen die Teilnehmer an einer Teezeremonie lernen, einander in Aufrichtigkeit zu begegnen und jeden Moment wertzuschätzen. **chakai 茶会** die Teezeremonie, die Teegesellschaft **chashitsu 茶室** das Teezimmer, der Teeraum **nodate 野点** die Teezeremonie unter freiem Himmel **otemae お手前** die Etikette bei der Teezeremonie **sadō no gosanke 茶道の御三家** die drei Teeschulen

♦ charitī-konsāto チャリティー・コンサート
(von engl. *charity concert)* das Benefizkonzert, das Wohltätigkeitskonzert **charitī-shō チャリティー・ショウ** (von engl. *charity show*) die Benefizveranstaltung, die Wohltätigkeitsveranstaltung

♦ chia-rīdā チアリーダー
(von engl. *cheerleader*) der Cheerleader スポーツの大会などの際に，華やかな揃いの服装をして，応援をする女子の応援団員。チアリーディングそのものが近年，独自のスポーツの種目となってきた。Gruppen von Tänzerinnen in prächtigen Kostümen, die bei sportlichen Wettkämpfen die Spieler anfeuern und das Publikum in Stimmung bringen sollen. Cheerleading hat sich inzwischen selbst zu einer eigenständigen sportlichen Disziplin entwickelt.

♦ chigai ga wakaru hito 違いがわかる人
der Kenner, der Fachmann; jemand, der weiß, was Sache ist

♦ Chikamatsu Monzaemon 近松門左衛門
Dramatiker der Edo-Zeit (1653-1724), der Stücke speziell für *Jōruri* und *Kabuki* verfasste. 江戸時代の浄瑠璃・歌舞伎脚本作者。

♦ Chōchō-fujin 蝶々夫人 (Madamu-batafurai マダム・バタフライ)
{Werktitel} Madame Butterfly プッチーニ作曲のオペラ。1904年2月17日，ミラノで初演。Oper von Giacomo Puccini, Uraufführung: am 17. Feb. 1904 in Mailand

♦ chokusen-wakashū 勅撰和歌集
die auf kaiserlichen Befehl kompilierte Waka-Anthologie 勅命または院宣によって編纂された和歌集。10世紀初頭の『古今和歌集』にはじまり15世紀前半にいたるまで21集がある。*Waka*-Anthologien, die auf Befehl des *Tennō* (oder eines abgedankten *Tennō*) angefertigt wurden. Insgesamt gibt es 21 solcher Sammlungen, die erste, das *Kokin-wakashū* (siehe dort), stammt aus dem frühen 10. Jh. und die letzte aus der ersten Hälfte des 15. Jhs.

♦ Chūshingura 忠臣蔵
„Die Rache der 47 *Samurai*" 普通は「仮名手本忠臣蔵」という。赤穂浪士のあだ討ちを主題とした浄瑠璃・歌舞伎などの総称。江戸時代の元禄年間に起こった事件を基にした物語で，日本人には人気となじみのある出し物である。発端は，江戸城内において様々な「嫌がらせ」を受けた赤穂（現在の兵庫県内）の殿様浅野内匠頭長矩がついに耐え切れなくなり，刃傷厳禁の江戸城内で，自分の指導役である高家肝煎である吉良上野介義央を切りつけてしまう。吉良上野介は軽傷を負っただけであったが，赤穂の殿様は切腹を命じられた上，お家断絶となり，家来たちは全員職を失うことになる。その浪人たちのうちの47名がひそかに結集し，翌年の冬に，かつての主君の指導役であった吉良上野介の邸を襲い，主君の仇を晴らすという物語である。Gewöhnlich als *Kanadehon-Chūshingura* bezeichnet. Sammelbezeichnung für eine Reihe von *Bunraku*- und *Kabuki*-Dramen, welche die Rache der 47 *Samurai* aus Akō zum Thema haben und verklären. Die Geschichte geht auf einen Vorfall in der Ära Genroku (in der Edo-Zeit) zurück und genießt in Japan große Popularität. Zunächst muss Asano Takuminokami (Asano Naganori) Fürst von Akō (heute in der Präfektur Hyōgo), in der Burg von Edo verschiedene öffentliche Demütigungen durch Kira Kōzukenosuke (Kira Yoshinaka) ertragen, der bei einem kaiserlichen Empfang die Rolle des Zeremonienmeisters bekleidete und einen höheren Rang als Asano innehatte. Schließlich verliert Asano die Beherrschung, zieht - trotz einen strengen Verbots - innerhalb der Burg sein Schwert und verletzt damit seinen Peiniger leicht. Daraufhin wird Asano zum Tode durch *Seppuku* verurteilt und sein Lehen aufgelöst, wodurch alle seine Gefolgsleute zu *Rōnin* (siehe dort) werden. 47 dieser *Rōnin* verschwören sich und rächen ihren Fürsten, indem sie im Winter des folgenden Jahres gewaltsam in die Residenz Kiras eindrangen und ihn ermordeten. **ninjō-zata 刃傷沙汰** der Streit mit blutigem Ausgang **uchiiri 討ち入り** das gewaltsame Eindringen (z. B. in eine Residenz)

◆daburu-panchi ダブル・パンチ
(pseudoengl. *double punch*) 1) (Boxen) doppelter Schlag mit derselben Faust; der Doppelschlag 2) die doppelte Belastung; die Doppelbelastung; der doppelte Schlag

◆dafu-ya ダフ屋, だふ屋
(ugs.) der Kartenschwarzhändler 競技場，劇場，イベント会場などの入場券を多く買い込み，券を持っていない人に高く売りつけて儲ける人。第二次世界大戦直後に生まれた職業。「だふ」は，「札（ふだ）」を逆さまにした隠語。Jemand, der sich viele Eintrittskarten beschafft, und diese vor dem Sportstadion, Theater o. Ä. teuer verkauft. Dise Form der Erwerbstätigkeit entstand kurz nach dem Zweiten Weltkrieg. Die Bezeichnung *da-fu* ist ein Wort der Gaunersprache und ist gebildet, indem man die Silben des Wortes *fu-da* (Eintrittskarte) rückwärts liest.

◆daijōdan 大上段
Position beim *Kendō*, bei der das Schwert hoch über den Kopf gehalten wird 剣道で，刀を頭上高く振りかぶり，相手を威圧するような構え。**daijōdan ni kamaeru 大上段に構える** wörtl.: „das Schwert hoch über dem Kopf halten"; eine hochmütige Haltung einnehmen; sich aufplustern

◆dai-rīgu 大リーグ
die *Major Leagues*; die amerikanische Baseballoberliga 日本人選手の活躍については（テレビやラジオやインターネット等の）メディアで逐一報じられ，試合はNHKの衛星放送で中継されることが多い。Über die in der amerikanischen Baseballoberliga

spielenden japanischen Sportler wird in den Medien (z.B. Fernsehen, Radio, Internet) ausführlich berichtet und viele Spiele werden per Satellitenfernsehen live vom Sender NHK übertragen.

♦ dame o dasu だめを出す, 駄目をだす
noch einmal machen lassen; eine Nachbesserung verlangen; jemanden kritisieren もともとは演劇で演出者が，役者の演技の欠点を指摘し注意することを意味する言葉であるが，現在その領域以外でも特定の文脈では用いられている。So nannte man z.B. beim Theater das Kritisieren der Darbietung eines Schauspielers durch den Regisseur, aber heute wird der Ausdruck auch in anderen Kontexten gebraucht.

♦ debyū デビュー
(von franz. *début*) das Debüt; der erste Auftritt **debyū suru デビューする** sein Debüt geben (machen); debütieren; seinen ersten Auftritt haben

♦ denka no hōtō 伝家の宝刀
1) das Schwert im Familienschatz; das Erbschaftsschwert 2) das letzte Mittel; das äußerste Mittel; der letzte Trumpf 1) 家に代々伝わる名刀 2)いざというとき以外は用いない思い切った手段。**denka no hōtō o nuku 伝家の宝刀を抜く** zum letzten Mittel greifen; das letzte Mittel ergreifen; seinen letzten Trumpf ausspielen; zu den äußersten Mitteln greifen

♦ detatoko-shōbu de 出たとこ勝負で
ohne besonderen Plan; ohne Vorausplanung; ohne besondere Strategie; spontan **detatoko-shōbu de iku 出たとこ勝負でいく** von Fall zu Fall entscheiden; die Dinge dem Zufall überlassen; die Dinge auf sich zukommen lassen

♦ dōjin-zasshi 同人雑誌
die Zeitschrift einer literarischen Gruppe; die Mitgliederzeitschrift eines literarischen Zirkels; die Vereinszeitschrift

♦ dojō-sukui どじょう掬い, 泥鰌掬い
wörtl.: das „Schmerlenschöpfen“; der Schmerlenfangtanz 安来節の唄に合わせて泥鰌を掬うまねをする滑稽な踊り。本来，この「どじょう」は「土壌」の意味で，砂鉄を集める作業を模したものであるという。Bei diesem komischen Tanz imitiert man zur Melodie des Volkslieds *Yasukibushi* die Bewegungen des Schmerlenfangens. Ursprünglich soll *dojō* allerdings mit anderen Zeichen geschrieben worden sein und Boden oder Erde bedeutet haben; die Bewegungen des Tanzes sollen ursprünglich das Sammeln von eisenhaltigen Sand (zur Eisengewinnung) zum Vorbild gehabt haben.

♦ dokusho hyappen gi onozukara arawaru 読書百遍義自ずから見る
(Sprichw.) Nach hundertmaligem Lesen offenbart sich der Sinn von alleine. Beim hundertsten Lesen versteht man den Sinn von selbst. **dokusho-zanmai 読書三昧** das Vertieftsein in die Lektüre; die Lesebesessenheit **dokusho-zanmai ni fukeru 読書三昧にふける** sich ganz in die Lektüre vertiefen; völlig in die Lektüre eintauchen

♦donden-gaeshi どんでん返し

{Theat.} 1) Wechseln der Kulisse durch Nach-Hinten-Kippen der einen Kulisse (um 90 Grad), wobei die neue Kulisse erscheint 2) eine völlige Umkehr; komplette Änderung der Situation 1) 劇場で舞台の大道具を後ろへ90度倒し，新しい場面に変えること，またその装置。2) 転じて，ものごとが一気に逆転すること。

♦dōraku 道楽

1) die Liebhaberei, das Steckenpferd, das Hobby 2) die Schwelgerei, die Ausschweifung; das kostspielige Vergnügen 1) 本業以外のことに熱中して楽しむこと。また，その楽しみ。2)酒色・ばくちなどの遊興にふけること。1) die Begeisterung für etwas anderes als seine berufliche Beschäftigung; die Freude am Hobby 2) Alkohol, Frauen oder der Spielerei verfallen sein

♦doro-kusai 泥臭い

wörtl.: „nach Schlamm riechend"; ungeschliffen, unfein, bäuerisch 洗練されていない，あかぬけしていないということ。

♦dosa-mawari no ichiza どさ回りの一座

Theatergruppe, die eine Tour durch die Provinz macht「どさ回り」とは，劇団や芸人などが地方を興行して回ること。「どさ」には，地方または田舎をさげすむニュアンスが含まれる。Unter *dosa-mawari* versteht man das Umherziehen einer Theater- oder Künstlertruppe durch die Provinz. Das Wort *dosa* („Provinz", „Land") hat eine abschätzige Bedeutungsnuance.

♦egokoro 絵心

der Sinn für Malerei; die malerische Begabung **egokoro ga aru 絵心がある** im Malen begabt sein; einen Sinn für Gemälde haben; etwas von Malerei verstehen

♦eiga 映画

der Film–1935 (昭和10) 年ころまでは日本では映画のことを活動写真と呼んでいた。Bis etwa 1935 wurden Filme in Japan als *katsudō-shashin* „bewegte Fotos" bezeichnet. **eiga-kantoku 映画監督** der Filmregisseur **eiga-haiyū 映画俳優** der Filmschauspieler, die Filmschauspielerin **eiga-ongaku 映画音楽** die Filmmusik **eiga-ka suru 映画化する** verfilmen **eiga o miru 映画を見る** einen Film ansehen **eiga o mi ni iku 映画を見に行く** ins Kino gehen **musei-eiga 無声映画** der Stummfilm

♦ekiden 駅伝

(Abkürzung für *ekiden-kyōsō*) der Marathon-Stafettenlauf; der *Ekiden*「駅伝競走」の略で，日本発祥の長距離リレー・レース。数人で1チームを作り，各人が所定の区間を走り，総所用時間で勝敗を決める。In Japan entstandene Form des Langstreckenlaufs, wobei mehrere Läufer eine Mannschaft bilden und jeder einzelne nur eine Teilstrecke läuft, über Sieg oder Niederlage entscheidet die Gesamtzeit der Mannschaft.

♦emakimono 絵巻物

die Bildrolle, die Bilderrolle 平安時代・鎌倉時代に多く製作された。内容は経典を絵解きしたもの，物語や日記を絵画化したもの，説話や社寺の縁起を扱ったものなど様々である。In der Heian- und Kamakura-Zeit wurden zahlreiche Bildrollen geschaffen, die sich in der Regel aus Bildern und erläuternden Texten zusammensetzen. Beliebte Sujets sind buddhistische Sutren, Tagebücher, Erzählungen, Legenden und Wundergeschichten über den Ursprung von Tempeln und Schreinen.

♦enka 演歌

1) der (ursprünglich politische) Straßengesang 2) der japanische volkstümliche Schlager 1) 明治時代の初め頃，自由民権運動の壮士たちが，その主義主張を歌にして街頭で歌ったもの。後に政治色は薄くなり，バイオリンやアコーディオンなどに合わせて歌う遊芸になった。2) 現代の大衆音楽のジャンルの一つで，哀調を帯びた日本的メロディーを特色とし，義理と人情，酒と涙，男女間の愛と哀しみなどを歌ったものが多い。1) Politische Lieder, die zu Beginn der Meiji-Zeit von den Anführern der Bewegung für Freiheit und Bürgerrechte auf der Straße gesungen wurden. Später verschwand allmählich die politische Motivation und *enka* wurde zur Musik von Straßenmusikern, die z.B. mit Geige oder Akkordeon begleitet wurde. 2) Heute meint man mit *enka* ein Genre der Schlagermusik, das durch wehmütige japanische Melodien und Texte über Konflikte zwischen der sozialen Verpflichtung und menschlichem Gefühl, oder Wein und Tränen sowie Liebe und Schmerz zwischen Mann und Frau usw. gekennzeichnet ist.

♦Enu-ēchi-kei-kōhaku-utagassen NHK紅白歌合戦

wörtl.: der „Rot-Weiße Gesangswettbewerb auf NHK“ 毎年大晦日にNHKで放映・放送されている歌番組。1945 (昭和20) 年の大晦日にラジオ放送された「紅白歌試合」に始まる。1951 (昭和26) 年に「紅白歌合戦」に改称した。男性による白組と女性による赤組の2つのチームに分かれて互いに歌を競うもので，紅白という色が歌手たちのコスチュームにも反映されていることもある。Eine Musiksendung des Fernseh-und Radiosenders NHK, die jedes Jahr an Silvester ausgestrahlt wird. Die Sendung begann 1945 als Radiosendung mit dem Titel *Kōhaku-uta-shiai* und erhielt 1951 ihren jetzigen Titel. Es treten zwei Mannschaften gegeneinander an, eine rote (Frauen) und eine weiße (Männer), was sich oft auch in den Kostümen der Sänger und Sängerinnen spiegelt.

♦e-soragoto 絵空事

die Fantasie, die Fiktion; die maßlose Übertreibung; das Hirngespinst 絵には美化や誇張があって現実とは違っているという考えに基づいている。Dieser Ausdruck beruht auf der Vorstellung, dass die Malerei auf Idealisierungen, Übertreibungen etc. beruht und von der Wirklichkeit abweicht.

♦esu-efu エスエフ, SF

Science Fiction; SF かつては「科学小説」「空想科学小説」と呼ばれたこともあったが，現在では，SFがそのまま用いられている。**esu-efu-eiga エスエフ映画** der Science-Fiction-Film; der SF-Film **esu-efu-sakka エスエフ作家** der Science-Fiction-Schriftsteller

♦famikon ファミコン

(von engl. *family computer*) das Computer-Spiel (8 Bit-Videospiel-Gerät) 1982（昭和57）年に売り出された任天堂の家庭用テレビゲーム。Das erste Computer-Spiel wurde 1982 von der Firma Nintendō auf den Markt gebracht.

♦fude 筆

der Pinsel **fude ga tatsu 筆が立つ** gut schreiben können **fude o oku 筆を擱く** wörtl.: „den Pinsel niederlegen"; mit dem Schreiben aufhören; aufhören zu schreiben; einen Text abschließen **fude o oru 筆を折る** wörtl.: „den Pinsel zerbrechen"; das Schreiben aufgeben **fude o ireru 筆を入れる** einen Text verbessern (korrigieren) **fude-bushō 筆不精** die Schreibfaulheit **sumi 墨** die Tusche **suzuri すずり，硯** der Tuschreibstein

♦fukyōwaon 不協和音

die Dissonanz 音楽用語であるが，「両国間に不協和音が生じている」のように，比喩的にも用いられる。Ein Fachterminus aus der Musik, der auch metaphorisch gebraucht wird, z.B.: „Es ist zu Dissonanzen zwischen beiden Ländern gekommen."

♦furitsuke 振り付け，振付

die Choreographie **furitsuke-shi 振り付け師，振付師** der Choreograph **furitsuke o suru 振り付けをする** choreographieren; eine Choreographie inszenieren

♦fuseishutsu no 不世出の

unvergleichlich, außergewöhnlich **fuseishutsu no tensai 不世出の天才** das außergewöhnliche Genie

♦fusen-shō 不戦勝

der kampflose Sieg; der Sieg ohne Kampf **fusen-pai 不戦敗** die kampflose Niederlage; die Niederlage durch Nichterscheinen **enchō-sen 延長戦** die Verlängerung (der Spielzeit) **kōrudo-gēmu コールド・ゲーム** (von engl. *called game*) das abgebrochene Spiel

♦gagaku 雅楽

die altjapanische Hofmusik 古代に中国・朝鮮などから輸入した音楽と舞，およびそれに倣った日本の楽曲。宮廷の楽舞として平安時代に栄えた。今日でも寺社で演奏されることがある。Aus China und Korea übernommene Tanz- und Musikform des japanischen Altertums, die ihre Blütezeit am Kaiserhof der Heian-Zeit erlebte. Heute noch gelegentlich an Tempeln und Schreinen aufgeführt. **bugaku 舞楽** altjapanische Hofmusik mit Tanz

♦garyō-tensei 画竜点睛

wörtl.: „das Auge des Drachen malen"; das Letzte-Hand-Anlegen 中国の梁の絵の名人が，寺の壁に竜を描き，最後に瞳を描きいれたところ竜はたちまち天に昇ったという故事に由来する。最後の大切な仕上げ，あるいは，少し手を加えることで全体が非常によくなることを言う。Der Ausdruck geht auf eine Legende in China zurück, wonach ein meisterhafter Maler in der Liang-Dynastie einen Drachen gemalt hatte und in dem Moment, als er am Ende die Pupille des Drachen hinzufügte, erhob sich dieser und flog gen Himmel. Gemeint ist, dass bei einer Arbeit der Abschluss besonders wichtig ist, oder dass man das Ganze perfektionieren kann, wenn nur noch ein bisschen Hand anlegt. **garyō-tensei o kaku 画竜点睛を欠く** es fehlt noch das i-Tüpfelchen; der letzte Schliff fehlt noch; noch nicht ganz perfekt sein

♦geinō-jin 芸能人
der Star, der Künstler, der Unterhaltungskünstler **geinō-kai 芸能界** die Welt der Unterhaltungsstars なお日本でいう芸能とは，映画・演劇・音楽・舞踊・寄席演芸など娯楽的な色彩の強いものの総称である。Das Wort *geinō* ist eine Sammelbezeichnung für unterhaltende darstellende Künste, wie Film, Theater, Musik, Tanz, Varieté usw.

♦gei wa mi o tasuku 芸は身を助く
(Sprichw.) Mit einer Kunstfertigkeit kommt man über die Runden; Kunst bringt Gunst; Kunst nährt ihren Mann. 一芸に秀でていれば，それが生計の助けとなることもあるという意味。

♦gēmu-sentā ゲーム・センター
(pseudoengl. *game center*) die Spielhalle, die Spielothek 若者は，「ゲーセン」などと呼んだりする。英語では，*penny arcade*. Unter jungen Leuten gibt es auch die gekürzte Form *gē-sen*. Auf Englisch heißt eine Spielhalle *penny arcade*.

♦Genji-monogatari 源氏物語
{Buchtitel} *Genji Monogatari*; die Geschichte vom Prinzen Genji 平安中期の物語，紫式部作。1001（長保3）年以後の起筆とされるが，成立年は未詳。心理描写，自然描写に優れ，物語文学の最高峰とされる。Erzählung aus der mittleren Heian-Zeit von Murasaki Shikibu. Man vermutet, dass der Text nach dem Jahr 1001 begonnen wurde, aber das genaue Entstehungsjahr ist unklar. Aufgrund der hervorragenden Schilderungen von Psychologie und Natur wird das Werk als ein Höhepunkt der japanischen Erzählliteratur angesehen.

♦getemono げてもの，ゲテモノ，下手物
1) die Durchschnittsware; der billige Massenartikel 2) das Kuriosum, die Kuriosität 1) 上手物（じょうてもの）に対し，並の品，粗雑な工芸品。2) 風変わりで珍妙なもの。**getemono-shumi げてもの趣味** die Vorliebe für kuriose Dinge; der seltsame Geschmack

♦Gojira ゴジラ
der Godzilla 東宝サイエンス・フィクション映画の題名，およびその作品に登場する主役の怪獣の名前。ゴリラ (Gorilla) とクジラ (kujira = Wal) の合成語であると言われている。作品は1954（昭和29）年に公開され，日本の怪獣映画の先駆けとなった。Titel eines Science-Fiction-Film der Produktionsfirma Tōhō und Name des Monsters, das in dem Werk die Hauptrolle spielt. Der Name soll aus den Wörtern Gorilla und *kujira* („Wal") gebildet sein. Der Streifen wurde 1954 veröffentlicht und wurde der Wegbereiter für ein ganzes Genre japanischer Monsterfilme.

♦gō-kon 合コン
eine gemeinsame Party von zwei oder mehr verschiedenen Gruppen; die Kennenlern-Party「合同コンパ」の略。男性グループと女性グループというようにふつう二つまたはそれ以上のグループが集まって開くコンパ。もともとは学生語であったが，現在では若いサラリーマンも使用する。Abkürzung für *gōdō-konpa*. Normalerweise wird eine solche Party von einer Gruppe von Männern und einer Gruppe von Frauen zum gegenseitigen Kennenlernen veranstaltet. Ursprünglich ein Wort aus der Studentensprache, heute wird es auch von jungen Angestellten benutzt.

♦gōruden-awā ゴールデン・アワー
(pseudoengl. *golden hour*) die beste Sendezeit 放送で視聴率の高い時間帯。午後7時から10時まで。TV-Sendezeit, in der die höchste Einschaltquote erwartet wird (von 19 bis 22 Uhr)

♦goshin-jutsu 護身術
die Kunst der Selbstverteidigung **goshin-jutsu o kokoroete iru 護身術を心得ている** sich zu verteidigen wissen

♦goze ごぜ
{Gesch.} die blinde Straßensängerin 室町期以後にみられる盲目の女芸人。鼓や琵琶などを用いて（江戸期になると三味線も用いた）語り物や俗謡を歌い各地を遊歴した。Blinde Künstlerinnen, die man seit der Muromachi-Zeit fand. Sie erzählten Geschichten oder gaben Volkslieder zum Besten, wobei sie sich mit einer Trommel oder einer *Biwa* (in der Edo-Zeit spielten sie auch *Shamisen*) begleiteten, dabei zogen sie durch das ganze Land.

♦gyanburu ギャンブル (tobaku 賭博)
(von engl. *gamble*) das Glücksspiel **gyanburu ni kuruu ギャンブルに狂う** verrückt nach Glücksspiel sein; spielsüchtig sein **kōei-gyanburu 公営ギャンブル**（競輪，競馬，競艇など）das Glücksspiel in öffentlicher Verwaltung (wie z.B. Radrennen, Pferderennen, Motorbootrennen etc.) 賭博は，刑法によって禁じられているが，上記の公営のものは，法律により正当行為と認められており，犯罪行為に当たらない。また，小額の飲食物や居酒屋での代金などを賭ける程度の場合は罪にならない。Glückspiel ist in Japan durch das Strafrecht eigentlich verboten, aber die genannten öffentlich verwalteten Formen sind gesetzlich als legal anerkannt und die Teilnahme daran ist keine Straftat. Auch kleinere Wetten um Essen und Getränke oder die Rechnung in der Kneipe etc. sind keine Straftat. **bakuchi ばくち，博打** das Glücksspiel 賽（さい）・花札・トランプなどを用い，金品をかけて勝負を争うこと。これを賭博ということもあり。賭博には広義・狭義の意味があるということになる。Glückspiele, bei denen mit Würfeln, japanischen Spielkarten oder Kartenspielen um Geld oder Wertgegenstände gespielt wird. In diesen Fällen spricht man auch von *tobaku*, das Wort wird also im weiteren Sinn (für Glücksspiel allgemein) oder (wie hier) im engeren Sinn gebraucht. **dōmoto 胴元** der Bankhalter (im Kasino); der Buchmacher (im Wettbüro); der Glücksspielveranstalter **ō-bakuchi o utsu 大博打を打つ** alles auf eine Karte setzen

♦gyokuseki-konkō 玉石混交
wörtl.: „das Durcheinander von Juweln und Steinen"; die Mischung von Wertvollem und Minderwertigem; ein Mischmasch von gut und schlecht

♦gyotaku 魚拓

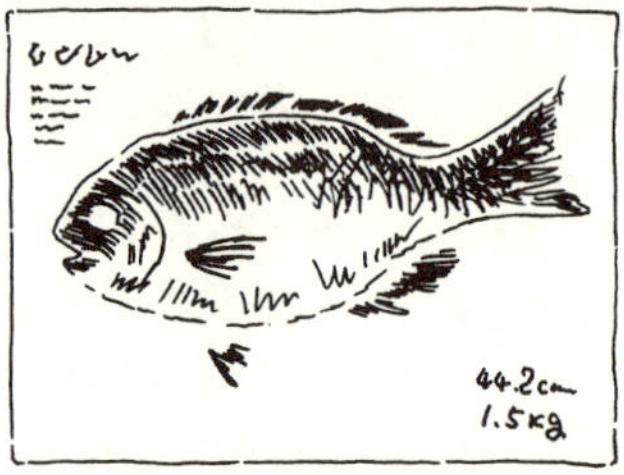

der Fischabklatsch (als Angelerinnerung oder als Kunstform) 釣った魚に墨や絵の具を塗り，その上に和紙を置いて，魚の形を写し取ったもの。Der Abklatsch eines geangelten Fisches, dessen Form man überträgt, indem man den Fisch mit Tusche oder Farbe bestreicht und ein Blatt Japanpapier darauflegt. **taikōbō 太公望** der Angler

♦ haiku 俳句
das *Haiku* 5・7・5を定型とする短い詩。江戸時代に松尾芭蕉が現在の形に確立させた。俳諧に高い文芸性を与え，日本の俳句において最重要な人物とされる。今日世界の各地に俳句の愛好者がいる。Ein 17-silbiges japanisches Kurzgedicht nach dem Schema 5-7-5 Silben. In der Edo-Zeit erhob Matsuo Bashō (1644-1694) diese Gedichtform in den Rang ernsthafter Literatur und gilt als bedeutendster Vertreter des japanischen *Haiku*. Heute ist diese Gedichtsform weltweit populär geworden. **renga 連歌** die Kettendichtung 連ね歌。前のモティーフなどを受けながら，一人または数人で詠み連ねる詩歌の形態。eine Kette von Gedichten, die jeweils einen Teil oder ein Motiv des vorangegangenen aufnehmen und variieren

♦hamaru はまる
einer Sache verfallen sein; (von etwas) nicht mehr loskommen; nach etwas süchtig sein; im…-Fieber sein「はまる」という日本語は多義であるが，もともとは，川，穴，深みなどに落ち込むという意味である。派生的用法として，「よくない状態に入り込んで身動きが取れない」「関わりあって抜け出せなくなる，特に女性の色香におぼれる」など否定的意味・用法が多い。ただし近年の傾向としては，「すっかり旅行にはまっている」「韓流ドラマにはまっている」のように肯定的意味・文脈で用いるケースも少なくない。Das japanische Wort *hamaru* hat verschiedene Bedeutungen, ursprünglich bedeutete es in einen Fluss, ein Erdloch oder in die Tiefe „hineinfallen". Im übertragenen Sinn bedeutete es „in eine schlechte Situation hineingeraten und keine Bewegungsfreiheit haben" oder „in einer Beziehung sein, aus der man sich nicht mehr befreien kann, insbesondere in den Bann einer Frau geraten"; so wurde es sehr oft im negativen Sinn verwendet. Die Tendenz der letzten Jahre ist allerdings, dass man *hamaru* ganz und gar nicht mehr negativ versteht; man verwendet es heute in Aussagen wie den folgenden: „völlig im Reisefieber sein" oder „ganz besessen sein von koreanischen Seifenopern".

◆hanafuda 花札

die japanische Spielkarte – 48枚の絵模様の札を用いたゲーム。現在では，娯楽というよりは，賭け事として用いられることが多い。Das japanische Kartenspiel besteht aus einem Satz von 48 Karten, es ist heute weniger ein Zeitvertreib als Glücksspiel mit Wetteinsatz.

◆hanamichi 花道

wörtl.: der „Blumenpfad“ 1) 歌舞伎の劇場で，観客席を縦断して設けてある，舞台に連なる道。im *Kabuki*-Theater ein Weg zur Bühne für die Schauspieler, der durch die Sitzreihen der Zuschauer zur Bühne führt 2) 相撲で，力士が支度部屋から土俵へ出入りする通路。im *Sumō* der Weg der *Sumō*-Ringer von der Garderobe zum Ring 3) 比喩的に，（惜しまれながらの）はなやかな引退。Im übertragenen Sinn nennt man so einen glanzvollen Rückzug am Ende der Kariere.

◆hanetsuki 羽根つき

das japanische Federballspiel 正月に女の子が行なったゲームで，羽子板という木製のラケットを使い，羽根を打ち合う。Eines der traditionellen Neujahrsspiele,

das besonders von Mädchen gespielt wird (wurde). Dabei werden eine Art Federball und Holzschläger verwendet.

◆hanka-tsū 半可通

1) das Halbwissen; oberflächliche Kenntnis 2) der Halbwisser, der Besserwisser, der Dilettant 半可通は，通人ぶっているが通人ではない生半可な通のこと。Jemand, der so tut, als ob er sich auskenne, aber in Wirklichkeit ein Dilettant ist.

◆hannya no men 般若の面

(beim *Nō*-Theater) weibliche Dämonmaske 二本の角を持った鬼女の能面。女性の憤怒・嫉妬・内面の悲しみを表すものとされる。*Nō*-Maske mit zwei Hörnern und einen furchteinflößenden Gesichtsausdruck. Sie soll Ausdruck weiblichen Zorns, weiblicher Eifersucht oder innerer Traurigkeit sein.

♦hanshin-yoku 半身浴

das Halbkörper-Bad; das Baden des Unterkörpers bis zum Bauchnabel 全身ではなく腹部（へその辺り）までの下半身だけを湯船につける入浴法。心臓や血流にかける負荷が比較的少なく，健康によいとされる。Eine Art zu baden, die besonders gesund sein soll, dabei taucht man nicht mit dem ganzen Körper sondern nur mit dem Unterkörper (bis zum Bauchnabel) ins heiße Wasser ein, wodurch die Belastung für Herz und Kreislauf gemindert werden soll.

♦hara-gei 腹芸

wörtl.: die „Bauchkunst“ 1) 言語や所作を用いない心理的・象徴的表出法。2) 腹に顔その他の絵を描いてさまざまに動かして見せる芸。1) die psychologisch-symbolische Darstellung (ohne Worte und Gebärden) 2) bewegte Gesichter oder andere Bilder mit seiner Bauchmuskulatur darstellen

♦hari-bote 張りぼて

das Papiermaché, das Pappmaché; aus Papiermaché Hergestelltes; das mit Papier beklebte Gestell 竹籠などに紙を貼ったもの（芝居の小道具など）。比ゆ的には，見かけは立派だが，実質を伴わないことがらやものの意味でも用いられる。Aus mit Papier beklebten Bambus- oder Holzgestellen hergestellte Figuren etc. (z.B. als Bühnendekoration). Auch im übertragenen Sinn für Sachen oder Gegenstände gebraucht, die äußerlich viel hermachen, aber keine wirkliche Substanz haben.

♦hariko no tora 張子の虎

der Tiger aus Papiermaché; der Papiertiger「張子の虎」は，竹と紙で作った虎のおもちゃで，首がよく動く仕掛けになっている。首を振る癖のある人をあざけって言う場合にも用いるが，強そうに威張っていても見掛け倒しで，本当は弱い人，虚勢を張る人のことを言う。Ein Spielzeug-Tiger aus papierbespanntem Bambus, der so gefertigt ist, dass der Kopf leicht hin- und herwackelt. Man benutzt das Wort einerseits, um sich über jemanden lustig zu machen, die die Angewohnheit hat, mit dem Kopf zu wackeln, aber auch für einen Angeber, der sich den falschen Anschein von Stärke gibt, in Wirklichkeit aber schwach ist.

♦hayashi 囃し，囃子

die Musikbegleitung **hayashi-kotoba 囃し言葉，囃子詞** der Refrain (mit unsinnigen Silben, um den Rhythmus zu halten) **hayashi-kata 囃子方** der Begleitmusiker

♦Heike-monogatari 平家物語

{Werktitel} *Heike-Monogatari*; die Geschichte der Heike 鎌倉時代の軍記物。平家一門の栄華と没落を描いた一種の叙事詩。仏教の無常観を基調に流麗な和漢混交文で描かれている。作者・成立年未詳。琵琶法師の語りにより多くの人に親しまれ，後世の文芸に大きな影響を与えた。Eine Art Kriegsepos, das den Glanz und den Untergang des *Samurai*-Clans der *Heike* schildert. Das Werk ist von der buddhistischen Idee der Unbeständigkeit durchzogen und in einem sehr elegantem japanisch-chinesischen Mischstil verfasst. Autor und Entstehungsjahr sind unklar. Die Geschichte wurde von *Biwa*-Spielern (siehe *biwa-hōshi*) erzählt, wodurch sie weite Verbreitung fand und einen großen Einfluss auf die spätere Literatur ausübte.

♦heta na teppō mo kazu uteba ataru 下手な鉄砲も数打てば当たる

(Sprichw.) Auch ein schlechter Schütze trifft irgendwann, wenn er oft genug schießt. Auch ein blindes Huhn findet einmal ein Korn.

♦heta no yokozuki de aru 下手の横好きである

etwas gerne machen, obwohl man es nicht gut kann; etwas ebenso gern wie ungeschickt tun

♦hiki-gatari 弾き語り

Gesang mit eigenhändiger Instrumentalbegleitung 琵琶法師が琵琶を弾きながら平家物語を語るのも，浄瑠璃で演者が三味線を弾きながら浄瑠璃を語るのも広い意味では弾き語りであるが，現在日本で弾き語りといえば，ピアノやギターを弾きながら，歌を（特にポピュラー音楽を）歌うのを意味するのが一般的である。*Biwa-hōshi* (siehe dort), die während sie *Biwa* spielten das *Heike-monogatari* erzählten, sowie Darsteller beim *Jōruri* o.Ä., die Geschichten erzählen und dabei *Shamisen* spielen, kann man im weiteren Sinn auch als *hiki-gatari* bezeichnen, aber im gegenwärtigen Japanisch nennt man so normalerweise eine Form der Unterhaltungsmusik, bei der sich die Interpreten auf dem Klavier oder mit der Gitarre selbst begleiten.

♦hikiwake 引き分け

das Unentschieden **hikiwake ni naru 引き分けになる** unentschieden enden (ausgehen) **hikiwake-shiai 引き分け試合** das unentschiedene Spiel

♦hinoki-butai 檜舞台

wörtl.: die „Bühne aus japanischen Zypressenholzbrettern", die Bühne der Öffentlichkeit **hinoki-butai o fumu 檜舞台を踏む** die Bühne der Öffentlichkeit betreten; ins Rampenlicht treten; auf großer Bühne auftreten

♦hitori-butai 独り舞台

1) das Ein-Mann-Theater, die Solovorstellung 2) die Konkurrenzlosigkeit; das Beherrschen der Szene 1) 一人の役者が舞台で演じること 2) 多数の中で一人が他を圧倒するかたちで活躍すること **hitori-butai de aru 独り舞台である** die Bühne beherrschen; die anderen Schauspieler in den Schatten stellen

♦hō-gaku 邦楽

traditionelle japanische Musik 広義では，日本の音楽，特に伝統音楽全体を言う。狭義では，江戸時代に発生した三味線や琴などを用いる音楽を言う。Im weiteren Sinn wird japanische Musik im Allgemeinen, besonders traditionelle Musik, so genannt. Im engeren Sinne bezeichnet das Wort Formen der traditionellen Musik, die in der Edo-Zeit entstanden sind, und bei der bestimmte Instrumente wie z.B. *Shamisen* oder *Koto* benutzt werden.

♦Hōjōki 方丈記

{Werktitel} *Hōjōki*; Aufzeichnungen aus meiner Hütte, 1212 隠遁生活を始めた

鴨長明(1155-1216)の随筆で，隠遁生活についての記述のほか，当時の都を襲った天変地異(大火災，竜巻，地震その他)についての生々しい描写もある。Berichte und Betrachtungen des Einsiedlers Kamo no Chōmei (1155-1216). Es werden auch das Inferno und die Naturkatastrophen eindrucksvoll geschildert, von denen die damalige Hauptstadt Kyōto heimgesucht wurde (Großbrände, Wirbelstürme, Erdbeben usw.)

♦hokku 発句
der Einleitungsvers eines *Waka* oder *Renga*

♦honban 本番
1) wirkliche Vorstellung (z.B. im Theater, im Gegensatz zu Probe); wirkliche Aufnahme (Film); das richtige Spiel (Sport) 2) (Jargon) der Sex; der Geschlechtsverkehr

♦horidashi-mono 掘り出し物
der Glückstreffer; der glückliche Fund; der gute Kauf **horidashi-mono o suru 掘り出し物をする** einen glücklichen Fund machen; einen guten Kauf machen

♦Hyakunin-isshu 百人一首
wörtl.: „hundert Personen, je ein Gedicht"; ein altes japanisches Kartenspiel – 7世紀から13世紀までの100人の歌人が詠んだ100首からなる和歌集で，またこの和歌を使ったカードゲームのことでもある。Eines der traditionellen Neujahrsspiele, bei dem 100 Karten mit berühmten Gedichten von 100 Dichtern (vom 7. bis 13. Jh.) verwendet werden.

♦hyōshi-gi 拍子木

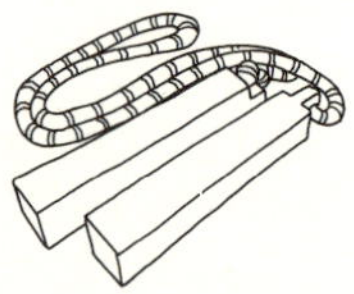

die japanischen Klanghölzer **hyōshi-gi o utsu 拍子木を打つ** die Klanghölzer schlagen 対をなした方柱形の硬い木で，2本が紐で結び付けられていることもあり，打ち合わせて鳴らす。拍子をとったり，劇場などでの合図や夜回りの警戒などに用いる。Zwei Stangen aus Hartholz mit viereckigem Querschnitt, deren Enden manchmal mit einer Schnur verbunden sind. Sie werden beispielsweise verwendet, um den Takt anzugeben, den Beginn einer Vorstellung, z.B. im Theater, anzukündigen, oder als Signal des Nachtwächters.

♦hyottoko ひょっとこ

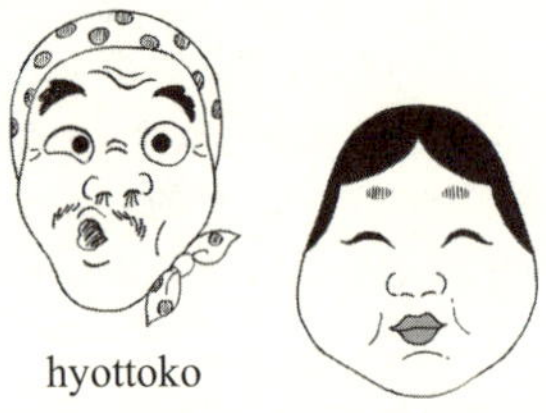

hyottoko

otafuku

Maske eines Männergesichts mit vorgestülptem Mund **otafuku お多福** Maske eines runden Frauengesichts mit Stupsnase **otafuku-kaze お多福風邪** der Mumps; der Ziegenpeter 流行性耳下腺炎のことであるが，この病気になると，お多福のような顔つきになるところから，日本では一般にお多福風邪と呼ばれている。Ansteckende Infektion der Ohrspeicheldrüsen (med. Parotitis), aber weil das Gesicht der Patienten anschwillt und dadurch an ein *Otafuku*-Gesicht erinnert, spricht man in Japan im Allgemeinen von der *Otafuku-kaze* („*Otafuku*-Erkältung“).

◆ichi ni tsuite yōi don! 位置について, 用意, ドン!

Auf die Plätze, fertig, los! 競走の際に用いられる上記日本語の表現は，今日では定着しているが，昭和の初期，公募で選ばれたものである。明治，大正期にはいくつかの試みがなされた。Beim Start eines Wettrennens wird dieser Ausdruck gebraucht, der heute fest etabliert ist, und in der frühen Shōwa-Zeit durch eine öffentliche Ausschreibung ausgewählt wurde. In der Meiji-Zeit und Taishō-Zeit hatte man zunächst verschiedene Ausdrücke ausprobiert.

◆igo 囲碁

das *Go*-Spiel 中国から伝来した。361（19 × 19）の目を盛った盤上に交互に一つずつ黒・白の碁石を並べ自分の色の石によって，地を広く占めた方を勝ちとする。Ursprünglich chinesisches Brettspiel mit schwarzen und weißen Steinen. Es wird von zwei Spielern mit schwarzen und weißen Steinen auf einem Spielbrett mit 19 Quer- und Längslinien gespielt. Ziel des Spieles ist es, mit den eigenen Spielsteinen ein möglichst großes Territorium abzugrenzen. **go-ishi 碁石** der *Go*-Stein **fuseki 布石** 1) das strategische Setzen der *Go*-Steine zu Beginn einer Partie 2) die Vorbereitung 布石の「石」は碁石のこと，「布」は，配置するという意味。「布石」は，序盤戦の段階で，後の戦いの展開を考えて石を打っておくこと。そこから，将来のために配置しておく備えという意味でも用いられる。*Fu* bedeutet „verteilen“ und *seki* bedeutet „*Go*-Stein“, *fuseki* ist das Anfangsstadium eines *Go*-Spiels, in dem man seine Steine zur Vorbereitung der späteren Spielentwicklung strategisch günstig auf dem Spielbrett verteilt. Davon abgeleitet nennt man auch in anderen Kontexten strategische Vorbereitugen für die Zukunft so. **jōseki 定石** eine festgelegte Abfolge von Spielzügen bei *Go*-Spiel; die Grundregeln **ichi-moku oku 一目置く** 1) den ersten Stein aufs *Go*-Brett setzen 2) seine Unterlegenheit anerkennen 囲碁で，弱い方が先に一つ石を置いて勝負を始めるところから，自分より相手が優れていることを認め，一歩譲って接するということ。Beim *Go* gibt man vor Beginn des Spiels dem Unterlegenen einen Vorsprung, indem er einen (selten auch mehrere) Spielstein(e) auf das Spielbrett setzen darf. Davon abgeleitet wird die Redewendung verwendet, wenn man die Überlegenheit des Gegners anerkennt und in seine oder ihre Fähigkeiten vertraut. **taikyoku 対局** die Partie (Schach, *Go* oder *Shōgi*)

◆ikigai 生きがい, 生き甲斐

der Lebenszweck, das Lebenselixier; sein ein und alles 前後関係でさまざまな可能性が考えられるが例えば *musume wa watashi no ikigai deshita*「娘は私の生き甲斐でした」であればMeine Tochter war mein ein und alles. というような訳も考えられる。

◆imayō-uta 今様歌

{Gesch.} wörtl.: „die Lieder in heutiger Weise“; Versform der Heian- bis Kamakura-Zeit aus vier Zeilen mit jeweils sieben und fünf Silben 平安時代から鎌倉時代にかけて流行した，七・五調4句からなる新様式の歌謡。

◆inasu いなす

1) (*Sumō*) ausweichen ; den Gegner durch Ausweichen aus dem Gleichgewicht bringen 2) (geschickt) parieren 1)（相撲で）急に体をかわして相手を泳がせる。2) 自分に向けられた追及や質問を言葉巧みにかわす。

◆inochi no sendaku (sentaku) 命の洗濯

wörtl.: „Reinigung der Lebenskraft"; die Erholung, die Entspannung, das Auftanken 日頃の苦労から解放されてきままに楽しい時を過ごすときなどにこのような言い方をする。So nennt man den Zeitraum oder eine Aktivität, die man befreit von den Mühen des Alltags unbeschwert genießen kann.

◆inrō 印籠

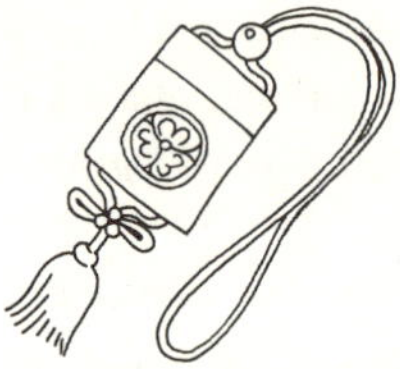

{Gesch.} wörtl.: „Siegelbehälter", der *Inrō* もともとは，印や印肉を入れる容器を意味した。江戸時代には携帯用の薬入れとして用いられ，武士が，帯に挟んで腰に下げた。多くは平たい円筒形をしており，精巧な工芸品も見られる。Das Wort bezeichnete ursprünglich einen kleinen Behälter für einen Namensstempel und ein Stempelkissen. In der Edo-Zeit wurden *Inrō* als tragbare Medizinbehälter verwendet und die *Samurai* trugen sie am Kimonogürtel befestigt an der Hüfte. *Inrō* haben häufig eine flache ovale Form und können kleine Kunstwerke sein.

◆ireageru 入れ揚げる

für etwas (od. jemanden) sein Geld verschwenden; viel Geld in etwas stecken 好きなもののために，分別を欠いて多くの金銭をつぎ込む（例えば，贔屓の役者や力士などに）Für etwas, was einem Spaß macht, unvernünftig viel Geld ausgeben (z.B. für einen Schauspieler oder einen *Sumō*-Ringer, dessen Fan man ist).

◆Iroha-uta いろは歌

das *Iroha-Gedicht* 「いろは」は，47の仮名文字が一度ずつ遣われている仏教歌「いろは歌」の最初の3文字である。平安中期の作で，涅槃経典からの和訳とする説もある。かつてそうであったし，現在でも，物を配列する場合，いろは順が用いられることがある。*I-ro-ha* lauten die ersten drei Silben eines buddhistischen Gedichtes, in dem jede Silbe des japanischen Alphabets einmal vorkommt. Das Gedicht stammt aus der mittleren Heian-Zeit und es gibt die Ansicht, dass es sich dabei um die japanische Übersetzung eines Verses aus dem *Nirwana*-Sutra handelt. Es wurde und wird auch heute noch gelegentlich als Ordnungsschema verwendet.

◆isshi-sōden 一子相伝

die Weitergabe einer geheimen Kunst oder Technik vom Vater an eines der eigenen Kinder 技芸の秘法等を父親が自分の子の中の一人だけに伝えること。

♦itachi-gokko いたちごっこ，鼬ごっこ

1) Name eines Kinderspiels 2) die endlose Schraube; die sinnlose Wiederholung 1) 子供の遊びの一つで，二人が向かい合って，「いたちごっこ，ねずみごっこ」と言いながら，互いに相手の手の甲をつねりながら，順に重ねていく遊び。2) 上記の遊びはきりがないことから，(例えばいがみ合う隣の家同士の争いごとにみられるように) 双方で同じ事の繰り返しをして，いつまでも埒のあかないこと。1) Ein Kinderspiel, wobei die Kinder sich einander gegenüber sitzen und sich gegenseitig nacheinander die Handrücken zwicken, während sie „*ita-chigokko, nezumigokko*“ sagen. 2) Weil es bei diesem Spiel kein Ende gibt, nennt man so auch den Zustand, wenn zwei Parteien oder Personen dieselbe Sache immer wieder wiederholen, ohne das es zu einem Ergebnis führt (z.B. bei Nachbarschaftsstreitigkeiten).

♦itami-wake 痛み分け

1) das verletzungsbedingte Unentschieden beim *Sumō*; der durch Verletzung eines Ringers (od. beider Ringer) bedingte ergebnislose Spielabbruch 相撲で取り組み中，一方あるいは両方が負傷したため引き分けること。2) das Unentschieden bei Streitigkeiten aufgrund beiderseitigen Schadens 互いに損害・被害を受けたまま引き分けること。

♦ita ni tsuku 板に付く

1) in seiner Rolle vollkommen aufgehen; in seine Rolle hineingewachsen 2) jemandem zur zweiten Natur werden もともとは演劇関係の言葉で「板」は芝居の板張りの舞台，「付く」は見事に合うことを意味した。つまり俳優の芸が舞台にぴったりと調和するということ。そこから，任務，職業，態度などがその人にしっくり合うようになる，という意味に転じた。Ursprünglich ein Wort aus der Welt des Theaters; mit *ita* („Bretter“) sind die Bühnenbretter gemeint und *tsuku* bedeutet hier „ausgezeichnet passen“. Der Ausdruck besagt also, dass die Darstellungskunst eines Schauspielers perfekt mit der gesamten Aufführung harmoniert. Im übertragenen Sinn verwendet man die Formulierung auch, wenn jemand mit seinen Aufgaben, seinem Beruf oder seinem Auftreten vollkommen stimmig ist.

♦ittō-bori 一刀彫

wörtl.: „geschnitzt mit einem einzigen Messer“; eine grobe Schnitzmethode, bei der man nur ein Messer verwendet, auch eine so angefertigte Skulptur 一本の小刀で素朴な荒削りを施す刀法。またその彫刻物。

♦janken じゃんけん

Schere-Stein-Papier-Spiel じゃんけんは，世界各地で異なっている。ドイツには2種類のじゃんけんがあり，日本のじゃんけんに対応するのは，このSchere, Stein, Papier (Schnick, Schnack, Schnuckともいう) であるが，上記の三つにBrunnen (井戸) を加えた別のパターンもあり，この場合Stein (石；はさみに勝つ), Brunnen (井戸；石，はさみに勝つ), Schere (はさみ；紙に勝つ), Papier (紙；石と井戸に勝つ) で勝敗を決める (紙は井戸を覆い，石とはさみは井戸に沈む)。ちなみにBrunnen (井戸) は，親指と人差し

指の先をくっつけて輪を作る。Die japanische Version des weltweit verbreiteten Knobelspiels, das in Deutschland als „Schere, Stein, Papier“ oder „Schnick, Schnack, Schnuck“ bekannt ist. Bestimmte Handhaltungen können dabei einander „schlagen“. Die in Deutschland verbreitete Erweiterung des Spiels um das vierte Symbol „Brunnen“ ist in Japan unbekannt. (Abbildung)

♦jidai-geki 時代劇
das historische Drama, das historische Stück 映画やテレビ，演劇等で明治時代以前の時代を扱った作品の総称。Sammelbezeichnung für Filme (Fernsehspiele inbegriffen), Theaterstücke etc., die in der Zeit vor der Meiji-Ära handeln. **merodorama メロドラマ** das Melodrama **seibu-geki 西部劇** der Western, der Wildwestfilm

♦jiga-jisan 自画自賛
wörtl.: das „Lob eines von einem selbst gemalten Bildes“; das Eigenlob, das Selbstlob 自分の描いた画に自分で讃をすること。転じて，自分で自分のことをほめること。

♦jisei no ku 辞世の句
das Sterbegedicht, das Todesgedicht, das Abschiedsgedicht, der Schwanengesang 死に際に詠んだ詩歌。形としては俳句，短歌.その他がある。Ein Gedicht, das im Angesicht des Todes verfasst wird. Die Form kann ein *Haiku*, *Tanka* usw. sein. **zeppitsu 絶筆** jemandes letztes Schriftstück

♦jo-ha-kyū 序破急
1) drei Phasen der altjapanischen Hofmusik (Einleitung, Entwicklung und Schluss) 2) (später:) ein kunsttheoretischer Begriff, der auf andere Kunstgebiete (*Nō, Renga, Haikai*) erweitert worden ist. もともとは舞楽などにおける形式上の3区分（導入，展開，終結）を示す語であったが，後に他の芸術分野（能，連歌，俳諧など）でも用いられるようになった。

♦jo-no-kuchi 序の口
1) der unterste Rang im *Sumō* 2) der Anfang; Beispiel: „*Atsusa wa honno jo-no-kuchi da.*“「暑さはほんの序の口だ」„Die Hitze hat gerade erst begonnen.“

♦jūdō 柔道
das *Jūdō* 日本独特の武道の一つ。古来さまざまな流派があったが，明治時代になり，嘉納治五郎（1860-1938）が各流派を統合するかたちで講道館柔道を大成した。Eine der typisch japanischen Kampfsportarten. Ursprünglich gab es viele verschiedene Stilrichtungen, aber in der Meiji-Zeit wurden sie von Kanō Jigorō (1860-1938) unter dem Namen *Kōdōkan-Jūdō* zusammengefasst. **jūdō no waza 柔道の技** die *Jūdō*-Technik **jūdō-jō 柔道場** die *Jūdō*-Übungshalle

♦jun-bungaku 純文学
schöne Literatur; echte Dichtung 大衆文学に対し，純粋な芸術を指向する文学という意味。

♦jūyō-mukei-bunkazai 重要無形文化財
wichtiges immaterielles Kulturgut **jūyō-mukei-bunkazai-hojisha 重要無形文化財保持者** Träger eines wichtigen immateriellen Kulturgutes

♦kabuki 歌舞伎
das *Kabuki*-Theater 江戸時代に興隆，独自の発展を遂げた日本特有のもので，演劇，舞踊，音楽を総合した総合芸術である。今日でもその独自の美しさ，表現形式に魅せられるひとは少なくない。Das exzentrisch wirkende *Kabuki*-Theater mit seiner einzigartigen Ästhetik und Ausdruckskraft ist eine Kombination aus Drama, Tanzdarbietung und Musik und war besonders in der Edo-Zeit populär. Es hat auch heute noch viele Liebhaber.

♦kaburitsuki かぶりつき
wörtl.: „sich (an der Bühne) festbeißen"; die erste Reihe im Theater; der Rasierstuhlplatz; die Rasierloge ドイツ語にRasierという語が含まれているのは，顎鬚を剃るときに顎を突き出した格好が，この席で観る人の姿に似ているところから来ている。Der hier im Deutschen verwendete Wortbestandteil „Rasier" drückt aus, dass die Körperhaltung der Zuschauer in der ersten Reihe, die ihr Kinn weit vorstrecken müssen, der Position bei einer Bartrasur ähnelt.

♦Kadensho 花伝書
{Buchtitel} *Kadensho* 能楽論書。『風姿花伝』の通称。父観阿弥が口述したものを中心に，世阿弥（1363?-1443?）自身の思想を展開したもの。応永年間（1394–1428）に成立。Eine Schrift zur Theorie des *Nō*-Theaters. *Kadensho* ist die populäre Bezeichnung des Buches, dessen ausführlicher Titel *Fūshikaden* lautet. Darin hat Zeami (1363?-1443?) auf der Grundlage der mündlichen Überlieferung seines Vaters sein eigenes Denken zum *Nō* entwickelt. Das Buch entstand zwischen 1394 und 1428.

♦kadō 華道（ikebana 生け花）
die Kunst des Blumensteckens; das *Ikebana*, der Blumenweg 16世紀頃から盛んになった日本の伝統的な芸術の一つ。「生け花」と同じであるが，華道は求道の面から捉えた言い方。Eine der traditionellen japanischen Kunstformen, die seit dem 16. Jh. beliebt ist. Während das im Deutschen geläufige Wort *Ikebana* einfach nur soviel wie „Blumenstecken" bedeutet, schließt die Bezeichnung *Kadō* auch geistliche Aspekte mit ein und meint Blumenstecken als eine spirituelle Übung. **nageire 投げ入れ** wörtl.: „das Hingeworfene"; das Blumenarrangement in freiem Stil **kenzan 剣山** der Blumenigel (für das Blumenstecken)

♦kadoban 角番
1) (*Go, Shōgi etc.*) das Spiel, bei dem es um den Sieg oder die Niederlage bei einer Spielserie geht 2) (*Sumō*) der Kampf, bei dem es um den Rangerhalt geht 1) 囲碁・将棋などの連続した対局で，勝負が決まる局番。七番勝負ならば，三敗した次の一戦。Das Spiel, das über den Gesamtsieg in einer Spielserie entscheidet, wenn z.B. bei sieben Partien, jeder Spieler drei Mal verloren hat, nennt man die nächste Partie *kadoban*. 2) 相撲で，その場所で負け越せば，その地位から陥落するという局面。Beim *Sumō* bezeichnet man die Situation als *kadoban*, wenn ein Ringer in einem Turnier unbedingt mehr Siege als Niederlagen erreichen muss, weil er sonst seinen Rang verliert. **kachi-kosu 勝ち越す** mehr Siege als Niederlagen erlangen **make-kosu 負け越す**

mehr Niederlagen als Siege aufweisen

♦ **kae-uta 替え歌**
der nachgedichtete Gesang; die parodistische Nachdichtung; die Parodie

♦ **kage-e 影絵**

das Schattenbild, der Schattenriss 手や切り紙で人物や動物などの形を作り，灯火を用いて障子や壁などにその影を映す遊び。Ein Spiel, bei dem man mithilfe der Hand oder mit ausgeschnittenen Papierformen und dem Lampenschein, Schattenfiguren von Menschen, Tiere usw. auf die Papierschiebetüren oder die Wand wirft.

♦ **kaisui-yoku 海水浴**
das Seebad **kaisuiyoku o suru 海水浴をする** in der See baden; im Meer schwimmen 明治期にいたるまで日本では，今日的なかたちでの海水浴は知られていなかった。現在見られるような海水浴が日本で一般化されたのは，明治中期頃からである。Bis zur Meiji-Zeit war das Baden im Meer in der heutigen Form in Japan unbekannt. Das heute in Japan weit verbreitete Baden im Meer wurde erst ab Mitte der Meiji-Zeit üblich.

♦ **kaketsuke-sanbai 駆けつけ三杯**
wörtl.: „drei Gläser zum Aufholen" 酒席などで遅れてきた人に「罰」として続けざまに酒を3杯飲ませることがある。Drei Schalen *Sake* hintereinander trinken zu müssen, ist eine übliche Art der „Bestrafung", wenn man zu spät zu einer Party gekommen ist.

♦ **kakizome 書初め**
die erste Kalligraphie zu Neujahr 新年を迎えて初めてする習字。普通正月2日に改まったおごそかな雰囲気のなかで行う。Die erste Kalligraphie im neuen Jahr. Normalerweise macht man das am 2. Januar in einer festlichen Atmosphäre.

♦ **kakurenbō 隠れん坊**
das Versteckenspielen, das Versteckspiel 子供の遊びで，鬼を一人定め，他の者が物陰に隠れているのを鬼が捜し出し，最初に見つけられた者を次回の鬼とする。Kinderspiel, bei dem ein Kind bestimmt wird (der oder die *oni*, „Dämon"), das die anderen Kinder, die sich versteckt haben, finden muss. Wer zuerst gefunden wird, muss als nächstes den Dämon spielen. **buranko ブランコ** die Schaukel **suberi-dai 滑り台** die Rutschbahn **shīsō シーソー** (von engl.: *seesaw*) die Wippe **suna-ba 砂場** der Sandkasten

♦ **kakushi-gei 隠し芸**
das Paradestückchen 人知れず身に付けている芸のことで，宴会などで他人からせがまれて座興として披露する。ein heimlich erlerntes Kunststück, das man z.B. auf einer Party zum Besten gibt

♦ **kakyō ni iru 佳境に入る**
zum interessantesten Teil kommen 非常に面白いところに入ってくる，ということ。

♦kami-shibai 紙芝居
das Papierbilder-Schaukastentheater 物語の場面を描いた絵を見せながら話を聞かせるものであるが，テレビの普及によりほとんど姿を消した。Mit der Verbreitung des Fernsehens ist diese Form, Geschichten in einem Schaukasten mit Papierbildern zu erzählen, fast verschwunden.

♦kanakugi-ryū 金釘流
wörtl.: „der Eisennagelstil"; die kritzelige Handschrift; das Gekritzel, die Sauklaue 筆跡が下手なのを一つの流派のようにふざけてあるいは軽蔑して言う言い方。Mit diesem ironischen Ausdruck macht man sich über eine schlechte Handschrift lustig oder macht sie verächtlich, und zwar indem man sie mit einem Namen bezeichnet, der wie eine besondere Schulrichtung der Kalligraphie klingt.

♦kana-zōshi 仮名草子
Kana-zōshi ist der Sammelbegriff der populären Unterhaltungsliteratur (vorwiegend in *hiragana* abgefasst, daher der Name) der frühen Edo-Zeit. Sie knüpft an die *Otogi-zōshi* (siehe dort) der Muromachi-Zeit an und gilt stofflich und formal als Vorläufer der *Ukiyo-zōshi* (siehe dort) der Edo-Zeit. 仮名草子は江戸時代初期に主として仮名で書かれた物語等の総称。室町時代の御伽草子に連なるものであり，また素材や形式からみて江戸時代の浮世草子の先駆をなすものである。

♦kao-mise 顔見世
das Debüt; das erste Auftreten 大勢の前に始めて顔を見せることであるが，歌舞伎では，一座の俳優・役者が総出演する芝居をこのように呼ぶ。Das Wort bedeutet zwar eigentlich, „sein Gesicht zum ersten Mal der Menge zeigen", aber im *Kabuki* bezeichnet man so eine Aufführung, in der alle Schauspieler und Akteure eines *Kabuki*-Theaters zusammen auftreten.

♦kara-jishi 唐獅子
1) der Löwe 2) Kunstgegenstand mit Löwenverzierung; das löwenähnliche Fabeltier 1)獅子（ライオン）のことであるが「いのしし」（猪）や鹿も「しし」と呼ばれたことがあるため，それらと区別するためにこのように呼んだ。2)ライオンを造形的に装飾化したもの。桃山時代には武将たちに愛好され，江戸時代にも障壁画などの画題になった。1) Da in Japan sowohl Wildschweine als auch Hirsche manchmal als *shishi* bezeichnet wurden, nannte man Löwen gelegentlich so, um sie von jenen zu unterscheiden. 2) Phantasievoll ausgeschmückte Löwendarstellungen, die in der Momoyama-Zeit unter den Feldherren beliebt waren und auch in der Edo-Zeit oft auf bemalten Schiebetüren dargestellt wurden.

♦karaoke カラオケ
wörtl.: „leeres Orchester"; das *Karaoke* いまやカラオケは世界的に知られるところとなった。日本においてカラオケが登場したのは1970 年代の初めである。Das Karaoke ist heute weltweit bekannt. In Japan ist *Karaoke* Anfang der 1970er Jahren aufgekommen. **karaoke-hausu** カラオケ・ハウス das Karaoke-Haus **karaoke-bokkusu** カラオケ・ボックス die Karaoke-

Box; ein kleines Zimmer mit Karaoke-Anlage, das man stundenweise mieten kann, um mit Freunden oder Bekannten zu singen

♦kara-sawagi から騒ぎ，空騒ぎ

1) viel Lärm um nichts 2) (Werktitel) Viel Lärm um nichts (Drama von William Shakespeare: *Much Ado about Nothing*; 1598/1599)

♦karate 空手

wörtl.: die „leere Hand"; das *Karate* 中国の拳法と沖縄の武術が組みあわさってできた護身術。「空手」というのは武具などを用いないという意味であろう。Kampfsport, der aus chinesischen Kampftechniken und solchen aus Okinawa entwickelt wurde. Dabei werden keine Waffen benutzt, daher die japanische Bezeichnung „leere Hand".

♦karesansui 枯山水

der Trockenlandschaftsgarten; der *Zen*-Garten 水を使わず，石や砂，小石だけで山水を表現する庭。石組みで山や滝を表し，敷き詰めた白砂に竹箒などで水の流れを描き，川を表現する。禅院などに見られる。Ein Landschaftsgarten aus Felsen, Steinen und Sand, der ohne die Verwendung von Wasser angelegt wird. Berge und Täler, Flüsse und Wasserfälle werden durch Arrangements aus Sand und Steinen dargestellt. Man findet Trockenlandschaftsgärten häufig in den Tempelanlagen der *Zen*-Schule.

♦karuta カルタ

(von port. *carta*) die (japanische) Spielkarte **iroha-karuta いろはカルタ** die *Iroha*-Spielkarten 48の読み札とその絵解きから成り立っており，伝統的なカルタで，かつ

ては正月によく用いられた。Eines der traditionellen japanischen Neujahrsspiele mit 48 Lese- und Bildkarten. **inu-bō karuta 犬棒カルタ** いろはカルタの一種。江戸時代後期江戸で起こり，のち全国に広がった。「犬も歩けば棒に当たる」というカード(札)があることからこの名前がついた。Eine Art von *iroha-karuta*, das Spiel ist in der späten Edo-Zeit entstanden und hat sich später im ganzen Land verbreitet. Der Name stammt von einer Spielkarte, auf der das Sprichwort „selbst ein Hund trifft durch zielloses Herumlaufen irgendwann mal einen Stock", steht. **inu mo arukeda bō ni ataru 犬も歩けば棒に当たる** 1) Jeder Aktion hat ein gewisses Risiko. ものを行なえばときには危険や禍に出会うこともある。2)Auch ein blindes Huhn findet mal ein Korn. やってみると思わぬ幸いに出会うこともある。

♦katsuji-banare no keikō 活字離れの傾向

die Tendenz, weniger zu lesen 新聞や書籍などの文字媒体の利用率が低下するという意味で用いられ，インターネットなどにおける文字媒体の使用については，ここでは問題にされていない。Diesen Ausdruck gebraucht man, um auszudrücken, dass immer weniger Printmedien (Zeitungen, Bücher etc.) gelesen werden; die Rezeption von Texten in den neuen Medien wie dem Internet usw. wird aber nicht problematisiert.

♦kawaii かわいい, 可愛い

liebenswert, süß, kindlich, reizend もともとは小さいもの, 弱いものなどに心引かれる気持ちを表わす言葉であった。しかし現在では, 特に若年層の間において, その意味や使用範囲は拡大し, 「かっこいい」「素敵だ」などの意味でも用いられるようになった。また日本語の「かわいい」が, 漫画やアニメとともに, 外国へ輸出されるという現象も見られる。Ursprünglich bringt das Wort zum Ausdruck, dass man sich zu etwas Kleinem, etwas Schwachem etc. hingezogen fühlt. Aber heutzutage wird das Wort besonders in der jüngeren Altersschicht in einem sehr weiten Sinn gebraucht, es kann heute „cool“, „super“ usw. bedeuten. Außerdem lässt sich beobachten, dass das Wort durch japanische *Manga* und *Anime* auch ins Ausland exportiert wird.

♦kayō-kyoku 歌謡曲

der Schlager; das volkstümliche Lied ドイツでは古来の伝統的民族歌謡と一般大衆に親しまれている大衆歌謡曲を区別して考える。In Deutschland unterscheidet man zwischen „echter“ traditioneller „Volksmusik“ und der dem Massengeschmack angepassten „volkstümlichen Musik“.

♦kazoe-uta 数え歌

das Zahlenlied 「一つとや(一つとせ), 二つとや(二つとせ)」などのように数える言葉が各歌詞の歌い出しに置かれ, 順次数をおって続いて行く歌。Ein Lied, bei dem die erste Strophe mit dem Wort „eins“, die zweite Strophe mit dem Wort „zwei“ beginnt und das so der Reihe nach fortgesetzt wird.

♦kemari けまり, 蹴鞠

das *Kemari*; ein altjapanisches Fußballspiel 鹿革のまりを地上に落とさないように足で蹴って次々に渡す遊び。中国から伝来し, 平安貴族の間で盛んに行なわれた。Ein Spiel, bei dem ein Ball aus Hirschleder mit den Füßen gekickt und von einem Spieler zum nächsten weitergegeben wird, ohne er auf den Boden fällt. Das Spiel wurde aus China überliefert und war unter den Hofadligen in der Heian-Zeit weit verbreitet.

♦kendama 剣玉

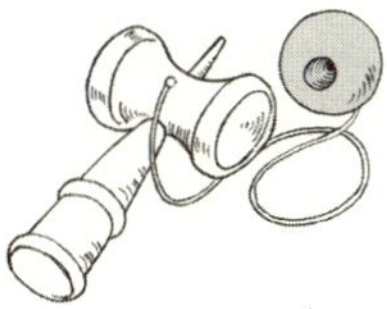

das *Kendama*-Spiel; ein japanisches Geschicklichkeitsspiel 木の一端をとがらせ, もう一端は皿形にして, 穴をあけた球を糸で結び付けた木製の玩具。球を皿の部分に乗せたり, 柄の先に刺したりして遊ぶもので, フランスには類似の *bill bouquet* があるが, ドイツではこの種の遊戯はほとんど知られていない。Man spielt es mit einer Kugel, die mit einem Loch versehen ist, und die man entweder mit einem Holzspieß oder einem Holzteller aufzufangen versucht, die an einem Griff befestigt sind. Kugel und Griff sind mit einer Schnur verbunden. In Deutschland ist das Spiel weitgehend unbekannt, es gibt jedoch eine französische Variante mit dem Namen *bill bouquet*. (Abbildung)

♦kendō 剣道

das *Kendō*; das japanische Sportfechten; die japanische Fechtkunst mit dem Bambusschwert もともとは武士の訓練として広まったものである。今日世界的にみても愛好者はふえつつある。Das Fechten mit dem Bambusschwert war ursprünglich ein Training der *Samurai* und ist heute ein beliebter traditioneller Sport, der allmählich auch internationale Verbreitung findet. **kendō no shihan 剣道の師範** der *Kendō*-Meister **kendō no gokui 剣道の極意** die letzten Geheimnisse der Fechtkunst (des *Kendō*) **shinai 竹刀** das Bambusschwert

♦kiku-ningyō 菊人形

die Chrysanthemenpuppe; eine mit Chrysanthemenblüten und -blättern geschmückte Puppe 菊の花や葉で飾りつけた人形の見世物。

♦kingyo 金魚

der Goldfisch 金魚が中国から日本へもたらされたのは16世紀のことであった。今日日本の家庭で金魚はよく飼われている。最初の金魚がヨーロッパへもたらされたのは17世紀半ばのことで，間もなく王家などで好んで飼われるところとなった。Goldfische wurden im 16. Jh. von China nach Japan eingeführt und sind auch heute noch beliebte Haustiere. Bereits Mitte des 17. Jhs. gelangten die ersten Goldfische an europäische Königshäuser, wo man schnell Gefallen an ihnen fand. **kingyo-bachi 金魚鉢** das Goldfischglas **kingyo-sukui 金魚掬い** wörtl.: „Goldfische schöpfen" 金魚掬いは祭りや縁日の屋台などで見られる遊びで，浅い水槽のなかの金魚を薄い紙を張った輪で掬い上げる遊びで，紙は水に濡れると破れやすくなるので，金魚を掬い取るためにはある種のコツが必要となる。Ein beliebter Zeitvertreib für Kinder bei japanischen Festen (siehe *matsuri*), wobei kleine Goldfische mit einem papierbespannten Netzchen aus einer Wanne mit seichtem Wasser gefischt werden. Da sich das Papier im Wasser schnell auflöst, ist dazu einiges Geschick erforderlich. **kingyo-ya 金魚屋** der Goldfischhändler

♦kinjite 禁じ手

das Foul, der Regelverstoß; die Regelwidrigkeit (insbes. *Sumō*, *Shōgi*, *Go* etc.) 相撲・囲碁・将棋などで，使用を禁じられている技，手。

♦kirifuda 切り札

die entscheidende Karte; die Trumpfkarte, der Trumpf「切り札」は，本来はトランプの用語である。Trumpf ist ursprünglich ein Wort aus der Welt der Kartenspiele. **saigo no kirifuda 最後の切り札** der letzte Trumpf **saigo no kirifuda o dasu 最後の切り札を出す** den letzten Trumpf ausspielen 最後に出す強い札ということで，とっておきの最も有力な手段，人，物という意味で用いられる。Die stärkste Spielkarte, die man ganz am Ende des Spiels ausspielt, im übertragenen Sinn auch die stärkste Maßnahme, Person oder Sache, die man sich bis zuletzt aufgehoben hat.

♦ kōdan 講談

die Geschichtserzählung; die Erzählung einer volkstümlichen Geschichte 釈台を前に扇でこれをたたきながら物語り類を語り聞かせる芸。内容は軍記・あだ討ち・武勇伝など。Der Geschichtenerzähler kniet dabei hinter einem kleinen Pult und benutzt seinen Fächer zur Untermalung des Erzählten, z.B. in dem er mit ihm auf das Pult schlägt. Erzählt werden Kriegergeschichten, Rachedramen, Heldenepen usw.

♦ kōdō 香道

wörtl.: „der Weg des Duftes"; die Kunst, Weihrauch abzubrennen, um sich daran zu erfreuen; der Weg des Duftes 仏教伝来とともに香が中国から日本に伝えられた。最初は仏前のみで用いられたが，室町時代に香道は一つの様式として確立した。日本の華道，茶道等多くのものがドイツの人たちに知られるようになったが，香道はまだ一般に知られるところとはなっていない。Die Sitte, Weihrauch abzubrennen, kam mit dem Buddhismus nach Japan und war zunächst auf Rauchopfer vor dem Buddha-Altar beschränkt. Seit der Muromachi-Zeit wurde das Abbrennen von Weihrauch zu einer Kunstform weiterentwickelt. Obwohl heute viele der japanischen „Weg-Künste" auch in Deutschland Freunde gefunden haben, ist diese Kunstform noch weitgehend unbekannt.

♦ kokera-otoshi 柿落とし

wörtl.: das „Entfernen der Späne"; die Eröffnungsaufführung; Eröffnung eines neuen Theaters こけら（柿，木屑）とは，木材を削るときにできる木の細片を意味する。柿落としとは，工事の最後に屋根などの木屑を払い落としたところから，新築劇場の初興行の意。*Kokera* sind Hobelspäne, wie sie bei der Bearbeitung von Holz anfallen. Nach dem Ende der Bauarbeiten werden die Späne vom Dach usw. heruntergefegt, das ist die ursprüngliche Bedeutung von *Kokera-otoshi*, davon abgeleitet wurde das Wort für die erste Aufführung an einem neuen Theater verwendet.

♦ kokeshi こけし

die *Kokeshi*, die schlichte gliederlose Holzpuppe 女児の姿をした木製の郷土人形。円筒形の胴に丸い頭が付いており，手足はない。こけしは，江戸時代末期頃から，東北地方の温泉地において湯治客にみやげ物として売られるようになったが，その後全国の観光地などで生産・販売されており，熱心な収集家も存在する。*Kokeshi* wurden seit dem Ende der Edo-Zeit in Badeorten der Region Tōhoku an die Besucher der heißen Quellen als Andenken verkauft, später wurden *kokeshi* im ganzen Land an touristischen Reisezielen hergestellt und verkauft; es gibt auch leidenschaftliche Sammler.

♦ Kokin-wakashū 古今和歌集

{Buchtitel} *Kokin-waka-shū*; wörtl. „Sammlung von *Waka* aus alter und neuer Zeit" 最初の勅撰和歌集。913（延喜14）年頃成立。歌数約1100，歌風は，万葉集に比べ，優美，繊細で理知的・技巧的であるとされる。Die erste Sammlung von *Waka* (siehe dort), die auf kaiserlichen Erlass zusammengestellt und ca. 913 vollendet wurde. Die Sammlung umfasst etwa 1100

Waka und ihre Atmosphäre wird im Vergleich zum *Man'yōshū* als elegant, raffiniert und dabei intellektuell und artistisch beschrieben.

♦komori-uta 子守唄

das Wiegenlied **komori-uta o utatte netsukaseru 子守唄を歌って寝付かせる** ein Kind in den Schlaf singen

♦Konjaku-monogatari 今昔物語

{Buchtitel} *Konjaku monogatari*; wörtl.: die „Geschichten aus alter Zeit“ 古代説話集。12 世紀前半の成立と考えられる。編者未詳。天竺（インド），震旦（中国），本朝（日本）の三部に分かれ，1000余りの説話を採録。中心となるのは仏教説話であるが，世俗説話も全体の三分の一以上を占め，本朝部の説話ではあらゆる地域と階層の人間が登場し，生き生きした人間性が描かれている。Sammlung alter Erzählungen, die in der ersten Hälfte des 12. Jhs. abgeschlossen wurde, Verfasser unklar. Das Werk ist in drei Teile, Indien, China und Japan unterteilt, und umfasst über 1000 Erzählungen. Zwar stehen buddhistische Erzählungen im Mittelpunkt, aber über ein Drittel des Gesamtwerks machen weltliche Erzählungen aus. Im Japan-Teil der Sammlung treten Menschen aus allen Landesteilen und sozialen Schichten auf und werden lebensnah und menschlich geschildert.

♦kōshō-bungaku 口承文学

die mündlich überlieferte Literatur; orale Literaturtradition

♦Kōshoku-ichidai-otoko 好色一代男

{Buchtitel} *Kōshoku ichidai otoko*; der Mann, der die Liebe liebte (Roman von Ihara Saikaku, 1682) 井原西鶴作1682（天和2）年刊。**ukiyo-zōshi 浮世草子** {Literaturw.} *Ukiyo-zōshi* 井原西鶴の『好色一代男』に続く小説類で，17世紀末から約80年間，上方を中心に流行した町人文学。In der Nachfolge von Ihara Saikakus *Kōshoku ichidai otoko* bildete sich ein Romangenre heraus, das man als *Ukiyo-zōshi* („Hefte über die fließende Welt“) bezeichnet, und das sich vom Ende des 17. Jhs. etwa 80 Jahre lang besonders unter dem Stadtvolk in der Kansai-Region großer Beliebtheit erfreute.

♦kosu-pure コスプレ

(pseudoengl. *costume play*) 和製英語であるが，cosplay という綴りで欧米系の言葉にも取り入れられつつある。漫画，アニメ，コンピューター・ゲームなどのキャラクターに扮して楽しむ行為。20世紀90年代，漫画やアニメブームの広がりとともに，アメリカやヨーロッパでも愛好者が見られるようになった。Das pseudoenglische Wort wird oft auch in der anglisierten Schreibweise *cosplay* in westlichen Sprachen verwendet. Das Sich-Verkleiden als Figuren aus *Manga*, *Anime* oder Computerspielen als Hobby. In den 90er Jahren des 20. Jhs. hat *kosu-pure* im Zug des sich ausbreitenden *Manga*- und *Anime*-Booms auch in Amerika und Europa Anhänger gefunden.

♦koto 琴

die liegende japanische Harfe; die *Koto* 日本の伝統的な弦楽器，木製で長さはおおよそ180センチ，胴に13弦がはられている。江戸時代には琴は上流階層の女性のたしなみとされた。Traditionelles japanisches Musikinstrument, etwa 180 cm lang und mit 13 Saiten bespannt. In der Edo-Zeit war das *Koto*-Spiel ein Teil der Ausbildung für Frauen aus gutem Hause. **kinsen 琴線** 1) die (pl.) Saiten einer *Koto* 2) die (pl.) Gefühle im tiefsten Herzen **kokoro no kinsen ni fureru 心の琴線に触れる** wörtl.: „die Saiten des Herzens berühren"; im Herzen Widerhall finden

♦kottō 骨董

die Antiquität, die Kuriosität **kottō-shūshūka 骨董収集家** der Antiquitätensammler **kottō-ya 骨董屋** der Antiquitätenhändler, die Antiquitätenhandlung

♦kuchi-paku 口パク

das Playbacksingen 口だけをパクパク動かすという意味。録音や他人の音声に合わせて，発声せずに口を動かすこと。テレビ番組や舞台において，歌手が録音に合わせて口を動かし歌っている振りをするのは，その代表的例。Das Wort bedeutet, den Mund weit auf- und zumachen. Mundbewegungen zu einer Tonaufnahme oder dem Gesang einer anderen Person machen, ohne selbst dabei einen Ton von sich zu geben. Ein typisches Beispiel dafür sind Sänger, die im Fernsehen oder auf der Bühne so tun, als ob sie singen, wärend eine Tonaufnahme abgespielt wird.

♦kuizu-bangumi クイズ番組

die Quiz-Sendung **shichōsha-sanka-bangumi 視聴者参加番組** das Mitmach-Programm, das Mitmach-Fernsehen

♦kumi-himo 組み紐

die geflochtene Schnur 組み紐は日本の工芸品で，細い絹糸や綿糸を編んで織り上げた紐。Eine Form japanischen Kunsthandwerks, das aus kunstvoll verflochtenen und verwebten dünnen Seiden- oder Baumwollfäden besteht.

♦kuro-obi 黒帯

der schwarze Gürtel, der Schwarzgurt (insbes. *Jūdō*, *Karate* usw.) 柔道や空手などで，有段者が締める黒色の帯。また，その帯を締めている者。der schwarze Gürtel, den ein Meister in den japanischen Kampfsportarten trägt, auch als Bezeichnung für die Personen selbst **shiro-obi 白帯** der weiße Gürtel, der Weißgurt 柔道や空手などで，段位のない者が締める白色の帯。また，その人。der weiße Gürtel des Anfängers in den japanischen Kampfsportarten, auch eine Bezeichnung für die entsprechende Person

♦kurōto-hadashi de aru 玄人はだしである

einen Fachmann in den Schatten stellen; einen Fachmann übertreffen 玄人が裸足で逃げ出すという意味である。玄人が驚くほど素人が技芸に優れていること。Der Ausdruck hatte ursprüglich die Bedeutung, „der Fachmann ergreift barfuß die Flucht". Gemeint ist die Situation, dass ein Laie eine Kunst so hervorragend beherrscht, dass sogar ein Fachmann darüber staunt.

♦kyarakutā-shōhin キャラクター商品

Waren mit einer Film-, Fernseh- oder Mangafigur 映画やテレビ番組，漫画などの登場人物をデザインに利用した商品。

♦kyōgen 狂言

1) heiteres Zwischenspiel beim *Nō* 2) der Streich, das Theater 日本の古典喜劇で，室町時代に観阿弥，世阿弥父子によって確立した。当初は能の合間に演じられていたが，現在では単独に上演されたり，狂言役者が能のなかの役割を演じたりすることもある。Klassisches japanisches heiteres Theaterstück, das ursprünglich als Zwischenspiel beim *Nō*-Theater gegeben wurde, aber heute auch unabhängig davon aufgeführt wird. Die *Kyōgen*-Darsteller sind manchmal zugleich *Nō*-Darsteller.

♦kyūdō 弓道

das japanische Bogenschießen; der Weg des Bogenschießens 弓は武器として使われていたが，室町時代末期以後武士が心身を鍛錬するために弓が用いられるようになった。弓道では礼節を重んじ，禅的な無心を追及する。Der japanische Bogen wurde zunächst als Waffe in der Schlacht verwendet, aber seit dem Ende der Muromachi-Zeit machten die *Samurai* ihn zu einem Werkzeug der Schulung von Körper und Geist. Das japanische Bogenschießen ist von strenger Etikette gekennzeichnet und gilt manchmal als eine Form der *Zen*-Übung.

♦ma 間

der Zwischenraum, der Zeitraum 間は，時間的休止あるいは空間的空白を意味するが，単なる休止や空白ではない。もともとは音楽の概念であったが，他の芸術分野にも転用されるようになった。演劇（能，歌舞伎その他）では，余韻を残すために台詞や動作の間におく不動の姿勢となり，絵画では，何も描かない余白の部分が全体に与える効果という意味で重要視される。Ein Anhalten im zeitlichen Sinn oder ein leerer Raum, gemeint ist aber nicht einfach nur ein mechanisches Stoppen oder die Abwesenheit von Dingen. Der Ausdruck bezeichnet ursprünglich eine Pause in der Musik und wurde auf andere Kunstform- übertragen. Im Theater (*Nō, Kabuki* etc.) kommt der Text und die Bewegung für einen Moment zum Stillstand, um einen Nachklang zu erzeugen; in der Malerei wird der freigelassene Raum als wichtiges Element des Ganzen betrachtet. **ma ga warui 間が悪い** peinlich **ma ga motanai 間が持たない** nichts haben, um die Zeit totzuschlagen

♦makie 蒔絵

wörtl.: das „Streubild"; bunte Malerei auf Lackwaren 漆を塗った上に金銀粉または色粉などを蒔きつけて器物の面に絵模様を表す日本の代表的漆工芸。奈良時代に始まる。Bei dieser typisch japanischen Form der Lackmalerei, die schon in der Nara-Zeit bekannt war, wird Gold- oder Silberstaub zu Mustern oder Bildern auf den noch feuchten Lack aufgestreut.

♦makura-e 枕絵

wörtl.: „Kopfkissenbild"; pornografisches Bild 男女の情交のさまを描いた絵。春画。古くは，箱枕の引き出しに入れて，嫁入り道具として持たせたという。Pornographische Darstellungen, die man früher in die Schublade eines traditionellen japanischen Kopfkissens (aus Holz) legte und die zur Brautausstattung gehört haben sollen.

♦ **makura-kotoba 枕詞**
wörtl.: „das Kopfkissenwort"; ein altjapanisches Epitheton ornans 昔の歌文に見られる修辞法の一つ。特に和歌などで，特定の語に冠して，修飾あるいは句調を整える役をする。Ein rhetorisches Mittel in der alten japanischen Literatur. Besonders in *Waka* (siehe dort) werden bestimmte Worte zur Ausschmückung oder zur Verbesserung des Rhythmus verwendet.

♦ **Makura no sōshi 枕草子**
{Buchtitel} *Makura no Sōshi*; Kopfkissenhefte 随筆，清少納言作。10世紀末から11世紀初頭の成立。鋭い写実と才気煥発の筆致は，源氏物語とともに，平安文学の双璧とされる。Essaysammlung von Sei Shōnagon. Entstanden zwischen dem Ende des 10. und dem Beginn des 11. Jhs. Aufgrund seines scharfsinnigen Realismus und des brillianten Stils gilt das Werk zusammen mit dem *Genji-monogatari* als eines der beiden bedeutendsten literarischen Werke der Heian-Zeit.

♦ **mamagoto ままごと**
die Puppenküche, das Puppenhaus **mamagoto o suru ままごとをする** Vater und Mutter spielen 子供が家庭の日常生活をまねる遊び。「まま」は飯を意味する幼児語（現在も方言で飯の意味で用いられている地域もある），「ごと」は事。したがってままごとは，食事を作ることを中心とした遊び。So nennt man es, wenn Kinder im Spiel alltägliche Szenen aus dem Familien nachspielen. *Mama* war eigentlich Kindersprache für „essen" (und wird auch heute noch in einigen Dialekten verwendet), *koto* bedeutet „Angelegenheit". Folglich steht bei *mamagoto* die Zubereitung des Essens im Mittelpunkt.

♦ **manga マンガ，まんが，漫画**
das *Manga*; der Comic im japanischen Stil **manga-ka 漫画家** der *Manga*-Zeichner **manga-otaku マンガおたく** der fanatische *Manga*-Fan **yonkoma-manga 4コマ漫画** „Vier- Bilder-Comic" 日本で始めての4コマ漫画が出たのは，20世紀初頭であると考えられている。（現代に於ける漫画の出発点についても，20世紀への転換期ごろにあったとみられている。また漫画という言葉が一般に用いられるようになったのは昭和期に入ってからである。）日本における4コマ漫画の歴史を考える場合忘れることができないのは長谷川町子原作の『サザエさん』である。これは1946（昭和21）年から1974（昭和49）年まで新聞に掲載されたもので（合計6477話，後にアニメやテレビ・ドラマにもなった），3世代同居の主婦サザエさんを中心に，庶民の生活をユーモラスに描いたものである。新聞掲載の漫画ということもあり，それぞれの時代背景を象徴するものも多く含まれている。サザエさんの夫であるマスオは，サザエさんの実家でサザエさんの両親と同居していることから，妻の実家で結婚生活をする人のことを「マスオさん」と呼ぶようになった。こうした男性がふえたことから特に1989

(平成元) 年には「マスオさん現象」と言う言葉が流行した。Comics in vier Bildern sind in Japan vermutlich Anfang des 20. Jhs. aufgekommen. (Als Entstehungsperiode des modernen *Manga* wird die Jahrhundertwende zum 20. Jh. angenommen. Das Wort *Manga* kam seit dem Eintritt in die Shōwa-Zeit allgemein in Gebrauch.) In der Geschichte der japanischen Comics in vier Bildern muss Hasegawa Machikos Comicstrip *Sazae-san* erwähnt werden, der von 1946 bis 1974 in insgesamt 6477 Folgen in der Zeitung erschien und später auch als *Anime* umgesetzt und verfilmt wurde. Im Zentrum der Geschichten steht die Hausfrau Sazae-san, die in einem Drei-Generationen-Haushalt lebt; weil dieser Comicstrip das Leben der einfachen Leute humorvoll darstellt, und weil er in der Zeitung abgedruckt wurde, enthält er viele Typisches aus jeweiliger Zeit. Sazae-sans Ehemann Masuo lebt mit ihr zusammen im Haushalt ihrer Eltern, und deshalb wurden Männer, die bei der Familie ihrer Ehefrauen leben, häufig ebenso als „Masuo-san" bezeichnet. Weil die Zahl solcher Familien zunahm, kam 1989 das Wort „Masuo-Phänomen" in Mode. **fukidashi 吹き出し** die Sprechblase **manga-kissa マンガ喫茶, 漫画喫茶** das *Manga*-Café

♦Man'yōshū 万葉集

{Buchtitel} *Man'yōshū*: Zehntausend-Blättersammlung, 20 Bde. 5世紀から8世紀半ばに至るまでの約350年間の作品を集めた, 現存する最古の歌集。成立は奈良時代末期とされ, 和歌約4500首を収める。作者は皇族・貴族から遊女・乞食までの広い階層にわたるが, 中心は, 皇族・貴族・官人であった。歌体は, 短歌のほか長歌, 旋頭歌（せどうか）などを含む。Älteste erhaltene Gedichtssammlung, in der Werke vom 5. bis zu Mitte des 8. Jhs., also über einen Zeitraum vom 350 Jahren, gesammelt sind. Der Abschluss der Sammlung wird auf das Ende der Nara-Zeit datiert, und sie enthält etwa 4500 *waka*. Die Verfasser stammen zwar aus einem breiten gesellschaftlichen Spektrum, von Mitgliedern des Kaiserhauses und Adligen bis hin zu Freudenmädchen und Bettlern, aber im Zentrum stehen Werke der kaiserlichen Familie, von Adligen und Hofbeamten. Außer *waka* umfasst die Sammlung auch andere Gedichtsformen, wie z.B. *chōka* und *sedōka*.

♦manzai 漫才

das *Manzai*; die possenhafte Unterhaltung auf der Bühne (in der Regel zu zweit aufgeführt) 二人の芸人が一組になり, 面白おかしく言葉をやりとりしながら観客を笑わせる寄席演芸。(かけあい話が中心になったのは昭和初期からである。) **mandan 漫談** die humoristische Plauderei auf der Bühne

♦maruchi-tarento マルチ・タレント

(pseudoengl. *multi talent*) das Multitalent; der Moderator mit verschiedenen Fähigkeiten 英語は, *multi-talented entertainer* である。

♦matsuri 祭り

das Fest, das *Matsuri* 日本の祭りは二つに区分することができる。伝統的な祭りは神道と結びついており, 神社があればそれと結びついた祭りがあると考えてよいほどである。伝統的祭りと似た体裁の記念・祝賀のための集団的行事も「祭り」と呼ばれることがある。Japanische Feste kann man in zwei Gruppen unterteilen: Einerseits gibt es traditionelle Feste, die mit dem *Shintō* verbunden sind, und die an oder in der Nähe von Schreinen gefeiert werden. Andererseits werden manchmal auch große Festveranstaltungen anlässlich eines Gedenktages o.Ä. als *Matsuri* bezeichnet. **omatsuri-sawagi お祭り騒ぎ** der Jahrmarktsbetrieb

♦menko めんこ, メンコ

Menko 円形または長方形で表面に絵や写真のあるボール紙製のカード。二人以上で互いに自分のものを出し，地上に置いた相手(他人)のカードに自分のものを打ち当て，あるいは風圧を利用して，相手(他人)のカードを裏返すことができれば勝とする。Runde oder rechteckige Karten aus festem Papier oder Pappe, die einseitig mit Bildern oder Fotos versehen sind. Man spielt mit zwei oder mehr Personen und versucht, die auf dem Boden liegenden Karten eines anderen Spielers umzudrehen, indem man seine eigene Karte darauf oder dicht daneben wirft, wenn es einem gelingt, gewinnt man diese Karte.

♦mēn-pōru メーン・ポール

(von engl. *main pole*) der Hauptpfosten; der mittlere Fahnenmast im Stadion

♦merihari めりはり, メリハリ

die Modulation 緩むことと張ること。特に，音声の抑揚や，演劇などでせりふ回しの強弱・伸縮を言う。Lockerlassen und Anspannen. Besonders bei der Intonation einer Singstimme oder im Theaterspiel bezeichnet man so das Variieren der Lautstärke und des Rhythmus. **merihari no kiita koe de メリハリの利いた声で** mit schön modulierter Stimme **merihari o kikaseru メリハリを利かせる** seine Stimme modulieren

♦mingei 民芸

die Volkskunst 一般民衆の生活のなかから生まれた，素朴で郷土色の強い実用的な工芸。食器・家具・衣類など。Schlichte und praktische Kunstgegenstände im ländlichen Stil, die aus dem Alltagsleben der einfachen Leute entstanden sind, z.B. Geschirr, Möbel, Bekleidung etc.

♦minshuku 民宿

die Privatpension スキー場や海水浴場をひかえた山村や漁村，あるいは観光地などで，一般の民家が営業許可を得て自宅に旅行者を宿泊させること。また，その宿。Das System von Pensionen in Bergdörfern nahe Skigebieten, in Fischerdörfern bei Strandbädern, oder in Ausflugsorten; die Pensionen werden von Familien geführt, die einen entsprechenden Gewerbeschein erworben haben und in ihrem Haus Reisende übernachten lassen. Auch eine Bezeichnung für eine solche Pension.

♦miya-daiku 宮大工

der Zimmermann für Paläste, Schreine und Tempel 宮殿や社寺などの建築を専門にする大工。

♦mizu o akeru 水をあける

einen Vorsprung gewinnen 競争相手を大きく引き離すという意味。スポーツだけでなく，比喩的にも用いられる。例「技術面ではるかに水をあけている」In einem Wettkampf einen großen Vorsprung zur Konkurrenz gewinnen. Das Wort wird aber nicht nur im Sport sondern auch im übertragenen Sinn gebraucht: Beispiel: „Technisch einen großen Vorsprung gewinnen.“

♦ mogura-tataki もぐら叩き

das Maulwurfschlagen 遊具の一つ。ゲーム・センターなどにあり，いくつもの穴から次々と顔をのぞかせるモグラの人形を，そのもぐらが姿を消す前にハンマーで叩いて得点を得る遊び。Geschicklichkeitsspiel in einem Spielsalon, wobei man Punkte dafür bekommt, wenn man Maulwurfpuppen, die aus den Löchern der Spieloberfläche herausschauen, mit einem Hammer trifft, bevor sie wieder von selbst verschwinden.

♦ mokuhanga 木版画

der Holzschnitt, der Holzdruck 木版画の伝統は7世紀にまでさかのぼるが，現在世界的に収集の対象とされているような傑作が生み出されるようになったのは，江戸時代に浮世絵と結び付いてからである。Die Technik des Holzdrucks lässt sich in Japan bis auf das 7. Jh. zurückführen, die heute weltweit als Sammlerstücke beliebten *Ukiyoe*-Farbholzschnitte (siehe: *ukiyo-e*) entstanden hauptsächlich in der Edo-Zeit.

♦ mongai-fushutsu no takara 門外不出の宝

wörtl.:„der Schatz, der nie durch das Tor gegangen ist“; ein nie in der Öffentlichkeit gezeigter Schatz; ein nie aus dem Haus hinausgebrachter Schatz

♦ munatsuki-hatchō 胸突き八丁

1) der steile Anstieg vor dem Gipfel 2) die letzte Hürde もともとは富士登山で頂上までの8丁（約872メートル）の険しい道のこと。転じて，他の山の急斜面の道についても用いられるようになり，さらに，物事を成し遂げる過程で一番苦しい正念場を意味するようになった。Ursprünglich war damit der letzte steile Wegabschnitt beim Aufstieg auf den Gipfel des Berges Fuji gemeint (wörtl.: die letzten acht *chō*, etwa 872 Meter). Der Ausdruck wurde zunächst auch für steile Hänge an anderen Bergen benutzt und schließlich metaphorisch für den mühseligsten und entscheidenden Teil bei der Vollendung einer Aufgabe.

♦ mutekatsu-ryū 無手勝流

1) der Versuch, gewaltlos den Feind zu besiegen 2) jemandes eigener Stil 1) 力によらず，策によって勝つこと。2)自分勝手なやり方。16世紀，剣豪の塚原卜伝が，渡し舟のなかで真剣勝負を挑まれたとき，あの中州で，と言って相手を先に中州へ上がらせ，自分はそのまま竿を突いて船を出し，「戦わずして勝つ，これが無手勝流の極意」と言って，その血気を戒めたという故事による。1) Siegen durch eine gewaltlose Strategie 2) jemandes eigenwillige Vorgehensweise. Als im 16. Jh. der Schwertmeister Tsukahara Bokuden an

Bord einer Fähre zum Kampf herausgefordert wurde, schickte er seinen Gegner voraus auf die Sandbank, die als Kampfplatz bestimmt worden war, und ruderte selbst mit dem Boot davon. Dabei soll er dem heißblütigen jungen *Samurai* die folgende Belehrung zugerufen haben: „ Siegen ohne zu kämpfen ist das letzte Geheimnis unserer Tradition“. Von dieser Geschichte ist der Ausdruck abgeleitet.

♦ nagauta 長唄

das *Nagauta*-Volkslied 長唄は三味線に合わせて歌う長編の歌い物で，江戸時代に発達した。*Nagauta* ist eine Art japanisches Volkslied und seit der Edo-Zeit bekannt. Es wird zumeist mit *Shamisen*-Begleitung vorgetragen.

♦ naginata なぎなた，薙刀

die *Naginata*: die Hellebarde, die Lanzenhellebarde 長い柄の先に反り返った長い刃を付けた武器。また，それを使う武術。平安時代から存在した。江戸時代には主に女性の武具とされた。Eine Waffe mit einer langen, gebogenen Klinge an einem langen Stiel. Auch die Bezeichnung für die entsprechende Kampfkunst. Die *Naginata* ist seit der Heian-Zeit nachweisbar und galt in der Edo-Zeit hauptsächlich als eine Waffe für Frauen.

♦ naitā ナイター

(pseudoengl. *nighter*) das Nachtspiel; das Spiel bei Flutlicht 夜間に行なわれる，野球・サッカーなどの試合。**dē-gēmu** デー・ゲーム (von engl. *day game*) das Spiel am Tag

♦ nama-hōsō 生放送

die Live-Sendung **nama-hōsō suru 生放送する** live senden **sai-hōsō 再放送** die Wiederholung (im Fernsehen oder Radio); die Wiederausstrahlung **sai-hōsō suru 再放送する** wiederholen; noch einmal ausstrahlen **rokuga o hōsō suru 録画を放送する** eine Aufzeichnung ausstrahlen

♦ naniwa-bushi 浪花節 (rōkyoku 浪曲)

das *Naniwabushi*-Lied 美談や悲劇を三味線の伴奏で歌い語る演芸で，江戸時代末期大坂で成立した。義理や人情などの心情を扱ったものが多い。*Naniwabushi* werden mit *Shamisen*-Begleitung vorgetragen und handeln oft von Pflicht, Menschlichkeit usw. Sie entstanden gegen Ende der Edo-Zeit in Ōsaka (Naniwa ist ein alter Name eines Teils der heutigen Stadtpräfektur Ōsaka).

♦ nankin-tama-sudare 南京玉簾

Traditionelle Straßenkunst, bei der man zu rhythmischem Rufen eine kleinen Bambusjalousie kunstvoll tanzen lässt und in die unterschiedlichsten Formen bringt. 伝統的な大道芸の一つ。すだれ状の竹細工を，独特の口上を言いながら操って，いろいろな形を作る芸。

♦ narimono-iri de 鳴り物入りで

mit Pauken und Trompeten 1) 舞踊や演劇で鳴り物を入れてにぎやかにすること。2)大げさな宣伝などが行なわれること。1) der Einsatz von Musikinstrumenten bei einer Tanzaufführung oder einem Theaterstück, z.B. um eine Szene lautstark zu gestalten 2) übertrieben laute Werbung oder Vorankündigungen

♦natsu-mero 懐メロ
der Evergreen, der Oldie ラジオ放送番組名「懐かしのメロディー」からできた語で，ひととき流行し，その頃のことが懐かしく思い出されるような歌のこと。Abkürzung für den Titel der Radiosendung „*Natsukashi no merodī*"; Lieder, die vor längerer Zeit populär waren, und die einen in eine nostalgische Stimmung versetzen.

♦nawa-tobi 縄跳び
das Seilspringen, das Seilhüpfen **nawatobi no nawa 縄跳びの縄** das Springseil **nawatobi o suru 縄跳びをする** seilspringen, seilhüpfen

♦netsuke 根付
das *Netsuke* 煙草入れや印籠などを帯に挟んで下げるとき，落ちないようにその紐の端に付ける留め具。木製のほか珊瑚（さんご）・瑪瑙（めのう）・象牙などを材料にして精巧な彫刻を施したものが多い。Kleine kunstvolle Schnitzereien aus Holz, Koralle, Achat oder Elfenbein als Halteknopf für Utensilien, die am *Kimono*-Gürtel getragen wurden, z.B. Tabaksbeutel oder Medizindöschen. (Heute beliebte und wertvolle Sammelobjekte.)

♦newaza 寝技，寝業
1) (*Jūdō*) die Technik aus dem Liegen 2) die List; die raffinierte Manipulation; die (pl.) Tricks hinter den Kulissen **newaza-shi 寝業師** der Spezialist für Tricks hinter den Kulissen

♦nigao-e 似顔絵
die Porträtskizze 1) ある人の顔に似せて描いた絵。Die Zeichnung eines Gesichts, die einer bestimmten Person ähnlich sieht 2) 浮世絵で面貌や姿を似せて描いた役者絵・美人画など。*Ukiyoe* (siehe dort), die den Gesichtsausdruck und Gestalt von z.B. Schauspielern oder schönen Frauen zeigen.

♦nihon-shirīzu 日本シリーズ
die Japan-Series (Serie der besten Teams aus der *Central* und *Pacific League*) 日本のプロ野球で，セントラル・リーグとパシフィック・リーグの優勝チームにより，年間の優勝を決めるために争われる選手権戦。7試合制で，先に4勝した方が勝つ。1950（昭和25）年開始。Meisterschaft im japanischen Profi-Baseball, die zwischen den Siegermannschaften der Zentralliga (*Central League*) und der Pazifischen Liga (*Pacific League*) ausgetragen wird, um den Jahressieger zu bestimmen. Sieger ist, wer von den insgesamt sieben Spielen vier Spiele gewinnt. Das Turnier wird seit 1950 ausgetragen.

♦nihon-tō 日本刀
das japanische Schwert 日本固有の方法で作られた刀剣の総称。片刃で反りがあるのが特徴。平安末期には基本的形態が完成した。慶長（1596-1615）以前のものを古刀，以後のものを新刀と呼ぶ。Sammelbezeichnung für Schwerter, die nach einem besonderen japanischen Verfahren gefertigt sind. Ihr besonderes Kennzeichen sind die einschneidige Schneide und die gebogene Klinge. Die grundlegende Form war schon Ende der Heian-Zeit entwickelt. Schwerter, die vor der Ära Keichō (1596-1615) hergestellt wurden, bezeichnet man als

„alte Schwerter“ (*kotō)*, solche, die aus der Zeit danach stammen, als „neue Schwerter“ (*shintō*). **waki-zashi 脇差** das Kurzschwert (das kürzere der beiden Schwerter; zwischen 30 und 60 cm) **hon-zashi 本差** das Langschwert (das längere der beiden Schwerter) **dai-shō 大小** das Langschwert und das Kurzschwert; die beiden Schwerter **kataba-no 片刃の** einschneidig

♦nimai-me 二枚目

1) {Theat.} Schauspieler, der die Rolle eines jugendlichen Liebhabers spielt 2) ein hübscher Mann **sanmai-me 三枚目** {Theat.} der Komiker, der Hanswurst **nimaime-han 二枚目半** {Theat.} der schöne und lustige Mann 二枚目の風貌でありながら，三枚目の性格を持つ役柄。比喩的にも用いられる。Jemand, der seiner Erscheinung nach der jugendliche Liebhaber sein könnte und der zugleich den Charakter eines Komikers hat. Das Wort wird auch im übertragenen Sinn gebraucht.

♦ningen-kokuhō 人間国宝

der lebende Nationalschatz 重要無形文化財保持者の通称。Populäre Bezeichnung für Personen, denen der Titel „Träger eines immateriellen bedeutenden Kulturguts“ verliehen wird. Zumeist handelt es sich dabei um prominente Vertreter traditioneller Künste.

♦ninin-sankyaku 二人三脚

wörtl.: „zwei Personen, drei Beine“ 2人1組で並び，互いの内側の足首を結んで，2人で3本脚のようにして走り合う競走。Ein Wettrennen unter Paaren, die an jeweils einem Fußgelenk so zusammengebunden sind, dass sie zu zweit wie mit drei Beinen rennen müssen. なお比喩的に，二人が一致協力してある物事に取り組むという意味で用いるのであれば，この語を用いることも考えられる。Im übertragenen Sinn kann man diesen Ausdruck verwenden, wenn zwei Personen sehr gut kooperieren.

♦ninjō-bon 人情本

{Gesch.}{Literaturw.} der bürgerliche Liebesroman 江戸時代後期から明治初期まで行なわれた小説の一種で，市民の恋愛生活を描写した風俗小説。Populäres Romangenre von der späten Edo- bis zur frühen Meiji-Zeit, das sich mit dem Liebesleben des Stadtvolkes beschäftigte.

♦ni-no-mai 二の舞

1) eine Art japanischer Tanzmusik 2) Wiederholung eines Fehlers, den jemand anderes schon einmal begangen hat. **ni-no-mai o enjiru 二の舞を演じる** denselben Fehler machen wie jemand anders; den Fehler einer anderen Person wiederholen 他人のした失敗を繰り返すこと。

♦niramekko にらめっこ

das Sichanstarren-Spiel 子供の遊びで，2人が睨み合って，先に笑い出したほうが負け。Ein Kinderspiel, wobei sich zwei Spieler einander anstarren und derjenige verliert, der als erster lachen muss.

♦nishiki-goi 錦鯉

wörtl.: der „Brokatkarpfen“; der Zierkarpfen, der *Koi* 鯉の改良品種で，色彩や斑紋が美しく，観賞用に池で飼育される。近年ドイツにおいても錦鯉の飼育は流行している。鯉そのものが非常に高価であることもあるうえに，ドイツの気候のなかで錦鯉を飼えるような池を維持していくことはお金や労力がかかることから，錦鯉がステータス・シンボルになることも珍しくない。Zuchtformen von Karpfen, die schön gefärbt und schön gemustert sind und als Zierfische in Teichen gehalten werden. In den letzten Jahren sind *Koi* auch in Deutschland in Mode gekommen. Weil die Fische sehr teuer sein können und es im deutschen Klima recht aufwändig ist, einen solchen Teich zu unterhalten, gelten sie manchmal als Statussymbol.

♦nō 能

das *Nō*-Spiel 室町時代初期に大成し，今日まで続いている日本の古典芸能の一つ。高度に様式化されており，能舞台というステージの上で，面をかぶり豪華な衣装を着けた男性の役者によって演じられる。Traditionelles, hochgradig stilisiertes Tanz- und Musiktheater, das ausschließlich von männlichen Schauspielern auf überdachter Bühne in prächtigen Gewändern und Masken nach festen Regeln aufgeführt wird. **takigi-nō 薪能** das *Takigi-Nō*; abends im Freien und im Licht von brennendem Holz (*Takigi* bedeutet Holzscheit) abgehaltenes *Nō*-Spiel **shite シテ** der Hauptdarsteller in einem *Nō*- oder *Kyōgen*-Spiel 能楽や狂言の主役。**waki ワキ** der Nebendarsteller; die Nebenrolle im Theater oder im Film **yōkyoku 謡曲** der *Nō*-Gesang **nōgaku-dō 能楽堂** das *Nō*-Theater (Gebäude); das Theater, in dem *Nō*-Spiel und *Kyōgen* aufgeführt wird **sarugaku 猿楽** das *Sarugaku*; mittelalterliche darstellende Kunst, aus der sich das *Nō*-Spiel entwickelt hat **nō-men 能面** die *Nō*-Maske 一般に，主役を演じるシテが面を付け，他の演技者は，面を付けない。各流で使用されている面は約100種に及ぶ。一つの面で，喜怒哀楽の変化に応じることができる。In der Regel trägt beim *Nō* nur der Hauptdarsteller (*shite*) eine Maske, die anderen Darsteller spielen ohne. Die Zahl der in den verschiedenen *Nō*-Traditionen verwendeten Arten von Masken beläuft sich auf etwa 100. Mit ein und derselben Maske können ganz verschiedene Gefühle (Freude, Zorn, Trauer, und Glück) zum Ausdruck gebracht werden.

♦nodo-jiman のど自慢

wörtl.: „Stolz auf die Stimme"; 1) der Gesangswettbewerb von Amateuren「NHKのど自慢」は，1946（昭和21）年の放送開始以来続いている長寿番組である。*NHK-nodo-jiman* ist der Titel eines Gesangswettbewerbs von Amateuren im Fern- und Radiosender NHK, diese langlebige Sendung wurde 1946 das erste Mal ausgestrahlt. 2) 歌う声のよさを自慢することまたはその人 jemand mit einer schönen Singstimme

♦nō-katto no eiga ノーカットの映画

der vollständige Film; der ungeschnittene Film **direkutāzu-katto ディレクターズ・カット** (von engl. *director's cut)*; der Director's Cut（監督の意図に反して公開された映画に対して）すでに公開されている映画には入っていない場面をも取り入れて，監督が自分の思い通りに編集した新しいヴァージョンの映画。Eine vom Regisseur selbst angefertigte, neue Fassung eines bereits veröffentlichten Films, in der bisher unveröffentlichte Szenen beinhaltet sind, die beispielsweise dann erstellt wird, wenn die erstveröffentlichte Version den künstlerischen Absichten des Regisseurs nicht gerecht wurde.

♦ohako おはこ, 十八番

wörtl.: „die Schachtel"; jemandes Spezialität; jemandes Stärke 得意の芸, 最も得意とするものの意で, この言い方は, 箱に入れて大切に保存するという, ところから来ている。Das, was jemand am besten kann; der Ausdruck kommt ursprünglich daher, dass man etwas in einer Schachtel (*hako*) sorgfältig aufbewahrt.

♦oie-gei お家芸

wörtl.: die „Kunst des Hauses": 1) die innerhalb einer Familie überlieferte Kunst (z.B. im *Kabuki*) 2) jemandes spezielle Fähigkeit; jemandes Spezialität 1) その家に伝わる独特の芸。2) 最も得意とする事柄。

♦ōiri-bukuro 大入り袋

das Geldgeschenk nach dem Erfolg des „vollen Theaters" 劇場用語。観客席が満員になったときに, 慰労と祝いをかねて関係者に渡されるお金を入れた袋。表に朱で「大入」と書かれてある。Fachbegriff aus der Theaterwelt. Umschlag mit einem Geldgeschenk als Entlohnung und zur Gratulation für die Beteiligten, wenn das Theater ausverkauft ist. Auf der Vorderseite sind in rot die Zeichen *ōiri* geschrieben.

♦oishasan-gokko o suru お医者さんごっこをする

Doktor (und Patient) spielen 日本語の場合と同じくドイツ語でも性的な「お医者さんごっこ」が含まれることもある（ことがDudenの辞書その他に書かれている）。Sowohl das deutsche als auch das japanische Wort umfasst auch Spiele mit einem sexuellen Inhalt.

♦okiagari-kobōshi おきあがりこぼうし, 起き上がり小法師

das Stehaufmännchen 底に錘を仕込み, 倒れてもすぐに起き上がるようにした人形。達磨の人形が多い。Eine Figur mit einem Gewicht in ihrer abgerundeten Unterseite, die sich nach jeder Veränderung ihrer Position sofort wieder von selbst aufrichtet. Man findet sie in Japan oft in der Form des *Daruma* (siehe dort).

♦okkake 追っかけ

der Fan, der seinem Idol hinterreist 「追っかけギャル」というのは, そういった行為をする若い女性。「追っかけマン」は, スターやタレントを追いかける取材記者。Wenn man von *okkake-gyaru* (*okkake-girl*) spricht, dann meint man junge weibliche Fans, die sich entsprechend verhalten. Ein *okkake-man* ist ein Journalist, der einem Star oder einem Prominenten nachreist, um über ihn Bericht zu erstatten.

♦Oku no hosomichi 奥の細道

{Buchtitel} *Oku no hosomichi*; Auf schmalen Pfaden durch das Hinterland 江戸中期の俳諧紀行, 松尾芭蕉 (1644-1694) 著。1694 (元禄2) 年清書, 1702 (元禄15) 年刊。Reisebericht von Matsuo Bashō (1644-1694) mit vielen *Haiku* aus der mittleren Edo-Zeit. Reinschrift im Jahr 1694, Veröffentlichung

1702.

◆okura-iri お蔵入り
das Einlagern; das Auf-Eis-Legen 予定していた芝居や映画の上演・上映を，ある事情のため中止すること。転じて，計画が実行に移されなくなること。Die Veröffentlichung eines geplanten Bühnenstücks oder eines Films aus bestimmten Gründen absagen. Im übertragenen Sinn das Nichtausführen eines Plans.

◆ō-mie 大見得
{Theat.} im *Kabuki*-Theater ein Moment dramatischen Innehaltens auf dem Höhepunkt der Handlung 歌舞伎で役者が一瞬動作を止めて，目立つポーズをとること。

◆onamida-chōdai お涙ちょうだい
die Schnulze **onamida-chōdai no koi-monogatari お涙ちょうだいの恋物語** schnulzige Liebesgeschichte

◆onchi 音痴
1) die Unmusikalität 2) fehlender Sinn (für etwas) 俗語としては，ある方面の感覚が鈍いことに対しても，この言葉が用いられる。Umgangssprachlich verwendet man das Wort, wenn jemandes Empfindsamkeit in einer bestimmten Richtung nicht gut ausgeprägt ist. **hōkō-onchi 方向音痴** (ugs.) der schlechte Orientierungssinn

◆ondo o toru 音頭を取る
1) den Ton angeben; ein Lied anstimmen 2) die Führung übernehmen 1) 先にたって歌いだして調子を示す。2)先頭に立って皆をまとめる。1) als erster anfangen zu singen und den Rythmus vorgeben 2) an der Spitze stehen und die anderen anführen

◆onigokko 鬼ごっこ
das Fangenspielen; das Fangen, das Fangspiel 子供の遊びの一つ。鬼となった一人が，他の大勢を追いかけ，つかまった者が次の鬼になることを繰り返す。Eine(r) wird als Dämon (*oni*) bestimmt und muss die anderen verfolgen und versuchen , durch Berühren zu fangen. Der (die) zuerst Gefangene spielt in der nächsten Runden den Dämon.

◆onna-gata (oyama) 女形
männlicher *Kabuki*-Darsteller in Frauenrolle 歌舞伎や新派で女の役をする男の役者。auf Frauenrollen spezialisierter Darsteller beim *Kabuki*-Theater, beim Modernen Drama usw.

◆onsen 温泉
die heiße Quelle; das *Onsen* 日本には温泉が多く，日本人ほど温泉好きな国民は世界でも珍しいといわれている。ドイツにも温泉はあるが，楽しみ方は日本と異なっており，主として，専門家の指示に従いながら療養するという趣が強い。Vielleicht gibt es kein anderes Volk, das so gern in heißen Quellen badet, wie die Japaner. Heiße Quellen gibt es zwar auch in Deutschland, sie werden aber anders genutzt, nämlich oft als medizinische Anwendung in Absprache mit einem Arzt. **hitō 秘湯** die geheime (versteckt liegende) heiße Quelle **roten-buro 露天風呂** die heiße Quelle unter freiem Himmel; das Freiluftbad **suna-buro 砂風呂** das Sandbad **mushi-buro 蒸し風呂** das Dampfbad

♦ origami 折り紙

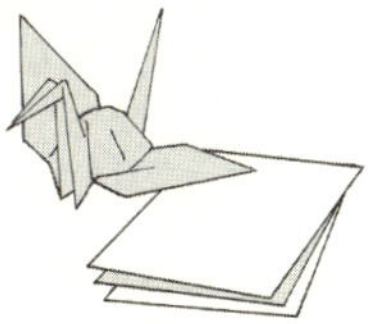

das Papierfalten; die Kunst des Papierfaltens; das *Origami* 正方形の紙を用い，のりやはさみを使わずに，鳥や金魚など様々な形を作る。Beim *Origami* werden nur durch das Falten von quadratischem Papier viele verschiedene Figuren, wie Vögel, Goldfische usw. geschaffen. Klebstoff oder Schere werden dabei nicht verwendet.

♦ origami-tsuki no 折り紙付の

garantiert; allgemein anerkannt 折り紙とはここでは，12世紀頃にはすでに存在した，刀剣・書画・彫刻などの真贋を鑑定した書き物のこと。これは，二つ折りにするのが普通だったので，折り紙と呼ばれた。そこから，そのものの価値・資格などに定評のあること，保証ができるものであることの意に用いられるようになった。したがって一般には，良い意味でしか用いない。悪い評判の場合は，「札付きの」という。Schriftstücke, die die Echtheit eines Schwertes, einer Malerei oder Kalligraphie oder einer Schnitzerei verbürgten, gab es bereits im 12. Jh. Weil diese Zertifikate normalerweise einmal gefaltet waren, nannte man sie *origami* („gefaltetes Papier“). Weil *origami* den Wert, die Qualität etc. einer Sache als allgemein anerkannt zertifizierte, verwendete man das Wort schließlich in der Bedeutung von „garantiert“. Im Allgemeinen nennt man so nur positive Bewertungen, eine schlechte Beurteilung wird als *fuda-tsuki no* bezeichnet. **fuda-tsuki no 札付きの** wörtl. „mit einem Zettel versehen sein“; notorisch

♦ Orinpikku オリンピック

die (pl.) Olympischen Spiele; die Olympiade **Tōki-Orinpikku 冬季オリンピック** die Olympischen Winterspiele; die Winterolympiade **Pararinpikku パラリンピック** die Paralympischen Spiele; die (pl.) Paralympics **Tōkyō-Orinpikku 東京オリンピック**（1964年の）die 18. Olympischen Sommerspiele (vom 10. 10. bis 24. 10. 1964) in der Stadt Tōkyo

♦ oshikura-manjū おしくらまんじゅう，押し競饅頭

Kinderspiel, bei dem mehrere Kinder mit dem Rücken zueinander stehen und gegeneinander drücken 数人の子供たちが一箇所に寄り集まって背中で押し比べをする遊戯。倒れたり押し出されたりした者を負けとする。主に秋や冬などの寒い時期に行われる。Wer bei diesem Kräftemessen umfällt oder weggedrückt wird, hat verloren. Das Spiel wird vor allem im Herbst und Winter gespielt, um sich dadurch aufzuwärmen.

♦ otedama; tedama (お)手玉

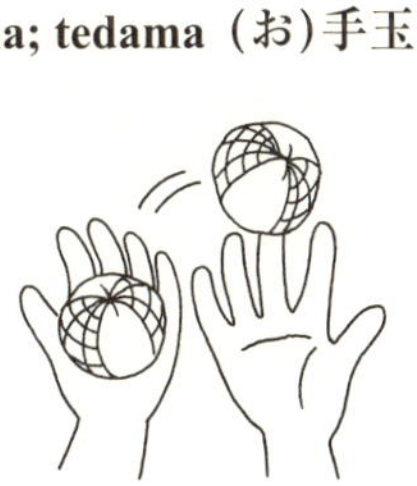

das mit Bohnen o.Ä. gefüllte Säckchen; das Kinderspiel mit *otedama*

♦ otogi-zōshi お伽草子

{Gesch.}{Literaturw.} *otogi-zōshi* 室町時代から江戸時代初期にかけて成立した物語で，ほとんどの場合作者未詳。空想的，教訓的，童話的内容のものが多い。Erzählgenre von der Muromachi- bis zur frühen Edo-Zeit. Die zumeist anonymen Erzählungen haben sehr oft fiktive, didaktische und/oder märchenhafte Inhalte.

♦ pachinko パチンコ

das *Pachinko*; japanische Spielautomaten mit kleinen Kugeln **pachinko-dai パチンコ台** der *Pachinko*-Automat **pachinko-ya パチンコ屋 (pachinko-ten パチンコ店)** die *Pachinko*-Spielhalle パチンコは日本独特の大衆的娯楽で，1930(昭和5)年名古屋で開店したものが第1号店。その後，ある程度広まりを見せ始めたが，戦時体制下の1940年代初めには，一時的に全面禁止された。第二次世界大戦後日本中で大流行した，現在でも人気があるゲームである。*Pachinko* ist ein eigentümlich japanisches Spiel, die erste *Pachinko*-Halle wurde 1930 in Nagoya eröffnet. Danach verbreitete sich *Pachinko* bis zu einem gewissen Grad, aber Anfang der 1940er Jahre war es in der japanischen Militarisierung zeitweise streng verboten. Nach dem Zweiten Weltkrieg verbreitete sich dieses Automatenspiel in ganz Japan und es wird bis heute von vielen Leuten gerne gespielt.

♦ pinchi-hittā ピンチ・ヒッター

(von engl. *pinch hitter*) 1) der Ersatzschlagmann (beim Baseball) 2) der Ersatzmann (allgemein) 1) 野球のピンチ・ヒッター 2) 一般の代役

♦ Pokemon ポケモン

das Pokemon 任天堂が1996(平成8)年に発売したゲーム・ボーイ用ソフトの商品名。大人も含め，欧米諸国でも人気商品となった。Produktname einer Software von 1996 der Firma *Nintendō* für ihr tragbares Videospielgerät *Game Boy*. Die Software war ein großer Verkaufserfolg sowohl bei Kindern als auch bei Erwachsenen und wurde auch im westlichen Ausland viel verkauft.

♦ pura-moderu プラ・モデル

das Plastikmodell 組み立て式の模型の一種で，商標名。eine Art von Modellen zum Zusammenbauen, Produktname

♦ purē-gaido プレー・ガイド

(pseudoengl. *play guide)* der Kartenvorverkauf, die Vorverkaufsstelle

♦ puroresu プロレス

(abgekürzt von engl. *professional wrestling*) das Profi-Catchen, das Profi-Ringen 日本で大変人気がある。ショー的要素が濃い。eine in Japan sehr populäre Sportart mit vielen Showelementen **puro-resurā プロレスラー** der Profi-Catcher, der Profi-Ringer

♦ puro-yakyū プロ野球

der Profibaseball **dorafuto-sei ドラフト制** das Draft-System, das Auswahl-System (für den Baseball-Nachwuchs) **dorafuto-kaigi ドラフト会議** die Auswahlkommission, die Auswahlkonferenz 日本のプロ野球にドラフト制が取り入れられたのは，1965(昭和40)年のことである。Im japanischen Profi-Baseball wurde das Draft-System 1965 eingeführt.

♦ rajio-taisō ラジオ体操
die Radiogymnastik, die Funkgymnastik ラジオにより伴奏と号令を放送し，それに合わせて体操を行なう。小学生は夏休みに親と一緒にラジオ体操の会に参加したりする。NHKでは1928（昭和3）年以来この放送を行なっている。Radiosendungen mit Musik und Gymnastikanweisungen werden vom japanischen Sender NHK bereits seit 1928 übertragen. In den Sommerferien machen z.B. Grundschüler gern zusammen mit ihren Eltern Radiogymnastik.

♦ rakugo 落語
die traditionelle witzige Erzählkunst; das japanische Brettl-Theater; die *Rakugo*-Erzählkunst 江戸時代に発達した寄席演芸で，着物姿で高座に座った落語家が独演する。小道具に扇子や手ぬぐいが使われ，滑稽な話を内容とするものが多い。話の終わりには「落ち」が付くのが特徴。大学などで「おちけん（落研）」と呼ばれる落語愛好のサークルがあるところも珍しくない。In der Edo-Zeit entstandene Form der Erzählkunst, wobei der in *Kimono* gekleidete Erzähler auf einer Bühne kniet, sein einziges Utensil ist ein Fächer und ein kleines Handtuch, das er beim Erzählen effektvoll einsetzt. Die Geschichten enden immer mit einer Pointe. *Rakugo*-Klubs findet man nicht selten auch an japanischen Universitäten. **rakugo-ka 落語家** der Brettl-Künstler, der *Rakugo*-Erzähler **ochi 落ち** die Pointe 落語で，しゃれや語呂合わせなどで話の終わりを締めくくる部分。Im *Rakugo* besteht die Pointe am Ende der Geschichte oft aus einem Wort- oder Reimspiel.

♦ rasuto-supāto ラスト・スパート
(von engl. *last spurt*) der Endspurt **rasuto-supāto o kakeru ラスト・スパートをかける** Endspurt machen

♦ rentaru-bideo レンタルビデオ
(von engl. *rental video*) der Videoverleih, das Leihvideo **rentaru-bideo-ten レンタルビデオ店** die Videothek, der Videoverleih

♦ sakariba 盛り場
das Vergnügungsviertel 商店，飲食店，娯楽施設等が集中し，恒常的に人びとが多数集まる都市の一地域。そういった地域は，江戸時代にはすでに，江戸，京都，大坂などに存在した。Ein Stadtviertel, in dem man Geschäfte, Gaststätten und Unterhaltungsgewerbe findet und wo sich immer viele Leute aufhalten. Solche Viertel gab es bereits in der Edo-Zeit in den Städten Edo, Kyōto und Ōsaka.

♦ san-en (san-zaru) 三猿

die drei weisen Affen, die nichts Böses sehen, hören und sagen 両眼，両耳，両口を.それぞれ手で覆っている猿。猿に「ざる」を掛けて，「見ざる」，「聞かざる」，「言わざる」の意を表わしたもので，彫刻，絵画などで知られる。Darstellung dreier Affen als Skulpturen oder in der Malerei, von denen sich einer die Augen, ein zweiter die Ohren und ein dritter den Mund mit den Händen bedeckt. Das japanische Wort für Affe *saru/zaru* ist gleichlautend mit einer Form der grammatischen Negation; *mi-zaru* bedeutet also „nicht sehen", *kika-zaru* „nicht hören" und *iwa-zaru* „nicht sprechen".

♦sansui-ga 山水画
wörtl.: „Bilder von Bergen und Wasser"; die Landschaftsmalerei 山岳・河水を中心とする風景画で，人物画・花鳥画とともに東洋画の重要な部門をなす。Landschaftsdarstellungen mit Bergen und Flüssen im Zentrum der Komposition; neben Personendarstellungen und Bildern von Blumen und Vögeln ein wichtiges Genre in der ostasiatischen Malerei.

♦sapōtā サポーター
(von engl. *supporter*) der Fan; der fanatische Anhänger サッカーなどで特定チームを応援する観客。jemand, der z.B. im Fußball eine ganz bestimmte Mannschaft unterstützt

♦saru-shibai 猿芝居
1) die Affenvorführung 2) das Affentheater; eine künstliche und leicht durchschaubare Aufgeregtheit (z.B. in der Politik)

♦Sazae-san サザエさん
(siehe *yonkoma-manga* 4コマ漫画を参照)

♦sēfutī-netto セーフティー・ネット
(von engl. *safety net*) 1) Das Sicherheitsnetz für Luftakrobaten im Zirkus 2) das soziale Sicherheitssystem für Notfälle 1) サーカスなどで，高所演技者用の安全ネット 2) 万一の事態に備える，社会的な措置や仕組み。

♦seijunha-kashu 清純派歌手
die junge Sängerin mit einem unschuldigen Image 清純派スターとか清純派歌手といわれるのは，日本語の表記では男女の区別がつかないが，一般的には女性である。Die japanischen Wörter für „unschuldiger Star" oder „unschuldiger Sänger"lassen zwar keine Unterscheidung zwischen männlich und weiblich zu, aber im Allgemeinen sind damit Sängerinnen gemeint.

♦seikō-udoku 晴耕雨読
an Sonnentagen auf dem Feld arbeiten und an Regentagen Bücher lesen 悠々自適の境遇を言う。Metapher für eine gelassene und ausgeglichene Lebensweise

♦senba-zuru 千羽鶴
1) (*origami*) tausend Papierkraniche 鶴は長寿のシンボルとされ，折り紙の千羽鶴は，病気の回復や長寿を祈って病気の人に贈られたりする。2) 川端康成の小説 (1949-1951) のタイトル。Der Kranich symbolisiert in Japan ein langes Leben; in *Origami*-Technik hergestellte und auf Fäden aufgezogene Papierkraniche werden manchmal als Geschenk für Kranke angefertigt. 2) {Werktitel} „Tausend Kraniche" (Roman von Kawabata Yasunari, 1949-1951)

♦senryō-yakusha 千両役者
der hervorragende Schauspieler; der Schauspieler ersten Ranges **daikon-yakusha 大根役者** der Schmierenschauspieler; der schlechte Schauspieler

◆senryū 川柳

das *Senryū*; das humoristisch-satirische Kurzgedicht in *Haiku*-Form 俳句と同じ形をとるが，機知によって人情をうがち，風刺と滑稽を主とする庶民の文芸。現在でも愛好者は，少なくない。Das *Senryū* ist formal ein *Haiku*, aber es stellt ein eigenes volkstümliches Literaturgenre dar, in dem menschliche Gefühle geistreich mit Ironie und Witz auf die Schippe genommen werden. Auch heute hat diese Gedichtsform viele Liebhaber.

◆senshūraku 千秋楽

der letzte Tag eines *Sumō*-Turniers oder einer Theateraufführung 相撲や演劇などの興行の最終日。この呼び方は，雅楽の曲名に由来する。Die Bezeichnung stammt ursprünglich aus dem *Gagaku* (siehe dort).

◆sensu 扇子 (ōgi 扇)

der faltbare Fächer 平安時代に日本で考案された。今日アジアで広く用いられている。Eine ursprünglich japanische Erfindung aus der Heian-Zeit, die heute überall in Asien zu finden ist.

◆setsujoku-sen 雪辱戦

das Revanchespiel, die Revanche「雪辱する」は，恥をすすぐ（そそぐ）という意味。*Setsujoku* bedeutet „die Ehre retten".

◆shakkei 借景

die „geliehene Landschaft" 庭園の外にある山などの景物を，庭の構成要素として取り入れること。Als „geliehene Landschaft" bezeichnet man die Technik im Gartenbau, die umgebenden Berge etc. in die Planung mit einzubeziehen, sodass sie wie ein Teil der Gartenkomposition wirken.

◆shakuhachi 尺八

die Bambusflöte, die *Shakuhachi* 竹製の縦笛でさまざまな種類があるが，指孔が5つのものが多く，琴や三味線と合奏したり独奏されたりする。Japanische Längsflöte mit fünf Grifflöchern, die zusammen mit *Koto* oder *Shamisen* oder als Soloinstrument gespielt wird. (Abbildung)

◆shamisen (samisen) 三味線

die *Shamisen*; traditionelles dreiseitiges japanisches Saiteninstrument 三本の弦をばちで弾いて演奏し，歌舞伎や文楽，民謡の伴奏などに使われる。中国から沖縄を経て日本へ伝わり全国に普及し，独自の発展を遂げ，今日見られるような形になった。Die *Shamisen* wird u.a. zur Begleitung beim *Kabuki*-Theater, beim *Bunraku*-Puppentheater aber auch zu Volksliedern gespielt. Ursprünglich stammt das Instrument aus China, es wurde zuerst nach Okinawa und dann nach Japan eingeführt, wo es sich zu seiner heutigen einzigartigen Form entwickelt hat. (Abbildung)

♦**shiai 試合**
der (sportliche) Wettkampf **sekai-senshuken 世界選手権** die Weltmeisterschaft **tōnamento トーナメント** das Turnier **yosen 予選** die Vorrunde **kesshō-sen 決勝戦** das Endspiel, das Finale **jun-kesshō 準決勝** das Halbfinale **junjun-kesshō 準々決勝** das Viertelfinale **shōri 勝利** der Sieg **haiboku 敗北** die Niederlage **haisha-fukkatsu-sen 敗者復活戦** der Hoffnungslauf, die Trostrunde

♦**shichi-go-chō 七五調**
das Sieben-Fünf-Metrum **go-shichi-chō 五七調** das Fünf-Sieben-Metrum (metrische Grundform der japanischen Lyrik)

♦**shichō-ritsu 視聴率**
die Einschaltquote (beim Fernsehen) あるテレビ番組が，一定の地域でどのぐらい見られていたかを示す数字。パーセントで示す。Als Einschaltquote bezeichnet man den Anteil von Fernsehzuschauern, die in einer bestimmten Region eine Fernsehsendung sehen. Der Wert wird in Prozent angegeben.

♦**shigin 詩吟**
die Rezitation chinesischer Gedichte 漢詩を読み下したものに節をつけて吟ずること。幕末以降流行し，現在でも愛好家は存在する。Das Lesen chinesischer Gedichte in einem bestimmten Rhythmus und in einer bestimmten Melodie ist seit dem Ende der Edo-Zeit eine beliebte Kunstform, die auch heute noch ihre Freunde hat.

♦**shingā-songu-raitā シンガーソングライター**
(von engl. *singer songwriter*) der Liedermacher ポピュラー音楽で自作を自演する歌手。

♦**shini-tai 死に体**
eine hoffnungslose Position beim *Sumō*. 相撲用語で，力士の体勢がくずれて立ち直ることが不可能になった状態。Die Situation beim *Sumō*, dass ein Ringer von einem eindeutig überlegenen Gegner in eine aussichtslose Position gedrängt wird, aus der er das Gleichgewicht nicht wieder gewinnen kann. **shini-tai de aru 死に体である** in einer aussichtslosen Position sein

♦**shin'uchi 真打(ち)**
der Haupterzähler im Varietétheater 落語・講談など寄席の一座で，最も技量のすぐれた出演者。またそれに相当する資格。Als *Shinuchi* bezeichnet man den besten Darsteller eines Ensembles in den japanischen Erzählkünsten *Rakugo*, *Kōdan* usw. Der damit einhergehende Status wird ebenso bezeichnet. **zen-za 前座** der *Rakugo*- oder Geschichtenerzähler niederen Ranges 落語・講談などで真打の前に出演すること。またその人。Der Auftritt eines weniger bekannten Künstlers beim *Rakugo* oder anderen Erzählkünsten vor dem Auftritt des Haupterzählers. Auch eine Bezeichnung für die weniger bekannten Künstler.

♦**shiritori 尻取り**
„das Ende aufnehmen“ 言葉の遊戯で，前の人の言った言葉の最後の音を語頭に持つ言葉を順々に言い合う遊び。Japanisches Silbenratespiel, bei dem jeder Spieler ein Wort finden muss, das mit derselben Silbe beginnt, auf der das Wort des vorherigen

Spielers geendet hat.

♦shiro-boshi 白星

wörtl.: der „weiße Stern“; das Siegeszeichen (z.B. beim *Sumō*) **kuro-boshi 黒星** wörtl.: der „schwarze Stern“; Markierung für die Niederlage (z.B. beim *Sumō*) **shiro-kuro o tsukeru 白黒をつける** eine Entscheidung treffen

♦shodō 書道

wörtl.: der „Weg des Schreibens“; die Kalligraphie 漢字を用いた中国文化圏で古くから発達。日本では，仮名文字が作られたこととも関連して独自の発展を遂げた。In Ostasien, wo die chinesische Schriftzeichen verwendet werden bzw. verwendet wurden, entwickelte sich seit alters her diese Kunst. In Japan ergab sich durch die Verwendung der *Kana*-Zeichen eine eigene Variante.

♦shōgi 将棋

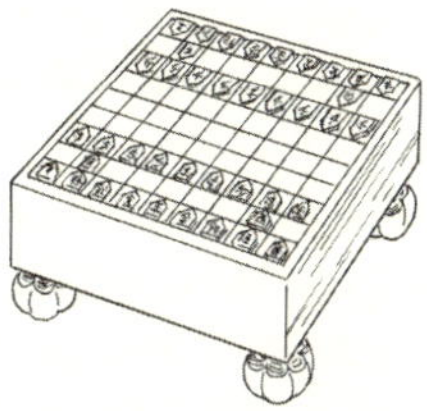

das *Shogi*; das japanische Schach 8世紀頃碁とともに中国から日本に伝わり，その後独自の改良が加えられて一般に広まった。縦長の五角形をした駒には，王や将軍などの地位や役割を示す文字が書かれており，その種類は全部で八つである。*Shōgi* ist etwa im 8. Jh., zur gleichen Zeit wie das *Go*-Spiel, von China nach Japan eingeführt worden, wo es weiterentwickelt wurde und sich weit verbreitet hat. Es gibt acht verschiedene Spielfiguren, die alle eine fünfeckige Form haben und sich in ihrer Aufschrift und Größe unterscheiden. **shōgi no koma 将棋の駒** die Schachfigur **shōgi-ban 将棋盤** das *Shōgi*-Brett **shōgi-daoshi 将棋倒し** der Domino-Effekt **shōgi-daoshi ni naru 将棋倒しになる** wie die Zinnsoldaten umfallen **hebo-shōgi へぼ将棋** das Anfänger-*Shōgi* なお「へぼ」は，弱いこと，腕前のつたないことを意味し，江戸末期の文献には，「へぼ医者」などの用例も見ることができる。Das Wort *hebo* bedeutet „schwach“ oder „ungeschickt“, in Quellen aus der späten Edo- Zeit finden sich z.B. Anwendungsbeispiele wie *hebo-isha*, „ungeschickter Arzt“.

♦shōjo-kageki 少女歌劇

die Mädchenoperette 少女だけで演じられる日本独特の音楽劇。1912 (明治45) 年東京日本橋の白木屋呉服店で公演されたのが最初とされる。現在存続しているのは，宝塚歌劇団のみである。Eine rein japanische Form des Singspiels, in dem alle Rollen von Mädchen oder jungen Frauen dargestellt werden. Die erste Aufführung fand im Jahr 1912 im Theater von Shirokiya in Nihonbashi in Tōkyō statt. Die einzige heute noch existierende Musiktheatergruppe dieser Form ist die Takarazuka Revue.

♦shōnen-ba 正念場

der entscheidende Augenblick; der Augenblick der Wahrheit もともとは，歌舞伎・浄瑠璃の用語であるが，ここぞという大事な場面・局面を示す言葉として広く用いられるようになった。Ursprünglich ein Fachbegriff aus dem *Kabuki*- und *Jōruri*-Theater, der heute aber allgemein gebräuchlich ist, um eine entscheidende Situation oder den entscheidenden Augenblick zu bezeichnen.

♦ shūmei 襲名

die Übernahme eines (Künstler-) Namens 家族もしくはこれに類似する集団 (芸能の流派など) において, その代表者が以前の代表者の個人名を継承し, その伝統の保持者, 時にはその集団の代表者となる。Die Übernahme eines Namens in einer Familie oder einer familienähnlichen Gruppe (z.B. der Schultradition einer traditionellen Kunst), wobei der neue Namensträger den Namen seines Vorgängers als seinen eigenen übernimmt und damit zum Traditionsträger und Repräsentanten der Gruppe wird. **shūmei-kōgyō 襲名興行** die Sonderaufführung anlässlich der Namensverleihung **shūmei-hirōen 襲名披露宴** das Bankett zur Bekanntmachung der Übernahme eines Namens

♦ shunga 春画

wörtl.: „das Frühlingsbild" 男女の秘戯を描いた絵。Bezeichnung für erotische Darstellungen bzw. Pornographie **shunka 春歌** das erotische Lied

♦ sora-namida 空涙

wörtl.: „leere Tränen", Krokodilstränen; scheinheilige Tränen

♦ sūdoku 数独

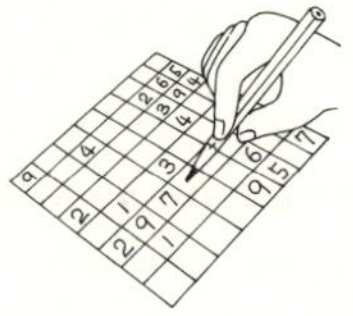

das *Sudoku* 縦と横それぞれが3×3のブロックに区切られた9×9の空いているマスに1〜9の数字を重複しないように記入し, さらに太線で囲まれている3×3の各ブロック内でも同じ数字は一度しか使えないという数字パズルである。最初にどれだけの数字がすでに配置されているかで, パズルに難易の差が生ずる。世界各地に愛好者がおり, ドイツでも大変人気があるこの思考パズルには, さまざまなヴァリエーションがある。なお数独という名称は日本のパズル制作会社の登録商標である。Ein Zahlenrätsel, bei dem ein Gitterfeld aus neun mal neun Feldern, worin durch horizontale und vertikale dicke Linien drei Blocks mit je drei Feldern eingerahmt sind, mit Zahlen so vervollständigt werden muss, dass in jeder Zeile und Spalte jede Ziffer von 1 bis 9 nur ein einziges Mal vorkommt. Außerdem darf auch innerhalb eines Blocks jede Zahl nur einmal vorkommen. Der Schwierigkeitsgrad hängt u.a. davon ab, wie viele Zahlen bereits vorab eingetragen sind. Es gibt zahlreiche Spielvarianten dieses international und auch in Deutschland sehr beliebten Logikrätsels. Der Name *Sūdoku* ist ein eingetragenes Warenzeichen des japanischen Rätselverlags Nikoli Co., Ltd.

♦ sugoroku すごろく, 双六

das *Sugoroku*, die Wurfzabel (ein Brettspiel

mit Würfel）古く奈良時代に貴族社会の遊びとして行なわれていた盤(盤)双六と，江戸時代これに着想を得て子供の遊び道具として発達した絵双六(紙双六)がある。Im Altertum (Nara-Zeit) war das Brettspiel *Sugoroku* ein Spiel der Hofadligen und in der Edo-Zeit wurde die Idee in ein Kinderspiel mit einem Spielfeld aus Papier umgewandelt. **furi-dashi ni modoru 振り出しに戻る** zurück zum Start gehen; zum Anfang zurückkehren; noch einmal von vorne anfangen「振り出し」というのは，道中双六の起点のことで，さいころを振り始めることからこのように呼ばれる。転じて「ものごとの出発点」という意味でも用いる。*Furidashi* ist der Anfang des *Sugoroku*-Spiels, bei dem die Spielsteine mithilfe eines Würfels in das Spielfeld gesetzt werden. Im übertragenen Sinn bedeutet es „zum Anfang zurückkehren".

♦suiri-shōsetsu 推理小説

der Kriminalroman, der Krimi 欧米の推理小説の翻訳が始まったのは，明治20年代。当初，探偵小説などとも言われたが，現在では，推理小説やミステリーという呼び方が一般的。Die ersten japanischen Übersetzungen westlicher Kriminalromane erschienen um 1890. Zunächst nannte man sie *tantei-shōsetsu* (Detektivromane), heute spricht man im Allgemeinen von *suiri-shōsetsu* (Rätselroman) oder *misuterī* (von der englischen Bezeichnung *mystery*).

♦suki koso mono no jōzu nare 好きこそ物の上手なれ

(Sprichw.) Man kann gut, was man mag.

♦sumie 墨絵 (suiboku-ga 水墨画)

die Tuschmalerei, die Tuschzeichnung 墨を使って描く絵画で，墨の濃淡や描線の強弱，ぼかしといった手法を特徴とする。鎌倉時代に中国からもたらされ，室町時代に栄えた。画僧雪舟 (1420-1506) により大成された。Maltechnik mit schwarzer Tusche, die in raffinierten Schattierungen angewendet wird. In der Kamakura-Zeit aus China eingeführt, erlebte sie ihre Blütezeit in der Muromachi-Periode, in der sie von dem *Zen*-Mönch und Maler Sesshū (1420-1506) zur Vollendung gebracht wurde. (Abbildung)

♦sumō 相撲

das *Sumō* 日本古来の格闘技。対戦相手を土俵から突き出したり，投げ倒したり，あるいは足以外の体の部位が土俵に触れるようにする。相撲には神道との密接な繋がりを想起させるものが少なくない。Traditioneller japanischer Ringkampf, bei dem der Gegner aus dem Ring gedrängt, umgeworfen oder dazu gebracht werden soll, den Boden mit einem anderen Körperteil als den Füßen zu berühren. Vieles an den *Sumō*-Kämpfen erinnert noch an die engen Beziehungen zum *Shintō*. **banzuke 番付** die Rangliste der *Sumō*-Ringer **ōzumō 大相撲** das große *Sumō*-Turnier (das vom japanischen *Sumō*-Verband veranstaltet wird) **ozumō-hatsubasho 大相撲初場所** das Neujahrs-*Sumō*-Turnier **sumō-beya 相撲部屋** das *Sumō*-Trainingslager **gyōji 行司** der Kampfrichter **gunbai 軍配** der Fächer des Kampfrichters **shijūhatte 四十八手** die 48 Kunstgriffe im *Sumō* **tanimachi 谷町** der Gönner eines *Sumō*-Ringers 大相撲で，力士のひいき筋・後援者のこと。明治期の末ころ，大阪谷町筋に住んでいた相撲好きの外科医が，力士からは治療代を取らなかったことから，このような言い方が生まれたという。Der Gönner oder Unterstützer eines *Sumō*-Ringers. Ende der Meiji-Zeit wohnte in der Straße Tanimachi-suji in Ōsaka ein Chirurg, der *Sumō*-Fan war und die Ringer kostenlos behandelte. Davon soll die Bezeichnung abgeleitet sein. **hitori-zumō 一人相撲，独り相撲** die Spiegelfechterei; der Kampf gegen Windmühlen **hitori-zumō o toru 一人（独り）相撲をとる** Spiegelfechterei betreiben; gegen Windmühlen kämpfen; einen Kampf gegen Windmühlen führen このドイツ語の表現は『ドン・キホーテ』に由来する。Der deutsche Ausdruck stammt aus dem berühmten Roman *Don Qujotte* von Miguel de Cervantes. **dohyō 土俵** der *Sumō*-Ring; der begrenzte Kampfplatz beim *Sumō*. 江戸時代の初めまでは，「土俵」は存在しなかった。相撲は，ぐるりと取り囲んだ見物人や，控えの力士の人垣の中で行なわれていた。土俵が無ければ，相撲のルールも大きく変わったものになる。周知のように，現在の相撲は土俵の中で行なわれており，決まり手の幾つかは土俵と関連付けられている。その例を示す。Bis zum Beginn der Edo-Zeit gab es beim *Sumō* keinen abgegrenzten Kampfplatz. Die Kämpfe wurden einfach inmitten der Spalier stehenden Zuschauern oder anderen *Sumō*-Ringer ausgetragen. Das bedeutet, dass die Regeln der Kämpfe von den heutigen sehr verschieden gewesen sein müssen, denn heute wird Sumō bekanntlich innerhalb des *dohyō* ausgetragen und einige der entscheidenden Techniken haben mit dem *dohyō* zu tun. Einige Beispiele dafür: **oshi-dashi 押し出し** den Gegner aus dem Ring schieben **tsuri-dashi つり出し** den Gegner aus dem Ring tragen **yori-kiri 寄り切り** den Gegner aus dem Ring drücken **kimarite 決まり手** Kampftechnik, mit der ein Kampf im *Sumō* entschieden wird **shikiri-naoshi 仕切り直し** die Wiedereinnahme der Kampfposition この言い回しは比喩的表現としても用いられる。Dieser Ausdruck wird auch im übertragenen Sinn verwendet. **keshō-mawashi 化粧回し** prächtig verzierte Schürze der *Sumō*-Ringer **kokugi 国技** der Nationalsport 国技について厳密な定義が存在するわけではないし，国技に関する法律が存在するわけでもない。相撲が日本の国技であると多くの人に意識されるようになったのは明治時代からである。Für „Nationalsport" gibt es keine strenge Definition und es gibt keine gesetzliche Regelungen, die sich darauf bezögen. Seit der Meiji-Zeit wurde *Sumō* von vielen Leuten als japanischer Nationalsport angesehen. **dohyō-**

iri **土俵入り** der zeremonielle Einzug in den *Sumō*-Ring **mawashi** **回し** der Gürtel eines *Sumō*-Ringers **shiko** **四股** das Aufstampfen im Ring **Kokugikan** **国技館** die Kokugikan; die Halle des japanischen *Sumō*-Verbands, wo *Sumō*-Wettkämpfe durchgeführt werden.

♦ supōtsu-shinbun スポーツ新聞

die Sportzeitung スポーツ報道を主とし，芸能・娯楽記事などを多く載せている新聞。読者の大半はサラリーマンで，駅のキオスクで買い求め，職場への通勤電車のなかで読んだりする。Boulevardzeitungen, die hauptsächlich Sportnachrichten aber auch viele Artikel über das Showbusiness und zur Unterhaltung veröffentlichen. Die meisten Leser sind Firmenangestellte, die diese Zeitungen am Bahnhofkiosk kaufen und z.B. während der Bahnfahrt zum Arbeitsplatz lesen.

♦ sutando-purē スタンド・プレー

(von amerik.-engl. *grandstand play*) wörtl.: „Spiel für die Tribühne"; die Effekthascherei; das auf Effekt berechnete Spiel **sutando-purē o suru** **スタンド・プレーをする** effekthascherisch spielen

♦ sute-ishi 捨石，捨て石

1) (*Go*) der geopferte Stein; das Bauernopfer 2) der Zierstein (im Garten) 3) der für einen späteren Zweck vorsorglich gesetzte Stein; die Aufopferung **sute-ishi ni naru** **捨石になる** sich opfern

♦ suzume hyaku made odori wasurezu 雀百まで踊り忘れず

(Sprichw.) wörtl.: „Der Spatz verlernt das Tanzen nicht, selbst wenn er 100 Jahre wird." Die Katze lässt das Mausen nicht.「百まで」というのは，年をとっても，死ぬまで，という意味。

♦ tachi-uchi suru 太刀打ちする

die Klingen kreuzen **tachi-uchi dekiru** **太刀打ちできる** es mit jemandem aufnehmen können; jemandem gewachsen sein; jemandem nicht nachstehen

♦ taiga-dorama 大河ドラマ

wörtl.: „das Fluss-Drama" NHKが1963（昭和38）年から，毎年違ったテーマで制作・放送しているスケールの大きなテレビ・ドラマ。Der Fernseh- und Rundfunksender NHK produziert und sendet seit 1963 jährlich eine sich über das ganze Jahr erstreckende Fernsehserie jeweils zu einem anderen Thema (oft stehen historische Persönlichkeiten im Mittelpunkt der Handlung). *Taiga* bedeutet wörtlich „großer Fluss" oder „Strom".

♦ taka-bisha 高飛車

Unterdrucksetzen des Gegenspielers von Anfang an **taka-bisha ni deru** **高飛車に出る** gebieterisch auftreten; von oben herab behandeln; eigenmächtig handeln; selbstherrlich auftreten 本来は将棋用語であるが，相手に対して高圧的な態度を取ること，またそのさまを言うようになった。Ursprünglich ein Fachbegriff aus dem japanischen Schach (siehe *shōgi*) und meint, dass man dem Spielpartner gegenüber eine anmaßende Haltung einnimmt, auch diese Haltung selbst wird so bezeichnet..

♦take-tonbo 竹とんぼ

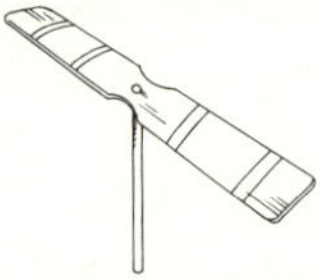

wörtl.: die „Bambus-Libelle“ 古くからある竹製の簡単な遊具で，プロペラの中央に柄を付けたもの。柄を両手ではさんですり合わせるとプロペラは回転して飛び出す。Ein traditionelles, aus Bambus gefertigtes einfaches Spielzeug, das aus einem Propeller und einer in dessen Zentrum befestigten Stange besteht. Die Stange hält man zwischen den Handflächen und durch eine schnelle gegenläufige Bewegung der Hände wird der Propeller in schnelle Drehung versetzt und das kleine Fluggerät hebt ab.

♦take-uma 竹馬

die (pl.) Stelzen **chikuba no tomo 竹馬の友** wörtl.: „der Stelzenfreund“; der Freund aus Kindertagen, der Jugendfreund 竹馬の友というのは，幼い頃，ともに竹馬に乗って（あるいは同じ砂場で）遊んだ友達，という意味である。*Chikuba no tomo* ist jemand, mit dem man schon als Kind, z.B. mit Stelzen (oder im Sandkasten) gespielt hat.

♦tako-age 凧揚げ

das Drachensteigenlassen 凧揚げは日本で正月の子供の遊びというイメージが強いが，地方によっては3月や5月の節句にも凧揚げをするところがある。Zwar denkt man in Japan beim Drachensteigenlassen vor allem an das Kinderspiel zu Neujahr, aber je nach der Region lässt man manchmal auch bei Festen im März oder Mai Drachen steigen.

♦tama migakazareba hikari nashi 玉磨かざれば光なし

(Sprichw.) Wenn ein Edelstein nicht geschliffen wird, glänzt er nicht. Wenn man den Edelstein nicht schleift, hat er keinen Glanz.

♦tama ni kizu 玉に瑕

sein einziger Makel; ein Fleck in einem Edelstein ほぼ完全なもののなかにあるわずかな欠点。「玉」は，立派なもの，善美なものの意。Ein winziger Fehler in etwas nahezu Vollkommenem. *Tama* bedeutet hier etwas großartig Schönes.

♦tameru nara wakagi no uchi 矯めるなら若木のうち

(Sprichw.) Ein junger Baum kann noch leicht gebogen werden. Man muss den Baum biegen, so lange er noch jung ist.

♦tanka 短歌 (waka 和歌)

das japanische Kurzgedicht mit 31 Silben – 8世紀に編まれた日本最古の歌集『万葉集』にもすでにこの形式で詠まれているものが数多く見られる。和歌には俳句と同じく現在でも多くの愛好者が見られ，多くの新聞全国紙も読者のために短歌や俳句の欄を設けている。Bereits in der ältesten Sammlung japanischer Gedichte aus dem 8. Jh., dem *Man'yō-shū*, finden sich Gedichte, die dem Schema des *tanka* mit 5-7-5-7-7-Silben entsprechen. Diese Gedichtsform ist auch heute noch, so wie *Haiku* (siehe dort), sehr beliebt und in vielen überregionalen Zeitungen erscheint regelmäßig eine Sparte mit von Lesern eingesandten und von Profis kommentierten *Tanka*-Gedichten und *Haiku*.

♦tate 殺陣
die Fechtszene (auf der Bühne oder im Film) **tate-shi 殺陣師** der Fechtlehrer (für Schauspieler, die Kampfszenen in einem Film darstellen sollen)

♦te-byōshi 手拍子
das Klatschen des Taktes; das Taktklatschen **ashi-byōshi 足拍子** das rhythmische Aufstampfen (beim Tanz); das Taktschlagen mit dem Fuß (beim Musizieren)

♦tegatana 手刀
die Handkante 手指を揃えて真っ直ぐに伸ばし，小指の側の側面を刀のように使うこと。Die Finger der Hand schließen und gerade ausstrecken und dann die Handkante wie ein Schwert benutzen. **tegatana o kiru 手刀を切る** mit der rechten Handkante in die Luft schneiden 力士は賞金を受け取るに際し，右手で（中，右，左の順に）手刀を切る。Bevor der *Sumo*-Ringer sein Preisgeld entgegennimmt, schneidet er mit der rechten Handkante dreimal in die Luft (in die Mitte, nach rechts und nach links).

♦tejina 手品
die Zauberkunst, das Zauberkunststück, die Taschenspielerei, die Zauberei **tejina no tane o akasu 手品の種を明かす** einen Trick verraten

♦tēma-pāku テーマ・パーク
der Themenpark, der Freizeitpark (zu einem bestimmten Thema) 和製語。なおテーマは，ドイツ語のThema に由来する。催し物や展示物などをあるテーマの下に統一して構成したレジャー施設。Das in Japan gebildete Wort ist aus dem deutschen Wort Thema und dem englischen/ deutschen Wort Park abgeleitet. Ein Freizeitpark, dessen Darbietungen und Attraktionen unter einem Thema zusammengefasst sind.

♦tēma-songu テーマ・ソング
die Titelmelodie einer Sendung; die Erkennungsmelodie 和製語で，テーマは，ドイツ語のThema にソングは英語のsongに由来する。Das Wort *tēma* geht auf das deutsche Wort Thema zurück, *songu* auf das englische Wort *song*.

♦tenkoku 篆刻
das Siegelschneiden（書画の落款印など），実用以外の趣味的あるいは芸術的な印を彫ること。Das Siegelschneiden als Hobby oder Kunstform im Gegensatz zu Unterschriftssiegeln etc. für den praktischen Gebrauch.

♦terebi-dorama テレビ・ドラマ
(pseudoengl. *television drama*) wörtl.: „das Fernseh-Drama", das Fernsehspiel 公共放送のNHKだけでも「連続テレビ小説」，「大河ドラマ」その他個別のテレビ・ドラマがあり，民放も，さまざまなテレビ・ドラマを放映している。Schon allein beim öffentlichen Rundfunksender NHK gibt es verschiedene Formate von Fernsehspielen, z.B. Fortsetzungsserien (*renzoku-terebi-shōsetsu*) oder das „Fluss-Drama" (siehe *taiga-dorama*), und auch die privaten Sender senden alle möglichen Arten von Serien.

♦ **terebi-gēmu テレビ・ゲーム**
(pseudoengl. *television game*) das Videospiel コンピュータを使いディスプレー上で行なうゲーム。英語は *video game*. **gēmu-sentā ゲーム・センター** die Spielhalle **terebi-gēmu-otaku テレビゲームおたく** der Videospiel-Fanatiker

♦ **tetsubō 鉄棒**
das Reck **saka-agari 逆上がり** der Felgaufschwung **kensui 懸垂** der Klimmzug

♦ **Tetsuwan Atomu 鉄腕アトム**
(Manga-Serie) wörtl.: „Eisenarm Atom"; Astro Boy 漫画家，手塚治虫 (1928-1989) の長編漫画で，21世紀を舞台に少年ロボットであるアトムが活躍するSFヒーロー漫画。雑誌『少年マガジン』に1951 (昭和26) 年から17年間連載されたもので，実写映画やテレビ・アニメ等にもなった。この漫画にはある意味で，昭和戦後期という時代を生きた人たちの夢が反映されていると言える。Umfangreiche *Science-Fiction-Manga*-Serie von Tezuka Osamu (1928-1989), die im 21. Jh. spielt und deren Held der Kind-Roboter Atomu (Astro Boy) ist. Die Serie wurde ab 1951 17 Jahre lang in der Zeitschrift *Shōnen magajin* („Magazin für Jungen") veröffentlicht und es gibt sowohl eine Realverfilmung als auch eine *Anime*-Version. Die Serie spiegelt bis zu einem gewissen Grad die Träume der japanischen Nachkriegsgeneration wieder.

♦ **tōban 登板**
das Betreten des Wurfhügels もともとは野球で投手がマウンドに立つことを意味したが，そこから派生して，テレビ番組や舞台その他の分野でも用いられるようになった。Ursprünglich das Betreten des Wurfhügels, von wo aus ein Baseball-Spieler den Ball abwirft, davon abgeleitet wird der Ausdruck auch bei Fernsehsendungen, im Theater usw. im Sinne von „eine bestimmte Rolle übernehmen" verwendet. **kōban 降板** Verlassen des Wurfhügels

♦ **tōji 湯治**
die Badekur 温泉に浴して病気を治療することであるが，温泉地あるいはその近くの施設等を利用し比較的長期に滞在することが多い。Mehrtägiger Aufenthalt in einer preiswerten Ferienwohnung in der Nähe heißer Quellen, im Unterschied zu dem kurzen und kostspieligen Besuch eines vornehmen *Ryokan* oder Hotels. **tōji-ba 湯治場** der Badekurort

♦ **tōki 陶器**
die Keramik; das unechte Porzellan **jiki 磁器** (weißes, durchscheinendes) Porzellan **tōjiki 陶磁器** Keramik und Porzellan **shippō-yaki 七宝焼** das Cloisonné **kamamoto 窯元** die Keramik-Töpferei mit eigenem Brennofen

♦ **tonton-byōshi ni とんとん拍子に**
glatt, ohne Stockung 「とんとん拍子に」というのは，ものごとが都合よく順調にはかどるさまを述べる言葉で，もともとは，師匠の手拍子に合わせて舞台で踊りを練習するときの床を踏む音から来ているという。So nennt man es, wenn eine Angelegenheit problemlos und planmäßig vorankommt. Der Ursprung der Redewendung soll das Onomatopoetikum *tonton* sein, das das rhythmische Aufstampfen mit den Füßen be-

schreibt, wenn man einen Tanz auf der Bühne einübt, wobei der Lehrer den Takt durch Klatschen vorgibt.

◆tsuke-yakiba 付け焼刃
wörtl.: „die aufgesetzte Brandklinge"; der äußere Anstrich; die Tünche, der Lack; etwas nur notdürftig Angelerntes この言葉は，中世の刀鍛冶の用語に発する。「付け焼刃」はもともとは，切れのよくない刃に鋼の焼き刃を付けたものを意味したが，これは見た目は切れそうに見えるが，実際はもろくて切れない。転じてこの言葉は，一時の間に合わせに覚えた知識や一時しのぎに習った技術を意味する言葉となった。Dieses Wort hat sich aus einem Fachwort der mittelalterlichen Schwertschmiedekunst entwickelt. *Tsuke-yakiba* war ursprünglich eine Stahlklinge, die auf ein stumpfes Schwert aufgesetzt wurde; dadurch sah es aus wie ein scharfes Schwert, obwohl man in Wirklichkeit nicht gut damit schneiden konnte. Im übertragenen Sinn nennt man so Wissen oder Fertigkeiten, die man sich nur für eine bestimmte Gelegenheit notdürftig angeeignet hat.

◆tsuna-hiki 綱引き
das Tauziehen 比喩的に，熾烈な競争の意味でも用いられる。Auch als Metapher für einen leidenschaftlichen Wettkampf zwischen zwei Personen (od. Gruppen) gebraucht.

◆tsuna-watari 綱渡り
1) der Seiltanz; der Tanz auf dem Seil 2) der Drahtseilakt; ein riskantes Unterfangen

◆Tsurezure-gusa 徒然草
{Buchtitel} *Tsurezure-gusa*; Betrachtungen aus der Stille 鎌倉時代の随筆。吉田兼好著。1330~31年頃成立か。『枕草子』とならぶ随筆文学の傑作とされる。Essaysammlung aus der Kamakura-Zeit von Yoshida Kenkō. Vermutlich 1330 oder 1331 abgeschlossen. Das Werk gilt ebenso wie das *Makura no Sōshi* (siehe dort) als ein Meisterwerk der japanischen Essayliteratur.

◆uchiwa うちわ，団扇
der blattförmige und nicht faltbare Fächer うちわは，細く割った竹を骨組みにし，紙や絹を張ったもの（で，あおいで風をおこす道具）。Ein *Uchiwa* besteht aus einem Gerüst aus feinen Bambusstäben und ist mit Papier, Seide o.Ä. bespannt.

◆udetate-fuse 腕立て伏せ
der Liegestütz たいていは複数形 Liegestütze を用いる。**ude-zumō 腕相撲** wörtl.: das „Ringen mit den Armen"; das Armdrücken **saka-dachi 逆立ち (tōritsu 倒立)** der Handstand **saka-dachi suru 逆立ち(を)する** auf den Händen stehen **saka-dachi shite aruku 逆立ち(を)して歩く** auf den Händen gehen

◆ukiyo 浮き世，浮世
die irdische Welt; die vergängliche Welt, das Jammertal もともとは仏教的厭世観ともかかわり，「つらいことの多い世の中」の意味で用いられ「憂き世」の字が当てられたが，やがてこの語は「無常の世」の意味で用いられるようになり，「浮き世」と表記されるようになった。江戸時代になると，はかない世の中であれば，浮かれて暮らそうというように現世肯定的・享楽的世界観が前面に出てくるようになった。Ursprünglich wurde das Wort, das mit einer lebensüberdrüssigen buddhistischen Sicht auf das Leben zusammenhängt, im Sinne von „die Welt, in der viel Leiden existiert" gebraucht und wurde mit dem Schriftzeichen 憂き世 („Welt des Schmerzens") geschrieben. Im Laufe der Zeit benutzte man den Ausdruck allmählich im Sinne von „vergänglicher Welt" und verwendete auch die dem entsprechenden Zeichen (浮き世). In der Edo-Zeit kam zudem eine weltbejahende, geradezu hedonistische Komponente zu dem Bedeutungsfeld hinzu, nämlich, dass man das kurze Leben in der flüchtigen Welt genießen solle. **ukiyo no hakanasa 浮き世のはかなさ** die Vergänglichkeit des weltlichen Lebens **ukiyo-banare no shita 浮き世離れのした** weltfremd **ukiyo no aka ni somaru 浮き世の垢にそまる** zu sehr in weltliche Dinge verstrickt sein

♦ukiyo-e 浮世絵

wörtl.: „Bilder der vergänglichen Welt"; der *Ukiyoe*-Farbholzschnitt 江戸時代に発達し，特に版画において独特の美的世界が切り開かれた。画題には美女や役者，力士などの人物のほか，風景や庶民の生活なども選ばれた。Farbenprächtige Holzschnitte aus der Edo-Zeit, oft mit Motiven aus dem Milieu der Kurtisanen, Schauspieler, *Sumō*-Ringer, Landschaften, alltägliches Leben des Volkes usw. **Fugaku sanjūrokkei 富嶽三十六景** Sechsunddreißig Ansichten des Berges Fuji (葛飾北斎の絵 Bilderserie von Katsushika Hokusai) **abuna-e 危な絵** das schlüpfrige *Ukiyoe*; das gewagte Bild 浮世絵美人画のうち，一般的なものと春画との中間に位置するようなもの。*Ukiyoe*-Bild einer weiblichen Schönheit, das zwischen gewöhnlichen und pornographischen Darstellungen anzusiedeln ist.

♦urakata 裏方

1) der Bühnenarbeiter (z.B. beim Theater) 2) die Hilfskraft hinter den Kulissen; jemand, der hinter den Kulissen bleibt 1) 芝居などで，舞台の裏で働く人。2) (比喩的に) 影の協力者。

♦urame ni deru 裏目に出る

wörtl.: „es läuft auf die gegenteiligen Augen hinaus"; sich ins Gegenteil verkehren; ins Gegenteil ausschlagen 「裏目」は，さいころの裏の目のこと。期待したこととは逆の結果になること。Gemeint sind hier die verdeckten Augen eines Würfels, der Ausdruck drückt aus, dass eine Angelegenheit auf das genaue Gegenteil dessen hinausläuft, das man erwartet hat.

♦urushi 漆

der Lack, der Japanlack **urushi-zaiku 漆細工** die Lackware **urushi-shokunin 漆職人** der Lackkünstler **urushi-ya 漆屋** das Geschäft für Lackwaren **shikki 漆器** die Lackware, die Lackarbeit

♦utakai-hajime 歌会始め

der zu Neujahr am Kaiserhof abgehaltene Gedichtswettbewerb 宮中における年始めの歌会。古くは毎年の定めではなかったが，1869 (明治2) 年以降，毎年1月に行われている。Der erste Gedichtswettbewerb eines Jahres im Kaiserhof. In der alten Zeit wurde nicht in jedem Jahr ein solcher Wettbewerb abgehalten, aber seit 1869 führt man die Veranstaltung jedes Jahr regelmäßig im Januar durch.

♦ waido-shō ワイド・ショー
(pseudoengl. *wide show*) das Informationsprogramm 芸能情報やその他のニュース，生活や政治関連の情報などさまざまな内容を盛り込んで作るテレビ番組。(英語では普通 *variety show* という。) Ein Genre von Fernsehsendungen, die Nachrichten aus der Welt der Stars und Sternchen, politische Nachrichten, Lebenshilfe und anderes beinhalten.

♦ watakushi-shōsetsu 私小説
{Literaturw.} der japanische Ich-Roman; die japanische Ich-Erzählung 作者自身が，虚構を排して自己の生活や体験を叙しながらその間の心境を披瀝していく作品。日本近代文学に特有の小説の一形態で，大正期に全盛を迎えた。Ein literarisches Werk, in dem der Autor auf Fiktion verzichtet, und sein eigenes Leben, seine eigenen Erfahrungen und die damit einhergehenden Gemütszustände beschreibt. Ein besonderes Genre in der modernen japanischen Literatur, das besonders in der Taishō-Zeit eine Blütezeit erlebte.

♦ yabusame 流鏑馬
der Schießwettkampf der *Samurai*-Reiter vom Pferd aus 馬に乗って走りながら3つの的を，次々と矢で射るもので，平安時代から鎌倉時代にかけて盛んに行なわれた。しばしば神社に奉納された。今日でも祭りに際して流鏑馬が奉納される神社がある。Bei diesem Wettkampf, der seit der Heian-Zeit oft an Schreinen durchgeführt worden ist, musste ein *Samurai* zu Pferde drei Ziele mit Pfeil und Bogen treffen. Manchmal auch heute noch an Schreinen zu sehen.

♦ yajirobē やじろべえ，弥次郎兵衛

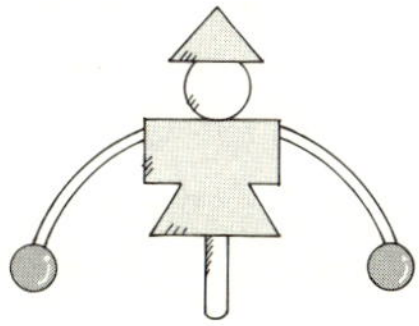

die Fingerschaukel (ein Spielzeug) この名前の由来については諸説がある。Über den Ursprung dieser Bezeichnung gibt es verschiedene Theorien.

♦ yaki ga mawaru 焼きが回る
wörtl.: „das Feuer flattert“; den Schwung verlieren; an Vitalität verlieren; kindisch oder dumm werden 刃物などを焼くのに，火加減が行き渡りすぎてかえって切れ味が鈍る，ということである。そこから転じて，年をとるなどして能力が鈍る，という意味でも用いる。Man sagt, dass die geschmiedete Klinge stumpf werden, wenn beim Schmieden das Feuer in der Esse zu sehr flattert. Im übertragenen Sinn verwendet man den Ausdruck, um auszudrücken, dass z.B. mit zunehmendem Alter die Fähigkeiten abstumpfen.

♦ yakyū 野球
der Baseball 日本へは明治初期に伝わった。高校野球，プロ野球など，日本ではきわめて人気のあるスポーツである。Baseball wurde in der Meiji-Zeit in Japan eingeführt und erfreut sich äußerst großer

Beliebtheit. Berühmt sind die Turniere der Oberschulen und der professionellen Baseball-Ligen. **kusa-yakyū 草野球 (non-puro-yakyū ノンプロ野球)** der Amateurbaseball

♦yaochō 八百長
die abgekartete Sache; das heimlich abgesprochene Spiel **yaochō-shiai 八百長試合** der heimlich abgekartete Wettkampf **yaochō o suru 八百長をする** etwas im Vorhinein abkarten; sich vorher absprechen 八百屋の長平衛，通称八百八という人がある相撲の年寄りとよく碁を打ち，碁の実力はありながら商売上の打算から，時にはわざと負けて勝敗をうまく調整していた。そこから相撲や各種の競技などで，一方が前もって負ける約束をしておいて，うわべだけの勝負を争うことを意味するようになった。Chōbei war der Inhaber eines Gemüseladens und wurde normalerweise mit dem Spitznamen Yaohachi genannt; er spielte oft mit einem *Sumō*-Meister *Go* und obwohl Chōbei der bessere Spieler war, verlor er manchmal absichtlich eine Partie, um den Umsatz seines Geschäfts nicht zu gefährden. Davon abgeleitet nennt man einen betrügerischen Kampf beim *Sumō* oder einem anderen Wettbewerb, bei dem eine Seite im Voraus verabredet hat zu verlieren und wo nur scheinbar gekämpft wird, als *Yaochō*.

♦yarase やらせ
die Inszenierung テレビ番組などで，事前に示し合わせておいて，馴れ合いでことを行い，事実であるかのごとく報道すること。Wenn z.B. in einer Fernsehsendung ein Bericht als Tatsache gesendet wird, die gezeigten Szenen in Wirklichkeit aber gestellt sind.

♦yose 寄席
das Varieté, das Varietétheater; japanisches Brettlvarieté 落語，漫才，浪曲その他の大衆芸能を興行する演芸場。常設の寄席としては18世紀末江戸で開かれたものが最初。Theater für *Rakugo*, *Manzai*, *Naniwabushi* und andere populäre Formen der Unterhaltung. Die erste dauerhafte Bühne dieser Art wurde am Ende des 18. Jhs. in Edo (heute Tōkyō) eröffnet.

♦yūkaku 遊郭
{Gesch.} das Bordellviertel , das Vergnügungsviertel「くるわ」「いろまち」などとも呼ばれた。Früher sprach man auch von *Kuruwa* (wörtl.: „Bezirk“) und *Iro-machi* (wörtl.: „sinnliches Stadtviertel“). **oiran おいらん，花魁** die Kurtisane 位の高い遊女 die hochrangige Prostituierte der Edo-Zeit

♦yuki-gassen 雪合戦
die Schneeballschlacht **yuki-gassen o suru 雪合戦をする** eine Schneeballschlacht machen; sich schneeballen

♦yuki-matsuri 雪祭り
das Schneefest 大小の雪像を造りそれを展示するイベント。北海道札幌市のものが特に有名。Die Veranstaltung, bei der alle Arten von Schnee- und Eisskulpturen ausgestellt werden. Besonders berühmt ist das Schneefest in Sapporo auf der Insel Hokkaidō.

♦yūmei-zei 有名税
der Preis des Erfolgs; der Preis des Ruhms

yūmei-zei o harau 有名税を払う den Preis des Erfolgs (od. Ruhms) bezahlen

♦yūshū no bi o kazaru 有終の美を飾る
etwas zu schöner Vollendung bringen; eine Sache erfolgreich abschließen

♦zuboshi 図星
das Ziel, das Schwarze 矢の的の中心に描かれた黒点を言うのが原義。Ursprünglich der schwarze Punkt in der Mitte der Zielscheibe beim Bogenschießen **zuboshi ni ataru 図星に当たる** ins Schwarze treffen; den Nagel auf den Kopf treffen **zuboshi o sasareru 図星を指される** richtig erkannt werden

6. 衣・食・住・交通・環境

Kleidung, Essen, Wohnung, Verkehr, Umwelt

♦ **abu hachi torazu 虻蜂取らず**
wörtl:. „weder Bremse noch Wespe fangen“; zwischen zwei Stühlen sitzen; weder das eine noch das andere erreichen 虻は蝿よりやや大きく，その種類は多い。メスには，牛馬等の家畜や人を刺し，吸血するものが多い。ここ数十年，生活環境の変化もあり，その姿はあまり見られなくなった。「虻蜂取らず」とは，同時に幾つかのものを狙って，結局何も得られないという結果になるということ。ただしこれは，もともとは蜘蛛（くも）の話である。蜘蛛が巣にかかった虻を捕らえようとしていると蜂が飛んできて蜂も巣にかかってしまう。それで蜘蛛は蜂を捕らえに行き，結局両方とも取り逃がしてしまう，という話に由来する。ドイツ語の，zwischen zwei Stühlen sitzen は，「二つの椅子の間に座る」ということで，二つの椅子の間に座ろうとして，その間に落ちてしまう，の意。Bremsen ähneln Stubenfliegen, sie sind aber etwas größer, und es gibt viele verschiedene Arten. Die Weibchen vieler Arten saugen das Blut von Tieren und Menschen, vor allem landwirtschaftliche Nutztiere wie Rinder und Pferde werden oft gebissen. Durch die Umweltveränderungen der letzten Jahrzehnte sind Bremsen in Japan aber selten geworden. Die Redensart besagt, dass man letztlich gar nichts erreicht, wenn man sich nicht auf eine Sache konzentriert, sondern mehrere Ziele gleichzeitig verfolgt. Die Redensart geht auf die Geschichte von einer Spinne zurück, in deren Netz sich eine Bremse verfangen hatte, und gerade , als die Spinne die Bremse fressen wollte, verfing sich auch noch eine Biene (oder Wespe) im Netz. So ging die Spinne jetzt in Richtung der neuen Beute und so entwischen ihr letztlich beide. Die deutsche Redensart „zwischen zwei Stühlen sitzen“ besagt ebenfalls, dass sich jemand nicht entscheiden kann, und dass er beim Versuch auf beiden Stühlen zu sitzen, zwischen den Stühlen hindurchfällt.

♦ **abura o uru 油を売る**
wörtl.: „Öl verkaufen“; die Zeit verquatschen; die Zeit verbummeln 江戸時代に髪油の行商人が婦女を相手に長話をしながら商売をすることが多かったことに由来するという。無駄話をして仕事を怠ける意味で用いる。Der Ausdruck geht auf die Verkäufer von Haarpflegeöl zurück, die in der Edo-Zeit von Haus zu Haus gingen und oft lange mit den Frauen schwatzten, an die sie ihre Ware verkauften. Heute meint man damit das Vertrödeln von Arbeitszeit durch überflüssiges Gerede. **abura o shiboru 油を絞る** wörtl.: „Öl auspressen“; jemandem (gehörig) den Kopf waschen; jemanden in die Mangel nehmen; jemanden in die Zange nehmen 過失や失敗について責め立てる，

という意味。

♦aemono あえもの, 和え物
der gemischte Salat 野菜・魚介などを, 酢・味噌・ごまなどで混ぜ合わせた料理。gemischter Salat mit Gemüse, Fisch oder Muscheln und einer Sauce aus Essig oder *Miso*, Sesam etc.

♦age 揚げ (aburage 油揚げ)
das frittierte *Tōfu* 広い意味では油で揚げたものの意味であるが,「油揚げ」は豆腐の油揚げの意味で使われることが多い。*Age* bedeutet eigentlich „Frittiertes“, man meint damit aber meistens frittiertes *Tōfu*. **agedashi-tōfu 揚げだし豆腐** in *Dashi* (siehe dort) gekochtes frittiertes *Tōfu* 豆腐に片栗粉をまぶし油で揚げた料理。**tonbi ni aburage o sarawareru 鳶に油揚げをさらわれる** wörtl.: „das fritierte *Tofu* wird von einem Milan weggeschnappt“; der Gewinn wird einem vor der Nase weggeschnappt ふいに横合いから大事なものを奪われることのたとえ。Eine Metapher für eine Situation, in der sich plötzlich ein Dritter einmischt und sich etwas zu eigen macht, das für einen selbst wichtig ist.

♦agezen-suezen 上げ膳据え膳
sich von vorne bis hinten bedienen lassen 何もしないでいて, 人からよくもてなされること。**agezen-suezen no seikatsu 上げ膳据え膳の生活** ein Leben in Bequemlichkeit; ein Leben wie im Schlaraffenland

♦aichō-shūkan 愛鳥週間
die Vogelschutzwoche (Woche vom 10. bis 16. Mai)

♦aigamo 合鴨
die Kreuzung (Hybride) aus Stockente (Wildente, *Anas platyrhynchos*) und Hausente

♦aiseki suru 相席する
(im Restaurant) einen Tisch mit fremden Gästen teilen; sich zu jemandem an den Tisch setzen

♦aka-chōchin 赤提灯
wörtl.: die „rote Laterne“; die Kneipe 赤提灯は, 都会の夕暮れ時に見られる独特の光景の一つである。手ごろな値段でおいしい酒や食べ物を出してくれる店もある。Die roten Papierlaternen, die in der Abenddämmerung in manchen Stadtvierteln angezündet werden, verbreiten eine ganz besondere, heimelige Atmosphäre. Wo diese Laternen hängen, gibt es kleine Restaurants oder Kneipen, in denen man oft gut und preiswert essen und trinken kann.

♦akinasu wa yome ni kuwasuna 秋茄子は嫁に食わすな
(Sprichw.) wörtl.; „gib die Herbstauberginen nicht der Schwiegertochter“ この諺の意味については種々の説があるが, 姑の嫁いびりと結び付けて, 秋茄子は味がよいので嫁には食べさせないように, と解するのが最も一般的。Zur Bedeutung dieses Sprichworts gibt es verschiedene Meinungen, aber am weitesten verbreitet ist eine Interpretation, die sich an das Schikanieren der Schwiegertochter durch ihre Schwiegermutter (siehe *yome-ibiri*) anlehnt, so verstanden meint man damit, dass die wohlschmeckenden Herbstauberginen für die Schwiegertochter zu schade seien.

♦aku-jiki 悪食
1) das ungewöhnliche Essen; das widerliche Essen 2) das dürftige Essen; das einfache Essen 3) (Buddh.) die verbotene Speise; das Fleischessen 1) いかもの食い。普通には食べないものを食べること。2) 粗末なものを食べること。3) 仏教で禁じられている獣肉を食べること。

♦amadare 雨垂れ
das Tropfen des Regens von der Dachrinne **amadare ishi o ugatsu 雨垂れ石を穿つ** (Sprichw.) Steter Tropfen höhlt den Stein.

♦amado 雨戸
wörtl.: „die Regentür“, die Holzschiebetür, der Fensterladen, die Regenschiebetür 縁先や窓など，家の外回りの戸で，風雨に対する保護，夜間の用心などを目的とする。Schiebetüren, die vor die Veranda oder vor die Fenster eines traditionellen japanischen Hauses geschoben werden können, um Regen abzuhalten oder als Schutz in der Nacht dienen.

♦amazake 甘酒
der *Amazake*; ein alkoholfreies (od. alkoholarmes) süßes Getränk aus Reis

♦an あん，餡 (anko あんこ)
das Mus aus gesüßten Sojabohnen 小豆を煮た後ペースト状にして砂糖を加えて煮ると餡ができる。Mit Zucker gekochte und pürierte weiße oder rote Sojabohnen bilden den Grundstoff für viele Arten traditioneller japanischer Süßigkeiten (siehe: *wagashi*). **koshi-an こしあん，漉し餡** püriertes *An*; püriertes süßes Bohnenmus **tsubu-an 粒あん** nicht püriertes *An*; nicht püriertes süßes Bohnenmus

♦ao-jiru 青汁
grüner Gemüsesaft; der Saft aus Grüngemüse oder Kräutern

♦ao-zakana 青魚
wörtl.: „blaue Fische“; Sammelbezeichnung für alle bläulich schimmernden Fische (wie z.B. Makrele, Sardine usw.) 鯖や鰯のように体表が青光りする魚。

♦arai 洗い，洗膾
in Eiswasser gewaschener, in Scheiben geschnittener roher Weißfisch 白身の魚を冷水で洗い，身を縮ませた刺身。**koi no arai 鯉の洗い** geschnetzeltes Karpfenfleisch, in kaltem Wasser gewaschen

♦ara-ni 粗煮
Gericht aus gekochten Fischresten in Soja-Soße mit *Mirin* (od. Zucker)

♦asameshi-mae 朝飯前
wörtl.: „etwas, was man vor dem Frühstück erledigen kann“; eine einfache Sache; das Kinderspiel; die Kleinigkeit

♦ato-aji ga warui 後味が悪い
einen schlechten (unangenehmen) Nachgeschmack haben (hinterlassen) この日本語表現は，ドイツ語の場合と同じく，飲食物についても比喩的な意味でも使える。Dieser japanische Ausdruck kann genauso wie der deutsche sowohl für Getränke und Speisen als auch im übertragenen Sinn verwendet werden.

◆atsumono あつもの
(veraltet) die heiße Brühe mit Gemüse und Fisch **atsumono ni koritarumono namasu o fuku あつものに懲りたる者なますを吹く** wörtl.: „Nachdem man sich einmal an der heißen Brühe verbrannt hat, bläst man selbst auf den Salat.“ Ein gebranntes Kind scheut das Feuer.

◆awabi あわび, 鮑
die Abalone, das Seeohr **iso no awabi no kata-omoi 磯の鮑の片思い** die einseitige Liebe; die unerwiderte Liebe 鮑は，二枚貝の片方だけしかないように見えるところから，「片思い」の「片」にかけて用いられたもの。類句は，すでに奈良時代の『万葉集』に見える。Die Schalen der Abalone sehen so aus, als bestünden sie nur aus einer Hälfte; daher dieses Wortspiel mit dem Wort *kata* („einseitig“). Ähnliche Formulierungen findet man schon im *Manyō-shū* (siehe dort) aus der Nara-Zeit.

◆awamori あわもり, 泡盛
der *Awamori*; Reisschnaps aus südostasiatischem Reis. Spezialität aus Okinawa 東南アジア産の米を原料とした蒸留酒。沖縄特産。

◆baikingu-ryōri バイキング料理
(von engl. *Viking*) das skandinavische Buffet スカンディナビア式の料理スモーガスボード *Smörgåsbord* を取り入れて，1958 (昭和33) 年に帝国ホテルが「バイキング料理」と名づけて供したのが始まりとされる。Ein skandinavisches Buffet soll 1958 im Teikoku-Hotel in Tōkyō erstmals unter dem Namen *Baikingu-ryōri* angeboten worden sein.

◆baketsu バケツ
(von engl. *bucket*) **baketsu-rirē バケツ・リレー** (pseudoengl. *bucket relay*) die Eimerkette **baketsu-rirē o suru バケツ・リレーをする** eine Eimerkette bilden

◆banshaku suru 晩酌する
zum Abendessen zu Hause Alkohol trinken 家庭で夕食のときに酒を飲むこと。外食の場合は普通このように言わない。Zu Hause zum Abendessen Alkohol trinken. Wenn man auswärts essen geht, verwendet man dieses Wort nicht.

◆baria-furī バリア・フリー
(von engl. *barrier free*) barrierefrei; ohne Treppenstufen; behindertengerecht

◆bejitarian ベジタリアン
(von engl. *vegetarian*) der Vegetarier 肉や魚などの動物性食品を意識的に避ける人たち。jemand, der bewusst auf den Verzehr von Fleisch und Fisch verzichtet

◆benri-ya 便利屋
der Servicebetrieb für Dienste aller Art; der Allround-Handwerker; der Tausendkünstler 様々な雑事の代行業務をおこなうサービス業者。

◆bentō 弁当
das Lunchpaket; das mitgebrachte Essen **bentō o taberu 弁当を食べる** ein Lunchpaket essen **bentō o tsukuru 弁当を作る** ein Lunchpaket vorbereiten, **aisai-bentō 愛妻弁当** wörtl.: „das *Bentō* der geliebten Ehefrau“; das *Bentō*, das eine Frau für ihren Mann zubereitet hat **hinomaru-bentō 日の丸弁当**

wörtl.: „Sonnenbanner-*Bentō*"; das *Bentō* mit einer mitten auf dem Reis platzierten roten *Umeboshi*-Pflaume (siehe *umeboshi*), das an die japanische Flagge (*hinomaru*) erinnert **te-bentō de 手弁当で** freiwillig; (umsonst) arbeiten (wobei man sogar noch sein eigenes *Bentō* mitbringt)

♦betsu-bara 別腹
der „andere Magen"; der zusätzliche Magen; der Extra-Magen これ以上食べられない満腹状態でも，たとえば甘いお菓子なら食べられるような場合，別の腹に入るといった言い方をする。Wenn man eigentlich schon satt ist, aber trotzdem noch etwas Süßes essen will, kann man sagen: „Das kommt in den Extra-Magen".

♦bijinesu-hoteru ビジネス・ホテル
(pseudoengl. *business hotel*) das günstige Hotel für Geschäftsleute 仕事で出張したビジネスマンを主な客とするホテル。機能的で比較的低料金。交通の便が良いところに立地する。Eine Hotelkategorie, die besonders von Geschäftsreisenden genutzt wird. Die Ausstattung ist an ihren praktischen Bedürfnissen orientiert, die Hotels sind relativ billig und liegen verkehrsgünstig.

♦binjō 便乗
1) das Mitfahren, das Trittbrettfahren 2) Ausnutzung (einer Gelegenheit) **binjō-neage o suru 便乗値上げをする** auf der Welle der allgemeinen Preiserhöhung mitschwimmen

♦biya-gāden ビヤガーデン
der Biergarten この言葉を聴けばドイツ人は，マロニエの木陰などに作られた屋外のビヤガーデンを思い浮かべることが多いであろうが，日本の場合ビヤガーデンをデパートの屋上などで見かけることも多い。In Deutschland versteht man unter einem „Biergarten" normalerweise eine Gastwirtschaft im Freien, vielleicht im Schatten großer Kastanienbäume, aber in Japan findet man so genannte Biergärten oft auf den Dächern der großen Kaufhäuser.

♦bōin-bōshoku 暴飲暴食
das übermäßige Essen und Trinken; die Völlerei und Sauferei **bōin-bōshoku suru 暴飲暴食する** zuviel (unmäßig) essen und trinken

♦boro ぼろ, 襤褸
die alte abgetragene Kleidung; Lumpen **boro o kiteiru ぼろを着ている** mit Lumpen bekleidet sein **boro o dasu ぼろを出す** seine Schwäche zeigen **boro ga deru ぼろが出る** jemandes Schwächen werden offenbar **boro o dasanai yō ni suru ぼろを出さないようにする** versuchen, seine Schwächen zu verbergen

♦bōsai 防災
der Katastrophenschutz **Bōsai no hi 防災の日** der Tag des Katastrophenschutzes (1. Sept.) この日には全国各地で防災訓練が行なわれる。An diesem Tag werden in ganz Japan Katastrophenschutzübungen abgehalten. **bōsai-damu 防災ダム** der Katastrophenschutzdamm (als Schutz vor Schlammlawinen etc.)

◆botamochi ぼたもち，牡丹餅（ohagi おはぎ）

mit süßem Bohnenmus umhüllter Reiskloß おはぎとも言う。Man spricht auch von *ohagi*. **tana kara botamochi 棚からぼたもち** wörtl.: „ein *Bota-mochi*, der vom Regal fällt"; ein unerwarteter Glücksfall; ein Geschenk des Himmels

◆botoru-kīpu ボトル・キープ

(pseudoengl. *bottlekeep*) die Reservierung einer persönlichen Flasche in einer Stammkneipe oder in einer Bar

◆bunka-jūtaku 文化住宅

wörtl.: „die Kulturwohnung" 1) 大正時代から昭和初期に流行した和洋折衷の家。2) 特に，関西地方に多い木造二階建ての棟割アパート。 1) in den ersten Jahrzehnten des 20. Jhs. verbreitete halb japanische und halb europäische Häuser 2) in mehrere Wohneinheiten geteilte zweistöckige Holzhäuser (besonders in der Region Kansai)

◆burajā ブラジャー（bura ブラ）

(anglisierte Form von franz. *brassière* フランス語が英語化したもの) der Büstenhalter, der BH **nō-bura ノーブラ** ohne BH

◆buta-jiru（ton-jiru）豚汁

Miso-Suppe mit Schweinefleisch und Gemüse **satsuma-jiru 薩摩汁** die dicke *Miso*-Suppe mit Fleisch, Süßkartoffeln, Rettich, Klettenwurzeln usw.

◆byōbu 屏風

der Wandschirm, der Stellschirm; die spanische Wand 室内に立てて，風を防いだり仕切りや装飾のために用いられる。装飾がほどこされていたり絵が描かれていることもある。Die als Windschutz, zur Raumaufteilung oder als Schmuck im Zimmer aufgestellten japanischen Wandschirme sind oft verziert und/oder kunstvoll bemalt.

◆cha 茶（o-cha お茶）

der grüne japanische Tee 日本人の国民的飲料。8世紀に薬用として中国から日本へ伝えられた。健康に良いとして緑茶を愛飲するドイツ人の数も増えてきている。Grüner Tee soll im 8. Jh. zunächst als Medizin von China aus eingeführt worden sein und ist heute ein japanisches Nationalgetränk. Besonders auch wegen seiner gesundheitsfördernden Wirkungen findet er auch in Deutschland immer mehr Freunde. **cha-bashira 茶柱** der Teestiel 番茶などの中に縦に立って浮いた茶の茎は縁起が良いとされる。Ein Teestiel, der beim Abgießen des grünen japanischen Tees in die Tasse gerät und aufrecht darin schwimmt, gilt als ein Glückszeichen. **bancha 番茶** der einfache grüne Tee für den alltäglichen Gebrauch **gyokuro 玉露** wörtl.: der „Juwelentau"; der Schattentee; qualitativ hochwertiger Tee, bei dessen Produktion die

Teesträucher vor der prallen Sonne geschützt werden **kōcha 紅茶** wörtl.: „roter Tee" (nach der Farbe des Aufgusses) der schwarze Tee; der Schwarztee (nach der Farbe der Teeblätter) **matcha 抹茶** der pulverisierte grüne Tee; der Pulvertee für die Teezeremonie **mugicha 麦茶** der Buchweizentee, der im Sommer oft gekühlt getrunken wird **ryokucha 緑茶** der grüne Tee; der Grüntee **sencha 煎茶** der bessere grüne japanische Tee **chauke 茶請け (o-chauke お茶請け)** die Beilage zum Tee (Süßigkeiten oder salzig eingelegtes Gemüse) **chagashi 茶菓子** kleine Süßigkeit zum Tee **ocha o nigosu お茶を濁す** sich mit Halbheiten zufrieden geben; die letzten Konsequenzen nicht ziehen 抹茶を立てる作法をよく知らない者が，程よく茶をにごらせて，その場を繕うことから来た表現。その場しのぎのいい加減な処置や発言をしてごまかしたり，取り繕ったりすること。Der Ausdruck stammt aus dem Bereich der Teezeremonie, und bezeichnet die Situation, dass jemand die richtige Zubereitungsart des Tees nicht kennt, und versucht, den Tee als gut gelungen erscheinen zu lassen, indem er den Tee eintrüben lässt. Im übertragenen Sinne meint man damit behelfsmäßige Maßnahmen oder Äußerungen, mit denen man versucht, seine Fehler zu vertuschen oder zu beschönigen. **ocha no ko saisai お茶の子さいさい** (ugs.) nur ein Kinderspiel sein 物事がきわめて容易にできることのたとえ。「お茶の子」は，お茶のときに出される菓子で，腹にたまらず，すぐ食べることができるので，このように言われる。「さいさい」は，俗謡の囃し言葉。Metapher für etwas ganz Leichtes. *Ocha no ko* sind kleine Süßigkeiten, die zum Tee gereicht werden. Sie liegen nicht schwer im Magen, man kann sie jederzeit essen und deshalb werden sie hier sinnbildlich für eine Kleinigkeit gebraucht, die man jederzeit erledigen kann. Die Silben *saisai* haben keine Bedeutung und werden rhythmischen Gründen angehängt. **bancha mo debana 番茶も出花** Frisch aufgegossen kann auch ein einfacher, preiswerter Tee gut schmecken. Alles hat seine Zeit.

◆chanoma 茶の間

wörtl.: das „Tee-Zimmer"; das Wohnzimmer 多くの場合居間と同じで，「ダイニングルーム」の役割をかねることも多い。In vielen Fällen ist dieses Zimmer zugleich das Wohnzimmer und dient zusätzlich als Esszimmer.

◆chanpon チャンポン, ちゃんぽん

1) die Mischung, das Durcheinander 2) Nudelgericht mit Fleisch, Gemüse, usw. (Spezialität aus Nagasaki) 1) まぜこぜにすること。また，そのさま。2) 長崎料理の一種。麺類，肉類，野菜などをいっしょに煮込んだもの。**chan-pon ni ちゃんぽんに** durcheinander, abwechselnd

◆chapatsu 茶髪

wörtl.: „teefarbige Haare" 染めたり脱色したりして，茶色に目立たせた髪の毛。(rot) braun gefärbte bzw. entfärbte Haare

◆chawan 茶碗

1) die Tasse, die Teetasse 2) die Reisschale 現在では「茶碗」は主に飯を盛る器のことであるが，もともとは茶を喫するための「碗」が「茶碗」であった。茶は平安時代に伝来し，当初は貴重品の茶を楽しむための器が茶碗であったが，時代が下がるにつれて碗形の器が総じて茶碗と呼ばれるようになり，現在では「湯飲み茶碗」などの言い方もある。Heute meint man mit *chawan* hauptsächlich Ess-Schalen für Reis, aber die wörtliche Bedeutung ist „Tee-Schale". Das Wort bezeichnete ursprünglich besondere Gefäße für den Tee-Genuss, der im alten Japan ein Luxusgut war; im Laufe der Zeit wurden alle Gefäße in Schalenform als *chawan* bezeichnet und heute spricht man manchmal explizit von *yunomi-chawan* („Schale für heißes Wasser/Tee"), um Teeschalen zu bezeichnen. **wan 椀, 碗** die Schale 漢字で書く場合，漆器の場合は「椀」を，陶磁器の場合は「碗」を用いる。Bei der Schreibung in *Kanji* bezeichnet das Zeichen mit dem Baumradikal eine Holzschale und das Zeichen mit dem Steinradikal eine Schale aus Keramik.

◆chawan-mushi 茶碗蒸し
der Eierstich mit Hühnerfleisch, Gemüse, manchmal auch Pilzen usw. 蒸した卵料理。卵，だし汁，鶏肉，野菜，ときにはきのこ等も用いる。

◆chazuke 茶漬け (o-chazuke お茶漬け)
die mit grünem Tee übergossene Schale Reis 茶碗にご飯を入れて緑茶を注ぐだけの食べ物で，調味料等が入った小袋が市販されている。Eine beliebte kleine Mahlzeit, oft gibt man über den Reis eine Art Gewürzmischung, die man fertig kaufen kann, bevor man den Tee darübergießt.

◆chika-gai 地下街
die unterirdische Ladenstraße 日本で最初の地下鉄が開業したのが1927 (昭和2) 年12月で，日本最初の地下街が誕生したのもほぼ同じ頃であった。しかしそれは現在日本の大都市に見られるような地下街とは相当違ったものであって，地下通路に店舗があるという程度のものであった。Die erste japanische U-bahn wurde 1927 eröffnet und um diese Zeit entstand auch die erste japanische unterirdische Ladenstraße. Aber sie unterschied sich sehr von denen, die man heute in allen größeren Städten in Japan findet, und bestand lediglich aus wenigen Geschäften am Zugang zur U-Bahn.

◆chikyū-ondanka 地球温暖化
die globale Erwärmung 二酸化炭素などの温室効果ガスの増加により，地球の気温が高まり，自然や生活環境に各種の悪影響が生じる現象。Durch Treibhausgase, wie z.B. Kohlendioxid, ausgelöste Erwärmung der Erdatmosphäre, wodurch auf unterschiedliche Weise die Natur und die Lebensräume auf der Erde geschädigt werden. **chikyū-ondanka-gasu 地球温暖化ガス** das Treibhausgas; Gas, das zur globalen Erwärmung beiträgt **Chikyū-ondanka-bōshi-jōyaku 地球温暖化防止条約** die Klimarahmenkonvention; das Abkommen gegen die globare Erwärmung 正式名称は，*The United Nations Framework Convention on Climate Change* 1992 (平成4) 年採択，1994年発効。Die Klimarahmenkonvention wurde 1992 von der UN verabschiedet und trat 1994 in Kraft.

♦ chimaki ちまき，粽

der in Bambusblätter eingewickelte Reiskloß 端午の節句に粽を食べる習慣がある。Es gibt die Sitte, diese Reisklöße am Knabenfest (*tango no sekku)* zu essen.

♦ chirigami-kōkan ちり紙交換

die Altpapiersammlung im Austausch gegen Recyclingpapier 資源再利用ということで古新聞，古雑誌等を回収する業者が小型車でやって来て，トイレットペーパーやティッシュペーパーと交換してくれる。Ein Altpapiersammler, der mit einem kleinen LKW seine Runde durch die Stadt macht, Altpapier einsammelt und dafür Recycling-Toilettenpapier oder Papiertaschentücher verteilt.

♦ chiri mo tsumoreba yama to naru 塵も積もれば山となる

(Sprichw.) wörtl.: „Durch Anhäufen wird selbst aus Staub ein Berg." Aus Kleinem wird Großes. Viele Wenig machen ein Viel. Kleinvieh macht auch Mist.

♦ chisan-chishō 地産地消

wörtl.: „lokal produziert, lokal konsumiert"; der lokale Konsum einheimischer Produkte「地産地消」は，「地域生産地域消費」あるいは「地元生産地元消費」の略で，その地域で生産された農産物や水産物を，その地域で消費すること。また，その考え方や運動。Abkürzung für *Chiiki-seisan chiiki-shōhi* oder *jimoto-seisan jimoto shōhi* (gleiche Bedeutung). Gemeint ist, dass Produkte der Landwirtschaft und Fischerei dort ihre Verbraucher finden sollen, wo sie erwirtschaftet werden. Auch als Bezeichnung für diese Idee oder die entsprechende Bewegung.

♦ chōmiryō 調味料

das Küchengewürz, der Geschmacksverstärker **umami-chōmiryō 旨み調味料**（かつて**kagaku-chōmiryō 化学調味料** „chemische Würze"と呼ばれていたもの）現在は*umami-chōmiryō*と呼ばれている。鰹節・昆布などに含まれる，旨みのもととなる化学物質を人工的に生産した調味料で，この「旨み」という日本語もドイツの専門家たちの間で次第に知られるようになりつつある。Früher lautete die Bezeichnung für dieses Gewürz „chemische Würze", heute spricht man von „wohlschmeckendem Gewürz" (oder „Geschmacksverstärker"). Die chemische Substanz, die heute industriell hergestellt wird, ist auch in Bonito-Flocken, *Konbu*-Meeresgemüse und anderen Lebensmitteln enthalten. Die japanische Bezeichnung *umami* für diese besondere Geschmacksqualität setzt sich allmählich auch unter den deutschen Fachleuten durch.

♦ chūhai チューハイ

(Abk. für *shōchū-highball*) ein alkoholisches Mischgetränk aus *Shōchū* mit Kohlensäure

♦ dagashi 駄菓子

billiges Konfekt; die einfachen Süßigkeiten「駄」はもともと馬が荷物を運ぶことを意味し，「駄馬」は，乗馬用には用いることができない馬の意であった。そこから粗悪なという意味が生じ，安い材料を用いた安価な菓子をこのように呼ぶようになった。Das Zeichen *da* 駄 bedeutet ursprünglich „Lastentransport mit dem Pferd" und *daba* 駄馬 ist die Bezeichnung für ein

Lastpferd, das nicht zum Reitpferd taugt. Davon ist die allgemeine Bedeutung „minderwertig“ abgeleitet, die sich schließlich für Süßigkeiten aus billigen Rohstoffen eingebürgert hat. **dagashi-ya 駄菓子屋** der billige Süßwarenladen; der Laden (oder Marktstand) für billige Süßwaren 駄菓子屋は，主に小学生や中学生ないしはそれ以下の児童を対象とした駄菓子・玩具の小売販売店である。かつてそういった店舗は全国いたるところに見られた。*Dagashi-ya* verkaufen billige Süßigkeiten und Spielzeug vor allem an Kinder (etwa bis zur Mittelschule). Früher gab es überall in Japan viele solcher Läden.

♦daidokoro-jijō 台所事情
wörtl.: „die Küchensituation“; die finanzielle Situation eines Privathaushalts oder eines Unternehmens (家計や会社などの財政状況。) この場合の「台所」というのは金銭上のやりくりの意味である。„Küche“ bedeutet hier „finanzielle Situation“.

♦daihachi-guruma 大八車
großer Karren; großer Handwagen 荷物運搬用の二輪車で，二，三人で引く大型のもの。江戸時代から使用され始めた。現在ではほとんど見かけられない。Großer zweirädriger Handwagen zum Lastentransport, der von zwei oder drei Personen gezogen wird. Die Wagen kamen in der Edo-Zeit in Gebrauch und man sieht sie heute kaum noch.

♦daikoku-bashira 大黒柱
1) der Hauptpfeiler, der Mittelpfosten; der mächtige Stützpfeiler 2) die tragende Stütze 1) 日本民家の中心部にあって，家を支えている柱。他の柱より太く，家格の象徴とされる。2) ある集団の中心となり，それを支える働きをしている人。1) Der Zentralpfeiler in einem traditionellen japanischen Haus, der die gesamte Konstruktion stützt. Er ist mächtiger als die anderen Pfeiler und symbolisiert den sozialen Status einer Familie. 2) Die Person, die im Zentrum einer Gruppe steht und durch ihr Handeln die ganze Gruppe unterstützt und zusammenhält.

♦daikon-oroshi 大根おろし
der geriebene Rettich 独立した一品として食べることもあるが，天麩羅のつゆに混ぜたり焼き魚に添えたりして，薬味として用いることも多い。Fein geriebener roher Rettich, der auch gerne zusammen mit Sojasoße zu gebratenem Fisch, *Tenpura* (siehe dort) etc. gegessen wird. **oroshi-gane おろし金** das Reibeisen, die Raspel

♦daiku 大工
der Zimmermann **daiku-shigoto 大工仕事** die Zimmermannsarbeit **daiku no tōryō 大工の棟梁** der Zimmermeister **daiku-dōgu 大工道具** das Zimmermannswerkzeug **funa-daiku 船大工** der Schiffsbauer, der Schiffszimmermann

♦dainingu-kitchin ダイニング・キッチン
(pseudoengl. *dining kitchin*) Küche mit Essecke 食堂をかねた台所。第二次世界大戦後，特に1950年代の終わり頃から団地を中心に広まった。かつての，特に戦前の日本において台所は多くの場合，薄暗く湿気が多い場所と考えられていたが，戦後住宅事情も変わり，そのなかにあって，陽のあたる明るいダイニング・キッチンのある住まいに住むことは，多くの主婦の憧れであった。Diese modernen Küchen verbreiteten sich nach dem Zweiten Weltkrieg, insbesondere seit Ende der 50er Jahre vor allem in großen Wohnanlagen. Früher, besonders vor dem Krieg, waren japanischen Küchen in vielen Fällen dämmrige, feuchte Orte, aber in der Nachkriegszeit setzten sich neue Wohnverhältnisse durch und viele Hausfrauen sehnten sich nach einer modernen Wohnung mit einer hellen, lichtdurchfluteten Küche mit Essecke.

◆daisan no bīru 第三のビール

wörtl.: das „dritte Bier"; eine dritte Kategorie von Bier 発泡酒の税率引き上げ後，各メーカは大豆やエンドウ豆など麦芽以外の原料を使った第三のビールを競って発売したが，2006（平成18）年の改正酒税法で第三のビールも増税された。Nachdem *Happō-shu* stärker besteuert wurde, begannen die Bierhersteller einen Wettbewerb mit bierähnlichen Getränken, die aus Sojabohnen, Erbsen usw., ohne der Verwendung von Malz hergestellt wurden, und somit der Besteuerung entgingen. 2006 wurde das Gesetz zur Alkoholsteuer novelliert und auch diese Kategorie von Bier stärker besteuert.

◆daitai-enerugī 代替エネルギー

die alternative Energie 石炭・石油・天然ガスといった化石燃料に代わる新しいエネルギー。なお日本語の「エネルギー」は，ドイツ語から取り入れられた。Alternative Energien, die fossile Rohstoffe, wie Kohle, Öl und Gas ersetzen sollen. Das japanische Wort *enerugī* ist ein Lehnwort aus dem Deutschen.

◆danchi 団地

der Siedlungskomplex, die Wohnsiedlung, die Wohnanlage 都市における住宅不足は，第二次世界大戦後の日本における最大の社会問題の一つで，この問題に対処するため，大規模のアパート群が各地に造られた。日本住宅公団や地方自治体，私企業等が所有する住宅群を団地とよぶ。Aus Mangel an Wohnraum entstanden nach dem Zweiten Weltkrieg überall in Japan große Wohnanlagen, die entweder in öffentlichem oder privatem Besitz sind.

◆dango 団子

der Kloß, der Knödel 穀類の粉を水で捏ね，小さく丸めて蒸したりゆでたりしたもの。kleine runde Klößchen aus Getreidemehl und Wasser, die gedämpft oder gekocht werden **hana yori dango** 花より団子 wörtl.: „Lieber Knödel als Blumen"; Klöße sind besser als Blumen. Schmausen geht über Schauen.

◆dashi 出し（**dashi-jiru** だし汁）

die japanische klare Brühe; die *Dashi*-Brühe 昆布，鰹節，ときには椎茸などを煮出した汁で，さまざまな料理において用いられる。Hergestellt aus *Kombu*, *Katsuobushi* und je nach Rezept auch weiteren Zutaten, bildet *Dashi* die Grundlage für sehr viele japanische Suppen und Gerichte.

◆datsubō suru 脱帽する
wörtl.: „den Hut abnehmen"; vor jemandem (etwas) den Hut ziehen=jemandem Respekt zollen; jemandem Achtung entgegenbringen 敬意を表わしてかぶっている帽子を脱ぐこと，感服することである。ただしドイツ語の seinen Hut nehmen (müssen) は「帽子を脱がざるを得ない」ということで，「辞職しなくてはならない，罷免される」という意味になる。Die Kopfbedeckung abnehmen, um jemandem gegenüber Respekt oder Bewunderung auszudrücken. Der deutsche Ausdruck „seinen Hut nehmen (müssen)" bedeutet hingegen, dass jemand kündigt oder gekündigt wird.

◆dengaku 田楽
eine Art japanischer Schaschlikspieß 田楽は，田楽豆腐または田楽焼きの略で，田楽豆腐は，豆腐を長方形に切って串に刺し，味噌を塗って火にあぶった料理。田楽焼きは，魚や野菜などを串に刺し，味噌を塗って焼いた料理。Abkürzung für *Dengaku-dōfu* oder *Dengaku-yaki*; *Dengaku-dōfu* ist in lange Streifen geschnittenes *Tōfu*, das auf einem Spieß mit *Miso* (siehe dort) bestrichen und anschließend gebraten wird. Bei *Dengaku-yaki* handelt es sich um Fisch, Gemüse etc. auf einem Spieß, das ebenso mit *Miso* gebraten wird. **kinome-dengaku 木の芽田楽** *Tōfu* mit *Miso* und Bergpfeffersprossen

◆denki-suihanki 電気炊飯器 (denki-gama 電気釜)
der elektrische Reiskochtopf; der elektrische Reiskocher **gasu-suihanki ガス炊飯器** der Gas-Reiskochtopf, der Gas-Reiskocher

◆denshin-bashira 電信柱
der Telegrafenmast, der Strommast, der Leitungsmast 電柱という語とともに特に区別することなく用いられている。最近では，電線類地下化により，市街地中心部分では撤去が進んでいる。Das Wort ist synonym zu *denchū*. In der jüngeren Zeit werden in den Stadtzentren immer mehr Strommasten abmontiert, weil Kabel unterirdisch verlegt werden.

◆depa-chika デパチカ，デパ地下
die Lebensmittelabteilung im Untergeschoss eines Kaufhauses デパートの地下食品売り場の略で，このような表現は比較的新しい。relativ neue Bezeichnung für die Lebensmittelabteilung von Kaufhäusern, die sich in der Regel im Untergeschoss befindet

◆dobin 土瓶
die irdene Teekanne; die Tonkanne **matsutake no dobin-mushi 松茸の土瓶蒸し** Eintopf aus Kiefernpilz, Gemüse, Ginkgofrüchten und Huhn in klarer Brühe

◆dōbutsu-aigo-shūkan 動物愛護週間
die Woche des Tierschutzes, die Tierschutzwoche (Woche vom 20.–26. September) 9月20日から26日までの1週間。**dōbutsu-aigo-kyōkai 動物愛護協会** der Tierschutzverein, der Tierschutzverband **dōbutsu-aigo no seishin 動物愛護の精神** eine tierfreundliche Einstellung

◆doma 土間
1) der ungedielte Fußboden; gestampfter Lehmboden 2) das Parkett (Theater) 江戸時代以降の日本の住まいにおいては多く

の場合，屋内にかなり広い面積の土間があった。この空間は，農村や漁村では各種の作業のために用いられ，町家では，店舗の一部になっていた。こういった形式は，第二次大戦後，近代的住宅形式が普及するまで見られた。2)昔の劇場で，舞台の正面にある一階の枡形の見物席。1) Seit der Edo-Zeit bestand eine relativ große Fläche des Fußbodens im Innern japanischer Wohnhäuser aus gestampftem Lehmboden. Dieser Raum wurden in Bauern- oder Fischerdörfern für die entsprechenden Arbeiten benutzt und in Geschäften war er Teil der Verkaufsräume. Bis sich nach dem Zweiten Weltkrieg der moderne Wohnungsbau verbreitete, konnte man diese Bauweise überall in Japan finden. 2) Früher auch die Bezeichnung für viereckig begrenzte Bereiche mit Sitzkissen (auf dem Boden) in einem japanischen Theater direkt vor der Bühne.

♦ dōnatsu-genshō ドーナツ現象

das Doughnut-Phänomen; das „Speckgürtel" - Phänomen　地価の高騰や生活環境の悪化などが原因で，大都市の中心部の人口が減って，周辺部の人口が増加する現象。この名称はもちろん，(周りの輪のところはあるものの中心部が欠けている) ドーナツの形状から来ている。Gemeint ist der starke Rückgang der Bevölkerungsdichte im Zentrum der großen Städte, aufgrund heftig angestiegener Grundstückspreise und der Verschlechterung der Lebensbedingungen, und die Zunahme der Bevölkerungsdichte in der Umgebung dieser Städte. Der Name für das Phänomen leitet sich von der Form eines Doughnuts ab, der in der Mitte ein Loch aber einen dicken Rand hat.

♦ donburi どんぶり，丼

die Schüssel, das Schüsselgericht; Beliebte und preiswerte Reisgerichte, bei denen jede Portion in einer großen Keramikschüssel angerichtet wird. **unadon うな丼，鰻丼** der gegrillte Aal auf einer Schüssel Reis **oyakodonburi 親子丼** wörtl.: das „Schüsselgericht mit Eltern und Kindern"; Hühnerfleisch („Eltern") mit Ei („Kinder") auf einer Schüssel Reis **gyūdon 牛丼** gekochtes Rindfleisch auf einer Schüssel Reis　牛丼は，薄く切った牛肉をたまねぎとともに甘辛く煮込み，丼に入れたご飯の上に載せた料理。そのもととなった「牛めし」は明治時代から存在したが，その流れをくむ「牛丼」は1970年代の半ば頃より外食チェーン・ストアが提供するファースト・フードというかたちで全国に広まった。Ein Gericht, bei dem dünn geschnittenes Rindfleisch mit Zwiebeln in einer süß-salzigen Brühe eingekocht und anschließend auf einer großen Schüssel Reis serviert wird. Das ursprüngliche Gericht existierte unter der Bezeichnung *gyūmeshi* schon seit der Meiji-Zeit, aber seine landesweite Popularität erlangte es erst seit Mitte der 70er Jahre des 20. Jhs., als eine Fast-Food-Kette es unter dem Namen *gyū-don* anzubieten begann.

♦ donchan-sawagi o suru どんちゃん騒ぎをする

laut und fröhlich feiern; auf die Pauke hauen; eine feucht-fröhliche Party feiern; aufgelassen feiern

♦doro-bune 泥船
1) ein Schiff, das Lehm transportiert 2) ein aus Lehm gebautes Schiff 2) は，おとぎ話の「かちかち山」などに出てくる泥でできた船である。Ein aus Lehm gebautes Schiff, das im Wasser sofort untergeht, kommt u.a. in dem Märchen *Kachikachi-yama* (siehe dort) vor.

♦doya どや
(ugs.) die einfache Unterkunft; die billige Herberge「どや」は「やど」の倒語。Silbenumstellung von *yado*. **doya-gai どや街** das Viertel mit billigen Unterkünften (für Tagelöhner)

♦dozō 土蔵
das Speicherhaus, das Vorratshaus 火災や盗難に備えて，四面は土や漆喰で塗られている。Die Wände dieses Vorratshauses sind zum Schutz vor Feuer und Einbruch mit Lehm oder Kreidekalk verputzt.

♦ebi de tai o tsuru えびで鯛を釣る
(Redensart) wörtl.: „mit einer Garnele eine Meerbrasse angeln (fangen)"; mit der Wurst nach der Speckseite werfen; mit der Wurst einen Schincken ködern; kleine Geschenke, große Wirkung

♦edamame 枝豆
in Salzwasser gekochte und anschließend gekühlte gesalzene grüne Sojabohnen (beliebter Sommersnack zum Bier)

♦edo-mae 江戸前
der Edo-Stil; nach Tōkyōter Art もともとは「江戸（東京）前面の海」の意味であったが，そこから東京湾で捕れる魚介類を指して，さらにまた，江戸風を意味する言葉となった。Ursprünglich meinte man damit das Meer vor Edo, bzw. Tōkyō. Davon abgeleitet bezeichnet der Ausdruck Meeresfrüchte aus der Bucht von Tōkyō, darüberhinaus den Edo-Stil. **edomae-zushi 江戸前寿司** *Sushi* im Edo-Stil; *Sushi* nach Tōkyōter Art

♦ekiben 駅弁
das Lunchpaket, das man am Bahnhof kaufen kann; das am Bahnhof verkaufte Lunchpaket 通勤電車以外の鉄道は，高速化が進み，停車駅の数は減少し，停車時間も短くなったが，多くの旅行者にとって，旅の途上で地方色豊かな駅弁を買って食することは，楽しみの一つである。Obwohl es außer bei Pendlerzügen eine fortschreitende Tendenz zu immer schnelleren Zügen mit immer weniger Haltebahnhöfen gibt und auch die Haltezeiten in den Bahnhöfen immer kürzer werden, gehört es doch für viele Reisende zu den Freuden der Bahnfahrt, unterwegs ein Lunchpaket mit lokalen Spezialitäten zu genießen. **makunouchi-bentō 幕の内弁当** das Theater-*Bentō* もともとは観劇用の弁当を意味したが，今日では（単に弁当の種類を示す名称として用いられ，）比較的簡単に入手できる。Ursprünglich das Lunchpaket mit Reis und Beilagen für die Theaterpause, heute kann man es überall bekommen und verspeisen.

♦eko-baggu エコ・バッグ
der Stoffbeutel zum Einkaufen (als Alternative zur Kunststofftüte) **eko-kā エコ・カー** das Umweltauto **eko-pēpā エコ・ペーパー** das Umweltpapier **eko-botoru エコ・ボトル**

die Ökoflasche, die Recycling-Flasche

◆engawa 縁側

die Holzveranda (als Umgang) eines traditionellen japanischen Hauses 日本家屋で座敷の外側に沿う細長い板敷きの部分。雨戸の外側にある場合は「濡れ縁」と呼ばれる。Die lange, hölzerne Veranda entlang einer Seite eines traditionellen japanischen Hauses vor den *Tatami*-Zimmern. Wenn dieser Vorbau außerhalb der Regentür (*amado*) liegt, nennt man ihn *nure-en*.

◆en no shita 縁の下

der Platz unter der Veranda und unter dem Fußboden eines traditionellen japanischen Hauses **en no shita no chikara-mochi 縁の下の力持ち** jemand, der von anderen unbemerkt hart arbeitet und seine Fähigkeiten entfaltet

◆eri 襟

der Kragen, der Umschlagkragen **eri o tadasu 襟を正す** die Kleidung zurecht streichen; gerade Haltung annehmen; sich zusammennehmen; ernst werden

◆famiresu ファミレス

(verkürzt von pseudoengl. *familiy restaurant*) das familienfreundliche und preiswerte Restaurant; preisgünstige Kettenrestaurants 「ファミリー・レストラン」の略で，1990年頃から若者の間でこのような言い方をされるようになった。Die Abkürzung ist seit etwa 1990 bei jungen Leuten im Gebrauch. **demae 出前** die Auslieferung von bestelltem Essen **ten'ya-mono 店屋物** das von einem Restaurant gelieferte Essen

◆fasshon-shō ファッション・ショー

die Modeschau, die Modenschau **fasshon-dezainā ファッション・デザイナー** der Modedesigner **fasshon-zasshi ファッション雑誌** die Modezeitschrift, das Modemagazin

◆fāsuto-fūdo ファースト・フード

das Fastfood (auch das Fast Food) 注文してすぐ食べられ，また持ち帰ることのできる食品。ハンバーガー，フライド・ポテト，フライド・チキンなど。Speisen, die man sofort nach der Bestellung bekommt und essen kann, oder die man mitnehmen kann, z.B. Hamburger, Pommes frites, das Backhänchen etc. **fāsuto-fūdo-ten ファースト・フード店** der Fast-Food-Laden; das Fastfood-Restaurant

◆fu ふ, 麩

eine Art Croûtons aus Weizengluten 汁物の具などとしてよく使われる。Es wird vor allem als Suppeneinlage verwendet.

◆fūai 風合い

Gefühl beim Ansehen und Anfühlen von Textilien 生地などの外観や手触りから受ける感じ。**kinu no yō na fūai 絹のような風合い** sich wie Seide anfühlen; wie Seide aussehen

♦ fugu ふぐ, 河豚

der Kugelfisch（卵巣や肝臓など）体の一定の部位に毒を有するものが多いが，日本ではある種のふぐは美味なるものとして好んで食される。ドイツではふぐを食用の魚として輸入することは禁止されている。Obwohl bestimmte Körperteile von Kugelfischen ein starkes Gift enthalten, gelten einige Arten in Japan als kulinarische Spezialität. In Deutschland ist der Import von *Fugu* als Speisefisch verboten. **fugu-chōrishi-menkyo ふぐ調理師免許** die Lizenz zur Zubereitung von Kugelfisch この免許がないと日本ではふぐ料理を提供できない。Ohne diese Lizenz darf man in Japan keine Kugelfischgerichte anbieten. **fugu-ryōri ふぐ料理** das Kugelfischgericht **fugu wa kuitashi inochi wa oshishi ふぐは食いたし命は惜しし** Kugelfisch will man essen, aber das Leben ist einem teuer; Kugelfisch genießen wollen, aber am Leben hägen

♦ fuka-zake 深酒

übermäßiges Trinken; die Trinkerei, die Sauferei **fuka-zake o suru 深酒をする** zuviel trinken; zu tief ins Glas schauen; sich volllaufen lassen **yake-zake やけ酒, 自棄酒** Trinken aus Verzweiflung **yake-zake o aoru やけ酒(自棄酒)をあおる** aus Verzweiflung trinken **mukae-zake 迎え酒** Trinken gegen den Kater

♦ fundoshi ふんどし, 褌

das Lendentuch **etchū-fundoshi 越中褌** der Schnür-Lendenschurz **koshi-maki 腰巻** der Lendenschurz für Frauen 下帯などという呼び方もある。Man spricht auch von *shita-obi*. **hito no fundoshi de sumō o toru ひとの褌で相撲を取る** wörtl.: „mit dem Ledentuch eines anderen ringen“; sich mit fremden Federn schmücken **fundoshi o shimeru 褌を締める** sich die Ärmel hochkrempeln; seine Kräfte zusammenraffen; sich zusammenraffen 褌そのものが（相撲の力士や特定の愛好家を除いて）日本人の日常生活から遠のいているから，この日本語表現もあまり使われなくなっているのはやむを得まい。Weil das traditionelle Lendentuch im alltäglichen Leben der Japaner (außer den *Sumō*- Ringern und unter Liebhabern) fast keine Rolle mehr spielt, ist auch diese Redewendung ziemlich außer Gebrauch gekommen. **fundoshi-katsugi 褌担ぎ** der *Sumō*-Ringer untersten Grades 関取の回し（褌）を持ち運びするところからこのように呼ばれた。Die Bezeichnung kommt daher, dass ein Ringer dieses Ranges die Aufgabe hatte, die Gürtel (*mawashi* oder *fundoshi*) der Ringer der höheren Ränge (*sekitori*) zu tragen.

♦ furaido-poteto フライド・ポテト

(pseudoengl. *fried potato*) die (pl.) Pommes frites

♦ furikake 振りかけ

das Streugewürz 魚粉・のり・塩などを混ぜた食品。ご飯の上に振り掛けるもの。Das Gewürz wird aus Fischpulver, *Nori* (siehe dort), Salz usw. zubereitet und über den gekochten Reis gestreut. 振りかけには好みに応じてさまざまなものがある。自宅で作りおきする場合もあるし，できあいの市販品を入手することもできる。市販されるようになったのは，大正時代から昭和初期にかけてのことであった。

Streugewürze (vor allem für Reis) in verschiedenen Geschmacksrichtungen, die man entweder selbst zubereitet oder fertig kaufen kann. In den Handel kamen Streugewürze etwa während des Übergangs von der Taishō- zur Shōwa-Zeit.

◆furī-saizu フリー・サイズ
{Bekleidung} (pseudoengl. *free size*) die Kleidung ohne bestimmte Größenangabe; die Universalgröße

◆furisode 振袖

wörtl.: „wehende Ärmel"; der langärmelige *Kimono* 袂の長い袖の付いた着物で，未婚女性の礼装用。Bei offiziellen Anlässen tragen unverheiratete Frauen einen *Kimono* mit sehr langen Ärmeln. (Abbildung)

◆furo 風呂
das Bad, das Badezimmer, die Badewanne ドイツで出た日本案内の記事を読むと，日本人は毎日風呂に入ると書かれているものがある。毎日入浴する人がどの程度いるかは不明であるが，蒸し暑い夏の日々やかじかむような寒い冬の日々のことを考えれば，お風呂に入って汗を流そう，湯船の中で体を温めようと考える人が多くても不思議ではない。温泉を始め様々な風呂が知られているが，ほとんどの家庭に風呂場が見られるようになったのはそれほど遠い昔のことではない。第二次世界大戦後住宅事情が改善し，1960年台になってかなり多くの世帯に家庭風呂が見られるようになった。1970年台になると先ず集合住宅向けにいわゆる「ユニットバス」が売り出されそれが普及していった。1980年代には素材の研究・開発も進み，現在，浴槽にも，洋式，和式，和洋折衷等さまざまなものがある。In einigen deutschen Japan-Führern findet sich die Information, dass Japaner täglich ins Bad gehen. Zwar ist nicht bekannt, wieviel Prozent der Japaner wirklich jeden Tag baden, aber wenn man an den extrem schwülen und heißen japanischen Sommer oder an unangenehm feucht-kalte japanische Wintertage denkt, ist es nicht überraschend, dass viele Leute sich im Bad gründlich den Schweiß abwaschen bzw. sich in der Badewanne aufwärmen wollen. Es gibt außer den bekannten heißen Quellen viele Arten von Bädern, aber es ist noch gar nicht so lange her, dass man in jedem Haus ein Bad findet. Nach dem Zweiten Weltkrieg verbesserten sich die Wohnverhältnisse der Japaner und seit den 60er Jahren gab es in vielen Wohnungen auch ein eigenes Bad. In den 70er Jahren verbreiteten sich „Bade-Einheit" (*yunitto-basu*, pseudoengl. *unit-bath*) genannte Badezimmer, die besonders für Wohnanlagen angeboten wurden. In den 80er Jahren wurden neue Materialien entwickelt und heute findet man in Japan die verschiedensten Arten von Badezimmern, z.B. Badewannen im westlichen Stil, japanische Bäder oder Kombinationen aus beiden Stilen.

◆furoshiki 風呂敷

das *Furoshiki*, das Einwickeltuch, das Einschlagtuch (für den Transport von Gepäck, Lunchpaketen etc.) 周知のように，物を包んで持ち運ぶのに用いる四角形の布のことであるが，もともとは，風呂から上がった後で衣服を身につけるときに足下に敷く布をこのように呼んだ。入浴道具を持ち運んだり，入浴の時に脱いだ衣服を包んでおくのにも用いた。それ以前はこの種の布は別の名前で呼ばれていたが，江戸期の元禄時代，銭湯風呂の発達に伴って，風呂敷の名が次第に一般化したという。Heute bezeichnet man so die weithin bekannten quadratischen Tragetücher aus Stoff, mit denen man die verschiedene Dinge transportieren kann. Ursprünglich war ein *furoshiki* allerdings ein Stück Stoff, das man auf den Boden legte, wenn man sich nach dem Baden wieder anzog. Darin wurden die Badeutensilien transportiert und während des Badens die Kleider eingewickelt. Bis zur Genroku-Zeit waren solche Tücher unter anderen Namen bekannt, aber mit der Verbreitung von öffentlichen Bädern setzte sich allmählich die heutige Bezeichnung *furoshiki* durch. **ō-burosiki 大風呂敷** 1) ein großes *Furoshiki* 2) die (unrealistische) Übertreibung 1) 大きな風呂敷 2) (現実性に乏しい) 大げさな話や計画 **furoshiki-zutsumi 風呂敷包み** in ein Tuch gewickeltes Bündel

◆futokoro ふところ，懐

1) der Busen 2) die Tasche 着物を着たときの着物と胸の間が「ふところ」だが，転じて，懐の中に持っていて自由に使えるお金，他人が立ち入ることができないものごとの内部，人としての精神的深みその他を意味することもある。Ursprünglich meint das Wort den Zwischenraum zwischen dem Kimono und der Brust (der manchmal als Tasche genutzt wird), im übertragenen Sinn aber auch das Geld, das man in der Brusttasche aufbewahrt und über das man frei verfügen kann und das Innerste, wozu andere Leute keinen Zugang haben, oder/und die menschliche Tiefe usw. **futokoro-guai 懐具合** finanzielle Lage **futokoro ga atatakai 懐が暖かい** eine gut gespickte Börse haben **futokoro ga sabishii 懐が淋しい** knapp bei Kasse sein; die Schwindsucht im Beutel (Geldbeutel) haben; kein Geld im Portemonnaie haben **futokoro to sōdan suru 懐と相談する** seinen Geldbeutel zu Rate ziehen **futokoro ga fukai 懐が深い** Tiefe haben; großherzig sein; weitherzig sein

◆futon 布団，蒲団

der *Futon* **futon o shiku 布団を敷く** den *Futon* ausbreiten; das Bett machen **futon o tatamu 布団を畳む** den *Futon* zusammenlegen **futon ni kurumaru 布団にくるまる** sich in den *Futon* wickeln **futon o ageru 布団を上げる** den *Futon* wegräumen; den *Futon* in den Wandschrank räumen

◆futsuka-yoi 二日酔い

der Kater, der Katzenjammer, die Katerstimmung **futsuka-yoi de aru 二日酔いである** einen Kater haben; den Katzenjammer haben; in Katerstimmung sein

◆gaishoku-sangyō 外食産業

die Verpflegungsindustrie 大規模チェーンによる飲食業の総称。Sammelbezeichnung für die großen Fastfood- und Restaurantketten

♦gamu-tēpu ガム・テープ
(pseudoengl. *gum tape*) das (breite) Klebeband, das Verpackungsklebeband **serohan-tēpu** セロハン・テープ（セロテープ）das Cellophan-Klebeband; der Tesafilm（商品名）

♦gasorin-sutando ガソリン・スタンド
(pseudoengl. *gasoline stand*) die Tankstelle 最近では各種のサービスが多角的になり，サービス・ステーション(SS)という呼称が広く用いられるようになりつつある。In der letzten Zeit hat sich in Japan die Bezeichnung *service station* (SS) durchgesetzt, weil dort vielseitige Dienstleistungen angeboten werden.

♦gasshō-zukuri no ie 合掌造りの家

das Haus mit sehr steilen Giebeldach 飛騨白川郷と富山五箇山の合掌造り建築物は特に有名。巨大な屋根裏部屋は，蚕室として用いられた。Besonders berühmt sind die im *Gasshō-zukuri*-Stil gebauten Häuser in der Gegend von Shirakawa-gō in der Präfektur Gifu und Gokayama in der Präfektur Toyama. Der riesige Dachraum wurde für die Seidenraupenzucht benutzt.

♦geko 下戸
der Nichttrinker; jemand, der keinen Alkohol mag oder verträgt **satō 左党** der Trinker **amatō 甘党** jemand, der gern Süßes isst 日本語の「甘党」が意味するのは，多くの場合「下戸」ということである。Die japanische Bezeichnung *amatō* bezeichnet meistens jemanden, der Süßes mag und keinen Alkohol trinkt. **ryōtō-zukai 両刀使い** wörtl.: „jemand, der mit zwei Schwertern kämpft"; jemand, der sowohl Alkohol als auch Süßes mag もともとは両手に刀を持って戦う剣法のことだが，酒と菓子類をともに好むこと，またはその人をも意味する。Ursprünglich nannte man so eine Kampftechnik, wobei man mit jeder Hand ein Schwert führte, aber heute meint man damit die Liebe zu Süßigkeiten und Alkohol, oder eine Person, die beides mag. **uwabami うわばみ** 1) die Riesenschlange 2) der starke Trinker, der Säufer

♦genkai-shūraku 限界集落
wörtl.: „die kritische Gemeinde"; die überaltete Gemeinde 過疎化などで人口の50%以上が65歳以上の高齢者になり，社会的共同生活の維持が困難になった集落のこと。この「限界集落」という表現は現在かならずしも定着した概念とは言えず，一部の研究者やジャーナリズムのなかで用いられている。Gemeinden, deren Bevölkerung aufgrund von Landflucht zu über 50% aus Personen über 65 Jahren besteht, und in denen Aufrechterhaltung eines normalen gesellschaftlichen Lebens sehr problematisch ist. Der Begriff *genkai-shūraku* ist zwar noch nicht allgemein anerkannt, aber er ist heute unter einem Teil der Soziologen und Jounalisten im Gebrauch.

♦genmai 玄米
der unpolierte Reis; der Naturreis 玄米は白米よりも健康に良いとして玄米食をする人も増えている。Naturreis ist heute beliebter als früher, weil er gesünder sein soll als polierter, weißer Reis. **genmai-cha 玄米茶** der *Genmai*-Tee; der grüne Tee mit gerösteten Reiskörnern **genmai-pan 玄米パン** das Brot aus Vollkornreismehl

♦genpatsu-jiko 原発事故
der Akw-Unfall, der Atomunfall, die Nuklearkatastrophe これまで世界各地でさまざまな原発事故が生じたが，2011（平成23）年3月11日に，東日本を襲った巨大地震とそれに伴う津波によって引き起こされた，東京電力福島第1原子力発電所で起こった原発事故は極めて深刻なものであり，日本のみならず諸外国の原発政策にも大きな影響を及ぼすこととなった。Es haben sich weltweit bereits zahlreiche Unfälle in kerntechnischen Anlagen ereignet, aber besonders gravierend war die Nuklearkatastrophe am Atomkraftwerk Fukushima 1 des Energieversorgers Tōkyō-denryoku (Tepco) vom 11. März 2011, die durch das Große Erdbeben in Ostjapan und den Tsunami ausgelöst wurde, und die nicht nur in Japan sondern auch in anderen Ländern einen großen Einfluss auf die Atompolitik ausgeübt hat. **hōshanō-osen 放射能汚染** radioaktive Verseuchung **hōshasei-busshitsu 放射性物質** radioaktives Material **hōshanō o abiru 放射能を浴びる (hibaku suru 被曝する)** radioaktiven Strahlen ausgesetzt werden; Radioaktivität ausgesetzt sein **hōshanō no saidai-kyoyōsenryō 放射能の最大許容線量** erlaubte Maximaldosis an Radioaktivität **meruto-daun メルト・ダウン** (von engl. *meltdown*) die Kernschmelze 炉心溶融のこと。**rinkai-jiko 臨界事故** der Kritikalitätsunfall **hōshanō o josen suru 放射能を除染する** Radioaktivität dekontaminieren; die Dekontamination der Radioaktivität durchführen **datsu-genpatsu 脱原発 (genpatsu-haishi 原発廃止)** der Atomausstieg; der Ausstieg aus der Atomenergie

♦gensanchi 原産地
das Herkunftsland, das Ursprungsland **gensanchi-shōmeisho 原産地証明書** der Ursprungsnachweis, der Herkunftsnachweis

♦geshuku 下宿
die private Unterkunft, das Mietzimmer, das Untermietszimmer **geshuku-dai 下宿代** die Zimmermiete

♦geta 下駄

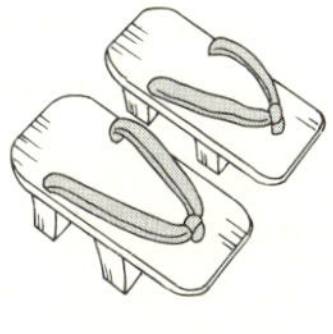

die (traditionelle japanische) *Geta*; Holzsandale, zumeist mit zwei kleinen vertikal angebrachten Holzbrettchen unter der Sohle **geta o azukeru 下駄を預ける** wörtl.: „jemandem seine *Geta* zur Ausbewahrung überlassen“; die gesamte Verantwortung an jemanden abgeben; etwas auf jemanden abschieben **tensū ni geta o hakaseru 点数に下駄を履かせる** den Notendurchschnitt durch Manipulation heben **hiyori-geta 日和下駄** wörtl. „die Schönwetter-Holzsandale“; die (pl.) niedrigen Holzsandalen **ashida 足駄**

die hohen *Geta* (Holzsandalen) **hanao 鼻緒** der Riemen an den *Geta* (Holzsandalen) **tabi たび，足袋** die *Tabi;* die *Kimono*-Socken; Socken mit einer Abteilung für die große Zehe **jika-tabi 地下足袋** *Tabi* mit dicker Gummisohle, die als Schuhe benutzt werden

♦getemono-gui ゲテモノ食い，下手物食い

der Allesfresser; Person mit Geschmack an ausgefallenem Essen; jemand mit einer Vorliebe für kuriose Speisen (siehe *getemono*)

♦ginjō-shu 吟醸酒

der *Sake*, der aus poliertem Reis hergestellt wird 清酒の一。60パーセント以下に精米した白米を原料とした清酒。Dabei werden nur die inneren 60% des Reiskorns verwendet. **dai-ginjō-shu 大吟醸酒** der *Sake* aus bester Qualität 吟醸酒のうち精米歩合が50%以下のもの。Reiswein aus Reis, der auf unter 50 % seines Ursprungsgewichtes poliert wurde **junmai-shu 純米酒** der *Sake*, der ohne Zusatz von Alkohol oder Zucker gebraut wird **doburoku どぶろく** der ungefilterte *Sake* 滓を漉し取ってない日本酒

♦gobō ごぼう，牛蒡

die Klettenwurzel **gobō-nuki ni suru 牛蒡抜きにする** in einem Zug herausziehen; jemanden aus einer Gruppe herausziehen **kinpira-gobō 金平ごぼう** in Streifen geschnittene und mit Sesamöl gebratene Klettenwurzel, die mit Soyasoße und Zucker angemacht ist 笹がきにした牛蒡をごま油で炒め，醤油と砂糖で味付けしたもの。

♦goemon-buro 五右衛門風呂

das von unten geheizte altjapanische Kesselbad 安土桃山時代の大盗賊石川五右衛門が釜ゆでの刑に処せられたという俗説からこの名前は由来する。かまどの上に鉄釜を置き，下から火をたいて直接に沸かす風呂。Die Bezeichnung für diese Art von Badezuber, der von unten direkt mit Brennholz beheizt wird, soll von dem berühmten Banditen Ishikawa Goemon aus der Azuchi-Momoyama-Zeit abgeleitet sein, der zum Tod durch Kochen in einem Kessel verurteilt und hingerichtet worden sein soll.

♦goku-tsubushi ごく潰し，穀潰し

wörtl.: „der Getreidevertilger“; der Faulenzer; der unnütze Esser; der Müßiggänger, der Taugenichts; 飯は一人前に食べるが，定職もなく遊び暮らす者をののしって言う言葉。「穀」は，米，麦などのこと，「つぶし」はむだに食べてしまうことである。Spöttische Bezeichnung für jemanden, der ohne einer festen Arbeit nachzugehen sich nur amüsiert, und trotzdem genauso viel isst, wie die arbeitenden Mitglieder des Haushalts. *Goku* bedeutet hier Reis, Gerste und andere Getreide und *tsubushi* bedeutet „unnütz essen“. **mui-toshoku suru 無為徒食する** ein müßiges Leben führen; seine Zeit tatenlos hinbringen

♦goma-shio ごま塩，胡麻塩

1) Salz mit schwarzem Sesam 2) graumeliertes Haar 1) のごま塩はゴマを炒って塩を混ぜたもので，赤飯を食べるときなどに用いる。Sesamsalz wird aus geröstetem Sesam hergestellt, der mit Salz vermischt wird. Man isst es z.B. mit rotem Reis (siehe *seki-*

han). **goma-ae ごま和え，胡麻和え** der mit Sesam angemachte (Gemüse-)Salat

◆gomi ごみ
der Abfall, der Müll **gomi no bunbetsu ごみの分別** die Mülltrennung **nama-gomi 生ごみ** der Bioabfall, der Küchenabfall **sodai-gomi 粗大ごみ** der Sperrmüll **haiki-butsu-shori 廃棄物処理** die Abfallbeseitigung **hōsō-zairyō no gomi 包装材料のごみ** der Verpackungs-müll **moeru-gomi 燃えるごみ** der brennbare Müll **moenai-gomi 燃えないごみ** der nicht brennbare Müll **sangyō-haiki-butsu 産業廃棄物** der Industriemüll

◆gomoku-meshi 五目飯
Reisgericht mit verschiedenen Gemüsen und Geflügel (oder Fisch) 五目御飯，炊き込みご飯などとも呼ばれる。Man nennt dieses Gericht auch *gomoku-gohan* („Reis-Allerlei"), *takikomi-gohan*, („Reis-Eintopf") u.s.w.

◆guinomi ぐいのみ，ぐい飲み
1) das Austrinken in einem Zug 2) der größere Sakebecher 1) 仰向いてぐいと一息に飲むこと。 2) 深くて大きめの杯。

◆gūkyo 寓居
wörtl.: „der vorübergehende Aufenthalt"; meine bescheidene Behausung; mein kleines Haus; mein armseliges Haus 「寓居」は仮住まいという意味であるが，自分の住居の謙譲語としても用いられる。Eigentlich bezeichnet das Wort eine vorläufige Behausung, aber man verwendet es, um bescheiden über sein eigenes Haus zu sprechen.

◆gunte 軍手
die weißen Baumwollhandschuhe; die Arbeitshandschuhe 軍用手袋の略称。太い白の木綿糸で編んだ作業用の手袋で，現在では手ごろな値段の作業用実用品として大衆化している。Abkürzung für *gun'yō-tebukuro* „Militärhandschuhe". Aus dicker weißer Baumwolle gestrickte Handschuhe, die heute als praktische und preiswerte Arbeitshandschuhe weit verbreitet sind.

◆gurīn-sha グリーン車
der Wagen der ersten Klasse (im Zug der JR-Bahngesellschaft) **midori no madoguchi みどりの窓口** der Fahrkartenschalter (der JR-Bahngesellschaft) **orenji-kādo オレンジ・カード** die orangefarbene Geldkarte (für die Fahrkartenautomaten der JR-Bahngesellschaft) (1985-2013)

◆gurume グルメ
(von franz. *Gourmet*) der Gourmet, der Feinschmecker 原義は，食通，美食家であるが，日本ではそういった人たちが食する食事・料理そのものを指すケースが多く見受けられる。Das Wort bezeichnet in Japan nicht nur die Person des Feinschmeckers, sondern wird sehr oft auch für raffinierte Speisen verwendet. **bī-kyū gurume B級グルメ** wörtl.: „die Feinschmeckerei der Klasse B"; die zweitklassige Feinschmeckerei; die bodenständige Feinschmeckerei 安価で庶民的でありながら，おいしいと評判の料理。Preisgünstiges, volkstümliches aber trotzdem wohlschmeckendes Essen.

◆gyōza 餃子
(von chin. *Jiaozi*) die (mit Hackfleisch und

gehacktem Gemüse) gefüllten Teigtaschen; chinesische Maultaschen 中国料理の一種であるが，現在，日本人の食生活のなかに溶け込んでいる。Ursprünglich ein Gericht aus der chinesischen Küche, das heute zum alltäglichen japanischen Essen gehört.

♦gyōzui 行水

das Sitzwannenbad; das einfache Bad in einem Zuber もともとは神事・仏事の前に体を水で清める行為を意味したが，中世以降日常生活で，風呂に入るかわりに，たらいなどに入れた湯や水を用いて簡単に汗を流す意味で用いられるようになった。Ursprünglich nannte man so die rituelle Reinigung vor einer shintoistischen oder buddhistischen Zeremonie, aber seit dem Mittelalter wird das Wort für eine schlichte alltägliche Körperreinigung in einem Badezuber statt in einem richtigen japanischen Bad verwendet. Dabei kann heißes oder kaltes Wasser benutzt werden. **karasu no gyōzui カラスの行水，烏の行水** wörtl.: „Krähenwäsche"; die Katzenwäsche

♦gyūin-bashoku 牛飲馬食

wörtl.: „Saufen wie ein Rind und Fressen wie ein Pferd"; das übermäßige Essen und Trinken **geiin-bashoku 鯨飲馬食** wörtl: „Trinken wie ein Walfisch und Fressen wie ein Pferd"; das (unmäßige) Fressen und Saufen

♦habu-kūkō ハブ空港

der Luftverkehrsknoten, die Luftverkehrsdrehscheibe, der Hub-Airport 国際線から国際線へ，あるいは国際線から国内線へと乗り継ぎをするための拠点空港。Wichtiger Verkehrsflughafen, wo man zwischen internationalen und nationalen Flugstrecken umsteigen kann.

♦hachimaki はちまき，鉢巻

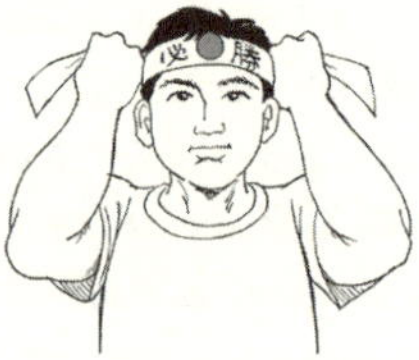

das Stirnband 祭りや運動会，ストライキ中の労働者など，様々な状況で様々な人によって用いられる。Stirnbänder trägt man in Japan z.B. bei Festen und Sportveranstaltungen, aber auch streikende Arbeiter tragen sie oft. (Abbildung) **nejiri-hachimaki ねじり鉢巻** das verdrehte Stirnband, das z.B. junge Leute tragen, wenn sie sich auf eine Prüfung vorbereiten oder zu einem Fest gehen.

♦haihin-kaishū 廃品回収

die Sammlung von Altwaren; die Altwarensammlung **haihin-kaishū-gyōsha 廃品回収業者** der Altwarenhändler, der Wertstoffhändler

♦haikigasu 排気ガス

das Auspuffgas **haikigasu-jōka 排気ガス浄化** die Abgasreinigung **haikigasu-jōka-sōchi 排気ガス浄化装置** der Abgaskatalysator, der Kat **kōjō-haigasu 工場排ガス** das Industrieabgas（普通複数形を用いる）

♦hakama はかま，袴

der *Hakama* かつては武士が公務につくときは着用すべきものとされていたが，現在では，伝統的な形式にのっとつた結婚式や祭礼，特定のスポーツの試合などで着用されるのみである。Hosenrock, der früher zur formellen Kleidung der *Samurai* bei offiziellen Anlässen gehörte, und heute als Festkleidung und auch bei einigen traditionellen Sportarten (z.B. Bogenschießen) Verwendung findet.

♦**hako-zen 箱膳**
das Kästchen für das Essgeschirr einer Person 一人分の食器を入れておく箱。食事の時は蓋を膳として用いる。Beim Essen wird der Deckel als Esstischchen benutzt. **chabudai ちゃぶ台，卓袱台** das Speisetischchen; der kleine Esstisch mit vier Beinen 近代日本において，大正時代末期頃まで，商家や農家を中心にかなり多くの家で，普段食事をするのに箱膳を用いていた。卓袱台が一般化したのは，昭和初期以後である。第二次世界大戦後，住宅事情の変化とともに，ダイニング・テーブルが普及していった。In der Neuzeit bis zum Ende der Taishō-Zeit wurden besonders von den Kaufleuten und in Bauernfamilien *Hako-zen* Kästchen bei den regelmäßigen Mahlzeiten verwendet. Die niedrigen Esstische verbreiteten sich seit Beginn der Shōwa-Zeit. Nach dem Ende des Zweiten Weltkriegs wurden aufgrund der veränderten Wohnsituation Esstische im westlichen Stil (*dainingu-tēburu*, engl.: *dining table*) üblich. **chabudai-gaesi 卓袱台返し** wörtl.: das „Umstoßen des Speisetischchens" 1) 腹を立てたものが食事の途中で卓袱台をひっくり返すこと。2)転じて，準備が整った物事，あるいは順調に進行している物事に介入して，振り出し状態に戻してしまうこと。1) Das absichtliche Umstoßen des Speisetischchens während des Essens durch jemanden, der sehr verärgert ist. 2) Im übertragenen Sinn die Intervention in eine Angelegenheit, die schon gut vorbereitet oder schon weit fortgeschritten ist, wodurch man zum Ausgangspunkt zurückkehrt.

♦**hakumai 白米**
der polierte Reis 現在日本において「米」といえばふつう白米のことを指しているが，近現代にいたるまで都市部以外では，現在多くの家庭で食されているようなかたちで白米を食べることはむしろまれで，ふだんは米に他の穀物や野菜を加えたものや他の穀物のみを炊飯したものが食べられていた。明治時代になってからでも東北地方を中心に冷害や飢饉がみられたし，その後昭和時代前半においては戦時下のあるいは戦後生活のなかで，国民全部が窮乏生活を強いられていて，皆が「白いご飯を腹いっぱい」食べられるというような状況にはなかった。1950(昭和25)年，当時の大蔵大臣(後に首相になった人物)が参議院の予算委員会で行なった発言が，不正確にまた若干歪めて「貧乏人は麦飯を食え」と発言したと伝えられ，マスコミから批判を受けたことがあった。それから半世紀が経った21世紀への転換期頃には健康食ブームも手伝って，米に麦，雑穀等を入れてそれを常食とする人もかなり見受けられるようになった。Wenn man heute in Japan von Reis spricht, dann ist im Allgemeinen „weißer", polierter Reis gemeint; aber bis in die jüngere Gegenwart war der Verzehr von poliertem Reis in Haushalten außerhalb der Städte eher eine Seltenheit; meist wurden dem Reis andere

Getreide und Gemüse etc. beigemischt, oder es wurden andere Getreidesorten gegessen. Auch in der Meiji-Zeit kam es in der Region Tōhoku wiederholt durch Kältewellen zu Ernteausfällen und Hungersnöten und auch danach, in der ersten Hälfte der Shōwa-Zeit, litt die japanische Bevölkerung während und nach dem Krieg unter allgemeiner Armut und es herrschten keine Verhältnisse, in denen sich alle Japaner „mit weißem Reis satt essen" konnten. 1950 wurde der damalige Finanzminister (und spätere Ministerpräsident) in den Medien wegen einer Aussage in einer Haushaltsitzung des Oberhauses kritisiert, die einigermaßen verzerrt wiedergegeben wurde: „Die armen Leute sollen doch Gersten-Reis (Reis, der mit Gerste gestreckt ist) essen." Seither ist ein halbes Jahrhundert verstrichen und etwa seit der Wende zum 21. Jh. kann man beobachten, dass dank des gestiegenen Gesundheitsbewusstseins heute nicht wenige Leute Gerste und andere Getreide unter ihren Reis mischen. 日本語では生のままのものは「こめ」であり，炊き上げたものは「ご飯」であるが（ドイツ語ではいずれの場合も，Reisである）。Im Japanischen nennt man den rohen Reis *(o) kome* und den gekochten Reis *gohan*. **mochigome もち米** der Klebreis

♦haori 羽織

der *Haori*; die *Kimono*-Jacke 上に羽織る衣服という意味で，（もともとは寒い季節に着用したものであった。）一般に改まった席で着用する和装。正装用の羽織には，家紋が付いている。Ein japanischer Überzieher, der über dem *Kimono* getragen wird. *Haori*, die als zeremonielle Bekleidung getragen werden, sind mit dem Familienwappen geschmückt. **jinbaori 陣羽織** der über der Rüstung getragene Wams **chabaori 茶羽織** der kurze *Haori* **montsuki 紋付** der *Kimono* mit Familienwappen; der Festtagskimono **haori-hakama 羽織袴** *Haori* und *Hakama*; die festliche Kleidung; die formelle Kleidung

haori-hakama de 羽織袴で in *Haori* und *Hakama*; formell gekleidet

♦happō-shu 発泡酒

wörtl.: „schäumende alkoholische Getränke"; Sammelbegriff für alkoholische Getränke mit Kohlensäure 液中に炭酸ガスを含む酒類の総称。

♦hara-mochi 腹持ち

das Verbleiben im Magen **hara-mochi ga yoi tabemono 腹持ちが良い食べ物** Speisen, die lange vorhalten

♦hashi 箸

das Stäbchen, das Essstäbchen **waribashi 割り箸** das Wegwerfstäbchen; Essstäbchen aus Holz zum einmaligen Gebrauch 半分ほどの所まで割れ目が入れてあり，使用するときに割って2本にして用いるのでこの名前がある。*Waribashi* besteht aus einem Stück Holz, das etwa bis zu Mitte gespalten ist und das vor dem Gebrauch in zwei Essstäbchen auseinandergebrochen wird. Daher der Name *waribashi* (von *waru* „auseinanderbrechen"). **hashi ni mo bō ni mo kakaranai 箸にも棒にもかからない** wörtl.: „weder mit Stäbchen noch mit einem Stock zu handhaben sein"; an (bei) ihm ist Hopfen und Malz verloren; sich weder durch feine noch durch rohe Kunstgriffe fangen lassen; ein hoffnungsloser Fall sein **hashi ga susumu 箸が進む** immer weiteressen können; sehr viel essen können **hashi ga koronde mo warau 箸が転んでも笑う** (wörtl.: schon lachen, wenn auch nur ein Stäbchen herunterfällt) bei der geringsten Kleinigkeit lachen「箸が転んでもおかしい年頃」は，das Alter, in dem schon ein herunterfallendes Essstäbchen lustig ist **hashi no ageoroshi ni mo kogoto o iu 箸の上げ下ろしにも小言を言う** wörtl.: „auch das Aufheben und Ablegen der Stäbchen kritisieren"; an jeder Kleinigkeit etwas auszusetzen haben; an allem herummäkeln **hashi-oki 箸置** die Ablage für Essstäbchen 箸が直接食卓上に置かれるのを避けるため箸の先端部を乗せておく小さな台状のもの。Wie ein kleines Bänkchen, auf dem man den Vorderteil der Essstäbchen ablegen kann, damit sie nicht auf dem Tisch aufliegen. **hashi-yasume 箸休め** wörtl.: die „Pause für das Essstäbchen"; das Zwischengericht zwischen Hauptgerichten 主な料理の間に食べる，ちょっとした料理。**madoi-bashi まどい箸 (mayoi-bashi 迷い箸)** mit den Essstäbchen (während der Mahlzeit) herumfuchteln 食事のとき，どの菜を取ろうかと，箸をあちこちへ向けること。無作法なこととされる。迷い箸とも言う。Als ein Zeichen von schlechten Manieren gilt es, wenn man die Stäbchen über dem Essen hin und her bewegt, weil sich nicht entscheiden kann, was man als nächstes essen will. Man sagt auch *mayoi-bashi*. **saguri-bashi 探り箸** mit den Stäbchen verschiedene Speisen untersuchen **yose-bashi 寄せ箸** mit Stäbchen Geschirr zu sich ziehen 食事のとき，箸で器を自分の手元に引き寄せること。無作法なこととされる。Es gilt auch als ein Verstoß gegen die Etikette, mit den Essstäbchen Teller oder Schälchen zu sich heranzuziehen.

♦hashigo はしご，梯子

1) die Leiter 2) die Bierreise **hashigo o hazusareru 梯子を外される** wörtl. „jemandem wird die Leiter weggezogen (weggenommen)"; alleingelassen werden; im Stich gelassen werden（梯子を使って高いところに登ったのはいいが，梯子を外されそのまま置き去りにされる意から）高い地位や立場に立たされた挙句，仲間や味方に裏切られて困難な立場に立たされるという意味。Mithilfe einer Leiter einen hohen Platz erklommen zu haben, ist zwar zunächst einmal positiv, aber wenn einem dann die Leiter weggenommen und man dort zurückgelassen wird, hat man ein Problem. Von dieser Vorstellung ist die Bedeutung der Redewendung abgeleitet, dass man, nachdem man in eine hohe Funktion oder Position eingesetzt worden ist, von seinen Mitstreitern oder Freunden hintergegangen und in einer schwierigen Situation zurückgelassen wird.

♦hatsuden-sho 発電所

das Kraftwerk 日本においても，風力，太陽光，地熱その他を対象とした新エネルギーに対する意識が高まり，そういった新エネルギーの利用を促進するための法律が2003(平成15)年に作られた。この法律は，電力会社に発電の一定量を自然エネルギーでまかなうことを義務付けるものである。しかし日本は，低炭素社会の切り札として長い間原発推進を考え続けて来たこととも関係するのであろうが，上記のような新エネルギーの利用に関しては，現在のところ体制が十分整っているとは言いがたい。Auch in Japan ist das Bewusstsein für regenerative Energien wie Windkraft, Solarenergie, Erdwärme usw. gestiegen, und im Jahr 2003 trat ein Gesetz zur Förderung dieser „neuen Energien" in Kraft. Das Gesetz verpflichtet die Energieversorger dazu, einen bestimmten Anteil ihrer Stromproduktion aus regenerativen Energiequellen zu bestreiten. Dennoch lässt sich schwerlich behaupten, dass in Japan das System für die Nutzung der neuen Energien zum gegenwärtigen Zeitpunkt bereits ausgereift wäre. Ein Grund dafür ist vielleicht, dass man lange auf die Förderung der Atomkraft gesetzt hat, um den nationalen Ausstoß von Kohlendioxid zu verringern. **genshiryoku-hatsuden 原子力発電** der Strom aus Kernkraft; der Atomstrom **genshiryoku-hatsuden-sho 原子力発電所** das Atomkraftwerk **karyoku-hatsuden 火力発電** die kalorische Stromgewinnung **karyoku-hatsuden-sho 火力発電所** das Heizkraftwerk, das Wärmekraftwerk; das kalorische Kraftwerk **suiryoku-hatsuden 水力発電** die hydroelektrische Stromgewinnung; die Stromgewinnung aus Wasserkraft **suiryoku-hatsuden-sho 水力発電所** das Wasserkraftwerk **jinetsu-hatsuden 地熱発電** die Energiegewinnung aus Erdwärme; die geothermische Energiegewinnung **jinetsu-hatsuden-sho 地熱発電所** das Erdwärmekraftwerk **fūryoku-hatsuden 風力発電** der Windgenerator **taiyōnetsu-hatsuden 太陽熱発電** die solare Stromerzeugung **jika-hatsuden 自家発電** die Eigenstromversorgung

♦ hatsu-gatsuo 初鰹

der erste Bonitofisch der Saison 新緑の頃獲れる「初鰹」は，美味なものとして，珍重される。Die ersten Bonitos, die zur Zeit des frischen Grüns im Spätfrühling oder Frühsommer gefangen werden, gelten als besonders wohlschmeckend.

♦ hazādo-mappu ハザード・マップ

(von engl. *hazard map*) die Gefahrenkarte; eine Karte mit potentiellen Gefahrenstellen (bei Naturkatastrophen) 災害予測図。自然災害を予測し，その被害範囲を地図化したもので，予測される災害の発生地点，被害の拡大範囲，被害程度その他が記されている。日本では1990年台より作成が進められている。Vorhersagekarte für Unglücksfälle. Für das Erstellen einer Gefahrenkarte werden Naturkatastrophen prognostiziert und das für eine bestimmte Region zu erwartende Ausmaß sowie die Schwere der Schäden und die eventuell betroffenen Gebiete etc. verzeichnet. Das Anfertigen solcher Karten wird in Japan seit den 1990er Jahren vorangetrieben.

♦ hazakai-ki 端境期

wörtl.: „die Grenzzeit" 1) die Zeit kurz vor der neuen Ernte 2) die Übergangszeit 1) 収穫前の品薄のころ。2)ものごとの入れ替わりの時期。1) Die Zeit kurz vor der neuen Ernte, wenn die alten Vorräte langsam zur

Neige gehen. 2) Die Periode, in der Gegenstände, Sachen, Artikel usw. ausgetauscht werden.

♦ **heapin-kābu** ヘアピン・カーブ

(von engl. *hairpin curve*) die Haarnadelkurve, die Spitzkehre（道路のU字型の急カーブ）

♦ **hedoro** ヘドロ，へどろ

die schlammige Bodenschicht; der Bodenschlamm (in Gewässern); der Sedimentschlamm この語が一般に用いられるようになったのは1960年代の半ばから。語源については確定的なものはないが，吐瀉物を意味する「へど」と「泥」を合体させたものではないか，という説がある。Dieses Wort kam etwa Mitte der 1960er Jahre allgemein in Gebrauch. Der Ursprung des Wortes ist nicht sicher belegt; nach einer Theorie handelt es sich um eine Kontraktion der Wörter *hedo* („Erbrochenes“) und *doro* („Schlamm“).

♦ **henshoku** 偏食

die einseitige Ernährung; die unausgewogene Ernährung **henshoku suru** 偏食する sich einseitig (oder unausgewogen) ernähren

♦ **hibachi** 火鉢

der *Hibachi*, das Kohlebecken 暖をとるほか湯茶などを沸かすのにも用いられた。Ein Kohlebecken diente früher nicht nur als Wärmequelle im Zimmer, man konnte z.B. auch Wasser darauf erwärmen. **hibashi** 火箸 das Stäbchen fürs Feuer (zum Arrangieren der Kohle im Kohlebecken); die Feuerzange **konro** こんろ der tragbare Kocher; der Holzkohlekocher **shichirin** 七輪 der tragbare irdene Kochherd

♦ **hidari-handoru** 左ハンドル

die Linkssteuerung **hidari-handoru no kuruma** 左ハンドルの車 das Auto mit Linkssteuerung; das Auto mit dem Lenkrad auf der linken Seite

♦ **hidari-mae** 左前

wörtl.: „die linke Seite vorne“ 1) das Verkehrtherum-Tragen eines *Kimono* 2) schlechte wirtschaftliche Lage 1) 相手から見て，左のおくみを上に出して和服を着ること。普通の着方と反対で，死者の装束に用いる。Das Verkehrtherum-Tragen eines *Kimono*, so dass, vom Gegenüber aus gesehen, der linke Vordersaum über dem rechten zu liegen kommt. Auf diese Weise werden Verstorbene bekleidet. **hidari-mae ni naru** 左前になる schiefgehen, schieflaufen **hidarimae no kaisha** 左前の会社 metaphorisch: „eine Firma im Totenhemd“; das im Untergang befindliche Unternehmen; die untergehende Firma

♦ **himono** 干物

der getrocknete Fisch, die getrocknete Muschel 一種の保存食で，食べる直前に火であぶる。和食の家庭料理のおかずとして，また酒の肴としても好まれる。Das Trocknen von Meeresfrüchten ist eine natürliche Form der Konservierung, vor dem Verzehr werden die getrockneten Fische etc. über dem Feuer geröstet. *Himono* sind als Beilagen oder als Snack zum Bier oder *Sake* beliebt.

♦ hi no nai tokoro ni kemuri wa tatanu 火の無いところに煙は立たぬ

(Sprichw.) wörtl.: „Wo es kein Feuer gibt, da steigt auch kein Rauch auf.“ Wo Rauch ist, da ist auch Feuer.

♦ hiryō 肥料

der Dünger **muki-hiryō 無機肥料** der anorganische Dünger; der chemische Dünger **yūki-hiryō 有機肥料** der organische Dünger

♦ hisashi ひさし, 庇

das Vordach **hisashi o kashite omoya o torareru 庇を貸して母屋を取られる** wörtl.: „Vermietet man das Vordach, wird einem das Hauptgebäude weggenommen.“ Reicht man den kleinen Finger, nimmt man die ganze Hand.

♦ hiya-meshi 冷や飯

der kaltgewordene Reis「冷や飯を食う」には,「居候をする」という意味もあったが, 現在では「冷遇される」「能力が評価されず低い地位にいる」という意味で用いる。*Hiya-meshi o kuu*, „kalten Reis essen“, hatte früher die Bedeutung „ein Schmarotzer sein“, aber heute bedeutet es, „kühl behandelt werden“ oder „seine Fähigkeiten nicht anerkannt bekommen und in einer untergeordneten Position sein“.

♦ hodō-kyō 歩道橋

die Fußgängerbrücke **ōdan-hodō 横断歩道** der Fußgängerüberweg, der Zebrastreifen (nach der Ähnlichkeit mit dem Streifenmuster des Zebras) **fumikiri 踏切り** der Bahnübergang **hokōsha-tengoku 歩行者天国** wörtl.: das „Fußgängerparadies“; die Fußgängerzone 日本では, 曜日・時間帯を指定して実施されるケースが多い。In Japan ist das Fahrverbot für Fußgängerzonen in vielen Fällen auf bestimmte Wochentage oder Zeitzonen beschränkt. **sukuranburu-kōsaten スクランブル交差点** die Alle-Gehen-Kreuzung; eine Kreuzung, die Fußgänger in jeder Richtung (auch diagonal) überqueren können **chika-dō 地下道** die Unterführung **chika-shōtengai 地下商店街** (siehe *chikagai*)

♦ hōmon-gi 訪問着

der halbformelle Besuchskimono für Frauen 女性の略式礼装用の和服。

♦ hōmu-herupā ホーム・ヘルパー

(pseudoengl. *homehelper*) der ambulante Krankenpfleger; die Haushaltshilfe; die häusliche Pflegehilfe 訪問介護員。

♦ hōmuresu ホームレス

(von engl. *homeless*) der (die) Obdachlose「路上生活者」「浮浪者」のことで,「ホームレス」という言葉は, バブル崩壊後の1991 (平成3) 年頃よりよく用いるようになった。Das Wort wird seit 1991, nach dem Zusammenbruch der Seifenblasenwirtschaft, oft gebraucht.

♦ hōmu-sentā ホーム・センター

(engl. *home center*) der Baumarkt 日曜大工用品, 家庭用雑貨を取り扱う大規模店。園芸用品, 自動車用品など幅広く揃えた店が多い。Ein großes Geschäft für Heimwerkerbedarf und verschiedene Haushaltswaren. Viele Baumärkte führen auch Gartenbedarf, Fahrzeugzubehör etc. in großer Auswahl.

♦ **hōmu-sutei ホーム・ステイ**
das Homestay (von engl. *home stay*) 留学生などが，滞在国の家庭でそこの家族と生活をともにし，土地柄や人情について生活体験を深めること。Der zeitweise Aufenthalt eines jungen Menschen im Haushalt einer so genannten „Gastfamilie", um z.B. im Rahmen eines Auslandsstudiums Land und Leute besser kennen zu lernen.

♦ **honjin 本陣**
{Gesch.} die lizenzierte (an den Poststationen befindliche) Gasthäuser für *Daimyō* und andere hochgestellte Persönlichkeiten in der Edo-Zeit 江戸時代，街道の宿駅で諸大名などが宿泊した公認の宿舎。

♦ **horumon-yaki ホルモン焼き**
gegrillte Innereien vom Schwein (und Rind) 豚（その他牛など）の臓物を小さく切って焼いたもの。

♦ **hōshasei-haikibutsu 放射性廃棄物**
der radioaktive Abfall; der radioaktive Müll **kōreberu-hōshasei-haikibutsu 高レベル放射性廃棄物** der hochradioaktive Abfall; der hochgradig radioaktive Abfall **saishū-shorijō 最終処理場** die Endlagerung **ichiji-chozōsho 一時貯蔵所** der Zwischenlager

♦ **hōshoku 飽食**
die Sättigung; das Sich-satt-Essen; das Sich-Überessen **hōshoku suru 飽食する** sich satt essen; sich sättigen **hōshoku no jidai 飽食の時代** das Wohlstandszeitalter

♦ **hyakkaten 百貨店 (depāto デパート)**
das Kaufhaus, das Warenhaus 日本では，1904（明治37）年開業の三越が，ドイツでは1870年開業のWertheimが最初の百貨店。Das erste japanische Kaufhaus war das 1904 eröffnete Mitsukoshi, das erste Kaufhaus in Deutschland war Wertheim (1870).

♦ **ichigen-san 一見さん (ichigen no kyaku 一見の客)**
jemand, der eine Lokalität ohne Einführung durch einen Stammkunden besucht 常連客の紹介なしにはじめてバー，割烹その他飲食店に来る客。**Ichigen-san okotowari 一見さんお断り** Nur für eingeführte Gäste!

♦ **ichijū-issai 一汁一菜**
wörtl.: „(außer dem Reis nur) eine Suppe und eine Beilage"; das kärgliche Essen; ein sehr schlichtes Mahl

♦ **ichiya-zuke 一夜漬け**
1) das nur eine Nacht lang eingesalzene Gemüse 2) die Einpaukerei (das kurzfristige Lernen vor einer Prüfung); das Einpauken über Nacht

♦ **igokochi 居心地**
die Befindlichkeit (in einem Raum); die Atmosphäre (eines Raumes) **igokochi ga yoi 居心地がよい** behaglich sein; gemütlich sein; eine gute Atmosphäre haben **igokochi ga warui 居心地が悪い** unbehaglich sein; ungemütlich sein; eine schlechte Atmosphäre haben

♦ **ījī-ōdā イージー・オーダー**
{Bekleidung} (pseudoengl. *easy order*) nach den eigenen Maßen leicht revidierte Kleider von der Stange

♦ikan-sokutai 衣冠束帯
die altjapanische formelle (od. zeremonielle) Kleidung für die Hofadlige

♦ike-zukuri 生け造り
das *Sashimi* von noch halb lebendigem Fisch

♦ikki-nomi 一気飲み
ex trinken; sein Glas mit einem alkoholischen Getränk in einem Zug austrinken 宴会，飲み会などでこのような飲み方をして，急性アルコール中毒になる若者もいる。Eine Art auf einer Party Alkohol zu trinken, die manchmal von jungen Leuten praktiziert wird, um zu zeigen, dass sie viel Alkohol vertragen. Manchmal führt diese Art der Mutprobe zu einer akuten Alkoholvergiftung.

♦ima 居間
das Wohnzimmer, die Wohnstube 家族が一家団欒を楽しみ，くつろぐ部屋と考えられている。家族がそろってテレビを見たりするようにこの部屋にテレビが置かれていることも多いが，家族のあり方もさまざまであり時代によって変化しているので，居間のあり方も当然家族のあり方によって大きく異なる。Das Zimmer, das für das gesellige und entspannte Zusammensein der Familie gedacht ist. Oft gibt es dort einen Fernseher, damit man gemeinsam fernsehen kann; da sich aber die Formen des Familienlebens im Laufe der Zeit in vielerlei Hinsicht gewandelt haben, ist auch die Form und Bedeutung des Wohnzimmers einem großen Wandel unterworfen.

♦imagawa-yaki 今川焼
ein mit süßem Bohnenmus gefülltes, rundes Gebäck **tai-yaki 鯛焼** *Imagawa-yaki* in der Form einer Meerbrasse

♦imoni-kai 芋煮会
das Picknick, bei dem ein Taro-Eintopf gekocht wird (vorwiegend im Nordosten Japans)（おもに東北地方で行なわれる）サトイモを中心とした煮込み料理を作って食べる野外パーティ。

♦insutanto-rāmen インスタント・ラーメン
die *Instant-Ramen*; die *Instant*-Nudelsuppe **kappu-rāmen カップ・ラーメン** (von engl. *cup* und jap. *rāmen*) *Instant-Rāmen* in der Plastikschüssel **insutanto-shokuhin インスタント食品** das Fertiggericht, das *Instant*-essen, das Instantgericht **insutanto-kōhī インスタント・コーヒー** der Pulverkaffee, der Instantkaffee

♦interia インテリア
(von engl. *interier*) die Innenarchitektur, die Innenausstattung, das Interieur **interia-dezainā インテリア・デザイナー** der Innenarchitekt, der Innendesigner

♦inu 犬
der Hund, die Hündin 犬は，狩猟，警備，スポーツ，愛玩等の分野で古来，日本人の生活と深く関わってきた。「花咲か爺さん」や「桃太郎」といった昔話にも犬は出てくるし，新しいところでは，「忠犬ハチ公」（飼い主が亡くなった後も長い間，来る日も来る日も駅前で主人の帰りを待ち続けた犬）の話は，多くの日本人が知っている。しかし，日本語のなかで犬が付いた言葉をさがす限り，「犬侍」，「犬死」等，否定的なニュアンスのものが多数を占める。Hunde spielen im Leben der Japaner seit alters her eine große Rolle, sei es bei der Jagd, als Wächter von Haus und Hof, im Sport, als Sozialpartner usw. In japanischen Märchen, z.B. *Hanasaka-jīsan*, *Momotarō* kommen Hunde ebenso vor, wie in populären Berichten der Gegenwart, z.B. der Geschichte vom „Treuen Hund Hachikō“ (der nach dem Tod seines Herrn täglich an der Bahnstation auf ihn gewartet haben soll, wo er ihn zu Lebzeiten nach Feierabend immer abgeholt hatte.) Trotzdem haben die meisten japanischen Ausdrücke, in denen das Wort „Hund“ vorkommt, eine negative Bedeutung, z.B. *inu-zamurai* („ein *Samurai*, der als Schande seines Standes gilt“), *inu-jini* („der sinnlose Tod“) usw. **inu-gui (inu-kui) 犬食い** wörtl.: „Fressen wie ein Hund“; das unschickliche Essen mit vornübergebeugtem Oberkörper **inu-gui suru 犬食いする** sich beim Essen über den Teller beugen **inu-jini 犬死に** der sinnlose Tod **inu-jini suru 犬死にする** einen sinnlosen Tod sterben **ban-ken 番犬** der Wachhund

♦iriko 炒り子

kleine getrocknete Sardinen だしをとるのに用いる。「だしじゃこ」とも言う。炒り子と同じ発音であるが，「炒り粉」は，米や大麦を炒って粉にしたもので，菓子の材料として用いる。Man verwendet sie beim Kochen für die japanische Brühe (siehe *dashi*). Auch *dashi-jako* genannt. Homophon dazu ist das Wort *iriko* (炒り粉), das gerösteten Reis (oder Getreide) bezeichnet, den man pulverisiert als Ausgangsprodukt für japanische Süßigkeiten verwendet.

♦irori いろり，囲炉裏

die Feuerstelle, der Feuerherd 台所や室内の床を四角に切って火を燃やし，暖をとったり煮炊きをしたところ。最近は暖房設備が普及し，いろりはほとんど見られなくなった。In traditionellen japanischen Häusern gibt es oft eine Feuerstelle in einer im Boden eingelassenen viereckigen Vertiefung, sie dient einerseits als Wärmequelle und andererseits als Kochstelle. Heute findet man sie nur noch selten.

♦irusu o tsukau 居留守を使う

so tun, als ob man nicht da sei; sich verleugnen lassen; vorgeben, nicht zu Hause zu sein

♦ishiwata 石綿 (asubesuto アスベスト)

der (das) Asbest 健康被害の立場から現在日本では使用が禁止されている。Aufgrund der Gesundheitsgefahren, die von Asbest ausgehen, ist es heute in Japan verboten. **ishiwata (asubesuto) kōgai 石綿（アスベスト）公害** die Asbestverschmutzung; die Umweltverschmutzung durch Asbest

♦ishoku tarite reisetsu o shiru 衣食足りて礼節を知る

Erst wenn die Grundbedrüfnisse (Kleidung und Essen) befriedigt sind, kann man sich auch um Höflichkeit und gute Sitten kümmern. Wohlgenährt, gut erzogen.

♦isogaba maware 急がば回れ

(Sprichw.) wörtl.: „Wenn du es eilig hast, mach einen Umweg!“ Eile mit Weile! 類似の表現は安土桃山時代の文献にあるが，この形での初出は江戸時代になってから。Ähnliche Ausdrücke finden sich zwar schon seit der Azuchi-momoyama-Zeit in den Quellen, aber die genannte Variante lässt sich erst seit der Edo-Zeit nachweisen.

♦ isshō-bin 一升びん
die 1,8 Liter-Flasche (besonders für *Sake*, *Shōchū* oder *Shōyu*) 升は古来用いられてきたが，現在の1升は約1.8リッターである。Das *shō* ist eine seit alters her verwendete Maßeinheit und entspricht heute 1,8 Litern. **isshō-masu 一升ます** das 1,8 Liter-Maß

♦ isshuku-ippan 一宿一飯
eine Übernachtung und eine Mahlzeit 一晩泊めてもらい，一度食事をふるまわれること。旅の途上などで，通りがかりに世話になることは，博徒の間の仁義では，生涯の恩義とされていた。Eine Nacht bei jemandem übernachten und eine Mahlzeit erhalten. Auf einer Reise diese Art von Gastfreundschaft zu genießen, soll besonders unter Glücksspielern eine lebenslange Dankesschuld begründet haben. **isshuku-ippan no ongi 一宿一飯の恩義** die Dankesschuld für eine gewährte Gastfreundschaft

♦ itai-itai-byō イタイイタイ病
wörtl.: „die Au-au-Krankheit"; die *Itai-itai-*Krankheit 第二次世界大戦後富山県神通川流域に多発。カドミウム中毒が原因とされ疼痛を伴う。Durch Kadmium-Vergiftung hervorgerufene Krankheit, die nach dem 2. Weltkrieg im Einzugsbereich des Flusses Jintsū-gawa in der Präfektur Toyama häufig auftrat. Aufgrund von Knochenbrüchen leiden die Betroffenen unter starken Schmerzen.

♦ itamae 板前
wörtl.: „vor dem Brett"; der Koch (für japanisches Essen) 日本料理の場合は，コックと呼ばずに，板前と呼ぶのが一般的。板前とは，食材をまな板に載せて切るその調理のあり方を煮炊きから独立させて重視する和食調理の特徴と関係があると言われている。Den Koch bezeichnet man beim japanischen Essen normalerweise nicht mit dem sonst üblichen *kokku* (von engl. *cook*), sondern als *itamae*. Die Bezeichnung soll mit einer Besonderheit der japanischen Küche in Zusammenhang stehen, nämlich damit, dass man die Vorbereitung der Zutaten auf dem Holzbrett (das Schneiden) vor dem Kochen oder Braten für besonders wichtig hält. **chōri-ba 調理場 (ita-ba 板場)** die Küche

♦ itchōra 一張羅
das einzige Feiertagskleid; das einzige gute Kleidungsstück; das Beste, was jemand zum Anziehen hat もっている着物のなかで一番上等のもの。またはただ一枚の晴れ着。**haregi 晴れ着** das Sonntagskleid, die Sonntagskleidung, die Festkleidung **fudan-gi 普段着** das Alltagskleid, die Alltagskleidung

♦ izakaya 居酒屋
die typisch japanische Kneipe (wo man auch zu essen bekommt) **hashigozake はしご酒** die Kneipentour, die Sauftour **hashigozake o suru はしご酒をする** eine Kneipentour machen; eine Bierreise machen **basue no izakaya 場末の居酒屋** die Vorstadtkneipe; Kneipe in einem Hintergässchen

♦ jagaimo じゃがいも (bareisho 馬鈴薯)
die Kartoffel（なお南ドイツ，オーストリア，スイス等ではフランス語*pomme de terre*からのドイツ語der Erdapfelが用いられている）じゃがいもがヨーロッパにもたらされたのは16世紀の半ばで，1537年スペイン人がアンデス山中でこれを初見，航海中の予備食料として持ち帰ったとされる。日本へもたらされたのはそれから数十年後のことで，1598（慶長3）年または1603（慶長8）年にオランダ船が，ジャワのジャカルタから長崎に伝えたという。じゃがいもは，ジャガタラ芋の略。明治時代になって優良品種を北米から輸入し，品種改良がなされ全国に普及した。(In Süddeutschland, Österreich und der Schweiz ist auch die Bezeichnung „Erdapfel" gebräuchlich, die auf das Französische *pomme de terre* zurückgeht.) Man nimmt an, dass die Kartoffel in der Mitte des 16. Jhs. nach Europa eingeführt wurde, als die Spanier, die sie 1537 in den Anden kennengelernt hatten, sie als Vorrat an Bord ihrer Schiffe mitbrachten. Nach Japan gelangten die ersten Kartoffeln wenige Jahrzehnte später und zwar entweder 1598 oder 1603 durch holländische Schiffe, die sie von Jakarta aus nach Nagasaki brachten. Die japanische Bezeichnung *jagaimo* ist eine Abkürzung von *Jagatara-imo*, „Jakarta-Knolle". In der Meiji-Zeit wurden hochwertige Kartoffelsorten aus Nordamerika nach Japan importiert, die weiter züchterisch veredelt wurden, und dann im ganzen Land Verbreitung fanden.

♦jiage 地上げ

der Aufkauf von Land (auch gegen den Willen und manchmal mit Gewalt gegen die bisherigen Bewohner) 地上げとは，建築用地を確保するため，地主や借地・借家人と交渉して土地を買収することであるが，バブル景気時には，その強引な手法が社会的問題になった。Der Aufkauf von Land, um sich Baugrund zu sichern, wird zwar gewöhnlich mit den bisherigen Eigentümern, Pächtern und Mietern verhandelt, aber zur Zeit der Seifenblasenwirtschaft führten die dabei angewandten rabiaten Methoden zu gesellschaftlichen Problemen.

♦jikyū-jisoku 自給自足

die Autarkie, die Selbstversorgung **jikyū-jisoku-no 自給自足の** autark, selbstversorgend **jikyū-jisoku suru 自給自足する** autark sein; sich selbst versorgen

♦jingisukan-nabe ジンギスカン鍋

wörtl.: „Dschingis-Khan-Pfanne"; gegrilltes Hammelfleisch nach mongolischer Art タレにつけておいた羊肉を，野菜とともに鉄製の鍋で焼き，薬味入りのタレをつけて食べる。北海道の郷土料理。Bei dieser lokalen Spezialität aus Hokkaidō wird mariniertes Hammelfleisch zusammen mit Gemüse auf einer besonderen Eisenpfanne (am Tisch) gegrillt und mit Soße gegessen.

♦jinriki-sha 人力車

{Gesch.} die Rikscha 明治初年に考案され，明治・大正にかけて盛んに利用された。現在でも，観光地などでときたま見受けることがある。Eine Erfindung aus der frühen Meiji-Zeit, die vor allem in der Meiji- und Taishō-Zeit populär war. Auch heute findet man z.B. in Touristenzentren noch gelegentlich Rikschas.

♦jīpan ジーパン
(pseudoengl. *jeans pants*) die Jeanshose, die Jeans ジーンズで作ったラフな感じのズボン eine legere Hose aus Jeansstoff

♦jōsui-dō 上水道
die Wasserzuleitung, die Brauchwasserleitung, die Wasserversorgung 16世紀後半以降，ごく限られた地域・場所においてではあったが，日本において上水道が存在していたことは注目に値する（ただし現在のような各戸給水をするものではなかった)。近代的水道が始まったのは1887（明治20）年頃からである。Es verdient Erwähnung, dass es in Japan bereits seit der zweiten Hälfte des 16. Jhs. Wasserleitungen gab, wenngleich diese Art der Wasserversorgung zunächst auf sehr kleine Regionen beschränkt war (und nicht wie heute jeden einzelnen Haushalt versorgte). Der Aufbau des modernen Wasserleitungssystems begann etwa um 1887.

♦jōsui-ki 浄水器
der Wasserfilter für Trinkwasser; das Wasseraufbereitungsgerät 台所の水道に浄水器を付けている家庭も近年多くみられる。Haushalte, die an ihrer Wasserleitung in der Küche einen Wasserfilter einsetzen, findet man in den letzten Jahren sehr oft.

♦jūbako 重箱
die genau passenden stapelbaren Schachteln (z.B. für Neujahrsspeisen) **jūbako no sumi o yōji de hojikuru 重箱の隅を楊枝でほじくる** wörtl.: „die Ecken der *jūbako* mit so etwas wie einem Zahnstocher untersuchen"; peinlich genau sein; Haarspalterei treiben; bis ins allerkleinste Detail gehen

♦judō-kitsuen 受動喫煙
das Passivrauchen (das gesundheitschädliche Einatmen von Tabakrauch durch die Raumluft, wenn in einem Raum andere Leute rauchen) 喫煙しない人が周囲の人の喫煙によって害を受けること。**judō-kitsuensha 受動喫煙者** der Passivraucher **aienka 愛煙家** der Raucher; der passionierte Raucher

♦jūnihitoe 十二単

volkstümliche Bezeichnung für das Hofdamengewand; die offizielle Kleidung einer japanischen Hofdame in der Heian-Zeit und danach 平安時代以降行われている女房装束に対する後世の俗称。(Abbildung)

♦jūtaku 住宅
die Wohnung **kōdan-jūtaku 公団住宅** die Siedlung einer öffentlichen Wohnungsbaugesellschaft **tateuri-jūtaku 建売り住宅** das privat für den Verkauf gebaute Haus **shakuya 借家** das Mietshaus **shataku 社宅** die Firmenwohnung **kōmuin-shukusha 公務員宿舎** die Dienstwohnung der Beamten **bunjō–manshon 分譲マンション** die Eigentumswohnung **chintai-manshon 賃貸マンション** die Mietwohnung **shūgō-jūtaku 集合住宅** der Wohnblock **jūtaku-rōn 住宅ローン** der Wohnungskredit

◆kaden 家電

die (pl.) Haushaltselektrowaren 家庭用電気器具の略。**Kaden-risaikuru-hō 家電リサイクル法** das Gesetz über das Recycling von Haushaltselektrowaren この法律は，1998（平成10）年に公布され，2001（平成13）年施行された。Dieses Gesetz wurde 1998 verabschiedet und trat 2001 in Kraft .

◆kage-zen 陰膳

die Mahlzeit, die für eine abwesende Person serviert wird かつて例えば誰かが戦争に行ったり長い旅行に出たような場合，そのようにして無事を祈った。Wenn früher z.B. jemand im Krieg oder auf Reisen war, bat man so um sein Wohlergehen.

◆kairo 懐炉

der Taschenwärmer 懐中に入れて暖をとる道具で，原初的なものとしては石を熱して布でくるむものがあった。江戸時代になると燃焼させながら持ち歩く灰式懐炉が用いられるようになった。現在ではいわゆる「使い捨てカイロ」や電子レンジで温めて再利用できるタイプ，充電式のものなどさまざまな形態がある。Die primitive Version einer Vorrichtung, die man in die Taschen stecken konnte, um sich aufzuwärmen, bestand einfach aus einem in Stoff eingewickeltem heißen Stein. In der Edo-Zeit kamen Taschenöfen mit brennender Asche in Gebrauch, die man umhertragen konnte, während sie brannten. Heute gibt es verschiedene Systeme, wie z.B. Einweg-Taschenwärmer oder solche, die in der Mikrowelle erhitzt oder elektrisch aufgeladen werden.

◆kaiseki-ryōri 懐石料理

das leichte Essen (vor der Teezeremonie) 本来は改まった茶の湯の席で，濃茶が出るまえに出される料理であったが，現在では必ずしもそうではない。Ursprünglich eine leichte Mahlzeit bei einer Teegesellschaft, bevor der eigentliche Tee gereicht wird. Heute kann man *Kaiseki-ryōri* auch unabhängig von einer Teezeremonie bekommen. **kaiseki-ryōri 会席料理** das festliche Essen

◆kajuaru-uea カジュアル・ウエア

(von engl. *casual wear*) legere Kleidung **kajuaru-shūzu カジュアル・シューズ** (von engl. *casual shoes*) legere Schuhe

◆kaki 柿

die *Kaki*-Frucht, die Persimone, die Sharon-Frucht **kakinoki 柿の木** der Kaki-Baum 東南アジア温帯固有の果樹で，日本に輸入されて古くから栽培されてきたが，山地に自生しているものもある。果実は生または干して食べる。ドイツでは，イスラエル産の柿が，シャロンという名前で売られている。Ursprünglich in der gemäßigten Zone Ostasiens beheimateter Obstbaum, der nach Japan eingeführt wurde und dort seit alters her angebaut wird. In den Bergen findet man verwilderte Exemplare. Die Früchte werden roh oder getrocknet gegessen. In Israel angebaute *Kaki*-Früchte werden in Deutschland unter dem Namen Sharon verkauft. **hoshi-gaki 干し柿** getrocknete *Kaki*-Frucht

◆kaki-gōri かき氷

feingeraspeltes Eis, das mit Sirup gegessen

wird 氷を削って雪状にしたものに，シロップや甘く煮た小豆（あずき）などをかけたもの。Man raspelt Eis ganz fein, dass es fast wie Schnee aussieht, und gibt Sirup oder süße gekochte Bohnen o.Ä. hinzu.

♦kakushi-aji 隠し味

wörtl.: „diskretes Würzen" 料理の味を引き立てるために，少量の酒・みりん・味噌・醤油その他の調味料を加えること。また，その調味料。Das Hinzufügen einer kleinen Menge von *Sake*, *Mirin*, *Miso*, *Shōyu* o.Ä. um den Eigengeschmack von Speisen besser zur Geltung zu bringen. Auch eine Bezeichnung für die entsprechenden Würzmittel.

♦kamaboko 蒲鉾

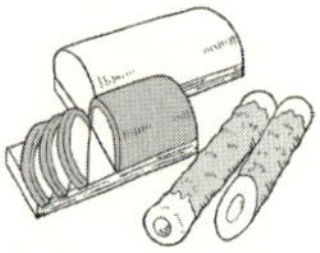

die Fischpastete 白身の魚肉をすりつぶした後蒸しあげた食品で，長方形の小板に半月形に塗られていることが多い。そのままでも食することがあるが，さまざまな料理にも用いられる。Pürierte Fischfilets werden gedämpft und anschließend in eine längliche Form gepresst. Die fest gewordene Masse wird entweder direkt, in dünne Scheiben geschnitten, verzehrt oder in verschiedenen Gerichten weiter verarbeitet. **chikuwa 竹輪** die auf einem Spieß (früher aus Bambus) geröstete *Kamaboko*-Rolle (Abbildung)

♦kama-meshi 釜飯

Gericht, bei dem Reis mit den anderen Zutaten (z.B. Fisch, Muschel, Gemüse usw.) zusammen in einem kleinen Topf gedämpft wird

♦kamishimo かみしも，裃

der *Kamishimo* 江戸時代の武士の礼装であった。Japanisches Festkleid (ärmellos mit breiten Schultern), das von *Samurai* in der Edo-Zeit über dem *Kimono* getragen wurde.

♦kamo カモ，鴨

1) die Ente 2) der Einfaltspinsel, der Gimpel **kamo ni suru カモ（鴨）にする** wörtl.: „(jemanden) zur Ente machen"; jemanden ausnutzen (ausnützen) **kamo ni sareru カモ（鴨）にされる** ausgenutzt(ausgenützt) werden これらの表現は，カモが狩猟においてしばしば好標的にされたことに由来する表現であるといわれている。Der Ausdruck soll aufgekommen sein, weil Enten bei der Jagd oft leichte Ziele waren.

♦kamo ga negi o shotte kuru 鴨が葱を背負って来る

wörtl.: „die Ente trägt den Lauch schon auf dem Rücken"; zweifaches Glück 鴨鍋には葱（ねぎ）がつき物だが，その鴨が葱を背負ってやって来るということで，うまいことが二重に重なることのたとえ。似たような意味のドイツ語の表現としては，die gebratenen Tauben fliegen ins Maul（鳩が焼き鳥になって口のなかへ飛び込んでくる）というのがある。Lauch gehört zu den Zutaten für einen Enten-Eintopf, deshalb ist eine Ente, die selbst schon den Lauch mitbringt, eine Metapher für das glückliche Zusammentreffen von Ereignissen. Die deutsche Redewendung „jemandem fliegen gebratene Tauben ins Maul“ hat hierzu eine gewisse Ähnlichkeit.

♦kankyō-hogo 環境保護

der Umweltschutz **kankyō-hogo-ishiki 環境保護意識** das Umweltbewusstsein **kankyō-hogo-undō 環境保護運動** die Umweltschutzbewegung, die Ökobewegung **kankyō-hogo-kijun 環境保護基準** die Umweltschutznormen **kankyō-asesumento 環境アセスメント** die Umweltfolgen-abschätzung, die Umweltverträglichkeit-prüfung **kankyō-kōgaku 環境工学** die Umwelttechnik **kankyō-osen 環境汚染** die Umweltverschmutzung **kankyō-hakai 環境破壊** die Umweltzerstörung **kankyō o sokonau 環境を損なう** umweltfeindlich **kankyō ni yūgai na 環境に有害な** umweltschädlich **kankyō-zei 環境税** die Umweltsteuer **kankyō ni yasashii 環境にやさしい** umweltfreundlich

♦kanpai suru 乾杯する

mit jemandem anstoßen; jemandem zuprosten **kanpai no ondo o toru 乾杯の音頭を取る（乾杯の辞を述べる）** einen Toast ausbringen; einen Trinkspruch ausbringen

♦kanzume 缶詰

1) die Konserve, die Konservenbüchse 2) der Einschluss, die Einsperrung **kanzume ni suru 缶詰にする** 1) konservieren, einmachen 2) (jemanden) einschließen, einsperren

♦kappō 割烹

das Kochen; die Zubereitung der Speisen 「割」は肉などを割くこと，「烹」は煮ること，したがって「割烹」は料理をすることであるが，主として日本料理に用いられる。Das Wort *Kappō* besteht aus den Zeichen für „Fleisch zerschneiden“ und „kochen“ und ist synonym zu „Essen zubereiten“, aber es wird hauptsächlich für japanische Küche verwendet. **kappō-gi 割烹着** die japanische Küchenschürze 割烹着は，日本で考案された，着物の上に付けるエプロンの一種。1910年頃に考案されたものらしい。1932(昭和7)年に成立した国防婦人会は，「国防は台所から」というスローガンを掲げ，割烹着にたすきがけという会服で，千人針，出征兵士の見送り，軍人遺族の慰問その他の活動を行なった。Eine in Japan erfundene Form der Küchenschürze, die man über dem *Kimono* trägt, und die ca. 1910 aufgekommen sein soll. Der 1932 gegründete „Hausfrauenverein zum Schutz des Reichs“ führte unter dem Slogan „von der Küche aus das Reich verteidigen“ verschiedene Aktivitäten durch, bei denen die Mitglieder die japanische Küchenschüze und hochgebundene *Kimono*-Ärmel (siehe *tasuki*) trugen; zu ihren Aktivitäten gehörten *Sennin-bari* (siehe dort), die Verabschiedung von Rekruten, Trostbesuche bei Familien von Gefallenen usw. **kappō-ten 割烹店** das Restaurant im japanischen Stil **kappō-ryokan 割烹旅館** *Ryokan* mit eigenem Restaurant

♦kapuseru-hoteru カプセル・ホテル

das *Kapselhotel* カプセル・ホテルの各キャビンは，通常2平方メートル程度の広さ，1.2メートル程度の高さで，寝具やテレビ・ラジオ・時計等が備わっている。トイレ・洗面所などは共用。1979（昭和54）年大阪に登場した。2007（平成19）年以降，たとえばロンドンの空港等，ヨーロッパでも見られるようになった。Die Kabinen in einem Kapselhotel umfassen in der Regel etwa 2 m^2 Bodenfläche und sind 1,20 m hoch. Sie sind ausgestattet mit Bettwäsche, Fernseher, Radio, einer Uhr usw. Die Toiletten und Waschgelegenheiten werden gemeinsam benutzt. Das erste Kapselhotel wurde 1979 in Ōsaka eröffnet. Seit 2007 findet man Kapselhotels auch in Europa, z.B. an Flughäfen in London.

♦ karē-raisu カレー・ライス (raisu-karē ライス・カレー)

der *Curry-Reis* カレーは，本来インドの料理であるが，明治時代の初め，ヨーロッパから伝わった「洋食」の一つ。カレー・ライスは現在日本で，ラーメンとならんで「国民食」と呼ばれるほど人気のある食べ物であり，学校給食でも，つねに人気メニューの上位に挙げられている。Currygerichte stammen zwar ursprünglich aus der indischen Küche, aber nach Japan wurde *Curry-Reis* Anfang der Meiji-Zeit aus Europa als eine der „westlichen Speisen“ eingeführt. Heute sind *Curry-Reis* und *Rāmen* (siehe dort) so beliebt, dass man sie geradezu als japanische Nationalgerichte bezeichnen könnte, und auch unter den Gerichten, die als Schulessen angeboten werden, findet sich *Curry-Reis* weit oben auf der Beliebtheitsskala.

♦ kaseki-nenryō 化石燃料

fossiler Brennstoff 石炭・石油・天然ガスなど，太古の動植物の残骸が地下で変化して生成され埋蔵されている燃料。Brennstoffe, wie Steinkohle, Erdöl oder Erdgas, die man im Erdinneren findet und die aus den Überresten vorzeitlicher Pflanzen und Tieren entstanden sind.

♦ kasetsu-jūtaku 仮設住宅

wörtl.: „die provisorische Wohnung“; die Übergangswohnung; die Notunterkunft 地震や津波，台風などの自然災害によって住宅が全壊などの被害を受け，自力では住居を確保できない被災者に対し，行政が建設し一時的に貸与する仮の住宅。Notunterkünfte, die nach Naturkatastrophen wie Erdbeben, Tsunami oder Taifunen von der öffentlichen Hand für Betroffene bereitgestellt werden, deren Häuser unbewohnbar geworden sind, und die sich aus eigener Kraft keine Unterkunft sichern können.

♦ kaso 過疎

die Entvölkerung, die Unterbevölkerung 農山村の人口が極度に少ない状態をいう。1960（昭和35）年頃より人口の都市集中化現象が多く見られるようになった。過疎地域を活性化させようとするさまざまな試みはなされているが，現在でも全国各地に過疎地域は存在している。Seit den 60er Jahren sind immer mehr Menschen vom Land in die Städte gezogen, und trotz verschiedener Versuche, diesen Trend aufzuhalten, gibt es auch heute noch mancherorts in Japan unterbevölkerte Gebiete.

♦ kasugai かすがい，鎹

die Klammer, die Eisenklammer **ko wa kasugai 子はかすがい** Die Kinder sind die

Eisenklammer zwischen den Eheleuten. Kinder halten die Ehe zusammen.

◆kasuri かすり, 絣
das gesprenkelte Muster **kon-gasuri 紺がすり** das weiß gesprenkelte schwarzblaue Muster **kasuri no kimono かすりの着物** *Kimono* aus gesprenkeltem Baumwollstoff

◆kasutera カステラ
(von portug. *Castilla*) die Castilla 室町時代末期にポルトガル人が長崎に伝えた。*Kasutera* (eine Art von Kuchen) wurde gegen Ende der Muromachi-Zeit von Portugiesen nach Nagasaki gebracht.

◆katei-ryōri 家庭料理
zuhause Gekochtes; die bürgerliche Küche; die Hausmannskost **ofukuro no aji お袋の味** der Geschmack wie bei der Mutter; Gerichte, die man aus seiner Kindheit kennt **te-ryōri 手料理** Selbstgekochtes; selbst gekochte Gerichte **kyōdo-ryōri 郷土料理** die lokale Küche; die Küche der Heimat

◆katei-saien 家庭菜園
der eigene Gemüsegarten; der private Nutzgarten 庭や空き地などを利用した小規模な畑のこと。家庭菜園は，営利を目的とするのではなく，育て楽しむことと収穫して味わうことが主体となる。Gemüsebeete etc. im eigenen Garten oder auf Brachfeld, deren Hauptziel nicht wirtschaftlicher Nutzen, sondern vielmehr die Freude an der Pflege, Ernte und dem Genuss der selbst angebauten Feldfrüchte ist.

◆katori-senkō 蚊取り線香
die Räucherstäbchen gegen Mücken 除虫菊の粉末を固め，渦巻状にしたもの。有効成分はピレトリン，独特の香りがある。Die aus einer getrockneten Chrysanthemenart hergestellten Räucherspiralen enthalten das natürliche Insektizid Pyrethrum und verbreiten einen charakteristischen Geruch.

◆katsuobushi 鰹節
der getrocknete Bonito 鰹の身を煮て，何回もいぶし，乾かす作業を繰り返した後，かび付けをして日に干したもの。使用直前に削って用いるのが良い。Holzharte Stücke von zunächst gekochtem und anschließend mehrfach geräuchertem und wiederholt getrocknetem Bonito, sie werden am besten direkt vor dem Gebrauch in der Küche auf einem besonderen Hobel gespant. **kezuri-bushi 削り節** die Bonito-Späne; der gehobelte *Katsuobushi* **hana-gatsuo 花がつお, 花鰹** Flocken von geschabtem Bonitofisch **neko ni katsuobushi 猫に鰹節** wörtl.: „*Katsuobushi* in der Nähe einer Katze"; eine Situation, bei der man sich keine Unaufmerksamkeit leisten kann

◆katsuo no tataki 鰹のたたき
leicht angebratener, in Scheiben geschnittener und mit Kräutern gewürzter Bonito

◆katte-guchi 勝手口
die Küchentür (nach draußen oder in den Garten), der Hintereingang 住宅において玄関とは別に設けられた台所の出入り口。ここからごみが搬出されたり洗濯物が出し入れされたりする。Der Hintereingang eines japanischen Hauses, der normalerweise

in die Küche führt. Durch diese Tür wird z.B. der Müll entsorgt oder die Wäsche zum Trocknen gebracht.

♦ kawara 瓦

der Ziegel 日本へ瓦製造の技法が伝えられた時期は，仏教伝来と時を同じくするらしい。瓦は現在，そのスタイル・用途・焼成法，色・等級等実に多種多様である。Die Technik der Ziegelherstellung scheint zur gleichen Zeit wie der Buddhismus nach Japan überliefert worden zu sein. Heute gibt es je nach Stil, Verwendungszweck, Brennprozess, Farbe und Qualität die verschiedensten Arten von japanischen Ziegeln. **kawara-yane 瓦屋根** das Ziegeldach **kawarabuki no ie 瓦ぶきの家** das ziegelgedeckte Haus **wara-buki no ie わらぶきの家** das strohgedeckte Haus **warabuki-yane わらぶき屋根** das Strohdach, das Reetdach

♦ kaya 蚊帳

das Moskitonetz **kaya no soto ni okareru 蚊帳の外に置かれる** links liegen gelassen werden

♦ kazunoko 数の子

der Heringsrogen 数の子は，鰊(にしん)の魚卵である。鰊は「かど」とも呼ばれていたが，「かどの子」が変じて「数の子」になった。「数の子」を「数の多い子」，子孫繁栄の意味に解釈し，新年や婚礼などの祝儀に用いられることもある。Hering (normalerweise *nishin*) wurde manchmal auch *kado* genannt, und aus der Bezeichnung *kado no ko* („die Kinder des Herings“) hat sich als Variante *kazu no ko* entwickelt. Die heutige Schreibweise mit dem Zeichen *kazu* 数 („Zahl“) legt die Bedeutung „reicher Kindersegen“ nahe, weshalb Heringsrogen oft an Neujahr, bei Hochzeitsfeiern oder anderen festlichen Gelegenheiten gereicht wird.

♦ Kenchiku-kijun-hō 建築基準法

das Gesetz über Baunormen; das Baugesetz von 1950 **kenpei-ritsu 建蔽率** das Verhältnis zwischen dem Gesamtgrundstück und der bebauten Fläche **taishin 耐震** die Erdbebensicherheit (von Gebäuden)

♦ ken'en-ken 嫌煙権

das Nichtraucherrecht **ken'en-undō 嫌煙運動** die Nichtraucherbewegung, die Antiraucherbewegung

♦ kenkō-shokuhin 健康食品

wörtl.: „gesunde Lebensmittel“; die Gesundheitskost 明確な定義は存在しない。広義には，健康の維持・増進に効果があるとされる食品全般を意味する。「豆腐は健康食品です」というのは，*Tofu* ist gesund. でよい。Es gibt keine klare Definition, aber im weiteren Sinn versteht man darunter alle Lebensmittel, von denen man vermutet, dass sie zur Gesunderhaltung oder zur Förderung der Gesundheit beitragen. (Den japanischen Satz *Tōfu wa kenkō-shokuhin desu*, würde man auf Deutsch einfach mit „*Tōfu* ist gesund“ übersetzen.)

♦ kesa 袈裟

die Stola eines buddhistischen Mönchs もともとインドにおいては僧侶の法服を意味したが，仏教の伝播とともに，気候風土や慣習の相違から種々の変形が生じ，中国や日本では日常の衣服としての用法を離れ，装飾的，象徴的意味を持つようになった。Die buddhistische Stola hat sich aus dem schlichten Gewand der buddhistischen Mönche in Indien entwickelt und wurde an die jeweiligen klimatischen Verhältnisse und Sitten angepasst. In China und Japan hat sie sich zu einem Teil des religiösen Ornats entwickelt. **koromo** 衣 das Mönchsgewand

♦kichin-yado 木賃宿
{Gesch.} wörtl.: „die Holzgebühr-Herberge" oder „Übernachtung für Brennholzgebühr"; billige Herberge, die Schlafstätte もともとは，燃料代程度もしくは相応の宿賃で旅人を宿泊させた最下層の安宿。宿泊者は大部屋で自炊が原則であった。しかしこれから転じて一般に粗末な安宿のことも木賃宿と呼ばれるようになった。木賃宿に対して，旅行者を宿泊させ，食事を提供する旅宿は一般に旅籠屋（はたごや）と呼ばれた。Ursprünglich eine Unterkunft der niedrigsten Kategorie, wo Reisende für einen ungefähr den Heizkosten entsprechenden Zimmerpreis übernachten konnten. Grundsätzlich versorgten sich die Gäste in großen Zimmern selbst. Davon abgeleitet nannte man einfache und billige Unterkünfte im Allgemeinen so. Herbergen, in denen die Reisenden mit Speisen und Getränken bewirtet wurden, nannte man hingegen *hatago-ya*.

♦kidaore 着倒れ
wörtl.: „Kleidung kaufen bis zum finanziellen Ruin"; die Verrücktheit nach guter Kleidung 衣服に贅沢をして財産をなくすこと。大阪の食い倒れに対して京都の着倒れ，と言われた。Sein ganzes Geld für gute Kleidung auszugeben, galt als Charakterzug der Bewohner Kyōtos im Gegensatz zu *kuidaore* (siehe dort) in Ōsaka.

♦kī-horudā キー・ホルダー
(pseudoengl. *key holder*) der Schlüsselanhänger **kagi-ana 鍵穴** das Schlüsselloch **nankin-jō 南京錠** das Vorhängeschloss **aikagi 合いかぎ，合鍵** der Nachschlüssel, der Zweitschlüssel, der Ersatzschlüssel

♦kika-shokubutsu 帰化植物
die eingebürgerte Pflanze 主に人為的な手段により，原産地以外の地域に入り込み定着した植物。その地域にある在来種を駆逐するなどの問題も大きい。Pflanzen, die sich außerhalb ihres ursprünglichen Lebensraums verbreiten, in der Regel geschieht das durch menschlichen Einfluss. Dabei kommt es oft zu Problemen, wie z.B. der Verdrängung einheimischer Arten.

♦kikonashi 着こなし
die Art und Weise, sich stilvoll zu kleiden **kikonashi ga umai 着こなしがうまい** jemand versteht es, sich stilvoll zu kleiden

♦kimono 着物
der *Kimono*; traditionelles japanisches Kleidungsstück 1960年代頃までは日常的に（特に自宅では）和服が多く用いられていた。今日では着物は特別の催しのときなどによく用いられている。Bis in die 1960er Jahre war der *Kimono* (besonders zu Hause) noch Alltagskleidung. Heute werden *Kimonos* bevorzugt zu besonderen Anlässen getragen. **juban 襦袢** das Unterkimono, das Unterkleid (zum *Kimono*) **obi 帯** der

Kimono-Gürtel **yukata ゆかた，浴衣** der leichte Baumwoll-Sommer-*Kimono* **kinagashi 着流し** *Kimono* ohne *Hakama* (informelle Männerkleidung)

♦kinako 黄な粉

das Sojabohnenmehl 大豆を炒ってひいて粉にしたもの。Mehl aus gerösteten Sojabohnen

♦kin'en 禁煙

1) das Rauchverbot 2) „Rauchen verboten!" **kin'en-sha 禁煙車** der Nichtraucher-Wagen **kitsuen-sha 喫煙車** der Raucher-Wagen **kitsuen-shitsu 喫煙室** das Raucherzimmer **bun'en 分煙** die Trennung von Raucher- und Nichtraucherzonen (in Firmen, Restaurants etc.)

♦kinomi-kinomama de 着の身着のままで

mit einem bloßen Hemd (am Leibe); mit nichts als den Kleidern auf dem Leib; notdürftig bekleidet

♦kinran-donsu 金襴緞子

der Brokatdamast; der mit Figuren aus Goldbrokat bestickte Damast **kinran-donsu no obi 金襴緞子の帯** der *Kimono*-Gürtel aus Brokatdamast; der prachtvolle, sehr wertvolle *Kimono*-Gürtel

♦kintarō-ame 金太郎飴

das *Kintarō*-Bonbon 棒状に作られた飴で，それを輪切りにして売る。どこを切っても，切り口の断面に金太郎の顔が現われるようになっている。Ein in langen Stangen hergestelltes hartes Bonbon, das in Scheiben geschnitten verkauft und gegessen wird. Der Querschnitt der Stange und damit die Oberfläche jedes einzelnen Bonbonscheibchens zeigt das Gesicht des berühmten „Goldjungen" *Kintarō*.

♦kisei-rasshu 帰省ラッシュ

der stockende Reiseverkehr in Richtung Heimat お盆の頃や年末には多くの人が，家族・友人・知人等に会うために時を同じくして帰省するので，きまって交通渋滞・混乱が起こる。ドイツでもクリスマス頃には似たような現象を見ることができるが，これは，「クリスマス旅行の波」と呼ばれたりする。Zum *Obon*-Fest und zum Jahresende kommt es regelmäßig zu einem Verkehrschaos, weil viele Leute gleichzeitig in ihre Heimat zurückkehren, um die Familie, Freunde und Bekannte zu treffen. In Deutschland kann man zur Weihnachtszeit ein ähnliches Phänomen beobachten, das man manchmal als Weihnachtsreisewelle bezeichnet. **yū-tān ユーターン，Uターン** die Umkehr, das Wenden もとの場所やもとの状態に逆戻りすること。die Umkehr oder Rückkehr zum ursprünglichen Ort oder Zustand

♦kōbutsu 好物 (sukina tabemono 好きな食べ物)

das Leibessen; die Lieblingsessen, was man gern essen mag 各人の好きな食べ物とその人が人生の最後に何を食べたいかはかならずしも一致しないであろうが，「どのような最後を迎えるかはわからないけれど，もし選べるとしたら人生の最後に何を食べたいですか」というアンケートが日本人に対してなされたことがある。

その結果が新聞に掲載されていたので(2011年1月29日『朝日新聞』), 参考までにここに10位までを紹介する。調査は2011年1月実施, 食関連の書籍などを基に100項目の選択肢を用意し, 回答者に三つまでを選ばせるというやり方で調査した。回答者は3781人。1位にぎりずし, 2位ご飯, 3位刺身, 4位カレーライス, 5位ケーキ, 6位ステーキ, 7位すき焼き, 8位うなぎ, 9位おにぎり, 10位味噌汁。Zwar muss das Lieblingsessen einer Person nicht unbedingt mit dem übereinstimmen, was sich jemand als letzte Mahlzeit vor seinem Tod wünscht, aber am 29. Januar 2011 wurde in der Zeitung Asahi-shinbun das Ergebnis einer Umfrage zum Thema „Was würden Sie sich als letzte Mahlzeit wünschen?" veröffentlicht. Hier seien die zehn am häufigsten gewählten Gerichte vorgestellt (100 Gerichte standen zur Auswahl und 3781 Personen wurden befragt): 1. *Nigiri-zushi* (siehe dort) 2. Reis 3. *Sashimi* (siehe dort) 4. Curry-Reis (siehe dort) 5. Kuchen 6. Steak 7. *Sukiyaki* (siehe dort) 8. *Unagi* (siehe dort) 9. *Onigiri* (siehe dort) 10. *Miso-shiru* (siehe dort)

♦ kokubō-shoku 国防色

{Gesch.} (veraltet) wörtl.: „Farbe der Landesverteidigung"; Khakifarbe 旧日本陸軍の軍服の色だったところからこのように呼ばれた。Die Bezeichnung stammt daher, dass früher die Uniformen des japanischen Heeres khakifarben waren.

♦ koku no (ga) aru こくの(が)ある

vollmundig; kräftig im Geschmack なお日本語の「こくのある」もドイツ語のvollmundigと同じように, 酒, ワイン, ビールなどのような酒類について言う言い方である。Die japanische Bezeichnung *koku no (ga) aru* wird, wie das deutsche „vollmundig" fast nur für alkoholische Getränke, besonders bei *Sake*, Wein und Bier verwendet. (酒などの) 深みのある濃い味わいのこと。

♦ kokutetsu 国鉄

{Gesch.} die Staatsbahn 「国鉄」は, 日本国有鉄道の略。1949 (昭和24) 年国有鉄道事業を経営するために設立された公共企業体。1987 (昭和62) 年分割民営化された。分割された七つの会社は今日*JR*と総称されている。Abkürzung für *Nihon-kokuyū tetsudō*, „Japanische Nationale Bahngesellschaft". Körperschaft des öffentlichen Rechts, die 1949 für den Betrieb der staatseigenen Bahngesellschaft eingerichtet wurde. 1987 wurde sie zergliedert und privatisiert. Die sieben Nachfolgegesellschaften werden heute zusammenfassend als *JR* (*Japan Railway*) bezeichnet.

♦ konbini コンビニ

(verkürzt von engl. *convenience store*) 一般的には年中無休, 長時間営業の小型スーパー・マーケット的存在で, 学生やフリーターなどのアルバイト先としても人気がある。Ganzjährig rund um die Uhr geöffneter kleiner Supermarkt, in dem nicht wenige Studenten und *Furītā* (siehe dort) jobben.

♦ konbu 昆布

der Riementang (getrocknet oder frisch angeboten) だしをとるのに用いるほか, それ自体も食材として用途が多い。Ein Meeresgemüse; *Konbu* spielt in der japanischen Küche eine wichtige Rolle, nicht nur bei der Herstellung der klaren japanischen Brühe (siehe: *dashi*), sondern auch in vielen anderen Gerichten.

◆konbu-cha 昆布茶

der Seetang-Tee 細かく刻んだり粉末にした昆布に熱湯を注いだ飲み物。ドイツにKombucha (Konbucha) と呼ばれる発酵飲料があるが，これは日本の昆布茶とは関係なく異なるものである（日本で「紅茶キノコ」と呼ばれているもの）。In Japan versteht man unter *konbu-cha* ein Heißgetränk aus pulverisiertem Seetang (*konbu*) und heißem Wasser. Das in Deutschland als Kombucha/Konbucha bekannte Gärgetränk (heißt in Japan *kōcha-kinoko*) ist mit dem japanischen *konbu-cha* nicht verwandt.

◆konnyaku こんにゃく, 蒟蒻

die gelatineartige Masse aus Aronstabwurzel 栄養価はほとんどなく，それ自体の味もほとんどないが，独特の歯ざわりがあり，さまざまな料理に用いられる。Obwohl *Konnyaku* fast keinen Nährwert und auch fast keinen Eigengeschmack hat, wird es wegen seiner eigentümlichen Konsistenz in vielen Gerichten verwendet. **ito-konnyaku 糸こんにゃく, 糸蒟蒻** lange dünne Nudeln aus *Konnyaku* **shirataki 白滝** feinste *Konnyaku*-Glasnudeln **konnyaku-mondō こんにゃく問答** *Konnyaku*-Gespräch にわか住職になったこんにゃく屋の主人が旅の僧に禅問答を仕掛けられ，口もきけず耳も聞こえないふりをしていると，旅僧は無言の行（ぎょう）と取り違え，敬服するという筋の落語の題名に由来する。とんちんかんな問答，また，見当はずれの応答を意味する。Der Ausdruck geht auf den Titel folgender *Rakugo*-Geschichte zurück: Der Besitzer eines *Konnyaku*-Ladens, der unvermittelt Abt eines Tempels wurde, wird von einem reisenden *Zen*-Mönch in ein *Zen*-Gespräch (siehe: *zen-mondō*) verwickelt und gibt vor, nicht sprechen zu können und nichts zu hören. Der *Zen*-Mönch missversteht das als einen Ausdruck der schweigenden Erleuchtung seines Gesprächspartners und bringt seine Ehrerbietung zum Ausdruck. Das Wort bezeichnet ein unsinniges Gespräch oder ganz falsche, auf einem Missverständnis beruhende Antwort.

◆konowata このわた, 海鼠腸

die gesalzenen Eingeweide der Seegurke **shiokara 塩辛** gesalzene, gegärte Fischeingeweide

◆konpeitō 金平糖

(von port. *confeito*) ein kleines sternförmiges japanisches Bonbon 様々な色のものがある。室町時代末期にポルトガル人が伝えたとされる。*Konpeitō* gibt es in vielen verschiedenen Farben. Sie sollen erstmals Ende der Muromachi-Zeit von den Portugiesen nach Japan gebracht worden sein.

◆korokke コロッケ

(von franz. *Croquette*) die Krokette 日本風のものは馬鈴薯（ジャガイモ）をベースにしている。明治初期の料理本に作り方が紹介されているが，一般家庭で広く親しまれるようになったのは昭和初期以降である。Kroketten im japanischen Stil werden (ebenso wie im deutschsprachigen Raum) auf Kartoffelbasis hergestellt. Zwar findet man die ersten Kroketten-Rezepte schon zu Beginn der Meiji-Zeit in den Kochbüchern, aber der Siegeszug der Krokette in den japanischen Haushalten begann erst seit der frühen Shōwa-Zeit. **menchi-katsu メンチカツ** (pseudoengl *mince*, „Hackfleisch“und *Cutlet*, „Schnitzel“) die Hackfleisch-Krokette 西日本では「ミンチカツ」とも言う。In West-Japan gibt es auch die Bezeichnung *minchi-katsu*

♦ koromogae 衣替え

der jahreszeitliche Wechsel der Kleider 衣替えの風習は平安時代から見られたが，現在制服に関しては，6月1日と10月1日を目安として行なわれる。Schon in der Heian-Zeit gab es den jahreszeitlichen Kleiderwechsel, heute meint man damit den Wechsel von einer Winteruniform (z.B. in der Schule) zur Sommeruniform am 1. Juni und umgekehrt am 1. Oktober.

♦ kosode 小袖

das wattierte Seidenkleid **morau mono wa natsu mo kosode 貰う物は夏も小袖** wörtl.: „Wenn man es umsonst bekommt, nimmt man gerne auch im Sommer das wattierte Seidenkleid.“ Ein Geschenk ist immer willkommen. Einem geschenkten Gaul schaut man nicht ins Maul. このドイツ語は，贈られた馬の口のなかを見て歯を検査するようなことはしないものだ，という意味。

♦ kōsoku-dōro 高速道路

die Autobahn **kōsoku-dōro no iriguchi 高速道路の入り口** die Autobahnauffahrt **kōsoku-dōro no deguchi 高速道路の出口** die Autobahnausfahrt **intā-chenji インター・チェンジ** der Autobahn- Knotenpunkt **sābisu-eria サービス・エリア** die Autobahnraststätte アメリカやドイツに比べると，日本の高速道路の建設・開通は遅く，はじめての高速道路が開通したのは，1963（昭和38）年のことである。Verglichen mit Amerika oder Deutschland wurden in Japan erst relativ spät Autobahnen gebaut, die erste wurde 1963 eröffnet.

♦ kotatsu こたつ，炬燵

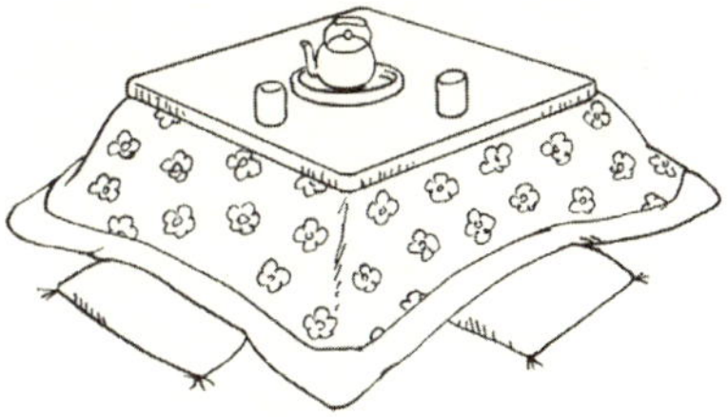

der *Kotatsu*, der kleine Tisch mit einer Heizlampe **horigotatsu 掘りごたつ** der versenkte *Kotatsu* **oki-gotatsu 置きごたつ** der tragbare *Kotatsu* かつては部屋の床に四角い穴を掘ってそこへ炭を入れたが，現在ではテーブル状の枠に電気暖房器を取り付けた形式のものが多い。Früher gab es in japanischen Zimmern eine viereckige Vertiefung für glühende Holzkohle, wo man sich auch die Füße wärmen konnte. Moderne *Kotatsus* haben die Form eines kleinen Tisches, den man auf *Tatami* verwendet, und der unter der Tischplatte eine Heizlampe hat. (Abbildung)

♦ **kōtsū-anzen-shūkan 交通安全週間**
die Verkehrssicherheitswoche **kōtsū-anzen-undō 交通安全運動** die Kampagne für Verkehrssicherheit

♦ **kōya no shiro-bakama 紺屋の白袴**
(Sprichw.) wörtl.: „Der Färber trägt ein weißes Gewand." Der Schuster hat immer die schlechtesten Schuhe.

♦ **kuchi-yogoshi 口汚し**
wörtl.: „sich den Mund beschmutzen"; ein Häppchen (essen) 飲食物が小量なため，口を汚す程度で，満腹しないという意味。人に料理などを勧めるとき，へりくだって言う場合に用い，「ほんのお口汚しですが」などと言う。Gemeint ist, dass es nur wenig zu essen gibt, und dass man davon nicht satt werden kann. Man benutzt diese Formulierung, wenn man jemandem höflich und bescheiden etwas anbietet, auf Deutsch könnte man dann sagen: „Essen Sie doch ein Häppchen!"

♦ **kuiawase 食い合わせ**
一緒に食べると体に良くないとかあるいは消化しにくいとされる食べ物の組み合わせ。例えば梅干と鰻。Die Kombination von Speisen, die zusammengegessen schädlich oder unverträglich sind (z.B. eingelegte Trockenpflaumen und Aal).

♦ **kuidaore 食い倒れ**
wörtl.: „Essen bis zum finanziellen Ruin"; die Verrücktheit nach gutem Essen 食事に贅沢をし過ぎて財産を無くしてしまうこと。「京の着倒れ，大阪の食い倒れ」と言われる。Sein ganzes Geld für gutes Essen und Getränke auszugeben, galt als Charakterzug der Bewohner Ōsakas im Gegensatz zu *kidaore* (siehe dort) in Kyōto.

♦ **kui-nige suru 食い逃げする**
fortgehen, ohne die Zeche zu zahlen; die Zeche prellen **kui-nige 食い逃げ** die Zechprellerei 食堂などで飲食して代金を払わずに逃げ去ること。

♦ **kūki-seijōki 空気清浄機**
der Luftreiniger 室内の空気中に浮遊する塵・埃，アレルギーをひきおこすもととなる花粉，臭い等を除去するための装置。室内湿度調整機能を備えたものも少なくない。Die Geräte sollen die Raumluft von Staubpartikeln, allergieauslösenden Pollen, unangenehmen Gerüchen etc. reinigen. Manche Geräte können auch die Luftfeuchtigkeit im Raum regulieren.

♦ **kurashimuki 暮らし向き**
die (pl.) Verhältnisse, die Lebensverhältnisse **kurashimuki ga ii(yoi) 暮らし向きがいい（よい）** in guten Verhältnissen leben **kurashimuki ga warui 暮らし向きが悪い** in schlechten Verhältnissen leben

♦ **kusai meshi o kuu 臭い飯を食う**
(ugs.) wörtl.: „stinkenden Reis essen"; (im Gefängnis) einsitzen; bei Wasser und Brot sitzen

♦ **kusai mono ni futa o suru 臭い物に蓋をする**
wörtl.: „etwas Stinkendes zudecken"; etwas unter den Teppich kehren このドイツ語は，不都合なものを絨毯の下に掃き込んで見

えなくする，という意味である。

◆kuwazu-girai de aru 食わず嫌いである

etwas ablehnen, was man noch gar nicht probiert hat; Neuem gegenüber nicht aufgeschlossen sein **tade kuu mushi mo suki-zuki 蓼食う虫も好き好き** (Sprichw.) wörtl.: „Es gibt auch Würmer, die Knöterich mögen." Über Geschmack kann man nicht streiten. Jedem Tierchen sein Pläsierchen.

◆Kyōto-giteisho 京都議定書

das Kyōto-Protokoll—1997 (平成9) 年12月京都で開催された地球温暖化防止会議において採択されたもので，二酸化炭素など6種類の温室効果ガスを対象とし，2012年までに先進国締約国全体で1990年比5.2％削減することを目標に，各国ごとの法的拘束力のある数値目標が定められた。Im so genannten Kyōto-Protokoll von 1997 haben sich die Unterzeichnerstaaten verpflichtet, ihre Kohlendioxid-Emissionen bis zum Jahr 2012 um 5,2 Prozent (im Vergleich zum Referenzjahr 1990) zu verringern. **Chikyū-ondanka-bōshi-Kyōto-kaigi 地球温暖化防止京都会議** die dritte Weltklimakonferenz in Kyōto (1997) **onshitsu-kōka-gasu 温室効果ガス** das Treibhausgas **onshitsu-kōka 温室効果** der Treibhauseffekt

◆ma-dori 間取り

die Anordnung der Zimmer; der Schnitt eines Hauses (oder einer Wohnung) **madori ga ii ie 間取りがいい家** gut geschnittenes Haus **madori ga warui ie 間取りが悪い家** schlecht geschnittenes Haus

◆maguro no yamakake 鮪の山掛け

roher Thunfisch mit geraspelter Jamswurzel

◆makura 枕

das Kopfkissen **makura o takaku shite nemuru 枕を高くして眠る** mit ruhigem Gewissen schlafen; friedlich schlafen **makura o kawasu 枕を交わす** (schriftspr.) mit jemandem schlafen; beischlafen

◆manaita まな板

das Küchenbrett, das Schneidbrett **manaita no ue no koi no yō ni まな板の上の鯉のように** wie ein Karpfen auf dem Küchenbrett **sojō no uo mo dōzen de aru 俎上の魚も同然である** wie ein Fisch auf dem Küchenbrett (der dem Schicksal ausgeliefert ist)

◆manjū 饅頭

die mit süßem Bohnenmus gefüllte und gedämpfte Teigtasche 様々な種類がある。日本では14世紀に宋からの渡来者が作った奈良饅頭が最初のものとされる。Es gibt zahlreiche Varianten. Die ersten japanischen *Manjū* sollen die so genannten *Nara-Manjū* gewesen sein, die im 14. Jh. von Chinesen aus dem Reich der Song hergestellt wurden, die nach Japan übergesiedelt waren. **niku-manjū 肉饅頭** die mit Schweinefleisch und Gemüse gefüllte und gedämpfte Teigtasche

◆manshon マンション

das Appartement, das Appartementhaus この語の元になっている英語の*mansion*は大邸宅の意味であるが，日本では，1960年代後半から急速に普及した中高層の集合住宅のこと。Das Wort geht zwar auf das englische Wort *mansion* („herrschaftliches

Wohnhaus“) zurück, in Japan bezeichnet man so aber Appartements , die sich seit Mitte der 1960er Jahre rasant ausgebreitet haben. **wanrūmu-manshon ワンルーム・マンション** (pseudoengl. *one room mansion*) das Ein-Zimmer-Appartement; die Ein-Zimmer-Wohnung **apāto** アパート die kleine Wohnung, die kleine Mietwohnung

♦ matatabi また旅, 股旅

{Gesch.} reisendes Leben eines Glücksspielers; das Wanderleben (eines Glückspielers) 全国を股にかけての旅, の意。博徒が旅から旅への生活を送ったことをさす。Eine Reise durch das ganze Land. So bezeichnet man das Leben eines Glücksspielers, der immer durch die Lande zieht. **matatabi-mono 股旅物** das Abenteuer eines reisenden Glückspielers 演劇や映画, 小説などで, 博徒などの股旅を主題としたもの。Theaterstücke, Filme, Romane etc., die das Leben eines reisenden Glücksspielers zum Thema haben **tabi-garasu 旅がらす** ewiger Wanderer ねぐらを持たないカラスの意。定住しないで, 旅から旅へと渡り歩く人。他の土地から来た人を卑しめて言う場合にも用いる。*Karasu* bedeutet „Krähe“, die Formulierung spielt darauf an, dass Krähen scheinbar keinen festen Schlafplatz haben. Bezeichnung für eine Person ohne festen Wohnsitz, die immer auf Reisen ist und umherzieht. Gelegentlich abwertend für jemanden, der von woanders her ist.

♦ mateba kairo no hiyori ari 待てば海路の日和あり

(Sprichw.) wörtl.: „Wenn man abwartet, gibt es sicher gutes Wetter für den Seeweg.“ Geduld bringt Rosen. Kommt Zeit, kommt Rat. Besser abwarten als sich übereilen. 海が荒れていても待っていればそのうち穏やかになって, 船旅に適したよい天気の日が必ずやって来る, の意味。Wenn die See unruhig ist, dann ist es am besten zu warten, weil ganz sicher irgendwann wieder günstiges Wetter für die Schiffsreise kommt.

♦ matsutake まつたけ, 松茸

der Kiefernpilz 芳香あり, 美味。秋の味覚の代表的存在の一つだが, 近年では国内産は少なく, 多くを輸入に頼っている。Eine aromatische und wohlschmeckende Pilzsorte und eine der typischen Spezialitäten des japanischen Herbstes, die aber in den letzten Jahren zum großen Teil importiert werden muss, weil die einheimische Produktion gering ist. (Abbildung)

♦ mawata 真綿

die Florettseide **mawata de kubi o shimeru 真綿で首を締める** jemandem ganz langsam die Kehle zuschnüren 一挙に核心を突くのではなく, 時間をかけて遠まわしにじわじわと責めたり痛めつけたりすることのたとえ。Metapher dafür, dass man nicht auf einen Schlag zum Kern einer Sache kommt, sondern sich ganz langsam und auf schmerzhaften Umwegen annähert.

♦ mayorā マヨラー

jemand, der sehr gerne Majonäse isst (「マヨ

ネーズ」の略「マヨ」に，人を表わす「ラー」を付けたもの）何にでもマヨネーズをかけて食べる人。特に，マヨネーズをそのまま食べたり，普通マヨネーズをかけるとは考えられない食べ物（カレーライスや刺身）にまでマヨネーズをかける人。Insbesondere der, der auch pur oder zu Gerichten Majonäse isst, die in der Regel ohne Majonäse gegessen werden, wie zum Beispiel Reis mit Currysoße oder *Sashimi*.

◆menshin-tatemono 免震建物
das schwingungsgedämpfte Gebäude (als Schutz vor Erdbebenschäden) **menshin-kōzō 免震構造** schwingungsdämpfende Konstruktion **menshin-sōchi 免震装置** die Schwingungsdämpfungsvorrichtung

◆meoto-chawan 夫婦茶碗
ein Paar zusammenpassender Teetassen (od. Reisschalen) 夫婦用に2個が一組になった茶碗で，普通大小がある。Bei diesem Set von Tee- oder Reisschalen für Mann und Frau gibt es meistens eine etwas größere (vielleicht für den Mann) und eine etwas kleinere.

◆meriken-ko メリケン粉
das Mehl, das Weizenmehl 明治期に誕生した言葉で，アメリカから小麦粉が輸入され始めた当初，日本古来のうどん粉と区別するために，アメリカから輸入した精製された小麦粉をこのように呼んだ。アメリカンが訛って，メリケンとなった。Das Wort entstand ursprünglich in der Meiji-Zeit, als erstmals raffiniertes Weizenmehl aus Amerika importiert wurde, um dieses von dem seit altersher in Japan verwendeten Weizenmehl (*udon-ko*) zu unterscheiden. *Meriken* ist eine korrumpierte Form von engl. *american*.

◆mikan みかん
die Mandarine さまざまな栽培品種がある。冬になると，こたつの上にみかんという光景は今でも日本の多くの家庭で見られる。Es gibt in Japan die verschiedensten Sorten von Mandarinen und auch heute noch gehören Mandarinen auf dem *kotatsu* (siehe dort) zur typischen Winterszene in einem japanischen Haus.

◆minamata-byō 水俣病
die Minamata-Krankheit 有機水銀中毒による神経疾患。1953（昭和28）年から1959（昭和34）年頃熊本県水俣地方で，工場廃液による有機水銀に汚染された魚介類が原因で集団的に発生した病気。四肢麻痺など多くの神経疾患の他，胎児性水俣病と呼ばれる症状群もみられる。Durch eine Vergiftung mit organischen Quecksilberverbindungen ausgelöste Erkrankung. Zwischen 1953 und 1959 trat diese Krankheit im Gebiet der Stadt Minamata in der Präfektur Kumamoto gehäuft auf, verursacht durch industrielle Abwässer, die Meeresfrüchte mit organischen Quecksilberverbindungen belastet hatten. Außer Lähmungen an den Extremitäten und zahlreichen Nervenkrankheiten kam es auch zu einer Reihe von Schädigungen der Kinder im Mutterleib, man spricht in diesem Fall von der fetalen Minamata-Krankheit.

◆mini-sukāto ミニ・スカート
der Minirock 膝上10〜20cmくらいのも

のを言う。ein kurzer Rock, der 10 bis 20 cm über dem Knie endet **rongu-sukāto ロング・スカート** der lange Rock

◆mirin みりん, 味醂
süße zum Würzen verwendete Sakesorte 調理に用いる甘みがある酒の一種。

◆miso 味噌
das *Miso*, die Sojabohnenpaste 醤油と同じく大豆を原料としている。日本食にはなくてはならない調味料である。Diese Paste aus vergorenen Sojabohnen ist eine unverzichtbare Zutat der japanischen Küche. **miso-shiru 味噌汁** die *Miso*-Suppe; die Suppe aus *Miso*-Brühe mit Gemüse, *Tōfu* usw. **miso-zuke 味噌漬け** in *Miso* Eingelegtes (Gemüse, Fleisch etc.) **aka-dashi 赤だし** die dunkelrote *Miso*-Suppe 本来は, 関西の料理である。Ein Gericht, das ursprünglich aus der Kansai-Region stammt. **temae-miso 手前みそ, 手前味噌** das Eigenlob, die Selbstverherrlichung 自分が作った味噌を自慢するという意味。自分のことを誇ること。Gemeint ist, dass man das *Miso* lobt, das man selbst gemacht hat. **temae-miso o iu 手前みそを言う** sich selber loben **miso mo kuso mo issho 味噌も糞も一緒** wörtl.: „*Miso* und Scheiße durcheinander mischen." „Zwischen *Miso* und Scheiße keinen Unterschied machen." Alles in einen Topf werfen. 「糞も味噌も一緒」という表現もある。例文「君は味噌も糞も一緒にしているんだ。」„Du mischst Gut und Schlecht durcheinander!" **miso o tsukeru 味噌を付ける** 1) *Miso* auf etwas tun 2) etwas verpfuschen; völlig verderben

◆mitsu-mame みつまめ, 蜜豆
eine gekühlte Süßspeise mit süßen Bohnen, Agar-Agar-Würfelchen und Fruchtstücken in einem leichten Sirup

◆miyage 土産 (o-miyageお土産)
das Reiseandenken, das Souvenir 旅行に出ると, 友人や同僚, 家族等のためにお土産を買う日本人は多い。Viele Japaner bringen, wenn sie verreisen, Geschenke für Freunde, Kollegen, die Familie usw. mit. **oki-miyage 置き土産** 1) das Abschiedsgeschenk 2) das zurückgelassene Andenken (Souvenir)

◆mizu-mawari 水回り
Stelle im Haus, wo man Wasser benutzen kann (wie Küche, Bad, Toilette etc.) 家屋の中で, 台所, 風呂, 洗面所など水を使うところ。

◆mizu-mono 水物
1) die Flüssigkeit, das Getränk 2) die Glückssache; das riskante Spiel 1) 液体, 飲み物 2) 運に左右されやすい物事。

◆mochi もち, 餅
der Reiskuchen; der *Mochi* **mochi-tsuki 餅つき** das Reisstampfen; die Herstellung von Reiskuchen 蒸したもち米をついて作る。正月には雑煮として食べる習慣がある。以前は祭礼や儀式のときの食べ物とされていた。かつては臼を用いて杵でついたが, 現在では機械化されており, 一年中いつでも購入することができる。*Mochi* wurden traditionell aus gekochtem Klebreis hergestellt, den man in einem großen Holzzuber mit einem schweren Holzhammer

stampfte. Man hat sie an Neujahr oder bei anderen festlichen Gelegenheiten gegessen. Heute werden sie (auch zu Hause) meistens maschinell hergestellt und man kann sie das ganze Jahr über kaufen. **kusa-mochi 草もち，草餅** *Mochi* mit Beifuß **sakura-mochi 桜餅** *An* (siehe dort) in einem dünnen rosafarbigen *Mochi*, in Kirschbaumblätter eingewickelt **e ni kaita mochi 絵に描いた餅** wörtl.: „der gemalte Reiskuchen"; der Wunschtraum, das Luftschloss **mochi wa mochiya 餅は餅屋** (Sprichw.) Für alles gibt es einen Spezialisten. **yaki-mochi やきもち，焼餅** 1) gerösteter *Mochi* 2) die Eifersucht **daifuku 大福** *Mochi* mit einer Füllung aus süßer Bohnenmasse **kashiwa-mochi 柏餅** mit süßem Bohnenmus gefüllte und in ein Eichenblatt gewickelte *Mochi*

♦monorēru モノレール
die Einschienenbahn, die Monorail モノレールは，乗客や貨物を運送するための単軌鉄道で，跨座式のものと懸垂式のものとがある。 Einschienenbahn ist eine dem Passagier- oder Gütertransport dienende Bahn, die auf oder unter einem einzelnen schmalen Fahrweg fährt.

♦monpe もんぺ
japanische Bäuerinnenhose 女性向けの労働用ズボンの一種。ゆったりした胴回りと足首のところで絞った裾(すそ)が特徴である。主に農山村の女性が用いる。防寒用をかねる。Eine Art von Arbeitshosen für Frauen mit lockerer Tallie, die am Fußgelenk eng geschnürt werden. Sie werden hauptsächlich von Frauen in ländlichen Gegenden getragen und dienen auch als Schutz vor Kälte.

♦moyashi もやし，萌やし
die (pl.) Sprossen **moyashikko もやしっ子** der hochgeschossene Jugendliche

♦mushiboshi 虫干し
das Lüften 虫や黴を防ぐため，書画，衣類などをほしたり風にあてたりすること。Zum Schutz vor Insekten oder Schimmel werden in Japan nicht nur Kleider, sondern auch Rollbilder etc. gelüftet.

♦mushiro むしろ，莚
die dünne Strohmatte **hari no mushiro 針の莚** wörtl.: „die Nagelmatte"; das Nagelbrett; eine unerträgliche Situation

♦nabe なべ，鍋
der Kochtopf **nabe-mono 鍋物**（**nabe-ryōri 鍋料理**）das japanische Topfgericht (beliebtes Essen im Winter, das meistens direkt am Tisch gekocht wird) **nabe-bugyō 鍋奉行** wörtl.: „der Topf-Vorsteher" 鍋料理を食べる際，材料を入れる順番や食べごろなどをあれこれと指図する人。Scherzhaft für jemanden, der jede Kleinigkeit bestimmen will, z.B. die Reihenfolge, in der man beim gemeinsamen Essen die Zutaten eines Topfgerichtes kocht, und wann man sie essen darf. **nabe o kakomu 鍋を囲む** wörtl.: „um den Topf herum sitzen"; ein *Nabe*-Gericht gemeinsam zubereiten und essen **botan-nabe 牡丹鍋** Topfgericht mit Wildschweinfleisch, Gemüse, *Tōfu* etc. **dote-nabe どて鍋，土手鍋** das Feuertopf mit *Miso*, Muscheln, Gemüse usw. **yose-nabe 寄せ鍋** der japanische Eintopf「寄せ」は，鍋

にさまざまな食材が入れられるという意味。魚介類，野菜，豆腐その他さまざまなものが入れられる。*Yose* heißt etwas zusammentun, der Name bedeutet also, verschiedene Zutaten (Meeresfrüchte, Gemüse, *Tōfu* usw.) im *nabe* kochen. **yanagawa-nabe 柳川鍋** Schmerle in Soja-Soße mit Eiern und *Gobō* (siehe dort)

♦nagaya 長屋(家)

das Reihenhaus 数個の家を一棟に建て連ねた家。つまり複数の世帯が同じ一棟に隣り合って住む住居。日本においては古くから様々な形の長屋が存在した。例えば江戸時代においても下級武士たちや(比較的上層の町人は別として)町人の多くは長屋住まいであった。Mehrere aneinandergebaute Häuser. Eine Wohnform, bei der mehrere Haushalte nebeneinander wie in einem Gebäude wohnen. In Japan findet man seit alters her verschiedene Formen von Reihenhäusern. In der Edo-Zeit haben beispielsweise *Samurai* der unteren Ränge und Kaufleute (mit Ausnahme der relativ hochstehenden Kaufleute) oft in Reihenhäusern gewohnt.

♦nama-bīru 生ビール

das Fassbier; Bier vom Fass **kan-bīru 缶ビール** das Dosenbier, die Bierdose **bīru-jōzōsho ビール醸造所** die Brauerei 江戸時代末期から明治初年にかけて外国ビールが輸入されるとともに，各所で小規模なビール醸造が試みられた。工場規模での生産は，1869 (明治2) 年ノルウェー生まれのアメリカ人によって横浜で開始された。消費においてビールが，それまで酒類のトップであった清酒を抑えて，第1位となったのは，1959 (昭和34) 年のことであった。Seit Ende der Edo-Zeit bis Anfang der Meiji-Zeit wurde ausländisches Bier nach Japan eingeführt und vielerorts das Bierbrauen im kleinen Stil erprobt. Die industrielle Produktion in Japan begann 1869, als ein Amerikaner norwegischer Abstammung in Yokohama die erste Brauerei eröffnete. Seit 1959 ist Bier in Japan das meistgetrunkene alkoholische Getränk, bis dahin hatte Reiswein diese Position inne. **jibīru 地ビール** regionales Bier 中小の醸造会社によりその土地で少量生産されるビール。1994 (平成6) 年の酒税法改正により，年間最低製造数量が2000キロリットルから60キロリットルに引き下げられたことにより生産が開始された。Regional und in kleinen Mengen produziertes Bier aus kleinen oder mittelständischen Betrieben. Die regionale Bierbrauerei begann im Jahr 1994, nachdem in einer Novellierung des Alkoholsteuergesetzes die vorgeschriebene jährliche Mindestproduktion einer Brauerei von 20 000 auf 600 Hektoliter reduziert worden war.

♦nama-gomi 生ごみ

der Bioabfall, der Küchenabfall **yūki-saibai-nōka 有機栽培農家** der Biobauer, der Ökobauer **yūki-saibai-nōen 有機栽培農園** der Biogarten

♦**namako なまこ, 海鼠**
die Seegurke 生食される。独特の風味, 歯ごたえがある。Seegurken, die man meistens roh isst, haben einen besonderen Geschmack und zeichnen sich durch einen besonderen Widerstand beim Kauen, ein besonderes „Kaugefühl", aus.

♦**namasu なます**
ein feingeschnittener (Fisch- und) Gemüsesalat, mit Essig angemacht 薄く切った魚肉や野菜などを酢を用いて調理したもの。

♦**nanakusa-gayu 七草粥**
der Reisbrei mit sieben Kräutern 春の七草を入れて炊いた粥で, 正月7日に食する慣わしがある。Den mit sieben Frühlingskräutern zusammen gekochten Reisbrei isst man am siebten Tag des neuen Jahres.

♦**nandemo-ya 何でも屋**
das Mädchen für alles（男女ともに用いることができる）店の場合は, der Kramladen

♦**narazuke 奈良漬**
das in *Sake*-Treber eingelegte Gemüse 奈良で創製されたからこのように呼ばれるという。もとはもっぱら白瓜を用いていたが, 現在それ以外の野菜でも作られている。Ein Gericht aus der Gegend von Nara, daher der Name. Ursprünglich wurde hierfür ausschließlich eine besondere, gurkenähnliche Melonenart (*shiro-uri*) verwendet, aber heute stellt man *nara-zuke* auch aus anderem Gemüse her.

♦**nattō 納豆**
gegorene Sojabohnen (pl.); das *Nattō* 刻みねぎ, 海苔, からし少々, 卵の黄身などとともに混ぜ合わせて熱いご飯にのせて食べる。*Nattō* ist eine beliebte Zutat zum japanischen Frühstück, man mischt es mit feingeschnittenem Lauch, *Nori* (siehe dort), Senf und Eigelb und isst es auf warmem Reis. **ama-nattō 甘納豆** weichgekochte, gezuckerte und getrocknete *Azuki*-Bohnen

♦**negurije ネグリジェ**
das Negligee (auch Negligé), das Nachthemd **pajama パジャマ** der Pyjama, der Schlafanzug

♦**neko 猫**
die Katze, der Kater, das Kätzchen 在来種の猫は, 奈良時代に中国から渡来したといわれている。しばしば犬と猫は比較されるが, 日本では, 特に農村では, 猫を飼う家が多かった。穀物を食い荒らす鼠を退治させるためである。Die in Japan einheimischen Katzen sollen in der Nara-Zeit aus China nach Japan gelangt sein. Zwar zieht man häufig Parallelen zwischen Hund und Katze, aber in Japan überwog vor allem auf dem Land die Zahl der Haushalte, in denen es Katzen gab. Sie dienten zum Schutz des Getreides vor Mäusen und Ratten. **neko-jita 猫舌** wörtl.: die „Katzenzunge"; die hitzeempfindliche Zunge 猫のように, 熱い食べ物が苦手なこと。またそのような人。Man sagt, dass Katzen kein heißes Futter mögen, deshalb nennt man eine Person, die keine heißen Speisen mag, bzw. die Abneigung gegen Heißes *Nekojita*. **neko no hitai hodo no tochi 猫の額ほどの土地** wörtl.; „ein Stückchen Land, so klein wie eine Katzenstirn"; ein sehr kleines Grundstück

neko no me no yō ni kawaru 猫の目のように変わる wörtl.: „sich wie Katzenaugen verwandeln"; wetterwendisch sein 猫の瞳は明るさによって形が変わるところからこのような表現になった。Der Ausdruck kommt daher, dass die Pupillen von Katzen je nach den Lichtverhältnissen eine andere Form haben. **neko no te mo karitai 猫の手も借りたい** wörtl.: „sogar Katzenpfötchen zur Hilfe haben wollen"; jedwede Hilfe nötig haben; überaus beschäftigt sein **neko-nade-goe de hanasu 猫なで声で話す** mit schmeichlerischer Stimme sprechen; schmeichelnd sprechen **neko o kaburu 猫をかぶる** wörtl.: „sich als Kätzchen verkleiden"; heucheln; sich unschuldig geben; aussehen, als könnte man kein Wässerchen trüben **neko-kaburi 猫かぶり** die Scheinheiligkeit; die Verstellungskunst, die Heuchelei, die Vortäuschung **nora-neko 野良猫** herrenlose Katze; streunende Katze **kyūso neko o kamu 窮鼠猫を噛む** Eine in die Enge getriebene Maus greift sogar die Katze an. **neko ni katsuobushi no ban o saseru 猫に鰹節の番をさせる** die Katze zum Fischhüter machen; den Bock zum Gärtner machen

♦nia-misu ニア・ミス
(von engl. *near miss*) der Beinahezusammenstoß 異常接近

♦niboshi 煮干
kleine gekochte und getrocknete Sardinen 料理のだしなどに用いる。Man benutzt die kleinen getrockneten Fische für die japanische klare Brühe (siehe *Dashi*).

♦nichijō-sahanji 日常茶飯事
alltägliches Ereignis; tägliche Vorkommnisse; banale Alltäglichkeit ; etwas Alltägliches

♦nie-yu 煮え湯
kochendes Wasser **nie-yu o nomasareru 煮え湯を飲まされる** wörtl.: „gezwungen werden, kochendes Wasser zu trinken"; von jemandem hintergangen werden; reingelegt werden; übers Ohr gehauen werden

♦nihai-zu 二杯酢
das Dressing aus Essig und *Shōyu* **sanbai-zu** 三杯酢 das Dressing aus Essig, *Shōyu* und Zucker (od. *Mirin*)

♦nikkorogashi 煮っころがし
das Eingekochte（芋の子やくわいなどを）焦げないようにころがしながら，汁がなくなるまで煮た料理。Gerichte, für die bestimmte Gemüsesorten (z.B. Taro-Knollen oder Pfeilkraut) unter regelmäßigem Umrühren schonend gekocht werden, bis alle Flüssigkeit verdampft ist.

♦niku-jaga 肉じゃが
wörtl.: „Fleisch und Kartoffeln"; Eintopfgericht aus Fleisch, Kartoffeln und Gemüse 明治期の比較的早い段階で，海軍関係者により考案されたといわれている。肉は，一般的には牛肉を用いるが，東日本では豚肉を使うところもあり，好みによっては，鶏肉も用いられる。Das Gericht soll relativ früh in der Meiji-Zeit von Angehörigen der Marine erfunden worden sein. Im Allgemeinen wird *Niku-jaga* zwar mit Rindfleisch zubereitet, aber in Ost-Japan gibt es auch eine Variante mit Schweinefleisch und je nach

Belieben kann man auch Hühnerfleisch verwenden.

♦ **nisetai-jūtaku 二世帯住宅**
das Haus für zwei Generationen einer Familie 家の内部が2世帯用に区切られ，親夫婦と子供夫婦の二世帯がそれぞれが別の生活を送ることができるように造られた住宅。Das Innere eines solchen Hauses ist so aufgeteilt, dass zwei Familien (die der Eltern und die eines Kindes) darin ihr jeweils eigenes Leben führen können.

♦ **nishiki 錦**
der Brokat **kokyō e(ni) nishiki o kazaru 故郷へ（に）錦を飾る** mit Ehren gekrönt in die Heimat zurückkehren 経済的に成功して故郷に帰るのであれば，als gemachter Mann in die Heimat zurückkehren という。

♦ **nishime 煮しめ**
in Soja-Brühe gekochtes Gemüse, Fleisch etc. 野菜や肉などを，しょうゆを使った汁で煮しめた料理。

♦ **nisshō-ken 日照権**
das Recht auf Sonnenlicht（マンション等が新築されると周囲の住居の日照がさえぎられるとして）環境権の一つとして日照権が問題にされるようになったのは，1970年代に入ってからであろうと考えられる。Das Recht auf Sonnenlicht (als ein Teil des Menschenrechts auf eine lebenswerte Umwelt) wurde etwa seit den 1970er Jahren im Zusammenhang mit Neubauten problematisiert, die den Bewohnern der umliegenden Häuser die natürliche Sonnenstrahlung nahmen.

♦ **nomi-tomodachi 飲み友達**
jemand, mit dem man gerne zusammen Alkohol trinkt; der Zechkumpan, der Saufkumpan, der Zechbruder なおSaufkumpanは，saufen（大酒を飲む）とder Kumpan（仲間，相棒）とを複合したものである。

♦ **nonbē のんべえ, 飲ん兵衛**
der Säufer, der Trunkenbold **naki-jōgo 泣き上戸** der sentimentale Trinker; er wird larmoyant, wenn er betrunken ist. **warai-jōgo 笑い上戸** der fröhliche Zecher; er wird lustig, wenn er betrunken ist. **sake-kuse (guse) ga warui 酒癖が悪い** nach Alkoholgenuss ausfallend werden

♦ **noren のれん, 暖簾**

der kurze Türvorhang もともとは日よけあるいは冬季に隙間風を防ぐのに用いられたという。Ursprünglich ein Schutz vor Zugluft im Winter oder starker Sonneneinstrahlung im Sommer. (Abbildung) **nawa-noren 縄のれん** der Schnurvorhang 小さな庶民的な飲み屋には，入り口に縄のれんがかけられていることがある。それがつるされていれば，店が開いていることを示し，見当たらなければ，閉店か準備中ということになる。Ein Türvorhang aus Schnüren, der zur Geschäftszeit vor kleinen Kneipen aufgehängt wird. Wenn er nicht zu sehen ist, bedeutet das „geschlossen" bzw.

„in Vorbereitung“. **noren o orosu 暖簾を下ろす** den Türvorhang einholen; das Geschäft aufgeben **noren o wakeru 暖簾を分ける** jemanden (z.B. seinen Nachfolger oder Schüler) eine Filiale eines traditionsreichen Gewerbes eröffnen lassen **noren ni ude-oshi 暖簾に腕押し** in den Wind gesprochen (「風に向かって話すような」, という意味)

♦ nori のり, 海苔

das *Nori* (ein schwärzliches papierartiges Seetangprodukt) よく知られた海藻で一般的には黒い紙状の形をしており，製品にはさまざまな種類のものがある。Die vielleicht populärste Art von Meeresgemüse, die normalerweise getrocknet in der Form dünner Blätter angeboten wird. **ajitsuke-nori 味付け海苔** das gewürzte *Nori* **yaki-nori 焼き海苔** das geröstete *Nori* **norimaki 海苔巻き** in *Nori* eingerolltes *Sushi*; die *Sushi*-Rolle

♦ norikoshi-jōsha 乗り越し乗車

weiter fahren, als der eigene Fahrschein gültig ist **norikoshi-ryōkin 乗り越し料金** die Nachlösegebühr **norikoshi-kyaku 乗り越し客** Fahrgast, der zu weit gefahren ist

♦ nōyaku 農薬

die (pl.) Agrarpestizide **nōyaku-kōgai 農薬公害** die Umweltverschmutzung durch Pestizide **mu-nōyaku 無農薬** die Pestizidfreiheit

♦ nukamiso 糠味噌

die Reiskleienpaste **nukamiso-zuke 糠味噌漬** in Reiskleie eingelegtes Gemüse **nukamiso-nyōbō 糠味噌女房** die hausbackene Frau **nuka ni kugi de aru 糠に釘である** wörtl.: „einen Nagel in Reisbrei schlagen“; Das ist wie ein Schlag ins Wasser; Das ist wie gegen den Wind reden.

♦ nyū-taun ニュー・タウン

(pseudoengl. *new town*): die neue Stadt 大都市の近郊に住宅地として計画的に建設された新しい都市。東京の多摩や大阪の千里はその代表的例。Planmäßig errichtete neue Städte, die in der Umgebung von Großstädten den Bedarf an Wohnraum decken. Die Tama-Newtown bei Tōkyo und Senri-*Newtown* bei Ōsaka sind typische Beispiele. **beddo-taun ベッド・タウン** (pseudoengl. *bed town*) die Schlafstadt 英語は，*bedroom town, bedroom community* など。**eisei-toshi 衛星都市** die Satellitenstadt, die Trabantenstadt

♦ oden おでん

das *Oden* ゆで卵，こんにゃく，大根等々の入った素朴な料理で，からしを付けて食べることが多い。盛り場の屋台などで見られるようになったのは，19世紀の半ば頃からである。Ein rustikales Garküchengericht, dessen Zutaten – Ei, *Konnyaku* (siehe dort), Rettich usw. – in einer würzigen Brühe gekocht werden. Es wird seit der Mitte des 19. Jhs. an den Imbiss-Ständen verkauft und gegessen, die abends an belebten Plätzen aufgestellt werden.

♦ o-hachi ga mawatte-kuru お鉢が回ってくる

wörtl.: „die Schüssel kommt herum“; an die Reihe kommen; an der Reihe sein もともとは，人の多い食事の席で，飯櫃が回って自分のところへやって来ることを意味したが，そこから転じて，良いにしろ悪いにしろ自分のところへ何かの順番が回ってきたとき，このように言うようになった。Der Ausdruck kommt daher, dass man früher, wenn viele Leute gemeinsam gegessen haben, den hölzernen Reiszuber herumgehen ließ, aus dem sich jeder selbst bediente. Davon abgeleitet verwendet man die Redewendung heute sowohl positiv als auch negativ, wenn jemand an der Reihe ist.

♦ohagi おはぎ，お萩 (bota-mochi ぼたもち，牡丹餅)

der mit süßem Bohnenmus bestrichene Reiskloß

♦ohiraki ni suru お開きにする

wörtl.: „aufmachen"; die Tafel aufheben; Schluss machen; Feierabend machen 祝宴のときなどに「終わる」「おしまいにする」などの表現を避けて用いる語。もともとは武士の言葉で，退陣する，退却するの忌み言葉としても用いられた。散会するの意味で用いられるようになったのは明治以降のことである。Bei feierlichen Anlässen vermeidet man negativ klingende Worte wie „Schluss" oder „Ende" und benutzt stattdessen diesen Ausdruck. Ursprünglich eine verhüllende Formulierung für Rücktritt bzw. Rückzug aus der Sprache der *Samurai*. In der Bedeutung „Aufheben einer Gesellschaft" verwendet man das Wort seit der Meiji-Zeit.

♦okoge おこげ

der im Kochtopf festgebackene Reis; Slang-Bezeichnung für die Freundin eines homo–sexuellen Mannes 釜の底に焦げ付いたご飯がおこげだが，オカマにべったりくっついている女の子ということで，男色の「お釜」から連想した洒落。若者用語で，1980年代前半から用いられている。Der im Kochtopf festgebackene Reis heißt *okoge*, eine Frau, die so fest an einem homosexuellen Mann klebt wie der festgebackene Reis am Topf. Sprachspiel mit dem Wort *okama* (wörtl.: „Kochtopf", Slang-Bezeichnung für homosexuelle Liebe). In der Jugendsprache seit den frühen 80er Jahren im Gebrauch.

♦okonomiyaki お好み焼き

das *Okonomiyaki* 水で溶いた小麦粉にいか，豚の脂身，野菜，卵など好みの材料を混ぜて，熱した鉄板の上で焼きながら食べる食べ物。Eine Art japanischer Pfannkuchen mit beliebigen Zutaten (*okonomi* bedeutet „was immer Sie mögen"), z.B. Tintenfisch, Speck, Gemüse, Eiern usw. Man isst es direkt von der, oft in den Tisch eingelassenen heißen Platte, auf der es gebacken wird. **takoyaki たこ焼き** gebackene Teigbällchen mit Oktopusstückchen (aus einem dem *Okonomiyaki* ähnlichen Teig)

♦okosama-ranchi お子様ランチ

das Kindermenü 子供向けの洋風定食。少量ずつ，種類を多くして一皿に盛り付けてある。小旗を立てたりおまけを添えたりすることもある。百貨店の食堂から広まった。Menü für Kinder, das aus mehreren kleinen Speisen besteht, die auf einem Teller serviert werden. Manchmal werden Kindermenüs mit kleinen Fähnchen etc. geschmückt. In Japan begann die Verbreitung von Kindermenüs in den Restaurants der großen Kaufhäuser.

♦okujō oku o kasu 屋上屋を架す
wörtl.: „das Dach zudecken"; etwas Unnötiges tun 屋根の上にさらに屋根を架ける，ということで，無駄なことをするたとえ。Über dem Dach ein weiteres Dach anbringen, das bedeutet etwas Unnötiges tun.

♦okushon 億ション
abgeleitet von *oku*, d.h. 100 Millionen, und *shon* als Abkürzung für *manshon* (Appartement); das Luxusappartement; sehr teures Appartement

♦oku-zashiki 奥座敷
das innere Zimmer; die gute Hinterstube; das Hinterzimmer 本来の，住居の奥の方に位置する座敷という意味から転じて，都市近郊の観光地や温泉地を指す言葉として用いられることもある。Ursprünglich die gute Stube im Innern einer Wohnung; im übertragenen Sinn nennt man so manchmal Touristenorte oder heiße Quellen in der Nähe der großen Städte. **hanare-zashiki 離れ座敷** das getrennte Zimmer, das Séparée

♦omu-raisu オム・ライス
(pseudoengl. *omelet* und *rice*) mit Reis gefülltes Omelett 日本で生まれた米飯料理である。In Japan entstandenes Omlettgericht mit Reis.

♦onaji kama no meshi o kuu 同じ釜の飯を食う
wörtl.: „aus demselben Topf essen"; miteinander unter einem Dach wohnen 「同じ釜」というのは，生活する場が同じで，一つの釜(炊飯器)で炊いたご飯を，分け合って食べるという意味。生活や職場を共にし，苦楽を分かち合う親しい間柄のことを言う。ドイツ語の表現としては，mit jemandem einen Scheffel Salz gegessen habenがこれに近い。これは1シェッフェルもの塩を一緒に食べたということで，長いこと生活をともにし，気心も知れるようになる，という意味である。Die ursprüngliche Bedeutung ist, dass man in der gleichen Wohnung wohnt und den Reis aus dem gleichen Reistopf teilt. Man verwendet den Ausdruck für vertraute Personen, mit denen man z.B. im Leben oder am Arbeitsplatz Freud und Leid geteilt hat. Die deutsche Redewendung „mit jemandem einen Scheffel Salz gegessen haben" ist ähnlich (denn es dauert sehr lange, bis man einen Scheffel Salz gegessen hat, und so eine Person kennt man gut).

♦oni-gawara 鬼瓦

der teufelsgesichtige Endziegel am Dachfirst 屋根の棟の両端に用いる，鬼の面にかたどった瓦。古くは，魔よけとしての意味があったとされる。Die Endziegel an beiden Seiten des Dachfirsts sind oft in der Form von Dämonen gestaltet. Ursprünglich soll das der Abwehr von bösen Geistern gedient haben.

♦onigiri おにぎり (omusubi おむすび)
das Reisbällchen おむすびともいう。作るのも持ち運びも簡単なので，戸外活動のときなどに人気がある。最近はコンビニやスーパーなどでも売られている。Bällchen oder Dreiecke aus gekochtem Reis, die einfach herzustellen und gut mitzunehmen sind, und deshalb gerne unterwegs als Zwischenmahlzeit gegessen werden. Man bekommt sie in jedem Supermarkt.

♦osechi-ryōri おせち料理

das kalte Büffet für die Neujahrszeit; das festliche Essen zu Neujahr おせちの「お」は接頭語で,「せち」は節, 季節の変わり目の祝日のことであるが, 次第に正月のご馳走を意味するようになった。Das *o* ist ein Präfix und *sechi* geht auf *setsu* (節) zurück, ein Wort, das einen Feiertag zwischen Jahresabschnitten bezeichnet. Daraus hat sich die heutige Bedeutung „Festessen zu Neujahr" entwickelt.

♦oshiire 押入れ

der Einbauwandschrank mit Schiebetüren im traditionellen japanischen Zimmer 日本間で, ふとんや家財などを入れるために設けられた作り付けの物入れの場所。前面にふすまを立てる。Eine kleine Kammer, die in einem traditionellen japanischen Zimmer als Stauraum zum Aufbewahren der *Futons* und anderem Hausrat dient. Die Front bildet eine Papierschiebetür (siehe *Fusuma*).

♦oshikise お仕着せ

1) die Livree; die vom Arbeitgeber zur Verfügung gestellte Kleidung 2) etwas von außen Aufgezwungenes 1) 奉公人や従業員に, 季節に応じて着物を与えること。またその着物。2) (当事者の意思とは関係なく) 一方的にあてがわれた物。

♦osui 汚水

das Abwasser **osui-shori 汚水処理** die Abwasserreinigung, die Kanalisation **gesuidō 下水道** der Abwasserkanal **osui-shori-jō 汚水処理場** die Abwasserreinigungsanlage, die Kläranlage

♦osusowake suru おすそ分けする, お裾分けする

jemandem einen Teil des Geschenkes (od. des Gewinns) weiterschenken 「裾」とは, 衣類の下端の部分のことで, それが転じて, 主要な部分ではなく, 末端を意味するようになった。したがって,「お裾分けする」というのは, もらい物の余分を分配すること, また利益の一部を分配することを意味する。*Suso* bezeichnet ursprünglich den Saum eines Kleidungsstücks, im übertragenen Sinn meint man damit einen weniger wichtigen Teil, einen Zipfel etc. Folglich bedeutet *o-suso-wake suru*, dass man einen kleinen Teil eines Geschenks, den man nicht alles für sich behalten möchte, oder einen Teil des Gewinns an andere Leute verteilt.

♦otohime 乙姫, 音姫

1) die im Drachenpalast unter dem Meer wohnende schöne Prinzessin (siehe Urashima-Tarō) 2) wörtl.: die „Geräusch-Prinzessin" 女性トイレで使われる装置で, ボタンを押すと水洗の音に似た音が出るようになっており, トイレ使用時の音響的不快感を感じなくてすむという。Gerät zur Wasserersparnis in modernen öffentlichen Damentoiletten, das auf Knopfdruck das Geräusch der Wasserspülung imitiert und so die akustische Intimsphäre

bei der Toilettenbenutzung wahrt (ohne dass man zu diesem Zweck tatsächlich die Wasserspülung betätigen müsste).

♦oyatsu おやつ

die Zwischenmahlzeit (regional auch: die Vesper, die Jause, die Brotzeit etc.) 午後3時頃に食べるお菓子や果物などの間食。1日を12支で12等分していた往時の数え方で八つ時（午後3時）前後に食べたことからこのように呼ばれるようになった。Eine Zwischenmahlzeit aus Obst oder Süßigkeiten, die man oft gegen 15:00 Uhr zu sich nimmt. Der Name leitet sich von der traditionellen Einteilung des Tages in zwölf Abschnitte entsprechend dem „chinesischen Horoskop" (siehe *eto*) ab, in der der achte Abschnitt etwa diesen Zeitpunkt entspricht (*yatsu* bedeutet „acht").

♦ozen-date o suru お膳立てをする

wörtl. „den Tisch decken"; Vorbereitungen treffen; etwas im Voraus planen「お膳立て」は，食膳を整えることであるが，そこから転じて，準備，支度を意味するようになった。

♦ozon-hōru オゾンホール

(von engl. *ozone hole*) das Ozonloch 南極大陸上空のオゾン層に，穴があいたようにオゾン濃度が異常に低くなっている部分があり，その規模は年々拡大している。In der Ozonschicht über der Antarktis gibt es eine Region, wo diese Schicht ungewöhnlich dünn ist, so als gäbe es dort ein Loch. Das Phänomen weitet sich von Jahr zu Jahr aus. **ozonsō** オゾン層 die Ozonschicht **ozon-sō-hakai** オゾン層破壊 die Zerstörung der Ozonschicht **ozonsō-hakai-busshitsu** オゾン層破壊物質 die Ozonschicht zersetzende Substanz **ozonsō-hogo** オゾン層保護 der Schutz der Ozonschicht

♦pakkēji-tsuā パッケージ・ツアー

(von engl. *package tour*) die Pauschalreise 乗り物・宿・食事・見物などをすべてまとめて旅行社が売り出す形式の旅行。パック・ツアー，セット旅行とも言う。Eine Reise, die vom Reisebüro als ein Gesamtpaket verkauft wird, in dem alle Transportmittel, Übernachtungen, Essen und Besichtigungen eingeschlossen sind. Man spricht auch von *pakku-tsuā* und *setto-ryokō*.

♦pan パン

(von port. *pão*) das Brot 日本へ西洋のパンが伝来したのは，安土桃山時代，ポルトガルの宣教師によると考えられている。江戸時代の料理書にはパンの製法の記述も見られるが，この時代，パンを主食とした日本人はおそらくいないであろう。日本の食糧事情のほかに，キリスト教が禁止されたこの時代にあって，キリスト教の教えと無関係ではないパンへの忌避があったとしても不思議ではない。パンが日本人に受け入れられるようになるのは，明治時代以降である。現在パン食は日本人の食生活のなかで重要な一部を占めているが，その消費にも，個人差，地域差などがあるのは当然である。Westliches Brot wurde vermutlich während der Azuchi-Momoyama-Zeit von portugiesischen Missionaren nach Japan eingeführt. Zwar findet man schon in einem Kochbuch aus der Edo-Zeit ein Rezept zum Brotbacken, aber zu dieser Zeit gehörte Brot in Japan sicher noch nicht zu den alltäglichen Speisen. Es ist naheliegend, dass neben den japanischen Ernährungsgewohnheiten auch das Verbot des Christentums dazu betrug, dass der Genuss von Brot, das eng mit der christlichen Kultur verknüpft ist, vermieden wurde. Es dauerte bis in die Meiji-Zeit, dass Brot in Japan Akzeptanz fand. Heute spielt Brot in der Ernährung der Japaner eine wichtige Rolle, wobei es selbstverständlich regionale und individuelle Unterschiede im Verbrauch gibt. **an-pan** アンパン，あんぱん das mit süßem Bohnenmus gefüllte Brötchen **jamu-pan** ジャム・パン das Marmeladenbrötchen **meron-pan** メロン・パン wörtl.: „Melonenbrötchen" 半球形の甘みのある菓子パン。形状がメロンを想起させるところからこの名がある。Ein süßes, oft halbkugelförmiges Gebäck, dessen Form an eine Melone erinnert.

♦petto-botoru ペット・ボトル

(von engl. *PET bottle*) die Plastikflasche, die PET-Flasche 軽くて割れにくいため，さまざまな飲料水や醤油などの容器としてよく用いられている。Da PET-Flaschen leicht sind und kaum zerbrechen, werden sie zum Abfüllen der verschiedensten Getränke, für Sojasoße etc. benutzt.

♦ponsu ポンス，ポン酢

(von niederländisch. *pons*) Saft von bitteren Orangen 柑橘類を絞った汁であるが，醤油をベースにした合わせ酢もこのように呼ばれる。Nicht nur Saft von bitteren Orangen, sondern auch die mit Sojasoße gemischte Variante nennt man *ponsu*.

♦purehabu プレハブ

(von engl. *prefab* bzw. *prefabrication*) das Fertighaus 建築部材を工場で生産し，現場で組み立てる建築方式。また，その建築物。Eine Bauweise, bei der ein Gebäude aus industriell vorgefertigten Bauteilen vor Ort zusammengebaut wird. Auch die Bezeichnung für ein solches Haus.

♦raifu-rain ライフ・ライン

(von engl. *lifeline*) 1) die Rettungsleine, das Rettungsseil 2) die Lebensader 1) は，救命ロープである。2) 日本では「ライフ・ライン」といえば，水道・電気・ガスなどの供給システムや通信・輸送など生活に必要なインフラ設備についていうことが多い。Auf Japanisch wird sehr oft die Infrastruktur der lebenswichtigen Versorgungsleitungen für Wasser, Strom und Gas usw. als *raifu-rain* bezeichnet.

♦raitoban ライト・バン

(pseudoengl. *light van*) der Kombiwagen この種の車をアメリカでは，*station wagon; beach wagon* イギリスでは，*estate car* と呼ぶ。

♦rāmen ラーメン，拉麺

die chinesische Nudelsuppe もともとは中国料理の一種であったものが，日本風に調理されて全国に広まった。また1958（昭和33）年に新規発売されたインスタント・ラーメンも，その後様々な種類のものが開発され，数十年の間に国民の食生活に深く広く浸透した。Ursprünglich ein Gericht der chinesischen Küche, dessen Geschmack aber japanisiert wurde, und das jetzt in ganz Japan verbreitet ist. Auch die

Instantsuppen-Version, die 1958 auf den Markt kam, und von der später verschiedene Geschmacksrichtungen entwickelt wurden, hat im Laufe der Zeit weite Verbreitung gefunden und inzwischen einen festen Platz in der japanischen Esskultur.

♦ **rankaku 乱獲**
die Überfischung; das rücksichtslose Fischen; die Überjagung; das rücksichtslose Jagen

♦ **rappa-nomi suru ラッパ飲みする**
aus der Flasche trinken; aus der Pulle trinken この表現は，ビンに口を当てて直接飲む様子が，ラッパを吹く姿に似ているところから来ている。Das Wort *rappa* bedeutet Trompete, der Ausdruck wird benutzt, weil jemand, der aus der Flasche trinkt, so ähnlich aussieht, wie jemand, der Trompete spielt.

♦ **rappu ラップ**
(von engl. *wrap*) die Frischhaltefolie 食品用包装に用いるものは，厳密には「食品用ラップフイルム」であるが，多くの場合日本では，たんにラップかあるいは，商品名で呼ぶのが普通。Frischhaltefolie für das Verpacken von Lebensmitteln wird auf Japanisch streng genommen als *shokuhin-yō-rappu-fuirumu* („Adhäsionsfolie für Lebensmittel") bezeichnet, aber im Alltag werden häufig die Bezeichnung *rappu* oder Produktnamen (z.B. *Saran-rappu*) verwendet.

♦ **rei-fuku 礼服**
die formelle Kleidung **rei-fuku o chakuyō suru 礼服を着用する** sich formell kleiden **rei-fuku o chakuyō no koto 礼服を着用のこと** Um formelle Kleidung wird gebeten.

♦ **reitō-shokuhin 冷凍食品**
die Tiefkühlkost; durch Tiefkühlung konservierte Lebensmittel **reitō suru 冷凍する** einfrieren, tiefkühlen **kaitō suru 解凍する** auftauen **reitō-yasai 冷凍野菜** das Tiefkühlgemüse **reitō-niku 冷凍肉** das Tiefkühlfleisch **reitō-ko 冷凍庫** das Tiefkühlfach, die Tiefkühltruhe **reitō-hozon 冷凍保存** die Aufbewahrung in gefrorenem Zustand

♦ **rikurūto-fasshon リクルート・ファッション**
(pseudoengl. *recruit fashion*) die angemessene Garderobe für einen Firmenbesuch (bei der Stellensuche) oder für die Aufnahmeprüfung bei einer Firma 会社訪問や就職試験のときに着る服装。

♦ **rinia-mōtā-kā リニア・モーターカー**
die Magnetschwebebahn 磁気で車体を浮上させて走行するため時速500キロ以上も可能。JR東海は2007（平成19）年4月，2025年東京・名古屋間の営業運転開始を目指す，と発表した。しかしその後2010(平成22)年になって，当初の開業目標は，2年遅れの2027年に変更された。高速道路の料金割引制度の影響などで，東海道新幹線の収入が落ち込み，資金計画が見直されたことがその際理由として挙げられた。Weil die Wagen einer Magnetschwebebahn durch Magnetismus in der Schwebe gehalten und fortbewegt werden, können Höchstgeschwindigkeiten von über 500km/h erreicht werden. Die Bahngesellschaft JR-Tōkai hat im April 2007 angekündigt, dass sie anstrebe, im Jahr 2025 eine Magnetschwebebahn zwischen Tōkyō

und Nagoya in Betrieb zu nehmen, aber 2010 wurde dieses Ziel um zwei Jahre auf das Jahr 2027 verschoben. Als Gründe dafür wurden der Einbruch bei den Einnahmen des Tōkaidō-Shinkansen aufgrund des neuen Rabattsystems der Autobahngebühren und eine Überprüfung der Finanzierung genannt.

♦ rinyū-shoku 離乳食
die Entwöhnungsnahrung, die Abstillkost **rinyū-ki 離乳期** die Entwöhnungszeit **rinyū-saseru 離乳させる** entwöhnen

♦ ritānaburu-yōki リターナブル容器
der Mehrwegbehälter **ritānaburu-bin リターナブル瓶** die Mehrwegflasche

♦ riya-kā リヤカー
(pseudoengl. *rear car*) der Fahrradanhänger 自転車の後部に連結したり人が引いたりして物を運ぶのに用いる二輪車。自転車が普及し始めた大正初期に日本で考案されたらしい。Zweirädrige Wagen zum Lastentransport, der entweder an ein Fahrrad angehängt oder von einer Person gezogen werden kann. Dabei soll es sich um eine japanische Erfindung aus der frühen Taishō-Zeit handeln, als erstmals Fahrräder in Japan verbreitet wurden.

♦ rōdo-mappu ロード・マップ
(von engl. *road map*) 1) Die Straßenkarte 2) Plan für die zukünftige Entwicklung 1)(自動車を運転する者のための)道路地図 2)ある作業をするときの手順表。行程表。

♦ roji-saibai 露地栽培
der Anbau im Freien **roji-saibai no tomato 露地栽培のトマト** die im Freien gezogene Tomate 露地栽培というのは，温室の中やビニールハウスで栽培されたものに対し，普通の畑で栽培されたものを言う。Darunter versteht man den gewohnten Anbau von Gemüse etc. auf dem Feld im Gegensatz zur Kultivierung im Gewächshaus.

♦ rotō ni mayou 路頭に迷う
auf der Straße betteln; zum Bettler werden; nicht wissen, wovon man leben soll

♦ runpen ルンペン
(von dt. Lumpen) der Penner, der Landstreicher, der Obdachlose 日本語では，ルンペンという語は，浮浪者という意味で定着している。この語が日本語に取り入れられるに際して，カール・マルクスが用いたLumpenproletariat という語の影響がきわめて大きかったと考えられる。Auf Japanisch hat sich das deutsche Wort „Lumpen" als Bezeichnung für „Landstreicher" eingebürgert. Vermutlich hat dabei das von Karl Marx verwendete Wort „Lumpenproletariat" eine sehr große Rolle gespielt.

♦ ryokan 旅館
das *Ryokan* (Hotel im japanischen Stil) 旅館では普通，客室には畳が敷かれてあり，宿泊客は寝具として布団を用いる。宿泊料金には通常夕食と朝食の2食分の食事代も含まれている。食事は，客室または大宴会場で出される。In einem *Ryokan* sind die Zimmer normalerweise mit *Tatami* ausgelegt und die Gäste schlafen auf *Futon*. Im Übernachtungspreis ist gewöhnlich ein Abendessen und ein Frühstück enthalten. Die Mahlzeiten werden entweder auf dem

Zimmer oder in einem großen Speisesaal serviert. **ryokan no shujin 旅館の主人** der *Ryokan*- Besitzer **okami おかみ，女将** die Wirtin (eines *Ryokans*) 女将は，旅館の快適さ（雰囲気）に心を配る中心的存在である。Die *okami* trägt die Hauptverantwortung für die Bequemlichkeit (Atmosphäre) eines *Ryokans*. **ryokan ni tomaru 旅館に泊まる** in einem *Ryokan* übernachten

♦ryōtei 料亭
das vornehme und kostspielige japanische Restaurant 重要な商売上の取引や政治的会合などに使われることもある。ときには芸者などを呼んで遊芸に興じる場所としても使われる。Heute bezeichnet man so bestimmte Nobelrestaurants im japanischen Stil, die z.B. von Prominenten oder Politikern besucht werden. Dorthin werden eventuell *Geishas* (siehe dort) eingeladen.

♦saba さば，鯖
die japanische Makrele 鯖は日本では好んで食されている。Diese Makrelenart wird in Japan gern gegessen. **saba o yomu 鯖を読む** beim Zählen tricksen (manipulieren, schummeln) (一説に，魚市で鯖を数えるとき，鯖は腐りやすいため，早口で数えて数をごまかしたところから）実際より多く言ったり少なく言ったりして数をごまかすこと。(Eine Erklärung lautet so: Weil Makrelen besonders rasch verderben, werden sie auf dem Fischmarkt sehr schnell gezählt und dabei wird dann oft geschummelt.) Gemeint ist das Betrügen beim Zählen, wobei man je nach dem eine zu große oder zu kleine Zahl angibt.

♦saisei-shi 再生紙
das Recyclingpapier 一度使った紙を溶解して漉きなおした紙。aus Altpapier als Rohstoff hergestelltes Papier

♦saishoku 菜食
die vegetarische Kost **saishoku suru 菜食する** sich vegetarisch ernähren **saishoku-shugi 菜食主義** der Vegetarismus **saishoku-shugi-sha 菜食主義者** der Vegetarier

♦saka-mushi ni suru 酒蒸しにする
in *Sake* einlegen (oder mit *Sake* würzen) und anschließend dünsten

♦sake 酒
der japanische Reiswein 狭義では日本酒のことだが，アルコール類一般を指すこともある。Im engeren Sinne wird so der japanische Reiswein (mit einem Alkoholgehalt von 12 bis 16 Volumenprozent) bezeichnet, *Sake* wird aber auch als allgemeiner Sammelbegriff für alkoholische Getränke verwendet. **atsu-kan 熱燗** der heiße *Sake* **kanzake 燗酒** der angewärmte *Sake* **hitohada ni kan o suru 人肌に燗をする** wörtl.: „so warm machen wie die menschliche Haut“; der leicht angewärmte *Sake* **hiya-zake (reishu) 冷酒** der kalte *Sake* **choko 猪口** das *Sake*-Schälchen **tokkuri 徳利** das *Sake*-Kännchen **mizuwari 水割り** die Verdünnung mit kaltem Wasser (z.B. bei Whisky oder *Shōchū*) **(o) yuwari (お) 湯割り** die Verdünnung mit heißem Wasser (z.B. bei *Shōchū*) **kiki-zake 利き酒，聞き酒** die *Sake*-Probe **kiki-zake o suru 利き酒 (聞き酒) をする** eine *Sake*-Probe halten **sake wa hyakuyaku no chō 酒は百薬の長** *Sake* ist die beste Medizin; *Sake*

ist besser als alle Arzneien. **oya no iken to hiya-zake wa atode kiku 親の意見と冷や酒は後で効く** (Sprichw.) Die Meinung der Eltern und kalter *Sake* wirken erst im nachhinein.

◆sando-gasa 三度笠

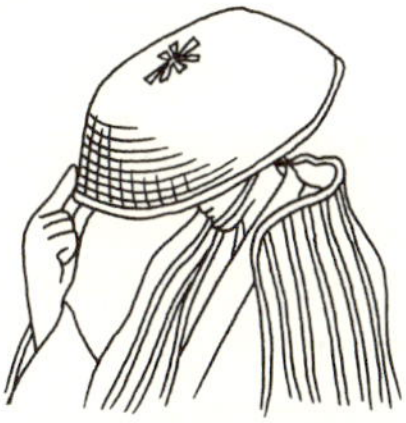

{Gesch.} der Reisestrohhut (der Edo-Zeit) もともとは江戸時代に江戸，京都，大坂の三ヶ所を毎月三度ずつ往復していた飛脚を三度飛脚と呼び，かれらが身に着けていた笠であることからこの名がついた。Ursprünglich war dies der Strohhut der Briefträger aus der Edo-Zeit, die die Strecke zwischen Edo (heute Tōkyō), Kyōto und Ōsaka 3 Mal im Monat (daher der Name) zurücklegten.

◆sankai no chinmi 山海の珍味
Köstlichkeiten (die Delikatessen) aus den Bergen und aus dem Meer; die Delikatessen vom Berg und aus dem Meer **umi no sachi yama no sachi 海の幸山の幸** der Segen des Meeres und der Berge

◆sanma さんま，秋刀魚

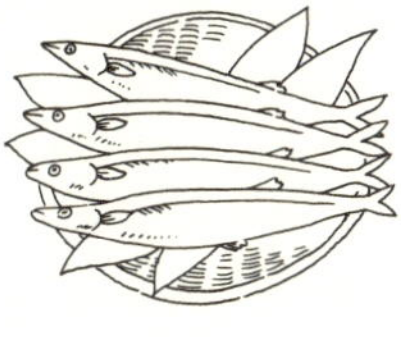

der Makrelenhecht (lat. *Cololabis saira*) 日本の秋の代表的味覚といえばこの秋刀魚と松茸であろうか。松茸は一般庶民には手が届かないほど高価であるが，秋刀魚は値段も手頃。10月頃に獲れる旬のものは，脂がのっていて美味である。塩焼きにして大根おろしを添えて食べるのが一般的。Der Makrelenhecht und der Kiefernpilz sind typische Speisen im japanischen Herbst. Echte Kiefernpilze sind für den Normalsterblichen zu teuer, aber Makrelenhechte kann sich jeder leisten. Besonders gut schmecken sie im Oktober, wenn die Fische aufgrund des eingelagerten Fetts besonders saftig sind. Normalerweise isst man sie gegrillt mit geriebenem Rettich.

◆sansai 山菜
wörtl.: das „Berggemüse“; wildwachsende essbare Pflanzen (die in den Bergen gesammelt werden) **sansai-ryōri 山菜料理** das Gericht mit Berggemüse

◆sansei-u 酸性雨
der saure Regen 通常の雨が示す若干の酸性 (pH 5-6) より酸性の強い雨で，工場や自動車から出る排気ガスが原因と見なされる。1960年代の後半以後世界の各地で問題になっている。森林の枯死もこういった酸性雨が原因であるとされる。Regenwasser hat normalerweise einen ph-Wert von 5 bis 6, aber seit den 60er Jahren wird weltweit Regen mit einem sauren ph-Wert beobachtet, der von Industrie- und Autoabgasen verursacht wird. Eine Folge des sauren Regens ist das Waldsterben.

♦sanshō 山椒

der japanische Bergpfeffer 若葉は香気が強く「木の芽」と呼ばれる。果実は香辛料として用いられるほか，薬用としても用いられる。Die frischen Triebe dieses Baumes haben einen sehr intensiven Geruch und sind unter dem Namen *Kinome* „Baumsprossen" bekannt. Die Früchte des Bergpfeffers werden als Gewürz aber auch als Medizin verwendet. **sanshō wa kotsubu de mo piriri to karai 山椒は小粒でもぴりりと辛い** (Sprichw.) wörtl.: „Der Bergpfeffer ist auch als kleines Korn sehr scharf." Kleine Büchsen, gute Salben.「小さな箱に上等の香油」 Klein, aber oho fein!「小兵でも，才があれば，実力を発揮できる」ということ。Auch eine Person von kleiner Statur kann beeindrucken, wenn sie Talent besitzt.

♦sao-dake 竿竹

die Wäschestange aus Bambus さお竹を直訳すればBambusstangeであるが上のドイツ語は，洗濯物を干すためのさお竹ということである。最近は竹製でないものが多い。*Sao-dake* bedeutet wörtlich einfach nur Bambusstange, aber gemeint ist oft eine Bambusstange, auf der man die Wäsche trocknet. In der letzten Zeit gibt es auch Wäschestangen aus anderen Materialien. **mono-hoshi-ba 物干し場** der Wäschetrockenplatz

♦sarumata さるまた，猿股

die kurze Unterhose 腰から股のあたりを覆う男性用下着の一種。名前の由来に定説は無い。大正時代以降ふんどしとならぶ男性用下着となった。西洋褌などと呼ばれたこともある。Eine Form der Unterbekleidung, die die Hüfte und Teile der Oberschenkel bedeckt. Der Ursprung des Namens (wörtl.: „Affen-Oberschenkel") ist nicht gesichert. Seit der Taishō-Zeit ist neben dem *fundoshi* (siehe dort) als Unterwäsche für Männer im Gebrauch. Damals gab es dafür auch andere Bezeichnungen, z.B. *seiyō-fundoshi* („westliches Lendentuch"). **burīfu ブリーフ** (von engl. *briefs*) der Slip **torankusu トランクス** (von engl. *trunks*) kurze Männersporthose

♦sashi-ire 差し入れ

1) Geschenk (der Familien o.ä.) an einen Häftling in Untersuchungshaft in Form von alltäglichen Waren 2) Lebensmittelgeschenk, das man, meistens eine Gruppe von Personen, die gerade viel arbeiten muss, von außerhab geschenkt bekommt. 1) 留置所などに入れられている者に(例えば家族などが)日用品などを届けること。2) 仕事で忙しい職場などに飲食物を贈り届けること。

♦sashimi 刺身 (o-tsukuri お造り)

das *Sashimi*; aufgeschnittener, lebendfrischer roher Fisch **sashimi no tsuma 刺身のつま** die Garnierung für *Sashimi* (Gemüse od. Meeresgemüse) **sashimi no moriawase 刺身の盛り合わせ** gemischte *Sashimi* **ike-zukuri 生け造り** das *Sashimi* von noch halb lebendigem Fisch **sashimi-teishoku 刺身定食 (otsukuri-teishoku お造り定食)** das Menü mit rohem Fisch **wasabi わさび，山葵** das *Wasabi*; grüner, sehr scharfer Meerrettich わさびは，刺身や寿司といった代表的な日本食に欠くことができないものである。*Wasabi* ist in der japanischen Küche unverzichtbar und wird z.B. zu rohem Fisch und *Sushi* gerne gegessen. **tataki たたき** der gehackte rohe Fisch

♦sashitsu-sasaretsu 差しつ差されつ

sich gegenseitig *Sake* einschenken 酒をついだりつがれたりして，なごやかに酒を飲む様子。sich gegenseitig Alkohol (besonders *Sake*) einschenken und harmonisch zusammen trinken

♦satsuma-imo さつま芋，薩摩芋

die Süßkartoffel 中米原産。中国・沖縄を経て，17世紀に日本に渡来。薩摩地方（現在の鹿児島県）でよく栽培されたので，この名がある。食用のほか，デンプン・アルコール・焼酎などの原料とする。Die ursprünglich aus Mittelamerika stammende Feldfrucht gelangte im 17. Jh. über China und Okinawa nach Japan. Weil sie in der Provinz Satsuma (heute Präfektur Kagoshima) viel angebaut wurde, benannte man sie schließlich nach dieser Region. Außer als Lebensmittel kommt sie auch als Rohstoff für die Produktion von Stärke, Alkohol, *Shōchū* etc. zum Einsatz. **imozuru-shiki ni 芋づる式に** wörtl.: „so wie man Süßkartoffeln zieht (od. erntet)"; eins führt zum anderen; einer nach dem anderen 芋蔓をたぐると次々に芋が出てくるように，ひとつのことがきっかけになり，関係のある新しい物事が次々に得られること。Wenn man bei der Ernte von Süßkartoffeln die Ranken einholt, dann kommt eine Süßkartoffel nach der anderen zum Vorschein; deshalb gebraucht man die Metapher von der Süßkartoffelernte, um die Situation zu beschreiben, dass man von einem Ausgangspunkt aus nach und nach andere damit in Zusammenhang stehende Dinge erreichen kann. **ishiyaki imo 石焼き芋** geröstete Süßkartoffeln さつま芋を熱した小石の中に埋めて，間接加熱によっっ焼いたもの。通常の焼き方より甘く仕上がる。焼き芋屋が屋台や軽トラックに専用の釜を積み売り歩く姿は，今日見かけることは少なくなったとはいえ，日本の冬の風物詩の一つである。Süßkartoffeln, die langsam zwischen heißen Kieselsteinen geröstet werden. Durch diese Art der Zubereitung erhalten sie einen süßeren Geschmack als durch gewöhnliches Rösten. Verkaufsstände mit gerösteten Süßkartoffeln oder kleine Lastwagen mit besonderen Kesseln für deren Zubereitung, die herumfahren und die Süßkartoffeln verkaufen, gehören zur japanischen Winterszenerie, auch wenn sie heute seltener geworden sind.

♦satsuma-no-kami 薩摩守

das Schwarzfahren, die Schwarzfahrt 平安時代末期の武将薩摩守平忠度を「ただ乗り」に掛けて，乗り物に無賃乗車をすることを「薩摩守」という。Weil Taira no Tadanori, ein Krieger der späten Heian-Zeit den Titel „Satsuma-no-kami" hatte und sein Vorname Tadanori homophon zu Schwarzfahren ist, kam dieser Ausdruck scherzhaft in Gebrauch.

♦seifuku 制服

die Uniform 日本では，例えば市役所で働いている公務員とか銀行員あるいは学校の生徒といったように，さまざまな領域で制服の着用が見られる。ドイツでは生徒の制服はないが，最近（2005年）いくつかの学校で制服導入の試みがなされている。ただしそれを着るかどうかは，生徒の自主的判断に任されている。In Japan findet man viele Lebens- und Arbeitsbereiche, in denen Uniformen getragen werden. So tragen beispielsweise die Beamten im Rathaus, Bankangestellte und auch Schüler oft Uniformen. Schuluniformen gibt es in Deutschland nicht, aber in der letzten Zeit (2005) werden an einigen deutschen Schulen Versuche mit Schulkleidung durchgeführt, an denen die Schüler allerdings freiwillig teilnehmen. **gakusei-fuku 学生服** die Studentenuniform 日本における最初の学生服は，帝国大学（現，東京大学）が1886（明治19）年に定めた制服とされる。ただ明治時代から大正時代初期まで学生服は，都市部をのぞいてあまり普及せず，和服に下駄姿で学生帽をかぶるというのが一般学生の典型的姿であった。いわゆる学生服が全国的広がりを見せたのは，大正中期以降である。第二次世界大戦後もしばらく学生服が見られたが，その後大学生のスタイルも多様化し，学生服離れは加速した。現在，大学生で学生服を着用しているのは，応援団と一部の体育会系など限られた人のみである。応援団の学生などが着る丈の長い上着，だぶだぶのズボン学生服は「学らん」と呼ばれることがある。Die erste Studentenuniform Japans wurde im Jahr 1886 an der Kaiserlichen Universität (heute Universität Tōkyō) eingeführt. Von der Meiji- bis zum Beginn der Taishō-Zeit waren Studentenuniformen allerdings außerhalb der städtischen Gebiete kaum verbreitet und die typische Kleidung der Studenten bestand aus einem leichten *Kimono*, *Getas* und dem Studentenhut. Erst seit Mitte der Taishō-Zeit verbreiteten sich Studentenuniformen in ganz Japan. Auch nach dem Zweiten Weltkrieg gab noch für eine gewisse Zeit Studentenuniformen, aber später trugen die Studenten ganz unterschiedliche Arten von Kleidung, und die Uniformen kamen schon bald außer Gebrauch. Heute tragen nur noch ganz wenige Studenten Uniformen, z.B. die Mitglieder der Unterstützergruppen, die die Sportteams der Universität anfeuern, und einige Mitglieder der universitären Sportklubs. Die langen Jacken und weiten Hosen, die von den Unterstützergruppen der Sportmannschaften der Hochschulen getragen werden, nennt man oft *gakuran*.

♦seikatsu-hogo 生活保護

die Fürsorge; die Sozialhilfe 日本において生活保護を受けている世帯数は，2005（平成17）年以降連続して100万を突破している。急速な高齢化や長引く不況の中で生活保護世帯は増え続け，2010（平成22）年には190万を越え，さらに2011年には，戦後混乱期の1952年度以来59年ぶりに200万人を突破した。Die Zahl der Haushalte, die in Japan auf Sozialhilfe angewiesen sind, hatte im Jahr 2005 die Eine-Million-Marke überschritten, aber die schnelle Überalterung der japanischen Gesellschaft und die fortdauernd schlechte Wirtschaftslage hat dazu geführt, dass die Zahl dieser Haushalte weiter ansteigt. 2010 waren es über 1,9 Millionen und im Jahr 2011 hat sie – erstmals seit 59 Jahren, als diese Zahl in den Wirren der Nachkriegszeit schon einmal so hoch war – wieder die Zwei-Millionen-Grenze erreicht. **seikatsu-hogo-jukyūsha 生活保護受給者** der (die) Sozialhilfeempfänger(in) **kū ya kuwazu no seikatsu de aru 食うや食わずの生活である** am Existenzminimum leben;

an der Armutsgrenze leben **seikatsu-hogo-setai 生活保護世帯** der von der Sozialhilfe lebende Haushalt **Seikatsu-hogo-hō 生活保護法** das Fürsorgegesetz (1950)

◆sekihan 赤飯

wörtl.: „roter Reis" もち米に小豆をいれて炊きあげたもので，お祭りや身内に祝い事があったときに食べることが多い。mit roten *Azuki*-Bohnen gekochter Klebreis als Festtagsgericht

◆senbei せんべい，煎餅

der Reiskräcker 古来，大衆的な菓子として好まれ，種類も多い。Seit altersher eine beliebte und volkstümliche Knabberei, die es in vielen Variationen gibt. **senbei-buton せんべい布団，煎餅布団** dünner und harter *Futon*

◆sentaku-ki 洗濯機

die Waschmaschine **sentaku-mono 洗濯物** die Wäsche 1950年代に日本に家庭電化時代が到来し始めると，電気冷蔵庫，電気洗濯機，テレビは「三種の神器」と呼ばれ，主婦たちの憧れの的となった。Als in der 1950er Jahren in Japan das Zeitalter der elektrischen Haushaltsgeräte begann, wurden der Kühlschrank, die Waschmaschine und der Fernseher scherzhaft als die „drei göttlichen Kleinodien" (vgl. *Sanshu no jingi*) bezeichnet, weil sie die Sehnsucht der Hausfrauen auf sich zogen. **kansō-ki 乾燥機** der Entfeuchter

◆sentō 銭湯

das öffentliche Badehaus; die Badeanstalt 銭湯は日本において長年，入浴施設としてのみならず，庶民の社交の場としても重要な役をはたしてきたが，1960年代の半ば頃から，家庭風呂の普及により，その利用者数が激減し，経営困難から，廃業するところも多く見られるようになった。Öffentliche Badehäuser sind in Japan seit langem nicht nur Orte der Körperreinigung, sondern sie dienen dem Volk auch als soziale Begegnungsstätten. Trotzdem hat ihre Zahl seit der Mitte der 1960er Jahre stark abgenommen, als immer mehr Wohnungen mit eigenen Badezimmern ausgestattet wurden, und weil ihr Betrieb unrentabel geworden ist, müssen viele Badehäuser schließen.

◆shabushabu しゃぶしゃぶ

das japanische Fleisch-Fondue なべ料理の一種で，薄切りの牛肉・野菜・豆腐などを熱湯のなかでゆすぐように煮て，たれ汁，薬味などとともに食する。Hauchdünne Rindfleisch-Streifen werden mit anderen Zutaten wie *Tōfu* und Gemüse nacheinander in eine kochende Brühe getaucht und dann mit pikanten Soßen gegessen.

◆shamoji しゃもじ（shakushi 杓子）

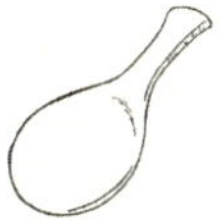

der Reislöffel, der Schöpflöffel 食べ物を分配する道具であり，家族の食生活をつかさどる主婦の重要な持ち物として，主婦権の象徴ともされていた。Mit dem Reislöffel wird bei Tisch der Reis verteilt. Weil dieses Gerät für die Ernährung der Familie unverzichtbar ist, avancierte es zu einem

Symbol für die Hausfrau selbst, die für das Essen der Familie verantwortlich ist. **neko mo shakushi mo 猫も杓子も** wörtl.: „auch die Katze und der Schöpflöffel"; Hinz und Kunz; alles, was Beine hat なぜ猫と杓子が並べられているのかについては諸説があるが，猫の足が杓子の形に似ているからであるという説もある。Es gibt verschiedene Erklärungen, warum hier die Katze und der Schöpflöffel in einem Atemzug genannt werden, vielleicht, weil die Beine der Katze eine ähnliche Form wie der Griff eines Schöpflöffels haben.

♦shichimi 七味 (shichimi-tōgarashi 七味唐辛子)

wörtl.: „Sieben-Düfte-Gewürz" 香辛料の一つ。唐辛子，麻の実，山椒等を砕いて混ぜ合わせたもの。例えばうどんなどにかける。Eine Gewürzmischung aus sieben Bestandteilen auf der Grundlage von Chilipulver, die z.B. zum Würzen von Nudelgerichten verwendet wird. **ichimi-tōgarashi 一味唐辛子** der reine rote Pfeffer; der reine Chili

♦shidashi 仕出し

das Liefern von Essen auf Bestellung **shidashi-ya 仕出し屋** der Laden, der Essen auf Bestellung liefert; der Bringservice **shidashi-ryōri 仕出し料理** das gelieferte Essen

♦shimo-goe 下肥

der Fäkaliendünger, der Fäkaldünger, die Jauche 人の糞尿を肥料としたもので，日本において部分的には20世紀の半ば近くまで用いられていた。Menschliche Ausscheidungen wurden in Japan teilweise bis zur Mitte des 20. Jhs. als Dünger verwendet. **kumitori-shiki no benjo 汲み取り式の便所** unkanalisierte Toilette

♦shinkansen 新幹線

der *Shinkansen*; der japanische Hochgeschwindigkeitszug 東海道新幹線（東京・新大阪間）が開業したのは，1964（昭和39）年である。東北新幹線は2010（平成22）年12月にに全線完成していたが3月11日の東日本大震災により被災して後しばらく運転を見合わせていたものの4月29日運転を再開した。一方，九州新幹線は震災の翌日(3月12日）に全線開業したので，この日つまり4月29日をもって本州北端の青森（新青森駅）と九州南端にある鹿児島（鹿児島中央駅）が実質的に新幹線でつながった。Die Tōkaidō-Linie des *Shinkansen*, die zwischen Tōkyō und Shin-Ōsaka verkehrt, wurde 1964 in Betrieb genommen. Die Tōhoku-Linie des Shinkansen, die im Dezember 2010 fertiggestellt worden war, musste nach dem Großen Erdbeben von Ostjapan am 11.März 2011 aufgrund von Beschädigungen vorübergehend ihren Betrieb einstellen und wurde am 29. April des Jahres wieder eröffnet. Am 12. März, einen Tag nach dem Erdbeben, wurde alle Strecken des Kyūshū-Shinkansen in Betrieb genommen, so dass seit diesem Tag, d.h. 29. April 2011, Aomori (Hauptbahnhof: Shin-Aomori) an der nördlichen Spitze der Insel Honshū und Kagoshima (Hauptbahnhof: Kagoshima-chūō) an der Südspitze der Insel Kyūshū mit dem Shinkansen verbunden sind. **zairai-sen 在来線** die bisherige Linie **shitetsu 私鉄** die Privatbahn **kyōki 狭軌** die

Schmalspur (enger als 1,435 m) **kōki 広軌** die breite Spurweite (breiter als 1,435 m)

♦ shinkū-pakku 真空パック
die Vakuumverpackung **shinkū-pakku suru 真空パックする** vakuumverpacken **shinkū-pakku no shokuhin 真空パックの食品** vakuumverpackte Lebensmittel

♦ shinshoku o wasurete 寝食を忘れて
wörtl.: „so sehr, dass man Schlafen und Essen vergisst"; hingebungsvoll; mit ganzem Herzen

♦ shiro-muku 白無垢
die rein weiße Kleidung; ganz weiße Kleidung 上着・下着とも白の和服の衣装。神事・結婚・死などに清浄を尊んで用いる。Von Kopf bis Fuß rein weiße Kleidung im japanischen Stil. Man trägt die reine Farbe um Verehrung auszudrücken z.B. bei einer Andacht im Schrein, bei einer Hochzeit oder wenn jemand gestorben ist.

♦ shirubā シルバー
(von engl. *silver*) シルバーは日本ではしばしば「白髪の人」つまり高齢者を指す言葉として用いられている。*Shirubā* wird in Japan oft im Sinne von „die Ergrauten" (d.h. ältere oder alte Personen; Senioren) verwendet. 例「シルバー・マーケット」z.B.: der Silbermarkt

♦ shiruko しるこ, 汁粉
süße dicke Bohnensuppe mit *Mochi* oder einem Reismehlkloß 小豆餡（あずきあん）を水で延ばし砂糖を加えて煮，餅や白玉をいれた甘い食品。関西地方では，善哉と言われる。Eine Süßigkeit, die man herstellt, indem man *An* (siehe dort) aus roten *Azuki*-Bohnen in Zuckerwasser kocht und später *Mochi* (siehe dort) oder einen Reismehlkloß hinzugibt. In der Kansai-Region heißt dieses Gericht *Zenzai*.

♦ shirushi-banten 印半纏
die Livree; der Kittel mit Familienwappen 襟や背などに屋号や氏名などを染め抜いた半纏。江戸時代後期から職人などが着用した。Ein einfacher Kittel, der am Kragen, auf dem Rücken usw. mit dem Firmen- oder Familiennamen versehen ist. Seit dem Ende der Edo-Zeit wurde dieses Kleidungsstück z.B. von Handwerkern getragen.

♦ shītake しいたけ, 椎茸
der *Shītake*-Pilz; ein japanischer Speisepilz 代表的な食用キノコで，人工栽培も多い。ein typischer japanischer Speisepilz, der oft künstlich angebaut wird

♦ shīto-beruto シート・ベルト
(von engl. *seatbelt*) der Sitzgurt, der Sicherheitsgurt **shīto-beruto o shimeru シート・ベルトを締める** sich anschnallen; den Sicherheitsgurt schließen 日本で乗用車のシート・ベルト着用が義務化されたのは1985（昭和60）年で，2008（平成20）年には，後部座席でのシート・ベルト着用も定められた。なおドイツ（当時の西ドイツ）では，1976年に乗用車の前部座席での，1984年からは後部座席も含めたシート・ベルトの着用が義務付けられている。In Japan gilt die Anschnallpflicht für PKW-Vordersitze seit 1985 und seit 2008 auch für PKW-Rücksitze. In der Bundesrepublik

Deutschland galt Anschnallpflicht seit 1976 für PKW-Vordersitze und seit 1984 auch für PKW-Rücksitze.

♦shizen-shoku 自然食

die Naturkost, die Biokost 人工色素・防腐剤・化学調味料などの添加物を加えない自然のままの食品。Naturbelassene Lebensmittel ohne industriell gefertigte Zusatzstoffe wie etwa Geschmacksverstärker, Farbstoffe oder Konservierungsmittel **shizen-shokuhin-ten 自然食品店** der Bioladen, der Ökoladen **shokuhin-tenkabutsu 食品添加物** der Lebensmittelzusatz

♦shōbu-fuku 勝負服

wörtl.: „die Wettkampfbekleidung" もともとは競馬において厩舎（馬主）を区別するために騎手が着用するユニホームの意味であったが，近年では，ここ一番，今日こそは，というデートの際などに着る服装の意味でも使われている。Ursprünglich die Bezeichnung für die Bekleidung eines Jockeys beim Pferderennen, an deren Farbe man seinen Rennstall erkennt. In jüngster Zeit meint man damit die Kleidung, die man z.B. bei einem „besonderen" Rendevous trägt.

♦shōchū 焼酎

der *Shōchū* さつま芋，米，蕎麦などから作る日本の蒸留酒。japanischer Schnaps aus Süßkartoffeln, Reis, Buchweizen usw. 焼酎は日本では，オン・ザ・ロック，水割り，お湯割り等で飲むことが多い。In Japan wird *Shōchū* meist mit Eiswürfeln oder mit kaltem (heißem) Wasser getrunken.

♦shō-ene 省エネ (shō-enerugī 省エネルギー)

das Energiesparen 石油・ガス・電力などエネルギー資源の効率的利用をはかること。Der möglichst wirkungsvolle und damit sparsame Verbrauch von Öl, Gas, Strom usw. **shōene-gijutsu 省エネ技術** die Energiespar-Technologie **shōene-jūtaku 省エネ住宅** das Energiesparhaus

♦shōga 生姜

der Ingwer 生姜は古くより，香辛料としてまた薬として用いられてきた。Ingwer wird in Japan seit altersher als Küchengewürz und Arznei verwendet. **butaniku no shōga-yaki 豚肉の生姜焼き** gebratenes Schweinefleisch mit Ingwer

♦shōhisha 消費者

der Verbraucher, der Konsument **shōhisha-bukka 消費者物価** der Verbraucherpreis, der Ladenpreis **shōhisha-bukka-shisū 消費者物価指数** der Verbraucherpreisindex **shōhisha-kin'yū 消費者金融** der Verbraucherkredit, der Konsumentenkredit

♦shoin-zukuri 書院造り

wörtl.: „Studier- und Empfangszimmer-Stil"; der Samuraiwohnhaus-Stil 室町時代に始まり江戸時代初期に完成した様式で「書院」を中心に展開し，畳の間や床の間等を中心にその様式の影響は，現在の和風建築にまで及んでいる。Der Baustil, der sich von der Muromachi-Zeit bis zur frühen Edo-Zeit entwickelt hat, beeinflusst teilweise noch heute die japanische Architektur (durch Ausstattungselemente wie *Tatami*-Zimmer und *Tokonoma*).

♦shōji 障子

das *Shōji*; die Papierschiebetür aus durchscheinendem Papier **fusuma ふすま，襖** die *Fusuma*; die Schiebetür aus festem, nicht durchscheinendem Papier auf einem Holzrahmen zur Raumtrennung 木で骨を組み両側から厚手の紙か布を張ったもので，間仕切りに使う。

♦shōjin-ryōri 精進料理

wörtl.: „Speisen für die religiöse Askese" もともとは仏教的考え方にもとづく肉，魚介類を排した料理を意味するものであったが，現在では野菜・豆腐など植物性の材料で作る料理をこのように呼ぶこともある。Ursprünglich die Bezeichnung für die vegetarischen Fastenspeisen buddhistischer Mönche, heute werden vegetarische Gerichte manchmal so bezeichnet.

♦shoku ga hosoi 食が細い

wie ein Spatz essen; wenig essen **ōguino 大食いの** gefräßig **taishoku-kan 大食漢** der Vielfraß

♦shoku-iku 食育

die diätische Erziehung; die Ernährungsberatung 食育とは，食に関する教育で，食料の生産方法や調理方法，食品の選び方，その他食に関する文化一般を視野に入れながら食について教育するという意味である。この言葉が造られたのは19世紀末であるが，食育の重要性が認識されるようになったのはそれから約1世紀後の1990年代の後半になってからであった。2005 (平成17) 年に施行された食育基本法では，食育を，生きる上での基本であって，知育・徳育および体育の基礎となるべきものと規定し，さらに食育について，さまざまな体験を通じて「食」に関する知識と「食」を選択する力を習得し，健全な食生活を実践することができる人間を育てることと定義している。Unter diätischer Erziehung (z.B. an Schulen) versteht man die Vermittlung von Kenntnissen über Lebensmittel, deren Anbau- und Zubereitungsmethoden, die richtige Auswahl beim Einkaufen und andere allgemeine kulturelle Aspekte hinsichtlich der Ernährung. Der Begriff wurde Ende des 19. Jhs. eingeführt, aber es hat etwa 100 Jahre gedauert bis in der zweiten Hälfte der 1990er Jahre die Bedeutung der diätischen Erziehung allgemein anerkannt wurde. Das Grundlagengesetz über die diätische Erziehung aus dem Jahr 2005 stellt fest, dass die diätische Erziehung die Grundlage der intellektuellen, moralischen und körperlichen Erziehung des Menschen bildet, und gibt als Definition, dass die diätische Erziehung durch verschiedene Erfahrungen Wissen über Ernährung vermitteln, die Fähigkeit zur Auswahl von geeigneten Lebensmitteln fördern und so ein gesunde Lebensweise ermöglichen soll.

♦shokumotsu-rensa 食物連鎖

die Nahrungskette 食物連鎖とは，捕食（食

べる)・被食(食べられる)という食物関係によってできる生物種間のつながりを指す言葉で，工場廃水として流出した有機水銀や原発事故に起因する放射能が魚介類の食物連鎖により濃縮された形で人間の体内に取り入れられることは十分あり得る。Das Wort bezeichnet die Beziehungen zwischen verschiedenen Spezies, von denen eine als Nahrungsgrundlage der anderen dient, die also durch Fressen und Gefressenwerden eine „Kette“ bilden. Es besteht die Gefahr, dass Meeresfrüchte beispielsweise durch organische Quecksilberverbindungen aus Industrieabwässern oder radioaktives Material aus havarierten Atomkraftwerken kontaminiert werden, und dass es durch die Nahrungskette zu einer Schadstoffanreicherung kommt, die letztlich den menschlichen Körper belastet.

♦shokuryō-jikyū-ritsu 食料自給率

der Selbstversorgungsgrad, die Selbstversorgungsrate 日本の食料自給率は，他の先進工業国と比べても，極めて低い。自給率の計算には，重さや生産額で計算する方法もあるが，熱量での計算(カロリーベース自給率)が一般的である。それによると各国の自給率は，アメリカ合衆国が128%，フランスが122%，ドイツ84%，イギリス70%，日本40%となっている(日本は2007年度，他の国は2003年のデータ)。なお日本は，2007年度自給率を13年ぶりに1ポイント回復し前年度の39%から40%になり，さらに2008年度には41%になったが，翌年にはまた1%後退した。Der Selbstversorgungsgrad der Nahrungsmittelproduktion in Japan ist verglichen mit anderen Industrieländern sehr gering. Bei der Berechnung des Selbstversorgungsgrads legt man manchmal die Produktionsmenge zugrunde, aber heute ist die Berechnung des Energiewerts (in Kilokalorien) allgemein üblich. Demnach liegt der Selbstversorgungsgrad in den USA bei 128%, in Frankreich bei 122%, in Deutschland bei 84% und in England bei 70%, während Japan nur einen Wert von 40% erreicht. (Prozentangaben für Japan aus dem Jahr 2007, für die anderen Länder 2003.) In Japan ist der Selbstversorgungsgrad im Jahr 2007 erstmals seit 13 Jahren um 1% von 39% auf 40% gestiegen und 2008 stieg er um ein weiteres Prozent auf 41%, aber im folgenden Jahr ist er wieder um 1% gefallen.

♦shōmi-kigen 賞味期限

das Mindesthaltbarkeitsdatum 定められた方法により保存した場合に，期待されるすべての品質の保持が十分に可能であると認められる期限。Die Frist innerhalb derer der Hersteller bei vorschriftsmäßiger Lagerung den Verbrauch eines Lebensmittels ohne wesentliche Qualitätseinbußen garantiert.

♦shōyu しょう油，醤油

die Sojasoße, die Sojasauce 大豆を主原料とする調味料で，(味噌とならんで)和食には欠かせない調味料である。Unverzichtbare Würzsoße für die japanische Küche, aus Sojabohnen hergestellt. **kijōyu 生醤油** reine Sojasoße **wasabi-shōyu わさび醤油** mit *Wasabi* (siehe dort) gewürzte Sojasoße **gen'en-shōyu 減塩醤油** die Sojasoße mit reduziertem Salzgehalt

♦shuchi-nikurin 酒池肉林
wörtl.: „Teiche von Wein und Berge von Fleisch"; das üppige Bankett; das Schlemmermahl 贅沢きわまる酒宴のこと。語源は中国の『史記』の言葉。Der Ausdruck stammt ursprünglich aus dem chinesischen Klassiker chin. *Shiji* (Aufzeichnungen eines Historikers).

♦shukuba 宿場
{Gesch.} die Poststation 江戸時代，街道の要所要所にあり，旅行者の宿泊・休息のための宿屋・茶屋や，人馬の継ぎ立てをする設備等も備えていた。In der Edo-Zeit gab es Poststationen an allen wichtigen Orten entlang der großen Landstraßen, dort gab es Herbergen und Gasthäuser, wo man übernachten oder Rast machen aber auch die Pferde wechseln konnte. **shukuba-machi 宿場町** die Stadt mit Poststation **Tōkaidō gojūsan-tsugi 東海道五十三次** dreiundfünfzig Stationen des Tōkaidō

♦shū-kurīmu シュー・クリーム
(von franz. *chou à la crème*) der Windbeutel なおこのドイツ語は直訳すれば「風の詰まった袋」(mit Luft gefüllter Beutel) ということ。

♦shun 旬
„die Saison"; die Zeit, in der Früchte, Gemüse etc. am besten schmecken **shun no yasai 旬の野菜** Gemüse der Saison

♦shusse-uo 出世魚
wörtl.: „Karrierefisch" 成長するにつれて名前が変わる魚。Fische, die je nach ihrem Alter unterschiedlich bezeichnet werden「ぼら」，「すずき」，「ぶり」の類。

♦soba そば，蕎麦
die (pl.) Buchweizennudeln; die (pl.) *Soba*-Nudeln **teuchi-soba 手打ちそば** handgemachte *Soba*-Nudeln **kake-soba かけそば，掛けそば** einfache *Soba*-Nudeln mit Soße **tenpura-soba てんぷらそば** *Soba*-Nudeln mit *Tenpura* **nishin-soba にしんそば** *Soba*-Nudeln mit eingekochtem Hering **yamakake-soba 山かけそば** *Soba*-Nudeln mit geraspelter Jamswurzel **soba-ya そば屋，蕎麦屋** das *Soba*-Nudel-Restaurant **yaki-soba 焼きそば** gebratene Nudeln **hikkoshi-soba 引越しそば** *Soba*-Nudeln, die man beim Einzug zusammen mit seinen neuen Nachbarn isst, oder ihnen schenkt **toshikoshi-soba 年越しそば** *Soba*-Nudeln, die man am Silvesterabend isst **zaru-soba ざるそば** *Soba*-Nudeln, die auf einem Bambussieb serviert werden **mori-soba 盛りそば** kalte *Soba*-Nudeln, die in einem Dämpfkorb aus Bambus serviert werden ざるそばと盛りそばは実質的には同じだが，ざるそばの場合，上に細く切った焼き海苔がかけられている。*Zaru-soba* sind zwar eigentlich das gleiche, aber *zaru-soba* werden mit fein geschnittenem, geröstetem *nori* (siehe dort) bestreut.

♦sode 袖
der Ärmel **sode no shita 袖の下** (ugs.) wörtl.: „unter dem Ärmel"; die Schmiergelder, die Bestechung **sode no shita o nigiraseru 袖の下を握らせる** jemandem Schmiergelder bezahlen **sode no shita o morau 袖の下をもらう** Schmiergelder erhalten **sode ni suru 袖にする** einen Korb geben; jemanden abblitzen lassen **nai sode**

wa furenu ない袖は振れぬ (Sprichw.) wörtl.: „Wo keine Ärmel sind, da kann auch nichts wehen." Aus nichts kann man nichts machen. Wo nichts ist, da hat der Kaiser sein Recht verloren. **sode furiau mo tashō no en 袖振り合うも他生の縁** (Sprichw.) wörtl.: „Selbst eine Berührung der Ärmel beim Vorübergehen, geht auf eine Beziehung aus einem anderen Leben zurück." Selbst die flüchtigste Bekanntschaft ist Vorherbestimmung.「袖振り合う」は「袖すり合う」とも言う。また「他生の縁」は,「多少の縁」とも書く。道を行くとき見知らぬ人と袖が触れ合うことさえ,前世からの因縁による,という意味。Für *sode furiau* sagt man auch *sode suriau* und *tashō no en* („Beziehung aus einem anderen Leben") schreibt man manchmal mit anderen Schriftzeichen, dann bedeutet es „eine gewisse Beziehung." Gemeint ist, dass selbst eine so flüchtige Begegnung wie das Aneinandervorbeigehen an einem Unbekannten auf eine karmische Beziehung aus einer früheren Existenz zurückgeht.

◆soi-soshoku 粗衣粗食
einfache (od. schlichte) Kleidung und einfaches Essen **soi-soshoku ni amanjiru 粗衣粗食に甘んじる** sich mit schlichter Kleidung und einfachem Essen begnügen

◆sōji-ki 掃除機
der Staubsauger **sōji-dōgu 掃除道具** die (pl.) Putzutensilien; die (pl.) Putzgeräte **sōji suru 掃除する** sauber machen; putzen

◆sōmen そうめん, 素麺
die (pl.) Fadennudeln; sehr dünne Nudeln **nagashi-sōmen 流し素麺** ein Sommergericht, bei dem die Fadennudeln in kaltem fließenden Wasser serviert werden, zum Essen muss man sie mit den Stäbchen herausangeln.

◆sonae areba urei nashi 備えあれば憂いなし
(Sprichw.) Vorsorge ist besser als Nachsorge; Vorsorge verhütet Nachsorge.

◆sonohi-gurashi o suru その日暮らしをする
von der Hand in den Mund leben; von einem Tag auf den anderen leben

◆sōon-kōgai 騒音公害
die Lärmbelästigung 工場・建築現場からの騒音や自動車騒音などを規制する「騒音規制法」は,1968(昭和43)年に制定された。Das japanische Lärmschutzgesetz, das die Lärmbelastung durch Fabriken, Baustellen sowie durch Autoverkehr regelt, wurde 1968 erlassen.

◆sudare すだれ, 簾
die Bambusjalousie (je nach Material auch: Schilfjalousie) 細い葦(あし)や細く割った竹を糸で編み連ねて垂らすもの。外部に対する目隠しのほか日光を遮るのに用いる。Traditionelle Jalousien aus mit Schnüren verwobenem Schilfrohr oder fein gespaltenem Bambus. Sie dienen als Sichtschutz und als Schutz vor Sonnenlicht.

◆suezen 据え膳
das Esstischchen, das vor jemanden hingestellt wird; das angebotene Mahl「据え膳」

は，すぐに食べられるように準備して人の前に供された食膳のこと。*Suezen* bedeutet, Speisen so vorzubereiten und zu servieren, dass man sie sofort essen kann. **suezen kuwanu wa otoko no haji 据え膳食わぬは男の恥** (Sprichw.) Es wäre eine Schande für einen Mann, wenn er auf die Avancen einer Frau nicht eingeht. Die Avancen einer Frau zu ignorieren ist für einen echten Mann eine Schande. 女から仕掛けられた誘惑に尻込みするのは男の恥ということ。 **suezen o kuu 据え膳を食う** auf die Avancen einer Frau eingehen

♦sugao 素顔
das ungeschminkte Gesicht 俗語では，「すっぴん」ともいう。Umgangssprachlich sagt man auch *suppin*. **usu-geshō suru 薄化粧する** sich leicht schminken **atsu-geshō suru 厚化粧する** sich dick schminken **sugao no nippon 素顔の日本** Japan ungeschminkt; Japan hinter der Maske; Japan, wie es wirklich ist

♦suika 西瓜
die Wassermelone 日本で「夏の果物の王様」といえば，西瓜であろう。日本へ渡来したのは16世紀から17世紀にかけてであるとされている。Die Wassermelone kann man wohl als die „Königin der japanischen Sommerfrüchte“ bezeichnen. Wassermelonen sollen zwischen dem 16. und 17. Jh. erstmals nach Japan eingeführt worden sein. **suika-wari 西瓜割り，スイカ割り** Sommerspiel (z.B. am Badestrand), bei dem man mit verbundenen Augen versucht, eine Wassermelone zu zerschlagen.

♦sukiyaki すき焼き
das *Sukiyaki* 薄く切った牛肉を野菜，豆腐，白滝などとともに醤油，砂糖を中心とした調味料で味付けし煮焼きしながら食べる鍋料理。Dünn geschnittenes Rindfleisch, das man zusammen mit Gemüse, *Tōfu* und anderen Zutaten mit einer pikanten Soße in einem großen Topf am Tisch dämpft und brät. この料理の名前の由来については，明治維新以前，日本において獣肉食が嫌われていた時代に，鋤の上に肉やそれ以外のものを乗せて野外で焼いて食べたからとも，また，肉をすき身（薄切り）にしたからとも言われる。Über den Ursprung des Namens für dieses Gericht findet man verschiedene Angaben: Da bis zur Meiji-Restauration Fleischgerichte in Japan unbeliebt waren, soll man Fleisch und andere Zutaten im Freien auf einer Art Spaten (das Wort *suki* kann „Spaten“ bedeuten) gebraten haben. Nach einer anderen Erklärung geht der Name darauf zurück, dass man das Fleisch für dieses Gericht als *suki-mi*, das bedeutet „dünn Geschnittenes“, verwendet. **chanko-nabe ちゃんこ鍋** das kräftige Eintopfgericht der *Sumō*-Ringer

♦sumashi-jiru すまし汁
die klare Suppe 鰹節などでだしをとり，醤油・塩で淡白な味をつけて，透明に仕立て野菜その他を入れた吸い物。eine klare Brühe, z.B. aus Bonitoflocken, die einfach mit Soyasoße und Salz gewürzt wird und Gemüse oder Ähnliches enthalten kann

♦sumeba miyako 住めば都
(Sprichw.) Wo man lebt, ist die Hauptstadt. Zuhause ist, wo man sich wohl fühlt. Heimat

ist, wo das Herz ist.

♦su-miso 酢味噌
das mit Essig gesäuerte *Miso*; das sauer angemachte *Miso* **sunomono すのもの, 酢の物** das in Essig eingelegte Gemüse oder Meeresgemüse

♦sumoggu スモッグ
der Smog, die Dunstglocke 大都市や工業地帯にしばしば発生する, 塵埃や煤煙の粒子が凝結核となった霧。durch industrielle und private Emissionen verursachte Luftverschmutzung in Großstädten **kōkagaku-sumoggu 光化学スモッグ** der photochemische Smog; der Sommersmog, der Ozonsmog 光化学オキシダントが大気中に高濃度に滞留した状態。in den Sommermonaten auftretende hohe Konzentration von Reizgasen (photochemische Oxidantien) in der Atmosphäre

♦sunīkā スニーカー
die Sportschuhe, die Turnschuhe **atsuzoko-gutsu 厚底靴** Schuhe mit Plateausohlen **hai-hīru ハイヒール** (von engl. *high heels*) die Stöckelschuhe, die Pumps

♦suri-bachi すり鉢
der (irdene) Mörser (mit einer grob geriffelten Innenseite) **suri-bachi de suru すり鉢でする** im Mörser zerstoßen; zermalen **suri-bachi-gata すり鉢形** die konische Form **surikogi すりこ木** der hölzerne Stößel; der Mörserstößel **surikogi de suru すりこ木でする** mit einem hölzernen Stößel zerstoßen

♦suri-mi すり身
Lebensmittel aus geriebenem Fisch すりつぶした魚肉で, かまぼこや竹輪の材料にするほか, 茹でて吸い物などの実とする。Geriebener Fisch ist nicht nur der Ausgangsstoff für die Herstellung von *kamaboko* oder *chikuwa* (siehe dort), er wird auch als Suppeneinlage verwendet. **satsuma-age 薩摩揚げ** frittierte Fischpaste (manchmal mit Gemüse u. a.)

♦surō-raifu スロー・ライフ
(pseudoengl. *slow life*) langsameres Leben; die Entschleunigung スローな生活ということであるが, 日本でバブル経済がはじけ, その後の「失われた10年」を経て, さらに21世紀になってから顕著になってきた生活態度である。かつてのスピード, 競争, 効率化が求められた時代を振り返りながら, 思慮分別をはたらかせ, 環境にも優しい持続性のある生活を取り戻そうという生き方である。Das Motto „langsamer leben“ findet heute in Japan nach dem Platzen der „Seifenblasenwirtschaft“, den darauffolgenden „verlorenen zehn Jahren“ und dem Eintritt ins 21. Jh. eine nicht unbeträchtliche Aufmerksamkeit. Im Gegensatz zu den vergangenen Jahrzehnten, in denen die Japaner wie blind nach Schnelligkeit, Wettbewerb und Effizienz gestrebt haben, steht *slow life* für die umsichtige Rückkehr zu einer umweltfreundlichen und nachhaltigen Lebensweise.

♦surume するめ
der getrocknete Tintenfisch 祝儀に用いられることもある。Getrockneter Tintenfisch findet manchmal bei festlichen Anlässen

Verwendung. なお「する」は「損をする」に通じるということで，飲食業界では，「するめ」という言い方を避けて，「あたりめ」と言い換えもおこなわれている。Weil das Wort *suru* auch „Verlust machen“ bedeuten kann, vermeidet man im Gaststättengewerbe die Bezeichnung *surume* und sagt stattdessen *atarime* „Gewinn machen“.

♦**sushi 寿司，鮨**

das *Sushi*; Oberbegriff für Delikatessen aus fein gesäuertem Reis, Fisch und Gemüse. Meeresfrüchte wie die Folgenden werden gern als *Sushi* gegessen: **awabi あわび，鮑** die Abalone, das Seeohr **ika いか，烏賊** der Tintenfisch **tako たこ，蛸** der Oktopode, der Achtfüßler. der Krake **ikura イクラ** der Lachskaviar **uni うに，雲丹** der Seeigel **ebi えび，海老** die Garnele **kani かに，蟹** die Krabbe **aji あじ，鯵** die Stachelmakrele **maguro まぐろ，鮪** der Thunfisch **tai たい，鯛** die Meerbrasse **saba さば，鯖** die Makrele **unagi うなぎ，鰻** der Aal **inari-zushi いなり寿司** in einer gekochtenen *Tōfu*-Hülle eingewickelter süßsaurer Sushi-Reis **temaki-zushi 手巻き寿司** das handgerollte *Sushi*-Röllchen mit *Nori* (siehe dort) **sushi-ya すし屋，寿司屋，鮨屋** das *Sushi*-Restaurant **kaiten-zushi 回転ずし，回転すし** das *Sushi*-Restaurant, wo das Essen auf einem Förderband vorbeifährt **gari がり** in Essig eingelegte Ingwerscheiben (als Beilage zum *Sushi*) すしを表わす日本語の表記はいくつかあるが，そのなかで最もよく用いられている漢字表記「寿司」は，当て字である。すしは，sushi　として世界的に知られるようになってきたが，代表的なのは「握り寿司」で，酢飯と魚介類などを組み合わせた料理である。他に押し寿司，ちらし寿司（五目寿し），まき寿司，いなり寿司，なれ寿司などがある。最後にあげてあるなれ寿司は，その他のものと製法が異なり，魚介類に米を加えて乳酸発酵によって酢味を生じさせたもので，滋賀県の鮒（ふな）寿司が有名。Das Wort *sushi* wird auf Japanisch mit verschiedenen Schriftzeichen geschrieben; bei der Schreibung 寿司 handelt es sich um Zeichen, die nur wegen ihres Lautwerts verwendet werden (siehe *ateji*). *Sushi* ist heute in der ganzen Welt bekannt und die populärste Variante ist *nigiri-zushi*, das meistens aus einem kleinen Stückchen Reis mit rohem Fisch oder anderen Meeresfrüchten besteht. Daneben gibt es „gepresstes *Sushi*“ (*oshi-zushi*), „zerstreutes *Sushi*“ (*chirashi-zushi* oder *gomoku-zushi*), bei dem die Zutaten einfach auf dem Teller gemischt sind, „*Sushi*-Rollen“ (*maki-zushi*), *inari-zushi* (siehe oben) und andere Variationen. Außerdem ist „fermentiertes *Sushi*“ (*nare-zushi*) anzuführen, das im Unterschied zu gewöhnlichem *Sushi* aus fermentiertem Fischen mit Reis hergestellt wird, wodurch ein säuerlicher Geschmack entsteht, besonders berühmt ist Karauschen-*Sushi* (*funa-zushi*) aus der Präfektur Shiga. **sushi-zume すし詰め** wie die Ölsardinen gedrängt sein; wie Heringe zusammengepresst sein **sushi-zume no すし詰めの** überfüllt, proppenvoll

♦**sutamina-ryōri スタミナ料理**

kräftigendes Essen, in der Regel mit Fleisch たいていの場合肉を中心にした料理。in der Regel mit Fleisch **sutamina o tsukeru スタミナをつける** sich stärken; Energie tanken, Kraft tanken (v.a. durch das Essen)

♦suteteko すててこ, ステテコ

halblange Männerunterhosen 日本の夏は高温多湿であるため，ズボンが汗で濡れないように，パンツの上に薄手の布でできたすててこを愛用する男性も少なくない。Im feucht-heißen japanischen Sommer tragen nicht wenige Männer gerne halblange Unterhosen aus einem dünnen Stoff, um ihre Anzugshosen nicht zu verschwitzen. **momohiki ももひき, 股引** lange Unterhosen 主として保温・防寒用。lange Winterunterhosen als Schutz vor Kälte

♦tabi no haji wa kaki-sute 旅の恥は掻き捨て

(Sprichw.) Fern der Heimat geniert man sich nicht. Auf Reisen geniert man sich nicht. Auf Reisen ist man fern von Scham. **tabi wa michizure, yo wa nasake 旅は道連れ世は情け** (Sprichw.) Auf Reisen wie im Leben sollte man einen Gefährten haben. Auf Reisen und im Leben muss einer dem andern helfen.

♦tachi-gare suru 立ち枯れする

das Eingehen, das Vertrocknen, das Verdorren (einer stehenden Pflanze) **tachi-gare no taiboku 立ち枯れの大木** ein großer verdorrter Baum; ein großer vertrockneter Baum **shinrin no koshi 森林の枯死** das Waldsterben

♦tachi-gui 立ち食い

Essen im Stehen **tachi-gui suru 立ち食いする** im Stehen essen **tachi-nomi 立ち飲み** Trinken im Stehen **tachi-nomi suru 立ち飲みする** im Stehen trinken

♦taga たが, 箍

der Fassreifen, der Reifen **taga ga hazureru たがが外れる** wörtl.: „die Reifen gehen ab“ 緊張や束縛が取れ，しまりの無い状態になる，という意味でも用いる。Man verwendet den Ausdruck für einen gelösten Zustand, wenn Anspannung oder Zwang verschwunden ist. **taga ga yurumu たがが緩む** wörtl. „die Reifen werden locker“ 年を取って体力・気力等が鈍化したという意味でも用いる。Mit dieser Formulierung bezeichnet man z.B. den oft mit zunehmendem Alter einhergehenden Zustand der Schwäche von Körper und Geist.

♦tai たい, 鯛

die Meerbrasse 鯛は姿が美しく，美味なところから日本では魚類の王とされる。また「めでたい」に通じるところから，縁起のよい魚とされ，祝い膳に尾頭付きで用いられることが多い。 Da die Meerbrasse sowohl eine schöne Gestalt als auch einen guten Geschmack hat, gilt sie in Japan als König unter den Fischen. Der Name *tai* erinnert zudem an das Wort *medetai* („glückverheißend“), deshalb gilt dieser Fisch als ein gutes Omen und wird bei festlichen Gelegenheiten oft komplett mit Kopf und Schwanz gereicht. **kusatte mo tai 腐っても鯛** wörtl.: „Zwar schon faul, aber doch eine Meerbrasse“; verdorben, aber immerhin etwas Edles **okashira-tsuki 尾頭付き** wörtl.: „Fisch mit Kopf und Schwanz“; ein ganzer Fisch 尾頭付きの鯛は，慶事での料理によく用いられる。Ganze Meerbrassen werden gerne bei festlichen Gelegenheiten serviert.

♦ **taikyū-shōhizai 耐久消費財**
langlebige Gebrauchsgüter 長期の使用に耐える消費財。自動車・テレビ・家具など。Konsumgüter für den längerfristigen Gebrauch, z.B. Autos, Fernseher, Möbel etc.

♦ **taiyō-enerugī 太陽エネルギー**
die Sonnenenergie, die Solarenergie **taiyōkō-hatsuden-sōchi 太陽光発電装置** die Solaranlage

♦ **takane no hana 高嶺の花**
wörtl.: „die Blume auf dem (unerreichbar hohen) Gipfel"; etwas Unerreichbares; etwas Unerschwingliches

♦ **takenoko たけのこ, 筍**

die Bambussprosse 煮て食用にする。なおドイツで筍が食されるのは主として中華料理の具として用いられている場合である（ドイツにおいて中華料理店は地方都市においてもお目にかかる）。Sie werden gekocht gegessen. Sie sind in Deutschland hauptsächlich aus der chinesischen Küche bekannt. (Abbildung) **ugo no takenoko no yō ni arawareru 雨後の筍のように現われる** wörtl.: „wie Bambussprösslinge nach dem Regen erscheinen"; wie Pilze aus dem Boden schießen **takenoko-seikatsu o suru 筍生活をする** Möbel, Haushaltsgeräte etc. nach und nach verkaufen, um überleben zu können; von Tag zu Tag leben

♦ **takidashi o suru 炊き出しをする**
jemandem in einer Notsituation gekochten Reis etc. bringen「炊き出し」とは，地震・火事・洪水など非常の場合に，被災者や現場の人に飯を炊いて供すること。Als *takidashi* bezeichnet man es, wenn man nach einem Erdbeben, einer Brand- oder Flutkatastrophe die Opfer vor Ort mit Essen etc. versorgt.

♦ **takikomi-gohan 炊き込みご飯**
(siehe *gomoku-meshi* 五目飯)

♦ **tako たこ, 蛸**
der Krake, der Oktopode, der Achtfüßler **takoashi-haisen o suru たこ足配線をする** zu viele Stecker an einer Steckdose einstecken「たこ足配線」という呼び方は，コンセントの用い方が鮹の足のような印象を与えるところから来ている。*Takoashi* bedeutet „Krakenbeine", nach dem äußeren Eindruck, den eine solche Steckdose macht.

♦ **takuhaibin 宅配便**
der Paketzustelldienst, der Paketzustellservice **takuhaibin-gyōsha 宅配便業者** der Paket-Kurier

♦ **tamago-yaki 卵焼き**
das gebratene Ei **yude-tamago ゆで卵** das gekochte Ei **medama-yaki 目玉焼き** das Spiegelei **iri-tamago 炒り卵** **(sukuranburu-eggu スクランブル・エッグ)** das Rührei

♦ **tana-da 棚田 (senmai-da 千枚田)**
das Terassenfeld 山腹の急傾斜地に作ら

れた棚状の田のこと。千枚田とも呼ばれる。Terassenartige Reisfelder an steilen Berghängen, man nennt sie auch *senmaida*.

♦**tansu たんす, 箪笥**

die Kommode **chadansu 茶だんす** der Geschirrschrank **seiri-dansu 整理たんす** die Schubladenkommode **yōfuku-dansu 洋服だんす** der Kleiderschrank

♦**tanzen 丹前**

wattierte Überjacke, die man im Winter über dem *Kimono* trägt (gewöhnlich für den Hausgebrauch)

♦**tasuki たすき, 襷**

das Ärmelband beim *Kimono* (zum Hochbinden der *Kimono*-Ärmel) 着物の袖をたくしあげるための紐。**tasukigake たすきがけ, 襷がけ** das Hochbinden der *Kimono*-Ärmel **obi ni mijikashi tasuki ni nagashi 帯に短したすきに長し** wörtl.: „für eine *Kimono*-Gürtel zu kurz und für eine Schärpe zu lang"; für nichts richtig zu gebrauchen sein; für das eine zu gut, für das andere zu schlecht sein

♦**tatami 畳**

die *Tatami* 古来のものは, 藁を縫い固めた畳床をいぐさで編んだ畳表で覆ったもの。普通長さは一間 (180 cm), 幅はその半分であるが, 大きさは地方により異なる。部屋の大きさを示す場合にも, 畳の数で言うことがある。Aus Stroh geflochtene und mit Binsengeflecht bezogene Bodenmatte für das japanische Zimmer, die Standardgröße ist ungefähr 180×90 cm. Auch als Einheit zur Angabe der Wohnfläche gebräuchlich. **yojōhan 四畳半** Zimmer in der Größe von viereinhalb *Tatami* **tatami no ue de shinu 畳の上で死ぬ** wörtl.: „auf den *Tatami* sterben"; zu Hause sterben 事故死や変死などではなく, 病気や老衰などで自宅において死ぬということである。いわゆる高度成長期の間に日本人が自宅で死を迎える比率は年々減少し, 病院で死ぬケースが多くなった。ちなみに, 1970年頃までは自宅での死亡が半数以上を占めていたが, 1990年以降, 病院・診療所で死を迎える人が70%を超えている。Es bedeutet an Altersschwäche oder an einer Krankheit zu Hause zu sterben und nicht durch einen Unfall oder ein sonstiges Unglück. In der Zeit des Wirtschaftsbooms ist der Anteil der Japaner, die zu Hause starben, drastisch zurückgegangen und die Zahl derjenigen, die im Krankenhaus starben, hat zugenommen. Während bis um das Jahr 1970 noch über die Hälfte der Menschen in Japan zu Hause starben, beläuft sich seit etwa 1990 der Anteil der Todesfälle in Kliniken oder ähnlichen Einrichtungen auf über 70 %.

♦**tateana-jūkyo 竪穴住居**

{Gesch.} die Erdlochbehausung 地面を数十センチ掘り下げた面を床とする半地下構造の家。日本では, 縄文・弥生時代に多く見られたが, 古墳時代以降次第に消滅した。Eine halb-unterirdische Wohneinheit, bei der man den Erdboden, der als Fußboden dient, ein paar Dezimeter tief aushebt. In Japan in der Jōmon-und Yayoi-Zeit verbreitete Wohnform, die in der Kofun-Zeit allmählich verschwand.

♦tatsu tori ato o nigosazu 立つ鳥跡を濁さず
(Sprichw.) wörtl.: „Ein Vogel, der das Nest verläßt, macht keine Dreckspuren." Der Vogel fliegt weg und das Ufer ist ungetrübt. 鳥が飛び立った後の水辺は，清く澄んだままである。立ち去るものは，自分のいた跡を，見苦しくないようにきちんとしておくべきだ，という意味 Nach dem Wegfliegen eines Vogels ist das Wasser am Ufer so sauber und klar wie zuvor. Das Sprichwort besagt, dass man einen Ort, an dem man sich aufgehalten hat, nicht unordentlich sondern in einem guten Zustand verlassen sollte.

♦tēburu-sentā テーブル・センター
(pseudoengl. *table center*) die Tischdecke 英語では，*centerpiece, table cloth*

♦teiki-ken 定期券
die Zeitkarte, die Zeitfahrkarte 定期乗車券の略。Abkürzung fü *teiki-jōsha-ken* „Zeitfahrkarte"

♦teikōgai-sha 低公害車
Niedrigemissions-Fahrzeug **chō-teikōgai-sha 超低公害車** das Fahrzeug mit extrem niedrigen Abgas- und Schadstoffwerten **hai-buriddo- kā ハイブリッド・カー** (von engl. *hybrid car*) das Hybrid-Auto 複数の動力源を利用して走行する自動車。das Auto, das mit unterschiedlichen Energiequellen fahren kann, z.B. mit Benzin und Gas

♦teishoku 定食
das Menü **yakizakana-teishoku 焼き魚定食** das Menü mit geröstetem Fisch **yakiniku-teishoku 焼肉定食** das Menü mit gebratenem Fleisch **higawari-teishoku 日替わり定食** das täglich wechselnde Menü **ippin-ryōri 一品料理** das Einzelgericht; das à-la-carte-(bestellte) Gericht

♦tenpura てんぷら，天麩羅
das *Tenpura* 野菜類や魚介等を，小麦粉を水で溶いたころもをつけて油で揚げた食べ物。Frisches Gemüse und/oder Meeresfrüchte in einem leichten Eierteig in Öl ausgebacken **kaki-age 掻き揚げ** die *Tenpura* aus kleingeschnittenen Muscheln, Schrimps, Gemüse o.Ä. **koromo ころも，衣** der Teigmantel

♦tenteko-mai てんてこ舞い
das Tohuwabohu; das geschäftige Herumrennen **tenteko-mai de aru てんてこ舞いである** alle Hände voll zu tun haben; im Drang der Geschäfte sein; geschäftig herumrennen 多忙で落ち着かないさまを言う。「てんてこ」は，太鼓が鳴り響く音を表し，「てんてこ舞い」は，その太鼓の音に合わせて舞うことであった。Sehr beschäftigt sein, und nicht zur Ruhe kommen können. *Tenteko* ist ein Onomatopoetikum für den Klang einer großen japanischen Trommel, *tenteko-mai* bezeichnete ursprünglich einen Tanz, der passend zum Rhythmus der Trommel getanzt wurde.

♦tenugui 手ぬぐい
(japanisches) Handtuch 手・顔・体などを拭くのに用いる木綿の布。鉢巻や頬被りなどにも用いる。多くの場合長さは約90cmで，模様や文字が染め出してある。Baumwollhandtuch zum Abwischen oder Abtrocknen von Händen, Gesicht und Körper. Es wird auch als *hachimaki* (siehe dort), zum Zudecken des Gesichts etc. verwendet. Typische *tenugui* sind etwa 90 cm lang und mit Mustern oder Schriftzeichen bedruckt.

♦teppan-yaki 鉄板焼
der Eisenplattengrill 熱した鉄板の上で，肉や野菜などを焼き，たれを付けて食べる料理。普及したのは第二次世界大戦後のことで，多くの場合，レストラン等に於ける食事やキャンプ料理として位置づけられている。Ein Gericht, bei dem Fleisch, Gemüse etc. auf einer heißen Eisenplatte gegrillt und mit besonderen Soßen gegessen werden. *Teppan-yaki* verbreitete sich nach dem Zweiten Weltkrieg und wird oft im Restaurants oder auf dem Campingplatz gegessen.

♦teriyaki 照り焼き
das *Teriyaki* 魚や肉の切り身を，醤油，砂糖，味醂などで作った特別の下地ソースにしばらく浸した後焼き上げたもの。Fisch oder Fleisch, mit einer Soßenmischung aus Sojasoße, Gewürzen, Zucker usw. gewürzt und nach einiger Zeit gebraten

♦tochi-kan 土地勘
Ortskenntnisse; das Sich-Auskennen in einer Gegend **tochi-kan ga aru 土地勘がある** sich an (in) diesem Ort auskennen 例「容疑者はここに土地勘があるようだ」Der Verdächtige scheint sich in dieser Gegend auszukennen.

♦tōdai 灯台，燈台
1) der Leuchter 2) der Leuchtturm 1)昔の室内照明器具 2) 岬・島などにある航路標識の一。**tōdai moto kurashi 灯台下暗し** (Sprichw.) Direkt unter dem Leuchter ist es dunkel. 歴史的に見るとこの灯台は，昔使われた台付き一本足の照明器具であるが，第二次世界大戦直後に販売されていた「いろはカルタ」の絵札には，岬の灯台を描いたものもあるので，民間においては航路標識の灯台のイメージが広まっていたことが推察される。手近かなことがかえってわかりにくいということのたとえとして用いられる。1) eine altmodische Lampe (mit Fuß) zur Innenbeleuchtung 2) Ein Turm mit einem Signalfeuer für die Schifffahrt an Buchten und Inseln. Historisch gesehen meint das Wort eigentlich einen Zimmerleuchter mit einem Fuß, aber unter den *Iroha-Karuta* (siehe dort), die sofort nach dem Zweiten Weltkrieg in den Handel kamen, findet man auch solche, auf denen unter dieser Bezeichnung ein Leuchtturm an einer Bucht dargestellt ist. Vermutlich war damals unter der Bevölkerung die Vorstellung von einem Signalfeuer für die Schifffahrt verbreitet. Das Sprichwort will sagen, dass gerade das Naheliegende manchmal schwer zu begreifen ist.

♦tōfu 豆腐
das *Tōfu* ドイツでは「大豆チーズ」と呼ばれることもあるが，味は，チーズに似ているというよりは，無味無臭に近い。そのままでもよく食するが，精進料理や，すき焼き等様々な料理に用いられる。In Deutschland spricht man manchmal von Sojabohnenkäse, aber der Geschmack und Geruch von *Tōfu* ist eher neutral, als dass er an Käse erinnern würde. Es wird oft roh gegessen, findet aber auch in buddhistischen Fastenspeisen (siehe *shōjin-ryōri*), in *Sukiyaki* (siehe dort) und vielen andern Gerichten Verwendung. **kinu-goshi-tōfu 絹ごし豆腐** wörtl.: „durch Seide gepresstes *Tōfu*"; zartes *Tōfu*「絹ごし」と呼ばれるが，その製造過程で絹の布が用いられることはない。食べたときの口当たりが，絹でこしたようになめらかである，という意味。Zwar spricht man von „Seidenpressung", aber bei der Herstellung werden keine Seidentücher verwendet. Die Bezeichnung kommt daher, dass sich dieses *Tōfu* im Mund seidenweich anfühlt. **hiyayakko 冷奴** das kalte *Tōfu* **yudōfu 湯豆腐** in heißem Wasser schwimmend serviertes *Tōfu*

♦tō-garashi 唐辛子

die rote Pfefferschote; der Spanische Pfeffer; der Chili (lat. *Capsicum annuum*) 日本へは16世紀に渡来した。この場合の「唐」は，中国という意味ではなく，単に外国という意味であると考えられている。Diese Paprikasorte gelangte im 16. Jh. nach Japan. Das Zeichen 唐 (*tō*, wörtl.: „China der Tang-Dynastie") im Namen des Gewürzes ist hier vermutlich im Sinne von „ausländisch" gebraucht.

♦toire トイレ

die Toilette **suisen-toire 水洗トイレ** die Toilette mit Wasserspülung **kōshū-toire 公衆トイレ** eine öffentliche Toilette **yōshiki-toire 洋式トイレ** die Toilette im westlichen Stil **toire ga chikai トイレが近い** oft auf die Toilette gehen müssen

♦tokonoma 床の間

die *Tokonoma*; die japanische Wandnische für Zimmerschmuck; die Schmucknische **chigai-dana 違い棚** das Stufengestell **toko-bashira 床柱** der Pfosten der *Tokonoma* **tokonoma no okimono 床の間の置物** der Schmuck für die Tokonoma **kakejiku 掛け軸** das Hängebild (z.B. für die *Tokonoma*)

♦tokoroten ところてん，心太

die kalte Agar-Agarspeise 醤油，酢，場合によっては辛子を添えて食す。mit Sojasoße, Essig eventuell Senf gegessen

♦tonkatsu 豚カツ

das Schweineschnitzel「豚」を音読みにした「トン」と「カツレツ」(engl. *cutlet*)を結び付けたもの。明治時代の終わり頃から知られるようになり，大正時代には代表的な「洋食」の一つに数えられるようになった。Eine Verbindung der *on*-Lesung des Schriftzeichens für „Schwein" *ton* mit *katsu*, was von englischen *cutlet* abgeleitet ist. *Ton-katsu* ist seit dem Ende der Meiji-Zeit in Japan bekannt und gilt seit der Taishō-Zeit als eines der typischen „westlichen Gerichte" (siehe: *yōshoku*). **bīfu-katsu ビーフカツ** das Rindfleischschnitzel **kushi-katsu 串カツ** paniertes Fleisch und Gemüse am Spieß

♦tōnyū 豆乳

die Sojabohnenmilch 古くから牛乳・母乳の代用とされてきた。Seit altersher wird Sojabohnenmilch als Ersatz für Kuhmilch oder Muttermilch verwendet.

♦tori no karaage 鶏の空揚げ

fritiertes Hühnerfleisch 空揚げは，唐揚げとも書く。小魚・鶏肉などを，天麩羅と異なって衣をつけずに，あるいは小麦粉・片栗粉などをかるくまぶして油で揚げたもの。Für *Karaage* gibt es zwei Schreibweisen und man bezeichnet so frittierten Fisch oder Hühnerfleisch, das im Unterschied zu *Tenpura* ohne einen Teigmantel oder nur mit etwas Weizen- oder Stärkemehl bestreut in Öl ausgebacken wird.

♦tōrō 灯篭

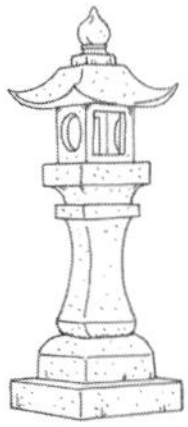

die Laterne, die Gartenlaterne, die Tempellaterne (Abbildung) 大きさ，形，素材も多様で，庭に置かれるほか，寺院や神社でも良く見られる。Es gibt sehr viele unterschiedliche Laternenformen, man findet sie in privaten Gärten oder an Tempeln und Schreinen. **tsuri-tōrō 釣り灯篭** die Hängelaterne **yukimi-dōrō 雪見灯篭** die Steinlaterne mit breitem Schirm und drei (bis sechs) Beinen **sōma-tō 走馬灯** wörtl.: „die Laterne der galoppierenden Pferde"; die Drehlaterne; die sich drehende Laterne; die magische Laterne 枠を二重にし，回転するようにした灯篭。さまざまな物の形を切り抜いて内枠に貼り付けてあり，内枠の上に取り付けてある風車が，ろうそくの熱による上昇気流によって回転し，影が外側の紙や布に回りながら映る仕掛けになっている。回り灯篭ともいう。Drehlaternen haben einen doppelten Lampenschirm. Auf dem inneren, drehbaren Schirm sind verschiedene Formen aus Papier aufgeklebt und er ist oben mit einem Flügelrad versehen, das ihn durch die aufsteigenden warmen Luftstrom der Kerze in Drehung versetzt, so werden bewegliche Schatten auf den äußeren Lampenschirm projiziert. Auch *mawari-tōrō* genannt.

♦toso 屠蘇

mit Kräutern gewürzter *Sake* (der am Neujahrstag getrunken wird) これを飲むと1年の邪気を払うことができ，また寿命が延びると言われている。平安時代から行なわれてきた。Es heißt, dass der Genuss dieses *Sake* ein Jahr lang vor Unglück schützt und das Leben verlängert. Den Brauch gibt es seit der Heian-Zeit. **toso-kibun no 屠蘇気分の** durch den Neujahrs-*Sake* angeheitert

♦tsukaisute-bin 使い捨てびん

die Einwegflasche **tsukaisute-chūshabari 使い捨て注射針** die Einwegspritze **tsukaisute-hōsō 使い捨て包装** die Einwegverpackung **tsukaisute (no) raitā 使い捨て(の)ライター** das Wegwerffeuerzeug **tsukaisute (no)**

taoru 使い捨て(の)タオル das Papierhandtuch **tsukaisute no jidai 使い捨ての時代** das Zeitalter der Einweggüter

◆tsukemono つけもの, 漬物
das eingelegte Gemüse **asa-zuke 浅漬** das leicht eingelegte Gemüse **furuzuke 古漬** das lang eingelegte Gemüse **takuan たくあん, 沢庵** der eingesalzene getrocknete Rettich

◆tsukidashi 突き出し (o-tōshi お通し)
der Appetithappen; die Begrüßungsvorspeise 居酒屋や料理屋などで, 客の注文したものが出される前に出てくるちょっとした料理。それを注文したわけではなくても, 代金は支払うことになっている。一種の入場料みたいなものか。Eine Kleinigkeit zu essen, die man in einer japanischen Kneipe fast automatisch serviert bekommt. Obwohl man es nicht ausdrücklich bestellt hat, muss man es natürlich bezahlen, es handelt sich gewissermaßen um eine Art Eintrittsgebühr. **oshibori おしぼり** kleines feuchtes Handtuch, das man einem Gast reicht; das feuchte Erfrischungstuch **denpyō 伝票** die Rechnung, der Kassenzettel

◆tsūkin-densha 通勤電車
der Pendlerzug 日本の大都市とその近郊におけるラッシュアワーの列車の混みようは, 世界的に有名になった。混雑解消のために線路を複々線化したり車両の改造などもなされており, かつてほどではなくなったにしても, やはりその混雑ぶりは相当のものである。どうしてもその混雑を避けたければ, ラッシュの時間帯を避けて通勤することである。Die Überfüllung der japanischen Pendlerzüge, die in der Hauptverkehrszeit zwischen den Großstädten und den Vorstädten verkehren, ist weltweit berühmt. Und obwohl sich die Situation durch verschiedene Maßnahmen gegen die Überfüllung verbessert hat, z.B. hat man viergleisige Bahnlinien eingerichtet und die Waggons neu gestaltet, ist die Überfüllung noch immer beträchlich. Wenn man den überfüllten Zügen um jeden Preis entgehen will, bleibt einem nur die Möglichkeit, außerhalb der Hauptverkehrszeit zur Arbeit zu fahren. **jisa-shukkin 時差出勤** die Gleitzeit; die gleitende Arbeitszeit

◆tsukuda-ni 佃煮
die zur Konservierung in Sojasoße mit Gewürzen ausgekochten Meeresfrüchte oder Gemüse 江戸時代, 江戸佃島(現, 東京都中央区)で作り始められたのでこの名がある。保存食品。Der Name geht auf den Ortsnamen Tsukuda-shima zurück (heute innerhalb des Stadtviertels Chūōku in Tōkyō), wo in der Edo-Zeit die Zubereitung dieser Gerichte ihren Anfang genommen hat.

◆tsumami つまみ (o-tsumami おつまみ)
die Knabberei (zum Bier oder *Sake*) 日本では酒やビールに, ちょっとしたおつまみはつきものだが, ドイツではおつまみ類はそれほど一般的ではない。In Deutschland sind Knabbereien weniger verbreitet als in Japan, wo man zum Alkohol auch immer eine Kleinigkeit isst.

◆tsūshin-hanbai 通信販売
der Versandhandel 略して通販ということもある。Abgekürzt auch *tsūhan*. **tsūshin-hanbai de kau 通信販売で買う**

im Versandhandel kaufen **tsūshin-hanbai-katarogu 通信販売カタログ** der Versandhandelkatalog

♦ uchi-mizu 打ち水

das Versprengen von Wasser, besonders im Eingangsbereich eines Hauses (zur Abkühlung in der Sommerhitze und zur Reinigung)

♦ uchiwa to sensu うちわと扇子

うちわや扇子は，蒸し暑い日本の夏には重宝がられた。涼をとるのみならず，蚊などを追い払うのにも用いられた。In den schwülheißen Sommermonaten waren *uchiwa* (siehe dort) und *sensu* (siehe dort) sehr praktisch, um sich bei großer Hitze Kühlung zuzufächeln (auch um Insekten zu vertreiben). **hidari-uchiwa 左団扇** wörtl.: „linker Hand den Fächer"; das sorgenfreie, behagliche Leben ohne besondere Arbeit たいていの人は右利きだから，かれらは，暑いときや蚊が寄ってきたときなど，右手で団扇を持って，パタパタとせわしなく扇ぐ。それに対して，さほど暑くもなく蚊も寄ってこないときは，左手に団扇を持ってゆったり扇ぐであろう。右団扇に比べはるかに鷹揚としている。安楽な境遇の生活を左団扇の生活と呼ぶのはここから来ている。Weil die meisten Leute Rechtshänder sind, halten sie den Fächer in der rechten Hand und bewegen ihn unruhig hin und her, um sich Kühlung zu verschaffen, oder um Mücken abzuhalten. Wenn man den Fächer hingegen in der linken Hand hält und es weder sehr heiß ist noch Mücken gibt, dann bewegt man ihn vermutlich nur ganz gemächlich. Verglichen mit dem Fächer in der rechten Hand wirkt das äußerst gelassen und großmütig. Daher kommt die Redewendung „linker Hand den Fächer" für ein Leben in behaglichen Umständen.

♦ udo うど，独活

(lat. *Aralia cordata*) 多年草。その若芽は食用とされる。mehrjährige Pflanze, deren junge Triebe essbar sind **udo no taiboku うどの大木** der ungeschlachte Kerl; der große, tölpelhafte Mensch; groß, aber nichtsnutzig

♦ udon うどん，饂飩

die *Udon*-Nudeln 小麦粉に少量の塩を加えて水でこね，薄く延ばしてから細く切ったもの。ゆでた上で様々に工夫を凝らして食す。奈良時代に，唐から伝えられたという。Bei der Herstellung von *Udon* wird Weizenmehl leicht gesalzen, mit Wasser geknetet, dünn ausgerollt und dann in schmale Streifen geschnitten. Nach dem Kochen werden die Nudeln auf verschiedene Weise angemacht und gegessen. *Udon* sollen in der Nara-Zeit aus dem China der Tang-Dynastie nach Japan gebracht worden sein. **kitsune-udon 狐うどん** die *Udon*-Nudelsuppe mit frittiertem *Tōfu* **udon-ya うどん屋** das *Udon*-Restaurant **tsukimi-udon 月見うどん** klare Nudelsuppe mit einem rohen Ei **kishimen きしめん** die (pl.) Bandnudeln

♦ ukezara 受け皿

1) die Untertasse, der Untersetzer 2) die Übernahme einer Position oder Funktion 1)（カップやコップの）下に敷く皿。2）人やものごとを受け入れる先。

◆ukikusa no yō na seikatsu 浮き草のような生活

wörtl.: „Existenz wie eine Wasserlinse"; eine unsichere Existenz; ein nomadenhaftes Leben **ukikusa-kagyō 浮き草稼業** unsicheres Gewerbe

◆umeboshi 梅干

die gesalzene und sauer eingelegte Trockenpflaume（梅の実を，塩つけにした後日光にさらしたもので，）今でもおむすびや弁当によく用いられる，伝統的，基本的食品。eine traditionelle und auch heute noch beliebte Zutat in Reisbällchen und Lunchpaketen

◆unagi うなぎ，鰻

der Aal 人気のある食用魚で，たれにつけて焼きあげ，特にうな丼などとして食される。– Beliebter Speisefisch, der mit süßer Sojasoße gewürzt v.a. als Schüsselgericht Verwendung findet. **unagi no kabayaki うなぎの蒲焼** der marinierte Grillaal **unadon うな丼，鰻丼** der gegrillte Aal auf einer Schüssel Reis **unajū うな重** Eine Art, gegrillten Aal zu servieren, wobei eventuell der obere Teil eines zweistöckigen Lackkästchens den Aal und der untere Teil Reis enthält. **unagi-nobori うなぎ登り，鰻登り** der rapide Anstieg **unagi no nedoko うなぎの寝床** wörtl.: „Aalbett"; ein Gebäude mit sehr schmaler Front und langer Tiefe

◆uoshuretto ウォシュレット

(pseudoengl. *washlet*) die moderne japanische Toilette トイレ・ユニットで，もともとはある企業が開発した商品名であるが，現在では，製品名として使われることも多い。Ursprünglich ein Produktname der Firma Toto, heute allgemeine Bezeichnung für moderne japanische Toiletteneinheiten mit eingebautem Bidet, heizbarem Sitz und weiteren technischen Raffinessen.

◆usagi-goya ウサギ小屋，兎小屋

der Kaninchenstall; die sehr kleine Wohnung 1979（昭和54）年欧州共同体（EC）委員会の文書の中に日本人の住まいに関してこのような言葉が使われており物議をかもした。Dieses Wort wurde 1979 in einem Bericht der EG über japanische Wohnungen verwendet und erregte öffentliches Aufsehen.

◆wafuku to yōfuku 和服と洋服

japanische und westliche Kleidung 日本人がヨーロッパの服を目にしたのは16世紀であるが，その影響はきわめて限定的なものであって，実際の生活に西洋の服が取り入れられるようになったのは明治時代になってからである。明治時代の早い段階で軍装が西洋式になり，引き続き警官・鉄道員・教員などの服装が順次西洋化し，男子服の洋装化は急速に進んでいった。女性の場合はやや事情が異なり，明治末期には女性も銀行やデパートなどで働きまた，電話交換手，看護婦などの職業に就いたが，看護婦をのぞいて和服を着用していた。大正時代になると，サラリーマン層がふえ洋服が定着し，女性もバスの車掌やタイピストなどの職種にも進出し，洋服が取り入れられていった。ただ男性も女性も家庭にあっては和服中心の生活であった。第二次大戦終了後は，洋装化の流れは広まり続け，遅れがちであった女性の洋装化も，同様であった。Die Japaner bekamen vermutlich im 16. Jh.

europäische Kleider zu Gesicht, aber deren Einfluss war zunächst äußerst gering; erst in der Meiji-Zeit wurde westliche Kleidung dann tatsächlich ein Teil des japanischen Alltags. Schon früh in der Meiji-Zeit wurden die Militäruniformen verwestlicht, es folgten Polizei, Eisenbahnangestellte, Lehrer etc., und im Bereich der Herrenbekleidung kam es zu einer raschen Verwestlichung. Mit der Damenbekleidung verhielt es sich anders, denn obwohl Frauen Ende der Meiji-Zeit schon oft als Bankangestellte, Verkäuferinnen im Kaufhaus, Telefonistinnen, Krankenschwestern usw. arbeiteten, trugen sie mit Ausnahme der Krankenschwestern in der Regel japanische Kleider. In der Taishō-Zeit wuchs die Schicht der Firmenangestellten (siehe *sararī-man*) und westliche Kleidung setzte sich allgemein durch, auch unter den Frauen, die allmählich in andere Berufsfelder vordrangen und z.B. als Busschaffnerinnen oder Stenotypistinnen westlich gekleidet arbeiteten. Doch zu Hause trugen sowohl Männer als auch Frauen normalerweise japanische Kleidung. Nach dem Ende des Zweiten Weltkrieges setzte sich westliche Kleidung dann allgemein und anhaltend durch, auch bei den Frauen, bei denen die Verwestlichung in Sachen Kleidung etwas langsamer vonstatten gegangen war. (siehe auch *kimono*)

◆wagashi 和菓子

die japanische Süßigkeit 日本固有の菓子の通称。色彩や形にも魅力的なものがある。Sammelbezeichnung für traditionelle japanische Süßigkeiten, die oft in attraktiven Farben und Formen hergestellt werden.

◆wai-shatsu ワイシャツ

(von engl. *white shirt*) das Hemd, das Oberhemd 英語の「ホワイト・シャツ」が訛ったもので，明治時代からこの語の用例はある。「Yシャツ」と書くこともある。Korrumpierte Aussprache des englischen Wortes *white shirt*, die sich seit der Meiji-Zeit findet. Wegen des Gleichklangs von *wai* mit der englischen Bezeichnung für den Buchstaben „Y“ schreibt man manchmal *Y-shatsu*.

◆waraji わらじ，草鞋

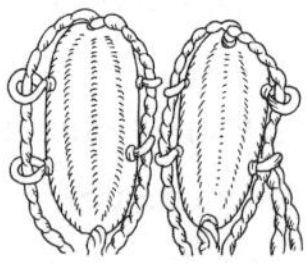

die aus Reisstroh geflochtene traditionelle Sandale; die Strohsandale (z.B. von Pilgern) (Abbildung) **nisoku no waraji o haku** 二足の草鞋を履く zwei Rollen gleichzeitig spielen; gleichzeitig zwei Berufe ausüben **kane no waraji de sagasu** 金の草鞋で捜す (wörtl.: „mit eisernen Sandalen suchen“) große Mühen auf sich nehmen, um etwas zu finden

◆ware-nabe ni toji-buta 破れ鍋に綴じ蓋

(Sprichw.) wörtl.: „Ein geflickter Deckel für den gesprungenen Topf“; Jeder Topf findet seinen Deckel. Jedem Töpfchen sein Deckelchen. Jeder Hans findet seine Grete.「綴じ蓋」は，修繕して繕った蓋の意味。壊れた鍋にもうまく合う修繕した蓋があるということで，どんな人にもその人に似合った結婚相手がいるものだ，ということ。So wie es selbst für einen gesprungenen Topf noch einen passenden geflickten Deckel gibt, so besagt das Sprichwort, dass es für jeden Menschen einen passenden Heiratspartner gibt.

♦ wa-shitsu 和室

das japanische Zimmer; der traditionell eingerichtete Raum im japanischen Stil **wayō-setchū 和洋折衷** die Mischung von japanischem und europäischem Stil (Architektur, Inneneinrichtung, Essen etc.)

♦ wa-shoku 和食（nihon ryōri 日本料理）

japanische Küche; japanisches Essen 和食とは何か。例えばオムライスは，日本で考案された「洋食」の一つであるが，これを和食であると考えている日本人は少ない。鉄板焼きは海外の日本レストランでは代表的な日本料理として提供されることもあるが，これを代表的な日本料理だと考えている日本人は少ないであろう。それで一般的定義としては，和食(日本料理)は，日本でなじみの深い食材を用いて独自の料理法によって作られる食事，ということになろうか。その特徴としては，米飯を中心とし，出しのうまみや醤油・味噌などの発酵食品を活用すること，素材にあまり手を加えず素材そのもののよさを引き立てる調理法が重視されること，したがって季節感も重要な要素になっている，ということができるであろう。Was versteht man unter „japanischer Küche“? *Omuraisu* (siehe dort) ist z.B. ein in Japan entstandenes, so genanntes „westliches“ Gericht, das die meisten Japaner vermutlich nicht zur „japanischen Küche“ rechnen würden. *Teppan-yaki* (siehe dort) gilt im Ausland als ein typisch japanisches Gericht, aber wahrscheinlich sind nur wenige Japaner dieser Meinung. Als allgemeine Definition kann vielleicht gelten, dass man mit „japanischer Küche“ Gerichte meint, die aus in Japan wohl bekannten Lebensmitteln und auf eine besondere Art und Weise zubereitet sind. Als Besonderheiten könnte man dann weiter anführen, dass Reis im Mittelpunkt der Gerichte steht, eine bestimmte Art von Brühe (siehe *dashi*), *Shōyu* oder *Miso* (siehe dort) und andere fermentierte Lebensmittel zum Einsatz kommen, und dass man die Zutaten oft relativ unbearbeitet lässt, um ihren jeweiligen natürlichen Geschmack zu bewahren. Das würde auch bedeuten, dass Lebensmittel der jeweiligen Jahreszeit ein wichtiges Element der „typisch japanischen Küche“ wären. 例文「わたしは和食が好きです」はIch esse gern japanisch. で良い。**yō-shoku 洋食** das europäische Essen; die westliche Küche 広義ではヨーロッパ風の料理全般を指すが，狭義では，日本で独自に発展した西洋風の料理のことをいう。日本における洋食のルーツは，幕末から明治期にかけて日本に滞在していた西洋人のために開店した西洋料理店である。Im weiteren Sinn versteht man unter *yōshoku* westliche Küche im Allgemeinen, aber im engeren Sinn bezeichnet man so nur Gerichte im westlichen Stil, die sich in Japan eigenständig entwickelt haben. Der Ursprung der in Japan verbreiteten westlichen Küche findet sich bei den „westlichen Restaurants", die von der *Bakumatsu*- bis zur Meiji-Zeit für die in Japan lebenden Ausländer eröffnet wurden.

♦watagashi 綿菓子 (wata-ame 綿飴)

die Zuckerwatte ざらめを溶かした液を温めながら細い穴から噴出して割り箸などで巻き取ったもの。ドイツでも日本でも祭りの屋台などで売られることが多い。Erwärmte Zuckerlösung wird aus feinen Düsen gesprüht und um ein Stäbchen herum aufgewickelt. Diese Süßigkeit wird in Japan genauso wie in Deutschland an Verkaufbuden auf Volksfesten verkauft.

♦watari ni fune 渡りに船

Hilfe in der Not; die rechtzeitige Rettung; eine willkommene Gelegenheit 必要としているときに好都合なことが起きることのたとえ。川を渡ろうとして身支度を整えていたら，うまい具合に渡し舟が来たといった情景であろう。現在の日本で川を渡るのに船が用いられることはまれであるが，第二次世界大戦以前は，渡し舟が重要な交通機関となっていた地域も存在した。Eine Redewendung, die besagt, dass einem gerade dann etwas Günstiges widerfährt, wenn man Hilfe nötig hat. Gemeint ist folgende Situation: Gerade als sich jemand darauf vorbereitet, einen Fluss zu überqueren, kommt günstigerweise ein Boot vorbei, das ihn mitnimmt. Heute überquert man in Japan natürlich nur noch selten Flüsse mit dem Boot, aber vor dem Zweiten Weltkrieg gab es Regionen, in denen Boote wichtige Verkehrsmittel waren. **norikakatta fune 乗りかかった船** wörtl.: „ein Schiff, das dabei ist, abzufahren, und aus dem man jetzt nicht mehr aussteigen kann" いったん着手した以上，そう簡単に中止するわけにはいかない，ということ。Eine Metapher dafür, dass man mit einer Sache, die man bereits angefangen hat, nicht mehr so leicht aufhören kann.

♦yaki-niku 焼肉

gebratenes Fleisch (oft klein geschnitten) 広い意味では，ステーキやジンギスカン料理なども焼肉であるが，日本で「焼肉」というと，いわゆる朝鮮焼肉料理を指すことが多い。在日韓国・朝鮮人の食生活のなかから普及したもので，とくに1955（昭和30）年ころから外食産業として広まり始め，やがて家庭の食生活のなかへも浸透していった。Im weiteren Sinn fallen auch Steak und *Jingiskan* (siehe dort) unter den Begriff *yakiniku*, aber in Japan versteht man darunter oft die koreanische Zubereitungsweise von gebratenen Fleisch. Unter den Essgewohnheiten der in Japan lebenden Koreaner erfreut sich besonders *yakiniku* einer weiten Verbreitung, es wird etwa seit 1955 in Restaurants angeboten und hat sich allmählich auch als ein Gericht für die private Zubereitung in der Familie durchgesetzt.

♦yakitori 焼き鳥

das Geflügel-Grillspießchen 主として鶏肉を使った日本風のバーベキュー。飲み屋や屋台で酒を飲むときに人気のある大衆的食べ物。Beliebte japanische Grillspezialität, meistens aus Hühnerfleisch, die sehr oft in Kneipen und an Imbissständen verkauft und gegessen wird.

◆yamaimo 山芋
die Jamswurzel (lat. *Dioscorea japonica*) 「山の芋」に同じ。摩り下ろして生食するほか，さまざまな料理方法がある。Identisch mit *yama no imo*. Jamswurzel wird in Japan roh gerieben oder als Bestandteil verschiedener Gerichten verzehrt.

◆yamato-ni 大和煮
Yamatoni 牛肉などを，醤油に砂糖・生姜(しょうが)などを加えて，甘辛く煮たもの。mit Sojasoße, Zucker und Ingwer süß gekochtes Fleisch (oft Rindfleisch)

◆yōkan 羊羹
(Süßigkeit) die Paste aus Bohnenmus, Zucker, Mehl und Agar-Agar

◆yonakisoba 夜鳴きそば
der nächtliche Nudelverkäufer 夜間，深夜まで移動屋台でうどん，そば，ラーメン等を売り歩き，もの悲しい単調なメロディーでその到来を知らせる。Nudelverkäufer, der mit einer Bude in der Stadt herumfahrend bis spät in die Nacht *Soba*- oder *Udon*-Nudeln verkauft und mit einer melancholischen Melodie auf sich aufmerksam macht. **yatai 屋台** die Bude; der fahrbare Verkaufsstand; der Imbissstand **yatai no rāmen-ya 屋台のラーメン屋** fahrbarer *Rāmen*-Stand **charumera チャルメラ** (von port. *charamela*) die Schalmei (des Sobaverkäufers auf der Straße)

◆yononaka no sui mo amai mo kamiwaketa hito 世の中の酸いも甘いもかみ分けた人
(Redensa.) wörtl.: „jemand, der die sauren und süßen Seiten des Lebens kennen geschmeckt hat"; jemand, der allerlei Erfahrungen gemacht hat; jemand, der die Höhen und Tiefen des Lebens erfahren hat

◆yō o tasu 用を足す
1) seine Arbeit tun 2) sein Geschäft verrichten; auf die Toilette gehen; seine Notdurft verrichten 1) 仕事・用件を済ませる 2) 大小便をする Geschäftの前にgroßを付ければ大便の意味にkleinを付ければ小便の意味になる。

◆yuba 湯葉
die Haut der Sojamilch 豆乳を静かに煮立て，上面に生じた薄皮を掬い上げて製する。薬味のきいたタレなどで食する。Wenn man Sojamilch langsam erhitzt, bildet sich auf der Oberfläche eine Haut, die man z.B. zusammen mit einer pikanten Soße isst.

◆yūyū-jiteki no seikatsu 悠々自適の生活
ein geruhsames, zurückgezogenes Leben 俗世を離れ，心静かに送る生活。

◆yūzen-zome 友禅染
die *Yūzen*-Färbung 多彩な色で人物，花鳥などの絵柄を華麗に染め出した日本独特の染め方。Traditionelle japanische Färbetechnik, bei der mehrfarbige aufwändige Darstellungen von Menschen, Vögeln, Blumen usw. in den Stoff eingebracht werden.

♦zabuton 座布団
das Kissen; japanisches Sitzkissen für den Gebrauch auf den *Tatami* **zabuton o shiku 座布団を敷く** auf einem Kissen sitzen; auf einem Sitzkissen Platz nehmen

♦zakkyo-biru 雑居ビル
das Gebäude mit Mehrfachnutzung ビル全体の指揮系統が無いまま運営されていて，一つの建物の中に多種多様な会社・企業等がはいっていることも少なくない。Bei so einem Gebäude gibt es oft keinen systematischen Plan für Gesamtnutzung und es sind ganz verschiedene Arten von Unternehmen in einem Gebäude zusammengewürfelt. **tenanto テナント** (von engl. *tenant*) der Mieter

♦zako 雑魚
der kleine Fisch **zako-ne suru 雑魚寝する** wie Heringe zusammengepfercht schlafen; ohne sich auszuziehen zusammenschlafen

♦zashiki 座敷
das mit *Tatami* ausgelegte Zimmer (besonders Empfangszimmer); das Zimmer im japanischen Stil 従来の日本の家屋では座敷が応接間の役割を果たしたが，最近の住居では，玄関の近くに洋式の応接室を設けているところも少なくない。Früher war dieses mit *Tatami* ausgelegte Zimmer das Empfangszimmer für Gäste in einem japanischen Haus, aber heute dienen manchmal auch Zimmer im westlichen Stil in der Nähe des Hauseingangs diesem Zweck. **zashiki ni tōsu 座敷に通す** jemanden in den Empfangsraum bitten

♦zen 膳
das Esstischchen **zen-date 膳立て** das Decken des Tisches; die Vorbereitung

♦zōni 雑煮
die Suppe mit Reiskuchen und Gemüse (sehr oft zu Neujahr gegessen) 地方により具は様々で，仕立てもすまし汁，味噌汁といろいろ。Regional gibt es unterschiedliche Variationen dieser Suppe, die je nach dem mit *Shōyu* oder *Miso* angemacht wird, und verschiedene Einlagen enthält.

♦zōri ぞうり，草履
die *Zōri*; die japanischen Strohsandalen **zōri o haku ぞうりを履く** Strohsandalen tragen **setta せった，雪駄** *Zōri* mit Ledersohle **nisoku-sanmon de 二束三文で** zu einem Spottpreis 江戸時代の農民が副業で作ったある種の草履は，丈夫だったのに「二束(足)三文」という激安で売買されたところから来た表現といわれる。Der Ausdruck ist von den strapazierfähigen Strohsandalen abgeleitet, die Bauern in der Edo-Zeit als Nebenerwerb gefertigt haben und die sie trotzdem sehr billig „zwei Paare für drei Heller" verkauft haben.

♦zōsui 雑炊
der Reis-Gemüse-Eintopf; die Reissuppe mit Gemüse 野菜(時には魚介類)などの具と飯を入れて，醤油や味噌で味をつけて煮た食べ物。Eintopfgericht mit Gemüse (oft auch Fisch) und Reis, das mit Sojasoße oder *Miso* gewürzt und gekocht wird.

7. 身体・医療・福利厚生

Körper, Medizin, Wohlfahrt

♦**abata mo ekubo あばたもえくぼ**
(Sprichw.) wörtl.: „(Liebende) halten sogar Pockennarben für Grübchen“; Liebe macht blind.

♦**ago あご, 顎**
das Kinn **ago de ashirau 顎であしらう** jemanden geringschätzig behandeln **ago de hito o tsukau 顎で人を使う** wörtl.: „mit dem Kinn etwas veranlassen“; mit einer Kinnbewegung etwas anordnen; jemanden herumkommandieren 口で言う代わりに顎をしゃくって人に指図するなど，高慢な態度で人を使うこと。jemandem wortlos, nur durch das Hochziehen des Kinns etwas anordnen; jemandem auf arrogante Weise Befehle geben **ago o dasu 顎を出す** wörtl.: „das Kinn vorstrecken“; körperlich erschöpft sein; fix und fertig sein 例えば長時間歩いてひどく疲れると，足が思うように前に出ず，顎だけが前に出るような格好になることがある。「顎を出す」はもともとは体力的に疲れきることを意味する表現で，軍隊で用いられていた言葉らしい。Wenn man vom langen Gehen extrem erschöpft ist, kann es z.B. dazu kommen, dass die Füße nicht mehr weitergehen können, und dass man nur noch das Kinn nach vorne streckt. Ursprünglich bezeichnete der Ausdruck äußerste körperliche Erschöpfung und ist vielleicht militärischen Ursprungs. **ago ga hiagaru 顎が干上がる** verhungern; am Hungertuch nagen; nichts mehr zu beißen haben

♦**aka 垢**
der Porenschmutz, der Schmutz (auf der Haut) **aka o otosu 垢を落とす** sich vom Schmutz reinigen; den Schmutz entfernen **ukiyo no aka o nagasu 浮き世の垢を流す** sich vom Schmutz der Welt befreien

♦**akanbē あかんべい**
eine geringschätzige Geste, bei der man mit dem Finger das untere Augenlid herunterzieht **akanbē o suru あかんべいをする** jemandem Grimassen schneiden; das untere Augenlid herunterziehen 下瞼を指先で下の方へ押して，瞼の裏の赤い部分を相手にみせるしぐさ。「赤目」が転じて「あかんべ」となったといわれる。日本では，「あかんべえ」は，相手をからかったり，拒否や軽蔑の気持ちを表わすものと見なされる。 Das untere Augenlid mit der Fingerspitze leicht nach unten ziehen, und so dem Gegenüber die rote Innenseite des Augenlids zeigen. Das Wort *akanbē* soll von *aka-me* (wörtl.: „rotes Auge“) abgeleitet sein. In Japan wird dies als eine spöttische Geste bzw. als ein Ausdruck der Ablehnung oder Geringschätzung verstanden.

◆akiresu-ken アキレス腱

1) die Achillessehne 2) die Achillesferse 2)は，厳密には，「アキレスのかかと」と訳すべきであろうが，これは強者（人間の場合のほかシステムや戦略のこともある）が持っている唯一の弱点を意味する。この表現は右のかかとだけが唯一の弱点であったというギリシャ神話の英雄アキレウスの名に由来する。日本では，医学的用語である1)と「強者が持っている弱点」の意の2)を合わせて「アキレス腱」と呼ぶことが多い。Als Achillesferse bezeichnet man die Schwachstelle eines ansonsten starken Menschen, eines Systems, einer Strategie etc. Das Wort geht auf den Achilles, einen Helden der griechischen Mythologie zurück, der nur an der rechten Ferse verwundbar war. Das japanische Wort *akiresu-ken* wird sowohl für den medizinischen Ausdruck „Achillessehne" als auch für die Metapher „Achillesferse" benutzt.

◆anraku-shi 安楽死

die Euthanasie, die Sterbehilfe 助かる見込みのない病人を，本人の希望にしたがって，苦痛の少ない方法で人為的に死なせること。einem unheilbar schwer Kranken auf dessen eigenen Wunsch hin einen möglichst schmerzfreien Tod ermöglichen

◆aomuke 仰向け

die Rückenlage **aomuke ni naru 仰向けになる** sich auf den Rücken legen **aomuke ni neteiru 仰向けに寝ている** auf dem Rücken liegen; auf dem Rücken schlafen **utsubuse うつぶせ** die Bauchlage; die Lage auf dem Gesicht **utsubuse ni taoreru うつぶせに倒れる** aufs Gesicht fallen; nach vorne fallen **utsubuse ni naru うつ伏せになる** sich auf den Bauch legen **utsubuse ni natteiru うつ伏せになっている** auf dem Bauch liegen **yotsunbai 四つん這い** Kriechen auf allen vieren **yotsunbai ni natte susumu 四つん這いになって進む** auf allen vieren kriechen

◆ao-suji 青筋

1) die blaue Ader 2) die Zornesader (Zornader) **ao-suji o tatete okoru 青筋を立てて怒る** wörtl.: „die Zornesadern hervorquellen lassen"; vor Wut kochen; jemandem schwillt die Zornader an

◆ara-ryōji 荒療治

drastische Behandlungsmethode; drastische Maßnahme **ara-ryōji o suru 荒療治をする** eine schmerzhafte Operation vornehmen; drastische Maßnahmen ergreifen

◆arerugī アレルギー

die Allergie ドイツ語からの外来語。広義では，特定のものや人に対する拒絶反応を意味することもある。Lehnwort aus dem Deutschen, im weiteren Sinn meint man damit eine Abwehrreaktion gegen bestimmte Dinge aber auch gegen bestimmte Personen. **shokumotsu-arerugī 食物アレルギー** die Nahrungsmittelallergie **arerugī-sei bien アレルギー性鼻炎** allergischer Schnupfen

◆arukōru-izonshō-kanja アルコール依存症患者

der (die) Alkoholabhängige **arukōru-chūdokusha アルコール中毒者** der Alkoholiker **kyūsei-arukōru-chūdoku 急性アルコール中毒** die akute Alkoholvergiftung **shuran 酒乱** der Krawall von Betrunkenen;

die betrunkene Raserei

◆**asa-shan 朝シャン**

das Waschen der Haare am Morgen 朝起きてシャンプーをすること。1987（昭和62）年朝食を抜いてでも朝シャンプーをする女子高生のことが話題になり，この語が広まった。日本ではたいてい夕方お風呂に入りその時に洗髪もするから、朝シャンプーをするのはことによると普通のことではないとされたのかもしれない。多くの人が朝シャワーを浴びる習慣のあるドイツでは，朝シャンプーをするとしてもそれは特別のことというよりもむしろ当たり前のことなのだ。Sich morgens nach dem Aufstehen die Haare waschen. 1987 wurde über Oberschülerinnen berichtet, die morgens zwar auf das Frühstück, aber nicht auf das Haarewaschen verzichten können. Von daher hat sich die Formulierung verbreitet. Da man sich in Japan meistens abends im Bad wäscht und ggf. auch die Haare wäscht, ist das morgendliche Haarewaschen vielleicht etwas ungewöhnlich. In Deutschland, wo sich viele Leute ohnehin am Morgen duschen, ist es möglicherweise eher die Regel als die Ausnahme.

◆**asemo あせも，汗疹**

das Schweißbläschen 暑い季節に，多量の汗をかいたとき，汗が体外へうまく排出されないことによって皮膚に生じるかゆみを伴った発疹。ドイツでは，この疾患はまれで，一般にあまり知られていない。Juckender Hautausschlag in der heißen Jahreszeit, der durch übermäßiges Schwitzen und einen damit einhergehenden Verschluss der Poren verursacht wird. In Deutschland ist diese Erkrankung selten und nur wenig bekannt. **asemo ga dekiru あせもができる** Schweißbläschen bekommen

◆**ashi 足，脚**

der Fuß, das Bein 意味としては，肉体的な体の一部としての「あし」のほかに，歩行や歩行の速さ，歩調，交通の手段，お金（時にはお金の欠損）などの意味にもなる。また比喩的な用法も比較的多い。Außer in der Bedeutung von „Fuß" oder „Bein" als Körperteil wird *ashi* auch für „zu Fuß gehen"; die Geschwindigkeit, mit der man zu Fuß geht; „Schritt", „Verkehrsmittel", „Geld" (gelegentlich für einen finanziellen Verlust) usw. verwendet. Das Wort *ashi* wird relativ oft im übertragenen Sinn gebraucht. **ashi ga bō ni naru 足が棒になる** wörtl.: „die Beine sind wie Stöcke"; die Beine sind stocksteif; sich die Beine ablaufen; sich die Beine in den Bauch stehen 長時間歩いたり立ち続けたりして疲れること。脚の筋肉が硬直し，膝もつっぱったように曲がらなく感じられる状態をいう。Die Ermüdung durch langes Gehen oder Stehen. So wird der Zustand beschrieben, wenn die Beinmuskulatur steif geworden ist, und man das Gefühl hat, dass man seine Knie nicht mehr beugen kann. **ashi o bō ni shite arukimawaru 足を棒にして歩き回る** sich die Füße wund laufen; sich die Beine ablaufen **ashi ga chi ni tsukanai 足が地に着かない** nicht mit beiden Beinen auf der Erde stehen **ashi ga tsuru 足がつる** einen Krampf im Bein haben **ashi ga deru 足が出る** 1) einen Kostenanschlag überschreiten; die vorhandene Summe übersteigen 2) ans Tageslicht kommen; herauskommen **ashi ga sukumu**

足がすくむ weiche Knie haben; jemandem werden die Knie weich **ashi o arau 足を洗う** wörtl.: „sich die Füße waschen"; ein verrufenes Gewerbe aufgeben 泥だらけ，ほこりまみれの足を洗うことから転じて，長い間かかわってきた（よくない）職業・生活からきっぱりと抜け出るという意味で用いられる。英語にも *wash one's hands* という表現があって，ほぼ同じ意味で用いられるが，こちらは，足ではなく，手を洗うことになっている。Sich die mit Schlamm oder Staub beschmutzten Füße waschen, im übertragenen Sinn meint man damit, sich von einem verruchten Gewerbe oder einem liederlichen Leben definitiv verabschieden. Die englische Redewendung *wash one's hands* hat etwa die gleiche Bedeutung, nur dass anstatt der Füße das Bild der Hände verwendet wird. **ashi o hipparu 足を引っ張る** wörtl.: „jemandes Fuß ziehen"; behindern; jemandem einen Knüppel zwischen die Beine werfen「足を引っ張る」というのは，『広辞苑』(第6版)では，「他人の成功や前進を陰でひきとめ，邪魔をする。また，物事全体の進行のさまたげとなる」とある。この説明によると，裏に回って画策するニューアンスも残るが，ドイツ語の einen Knüppel zwischen die Beine werfen というのは，足の間に棒を投げ入れて足をもつれさせ進行の邪魔をするという意味だから，日本語とドイツ語の表現の間にある程度の差はある。ただ日本においても，例えば政党間で見られるように，露骨に足の引っ張り合いが行なわれることもあり，時と場合によってはこのドイツ語の表現がピッタリということもあろう。In der sechsten Auflage des Wörterbuchs Kōjien heißt es: „Den Erfolg oder Fortschritt einer anderen Person hinter den Kulissen stören, bzw. das Vorwärtskommen einer Angelegenheit als Ganzes behindern." Diese Definition umfasst im Gegensatz zum deutschen Ausdruck, „jemandem einen Knüppel zwischen die Beine werfen", auch die Bedeutungsnuance eines geheimen Pläneschmiedens. Aber wenn man beobachtet, wie sich auch in Japan z.B. politische Parteien manchmal gegenseitig blockieren, ist der deutsche Ausdruck dafür vielleicht genau der passende. **ashi o mukete nerarenai 足を向けて寝られない** wörtl.: „nicht mit dem eigenen Füßen in Richtung einer anderen Person schlafen können"; jemandem zu tiefstem Dank verpflichtet sein **ashi o sukuu 足をすくう, 足を掬う** jemandem ein Bein stellen; stolpern lassen **ashi-bumi 足踏み** das wiederholte Stampfen; das wiederholte Treten auf ein und dieselbe Stelle **ahi-bumi suru 足踏みする** stampfen; auf der Stelle treten **ashige ni suru 足蹴にする** 1) jemandem einen Fußtritt geben 2) jemanden schlecht behandeln **ashi o nobasu 足を伸ばす** 1) seine Beine ausstrecken 2) reisen; sich begeben; noch weiter gehen **ashi-moto ni hi ga tsuku 足元に火がつく** jemandem brennt der Boden unter den Füßen; jemand ist in arger Bedrängnis **ashi-moto o miru 足元を見る** wörtl.: „jemandem auf die Füße schauen"; jemandes Schwäche ausnutzen この表現は，かつて駕篭かきなどが，旅行者の足の疲れ具合を見て料金を吹っかけたところから来ている。Der Ausdruck ist davon abgeleitet, dass früher Säftenträger etc. den Reisenden auf die Füße schauten, um zu erkennen, wer besonders müde und bereit war, einen überhöhten Preis für den

Transport zu bezahlen. **ashi-moto ni mo oyobanai 足元にも及ばない** jemandem nicht das Wasser reichen können **ashide-matoi 足手まとい** das Hindernis, die Einschränkung, ein Klotz am Bein なおこの Klotz というのは，かつて放牧中の家畜が逃げるのを防ぐために足にくくりつけておいた丸太，角材のたぐいのことである。Ein Klotz war früher ein dickes Stück Holz, ähnlich einem Balken, an dem man das Vieh auf der Weide mit den Füßen festgebunden hat, um es am Weglaufen zu hindern. **ashi-nami o soroeru 足並みを揃える** im gleichen Schritt und Tritt gehen; Schritt halten **ashi-nami o midasu 足並みを乱す** aus der Reihe tanzen; aus dem Tritt kommen **isami-ashi o suru 勇み足をする** wörtl.: „übermütigen Fußes sein"; übereifrig sein; zu hoch spielen もともとは相撲の用語で，相手を土俵際まで追い詰めながら，勢い余って相手より先に土俵から足を出してしまい負けることを意味する。転じて，勢いに乗ってやりそこなうこと。Ursprünglich handelt es sich um einen Fachausdruck aus dem *Sumō* für die Situation, dass ein Ringer seinen Gegner zwar an den Rand des Ringes drängt, dabei aber zuviel Kraft aufwendet und deshalb selbst aus dem Ring heraustritt und den Kampf verliert. Im übertragenen Sinn ist damit gemeint, dass man aus Übereifer einen Misserfolg erleidet. **age-ashi o toru 揚げ足を取る** wörtl: „das angehobene Bein ergreifen"; mäkeln, bekritteln 言い間違いや言葉尻を捉えて，言いがかりをつけたり，非難したりすること。相撲や柔道で，相手が技を掛けようとして揚げた足をとらえて逆に相手を攻撃するところから来た表現である。Einen sprachlichen Fehler oder einen Versprecher zum Anlass nehmen, um jemanden zu beschuldigen oder zu kritisieren. Der Ausdruck kommt aus der Welt der Kampfkünste wie *Sumō* oder *Judō*, und meint, dass man seinen Gegner attackiert, indem man sein Bein just in dem Moment ergreift, wenn er es anhebt, um selbst anzugreifen, und ihn angreift. **ashi o torareru 足を取られる** stolpern; zu Fall gebracht werden **chidori-ashi 千鳥足** das Schwanken, das Taumeln **chidori-ashi de aruku 千鳥足で歩く** schwankend gehen; taumeln **muda-ashi 無駄足** erfolgloser Besuch; vergeblicher Gang **muda-ashi o fumu 無駄足を踏む** vergeblich besuchen **ninoashi o fumu 二の足を踏む** wörtl.: „mit dem zweiten Fuß auf der Stelle treten"; zögern; es sich noch einmal überlegen 「二の足を踏む」とは，一歩目は踏み出したものの，二歩目はどうしたらよいかとその場で足踏みをする意味である。Gemeint ist die Situation, dass jemand mit einem Bein bereits einen Schritt gemacht hat, dann aber zweifelt und mit dem zweiten Bein auf der Stelle tritt. **nuki ashi-sashiashi de iku 抜き足差し足でいく** auf Zehenspitzen gehen **suri-ashi de aruku すり足で歩く** schlurfen **uki-ashi datsu 浮き足立つ** ins Wanken geraten **daikon-ashi 大根足(脚)** wörtl.: die „Rettichbeine"; die dicken Beine; die Elephantenbeine, die (pl.) Stempelbeine「大根足」とは，女性の太い足をからかって言う言葉である。日本で見かける大根は，ドイツの市場で見かける大根とは姿かたちが異なる。Ein Ausdruck, mit dem eine Frau wegen ihrer dicken Beine verspottet wird. Die Form von Rettichen ist in Japan und Deutschland etwas unterschiedlich. **ashi-koshi no tatsu uchi wa**

足腰の立つうちは solange ich mich auf den Beinen halten kann; solange ich noch fit bin **ashi-koshi o kitaeru 足腰を鍛える** seine physische Kraft trainieren **dosoku 土足** 1) schmutzige Füße 2) die Füße mit den Schuhen an **dosoku de 土足で** mit Straßenschuhen; ohne die Schuhe auszuziehen **dosoku kinshi 土足禁止** Betreten mit Schuhen verboten **gisoku 義足** die Beinprothese; das künstliche Bein **issoku-tobi ni 一足飛びに** mit einem Sprung; mit einem Schlag **kata-ashi o kan'oke ni tsukkonde iru 片足を棺桶に突っ込んでいる** mit einem Fuß schon im Grabe sein **ashi-kake san nen 足かけ三年** über drei Kalenderjahre 年月日などを数える場合，1年・1月・1日に満たない前後の端数をそれぞれ1として数える数え方。例えば，ある年の10月から翌々年の3月までならば，足かけ3年ということになる。Eine Form des Aufrundens bei der Zählung von Jahren, Monaten oder Tagen, wobei man den angebrochenen Zeitraum als eine Einheit nennt. Wenn man z.B. den Zeitraum vom Oktober eines bestimmten Jahres bis zum März der übernächsten Jahres beschreiben will, kann man sagen *ashi-kake san nen* („sich über drei Kalenderjahre erstrecken“).

♦atama 頭

der Kopf, das Haupt「あたま」には頭部・頭脳のほかに，頭髪，考え方，組織や物の上の部分，その他比喩的意味がある。**atama kakushite shiri kakusazu 頭隠して尻隠さず** den Kopf verstecken, aber den Hintern herausstrecken **atama ni kuru 頭に来る** ausrasten; wütend werden; aus der Haut fahren 腹立たしく感ずる気持ちを強調する俗語表現であるが，現在（21世紀初頭）この言葉を使用するのは，中年・熟年層で，それ以上の老人が用いることは比較的稀である。若年層の人たちは，日常会話レベルでは，「むかつく」などという。孫が，「むかつく」と言ったが，祖母はその真意を理解できず，胃腸薬を与えたという話がある書物に紹介されていた。Umgangssprachlicher Ausdruck, der das Gefühl des Sich-Ärgerns betont, und heutzutage vor allem von Personen mittleren Alters und reiferen Alters benutzt wird, die ältere Generation verwendet ihn fast nie. Junge Leute sagen im Alltag stattdessen z.B. *mukatsuku* (wörtl.: „es ekelt mich“). In einem Buch findet sich eine Geschichte, in der das Enkelkind zu seiner Großmutter *mukatsuku* sagt, woraufhin ihm seine Großmutter, die den Ausdruck nicht versteht, Magentabletten anbietet. **atama o hiyasu 頭を冷やす** einen kühlen Kopf bekommen; sich beruhigen **atama o marumeru 頭を丸める** wörtl.: „den Kopf rund machen“; die Tonsur nehmen; Mönch oder Nonne werden **atama o shiboru 頭を絞る** wörtl.: „sich den Kopf ausquetschen“; sich den Kopf zerbrechen **atama-gonashi ni shikaru 頭ごなしに叱る** jemanden kompromisslos ausschimpfen; jemanden ausschimpfen, ohne nach dem Grund zu fragen **atama ga hikui 頭が低い** bescheiden sein **atama ga kireru 頭が切れる** einen scharfen Verstand haben; scharfsinnig sein **atama ga katai 頭が固い** starrsinnig sein; dickköpfig sein **bōzu-atama 坊主頭** die rasierte Glatze; der kurz geschorene Kopf **ishi-atama 石頭** der Dickschädel, der Dickkopf **atama ga hen da 頭が変だ** nicht ganz richtig im Kopf sein **atama ga agara-**

nai 頭が上がらない (こちら側に弱みがある場合) jemandem nicht in die Augen blicken können; jemandem nicht ins Gesicht blicken können (能力などが劣っていて張り合うことができない，という場合は) es mit jemandem nicht aufnehmen können **atama ga sagaru 頭が下がる** vor jemandem Respekt haben **atama-kin 頭金** die Anzahlung **ittō-chi o nuku 一頭地を抜く** wörtl.: „den Durchschnitt um einen Kopf überragen"; hervorragend sein; sich auszeichnen; aus der Menge herausragen; sich von anderen abheben「一頭地」は「一頭」と同じで，他の人より頭ひとつ抜き出ていること。転じて，能力や影響力・勢力が，他の人より一段と優れているということ。*Ittō-chi* hat die gleiche Bedeutung wie *ittō* und bedeutet die anderen um einen Kopf überragen. Im übertragenen Sinne bedeutet es, bessere Fähigkeiten bzw. einen größeren Einfluss (auf andere Menschen) als eine andere Person haben.

♦ bannō-yaku 万能薬

das Allheilmittel, das Universalmittel, die Panazee

♦ beso o kaku べそをかく

(bes. Kinder) ein weinerliches Gesicht machen (kurz bevor man in Tränen ausbricht); den Mund weinerlich verziehen

♦ bimoku-shūrei de aru 眉目秀麗である

ein schönes Gesicht haben; schöne Gesichtszüge haben「眉目」はまゆと目，そこから顔立ちのことを意味する。「眉目秀麗」とは容貌がすぐれて美しいこと。特に男性の容貌についていう。*Bimoku* bedeutet „Augenbrauen und Augen" und wird hier im Sinne von Gesichtszügen verwendet. Der Ausdruck meint also „schöne Gesichtszüge" und wird besonders zur Beschreibung eines anmutigen, ebenmäßigen Männergesichts verwendet.

♦ binbō-yusuri 貧乏揺すり

wörtl.: das „Zittern des Armen", das nervöse Beinzittern; das ständige Zittern (mit dem Bein) **binbō-yusuri o suru 貧乏揺すりをする** die Beine nicht ruhig halten können; mit einem Bein zittern

♦ borantia ボランティア

(von engl. *volunteer*) der ehrenamtliche Helfer; der ehrenamtliche Mitarbeiter; der (die) Freiwillige **borantia-katsudō ボランティア活動** die ehrenamtliche Tätigkeit – 1990年頃以降日本においてボランティア活動に社会の注目が集まっており（たとえば自然災害時において），またそれを推進しようとする機運も高まっている。Die ehrenamtliche Hilfe, z.B. bei Naturkatastrophen, hat ungefähr seit 1990 die Aufmerksamkeit der Öffentlichkeit auf sich gezogen und ist heute in Japan gut etabliert.

♦ boshi-techō 母子手帳

der Mutter-Kind-Gesundheitspass; der Mutterpass 母子健康手帳とも言う。Auch *Boshi-kenkō-techō*, „Mutter-Kind-Gesundheitspass".

♦ chi 血

das Blut, die Blutsverwandschaft **chi-no-ame o furasu 血の雨を降らす** ein Blutbad anrichten **chi de chi o arau 血で血を洗う**

wörtl.: „Blut mit Blut abwaschen" 1) einen Mord mit einem Mord sühnen; Böses mit Bösem vergelten 2) innerhalb der Familie kämpfen; mit Blutverwandten Streit haben **chi wa arasoenai 血は争えない** das Blut lässt sich nicht verleugnen; wie der Vater, so der Sohn; der Apfel fällt nicht weit vom Stamm **chi ga sawagu 血が騒ぐ** sich aufregen; in Erregung geraten **chi no kayotta 血の通った** menschlich **chi no meguri ga warui 血の巡りが悪い** wörtl.: „schlechte Blutzirkulation haben"; schwerfällig sein **chi-no-ke ga hiku 血の気が引く** weiß wie die Wand werden **chi mo namida mo nai 血も涙もない** kalt und gefühllos; unmenschlich; kaltblütig **chi ga noboru 血が上る** wörtl.: „das Blut steigt (in den Kopf)"; 1) einen Schwindelanfall bekommen; schwindelig werden 2) sich aufregen; aufbrausen **chi-mayou 血迷う** den Verstand verlieren; die Fassung verlieren; aus der Haut fahren **chi wa mizu yori mo koi 血は水よりも濃い** Blut ist dicker als Wasser. **chimichi o ageru 血道を上げる** ergriffen sein; in etwas (od. jemanden) vernarrt sein「血道」は，血管のこと。異性・道楽や自分の利益に異常に熱をあげること。*Chimichi* bedeutet „Blutgefäße", der Ausdruck meint, dass man an jemandem (des anderen Geschlechts), an Vergnügen, dem eigenen Vorteil etc. außergewöhnlich stark interessiert ist.

♦chibusa (nyūbō) 乳房

die Brust（しばしば複数形 die Brüsteで）**chikubi 乳首 (nyūtō 乳頭)** die Brustwarze **nyūrin 乳輪** der Warzenhof **nyūgan 乳がん** der Brustkrebs

♦chikara-kobu 力こぶ, 力瘤

1) der angespammte Armmuskel; der (angespannte) Bizeps 2) der Einsatz, der Eifer, der Feuereifer 1) 力を込めて腕を曲げるとき，二の腕の内側にできる筋肉の隆起。2) 力を入れて行なうこと。熱心に尽力すること。

♦chimei-shō 致命傷

1) die tödliche Verletzung; die lebensbedrohliche Verwundung 2) der nicht zu reparierende Fehler **chimei-shō o ataeru 致命傷を与える** jemanden tödlich verwunden; jemandem den Todesstoß versetzen **chimei-shō o ou 致命傷を負う** tödlich verwundet werden; eine tödliche Verwundung erleiden

♦chō 腸

der Darm 盲腸はBlinddarm，十二指腸はZwölffingerdarmという。**danchō no omoi de aru 断腸の思いである** jemandem das Herz zerreißen; herzzerreißend sein **danchō no omoi de 断腸の思いで** blutenden Herzens; mit blutendem Herzen

♦chōmon no isshin 頂門の一針

eine ins Schwarze treffende Kritik; den Nagel auf den Kopf treffen 頭の上に針を刺すように，痛いところを突くいましめないし教訓の意であるが，,「頂門」という単語は現在，この言い回し以外で用いられることはほとんどない。Gemeint ist, dass eine Belehrung genau den schmerzenden Punkt trifft, etwa so wie einen Nadel, mit der man jemanden zur Ermahnung oder Bestrafung in den Scheitel sticht. Das Wort *chōmon* („Scheitel") wird heute nur noch in dieser Redensart gebraucht.

♦ **chūniku-chūzei no hito 中肉中背の人**
eine Person von mittlerer Statur; eine Person von mittlerer Größe und mittlerem Körpergewicht

♦ **daietto ダイエット**
die Diät **daietto o shiteiru ダイエットをしている** auf Diät sein; eine Diät machen **daietto-shokuhin ダイエット食品** das Diätlebensmittel; das diätetische Lebensmittel

♦ **dainoji ni (natte) neru 大の字に(なって) 寝る**
in einer Position schlafen, die dem Schriftzeichen für „groß" 大 ähnelt; Arme und Beine weit von sich gestreckt auf dem Rücken liegend schlafen; mit ausgestreckten Gliedmaßen schlafen **kawa no ji ni neru 川の字に寝る** in einer Anordnung schlafen, die dem Schriftzeichen für „Fluß" 川 ähnelt, drei Personen, z.B. die Eltern schlafen mit dem Kind in der Mitte nebeneinander. 夫婦が子供を中にして，川の字の形になって寝るような場合。

♦ **dairi-haha 代理母**
die Leihmutter 不妊の夫婦の受精卵もしくは精子により，自己の体内で胎児を発育させ，出産する女性。Eine Frau, die für ein steriles Ehepaar in ihrem eigenen Körper ein Kind austrägt und zur Welt bringt. Dabei wird ihr entweder ein Embryo implantiert oder sie wird mit den Spermien des Mannes inseminiert. **dairi-shussan 代理出産** die Geburt durch eine Leihmutter

♦ **datai 堕胎**
die Abtreibung ピルなどの普及が遅れたため日本では人工妊娠中絶が比較的多いとされている。厚生労働省の統計によると，2003 (平成15) 年の人工妊娠中絶手術数は，約32万件であるという。Hormonelle Verhütung (die Pille) ist in Japan nur wenig verbreitet und die Zahl der Abtreibungen ist vergleichsweise hoch, sie soll im Jahr 2003 bei 320 000 Fällen gelegen haben. **keikō-hinin-yaku 経口避妊薬 (piru ピル)** die Pille; die Antibabypille

♦ **dei-sābisu デー・サービス**
(pseudoengl.: *day service*) die Sozialstation 高齢者が自宅から通い，入浴・食事といった日常生活の世話や機能訓練を受けられる施設，制度。Eine Einrichtung, wohin sich ältere Menschen begeben können, um dort Pflegeleistungen, wie Hilfe beim Baden und Essen usw. zu erhalten oder alltägliche Verrichtungen und Rehabilitation zu machen. Auch das System bezeichnet man so.

♦ **dō-age suru 胴上げする**
jemanden in die Luft werfen; jemanden in die Höhe werfen 今日では，スポーツ競技での勝者，結婚式での新郎，入学試験の合格者などを祝福して行なわれことがある。Heutzutage feiert man gelegentlich den Sieger bei einem sportlichen Wettbewerb, den Bräutigam bei einer Hochzeit, erfolgreiche Prüflinge bei einer Aufnahmeexamen o.Ä., indem man sie gemeinsam in die Höhe wirft.

♦ **dōbyō ai awaremu 同病相哀れむ**
(Sprichw.) Leidensgenossen können einander nachfühlen. Gleiches Leid verbindet.

♦doku ni mo kusuri ni mo naranai 毒にも薬にもならない
ohne Schaden, aber auch ohne Nutzen sein; ebenso harmlos wie nutzlos sein; weder schädlich noch nützlich sein; weder schaden noch nützen

♦dorinku-zai ドリンク剤
der Gesundheitsdrink; das Vitamingetränk; der Energiedrink ビタミンやカフェインなどを主体とし，疲労回復などを目的に調製された清涼飲料水に似た飲み物。Eine Erfrischungsgetränken ähnlich Produktgruppe, die in der Hauptsache Vitamine, Koffein etc. enthält, und mit dem Ziel hergestellt werden, um Ermüdungserscheinungen zu bekämpfen.

♦eisei 衛生
die Hygiene, die Gesundheitspflege, die Körperpflege, die Sauberkeit **kōshū-eisei 公衆衛生** die öffentliche Hygiene **seishin-eisei 精神衛生** die geistige Hygiene **shintai-eisei 身体衛生** die Körperhygiene

♦eizu エイズ
das Aids（普通無冠詞で用いる）; das erworbene Immunschwächesyndrom **eizu-chiryō エイズ治療** die Aidstherapie **eizu-kansensha エイズ感染者** der (die) Aidsinfizierte; der (die) Aids-Patient(in) **eizu-kensa エイズ検査** der Aidstest **eizu-uirusu エイズ・ウイルス** das HIV-Virus; das Aids-Virus **yakugai-eizu 薬害エイズ** durch Blutprodukte übertragenes Aids

♦ekonomī-kurasu shōkō-gun エコノミー・クラス症候群
das Touristenklassensyndrom; das Economy-class-Syndrom; die Reisethrombose 旅客機などの狭い座席に長時間坐ったままだと生じやすい。

♦enmei 延命
die Lebensverlängerung **enmei-iryō 延命医療** die lebensverlängernde Maßnahme **enmei-saku o kōjiru 延命策を講じる** lebensverlängernde Maßnahmen ergreifen

♦fu 腑
die (pl.) Eingeweide, das Gedärm かつて日本では，思慮分別や考えは，「腑」に宿ると考えられていた。Früher vermuteten die Japaner dort den Sitz des Verstandes und Denkens. **fu ni ochinai 腑に落ちない** mit etwas nicht einverstanden sein; nicht verstehen 明治期の文献には，「腑に落ちる」という肯定形も見られるが，現在の日本語では一般に「腑に落ちない」という否定形のみが用いられる。In Quellen der Meiji-Zeit findet sich auch die positive Variante des Ausdrucks *fu ni ochiru*, aber im gegenwärtigen Japanisch wird für gewöhnlich nur noch die Negation *fu ni ochinai* verwendet. **funuke 腑抜け** wörtl.: „jemand ohne Eingeweide“ 1) der Trottel 2) der Feigling, der Hasenfuß

♦fundari-kettari 踏んだり蹴ったり
wörtl.: „mit Füßen getreten und gestoßen werden“; hart gebeutelt werden; ein Unglück nach dem anderen erfahren 不運な出来事が重なったり，続けざまにひどい仕打ちを受けるなどして，さんざんなめにあう

こと。So bezeichnet man den bedrückenden Zustand, wenn sich unglückliche Ereignisse häufen, man fortwährend schlecht behandelt wird usw.

◆funin-shō 不妊症
die Unfruchtbarkeit (der Frauen); die Sterilität **funin-chiryō 不妊治療** die Unfruchtbarkeitsbehandlung

◆funzorikaeru ふんぞり返る
sich brüsten; sich in die Brust werfen; sich aufblasen; sich zurücklehnen **heishin-teitō suru 平身低頭する** sich zu Boden werfen; einen Kotau machen; auf die Knie gehen; sich niederwerfen

◆fu-sessei 不摂生
die Vernachlässigung der Gesundheit; die Unachtsamkeit hinsichtlich der eigenen Gesundheit **fu- sessei o suru 不摂生をする** unbekümmert mit seiner Gesundheit umgehen; keine Rücksicht auf seine Gesundheit nehmen

◆futei-shūso 不定愁訴
unbestimmte Beschwerden (pl.) 明白な器質的疾患が見られるわけではないのに，様々な自覚症状を訴える状態。Patienten, die ohne bestimmbare organische Erkrankungen subjektiv unter Krankheitssymtomen leiden **jiritsu-shinkei-shitchō-shō 自律神経失調症** die Ataxie des vegetativen Nervensystems

◆fūten 瘋癲，フーテン
1) der Wahnsinn, der Irrsinn, die geistige Umnachtung; der Schwachsinn 2) der Tagedieb, der Herumlungerer 1)精神の状態が正常でないこと。またその人。2) 通常の社会生活からはみ出して，仕事を持たず，ぶらぶらと日を送っている人。1) Ein abnormaler geistiger Zustand, bzw. eine Person in so einem Zustand. 2) Jemand, der aus dem normalen gesellschaftlichen Leben herausfällt, keine Arbeit hat und den Tag vertrödelt.

◆geri 下痢
der Durchfall, (ugs.) der Durchmarsch **shokuatari 食あたり** die Lebensmittelvergiftung **benpi 便秘** die Verstopfung, die Obstipation **jika-chūdoku 自家中毒** die Selbstvergiftung; die Autointoxikation

◆gogatsu-byō 五月病
wörtl.: die „Maikrankheit"; die Frühjahrsmüdigkeit (der Neulinge) 4月に新しく入学ないしは入社した学生や社員などに，5月頃しばしば現われる無気力や神経症的症状。Bezeichnung für die Antriebsschwäche, die im Mai bei einigen der im April frisch immatrikulierten Studenten bzw. neu eingestellten Firmenangestellten usw. zu beobachten ist.

◆gorone ごろ寝
das Schlafen ohne Bettzeug **gorone suru ごろ寝する** auf dem Boden liegen; sich hinlegen und schlafen

◆gozō-roppu 五臓六腑
die fünf inneren Organe und die sechs Eingeweide このなかには，現在の西洋医学で対応物が見当たらないものも含まれているが，五臓六腑は一般に，腹のなか，あるいは体全体の意味で用いられる。Für einige dieser inneren Organe oder Eingeweide gibt es keine Entsprechungen in der heutigen westlichen Medizin, der Ausdruck meint eher allgemein alle inneren Organe zusammen oder den ganzen Körper. **gozō-roppu ni shimi-wataru 五臓六腑に染み渡る** es geht (mir) durch Mark und Bein たいていはビールとか酒との関連で用いられる表現。meistens in Bezug auf Bier oder *Sake* gebraucht

♦ha 歯

der Zahn **maeba 前歯** der Vorderzahn **kenshi 犬歯** der Eckzahn **kyūshi 臼歯** der Mahlzahn **okuba 奥歯** der Backenzahn, der Molar **nyūshi 乳歯** der Milchzahn **eikyū-shi 永久歯** die zweiten Zähne **oya-shirazu 親知らず** der Weisheitszahn **deppa 出っ歯** vorstehende Zähne **hagishiri 歯軋り** Knirschen mit den Zähnen **ha o migaku 歯を磨く** sich die Zähne putzen **ha o kuishibaru 歯を食いしばる** die Zähne zusammenbeißen この表現は，日本語もドイツ語も同じように，歯を食いしばって苦痛などに耐えるという意味で用いられる。Sowohl im Japanischen als auch im Deutschen gibt es den Ausdruck „die Zähne zusammenbeißen“ in der Bedeutung Schmerz oder Leid ertragen. **ha ni kinu kisezuni iu 歯に衣着せずに言う** wörtl.: „etwas sagen, ohne die Zähne zu bekleiden“; vor den Mund kein Blatt nehmen; offen aussprechen **okuba ni mono no hasamatta yō na iikata o suru 奥歯に物の挟まったような言い方をする** wörtl.: „sprechen, als würde etwas zwischen den Backenzähnen steckenbleiben“; nicht offen sprechen **ha ga tatanai 歯が立たない** wörtl.: „zu hart, als man es mit den Zähnen beißen könnte“; über jemandes Kraft gehen; überfordert sein; zu schwierig sein; bei jemandem auf Granit beißen **ha ga uku 歯が浮く** 1) es zieht einem die Zähne zusammen 2) jemandem auf die Nerven gehen **ha-atari 歯当たり** das Kaugefühl **hadome 歯止め** die Bremse, der Hemmschuh **hagire ga warui 歯切れが悪い** ausweichend, undeutlich **hagire no ii 歯切れのいい** deutlich, klar **hagotae 歯ごたえ** 1) der Kauwiderstand, der Beißwiderstand 2) die Reaktion **hagayui 歯がゆい，歯痒い** ungeduldig sein; irritierend sein **hagami 歯がみ，歯噛み** das Zähneknirschen **hagami suru 歯がみする，歯噛みする** mit den Zähnen knirschen **sesshi-yakuwan suru 切歯扼腕する** (vor Wut oder Kummer) mit den Zähnen knirschen und die Faust ballen

♦hada 肌

die Haut ドイツ語のHautは，英語の*skin*と同じように，人間についてのみならずその他の動物についても用いられるが，日本語の「肌」は，人間についてのみ用いる。人間以外の動物についていう場合は一般に「皮」という。しかし「面の皮が厚い」というような表現もあって，この場合は，人間の顔面の表皮を表わしている。「肌」にはほかに，気質等を意味することもある。Während das deutsche Wort Haut so wie das englische Wort *skin* nicht nur für die Haut des Menschen, sondern auch für die Haut von Tieren gebraucht werden kann, verwendet man das japanische Wort *hada* nur im Bezug auf Menschen. Bei Tieren spricht man im Allgemeinen von *kawa*. Allerdings meint das Wort *kawa* in Ausdrücken wie *tsura no kawa* *ga atsui* die äußere Gesichtshaut des Menschen. Das Wort *hada* wird manchmal auch in der Bedeutung Temperatur oder Charakter einer Person verwendet. **hada ga au 肌が合う** gut zusammenpassen **hada ga awanai 肌が合わない** nicht füreinander geschaffen sein **hada o yurusu 肌を許す** wörtl.: „die Haut gönnen"; sich hingeben (z.B.: Eine Frau gibt sich dem Mann hin.) **same-hada 鮫肌** wörtl.: „Haifischhaut"; raue Haut **mochi-hada もち肌，餅肌** weiche samtige Haut **yawa-hada 柔肌** weiche Haut **hada-zawari ga ii 肌触りがいい** sich gut anfühlen; sich angenehm anfühlen **hada-gi 肌着** die Unterwäsche **hadami-hanasazu motsu 肌身離さず持つ** immer bei sich tragen; ständig bei sich haben **gakusha-hada de aru 学者肌である** zum Wissenschaftlertyp gehören; eine angeborene Neigung zum wissenschaftlichen Studium haben **tori-hada ga tatsu 鳥肌が立つ** eine Gänsehaut bekommen 従来は日本語で「鳥肌が立つ」といえば，寒さや恐怖のための現象と考えられていたが，近年では，興奮や感動のために鳥肌が立つ，というような用法も見られるようになった。Früher verwendete man den japanischen Ausdruck nur in Bezug auf Kälte oder Angst, aber in den letzten Jahren findet man ihn auch im Zusammenhang mit freudiger Erregung oder emotionaler Ergriffenheit.

♦hage-atama はげ頭

der kahle Kopf; der Glatzkopf **hage ni naru 禿になる** eine Glatze bekommen **waka-hage 若はげ** die frühzeitige Glatze; der frühzeitige Haarausfall **maru-gari ni suru 丸刈りにする** kurz abschneiden; sich die Haare kurz schneiden lassen

♦haifu 肺腑

1) die Lunge 2) das Innerste; der Grund des Herzens **haifu o eguru 肺腑をえぐる** jemandem das Herz zerreißen; zutiefst erschütternd

♦hakunaishō 白内障

der graue Star; die Katarakt **ryokunaishō 緑内障** der grüne Star; das Glaukom

♦hana 鼻

die Nase **kagi-bana 鉤鼻** die Hakennase **dango-bana 団子鼻** die Knollennase, die Kartoffelnase, die Knödelnase **washi-bana 鷲鼻** die Adlernase **hanasaki 鼻先** die Nasenspitze **hanasaki de ashirau 鼻先であしらう** über jemanden die Nase rümpfen; jemanden herablassend behandeln **hana ga kiku 鼻が利く** eine gute Nase haben; ein gutes Gespür haben; einen guten Riecher haben **hana ga takai 鼻が高い** „eine vorstehende Nase haben"; stolz sein **hana ni kakeru 鼻にかける** sich viel auf etwas einbilden **hana ni tsuku 鼻につく** von etwas die Nase voll haben; etwas satt haben **hana o tsumamu 鼻をつまむ**（悪臭がするので）sich die Nase zuhalten **hana-tsumami-mono 鼻つまみ者** der Ekel; abscheulicher Mensch; ekelhafter Mensch **hana no shita ga nagai 鼻の下が長い** wörtl.: „der Bereich unter der Nase ist lang"; bei Frauen leicht schwach werden; lüstern sein このような言い方は既に江戸時代の浮世草子にみられる。der Begriff findet sich schon in einem populären Genre von Erzählungen der Edo-Zeit **hana no shita o nagakusuru 鼻の下を長くする (hana no shita o nobasu 鼻の下を伸ばす)** wörtl.: „den Bereich unter der

Nase in die Länge ziehen"; bei Frauen schwach werden; hinter den Frauen her sein; den weiblichen Reizen erliegen; sich von den Frauen um den Verstand bringen lassen **hana-iki ga arai 鼻息が荒い** wörtl.: „heftig durch die Nase atmen"; übermütig sein; übereifrig sein; allzu enthusiastisch sein; sich wichtig machen **hanappashira ga tsuyoi 鼻っ柱が強い** wörtl.: „jemand hat einen starken Nasenrücken"; agressiv; mit dem Kopf durch die Wand wollen; Haare auf den Zähnen haben **hanamochi naranai 鼻持ちならない** stinkend, stinkig, abscheulich **hana o heshioru 鼻をへし折る** jemandem die Nase einschlagen; jemandem eins auf die Nase geben（「鼻に一発をくらわせる」の意味）**hana-gusuri o kagaseru 鼻薬をかがせる** Schmiergeld bezahlen; schmieren **hana o akasu 鼻を明かす** jemanden aus dem Sattel heben; jemandem etwas vor der Nase wegfischen; jemandem den Wind aus den Segeln nehmen **hana-zura o totte hiki-mawasu 鼻面を取って引き回す** jemanden an der Nase herumführen; jemanden am Gängelband führen **hana-mizu ga deru 鼻水が出る** eine laufende Nase haben **hana-mizu o susuru 鼻水をすする** die Nase (den Rotz) hochziehen **hana o kamu 鼻をかむ** sich die Nase putzen; sich schnäuzen (schneuzen) **hanatare-kozō はなたれ小僧** der Bub mit laufender Nase, der Rotzjunge, der Rotzbengel, der Rotzlöffel「はなたれ小僧」は，鼻水を垂らしている男の子，また，若く経験の浅い者をあざけって言う語。「はなたれ」は『日葡辞書』(1603～04)にも出てくる語である。第二次世界大戦直後には日本の日常生活のなかではなたれ小僧の姿は特別のものではなかったが，その後，生活の改善，特に食生活の改善によって，普段その姿を目にすることはほとんど無くなった。Das Wort bezeichnet einerseits ein Kind mit laufender Nase, wird aber auch spöttisch für eine junge Person mit wenigen Erfahrungen gebraucht. Das Wort *hanatare* kommt schon im *Vocabvlario da Lingoa de Iapam* (1603/4) vor. Direkt nach dem Zweiten Weltkrieg waren Kinder mit Rotznasen keine Seltenheit, aber durch die Verbesserung der Lebensumstände und besonders der Ernährungssituation, gehören sie heute nicht mehr zum alltäglichen Straßenbild.

♦hansen-byō ハンセン病

(von engl. *Hansen's disease*) die Lepra, der Aussatz　らい菌による感染症であるが，かつては遺伝性と誤解されたこともあった。1907 (明治40) 年に制定された，らい予防に関する法律やひとびとの偏見により，ハンセン病の患者の人権が長年にわたり著しく侵害されてきたが，1996 (平成8) 年この法律は最終的に廃止された。Von Lepra-Bakterien ausgelöste Infektionskrankheit, die man früher fälschlicherweise für eine Erbkrankheit gehalten hat. In Japan waren die Menschenrechte von Lepra-Patienten lange Zeit durch eine besondere Lepra-Präventions-Gesetzgebung (seit 1907) erheblich eingeschränkt, das letzte dieser Gesetze wurde 1996 abgeschafft.

♦hanshin-fuzui 半身不随

die halbseitige Lähmung; die Halbseitenlähmung; die Hemiplegie **hanshin-fuzui no 半身不随の** halbseitig gelähmt; hemiplegisch

◆**hara 腹**

der Bauch 胴の下半分で内臓が収まっている部分であるが，特に胃腸を意味する場合や，またこどもがやどる母の胎内を指す場合もある。昔の日本人は腹とか胸でもの考えたり感じたりすると思っていたので，腹が，感情，気持ち，意図その他の意味になることもある。Als Bauch bezeichnet man einerseits den unteren Teil des Rumpfes, der die inneren Organe enthält, aber manchmal meint man damit auch den Magen-Darm-Trakt oder den Mutterleib. Weil man früher in Japan den Sitz des Denkens und Fühlens im Bauch oder in der Brust vermutete, gibt es viele Ausdrücke, in denen Bauch im Sinne von Gemüt, Gefühl oder Absicht o.Ä. verwendet wird. **hara hachibunme ni shite oku 腹八分目にしておく** wörtl.: „den Bauch nur zu acht Zehnteln füllen“; maßvoll essen **hara-peko de aru 腹ペコである** sehr hungrig sein; einen Bärenhunger haben **hara-goshirae 腹ごしらえ** die Stärkung; die Mahlzeit als Vorbereitung auf etwas **hara-zumori 腹づもり** die Absicht, das Vorhaben **hara ga futoi 腹が太い** wörtl.: „einen dicken Bauch haben“; großmütig sein; ein großes Herz haben **futoppara 太っ腹** wörtl.: „der dicke Bauch“; die Großmut, die Großherzigkeit, die Großzügigkeit **hara ga kudaru 腹が下る** Durchfall haben **haraguroi 腹黒い** wörtl.: „einen schwarzen Bauch haben“, tückisch, heimtückisch, bösartig; es faustdick hinter den Ohren haben **hara o katameru 腹を固める** sich entschließen; einen Entschluss fassen **hara o kukuru 腹をくくる** sich aufs Schlimmste vorbereiten; auf das Schlimmste gefasst sein; auf alles gefasst sein **hara o saguru 腹を探る** vorfühlen; die Fühler ausstrecken, wie jemand (im Grunde seines Herzens) denkt **itakumonai hara o sagurareru 痛くもない腹を探られる** unter falschem Verdacht stehen; zu unrecht verdächtigt werden **harachigai no ani (otōto) 腹違いの兄(弟)** der Halbbruder **harachigai no ane (imōto) 腹違いの姉(妹)** die Halbschwester **haraise 腹いせ** die Vergeltung, die Revanche, die Rache **haraise ni 腹いせに** um seinen Ärger auszulassen; um seinem Ärger Luft zu machen **haraise o suru 腹いせをする** jemandem etwas vergelten; jemandem etwas heimzahlen; sich rächen **hara o watte hanasu 腹を割って話す** offen sprechen; frisch von der Leber weg alles sagen **tsumebara o kiraseru 詰め腹を切らせる** wörtl.: „jemanden zum *Harakiri* zwingen“; jemanden zwingen, zurückzutreten; jemanden zwingen, seine Stellung aufzugeben **hara no mushi 腹の虫** die Würmer im Bauch; die Bauchwürmer (die in Japan früher als Verursacher von Gefühlen wie Wut etc. galten) **hara no mushi ga osamaranai 腹の虫が納まらない** wörtl.: „die Bauchwürmer beruhigen sich nicht“; sich (vor Ärger) nicht beruhigen können (**hara no**) **mushi no idokoro ga warui (腹の) 虫の居所が悪い** wörtl.: „die Bauchwürmer haben unangenehmen Aufenthaltsort“; schlechte Laune haben; in schlechter Stimmung sein **shifuku o koyasu 私腹を肥やす** in die eigene Tasche wirtschaften; in die eigene Tasche arbeiten; sich die Taschen füllen; sich bereichern **hara ni osameru 腹に収める** etwas (Gedanken, Gefühle usw.) für sich behalten **hara ni suekaneru 腹に据えかねる** etwas nicht mehr aushalten können; sich nicht mit etwas abfinden können **jibara o kiru 自腹を**

切る wörtl.: „sich den eigenen Bauch aufschlitzen"; etwas aus seiner eigenen Tasche bezahlen **hōfuku-zettō suru 抱腹絶倒する** sich vor Lachen den Bauch halten; sich vor Lachen kugeln; sich einen Ast lachen (体を枝状にたわめて笑う，という意味) **hara o kakaete warau 腹を抱えて笑う** sich vor Lachen den Bauch halten **fukuwa-jutsu 腹話術** das Bauchreden, der Ventriloquismus **fukuwa-jutsu o tsukau 腹話術を使う** bauchreden **fukuan 腹案** der Entwurf, das Vorhaben **doteppara ni kazaana o akeru どてっ腹に風穴を開ける** (Gaunersprache) jemandem ein Luftloch in die Wampe machen (jemanden erschießen oder erstechen) **hara ga hette wa ikusa wa dekinu 腹が減っては軍はできぬ** Mit leerem Bauch kann man nicht kämpfen. Mit leerem Magen kann man nicht arbeiten. **fukkin 腹筋** die (pl.) Bauchmuskeln **fukkin-undō 腹筋運動** das Bauchmuskeltraining

♦harawata はらわた, 腸

die Gedärme, die Eingeweide「はらわた」は，大腸の古称であり，また内臓全体を指す言葉でもある。この事典の他のところでも触れているが，かつて日本人は，胸や腹で物事を考え，感じ取ると考えていたので「はらわた」は，「こころ」とか「性根」という意味でも用いられる。*Harawata* ist eine alte Bezeichnung für den Darm aber auch ein Wort für alle inneren Organe zusammen. Wie an anderen Stellen in diesem Lexikon angeführt, vermutete man in Japan früher den Sitz des Fühlens und Denkens in der Brust oder im Bauch, deshalb wird *harawata* auch im Sinne von Herz oder Gesinnung verwendet. **harawata ga kusatta はらわたが腐った** (ein Mensch) mit verdorbenem Herzen; ein durch und durch verdorbener (Mensch) はらわたに相当するドイツ語は，Gedärme とか Eingeweide であるが，これは物事を考えたり感じたりする器官ではないから，ドイツ語の訳語のなかに何かからだの器官を持ち出すとすれば，das Herz ということになる。次の例も同様。Zwar kann man *harawata* mit Gedärm oder Eingeweide richtig übersetzen, aber diese gelten weniger als Sitz des Denkens und Fühlens, weshalb man hier (und bei dem folgenden Stichwort) am besten mit Herz übersetzt, wenn man einen Ausdruck verwenden will, der ein körperliches Organ einschließt. **harawata o kaki-mushirareru omoi ga suru はらわたを掻きむしられる思いがする** Es zerreißt einem das Herz. **harawata ga niekuri-kaeru はらわたが煮えくり返る** vor Wut kochen 日本語とドイツ語の表現で，「煮える（煮えくり返る）」と kochen は同じ内容の言葉だが，ドイツ語の場合煮え返るのは，「はらわた」ではなく「血液」なのである。jemandem das Blut in den Adern kochen という表現があるし，また，ものを主語として，sein Blut zum Kochen bringen を用いることもできる。Zwar werden sowohl im Japanischen als auch im Deutschen die bedeutungsgleichen Wörter *nieru* (*niekuri-kaeru*) bzw. „kochen" verwendet, aber im Deutschen sind es nicht die Gedärme, sondern das Blut, das aufkocht; es gibt auch den Ausdruck, jemandem kocht das Blut in den Adern; und man kann auch eine Sache als Subjekt einsetzen und sagen: „Das bringt sein Blut zum Kochen."

♦hare-mono 腫れ物

die Schwellung, die Entzündung **hare-mono ni sawaru yō ni 腫れ物に触るように** wörtl.: „als würde man eine entzündete Stelle berühren"; mit äußerster Vorsicht (herangehen); auf möglichst schonende Weise wie ein rohes Ei behandeln

♦hattō-shin 八頭身

(besonders bei Frauen) der wohlproportionierte Körper; eine ideale Figur, bei der die Köperlänge die achtfache Kopflänge beträgt 身長が頭部の長さの8倍であるということ。**hattō-shin bijin 八頭身美人** eine schöne Frau mit idealen Proportionen; die wohlproportionierte Schönheit

♦heso へそ, 臍

der Nabel **heso no o へその緒** die Nabelschnur 臍帯（さいたい）とも呼ばれるもので，日本では，新生児から自然脱落した臍帯を記念に保存しておく風習がある。In Japan gibt es die Sitte, den natürlich abfallenden Teil der Nabelschnur zur Erinnerung aufzubewahren. **heso-magari へそ曲がり** der Querkopf **debeso 出べそ** hervorstehender Nabel **heso de(ga) cha o wakasu へそで(が)茶を沸かす** wörtl.: „mit dem Bauchnabel Teewasser kochen"; zum Umfallen lächerlich sein **heso o mageru へそを曲げる** verstimmt werden

♦hie-shō 冷え性

die Verfrorenheit, die Kälteempfindlichkeit (als Veranlagung) **hie-shō no 冷え性の** verfroren, kälteempfindlich **hie-shō no josei 冷え性の女性** eine verfrorene Frau

♦hige ひげ, 髭

der Bart, der Schnurrbart ただし猫などの髭の場合はdie Schnurrhaareである。**hige-zura ひげ面, 髭面** bärtiges Gesicht **bushō-hige 無精ひげ** der Stoppelbart, die (pl.) Stoppeln; der ungepflegte Bart

♦hiji ひじ, 肘

der Ellbogen **hiji-deppō 肘鉄砲** 1) der Ell(en)bogenstoß 2) der Korb, die Abweisung 略して「肘鉄」とも言う。Abgekürzt auch *hijitetsu*. **hiji-deppō o kuwaseru 肘鉄砲を食わせる** 1) einen Ell(en)bogenstoß versetzen 2) einen Korb geben; abweisen **hiji-deppō o kuu 肘鉄砲を食う** 1) einen Ell(en)bogenstoß kassieren 2) sich einen Korb einhandeln; abgewiesen werden **hiji-makura ひじ枕** die Verwendung des eigenen Armes als Kopfkissen

♦hitai 額

die Stirn **hitai o atsumete sōdan suru 額を集めて相談する** die Köpfe zusammenstecken **hitai ni ase shite hataraku 額に汗して働く** im Schweiß des Angesichtes arbeiten **fuji-bitai 富士額** der Haaransatz, der der Kontur des Berges Fuji ähnlich ist

♦hiyake 日焼け

die Sonnenbräune, der Sonnenbrand **hiyake suru 日焼けする** Sonnenbräune bekommen かつては，日焼けは元気な子供の象徴で，夏に日焼けすれば，一年中風邪を引かないなどといわれた。しかしその後，肌に対する紫外線の悪影響も知られるところとなって，母子健康手帳かは，日光浴をすすめる文章が削除された。Früher galt sonnengebräunte Haut besonders bei Kindern als Zeichen für Gesundheit, und man sagte, dass Kinder, die im Sommer einen Sonnenbrand haben, das ganze Jahr lang keine Erkältung bekommen. Aber später wurde bekannt, dass UV-Strahlen die Haut schädigen, und der Satz, der Kindern das Sonnenbaden empfahl, wurde aus dem Mutter-Kind-Gesundheitspass gestrichen.

♦hiza ひざ, 膝

1) das Knie 2) der Schoß (座った人の腰から膝頭までの部分) **hiza o tsukiawaseru 膝を突き合わせる** wörtl.: „sich so nah aneinandersetzen, dass die Knie sich berühren"; etwas ernsthaft miteinander bereden **hiza o majieru 膝を交える** etwas freundschaftlich miteinander bereden **hiza o utsu 膝を打つ (hiza o tataku 膝を叩く)** sich aufs Knie schlagen; sich auf die Schenkel schlagen (bei einem plötzlichen Einfall, vor Vergnügen) **hiza-kozō 膝小僧** (ugs.) die Kniescheibe **hiza ga furueru 膝が震える** mit den Knien schlottern **hiza ga warau 膝が笑う** die Knie zittern (vor Anstrengung) **hiza o kuzusu 膝を崩す** bequem sitzen; sich bequem hinsetzen **hiza o tateru 膝を立てる** das Knie hochziehen **hizazume-danpan 膝詰め談判** die direkte Verhandlung **ohizamoto de お膝元で** in jemandes Machtbereich; dicht vor jemandes Augen; direkt unter den Augen (der Regierung etc.) **hiza-makura 膝枕** wörtl.: das „Schoß-Kopfkissen"; den Kopf auf jemandes Schoß legen 他人の膝を枕にして横になること。多くは男性が女性の膝を枕にすることについていう。Sich hinlegen und seinen Kopf auf jemandes Schoß legen. Meistens meint man damit, dass der Mann seinen Kopf auf den Schoß einer Frau legt.

♦hō 頬

die Wange, die Backe **hō-kaburi o suru ほおかぶりをする, 頬被りをする** 1) sein Gesicht mit einem Handtuch bedecken 2) tun, als wüsste man von nichts **hō-zue 頬杖** das Abstützen des Kinns mit einer Hand oder mit beiden Händen **hō-zue o tsuku 頬杖をつく** das Kinn (od. die Wange) auf die Hand stützen **hōbaru 頬張る** sich den Mund vollstopfen; den Mund füllen **hō-zuri 頬擦り** das Anschmiegen der Wangen **hō-zuri o suru 頬擦りをする** seine Wange an etwas schmiegen **hō o tsuneru 頬をつねる** jemanden (od. sich selbst) in die Wange (Backe) zwicken

♦hokuro ほくろ, 黒子

das Muttermal **naki-bokuro 泣きぼくろ** das Muttermal unter dem Auge 目の下にあるほくろは「泣きぼくろ」と呼ばれることがある。**tsuke-bokuro 付けぼくろ** der aufgemalte Schönheitsfleck; der künstliche Schönheitsfleck (der dem Gesicht einer Frau ein besonders attraktives Aussehen verleihen soll)

♦hone 骨

der Knochen **hone-buto 骨太** starker Knochen **hone-nuki ni suru 骨抜きにする** jemandem das Rückgrat brechen; jemandem das Rückgrat rauben ただし法案やある計画などの場合には, vom Tisch fegen を用いる。Wenn es um die Ablehnung eines Gesetzesvorschlag geht, kann man auf Deutsch „vom Tisch fegen" benutzen. **hone-nuki ni sareru 骨抜きにされる** seiner wichtigsten

Teile beraubt werden **hone no nai 骨のない** kein Rückgrat haben **hone o hirou 骨を拾う** wörtl.: „(nach der Einäschung) jemandes Asche aufsammeln", sich um alle Angelegenheiten kümmern, nachdem jemand gestorben ist 仕事半ばにして倒れた人の死後の面倒を見る，あるいはその後始末をするというような意味で用いられる。in dem Sinn, dass man sich um alles kümmert und alles erledigt, wenn jemand mitten in seinem Lebenswerk verstorben ist **hone o umeru 骨を埋める** an einem Ort begraben werden; einen Ort zu seiner letzten Heimstatt machen **hone o umeru kakugo de 骨を埋める覚悟で** wörtl.: „mit dem festen Entschluss, seine Knochen (an einem bestimmten Ort) vergraben zu lassen"; entschlossen sein, sich an einem Ort für immer niederzulassen **hone o yasumeru 骨を休める** sich ausruhen; sich erholen **honemi ni shimiru 骨身にしみる** bis ins Mark gehen; jemandem durch Mark und Bein gehen **honemi o oshimanai 骨身を惜しまない** keine Mühe scheuen **honemi o kezuru 骨身を削る** wörtl.: „sich die Knochen aufreiben"; sich bis auf die Knochen schinden; sich bis auf die Knochen abarbeiten; sich abrackern **hone to kawa bakari ni naru 骨と皮ばかりになる** auf Haut und Knochen abmagern; nur noch Haut und Knochen sein **hone-kawa-sujiemon 骨皮筋右衛門** „Sehnenpeter Knochenhaut"; Herr Haut und Knochen; das wandelnde Skelett **kankotsu-dattai 換骨奪胎** die Adaption, die Modifikation 骨を取替え，胎(こぶくろ)を取って我が物として使うということで，先人の詩や文章などの着想・形式などを借用し，新味を加えて独自の作品にすること。„die Knochen austauschen und den Uterus herausnehmen"; gemeint ist, dass man die Idee und die Form eines Gedichts oder eines früheren Textes benutzt, mit neuer Bedeutung versieht und daraus ein eigenes Werk schafft **muda-bone o oru 無駄骨を折る** sich vergeblich bemühen; sich umsonst abrackern **funkotsu-saishin suru 粉骨砕身する** wörtl.: „die Knochen zermahlen und den Körper brechen"; sich aufs Äußerste anstrengen; größtmögliche Anstrengungen unternehmen **honeori-zon no kutabire mōke 骨折り損のくたびれ儲け** viel Mühe für nichts; viel Mühe, wenig Lohn; große Mühe, wenig Lohn **kotsu-niku 骨肉** die (pl.) Blutverwandten **kotsu-niku no arasoi 骨肉の争い** der Familienstreit; die Streitigkeiten unter der Blutverwandtschaft **kotsu-niku ai hamu 骨肉相食む** sich in einen Streit zwischen Blutverwandten verstricken **hakkotsu 白骨** wörtl.: „die weißen Knochen"; die ausgeblichenen Knochen; die verwitterten Knochen **rōkotsu ni muchi-utte 老骨に鞭打って** wörtl.: „die alten Knochen mit der Peitsche antreibend"; trotz fortgeschrittenen Alters 老人自らがへりくだって言う言葉で，自分の老いた身を励まして事に当たる，ということ。Eine bescheidene Formulierung, die von alten Leuten benutzt wird, um auszudrücken, dass sie sich trotz ihres Altern bemühen (werden) **doshō-bone 土性骨** 1) der angeborene Charakter; das Temperament 2) das Rückgrat「土性骨」は性質を強調または罵って言う語。「土」は当て字で，ど根性の「ど」と同じ接頭語であるが，「土性骨」の「性骨」には独立した用法は無い。Das Wort wird benutzt, um den Charakter einer Person herauszuheben oder über sie zu schimpfen. Das Schriftzeichen für *do* 土 wird hier nur seines Lautwerts wegen verwendet (siehe *ateji*), es handelt sich um das gleiche Präfix wie bei *do-konjō* (siehe *konjō*) aber der hier in Rede stehende Ausdruck kommt, im Unterschied zu *konjō*, niemals ohne das Präfix vor.

◆**hoppeta** ほっぺた，頬っぺた

die Backe, die Wange **hoppeta ga ochiru hodo umai** 頬っぺたが落ちるほどうまい wörtl.: „so lecker, dass einem die Wangen abfallen"; wahnsinnig lecker

◆**hosupisu** ホスピス

das Hospiz 末期がんや末期のエイズなど治療の手立てがなくなった患者に対してクオリティ・オブ・ライフをささえるためのケアを行なう施設。Einrichtung zur Betreuung schwerkranker oder sterbender Menschen, z.B. Krebs- oder Aidspatienten im Endstadium

◆**hozo o kamu** ほぞをかむ，臍を噛む

wörtl.: den „Nabel beißen"; zutiefst bereuen 中国の『春秋左氏伝記』にこの表現がある。「ほぞ」(古くは清音で，「ホソ」と発音した)は，「へそ」のことである。現在の日本語では「へそ」が普通で，「ほぞ」は，特定の慣用的表現においてのみ用いられる。どのように柔軟な体の持ち主でも，自分の臍を噛むことはできない。犯してしまった過ちも，それをなかったことにすることはできない。所詮及ばないことなのだ，というところから，「臍を噛む」は，いくら後悔してもしきれないという思いを表すようになった。Die Redewendung findet sich in dem chinesischen Klassiker „Kommentar des Zou zu den Frühlings- und Herbstannalen". *Hozo* (früher hat man das Wort auch *hoso* ausgesprochen) ist ein altes japanisches Wort für „Nabel". Heute sagt man gewöhnlich *heso* und *hozo* ist nur in besonderen idiomatischen Wendungen gebräuchlich. Wie beweglich jemand auch sein mag, niemand kann sich in den eigenen Nabel beißen. Ebenso kann man einen Fehltritt, wenn er einmal passiert ist, nicht wieder rückgängig machen. Deshalb wurde der Ausdruck „ sich in den Nabel beißen" für eine Situation gebräuchlich, in der man im Grunde nichts mehr ändern kann, auch wenn man das Geschehene sehr bereut. **hozo o katameru** 臍を固める wörtl.: „den Nabel versteifen"; sich ein Herz fassen; einen festen Entschluss fassen; sich entschließen

◆**i** 胃

der Magen **i-gan** 胃がん der Magenkrebs **i-kaiyō** 胃潰瘍 das Magengeschwür **i-kamera** 胃カメラ die Gastrokamera, die Magenkamera **i ni motareru** 胃にもたれる schwer im Magen liegen

◆**ichibyō-sokusai** 一病息災

(Sprichw.) Leute mit einem leichten Gebrechen leben länger. 持病が一つくらいあるほうが，健康に留意するので，何の病気もない健康な人よりも時にはかえって長生きする，ということ。Jemand, der an einer Krankheit leidet, achtet mehr auf seine Gesundheit und lebt deshalb womöglich länger als ein vollkommen Gesunder.

♦ ichō 胃腸
Magen und Darm; die Verdauungsorgane **ichō-yaku 胃腸薬** das Magenmedikament **ichō ga yowai 胃腸が弱い** einen schwachen Magen haben

♦ iki o hikitoru 息を引き取る
wörtl.: „den Atemzug einatmen"; den letzten Atemzug tun; das Leben ausatmen **iki o fuki-kaesu 息を吹き返す** wieder zu Atem kommen; wieder aufleben **mushi-no-iki de aru 虫の息である** in den letzten Zügen liegen; nur noch schwach atmen

♦ ikuji 育児
die Babypflege, die Kinderpflege **ikuji-kyūka 育児休暇** der Erziehungsurlaub **Ikuji-kaigo-kyūgyō-hō 育児介護休業法** das Gesetz über Erziehungs- und Pflegeurlaub 1995 (平成7) 年，それまでの育児休業法 を改正して成立した。Das Gesetz über den Erziehungsurlaub *ikuji-kyūgyō-hō* wurde 1995 novelliert und erhielt seinen jetzigen Namen. **ikuji-noirōze 育児ノイローゼ** die Neurose bei der Kindererziehung **ikuji-shisetsu 育児施設** die Kindererziehungseinrichtung **ikuji-sho 育児書** das Buch über Kindererziehung **ikuji-sōdansho 育児相談所** die Beratungsstelle für Babypflege **ikuji-yōhin 育児用品** der Babybedarf

♦ infōmudo-konsento インフォームド・コンセント
{Med.} (von engl. *informed consent*) die Einwilligung nach erfolgter Aufklärung 患者が治療の内容や目的，それによるメリットや危険性などについてよく説明を受け，理解・納得したうえで，医師の選択した治療方法に同意すること。Die Zustimmung des Patienten zu der vom Arzt ausgewählten Behandlungsmethode, nachdem der Patient genau über den Inhalt, das Ziel, den erwartenden Nutzen und die Gefahren aufgeklärt wurde.

♦ innai-kansen 院内感染
{Med.} die Krankenhausinfektion 本来，病気を治す場所であるはずの病院で，逆に病気に感染してしまう現象。Das Phänomen, das man sich ausgerechnet im Krankenhaus, wo man eigentlich geheilt werden sollte, mit einer Krankheit ansteckt.

♦ iryō-kago 医療過誤
der Kunstfehler; der medizinische Behandlungsfehler 診断・検査・治療などの医療の過程で発生する事故のうち，医師や看護師などの過失によって患者が被害を受けるケース。Von den Unfällen, die im Verlauf der Diagnose, Untersuchung, Therapie usw. passieren können, bezeichnet man die Fälle, in denen dem Patienten aufgrund von Fehlern der Ärzte oder des Pflegepersonals ein Schaden zugefügt wird, als medizinische Behandlungsfehler.

♦ isha no fu-yōjō 医者の不養生
(Sprichw.) Der Arzt vernachlässigt seine eigene Gesundheit. Der Arzt stellt seine eigene Gesundheit hintan.

♦ ishoku-dōgen 医食同源
Heilkunst und gute Ernährung beruhen auf demselben Prinzip.

♦itai 痛い
jemandem weh tun **itashi-kayushi de aru 痛し痒しである** wörtl.: „entweder weh tun oder jucken"; heikel sein; in Verlegenheit sein; in der Klemme sein 掻けば痛いし，掻かないと痒いということ。二つの方法のどちらを採っても具合が悪く，どうしたら良いか迷う，困る，ということ。Es tut einem weh, wenn man sich kratzt, und es juckt, wenn man sich nicht krazt. Was man auch macht, es geht einem nicht besser, und man weiß nicht, was man tun soll. **itaku mo kayuku mo nai 痛くも痒くもない** wörtl.: „weder weh tun noch jucken"; jemanden nicht im Geringsten stören; einen überhaupt nicht jucken **itai tokoro o tsuku 痛い所を衝く** jemanden an seiner empfindlichen Stelle treffen; jemandes wunden Punkt treffen

♦iwata-obi 岩田帯
der Schwangerschaftsgürtel 妊娠五ヶ月目に，腹部の保温，保護と胎児の位置を正常に保つ目的で腹に巻く白布。この語が一般に使われるようになったのはかなり新しく，かつ一部の人に限られていたようである。また語源についてもいくつかの見解は存在するが，確定的なものはない。Eine Art weißes Tuch, mit dem schwangere Frauen ihren Bauch umwickeln, es soll den Bauch wärmen und schützen und den Fötus in der richtigen Poisition halten. Im allgemeinen Gebrauch ist das Wort relativ neu, früher war es nur wenig verbreitet. Die Etymologie ist umstritten.

♦iyaku-bungyō 医薬分業
die Trennung von Arzt- und Apothekerberuf 中世以来ヨーロッパでは行なわれてきた。In Europa seit dem Mittelalter üblich.

♦izumai 居住まい
die Haltung beim Sitzen 座っている姿勢 **izumai o tadasu 居住まいを正す** sich aufrecht setzen; sich gerade setzen; eine aufrechte Sitzhaltung einnehmen

♦jibyō 持病
die chronische Krankheit; das chronische Leiden

♦jinmashin じんましん，蕁麻疹
die Nesselsucht, der Nesselausschlag, das Nesselfieber 蕁麻は，イラクサ (Nessel) の漢名。*Jinma* ist der chinesische Name für *irakusa* (Brennnessel).

♦jisa-boke 時差ぼけ
der Jetlag（ドイツ語のJetlagは英語の*jet lag*に由来する。他にZeitzonenkaterというような言い方も存在する。）なお日本語の「ぼける」というのは，記憶力・弁別力・集中力などが弱くなる，という意味である。Das Verb *bokeru*, von dem das Wort *boke* abgeleitet ist, bedeutet, dass das Gedächtnis, das Urteilsvermögen und die Konzentrationsfähigkeit nachlässt.（「時差ぼけ」は一般通称で，正確には時差症候群または非同期症候群と呼ぶ。）

♦jisatsu 自殺
der Selbstmord, der Suizid **jisatsu suru 自殺する** Selbstmord begehen; Suizid begehen; sich das Leben nehmen 外国人の日本人イメージを調べてみると，日本は，世界で最も自殺者の多い国の一つである，というようなイメージを抱いている人たちがいることがわかる。それは日本にはかつて切腹という自死の形式があったことや，第二次世界大戦中にはカミカゼ特攻隊という攻撃法が考え出されたこと，また1970（昭和45）年には作家三島由紀夫が割腹自殺をはかり，それが世界に向けて大々的に報じられたことなどと恐らく無関係ではあるまい。しかし例えば，第二次世界大戦から現在に至るまでの日本人の自殺者数あるいは自殺率の推移をみると，必ずしも常時高い数値を示しているわけではない，と言える。ただ1998（平成10）年以降日本人の自殺者数は毎年3万人を越えており（なお2012年に自殺者数は，15年ぶりに3万人を下回った）現在自殺率という点では，日本は欧米の先進国と比べた場合，高い数値を示しているのも事実である。Japan hat im Ausland das Image eines Landes mit einer der höchsten Selbstmordraten der Welt. Das hängt vermutlich auch damit zusammen, dass es früher in Japan die als *seppuku* bezeichnete Form des rituellen Selbstmords gab, dass in Japan im Zweiten Weltkrieg die im Ausland als *Kamikaze* bekannte Angriffsstrategie erdacht wurde, und dass der berühmte Schriftsteller Mishima Yukio sich im Jahr 1970 durch Bauchaufschlitzen das Leben nahm, worüber weltweit in großer Breite berichtet wurde. Wenn man sich aber die Zahl der Selbstmorde, bzw. den Wandel der Selbstmordrate in Japan seit dem Zweiten Weltkrieg bis heute betrachtet, kann man feststellen, dass diese Zahl keineswegs gleichbleibend hoch war. Allerdings gibt es seit 1998 jährlich mehr als 30 000 Suizide (im Jahr 2012 ist die Zahl der Selbstmorde zum ersten Mal seit 15 Jahren wieder unter 30 000 gesunken), was im Vergleich zu westlichen Industrienationen tatsächlich ein sehr hoher Wert ist. **kyōgen-jisatsu 狂言自殺** der Scheinselbstmord; der vorgetäuschte Selbstmord

♦kabureru かぶれる

1) durch äußere Vergiftung (z.B. eine Lackvergiftung) einen Hautausschlag bekommen 2) bezaubert (angesteckt) werden; etwas verfallen sein

♦kafun-shō 花粉症

die Pollenallergie 植物の花粉が原因となって起こるアレルギー性疾患。最近花粉症に悩まされている日本人は多く（特に杉花粉症），2001（平成13）年のある統計によると花粉症患者は全人口の13%近いという。Die Zahl der Japaner, die unter einer Pollenallergie (besonders häufig gegen Zedernpollen) leiden, ist in den letzten Jahren stark angestiegen und lag im Jahr 2001 bei fast 13% der Gesamtbevölkerung. **sugi-kafun 杉花粉** die Zedernpollen

♦kaigo 介護

die Pflege 介護という言葉は特に新しいものではないが，主体的に用いられるようになったのは1970年代後半からである。なかでも，老人介護に関して，年老いた親の面倒は息子（特に長男）やその家族が見るという考え方が日本においてはながらく支配的であったため，少子高齢化や核家族化の進行に伴って，これまでには顕在化しなかった新たな問題が生起している。現在では，要介護者をかかえた家庭の苦労や，介護される側の気苦労もある程度知られるようになってきて，介護に伴う諸問題も社会全体で受け止め面倒を見ていこうという機運が育ちつつある。Das Wort *kaigo* ist zwar kein besonders neues Wort, aber es wird erst seit der zweiten Hälfte der 1970er Jahre bewusst gebraucht. Hinsichtlich der Altenpflege dominierte in Japan lange die Vorstellung, dass der Sohn (insbesondere der erstgeborene Sohn und dessen Familie) sich um die gealterten Eltern zu kümmern habe, deshalb haben die Überalterung der Gesellschaft, die sinkende Geburtenrate, der Trend zur Kernfamilie etc. verschiedene schwelende Probleme, die lange unbemerkt blieben, ans Licht gebracht. Heutzutage weiß man gewissermaßen um die Belastungen der Familienmitglieder, die einen Pflegebedürftigen betreuen, ebenso wie um dessen psychischen Belastung, und man beginnt, die gesamtgesellschaftliche Verantwortung für die Pflegeproblematik zu erkennen. **zaitaku-kaigo 在宅介護** die häusliche Pflege **rōjin-kaigo 老人介護** die Altenpflege **yō-kaigo-rōjin 要介護老人** die pflegebedürftige alte Person **kaigo-kyūgyō-seido 介護休業制度** das System des Familienbetreuungsurlaubs **Kaigo-kyūgyō-hō 介護休業法** das Gesetz über den Familienbetreuungsurlaub **kaigo-fukushi-shi 介護福祉士** der (die) Pflege und Wohlfahrtsarbeiter(in) **netakiri-rōjin 寝たきり老人** die bettlägerige alte Person **kaigo-seido 介護制度** das Pflegewesen **kaigo-sutaffu 介護スタッフ** das Pflegepersonal **kaigo-tōkyū 介護等級** die Pflegestufe **kaigo-hoken 介護保険** die Pflegeversicherung **shokubutsu-ningen 植物人間** ein paralysierter Mensch; jemand, der wie eine Pflanze dahinvegetiert **yō-kaigo-sha 要介護者** der (die) Pflegebedürftige **kaigo o ukeru 介護を受ける** Pflege erhalten; gepflegt werden

♦kami 髪 (kami no ke 髪の毛)

das Haar ドイツ語のHaarに対応する日本語は「毛」である（が，Haarは時と場合によって「髪」や「髪の毛」の意味にもなる）。日本語の「髪」，「髪の毛」は，頭部に生えている毛についてのみ用いられる。Die Entsprechung für das deutsche Wort „Haar" ist das japanische Wort *ke* 毛 , aber das japanische Wort *kami* 髪 , oder *kami no ke* 髪の毛 wird ausschließlich für das Kopfhaar verwendet. **mae-gami 前髪** das Stirnhaar **ushiro-gami 後ろ髪** das am Hinterkopf wachsende Haar **ushiro-gami o hikareru omoi de 後ろ髪を引かれる思いで** wörtl.: „mit dem Gefühl, als ob man an den Haaren zurückgezogen würde"; schweren Herzens; mit dem Gefühl, als ob sein Herz zurückgeblieben wäre **dohatsu ten o tsuku 怒髪天を衝く** (schriftspr.) wörtl:. „die vor Wut gesträubten Haare stoßen den Himmel"; jemandem stehen vor Wut die Haare zu Berge **kanhatsu o irezu 間髪を入れず** sofort, unverzüglich 髪の毛一本さえ入る隙間もない，という意味から，ある出来事に続いて間を置かずに，という意味になる。Nicht einmal eine Haaresbreite ist dazwischen; direkt anschließend (nachdem etwas passiert ist) **kan-ippatsu de 間一髪で** um ein Haar; um Haaresbreite **muda-ge 無駄毛** unerwünschte Haare (z.B. im Gesicht, am Hals etc.)

♦**kan'en 肝炎**
{Med.} die Hepatitis, die Leberentzündung **shīgata-kan'en C型肝炎** Hepatitis C

♦**kango 看護**
die Krankenpflege **kango-ka 看護科** der Krankenpflegekurs **kango-fu 看護婦** die Krankenschwester 日本においては現在，公的には「看護婦」という言い方をやめ，女性の場合も男性の場合も「看護師」と呼ぶようになっている。In Japan wird das Wort „Krankenschwester“ (*Kangofu*) heute offiziell nicht mehr verwendet, man spricht bei Frauen und Männern von *Kango-shi*. **kango-shi 看護師** der (die) Krankenpfleger (in) **tsukisoi-kangoshi 付き添い看護師** die private Krankenschwester なお助産婦についても2002（平成14）年以降公的には，「助産師」と呼ぶようになっている。ドイツにおいては男性もこの職業に従事することができるようになっており，この場合公的な職業名としては，Entbindungspfleger（助産看護師）が用いられている。Auch Hebammen werden in Japan seit 2002 als Geburtshelferinnen bezeichnet, in Deutschland können auch Männer diesen Beruf ausüben, die offizielle Berufsbezeichnung lautet dann Entbindungspfleger.

♦**kanjin 肝心，肝腎**
die Hauptsache, das Wesentliche, Wichtiges 漢字の表記に見られるように，肝と心臓，または，肝と腎臓で，人間にとって大事な臓器であるから，大切，重要の意味になる。Die Schriftzeichen bedeuten „Leber und Herz“, bzw. „Leber und Niere“, also die wichtigsten Organe des Menschen, davon abgeleitet ist die Bedeutung „Hauptsache“, „Wesentliches“.

♦**kanpō 漢方**
chinesische traditionelle Heilkunde **kanpō-yaku 漢方薬** altchinesische Medizin 主に草の根や木の皮，葉など数種類の生薬を混合して作られる。Traditionelle chinesische Heilmittel, die hauptsächlich aus einer Mischung unterschiedlicher Wurzeln, Rinden und Blätter hergestellt werden. **kanpō-i 漢方医** Arzt der altchinesischen Schule; Arzt für chinesische Heilkunde

♦**kanwa-iryō 緩和医療**
die Palliativmedizin **kanwa-kea 緩和ケア** die Palliativpflege

♦**kao 顔**
das Gesicht, die Miene **kao ga tsubureru 顔がつぶれる** sein Gesicht verlieren **kao ni doro o nuru 顔に泥を塗る** jemanden mit Schmutz bewerfen; kompromittieren **kao ni kaitearu 顔に書いてある** jemandem ins Gesicht geschrieben stehen **kao o shikameru 顔をしかめる** das Gesicht verziehen **kao-iro o ukagau 顔色をうかがう** jemandes Miene beobachten; versuchen, jemandes Gesichtsausdruck zu lesen **ukanu kao o shiteiru 浮かぬ顔をしている** ein trübes Gesicht machen; ein Gesicht wie sieben Tage Regenwetter haben **nani-kuwanu kao o suru 何食わぬ顔をする** eine unschuldige Miene aufsetzen; sich unschuldig stellen; sich benehmen, als ob man nichts davon wüsste **nigamushi o kamitsubushita yō na kao o suru 苦虫を噛み潰したような顔をする** wörtl.: „ein Gesicht machen, als hätte man auf bitteres Ungeziefer gebissen“; ein saures

Gesicht machen **shibui kao o suru 渋い顔をする** ein saures Gesicht machen; ein schiefes Gesicht machen **kao ga hikitsuru 顔が引きつる** Gesichtszüge erstarren (verkrampfen) **suzushii kao o shiteiru 涼しい顔をしている** ungerührt dreinschauen; sich gleichgültig stellen **kao o dasu 顔を出す** sich sehen lassen **kao o tateru 顔を立てる** auf jemanden Rücksicht nehmen (「ある人のことを配慮する」の意味) jemandem zuliebe; jemandes Ehre retten **awaseru kao ga nai 合わせる顔がない** (vor Scham) jemanden nicht unter die Augen treten können; sich nicht trauen, jemandem ins Gesicht zu schauen; sich (vor Scham) nicht bei jemandem sehen lassen können **kao-muke ga dekinai 顔向けができない** sich nicht mehr zeigen können; den anderen nicht mehr ins Gesicht sehen können **kao ga hiroi 顔が広い** überall Beziehungen haben **kao ga kiku 顔が利く** Beziehungen haben; Einfluss haben **kao kara hi ga deru 顔から火が出る** bis über beide Ohren rot werden **ōkina kao o suru 大きな顔をする** sich ein wichtiges Aussehen geben; (sich) groß tun; sich aufspielen **furu-gao 古顔** ein altes Gesicht; ein altbekanntes Gesicht; der Ältere **shitari-gao したり顔** die selbstzufriedene Miene「したり顔」とは，思い通りにことが運んだときの得意そうな顔つきのことである。Der triumphierende Gesichtsausdruck von jemandem, bei dem alles nach Plan läuft. **wagamono-gao ni furumau 我が物顔に振る舞う** sich so benehmen, als ob jemand zu Hause wäre; den großen Herrn spielen **kao-make suru 顔負けする** verdutzt sein; verblüfft sein **kao-yaku 顔役** die einflussreiche Persönlichkeit; die tonangebende Person **kao-pasu 顔パス** wörtl.: „Gesichts-Pass“; freier Eintritt (weil man persönlich bekannt oder prominent ist) 地位や権力などを利用し，自分は顔が知られているということで，本来であれば払うべき料金を払わずに，駅・劇場・催し物等の入り口を通り抜けること。Der freie Eintritt am Bahnhof, im Theater oder bei kostenpflichtigen Veranstaltungen etc., aufgrund der sozialen Stellung oder Macht einer Person. **ganshoku nakarashimeru 顔色なからしめる** (schriftspr.) in den Schatten stellen **kao de waratte kokoro de naite 顔で笑って心で泣いて** mit einem schmerzlichen Lächeln **pōkā-feisu ポーカー・フェイス** das Pokerface, das Pokergesicht

♦karō-shi 過労死

der Tod durch Überarbeitung 過労死の認定件数は，1987 (昭和62) 年以降徐々に増え，2002 (平成14) 年度には過去最高を記録した。これには，2001 (平成13) 年12月に認定基準が緩和されたことも関係しているが，いずれにしろ重大な問題である。Die Zahl der juristisch als *Karōshi*-Opfer Anerkannten ist seit 1987 stetig angestiegen und hat 2002 einen Höchststand erreicht. Dabei spielt zwar auch die Tatsache eine Rolle, dass die Standards für die Anerkennung im Dezember 2001 neu festgelegt wurden, aber es handelt sich dennoch um ein schwerwiegendes gesellschaftliches Problem.

♦karute カルテ

(von dt. Karte) die Krankenkarte; die Patientenkarte カルテという語が日本語に取り入れられる際に，意味が「診療記録」に限定された。同源のポルトガル語 *carta* に基づく外来語カルタも意味が限定されている。Als das Wort *karute* aus dem Deutschen entlehnt wurde, wurde es nur in der Bedeutung „Patientenkarte“ verwendet. Das portugiesische Wort *carta*, das den gleichen Ursprung hat, wurde auf Japanisch zu dem Lehnwort *karuta*, das ebenfalls nur in einem eingeschränkten Sinn verwendet wird (Spielkarte).

♦kata 肩

die Schulter, die Achsel **kata-kori 肩こり** verspannte Schultern **kata ga koru 肩が凝る** steife Schultern haben なお「肩が凝る読み物」などの場合はanstrengendなど *Kata ga koru* kann auch im Sinne von „anstrengend“ benutzt werden, z.B. in einem Satz wie: „Bei diesem Buch bekommt man Schulterverspannungen“. **kata-tataki 肩叩き** das Schulterklopfen , die Klopfmassage auf die Schultern 子供が父や母の肩を叩くのも肩叩きだし，ある程度の親しい関係においては，相手をなだめるために肩を叩くというようなこともあるかもしれないが，たとえば会社などにおいて，相手の肩を軽く叩いて親密の素振りを示し，強制的にならないかたちで頼みにくいことを頼む，特に退職を勧めるという意味でよく用いられる。Man spricht zwar einerseits von *kata-tataki*, wenn Kinder ihren Eltern klopfend die Schultern massieren, oder wenn man jemandem, mit dem man einigermaßen vertraut ist, zur Aufmunterung auf die Schultern klopft. In einer Firma o.Ä. kann es aber auch dazu kommen, dass man seinem Gegenüber leicht klopfend die Schulter massiert und so einen vertrauten Umgang demonstriert, das aber mit der Absicht tut, ihn um etwas zu bitten, was man sonst erzwingen müsste, z.B. seine Kündigung. **kata de kaze o kitte aruku 肩で風を切って歩く** mit stolzgeschwellter Brust gehen; einherstolzieren **kata no koranai yomimono 肩の凝らない読み物** wörtl.: „ein Buch, bei dem man keine Schulterverspannungen bekommt“; leichte Lektüre **kata no ni ga oriru 肩の荷が下りる** man ist von einer Last befreit; jemandem fällt ein Stein vom Herzen「肩の荷が下りる」というのは，負担になっていた責任とか義務がなくなってほっとするというような意味だが，ドイツ語のMan ist von einer Last befreit. もほぼ同じ意味を表す。*Kata no ni ga oriru* bedeutet wörtlich, dass jemandem eine Last von den Schultern genommen wird; gemeint ist, dass man erleichtert ist, weil man von einer Belastung oder einer Verpflichtung befreit ist. Ganz ähnlich kann man auch auf Deutsch sagen, „man ist von einer Last befreit“. **kata o motsu 肩を持つ** für jemanden Partei ergreifen **kata-gawari suru 肩代わりする** jemandem etwas abnehmen もともとは，駕籠などをかく人が交代する意味であったが，転じて，他人の負担や負債を別の人が代わって引き継ぐことを意味するようになった。Ursprünglich bezeichnete das Wort das sich gegenseitige Ablösen von Sänftenträgern etc., im übertragenen Sinn verwendet man es, wenn jemand Belastungen oder Schulden von einer anderen Person auf sich nimmt. **kata-ire suru 肩入れする** wörtl.: „die Schulter dazwischenschieben“, unterstützen 肩を入れるというのは，物を担うために，ものの下に肩を当てることであり，転じて，ある人に加勢する，ある人を後援するなどの意味になった。Damit ist gemeint, dass man jemandem tragen hilft, der etwas auf der Schulter transportiert; davon abgeleitet ist die Bedeutung „jemandem beistehen“ oder „jemanden unterstützen“. **kata o naraberu 肩を並べる** sich mit jemandem messen; jemandem gewachsen sein; mit jemandem gleich stehen; jemandem ebenbürtig sein **kata o otosu 肩を落とす** die Schultern hängen lassen; ein langes Gesicht machen（顔を長くする）もほぼ同じ意味。**kata-sukashi 肩透かし** geschicktes Ausweichen **kata-sukashi o kuwaseru 肩透かしを食わせる** geschickt ausweichen; jemanden ins Leere laufen lassen「肩透かし」は，相撲の決まり手の一つ。勢い込んで向かってくる相手の気勢をそぐという意味で広く用いられる。*Kata-sukashi* ist ein Technik beim *Sumo*, und wird oft im übertragenen Sinn gebraucht, wenn man die Kraft, mit der man angegriffen wird, ins Leere laufen lässt. **kata-guruma 肩車** Reiten auf den Schultern einer anderen Person **kata-guruma ni noru 肩車に乗る** auf den Schultern einer anderen Person reiten **kata-guruma ni noseru 肩車に乗せる** jemanden (z.B. ein Kind) auf den Schultern tragen **kata de iki o suru 肩で息をする** wörtl.: „mit den Schultern atmen“; schwer atmen **katami ga semai 肩身が狭い** sich beschämt fühlen; sich klein fühlen **soken ni kakaru 双肩に掛かる** von jemandem abhängig sein **nade-gata なで肩，撫で肩** hängende Schultern; leicht abfallende Schultern **ikari-gata いかり肩，怒り肩** breite Schultern; eckige Schultern **migikata agari 右肩上がり** ständiges Wachstum **shijū-kata 四十肩** wörtl.: „die Vierziger-Schulter“; chronische Schulterschmerzen, unter denen manche Personen etwa ab dem 40. Lebensjahr leiden

♦katazu 固唾

der Speichel 緊張して息を凝らしているときなどに口中にたまる唾のことで，日常語としては「固唾を呑む」という表現以外には，あまり用いられない。Das Wort bezeichnet den eingetrockneten Speichel, den man bekommt, wenn einem vor Aufregung oder Angst der Atem stockt. Außer in der Redewendung *katazu o nomu*, „den eingetrockneten Speichel herunterschlucken“, wird das Wort in der Alltagssprache kaum benutzt. **katazu o nomu 固唾を呑む** den Atem anhalten; mit großer Spannung erwarten

♦kayui かゆい，痒い

jucken **kayui tokoro o kaku 痒いところを掻く** sich kratzen, wo es juckt **kayui tokoro ni te ga todoku 痒いところに手が届く** wörtl.: „man kommt mit der Hand dorthin, wo es einen juckt“; nichts zu wünschen übrig lassen; entgegenkommend sein **kakka-sōyō 隔靴掻痒** wörtl.: „es juckt einen im Schuh, wo man sich nicht kratzen kann“; die Ungeduld 物事の核心に触れる一歩手前でとどまって，はがゆくもどかしく感じられる様子。Eine Situation, in der man unruhig und nervös wird, weil man zum Kern einer Angelegenheit nur bis auf den letzten Schritt vordringt.

♦kebyō 仮病

vorgetäuschte Krankheit **kebyō o tsukau 仮病を使う** sich krank stellen; krank spielen

♦kenben 検便

die Stuhluntersuchung **kenben suru 検便する** Stuhl untersuchen **kenben yō no ben 検便用の便** die Stuhlprobe

◆kenkō-hoken 健康保険
die Krankenversicherung **koyō-hoken 雇用保険** die Arbeitslosenversicherung **rōsai-hoken 労災保険** die Arbeitsunfallversicherung **kokumin-kenkō-hoken 国民健康保険** die Volkskrankenkasse; die staatliche Krankenversicherung

◆ketsuatsu 血圧
der Blutdruck **ketsuatsu-kei 血圧計** der Blutdruckmesser **ketsuatsu-sokutei 血圧測定** die Blutdruckmessung **ketsuatsu-kōka zai 血圧降下剤** das blutdrucksenkende Mittel **kō-ketsuatsu 高血圧** der Bluthochdruck **tei-ketsuatsu 低血圧** der niedrige Blutdruck

◆ketsueki-gata 血液型
die Blutgruppe **ketsueki-ginkō 血液銀行** die Blutbank **ketsueki-kensa 血液検査** die Blutuntersuchung **ketsueki-seizai 血液製剤** das Blutprodukt **ketsueki-tōseki 血液透析** die Blutreinigung

◆ketsu no ana けつの穴
(ugs.) das Arschloch **ketsu no ana ga chīsai けつの穴が小さい** (ugs.) wörtl.: „ein kleines Arschloch haben"; feige sein; kleinherzig sein 近似の表現は，江戸時代の滑稽本にも見られる。Einen ähnlichen Ausdruck findet man schon in einem komischen Genre von Erzählungen in der Edo-Zeit.

◆kibisu きびす，踵（kubisu くびす）
die Ferse **kibisu o kaesu きびすを返す** umkehren auf der Ferse (od. dem Absatz); kehrtmachen **kibisu o sesshite aruku きびすを接して歩く** wörtl.: „Ferse an Ferse gehen"; direkt (unmittelbar) hintereinander gehen; sich jemandem an die Fersen heften

◆kimo 肝
die Leber 日本語で 内臓の名称の大部分には漢語が用いられている。固有の日本名を持っているのは，「きも」とか「はらわた」など極めて限られている。肝(肝)は現在の言葉で言えば肝臓のことであるが，古くは内臓全体を肝といったこともある。次の幾つかの用例にも表れているが，かつて日本人は，この内臓に人間の心や魂が宿っていると考えていたのである。Die meisten inneren Organe werden auf Japanisch mit sinojapanischen Wörtern bezeichnet und es gibt nur in sehr wenigen Fällen japanische Eigennamen, wie z.B. *kimo* und *harawata* (Gedärm). Im modernen Gebrauch bezeichnet das Wort *kimo* zwar die Leber, aber früher wurden manchmal auch alle inneren Organe zusammen *kimo* genannt. Wie sich in den nachfolgenden Redewendungen zeigt, glaubte man in Japan früher, dass die inneren Organe der Sitz des menschlichen Herzens oder der Seele seien. **kimo ni meijiru 肝に銘じる** sich etwas zu Herzen nehmen; sich tief ins Gedächtnis einprägen「肝に銘じる」というのは，重要な事実，忠告，指摘などを心に刻むようにしっかり覚えておくということである。肝に銘じるという日本語の表現と同じ意味になるドイツ語のイディオムに sich etwas hinter die Ohren schreiben（耳の後ろに書く）というのがある。これは中世の法律習慣と関係のある表現で，例えば分界標設置など重要な案件に関して，証人として少年を雇い入れ耳をつねったり時にはびんたをくわえるなどして苦痛と関連

付けて当該のことを記憶させ，次の世代になってもそのことが忘れられないようにしたことと関係があるという。Gemeint ist, dass man sich eine wichtige Tatsache, eine Ermahnung oder einen Hinweis genau einprägt, so als ob es einem ins Herz eingraviert wäre. Das deutsche Idiom „sich etwas hinter die Ohren schreiben“ hat die gleiche Bedeutung wie der japanische Ausdruck. Die deutsche Redewendung hat mit einer mittelalterlichen Rechtsgewohnheit zu tun, wonach bei wichtigen Angelegenheiten, wie z.B. dem Aufstellen eines Grenzsteins an einer Flurstückgrenze ein junger Mann als Zeuge bestellt wurde, den man an den Ohren zog oder dem man eine Ohrfeige verabreichte, damit sich ihm durch den Schmerz die Angelegenheit bis in die nächste Generation tief ins Gedächtnis einprägte. **kimo o hiyasu 肝を冷やす** zu Tode erschrecken (「死ぬほどびっくりする」ということ) **kimo o tsubusu 肝をつぶす** verblüfft werden; wie vom Donner getroffen werden **kimo-iri 肝いり，肝煎り，肝入り** 1) die Vermittlung, die Veranstaltung, die Förderung 2) der Vermittler, der Veranstalter, der Förderer この語の本来の意味は，肝を煎るように，心をいらだたせ，やきもきするということ。そこから，熱心に心を砕き世話をするという意味になり，さらに，間に入ってあれこれ取りもつ行為や人を意味するようになった。日本語表記としては，語源的には「肝煎り」と書くべきところであろうが，「入魂」などからの連想もあって，「肝入り」も多く使われている。Die ursprüngliche Bedeutung dieses Wortes ist „ungeduldig werden“, so als ob einem die Leber geröstet würde. Daraus hat sich zunächst die Bedeutung „sich intensiv um eine Sache bemühen“ entwickelt und daraus ist die Bedeutung „Vermittlung“ oder „Vermittler“ abgeleitet. Im Japanischen wird *iri* in diesem Ausdruck oft falsch mit dem Schriftzeichen für „hineintun“ geschrieben, wobei man vielleicht daran denkt, dass jemand viel Mühe und Aufmerksamkeit auf eine Sache verwendet, also sozusagen „seine Seele hineinlegt“, obwohl etymologisch gesehen das Schriftzeichen für „rösten“ verwendet werden müsste. **kimo ga suwatte iru 肝が据わっている** mutig sein; geistesgegenwärtig sein; gute (starke) Nerven haben **dogimo o nuku 度肝を抜く** verblüffen, frappieren「度」は，接頭語で，「肝」を強調している。Das Präfix *do* in diesem Ausdruck ist eine Betonung. **kantan aiterasu 肝胆相照らす** in tiefstem Einverständnis miteinander leben **kimodameshi 肝試し** wörtl.: „die Leberprobe“; die Mutprobe

♦kōnenki 更年期

die Wechseljahre, die Menopause, das Klimakterium 性成熟期から老年期への移行期。Übergangszeit von der noch vollen Geschlechtsreife bis zum Senium (Greisenalter). **kōnenki-shōgai 更年期障害** die Symptome der Wechseljahre

♦kōra-boshi o suru 甲羅干しをする

wörtl.: „den Panzer trocknen“; sich mit dem Rücken in die Sonne legen 甲羅は，亀や蟹などの甲のことであるが，比喩的には人の背中のことをこのように呼ぶことがある。「甲羅干しをする」とは，腹ばいになって日光浴をすること。*Kōra* bezeichnet den Panzer einer Schildkröte, einer Krabbe etc., das Wort wird auch als Metapher für den menschlichen Rücken verwendet. Der Ausdruck bedeutet also, auf dem Bauch liegen und ein Sonnenbad nehmen.

♦koshi 腰

die Hüfte, das Kreuz, die Taille, die Lende 和独辞典で「腰」にあたるドイツ語を調べると，いくつかの異なった単語が示されている。つまり日本語の「腰」と完全に対応するドイツ語は存在しないということである。日本語には「腰が低い」「腰砕け」「腰抜け」「へっぴり腰」など腰を用いた慣用表現は少なくないが，そこで用いられている腰は，かならずしもすべてが体の部位を示しているわけではなく，ある場合は比喩的に，またある場合にはある種の精神性を込めて用いられていると考えられるのである。Schlägt man in einem japanisch-deutschen Wörterbuch das Wort *koshi* nach, findet man unterschiedliche deutsche Wörter. Es gibt kein deutsches Wort, das dem japanischen genau entspricht. Auf Japanisch gibt es viele Redewendungen mit dem Wort *koshi*, wobei nicht immer das Körperteil gemeint ist. Manchmal benutzt man *koshi* metaphorisch und manchmal im Zusammenhang mit „Gesinnung" einer Person. **gikkuri-goshi ぎっくり腰** der Hexenschuss **koshi ga nukeru 腰が抜ける** nicht in der Lage sein, aufzustehen (z.B. vor Schreck oder Furcht) **koshi o nukasu 腰を抜かす** vor Schrecken gelähmt werden **koshi-nuke 腰抜け** jemand ohne Rückgrad, der Feigling「腰抜け」というのは，腰の力が抜けて立てなくなること，また，そのような人を指す。転じて，臆病な人，意気地なしなどの意味になる。*Koshi-nuke* bezeichnet die Situation, wenn jemand keine Kraft in der Hüfte hat und nicht aufstehen kann, auch die betreffende Person kann so genannt werden. Im übertragenen Sinn bezeichnet es einen feigen oder mutlosen Menschen. **koshi ga suwaru 腰が据わる** entschlossen sein **koshi ga suwaranai 腰が据わらない** nicht stabil sein **koshi ga tatanai 腰が立たない** nicht aufstehen können (wegen körperlicher Schwierigkeiten) **koshi ga hikui 腰が低い** bescheiden sein; höflich sein; respektvolle Haltung zeigen **koshikudake 腰砕け** das Zusammenbrechen im entscheidenden Augenblick もともとは相撲などで腰の力が抜けて，体勢が崩れてしまうことを言う言葉だが，転じて，事が中途で挫折して後が続か無くなる意味で用いる。Ursprünglich ein Ausdruck, der in der Welt des *Sumō* etc. die Situation beschreibt, wenn einer der Kontrahenten aus mangelnder Kraft in der Hüfte das körperliche Gleichgewicht verliert, im übertragenen Sinn benutzt man die Formulierung um ein vorzeitiges Scheitern in einer Angelegenheit zu bezeichnen, die man dann nicht mehr zu Ende bringen kann. **koshi-ore 腰折れ** ein lausiges Gedicht; ein Gedicht, dessen Aufbau mangelhaft ist **hongoshi o irete torikumu 本腰を入れて取り組む** allen Ernstes an die Arbeit gehen; mit vollem Einsatz tun **kenka-goshi けんか腰, 喧嘩腰** die streitlustige Haltung **nige-goshi ni naru 逃げ腰になる** kalte Füße bekommen; sich zu entziehen suchen **omoi koshi o ageru 重い腰を上げる** sich einen Ruck geben **oyobi-goshi 及び腰** unsichere, in der Hüfte leicht nach vorne beugende Haltung; die zaghafte Haltung「及び腰」とは，両膝を曲げ上半身をかが

め，両手を伸ばして何か物を取ろうとするときのような不安定な姿勢のことで，比喩的には，物事に対して自信がなく，消極的な態度を意味する。「へっぴり腰(屁っ放り腰)」ともいう。Eine nach vorne gebeugte, unsichere Haltung mit angewinkelten Knien und nach vorne gestreckten Händen, so als ob man nach etwas greifen wollte. Im übertragenen Sinn auch das Fehlen von Selbstvertrauen in einer bestimmten Situation oder Passivität. Man spricht auch von *heppiri-goshi* (wörtl.: „Furzhüfte“) weil in dieser Position das Gesäß nach hinten gestreckt wird. **yowa-goshi 弱腰** schwache Haltung **chū-goshi 中腰** halbsitzende Position **maru-goshi 丸腰** die Nichtbewaffnung **maru-goshi de 丸腰で** unbewaffnet「丸腰」は，武士が腰に刀を帯びていないことを意味した。*Marugoshi* bedeutete früher, dass ein *Samurai* sein Schwert nicht um die Hüfte gebunden hat. **monogoshi 物 腰** die (pl.) Manieren, das Benehmen **yanagi-goshi 柳腰** die schmale (schlanke) Hüfte (der Frau)

♦kotsuzui 骨髄

das Knochenmark **urami kotsuzui ni tessu 恨み骨髄に徹す** einen tief sitzenden Groll hegen この表現は，中国の史記に拠る。Der Ausdruck geht auf den chinesischen Geschichtsklassiker *Shiji* zurück.

♦kubi 首，頸

der Hals「首をすくめる」「首をひねる」等，「くび」を含む日本語に対応するドイツ語表現においては，der Hals ではなく der Kopf「頭」が用いられるケースが少なくない。Es gibt nicht wenige japanische Ausdrücke mit dem Wort *kubi* („Hals“), wo in der deutschen Entsprechung das Wort „Kopf“ verwendet wird, z.B. *kubi o sukumeru* oder *kubi o hineru* (s.u.) **kubi o kukuru 首をくくる**（**kubi o tsuru 首をつる**）sich erhängen; sich aufhängen **kubi o sukumeru 首をすくめる** den Kopf einziehen **kubi o kashigeru 首をかしげる** wörtl.: „den Kopf nach einer Seite neigen“; den Kopf skeptisch (od. zweifelsvoll) zur Seite legen **kokubi o kashigeru 小首をかしげる** seinen Kopf ein wenig (od. leicht) auf die Seite legen「小首」の「小」は，「首」にかかるのではなく，意味の上からは，「かしげる」にかかる。首を少し傾けて，いろいろと考えをめぐらしたり，あるいはまた，不思議に思ったりする様子。Das Wort *ko* („klein“) in *kokubi* bezieht sich nicht auf den Hals selbst, sondern vielmehr auf den Neigungswinkel. Gemeint ist die leicht seitlich geneigte Kopfhaltung, wenn man über etwas nachdenkt. **kubi ni suru 首にする** jemanden feuern; jemanden entlassen **kubi ga tobu 首が飛ぶ** seinen Job verlieren; gefeuert werden **kubi ga tsunagaru 首がつながる** nicht gefeuert werden **kubi o hineru 首をひねる** sich den Kopf zerbrechen **kubi o tareru 首をたれる** den Kopf hängen lassen **kubi o tate ni furu 首を縦に振る** (mit dem Kopf) nicken; zustimmen **kubi o tsukkomu 首を突っ込む** den Kopf in etwas stecken; seine Nase in etwas stecken **kubi o yoko ni furu 首を横に振る** den Kopf schütteln; verneinen **kubi o nagakushite matsu 首を長くして待つ** voller Ungeduld warten **kubinashi shitai 首無し死体** ein kopfloser Leichnam **kubi ga mawaranai 首が回らない** wörtl.: „den Hals nicht drehen können“; bis an den Hals in Schulden stecken **kubittake 首ったけ，首っ**

丈 bis über beide Ohren verliebt sein 異性に夢中になっているさま。足元から首までの高さをいう「首丈」が転じたもので，あることに首の高さまで深くはまり込んでいるということ。Von jemanden hingerissen sein. Der Ausdruck kommt von dem Wort *kubi-take*, das die Höhe vom Fuß bis zum Hals bedeutet. Gemeint ist, dass man bis über beide Ohren (genauer gesagt, „bis zum Hals“) verliebt ist. **jisho to kubippiki de 辞書と首っ引きで** ständig im Wörterbuch nachschlagend; immer den Kopf ins Wörterbuch steckend **ikubi 猪首** wörtl.: „Wildschweinnacken“; der Stiernacken; der kurze dicke Nacken **ikubino 猪首の** stiernackig **nekubi o kaku 寝首をかく** jemandem im Schlaf den Kopf abschlagen; jemanden hinterrücks ermorden **kubi-jikken 首実検** 1) Besichtigung des abgeschlagenen Kopfes der Feinde durch den Heerführer 2) Identifikation 1) 討ち取った敵の首がその名の人かどうか，大将自らが検査すること。2) 実際に会ってみて，本人かどうか見極めること。1) die Kontrolle des abgeschlagenen Kopfes durch den Heerführer, um sich der Identität eines besiegten Feindes zu versichern 2) jemanden persönlich treffen, um ihn oder sie zu identifizieren

◆kuchi 口

der Mund **kuchi o ichimonji ni musubu 口を一文字に結ぶ** den Mund fest schließen; die Lippen aufeinander pressen **kuchi o henoji ni mageru 口をへの字に曲げる** einen Flunsch ziehen (machen) **kuchi o tozasu 口を閉ざす** den Mund halten **kuchi o tsutsushimu 口を慎む** seine Zunge hüten; seine Zunge im Zaum halten **kuchi-beta na 口下手な** ungelenk im Reden; ungeschickt im Sprechen **kuchi ga heranai 口が減らない** niemals um ein Wort verlegen sein; immer das letzte Wort haben wollen; nicht auf den Mund gefallen sein **herazu-guchi o tataku 減らず口を叩く** jemandem seine Worte nicht sparen **kuchi ga suppaku naru hodo iu 口が酸っぱくなるほど言う** jemandem etwas immer wieder zu hören geben; sich den Mund fusselig reden **kuchi ga karui 口が軽い** indiskret sein; ein loses Mundwerk haben; seine Zunge nicht im Zaume halten **kage-guchi o kiku (tataku) 陰口をきく(叩く)** hinter jemandes Rücken über ihn (schlecht) sprechen **karu-kuchi o tataku 軽口を叩く** einen Witz reißen (Witze reißen); einen Scherz machen **kuchi ga katai 口が堅い** verschwiegen, diskret **kuchi ga omoi 口が重い** schweigsam sein; einsilbig sein **kuchi ga sakete mo 口が裂けても** auch wenn es mich zerreißt **kuchi o hasamu 口を挟む** ins Wort fallen **kuchi o kiku 口を利く** vermitteln, befürworten; ein Wort für jemanden einlegen **kuchi o waru 口を割る** zugeben, auspacken, singen (Gaunersprache) **kuchi ga suberu 口が滑る** jemandem ist die Zunge ausgerutscht; jemandem ist etwas herausgerutscht **kuchi-atari 口当たり** 1) der Geschmack 2) die Umgänglichkeit **kuchi o herasu 口を減らす** die Zahl der zu ernährenden Münder vermindern (siehe *kuchi-berashi*) **kuchi-dome suru 口止めする** jemandem den Mund stopfen; verbieten, über etwas zu reden; Schweigen auferlegen **kuchi o fūjiru 口を封じる** 1) jemandem den Mund verbieten; jemanden mundtot machen 2) jemanden zum Schweigen bringen (z.B. mit Gewalt oder Gewaltandrohung) **kuchi-**

gotae suru 口答えする Widerwort geben; scharf erwidern **kuchi-guruma 口車** die süße (verführerische) Rede; die verführerischen Worte **kuchi-guruma ni noru 口車に乗る** sich beschwatzen lassen **kuchi-naosi 口直し** Essen oder Trinken, um den schlechten Nachgeschmack zu beseitigen **kuchi-ura o awaseru 口裏を合わせる** absprechen, was man sagt **kuchi-gitanaku nonoshiru 口汚く罵る** jemanden unflätig beschimpfen **kuchi-gomoru 口ごもる** herumdrucksen **kuchi-guse 口癖** das Lieblingswort, der Lieblingsausdruck **kuchi-guse no yōni iu 口癖のように言う** immer dasselbe sagen; zu sagen pflegen **kuchi kara saki ni umareru 口から先に生まれる** unermüdlich in Sprechen sein **aita kuchi ga fusagaranai あいた口が塞がらない** wörtl.: „den Mund nicht mehr zubekommen"; sprachlos sein; keine Worte finden; mit offenem Mund dastehen **ochobo-guchi おちょぼ口** die gekräuselten Lippen 少女らしく気取ってつぼめた口つき。なお「ちょぼ」は，小さいという意味である。Die in mädchenhafter Weise gespitzten Lippen. *Chobo* hat die Bedeutung „klein". **ōguchi o tataku 大口を叩く** großsprechen; den Mund voll nehmen **kuchi-hatchō 口八丁** die Beredsamkeit **kuchi-hatchō te hatchō 口八丁手八丁** wort- und tatkräftig sein; in Worten und Taten geschickt sein **kuchi-kiki 口利き** 1) die Vermittlung; die Fürsprache 2) der Vermittler; der Fürsprecher **iku-dōon ni 異口同音に** wie aus einem Munde; einstimmig **kōkaku awa o tobasu 口角泡を飛ばす** heftig diskutieren; vom Reden Schaum vor dem Mund bekommen **shinin ni kuchi nashi 死人に口なし** (Sprichw.) Tote reden nicht. Tote können nicht sprechen. Tote können sich nicht verteidigen. **hito no kuchi ni to wa taterarenu 人の口に戸は立てられぬ** (Sprichw.) Vor den Mund kann man keine Tür setzen. **kuchi wa wazawai no mon (kado) 口は災いの門** (Sprichw.) Alles Übel kommt aus dem Munde. **jinkō ni kaisha suru 人口に膾炙する** (schriftspr.) in aller Leute Munde sein

♦kuchibiru 唇

die Lippe 場合によってはドイツ語のLippeは，日本語の「くちびる」よりもさらに上の部分を含むこともある。Gelegentlich bezeichnet das deutsche Wort Lippe im Unterschied zu dem japanischen *kuchibiru* auch noch den Bereich oberhalb der eigentlichen Lippen (z.B. Oberlippenbart). **kuchibiru o nusumu 唇を盗む** jemandem einen Kuss stehlen **mono ieba kuchibiru samushi 物言えば唇寒し** Man muss im Reden vorsichtig sein. Man soll nicht zu viel sprechen. 芭蕉の句に「物言えば唇寒し秋の風」というのがある。**dokushin-jutsu 読唇術** das Lippenlesen; die Kunst des Lippenlesens

♦kuruma-isu 車椅子

der Rollstuhl **matsuba-zue 松葉杖** die Krücke **mōdō-ken 盲導犬** der Blindenhund **tenji-burokku 点字ブロック** in den Boden eingelassene, spezielle Pflastersteine mit Markierungen für Sehbehinderte

♦kyoshoku-shō 拒食症

{Med.} die Anorexie; die Appetitlosigkeit 食物を摂ることを拒否する病的な状態。思春期の女性の神経性食欲不振症に典型的にみられる。Der Zustand, wenn jemand das Essen verweigert. Als typischer Fall gilt die psychisch bedingte Appetitlosigkeit von Mädchen in der Pubertät.

♦kyūkyū-kyūmei-shi 救急救命士

der Sanitäter 1992 (平成4) 年に救急救命士制度が創設された。国家試験があり，救急患者に対し，病院到着前に，医師の指示のもとに高度な応急処置を行なうことができる。Im Jahr 1992 wurde in Japan ein Sanitätersystem mit staatlicher Prüfung eingerichtet. Ein Sanitäter kann, unter der Anleitung eines Arztes, an einem Notfallpatienten vor der Ankunft im Krankenhaus hochqualifizierte Rettungsmaßnahmen durchführen.

♦mabuta まぶた, 瞼, 目蓋

das Augenlid **mabuta ga omoi まぶたが重い** die Lider sind einem schwer **mabuta ni ukabu まぶたに浮かぶ** einem vor Augen schweben **mabuta no haha まぶたの母** die (verstorbene) Mutter, wie man sie noch vor Augen hat

♦mata また, 股

der Oberschenkel, die Leistengegend **matagura またぐら, 股座** der Zwischenraum zwischen den beiden Oberschenkeln **komata no kire-agatta onna 小股の切れ上がった女** die grazil-adrette Frau「小股の切れ上がる」の意味については，数十年来多くの人が様々な見解を述べている。ちなみに『広辞苑』(第6版) には，「女の足が長くすらりとした粋なからだつきをいう」とある。Über die konkrete Bedeutung dieses Wortes wurden in den letzten Jahrzehnten verschiedene Meinungen geäußert. Das große Wörterbuch *Kōjien* vermerkt übrigens in seiner neusten (der 6.) Auflage: „Bezeichnung für die Erscheinung einer attraktiven Frau mit langen und wohlgeformten Beinen.“ **mata-hibachi 股火鉢** (veraltet) das Rittlingssitzen über einem Kohlenbecken (um sich im Winter aufzuwärmen) **matazure 股ずれ** die Hautentzündung an den Oberschenkeln; die Schenkelwunde **kokan o keriageru 股間を蹴り上げる** jemanden zwischen die Beine treten **gani-mata がにまた, 蟹股** (ugs.) wörtl.: „Krabbenbeine“; die O-Beine **gani-mata de aruku 蟹股で歩く** O-beinig gehen **ō-mata de aruku 大股で歩く** mit großen Schritten gehen **sekai o mata ni kakete aruku 世界を股にかけて歩く** durch die ganze Welt reisen

♦mayu 眉

die Augenbraue **mayu o hisomeru 眉をひそめる** wörtl.: die „Augenbrauen zusammenziehen“; die Stirn runzeln **mayu hitotsu ugokasanai 眉一つ動かさない** ohne mit der Wimper zu zucken **mayu ni tsuba o tsukeru 眉に唾を付ける** wörtl.: „sich die Augenbrauen mit Spucke nass machen“; sich vorsehen; auf der Hut sein 眉に唾を付けると狐や狸にばかされないという民間信仰に基づく。Nach dem Volksglauben, dass man von Füchsen und *Tanuki* (siehe dort) nicht betrogen werden kann, wenn man sich die Augenbrauen mit Spucke nass macht. **shōbi no kyū 焦眉の急** wörtl.: „so dringend, wie ein Feuer, das einem schon die Augenbrauen versengt“; dringende Krise; das dringendste Problem **mayu ga kumoru 眉が曇る** ängstlich aussehen **ryūbi o sakadateru 柳眉を逆立てる** die Augenbrauen zornig hochziehen (nur bei Frauen)

♦me 目, 眼

das Auge, der Blick 視覚器官としての目であるが，目つき，視力，視角，眼識，見地その他さまざまなことが「目」という言葉で表現される。Natürlich bezeichnet das Wort *me* das Organ der optischen Wahrnehmung, aber außerdem werden auch Begriffe wie „Blick“, „Sehkraft“, „Blickwinkel“, „Kennerblick“, „Gesichtspunkt“ etc. mit diesem Wort ausgedrückt. **me ga mawaru 目が回る** schwindelig werden; sich schwindelig fühlen; rotieren (sehr beschäftigt sein) **me ga kiku 目が利く** ein Auge für etwas haben; einen guten Blick für etwas haben; einen Kennerblick haben **me ga (no) koeta 目が(の)肥えた** anspruchsvoll; ein kritisches Auge haben **me ga kuramu 目がくらむ** 1) schwindelig sein 2) geblendet sein; verblendet sein **me ga suwaru 目が据わる** einen glasigen Blick bekommen **me ga urumu 目が潤む** feuchte Augen haben (bekommen) **me o hikaraseru 目を光らせる** betrachten **me o kakeru 目を掛ける** wörtl.: „im Auge behalten“, jemanden begünstigen **me o hosomeru 目を細める** wörtl.: „die Augen schmal machen“; die Augen leuchten auf 例を挙げると，孫が駆け寄ってくるその愛らしさに誘われて祖父の顔に幸せそうな表情が浮かぶ場合。z.B. Der Großvater macht ein ganz glückliches Gesicht, wenn er seinen kleinen Enkel herbeirennen sieht. **me o somukeru 目をそむける** wegsehen; die Augen abwenden; den Blick abwenden **me o tsuburu (tsumuru) 目をつぶる（つむる）** ein Auge zudrücken; durch die Finger sehen; etwas absichtlich übersehen **me o tsukete iru 目を付けている** jemanden im Auge behalten **me-boshi o tsukeru 目星を付ける** jemanden im Auge haben; jemandem auf die Spur kommen **me o maruku suru 目を丸くする** große Augen machen **me o sankaku ni shite 目を三角にして** wörtl.: „mit dreieckigen Augen“; mit einem sehr ärgerlichen Blick **me no hoyō o suru 目の保養をする** wörtl.: „eine Erholung für die Augen haben“; eine Augenweide machen; die Augen an etwas laben 「目の保養」は「目の正月」とも言う。正月は一年のうちで最も楽しいときであったから，このような言い方が生まれたのであろう。美しいものや珍しいものを見て楽しむという意　味。Man sagt auch *me no shōgatsu* (wörtl.: „Neujahr für die Augen“). Der Ausdruck kommt wohl daher, dass Neujahr die schönste Zeit des Jahres war, und beschreibt die Freude bei Betrachten von etwas Schönem oder etwas Außergewöhnlichem. **me ni irete mo itaku nai 目に入れても痛くない** jemanden wie seinen Augapfel hegen und pflegen **me ni amaru 目に余る** intolerabel; einfach zu viel **me ni mono miseru 目に物見せる** jemanden etwas teuer bezahlen lassen; sich an jemandem rächen **me to hana no saki 目と鼻の先** wörtl.: „Abstand zwischen Augen und Nase“, in nächster Nähe; (nur) ein Katzensprung entfernt **me kara hana e nukeru 目から鼻へ抜ける** sehr klug sein; hochintelligent sein **me kara hi ga deru 目から火が出る** Sterne sehen **mehana ga**

tsuku 目鼻がつく wörtl.: „etwas bekommt Augen und Nase"; etwas nimmt Gestalt an; ungefähr erkennen können , wie etwas wird; eine festere Form annehmen（「目鼻がつく」というのは，「物事が大体できあがる」「ものごとの大体の予想が立つ」ということ。）他に，aus dem Gröbsten heraus sein（「一番むつかしい段階を切り抜けた」）も前後関係によっては使える。Außer den oberen Übersetzungen kann man eventuell auch sagen: „aus dem Gröbsten heraus sein". **mesaki ga kiku 目先が利く** vorausschauend **nikugan de miru 肉眼で見る**（望遠鏡などを用いないで）mit bloßen Auge sehen; mit unbewaffnetem Auge sehen (ohne ein Fernglas etc.) **ragan de miru 裸眼で見る** mit bloßem Auge sehen (ohne Brille) **rō-gan 老眼** die Altersweitsichtigkeit 老齢により近くのものが見えにくくなること。Altersbedingter Verlust der Nahanpassungsfähigkeit des Auges **shiroi me de miru 白い目で見る** wörtl.: „mit den weißen Augen sehen"; mit dem kalten Blick ansehen; jemanden schief ansehen **shirōto-me ni 素人目に** für das ungeübte Auge; für den Laien **watashi no me ga kuroi uchi wa 私の目が黒いうちは** wörtl.: „solange meine Augen schwarz sind"; solange ich lebe; solange ich gesund bin 多くの日本人の場合虹彩の色は茶褐色で，日常的には「目の玉が黒い」などという表現を用い，黒目は壮健のしるしであるとされている。Viele Japaner haben eine kastanienbraune Iris („braune Augen"), im Alltag spricht man auch von „schwarzen Augen", die als ein Zeichen von gesund sein gelten. **irome o tsukau 色目を使う** jemandem schöne Augen machen; mit jemandem liebäugeln; jemandem verliebte Blicke zuwerfen **nagai me de mireba 長い目で見れば** auf lange Sicht **nagashi-me o tsukau 流し目を使う** jemandem einen koketten Blick zuwerfen **shirime ni kakeru 尻目にかける** jemanden schief ansehen; jemanden verächtlich ansehen **menotama ga tobideru hodo-no nedan 目の玉が飛び出るほどの値段** wörtl.: „ein Preis, wie einem die Augäpfel aus dem Kopf treibt"; ein himmelschreiender Preis; horrender Preis **megashira 目頭** der innere Augenwinkel **megashira ga atsuku naru 目頭が熱くなる** wörtl.: „der innere Augenwinkel wird heiß"; zu Tränen gerührt sein **megashira o nuguu 目頭を拭う** sich die Tränen aus dem Augenwinkel wischen **mejiri 目尻** die äußere Augenwinkel **mejiri o sageru 目尻を下げる** lüstern dreinschauen; begehrliche Augen machen; wohlgefällig die Augenwinkel senken **mekujira o tateru 目くじらを立てる** wörtl.: die Augenwinkel nach oben ziehen; ablehnend schauen; zu streng sein この日本語の意味は，他人の欠点を探し出し，あれこれ責め立てる，ささいなことにむきになる，という意味である。Der japanische Ausdruck bedeutet, dass man die Fehler anderer Personen sucht und kleinlich und heftig daran herumkritisiert. **me ni kado o tateru 目に角を立てる** finstere Blicke werfen **me no doku 目の毒** wörtl.: „Gift für die Augen"; etwas Verführerisches **me no kataki ni suru 目の敵にする** den Anblick von etwas nicht ertragen können; jemanden feindselig behandeln **me mo aterarenai 目も当てられない** schrecklich anzusehen sein; nicht hinsehen können; den Anblick von etwas nicht aushalten können **o-medama 大目玉** (ugs.) wörtl.: „große Augen"; scharfer Tadel; strenger Verweis

ō-me ni miru 大目に見る jemandem etwas nachsehen; ein Auge zudrücken; Nachsicht üben; fünf(e) gerade sein lassen（このドイツ語は，奇数である5を偶数gerade Zahlと見なす，ということで，「大目に見る」「あまりやかましいことは言わない」という意味になる）**uwame-zukai ni 上目遣いに** mit nach oben gerichteten Augen これはたとえば相手の顔色を伺うときなどに，顔を伏せたまま，瞳だけを上へ向ける目つき。Den Blick nach oben richten, wobei man das Gesicht etwas nach unten neigt, z.B. um den Gesichtsausdruck seines Gegenübers zu mustern **zatto me o tōsu ざっと目を通す** flüchtig durchsehen **me-kuso 目くそ，目糞** der Augenschleim **me-kuso hana-kuso o warau 目糞鼻糞を笑う** wörtl.: „Der Augenschleim lacht über den Rotz.“ Ein Esel schimpft den andern Langohr. **me kara uroko ga ochiru 目から鱗が落ちる** Es fällt einem wie Schuppen von den Augen; die Wahrheit erblicken **me wa kuchi hodo ni mono o iu 目は口ほどにものを言う** (Sprichw.) Die Augen sind genauso beredt wie der Mund. **hitome-bore 一目惚れ** Liebe auf den ersten Blick **dōmoku suru 瞠目する** bewundernd anschauen **neboke-manako 寝ぼけ眼** verschlafene Augen **chimanako ni natte 血眼になって** wörtl.: „mit blutunterlaufenen Augen“; fieberhaft, rasend, wütend, wie von Sinnen **ganchū ni nai 眼中にない** nicht beachten; links liegenlassen; außer Betracht lassen **ganpuku 眼福** das Glück, etwas Schönes (od. Kostbares) zu erblicken **ganpuku o eru 眼福を得る** das Glück haben, etwas Besonderes sehen zu dürfen (können) **gan o tsukeru 眼を付ける** (Gaunerspr.) jemanden aufs Korn nehmen; gehässig anstarren **ichimoku-ryōzen de aru 一目瞭然である** auf den ersten Blick klar sein; auf der Hand liegen

♦ metaborikku-shōkōgun メタボリック症候群

wörtl.: „das metabolische Syndrom“; die Fettleibigkeit und ihre Symptome 内臓の周囲に脂肪がたまり，高血糖・高血圧・高脂血・高コレステロールの症状を複数併せ持つ状態。Die Ansammlung von Fettgewebe im Bereich der inneren Organe, womit verschiedene Symptome einhergehen, z.B. erhöhter Blutzuckerspiegel, Bluthochdruck, erhöhte Blutfettwerte und ein hoher Cholestrolspiegel.

♦ mi 身

der Körper, der Leib この他に「身」には，自己とか自分，身分その他の意味があり，「身の回り」のように慣用句として用いられるケースも多い。Daneben hat *mi* auch viele andere Bedeutungen, z.B. „selbst“, „Stand“ etc. und es gibt zahlreiche Redensarten z.B. *mi no mawari*, „was man um sich herum hat“. **migamaeru 身構える** sich in Positur stellen (setzen); in Kampfstellung gehen (auch im übertragenen Sinn) **mimodae suru 身もだえする** sich winden **mi ni amaru 身に余る** mehr sein (oder bekommen), als einem zusteht **mi ni amaru kōei 身に余る光栄** die unverdiente Ehre **mi ni tsumasareru 身につまされる** etwas geht einem sehr nahe **miugoki suru 身動きする** sich bewegen **mi o hiku 身を引く** sich zurückziehen; zurücktreten **mi o ireru 身を入れる** sich widmen **mi o katameru 身を固める** eine Familie gründen; einen eigenen Haushalt gründen **mi o uru 身を売る** sich verkaufen; sich prostituieren **mi o kogasu 身を焦がす** sich in Liebe verzehren; jemanden heiß lieben; vor Liebe brennen **mi o ko ni suru 身を粉にする** sich für jemanden in Stücke reißen; sich aufopfern **mi o makaseru 身を任せる** sich jemandem oder etwas hingeben **mi o mochikuzusu 身を持ち崩す** sich ruinieren; herunterkommen **mi o tateru 身を立てる** Karriere machen; sich etablieren; es weit bringen **minoke ga yodatsu 身の毛がよだつ** haarsträubend; jemandem sträuben sich die Haare **minohodo shirazu 身の程知らず** überheblich; seine Grenzen nicht kennen **mi no okidokoro ga nai 身の置き所がない** nicht wissen, wo man hin soll **mi-omo 身重** die Schwangerschaft **mizeni o kiru 身銭を切る** aus eigener Tasche bezahlen **mi o sutete koso ukabu se mo are 身を捨ててこそ浮かぶ瀬もあれ** (Sprichw.) Ohne Einsatz kein Gewinn.

♦miken 眉間

die Stirnmitte **miken ni shiwa o yoseru 眉間にしわを寄せる** die Augenbrauen zusammenziehen

♦mimi 耳

das Ohr 日本語の「みみ」には，聴覚や聴力という意味もあるが，これを表すドイツ語は，das Gehör である。Das japanische Wort *mimi* bezeichnet nicht nur das Ohr selbst, sondern auch die akustische Wahrnehmung, das Gehör. **mimi ga tōi 耳が遠い** wörtl.: „die Ohren sind weit weg“; schwerhörig sein **mimi o kasanai 耳を貸さない** jemandem sein Ohr verschließen; jemandem kein Gehör schenken; sich taub stellen **mimi o utagau 耳を疑う** seinen Ohren nicht trauen **mimi ni tako ga dekiru 耳に胼胝ができる** wörtl.: „(so oft hören, dass man) an den Ohren Schwielen bekommen (könnte)“, sich satt hören たこ(胼胝)については，「たこ」の項目を参照 **mimi o katamukeru 耳を傾ける** das Gehör schenken; das Ohr leihen; jemandem aufmerksam zuhören **nemimi ni mizu 寝耳に水** wörtl.: „Wasser (od. das Geräusch von Wasser) kommt in das Ohr eines Schlafenden“; urplötzlich; wie ein Blitz aus heiterem Himmel **mimiyorina hanashi 耳寄りな話** eine gute Nachricht; eine willkommene Nachricht **mimi-zawari na 耳障りな** misstönend **hatsu-mimi 初耳** jemandem neu sein; etwas, das man zum ersten Mal hört **haya-mimi no 早耳の** wörtl.: „schnell im Hören sein“; immer alles als Erster wissen; immer bestens informiert sein (z.B. über Gerüchte) **jigoku-mimi 地獄耳** 1) seine Ohren überall haben; immer bestens informiert sein (v.a. über andere Leute) 2) ein gutes Gedächtnis haben; das, was man einmal gehört hat, nicht wieder vergessen 1) 他人の秘密などをすばやく聞き込む耳。2) 記憶力が良くて，一度聞いたことをいつまでも忘れないこと。**sora-mimi 空耳** 1) akustische Halluzination 2) vorgeben, nicht zu hören **mimi-nari 耳鳴り** das Ohrensausen, der Tinnitus **mimi ga itai 耳が痛い** wörtl.: „Ohrenschmerzen haben“; etwas tut jemandem weh **komimi ni hasamu 小耳に挟む** beiläufig hören; zufällig hören; mitbekommen, aufschnappen **kiki-mimi o tateru 聞き耳を立てる** die Ohren spitzen; genau hinhören **kiku mimi o motanai 聞く耳を持たない** nicht hören wollen; nicht gehorchen wollen **kabe ni mimi ari shōji ni**

me ari 壁に耳あり障子に目あり (Sprichw.) Die Wände haben Ohren, die Schiebetüren haben Augen. **mimi o soroete kaesu 耳を揃えて返す** den ganzen Betrag auf einmal zurückbezahlen **mimi-kaki 耳掻き** der Ohrlöffel, der Ohrenreiniger **seken no jimoku o hiku 世間の耳目をひく** die öffentliche Aufmerksamkeit erregen (auf sich ziehen)

♦ mitoru 看取る
einen Todkranken pflegen (und in seiner letzten Stunde dabei sein); an jemandes Sterbebett wachen

♦ moetsuki-shōkōgun 燃え尽き症候群
das Burnout-Syndrom 持続的な職務上のストレスに起因する心身両面における極度の疲弊状態で，意欲喪失や対人関係の忌避のほか，情緒の荒廃や疾病に対する抵抗力の低下が見られることもあり，最悪の場合，家庭生活の崩壊や自殺に終わることもある。Durch andauernde berufliche Überlastung ausgelöster Zustand extremer körperlicher und seelischer Erschöpfung. Die Betroffenen leiden nicht nur unter einem Verlust an Willenskraft und vermeiden menschliche Beziehungen, sondern manchmal kann man auch völlige emotionale Verödung und eine herabgesetzte Resistenz gegen Krankheiten beobachten. Im schlimmsten Fall führt das Burnout-Syndrom zur Zerstörung des Familienlebens oder sogar zum Suizid.

♦ mubyō-sokusai 無病息災
die vollkommene Gesundheit **mubyō-sokusai de aru 無病息災である** in (bei) guter Gesundheit sein

♦ mune 胸
die Brust, der Busen (女性の場合), das Herz, das Gemüt **muna-sawagi 胸騒ぎ** die Bangigkeit; innere Unruhe; bange Vorahnung **mune ga sawagu 胸が騒ぐ** sich beklommen fühlen; von einer bangen Vorahnung beklommen sein **mune ni himeru 胸に秘める** etwas für sich behalten **mune o nadeorosu 胸をなでおろす** erleichtert aufatmen **mune o utsu 胸を打つ** bewegend sein; rührend sein **mune o utareru 胸を打たれる** ergriffen werden; einen tiefen Eindruck bekommen **munazan'yō o suru 胸算用をする** im Kopf rechnen; etwas abschätzen **mune ga ippai ni naru 胸がいっぱいになる** einen Kloß im Hals haben (直訳すれば「団子が喉につかえている」ということだが，悲しみなどで咽喉が詰まった感じがする，という意味で用いる。さらに，声が出しにくいという場合にもこの表現が用いられることがある。) **mune ga harisakeru 胸が張り裂ける** jemandem bricht das Herz; zumute sein, als ob die Brust zerspringen wollte **munagura o tsukamu 胸倉をつかむ** jemanden am Kragen packen; jemanden am Schlafittchen packen **muna-kuso ga warui 胸糞が悪い** (ugs.) widerlich sein; abscheulich sein この場合の「糞」は，「胸」という語を，強めるあるいはいやしめている。Das Wort *kuso* dient hier als Betonung des Wortes und/oder gibt diesem eine verächtliche Konnation. **kyōkin o hiraku 胸襟を開く** sich offenbaren; sich anvertrauen **mune ni te o atete kangaeru 胸に手を当てて考える** wörtl.: „die Hände auf die Brust legen und denken"; etwas überdenken 心を静めて落ち着いて考えるために，両手を胸にあてがう，という意味である。Gemeint ist, dass

man sich beide Hände auf die Brust legt, sich dadurch beruhigt und etwas überdenkt. **hato-mune 鳩胸** wörtl.: „die Taubenbrust“, die Hühnerbrust **hōkyō-shujutsu 豊胸手術** die operative Brustvergrößerung

♦mushiba 虫歯
die Karies, der faule Zahn **ireba 入れ歯 (gishi 義歯)** das Gebiss; der künstliche Zahn; die dritten Zähne **sashiba 差し歯** der Stiftzahn **burijji ブリッジ** die Zahnbrücke **shikai 歯科医 (haisha 歯医者)** der Zahnarzt

♦mushizu 虫唾
das Sodbrennen **mushizu ga hashiru 虫唾が走る** Sodbrennen haben (bekommen); sich angewidert fühlen; das kalte Grausen kriegen 虫唾は，胃から口へ出てくる酸っぱい液体で，「虫唾が走る」は，口中に虫唾が出てきて吐き気を催す，ということ。転じて，ひどく忌み嫌う，ということ。*Mushizu* bezeichnet den sauren Magensaft, beim Sodbrennen gerät dieser in den Mund und verursacht ein ekelhaftes Gefühl. Im übertragenen Sinne eine starke Abscheu.

♦myaku 脈
1) die Ader 2) der Puls, der Pulsschlag **myaku ga nai 脈が無い** hoffnungslos sein; es besteht keine Hoffnung mehr 脈拍が無くなり，命が終わるということから転じて，達成しそうな見込みが無い，望みが無い，という意味になる。Abgeleitet davon, dass es ohne Pulsschlag kein Leben mehr gibt, bedeutet dieser Ausdruck, dass keine Aussicht auf Erfolg oder keine Hoffnung mehr besteht.

♦naifuku-yaku 内服薬
das Medikament zur inneren Anwendung **gaiyō-yaku 外用薬** das Medikament zum äußeren Gebrauch **senji-gusuri せんじ薬** der Kräutersud **zayaku 座薬** das Zäpfchen, die Suppositorium **nankō 軟膏** die Salbe **tokkō-yaku 特効薬** das Spezifikum, das Spezialmedikament **kusuri-bako 薬箱** das Arzneikästchen, die Hausapotheke **ryōyaku wa kuchi ni nigashi 良薬は口に苦し** (Sprichw.) Gute Medizin schmeckt bitter.

♦namida 涙
die Träne **namidagumu 涙ぐむ** Tränen in den Augen haben; den Tränen nahe sein **namida ga komiageru 涙がこみ上げる** jemandem steigen Tränen in die Augen **hito-shirezu nagasu namida 人知れず流す涙** eine heimliche Träne **namida ni kureru 涙に暮れる** seine Tage in Tränen verbringen **sora-namida 空涙** die vorgetäuschten Tränen; die scheinheiligen Tränen; die Krokodilstränen ドイツ語表現の最後のものは，ワニは獲物をおびき寄せるのに子供のように鳴くという伝説に由来する。Der deutsche Ausdruck „Krokodilstränen“ geht auf die Legende zurück, dass Krokodile ihre Beute anlocken würden, indem sie wie Kinder weinten. **namida ni musebu 涙に咽ぶ** von Tränen erstickt sein

♦nanbyō 難病
die schwer zu heilende Krankheit **fuchi no yamai 不治の病** die unheilbare Krankheit

♦natsu-bate 夏バテ，夏ばて
die Sommermüdigkeit; die Erschöpfung von der Sommerhitze **natsu-bate suru 夏ばてす**

る von der Sommerhitze erschöpft sein **bate-ru バテる, ばてる** (ugs.) mit seinen Kräften am Ende sein; erschöpft sein; fix und fertig sein; k.o. sein

♦nechigai 寝違い

wörtl.: „falsch geschlafen haben"; Verspannungen im Nacken- und Schulterbereich durch eine falsche Schlafposition **negaeru 寝返得る (negaeri o utsu 寝返りを打つ)** 1) sich im Bett umdrehen; die Schlafposition wechseln 2) zum Feind überlaufen 1) 寝たまま体の向きを変える。2) 味方を裏切って敵方につく **negoto o iu 寝言を言う** 1) im Schlaf reden 2) Unsinn reden **neguse 寝癖** 1) die Gewohnheit beim Schlafen 2) vom Liegen verworrene Haare **nebokeru 寝ぼける** verschlafen sein

♦nenkin 年金

die Rente **kokumin-nenkin 国民年金** die Staatsrente **izoku-nenkin 遺族年金** die Hinterbliebenenrente **kōsei–nenkin 厚生年金** die Sozialrente, die Wohlfahrtsrente **rōrei-nenkin 老齢年金** die Altersrente **nenkin-kaikaku 年金改革** die Rentenreform

♦neoki ga warui 寝起きが悪い

nicht leicht aufwachen; beim Aufwachen schlecht gelaunt sein **neoki no warui hito 寝起きの悪い人** der Morgenmuffel **netsuki ga warui 寝つきが悪い** schwer einschlafen; kaum Schlaf finden; unter Einschlafsstörungen leiden **nezame ga warui 寝覚めが悪い** Gewissensbisse haben; nicht friedlich schlafen können

♦netchū-shō 熱中症

die Hyperthermie 熱中症にはいくつかのタイプがある。Es gibt verschiedene Arten von Hyperthermie.

♦ninchi-shō 認知症

{Med.} die Demenz 従来用いられていた「痴呆」Schwachsinnには，侮蔑的意味合いが含まれているとして，それに替わるものとして造られた新語。2005 (平成17) 年頃より一般に用いられるようになった。Das früher verwendete Wort *chihō-shō* („Schwachsinn") hatte eine pejorative Konnotation und wird deshalb heute fast nicht mehr verwendet, stattdessen verwendet man das neue Wort *ninchi-shō* (zu Deutsch etwa „kognitives Syndrom"). Das Wort findet seit etwa 2005 allgemeinere Verbreitung. なお認知症の一種であるアルツハイマー病 (Alzheimer-Krankheit) という病名は日本でも広く知られており，ドイツ人研究者の名前を付したこの病名は，一般にもそのままの形で用いられている。Die Alzheimer-Krankheit als eine Form der Alterdemenz ist auch in Japan weithin unter dem Namen des deutschen Forschers Alzheimer bekannt und dieser Name wird allgemein gebraucht.

♦ningen-dokku 人間ドック

(zusammengesetzt aus den Wörtern *ningen* „Mensch" und dem englischen Wort *dock*, dem Ort, wo Schiffe gebaut und repariert werden) die gründliche Gesundheitsuntersuchung; die medizinische Generaluntersuchung

♦ninshin 妊娠
die Schwangerschaft **ninshin-tesuto 妊娠テスト** der Schwangerschaftstest **ninshin-tsuwari 妊娠つわり** die (pl.) Schwangerschaftsbeschwerden **ninshin-sankagetsu de aru 妊娠三ヶ月である** im dritten Monat schwanger sein **ninshin-chūzetsu 妊娠中絶** der Schwangerschaftsabbruch, die Schwangerschaftsunterbrechung, die Abtreibung **ryūzan 流産** die Fehlgeburt **ryūzan suru 流産する** eine Fehlgeburt haben **ryūzan saseru 流産させる** abtreiben **sōzō-ninshin 想像妊娠** die Scheinschwangerschaft; eingebildete Schwangerschaft

♦nissha-byō 日射病
der Sonnenstich **nissha-byō ni kakaru 日射病にかかる** einen Sonnenstich bekommen

♦nodo のど, 喉, 咽, 咽喉
die Kehle, die Gurgel, der Hals, die Stimme **nodo o uruosu 咽喉を潤す** den Durst stillen; sich die Kehle anfeuchten **nodo made dekakatte iru 咽喉まで出かかっている** Das Wort liegt mir auf der Zunge. **nodo kara te ga deru hodo hoshii 咽喉から手が出るほど欲しい** auf Biegen und Brechen haben wollen（直訳すれば，「曲がろうが折れようが欲しい」ということ）**nodomoto sugireba atusa o wasureru 咽喉もと過ぎれば熱さを忘れる** (Sprichw.) wörtl.: „Wenn man es verschluckt hat, vergisst man, wie heiß es war." Man vergisst leicht den Schmerz, wenn er vorüber ist. Gefahr vorüber, Gott vergessen. **nodo-biko のど彦, 咽喉彦** das Gaumenzäpfchen, die Uvula **nodo-botoke のど仏, 咽喉仏** wörtl.: „Hals-Buddha"; der Adamsapfel「咽喉仏」という呼び方は，その形が座っている仏陀の姿を想起させるところから来ているという。Die Bezeichnung stammt daher, dass die Form des Adamsapfels an einen sitzenden Buddha erinnern soll.

♦nōshi 脳死
der Gehirntod **nōshi-jōtai 脳死状態** der Zustand des Gehirntodes **nōshi-hantei-kijun 脳死判定基準** die (pl.) Kriterien für den Gehirntod

♦nyūyoku-zai 入浴剤
der Badezusatz, das Badesalz 薬効や香りを楽しむ目的で使用する。植物成分や温泉成分を抽出したものなどがある。Badezusätze werden wegen ihrer medizinischen Wirkung oder ihres angenehmen Duftes eingesetzt. Sie können beispielsweise Pflanzenextrakte oder Inhaltstoffe aus natürlichen heißen Quellen enthalten.

♦oki-gusuri 置き薬
der Medizinvorrat 売薬行商人が家庭に置いていく常備薬。一定期間の後，使った分の代金と引き換えに，薬を補充する。富山の薬売りが有名。Ein ständiger Vorrat an Arzneimittel, der vom Händler in den Haushalten deponiert wird. Nach einer bestimmten Frist wird der verbrauchte Anteil abgerechnet und wieder aufgefüllt. Berühmt sind die Arzneimittelhändler aus der Provinz Toyama.

♦omutsu おむつ
die (pl.) Windeln **kami-omutsu 紙おむつ** die Papierwindeln **omutsu o ateteiru おむつをあてている** in den Windeln liegen

(stecken)

♦**onara** **おなら**
der Furz; (ugs.) der Pup, der Pups, der Wind 「おなら」は「鳴らす」より来ていると言われる。Das Wort *onara* soll von dem Verb *narasu* „ertönen lassen“ abgeleitet sein. **onara o suru おならをする** furzen; einen fahren lassen; pupen **hōhi 放屁** (schriftspr.) die Blähungen, die Flatulenz

♦**onbu** **負んぶ**
das Huckepack-Tragen **dakko 抱っこ** das Auf-den-Arm-nehmen (z.B. ein Kind) **onbu ni dakko 負んぶに抱っこ** wörtl.: „zum Huckepack-Tragen auch noch auf den Arm nehmen“; übertriebene Fürsorge 自分では何もしないで，他人の好意に甘えて頼り切ること，という意味で普通は非難の意味で用いられるが，たとえば先輩に対するお礼の言葉のなかで，「まるで負んぶに抱っこで，この度は先輩に大変お世話になりました」などのように用いることもある。Normalerweise wird der Ausdruck negativ verwendet, um auszudrücken, dass sich jemand ganz passiv verhält und sich ganz auf die Güte und Hilfe anderer Leute verlässt. Manchmal allerdings kommt die Formulierung auch in einem positiven Kontext vor, z.B. wenn man sich bei einem älteren Mitarbeiter oder einem älteren Mitglied einer Gruppe für die große Unterstützung bedankt, die einem von ihm zuteil geworden ist.

♦**reisui-masatsu** **冷水摩擦**
die kalte Abreibung 民間に古くから伝わる健康法の一つで，冷水に浸して絞ったタオルなどで皮膚を強く摩擦すること。血液の循環および代謝がよくなる。Eine der traditionellen und volkstümlichen Methoden der Gesundheitspflege, wobei man ein Handtuch in kaltes Wasser eintaucht, auswringt und dann den Körper damit kräftig abreibt. Die Behandlung führt zur Verbesserung der Durchblutung und des Grundumsatzes. **kanpu-masatsu 乾布摩擦** die trockene Abreibung

♦**rōjin-hōmu** **老人ホーム**
das Altenheim **rōreisha-fujo 老齢者扶助** die Altenhilfe **rōjinsei-chihō 老人性痴呆** die senile Demenz アルツハイマー病 die Alzheimer Krankheit もその一種である。

♦**ryūin** **溜飲**
das Sodbrennen **ryūin o sageru 溜飲を下げる** seinem Herzen Luft machen; vom Sodbrennen geheilt werden 溜飲が下がるともいう。「溜飲」はいわゆる「胸焼け」で，「溜飲が下がる」というのは，胸がすっきりして気持ちがよくなる，不平・不満が解消されて気分が良くなるということ。Man sagt auch *ryūin ga sagaru*. *Ryūin* bedeutet Sodbrennen und *ryūin ga sagaru* bedeutet, dass man sich emotional erfrischt und gut fühlt, insbesondere dann, wenn man Beschwerden oder ein Gefühl von Unzufriedenheit losgeworden ist.

♦**saji o nageru** **さじを投げる**
wörtl.: „den Löffel wegwerfen“; die Behandlung abbrechen; die Flinte ins Korn werfen; jemanden im Stich lassen; aufgeben 近世，医者は匙を用いて調剤した。「匙を投げる」とは，この調剤をやめること，(助け

ることができないので）医療を行なわないこを意味し，さらに見捨てることを意味するようになった。In der Neuzeit war der Löffel ein Gerät des Arztes, mit dem er Medikamente bereitet hat. Das „Wegwerfen des Löffels“ bedeutete deshalb, den Abbruch einer medizinischen Behandlung (weil es keine Hoffnung auf Heilung mehr gibt), davon ist die Bedeutung „jemanden im Stich lassen“ abgereitet.

♦sankyū 産休

der Mutterschaftsurlaub「産休」は「出産休暇」の略。Abkürzung für *shussan-kyūka* („Ruhezeit wegen der Geburt“) **sankyū o toru 産休を取る** Mutterschaftsurlaub nehmen

♦se 背

1) der Rücken 2) die Körpergröße 1) 背中 2) 身長。なおこちらの場合は「せ」ではなく「せい」と発音することが多い。Wenn die Körpergröße gemeint ist, wird das Wort oft *sei* ausgesprochen. **se-nobi suru 背伸びする** 1) sich strecken; sich auf die Zehenspitzen stellen 2) sich übernehmen **nekoze 猫背** der Katzenbuckel; der krumme Rücken **nekoze ni naru 猫背になる** Katzenbuckel machen **se ni hara wa kaerarenu 背に腹はかえられぬ** (Sprichw.) wörtl.: „Man kann den Bauch nicht mit dem Rücken auswechseln“. Die Haut ist mir näher als das Hemd. Die eigenen Interessen gehen vor. 上記日本語の意味は，同じ身体の一部であっても，大切な腹を背と同じように扱って取り替えるようなことはできない，という意味である。Die Bedeutung des japanischen Sprichworts ist, dass man den Rücken nicht genauso behandeln kann wie den besonders wichtigen Bauch. Obwohl beide Teile desselben Körpers sind, kann man sie nicht austauschen. **sesuji ga samuku naru 背筋が寒くなる** es läuft jemandem kalt über den Rücken; es läuft jemandem ein Schauer über den Rücken

♦seidōitsusei-shōgai 性同一性障害

die Geschlechtsidentitätsstörung 性同一性障害者の戸籍上の性別変更を認める性同一性障害者特例法が2004（平成16）年施行された。Das Sondergesetz, das den von einer Geschlechtsidentitätstörung Betroffenen die Änderung ihres Geschlechts im Familienregister ermöglicht, trat 2004 in Kraft. **sei-tenkan 性転換** die Geschlechtsumwandlung

♦sei-kansen-shō 性感染症

die Geschlechtskrankheit; die sexuell übertragbare Erkrankung 性行為によって感染する病気の総称。Sammelbezeichnung für Krankkeiten, die hauptsächlich durch Geschlechtsverkehr übertragen werden

♦seikatsu-shūkan-byō 生活習慣病

{Med.} die durch den Lebensstil bedingten Erkrankungen; die durch die Lebensgewohnheiten bedingten Krankheiten 食習慣・喫煙・飲酒などの生活習慣がその発症・進行に関与する疾患の総称。肥満・高血圧・循環器病など。Sammelbezeichnung für Krankheiten, deren Ausbruch oder Fortschreiten durch falsche Ernährungsgewohnheiten, Rauchen, Alkoholkonsum und andere Lebensgewohnheiten verursacht wird. Fettleibigkeit, Bluthochdruck, Kreislauferkrankungen usw. gehören dazu.

♦seiri 生理 (gekkei 月経)
die Regelblutung, die Monatsblutung **seiri-tsū 生理痛** die Menstruationsschmerzen **shochō 初潮** die erste Menstruation; die Menarche **heikei 閉経** die Menopause **seiri-yōhin 生理用品** der Sanitärartikel **seiriyō-napukin 生理用ナプキン** die Damenbinde **seiriyō-tanpon 生理用タンポン** der Tampon

♦sekibarai 咳払い
das Räuspern **sekibarai o suru 咳払いをする** sich räuspern 痰（たん）を取るため，相手の注意を引くため，困惑を隠すためなどに。Das Sich-räuspern kann u.a. dazu dienen, ein Kloßgefühl im Hals zu beseitigen, die Aufmerksamkeit des Gegenübers zu gewinnen oder Unsicherheiten zu verbergen.

♦sekkotsu-i 接骨医
der Knochenheilpraktiker (besonders für *Jūdō*) **sekkotsu-in 接骨院** die Behandlungspraxis eines Knochenheilpraktikers **seikotsu-shi 整骨師** der Knochenheilpraktiker; der Spezialist für Knochenleiden **seikotsu suru 整骨する** die Knochen richten

♦senmon-i 専門医
der Facharzt **biyō-geka-i 美容外科医** der Schönheitschirurg **ganka-i 眼科医** der Augenarzt; der Ophthalmologe **geka-i 外科医** der Chirurg, der Externist **naika-i 内科医** der Internist **jibi-inkō-senmon-i 耳鼻咽喉専門医** der Hals-Nasen-Ohren-Arzt; der HNO-Arzt **masui-senmon-i 麻酔専門医** der Anästhesist **sanfujinka-i 産婦人科医** der Frauenarzt, der Gynäkologe **seishinka-i 精神科医** der Psychiater

♦setsushoku-shōgai 摂食障害
die Essstörung 食行動の異常の総称。拒食・過食など。Sammelbezeichnung für abnormales Essverhalten, Appetitlosigkeit, Ess-Sucht etc.

♦shagamu しゃがむ
sich in die Hocke setzen; sich hocken どういった場合にしゃがむかは，欧米人と日本人（あるいはアジアの人たち）のあいだで，かなりの差が見られる。今日日本では若者が道端にしゃがんでバスを待っている姿を目にすることがあるが，こういった光景は例えばドイツではまず見かけられない。Man kann beträchtliche Unterschiede darin feststellen, bei welchen Gelegenheiten sich Menschen im Westen und Japaner (oder Asiaten allgemein) in die Hocke setzen. In Japan kommt es heutzutage vor, dass junge Leute am Straßenrand in der Hocke auf den Bus warten, was man beispielsweise in Deutschland so gut wie nie beobachten kann.

♦shiatsu-ryōhō 指圧療法
die Akupressur-Therapie 指や手のひらで体表を圧迫するなどして神経を刺激し，血行を盛んにして治療する方法。Eine Form der Therapie, wobei durch Druck mit den Fingern oder der Handfläche die Nerven stimuliert und die Durchblutung verbessert wird.

♦shibireru しびれる
1) einschlafen (die Glieder); gelähmt werden 2) hingerissen sein; fasziniert sein 1) 手や足などの感覚がなくなり，自由に動かな

くなる。2) 感動する。興奮して酔ったようになる。2)の意味で用いられるようになったのは比較的新しく，1950年代の終わり頃から。1) Das vorübergehende Taubwerden von Gliedmaßen (z.B. Hand oder Fuß), die man dann nicht mehr normal bewegen kann. 2) Ergriffenheit. So als wäre man trunken vor Aufregung. Die Verwendung des Wortes in dieser Bedeutung ist relativ neu und erst Ende der 1950er Jahre aufgekommen. **shibire o kirasu しびれをきらす** ungeduldig sein; das Warten nicht aushalten können

◆shikku-birudingu-shōkōgun シック・ビルディング症候群（shikku-hausu-shōkōgun シックハウス症候群）

das Sick-Building-Syndrom 建材などから化学物質が出て起こる，頭痛，皮膚障害などの症状。Krankheitssymptome wie Kopfschmerzen oder Hautirritationen, die durch Schadstoffe in einem Gebäude ausgelöst werden

◆shikori しこり

1) die Verhärtung 2) die Hemmung, die Befangenheit **shikori o nokosu しこりを残す** ein Gefühl der Befangenheit hinterlassen

◆shimo no sewa o suru 下の世話をする

die Inkontinenzversorgung übernehmen 病気・老齢等により体が不自由な人の大便や小便の世話をするという意味。Gemeint sind pflegerische Maßnahmen z.B. an kranken oder alten Menschen, die unter Stuhl- und/oder Harnkontinenz leiden.

◆shinkei 神経

der Nerv **shinkei ni sawaru 神経にさわる** jemandem auf die Nerven gehen **shinkei o togisumasu 神経を研ぎ澄ます** alle Sinne anspannen **shinkei o togisumashite 神経を研ぎ澄まして** mit angespannten Sinnen **shinkei o sakanadesuru 神経を逆なでする** die Nerven aufreiben **shinkei o sakanade suru yō na koto o iu 神経を逆なでするようなことを言う** etwas sagen, das jemandem auf die Nerven geht

◆shinkyū 鍼灸，針灸

die Akupunktur und die Moxibustion 鍼を打ったり灸をすえたりする治療法。Heilbehandlung durch das Einstechen von Akupunkturnadeln und/oder das Abbrennen von Moxa (Beifußwolle) auf bestimmten Hautpartien **shinkyū-shi 鍼灸師** der praktische Arzt für Akupunktur und Moxibustion **mogusa もぐさ** die Moxa; die Moxibustion **tsubo つぼ** (Akupunktur) der Einstichpunkt; (Moxibustion) der richtige Punkt für Moxa **okyū o sueru お灸をすえる** 1) Moxa abbrennen; Moxa anwenden 2) jemanden Mores lehren; jemandem ins Gewissen reden; jemandem einen Denkzettel geben; züchtigen

◆shinrin-yoku 森林浴

wörtl.: das „Baden im Wald“; der Waldspaziergang 1982 (昭和57) 年，当時の林野庁長官が編み出した言葉。フィトンチッド（露 fitontsidy）と呼ばれる芳香性物質が樹木から発散され，これが人体に健康的に作用することが分かっている。Der Begriff ist eine Erfindung des damaligen Ministers für Land- und Forstwirtschaft aus dem Jahr 1982. Es ist bekannt, dass Bäume den Duftstoff Phytonzid abgeben, der sich positiv auf das körperliche Wohlbefinden von Menschen auswirkt.

◆shinzō 心臓

das Herz **shinzō ni ke ga haeteiru 心臓に毛が生えている** wörtl.: „Haar auf dem Herz haben“; frech sein; unverschämt sein **shinzō ga tsuyoi 心臓が強い** 1) ein starkes Herz haben 2) gute Nerven haben; ein dickes Fell haben; dickhäutig sein **shinzō ga yowai 心臓が弱い** 1) ein schwaches Herz haben 2) schwache Nerven haben; dünnhäutig sein

◆shiri 尻

das Gesäß, der Hintern, der Popo (ugs.) 「けつ」という日本語もあるがこれは俗語（卑語）で，ドイツ語で言えばArschに相当する。Das japanische Wort *ketsu* entspricht der vulgären deutschen Bezeichnung Arsch. **shiri ga nagai 尻が長い** länger bleiben, als man willkommen ist **shiri ga karui 尻が軽い** wörtl.: „einen leichtfertigen Hintern haben“; untreu sein; mit jedem ins Bett steigen **shiri-garu onna 尻軽女** das Flittchen; eine leichtlebige Frau (die Beziehungen zu mehreren Männern hat) **shiri ga ochitsukanai 尻が落ち着かない** kein Sitzfleisch haben **shiri o ochitsukeru 尻を落ち着ける** sich niederlassen **shiri no omoi 尻の重い** schwerfällig, indolent, träge **shiri ni hi ga tsuku 尻に火がつく** jemandem Feuer unterm Hintern machen **shiri o karageru 尻を絡げる** den unteren Teil eines (längeren) Kleidungsstückes nach oben ziehen; schürzen **shiri o makuru 尻を捲くる (ketsu o makuru けつを捲くる)** wörtl.: „den Hintern umkrempeln“; aufsässig sein; auf stur schalten ならず者が着物の裾を捲くって座り込む動作から来ている。窮地に追い込まれた人が，相手に対して逆に強い態度に出ることを言う。居直る。Die Formulierung ist von der Bewegung eines Schurken abgeleitet, der bedrohlich den Rocksaum seines *Kimonos* umkrempelt und sich vor einen setzt. Man benutzt die Formulierung für jemanden, der agressiv auftritt, aber eigentlich selbst in Schwierigkeiten ist; eine drohende Haltung annehmen. **shiri-mochi しりもち，尻餅** Fallen auf den Hintern **shiri-mochi o tsuku 尻餅をつく** auf den Hintern fallen **shiri-nugui 尻拭い** wörtl.: „Abwischen des Gesäßes nach dem Stuhlgang“; Ausbaden der Fehler eines Anderen; Bezahlen der Schulden einer anderen Person **shirigomi suru 尻込みする** zögern, zurückweichen; kalte Füße bekommen **shirikire-tonbo ni naru 尻切れとんぼになる** wörtl.: „eine Libelle ohne Hinterleib werden“; halbfertig bleiben; unvollendet bleiben **teishu o shiri ni shiku 亭主を尻に敷く** den Ehemann unter dem Pantoffel halten (haben) **nagatchiri 長っ尻** jemand, der lange an einem Ort verweilt hat und nicht heimgehen will **shiri-subomi-no 尻すぼみの (shiri-subomari no 尻すぼまりの)** sich verjüngend; zum Ende hin schmäler werden

◆shirubā-shīto シルバー・シート

(pseudoengl. *silver seat*) der Sitzplatz für Senioren, Behinderte usw. in öffentlichen Verkehrsmitteln 老人や身体不自由者の優先席。現在は「優先席」に改称されている (1997). Seit 1997 spricht man von *Yūsenseki*,

„Vorzugssitzplatz“.

♦shishi 四肢

Arme und Beine; Hände und Füße; die (pl.) Gliedmaßen, die (pl.) Extremitäten

♦shita 舌

die Zunge **shita o kamu 舌をかむ** sich auf die Zunge beißen **shita o maku 舌を巻く** wörtl.: „die Zunge einrollen“; über etwas erstaunen; vor Bewunderung keine Worte finden können; vor Staunen sprachlos sein; jemandem fehlen die Worte **shitasaki sanzun 舌先三寸** eine glatte Zunge この日本語の意味は，口先だけの巧みな弁舌ということ。一方ドイツ語のほうは，「よどみない舌」であるが，これで口のうまい，という意味になる。Der japanische Ausdruck bedeutet genau genommen, dass jemand nur mit dem vorderen Teil der Zunge sehr geschickt ist. Der deutsche Ausdruck besagt, dass die Zunge nicht ins Stocken gerät, woraus sich die Bedeutung „sprachlich geschickt, eloquent“ herleitet. **shita no ne no kawakanu uchi ni 舌の根の乾かぬうちに** wörtl.: „noch ehe die Zungenwurzel getrocknet ist“; kaum, dass man etwas gesagt hat; kaum die Worte über seine Lippe kommen; während die Worte ihm noch auf den Lippen schweben **shita-namezuri suru 舌なめずりする** wörtl.: „sich mit der Zunge die Lippen ablecken“; sich die Finger nach etwas lecken なおこのドイツ語の意味は，あるものが欲しくて指をしゃぶる，という意味である。Der deutsche Ausdruck besagt, dass jemand etwas unbedingt haben möchte und sich deshalb an den Fingern leckt. **shita ga koeteiru 舌が肥えている (kuchi ga koeteiru 口が肥えている)** eine feine Zunge haben; einen verfeinerten Geschmackssinn haben; einen feinen Gaumen haben **shita-tarazu no 舌足らずの** 1) unartikuliert, lallend 2) ungeschickt im Ausdruck; mangelhaft ausgedrückt **shita-tsuzumi o utsu 舌鼓を打つ** mit der Zunge schnalzen (od. mit besonderen Genuss) essen **shita-uchi suru 舌打ちする** mit der Zunge schnalzen 日本人の場合舌打ちするのは多くの場合，残念な気持ち，不快な気持ちを表すときであるが，ドイツ人は満足感を表すときにも舌打ちをすることがある。Wenn Japaner mit der Zunge schnalzen, dann ist das oft Ausdruck von Enttäuschung oder Unwohlsein, im Unterschied dazu schnalzen die Deutschen manchmal mit der Zunge, um Vergnügen auszudrücken. **nimai-jita 二枚舌** die Doppelzüngigkeit **nimai-jita o tsukau 二枚舌を使う** doppelzüngig reden; mit doppelter Zunge sprechen **zeppō-surudoku 舌鋒鋭く** mit scharfer Zunge; scharfzüngig **zessen o majieru 舌戦を交える** ein Wortgefecht führen **doku-zetsu 毒舌** wörtl.: „die giftige Zunge“; die böse Zunge; die scharfe Zunge; das ungewaschene Maul

♦shōgaisha 障がい者，障害者

der (die) Behinderte **shintai-shōgaisha 身体障がい者 (shinshōsha 身障者)** der (die) Körperbehinderte **chiteki-shōgaisha 知的障がい者** der (die) geistig Behinderte **kenjō-sha 健常者** der (die) „Gesunde“ (im Sinne von „Nichtbehinderte“)

♦shūmatsu-iryō 終末医療 (tāminaru-kea ターミナル・ケア)

die Sterbebegleitung; die Pflege eines

Todkranken 末期の癌など，回復の見込みのない患者の苦痛を緩和し，精神的に支え，生をまっとうできるように行なう介護や医療。Die Behandlung und Pflege beispielsweise von Krebspatienten im Endstadium ohne Heilungsaussichten, wobei Schmerzlinderung, psychologische Betreuung und ein nach Möglichkeit erfülltes Lebensende im Zentrum steht.

♦shussan 出産
die Entbindung, die Geburt **shussan suru 出産する** gebären; von einem Kind entbunden werden **shussan-yoteibi 出産予定日** voraussichtlicher Entbindungstermin **shizen-bunben 自然分娩** die natürliche Geburt **mutsū-bunben 無痛分娩** schmerzlose Entbindung **anzan 安産** die leichte Entbindung; leichte Geburt **nanzan 難産** die schwere Geburt **teiō-sekkai 帝王切開** der Kaiserschnitt「帝王切開」はドイツ語のKaiserschnittを訳したもの。Das japanische Wort ist eine Übersetzung aus dem Deutschen. **teiō-sekkai-bunben 帝王切開分娩** die Geburt per Kaiserschnitt **anzuru yori umu ga yasui 案ずるより産むが易い** (Sprichw.) Kinderkriegen ist leichter als man denkt. Eine Sache wird meistens nicht so schlimm, wie man sich vorstellt.

♦soba-kasu そばかす
wörtl.: „Buchweizenschalen“; die Sommersprossen そば(蕎麦)のかす(滓)，つまり蕎麦殻に似ているところからこのように呼ばれていると言われている。思春期に目立ちはじめる。男性よりも女性に多い。Die japanische Bezeichnung kommt vermutlich daher, dass Sommersprossen den Schalen von Buchweizen ähnlich sehen. Sommersprossen fallen meistens in der Pubertät auf und sind bei Frauen häufiger als bei Männern.

♦songen-shi 尊厳死
Sterben mit Würde 患者の自己決定に基づき，意味のない治療を打ち切って，人間としての尊厳性を保って自然な死を迎えること。Auf der Grundlage der eigenen Entscheidung des Patienten eine sinnlose medizinische Behandlung beenden und den natürlichen Tod erwarten, um die Menschenwürde des Patienten zu wahren.

♦sukippu suru スキップする
(von engl. *skip*) hüpfen, springen 日本語でスキップと呼ばれているのは特に，片足で二度ずつ交互に軽く飛び跳ねながら進む歩き方のことである。Auf Japanisch nennt man so insbesondere eine Art des hüpfenden Gehens, wobei man mit jedem Fuß zweimal auftritt.

♦sune すね, 脛
der Unterschenkel, das Schienbein **sune-kajiri 脛かじり** wörtl.: das „Festbeißen am Unterschenkel (der Eltern)“; den Eltern immer noch auf der Tasche liegen; jemand, der immer noch von seinen Eltern abhängig ist **sune ni kizu o motsu 脛に傷を持つ** wörtl.: „eine Verletzung am Schienbein haben“; Dreck am Stecken haben「脛に傷を持つ」とは，他人に隠している悪事がある，自分の身に後ろ暗いことがある，という意味。ドイツ語のDreck am Stecken habenは，「杖に泥がついている」という意味で，一度泥の中に身を置いた人

には，いくら拭き取ってもどこかに泥がこびりついているということ。„Eine Wunde am Schienbein haben“ bedeutet, dass man eine Untat begangen hat, die man vor anderen Leuten verbirgt, oder dass man sich einer Schuld bewusst ist. „Dreck am Stecken haben“ meint, dass an einem, der einmal in den Schlamm geraten ist, immer etwas davon kleben bleibt, ganz gleich wie oft er sich auch abwischt. **mukō-zune 向こう脛** das Schienbein

♦ surī-saizu スリー・サイズ
(pseudoengl. *three sizes*) die Damengröße; die Maße von Brust, Taille und Hüfte バスト，ウエスト，ヒップのサイズ。

♦ sutoresu ストレス
(von engl. *stress*) 1) der Stress 2) die Betonung **sutoresu ga tamaru ストレスがたまる** Es baut sich Stress auf. **sutoresu o kaishō suru ストレスを解消する** sich vom Stress erholen; Stress abbauen

♦ tachi-kurami 立ちくらみ，立ち眩み
das Schwindelgefühl beim Aufstehen **tachi-kurami suru 立ちくらみする** sich beim Aufstehen schwindelig fühlen

♦ taiko-bara 太鼓腹
wörtl.: „der Trommelbauch“; der Bierbauch, der Wanst, der Dickbauch 日本語の「太鼓腹」は，和太鼓の胴の膨らみからの連想によるものであろう。Die japanische Bezeichnung „Trommelbauch“ ist vermutlich von der kugeligen Form des Schallkörpers einer japanischen Trommel (*wadaiko*) abgeleitet.

♦ tai-shibō 体脂肪
das Körperfett **tai-shibō-ritsu 体脂肪率** das Körperfettverhältnis, der Körperfettanteil 体重に占める体脂肪の割合。一般に，男性で25％，女性で30％を越えると肥満と判定される。Der Anteil von Körperfett am Gesamtkörpergewicht. Im Allgemeinen gilt bei Männern ein Anteil von über 25% und bei Frauen von über 30% als zu hoch.

♦ taishō-ryōhō 対症療法
die symptomatische Behandlung; die Symptom-Behandlung この「対症療法」という語は，比喩的に，根本的な解決にはならない応急措置，急場しのぎの解決策という意味で用いられることもある。Das Wort wird auch übertragen im Sinne von Notbehelf, Notlösung verwendet.

♦ tako たこ，胼胝
die Schwiele, die Hornschwiele たこ(胼胝)は，皮膚の一定の箇所に強い刺激が繰り返して加えられる場合にできるもので，筆記用具によってできる「ペン胼胝」や，いつも正座している人にできやすい「座り胼胝」などが知られている。Zur Schwielenbildung an einer Stelle der Haut kommt es durch wiederholte Reizung z.B. mit einem harten Gegenstand; besonders bekannt sind Schwielen an den Fingern durch das Halten von Schreibwerkzeugen (*pen-dako*) oder Schwielen am Fuß vom Sitzen im Fersensitz (*suwari-dako*).

♦ tanagokoro たなごころ，掌
(schriftspr.) die (innere) Handfläche, der Handteller **tanagokoro o kaesu ma mo naku 掌を反す間もなく** im Nu, im Hand-

umdrehen **tanagokoro o kaesu ga gotoku 掌を反すがごとく** mühelos

♦tankobu たん瘤

die Beule「たん瘤」は「瘤」の俗っぽい言い方。*Tankobu* ist die vulgäre Formulierung für *kobu* (Schwellung). **me no ue no tankobu 目の上のたん瘤** wörtl.: „eine Beule über dem Auge"; ein Dorn im Auge

♦te 手

die Hand **tenohira 手のひら** die Handfläche **te no kō 手の甲** der Handrücken **te ga hayai 手が早い** 1) 物事の処理がてきぱきと敏速である。schnell sein; fix sein, alles schnell erledigen 2) すぐ女性に手を出す。女性をすぐ口説いて肉体関係を持つ。schnell, fix, schnell dabeisein, sich schnell mit Frauen einlassen; Frauen schnell verführen und eine körperliche Beziehung eingehen 3) 気が短くてすぐに暴力を振るう。eine lockere Hand haben; eine lose Hand haben; leicht reizbar sein und handgreiflich werden **te ga ushiro ni mawaru 手が後ろに回る** wörtl.: „die Hände nach hinten biegen" (wie früher bei einer Verhaftung); hinter Schloss und Riegel gesetzt werden (「錠前とかんぬきの向こう側へ入れられる」の意味) **te-ippai shigoto ga aru 手一杯仕事がある** alle Hände voll zu tun haben **tekuse ga warui 手癖が悪い** lange Finger haben; langfingerig sein; krumme Finger haben **te ni amaru 手に余る** einem zu viel sein; für jemanden zu viel sein **te ni ase o nigiru 手に汗を握る** vor Aufregung feuchte Hände haben **te ni oenai 手に負えない** wörtl.: „mit der Hand nicht zu kontrollieren sein"; nicht zu kontrollieren sein; nicht unter Kontrolle sein; sehr schwer zu handhaben **te o kiru 手を切る** die Beziehungen abbrechen; das Verhältnis brechen **te o mawasu 手を回す** Vorkehrungen treffen **te o nuku 手を抜く** bei der Arbeit schludern; nachlässig sein **te o someru 手を染める** 1) beginnen; anfangen 2) (mit etwas) zu tun haben **te o yaku 手を焼く** nicht weiterwissen **te o utsu 手を打つ** 1) in die Hände klatschen; mit den Händen klatschen 2) einen Handel abschließen **temochi-busata de aru 手持ち無沙汰である** Däumchen drehen; sich langweilen **te mo ashi mo denai 手も足も出ない** sich nicht mehr zu helfen wissen; mit seinem Latein am Ende sein; kein Bein auf die Erde kriegen **te no uchi o miseru 手の内を見せる** wörtl.: „zeigen, was man in der Hand hat"; die Karten auf den Tisch legen このドイツ語は，トランプの用語で，「カードーを開いてテーブルの上に置く」という意味である。Dieser deutsche Ausdruck stammt aus der Welt des Kartenspiels und bedeutet ursprünglich, dass jemand seine Spielkarten offen auf den Tisch legt. **te no uchi o misukasareru 手の内を見透かされる** unsere Absichten werden durchschaut **ano-te kono-te o tsukau あの手この手を使う** alle Hebel in Bewegung setzen; dies und das versuchen **okunote ga aru 奥の手がある** noch einen Trumpf in der Hinterhand haben; einen Trumpf in Reserve haben **te o kae shina o kae 手を変え品を変え** mit allen möglichen Mitteln **te-tori ashi-tori shite oshieru 手取り足取りして教える** jemandem etwas auf alle möglichen Arten und Weisen beibringen; jemandem etwas Schritt für Schritt beibringen **oteage お手上げ** wörtl.: „die Hände heben"; aufgeben; die Flinte ins Korn werfen **otenami お手**

並み die Geschicklichkeit, die Fähigkeit **te no tsukerarenai 手のつけられない** außer Kontrolle sein **tezumari ni naru 手詰まりになる** in der Klemme sitzen; weder aus noch ein wissen **tegusune hiku 手ぐすね引く** gut vorbereitet warten; gespannt warten; herbeisehnen **shuwan o miseru 手腕を見せる** seine Fähigkeiten zur Schau stellen **tegokoro o kuwaeru 手心を加える** berücksichtigen; Nachsicht üben; (gegen jemanden) nachsichtig sein **tegome 手込め, 手籠め** (veraltet) die Vergewaltigung; die Notzucht **teire 手入れ** 1) die Pflege 2) die Reparatur, die Ausbesserung 3) die Razzia **teoi 手負い** die Verwundung, die Verletzung **tenazukeru 手なずける** abrichten, zähmen; jemanden für sich gewinnen **gishu 義手** die Handprothese, die Armprothese; die künstliche Hand; der künstliche Arm **ikkyoshu-ittōsoku 一挙手一投足** 1) leichte Anstrengung; geringe Bemühung 2) jede Bewegung; jede einzelne Handlung **teren-tekuda 手練手管** alle Tricks **teren-tekuda o rōsuru 手練手管を弄する** alle Tricks anwenden; seine ganze Trickkiste auspacken **momi-de 揉み手** das Aneinanderreiben der Handflächen; das Händereiben **momi-de o suru 揉み手をする** die Hände aneinander reiben; die Handflächen aneinander reiben 日本人の場合，こういったしぐさをするのは，頼みごとをするとき，詫びるとき，取り入ろうとするときなどに見られるが，ドイツ的状況では，喜びや安堵を表わしていることが多いので，両者の間には差が見られる。In Japan kann man das Händereiben beobachten, wenn jemand um etwas bittet, sich entschuldigt oder sich einschmeichelt, während im Unterschied dazu das Händereiben in Deutschland eher ein Ausdruck von Freude oder Erleichterung sein kann. **sono te wa kuwanai その手は食わない** Damit kannst du mich nicht zum Besten halten. Darauf falle ich nicht herein. **akago no te o hineru (nejiru) yō da 赤子の手をひねる(ねじる)ようだ** wörtl.: „Das ist so einfach, wie einem Säugling den Arm umzudrehen.“ das Kinderspiel; eine kinderleichte Sache

♦ tōgō-shitchō-shō 統合失調症

die Schizophrenie この病名は日本では明治時代に精神分裂病と訳されそのまま用いられてきたが，偏見を助長する不正確な訳語であるとして，2002（平成14）年学会の決議により改名された。全人口の約1％が罹患するといわれている。Die japanische Übersetzung des Namens dieser Krankheit lautete seit der Meiji-Zeit *seishin-bunretsu-byō* („Geistesspaltungssyndrom“), weil aber diese Bezeichnung das Entstehen von Vorurteilen begünstigte und es sich nicht um eine korrekte Übertragung handelte, wurde 2002 auf einer Konferenz beschlossen, den Namen in die heutige Bezeichnung zu ändern. Etwa ein Prozent der japanischen Bevölkerung leidet unter Schizophrenie.

♦ tōnyōbyō 糖尿病

die Zuckerkrankheit; die Diabetes 日本では第二次世界大戦後，糖尿病患者の数が急増した。大戦後，食料が豊富になって食べる量が増えたことのほかに，食生活の欧米化が進んだことも関係があるといわれている。厚生労働省の2006(平成18)年)年の国民・健康栄養調査によると，患者とその予備軍を含めると，その数は計1870万人に達するとされている。In Japan ist die Zahl der Diabetes-Patienten nach dem Zweiten Weltkrieg rapide angestiegen. Das soll einerseits mit der nach dem Krieg angestiegenen Nährstoffzufuhr aufgrund des reichhaltigen Angebots an Lebensmitteln und andererseits mit der fortschreitenden Verwestlichung der Ernährung zusammenhängen. Laut einer Erhebung zur Volksgesundheit und Ernährungssituation der Japaner, die 2006 vom Ministerium für Gesundheit, Arbeit und Wohlfahrt durchgeführt wurde, beträgt die Zahl derjenigen, die von Diabetes oder deren Vorstufen betroffen sind, 18 700 000. **tōnyōbyō-kanja 糖尿病患者** der (die) Zuckerkranke; der (die) Diabetiker(in) **kettō-chi 血糖値** der Blutzuckerspiegel

♦ toriāji トリアージ

die Triage 人材や設備の制約が大きい大災害時において（最大の救命効果を得るために）負傷者治療の優先順位を決定すること。Etwa bei einer Katastrophe Verletzte nach der Schwere ihrer Verletzungen einteilen, um zu entscheiden, wie die knappen Mittel (personelle und materielle Ressourcen) auf sie aufzuteilen sind.

♦ tsuba o tsukeru 唾をつける

wörtl.: „etwas mit der Speichel benetzen“; etwas für sich beanspruchen; etwas mit Beschlag belegen（食物に唾をつけて，他人に食べさせなくすることから）あるものを他人に取られないように，前もってかかわりをつけておくこと。(Essen mit eigenem Speichel benetzen, damit es ein anderer nicht isst, davon abgeleitet:) etwas im Voraus für sich beanspruchen, damit es ein anderer nicht wegnimmt.

♦ tsume 爪

der Nagel (der Fingernagel, der Fußnagel) **tsuma-hajiki つま弾き，爪弾き** wörtl.: das „Fingerschnipsen“; die Ablehnung **tsuma-biku 爪弾く** (ein Saiteninstrument) zupfen **tsume no aka 爪の垢** Dreck unter den Fingernägeln **tsume no aka o senjite nomu 爪の垢を煎じて飲む** wörtl.: „sich aus dem Dreck unter jemandes Fingernägeln einen Tee kochen und trinken“; sich jemanden zum Vorbild nehmen; jemandem nacheifern **tsume ni hi o tomosu 爪に火をともす** knauserig sein; sehr geizig sein; ein Geizhals sein

♦ tsumuji つむじ

der Haarwirbel, der Wirbel **tsumuji-magari つむじ曲がり** der Querkopf **hidari-maki no 左巻きの** 1) gegen den Uhrzeigersinn gewickelt; nach links gewickelt 2) nicht ganz richtig im Kopf sein 2)は，つむじが左巻きの人は正常ではないという俗信による。2) ist von dem Volksglauben abgeleitet, dass Menschen mit einem linksdrehenden Scheitel nicht normal seien.

♦ tsura (men) 面

die Fratze, die Visage「顔」の意味の口語的表現。現代では，一般にいい意味では用いない。Das Wort *tsura* ist ein umgangssprachlicher Ausdruck und wird heutzutage normalerweise nicht im positiven Sinn gebraucht. **soto-zura 外づら，外面** das Auftreten Fremden gegenüber **tsura no kawa no atsui 面の皮の厚い** ein dickes Fell haben **tsura-ate 面当て** die Anspielung, die

Boshaftigkeit, die boshafte Handlung; die boshafte Bemerkung **tsura-yogoshi 面汚し** die Schande, der Schandfleck, der Nestbeschmutzer その人の属する集団や社会の名誉を傷つけること(人)。Schande über Gruppe oder Gemeinschaft bringen, der man selbst angehört (auch die Bezeichnung für so eine Person) **tsura-yogoshi ni naru 面汚しになる** jemandem zur Schande gereichen; für jemanden eine Schande sein **ahō-zura あほう面** dümmliches Gesicht **butchō-zura 仏頂面** mürrisches Gesicht; unfreundliches Gesicht **hoe-zura ほえ面，吠え面** das weinerliche Gesicht **uma-zura 馬づら，馬面** längliches, pferdeartiges Gesicht; das Pferdegesicht **okumen 臆面** das schüchterne Gesicht; das beschämte Gesicht **okumen mo naku...suru 臆面もなく〜する** schamlos sein, so unverschämt sein, etwas zu tun; die Stirn haben, etwas zu tun **nakittsura 泣きっ面** tränenüberströmtes Gesicht **manmen ni emi o tataeru 満面に笑みをたたえる** übers ganze Gesicht strahlen **sekimen suru 赤面する** erröten; vor Scham rot werden **tetsumenpi 鉄面皮** die Unverschämtheit, die Frechheit

♦ubuyu 産湯

erstes Bad eines Neugeborenen **ubuyu o tsukawaseru 産湯をつかわせる** ein neugeborenes Kind baden

♦ude 腕

1) der Arm 2) die Fähigkeit, die Geschicklichkeit, die Leistung **ude ga naru 腕が鳴る** es juckt einen in den Fingerspitzen; darauf brennen, etwas zu probieren; nach etwas ein brennendes Verlangen haben **ude ni yori o kakeru 腕によりをかける** seine gesamten Fähigkeiten einsetzen **ude o komanuku 腕を拱く** wörtl.: „die Arme verschränken“; untätig sein **ude o ageru 腕を上げる** seine Fähigkeiten verbessern; geschickter werden **ude o migaku 腕を磨く** seine Fähigkeiten aufpolieren **ude-dameshi 腕試し** die Kraftprobe, die Fähigkeitsprobe **ude-dameshi o suru 腕試しをする** seine Fähigkeit erproben **ude ga tatsu 腕が立つ** geschickt, fähig **ude ni oboe ga aru 腕に覚えがある** wissen, was man kann; seinen Fähigkeiten vertrauen **ni no ude 二の腕** der Oberarm **ude o makuri-ageru 腕を捲り上げる** die Ärmel hochkrempeln (腕を捲り上げるというのは，腕の袖を捲り上げるということであるから，このように言う。) **kata-ude 片腕** 1) der eine Arm 2) die rechte Hand; der unentbehrliche Helfer 2)は，有能で信頼のできる補佐役の意。

♦umi o dasu 膿を出す

eine Eiterbeule aufstechen 日本語と同じようにこのドイツ語の言い方は比喩的にも用いることができる。Sowohl der deutsche als auch der japanische Ausdruck können auch im übertragenen Sinn gebraucht werden.

♦undō-shinkei 運動神経

motorische Nerven **undō-shinkei ga nibui 運動神経が鈍い** unsportlich sein

♦uo-no-me 魚の目

wörtl.: das „Fischauge“, das Hühnerauge 日本語にも「魚の目」という言い方のほかに「鶏眼」という言い方もある。Auch im Japanischen gibt es neben der Bezeichnung

„Fischauge" den Begriff *keigan* „Hühnerauge".

♦usagi-tobi うさぎ跳び

zweibeiniges Hüpfen wie ein Hase **inu-kaki 犬掻き** das Schwimmen wie ein Hund **uma-tobi 馬跳び** das Bockspringen **uma-tobi o suru 馬跳びをする** über einen Bock springen

♦utsu-byō うつ病, 鬱病

die Depression 厚生労働省が3年ごとに実施している患者調査によると, 2008(平成20)年に鬱病の患者数(躁鬱病を含む)がはじめて100万人を越えたということである。これは10年間で患者数が2.4倍になったことを意味しているが, 背景としては, 閉塞状況のなかでのストレスや長引く不況のほかに, 鬱病の啓発が進み, 軽症者の受診増も関係していると見られている。Laut einer Patientenerhebung, die alle drei Jahre vom Ministerium für Gesundheit, Arbeit und Wohlfahrt durchgeführt wird, hat die Zahl der Menschen in Japan, die unter Depression (inklusive der manischen Deppression) im Jahr 2008 die Millionengrenze überschritten. Das bedeutet zwar, dass sich die Zahl der Betroffenen in den letzten 10 Jahren um das 2,4-fache erhöht hat, aber für diese Zeit ist neben der lang andauernden schlechten Wirtschaftlage und damit einhergehenden Stress auch der Umstand mitverantwortlich, dass man heute besser über diese Erkrankung aufklärt und sich deshalb auch Patienten mit leichten Symptomen öfter untersuchen lassen.

♦yabu-isha 藪医者

der Kurpfuscher; der Quacksalber 藪は当て字で,「野巫医」, すなわちまじないを用いる医者の意から出たという。Das chinesische Zeichen 藪 („Busch") für *yabu* wird hier unabhängig von seiner Bedeutung zur Wiedergabe des Lautes verwendet (siehe *ateji*); das Wort *yabu-i* soll ursprünglich einen Heiler mit magischen Methoden bezeichnet haben.

♦yakurō 薬籠

(veraltet) der Medizinkasten **jika-yakurō-chū no mono to suru 自家薬籠中のものとする** sich einer Sache bemächtigen; jemanden in den Händen haben

♦yamai kōkō ni iru 病膏肓に入る

unheilbar krank sein; ein eingewurzeltes Übel lässt sich schwer ausrotten; nach etwas verrückt sein 膏は心臓の下, 肓は横隔膜の上を意味し, 両方とも内臓の奥深くにあって, 針も灸もその力が及ばないところから, 病気が不治の状態にあることを意味し, 転じて悪癖や弊害が手のつけられない状態になることを言うようになった。「こうもうに入る」という言い方がされることがあるが,「こうこうに入る」が正しい。*Kō (1)* (膏) ist der untere Teil des Herzens oder die Region unter dem Herz und *kō (2)* (肓) ist der Bereich oberhalb des Zwerchfells, beide Körperregionen liegen tief in den Organen und können mit der Akkupunkturnadel oder Moxa nicht erreicht werden, davon abgeleitet ist die Bedeutung „unheilbare Krankheit". Im übertragenen Sinn wird so eine schlechte Angewohnheit oder ein unerträglicher Zustand bezeichnet.

Zwar hört man auch die Lesung *kōmō ni iru*, aber richtig muss es heißen *kōkō ni iru*.

♦yami-tsuki 病み付き

1) die Vernarrtheit, die Besessenheit, 2) das Krankwerden **yami-tsuki ni naru 病み付きになる** vernarrt sein; vom -Fieber gepackt sein; von etwas nicht lassen können

♦yōgo-shisetsu 養護施設

das Pflegeheim, die Pflegeeinrichtung **yōgo-rōjin-hōmu 養護老人ホーム** das Altenpflegeheim **tokubetsu-yōgo-rōjin-hōmu 特別養護老人ホーム** das Spezialaltenpflegeheim

♦yoi-dome 酔い止め

die Medizin gegen Reisekrankheit ドイツ語のReisekrankheitは，直訳すれば旅行病であるが，乗り物を利用したときに生じる体調不良や吐き気など，つまり乗り物酔いや船酔いのこと。船酔いの症状に対しては，die Seekrankheitという言葉がある。Mit dem deutschen Wort „Reisekrankheit" bezeichnet man das Unwohlsein oder die Übelkeit, unter der manche Menschen bei der Benutzung von Fahrzeugen leiden. Treten die Symptome während der Fahrt mit dem Schiff auf, spricht man von „Seekrankheit".

♦yubi 指

der Finger 足の指はdie Zeheという。**oya-yubi 親指** der Daumen 足の親指はdie große Zehe **ko-yubi 小指** der kleine Finger 足の小指はdie kleine Zehe **hitosashi-yubi 人差し指** der Zeigefinger **kusuri-yubi 薬指** der Ringfinger「薬指」という名称は，平安時代から存在した。薬を水に溶かしたり患部に塗る際にこの指を用いたからこの名があるという説がある。Der Name *kusuri-yubi* („Arzneifinger") für den Ringfinger ist seit der Heian-Zeit in Gebrauch. Nach einer Theorie kommt die Bezeichnung daher, dass man diesen Finger dazu benutzt hat, Arznei in Wasser aufzulösen und auf die zu behandelnde Stelle aufzutragen. **naka-yubi 中指** der Mittelfinger **yubi-ori kazoeru 指折り数える** 1) an den Fingern abzählen 2) ungeduldig warten; kaum erwarten können 2)の場合には，次の「指折り数えて待つ」と同じ意味になる。In diesem Fall ist die Bedeutung des Ausdrucks identisch mit der des folgenden: **yubi-ori kazoete matsu 指折り数えて待つ** die Tage bis zu etwas zählen; ungeduldig warten; etwas kaum erwarten können **yubi o kuwaete mite iru 指をくわえてみている** wörtl.: „schauen mit einem oder mehreren Finger(n) am Mund"; neidisch schauen; scheel ansehen **shokushi ga ugoku 食指が動く** jemandem (jemanden) jucken die Finger nach etwas **ushiro-yubi o sasareru 後ろ指を指される** wörtl.: „die Leute zeigen von hinten mit dem Finger auf einen"; sich etwas Übles nachreden lassen; sich in schlechten Ruf bringen; das Gerede der Leute auf sich ziehen **kusshi no 屈指の** führend, hervorragend

♦yuketsu 輸血

die Bluttransfusion **kenketsu 献血** das Blutspenden, die Blutspende **kenketsu-sha 献血者** der Blutspender **yuketsu o suru 輸血をする** eine Bluttransfusion geben **kenketsu suru 献血する** Blut spenden

♦ Yūsei-hogo-hō 優生保護法
{Rechtsw.} Gesetz zur Verhinderung erbkranken Nachwuchses und zum Schutz der Mütter—1948 (昭和23) 年成立, 1996 (平成8) 年改正。Aus dem Jahr 1948, 1996 novelliert.

♦ zeiniku 贅肉
die überflüssige Leibesfülle **zeiniku ga tsuku 贅肉がつく** überflüssiges Fleisch ansetzen

♦ zensoku ぜんそく, 喘息
das Asthma **zensoku-kanja 喘息患者** der Asthmatiker **zensoku ni kakatte iru 喘息にかかっている** Asthma haben; unter Asthma leiden

♦ zōki-ishoku 臓器移植
die Organtransplantation, die Organverpflanzung **zōki-teikyō-sha 臓器提供者 (donā ドナー)** der Organspender **reshipiento レシピエント** der Organempfänger **Zōki-ishoku-hō 臓器移植法** das Organtransplantationsgesetz –1997 (平成9) 年に成立。2009 (平成21)年 の同法改正により, ドナーの年齢制限が撤廃され, また, 脳死が人の死であるという考えが法律に取り入れられた。Das Organtransplantationsgesetz wurde 1997 verabschiedet. Durch eine Gesetzesnovelle aus dem Jahr 2009 wurde die Altersgrenze für Organspender abgeschafft und die Auffassung, dass Hirntod den Tod des Menschen bedeute, in das Gesetz aufgenommen.

♦ zutsū 頭痛
der Kopfschmerz (普通複数形の Kopfschmerzen を用いる) **zutsū no tane 頭痛の種** was jemandem Kopfzerbrechen bereitet

8. 言語・情報・コミュニケーション

Sprache, Information und Kommunikation

♦**ā ieba kō iu** ああ言えばこう言う
immer eine Widerrede haben; immer ein Gegenargument finden

♦**ai-kotoba** 合い言葉
die Parole, das Kennwort, das Losungswort, das Passwort お互いが仲間であることを確認するため前もって打ち合わせておく合図の言葉。Ein Wort oder eine Formulierung, um untereinander erkennen zu können (z.B. beim Militär).

♦**aiso-warai** 愛想笑い
das schmeichlerische Lächeln **niga-warai** 苦笑い das bittere Lächeln; das grimmige Lächeln **fukumi-warai** 含み笑い das unterdrückte Lachen **baka-warai** 馬鹿笑い das laute ordinäre Lachen; das wiehernde Lachen **taka-warai** 高笑い das laute Lachen **dotto warau** どっと笑う in schallendes Gelächter ausbrechen **hokusoemu** ほくそえむ sich ins Fäustchen lachen; in sich hinein grinsen **sōgō o kuzusu** 相好を崩す über das ganze Gesicht strahlen; übers ganze Gesicht lachen **shinobi-warai** 忍び笑い verstecktes Lachen, das Kichern **tsukuri-warai** 作り笑い gezwungenes Lachen; gekünsteltes Lachen **gōketsu-warai** 豪傑笑い brüllendes Gelächter **omoidashi-warai** 思い出し笑い das Lächeln, wenn man sich an etwas erinnert **shisshō** 失笑 unwillkürliches Lachen **warau kado ni wa fuku kitaru** 笑う門には福来る (Sprichw.) wörtl.: „Durch das Tor, wo viel gelacht wird, kommt das Glück.“ Die Lacher hat Gott lieb. いつも笑い声が満ち溢れ和気藹々とした家には，自然と幸福がやってくる，ということ。In einem Haus, wo viel gelacht wird und Harmonie und Frieden herrschen, stellt sich das Glück ganz von selbst ein.

♦**aizuchi** あいづち, 相槌
wörtl.: „abwechselnder Hammerschlag beim Schmieden“; die verbale, gestische oder mimische Zustimmung 相槌とは，会話の際に，聞き手が話し相手に対し，自分が興味を持って聞いていることを，言葉のほか身振り・しぐさ等も交えて，伝える行為。Als *aizuchi* bezeichnet man verbale, gestische oder auch mimische Signale, mit denen man während eines Gesprächs zu erkennen gibt, dass man zuhört.

♦**akesukeni iu** あけすけに言う
offen und gerade (heraus) sagen; frisch (frei) von der Leber (weg) sprechen 「あけすけ」は，「明け透け」ということであるから，ものごとを包み隠さずにということ。

♦**akirete mono mo (ga) ienai** 呆れて物も(が)言えない
(einfach) sprachlos sein; jemandem fehlen

die Worte; jemandem bleibt die Spucke weg

♦ akuji senri o hashiru 悪事千里を走る
(Sprichw.) wörtl.: „Eine Untat verbreitet sich tausend *Ri*.“ Untaten sprechen sich schnell herum. Ein schlechter Ruf verbreitet sich schnell. 千里とは非常に遠い距離の意（一里は，3.9273 km）。Tausend *Ri* sind eine äußerst weite Entfernung (ein *Ri* entspricht 3,9273 km).

♦ akushu 握手
der Händedruck, das Händeschütteln, der Handschlag **akushu suru 握手する** jemandem die Hand geben (schütteln) **akushu de mukaeru 握手で迎える** mit Handschlag begrüßen **akushu o kawasu 握手を交わす** einander die Hand geben; einen Händedruck wechseln; die Hände schütteln

♦ anmoku no ryōkai 暗黙の了解
stillschweigendes Einverständnis **ryōkai ga tsuku 了解がつく** zu einem Einverständnis kommen **ryōkai ni kurushimu 了解に苦しむ** etwas überhaupt nicht verstehen können

♦ ate-ji 当て字
die rein lautwertige Verwendung sino-japanischer Schriftzeichen zur Verschriftung japanischer Wörter 日本語の単語を漢字で書き表わす場合，漢字の意味に関係なく，単にその音訓を借りる用法。

♦ atekosuri 当てこすり
die boshafte Anspielung **atekosuri o iu 当てこすりを言う** eine boshafte Anspielung (Bemerkung) machen

♦ aun no kokyū 阿吽の呼吸
das Harmonisieren des Atems (von zwei oder mehr Personen); gut aufeinander abgestimmt sein（何人かで一つのことをするとき）相互の調子や気持ちが一致すること。

♦ baji-tōfū 馬耳東風
wörtl.: „der Ostwind in den Ohren des Pferdes“; die unbeachteten Worte; die Rede gegen den Wind 他人の意見や批判などをまったく心にも留めず，聞こうともしない様子のたとえ。「東風」は，東から吹く春の風のことで，人は温かい春風を心地よく感じるが，馬の耳はこの快い風に何の反応も示さないというところから来た。Sich die Meinung oder Kritik anderer Leute nicht im geringsten zu Herzen nehmen, ja sie noch nicht einmal anhören. Die Bedeutung dieses Ausdrucks kommt daher, dass der Frühlingswind für die Menschen angenehm ist, obwohl die Ohren der Pferde auf diesen „Ostwind“ keinerlei Reaktion zeigen.

♦ bakudan-hatsugen 爆弾発言
eine Äußerung, die wie eine Bombe einschlägt

♦ banzai 万歳
wörtl.: „zehntausend Jahre“; Banzai! Hurra! Hoch! das Hurrageschrei, der Hochruf **banzai o sanshō suru 万歳を三唱する** dreimal „Banzai“ rufen; ein dreifaches „Hurra“ ausrufen; ein dreifaches Lebehoch ausbringen

♦ biji-reiku 美辞麗句
die blumigen Worte; schöne Worte **biji-reiku o tsuraneru 美辞麗句を連ねる**

schöne Worte machen

♦bika-go 美化語
{Gramm.} die verschönernde Form; das honorifizierte Wort 日本語の敬語の一つ。「お菓子」のように，表現をより上品にするための配慮を表す働きを持つ語。聞き手に対する敬意を表す尊敬語・謙譲語とは機能が異なる。Eine Form der japanischen Höflichkeitssprache, in der man sein Taktgefühl dadurch zum Ausdruck bringt, dass man einem Wort einen vornehmen Klang verleiht, z.B. durch ein vorangestelltes „o“ in *o-kashi* („Süßigkeit“). *Bikago* haben eine andere Funktion als die anderen Formen der Höflichkeitssprache (*sonkei-go* oder *kenjō-go*), die Respekt vor dem Gesprächspartner ausdrücken.

♦boro-kuso ni iu ぼろ糞に言う，襤褸糞に言う
(ugs.) jemanden zur Sau machen; jemanden fertigmachen; jemanden herunterputzen

♦chacha o ireru 茶々を入れる
belanglose Zwischenrufe machen; dazwischenrufen; störende Bemerkungen machen; jemanden auf den Arm nehmen 横合いから口を挟んで邪魔をする。また，ひやかして話を妨げる.。

♦chakasu 茶化す
(ugs.) sich über etwas lustig machen; jemanden ins Lächerliche ziehen まじめな話を冗談めかしてしまうということ。この言葉が現在のような意味で用いられるようになったのは18世紀後半から。「茶化」は当て字。Etwas, das jemand im Ernst gesagt hat, ins Lächerliche ziehen. Das Wort wird seit der zweiten Hälfte des 18. Jhs. in dieser Bedeutung gebraucht. Die Schriftzeichen werden nur wegen ihres Lautwerts verwendet (*siehe ateji*).

♦chinpun-kanpun ちんぷんかんぷん
das Kauderwelsch; Buch mit sieben Siegeln「ちんぷんかん」ともいう。珍粉漢粉その他の漢字表記もあるが当て字である。Auch *chinpun-kan*. Manchmal wird das Wort mit *ate-ji* (siehe dort) geschrieben.

♦chōchō-hasshi to yariau 丁々発止とやり合う
wörtl.: „die Klingen kreuzen “; einen Strauß ausfechten 刀などで激しく打ち合う様子を表わすことばであるが，激論を戦わせるさまを表わすときにも用いる。Das Wort beschreibt zwar einen heftigen Schwertkampf, man verwendet es aber auch, um ein erbittertes Wortgefecht zu bezeichnen.

♦chō-kōzetsu 長広舌
wörtl.: „die lange und breite Zunge“; weitschweifige Rede; die Weitschweifigkeit, die Geschwätzigkeit **chō-kōzetsu o furuu 長広舌を揮う** eine weitschweifige Rede halten; eine große Rede schwingen

♦daimeishi 代名詞
1) das Fürwort, das Pronomen 2) das Musterbeispiel, die Verkörperung, das Synonym 1）文法上の代名詞 2) そのものを典型的に表している物。例：「吉原は江戸花柳界の代名詞」「ウサギ小屋は小さな住まいの代名詞」(z.B. „Yoshihara ist ein Musterbeispiel für ein Freudenviertel in

Edo"; „Kaninchenstall ist ein Synonym für beengten Wohnraum."

♦ dajare 駄洒落

der schlechte Witz; der einfältige Witz; der faule Witz **hiwaina jōdan 卑猥な冗談** der unanständige Witz, die Zote

♦ dameoshi suru 駄目押しする

insistieren; sich noch einmal vergewissern; auf Nummer Sicher gehen **dameoshi no itten o ireru 駄目押しの一点を入れる** den entscheidenden Punkt machen

♦ dema デマ

(von dt. Demagogie) 1) die Demagogie, die Volksverhetzung 2) unbegründetes Gerücht; falsche Meldung「デマ」という言葉は最初は政治的意味（用語）で用いられていたが，昭和の初期頃より概して，根拠のない噂，嘘という意味で用いられるようになった。Zuerst wurde das Wort *dema* im Sinne von „Demagogie", „politische Aufwiegelung" verwendet, aber ungefähr seit Anfang der Shōwa-Zeit benutzt man das Wort im Allgemein in der gleichen Bedeutung wie „unbegründetes Gerücht" oder „falsche Meldung".

♦ dōji-tsūyaku 同時通訳

das Simultandolmetschen, der Simultandolmetscher 日本語の「通訳」には，Dolmetschen という意味と Dolmetscher という意味がある。Das japanische Wort *tsūyaku* bezeichnet sowohl die Handlung (Dolmetschen) als auch die Person (Dolmetscher).

♦ dokkoisho どっこいしょ

Hau ruck! und hepp！重いものを持ち上げるときの掛け声，あるいは，老境に差しかかったものが，座ったり立ち上がったりするときに，思わず発する声。Zuruf, Anfeuerung oder rythmischer Ausruf beim Hochheben eines schweren Gegenstands; ältere Personen, denen das Aufstehen aus dem Sitzen schwerfällt, benutzen den Ausdruck manchmal unwillkürlich, wenn sie sich von einer Sitzgelegenheit erheben.

♦ dōmo どうも

「どうも」という単語は，例えば「先日はどうも」とか「どうもどうも」のように，日常会話においてよく用いられるが，この語を逐語訳することはきわめて困難である。というのはこの語は，感謝，謝罪，悔やみ等さまざまな文脈において用いられ，前後関係で異なった意味を持つことになるからである。日本にみられるように均質性のかなり高い社会においては，言葉に出してながながと説明しなくても意志の疎通ができる状況が存在するのである。Das japanische Wort *dōmo* wird wie z.B. „*senjitsu wa dōmo*" oder „*dōmo dōmo*" in der Umgangssprache und zwar als Dankes-, Abbitte- oder Beileidswort oft benutzt. Meist ist es fast unmöglich, dieses Wort wortwörtlich zu übersetzen, weil das Wort je nach der Situation anders übersetzt werden muss. In ziemlich homogenen Gesellschaften (z.B. Japan) gibt es oft Situationen, wo man ohne ausdrückliche lange Formulierungen kommunizieren kann.

♦ doro o haku 泥を吐く

(ugs.) wörtl.: „Dreck ausspeien"; mit der

Wahrheit herausrücken; alles gestehen 取調べを受けて，隠し切れずに，犯罪を白状するという意味である。beim Verhör ein Verbrechen lückenlos gestehen

♦ dōzo yoroshiku どうぞよろしく

(Gruß bei der ersten Begegnung) Schön, Sie zu treffen! Sehr erfreut! Ungefähre Wortbedeutung: „Seien Sie mir bitte gewogen!“

♦ enkyoku na hyōgen 婉曲な表現

die verhüllende Redeweise; der periphrastische Ausdruck **enkyoku ni iu 婉曲に言う** etwas indirekt sagen; etwas durch die Blume sagen

♦ fugen-jikkō 不言実行

Lasst Taten sprechen, nicht Worte! Keine Worte, sondern Taten! das Handeln ohne viele Worte

♦ fūhyō-higai 風評被害

der durch Gerüchte entstandene Schaden 根拠の無い噂のために受ける被害。特に，事故が発生した際に，本来は無関係であるはずの人々や団体が被る被害のこと。大災害のときに生じやすい。Schaden, der durch unbegründete Gerüchte entsteht. Meistens bezeichnet man so den Schaden, den eigentlich unbeteiligte Personen oder Organisationen erleiden, nachdem sich ein katastrophaler Unfall ereignet hat.

♦ furi-gana ふりがな，振り仮名

die den chinesischen Zeichen als Lesehilfe beigefügte japanische Silbenschrift; Lesehilfe für Kanji in Kana 漢文訓読のための補助的な表記として，平安時代にその起源を持つ振り仮名は，漢字と仮名を交えて文を書き表す日本語に特有の表記形態である。明治初期における一般向けの書物，新聞，雑誌には，「総ルビ」といって（一部の漢字にルビを付けるのを「パラルビ」という），すべての漢字に振り仮名をつけた表記が盛んにおこなわれた。*Furigana* entstanden in der Heian-Zeit für das Lesen chinesischer Texte und der gemischte Gebrauch von *Kanji*-Zeichen und japanischer Silbenschrift ist seither eine morphologische Besonderheit der japanischen Schrift. In populären Schriftstücken, Zeitungen und Zeitschriften aus der frühen Meiji-Zeit wurden oft allen *Kanji*-Zeichen *furigana* als Lesehilfen beigefügt, man spricht in diesen Fällen von *sō-rubi* (im Unterschied zu *para-rubi*, wo nur einige *Kanji*-Zeichen mit Lesehilfen versehen sind).

♦ furī-tōkingu フリー・トーキング

(pseudoengl. *free talking*) die freie Diskussion; die lockere Gesprächsrunde 英語は，*free discussion*

♦ futatsu-henji 二つ返事

bereitwillige Zustimmung; die sofortige Einwilligung「はいはい」と，すぐに承知すること。das zweimalige Ja-sagen **futatsu-henji de shōchi suru 二つ返事で承知する** sich nicht zweimal bitten lassen; sofort zustimmen

♦ gaikō-jirei 外交辞令 (shakō-jirei 社交辞令)

diplomatische Sprache; diplomatische Floskeln; die diplomatische Ausdrucksweise **gaikō-jirei o tsukau 外交辞令を使う**

diplomatisch sagen

♦gairai-go 外来語

das Fremdwort 日本語として用いられるようになった外国語で，狭義の場合は漢語を除く。Die zahlreichen aus dem Chinesischen übernommenen japanischen Wörter (*Kango*) gelten im engeren Sinn des Wortes in Japan nicht als Fremdwörter.

♦gakuya-ochi 楽屋落ち

die Insider-Geschichte, der Insiderwitz; etwas, das für Unbeteiligte unverständlich ist（芝居または落語などで）前から事情を知っている一部の関係者だけにしか分からないこと。Ein Sachverhalt, eine Geschichte oder ein Witz, den nur eine Gruppe von Beteiligten verstehen kann, die über bestimmte Vorinformationen verfügt (im Theater oder beim *rakugo*).

♦gase-neta がせねた，ガセネタ

1) die Fälschung 2) gefälschte Information; die Falschinformation「がせ」は，偽ものの意。「ねた」は「たね(種)」を逆に読んだもの。もともとは隠語。*Gase* bedeutet „Fälschung“, und das Wort *neta* ist gebildet, indem die Silben des Wortes *tane* („Keim“, „Saat“, „Ursprung“) rückwärts gelesen werden. Ursprünglich Geheimsprache. **gase-neta o tsukamasareru** ガセネタをつかまされる einer Falschinformation aufsitzen; auf die falsche Fährte gelockt werden

♦geimei 芸名

der Künstlername; das Pseudonym (eines Künstlers) **kamei** 仮名 das Pseudonym; der fiktive Name **honmyō** 本名 der richtige Name; der wirkliche Name **pen-nēmu** ペンネーム der Schriftstellername

♦genbun-itchi 言文一致

Angleichung der geschriebenen Sprache an die gesprochene 文章を書くときできる限り話し言葉に近い形で書くこと。Sich beim Schreiben von Texten möglichst an der gesprochenen Sprache orientieren. Schreiben wie man spricht.

♦genchi 言質

das bindende Wort; das Versprechen; die feste Zusage **genchi o toru** 言質を取る jemandem ein Versprechen abnehmen; sich das Wort geben lassen **genchi o ataeru** 言質を与える sein Wort geben; eine feste Zusage erteilen **genchi o torarenai yō ni hanasu** 言質を取られないように話す unverbindlich reden

♦gengai 言外

das Unausgesprochene, das Unausgedrückte; das, was zwischen den Zeilen steht **gengai no imi o yomitoru** 言外の意味を読み取る zwischen den Zeilen lesen

♦genkō-itchi 言行一致

die Übereinstimmung von Wort und Tat; die Widerspruchslosigkeit im Reden und Handeln

♦gen o sayū ni suru 言を左右にする

um etwas herumreden; um den heißen Brei herumreden; jein sagen; sich nicht eindeutig auf etwas festlegen

♦**gesewa 下世話**
die triviale Phrase; der Volksmund; die allgemeine Redensart **gesewa ni iu to 下世話に言うと** wie der Volksmund sagt; volkstümlich gesagt; wie man so schön sagt

♦**gion-go 擬音語**
das mimetische Wort; ein Wort, das einen Klang nachahmt; das Onomatopoetikum; Onomatopoetikon (*pl.* Onomatopoetika), die Lautmalerei 実際の音をまねて言葉とした語で「パチパチと手を叩く」「犬がワンワンと吠える」「風がヒュウヒュウふいている」などの例がそれに当たる。Beispiele für japanische Onomatopoetika: *pachi-pachi to te o tataku*, „*pachi pachi*" in die Hände klatschen; *inu ga wanwan to hoeru*, der Hund bellt „*wanwan*"; *kaze ga hyū hyū fuite iru*, der Wind weht „*hyūhyū*".

♦**gitai-go 擬態語**
das zustandsmalende Wort; die Umstandsmalerei 視覚，触覚など聴覚以外の感覚印象を言葉で表現したもの。「ふらふら歩く」「さっと消える」「どんどん速くなる」などがその例。Im Unterschied zur Onomatopöie werden bei der Umstandsmalerei alle Arten von Sinneseindrücken außer akustischen sprachlich imitiert. Beispiele für japanische Umstandsmalerei: *fura-fura aruku*, schwankend gehen; *satto kieru*, plötzlich verlöschen; *dondon hayaku naru*, immer schneller werden.

♦**go-busata suru ご無沙汰する**
sich lange nicht melden; lange keinen Besuch machen; lange nichts von sich hören lassen **go-busata shite sumimasen ご無沙汰してすみません** Es tut mir leid, dass ich solange nicht von mir habe hören lassen.

♦**gohei 語弊**
die irreführende Ausdrucksweise **gohei ga aru 語弊がある** irreführend sein; irreleitend sein; leicht misszuverstehen sein

♦**gojūon-zu 五十音図**
50 Laute-Tabelle (Tafel) 日本語の50音を，縦5字ずつ，横に10字ずつ配列した表。Tabelle der grundlegenden japanischen Laute in zehn Zeilen zu fünf Spalten

♦**gongo-dōdan 言語道断**
das Fehlen der Worte; die Sprachlosigkeit, der Skandal; etwas Unsagbares もともとは仏教語で，仏教の奥深い真理は言葉では説明することができない，という意味であった。Ursprünglich buddhistischer Terminus; die Unmöglichkeit, die tiefe Wahrheit mit Worten auszudrücken. **gongo-dōdan na 言語道断な** unbeschreiblich, unglaublich, unmöglich, abscheulich

♦**goro-awase 語呂合わせ**
das parodierende Wortspiel ことわざや成句などに口調・音声を似せて，意味の異なる滑稽な句を作る言語遊戯。「猫に小判」を「下戸（げこ）にご飯」という類。Wortspielerei, wobei man den Rhythmus und die Aussprache von Sprichwörtern oder Redewendungen nachahmt und ulkige Sätze mit neuen Bedeutungen bildet. Beispiel: *Geko ni gohan* („Reis für die Nichttrinker") statt *neko ni koban* („Goldstücke für die Katze"). **goro ga ii 語呂がいい** wohlklingend sein; gut klingen **goro ga warui 語呂が悪い**

schlecht zusammenklingen (reimen); nicht gut klingen

♦goshippu ゴシップ
(von engl. *gossip*) der Klatsch, das Gerede, das Getratsche この語が明治期に日本へ入ってきた当初は，現在とは違って肩の凝らない閑談という意味で用いられたこともあったが，大正時代以降は，現在と同じように，噂話，特に有名人の私生活に関わる話題というような意味で用いられている。Als das Wort in der Meiji-Zeit nach Japan eingeführt wurde, hat man es zunächst in der Bedeutung „Smalltalk", „Geplauder" verwendet. Seit der Taishō-Zeit meint man damit „Klatsch", insbesondere über das Leben von Prominenten.

♦gotaku o naraberu 御託を並べる
daherreden; viel Wind machen; viel Aufheben(s) machen なお「御託」は「御託宣」の略で，もともとは神のお告げを意味する語である。*Gotaku* ist eine Abkürzung für *gotaku-sen*, was so viel wie „göttliche Offenbarung" oder „Orakel" bedeutet.

♦gū no ne mo denai ぐうの音も出ない
keinen Muckser mehr von sich geben können; nicht einmal mehr piep sagen können; kein Wort mehr herausbringen「ぐう」は呼吸が詰まったときに発する声で，そのせっぱ詰まった声すら出せない，ということ。*Gū* ist der Laut, den man von sich gibt, wenn man fast keine Luft mehr bekommt; der Ausdruck bezeichnet also eine Situation, in der man nicht einmal den Laut des Erstickens herausbringt.

♦hana-kotoba 花言葉
die Blumensprache 花言葉は，国によって異なる場合もある。Die Blumensprache (d.h. die symbolische Bedeutung bestimmter Arten von Blumen, ihrer Farbe usw.) ist in verschiedenen Ländern manchmal unterschiedlich.

♦hanashi ga hazumu 話が弾む
sich lebhaft unterhalten; eine angeregte Unterhaltung führen

♦hanashi ga tsuku 話が付く
sich einig werden; sich auf etwas verständigen; zu einer Übereinkunft kommen

♦hanashi hanbun ni kiku 話半分に聞く
nicht ganz wörtlich nehmen; nicht alles für bare Münze nehmen; nur die Hälfte glauben von dem, was man hört

♦hanashi ni hana ga saku 話に花が咲く
wörtl.: „die Unterhaltung blüht auf"; das Gespräch wird immer interessanter

♦hanashi ni naranai 話にならない
es kommt (überhaupt) nicht in Frage; es lohnt sich nicht, darüber zu sprechen

♦hanjō o ireru 半畳を入れる
wörtl.: „Sitzunterlagen hineinwerfen"; jemanden unterbrechen; jemandem ins Wort fallen; sich über jemanden lustig machen 半畳とは，江戸時代に芝居小屋などで観客が用いた一人用の小さな敷物。役者の演技などに不満があるとき見物人は舞

台に半畳を投げ入れたりしたが，そこから転じて，人の言葉をやじったり，茶化したり，混ぜ返したりすることを意味するようになった。*Hanjō* waren in der Edo-Zeit Sitzkissen für eine Person, die z.B. von Gästen im Theater benutzt wurden. Wenn das Publikum mit dem Spiel eines Schauspielers etc. unzufrieden war, hat es diese Sitzkissen manchmal auf die Bühne geworfen; daraus entstanden die übertragenen Bedeutungen „dazwischen rufen“, „jemanden lächerlich machen“, „spöttische Zwischenbemerkungen machen“ usw.

♦hattari はったり

(ugs.) der Bluff, die Angeberei **hattari o kamasu はったりをかます** (ugs.) bluffen, angeben, aufschneiden; Spiegelfechterei betreiben

♦hayakuchi-kotoba 早口言葉

der Zungenbrecher 言いにくい言葉を普通よりも早くしゃべり，うまく言うことができるかを競う言葉遊びであるが，アナウンサーや俳優など，話すことに関わる職業につく人が，滑舌を鍛える発声トレーニングに用いる場合もある。日本でよく知られている早口言葉を幾つか挙げる。「生麦生米生卵」，「青巻紙赤巻紙黄巻紙」，「隣の客はよく柿食う客だ」など。Ein Wortspiel, das darin besteht, dass man versucht und darum wetteifert, schwer auszusprechende Wörter oder Sätze schneller als gewöhnlich und trotzdem fehlerfrei auszusprechen. Gelegentlich werden Zungenbrecher auch im Training für Sprechberufe (Fernseh- und Rundfunksprecher, Schauspieler etc.) eingesetzt. Sehr bekannte japanische Zungenbrecher sind: *„Nama-mugi, Nama-gome, Nama-tamago.“* *„Ao-makigami, aka-makigami, ki- makigami.“* *„Tonari no kyaku wa yoku kaki kuu kyaku da.“*

♦haya-tochiri 早とちり

(ugs.) voreiliger Schluss; die Voreiligkeit **haya-tochiri suru 早とちりする** voreilige Schlüsse ziehen; voreilig schließen

♦heta no naga-dangi 下手の長談義

Ungeschickte Redner finden kein Ende. Je schlechter der Redner, desto länger der Vortrag; die lange Predigt des Ungeschickten

♦hito no uwasa mo shichijūgo nichi 人の噂も七十五日

(Sprichw.) Gerüchte haben eine kurze Lebensdauer. Ein Gerücht lebt nicht länger als zwei Monate.

♦hitsu-jun 筆順

die Strichfolge in einem *Kanji* 文字を手書きする際に，文字の構成要素である点画を書き上げていく順序。Die festgelegte Reihenfolge, in der man die Striche schreibt, aus denen ein chinesisches Schriftzeichen zusammengesetzt ist.

♦hitsuzetsu ni tsukushi gatai 筆舌に尽くし難い

unbeschreiblich sein; über alle Beschreibungen gehend 否定的意味の場合は unglaublichなども。

♦ hora o fuku ほらを吹く，法螺を吹く
wörtl.: „das Tritonshorn blasen"; angeben; aufschneiden; große Töne spucken「ほらを吹く」という言葉の元になっているのは，大きな法螺貝を加工して吹き鳴らすようにしたもので，日本では特に山伏の修業のときの携行品として知られている。Das Tritonshorn ist eine große und sehr laute Schneckentrompete, die in Japan vor allem als Ritualgegenstand der *Yamabushi* bekannt ist.

♦ hyōi-moji 表意文字
das Ideogramm, die Bedeutungsschrift, das Schriftzeichen 一つ一つが特定の意味を表す文字。Schriftzeichen, die, so wie die chinesischen, eine Bedeutung (oder verschiedene Bedeutungen) bezeichnen **hyōon-moji 表音文字** das Lautzeichen; die phonetische Schrift, das Phonogramm

♦ hyōjun-go 標準語
die Standardsprache, die Hochsprache 日本では明治中期より昭和初期にかけて，標準語を整備しようとする試みが推進された(特に中心となったのは，小学校における国語教科書)。東京山の手の教養ある階層の人たちが用いる東京方言に基づくものとされている。In Japan wurde seit Mitte der Meiji-Zeit bis zum Beginn der Shōwa-Zeit versucht, eine Standardsprache einzuführen (im Mittelpunkt der Bemühungen standen dabei die Lehrbücher für die „Landessprache" Japanisch in der Grundschule). Als Grundlage für diese Standardsprache soll das Idiom der gebildeten Schicht, die in Yamanote, der Oberstadt von Tōkyō, lebte, verwendet worden sein.

♦ ichamon o tsukeru いちゃもんをつける
(ugs.) herumnörgeln; jemanden zu Unrecht beschuldigen

♦ ichigen-koji (ichigon-koji) 一言居士
jemand, der zu allem seinen Kommentar abgibt; jemand, der immer seinen Senf dazugibt

♦ idobata-kaigi 井戸端会議
wörtl.: „die Konferenz am Brunnenrand"; der Klatsch, der Tratsch 共同井戸の近くで女性たちが，水汲みや洗濯をしながら，人のうわさや世間話をする様子をからかった言葉。Während sich die Frauen aus der Nachbarschaft am Brunnen zum Wasserholen oder Wäschewaschen trafen, wurden die neuesten Informationen und Gerüchte ausgetauscht, daher die ironische Bezeichung „Konferenz am Brunnenrand".

♦ iken-kōkoku 意見広告
die Protestanzeige 組織または個人が，特定の事柄について自分たちの意見を陳述する広告。Anzeigen (z.B. in der Zeitung), in denen Organisationen oder Einzelpersonen ihre Meinung zu einem bestimmten Thema darstellen.

♦ imi-kotoba 忌み言葉
das Tabuwort; das tabuisierte Wort 特定の状況において使用を避けるべきだとされている言葉。例えば病院においては死に関わる言葉を避けるほか婚礼の際には「去る」や「切れる」といった言葉も避けるべきとされている。Wörter, die man in bestimmten Situationen nicht benutzt, so sollte man im Krankenhaus alle Wörter, die mit dem Sterben zu tun haben, und bei einer Hochzeit Wörter wie „trennen“ oder „weggehen“ vermeiden.

♦ingo 隠語

die Geheimsprache, das Argot, der Jargon 特定の仲間の間だけで通用する特殊な語。仲間以外の者のなかにも広まると，「俗語」と呼ばれる。Bestimmte Ausdrücke, die nur unter die Mitgliedern einer bestimmten Gruppe verstanden werden. Wenn sich diese Ausdrücke auch außerhalb der Gruppe verbreiten, spricht man von Slang (*zokugo*).

♦itadakimasu いただきます

Guten Appetit! Gesegnete Mahlzeit! 食事を始めるときの言葉で，「いただく」は「飲む」「食べる」の意味の謙譲(丁寧)表現。食事を作った人，食材を作った人，あるいは，食事を提供した人に対する感謝を表わす言葉であると言われている。Grußformel, die man vor dem Essen sagt. *Itadaku* ist eine bescheidene oder höfliche Form des Wortes „empfangen“, „essen“ oder „trinken“, und man sagt, dass mit dieser Formel Dankbarkeit gegenüber dem Koch, den Speisen oder demjenigen, der einen eingeladen hat, zum Ausdruck gebracht werden soll. **gochisō-sama deshita ご馳走さまでした** Grußformel nach dem Essen. Vielen Dank für das Essen und Trinken! Es hat sehr gut geschmeckt! Auch: Danke für die Einladung! **osomatsu-sama deshita お粗末さまでした** Keine Ursache! Das war doch nichts besonders. Ich kann nur hoffen, dass es Ihnen geschmeckt hat. これは，食事を済ませた人が「ご馳走さまでした」というのを受けて，自分があるいは自分たちが相手に提供したものが粗末なものであったと謙遜して言う言葉であって，状況に応じて様々な言い方が考えられる。Antwort auf *gochisō-sama deshita*, mit der man das Essen, das man selbst oder die eigene Gruppe bereitgestellt hat, höflich und bescheiden als „nichts Besonderes“ bezeichnet. Je nach der Situation sind verschiedene Formulierungen denkbar.

♦iu koto ga korokoro kawaru 言うことがころころ変わる

(ugs.) einmal hott und einmal har (od. hü) sagen

♦iwanu ga hana 言わぬが花

wörtl.: „Schweigen ist eine Blume“; etwas bleibt besser ungesagt. Es ist besser, nichts darüber zu sagen.

♦iwazu mo gana 言わずもがな

1) etwas besser nicht sagen 2) selbstverständlich; sich von selbst verstehen; selbstredend 1) 言わないほうが良い 2) 言うまでもなく，もちろん

♦iyami o iu 嫌味を言う

sarkastische Bemerkungen machen; hämische Bemerkungen machen; sticheln

♦jika-danpan 直談判

direkte Verhandlungen **jika-danpan o suru 直談判をする** mit jemandem direkt verhandeln

◆ji-kaku 字画

der Strich in einem *Kanji*; die Strichzahl eines Kanji 漢字の字体を構成する最小の要素となる点および線，またその数。Die Striche (und Punkte), aus denen ein chinesisches Schriftzeichen aufgebaut ist, sowie die Anzahl der Striche in einem Zeichen.

◆jikō no aisatsu 時候の挨拶

jahreszeitlicher Gruß 日本語による旧来の形式を重んじる丁重な手紙においては，ある種の決まりがあって，本題に入る前に先ず時候の挨拶を述べることもその一つになっている。Beim Schreiben von traditionellen, höflichen Briefen auf Japanisch müssen bestimmte formale Konventionen beachtet werden, dazu zählt eine der Jahreszeit angepasste, längere Grußformel, die dem Anliegen des Briefes vorangestellt wird. **keigu 敬具** (Schlussformel in Briefen) Hochachtungsvoll; mit herzlichen Grüßen **sōsō 草々** in Eile (als Briefabschluss)

◆jinmei-yō kanji 人名用漢字

Kanji, die neben den *Jōyō-Kanji* (siehe *Jōyō-Kanji*) offiziell für die Schreibung von Namen zugelassen sind 常用漢字以外に人名に使用することが認められている漢字。

◆jōhō-kōkai 情報公開

die Veröffentlichung von Informationen **Jōhō-kōkai-hō 情報公開法** das Gesetz über die Veröffentlichung offizieller Informationen (aus dem Jahr 2001) この法律の正式名称は「行政機関の保有する情報の公開に関する法律」。2001年4月1日に施行された。

◆joshi 助詞

{Gramm.} die Postposition; die Hilfspartikel im Japanischen 日本語の品詞の一つで，自立語に付いて，その語と他の語の関係を示したり，その語に一定の意味を添えたりする役割をになう。Eine der japanischen Wortarten, durch die Hilfspartikeln wird die Beziehung der Satzelemente untereinander aufgezeigt, und sie haben die Funktion, die bestimmte Bedeutung der Wörter festzulegen.

◆josūshi 助数詞

{Gramm.} das Zählwort 接尾語の一つ。数を表す語に添えて，どのような事物の数量であるかを示す語。数えられる対象の形状やそれが生き物であるかどうかなどにより，助数詞は異なる。「冊」，「匹」，「枚」など。Eine Art von Suffix, das im Japanischen den Zahlen beigefügt wird, um deutlich zu machen, welche Art von Dingen man zählt. Dabei spielen verschiedene Aspekte eine Rolle, z.B. welche Form die gezählten Dinge haben, ob es sich um Lebewesen handelt usw. Beispiele: *-satsu* (Bücher und Hefte); *-hiki* (kleinere Tiere), *-mai* (Blätter, Karten, Fotos etc.).

◆jūbako-yomi 重箱読み

Mischung von *On-* und *Kun-*Lesungen in einem *Kanji*-Kompositum (wie das Wort *jū* 重 *bako* 箱)

◆jūyaku 重訳

die Übersetzung einer Übersetzung (also nicht aus der Originalsprache)

◆kaisho 楷書

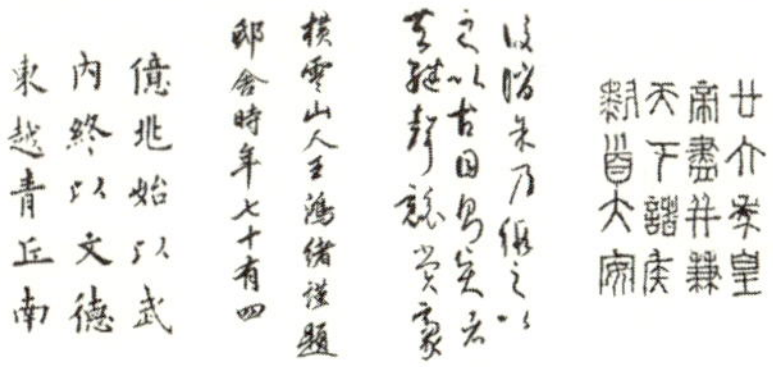

楷書 kaisho　行書 gyōsho　草書 sōsho　篆書 tensho

der bis in alle Einzelheiten deutliche und markante Schriftstil für chinesische Schriftzeichen; die Druckschrift 漢字の書体の一つで，点画をくずさない書き方。**gyōsho 行書** der halbkursive Schriftstil für chinesische Schriftzeichen **sōsho 草書** die Kursivschrift chinesischer Schriftzeichen (in kalligraphisch verkürzter Form) 漢字の書体の一つで，筆画をくずした書き方。**tensho 篆書** die Siegelschrift chinesischer Schriftzeichen 漢字の書体の一つで，現在では印鑑，碑銘などに用いられることが多い。(Abbildungen)

◆kajō-gaki 箇条書き

die Angabe der einzelnen Artikel; die Einzelangabe 書くべき内容を，いくつかの項目に分けて列挙する形式。伝えたい内容の要点が多岐にわたるとき，この形式にまとめることで，その要点を効率的に伝達することができる。Den Inhalt eines Textes in mehrere Punkte gliedern und auflisten. Sollen komplexe Inhalte vermittelt werden, können die Hauptpunkte durch diese Form der Zusammenfassung effizienter mitgeteilt werden.

◆kake-kotoba かけことば，掛詞

der Ausdruck zweier homophoner Worte durch ein gleichlautendes Wort

◆kama o kakeru カマをかける，鎌をかける

jemanden austricksen; jemandem die Würmer aus der Nase ziehen

◆kana かな，仮名

die japanischen Silbenzeichen **hiragana ひらがな，平仮名** das *Hiragana*-Zeichen 平安時代に漢字の草体をさらにくずして作った音節文字。Japanisches Silbenalphabet, das in der Heian-Zeit aus kursiven und vereinfachten Schreibweisen chinesischer Schriftzeichen entstanden ist. **katakana カタカナ，片仮名** das *Katakana*-Zeichen 片は一部分または不完全の意味。平安初期にはさまざまな字体があったがその後院政時代に現在の形に近いものになった。今日では主として，外来語や外国人の名前を表記するのに使用する。Japanisches Silbenalphabet, das in der Heian-Zeit aus isolierten graphischen Elementen chinesischer Schriftzeichen entstanden ist, heute zumeist verwendet, um Fremdwörter oder ausländische Namen zu schreiben. **kanazukai 仮名遣い** die Kana-Rechtschreibung; die *Kana*-Orthographie **kyū-kanazukai 旧仮名遣い** (***rekishiteki-kanazukai* 歴史的仮名遣い**) die alte (traditionelle) *Kana*-Orthographie **shin-kanazukai 新仮名遣い** die neue *Kana*-Orthographie 現代仮名遣いともいわれ，発音に依拠した表記法である。Grundlage der neuen oder gegenwärtigen *Kana*-Orthographie ist die Aussprache der Wörter. **hyōonshiki-kanazukai 表音式仮名**

遣い phonetische Silbenschrift-Orthographie

♦kanbun 漢文

der chinesisch geschriebene Text 中国古来の文章ならびにそれにならって日本で書かれた漢字のみの文章。日本においてはそういった文を返り点等を用いて日本語読みすることが行なわれてきた。その場合，語順を変更したり，日本語の動詞の語尾や助詞等を補ったりすることになる。Chinesische Texte können mithilfe verschiedener Hilfszeichen, die an den Rand des Textes geschrieben werden, als japanische Texte gelesen werden. Dabei wird z.B. die Reihenfolge der Wörter geändert sowie japanische Verbendungen und Hilfspartikeln (siehe: *joshi*) eingefügt.

♦kangen 甘言

(schriftspr.) wörtl.: „süße Worte“; schöne Worte; die Schmeichelworte, Schmeichelei **kangen ni noserareru 甘言に乗せられる** sich durch süße Worte irreführen lassen; durch Schmeichelei verführt werden

♦kanji 漢字

das *Kanji*-Zeichen; das chinesische Schriftzeichen; die chinesische Schrift; das sinojapanische Schriftzeichen 中国で作り出され，今日も中国，日本，部分的に韓国等において用いられている。ただし同一起源の文字であっても，現在使用されている字の形は国によって異なる場合も少なくない。Die chinesische Schrift, die am Anfang in China entstanden ist, wird heute in China, Japan und Korea (dort aber selten) verwendet, wobei in den jeweiligen Ländern unterschiedliche Versionen der Zeichen gebräuchlich sind. **kakusū 画数** die Strichzahl von *Kanji*-Zeichen **kanji-bunkaken 漢字文化圏** das Gebiet, in dem *Kanji*-Zeichen verwendet werden (d.h. Ostasien) **kanji-seigen 漢字制限** die Einschränkung bei der Verwendung von *Kanji*-Zeichen; die Beschränkung der Zahl der zu verwendenden *Kanji*-Zeichen (z.B. in Zeitungen) **kanji-henkan 漢字変換** die Konversion zu *Kanji* (bei der Eingabe von Japanisch am Computer) **on-yomi 音読み** die sinojapanische Lesung eines chinesischen Schriftzeichens **on-yomi suru 音読みする** (*Kanji*) in ihrer sinojapanischen Lesung lesen **kun-yomi 訓読み (kundoku 訓読)** die japanische Lesung eines chinesischen Schriftzeichens **kun-yomi suru 訓読みする** (*Kanji*) in ihrer japanischen Lesung lesen; (*Kanji*) japanisch lesen **kanji ni furigana o tsukeru 漢字に振り仮名を付ける** *Kanji* mit *Furigana* versehen

♦kankō-rei かんこう令，緘口令

der Maulkorberlass **kankō-rei o shiku 緘口令を敷く** einen Maulkorberlass herausgeben; jemandem den Mund verbieten; jemandem Schweigepflicht auferlegen

♦kan-sūji 漢数字

die chinesischen Zahlenzeichen; die *Kanji* für Zahlen アラビア数字，ローマ数字に対して漢字で表された数字のこと。「一，二，三，十，百，千，万」Die chinesische Schriftzeichen für Zahlen im Unterschied zu den arabischen oder römischen Zahlenzeichen. Beispiele 1: 一, 2: 二, 3: 三, 10: 十, 100: 百, 1000: 千, 10 000: 万

◆kanwa-kyūdai 閑話休題
um wieder zu unserem früheren Gesprächsgegenstand zurückzukehren 文章で，余談をやめて，話を本題に戻すときに用いる語。Schriftsprachliche Formulierung, die man benutzen kann, wenn man eine Abschweifung beendet und wieder zum Hauptthema zurückkommt.

◆kao-moji 顔文字
die Emoticon 通常の文字記号を組み合わせて様々な表情を表現したもの。パソコンや携帯電話を介してのメール，インターネット掲示板その他で用いられる。アルファベット使用圏では横倒しにした顔文字が用いられており，日本では（横倒しにしない）独自の（つまり正位置の）顔文字が用いられている。たとえば欧米型の横倒しにした顔文字では笑顔は :-) となり，日本語使用圏では (^_^) となる。欧米の顔文字では，主に口の形を用いて感情を表現するのに対し，日本の顔文字では主に目の形で感情を表している）。Aus normalen Satzzeichen zusammengesetzte Symbole, die verschiedene Gefühle ausdrücken. Sie werden z.B. in E-Mails (PC oder Handy) und in Anzeigenseiten im Internet benutzt. Während in den Ländern, die das lateinische Alphabet benutzen, zur Seite gedrehte Zeichen verwendet werden, benutzt man in Japan eigene Emoticons, die nicht zur Seite gedreht sind, z.B. statt :-) für ein lachendes Gesicht, benutzt man in Japan (^_^). (Die westlichen Emoticons drücken Gefühle vornehmlich mit der Mundstellung aus, während bei japanischen Emoticons die Form der Augen die Gefühle vermitteln.)

◆kataru ni ochiru 語るに落ちる
sich beim Erzählen verraten **tou ni ochizu kataru ni ochiru 問うに落ちず，語るに落ちる** Wenn man von sich aus etwas erzählt, verrät man sich leichter, als wenn man ausgefragt wird.

◆kaze no tayori ni kiita 風の便りに聞いた
Mein kleiner Finger hat mir gesagt, dass …; Ich hab' ein Vögelchen davon singen hören, dass…

◆keigo 敬語
der höfliche Ausdruck; die Höflichkeitssprache 現在，日本語の敬語には，美化語，尊敬語，謙譲語，丁寧語の4種類があるとする考え方が一般的である。Das heutige Japanisch kennt, nach allgemeiner Auffassung, vier Formen der Höflichkeitssprache: die verschönende Form (*bika-go*), die Ehrerbietungsform (*sonkei-go*), die Bescheidenheitsform (*kenjō-go*) und die höfliche Form (*teinei-go*). **kenjō-go 謙譲語** {Gramm.} die Bescheidenheitsform; die bescheidene Sprache 敬語の一つで話し手（書き手）が相手や話中の人に対して敬意を表すために，自分や自分の側に立つと思われるものや動作をへりくだって表現する語。Eine Form der japanischen Höflichkeitssprache, wobei der Sprecher für sich selbst und alles, was mit ihm in Beziehung steht, bescheidene Formulierungen benutzt (*bika-go, sonkei-go*, *teinei-go*; siehe dort)

◆kenkyō-fukai 牽強付会
(schriftspr.) eine erfundene Erklärung; eine an den Haaren herbeigezogene Erklärung;

eine weithergeholte Interpretation; eine gewagte Deutung このドイツ語表現のなかにある an (od. bei) den Haaren herbeiziehen というのは，格闘の際，相手の髪を引っ張って，意のままにやっつけることから生じた表現であろうと言われている。Der deutsche Ausdruck „etwas an den Haaren herbeiziehen“ kommt wahrscheinlich daher, dass man im Kampf den Gegner an den Haaren packt und ihn nach Belieben angreift.

◆kenmohororo ni kotowaru けんもほろろに断る

schroff ablehnen「けん」「ほろろ」ともに雉の鳴き声から来ているといわれる。Die Wörter *ken* und *hororo* sollen vom Ruf des Fasans abgeleitet sein.

◆ki de hana o kukutta yō na henji o suru 木で鼻をくくったような返事をする

kurz angebunden antworten 上記の表現は，相手の言葉に対してそっけなく無愛想に応対するさまを言う言葉で，もともとは「木で鼻をこくる」と言ったが，誤用されて「木で鼻をくくる」となった。なお「こくる」は，「強くこする」という意味である。Der Ausdruck bedeutet, dass man auf eine Äußerung seines Gesprächspartners teilnahmslos und barsch antwortet, ursprünglich lautete die Formulierung *ki de hana o kokuru*, „jemandem mit einem Stück Holz grob die Nase abbürsten“, daraus hat sich irrtümlich die Form *kukuru* „zusammenbinden“ entwickelt.

◆kigo 季語

{Literaturw.} das Jahreszeitenwort 連歌や俳句など日本のいくつかの詩歌のジャンルで，句の季節を示すために読み込むように定められている動物や植物の名前を示す語。Festgelegte Vokabeln, z.B. Tier- oder Pflanzennamen, die auf eine bestimmte Jahreszeit hinweisen, in einigen Genren der japanischen Lyrik wie *Renga* oder *Haiku*. **saijiki 歳時記** Jahreszeitenwörter-Glossar

◆kiiroi koe 黄色い声

wörtl.: „gelbe Stimme“; grelle Stimme (insbesondere der Frauen und Kinder) この表現は江戸時代に誕生したらしい。Vermutlich entstand dieser Ausdruck in der Edo-Zeit.

◆kijō no kūron 机上の空論

wörtl.: „leere Diskussion auf dem Tisch“; etwas vom grünen Tisch; nicht realisierbare Theorie

◆kiki-nagasu 聞き流す

(absichtlich) überhören; kein Gehör schenken; kein Ohr leihen **kiki-zute naranai 聞き捨てならない** unverzeihlich; jemandem etwas nicht durchgehen lassen

◆kisama 貴様

du; Sie; mein Herr 日本語の人称代名詞，特に一人称と二人称の単数形の多様性は，欧米語系の日本語学習者にとっては驚くばかりであろう。例としてこの「貴様」をとりあげるが，これは，男性が極めて親しい，対等ないしは目下の者に対して用いる二人称の人称代名詞であり，相手をののしる場合にも用いる。もともとは尊敬の気持ちを込めて書簡等で用いられていたが，江戸時代後期頃からは口語として一般化し，当初もっていた尊敬の意味は薄れていった。Im Japanischen gibt es viele verschiedene Personalpronomen für die erste und zweite Person („ich" und „du"), was für einen westlichen Japanischlerner zunächst überraschend ist. Als ein Beispiel sei hier das Wort *kisama* angeführt, ein Personalpronomen der zweiten Person, das männliche Sprecher gegenüber ausgesprochen vertrauten Personen verwenden können, die in der Hierarchie auf der gleichen Ebene oder unter ihm stehen, gelegentlich wird es verwendet, um den Gesprächspartner zu beleidigen. Das Wort wurde ursprünglich als eine höfliche Anrede in Briefen verwendet, aber seit der späten Edo-Zeit hat es sich in der Umgangssprache eingebürgert und die ursprünglich höfliche Nuance ging fast vollständig verloren.

◆kiita fū na kuchi o kiku 利いた(聞いた)風な口をきく

(ugs.) wissend daherreden; naseweis bemerken

◆kōgen-reishoku sukunashi jin 巧言令色すくなし仁

(Sprichw.) Wer immer schöne Formulierungen benutzt, dem fehlt die Menschlickheit. 出典は孔子の『論語』。Die Formulierung stammt aus „Buch der Gespräche" (ch. *Lunyu*) des Konfuzius.

◆koroshi-monku 殺し文句

die entscheidende Formulierung (mit der man jemanden für sich gewinnt)

◆kotodama 言霊

die Wortseele 古代日本で，言葉に宿ると信じられていた霊的な力。Im japanischen Altertum gab es den Glauben an eine der Sprache innewohnende mysteriöse Kraft.

◆kuchi-guruma 口車

die süßen (verführerischen) Worte **kuchi-guruma ni noseru 口車に乗せる** jemanden beschwatzen; mit süßen Worten verführen

◆kuchi-habattai koto o iu 口幅ったいことを言う

vorlaut sein; große Worte machen **kuchi-habattai koto o iu-yō desu ga 口幅ったいことを言うようですが** Dürfte ich mir erlauben zu bemerken, dass …

◆kuchi-komi 口コミ

aus jap.: *kuchi* („Mund") und *komi* (Abk. für engl.: *communication*); die Mundpropaganda, die Flüsterpropaganda このドイツ語のうち後者は，「ささやきによるプロパガンダ」であるから，「秘密裡におこなう」というニュアンスが付く。Der Ausdruck Flüsterpropaganda hat zusätzlich die Nuance, dass die Information nicht allgemein zugänglich, sondern ein Geheimtipp ist.

◆kuda o maku 管を巻く

betrunken lallen; im Rausch schwadronieren 酔っ払いなどがわけの分からないことやくだらない愚痴を繰り返して言う。z.B. im Alkoholrausch unsinniges Zeug reden

◆kudoku 口説く

überreden; herumkriegen 1) 何かを頼むために，いろいろ言うこと。2) 異性に愛情を打ち明け言い寄ること。1) mit jemandem in der Absicht sprechen, ihn um etwas zu bitten 2) jemandem seine Zuneigung gestehen und versuchen, sie oder ihn zu verführen「口説く」という言い方は平安時代からあった言葉であるが，異性に求愛する意味で用いられるようになったのは，16世紀頃からである。Das Wort *kudoku* findet man seit der Heian-Zeit, aber erst seit dem 16. Jh. wird es auch in der Bedeutung „versuchen, jemanden zu verführen" verwendet.

♦kutō-ten 句読点

{Gramm.} das Satzzeichen, die Interpunktion 文章につける句点(。)および読点(，)のこと。句読点が一般に用いられるようになったのは，明治時代半ば以降のことであり，さらにひろく定着したのは，昭和に入ってからと言ってよい。Punkte und Kommas etc. in einem Satz. Satzzeichen werden im Japanischen seit Mitte der Meiji-Zeit verwendet und von einem allgemeinen Gebrauch kann erst seit Beginn der Shōwa-Zeit sprechen.

♦kyatchi-furēzu キャッチ・フレーズ

(von engl. *catch phrase*) das Schlagwort; der Werbespruch 日本において新聞広告や雑誌広告などにおいて，それまでの説明調の広告に代わってキャッチ・フレーズによる印象表現が取り入れられるようになったのは20世紀初頭，日露戦争後に，化粧品関係で用いられたのが最初であると見られる。In japanischen Zeitungs- und Zeitschriftenanzeigen werden seit Beginn des 20. Jhs. solche eindrücklichen Formulierungen anstelle von Erklärungen verwendet. Als erstes Beispiel dafür gilt Werbung aus dem Kosmetikbereich nach dem Japanisch-Russischen Krieg.

♦kyū-jitai 旧字体

die alte *Kanji*-Schreibweise 漢字の字体で，古くから用いられていた字体。1949(昭和24)年から新しい字体が用いられるようになった。Die traditionelle Schreibweise der *Kanji*. Seit 1949 wird eine neue, teilweise vereinfachte Schreibweise verwendet.

♦make-oshimi o iu 負け惜しみを言う

seine Niederlage nicht zugeben wollen; seine Niederlage beschönigen **make-oshimi ga tsuyoi 負け惜しみが強い** ein schlechter Verlierer sein

♦makka na uso 真っ赤なうそ

wörtl.: „eine knallrote Lüge"; eine faustdicke Lüge **makka na uso o tsuku 真っ赤なうそをつく** faustdicke Lügen erzählen この「赤」の意味については「赤の他人」の項を参照。

♦man'yō-gana 万葉仮名

die *Man'yō*-Umschrift 日本語を表記するために表音文字として使用された漢字。万葉集(8世紀)に多く用いられたことからこの名前がある。Zu Beginn der Einführung der *Kanji*-Zeichen in Japan wurden diese unabhängig von ihrem Sinngehalt ausschließlich phonetisch gebraucht. Weil die berühmte Gedichtssammlung *Man'yō-shū* aus dem 8. Jh. hauptsächlich in dieser Schrift abgefasst ist, wurde diese Form der Umschrift danach benannt.

♦mata-giki de shika shiranai また聞きでしか知らない

nur vom Hörensagen wissen **mata-giki また聞き** das Hörensagen; die Information aus zweiter Hand

♦ miburi-gengo 身振り言語
die Körpersprache 音声の代わりに身振りを用いて，自分の意志や感情を伝えること。ボディ・ランゲージ。Die Übermittlung der eigenen Meinung oder der eigenen Gefühle durch Gebärden, Körperhaltung usw. anstelle der Stimme (engl. *body language*; *sign language*).

♦ mi mo futa mo nai 身も蓋もない
wörtl.: „ohne Topf und Deckel“; unverhüllt; ohne Umschweife; etwas brutal offen sagen; eine Angelegenheit durch übertriebene Deutlichkeit verderben 表現が露骨過ぎて含みも情緒もなく，話の続けようもないたとえ。容器の身（物を入れる部分）も蓋もないということで，なにもかもさらけだしている状態。そこから含蓄も情緒もないという意味を表すようになった。Metapher für eine überdeutliche, direkte und kalte Ausdrucksweise, die eine Unterhaltung faktisch beendet. Die Situation, wenn etwas weder durch ein Gefäß noch durch einen Deckel verborgen, sondern unverhüllt ist. Davon abgeleitet ist die Bedeutung „ohne Umschweife und kalt“.

♦ mini-komi ミニコミ
(von pseudoengl. *mini communication*) die Kommunikation unter einer kleinen Anzahl von Personen und die Zeitung oder die Zeitschrift dafür 少数者間の情報伝達とそのための新聞・雑誌類。

♦ mizukake-ron 水掛け論
die uferlose Diskussion; ewiges Hin und Her; der unnütze Wortwechsel

♦ mizu o mukeru 水を向ける
jemanden auf etwas zu sprechen bringen 文脈によっては bei jemandem auf dem Busch klopfen も用いることができる。

♦ mono mo iiyō de kado ga tatsu 物も言いようで角が立つ
Auch Gutgemeintes kann durch die Art, wie es geäußert wird, verärgern.

♦ nage-kisu 投げキス
die Kusshand (das Kusshändchen) **nage-kisu o suru 投げキスをする** jemandem einen Kuss (eine Kusshand) zuwerfen

♦ naki o ireru 泣きを入れる
weinend flehen; um Gnade bitten; um Schonung bitten **naki-kuzureru 泣き崩れる** weinend zusammenbrechen **naki-neiri suru 泣き寝入りする** wörtl.: „sich in den Schlaf weinen“; sich fügen; resignieren **naki-otoshi ni kakeru 泣き落としにかける** jemanden durch Tränen zu überreden versuchen **morai-naki もらい泣き** Mitweinen (aus Sympathie) **kuyashi-naki 悔し泣き** Weinen aus Reue **musebi-naki むせび泣き** Schluchzer **otoko-naki 男泣き** Mannestränen **shinobi-naki 忍び泣き** Schluchzen, Wimmern **ureshi-naki うれし泣き** Weinen vor Freude **gōkyū 号泣** lautes Weinen, Heulen **gōkyū suru 号泣する** heftig weinen; heulen **nakittsura ni hachi** (Sprichw.) **泣きっ面に蜂** wörtl.: „Die Biene sticht das weinende Gesicht.“ Ein Unglück kommt selten allein. **naku ko to jitō ni wa katenu 泣く子と地頭には勝てぬ** (Sprichw.) Gegen weinende Kinder und Landvögte ist man machtlos. 地頭は，鎌倉時代に荘園の管理をしていた

者。泣く子供と地頭は，正しい道理を説いて聞かせても効き目がない，ということ。Der hier mit „Landvogt" übersetzte Titel *jitō* bezeichnete in der Kamakura-Zeit den Verwalter eines Lehens (*shōen*). Gemeint ist, dass man weder gegenüber einem weinenden Kind noch gegenüber einem Lehensverwalter mit vernünftigen Erklärungen zum Ziel kommt. **naki-mushi 泣き虫** der Heulpeter (男の子の場合); die Heulsuse (女の子の場合)

♦ nama-henji 生返事

unbestimmte Antwort; halbherzige Antwort **nama-henji o suru 生返事をする** unbestimmt antworten; ohne richtig zuzuhören antworten

♦ nashi no tsubute なしのつぶて，梨の礫

keine Reaktion; kein Echo; kein Sterbenswörtchen von sich hören lassen「つぶて」は，投げるものとしての小石，または投げられた小石の意味で，「なしのつぶて」は「投げた小石のように帰ってこない」の意。「梨」は「無し」にかけたもの。全体として，便りを出したのに，返事がないこと。*Tsubute* ist kleiner Stein, den man wirft, bzw. geworfen hat. Gemeint ist eine Situation, in der man z.B. einen Brief geschrieben oder eine Nachricht verschickt hat, aber keine Rückmeldung erhält; das wird damit verglichen, dass man einen kleinen Stein weggeworfen hat, worauf ebenfalls nichts zurückkommt. „Nichts", *nashi*, ist hier scherzhaft mit dem gleichlautenden *Kanji*-Zeichen für die japanische Birne geschrieben. **onshin-futsū 音信不通** langes Verbleiben ohne Nachricht

♦ nehori hahori kiku 根掘り葉掘り聞く

jemanden bis ins letzte Detail befragen; jemanden ausquetschen; jemanden löchern「葉掘り」は「根堀り」との語呂合わせで，特に意味はない。*Nehori hahori* ist Reimspiel, bei dem es auf den Klang der Wörter und nicht so sehr auf deren Bedeutung ankommt.

♦ ne mo ha mo nai hanashi 根も葉もない話

wörtl.: „Erzählung ohne Wurzel und Blätter"; eine völlig aus der Luft gegriffene Erzählung (Geschichte); eine grobe (glatte) Lüge

♦ neta ネタ，ねた

1) die Info, die Nachrichteninformation 2) das Rohmaterial, das Ausgangsmaterial, die Zutaten 3) der Beweis, die Indizien 1) 新聞記事・文章などの材料 2) 料理などの材料 3) 証拠。なお「ネタ」は「たね」の倒語。Das Wort *neta* wurde durch Umkehrung der Silben aus dem Wort *tane* (Kern, Keim) gebildet.

♦ netto-tsūshin ネット通信

die Kommunikation durch das Internet ネット通信が，世界の歴史を動かすコミュニケーションの手段になることは，21世紀になって起こった多くの事例が示すとおりである。Die Kommunikation über das Internet verändert den Lauf der Geschichte, wofür sich seit dem Eintritt ins 21. Jh. zahlreiche Beispiele finden lassen.

◆nibemonaku kotowaru にべもなく断る
rundweg (glatt, unumwunden) ablehnen にべは膠（にかわ）の一種で，その粘り強さから他人との親密性を表わす。「にべも無く」は，その親密さが無いということで，無愛想という意味になった。*Nibe* ist eine Art von Leim, und dessen Klebrigkeit ist eine Metapher für die Anhänglichkeit an oder die Vertrautheit mit Personen, *nibe mo naku* („ohne Leim") bedeutet also „ohne Vertrautheit" oder abweisend.

◆ni-no-ku ga tsugenai 二の句が継げない
keine Worte mehr haben; jemandem bleibt die Spucke weg 驚いたりあきれたりして，次の言葉が出てこないという意味。なおドイツ語のjemandem bleibt die Spucke wegは，（驚いて，あきれ返って）唾も出てこないという意味である。

◆noroke o iu のろけを言う
von seiner Liebe erzählen; seine Liebesgeschichte zum Besten geben

◆nyōbō-kotoba 女房言葉，女房詞
die Geheimwörter der Hofdamen; die Geheimsprache der Hofdamen 室町時代初期頃から，宮中に仕えた女官たちが，主として衣食住に関する事物について用いた一種の隠語である。Eine Art Geheimsprache, die unter den Hofdamen am Kaiserhof seit der frühen Muromachi-Zeit in Gebrauch ist, und hauptsächlich Begriffe aus den Bereichen Kleidung, Essen und Wohnen zum Inhalt hat.

◆ofureko オフレコ
(Abk. für engl. *off the record*) Interview, eine Aussage oder eine Bemerkung, die nicht für die Veröffentlichung gedacht ist 記録を公表しないことを条件で行なう記者たちとの会見を意味する報道用語。記者が独自の判断でその内容を公表してしまい，大きな政治問題がひきおこされたことも過去に何度かある。Fachbegriff aus der Welt der Presse, womit man z.B. ein inoffizielles Interview bezeichnet, das unter der Voraussetzung gegeben wird, dass es nicht veröffentlicht wird. In der Vergangenheit gab es mehrere Fälle, in denen Journalisten nach eigenem Gutdünken den Inhalt solcher Gespräche veröffentlicht und damit beträchtliche politische Probleme verursacht haben.

◆ojigi おじぎ，お辞儀
die Verbeugung (als Begrüßungsgeste), die Verneigung **ojigi o suru お辞儀をする** sich verbeugen; sich verneigen; eine Verbeugung machen **eshaku 会釈** die leichte Verbeugung (Verneigung) **eshaku (o) suru 会釈（を）する** eine leichte Verbeugung machen

◆o-kotoba ni amaete お言葉に甘えて
ich erlaube mir, auf Ihr freundliches Angebot einzugehen, und ...; auf Ihr freundliches Angebot eingehend; durch Ihre freundlichen Worte ermutigt

◆okubi ni mo dasanai おくびにも出さない
wörtl.: „nicht einmal rülpsen"; sich nicht das geringste anmerken lassen; kein Sterbenswort sagen「おくび」は，胃の中にたまったガスが口の外に出るもので，いわゆる

「げっぷ」のこと。「おくびにも出さない」とは，物事を深く隠して，決して口に出さず，それらしい様子も見せないということ。*Okubi* ist das Aufstoßen von Luft aus dem Magen, das Rülpsen. Die Redewendung meint, dass man etwas zutiefst verheimlicht und unter keinen Umständen äußert, und dass man sich nicht einmal den Anschein gibt, überhaupt etwas zu sagen.

♦ okuri-gana 送り仮名
die *Kana*, die als Verbendung einem *Kanji* beigefügt werden, um die Flexion anzuzeigen

♦ ōmu-gaeshi ni iu 鸚鵡返しに言う
nachplappern 鸚鵡はもちろん鳥の名前で，nachplappern wie ein Papagei ということもできる。

♦ onbin 音便
die euphonische Änderung; die euphonische Lautveränderung (bei Wortzusammenstellungen) 発音上の便宜から，もとの音とは違った音に変わる現象。

♦ onna-kotoba 女言葉 (josei-go 女性語)
die Frauensprache 単語，文体等に表れる女性特有の言いまわし。von Frauen benutzte Vokabeln und Formulierungen

♦ onna-moji 女文字
die Frauenhandschrift, die Frauenschrift 平安時代には平仮名は主として女性によって用いられていたので，かつては「女文字」が平仮名を意味することもあった。Weil in der Heian-Zeit die *Hiragana*-Zeichen hauptsächlich von Frauen benutzt wurden, hat man den Begriff früher auch als Bezeichnung für diese Schrift benutzt.

♦ otsukare-sama deshita お疲れさまでした
Vielen Dank für Ihre Mühe! (z.B. nach der gemeinsamen Arbeit) Auf Wiedersehen! 相手の労苦をねぎらう意で用いる言葉。たとえば職場で，先に帰る人への挨拶などに用いる。Mit diesem Ausdruck bedankt man sich bei jemandem, der sich bemüht hat. Man verabschiedet so beispielsweise Kollegen, die am Feierabend nach Hause gehen, wenn man selbst noch am Arbeitsplatz bleibt.

♦ rabu-kōru ラブ・コール
(pseudoengl. *love call*) 1) das Telefongespräch mit dem oder der Geliebten 2) die eifrige Werbung

♦ rakugaki 落書き
das Geschmiere, das Gekritzel **rakugaki (o) suru 落書き(を)する** beschmieren, kritzeln **rakugaki-kinshi 落書き禁止** Beschmieren verboten!

♦ rōmaji ローマ字
lateinische Buchstaben; Bezeichnung für einen japanischen Text oder einzelne Wörter in europäischer Schreibweise; das römische Schriftzeichen 室町時代に渡来したポルトガル人宣教師が初めて用いたと考えられる。現在ローマ字による表記法には3種類がある。ちなみに本書で用いているのはヘボン式と呼ばれる方式である。Die Verwendung lateinischer Buchstaben in Japan begann in der Muromachi-Zeit durch die Begegnung mit portugiesischen Missio-

naren. Heute sind drei Systeme gebräuchlich, Japanisch mit lateinischen Buchstaben umzuschreiben (in diesem Buch benutzen wir das so genannte Hepburn-System).

♦ ronri no hiyaku 論理の飛躍
der logische Sprung; der Gedankensprung **ronriteki kiketsu 論理的帰結** die logische Folge; die Deduktion **shiri-metsuretsu no 支離滅裂の** unzusammenhängend, zusammenhangslos, unsinnig; inkohärent

♦ sake no ue de no jōdan 酒の上での冗談
ein Scherz beim Trinken

♦ san-men kiji 三面記事
wörtl.: „Artikel von Seite drei"; die vermischten Nachrichten; die Nachrichten aus aller Welt 新聞が4ページで作られていた頃，社会面が3ページにあったことから，社会記事の通称となった。In der Zeit, als japanische Zeitungen aus vier Seiten bestanden, befand sich die Rubrik „Vermischtes" auf der dritten Seite, was sich als allgemeine Bezeichnung für diese Art von Nachrichten erhalten hat.

♦ seirui tomoni kudaru 声涙ともに下る
(schriftspr.) mit Tränen in den Augen sprechen; mit tränenerstickter Stimme sprechen

♦ seken-banashi o suru 世間話をする
sich über Alltäglichkeiten unterhalten; über Alltäglichkeiten plaudern; über unbedeutende Dinge schwatzen; Smalltalk betreiben

♦ shidoro-modoro no しどろもどろの
verwirrt, verlegen **shidoro-modoro ni naru しどろもどろになる** verwirrt werden; verlegen werden; in Verwirrung geraten

♦ shimo-neta 下ねた，下ネタ
(ugs.) ein unanständiges Thema; ein obszönes Thema「ねた」は「種（たね）」の倒語。性や排泄に関わる下品な話題。*Neta* ist durch die Umkehrung der Silben aus dem Wort *tane* „Keim, Gesprächsthema" gebildet. Ordinäre Gesprächsinhalte aus dem Bereich der menschlichen Sexualität oder Ausscheidungen.

♦ Shingo-ryūkōgo-taishō 新語・流行語大賞
Großer Preis für das neue Modewort des Jahres 正確な名称や主催者は途中で変わっているが日本では1984（昭和59）年よりこの賞の選定がなされている。なおドイツでは毎年年末に，その1年を象徴する「今年の言葉」が選ばれており，初回は1971年で，毎年行われるようになったのは1977年からである。Seit 1984 wird in Japan sozusagen ein „Wort des Jahres" ausgewählt (obwohl sich die genaue Bezeichnung der Veranstaltung und Veranstalter geändert haben). In Deutschland wurde ein „Wort des Jahres" erstmals 1971 und seit 1977 regelmäßig gewählt.

♦ shinshō-bōdai ni iu 針小棒大に言う
wörtl.: „aus einer Nadel eine Stange machen"; einer Kleinigkeit mehr Gewicht geben, als ihr eigentlich zukommt; aus einer Mücke einen Elefanten machen

♦shira o kiru 白を切る
sich unwissend geben; sich dumm stellen; Unwissenheit vorschützen; sich verstellen 知っていても知らないと言う。

♦shiro o kuro to iikurumeru 白を黒と言いくるめる
wörtl.: „weiß als schwarz bezeichnen"; aus weiß schwarz machen; jemandem ein X für ein U vormachen

♦shōsoku-suji 消息筋
gut unterrichtete Kreise; informierte Kreise マスメディアにおいては情報源を曖昧にした形で報道する場合によくこの言い方を用いる。In den Massenmedien verwendet man oft diesen Ausdruck, um zu vermeiden, die Nachrichtenquelle deutlich anzugeben. 例「消息筋から知らされたところでは……である」Aus gut unterrichteten Kreisen wurde bekannt, dass … **shōsoku-tsū 消息通** der Kenner; die gut unformierte Person 例「政界の消息通」ein Kenner politischer Angelegenheiten

♦shūha o okuru 秋波を送る
(schriftspr.) jemandem zärtliche Blicke zuwerfen (normalerweise eine Frau einem Mann) 色目を使って異性の関心を引こうとすること（特に女性が男性に対して）。

♦shūkan-shi 週刊誌
das Wochenmagazin; die Wochenzeitschrift **gekkan-shi 月刊誌** die Monatszeitschrift **shashin-shūkanshi 写真週刊誌** die illustrierte Wochenzeitschrift

♦shuwa 手話
die Gebärdensprache; die Fingersprache 音声言語を単に手話に変換したものと，独自の体系を持ったものとがある。In der Gebärdensprache gibt es einerseits Zeichen, die für bestimmte gesprochene Worte oder für Laute stehen und andererseits ein eigenständiges Kommunikationssystem. **shuwa-tsūyaku 手話通訳** die Übersetzung in Gebärdensprache **shuwa-tsūyakusha 手話通訳者** der (die) Gebärdendolmetscher(in)

♦sonkei-go 尊敬語
{Gramm.} die ehrerbietig-höfliche Form 敬語の一つ。当該者に対して話し手の敬意を含ませた表現。Eine Form der japanischen Höflichkeitssprache, wobei der Sprecher für sein Gegenüber und alles, was mit ihm in Beziehung steht, ehrerbietig-höfliche Formulierungen benutzt.

♦sōrō-bun 候文
der *Sōrō-bun*; der *Sōrōbun*-Stil 文末に丁寧語の「候」を使う文語体の文章。書簡や公用文において用いられた。鎌倉時代に始まり，江戸時代にその書き方が定まった。明治時代になってからも書簡体としてある程度用いられた。Schreibstil der japanischen Schriftsprache, wobei am Ende des Satzes das Höflichkeitshilfsverb *sōrō* verwendet wird. Diese Schreibkonvention findet man erstmals in Texten der Kamakura-Zeit und sie war bis zur Edo-Zeit gebräuchlich. Auch in der Meiji-Zeit findet man sie noch gelegentlich in Briefen.

♦sukin-shippu スキン・シップ
(pseudoengl. *skinship*) die körperliche

Berührung; die Kommunikation durch Hautkontakt (insbesondere zwischen Mutter und Kind)

♦sukūpu スクープ

der Scoop, der Exklusivbericht, die Exklusivnachricht, die Erstmeldung **sukūpu suru スクープする** konkurrierende Journalisten durch eine Erstmeldung ausstechen

♦suppa-nuku スッパ抜く，すっぱ抜く

(ugs.) etwas aufdecken; etwas enthüllen 隠し事など，本人が言ってもらいたくないと思っていることを公言すること。eine Art Geheimnis, oder etwas, was jemand nicht preisgeben will, an die Öffentlichkeit bringen

♦sute-zerifu 捨てぜりふ，捨て台詞

drohende Abschiedsworte もとは歌舞伎用語で，俳優が，脚本に書いてないのにその場の雰囲気に応じて即興的に言う短い台詞のことだが，転じて，立ち去ろうとするとき，相手の返答を求めないで一方的に言い放つ言葉。Ursprünglich ein Terminus aus dem *Kabuki*-Theater, für kurze improvisierte Äußerungen, die nicht im Text standen, und die ein Schauspieler spontan aus der momentanen Stimmung heraus äußerte. Im übertragenen Sinn verwendet man das Wort heute für einseitige und endgültige Abschiedsworte, auf die man keine Reaktion mehr vom Gesprächspartner erwartet.

♦tachi-itta koto o kiku 立ち入ったことを聞く

jemandem eine persönliche (indiskrete) Frage stellen

♦tamamushi-iro no 玉虫色の

wörtl.: „prachtkäferfarbig“; irisierend, schillernd, regenbogenfarbig, vieldeutig 見方や立場によっていろいろに解釈できるあいまいな表現などをたとえて言う場合に用いる。Eine Metapher, die man gebraucht, wenn man eine Formulierung oder eine Äußerung je nach dem Standpunkt des Beteiligten ganz verschiedene Interpretationen zulässt. **aimaisa あいまいさ，曖昧さ** die Unbestimmtheit, die Vagheit, die Unklarheit, die Ungenauigkeit, die Verschwommenheit, die Ambiguität

♦tantō-chokunyū ni 単刀直入に

ohne Umschweife; direkt「単刀」は「一本の刀」という意味だから，「短刀直入」と書くのは間違い。余談・前置きを抜きにして直接問題の要点に入ること。*Tantō* bedeutet hier „ein Schwert“, deshalb ist die Schreibung mit den gleichlautenden *Kanji*-Zeichen 短刀 („Kurzschwert“) falsch. Ohne vom Thema abzuschweifen und ohne einleitende Bemerkungen direkt auf den Hauptpunkt eines Problems zu sprechen kommen.

♦tataki-dai たたき台

wörtl.: „der Hackklotz“; der Ausgangspunkt für eine Diskussion 検討を加えてよりよくするための原案。

♦tate-gaki たて書き，縦書き

das senkrechte Schreiben; das Schreiben von oben nach unten; Zeilen von oben nach unten geschrieben「横書き」のところでも触れているが，日本語はもともとはすべて縦書きであった。Wie auch unter dem Stichwort *yoko-gaki* erwähnt, wurde Japanisch ursprünglich immer von oben nach unten geschrieben.

♦ tate-ita ni mizu o nagasu yō ni 立て板に水を流すように

fließend, ununterbrochen, in einem fort; wie ein Wasserfall; ohne zu stocken

♦ teinei-go 丁寧語

{Gramm.} die Höflichkeitsform 敬語の一つ。相手に対する話し手の直接の敬意を表現する言い方。「です」「ます」の類。Eine Form der japanischen Höflichkeitssprache, wobei der Sprecher die Wertschätzung für sein Gegenüber direkt zum Ausdruck bringt.

♦ tenji 点字

die Blindenschrift **tenji-toshokan 点字図書館** die Blindenbibliothek **tenji-hon'yaku-sha 点字翻訳者** der (die) Blindenschrift-übersetzer(in)

♦ tokuha-in 特派員

der Auslandskorrespondent, der Sonderberichterstatter **yūgun-kisha 遊軍記者** der Reporter in Bereitschaft

♦ toritomenonai hanashi o suru とりとめのない話をする

unzusammenhängendes Gerede machen **toritomenonai koto o kangaeru とりとめの無いことを考える** unnützen Gedanken nachhängen「とりとめ」とは，話の要点やまとまりのこと。Mit *toritome* ist ein zentraler Punkt oder eine Zusammenschau der Gedanken gemeint, und *toritomenonai koto* bedeutet, dass ein zentraler Punkt fehlt.

♦ toritsuku shima mo nai 取り付く島もない

unzugänglich, abweisend, unnahbar「取り付く島」とは，頼りにして取りすがるところ，大海の中にあって，よりどころとすることのできる島のようなところということ。全体として，相手がつっけんどんで，話を進めるきっかけも見つからない，という意味。*Toritsuku shima* bezeichnet etwas, woran man sich festhalten kann, so wie eine Insel im Ozean, die einem als Halt oder Basis dient. Der Ausdruck meint, dass der Gesprächspartner so abweisend ist, dass keine Aussicht auf einen positiven Fortgang des Gesprächs besteht.

♦ tōyō-kanji 当用漢字

die *Kanji*-Zeichen für den täglichen Gebrauch 日常使用する漢字の範囲を定めたもので，1946（昭和21）年訓令・告示をもって公布した1850の漢字。当用漢字に代わるものとして1981（昭和56）年に定められたのが **jōyō-kanji 常用漢字** で，ここには一般の社会生活において使用する漢字の目安として，1945字の字種が示されている。Die im Jahr 1946 von der Regierung für den alltäglichen Gebrauch bestimmten 1850 *Kanji*-Zeichen. 1981 wurde erneut eine Gruppe von 1945 *Kanji*-Zeichen für den allgemeinen gesellschaftlichen Gebrauch bestimmt, die *Jōyō-kanji*.

♦ tsubekobe iu つべこべ言う

widersprechen, meckern **tsubekobe iuna つべこべ言うな** Red' nicht so daher! Halt den Mund! Halt's Maul! 一種の罵倒語である。類似の表現は江戸時代にもあった。Ein Schimpfwort. Seit der Edo-Zeit sind ähnliche

Ausdrücke belegt.

♦ tsūkā つうかあ，ツーカー

(ugs.)「つうと言えばかあ」の約。互いに気心が通じ合って，ちょっと言っただけで相手が言おうとしていることが分かること。Abkürzung von *tsū to ieba kā*, auf Deutsch etwa: „wenn man *tsū* sagt, wird *kā* verstanden". Die Laute *tsū* und *kā* haben keine bestimmte Bedeutung, gemeint ist, dass man einander so gut versteht, dass man schon beim ersten Wort genau weiß, was der andere sagen will. **tsūkā no naka つうかあ（ツーカー）の仲** zwei, die sich gut verstehen

♦ tsukanu-koto o otazune shimasu ga つかぬことをお尋ねしますが

Entschuldigen Sie meine unvermittelte Frage! Verzeihen Sie, dass ich Sie unvermittelt frage; entschuldigen Sie meine plötzliche Anfrage; das ist vielleicht eine dumme Frage, aber…「つかぬこと」というのは「関係の無いこと」「出し抜けなこと」「突飛なこと」。

♦ uke-uri 受け売り

1) der Weiterverkauf 2) das Weitergeben von Informationen, die man selbst nur vom Hörensagen weiß **uke-uri suru 受け売りする** anderer Leute Meinungen weitergeben

♦ un tomo sun tomo iwanai うんともすんとも言わない

überhaupt nichts sagen; weder „hm" noch „ähm" sagen; keinen Ton (von sich) geben「うん」は受け入れの意の返事 (ja; jawohl) で,「すん」は，それに対する一種の語呂合わせであると考えられている。*Un* entspricht im deutschen etwa einem zustimmenden „hm", *sun* ist vermutlich eine Art Reimspiel zu *un*.

♦ uri kotoba ni kai kotoba 売り言葉に買い言葉

Ein Wort gibt das andere; Wechsel von Rede und Gegenrede.

♦ uso mo hōben 嘘も方便

(Sprichw.) Die Umstände können eine Lüge rechtfertigen. In der Not kann auch die Lüge erlaubt sein. Eine Notlüge schadet nicht. 方便は仏教から来た言葉で，もともとは，仏が衆生を真理へ教え導くための巧みな手段を意味するものであった。*Hōben* ist ein buddhistischer Terminus und bezeichnet ursprünglich die geschickten Mittel, die der Buddha anwendet, um die Lebewesen zur Erleuchtung zu führen.

♦ uwagoto o iu うわごとを言う

fantasieren; irre reden; im Fieberwahn reden; delirieren

♦ uwasa o sureba kage ga sasu 噂をすれば影がさす

(Sprichw.) wörtl.: „Wenn man tuschelt, erscheint die Silhouette." Eine Person, über die man gerade spricht, taucht unerwartet auf. Wenn man den Teufel nennt, kommt er gerennt. Wenn man den Teufel an die Wand malt, so kommt er. Wenn man vom Teufel spricht, kommt er.

♦ wabun 和文

der japanische Satz; der japanische Text; das Japanische **wabun-dokuyaku 和文独訳** die Übersetzung aus dem Japanischen ins

Deutsche

♦wago 和語
Wörter originär japanischer Herkunft 漢語およびその他の外来語に対して，日本固有の語。「やまとことば」とも言う。Indigen japanische Wörter im Gegensatz zu sinojapanischen Wörtern oder Lehnwörtern. Man nennt sie auch *yamato-kotoba*.

♦waidan 猥談
die Zote; die unanständige Geschichte **waidan o suru 猥談をする** Zoten erzählen (reißen); unanständige Geschichten erzählen

♦wasei-eigo 和製英語
das japanische Englisch; ein in Japan erfundenes pseudoenglisches Wort

♦yoisho よいしょ
1) Hau ruck! 2) (ugs.) das Einschmeicheln 1）力を合わせて重いものを持ち上げたり動かしたりするときの掛け声。2) 相手をおだてていい気分にさせること。1) anfeuernder Zuruf, wenn man etwas Schweres hochhebt oder bewegt 2) sich beim Gegenüber einschmeicheln und es in eine positive Gemütslage versetzen

♦yoko-gaki 横書き
die horizontale Schreibung; der horizontale Schriftsatz **yoko-gaki suru 横書きする** von links nach rechts schreiben; horizontal schreiben 近世にいたって外国語の左横書きを目にするまで，日本人には，横書きという発想はなかったといってよい。芸術としての横書きや横長の看板などに文字を並べる場合にも，結果として横書きになったが，これはむしろ，一行一字の縦書きとして認識されていた。国語辞典に初めて横組み版が登場したのは1991(平成3)年であり，国語の教科書(高等学校「現代文」)に横組み版が現われたのは1994(平成6)年のことであった。Bis zum Kontakt mit der horizontalen Schreibweise der westlichen Schriften in der Neuzeit sind die Japaner nicht auf die Idee gekommen, von links nach rechts zu schreiben. Selbst wenn sich in der Kunst oder auf Schildern manchmal der Effekt einer horizontalen Anordnung von Schriftzeichen ergab (dann aber von rechts nach links gelesen), hat man diese als horizontal beschriebene Spalten mit nur je einem Zeichen interpretiert. Das erste horizontal geschriebene Japanisch-Japanisch-Wörterbuch ist erst 1991 erschienen und das erste Japanisch-Buch für den Schulunterricht (moderne japanische Sprache) an japanischen Oberschulen erst 1994.

♦yoko-michi ni soreru 横道にそれる
(vom Thema) abschweifen 話などが本題からそれる場合の言い方。実際にわき道とか横道へ行く場合には，vom rechten Weg abkommenなどを用いる。

♦yoko-moji 横文字
wörtl.: „die horizontale Schrift“, europäische Schrift 厳密には横に書き綴る文字ということでアラビア文字やヘブライ字なども含まれるはずであるが，日本で一般的には西洋語の文字，西洋語，またその文章の意味で用いている。Genau genommen gehören zwar auch Schriftsysteme wie das Arabische oder das Hebräische

zu den „horizontalen Schriften“, aber im Allgemeinen versteht man in Japan darunter die westeuropäischen Schriftsysteme oder die so geschriebenen Texte.

♦yose-gaki 寄せ書き
das gemeinsame Schreiben (durch mehrere Personen)

♦zamā miro ざまあ見ろ
Sieh, wie's dir geschieht! Das geschieht dir (ganz) recht! Das hast du verdient! 人の失敗や不幸をあざけり罵って言う語である。「ざま」は「さま（様）」が転じたもので様子や格好のこと。Mit diesem Ausdruck verhöhnt man jemanden, dem ein Missgeschick oder ein Unglück widerfahren ist. *Zamā* ist von *sama* abgeleitet und bedeutet hier Situation oder Lage.

♦zekka 舌禍
der Zungenfehler; folgenschwere Äußerung; ein Unglück, das man durch verfehlte Bemerkungen zugezogen hat **zekka-jiken 舌禍事件** Zwischenfall, der durch eine folgenschwere Äußerung entstanden ist

♦zenkoku-shi 全国紙
die landesweite Zeitung; die überregionale Presse; die überregionale Zeitung **chihō-shi 地方紙** die Lokalzeitung, das Lokalblatt **chōkan 朝刊** die Morgenausgabe, die Morgenzeitung, das Morgenblatt **yūkan 夕刊** die Abendausgabe, die Abendzeitung **nikkan-shi 日刊紙** die Tageszeitung, die Tagespresse 日本の代表的日刊紙には，例外はあるものの，たいてい朝刊と夕刊がある。また日本の新聞は，世界的に見ても，発行部数が多い。Überregionale Tageszeitungen in Japan haben meistens, d.h. nicht ohne Ausnahmen, Morgen- und Abendausgaben. Im internationalen Vergleich haben japanische Zeitungen eine hohe Auflage.

9. 迷信・民間伝承・おとぎ話その他

Aberglaube, Folklore, Märchen usw.

♦ama-no-jaku 天邪鬼
1) der Querkopf 2) der Widerspruchsgeist; der Starrsinn 3) Dämon, der unter den Füßen der Schutzgötter *Niō* am Eingang buddhistischer Tempel zertreten wird 1) つむじ曲がり 2) 他人の言うこと，することにわざと逆らう人 3) 仁王の像が足の下に踏みつけている小さな悪鬼。

♦bakemono 化け物，化物 (obake お化け)

das Gespenst, der Geist, das Monstrum 主として動物が人の姿をとって現れるもので，狐，狸，猫などの化け物が知られる。以下にあげられているいくつかの妖怪類もこの仲間とされる。Hauptsächlich Tiere, wie der Fuchs, der *Tanuki* (siehe dort) oder die Katze, die in Menschengestalt erscheinen. Dazu gehören auch die folgenden Gespenster **hitotsume-kozō 一つ目小僧** der einäugige Kobold **rokuro-kubi ろくろ首，轆轤首** das langhalsige Ungeheuer **nopperabō のっぺらぼう** Gespenst ohne Augen, Nase und Ohren **bakemono-yashiki 化け物屋敷 (obake-yashiki お化け屋敷)** das Spukhaus **yūrei 幽霊** der Geist, der Gespenst 日本で出ている和独辞典の多くは，幽霊に対しても化け物と同様の der Geist, das Gespenst というドイツ語を示している。化け物と幽霊のあいだには共通部分はあるが，幽霊は基本的には死後成仏できずにさ迷っている人間の亡霊で，恨みや未練を訴えるために，特定の人たちのところに姿を現わすものと考えられている。幽霊については古くより多くのことが言われ，考えられてきたが，現代にまで及ぶステレオタイプの大部分は，江戸時代に形成された。In vielen japanisch-deutschen Wörterbüchern, die in Japan erschienen sind, werden sowohl *yūrei* als auch *obake* oder *bakemono* als „Geist“ oder „Gespenst“ übersetzt. Zwar gibt es Gemeinsamkeiten, aber mit *yūrei* meint man grundsätzlich die umherirrenden Geister von Verstorbenen, die keinen „Seelenfrieden“ finden, so dass sie aus Rache oder anderer emotionaler Verbundenheit bestimmten Menschen erscheinen. Über *yūrei* gibt es von altersher viele Überlieferungen, aber die heute verbreiteten Stereotypen stammen größtenteils aus der Edo-Zeit.

♦bake-neko 化け猫
eine verhexte Katze; die Gespensterkatze; eine Katze, die sich verwandeln kann 化け

猫伝説は，日本各地に残されている。Legende von Katzen, die ihre Gestalt verändern können, findet man überall in Japan.

♦binbō-gami 貧乏神

die Göttin der Armut; Frau Armut; der Geist der Armut 人を貧乏にすると信じられている神。小さく，やせこけて，青ざめ，手には破れた渋団扇を持った姿で描かれる。Eine Gottheit, von der man glaubt, dass sie die Menschen arm macht. Sie wird klein, spindeldürr, blass und mit einem zerbrochenen Fächer in der Hand dargestellt. **binbō-gami ni toritsukareteiru 貧乏神にとりつかれている** von der Göttin der Armut verzaubert sein; von der Armut gebeutelt sein; in armseligen Umständen leben

♦Bunbuku-chagama ぶんぶく茶釜，文福茶釜，分福茶釜

Bunbuku-chagama oder der sonderbare Teekessel 昔話の一つ。「ぶんぶく」は茶の沸き立つ音を擬したもので，漢字は当て字である。貧しい一人の男に命を救われた狸が，茶釜などいろいろなものに化けてその人に恩返しをし，その人を裕福にするというお話。*Bunbuku* ist ein Onomatopoetikum, das das Geräusch aufkochenden Wassers nachahmt, die *Kanji* sind nur als Lautwerte gebraucht (*ateji*). In dieser alten Geschichte verwandelt sich ein *Tanuki* (siehe dort), der von einem armen Mann gerettet wurde, in verschiedene Gegenstände, z.B. in einen Teekessel, um dem Mann seine Wohltat zu vergelten, und macht ihn schließlich reich.

♦chimi-mōryō 魑魅魍魎

böse Geister der Berge und Flüsse; allerlei Geisterwesen 山や川の怪物。さまざまな妖怪変化。

♦eki-sha 易者

der Wahrsager, der Zukunftsdeuter **eki-sha minoue shirazu 易者身の上知らず** (Sprichw.) Der Wahrsager kennt sein eigenes Schicksal nicht. Der Wahrsager kann seine eigene Zukunft nicht vorhersagen.

♦Enma-daiō 閻魔大王

der König der Hölle; der Höllenkönig 亡者の罪に判決を下すという地獄の王。もとインド神話中の神であるが，中国の道服を着て，怒りの相を表した姿で描かれることが多い。Er bewacht das Tor zur Hölle und vor ihm müssen sich die Verstorbenen für ihr Leben rechtfertigen. Die Vorstellung stammt ursprünglich aus Indien, er wurde aber meistens chinesisch gekleidet und oft als eine zornige Gottheit dargestellt.

♦gen ga warui 験が悪い

ein schlechtes Omen sein **gen ga yoi(ii) 験が良い** ein gutes Omen sein **gen o katsugu 験を担ぐ** sich abergläubisch verhalten; einem abergläubischen Brauch folgen 験はもともとは，仏教の修行のしるしや加持祈祷の効き目などの意味であったが，それがしるしや効能を意味するようになり，さらに吉凶の兆しを指すようになった。Als *gen* bezeichnete man ursprünglich die positive Wirkung von buddhistischen Übungen oder Gebeten, davon abgeleitet ist die Bedeutung „Zeichen“ oder „Wirkung“, und daraus hat sich ferner die Bedeutung „Vorzeichen für bevorstehendes Glück oder Unglück" entwickelt.

♦ gohei o katsugu 御幣を担ぐ
abergläubisch sein; zu Aberglauben neigen 御幣とは，白色や金・銀の紙などを細長く切り，串にはさんだもので，神を祭る一種の用具。「御幣を担ぐ」とは，御幣を担いで不吉を払おうとするところから，縁起・迷信を気にしたり，それにとらわれること。Das *gohei* gehört zu den Ritualgeräten eines *Shintō*-Priesters und besteht aus weißen, gold- und silberfarbigen Papierstreifen, die an einem Stock befestigt sind. *Gohei o katsugu* bedeutet ursprünglich, mit diesem Gerät Unglück abzuwehren, davon abgeleitet ist die Bedeutung, „gute oder schlechte Omen beachten", „abergläubisch sein".

♦ hagoromo-densetsu 羽衣伝説
Legende vom Federgewand 天女が地上で水浴中，男に羽衣を隠されて天に帰れなくなり，やむなくその男の妻になるが，やがてその羽衣を取り返して天に戻るという話。Legende von einer „Himmelsfee" (einem halb menschlichen und halb göttlichen weiblichen Wesen; vergleichbar einer Nymphe in der europäischen Mythologie), deren Federgewand von einem Mann versteckt wird, während sie auf der Erde ein Bad nimmt. Weil sie nicht mehr in die Himmelsgefilde zurückkehren kann, wird sie notgedrungen seine Frau, aber nach einer Weile bekommt sie das Federgewand wieder und kehrt in den Himmel zurück.

♦ hakke-mi 八卦見
der Wahrsager; der Zeichendeuter **ataru mo hakke, ataranu mo hakke 当たるも八卦，当たらぬも八卦** Wahrsagerei trifft zu oder auch nicht.

♦ hanasaka-jī (san) 花咲か爺 (さん)
der *Hanasaka-jī*; der Alte, der die verdorrten Bäume blühen ließ 第二次大戦前，国定教科書や絵本などで取り上げられよく知られた御伽噺の一つ。川から拾ってきた犬をめぐり，次々と幸運を得る善良な爺と，それをうらやむ隣の爺の失敗の物語。川上から流れてきた子犬が，善良な爺婆に育てられる。ある日その小犬は，爺を案内して宝物を掘り当てさせる。それをうらやんだ隣の爺が，犬を借りて帰るが，宝物は現われず，怒ってその犬を殺してしまう。善良な爺が犬を葬り，墓印の木を植えると，木はすぐにに大きくなり，爺がその木で臼を作り餅をつくと，お金が出てくる。隣の爺がその臼を借りて餅をつくと汚物が出てきたので，怒って臼を焼いてしまう。良い爺がその灰をまくと，枯れ木に花が咲き，殿様の褒美にあずかる。隣の爺がそれを真似て灰をまくと，灰は殿様の目に入り，処罰されるという話である。Ein bekanntes Märchen, das vor dem Zweiten Weltkrieg in staatlichen Schulbüchern aufgegriffen wurde und auch als Bilderbuch verbreitet war. Die Geschichte handelt von einem guten Alten, der durch einen Hund, den er aus dem Fluss rettet, immer mehr Glück erlangt, und vom Scheitern seines alten, neidischen Nachbarn. Der junge Hund, den der Fluss herantreibt, wird von dem guten Alten großgezogen. Eines Tages hilft der Hund dem Alten, einen Schatz zu finden und auszugraben. Nachdem sich der neidische Nachbar den Hund ausgeliehen

hat, aber keinen Schatz findet, bringt er den Hund im Zorn um. Der gute Alte begräbt den Hund und als er auf den Grab einen Baum pflanzt, wird dieser sofort groß. Aus dem Baum macht er einen Holzmörser und als er darin *Mochi* stampft, wird der Reis zu Gold. Der Nachbar leiht sich den Mörser, aber als er darin *Mochi* stampft und der Reis zu Schmutz wird, verbrennt er zornig den Mörser. Als der gute Alte die Asche zerstreut, blüht ein vertrockneter Baum wieder auf und er wird dafür von seinem Fürsten belohnt. Der Nachbar versucht das Gleiche und verstreut die Asche, aber da fliegt sie dem Fürsten in die Augen und er wird bestraft. So geht die Geschichte.

◆hinoe-uma ひのえうま，丙午

das Jahr des Feuerpferdes; das 43. Jahr im Zyklus von 60 Jahren, der sich aus der Kombination der zwölf Tierkreiszeichen mit den fünf Elementen ergibt この丙午の年には火災が多く，また，この年生まれの女は夫を殺すという迷信がある。ちなみに1966 (昭和41) 年の日本の出生数は，136万974人で，前年比25.4% (45万人余) の減少となっている。この迷信が生き続けており，それが出生数の減少につながったと考えられる。Einem Aberglauben zufolge sollen im Jahr des Feuerpferdes viele Feuer ausbrechen und Frauen, die in diesem Jahr geboren wurden, ihre Ehemänner ermorden. Im Jahr 1966, dem letzten Jahr des Feuerpferdes, betrug die Zahl der Geburten 1 360 974, das entspricht einem Rückgang von 25,4% (etwa 450 000 Geburten). Es liegt die Vermutung nahe, dass dieser Rückgang der Geburtenzahl mit dem Fortbestehen des Aberglaubens in Zusammenhang steht.

◆hitodama 人魂

das Irrlicht; die Seele eines Verstorbenen 空中を飛ぶ青白い火の玉で，死んだばかりの人の体から抜け出した魂と見なされてきた。In der Luft schwebende blauweiße Feuerkugel, die man im Volksglauben für die Seele eines kürzlich Verstorbenen hielt.

◆hōi o uranau 方位を占う

anhand der Himmelsrichtung eine Vorhersage machen; aus der Himmelsrichtung Glück oder Unglück vorhersagen

◆hyakki-yakō (hyakki-yagyō) 百鬼夜行

das Umhergehen der Dämonen in der Nacht; der nächtliche Umzug böser Geister; eine verdächtige unheimliche Szene さまざまな妖怪が列を成して夜行すること。さらにそこから転じて，得体の知れない人々が奇怪な振る舞いをすること。

◆Issun-bōshi 一寸法師

der Däumling (als Märchengestalt) 室町時代に成立したものと考えられる。子のない夫婦が神仏に祈って男の子を授かるが，体が異常なまでに小さく，それ以上成長しない。あるとき，お椀の船に乗り，鬼が島へ鬼退治に出かけ，宝物を得て戻ってくる。Ein Märchen (vermutlich) aus der Muromachi-Zeit: Ein altes, kinderloses Ehepaar bekommt einen winzigen Sohn, nachdem sie an Schreinen und Tempeln um Nachwuchs gebetet haben. Der Junge wächst jedoch nicht und bleibt ein *Sun* (3,03 cm) groß, daher sein Name Issun („ein *Sun*“). Er macht sich in einer Suppenschale als Schiff und Essstäbchen als Ruder auf die Reise und fährt zur Teufelsinsel, um dort böse Dämonen (siehe: *oni*) zu besiegen. Er befreit die Menschen von den Bösewichten und kommt mit Schätzen zurück. 話の内容にもかなりのヴァリエーションがある。鬼の宝であった打ち出の小槌を振って背が伸びたという内容のもの，鬼退治の話が欠けているものなどさまざまである。Es gibt zahlreiche Variationen der Geschichte, etwa dass er durch einen Zauberstab der Dämonen eine normale Körpergröße erlangt, und es gibt auch Versionen, in denen überhaupt keine Dämonen vorkommen. **uchide no kozuchi 打出の小槌** der Wunschhammer, der Glückshammer (etwa: der Zauberstab)

♦jinkusu ジンクス

(von engl. *jinx*) das glückliche Vorzeichen 縁起が悪いものの意の英語の*jinx*からの外来語。しかし日本では「悪い」の意味が失われて「縁起」の意味で用いられるようになり，今日ではさらに転じて「良い縁起」の意味で用いられることが多い。Fremdwort, das im Englischen ursprünglich so viel wie „böses Omen" bedeutet; aber auf Japanisch ist die negative Bedeutung verloren gegangen, und das Wort wird heute sehr oft im Sinne von „gutes Vorzeichen" gebraucht.

♦jinzū-riki 神通力

übernatürliche Kräfte; übernatürliche Wunderkräfte **jinzū-riki ga aru 神通力がある** übernatürliche Wunderkräfte besitzen

♦Kachikachi-yama かちかち山

Der Kachi-kachi Berg; Der Knisterberg 日本でよく知られる昔話のひとつ。爺（じじ）が畑を荒らす狸を生け捕りにして家へ連れて帰り，狸汁にするようにと婆（ばば）に言ってどこかへ出かけていく。婆が米を搗き始めると，縛られている狸は，手伝うからと言って縄を解かせ，杵で婆を突き殺してしまう。狸は婆に化け，爺が帰ってくると，狸汁だと偽って婆汁を食べさせる。その上で狸は，いま爺が食べたのが何であったかを教え，その場を立ち去る。爺が嘆き悲しんでいるところへ兎がやってきて爺に同情し，その狸を茅刈りに誘い出し，狸に茅を背負わせ，火打石で茅に火をつける。狸が，「かちかち」というのは何かとたずねると，兎は，かちかち山のかちかち鳥だと答える。兎は，このようにして狸に火傷を追わせ，さらに唐辛子を薬だと偽って狸の背中に塗りつけ，狸をさらに苦しめる。しばらくたって，兎は狸を舟遊びに誘い出し，自分は木の舟に乗り，狸を泥の舟に乗せると，狸は，水に沈んで死んでしまう。Eine bekannte alte Geschichte in Japan. Ein alter Mann fängt einen *Tanuki* (siehe dort), der die Beete verwüstet, lebend und bringt ihn mit nach Hause. Seiner Frau sagt er, sie solle *Tanuki*-Suppe aus ihm machen, dann verlässt er das Haus. Als die Frau beginnt, Reis zu zerstampfen, verspricht der gefesselte *Tanuki*, ihr beim Kochen zu helfen und sie bindet ihn los, er aber erschlägt sie mit dem Stößel. Dann nimmt er die Gestalt der Frau an und als der alte Mann zurückkommt, gibt der *Tanuki* ihm die Suppe zu essen, die er inzwischen aus der Frau gekocht hat. Dann teilt er dem alten Mann mit, was dieser gerade gegessen hat und macht sich davon. Als der Mann laut klagt und weint, kommt ein Hase hinzu, der Mitleid mit dem alten Mann hat und überredet den *Tanuki* zum Schilfschneiden. Als dieser das geschnittene Schilf auf dem Rücken trägt, entzündet der Hase es mit einem Feuerstein. Als der *Tanuki* fragt, woher denn das knisternde Geräusch (jap.: *kachikachi*) komme, sagt der Hase, das sei der „Knistervogel" *(Kachikachi-dori)*, der im „Knisterberg" (*Kachikachi-yama*) singe. So fügt der Hase dem *Tanuki* eine Brandwunde auf dem Rücken zu und lässt ihn zusätzlich leiden, indem er ihm Chilipulver in die Wunde reibt, das er als Medizin ausgibt. Eine Weile später lädt der Hase den *Tanuki* zu einer Schiffsfahrt ein, der Hase besteigt ein Holzboot und lässt den *Tanuki* ein Boot aus getrocknetem Schlamm besteigen, mit dem er versinkt und ertrinkt.

♦Kaguya-hime かぐや姫

Kaguyahime, die weibliche Protagonistin einer alten japanischen märchenhaften Erzählung, dem *Taketori-monogatari* 竹取物語の女主人公。***Taketori-monogatari* 竹取物語** {Buchtitel} „Die Geschichte vom Bambusschneider" 平安初期にできた最古の作り物語。竹取の翁が竹の中から得て育てた美女かぐや姫が5人の貴公子の熱心な求婚を退け，時の帝の召にも応じず，8月15日の夜月の世界へ帰っていくという物語である。Die älteste japanische Erzählung aus der frühen Heian-Zeit: Ein alter Bambusschneider findet die winzige Kaguyahime in einem Bambus, nimmt sie bei sich auf und zieht sie groß. Als erwachsene Frau ist sie eine Schönheit, aber sie lehnt die Heiratsangebote von fünf Adligen unter Vorwänden ab, sogar auf eine Einladung des Kaisers geht sie nicht ein. Am fünfzehnten Tag des achten Monats kehrt sie schließlich auf die „Mondwelt" zurück.

♦kakure-mino 隠れ蓑

die Tarnkappe, der Deckmantel それを着ると姿を隠すことができるという蓑。鬼や天狗の持ち物とされる。類似のものは，ヨーロッパの伝承・神話類にも見られる。Ein mythologischer Umhang, der seinen Träger unsichtbar macht. In Japan sollen Dämonen und *Tengu* (siehe dort) Tarnkappen besitzen. Auch in der europäischen Mythologie bekannt.

♦kami-kakushi 神隠し

plötzliches und spurloses Verschwinden von Menschen 人が突然跡形もなくいなくなることで，狐や天狗や山の神などの仕業だと考えられた。Früher glaubte man, dass, wenn Menschen plötzlich spurlos verschwinden, ein Fuchs, ein *Tengu* (siehe dort) oder ein Berggott dahinter steckten.

♦kappa かっぱ，河童

der japanische Flusskobold; der *Kappa* 水界に棲むといわれている空想上の動物で，

形状についての伝承は地方によってさまざまであるが，おおよそ4～5歳くらいの子供の大きさで，頭の形はトラに似ているが，とがったくちばしがあるという。身体はうろこにおおわれ甲羅が付いていて体毛はほとんどないとされる。頭上にはくぼみがあって，そこへ水を入れる。水が入っている間は陸に上がっても力が強く，他の動物を水中に引き入れ，血を吸うとされる。Man stellt sich ihn etwa in der Größe eines vier- bis fünfjährigen Kindes vor, mit einem Kopf, der dem eines Tigers ähnelt, und mit einer Art Vogelschnabel. Der Körper eines *Kappa* ist mit Schuppen bedeckt, er hat einen Rückenpanzer und ist kaum behaart, auf dem Kopf hat er eine Vertiefung, die mit Wasser gefüllt bleiben muss, damit ein *Kappa* an Land überleben kann. Solange das der Fall ist, ist er stärker als die anderen Tiere, die er ins Wasser zieht und deren Blut er trinkt.（Abbildung）**kappa no he かっぱのへ，河童の屁**（wörtl.: „Furz eines *Kappa*“）kinderleichte Angelegenheit **he no kappa 屁の河童** とも言う。「それは屁の河童だ」は，Das ist kinderleicht.「河童の屁」が元の形で，これは「木っ端（木っ端）の火」が転訛（てんか）したもの。木っ端は火がつきやすいことから，非常に容易であることを意味するようになり，さらに取るに足りないことを意味するようになった。*He no kappa* lautete ursprünglich *kappa no he*, wobei es sich um eine Verballhornung von *koppa no hi* („das Feuer eines Holzspans“) handelt. Weil ein Holzspan ganz leicht zu entzünden ist, verwendet man den Ausdruck um etwas ausgesprochen Einfaches oder Unbedeutendes zu bezeichnen. **oka ni agatta kappa 陸に上がった河童** wörtl.: „ein Flusskobold auf dem Land“; wie ein Fisch auf dem Trockenen **okappa おかっぱ，お河童** der Pagenschnitt, der Bubikopf **kappa-maki かっぱ巻き** *Sushi*-Röllchen mit Gurkenstreifen きゅうりはかっぱの大好物であるとされるところからこのように呼ばれる。Der Name kommt daher, dass *Kappa* besonders gerne Gurken essen sollen. **kappa no kawanagare かっぱの川流れ** Auch der beste Schwimmer kann ertrinken.

◆Kasa-jizō 笠地蔵

Jizo-Statuen mit Strohhüten 全国的に広く語り伝えられているほか，教科書にも採用されたことのある昔話。大晦日，貧しい爺が年越しのお金を得るために町へ笠を売りに行くが，なかなか売れない。あきらめて帰る途中，地蔵さんが雪をかぶって立っているのに気づき，気の毒に思って地蔵さんの雪を払い，売れ残った笠をかぶせて家へ帰る。爺は婆に事情を話し，何

も食べずに年越しをすることにする。夜中に，外で何やら物音がするので，様子を見に行くと，戸口に米や餅，大判小判が積まれており，地蔵さんが笠のお礼に運んでで来てくれたものとわかる。爺婆はおかげで，よい正月を迎えることができ，その後も幸せに暮らしたという話。地蔵の数その他に関して，異なったヴァリエーションのものも存在する。Eine in ganz Japan verbreitete alte Geschichte, die auch Eingang in die Schulbücher gefunden hat. Am Silvestertag will ein armer alter Mann in der Stadt Strohhüte verkaufen, um mit dem Geld vom alten Jahr Abschied zu nehmen. Er kann die Strohüte aber nicht verkaufen und gibt auf. Als er auf dem Heimweg Statuen des *Jizō* (siehe *Jizō-bosatsu* und *Ishi-Jizō*) bemerkt, die ganz mit Schnee bedeckt sind, hat er Mitleid, wischt den Schnee von den Figuren und setzt ihnen die Strohhüte auf, die er nicht verkaufen konnte. Er erklärt seiner Frau die Situation und man stellt sich darauf ein, den Jahreswechsel ohne etwas zu essen zu begehen. In der Nacht hören sie draußen Geräusche und als sie nachsehen, finden sie am Eingang Reis, *Mochi* (siehe dort) und viele Goldmünzen und da wissen sie, dass die *Jizō* dies als Dank für die Strohhüte gebracht haben müssen. Dank dieser Gaben können die beiden ein gutes Neujahr feiern und auch weiterhin glücklich leben. Es gibt andere Versionen der Geschichte, in denen u.A. die Zahl der Statuen variiert.

♦kasō 家相

die geomantische Lage eines Hauses 陰陽五行説を基礎として判断する，家の位置・間取り・方向などの吉凶。Nach der Theorie von Yin und Yang und den Fünf Elementen beurteilt man, ob der Standort eines Hauses, die Raumverteilung, seine Ausrichtung usw. Glück oder Unglück einladen.

♦ketsueki-gata 血液型

die Blutgruppe 日本においては，特に若年層の間で，血液型による性格判断に人気がある。ドイツにおける星占い的なものと考えられる。In Japan ist eine Art Einteilung der Persönlichkeit von Personen (ähnlich einem Horoskop in Deutschland) je nach ihrer Blutgruppe unter jungen Leuten verbreitet.

♦kikkyō 吉凶

Heil und (oder) Unheil; Glück und (oder) Unglück) **kikkyō o uranau 吉凶を占う** die Zukunft prophezeien

♦kimon 鬼門

die Teufelsrichtung; die verhängnisvolle und unglückverheißende Himmelsrichtung (der Nordosten) 陰陽道で東北の方向は，鬼が出入りする不吉な方向とされていた。Nach der Lehre von Yin und Yang gilt der Nordosten als unglücksverheißend, weil Dämon oder Teufel in dieser Richtung ein- und ausgehen sollen.

♦Kintarō 金太郎

„der Goldjunge“ 坂田金時にまつわる怪童伝説の主人公。eine Legende, die auf den heian-zeitlichen Krieger Sakata Kintoki zurückgehen soll 相模の足柄山に熊・鹿・猿などを友として育ち強力のものとなった。つねに鉞を担ぎ，腹掛けをかけ，相撲や乗馬等を好んだという。Das

Kind soll auf dem Berg Ashigara-yama in der Provinz Sagami (heute Präfektur Kanagawa) zusammen mit Bären, Hirschen und Affen als Freunden aufgewachsen und sehr stark geworden sein. Der Junge soll immer eine Axt bei sich gehabt, eine große Schürze um den Leib gebunden und *Sumō* und Reiten besonders geliebt haben.

♦kitsune 狐

der Fuchs 民間伝承によく出てくる。さまざまな形に姿を変えたり，木の葉をお金に変えることもできるという。Nach dem Volksglauben können sich Füchse in verschiedene Gestalten verwandeln, um die Menschen zu täuschen. Sie können auch Blätter in Geld verwandeln. **kitsune no yomeiri 狐の嫁入り** wörtl.: die „Hochzeit der Füchse"; Regen mit Sonnenschein 日が照っているのに小雨が降ること。**kitsune-bi 狐火** wörtl.: „Fuchsfeuer"; das Irrlicht 冬の夜に，山野に燃える燐火。狐が口にくわえた骨から，そのような火が燃え上がるとも伝えられる。Irrlichter, die in Winternächten in Bergen und Feldern auftreten können. Im Volksglauben gehen sie von Knochen aus, die Füchse in ihrem Maul tragen. **kitsune-tsuki 狐つき** die Besessenheit durch einen Fuchsgeist **kitsune ga noriutsuru 狐が乗り移る** von einem Fuchsgeist besessen sein **kitsune-udon きつねうどん，狐うどん** die *Udon*-Nudelsuppe mit frittiertem *Tōfu* 油揚げは狐の好物であるといわれるところからこの名前がついた。Der Name kommt daher, dass Füchse besonders gern frittiertes *Tōfu* essen sollen. **mayutsuba-mono 眉唾物** wörtl.: „Eine Geschichte, bei der man sich die Augenbrauen mit Spucke nassmachen muss"; die Lügengeschichte 眉に唾を付けると，狐狸にだまされないという俗信に基づく。Das beruht auf dem Volksglauben, dass man nicht von Füchsen oder *Tanuki* (siehe dort) betrogen werden kann, wenn man sich die Augenbrauen mit Spucke nassmacht.

♦Kobutori-jīsan こぶ取り爺さん

der *Kobutori-jīsan*; der Alte, dem die Beule weggenommen wurde 全国的に広く分布し，かつて戦前の国定教科書や絵本などを通して，広く親しまれた。顔にこぶのある爺が山へ行ったが，日が暮れてしまい，木の洞穴で泊まると，鬼たちが現われ歌ったり踊ったりする。爺が，鬼たちにつられて上手に歌い踊ると，鬼たちは爺にまた来るようにと言い，質として爺のこぶを預かる。同じようにこぶのある隣の爺が，その話を聞いて山へ出かけて行き歌ったり踊ったりするが，あまりに下手なので，鬼たちにもう来なくても良いと言われ，さきの爺のこぶを顔の反対側に付けられてしまうという話。Eine Geschichte, die in ganz Japan verbreitet war, und bis zum Zweiten Weltkrieg durch staatliche Schulbücher und Bilderbücher weithin bekannt war. Ein Alter mit einer Beule im Gesicht geht in die Berge und, weil es dunkel wird, übernachtet er in einem hohlen Baum, es erscheinen Dämonen (siehe *Oni*), die singen und tanzen. Als der Alte mit den Dämonen zusammen gut singt und tanzt, laden sie ihn ein wiederzukommen, und als Sicherheit nehmen sie seine Beule in Aufbewahrung. Der Nachbar des Alten, der auch eine Beule hat, hört die Geschichte, geht auch in die Berge, singt und tanzt, aber weil es zu schlecht ist, sagen ihm die Dämonen, er solle lieber nicht wiederkommen und er bekommt die Beule des anderen Alten auch noch in sein Gesicht.

◆kuwabara kuwabara くわばらくわばら，桑原桑原

wörtl.: „Maulbeerbaumfeld Maulbeerbaumfeld“; Gott behüte! Lieber Himmel! 落雷など，忌むべきことを避けるためにとなえるまじないの言葉。Beschwörungsformel zur Abwehr vor Blitzschlag und anderen Gefahren.

◆ma ga sasu 魔が差す

vom Teufel besessen werden; vom Teufel geritten werden.

◆majinai まじない

die Beschwörung, die Zauberei 神秘的なものの威力を借りて，災いを除いたり起こしたりする術。呪文によるもののほかに動作を用いるまじないもある。Ein Unglück mithilfe von magischen Kräften abhalten oder herbeiführen. Dabei können außer Beschwörungsformeln auch bestimmte Handlungen verwendet werden.

◆Momotarō 桃太郎

„Der Pfirsichknabe“ 室町時代に成立した。桃から生まれた桃太郎が，黍団子を持ち，犬，猿，雉を家来として従え，鬼が島へ鬼退治に行くという話である。In der Muromachi-Zeit entstandenes, beliebtes Märchen. Der aus einem Pfirsich geborene Knabe Momotarō geht zusammen mit einem Hund, einem Affen und einem Fasan zur Dämonen-Insel *Oni-ga-shima*, die er von den Dämonen befreit. (Abbildung)

◆mononoke もののけ，物の怪

der böse Geist; der Rachegeist, das Gespenst **Mononoke-hime もののけ姫** die Prinzessin Mononoke 宮崎駿監督のアニメ（1997）のタイトル Titel eines Anime von Miyazaki Hayao aus dem Jahr 1997 **mononoke ni tsukareru 物の怪につかれる** von einem bösen Geist besessen sein

◆mushi-fūji 虫封じ

Zaubermittel gegen die Würmer, von denen man glaubte, dass sie bei Kindern nervöse Anfälle auslösen würden 子供に神経症的な発作である疳を起こすと考えられていた虫を鎮めるためのまじない。子供には体内に「疳の虫」がいてそれが神経症的な発作を起こすと考えられていた。また日本人は，人間の体内には一般に虫が住んでいて，それが病気を引き起こしたり，さまざまな意識や感情を呼び起こしたりすると考えていた。（「腹の虫」の項を参照）Parasiten oder „Würmer“, die man für das Auftreten von nervösen Störungen bei Kindern verantwortlich machte. Früher glaubte man in Japan, dass im menschlichen Körper Parasiten bzw. Würmer lebten, die verschiedene Krankheiten sowie Bewusstseins- oder Gefühlszustände auslösen würden. (siehe *harano-mushi*) **mushi ga sukanai 虫が好かない** wörtl.: „meine Würmer mögen sie/ihn nicht"; unsympathisch sein **mushi no shirase 虫の知らせ** wörtl.: „Nachricht von den Würmern"; die Vorahnung, das Vorgefühl **mushi ga ii 虫がいい** selbstsüchtig, eigennützig

♦namazu なまず, 鯰

der Wels 日本には，地震の予兆としてなまずが暴れるという俗説があった。また，地面の下には巨大ななまずがいて，これが暴れることによって大地震が発生するという俗説が古くから存在し，江戸時代中盤には民衆のあいだに広まっていた。1855(安政2)年に起きた安政の大地震の後には，なまずを題材に描かれた錦絵（鯰絵と呼ばれる）が江戸を中心に広く流布した。In Japan gab es den Volksglauben, dass die Welse vor einem Erdbeben unruhig werden. Außerdem gab es auch eine volkstümliche Legende, die sich Mitte der Edo-Zeit unter dem Volk verbreitet hat, und die besagt, dass ein riesiger in der Erde lebender Wels durch unruhiges Verhalten Erdbeben verursache. Nach dem großen Erdbeben von 1855 waren Farbholzschnitte mit dem Wels als Sujet (man spricht von *namazu-e* „Welsdarstellungen") vor allem in Edo weit verbreitet.

♦noroi 呪い

der Fluch, die Verwünschung **noroi o kakeru 呪いをかける** verfluchen; mit einem Fluch belegen **noroi o toku 呪いを解く** einen Fluch auflösen

♦nue 鵺

1) die Erddrossel (lat. *Turdus dauma*) 2) die Chimäre (die Schimäre), Vogelschimäre 3) der verdächtige Mensch 1) トラツグミの別名 2) 伝説上の怪獣。頭は猿，胴は狸，尾は蛇，手足は虎，声はトラツグミに似ているという Ein Fabeltier mit einem Affenkopf, dem Körper eines *Tanuki*, dem Schwanz einer Schlange, den Pfoten eines Tigers und einer Stimme, die der der Erddrossel ähnelt. 3) 得体の知れない人物。

♦nyogo-ga-shima 女護が島 (nyogo-no-shima 女護の島)

die Insel der Frauen; eine legendäre Insel, die nur von Frauen bewohnt ist 女性だけが住むという想像上の島。

♦Okiku お菊

Okiku 怪異伝説「皿屋敷」の女主人公。主人の秘蔵の皿を一枚割ったがために，惨殺され，井戸へ投げ込まれたお菊の亡霊が夜になると，井戸の中から恨めしげな声で「一枚，二枚…」と皿を数えるという話。江戸時代元禄期から広まった伝説といい，発生地については播州(現・兵庫県)であるとする『播州皿屋敷』，江戸(東京)であるとする『番町皿屋敷』その他がある。Protagonistin der Geistergeschichte *Sarayashiki*. Der Totengeist der jungen Dienerin Okiku, die ermordet und in einen Brunnen geworfen wurde, weil sie einen kostbaren Teller ihres Herrn zerbrochen hatte, ruft mit grimmiger Stimme „eins, zwei, drei,...." aus dem Brunnen heraus (so als ob sie die Teller zählen würde). Die Legende soll sich seit der Genroku-Zeit (1688-1704) verbreitet haben, und es gibt mehrere lokale Varianten, u.A. eine aus der alten Provinz Banshū (heute Präfektur Hyōgo) *Banshū-*

sarayashiki und eine aus Edo (heute Tōkyō) *Banchō-sarayashiki* (Banchō: ein Ortsname in Edo).

♦Oni-ga-shima 鬼が島

die Teufelsinsel, die Dämoneninsel「一寸法師」や「桃太郎」の話に出てくる鬼が住んでいる島。Eine Insel, die in verschiedenen alten Geschichten, wie z.B. *Issun-bōshi* oder *Momotarō* (siehe jeweils dort) vorkommt, und wo Dämonen leben.

♦sanrinbō 三隣亡

ein Unglückstag, an dem man dem Aberglauben nach nicht anfangen darf, ein Haus zu bauen, weil es irgendwann brennen wird und auch die drei angrenzenden Häuser mit anzünden wird. その日に新しい家を建てるといつか火事を起こし，近隣三軒を焼き滅ぼすといわれれる日。

♦Sarutobi Sasuke 猿飛佐助

ein legendärer *Ninja* (siehe *ninja*) der Sengoku-Zeit

♦sennin 仙人

1) der taoistische Heilige; der taoistische Unsterbliche 2) der Weltfremde, der Eremit 1) 道教で，理想とされる神的存在で，俗界を離れて山中に住み，不老不死で，神通力を持つといわれる。2) 浮世離れして世事に疎い人のたとえ。1) Ideal eines vergöttlichten, daoistischen (taoistischen) Asketen, der zurückgezogen von der Welt in den Bergen lebt, die Unsterblichkeit erlangt hat und übernatürliche Kräfte besitzt. 2) Metapher für jemanden, der zurückgezogen lebt und weltlichen Angelegenheiten fremd ist.

♦shiraha no ya 白羽の矢

der Pfeil mit einer weißen Feder 人身御供を求める神が，その望む少女の住家の屋根に人知れず白羽の矢を立てるという俗伝による。Nach einer Sage, in der ein Gott, der ein Menschenopfer fordert, in das Dach des Hauses, wo das als Opfer ausgewählte Mädchen lebt, unbemerkt einen Pfeil mit einer weißen Feder steckt. **shiraha no ya ga tatsu 白羽の矢が立つ** das Los fällt auf jemanden

♦Shitakiri-suzume 舌切り雀

der Shitakirisuzume oder der Spatz, dem die Zunge abgeschnitten wurde これも戦前に教科書に採択されたことがある有名な昔話で，口承の分布も，沖縄を除く全土にわたっている。細部については，他の多くの昔話がそうであるように，いくつかのヴァリエーションがあるが，おおよそ次のような粗筋になっている。昔あるところに子供のいない爺と婆が住んでいて，雀をかわいがっていた。ある日のこと，その雀が，婆が作った糊を食べてしまったので，怒った婆は，雀の舌をはさみで切り，雀を追い出した。山仕事から帰ってきた爺は，雀を捜しにでかけ，途中で出会った馬飼いや牛飼いに雀の行方を尋ねると，馬の小便や牛の小便を飲めば教えてやると言われる。爺は，すべてそのとおりにし，手がかりを得て，雀の宿にたどり着く。雀が，喜んで爺を迎えてもてなし，帰りにお土産として大きなつづらと小さなつづらを差し出す。爺は，自分は年寄りだからといって小さなつづらを選んで持ち帰り，それを開けてみると，なかからたくさんの財宝が出てくる。爺をうらやんだ婆は，まねて雀の宿をめざし，爺と同じように雀の宿にたどり着くが，雀は婆をすげなく扱う。婆は，差し出された二つのつづらのうち，欲張って大きなほうのつづらを持ち帰るが，それを開けるとなかから化け物や蛇などが現われたという話。Eine berühmte alte Geschichte, die vor dem Zweiten Weltkrieg in Schulbücher aufgenommen wurde und mündlich überliefert in ganz Japan (außer Okinawa) verbreitet war. Wie bei vielen alten Geschichten gibt es einige Variationen, die sich in Details unterscheiden, aber die Hauptpunkte sind ungefähr so: Irgendwo vor langer Zeit lebte ein altes Ehepaar, das keine Kinder hatte und sich liebevoll um einen Spatz kümmerte. Eines Tages fraß dieser Spatz den Kleber (früher aus Reis etc. hergestellt), den die alte Frau gemacht hatte, und vor Ärger schnitt sie ihm mit der Schere die Zunge ab und jagte ihn davon. Als der Mann von der Arbeit in den Bergen zurückkam, ging er den Spatz suchen und fragte unterwegs einen Mann, der ein Pferd hielt, und einen Mann, der eine Kuh hielt, ob sie den Spatz gesehen hätten. Sie versprachen, ihm den Verbleib des Spatzes mitzuteilen, wenn er den Urin des Pferdes oder der Kuh trinke. Der Alte machte alles, was man ihm sagte, bekam einen Hinweis und fand den Ort, wo der Spatz jetzt lebte. Dieser begrüßte ihn freudig und bot ihm als Geschenk einen großen und einen kleinen Korb an. Der Alte meinte, „ich bin ja schon alt“, wählte den kleinen Korb und nahm ihn mit nach Hause. Als er ihn öffnete, fand er viele Reichtümer darin. Die Frau war neidisch auf ihren Mann und ging wie er dorthin, wo der Spatz lebte, aber dieser bereitete ihr einen kalten Empfang. Gierig nahm sie den großen Korb als Geschenk mit und als sie ihn öffnete, erschienen daraus Gespenster und Schlangen. So geht die Geschichte. **kitakiri-suzume 着たきり雀** ein armer Teufel, der immer dieselbe Kleidung trägt

◆Shuten-dōji 酒呑童子
丹波（現：京都府）の大江山に住んでいたという鬼の頭目。実際には鬼の姿をした盗賊だったらしい。都に出ては，婦女・財宝を奪ったという。絵巻，御伽草子，歌舞伎などの題材になっている。Anführer der Dämonen, der auf dem Berg Ōeyama in Tanba (heute in der Präfektur Kyōto) gelebt haben soll. Er soll ursprünglich ein Räuber gewesen sein, der sich in einen Dämon (*Oni*) verwandelt hat. Von ihm heißt es, dass er in die Stadt gekommen sein, um Frauen oder Besitztümer zu rauben. Stoff für Bildrollen (*e-maki*), volkstümliche Erzählungen *(otogi-zōshi*) und *Kabuki*-Dramen.

◆tanuki 狸
der *Tanuki*; der japanische Dachs 狐と並んで民間伝承や民話によく登場し，人間をだまそうとするが，どこか間が抜けていて，狐よりは概してユーモラスに取り扱われている。Zusammen mit dem Fuchs spielt der *Tanuki* in Volkssagen eine Rolle, auch von ihm heißt es, er könne seine Gestalt ändern, um die Menschen zu betrügen. Dabei stellt er sich aber oft ungeschickt an und er ist deshalb eher ein lustiger Charakter. **tanuki to kitsune (od. kitsune to tanuki) no bakashiai 狸と狐（または狐と狸）の化かしあい** wörtl.: „*Tanuki* und Fuchs betrügen sich

gegenseitig"; zwei Betrüger, die einander hinters Licht führen wollen **tanuki-neiri 狸寝入り** der nur vorgetäuschte Schlaf; der Scheinschlaf 人間の狸寝入りは，自分に都合が悪い話になると寝たふりをすることだが，狸そのものは臆病な動物で，他の動物に追われたり猟銃の発砲音を聞いたりすると，ショックで一時的に気を失ってしまうということである。これを寝た振りをしていると解釈し狸寝入りという言葉が生まれたという説もある。Bei Menschen spricht man von *tanuki-neiri*, wenn sich jemand schlafend stellt, z.B. weil ihm das Gesprächsthema unangenehm ist. Der wirkliche *Tanuki* (jap. Marderhund) soll ein sehr scheues und ängstliches Tier sein, von dem man sagt, dass es in eine schlafähnliche Schockstarre falle, wenn Feinde es verfolgen, oder ein Gewehrschuss abgegeben wird. Nach einer Theorie ist das Wort *tanuki-neiri* von dieser Interpretation des Verhaltens eines *Tanuki* abgeleitet. **furu-danuki 古狸** 1) der alte Dachs 2) der alte schlaue Fuchs; der gerissene Kerl **tanuki-oyaji 狸親父** der alte schlaue Fuchs **tanuki-bayashi 狸囃し** wörtl.: „die Dachs-Begleitung"; das legendäre Trommeln der *Tanuki* auf ihrem Bauch **toranu tanuki no kawa-zan'yō 取らぬ狸の皮算用** wörtl.: „eine Rechnung für das Fell eines Dachses aufstellen, den man noch nicht gefangen hat." Das Fell des Bären verkaufen, bevor man ihn erlegt hat.

♦tatari 祟り
der Fluch, die Gottesstrafe; schicksalhafte böse Folge

♦tengu 天狗

1) der Berg-Kobold, Fabelwesen mit einem roten Gesicht, einer langen Nase, übernatürlichen Kräften und der Fähigkeit zu fliegen, das tief in den Bergen versteckt leben soll. 2) der Angeber, der Prahlhans 1) 深山に棲むといわれる想像上の怪物。人の形をし，顔が赤く，鼻は高く，神通力を持ち，飛行ができるなどといわれている。2) 高慢なこと。またその人。**tengu ni naru 天狗になる** sich mit etwas brüsten; sich mit etwas aufblasen

♦tsuchinoko つちのこ
die *Tsuchinok*o 空想上のあるいは未確認の蛇の一種で，体長はそれほど長くはないものの胴回りが蛇としてはなみはずれて太いといわれている。*Tsuchinoko* ist ein Fabeltier oder eine noch nicht identifizierte Art von Schlange. Sie wird als nicht besonders lang, aber für eine Schlange als ungewöhnlich dick beschrieben.

♦tsukimono つきもの，憑き物
der böse Geist 人にとりついて災いをなすと考えられている動物などの霊。これにとりつかれると，精神に異常をきたすといわれる。例えば，「狐つき」。Der Geist z.B. eines Tieres, von dem man glaubt,

dass er einen Menschen verhext und ihm Unglück bringt. Wer davon besessen ist, der soll geistig abnormal werden. (siehe *kitsune-tsuki*)

◆tsuki no usagi 月の兎
der Hase im Mond 日本には古くから，満月の夜には月面に，兎がもちをついている姿を見ることができるという伝説がある。In Japan gibt es seit altersher die Vorstellung, dass man im Vollmond die Gestalt eines Hasen beim Reiskuchen-Stampfen (siehe *mochi-tsuki*) erkennen kann.

◆Tsuru no ongaeshi 鶴の恩返し
„Der Dank des Kranichs" 一人の貧しい若者が，わなにかかった鶴を見つけて逃してやる。それからしばらくして，その男の家へ一人の美しい女性がやってきて，かれの妻になる。夜毎に彼女は，大変美しくて高価な布を織り，それは高い値段で売れた。ある日のこと彼女は，自分はこれから特別の布を織りたいので一週間部屋にこもりたいが邪魔をしないでそっとしておいてほしいと告げた。しかし7日目の晩，夫は好奇心を抑えることができず，こっそり覗いてしまうと，織台ではたを織っているのは，かれの妻ではなく，一羽の鶴，彼がかつて救った鶴であった。正体が明らかになってしまった以上ここにとどまることはできませんといって，その鶴の女房はかれのもとを去って行った。Ein armer junger Mann befreit einen Kranich aus einer Falle und schenkt ihm die Freiheit. Bald darauf kommt eine junge Schönheit zu seinem Haus und wird seine Frau. Des nachts webt sie wunderschöne und wertvolle Brokatstoffe, die die beiden teuer verkaufen. Eines Tages sagt sie ihm, dass sie sich für sieben Tage in ihre Webkammer zurückziehen wolle, um ein ganz besonderes Stück zu schaffen, wobei sie nicht gestört werden dürfe. In der siebten Nacht aber treibt den Gatten die Neugier und er entdeckt, dass nicht seine Frau, sondern ein Kranich am Webstuhl sitzt, es ist der Kranich, den er zuvor gerettet hatte. Nachdem ihr Geheimnis entdeckt ist, muss die Kranichfrau den Mann verlassen.

◆umi-bōzu 海坊主
das Seeungeheuer, das Meeresungeheuer 船乗りや漁師の間に伝わる，黒くて大きな坊主頭をした妖怪で，海上に現われ，航海に不吉なことを引き起こすという。Großes, schwarzes Ungeheuer mit kahlem Kopf, von dem die Schiffer und Fischer berichten, dass es an der Meeresoberfläche erscheint und der Schifffahrt Unglück beschert.

◆uranai 占い
das Wahrsagen, die Weissagung **seimei-handan 姓名判断** die Onomantie; die Wahrsagerei aus Namen; die Namensdeutung 姓名の画数などによって，その人の運勢（適職，恋愛，結婚運，家庭の悩み，かかりやすい病気など）を判断する。Die Wahrsagerei (zu Themen wie Berufswahl, Liebesangelegenheiten, Heiratchancen, familiären Schwierigkeiten, Krankheitsrisiken etc.) aufgrund der chinesischen Schriftzeichen des Vor- und Familiennamens, z.B. der Zahl der Striche, mit denen der Name geschrieben wird. **ninsō-urani 人相占い** die Zukunftsvorhersage anhand der Gesichtszüge **tesō-uranai 手相占い** die Handlesekunst, die

Handliniendeutung, die Chiromantie **suishō-uranai 水晶占い** die Hellseherei mithilfe einer Kristallkugel **uranaishi ni mitemorau 占い師に見てもらう** einen Wahrsager konsultieren

♦ Urashima-Tarō 浦島太郎

„Der Fischer Urashima-Tarō" ある漁師が助けた亀に連れられて海中の竜宮城へ行き，そこで乙姫に歓待されしばしのときを過ごし，玉手箱をおみやげにもらって故郷に帰る。しかし地上ではすでに長い年月が経っていて，彼が乙姫の禁を破って玉手箱を開けると白煙が立ち上り，浦島太郎はその場で老人になってしまったという。Der Fischer Urashima-Tarō rettet eine Schildkröte, die ihn zum Dank zum Seedrachenpalast führt, wo er einige Tage mit der hübschen Prinzessin *Otohime* verbringt. Als er an Land zurückkehrt, sind aber viele Jahre vergangen und in dem Moment, als er ein Kästchen öffnet, das ihm *Otohime* geschenkt hat, altert auch er selbst. (Abbildung)

♦ Warashibe-chōja 藁しべ長者

Der Strohhalm-Millionär 貧しい若者が，藁しべを持って旅に出ると，風が吹いて困っている蓮の葉売りに出会う。事情を聞いた若者が，葉を縛るために藁しべを渡すと，蓮の葉売りは御礼に蓮の葉一枚をくれる。次にある家の味噌桶の蓋に蓮の葉を差し出すと，そのお礼としていくらかの味噌をもらう。さらに，刀鍛冶が刀の曇りを取るのにその味噌をくれというので，一振りのさびた刀と交換する。翌日訪れた村で大蛇が出て困っているということを聞いた若者は，その刀で大蛇を退治して褒美をもらい，故郷に帰って幸せに暮らすという話。他に，観音のお告げを受けて拾った藁を，みかん，布，馬，田畑と交換していくというパターンもある。また類話は，アジア各地に存在する。Eine Geschichte von einem armen jungen Mann, der mit Reisstrohhalmen auf Reisen ging. Zuerst begegnet er einem Verkäufer von Lotosblättern, der wegen des Windes in Schwierigkeiten war. Als der junge Mann das hörte, hatte er Mitleid und gab dem Lotosblätterverkäufer von seinem Reisstroh, damit er die Lotosblätter bündeln konnte und erhielt zum Dank ein Lotosblatt. Als Nächstes schenkte er dieses Lotosblatt einer Familie zum Abdecken ihres *Miso*-Bottichs und erhielt dafür *Miso* (siehe dort) zum Dank. Als er einem Schwertschmied das *Miso* schenkte, um damit eine dunkle Stelle auf einer Schwertklinge zu beseitigen, erhielt er zum Dank ein verrostetes Schwert. Als er am nächsten Tag hörte, dass das Dorf, das er besuchte, von einer großen Schlange bedroht wurde, vernichtete er diese mit dem Schwert und erhielt dafür eine Belohnung, kehrte in sein Dorf zurück und lebte glücklich. In einer anderen Version der Geschichte liest der Held nach einer Traumoffenbarung des *Kannon-bosatsu* (siehe dort) Reisstroh auf, das er in der Folge in Mandarinen, Stoff, ein Pferd und ein Feld eintauscht. Ähnliche Geschichten gibt es in vielen Ländern Asiens.

♦yamanba 山姥

die Berghexe 深山に住み，怪力を発揮したりすると考えられている伝説上の女。Eine legendäre Hexe, die in den Bergen lebt, und über magische Kräfte verfügt. **yamanba-gyaru ヤマンバ・ギャル** das *Yamanba-Girlie* 白い髪でガングロ，白塗りの唇の10代の女の子。ein Teenager mit weißstränigem Haar, tiefdunkler Gesichtsfarbe und weißem Lippenstift

♦Yamata no orochi やまたのおろち，八岐大蛇

der achtköpfige Riesenschlange 日本神話にみえる頭と尾が八つずつあるという巨大な蛇。出雲の簸の川（ひのかわ）の上流にいて，大酒を好み，毎年一人ずつ娘を食ったが，素戔嗚尊（すさのおのみこと）がこれを退治して奇稲田姫（くしなだひめ）を救い，その尾を割いて天叢雲剣（あまのむらくものつるぎ）を得たという。この剣は，三種の神器の一つであるとされる。Eine mythologische Riesenschlange mit acht Köpfen und acht Schwänzen, die in der japanischen Mythologie eine Rolle spielt. Sie soll am Oberlauf des Flusses Hinokawa in Izumo gelebt haben, viel Sake getrunken haben und einmal im Jahr eine junge Frau gefressen haben, aber Susanoo no Mikoto soll sie vernichtet, die Prinzessin Kushinadahime gerettet und dabei soll er außerdem aus einem Teil des Schwanzes des Ungeheuers das Schwert *Amanomurakumonotsurugi* errungen haben, das zu den Drei Reichsinsignien (siehe: *Sanshu no jinki*) gehört.

♦Yotsuya-kaidan 四谷怪談

„Geistergeschichten aus Yotsuya" 歌舞伎脚本『東海道四谷怪談』の通称。四世鶴屋南北（1755-1829）作。ある侍（浪人）が立身のため妻お岩の毒殺をはかり憤死させるが，その怨霊のたたりにより破滅する。Ursprünglich ein Stück für *Kabuki* von Tsuruya Nanboku (1755-1829). Nachdem ein herrenloser *Samurai* (*Rōnin*) seine Frau ermordet hat, um Karriere zu machen, wird er vom Geist der Verstorbenen heimgesucht und geht schließlich zu Grunde.

♦Yuki-onna 雪女

„die Schneefrau" 雪国地方の伝説。大雪の夜などに現われるという雪の精。白い衣を着た女の姿をしているという。Legenden aus den schneereichen Gegenden im Nordosten Japans. Sie soll in kalten Winternächten in Gestalt einer weiß gewandeten Frau erscheinen.

♦zashiki-warashi 座敷童，座敷童子

wörtl. „das Zimmerkind" 東北地方，特に岩手県の旧家で時折みられるという。小児の形をして着物を着ていて，髪はおかっぱにしている。時折いたずらはするものの，その家に幸せをもたらしてくれる，という。Eine Art von Kobold, der im

Nordosten Japans, besonders in der Präfektur Iwate, und zwar in traditionellen alten Häusern, manchmal erscheinen soll. Es soll die Gestalt eines kleinen Kindes im Kimono mit einem Pagenschnitt haben und Glück ins Haus bringen, obwohl es den Menschen auch oft Streiche spielt.

索引

REGISTER

A

abare-gawa　暴れ川 …… 11
abata mo ekubo　あばたもえくぼ …… 461
abi-kyōkan　阿鼻叫喚 …… 39
abu hachi torazu　虻蜂取らず …… 366
abuku-zeni　あぶく銭, 泡銭 …… 191
abuna-e　危な絵 …… 362
abunai hashi o wataru　危ない橋を渡る …… 104
abura o shiboru　油を絞る …… 366
abura o uru　油を売る …… 366
abura-zemi　あぶらぜみ, 油蝉 …… 158
ada-uchi　あだ討ち …… 64
adauchi o suru　あだ討ちをする …… 191
ada-zakura　あだ桜 …… 152
ado-ribu　アドリブ …… 305
ado-ribu o ireru　アドリブを入れる …… 305
ae-mono　あえもの, 和え物 …… 367
afutā-sābisu　アフター・サービス …… 191
agattari de aru　上がったりである …… 64
age　揚げ(abura-age 油揚げ) …… 367
age-ashi o toru　揚げ足を取る …… 465
agedashi-tōfu　揚げだし豆腐 …… 367
ageku　挙句 …… 64
ageku no hate ni　挙句の果てに …… 64
age-shio 上げ潮, 上潮 …… 1
age-shio ni noru　上げ潮に乗る …… 1
agezen-suezen　上げ膳据え膳 …… 367
agezen-suezen no seikatsu　上げ膳据え膳の生活 …… 367
ago　あご, 顎 …… 461
ago de ashirau　顎であしらう …… 461
ago de hito o tsukau　顎で人を使う …… 461
ago ga hiagaru　顎が干上がる …… 461
ago o dasu　顎を出す …… 461
agura　あぐら, 胡坐 …… 156
agura o kaku 胡坐をかく …… 156
aho(ahō) あほう, 阿呆 …… 64
ahō no hitotsu-oboe　阿呆の一つ覚え …… 64
ahō-zura あほう面 …… 515
aiai-gasa　相合傘 …… 64
aichō-shūkan　愛鳥週間 …… 367
aidoringu　アイドリング …… 276
ā ieba kō iu　ああ言えばこう言う …… 519
aien-ka　愛煙家 …… 400
aigamo　合鴨 …… 367
ai-kagi　合いかぎ, 合鍵 …… 407
Aikoku-fujin-kai　愛国婦人会 …… 191
ai-kotoba　合い言葉 …… 519
aimaisa　あいまいさ, 曖昧さ …… 543
Ainu　アイヌ …… 1
Ainu-shinpō　アイヌ新法 …… 1
aisai-bentō　愛妻弁当 …… 369
ai-seki suru　相席する …… 367
aishō ga awanai　相性が合わない …… 65
aishō ga ii　相性がいい …… 65
aiso(aisō)　愛想 …… 65
aiso ga ii　愛想がいい …… 65
aiso ga tsukiru　愛想が尽きる …… 65
aiso-warai　愛想笑い …… 519
aita kuchi ga fusagaranai　あいた口が塞がらない …… 494
aite ni totte fusoku wa nai　相手にとって不足はない …… 305
aizuchi　あいづち, 相槌 …… 519
aji　あじ, 鯵 …… 445
ajitsuke-nori　味付け海苔 …… 422
aka　垢 …… 461
aka-chōchin　赤提灯 …… 367
aka-dashi　赤だし …… 416

akagami　赤紙 …… 191
akago no te o hineru(nejiru) yō na mono da　赤子の手をひねる(ねじる)ようなものだ …… 513
aka-hara　アカハラ …… 276
akai-hane bokin undō　赤い羽根募金運動 …… 65
akaji　赤字 …… 191
akaji de aru　赤字である …… 191
akaji kokusai　赤字国債 …… 235
akaji ni naru　赤字になる …… 191
akaji o dassuru　赤字を脱する …… 191
akaji-rōkaru-sen　赤字ローカル線 …… 191
akanbē　あかんべい …… 461
akanbē o suru　あかんべいをする …… 461
aka no tanin　赤の他人 …… 65
aka o otosu　垢を落とす …… 461
akasen-chitai　赤線地帯 …… 195
akesuke ni iu　あけすけに言う …… 519
aki-bare　秋晴れ …… 1
aki-matsuri　秋祭り …… 23
aki-nasu wa yome ni kuwasuna　秋茄子は嫁に食わすな …… 367
aki no mikaku　秋の味覚 …… 20
aki no sora　秋の空 …… 1
akiresu-ken　アキレス腱 …… 462
akirete mono mo(ga) ienai　呆れて物も(が)言えない …… 519
akka wa ryōka o kuchiku suru　悪貨は良貨を駆逐する …… 191
Akō-gishi　赤穂義士(Akō-rōshi 赤穂浪士) ‥ 192
aku-jiki　悪食 …… 368
akuji senri o hashiru　悪事千里を走る …… 520
akujo no fuka-nasake　悪女の深情け …… 65
aku-junkan　悪循環 …… 65
aku-junkan ni ochiiru　悪循環に陥る …… 65
aku-sen mi ni tsukazu　悪銭身に付かず …… 192
akusesu-ken　アクセス権 …… 192
akushu　握手 …… 520
akushu de mukaeru　握手で迎える …… 520
akushu o kawasu　握手を交わす …… 520
akushu suru　握手する …… 520
Akutagawa-shō　芥川賞 …… 305
aku-un　悪運 …… 65
aku-un ga tsukiru　悪運が尽きる …… 65
aku-un ga tsuyoi　悪運が強い …… 65
ama　海女 …… 65
ama-ashi　雨脚, 雨足 …… 3
ama-dare　雨垂れ …… 368
ama-dare ishi o ugatsu　雨垂れ石を穿つ …… 368
ama-do　雨戸 …… 368
amae　甘え …… 23
amaenbō　甘えん坊 …… 23
ama-kudari　天下り …… 66
ama-nattō　甘納豆 …… 419
Ama no iwato　天の岩戸 …… 23
ama-no-jaku　天邪鬼 …… 548
Amaterasu-ōmikami　天照大神 …… 23
amatō　甘党 …… 384
ama-yadori　雨宿り …… 65
ama-zake　甘酒 …… 368
Amedasu　アメダス …… 1
ame futte ji katamaru　雨降って地固まる …… 3
ame ga furō ga(to) yari ga furō ga　雨が降ろうが槍が降ろうが …… 66
ame-onna　雨女 …… 66
ame-otoko　雨男 …… 66
ame to muchi no seisaku　飴と鞭の政策 …… 192
Amida　阿弥陀(Amida-butsu 阿弥陀仏) …… 23
amida-kuji　阿弥陀くじ …… 305
Amida-kyō　阿弥陀経 …… 23
Amida-nyorai　阿弥陀如来 …… 49
amida-shinkō　阿弥陀信仰 …… 23
ami-moto　網元 …… 192
an　あん, 餡(anko あんこ) …… 368
anaba　穴場 …… 305
ana ga attara hairitai　穴があったら入りたい … 66
anesan-nyōbō　姉さん女房 …… 66
a-nettai　亜熱帯 …… 15
a-nettai-kikō　亜熱帯気候 …… 15
anime　アニメ(animēshon アニメーション) …… 306
anime-otaku　アニメおたく …… 144, 306
anmoku no ryōkai　暗黙の了解 …… 520
ano-te kono-te o tsukau　あの手この手を使う ‥ 512
an-pan　アンパン, あんぱん …… 427
Anpo-jōyaku　安保条約 …… 192
anraku-shi　安楽死 …… 462
Ansei no taigoku　安政の大獄 …… 193

anshō 暗礁 ……… 1
anshō-bangō 暗証番号 ……… 276
anshō ni noriageru 暗礁に乗り上げる ……… 2
anzan 安産 ……… 510
anzen-shinwa 安全神話 ……… 193
anzuru yori umu ga yasui 案ずるより産むが易い ……… 510
ao-jiru 青汁 ……… 368
aomuke 仰向け ……… 462
aomuke ni naru 仰向けになる ……… 462
aomuke ni neteiru 仰向けに寝ている ……… 462
ao-nisai 青二才 ……… 66
ao-suji 青筋 ……… 462
ao-suji o tatete okoru 青筋を立てて怒る ……… 462
aota-gai 青田買い ……… 193
aota-uri 青田売り ……… 193
ao-tenjō 青天井 ……… 2
ao-zakana 青魚 ……… 368
apareru アパレル ……… 193
apareru-mēkā アパレル・メーカー ……… 194
apareru-sangyō アパレル産業 ……… 193
apāto アパート ……… 414
ara-bon (nī-bon) 新盆, hatsu-bon 初盆 ……… 25
arai 洗い, 洗膾 ……… 368
ara-ni 粗煮 ……… 368
arare あられ ……… 19
ara-ryōji 荒療治 ……… 462
ara-ryōji o suru 荒療治をする ……… 462
arerugī アレルギー ……… 462
arerugī-sei bien アレルギー性鼻炎 ……… 462
aribai アリバイ ……… 194
arigata-meiwaku ありがた迷惑 ……… 66
ari-jigoku あり地獄, 蟻地獄 ……… 39
arita-yaki 有田焼 ……… 306
arubaito アルバイト ……… 276
arubaito o suru アルバイトをする ……… 276
arukōru-chūdokusha アルコール中毒者 ……… 462
arukōru-izonshō-kanja アルコール依存症患者 ……… 462
asa-gaeri 朝帰り ……… 88
asagao 朝顔 ……… 66
asameshi-mae 朝飯前 ……… 368
asa-shan 朝シャン ……… 463
asa-zuke 浅漬 ……… 453
asemo あせも, 汗疹 ……… 463
asemo ga dekiru あせもができる ……… 463
ashi 足, 脚 ……… 463
ashi-bumi 足踏み ……… 464
ashi-bumi suru 足踏みする ……… 464
ashi-byōshi 足拍子 ……… 359
ashida 足駄 ……… 385
ashide-matoi 足手まとい ……… 465
ashi ga bō ni naru 足が棒になる ……… 463
ashi ga chi ni tsukanai 足が地に着かない ……… 463
ashi ga deru 足が出る ……… 463
ashi-garu 足軽 ……… 194
ashi ga sukumu 足がすくむ ……… 464
ashi ga tsuru 足がつる ……… 463
ashige ni suru 足蹴にする ……… 464
ashi-kake san nen 足かけ三年 ……… 466
ashi-kiri 足切り ……… 296
ashi-koshi no tatsu uchi wa 足腰の立つうちは ……… 466
ashi-koshi o kitaeru 足腰を鍛える ……… 466
ashi-moto ni hi ga tsuku 足元に火がつく ……… 464
ashi-moto ni mo oyobanai 足元にも及ばない ……… 465
ashi-moto o miru 足元を見る ……… 464
ashi-nami o midasu 足並みを乱す ……… 465
ashi-nami o soroeru 足並みを揃える ……… 465
ashi o aratte katagi ni naru 足を洗って堅気になる ……… 187
ashi o arau 足を洗う ……… 464
ashi o bō ni shite arukimawaru 足を棒にして歩き回る ……… 463
ashi o hipparu 足を引っ張る ……… 464
ashi o mukete nerarenai 足を向けて寝られない ……… 464
ashi o nobasu 足を伸ばす ……… 464
ashi o sukuu 足をすくう, 足を掬う ……… 464
ashi o torareru 足を取られる ……… 465
ashita ni wa kōgan arite yūbe ni wa hakkotsu to naru あしたには紅顔ありて夕べには白骨となる ……… 23
ashita wa ashita no kaze ga fuku 明日は明日の風が吹く ……… 9

ashi-yu　足湯 …… 306
ashi-yu o tsukau　足湯をつかう …… 306
asshī　アッシー (asshī-kun アッシー君) …… 67
atama　頭 …… 466
atama ga agaranai　頭が上がらない …… 467
atama ga henda　頭が変だ …… 466
atama ga hikui　頭が低い …… 466
atama ga katai　頭が固い …… 466
atama ga kireru　頭が切れる …… 466
atama ga sagaru　頭が下がる …… 467
atama-gonashi ni shikaru　頭ごなしに叱る …… 466
atama kakushite shiri kakusazu　頭隠して尻隠さず …… 466
atama-kin　頭金 …… 467
atama ni kuru　頭に来る …… 466
atama o hiyasu　頭を冷やす …… 466
atama o marumeru　頭を丸める …… 466
atama o shiboru　頭を絞る …… 466
atarazu tomo tōkarazu　当たらずとも遠からず …… 67
ataru mo hakke, ataranu mo hakke　当たるも八卦, 当たらぬも八卦 …… 550
atatte kudakero　当たって砕けろ …… 67
ate-ji　当て字 …… 520
atekosuri　当てこすり …… 520
atekosuri o iu　当てこすりを言う …… 520
ate-uma　当て馬 …… 67
ateuma ni suru　当て馬にする …… 67
ato-aji ga warui　後味が悪い …… 368
ato-kusare　後腐れ …… 67
ato-kusare no nai yō ni suru　後腐れのないようにする …… 67
ato wa no to nare yama to nare　後は野となれ山となれ …… 67
atsu-geshō suru　厚化粧する …… 443
atsu-kan　熱燗 …… 430
atsumono　あつもの …… 369
atsumono ni korite namasu o fuku　あつものに懲りてなますを吹く …… 369
atsuryoku-dantai　圧力団体 …… 194
atsusa samusa mo higan made　暑さ寒さも彼岸まで …… 34
atsuzoko-gutsu　厚底靴 …… 444
atto iu ma ni　あっという間に …… 68
aun no kokyū　阿吽の呼吸 …… 520
awabi　あわび, 鮑 …… 369, 445
awamori　あわもり, 泡盛 …… 369
awa o kuu　泡を食う …… 68
awaseru kao ga nai　合わせる顔がない …… 486
ayakaru　あやかる …… 68
aya-tori　綾取り …… 306
Azuchi-momoyama-jidai　安土桃山時代 …… 194
azuma-otoko ni kyō-onna　東男に京女 …… 68

B

baba-nuki　ばば抜き, 婆抜き …… 306
baburu ga hajikeru　バブルがはじける …… 194
baburu-keizai　バブル経済 …… 194
baburu-keizai no hōkai　バブル経済の崩壊 …… 194
bachi　ばち, 罰 …… 24
bachi-atari　罰当たり …… 24
bachi ga ataru　罰が当たる …… 24
baikingu-ryōri　バイキング料理 …… 369
baishaku-nin　媒酌人 …… 142
Baishun-bōshi-hō　売春防止法 …… 194
baishun-fu　売春婦 …… 195
baishun-suru　売春する …… 195
baiu(tsuyu)　梅雨 …… 2
baiu-zensen　梅雨前線 …… 2
baji-tōfū　馬耳東風 …… 520
baka de mo chon de mo　馬鹿でもちょんでも …… 68
baka ni naranai　馬鹿にならない …… 68
baka ni tsukeru kusuri wa nai　馬鹿につける薬はない …… 68
baka o miru　馬鹿をみる …… 68
baka to hasami wa tsukai yō　馬鹿と鋏は使いよう …… 68
baka-warai　馬鹿笑い …… 519
baka wa shinanakya naoranai　馬鹿は死ななきゃ治らない …… 68
bakemono　化け物, 化物 (obake お化け) …… 548
bakemono-yashiki　化け物屋敷 (obake-yashiki お化け屋敷) …… 548
bake-neko　化け猫 …… 548
bake-no-kawa ga hagareru　化けの皮がはがれる …… 307

baketsu　バケツ …… 369
baketsu-rirē　バケツ・リレー …… 369
baketsu-rirē o suru　バケツ・リレーをする … 369
bākōdo　バーコード …… 276
bākōdo yomitoriki　バーコード読み取り機 …. 276
bakuchi　ばくち, 博打 …… 317
bakudan-hatsugen　爆弾発言 …… 520
bakufu　幕府 …… 195
bakuhan-taisei　幕藩体制 …… 195
baku-matsu　幕末 …… 195
bakushin-chi　爆心地 …… 5
bakyaku o arawasu　馬脚を現わす(露す) …. 306
bancha　番茶 …… 371
bancha mo debana　番茶も出花 …… 372
ban-gasa　番傘 …… 64
banji kyūsu　万事休す …… 68
ban-ka　挽歌 …… 307
ban-kan　万感 …… 68
bankan mune ni semaru　万感胸に迫る …… 68
bankara　蛮カラ, バンカラ …… 68
ban-ken　番犬 …… 397
ban-kuruwase　番狂わせ …… 307
bannan o haishite　万難を排して …… 69
bannō-yaku　万能薬 …… 467
banshaku suru　晩酌する …… 369
banzai　万歳 …… 520
banzai o san-shō suru　万歳を三唱する …… 520
banzuke　番付 …… 356
Barentain-dē　バレンタイン・デー …… 69
baria-furī　バリア・フリー …… 369
basue no izakaya　場末の居酒屋 …… 398
bata-kusai　バタ臭い …… 69
bateren　バテレン, 伴天連 …… 24
bateru　バテる, ばてる …… 502
batsu　閥 …… 69
batsu ga warui　ばつが悪い …… 69
batsu-ichi　バツイチ …… 69
beddo-taun　ベッド・タウン …… 422
bei-ju　米寿 …… 70
bejitarian　ベジタリアン …… 369
bekkyo　別居 …… 149
bekkyo suru　別居する …… 149
benchā-bijinesu　ベンチャー・ビジネス …… 195
benpi　便秘 …… 471
benri-ya　便利屋 …… 369
bentō　弁当 …… 369
bentō o taberu　弁当を食べる …… 369
bentō o tsukuru　弁当を作る …… 369
beso o kaku　べそをかく …… 467
bēsu-appu　ベース・アップ …… 195
betsu-bara　別腹 …… 370
bī-dama　ビー玉 …… 307
bī-dama-asobi o suru　ビー玉遊びをする …. 307
bīfu-katsu　ビーフカツ …… 452
bijinesu-hoteru　ビジネス・ホテル …… 370
bijin-hakumei　美人薄命 …… 70
bijin-kontesuto　美人コンテスト …… 70
bijin-kontesuto ni sanka suru　美人コンテストに参加する …… 70
biji-reiku　美辞麗句 …… 520
biji-reiku o tsuraneru　美辞麗句を連ねる …. 520
bika-go　美化語 …… 521
bī-kyū gurume　B級グルメ …… 387
bimoku-shūrei de aru　眉目秀麗である …… 467
binbō-gami　貧乏神 …… 549
binbō-gami ni toritsukareteiru　貧乏神にとりつかれている …… 549
binbō-himanashi　貧乏暇なし …… 70
binbō-kuji　貧乏くじ …… 70
binbō-kuji o hiku　貧乏くじを引く …… 70
binbō-yusuri　貧乏揺すり …… 467
binbō-yusuri o suru　貧乏揺すりをする …… 467
binīru-bon　ビニール本 (bini-bon ビニ本) .. 307
binjō　便乗 …… 370
binjō-neage o suru　便乗値上げをする …… 370
binta o kurawasu　びんたを食らわす (binta o kuwaseru びんたを食わせる) …… 70
bīru-jōzōsho　ビール醸造所 …… 418
bī-shī-kyū-senpan　BC級戦犯 …… 205
biwa　琵琶 …… 308
biwa-hōshi　琵琶法師 …… 308
Biwako　琵琶湖 …… 2
biya-gāden　ビヤガーデン …… 370
biyōgeka-i　美容外科医 …… 506
bodai　菩提 …… 24
bodai-ji　菩提寺 …… 24

bodai o tomurau 菩提を弔う ………………… 24
bodai-shin 菩提心………………………………… 24
Bōei-daigakkō 防衛大学校………………… 276
Bōei-shō 防衛省………………………………… 196
bōeki-akaji 貿易赤字 ……………………… 196
bōeki-kuroji 貿易黒字……………………… 196
bōeki-masatsu 貿易摩擦 ………………… 196
bōen-renzu 望遠レンズ …………………… 286
bōhan-beru 防犯ベル ……………………… 72
bōhan-kamera 防犯カメラ ……………… 70
bōin-bōshoku 暴飲暴食 ………………… 370
bōin-bōshoku (o) suru 暴飲暴食(を)する … 370
bōjaku-bujin 傍若無人 …………………… 71
bōjaku-bujin na 傍若無人な …………… 71
boketsu o horu 墓穴を掘る ……………… 71
bokuseki 墨跡………………………………… 308
bon 盆 (o-bon お盆, urabon 盂蘭盆) ………… 24
bōnasu ボーナス…………………………… 196
bonchi 盆地……………………………………2
bōnen-kai 忘年会 …………………………… 71
bonkei 盆景………………………………… 308
bon kure no tsuke-todoke 盆暮れの付け届け
……………………………………………… 25
bonnō 煩悩 ………………………………… 25
bon-odori 盆踊り …………………………… 24
bonsai 盆栽………………………………… 308
bon to shōgatsu ga issho ni kita yō 盆と正月が
一緒に来たよう ……………………………… 25
borantia ボランティア…………………… 467
borantia-katsudō ボランティア活動………. 467
boro ぼろ, 襤褸………………………………… 370
boro ga deru ぼろが出る ………………… 370
boro-kuso ni iu ぼろ糞に言う, 襤褸糞に言う
……………………………………………… 521
boro o dasanai yō ni suru ぼろを出さないよう
にする ………………………………………… 370
boro o dasu ぼろを出す…………………… 370
boro o kiteiru ぼろを着ている ………… 370
bōru-pen ボールペン ……………………… 297
bōryoku-dan 暴力団……………………… 187
bōryoku-dan-in 暴力団員……………… 187
Bōryoku-dantai-taisaku-hō 暴力団体対策法
……………………………………………… 187
bōsai 防災………………………………………… 370
bōsai-damu 防災ダム …………………… 370
Bōsai no hi 防災の日 …………………… 370
bosatsu 菩薩…………………………………… 25
boshi-katei 母子家庭……………………… 71
boshi-techō 母子手帳…………………… 467
bōsō-zoku 暴走族………………………… 71
botamochi ぼたもち, 牡丹餅 (ohagi おはぎ)
……………………………………………… 371
botan-nabe 牡丹鍋………………………… 417
botoru-kīpu ボトル・キープ …………… 371
bōzu 坊主 ……………………………………… 25
bōzu-atama 坊主頭………………………… 466
bōzu maru-mōke 坊主丸儲け…………… 25
bōzu nikukerya kesa made nikui 坊主憎けりゃ
袈裟まで憎い ……………………………… 25
buchi-gireru ぶち切れる………………… 117
buchō 部長…………………………………… 159
budō 武道 …………………………………… 308
bugaku 舞楽………………………………… 315
bugyō 奉行 ………………………………… 196
būingu ブーイング………………………… 309
bukatsu 部活 (kurabu-katsudō クラブ活動) · 276
buke-jidai 武家時代……………………… 196
buke-seiji 武家政治 ……………………… 196
Buke-shohatto 武家諸法度……………… 196
Bukkyō 仏教 ………………………………… 25
bukkyō-gaku 仏教学 ……………………… 26
bukkyō-hosupisu 仏教ホスピス ……… 26
bukkyō-to 仏教徒…………………………… 26
Bunbuku-chagama ぶんぶく茶釜, 文福茶釜,
分福茶釜………………………………… 549
bunbu-ryōdō ni hīderu 文武両道に秀でる … 277
bundan 文壇……………………………… 309
bundan ni tōjō suru 文壇に登場する ……… 309
bun'en 分煙………………………………… 408
bungen-menshoku 分限免職…………… 241
bunjō-manshon 分譲マンション………… 400
bunka-jin 文化人…………………………… 277
bunka-jūtaku 文化住宅………………… 371
Bunka-kunshō 文化勲章………………… 71
Bunka no hi 文化の日……………………… 71
bunka-sai 文化祭………………………… 277

bunko-bon 文庫本 309
bunmei-kaika 文明開化 196
bunmin-tōsei 文民統制 (shibirian-kontorōru シビリアン・コントロール) 221
bunraku 文楽 309
Bunroku-keichō no eki 文禄・慶長の役 197
buraidaru-sangyō ブライダル産業 142
burajā ブラジャー (bura ブラ) 371
buraku 部落 280
buranko ブランコ 328
burei-kō 無礼講 72
burei-kō ni suru 無礼講にする 72
bureru ぶれる 72
burīfu ブリーフ 432
burijji ブリッジ 501
burikko ぶりっ子 72
bushi 武士 197
bushi-dō 武士道 197
bushi-dō seishin 武士道精神 198
bushi no nasake 武士の情け 198
bushi no shōhō 武士の商法 (shizoku no shōhō 士族の商法) 197
bushi wa aimi-tagai 武士は相身互い 197
bushi wa kuwanedo taka-yōji 武士は食わねど高楊枝 197
bushō-hige 無精ひげ 477
busshi 仏師 26
buta-bako 豚箱 198
buta-bako ni irerareru 豚箱に入れられる 198
buta-jiru (ton-jiru) 豚汁 371
buta-niku no shōga-yaki 豚肉の生姜焼き 438
butchō-zura 仏頂面 515
butsu-dan 仏壇 26
butsu-ga 仏画 26
butsu-ma 仏間 26
butsu-mon 仏門 26
butsumon ni hairu 仏門に入る 26
butsu-zō 仏像 26
buttsuke-honban de ぶっつけ本番で 309
byōbu 屏風 371

C

cha 茶 (o-cha お茶) 371
cha-baori 茶羽織 390
cha-bashira 茶柱 371
cha-bōzu 茶坊主 72
chabu-dai ちゃぶ台, 卓袱台 389
chabudai-gaeshi 卓袱台返し 389
chacha o ireru 茶々を入れる 521
chadansu 茶だんす 448
chadōgu 茶道具 309
chagama 茶釜 309
chagashi 茶菓子 372
chakai 茶会 310
chakasu 茶化す 521
chaku-mero 着メロ 279
chaku-mero o daunrōdo suru 着メロをダウンロードする 279
chanbara ちゃんばら, チャンバラ 309
chanchara okashii ちゃんちゃらおかしい 72
chanko-nabe ちゃんこ鍋 443
chanoma 茶の間 372
chanomi-tomodachi 茶飲み友達 72
chanoyu 茶の湯 309
chanpon チャンポン, ちゃんぽん 372
chanpon-ni ちゃんぽんに 372
cha-patsu 茶髪 372
charitī-konsāto チャリティー・コンサート 310
charitī-shō チャリティー・ショー 310
charumera チャルメラ 459
chashitsu 茶室 310
cha-tsumi 茶摘み 72
cha-tsumi-uta 茶摘み歌 72
chauke 茶請け (o-chauke お茶請け) 372
chawan 茶碗 372
chawan-mushi 茶碗蒸し 373
chazuke 茶漬け (o-chazuke お茶漬け) 373
chēn-ten チェーン店 254
chi 血 467
Chian-iji-hō 治安維持法 198
chia-rīdā チアリーダー 310
chibusa (nyūbō) 乳房 468
chi de chi o arau 血で血を洗う 467

chideji terebi 地デジ・テレビ (chijō-ha dejitaru terebi 地上波デジタル・テレビ) 277
chidori-ashi 千鳥足 465
chidori-ashi de aruku 千鳥足で歩く 465
chien-shakai 地縁社会 132
chigai-dana 違い棚 451
chigai ga wakaru hito 違いが分かる人 310
chi ga noboru 血が上る 468
chi ga sawagu 血が騒ぐ 468
chihō-bunken 地方分権 198
chihō-jichi 地方自治 198
chihō-kōmuin 地方公務員 234
chihō-saiban-sho 地方裁判所 254
chihō-shi 地方紙 547
chika-dō 地下道 394
chika-gai 地下街 373
Chikamatsu Monzaemon 近松門左衛門 310
chikan 痴漢 72
chikan ni au 痴漢にあう 72
chikara-kobu 力こぶ, 力瘤 468
chika-shōten-gai 地下商店街 394
Chikatetsu-sarin-jiken 地下鉄サリン事件 198
chikuba no tomo 竹馬の友 358
chikubi 乳首 (nyūtō 乳頭) 468
chikushō 畜生 52
chikuwa 竹輪 402
chikyū-kansoku-eisei 地球観測衛星 302
chikyū-ondanka 地球温暖化 373
Chikyū-ondanka-bōshi-jōyaku 地球温暖化防止条約 373
Chikyū-ondanka-bōshi-Kyōto-kaigi 地球温暖化防止京都会議 413
chikyū-ondanka-gasu 地球温暖化ガス 373
chimaki ちまき, 粽 374
chimanako ni natte 血眼になって 498
chi-mayou 血迷う 468
chimei-shō 致命傷 468
chimei-shō o ataeru 致命傷を与える 468
chimei-shō o ou 致命傷を負う 468
chimichi o ageru 血道を上げる 468
chimi-mōryō 魑魅魍魎 549
chi mo namida mo nai 血も涙もない 468
chindon-ya ちんどん屋 73
chinichi-ha 知日派 14
chinichi-ka 知日家 14
chinju 鎮守 27
chinju no mori 鎮守の杜 27
chinju no yashiro 鎮守の社 27
chinkon 鎮魂 27
chi-no-ame o furasu 血の雨を降らす 467
chi no kayotta 血の通った 468
chi-no-ke ga hiku 血の気が引く 468
chi no meguri ga warui 血の巡りが悪い 468
chinpun-kanpun ちんぷんかんぷん 521
chintai-manshon 賃貸マンション 400
chirigami-kōkan ちり紙交換 374
chiri mo tsumoreba yama to naru ちりも積もれば山となる 374
chisan-chishō 地産地消 374
Chishima-rettō 千島列島 2
chisui 治水 12
chisui-kōji 治水工事 12
chiteki-shōgaisha 知的障がい者 509
chiteki-zaisan 知的財産 198
chiteki-zaisan-ken 知的財産権 198
chitose-ame 千とせ飴, 千歳飴 160
chi wa arasoenai 血は争えない 468
chi wa mizu yori mo koi 血は水よりも濃い 468
chō 腸 468
chōchin-mochi ちょうちん持ち, 提灯持ち 73
Chōchō-fujin 蝶々夫人 (Madamu-batafurai マダム・バタフライ) 310
chōchō-hasshi to yariau 丁々発止とやり合う 521
chōeki 懲役 198
chōeki sannen no kē ni shosuru 懲役3年の刑に処する 198
chōhei-kensa 徴兵検査 199
chōhei-seido 徴兵制度 199
chōja-banzuke 長者番付 199
chōkai-menshoku 懲戒免職 241
chōkai-shobun 懲戒処分 199
chō-kan 朝刊 547
chōki-tenki-yohō 長期天気予報 10
choko 猪口 430
chō-kōzetsu 長広舌 521
chō-kōzetsu o furuu 長広舌を揮う 521

chokusen-kyori 直線距離 …… 3
chokusen-wakashū 勅撰和歌集 …… 310
chōmiryō 調味料 …… 374
chōmon no isshin 頂門の一針 …… 468
chōnai-kai 町内会 …… 199
chōnin 町人 …… 200
chonmage ちょんまげ, 丁髷 …… 73
chōrei 朝礼 …… 73
chōrei-bokai 朝令暮改 …… 200
chōri-ba 調理場 (ita-ba 板場) …… 398
chōsa-hogei 調査捕鯨 …… 219
chōsan-boshi 朝三暮四 …… 73
chōshi ni norisugiru 調子に乗りすぎる …… 74
chōshi ni noru 調子に乗る …… 74
chōshi ni norunja naiyo 調子に乗るんじゃないよ …… 74
chō-teikōgai-sha 超低公害車 …… 449
chō yo hana yo to sodateru 蝶よ花よと育てる …… 74
chōyō no jo 長幼の序 …… 74
chū 忠 …… 27
chūdoku-nihon-taishi 駐独日本大使 …… 200
chū-doku-taishi 駐独大使 …… 200
chūgakkō 中学校 …… 284
chūgen 中元 (o-chūgen お中元) …… 74
chūgoku-zanryū-koji 中国残留孤児 …… 200
chū-goshi 中腰 …… 492
chū-hai チューハイ …… 374
chūin 中陰 (chūu 中有) …… 34
chūkan-kanri-shoku 中間管理職 …… 111
chūkon-hi 忠魂碑 …… 27
chūnichi-doitsu-taishi 駐日ドイツ大使 …… 200
chūnichi-taishi 駐日大使 …… 200
chūniku-chūzei no hito 中肉中背の人 …… 469
Chūō-kyōiku-shingikai 中央教育審議会 …… 277
chūō-shūken 中央集権 …… 198
chūryū-ishiki 中流意識 …… 74
chūryū-kaikyū 中流階級 …… 74
chūryū-katei 中流家庭 …… 74
chū-senkyoku-sei 中選挙区制 …… 266
Chūshingura 忠臣蔵 …… 310
chūshin-koku 中進国 …… 200
chūshō-kigyō 中小企業 …… 200
chūto-taigaku 中途退学 (chūtai 中退) …… 277

D

daburu-panchi ダブル・パンチ …… 311
dafu-ya ダフ屋, だふ屋 …… 311
dagashi 駄菓子 …… 374
dagashi-ya 駄菓子屋 …… 375
dai-butsu 大仏 …… 28
dai-butsu-den 大仏殿 …… 28
daidō-danketsu 大同団結 …… 201
daidō-danketsu suru 大同団結する …… 201
daidokoro-jijō 台所事情 …… 375
daietto ダイエット …… 469
daietto o shiteiru ダイエットをしている …… 469
daietto-shokuhin ダイエット食品 …… 469
daifuku 大福 …… 417
daigaku-fuzoku-toshokan 大学付属図書館 …… 301
daigaku-kyōin 大学教員 …… 285
daigaku-nyūshi-sentā 大学入試センター …… 278
daigaku o chūto-taigaku suru 大学を中途退学する …… 278
dai-ginjō-shu 大吟醸酒 …… 386
daigo-mi 醍醐味 …… 28
daihachi-guruma 大八車 …… 375
daihakkai 大発会 …… 201
daihen 代返 …… 278
Daihon'ei 大本営 …… 201
daiji o toru 大事をとる …… 74
daiji o totte 大事をとって …… 74
Daijō-bukkyō 大乗仏教 …… 28
daijōdan 大上段 …… 311
daijōdan ni kamaeru 大上段に構える …… 311
daikan 大寒 …… 74
dai-kigyō 大企業 …… 200
daikoku-bashira 大黒柱 …… 375
daikon-ashi 大根足 (脚) …… 465
daikon-oroshi 大根おろし …… 375
daikon-yakusha 大根役者 …… 350
daiku 大工 …… 375
daiku-dōgu 大工道具 …… 375
daiku no toryō 大工の棟梁 …… 375
daiku-shigoto 大工仕事 …… 375
daimeishi 代名詞 …… 521
daimoku 題目 (o-daimoku お題目) …… 28

Daimonji-gozan-okuribi　大文字五山送り火… 74
daimyō　大名 201
daimyō-gyōretsu　大名行列 257
daimyō-ryokō　大名旅行 201
Dainichi-nyorai　大日如来 28
dainingu-kitchin　ダイニング・キッチン 375
Dainippon-teikoku-kenpō　大日本帝国憲法 201
dai-no-ji ni (natte) neru　大の字に(なって)寝る 469
dainōkai　大納会 201
dai-ōjō　大往生 50
dai-rīgu　大リーグ 311
dairi-haha　代理母 469
dairi-shussan　代理出産 469
daisan no bīru　第三のビール 376
daisan-sekutā　第三セクター 202
daishō　大小 343
daitai-enerugī　代替エネルギー 376
Daitōa-kyōei-ken　大東亜共栄圏 202
Daizō-kyō　大蔵経 29
dajare　駄洒落 522
dakko　抱っこ 504
dame de motomoto　だめでもともと 74
dame o dasu　駄目を出す 312
dameoshi no itten o ireru　駄目押しの一点を入れる 522
dameoshi suru　駄目押しする 522
danchi　団地 376
danchō no omoi de　断腸の思いで 468
danchō no omoi de aru　断腸の思いである… 468
dango　団子 376
dangō　談合 202
dango-bana　団子鼻 473
danjo-dōken　男女同権 202
Danjo-koyō- kikaikintō-hō　男女雇用機会均等法 202
danjo-sabetsu　男女差別 202
danka　檀家 29
dankai no sedai　団塊の世代 75
danka-seido　檀家制度 (jidan-seido 寺檀制度; terauke-seido 寺請制度) 29
danryū　暖流 7
danshi no honkai　男子の本懐 98
danson-johi　男尊女卑 75
danson-johi no shakai　男尊女卑の社会 75
dappoku-sha　脱北者 202
daruma　だるま, 達磨 29
dashi　だし(dashi-jiru だし汁) 376
dashi　山車 75
dasoku　蛇足 75
datai　堕胎 469
datsua-nyūō　脱亜入欧 202
datsubō suru　脱帽する 377
datsu-genpatsu　脱原発 (genpatsu-haishi 原発廃止) 385
datsu-sara suru　脱サラする 75
datsuzei　脱税 202
datsuzei suru　脱税する 202
dau-heikin　ダウ平均 (dau-heikin-kabuka-shisū　ダウ平均株価指数) 272
daun-rōdo suru　ダウン・ロードする 287
deai-gashira　出会い頭 75
deai-gashira ni　出会い頭に 75
deba-kame　出歯亀 75
debana o kujikareru　出鼻(出端)をくじかれる 75
debeso　出べそ 477
debyū　デビュー 312
debyū suru　デビューする 312
dē-gēmu　デー・ゲーム 341
deguchi-chōsa　出口調査 202
Dejima (Deshima)　出島 3
dejitaru-kamera　デジタル・カメラ 278
de-kasegi　出稼ぎ 203
de-kasegi o suru　出稼ぎをする 203
dekichatta-kekkon　できちゃった結婚 75
dekinai sōdan　できない相談 76
dema　デマ 522
demae　出前 380
demodori　出戻り 76
dengaku　田楽 377
denka no hōtō　伝家の宝刀 312
denka no hōtō o nuku　伝家の宝刀を抜く… 312
denki-suihanki　電気炊飯器 (denki-gama 電気釜) 377
denpyō　伝票 453

denshin-bashira　電信柱 …… 377
denshi-renji　電子レンジ …… 278
dentaku　電卓 …… 278
denwa　電話(denwa-ki 電話機) …… 278
denwa-bangō　電話番号 …… 279
denwachū　電話中 …… 279
denwa ga tsunagaranai　電話がつながらない …… 279
denwa ni deru　電話に出る …… 279
denwa no aitegata　電話の相手方 …… 279
denwa-ryō　電話料 …… 279
depa-chika　デパチカ, デパ地下 …… 377
deppa　出っ歯 …… 472
deru kui wa utareru　出る杭は打たれる …… 76
dē-sābisu　デー・サービス …… 469
desukutoppu-pasokon　デスクトップ・パソコン …… 294
detatoko-shōbu de　出たとこ勝負で …… 312
detatoko-shōbu de iku　出たとこ勝負でいく … 312
detchi　丁稚 …… 203
dēto　デート …… 76
dēto-supotto　デート・スポット …… 76
dezome-shiki　出初め式 …… 76
direkutāzu-katto　ディレクターズ・カット …… 344
dō-age suru　胴上げする …… 469
dobin　土瓶 …… 377
dobuita-seiji　どぶ板政治 …… 204
dobuita-senkyo　どぶ板選挙 …… 204
doburoku　どぶろく …… 386
dōbutsu-aigo-kyōkai　動物愛護協会 …… 377
dōbutsu-aigo no seishin　動物愛護の精神 …… 377
dōbutsu-aigo-shūkan　動物愛護週間 …… 377
dōbyō ai awaremu　同病相哀れむ …… 469
dōdō-meguri　堂々巡り …… 76
dōga　動画 …… 278
dogeza　土下座 …… 77
dogeza suru　土下座する …… 77
dogimo o nuku　度肝を抜く …… 490
dogū　土偶 …… 204
dohatsu ten o tsuku　怒髪天を衝く …… 484
dohyō　土俵 …… 356
dohyō-iri　土俵入り …… 356
doitsu mo koitsu mo　どいつもこいつも …… 77
dōjin-zasshi　同人雑誌 …… 312
doji o fumu　どじを踏む …… 77
dōji-tsūyaku　同時通訳 …… 522
dojō-sukui　どじょう掬い, 泥鰌掬い …… 312
dokkoi-dokkoi　どっこいどっこい …… 77
dokkoisho　どっこいしょ …… 522
doko fuku kaze to itta taido　どこ吹く風といった態度 …… 9
doko fuku kaze to kikinagasu　どこ吹く風と聞き流す …… 9
dokonjō　ど根性 …… 43
dokudanjō　独壇場 …… 77
dokudanjō de aru　独壇場である …… 77
doku ni mo kusuri ni mo naranai　毒にも薬にもならない …… 470
doku o kurawaba sara made　毒を食らわば皿まで …… 77
dokuritsu-gyōsei-hōjin　独立行政法人 …… 219
Dokusen-kinshi-hō　独占禁止法 …… 204
dokushin-jutsu　読唇術 …… 494
dokushin-kizoku　独身貴族 …… 77
dokusho hyappen gi onozukara arawaru　読書百遍義自ずから見る …… 312
dokusho-zanmai　読書三昧 …… 312
dokusho-zanmai ni fukeru　読書三昧にふける …… 312
doku-zetsu　毒舌 …… 509
doma　土間 …… 377
dōmo　どうも …… 522
dōmoku suru　瞠目する …… 498
dōmoto　胴元 …… 317
dōnatsu-genshō　ドーナツ現象 …… 378
donburi　どんぶり, 丼 …… 378
donburi-kanjō　どんぶり勘定 …… 204
donchan-sawagi o suru　どんちゃん騒ぎをする …… 378
donden-gaeshi　どんでん返し …… 313
dondo　どんど(dondo-yaki どんど焼き) …… 77
donguri no sei-kurabe　団栗の背比べ …… 77
dorafuto-kaigi　ドラフト会議 …… 348
dorafuto-sei　ドラフト制 …… 348
dōraku　道楽 …… 313
dorei-konjō　奴隷根性 …… 43

dorinku-zai　ドリンク剤 ········· 470
dorobō ni oisen　泥棒に追い銭 ········· 78
doro-bune　泥船 ········· 379
doro-jiai　泥仕合 ········· 78
doro-kusai　泥臭い ········· 313
doronawa-shiki de aru　泥縄式である ········· 78
doro-numa　泥沼 ········· 78
doro-numa kara nuke-dasu　泥沼から抜け出す ········· 78
doro-numa ni ochi-komu　泥沼に落ち込む ········· 78
doro o haku　泥を吐く ········· 522
doro o kaburu　泥をかぶる ········· 78
dosakusa　どさくさ ········· 78
dosakusa ni magirete　どさくさに紛れて ········· 78
dosa-mawari no ichiza　どさ回りの一座 ········· 313
dosanko　道産子 ········· 6
dosha-buri　土砂降り ········· 3
dosha-burini (amega) furu　土砂降りに(雨が)降る ········· 3
dosha-kuzure　土砂崩れ ········· 18
doshō-bone　土性骨 ········· 479
dōshō-imu　同床異夢 ········· 78
dosō　土葬 ········· 58
dōso-jin　道祖神 ········· 29
dōsō-kai　同窓会 ········· 279
dosoku　土足 ········· 466
dosoku de　土足で ········· 466
dosoku-kinshi　土足禁止 ········· 466
dota-kyan　ドタキャン, どたキャン ········· 78
dotanba　土壇場 ········· 79
dotanba de　土壇場で ········· 79
dotchi mo dotchi　どっちもどっち ········· 79
dote-nabe　どて鍋, 土手鍋 ········· 417
doteppara ni kazaana o akeru　どてっ腹に風穴を開ける ········· 476
dotto-warau　どっと笑う ········· 519
dōwa-kyōiku　同和教育 ········· 280
doya　どや ········· 379
doyō　土用 ········· 79
doyō-nami　土用波 ········· 3
dozaemon　土左衛門 ········· 79
dozō　土蔵 ········· 379
dōzoku-gaisha　同族会社 ········· 200
dōzo yoroshiku　どうぞよろしく ········· 523

E

eakon　エアコン ········· 280
ebi　えび, 海老 ········· 445
ebi de tai o tsuru　えびで鯛を釣る ········· 379
Ebisu　えびす, 恵比寿 ········· 54
ebisu-gao　えびす顔, 恵比須顔 ········· 54
edamame　枝豆 ········· 379
Edo-jidai　江戸時代 ········· 205
edokko　江戸っ子 ········· 205
edo-mae　江戸前 ········· 379
edomae-zushi　江戸前寿司 ········· 379
Edo no kataki o Nagasaki de utsu　江戸の敵を長崎で討つ ········· 79
egokoro　絵心 ········· 313
e-gokoro ga aru　絵心がある ········· 313
eiga　映画 ········· 313
eiga-haiyū　映画俳優 ········· 313
eiga-kantoku　映画監督 ········· 313
eigaka-suru　映画化する ········· 313
eiga o mi ni iku　映画を見に行く ········· 313
eiga o miru　映画を見る ········· 313
eiga-ongaku　映画音楽 ········· 313
eiko-seisui　栄枯盛衰 ········· 140
eikyū-shi　永久歯 ········· 472
eirei　英霊 ········· 30
eisei　衛生 ········· 470
eisei-terebi-hōsō　衛星テレビ放送 ········· 300
eisei-toshi　衛星都市 ········· 422
eitai-kuyō　永代供養 ········· 45
ei-ten　栄転 ········· 79
eizu　エイズ ········· 470
eizu-chiryō　エイズ治療 ········· 470
eizu-kansensha　エイズ感染者 ········· 470
eizu-kensa　エイズ検査 ········· 470
eizu-uirusu　エイズ・ウイルス ········· 470
ekiben　駅弁 ········· 379
ekiden　駅伝 ········· 313
ekijōka-genshō　液状化現象 ········· 6
eki-sha　易者 ········· 549
eki-sha minoue shirazu　易者身の上知らず ········· 549

ekishō 液晶 280
ekishō-disupurē 液晶ディスプレイ 280
ekishō-terebi 液晶テレビ 280
ekken-kōi 越権行為 205
ekken-kōi o suru 越権行為をする 205
ekkyō-nyūgaku (o) suru 越境入学(を)する 281
eko-baggu エコ・バッグ 379
eko-botoru エコ・ボトル 379
eko-kā エコ・カー 379
ekonomikku-animaru エコノミック・アニマル 205
ekonomī-kurasu shōkō-gun エコノミー・クラス症候群 470
eko-pēpā エコ・ペーパー 379
ē-kyū-senpan A級戦犯 205
ema 絵馬 30
ema-dō 絵馬堂 30
emakimono 絵巻物 313
en 縁 30
enchō-sen 延長戦 315
endaka 円高 205
endaka-defure 円高デフレ 205
endaka-fukyō 円高不況 205
endaka-saeki 円高差益 205
endaka-saeki-kangen 円高差益還元 205
en-dōi 縁遠い 30
engawa 縁側 380
engi 縁起 30
engi de mo nai 縁起でもない 30
engi-mono 縁起物 79
engi no ii 縁起のいい 30
engi no warui 縁起の悪い 30
engi o katsugu 縁起を担ぐ 30
Engishiki 延喜式 206
e ni kaita mochi 絵に描いた餅 417
enjo-kōsai 援助交際 80
enka 演歌 314
enkyoku na hyōgen 婉曲な表現 523
enkyoku ni iu 婉曲に言う 523
enma-chō 閻魔帳 280
Enma-daiō 閻魔大王 549
enmei 延命 470
enmei-iryō 延命医療 470
enmei-saku o kōjiru 延命策を講じる 470
en mo yukari mo nai 縁もゆかりもない 30
en-musubi 縁結び 30
en naki shujō wa doshigatashi 縁なき衆生は度し難し 30
ennichi 縁日 80
ennichi no roten 縁日の露店 80
en no shita 縁の下 380
en no shita no chikara-mochi 縁の下の力持ち 380
enpitsu 鉛筆 297
enri-edo (onri-edo) gongu-jōdo 厭離穢土 欣求浄土 30
Enu-ēchi-kē-kōhaku-utagassen NHK紅白歌合戦 314
en wa i-namono aji-namono 縁は異なもの味なもの 30
enyasu 円安 206
en'yō-gyogyō 遠洋漁業 206
en-zai えん罪, 冤罪 206
en-zai o harasu 冤罪を晴らす 206
en-zai o kōmuru 冤罪をこうむる 206
ēpuriru-fūru エープリル・フール 80
eri 襟 380
eri o tadasu 襟を正す 380
eshaku 会釈 539
eshaku (o)suru 会釈(を)する 539
e-soragoto 絵空事 314
esu-efu エスエフ, SF 314
esu-efu eiga エスエフ映画 314
esu-efu sakka エスエフ作家 314
etchi エッチ 80
etchū-fundoshi 越中褌 381
eto 干支 80

F

famikon ファミコン 315
famiresu ファミレス 380
fasshon-dezainā ファッション・デザイナー 380
fasshon-shō ファッション・ショー 380
fasshon-zasshi ファッション雑誌 380

fāsuto-fūdo　ファースト・フード……………380
fāsuto-fūdo-ten　ファースト・フード店……380
fēn-genshō　フェーン現象……………………3
fu　ふ, 麩……………………………………380
fu　腑…………………………………………470
fūai　風合い…………………………………380
fubuki　吹雪…………………………………19
fūbutsu-shi　風物詩…………………………81
fuchi no yamai　不治の病…………………501
fudan-gi　普段着……………………………398
fuda-tsuki no　札付きの……………………347
fude　筆………………………………………315
fude-bako　筆箱……………………………281
fude-bushō　筆不精…………………………315
fude ga tatsu　筆が立つ……………………315
fude o ireru　筆を入れる……………………315
fude o oku　筆を擱く………………………315
fude o oru　筆を折る………………………315
fudō-hyō　浮動票……………………………206
Fudoki　風土記………………………………206
fūfu bessei　夫婦別姓………………………206
fūfu-genka　夫婦喧嘩………………………81
fūfu-genka wa inu mo kuwanai　夫婦喧嘩は犬も食わない……………………………………81
Fugaku sanjūrok-kei　富嶽三十六景………362
fugen-jikkō　不言実行………………………523
fugu　ふぐ, 河豚……………………………381
fugu-chōrishi-menkyo　ふぐ調理師免許……381
fugu-ryōri　ふぐ料理………………………381
fugu-taiten no teki　不倶戴天の敵…………81
fugu wa kuitashi inochi wa oshishi　ふぐは食いたし命は惜しし…………………………381
fūhyō-higai　風評被害………………………523
fuji-bitai　富士額……………………………477
fūjikome-seisaku　封じ込め政策……………206
fujin-kai　婦人会……………………………81
fujin-sanseiken　婦人参政権………………207
Fuji-san　富士山……………………………3
fuka　不可……………………………………300
fūka　風化……………………………………4
fukai-shisū　不快指数………………………4
fuka-kōryoku　不可抗力……………………207
fuka-zake　深酒……………………………381
fuka-zake o suru　深酒をする……………381
fukidashi　噴出し……………………………338
fukkakeru　吹っかける（fuki-kakeru 吹きかける）……………………………………………81
fukkin　腹筋…………………………………476
fukkin-undō　腹筋運動……………………476
fukoku-kyōhei　富国強兵……………………207
fukuan　腹案…………………………………476
fuku-bukuro　福袋……………………………81
fukumi-warai　含み笑い……………………519
fukuro-dataki　袋叩き………………………81
fukuro-dataki ni suru　袋叩きにする………82
fukuro no nezumi　袋のねずみ, 袋の鼠………82
fukuro no nezumi de aru　袋の鼠である……82
fukushin　腹心………………………………82
fukushin no buka　腹心の部下………………82
fukushin no tomo　腹心の友…………………82
fukuwa-jutsu　腹話術………………………476
fukuwa jutsu o tsukau　腹話術を使う………476
fukyōwaon　不協和音………………………315
fumi-e　踏み絵………………………………207
fumikiri　踏み切り…………………………394
fumi-taosu　踏み倒す………………………207
funa-daiku　船大工…………………………375
fundari-kettari　踏んだり蹴ったり…………470
fundoshi　ふんどし, 褌……………………381
fundoshi-katsugi　褌担ぎ…………………381
fundoshi o shimeru　褌を締める…………381
funin-chiryō　不妊治療……………………471
funin-shō　不妊症……………………………471
fu ni ochinai　腑に落ちない………………470
funka　噴火……………………………………9
funka-kō　噴火口……………………………9
funka suru　噴火する…………………………9
funkei no tomo　刎頚の友……………………82
funkotsu-saishin suru　粉骨砕身する………479
funman yaru kata nai　憤懣やる方ない………82
funshoku-kessan　粉飾決算…………………207
funuke　腑抜け………………………………470
funzori-kaeru　ふんぞり返る………………471
furaido-poteto　フライド・ポテト…………381
furekkusu-taimu　フレックス・タイム………117
furī-daiaru　フリー・ダイアル……………279

furi-dashi ni modoru 振り出しに戻る …… 355
furi-gana ふりがな, 振り仮名 …… 523
furikae-kyūjitsu 振り替え休日 …… 82
furikake 振りかけ …… 381
fūrin 風鈴 …… 82
furin 不倫 …… 82
furin no koi 不倫の恋 …… 82
furīransu フリーランス …… 82
furī-saizu フリー・サイズ …… 382
furi-sode 振袖 …… 382
furītā フリーター …… 82
furī-tōkingu フリー・トーキング …… 523
furi-tsuke 振り付け, 振付 …… 315
furitsuke o suru 振り付けをする …… 315
furitsuke-shi 振り付け師, 振付師 …… 315
furo 風呂 …… 382
furoshiki 風呂敷 …… 383
furoshiki-zutsumi 風呂敷包み …… 383
furō-shotoku 不労所得 …… 207
furu-danuki 古狸 …… 561
furu-gao 古顔 …… 486
furu-zuke 古漬け …… 453
fūryoku-hatsuden 風力発電 …… 392
furyō-saiken 不良債権 …… 207
furyō-saiken shori 不良債権処理 …… 207
fūryū 風流 …… 31
fūryū o kaisanai 風流を解さない …… 31
fūsai 風采 …… 83
fūsai ga agaranai 風采が上がらない …… 83
fuse 布施 (o-fuse, o-buse お布施) …… 31
Fusei-kyōsō-bōshi-hō 不正競争防止法 …… 207
fuseishutsu no 不世出の …… 315
fuseishutsu no tensai 不世出の天才 …… 315
fuseki 布石 …… 323
fusen-pai 不戦敗 …… 315
fusen-shō 不戦勝 …… 315
fu-sessei 不摂生 …… 471
fu-sessei o suru 不摂生をする …… 471
fūsetsu-chūihō 風雪注意報 …… 19
fushaku-shinmyō 不惜身命 …… 31
fushi-katei 父子家庭 …… 71
fushō-fuzui 夫唱婦随 …… 109
fusuma ふすま, 襖 …… 439
futaiten 不退転 …… 31
futaiten no ketsui 不退転の決意 …… 31
futamata kakeru 二股かける …… 83
futamata-kōyaku 二股膏薬 …… 83
futatsu-henji 二つ返事 …… 523
futatsu-henji de shōchi suru 二つ返事で承知する …… 523
futei-shūso 不定愁訴 …… 471
fūten 瘋癲, フーテン …… 471
fu-tōkō 不登校 …… 281
futokoro ふところ, 懐 …… 383
futokoro ga atatakai 懐が暖かい …… 383
futokoro ga fukai 懐が深い …… 383
futokoro ga sabishii 懐が淋しい …… 383
futokoro-gatana 懐刀 …… 83
futokoro-guai 懐具合 …… 383
futokoro to sōdan suru 懐と相談する …… 383
futoku mijikaku ikiru 太く短く生きる …… 83
futoku no itasu tokoro 不徳のいたすところ …… 83
futon 布団, 蒲団 …… 383
futon ni kurumaru 布団にくるまる …… 383
futon o ageru 布団を上げる …… 383
futon o shiku 布団を敷く …… 383
futon o tatamu 布団を畳む …… 383
futoppara 太っ腹 …… 475
futsuka-yoi 二日酔い …… 383
futsuka-yoi de aru 二日酔いである …… 383
futsutsukana ふつつかな …… 83
futte waita yō na hanashi 降って湧いたような話 …… 84
futte waku 降って沸く …… 83
futtōsui-gata-genshiro 沸騰水型原子炉 …… 284
fū-un 風雲 …… 84
fūun-ji 風雲児 …… 84
fū-un kyū o tsugeru 風雲急を告げる …… 84
fuwa-raidō suru 付和雷同する …… 84
fuyajō 不夜城 …… 84
fuyu-bi 冬日 …… 12
fuyu-shōgun 冬将軍 …… 4
fūzen no tomoshibi de aru 風前の灯である …… 84
fūzoku-eigyō 風俗営業 …… 84
Fūzoku-eigyō-torishimari-hō 風俗営業取締法 …… 84

G

gaden-insui　我田引水 ……… 84
gaden-insui no　我田引水の ……… 84
ga-gaku　雅楽 ……… 315
gaiatsu　外圧 ……… 208
gaiatsu ni kussuru　外圧に屈する ……… 208
gaiju　外需 ……… 208
gaijū-naigō　外柔内剛 ……… 84
gaikō-jirei　外交辞令 (shakō-jirei 社交辞令) ‥ 523
gaikō-jirei o tsukau　外交辞令を使う ……… 523
gaikokujin-tōroku　外国人登録 ……… 208
Gaikokujin-tōroku-hō　外国人登録法 ……… 208
gaikokujin-tōroku-shōmeisho　外国人登録証明書 ……… 208
gaikoku-kawase　外国為替 ……… 208
gaikoku-kawase-ginkō　外国為替銀行 ……… 208
gaikoku-kawase-saeki　外国為替差益 ……… 208
gaikoku-kawase-sason　外国為替差損 ……… 208
gaikoku-kawase-sōba　外国為替相場 ……… 208
gairai-go　外来語 ……… 524
gaisan-yōkyū　概算要求 ……… 208
gaisen-sha　街宣車 ……… 208
gaishoku-sangyō　外食産業 ……… 383
gaiyō-yaku　外用薬 ……… 501
gakeppuchi　崖っぷち ……… 84
gakeppuchi ni tatasareru　崖っぷちに立たされる ……… 84
gaki　餓鬼 ……… 31, 52
gaki-daishō　餓鬼大将 ……… 31
gaki-dō　餓鬼道 ……… 31
gakkō-kyūshoku　学校給食 ……… 281
gakkō-toshokan　学校図書館 ……… 301
gakku　学区 ……… 281
gakku-sei　学区制 ……… 281
gakkyū-hōkai　学級崩壊 ……… 281
gakubatsu　学閥 ……… 69, 282
gakudō-sokai　学童疎開 ……… 282
gakugei-kai　学芸会 ……… 282
gakumen　額面 ……… 208
gakumen-dōri ni uketoru　額面どおりに受け取る ……… 208
gaku-reki　学歴 ……… 282
gakureki-shakai　学歴社会 ……… 282
gakusai-kagaku　学際科学 ……… 282
gakusai-teki na kenkyū　学際的な研究 ……… 282
gakusei　学生 ……… 282
gakusei-fuku　学生服 ……… 434
gakusei-shō　学生証 ……… 282
gakusei-undō　学生運動 ……… 282
gakusha-hada de aru　学者肌である ……… 473
gakushū-shōgai　学習障害 ……… 283
gakushū-shōgai no aru　学習障害のある ……… 283
gakuto-dōin　学徒動員 (gakuto-kinrō-dōin 学徒勤労動員) ……… 283
gakuto-shutsujin　学徒出陣 ……… 208
gakuya-ochi　楽屋落ち ……… 524
gama no abura　がまの脂 ……… 84
gamushara　がむしゃらに, 我武者羅に ……… 85
gamu-tēpu　ガム・テープ ……… 384
ganchū ni nai　眼中にない ……… 498
gani-mata　がにまた, 蟹股 ……… 495
gani-mata de aruku　蟹股で歩く ……… 495
ganji-garame　雁字搦め ……… 85
ganji-garame ni naru　雁字搦めになる ……… 85
ganjitsu　元日 (gantan 元旦) ……… 85
ganka-i　眼科医 ……… 506
gankō shihai ni tessu　眼光紙背に徹す ……… 283
gan o tsukeru　眼を付ける ……… 498
ganpuku　眼福 ……… 498
gan-puku o eru　眼福を得る ……… 498
ganshoku-nakarashimeru　顔色なからしめる ……… 486
gari　がり ……… 445
gari-ben　がり勉 ……… 283
gari-ben o suru　がり勉をする ……… 283
garyō-tensei　画竜点睛 ……… 315
garyō-tensei o kaku　画竜点睛を欠く ……… 316
gasa-ire　ガサ入れ ……… 209
gase-neta　がせねた, ガセネタ ……… 524
gase-neta o tsukamasareru　ガセネタをつかまされる ……… 524
gashin-shōtan　臥薪嘗胆 ……… 85
gaso　画素 ……… 278
gasorin-sutando　ガソリン・スタンド ……… 384

gasshō 合掌 …… 31
gasshō-renkō 合従連衡 …… 209
gasshō suru 合掌する …… 31
gasshō-zukuri no ie 合掌造りの家 …… 384
gasshuku 合宿 …… 283
gasu-nuki ガス抜き …… 283
gasu-nuki suru ガス抜きする …… 283
gasu-suihanki ガス炊飯器 …… 377
gattsu ガッツ …… 85
gattsu ga aru ガッツがある …… 85
gattsu-pōzu ガッツ・ポーズ …… 85
geba-hyō 下馬評 …… 85
geiin-bashoku 鯨飲馬食 …… 388
geimei 芸名 …… 524
geinō-jin 芸能人 …… 316
geino-kai 芸能界 …… 316
geisha 芸者 …… 85
gei wa mi o tasuku 芸は身を助く …… 316
geka-i 外科医 …… 506
gekijin-saigai 激甚災害 …… 4
gekijin-saigai-hō 激甚災害法 …… 4
gekijōgata hanzai 劇場型犯罪 …… 209
gekirin ni fureru 逆鱗に触れる …… 86
gekkan-shi 月刊誌 …… 542
geko 下戸 …… 384
gekokujō 下克上 …… 209
gēmu-sentā ゲーム・センター …… 316, 360
genbaku-dōmu 原爆ドーム …… 5
genbaku-kinenkan 原爆記念館 …… 5
genbaku-shō 原爆症 …… 5
genbun-itchi 言文一致 …… 524
genchi 言質 …… 524
genchi o ataeru 言質を与える …… 524
genchi o torarenai yō ni hanasu 言質を取られないように話す …… 524
genchi o toru 言質を取る …… 524
gendaikko 現代っ子 …… 86
gen'en-shōyu 減塩醤油 …… 440
gengai 言外 …… 524
gengai no imi o yomitoru 言外の意味を読み取る …… 524
gen ga yoi (ii) 験が良い(いい) …… 549
gen ga warui 験が悪い …… 549
gengō 元号 (nengō 年号) …… 209
Genji-monogatari 源氏物語 …… 316
genka 原価 …… 232
genkai-shūraku 限界集落 …… 384
genkō 元寇 …… 210
genkō-itchi 言行一致 …… 524
genkō-yōshi 原稿用紙 …… 284
genmai 玄米 …… 385
genmai-cha 玄米茶 …… 385
genmai-pan 玄米パン …… 385
gen o katsugu 験を担ぐ …… 549
gen o sayū ni suru 言を左右にする …… 524
genpatsu-jiko 原発事故 …… 385
genpuku (genbuku) 元服 …… 86
genrō 元老 …… 210
genron no jiyū 言論の自由 …… 210
genron no jiyū o danatsu suru 言論の自由を弾圧する …… 210
genron no jiyū o hoshō suru 言論の自由を保障する …… 210
gensanchi 原産地 …… 385
gensanchi-shōmeisho 原産地証明書 …… 385
gensen-chōshū 源泉徴収 …… 210
gensen-chōshū-hyō 源泉徴収票 …… 210
gensen-chōshū-zei 源泉徴収税 …… 210
gense-riyaku 現世利益 …… 31
genshiro 原子炉 …… 284
genshiryoku-hatsuden 原子力発電 …… 392
genshiryoku-hatsudensho 原子力発電所 …… 392
gentan 減反 …… 210, 247
gentan-seisaku 減反政策 …… 210
genzoku 還俗 …… 60
genzoku suru 還俗する …… 60
geri 下痢 …… 471
gesewa 下世話 …… 525
gesewa ni iu to 下世話に言うと …… 525
geshuku 下宿 …… 385
geshuku-dai 下宿代 …… 385
gesui-dō 下水道 …… 425
gesu no atojie 下衆の後知恵 …… 86
gesu no kanguri 下衆の勘ぐり …… 86
geta 下駄 …… 385
geta o azukeru 下駄を預ける …… 385

getemono　げてもの，ゲテモノ，下手物 316
getemono-gui　ゲテモノ食い，下手物食い 386
getemono-shumi　げてもの趣味 316
gien-kin　義援金，義捐金 86
gien-kin boshū　義援金募集 86
gifun　義憤 210
gifun ni kararete　義憤にかられて 211
gikkuri-goshi　ぎっくり腰 491
gimu-kyōiku　義務教育 284
gimu-kyōiku-seido　義務教育制度 284
ginjō-shu　吟醸酒 386
ginō-orinpikku　技能オリンピック 284
gin-sekai　銀世界 22
gion-go　擬音語 525
Gion-matsuri　祇園祭 31
giri　義理 86
giri-choko　義理チョコ 69
giri o kaku　義理を欠く 87
giri to ninjō no itabasami　義理と人情の板挾み 105
gishin anki o shōzu　疑心暗鬼を生ず 32
gishu　義手 513
gisoku　義足 466
gisō-nanmin　偽装難民 244
gitai-go　擬態語 525
gō　業 32
gobō　ごぼう，牛蒡 386
gobō-nuki ni suru　牛蒡抜きにする 386
go-busata suru　ご無沙汰する 525
go-busata shite sumimasen　ご無沙汰してすみません 525
gochiso-sama deshita　ご馳走さまでした 529
godankai-hyōka　五段階評価 300
go-eika　御詠歌 54
goemon-buro　五右衛門風呂 386
gogatsu-byō　五月病 471
gō ga waku　業が沸く 32
gohasan (gowasan)　ご破算 299
gohasan (gowasan) ni suru　ご破算にする 299
gohei　語弊 525
gohei ga aru　語弊がある 525
gohei o katsugu　御幣を担ぐ 550
go-ishi　碁石 323
go-jinka　御神火 9
gojippo (gojuppo)-hyappo　五十歩百歩 87
Gojira　ゴジラ 316
gojūon-zu　五十音図 525
Gokajō no goseimon　五箇条のご誓文 211
goken-undō　護憲運動 115
gōketsu-warai　豪傑笑い 519
gokō-gomin　五公五民 211
gokoku-hōjō　五穀豊穣 42
gō-kon　合コン 316
gokudō　極道 187
gokudō-mono　極道者 187
gokumon　獄門 211
gokuraku　極楽 32
gokuraku-ōjō　極楽往生 32
gokuraku-tonbo　極楽とんぼ 32
goku-tsubushi　ごく潰し，穀潰し 386
gōkyū　号泣 537
gōkyū suru　号泣する 537
goma-ae　ごま和え，胡麻和え 387
gomame no ha-gishiri　ごまめの歯軋り 87
goma o suru　ごまをする 87
goma-shio　ごま塩，胡麻塩 386
goma-suri　ごますり，胡麻擂り 87
gomi　ごみ 387
gomi no bunbetsu　ごみの分別 387
gomoku-meshi　五目飯 387
gone-doku　ごね得 87
gone-doku suru　ごね得する 87
goneru　ごねる 87
gongen　権現 35
gongo-dōdan　言語道断 525
gongo-dōdan na　言語道断な 525
gongu-jōdo　欣求浄土 32
gō ni itte wa gō ni shitagae　郷に入っては郷に従え 87
gō o niyasu　業を煮やす 32
go-raikō　ご来光 4
go-raikō o ogamu　ご来光を拝む 4
gori-muchū　五里霧中 87
gori-muchū de aru　五里霧中である 88
go-riyaku　ご利益 32
go-riyaku ga aru　ご利益がある 32

goro-awase 語呂合わせ……………………… 525
goro ga ii 語呂がいい ……………………… 525
goro ga warui 語呂が悪い…………………… 525
gorone ごろ寝 ………………………………… 471
gorone suru ごろ寝する …………………… 471
gorotsuki ごろつき…………………………… 88
gōruden-awā ゴールデン・アワー ………… 317
gōruden-uīku ゴールデン・ウィーク ……… 88
gō-sain ゴー・サイン………………………… 88
gōsetsu-chitai 豪雪地帯…………………………4
go-shichi-chō 五七調 ……………………… 352
goshin-jutsu 護身術 ………………………… 317
goshin-jutsu o kokoroeteiru 護身術を心得ている ……………………………………… 317
go-shintai ご神体 …………………………… 56
goshippu ゴシップ…………………………… 526
go-shuin 御朱印……………………………… 211
go-shuin-sen 御朱印船……………………… 211
gotabun ni morezu ご多分に漏れず………… 88
gotaku o naraberu 御託を並べる ………… 526
gote ni mawaru 後手に回る ………………… 88
goyō-gakusha 御用学者……………………… 284
goyō-hajime 御用始め………………………… 88
goyō-osame 御用納め ………………………… 88
goze ごぜ …………………………………… 317
gozen-kaigi 御前会議……………………… 211
gozen-sama 午前様…………………………… 88
gozō-roppu 五臓六腑 ……………………… 471
gozō-roppu ni shimi-wataru 五臓六腑に染み渡る ……………………………………… 472
guinomi ぐいのみ, ぐい飲(呑)み ………… 387
gūkyo 寓居 ………………………………… 387
gunbai 軍配………………………………… 356
gunbatsu 軍閥………………………………… 69
gū no ne mo denai ぐうの音も出ない……… 526
gunpatsu-jishin 群発地震……………………6
gun-shin 軍神 ……………………………… 212
gunte 軍手 ………………………………… 387
gun'yū-kakkyo 群雄割拠…………………… 212
gurabia-aidoru グラビア・アイドル ……… 88
gurīn-sha グリーン車 ……………………… 387
gurōbarizēshon グローバリゼーション …… 212
gurume グルメ ……………………………… 387
guru ni naru ぐるになる …………………… 89
guzutsuita tenki ぐずついた天気 ………… 20
gyafun to iu ぎゃふんと言う ……………… 89
gyafun to iwaseru ぎゃふんと言わせる …… 89
gyaku-nan 逆軟, 逆ナン …………………… 135
gyaku-tamanokoshi 逆玉の輿(gyakutama 逆玉) ……………………………………………114
gyanburu ギャンブル (tobaku 賭博)……… 317
gyanburu ni kuruu ギャンブルに狂う …… 317
gyofu no ri 漁夫の利………………………… 89
gyōji 行司…………………………………… 356
gyokuon-hōsō 玉音放送 …………………… 212
gyokuro 玉露………………………………… 371
gyokusai 玉砕……………………………… 212
gyokusai suru 玉砕する …………………… 212
gyokuseki-konkō 玉石混交 ………………… 318
Gyōsei-fufuku-shinsa-hō 行政不服審査法… 213
gyōsei-kaikaku 行政改革 ………………… 212
gyōsei-kaikaku ni tomonau shomondai 行政改革にともなう諸問題………………… 212
gyōsei-kaikaku o okonau 行政改革を行なう ……………………………………………… 212
gyōsho 行書 ………………………………… 531
gyo-taku 魚拓……………………………… 318
gyōza 餃子………………………………… 387
gyōzui 行水………………………………… 388
gyūdon 牛丼………………………………… 378
gyūho-senjutsu 牛歩戦術 ………………… 213
gyūin-bashoku 牛飲馬食…………………… 388
gyūjiru 牛耳る ……………………………… 89

H

ha 歯……………………………………… 472
ha-atari 歯当たり ………………………… 472
haba o kikaseru 幅を利かせる …………… 89
habatsu 派閥………………………………… 69
habu-kūkō ハブ空港 ……………………… 388
haburi 羽振り ……………………………… 89
haburi ga yoi 羽振りがよい ……………… 89
haburi o kikasu 羽振りを利かす ………… 89
hachi-awase 鉢合わせ……………………… 89
hachi-awase o suru 鉢合わせをする ……… 89

hachijūhachi-ya　八十八夜 89
hachimaki　はちまき, 鉢巻 388
hada　肌 472
hada ga au　肌が合う 473
hada ga awanai　肌が合わない 473
hada-gi　肌着 473
hadaka-matsuri　裸祭り 89
hadami-hanasazu motsu　肌身離さず持つ 473
hada o yurusu　肌を許す 473
hada-zawari ga ii　肌触りがいい 473
hadome　歯止め 472
haenuki　生え抜き 90
ha-gami　歯がみ, 歯噛み 472
ha-gami suru　歯かみする, 歯噛みする 472
ha ga tatanai　歯が立たない 472
ha ga uku　歯が浮く 472
hagayui　歯がゆい, 歯痒い 472
hage-atama　はげ頭 473
hage ni naru　禿になる 473
hagire no ii　歯切れのいい 472
hagire ga warui　歯切れが悪い 472
hagishiri　歯軋り 472
hagoromo-densetsu　羽衣伝説 550
hagotae　歯ごたえ 472
hai-bijon　ハイ・ビジョン 300
haiboku　敗北 352
haiburiddo-kā　ハイブリッド・カー 449
haibutsu-kishaku　廃仏毀釈（排仏棄釈）32
haifu　肺腑 473
haifu o eguru　肺腑をえぐる 473
haihan-chiken　廃藩置県 213
haihin-kaishū　廃品回収 388
haihin-kaishū-gyōsha　廃品回収業者 388
hai-hīru　ハイヒール 444
haikibutsu-shori　廃棄物処理 387
haikigasu　排気ガス 388
haikigasu-jōka　排気ガス浄化 388
haikigasu-jōka-sōchi　排気ガス浄化装置 388
haikin-shugi　拝金主義 213
haikin-shugi-sha　拝金主義者 213
haiku　俳句 318
haisha-fukkatsu-sen　敗者復活戦 352
haisui　背水 90
haisui-no-jin o shiku　背水の陣を敷く 90
haitateki-keizai-suiiki　排他的経済水域 254
haiteku　ハイテク 284
haiteku-kigyō　ハイテク企業 284
haiteku-sangyō　ハイテク産業 285
haite-suteru hodo　掃いて捨てるほど 90
haji mo gaibun mo nai　恥も外聞もない 90
haji no uwa-nuri　恥の上塗り 90
haji no uwanuri o suru　恥の上塗りをする 90
hakama　はかま, 袴 388
haka-mairi　墓参り 34
haken-shain　派遣社員 213
hakke-mi　八卦見 550
hakkō-ichiu　八紘一宇 213
hakkotsu　白骨 479
hakoiri-musume　箱入り娘 90
hako-mono　箱物, ハコモノ 214
hako-zen　箱膳 389
hakubi　白眉 285
hakuhyō　薄氷 90
hakuhyō o fumu　薄氷を踏む 90
haku-mai　白米 389
hakunaishō　白内障 473
hakuran-kyōki　博覧強記 285
hakuran-kyōki no hito　博覧強記の人 285
hakuri-tabai　薄利多売 214
hakushi　白紙 90
hakushi ni modosu　白紙に戻す 90
hakusho　白書 214
hamaru　はまる 318
hama-ya　破魔矢 90
hame o hazusu　羽目を外す 90
hana　鼻 473
hanabi　花火 90
hana-bie　花冷え 5
hanabi-taikai　花火大会 91
hanafuda　花札 319
hana ga kiku　鼻が利く 473
hana ga takai　鼻が高い 473
hana-gatsuo　花がつお, 花鰹 405
hana-gumori　花曇り 5
hana-gusuri o kagaseru　鼻薬をかがせる 474
hana-iki ga arai　鼻息が荒い 474

hana-kotoba 花言葉 ··· 526
hana-machi 花街 ··· 85
hana-matsuri 花祭り ··· 33
hanami 花見 (ohanami お花見) ··· 91, 151
hanamichi 花道 ··· 319
hanami-zake 花見酒 ··· 91, 151
hanami-zake o nomu 花見酒を飲む ··· 91, 151
hana-mizu ga deru 鼻水が出る ··· 474
hana-mizu o susuru 鼻水をすする ··· 474
hanamochi naranai 鼻持ちならない ··· 474
hanamuke はなむけ ··· 91
hana ni kakeru 鼻にかける ··· 473
hana ni tsuku 鼻につく ··· 473
hana no shita ga nagai 鼻の下が長い ··· 473
hana no shita o nagaku suru 鼻の下を長くする (hana no shita o nobasu 鼻の下を伸ばす) ··· 473
hanao 鼻緒 ··· 386
hana o akasu 鼻を明かす ··· 474
hana o heshioru 鼻をへし折る ··· 474
hana o kamu 鼻をかむ ··· 474
hana o motaseru 花を持たせる ··· 91
hana o tsumamu 鼻をつまむ ··· 473
hanappashira ga tsuyoi 鼻っ柱が強い ··· 474
hanare-zashiki 離れ座敷 ··· 424
hanasaka-jī (san) 花咲か爺(さん) ··· 550
hana-saki 鼻先 ··· 473
hana-saki de ashirau 鼻先であしらう ··· 473
hanashi ga hazumu 話が弾む ··· 526
hanashi ga tsuku 話が付く ··· 526
hanashi hanbun ni kiku 話半分に聞く ··· 526
hanashi ni hana ga saku 話に花が咲く ··· 526
hanashi ni naranai 話にならない ··· 526
hanatare-kozō はな垂れ小僧 ··· 474
hana-tsumami-mono 鼻つまみ者 ··· 473
hana yori dango 花より団子 ··· 376
hana-zura o totte hiki-mawasu 鼻面を取って引き回す ··· 474
han de oshita yō ni 判で押したように ··· 92
han-don 半ドン ··· 91
hanetsuki 羽付き ··· 319
han-gaeshi 半返し ··· 141
hangan-biiki (hōgan-biiki) 判官贔屓 ··· 91
hangan-biiki (hōgan-biiki) o suru 判官贔屓をする ··· 92
ha ni kinu kisezuni iu 歯に衣着せずに言う ··· 472
haniwa 埴輪 ··· 214
hanjō o ireru 半畳を入れる ··· 526
hanka-fuza 半跏趺坐 ··· 156
hankan-hanmin no kaisha 半官半民の会社 ·· 200
hanka-tsū 半可通 ··· 319
hanki o hirugaesu 反旗を翻す ··· 215
hanko 判子 (inkan 印鑑) ··· 92
hankō 藩校 (hangaku 藩学) ··· 285
hanmen-kyōshi 反面教師 ··· 285
hannya no men 般若の面 ··· 319
Hannya-shingyō 般若心経 ··· 33
hansen-byō ハンセン病 ··· 474
Hanshin-Awaji-daishinsai 阪神淡路大震災 ··· 214
hanshin-fuzui 半身不随 ··· 474
hanshin-fuzui no 半身不随の ··· 474
hanshin-yoku 半身浴 ··· 320
ha o kuishibaru 歯を食いしばる ··· 472
ha o migaku 歯を磨く ··· 472
haori 羽織 ··· 390
haori-hakama 羽織袴 ··· 390
haori-hakama de 羽織袴で ··· 390
happō-bijin 八方美人 ··· 92
happō-fusagari 八方塞がり ··· 92
happō-fusagari de aru 八方塞がりである ··· 92
happō-shu 発泡酒 ··· 390
hara 腹 ··· 475
harachigai no ani (otōto) 腹違いの兄(弟) ··· 179, 475
harachigai no-ane (imōto) 腹違いの姉(妹) ··· 179, 475
hara ga futoi 腹が太い ··· 475
hara ga hette wa ikusa wa dekinu 腹が減っては軍はできぬ ··· 476
hara ga kudaru 腹が下る ··· 475
hara-gei 腹芸 ··· 320
hara-goshirae 腹ごしらえ ··· 475
haraguroi 腹黒い ··· 475
hara hachibunme ni shite oku 腹八分目にしておく ··· 475

harai　祓い（o-harai お祓い）…… 33
haraise　腹いせ …… 475
haraise ni　腹いせに…… 475
haraise o suru　腹いせをする …… 475
hara-mochi　腹持ち …… 390
hara-mochi ga yoi tabemono　腹持ちが良い食べ物…… 390
hara ni osameru　腹に収める …… 475
hara ni suekaneru　腹に据えかねる …… 475
hara no mushi　腹の虫…… 475
hara no mushi ga osamaranai　腹の虫が納まらない …… 475
(hara no) mushi no idokoro ga warui　(腹の)虫の居所が悪い …… 475
hara o kakaete warau　腹を抱えて笑う…… 476
hara o katameru　腹を固める…… 475
hara o kukuru　腹をくくる…… 475
hara o saguru　腹を探る…… 475
hara o watte hanasu　腹を割って話す …… 475
hara-peko de aru　腹ペコである…… 475
harawata はらわた, 腸 …… 476
harawata ga kusatta　はらわたが腐った …… 476
harawata ga niekuri-kaeru　はらわたが煮えくり返る …… 476
harawata o kaki-mushirareru omoi ga suru はらわたを掻きむしられる思いがする…… 476
hara-zumori　腹づもり …… 475
hare-gi　晴れ着 …… 398
hare-mono　腫れ物 …… 477
hare-mono ni sawaru yō ni　腫れ物に触るように …… 477
hari-bote　張りぼて …… 320
hariko no tora　張子の虎…… 320
hari-kuyō　針供養…… 92
hari no mushiro　針の莚…… 417
harō-chūihō　波浪注意報…… 19
harō-wāku　ハロー・ワーク（公共職業安定所） …… 215
haru-gasumi　春霞 …… 5
haru-ichiban　春一番…… 5
haru-ranman　春爛漫…… 5
hasami-uchi ni suru　挟み撃ちにする …… 93
hashi　箸…… 390
hashi ga koronde mo warau　箸が転んでも笑う …… 391
hashi ga susumu　箸が進む…… 391
hashigo　はしご, 梯子…… 391
hashigo o hazusareru　梯子を外される…… 391
hashigo-zake　はしご酒…… 398
hashigo-zake o suru　はしご酒をする …… 398
hashikure　はしくれ, 端くれ …… 93
hashi ni mo bō ni mo kakaranai　箸にも棒にもかからない …… 391
hashi no ageoroshi ni mo kogoto o iu　箸の上げ下ろしにも小言を言う …… 391
hashi-oki　箸置き …… 391
hashi-yasume　箸休め …… 391
hata-age　旗揚げ …… 215
hata-age suru　旗揚げする …… 215
hata-bi　旗日…… 215
hata-furi　旗振り …… 215
ha-tenkō　破天荒…… 93
ha-tenkō na　破天荒な…… 93
hato-ha　ハト派, はと派…… 215
hato-mune　鳩胸…… 501
hatsuden-sho　発電所 …… 391
hatsu-gama　初釜…… 309
hatsu-gatsuo　初鰹 …… 392
hatsu-mimi　初耳…… 499
hatsu-mōde　初詣 …… 33
hatsu-mōde o suru　初詣をする…… 33
hatsu-yume　初夢 …… 93
hattari　はったり…… 527
hattari o kamasu　はったりをかます …… 527
hattentojō-koku　発展途上国…… 200
hattō-shin　八頭身 …… 477
hattō-shin-bijin　八頭身美人…… 477
hayaimono kachi　早いもの勝ち (hayai ga kachi 早いが勝ち)…… 93
haya-kuchi kotoba　早口言葉…… 527
haya-mimi no　早耳の …… 499
haya-oki wa san-mon no toku　早起きは三文の得 …… 94
hayashi　囃し, 囃子 …… 320
hayashi-kotoba　囃し言葉, 囃子詞 …… 320
hayashi-kata　囃子方 …… 320

haya-tochiri 早とちり 527
haya-tochiri suru 早とちりする 527
hazādo-mappu ハザード・マップ 392
hazakai-ki 端境期 392
heapin-kābu ヘアピン・カーブ 393
hebo-shōgi へぼ将棋 353
hedoro ヘドロ, へどろ 393
Heian-jidai 平安時代 215
Heian-kyō 平安京 215
Heian-sento 平安遷都 216
heikei 閉経 506
Heike-monogatari 平家物語 320
heiki no heiza 平気の平左 94
Heisei-jidai 平成時代 216
heishin-teitō suru 平身低頭する 471
he no kappa 屁の河童 554
henro 遍路 33
henro no tabi ni deru 遍路の旅に出る 54
henro-yado 遍路宿 54
hensa-chi 偏差値 285
henshoku 偏食 393
henshoku suru 偏食する 393
herazu-guchi o tataku 減らず口を叩く 493
heso へそ, 臍 477
heso de (ga) cha o wakasu 臍で(が)茶を沸かす 477
hesokuri へそくり, 臍繰り 94
heso-magari へそ曲がり 477
heso no o へその緒 477
heso o mageru へそを曲げる 477
heta na teppō mo kazu uteba ataru 下手な鉄砲も数打てば当たる 321
heta no naga-dangi 下手の長談義 527
heta no yokozuki de aru 下手の横好きである 321
he to mo omowanai 屁とも思わない 94
hi-asobi 火遊び 94
hi-bachi 火鉢 393
hibaku-sha 被爆者 5
hibaku suru 被曝する 385
hi-bashi 火箸 393
hibuta 火蓋 285
hibuta o kiru 火蓋を切る 285
hi-butsu 秘仏 27
hibutsu o kaichō suru 秘仏を開帳する 27
hi-damari 陽だまり, 日だまり 5
hi-dane 火種 94
hidari-handoru 左ハンドル 393
hidari-handoru no kuruma 左ハンドルの車 393
hidari-mae 左前 393
hidari-mae ni naru 左前になる 393
hidari-mae no kaisha 左前の会社 393
hidari-maki no 左巻きの 514
hidari-uchiwa 左団扇 454
hi-daruma 火達磨 29
hi-daruma ni naru 火達磨になる 29
hie-shō 冷え性 477
hie-shō no 冷え性の 477
hie-shō no josei 冷え性の女性 477
higan 彼岸 33
higan-e 彼岸会 34
Higashi-nippon daishinsai 東日本大震災 216
higawari-teishoku 日替わり定食 449
hige ひげ, 髭 477
hige-zura ひげ面, 髭面 477
higurashi ひぐらし, 蜩 158
hiiki no hiki-daoshi o suru ひいきの引き倒しをする 94
hiji ひじ, 肱 477
hiji-deppō 肘鉄砲 477
hiji-deppō o kuu 肘鉄砲を食う 477
hijideppō o kuwaseru 肘鉄砲を食わせる 477
hiji-makura ひじ枕 477
hijōkin-kōshi 非常勤講師 285
hi-jōnin-rijikoku 非常任理事国 223
hikaku-sangensoku 非核3原則 217
hikanzei-shōheki 非関税障壁 217
hikaremono no kouta 引かれ者の小唄 94
hike o toranai 引けを取らない 94
hike o toru 引けを取る 94
hikidemono 引き出物 95
hiki-gane 引き金 285
hiki-gane o hiku 引き金を引く 285
hiki-gatari 弾き語り 321
hikikomori 引きこもり 95
hiki-nige ひき逃げ 217

hiki-nige shita kuruma　ひき逃げした車…… 217
hiki-nige shita untenshu　ひき逃げした運転手 …… 217
hiki-nige suru　ひき逃げする …… 217
hiki-wake　引き分け …… 321
hiki-wake ni naru　引き分けになる …… 321
hiki-wake-shiai　引き分け試合 …… 321
hikkomi ga tsukanai　引っ込みがつかない …. 95
hikkomi-jian　引っ込み思案 …… 95
hikkomi-jian no　引っ込み思案の …… 95
hikkoshi-soba　引越しそば …… 441
hi-kokumin　非国民 …… 217
hikō-shōjo　非行少女 …… 264
hikō-shōnen　非行少年 …… 264
hikyaku　飛脚 …… 217
himan-ji　肥満児 …… 286
himo　ひも, 紐 …… 218
himono　干物 …… 393
himotsuki-enjo　ひも付き援助 …… 95
himo-tsuki no　ひも付きの …… 95
himotsuki-yūshi　ひも付き融資 …… 95
hina-matsuri　雛祭り …… 95
hinatabokko (o) suru　日向ぼっこ(を)する …… 95
hinawa-jū　火縄銃 …… 218
hinoe-uma　ひのえうま, 丙午 …… 551
hinoki-butai　桧舞台 …… 321
hinoki-butai o fumu　桧舞台を踏む …… 321
hi no kuruma　火の車 …… 218
Hinomaru　日の丸 …… 218
hinomaru-bentō　日の丸弁当 …… 369
hi-no-me o miru　日の目を見る …… 96
hi no nai tokoro ni kemuri wa tatanu　火の無いところに煙は立たぬ …… 394
hinshuku　ひんしゅく, 顰蹙 …… 96
hinshuku o kau　顰蹙を買う …… 96
hin sureba don suru　貧すれば鈍する …… 96
hi o miru yori akiraka de aru　火を見るより明らかである …… 96
hippari-dako no　引っ張りだこの …… 96
hira-ayamari　平謝り …… 96
hira-ayamari ni ayamaru　平謝りに謝る …… 96
hiragana　ひらがな, 平仮名 …… 531
hiraishin　避雷針 …… 8
hirakinaoru　開き直る …… 96
hirashain　平社員 …… 111
hirei-daihyō-sei　比例代表制 …… 266
Hiroshima　広島 …… 5
Hiroshima-Nagasaki e no genbaku-tōka　広島・長崎への原爆投下 …… 218
hiru-andon　昼行灯 …… 96
hiru-gao　昼顔 …… 67
hiryō　肥料 …… 394
hisashi　ひさし, 庇 …… 394
hisashi o kashite omoya o torareru　庇を貸して母屋を取られる …… 394
hi-shikiji-ritsu　非識字率 …… 298
hitai　額 …… 477
hitai ni ase shite hataraku　額に汗して働く‥ 477
hitai o atsumete sōdan suru　額を集めて相談する …… 477
hitō　秘湯 …… 346
hīto-airando　ヒート・アイランド …… 5
hito-awa fukaseru　一泡吹かせる …… 97
hitodama　人魂 …… 551
hito ga kawaru　人が変わる …… 97
hito-genomu　ヒトゲノム …… 286
hito-genomu-keikaku　ヒトゲノム計画 …… 286
hito-giki ga warui　人聞きが悪い …… 97
hitohada ni kan o suru　人肌に燗をする …… 430
hitohada nugu　一肌脱ぐ …… 97
hitohata ageru　一旗揚げる …… 215
hitome-bore　一目惚れ …… 498
hito-mishiri　人見知り …… 97
hito-mishiri suru　人見知りする …… 97
hito no fundoshi de sumō o toru　ひとの褌で相撲を取る …… 381
hito no furi mite waga furi naose　人の振り見てわが振りなおせ …… 97
hito no kuchi ni to wa tateraremai　人の口に戸は立てられぬ …… 494
hito no uwasa mo shichijūgo nichi　人の噂も七十五日 …… 527
hito o norowaba ana futatsu　人を呪わば穴二つ …… 97
hitori-butai　独り舞台 …… 321
hitori-butai de aru　独り舞台である …… 321

hitori-etchi 一人エッチ ……… 80
hitori-zumō 一人相撲, 独り相撲 ……… 356
hitori-zumō o toru 一人(独り)相撲をとる … 356
hitosashi-yubi 人差し指 ……… 517
hitoshirezu nagasu namida 人知れず流す涙 ……… 501
hitosuji-nawa 一筋縄 ……… 97
hitosuji-nawa de wa ikanai 一筋縄ではいかない ……… 97
hito-tamari mo naku ひとたまりもなく ……… 97
hitotsume-kozō 一つ目小僧 ……… 548
hitsu-jun 筆順 ……… 527
hitsuyō wa hatsumei no haha 必要は発明の母 ……… 286
hitsuzetsu ni tsukushi gatai 筆舌に尽くし難い ……… 527
hiwaina jōdan 卑猥な冗談 ……… 522
hiyake 日焼け ……… 477
hiyake suru 日焼けする ……… 477
hiya-meshi 冷や飯 ……… 394
hiya-mizu o abiseru 冷や水を浴びせる ……… 98
hiya-yakko 冷奴 ……… 451
hiya-zake (reishu) 冷酒 ……… 430
hiyori-geta 日和下駄 ……… 385
hiza ひざ, 膝 ……… 478
hiza ga furueru 膝が震える ……… 478
hiza ga warau 膝が笑う ……… 478
hiza-kozō 膝小僧 ……… 478
hiza-makura 膝枕 ……… 478
hiza o kuzusu 膝を崩す ……… 478
hiza o majieru 膝を交える ……… 478
hiza o tateru 膝を立てる ……… 478
hiza o tsukiawaseru 膝を突き合わせる ……… 478
hiza o utsu 膝を打つ (hiza o tataku 膝を叩く) ……… 478
hiza-zume-danpan 膝詰め談判 ……… 478
hō 頬 ……… 478
hōbaru 頬張る ……… 478
hodasareru ほだされる ……… 98
hodō-kyō 歩道橋 ……… 394
hoe-zura ほえ面, 吠え面 ……… 515
hōfuku-zettō 抱腹絶倒 ……… 476
hōfuku-zettō suru 抱腹絶倒する ……… 476
hō-gaku 邦楽 ……… 321
hogei 捕鯨 ……… 218
hogei-kinshi-undō 捕鯨禁止運動 ……… 219
hogei-koku 捕鯨国 ……… 219
hogei-sen 捕鯨船 ……… 219
hogo 反故 ……… 98
hogo ni suru 反故にする ……… 98
hōhi 放屁 ……… 504
hōhō-no-tei de nigedasu ほうほうの体で逃げ出す ……… 98
hoikuen 保育園 ……… 303
hoikushi 保育士 ……… 303
hōi o uranau 方位を占う ……… 551
hōji 法事 ……… 34
hōjin 法人 ……… 219
hōjin-ka 法人化 ……… 219
hōjin-zei 法人税 ……… 228
Hōjōki 方丈記 ……… 321
hō-kaburi o suru ほおかぶりをする, 頬被りをする ……… 478
Hokkaidō 北海道 ……… 5
hokku 発句 ……… 322
hōkō-onchi 方向音痴 ……… 346
hokora ほこら, 祠 ……… 34
hokōsha-tengoku 歩行者天国 ……… 394
hokuro ほくろ, 黒子 ……… 478
hokusoemu ほくそえむ ……… 519
hōkyō-shujutsu 豊胸手術 ……… 501
hōman-keiei 放漫経営 ……… 219
home-goroshi 褒め殺し ……… 98
hōmon-gi 訪問着 ……… 394
hōmu-herupā ホーム・ヘルパー ……… 394
hōmuresu ホームレス ……… 394
hōmu-rūmu ホーム・ルーム, ホームルーム, HR ……… 286
hōmu-sentā ホーム・センター ……… 394
hōmu-sutei ホーム・ステイ ……… 395
hōmyō 法名 (kai-myō 戒名) ……… 34
honban 本番 ……… 322
hone 骨 ……… 478
hone-buto 骨太 ……… 478
Honekawa Sujiemon 骨川筋右衛門 ……… 479
honemi ni shimiru 骨身にしみる ……… 479

honemi o kezuru　骨身を削る…………………… 479
honemi o oshimanai　骨身を惜しまない …… 479
hone no nai　骨のない…………………………… 479
hone-nuki ni sareru　骨抜きにされる………… 478
hone-nuki ni suru　骨抜きにする …………… 478
hone o hirou　骨を拾う………………………… 479
honeori-zon no kutabire mōke　骨折り損のくたびれ儲け……………………………… 479
hone o umeru　骨を埋める…………………… 479
hone o umeru kakugo de　骨を埋める覚悟で……………………………………………… 479
hone o yasumeru　骨を休める ……………… 479
hone to kawa bakari ni naru　骨と皮ばかりになる ……………………………………… 479
hongan　本願……………………………………… 34
hongoshi o irete torikumu　本腰を入れて取り組む ……………………………………… 491
honjin　本陣 …………………………………… 395
honji-suijaku-setsu　本地垂迹説 ……………… 35
honkai　本懐……………………………………… 98
honmaru 本丸…………………………………… 270
honmatsu-tentō suru　本末転倒する…………… 98
honmei　本命……………………………………… 98
honmei-choko　本命チョコ ……………………… 69
honmei no daigaku　本命の大学………………… 98
honmyō　本名…………………………………… 524
honne　本音……………………………………… 35
honne o haku　本音を吐く ……………………… 35
honseki-chi　本籍地 …………………………… 122
Honshū　本州 ……………………………………6
honzan　本山……………………………………… 35
hon-zashi　本差………………………………… 343
honzon　本尊……………………………………… 26
hō o tsuneru　頬をつねる……………………… 478
hoppeta　ほっぺた, 頬っぺた ………………… 480
hoppeta ga ochiru hodo umai　頬っぺたが落ちるほどうまい ………………………………… 480
hora o fuku　ほらを吹く, 法螺を吹く ……… 528
hori-dashi-mono　掘り出し物………………… 322
hori-dashi-mono o suru　掘り出し物をする … 322
hori-gotatsu　掘りごたつ………………………411
horumon-yaki　ホルモン焼き ………………… 395
hosareru　干される……………………………… 98
hosei-yosan　補正予算 ………………………… 274
hōshanō no saidai-kyoyōsenryō　放射能の最大許容線量……………………………… 385
hōshanō o abiru　放射能を浴びる（hibaku suru 被曝する）………………………………… 385
hōshanō o josensuru　放射能を除染する …… 385
hōshanō-osen　放射能汚染…………………… 385
hōshasei-busshitsu　放射性物質 …………… 385
hōshasei-haikibutsu　放射性廃棄物………… 395
hoshigaki　干し柿……………………………… 401
hōshoku　飽食…………………………………… 395
hōshoku no jidai　飽食の時代………………… 395
hōshoku suru　飽食する……………………… 395
hoshū-jugyō　補習授業………………………… 289
hōsō-zairyō no gomi　包装材料のごみ ……… 387
hosu　干す ……………………………………… 98
hosupisu　ホスピス …………………………… 480
hosuto-kurabu　ホスト・クラブ ……………… 99
hotaru　蛍………………………………………… 99
Hotaru no haka　火垂るの墓…………………… 99
hotaru no hikari　蛍の光……………………… 99
hotobori　ほとぼり …………………………… 99
hotobori ga sameru made　ほとぼりが冷めるまで ……………………………………… 99
hotoke　仏 ……………………………………… 35
hotoke-gokoro(busshin)　仏心 ……………… 35
hotoke no kao mo sando　仏の顔も三度……… 35
hotoke tsukutte tamashī irezu　仏作って魂入れず……………………………………………… 27
hozo o kamu　ほぞをかむ, 臍を噛む………… 480
hozo o katameru　臍を固める ……………… 480
hō-zue　頬杖…………………………………… 478
hō-zue o tsuku　頬杖をつく………………… 478
hō-zuri　頬擦り ……………………………… 478
hō-zuri o suru　頬擦りをする ……………… 478
hyakkaten　百貨店（depāto デパート）……… 395
hyakki-yakō (hyakki-yagyō)　百鬼夜行……… 551
hyaku-bun wa ikken ni shikazu　百聞は一見にしかず……………………………………… 286
hyaku mo shōchi de　百も承知で……………… 99
Hyakunin-isshu　百人一首 …………………… 322
hyakusen-renma　百戦錬磨 …………………… 99
hyakusen-renma no　百戦錬磨の …………… 99

hyakushō-ikki　百姓一揆 ………… 219
hyō　ひょう, 雹 ………… 19
hyōden　票田 ………… 219
hyōi-moji　表意文字 ………… 528
hyōjun-go　標準語 ………… 528
hyōon-moji　表音文字 ………… 528
hyōonshiki kanazukai　表音式仮名遣い ………… 531
hyōrō-zeme　兵糧攻め ………… 269
hyōrō-zeme ni suru　兵糧攻めにする ………… 270
hyōshi-gi　拍子木 ………… 322
hyōshi-gi o utsu　拍子木を打つ ………… 322
hyōshi-nuke suru　拍子抜けする ………… 99
hyōsō-nadare　表層雪崩 ………… 13
hyōtan　ひょうたん, 瓢箪 ………… 99
hyōtan kara koma　瓢箪から駒 ………… 99
hyōtan-namazu　瓢箪鯰 ………… 99
hyottoko　ひょっとこ ………… 322

I

i　胃 ………… 480
ibara no michi　いばらの道 ………… 100
ibara no michi o tadoru　いばらの道をたどる ………… 100
ichamon o tsukeru　いちゃもんをつける ………… 528
ichibatsu-hyakkai　一罰百戒 ………… 219
ichibyō-sokusai　一病息災 ………… 480
ichi fuji ni taka san nasubi　一富士二鷹三なすび ………… 93
ichigan-refu　一眼レフ ………… 286
ichigen-koji (ichigon-koji)　一言居士 ………… 528
ichigen-san　一見さん (ichigen no kyaku 一見の客) ………… 395
ichigen-san okotowari　一見さんお断り ………… 395
ichigo-ichie　一期一会 ………… 309
ichihime-nitarō　一姫二太郎 ………… 100
ichii-taisui　一衣帯水 ………… 6
ichiji-chozōsho　一時貯蔵所 ………… 395
ichiji-fusairi　一事不再理 ………… 219
ichijū-issai　一汁一菜 ………… 395
ichi ka bachi ka yattemiru　一か八かやってみる ………… 100
ichimai-iwa　一枚岩 ………… 100
ichimai-iwa no　一枚岩の ………… 100
ichimai-iwa no danketsu　一枚岩の団結 ………… 100
ichimai kamu　一枚かむ ………… 100
ichimi-tōgarashi　一味唐辛子 ………… 436
ichi-moku oku　一目置く ………… 323
ichimoku-ryōzen de aru　一目瞭然である ………… 498
ichimokusan ni　一目散に ………… 100
ichi mo ni mo naku　一も二も無く ………… 100
ichinan satte mata ichinan　一難去ってまた一難 ………… 100
ichi-nichi sen-shū no omoi de matsu　一日千秋の思いで待つ ………… 100
ichi ni tsuite yōi don!　位置について, 用意, ドン! ………… 323
ichi o kiite jū o shiru　一を聞いて十を知る ………… 286
ichiren-takushō de aru　一蓮托生である ………… 35
ichiya-zuke　一夜漬け ………… 395
ichiyō ochite tenka no aki o shiru　一葉落ちて天下の秋を知る ………… 100
ichō　胃腸 ………… 481
ichō ga yowai　胃腸が弱い ………… 481
ichō-yaku　胃腸薬 ………… 481
idenshi-kōgaku　遺伝子工学 ………… 287
idenshi-kumikae　遺伝子組み替え ………… 287
idenshi-kumikae-shokuhin　遺伝子組み換え食品 ………… 287
ido　緯度 ………… 6
idobata-kaigi　井戸端会議 ………… 528
iede　家出 ………… 100
iei　遺影 ………… 43
iemoto　家元 ………… 101
iemoto-seido　家元制度 ………… 101
ieseido　家制度 ………… 101
ie-tsuki kā-tsuki baba-nuki　家付き, カー付き, 婆抜き ………… 306
iezusu-kai　イエズス会 ………… 36
igami-au　いがみあう ………… 101
i-gan　胃がん ………… 480
igo　囲碁 ………… 323
i-gokochi　居心地 ………… 395
i-gokochi ga warui　居心地が悪い ………… 395
i-gokochi ga yoi　居心地が良い ………… 395

ihai 位牌……43
ihatsu o tsugu 衣鉢を継ぐ……36
iitoko-dori o suru いいとこ取りをする……101
ijime いじめ……287
ījī-ōdā イージー・オーダー……395
ijō-kishō 異常気象……6
ika いか, 烏賊……445
i-kaiyō 胃潰瘍……480
i-kamera 胃カメラ……480
ikan-sokutai 衣冠束帯……396
ikari-gata いかり肩, 怒り肩……488
ikari shintō ni hassuru 怒り心頭に発する……101
ikemen イケメン, いけ面……102
iken-kōkoku 意見広告……528
iken-rippō-shinsaken 違憲立法審査権……219
ike-zukuri 生け造り……396
iki 粋……36
ikigai 生きがい, 生き甲斐……323
ikigake no dachin ni 行きがけの駄賃に……102
iki-haji o sarasu 生き恥を晒す……90
iki-jibiki 生き字引……287
iki-jigoku 生き地獄……39
iki o fukikaesu 息を吹き返す……481
iki o hikitoru 息を引き取る……481
iki-ryō 生き霊……51
iki-uma no me o nuku 生き馬の目を抜く……102
ikka-shinjū 一家心中……162
ikkatsu 一喝……36
ikki-nomi 一気飲み……396
ikki-tōsen no tsuwamono 一騎当千の兵……220
ikkō-ikki 一向一揆……220
ikkoku-ichijō no aruji 一国一城の主……220
ikkyoshu-ittōsoku 一挙手一投足……513
ikubi 猪首……493
ikubi no 猪首の……493
iku-dōon ni 異口同音に……494
ikuji 育児……481
Ikuji-kaigo-kyūgyō-hō 育児介護休業法……481
ikuji-kyūka 育児休暇……481
ikuji-noirōze 育児ノイローゼ……481
ikuji-shisetsu 育児施設……481
ikuji-sho 育児書……481
ikuji-sōdansho 育児相談所……481
ikuji-yōhin 育児用品……481
ikura イクラ……445
ima 居間……396
imagawa-yaki 今川焼……396
imayō-uta 今様歌……323
ī-mēru イー・メール, Eメール……287
ī-mēru-adoresu イー・メール(Eメール)・アドレス……287
ī-mēru o okuru イー・メール(Eメール)を送る……287
imi-kotoba 忌み言葉……528
imon-bukuro 慰問袋……199
imoni-kai 芋煮会……396
imozuru-shiki ni 芋づる式に……433
inabikari(inazuma) 稲光(稲妻)……8
inabikari ga suru 稲光がする……8
inaori-gōtō 居直り強盗……102
inaoru 居直る……102
inari いなり, 稲荷……36
inari-zushi いなり寿司……445
inasaku 稲作……247
inasu いなす……324
inazuma ga hikari kaminari ga naru 稲妻が光り雷が鳴る……8
indō o watasu 引導を渡す……37
infōmudo-konsento インフォームド・コンセント……481
inga 因果……37
ingana kagyō 因果な稼業……37
inga o fukumeru 因果を含める……37
inga-ōhō 因果応報……37
ingin-burei 慇懃無礼……102
ingo 隠語……529
i ni motareru 胃にもたれる……480
inkan-shōmei 印鑑証明……92
inkyo 隠居……103
inkyo-shigoto 隠居仕事……103
inkyo suru 隠居する……103
innai-kansen 院内感染……481
innen 因縁……37
innen o tsukeru 因縁をつける……37
inochi atte no monodane 命あっての物種……103
inochi no onjin 命の恩人……144

inochi no sendaku (sentaku)　命の洗濯 ········ 324
i no naka no kawazu taikai o shirazu　井の中の蛙大海を知らず ········ 108
inrō 印籠 ········ 324
insaidā-torihiki インサイダー取引 ········ 220
insei　院政 ········ 220
inshoku-dai o fumi-taosu　飲食代を踏み倒す ········ 207
insutanto-kōhī　インスタント・コーヒー ········ 396
insutanto-rāmen　インスタント・ラーメン ········ 396
insutanto-shokuhin　インスタント食品 ········ 396
intā-chenji　インターチェンジ ········ 411
intāhon　インターホン ········ 287
interi　インテリ ········ 287
interia　インテリア ········ 396
interia-dezainā インテリア・デザイナー ········ 396
inu　犬 ········ 396
inu-bō karuta　犬棒カルタ ········ 330
inu-gui (inu-kui)　犬食い ········ 397
inu-gui suru　犬食いする ········ 397
inu-jini　犬死に ········ 397
inu-jini suru　犬死にする ········ 397
inu-kaki　犬掻き ········ 516
inu mo arukeba bō ni ataru　犬も歩けば棒に当たる ········ 330
ippai chi ni mamireru　一敗地にまみれる ········ 103
ippan-kaikei-yosan　一般会計予算 ········ 225
ippiki-ōkami　一匹狼 ········ 103
ippin-ryōri　一品料理 ········ 449
ire-ageru　入れ揚げる ········ 324
ireba　入れ歯 (gishi 義歯) ········ 501
ire-jie　入れ知恵 ········ 103
ire-jie (o) suru　入れ知恵(を)する ········ 103
ire-zumi　入れ墨 ········ 103
ire-zumi o shiteiru　入れ墨をしている ········ 103
iriai-ken　入会権 ········ 220
iri-deppō ni de-onna　入り鉄砲に出女 ········ 259
irihama-ken　入浜権 ········ 220
iriko　炒り子 ········ 397
iri-tamago　炒り卵 (sukuranburu eggu スクランブル・エッグ) ········ 447
iroha-karuta　いろはカルタ ········ 330
iroha-uta　いろは歌 ········ 324
iro-megane de mono o miru　色眼鏡で物を見る ········ 103
irome o tsukau　色目を使う ········ 497
iro o tsukeru　色を付ける ········ 104
irori　いろり, 囲炉裏 ········ 397
irusu o tsukau　居留守を使う ········ 397
iryō-kago　医療過誤 ········ 481
isami-ashi o suru　勇み足をする ········ 465
isari-bi　いさり火, 漁火 ········ 104
Ise-jingū　伊勢神宮 ········ 37
ise-mairi　伊勢参り ········ 37
isha no fuyōjō　医者の不養生 ········ 481
ishi-atama　石頭 ········ 466
ishi-bashi o tataite wataru　石橋を叩いて渡る ········ 104
Ishibe Kinkichi　石部金吉 ········ 104
ishigaki　石垣 ········ 270
Ishi-jizō　石地蔵 ········ 40
ishin-denshin　以心伝心 ········ 38
ishi ni kajiritsuite mo　石にかじりついても · 104
ishi no ue ni mo san-nen　石の上にも三年 ··· 104
ishiwata (asubesuto)　石綿 (アスベスト) ········ 397
ishiwata (asubesuto) kōgai　石綿 (アスベスト) 公害 ········ 397
ishiyaki imo　石焼き芋 ········ 433
ishoku-dōgen　医食同源 ········ 481
ishoku tarite reisetsu o shiru　衣食足りて礼節を知る ········ 397
isogaba maware　急がば回れ ········ 397
iso no awabi no kata-omoi　磯の鮑の片思い ········ 369
isse-ichidai　一世一代 ········ 104
isse-ichidai no ō-shigoto　一世一代の大仕事 ········ 104
isseki-nichō　一石二鳥 ········ 104
isshi o mukuiru　一矢を報いる ········ 104
isshi-sōden　一子相伝 ········ 324
isshō-bin　一升びん ········ 398
isshō kō narite (natte) bankotsu karu　一将功成りて(成って)万骨枯る ········ 104
isshō-masu　一升ます ········ 398
isshuku-ippan　一宿一飯 ········ 398
isshuku-ippan no ongi　一宿一飯の恩義 ········ 398

issoku-tobi ni　一足飛びに …………………… 466
issun　一寸 ………………………………………… 299
Issun-bōshi　一寸法師 ……………………………… 551
issun no mushi ni mo gobu no tamashī　一寸の虫にも五分の魂 …………………………… 299
issun saki wa yami 一寸先は闇 ………………… 299
ita-basami　板挟み ………………………………… 105
itachi-gokko　いたちごっこ，鼬ごっこ …… 325
itadakimasu　いただきます …………………… 529
itai　痛い ………………………………………… 482
itai-itai-byō　イタイイタイ病 ………………… 398
itai tokoro o tsuku　痛い所を衝く …………… 482
itaku mo kayuku mo nai　痛くも痒くもない… 482
itakumonai hara o sagurareru　痛くもない腹を探られる ……………………………………… 475
itamae　板前 ……………………………………… 398
itami-wake　痛み分け ………………………… 325
itanitsuku　板に付く ………………………… 325
itashi kayushi de aru　痛し痒しである ……… 482
itatamarenai　居たたまれない ……………… 105
itazura-denwa　いたずら電話 ………………… 279
itchōra　一張羅 ………………………………… 398
itemo tattemo irarenai　居ても立ってもいられない ………………………………………… 105
ito-konnyaku　糸こんにゃく，糸蒟蒻 ……… 410
ittō-bori　一刀彫 ………………………………… 325
ittō-chi o nuku　一頭地を抜く ……………… 467
ittō-ryōdan　一刀両断 ………………………… 105
ittō-ryōdan suru　一刀両断する …………… 105
iukoto ga korokoro kawaru　言うことがころころ変わる ………………………………………… 529
iwa-kan　違和感 ………………………………… 105
iwaku-innen　いわく因縁 ……………………… 37
iwaku-tsuki no onna　いわくつきの女……… 105
iwanu ga hana　言わぬが花 …………………… 529
iwata-obi　岩田帯 ……………………………… 482
Iwato-keiki　岩戸景気 ………………………… 222
iwazu mo gana　言わずもがな ……………… 529
iyaku-bungyō　医薬分業 ……………………… 482
iyami o iu　嫌味を言う ………………………… 529
iza Kamakura　いざ鎌倉 ……………………… 105
izakaya　居酒屋 ………………………………… 398
Izanagi-keiki　いざなぎ景気 ………………… 222
Izanagi-no-Mikoto　伊弉諾尊，伊邪那岐命…· 38
Izanami-no-Mikoto　伊弉冉尊，伊邪那美命… 38
izayoi-no tsuki　十六夜の月 ………………… 12
izoku-nenkin　遺族年金 ……………………… 502
izumai　居住まい ……………………………… 482
izumai o tadasu　居住まいを正す …………… 482
Izumo-no-kami　出雲の神 ……………………… 38
Izumo-taisha　出雲大社 ………………………… 38

J

jagaimo　じゃがいも（bareisho 馬鈴薯）…… 398
ja-ja-uma o narasu　じゃじゃ馬を馴らす …· 105
jakuniku-kyōshoku　弱肉強食 ………………… 105
jamu-pan　ジャム・パン ………………………… 427
janken　じゃんけん …………………………… 325
ja no michi wa hebi　蛇の道は蛇 …………… 105
jiage　地上げ …………………………………… 399
jiban-chinka　地盤沈下 …………………………… 9
jibara o kiru　自腹を切る ……………………… 475
jiba-sangyō　地場産業 ………………………… 221
jibi-inkō-senmon-i　耳鼻咽喉専門医 ………… 506
ji-bīru　地ビール ……………………………… 418
jibyō　持病 ……………………………………… 482
jichin-sai　地鎮祭 ………………………………… 38
jidai-geki　時代劇 ……………………………… 326
jidan　示談 ……………………………………… 221
jidan-kin　示談金 ……………………………… 221
jidan ni suru　示談にする …………………… 221
jidō-gyakutai　児童虐待 ……………………… 287
Jieitai　自衛隊 ………………………………… 221
ji-fubuki　地吹雪 …………………………………… 4
jiga-jisan　自画自賛 …………………………… 326
jigō-jitoku　自業自得 ………………………… 105
jigoku　地獄 …………………………………… 39, 52
jigoku de hotoke　地獄で仏 …………………… 39
jigoku-e　地獄絵 ………………………………… 39
jigoku-mimi　地獄耳 …………………………… 499
jigoku no sata mo kane shidai　地獄の沙汰も金次第 ……………………………………………… 39
jihi　慈悲 ………………………………………… 39
jijō-jibaku　自縄自縛 …………………………… 106
jijō-jibaku ni ochiiru　自縄自縛に陥る ……· 106

jika-chūdoku　自家中毒 ··· 471
jika-danpan　直談判 ··· 529
jika-danpan o suru　直談判をする ··· 529
jika-hatsuden　自家発電 ··· 392
ji-kaku　字画 ··· 530
jikan-kasegi　時間稼ぎ ··· 106
jikan-kasegini　時間稼ぎに ··· 106
jika-tabi　地下足袋 ··· 386
jika-yakurō-chū no mono to suru　自家薬籠中のものとする ··· 516
jiki　磁器 ··· 360
jikkei-hanketsu　実刑判決 ··· 198
jikō　時効 ··· 221
jikō no aisatsu　時候の挨拶 ··· 530
jiku-ashi　軸足 ··· 106
jikujitaru　忸怩たる ··· 39
jikujitaru-mono ga aru　忸怩たるものがある ··· 39
jikyū-jisoku　自給自足 ··· 399
jikyū-jisoku no　自給自足の ··· 399
jikyū-jisoku suru　自給自足する ··· 399
ji-nari　地鳴り ··· 6
ji-nari ga suru　地鳴りがする ··· 6
jinbaori　陣羽織 ··· 390
jinchū-mimai　陣中見舞い ··· 106
jindō-shien　人道支援 ··· 222
jinetsu-hatsuden　地熱発電 ··· 392
jinetsu-hatsudensho　地熱発電所 ··· 392
jingasa　陣笠 ··· 222
jingi　仁義 ··· 39
jingi o kiru　仁義を切る ··· 39
jingisukan-nabe　ジンギスカン鍋 ··· 399
jingū-ji　神宮寺 ··· 39
jinja　神社 ··· 56
Jinji-in　人事院 ··· 222
jinji-in kankoku　人事院勧告 ··· 222
jinji o tsukushite tenmei o matsu　人事を尽くして天命を待つ ··· 106
jinkō ni kaisha suru　人口に膾炙する ··· 494
jinkō-tō　人工島 ··· 3
jinkusu　ジンクス ··· 552
jinmashin　じんましん，蕁麻疹 ··· 482
jinmei-yō kanji　人名用漢字 ··· 530
Jinmu-keiki　神武景気 ··· 222
jinriki-sha　人力車 ··· 399
jinsai　人災 ··· 20
jinzai-haken-gaisha　人材派遣会社 ··· 213
jinzai-haken-gyō　人材派遣業 ··· 213
jinzū-riki　神通力 ··· 552
jinzū-riki ga aru　神通力がある ··· 552
jīpan　ジーパン ··· 400
jiritsu-shinkei-shitchō-shō　自律神経失調症 · 471
jisa-boke　時差ぼけ ··· 482
jisa-shukkin　時差出勤 ··· 453
jisatsu　自殺 ··· 482
jisatsu suru　自殺する ··· 482
jisedai-keitai-denwa　次世代携帯電話 ··· 279
jisei no ku　辞世の句 ··· 326
Jisha-bugyō　寺社奉行 ··· 196
jishin　地震 ··· 6
jishin-gaku　地震学 ··· 6
jishin kaminari kaji oyaji　地震雷火事親父 ··· 7
jishin-koku　地震国 ··· 6
jishin no kyōdo　地震の強度 ··· 6
jishin-yochi-renraku-kai　地震予知連絡会 ··· 7
jisho to kubippiki de　辞書と首っ引きで ··· 493
jitensha-sōgyō　自転車操業 ··· 222
jitsu-in　実印 ··· 92
jiyū-minken-undō 自由民権運動 ··· 222
jizō　地蔵（o-jizō-san お地蔵さん）··· 39
jōdo　浄土 ··· 40
Jōdo-sanbu-kyō　浄土三部経 ··· 40
jōgen no tsuki　上弦の月 ··· 12
jo-ha-kyū　序破急 ··· 326
jōhatsu suru　蒸発する ··· 101
jōhōka-shakai　情報化社会 ··· 287
jōhō-kōgaku　情報工学 ··· 288
jōhō-kōkai　情報公開 ··· 530
Jōhō-kōkai-hō　情報公開法 ··· 530
jōhō-shori　情報処理 ··· 288
jōhō-shori-shisutemu　情報処理システム ··· 288
jōi-katatsu　上意下達 ··· 106
jōjō-kabu　上場株 ··· 223
jōjō-kigyō　上場企業 ··· 223
jōjō o shakuryō shite　情状を酌量して ··· 199
jōjō suru　上場する ··· 223
jōka-machi　城下町 ··· 223

Jokō-aishi　女工哀史 223
jokuse　濁世 40
Jōmon-jidai　縄文時代 223
jōmu-torishimari-yaku　常務取締役 159
jonan　女難 106
jonan no sō ga aru　女難の相がある 106
jōnin-riji-koku　常任理事国 223
jo-no-kuchi　序の口 326
jōruri　浄瑠璃 309
jōseki　定石 323
joshi　助詞 530
joshi-daigaku　女子大学 288
jōsui-dō　上水道 400
jōsui-ki　浄水器 400
josū-shi　助数詞 530
jōyaku-kaisei　条約改正 223
joya no kane 除夜の鐘 106
jōyō-kanji　常用漢字 544
jūbako　重箱 400
jūbako no sumi o yōji de hojikuru　重箱の隅を楊枝でほじくる 400
jūbako-yomi　重箱読み 530
juban　襦袢 407
jūdō　柔道 326
jūdō-jō　柔道場 326
judō-kitsuen　受動喫煙 400
judō-kitsuen-sha　受動喫煙者 400
jūdō no waza　柔道の技 326
Jūgonen-sensō　十五年戦争 239
jūgoya　十五夜 179
jūgun-ianfu　従軍慰安婦 224
jukai　樹海 7
juken　受験 293
juken-jigoku　受験地獄 288
juken-kyōsō　受験競争 288
juken-sei　受験生 293
juku　塾 288
juku-nen　熟年 106
Jukyō　儒教 40
jūmin-hyō　住民票 122
jūmin-kihon-daichō　住民基本台帳 224
Jūmin-kihon-daichō-nettowāku-shisutemu　住民基本台帳ネットワーク・システム 224
jūmin-tōroku　住民登録 122
jun-bungaku　純文学 326
jūni-hitoe　十二単 400
jū-nin to-iro　十人十色 106
jūni-shi　十二支 107
junjun-kesshō　準々決勝 352
jun-kesshō　準決勝 352
jun-kyōju　准教授 288
junmai-shu　純米酒 386
junpū　順風 9
junpū-manpan　順風満帆 9
jun-shi　殉死 107
junshoku-sha　殉職者 224
junshoku suru　殉職する 224
Jūshichi-jō no kenpō　十七条の憲法 224
jūshoku　住職 40
jūtaku　住宅 400
jūtaku-rōn　住宅ローン 400
juwa-ki　受話器 279
jūyaku　重訳 530
jūyō-mukei-bunkazai　重要無形文化財 326
jūyō-mukei-bunkazai-hojisha　重要無形文化財保持者 326
juzu　数珠（nenju 念珠） 40

K

ka　可 300
kaatsusui-gata-genshiro　加圧水型原子炉 284
kaban-mochi　かばん持ち，鞄持ち 107
kabe ni mimi ari shōji ni me ari　壁に耳あり障子に目あり 499
kabu ga agaru　株が上がる 107
kabuki　歌舞伎 327
kabunushi-sōkai　株主総会 224
kabureru　かぶれる 483
kaburitsuki　かぶりつき 327
Kachikachi-yama　かちかち山 552
kachi-kosu　勝ち越す 327
kachō　課長 159
kachō-fūgetsu　花鳥風月 107
kachō-fūgetsu o tomo to suru　花鳥風月を友とする 107

kachō-kokoroe　課長心得 ………………… 159
kachū no kuri o hirou　火中の栗を拾う …… 107
kaden　家電……………………………… 401
Kaden-risaikuru-hō　家電リサイクル法 …… 401
Kadensho　花伝書 ………………………… 327
kadō　華道 (ikebana 生け花) ……………… 327
kadoban　角番……………………………… 327
kado ga tatsu　角が立つ ………………… 127
kado-matsu　門松 ………………………… 165
kadomatsu wa meido no tabi no ichirizuka, medetaku mo ari medetaku mo nashi 門松は冥土の旅の一里塚, めでたくもありめでたくもなし …………………… 165
kaeri-uchi ni au　返り討ちにあう …………… 64
kaeri-zaki　返り咲き ……………………… 107
kaeri-zaki suru　返り咲きする …………… 107
kaeru　蛙, カエル ………………………… 107
kaeru no ko wa kaeru　蛙の子は蛙………… 108
kaeru no tsura ni shonben　蛙の面にションベン …………………………………………… 108
kae-uta　替え歌…………………………… 328
kafū　家風………………………………… 108
kafun-shō　花粉症 ………………………… 483
kagai-katsudō　課外活動………………… 288
kagaku-chōmiryō　化学調味料…………… 374
kagami-biraki　鏡開き …………………… 108
kagami-mochi　鏡餅……………………… 108
kage-e　影絵……………………………… 328
kage-guchi o kiku(tataku)　陰口をきく (叩く) …………………………………………… 493
kage-musha　影武者……………………… 224
kagen no tsuki　下弦の月 ………………… 12
kage no usui jinbutsu　影の薄い人物……… 109
kage-zen　陰膳…………………………… 401
kagi-ana　鍵穴 …………………………… 407
kagi-bana　鉤鼻…………………………… 473
kagikko　鍵っ子…………………………… 109
kagura　神楽………………………………… 40
Kaguya-hime　かぐや姫 ………………… 553
kahogo　過保護…………………………… 288
kahogo-jidō　過保護児童 ………………… 288
kahō wa nete mate　果報は寝て待て……… 109
kaigan-sen　海岸線 ………………………… 7
kaigen　改元……………………………… 209
kaigo　介護 ……………………………… 483
kaigo-fukushi-shi　介護福祉士…………… 484
kaigo-hoken　介護保険…………………… 484
Kaigo-kyugyō-hō　介護休業法…………… 484
kaigo-kyūgyō-seido 介護休業制度………… 484
kaigo o ukeru　介護を受ける……………… 484
kaigo-seido　介護制度…………………… 484
kaigo-sutaffu　介護スタッフ …………… 484
kaigo-tōkyū　介護等級 ………………… 484
kai-inu　飼い犬 ………………………… 109
kai-inu ni te o kamareru　飼い犬に手をかまれる …………………………………………… 109
Kaijō-hoan-chō　海上保安庁 …………… 224
Kaijō-jieitai　海上自衛隊………………… 221
kaika-sengen　開花宣言………………… 152
Kaikei-kensa-in　会計検査院…………… 224
kaikei-nendo　会計年度………………… 225
kaikyō　海峡………………………………… 7
kaimyō　戒名……………………………… 34
kairai　傀儡 ……………………………… 225
kairai-kokka　傀儡国家………………… 225
kairai-seifu　傀儡政府 ………………… 225
kairo　懐炉……………………………… 401
kairyū　海流 ………………………………… 7
kaisan　解散 ……………………………… 225
kaiseki-ryōri　会席料理 ………………… 401
kaiseki-ryōri　懐石料理 ………………… 401
kaisha-kazoku　会社家族 ……………… 225
kaishaku　介錯…………………………… 260
kaisha-ningen 会社人間 ………………… 225
kaisho　楷書……………………………… 531
kai-shun (bai-shun)　買春 ……………… 195
kaisō-sha　会葬者…………………………… 58
kaisui-yoku　海水浴……………………… 328
kaisui-yoku o suru　海水浴をする ……… 328
kaitei-kazan　海底火山……………………… 9
kaiten-kyūgyō de aru　開店休業である …… 225
kaiten-zushi　回転ずし, 回転すし………… 445
kaitō suru　解凍する …………………… 428
kaiun　海運 ……………………………… 225
kaiun-gyō　海運業 ……………………… 225
kaizoku-ban　海賊版 …………………… 225

kai-zuka　貝塚 ……… 225
kajiba-dorobō　火事場泥棒 ……… 109
kaji-kitō　加持祈祷 ……… 40
kajō-bōei　過剰防衛 ……… 259
kajō-gaki　箇条書き ……… 531
kajuaru-shūzu　カジュアル・シューズ ……… 401
kajuaru-uea　カジュアル・ウエア ……… 401
kakari-chō　係長 ……… 159
kakā-tenka　かかあ天下, 嬶天下 ……… 109
kakehiki　駆け引き ……… 225
kakejiku　掛け軸 ……… 451
kakekomi-dera　駆け込み寺 (enkiri-dera 縁切り寺) ……… 226
kake-kotoba　かけことば, 掛詞 ……… 531
kakene　掛け値 ……… 226
kakene no nai tokoro o iu　掛け値のないところを言う ……… 226
kakene o iu　掛け値を言う ……… 226
kakeochi　駆け落ち ……… 109
kake-soba　かけそば, 掛けそば ……… 441
kaketsuke-sanbai　駆けつけ三杯 ……… 328
kaki　柿 ……… 401
kaki-age　掻き揚げ ……… 449
kaki-gōri　かき氷 ……… 401
kakiire-doki　書き入れ時 ……… 226
kakinoki　柿の木 ……… 401
kakizome　書初め ……… 328
kakka-sōyō　隔靴掻痒 ……… 488
kako-chō　過去帳 ……… 41
Kaku-fukakusan-jōyaku　核不拡散条約 ……… 226
kakuhoyū-koku　核保有国 ……… 226
kaku-kaihatsu　核開発 ……… 226
kaku-kakusan　核拡散 ……… 226
kaku-kazoku　核家族 ……… 71
kakun　家訓 ……… 108
kaku-nenryō-saikuru　核燃料サイクル ……… 226
kaku-nenryō-saishori　核燃料再処理 ……… 226
kaku no kasa　核の傘 ……… 226
kakure-kirishitan　隠れキリシタン ……… 41
kakure-mino　隠れ蓑 ……… 553
kakurenbō　隠れん坊 ……… 328
kaku-sasatsu　核査察 ……… 226
kakusei no kan ga aru　隔世の感がある ……… 110
kakushi-aji　隠し味 ……… 402
kakushi-gei　隠し芸 ……… 328
kaku-sū　画数 ……… 532
kakutei-shinkoku　確定申告 ……… 264
kakyō ni iru　佳境に入る ……… 328
kamaboko　蒲鉾 ……… 402
Kamakura-bakufu　鎌倉幕府 ……… 226
Kamakura-jidai　鎌倉時代 ……… 226
Kamakura-shin-bukkyō　鎌倉新仏教 ……… 26
kama-meshi　釜飯 ……… 402
kama-moto　窯元 ……… 360
kama o kakeru　カマをかける, 鎌をかける ‥ 531
kamei　仮名 ……… 524
kame no kō yori toshi no kō　亀の甲より年の劫(功) ……… 110
kami　髪 (kami no ke 髪の毛) ……… 484
kami-dana　神棚 ……… 41
Kamigata　上方 ……… 7
kami-kakushi　神隠し ……… 553
kamikaze　神風 ……… 227
Kamikaze-tokubetsu-kōgekitai　神風特別攻撃隊 ……… 227
kaminari　雷 ……… 8
kaminari ga naru　雷が鳴る ……… 8
kaminari ga ochiru　雷が落ちる ……… 8
kami-omutsu　紙おむつ ……… 503
kami-shibai　紙芝居 ……… 329
kamishimo　かみしも, 裃 ……… 402
kamiza (jōza)　上座 ……… 110
kamo　カモ, 鴨 ……… 402
kamo ga negi o shotte kuru　鴨が葱を背負って来る ……… 402
ka-mon　家紋 ……… 110
ka mo naku fuka mo nai　可もなく不可もない ……… 300
kamo ni sareru　カモ(鴨)にされる ……… 402
kamo ni suru　カモ(鴨)にする ……… 402
kana　かな, 仮名 ……… 531
kanai-anzen　家内安全 ……… 110
kanakugi-ryū　金釘流 ……… 329
kana-zōshi　仮名草子 ……… 329
kana-zukai　仮名遣い ……… 531
kanban-hōshiki　かんばん方式 ……… 227

kan-bīru 缶ビール ······ 418
kanbun 漢文 ······ 532
kanbutsu-e 灌仏会 (hana-matsuri 花祭り) ···· 41
kanchō 干潮 ······ 12
kane-jaku 曲尺, 矩尺 ······ 288
kan'en 肝炎 ······ 485
kane no waraji de sagasu 金の草鞋で探す··· 456
kane wa tenka no mawarimono 金は天下の回り物 ······ 227
kangei-konpa 歓迎コンパ ······ 291
kangen 甘言 ······ 532
kangen ni noserareru 甘言に乗せられる····· 532
kango 看護 ······ 485
kango-fu 看護婦 ······ 485
kango-ka 看護科 ······ 485
kango-shi 看護師 ······ 485
kangun 官軍 ······ 227
kangyō 寒行 ······ 41
kani かに, 蟹 ······ 445
kanhatsu o irezu 間髪を入れず ······ 484
kan-ippatsu de 間一髪で ······ 484
kan'i-saibansho 簡易裁判所 ······ 254
kanji 漢字 ······ 532
kanji-bunkaken 漢字文化圏 ······ 532
kanji-henkan 漢字変換 ······ 532
kanjin 肝心, 肝腎 ······ 485
kanjin 勧進 ······ 41
kanji ni furigana o tsukeru 漢字に振り仮名を付ける ······ 532
kanji-seigen 漢字制限 ······ 532
Kanjō-bugyō 勘定奉行 ······ 196
kanko-dori ga naku 閑古鳥が鳴く ······ 110
Kankoku-heigō 韓国併合 ······ 227
kan-kon-sō-sai 冠婚葬祭 ······ 111
kankō-rei かんこう令, 緘口令 ······ 532
kankō-rei o shiku 緘口令を敷く ······ 532
kankotsu-dattai 換骨奪胎 ······ 479
kankyō-asesmento 環境アセスメント ······ 403
kankyō-hakai 環境破壊 ······ 403
kankyō-hogo 環境保護 ······ 403
kankyō-hogo-ishiki 環境保護意識 ······ 403
kankyō-hogo-kijun 環境保護基準 ······ 403
kankyō-hogo-undō 環境保護運動 ······ 403
kankyō-kōgaku 環境工学 ······ 403
kankyō ni yasashii 環境にやさしい ······ 403
kankyō ni yūgaina 環境に有害な ······ 403
kankyō-osen 環境汚染 ······ 403
kankyō o sokonau 環境を損なう ······ 403
kankyō-senshin-koku 環境先進国 ······ 260
kankyō-zei 環境税 ······ 228, 403
Kanmon-kaikyō 関門海峡 ······ 7
Kanmon-tonneru 関門トンネル ······ 8
kannin-bukuro 堪忍袋 ······ 111
kannin-bukuro no o ga kireru 堪忍袋の緒が切れる ······ 111
kanningu カンニング ······ 289
kanningu-pēpā カンニング・ペーパー ······ 289
kanningu suru カンニングする ······ 289
Kannon 観音 (Kanzeon-bosatsu 観世音菩薩) ······ 41
kannushi 神主 ······ 56
kanpai no ondo o toru 乾杯の音頭を取る (kanpai no ji o noberu 乾杯の辞を述べる) ······ 403
kanpai suru 乾杯する ······ 403
kanpaku 関白 ······ 228
kanpō 漢方 ······ 485
kanpō-i 漢方医 ······ 485
kanpō-yaku 漢方薬 ······ 485
kanpu-masatsu 乾布摩擦 ······ 504
kanrei-zensen 寒冷前線 ······ 10
kanreki 還暦 ······ 111
kanri-shoku 管理職 ······ 111
kanryū 寒流 ······ 7
Kansai 関西 ······ 8
kanshoku 閑職 ······ 125
kanshoku ni oi-yarareru 閑職に追いやられる ······ 125
kansō-ki 乾燥機 ······ 435
kan-sūji 漢数字 ······ 532
Kan-taiheiyō-jishintai 環太平洋地震帯 (Kan-taiheiyō-kazantai 環太平洋火山帯) ······ 7
kantaku 干拓 ······ 8
kantan aiterasu 肝胆相照らす ······ 490
Kantō 関東 ······ 9
Kantō-dai-shinsai 関東大震災 ······ 228
Kantōgun 関東軍 ······ 228

Kantōgun-sanbō-honbu 関東軍参謀本部 …… 228
kanwa-iryō 緩和医療 …… 485
kanwa-kea 緩和ケア …… 485
kanwa-kyūdai 閑話休題 …… 533
kanzake 燗酒 …… 430
kanzashi かんざし, 簪 …… 111
kanzen-chōaku 勧善懲悪 …… 41
kanzume 缶詰 …… 403
kanzume ni suru 缶詰にする …… 403
kao 顔 …… 485
kao de waratte kokoro de naite 顔で笑って心で泣いて …… 486
kao ga hikitsuru 顔が引きつる …… 486
kao ga hiroi 顔が広い …… 486
kao ga kiku 顔が利く …… 486
kao ga tsubureru 顔がつぶれる …… 485
kao-iro o ukagau 顔色をうかがう …… 485
kao kara hi ga deru 顔から火が出る …… 486
kao-make suru 顔負けする …… 486
kao-mise 顔見世 …… 329
kao-moji 顔文字 …… 533
kao-muke ga dekinai 顔向けができない …… 486
kao ni doro o nuru 顔に泥を塗る …… 485
kao ni kaite aru 顔に書いてある …… 485
kao o dasu 顔を出す …… 486
kao o shikameru 顔をしかめる …… 485
kao o tateru 顔を立てる …… 486
kao-pasu 顔パス …… 486
kao-yaku 顔役 …… 486
kappa かっぱ, 河童 …… 553
kappa-maki かっぱ巻き …… 554
kappa no he かっぱのへ, 河童の屁 (he no kappa 屁の河童) …… 554
kappa no kawanagare かっぱの川流れ …… 554
kappō 割烹 …… 403
kappō-gi 割烹着 …… 403
kappō-ryokan 割烹旅館 …… 403
kappō-ten 割烹店 …… 403
kappu-rāmen カップ・ラーメン …… 396
kapuseru-hoteru カプセル・ホテル …… 403
kara-jishi 唐獅子 …… 329
karaoke カラオケ …… 329
karaoke-bokkusu カラオケ・ボックス …… 329
karaoke-hausu カラオケ・ハウス …… 329
kara-sawagi から騒ぎ, 空騒ぎ …… 330
karasu no gyōzui カラスの行水, 烏の行水 …… 388
karate 空手 …… 330
kara-tsuyu 空梅雨 …… 2
karē-raisu カレー・ライス (raisu-karē ライス・カレー) …… 404
kare-sansui 枯山水 …… 330
kareshi 彼氏 …… 111
kariru toki no ebisu-gao, kaesu toki no enma-gao 借りるときの恵比須顔, 返すときの閻魔顔 …… 54
kari-shakuhō 仮釈放 …… 199
kari-shūgen 仮祝言 …… 167
karō 家老 …… 228
karō-shi 過労死 …… 486
karuchā-sentā カルチャー・センター …… 289
karu-kuchi o tataku 軽口を叩く …… 493
karuta カルタ …… 330
karute カルテ …… 486
karyoku-hatsuden 火力発電 …… 392
karyoku-hatsudensho 火力発電所 …… 392
karyū-shakai 下流社会 …… 228
kasai-ryū 火砕流 …… 9
Kasa-jizō 笠地蔵 …… 554
kasegu ni oitsuku binbō nashi 稼ぐに追いつく貧乏なし …… 111
kaseki-nenryō 化石燃料 …… 404
kasetsu-jūtaku 仮設住宅 …… 404
kashi-daore 貸し倒れ …… 229
kashi-daore junbikin 貸し倒れ準備金 …… 229
kashi-daore ni naru 貸し倒れになる …… 229
kashiwa-de 柏手, 拍手 …… 57
kashiwa-mochi 柏餅 …… 417
kashobun-shotoku 可処分所得 …… 229
kaso 過疎 …… 404
kasō 火葬 (dabi 荼毘) …… 58, 112
kasō 家相 …… 555
kasō-ba 火葬場 …… 112
kasō ni suru 火葬にする …… 112
kasugai かすがい, 鎹 …… 404
kasumigaseki 霞ヶ関 …… 243
kasuri かすり, 絣 …… 405

kasuri no kimono 絣の着物 ………………… 405
kasutera カステラ …………………………… 405
kata 肩……………………………………… 487
kata-ashi o kan'oke ni tsukkonde iru 片足を棺桶に突っ込んでいる………………… 466
kataba no 片刃の………………………… 343
katabō o katsugu 片棒を担ぐ……………112
kata de iki o suru 肩で息をする …………… 488
kata de kaze o kitte aruku 肩で風を切って歩く ……………………………………… 487
katagaki 肩書き ……………………………112
kata ga koru 肩がこる, 肩が凝る………… 487
kata-gawari suru 肩代わりする………… 487
kata-guruma 肩車 ……………………… 488
kata-guruma ni noru 肩車に乗る ………… 488
kata-guruma ni noseru 肩車に乗せる ……… 488
kata-ire suru 肩入れする ………………… 487
katakana カタカナ, 片仮名 ……………… 531
kata-kori 肩こり…………………………… 487
katami 形見…………………………………112
katami ga semai 肩身が狭い………………… 488
katami-wake 形見分け ……………………112
katana-gari 刀狩り………………………… 229
katana ore ya tsukiru made 刀折れ矢尽きるまで ……………………………………112
kata no koranai yomimono 肩の凝らない読み物…………………………………… 487
kata no ni ga oriru 肩の荷が下りる ……… 487
kata o motsu 肩を持つ …………………… 487
kata o naraberu 肩を並べる……………… 488
kata o otosu 肩を落とす ………………… 488
kata-oya 片親 ……………………………… 71
kata-oya no kodomo 片親の子供……………… 71
kataru ni ochiru 語るに落ちる…………… 533
kata-sukashi 肩透かし……………………… 488
kata-sukashi o kuwaseru 肩透かしを食わせる ……………………………………… 488
kata-tataki 肩叩き………………………… 487
kata-ude 片腕 …………………………… 515
katazu 固唾……………………………… 488
katazu o nomu 固唾を呑む………………… 488
kateba kangun 勝てば官軍………………… 227
katei-kyōshi 家庭教師…………………… 289
katei-kyōshi ni tsuite benkyō suru 家庭教師について勉強する…………………………… 289
katei-kyōshi o suru 家庭教師をする ……… 289
kateinai-bōryoku 家庭内暴力…………………112
katei-ryōri 家庭料理 ……………………… 405
katei-saibansho 家庭裁判所………………… 254
katei-saien 家庭菜園……………………… 405
katori-senkō 蚊取り線香 ………………… 405
katsudansō 活断層……………………………7
katsudansō-chitai 活断層地帯 ………………7
katsuji-banare no keikō 活字離れの傾向…… 330
katsu-kazan 活火山……………………………9
katsuo-bushi 鰹節……………………… 405
katsuo no tataki 鰹のたたき …………… 405
katte-guchi 勝手口……………………… 405
katte kabuto no o o shimeyo 勝って兜の緒を締めよ ……………………………………113
kawaii かわいい, 可愛い ………………… 331
kawaii ko ni wa tabi o saseyo 可愛い子には旅をさせよ …………………………… 289
kawa no ji ni neru 川の字に寝る ………… 469
kawara 瓦……………………………… 406
kawara-ban かわら版, 瓦版 ……………… 229
kawara-buki no ie 瓦ぶきの家 ……………… 406
kawara-yane 瓦屋根……………………… 406
kawarimi ga hayai 変わり身が早い …………113
kaya 蚊帳 ……………………………… 406
kaya no soto ni okareru 蚊帳の外に置かれる ……………………………………… 406
kayō-kyoku 歌謡曲……………………… 331
kayui かゆい, 痒い ……………………… 488
kayui tokoro ni te ga todoku 痒いところに手が届く……………………………… 488
kayui tokoro o kaku 痒いところを掻く…… 488
kaza-kami 風上……………………………9
kaza-kami ni mo okenai 風上にも置けない ….9
kazan 火山……………………………………9
kaza-shimo 風下……………………………10
kaze-atari ga tsuyoi 風当たりが強い……………9
kaze no tayori ni kiita 風の便りに聞いた…. 533
kazoe-doshi 数え年…………………………113
kazoe-uta 数え歌………………………… 331
kazoku mizu-irazu de 家族水入らずで……113

kazunoko 数の子 406
kebiishi 検非違使 229
kēburu-terebi ケーブル・テレビ 300
kebyō 仮病 488
kebyō o tsukau 仮病を使う 488
kega no kōmyō 怪我の功名 113
kegare 穢れ 42
ke-girai 毛嫌い 113
keibatsu 閨閥 69
keichitsu 啓蟄 114
Keidanren 経団連 230
keido 経度 6
keigo 敬語 533
keigu 敬具 530
kei-jidōsha 軽自動車 289
keiki-hendō 景気変動 230
keiki-kōtai 景気後退 230
keiki no kaifuku 景気の回復 230
keiki no tekoire 景気のてこ入れ 230
keiki-shigekisaku 景気刺激策 230
keikō-hinin-yaku 経口避妊薬 (piru ピル) 469
keikō to naru mo gyūgo to naru nakare 鶏口となるも牛後となるなかれ 114
Keirō no hi 敬老の日 114
Keisatsu-chō 警察庁 230
keisetsu no kō 蛍雪の功 289
Keishi-chō 警視庁 230
keitai-denwa 携帯電話 278
keitai(denwa) ga naru 携帯(電話)が鳴る 278
keitai(denwa) ni denwa suru 携帯(電話)に電話する 279
keitai(denwa) no dengen o ireru 携帯(電話)の電源を入れる 279
keitai(denwa) no dengen o kiru 携帯(電話)の電源を切る 279
keitai-terebi 携帯テレビ 300
keiyaku-shain 契約社員 230
Keizai-dantai-rengōkai 経済団体連合会 230
keizai-nanmin 経済難民 244
Keizai-sangyō-shō 経済産業省 230
kejime けじめ 114
kejime o tsukeru けじめをつける 114
kekka-fuza 結跏趺坐 157
kekkon 結婚 114
kekkon-hirōen 結婚披露宴 114
kekkon o mōshikomu 結婚を申し込む (puropōzu suru プロポーズする) 114
kekkon-shiki 結婚式 114
kemari けまり, 蹴鞠 331
kenben 検便 488
kenbensuru 検便する 488
kenben-yō no ben 検便用の便 488
kenchi 検地 230
Kenchiku-kijun-hō 建築基準法 406
kendama 剣玉 331
kendō 剣道 332
kendō no gokui 剣道の極意 332
kendō no shihan 剣道の師範 332
ken'en-ken 嫌煙権 406
ken'en no naka 犬猿の仲 114
ken'en-undō 嫌煙運動 406
ken-ga-mine 剣が峰 114
kengyō 顕教 42
kengyō-nōka 兼業農家 230
kenji 検事 (kensatsu-kan 検察官) 231
kenjin-kai 県人会 115
kenjō-go 謙譲語 533
kenjō-sha 健常者 509
kenka-goshi けんか腰, 喧嘩腰 491
kenka o kau 喧嘩を買う 115
kenka o uru 喧嘩を売る 115
kenka-ryōseibai 喧嘩両成敗 115
kenketsu 献血 517
kenketsu-sha 献血者 517
kenketsu suru 献血する 517
kenkō-hoken 健康保険 489
Kenkoku kinen no hi 建国記念の日 115
kenkō shokuhin 健康食品 406
kenkyō-fukai 牽強付会 533
kenmohororo ni kotowaru けんもほろろに断る 534
ken-pei 憲兵 231
kenpei-ritsu 建蔽率 406
Kenpō-dai-kyūjō 憲法第9条 231
kenpō-kaisei 憲法改正 115
Kenpō-kinen-bi 憲法記念日 115

kensaku suru 検索する 287
Kensatsu-chō 検察庁 231
kensatsu-gawa no shōnin 検察側の証人 231
kenshi 犬歯 472
kensui 懸垂 360
Kentōshi 遣唐使 231
kenzan 剣山 327
ke-otosu け落とす, 蹴落とす 115
kerenmi けれん味, 外連味 115
kerenmi no nai けれん味のない 115
keri o tsukeru けりをつける 115
kesa 袈裟 406
keshō-mawashi 化粧回し 356
kesshō-sen 決勝戦 352
ketsuatsu 血圧 489
ketsuatsu-kei 血圧計 489
ketsuatsu-kōka-zai 血圧降下剤 489
ketsuatsu-sokutei 血圧測定 489
ketsueki-gata 血液型 489, 555
ketsueki-ginkō 血液銀行 489
ketsueki-kensa 血液検査 489
ketsueki-seizai 血液製剤 489
ketsueki-tōseki 血液透析 489
ketsuen 血縁 116
ketsuen-kankei 血縁関係 116
ketsuen-shakai 血縁社会 116, 132
ketsu no ana けつの穴 489
ketsu no ana ga chīsai けつの穴が小さい 489
ketsu-zei 血税 232
kettō-chi 血糖値 514
kezuri-bushi 削り節 405
kibisu きびす, 踵 (kubisu くびす) 489
kibisu o kaesu きびすを返す 489
kibisu o sesshite aruku きびすを接して歩く 489
kibō-kouri-kakaku 希望小売価格 232
kibun 気分 42
kibun-tenkan 気分転換 42
kibun-ya 気分屋 42
kichi-jitsu 吉日 116
kichin-yado 木賃宿 407
ki-daore 着倒れ 407
ki de hana o kukutta yō na henji o suru 木で鼻をくくったような返事をする 534
ki ga okenai 気がおけない 116
Kigen-setsu 紀元節 232
kigo 季語 534
kigyōbetsu-kumiai 企業別組合 253
kigyō-keiretsu 企業系列 232
kigyō-senshi 企業戦士 232
kī-horudā キー・ホルダー 407
kiiroi koe 黄色い声 534
kiite gokuraku mite jigoku 聞いて極楽見て地獄 32
kiji きじ, 雉 116
kiji mo nakazuba utaremai 雉も鳴かずば打たれまい 116
kijō no kūron 机上の空論 534
kijōyu 生醤油 440
kika 帰化 232
kika-jin 帰化人 232
kikan-tōshika 機関投資家 232
kika-shokubutsu 帰化植物 407
kika suru 帰化する 232
kiki-kanri 危機管理 232
kiki-mimi o tateru 聞き耳を立てる 499
kikin 飢饉 233
kiki-nagasu 聞き流す 534
kiki-zake 利き酒, 聞き酒 430
kiki-zake o suru 利き酒(聞き酒)をする 430
kikizute naranai 聞き捨てならない 534
kikkyō 吉凶 555
kikkyō o uranau 吉凶を占う 555
kikoku-shijo 帰国子女 290
kikonashi 着こなし 407
kikonashi ga umai 着こなしがうまい 407
kiku mimi o motanai 聞く耳を持たない 499
kiku-ningyō 菊人形 332
kiku wa ittoki no haji, kikanu wa isshō no haji 聞くは一時の恥, 聞かぬは一生の恥 290
kimarite 決まり手 356
Kimigayo 君が代 233
kimo 肝 489
kimo-dameshi 肝試し 490
kimo ga suwatte iru 肝が据わっている 490
kimo-iri 肝いり, 肝煎り, 肝入り 490
kimon 鬼門 555

kimo ni meijiru　肝に銘じる …… 489
kimono　着物 …… 407
kimo o hiyasu　肝を冷やす …… 490
kimo o tsubusu　肝をつぶす …… 490
kinagashi　着流し …… 408
kinako　黄な粉 …… 408
kina-kusai (kina-gusai)　きな臭い …… 116
kin'en　禁煙 …… 408
kinen-sai　祈年祭 (toshigoi-no-matsuri としごいの祭り …… 42
kin'en-sha　禁煙車 …… 408
kingyo　金魚 …… 332
kingyo-bachi　金魚鉢 …… 332
kingyo-sukui　金魚掬い …… 332
kingyo-ya　金魚屋 …… 332
ki ni take o tsugu　木に竹を接ぐ …… 116
kinjite　禁じ手 …… 332
kinji-tō　金字塔 …… 290
kinka-gyokujō　金科玉条 …… 116
kinkai-gyogyō　近海漁業 …… 206
kinkyū-hinan　緊急避難 …… 259
kinmu　勤務 …… 116
kinmu-jikan　勤務時間 …… 116
kinmu-jōken　勤務条件 …… 116
kinmu-saki　勤務先 …… 116
kinnō　勤皇 …… 233
kinnō no shishi　勤皇の志士 …… 233
kin no shachihoko　金の鯱 …… 270
kinomi-kinomama de　着の身着のままで …… 408
kinome-dengaku　木の芽田楽 …… 377
kinpira-gobō　金平ごぼう …… 386
kinran-donsu　金襴緞子 …… 408
kinran-donsu no obi　金襴緞子の帯 …… 408
kinu-goshi-tōfu　絹ごし豆腐 …… 451
kinu no yō na fūai　絹のような風合い …… 380
Kinrō kansha no hi　勤労感謝の日 …… 117
kinrō-shotoku　勤労所得 …… 207
kinsen　琴線 …… 335
Kinshi-kunshō　金鵄勲章 …… 117
Kintarō　金太郎 …… 555
kintarō-ame　金太郎飴 …… 408
kioku-baitai-media　記憶媒体メディア …… 278
kion　気温 …… 10
kireidokoro　きれいどころ, 綺麗どころ …… 117
kireru　切れる, キレる …… 117
kiri　霧 …… 19
kirifuda　切り札 …… 332
kirishitan-daimyō　キリシタン大名 …… 201
Kirisuto-kyō　キリスト教 …… 42
kisama　貴様 …… 534
kisei-kanwa　規制緩和 …… 233
kisei-rasshu　帰省ラッシュ …… 408
kiseki　鬼籍 …… 51
kiseki ni iru　鬼籍に入る …… 51
kiseru　キセル, きせる, 煙管 …… 117
kishi-kaisei　起死回生 …… 117
kishimen　きしめん …… 454
Kishō-chō　気象庁 …… 10
kishō-eisei　気象衛星 …… 302
kishō-yohōshi　気象予報士 …… 10
kiita fū na kuchi o kiku　利いた(聞いた)風な口をきく …… 535
kitakiri-suzume　着たきり雀 …… 560
kita-makura　北枕 …… 118
kitsuen-sha　喫煙車 …… 408
kitsuen-shitsu　喫煙室 …… 408
kitsune　狐 …… 556
kitsune-bi　狐火 …… 556
kitsune ga noriutsuru　狐が乗り移る …… 556
kitsune no yomeiri　狐の嫁入り …… 556
kitsune to tanuki no bakashiai　狐と狸の化かしあい …… 560
kitsune-tsuki　狐つき …… 556
kitsune-udon　きつねうどん, 狐うどん …… 454, 556
ki wa kokoro　気は心 …… 118
Kiyomizu-dera　清水寺 …… 118
Kiyomizu no butai kara tobioriru　清水の舞台から飛び降りる …… 118
kiyū 杞憂 …… 118
Kizoku-in　貴族院 …… 265
kōan　公案 …… 63
Kōan-chōsa-chō　公安調査庁 …… 233
koban　小判 …… 233
kōban　交番 …… 118
kōban　降板 …… 360
kobetsu-hōmon　戸別訪問 …… 266

Kōbō ni mo fude no ayamari 弘法にも筆の誤り …… 290
kobun 子分 …… 146
Kobutori-jīsan こぶ取り爺さん …… 556
kōbutsu 好物 (suki na tabemono 好きな食べ物) …… 408
kodakara ni megumarete iru 子宝に恵まれている …… 118
kōcha 紅茶 …… 372
kōdan 講談 …… 333
kōdan-jūtaku 公団住宅 …… 400
kōden 香典 …… 58
kōden-gaeshi 香典返し …… 58
kōdō 香道 …… 333
kodoku-shi 孤独死 …… 118
Kodomo no hi こどもの日 …… 119
kōdo-seichō 高度成長 …… 234
kōdo-seichō-jidai 高度成長時代 …… 234
kōdo-seichō-ki 高度成長期 …… 234
kōei-gyanburu 公営ギャンブル …… 317
kōeki-hōjin 公益法人 …… 219
kōen-debyū 公園デビュー …… 119
kōfū 校風 …… 290
kofun 古墳 …… 234
kōfū ni hansuru 校風に反する …… 290
Kofun-jidai 古墳時代 …… 234
ko-gaisha 子会社 …… 200
kōgaku no tame 後学のため …… 290
kogarashi 木枯らし …… 10
kōgen-reishoku sukunashi jin 巧言令色すくなし仁 …… 535
kogyaru コギャル …… 119
kōgyō-kōtō-senmon-gakkō 工業高等専門学校 …… 296
kōhai 後輩 …… 158
koharu-biyori 小春日和 …… 10
kōiki-bōryoku-dan 広域暴力団 …… 187
kōin 公印 …… 92
koi no arai 鯉の洗い …… 368
koi-nobori こいのぼり, 鯉幟 …… 119
kōin ya no gotoshi 光陰矢のごとし …… 10
kō-itten 紅一点 …… 120
Kojiki 古事記 …… 234
kōji ma ōshi 好事魔多し …… 120
kōjō-haigasu 工場排ガス …… 388
kōka 校歌 …… 290
kōkagaku-sumoggu 光化学スモッグ …… 444
kōkai saki ni tatazu 後悔先に立たず …… 120
kōkaku awa o tobasu 口角泡を飛ばす …… 494
kōkaku-renzu 広角レンズ …… 286
kokan o keriageru 股間を蹴り上げる …… 495
koke こけ, 虚仮 …… 120
koken 沽券 …… 120
koke ni suru 虚仮にする …… 120
koken ni kakawaru 沽券に関わる …… 120
koken ni kakawaru to omou 沽券に関わると思う …… 120
koke-odoshi こけおどし, 虚仮威し …… 120
kokera-otoshi 柿落とし …… 333
kokeshi こけし …… 333
kō-ketsuatsu 高血圧 …… 489
koketsu ni irazunba koji o ezu 虎穴に入らずんば虎児を得ず …… 176
kōki 広軌 …… 437
Kokin-wakashū 古今和歌集 …… 333
kokka 国花 …… 10
kokka-kōmuin 国家公務員 …… 234
Kokka shintō 国家神道 …… 56
Kokka-sōdōin-hō 国家総動員法 …… 234
kokoro no kinsen ni fureru 心の琴線に触れる …… 335
kokoro o oni ni suru 心を鬼にする …… 51
koku 石 …… 201
kokubetsu-shiki 告別式 …… 43
kokubi o kashigeru 小首をかしげる …… 492
kokubō-shoku 国防色 …… 409
kokubun-ji 国分寺 …… 43
koku-chō 国鳥 …… 11
Kokudo-kōtsū-shō 国土交通省 …… 235
koku-gaku 国学 …… 291
kokugi 国技 …… 356
Kokugikan 国技館 …… 357
kokui 国威 …… 235
koku-in 黒印 …… 211
kokui o hatsuyō suru 国威を発揚する …… 235
Kōkū-jieitai 航空自衛隊 …… 221

Kokumin-eiyo-shō 国民栄誉賞 120
kokumin-kenkō-hoken 国民健康保険 489
kokumin-nenkin 国民年金 502
kokumin-sōseisan 国民総生産 235
kokunai-sōseisan 国内総生産 235
koku no (ga) aru こくの(が)ある 409
Kokuren-nanmin-kōtōbenmukan 国連難民高等弁務官 244
kokuritsu-kōen 国立公園 11
Kokuritsu-kokkai-toshokan 国立国会図書館 301
kokusai 国債 235
Kokusai-keijikeisatsu-kikō 国際刑事警察機構 235
kokusai-kekkon 国際結婚 120
kokusai o boshū suru 国債を募集する 235
kokusai o hakkō suru 国債を発行する 235
Kokusai-rengō 国際連合 235
Kokusai-renmei 国際連盟 235
kokusai-shūshi 国際収支 235
kokusai-shūshi kurojikoku 国際収支黒字国 196
kokusaku 国策 236
kokusaku o suikō suru 国策を遂行する 236
kokusei-chōsa 国勢調査 236
kokushi 国士 236
kokutai 国体 236
Kokutetsu 国鉄 409
kokyō e (ni) nishiki o kazaru 故郷へ(に)錦を飾る 421
kōkyō-jigyō 公共事業 236
kōkyō-tōshi 公共投資 236
kōkyō-toshokan 公共図書館 301
koma-inu 狛犬 56
komata no kireagatta onna 小股の切れ上がった女 495
Kome-sōdō 米騒動 237
komimi ni hasamu 小耳に挟む 499
komore-bi 木漏れ日 5
komori-uta 子守唄 334
komori-uta o utatte netsukaseru 子守唄を歌って寝付かせる 334
Kōmuin-hō 公務員法 234
kōmuin-shukusha 公務員宿舎 400
komusō 虚無僧 43
kōnai-bōryoku 校内暴力 281
konbini コンビニ 409
konbu 昆布 409
konbu-cha 昆布茶 410
kone ga aru コネがある 121
kōnenki 更年期 490
kōnenki-shōgai 更年期障害 490
kon-gasuri 紺がすり 405
kon'in-todoke 婚姻届 114
Konjaku-monogatari 今昔物語 334
konjō 根性 43
konjō ga kusatteiru 根性が腐っている 43
konjō o kitaeru 根性を鍛える 43
konkatsu 婚活 (kekkon-katsudō 結婚活動) 121
konkō jurin 混交樹林 18
konnyaku こんにゃく, 蒟蒻 410
konnyaku-mondō こんにゃく問答 410
konowata このわた, 海鼠腸 410
konpa コンパ 291
konpa o hiraku コンパを開く 291
konpeitō 金平糖 410
konpyūta コンピュータ 291
konpyūta-gēmu コンピュータ・ゲーム 291
konpyuta-hanzai コンピュータ犯罪 291
konpyūta-kensaku コンピュータ検索 291
konpyūta-nettowāku コンピュータ・ネットワーク 291
konpyūta-shien-gakushū-shisutemu コンピュータ支援学習システム 291
konpyūta-sofuto コンピュータ・ソフト 291
konpyūta-uirusu コンピュータ・ウイルス 291
konro こんろ 393
kon'yoku 混浴 121
ko o motte shiru oya no on 子を持って知る親の恩 144
kōon-tashitsu 高温多湿 11
koppu no naka no arashi コップの中の嵐 122
kōra-boshi o suru 甲羅干しをする 490
kōreberu-hōshasei-haikibutsu 高レベル放射性廃棄物 395
kōreika-shakai 高齢化社会 122

koremiyogashi ni　これ見よがしに ………… 122
koritsu-shi　孤立死 ………… 122
korobanu saki no tsue　転ばぬ先の杖 ………… 122
kōrogi　こおろぎ, 蟋蟀 ………… 122
korokke　コロッケ ………… 410
koromo　ころも, 衣 ………… 407, 449
koromo-gae　衣替え ………… 411
koroshi-monku　殺し文句 ………… 535
kōrudo-gēmu　コールド・ゲーム ………… 315
kōsa　黄砂 ………… 11
kosaku-nō　小作農 ………… 247
kōsei-nenkin　厚生年金 ………… 502
Kōsei-rōdō-shō　厚生労働省 ………… 237
koseki　戸籍 ………… 122, 237
koseki-kakari (koseki-gakari)　戸籍係 ………… 237
koseki-hittōnin　戸籍筆頭人 ………… 237
koseki kara nuku　戸籍から抜く ………… 237
koseki ni ireru　戸籍に入れる ………… 237
koseki-shōhon　戸籍抄本 ………… 237
koseki-tōhon　戸籍謄本 ………… 237
kōsetsu　降雪 ………… 19
kōshi　講師 ………… 285
koshi　腰 ………… 491
koshi-an　こしあん, 漉し餡 ………… 368
koshi ga hikui　腰が低い ………… 491
koshi ga nukeru　腰が抜ける ………… 491
koshi ga suwaranai　腰が据わらない ………… 491
koshi ga suwaru　腰が据わる ………… 491
koshi ga tatanai　腰が立たない ………… 491
koshi-ginchaku　腰巾着 ………… 123
koshi-kudake　腰砕け ………… 491
koshi-maki　腰巻 ………… 381
koshi-nuke　腰抜け ………… 491
koshi o nukasu　腰を抜かす ………… 491
koshi-ore　腰折れ ………… 491
kōshitsu　皇室 ………… 237
Kōshitsu-tenpan　皇室典範 ………… 237
kōshō-bungaku　口承文学 ………… 334
ko-shōgatsu　小正月 ………… 123
Kōshoku-ichidai-otoko　好色一代男 ………… 334
koshū-eisei　公衆衛生 ………… 470
kōshū-toire　公衆トイレ ………… 451
kosode　小袖 ………… 411
kōsoku-dōro　高速道路 ………… 411
kōsoku-dōro no deguchi　高速道路の出口 ………… 411
kōsoku-dōro no iriguchi　高速道路の入り口 ………… 411
kōsoku-zōshoku-ro　高速増殖炉 ………… 284
kōsui-kakuritsu　降水確率 ………… 19
kosu-pure　コスプレ ………… 334
kotatsu　こたつ, 炬燵 ………… 411
kōtei-buai　公定歩合 ………… 237
kōtei-buai o hikiageru　公定歩合を引き上げる ………… 237
kōtei-buai o hikisageru　公定歩合を引き下げる ………… 237
kōteki nenkin　公的年金 ………… 238
koto　琴 ………… 334
kotobuki-taishoku　寿退職 ………… 123
kotodama　言霊 ………… 535
kōtō-saiban-sho　高等裁判所 ………… 254
kōtō-senmon-gakkō　高等専門学校 ………… 296
kōtsū-anzen-shūkan　交通安全週間 ………… 412
kōtsū-anzen-undō　交通安全運動 ………… 412
kotsu-niku　骨肉 ………… 479
kotsu-niku ai hamu　骨肉相食む ………… 479
kotsu-niku no arasoi　骨肉の争い ………… 479
kotsuzui　骨髄 ………… 492
kottō　骨董 ………… 335
kottō-shūshū-ka　骨董収集家 ………… 335
kottō-ya　骨董屋 ………… 335
kouri-ten　小売店 ………… 254
ko wa kasugai　子はかすがい ………… 404
kowamote　こわもて, 強面, 恐持て ………… 123
kowamote ga suru　強持てがする ………… 123
kōya no shiro-bakama　紺屋の白袴 ………… 412
kōyō　孝養 ………… 43
koyō-hoken　雇用保険 ………… 489
kōyō-jurin　広葉樹林 ………… 18
ko-yubi　小指 ………… 517
kō-zoku　皇族 ………… 237
kōzui　洪水 ………… 11
kōzui-keihō　洪水警報 ………… 12
kubi　首, 頸 ………… 492
kubi ga mawaranai　首が回らない ………… 492
kubi ga tobu　首が飛ぶ ………… 492
kubi ga tsunagaru　首がつながる ………… 492

kubi-jikken　首実検 ………………………… 493
kubinashi-shitai　首無し死体 ……………… 492
kubi ni suru　首にする ……………………… 492
kubi o hineru　首をひねる ………………… 492
kubi o kashigeru　首をかしげる …………… 492
kubi o kukuru　首をくくる（kubi o tsuru 首をつる）………………………………… 492
kubi o nagakushite matsu　首を長くして待つ …492
kubi o sukumeru　首をすくめる …………… 492
kubi o tareru　首をたれる ………………… 492
kubi o tate ni furu　首を縦に振る ………… 492
kubi o tsukkomu　首を突っ込む …………… 492
kubi o yoko ni furu　首を横に振る ………… 492
kubittake　首ったけ, 首っ丈 ……………… 493
kuchi　口 ……………………………………… 493
kuchi-atari　口当たり ……………………… 493
kuchi-berashi　口減らし …………………… 238
kuchi-beta na　口下手な …………………… 493
kuchibiru　唇 ………………………………… 494
kuchibiru o nusumu　唇を盗む …………… 494
kuchi-dome suru　口止めする ……………… 493
kuchi ga heranai　口が減らない …………… 493
kuchi ga karui　口が軽い ………………… 493
kuchi ga katai　口が堅い ………………… 493
kuchi ga omoi　口が重い ………………… 493
kuchi ga saketemo　口が裂けても ………… 493
kuchi ga suberu　口が滑る ………………… 493
kuchi ga suppaku naru hodo iu　口が酸っぱくなるほど言う …………………………… 493
kuchi-gitanaku nonoshiru　口汚く罵る …… 494
kuchi-gomoru　口ごもる …………………… 494
kuchi-gotae suru　口答えする ……………… 494
kuchi-guruma　口車 ………………… 494, 535
kuchi-guruma ni noru　口車に乗る ……… 494
kuchi-guruma ni noseru　口車に乗せる …… 535
kuchi-guse　口癖 …………………………… 494
kuchi-guse no yō ni iu　口癖のように言う … 494
kuchi-habattai koto o iu　口幅ったいことを言う ……………………………………… 535
kuchi-habattai koto o iu yō desu ga　口幅ったいことを言うようですが ………………… 535
kuchi hatchō　口八丁 ……………………… 494
kuchi hatchō te hatchō　口八丁手八丁 …… 494
kuchi kara saki ni umareru　口から先に生まれる ……………………………………… 494
kuchi-kiki　口利き ………………………… 494
kuchi-komi　口コミ ………………………… 535
kuchi-naoshi　口直し ……………………… 494
kuchi o fūjiru　口を封じる ………………… 493
kuchi o hasamu　口を挟む ………………… 493
kuchi o henoji ni mageru　口をへの字に曲げる ……………………………………… 493
kuchi o herasu　口を減らす ……………… 493
kuchi o ichimonji ni musubu　口を一文字に結ぶ ……………………………………… 493
kuchi o kiku　口を利く …………………… 493
kuchi o tozasu 口を閉ざす ………………… 493
kuchi o tsutsushimu　口を慎む …………… 493
kuchi o waru　口を割る …………………… 493
kuchi-paku　口パク ………………………… 335
kuchi-saki sanzun　口先三寸 ……………… 299
kuchi-ura o awaseru　口裏を合わせる …… 494
kuchi wa wazawai no mon (kado)　口は禍の門 ……………………………………… 494
kuchi-yogoshi　口汚し …………………… 412
kuda o maku　管を巻く …………………… 535
kudoku　口説く …………………………… 535
kugaku suru　苦学する …………………… 290
kuge　供花, 供華 ……………………………… 43
kugi o sasu　釘を刺す …………………… 123
kugi-zuke ni naru　釘付けになる ………… 123
kuiawase　食い合わせ ……………………… 412
kuidaore　食い倒れ ………………………… 412
kui-nige　食い逃げ ………………………… 412
kui-nige suru　食い逃げする ……………… 412
kuizome　食い初め ………………………… 123
kuizu-bangumi　クイズ番組 ……………… 335
kūki-seijōki　空気清浄機 ………………… 412
kuku　九九 ………………………………… 291
kuku no hyō　九九の表 …………………… 291
kumi-himo　組み紐 ………………………… 335
kumitori-shiki no benjo　汲み取り式の便所 ‥ 436
kuniku no saku　苦肉の策 ………………… 123
kun-pū　薫風 ………………………………… 12
kunshu sanmon ni iru o yurusazu　葷酒山門に入るを許さず（不許葷酒入山門）………… 43

kun-yomi 訓読み (kun-doku 訓読) ………… 532
kun-yomi suru 訓読みする ………………… 532
kuragae 鞍替え ……………………………… 124
kurashimuki 暮らし向き …………………… 412
kurashimuki ga ii 暮らし向きがいい ……… 412
kurashimuki ga warui 暮らし向きが悪い … 412
kuri-ageru 繰り上げる ……………………… 124
kuri-sageru 繰り下げる …………………… 124
Kurisumasu クリスマス ……………………… 44
Kurisumasu-ibu クリスマス・イブ …………… 45
kurisumasu-tsurī クリスマス・ツリー ………… 45
kuro-boshi 黒星 ……………………………… 353
kuro-fune 黒船 ……………………………… 238
kuro-maku 黒幕 ……………………………… 124
kuro-obi 黒帯 ………………………………… 335
kuro-shio 黒潮 ………………………………… 12
kurōto-hadashi de aru 玄人はだしである … 335
kūru-bizu クール・ビズ ……………………… 124
kuruma-isu 車椅子 …………………………… 494
kuruma-za 車座 ……………………………… 124
kuruma-za ni naru 車座になる …………… 124
kurushii toki no kami-danomi 苦しいときの
神頼み ………………………………………… 45
kusaba no kage 草葉の陰 ………………… 125
kusai meshi o kuu 臭い飯を食う ………… 412
kusai-mono ni futa o suru 臭い物に蓋をする‥ 412
kusa-mochi 草もち, 草餅 …………………… 417
kusanone-minshushugi 草の根民主主義 …… 238
kusanone-undō 草の根運動 ………………… 238
kusare-en 腐れ縁 ……………………………… 30
kusattemo tai 腐っても鯛 ………………… 446
kusa-yakyū 草野球 …………………………… 364
kushi-katsu 串カツ …………………………… 452
kusshi no 屈指の ……………………………… 517
kusuri-bako 薬箱 …………………………… 501
kusuri-yubi 薬指 ……………………………… 517
kutō-ten 句読点 ……………………………… 536
kūun 空運 …………………………………… 225
kuwabara kuwabara くわばらくわばら, 桑原
桑原 ………………………………………… 557
kuwazu-girai de aru 食わず嫌いである …… 413
kū ya kuwazu no seikatsu de aru 食うや食わず
の生活である ……………………………… 434
kuyashi-naki 悔し泣き ……………………… 537
kuyō 供養 ……………………………………… 45
kyabakura キャバクラ ……………………… 125
kyarakutā-shōhin キャラクター商品 ……… 336
kyasshu-kādo キャッシュ・カード ………… 238
kyasshu-kādo de okane o orosu キャッシュ・
カードでお金をおろす …………………… 238
kyasutingu-bōto キャスティング・ボート‥ 238
kyasutingu-bōto o nigitteiru キャスティング・
ボートを握っている ……………………… 238
kyatchi-furēzu キャッチ・フレーズ ……… 536
kyō 経 (o-kyō お経) ………………………… 45
kyōdai no sakazuki o kawasu 兄弟の杯(盃)を
交わす ……………………………………… 151
kyōdai wa tanin no hajimari 兄弟は他人の
始まり ……………………………………… 125
kyōdo-ryōri 郷土料理 ……………………… 405
kyōdō-seihan 共同正犯 …………………… 238
kyōgaku 共学 ………………………………… 291
kyōgen 狂言 ………………………………… 336
kyōgen-jisatsu 狂言自殺 …………………… 483
kyōgi-rikon 協議離婚 ……………………… 149
kyohi-ken 拒否権 …………………………… 223
kyohi-ken o kōshi suru 拒否権を行使する‥ 223
Kyōiku-chokugo 教育勅語 ………………… 239
kyōiku-iinkai 教育委員会 ………………… 291
Kyōiku-kihon-hō 教育基本法 ……………… 292
kyōiku-mama 教育ママ …………………… 292
kyōkasho-kentei 教科書検定 ……………… 292
kyōkasho-kentei-seido 教科書検定制度 …… 292
kyōki 狭軌 …………………………………… 436
kyōkin o hiraku 胸襟を開く ……………… 500
kyokkei 極刑 ………………………………… 261
kyoku-sa 極左 ……………………………… 239
Kyokutō-kokusai-gunji-saiban 極東国際軍事
裁判 ………………………………………… 205
kyoku-u 極右 ………………………………… 239
kyori-memori 距離目盛り ………………… 286
kyori-ringu 距離リング …………………… 286
kyōsai-ka 恐妻家 …………………………… 109
kyoshoku-shō 拒食症 ……………………… 495
Kyōto-giteisho 京都議定書 ………………… 413
kyūdō 弓道 …………………………………… 336

kyū-jitai　旧字体 ………………………… 536
kyū-kanazukai　旧仮名遣い(rekishiteki-kanazukai 歴史的仮名遣い) ………… 531
kyū-kazan　休火山 ………………………… 9
kyūkō-den　休耕田 ………………………… 247
kyūkyū-kyūmei-shi　救急救命士 ………… 495
kyūsei-arukōru-chūdoku　急性アルコール中毒 ………… 462
Kyūsekki-jidai　旧石器時代 ……………… 260
kyūshi　臼歯 ………………………… 472
kyūshi ni isshō o eru　九死に一生を得る …… 125
Kyūshū　九州 ………………………… 12
kyūso neko o kamu 窮鼠猫を噛む ………… 420

M

ma　間 ………………………… 336
mabuta　まぶた, 瞼, 目蓋 ………………… 495
mabuta ga omoi まぶたが重い ……………… 495
mabuta ni ukabu　まぶたに浮かぶ ………… 495
mabuta no haha　まぶたの母 ……………… 495
machigai-denwa　間違い電話 ……………… 279
machi-kōba　町工場 ………………………… 200
madogiwa-zoku　窓際族 ………………… 125
madoi-bashi　まどい箸(mayoi-bashi 迷い箸) ………… 391
madori　間取り ………………………… 413
madori ga ii ie　間取りがいい家 ………… 413
madori ga warui ie　間取りが悪い家 ……… 413
maeba　前歯 ………………………… 472
mae-gami　前髪 ………………………… 484
mafuyu-bi　真冬日 ………………………… 12
ma ga motanai　間が持たない ……………… 336
ma ga sasu　魔が差す ……………………… 557
ma ga warui　間が悪い ……………………… 336
mago-biki　孫引き ………………………… 292
mago-biki suru　孫引きする ……………… 292
mago no te　孫の手 ………………………… 125
maguro　まぐろ, 鮪 ………………………… 445
maguro no yamakake　鮪の山掛け ………… 413
mai-būmu　マイブーム …………………… 125
mai-hōmu　マイホーム …………………… 126
maihōmu-shugi　マイホーム主義 ………… 126
mai-kā　マイカー ………………………… 126
maiko　舞妓 ………………………… 85
mainasu-seichō　マイナス成長 …………… 234
mai-pēsu　マイペース …………………… 126
maizō-bunkazai　埋蔵文化財 ……………… 239
majikku-inki　マジック・インキ ………… 297
majinai　まじない ………………………… 557
makanu tane wa haenu　蒔かぬ種は生えぬ‥ 126
make-inu　負け犬 ………………………… 126
make-inu no tōboe　負け犬の遠吠え ……… 126
make-kosu　負け越す ……………………… 327
make-oshimi ga tsuyoi　負け惜しみが強い‥ 536
make-oshimi o iu　負け惜しみを言う ……… 536
makeru ga kachi　負けるが勝ち …………… 126
makie　蒔絵 ………………………… 336
makka na uso　真っ赤なうそ …………… 536
makka na uso o tsuku　真っ赤なうそをつく… 536
makunouchi-bentō　幕の内弁当 …………… 379
makura　枕 ………………………… 413
makurae　枕絵 ………………………… 336
makura-kotoba　枕詞 ……………………… 337
Makura no sōshi　枕草子 ………………… 337
makura o kawasu　枕を交わす …………… 413
makura o takakushite nemuru　枕を高くして眠る ………… 413
mama ママ(mama-san ママさん) ………… 126
mamagoto　ままごと ……………………… 337
mamagoto o suru　ままごとをする ……… 337
mame-maki　豆まき ……………………… 159
mana-ita　まな板 ………………………… 413
mana-ita no ue no koi no yō ni　まな板の上の鯉のように ………… 413
manatsu-bi　真夏日 ………………………… 12
manchō　満潮 ………………………… 12
mandan 漫談 ………………………… 338
mandara　曼荼羅 ………………………… 45
mandō-e　万灯会 ………………………… 45
maneki-neko　招き猫 ……………………… 126
manē-rondaringu　マネー・ロンダリング (shikin-senjō 資金洗浄) ………… 239
manga　マンガ, まんが, 漫画 …………… 337
manga-ka　漫画家 ………………………… 337
manga-kissa　マンガ喫茶, 漫画喫茶 ……… 338

manga-otaku　マンガおたく …………… 144, 337
man-getsu　満月 …………………………… 12
mangetsu no yoru　満月の夜 ………………… 12
manjō-itchi　満場一致 …………………… 269
manjō-itchi de　満場一致で ……………… 269
manjū　饅頭 ……………………………… 413
manmen ni emi o tataeru　満面に笑みをたたえる ……………………………… 515
mannen-hitsu　万年筆 …………………… 297
mannen-yuki　万年雪 ……………………… 22
man o jisu　満を持す …………………… 126
manshin-sōi no　満身創痍の …………… 127
manshon　マンション ……………………… 413
Manshū-jihen　満州事変 ………………… 239
Manshū-koku　満州国 …………………… 240
manten　満点 ……………………………… 300
Mantetsu　満鉄 …………………………… 240
man'yōgana　万葉仮名 …………………… 536
Man'yōshū　万葉集 ……………………… 338
manzai　漫才 ……………………………… 338
mappō　末法 ………………………………… 45
maruchi-shōhō　マルチ商法 …………… 240
maruchi-tarento　マルチ・タレント ………… 338
maru-gari ni suru　丸刈りにする ………… 473
maru-goshi　丸腰 ………………………… 492
maru-goshi de　丸腰で …………………… 492
maruku osameru　丸く収める …………… 127
maru-nage　丸投げ ……………………… 240
maru-nage suru　丸投げする …………… 240
masa-yume　正夢 …………………………… 93
masui-senmon-i　麻酔専門医 …………… 506
mata　また, 股 …………………………… 495
mata-giki　また聞き ……………………… 536
mata-giki de shika shiranai　また聞きでしか知らない ………………………………… 536
mata-gura　またぐら, 股座 ……………… 495
mata-hibachi　股火鉢 …………………… 495
matatabi　また旅, 股旅 ………………… 414
matatabi-mono　股旅物 ………………… 414
mata-zure　股ずれ ……………………… 495
matcha　抹茶 ……………………………… 372
mateba kairo no hiyori ari　待てば海路の日和あり ……………………………………… 414
matsuba-zue　松葉杖 …………………… 494
matsugo no mizu　末期の水 …………… 127
matsugo no mizu o toru 末期の水をとる …… 127
matsu no uchi　松の内 ………………… 127
matsuri　祭り ……………………………… 338
matsutake　まつたけ, 松茸 ……………… 414
matsutake no dobin-mushi　松茸の土瓶蒸し ………………………………………… 377
mawashi　回し …………………………… 357
mawata　真綿 ……………………………… 414
mawata de kubi o shimeru　真綿で首を締める ………………………………………… 414
mayaku　麻薬 ……………………………… 240
mayaku-jōyōsha　麻薬常用者 ………… 240
mayaku no mitsubai　麻薬の密売 ……… 240
Mayaku-torishimari-hō　麻薬取締法 …… 240
mayaku-torishimari-kan　麻薬取締官 …… 240
mayorā　マヨラー ………………………… 414
mayu　眉 …………………………………… 495
mayu ga kumoru　眉が曇る …………… 496
mayu hitotsu ugokasanai　眉一つ動かさない ………………………………………… 495
mayu ni tsuba o tsukeru　眉に唾を付ける …. 495
mayu o hisomeru　眉をひそめる ……… 495
mayutsuba-mono　眉唾物 ……………… 556
mazakon　マザコン ……………………… 127
me　目, 眼 ………………………………… 496
me-boshi o tsukeru　目星を付ける ……… 496
medama-yaki　目玉焼き ………………… 447
me ga kiku　目(眼)が利く ……………… 496
me ga (no) koeta　目が(の)肥えた ……… 496
me ga kuramu　目がくらむ …………… 496
me ga mawaru　目が回る ……………… 496
megashira　目頭 ………………………… 497
megashira ga atsukunaru　目頭が熱くなる … 497
megashira o nuguu　目頭を拭う ……… 497
me ga suwaru　目が据わる …………… 496
me ga urumu　目が潤む ……………… 496
mehana ga tsuku　目鼻がつく ………… 497
meifuku　冥福 ……………………………… 43
Meiji-ishin　明治維新 …………………… 241
Meiji-jidai　明治時代 …………………… 241
meikyō-shisui　明鏡止水 ……………… 127

meikyū 迷宮 ………… 241
meikyū-iri 迷宮入り（omiya-iri お宮入り）‥ 241
meishi 名刺 ………… 127
meishi o dasu 名刺を出す ………… 127
meishi o kōkan suru 名刺を交換する ………… 127
meisō-taifū 迷走台風 ………… 19
mejiri 目尻 ………… 497
mejiri o sageru 目尻を下げる ………… 497
mejiro-oshi ni 目白押しに ………… 128
me kara hana e nukeru 目から鼻へ抜ける ‥ 496
me kara hi ga deru 目から火が出る ………… 496
me kara uroko ga ochiru 目から鱗が落ちる 498
mekujira o tateru 目くじらを立てる ………… 497
me-kuso 目くそ，目糞 ………… 498
me-kuso hana-kuso o warau 目糞鼻糞を笑う ………… 498
me mo aterarenai 目も当てられない ………… 497
menchi-katsu メンチカツ ………… 411
me ni amaru 目に余る ………… 496
me ni iretemo itakunai 目に入れても痛くない ………… 496
me ni kado o tateru 目に角を立てる ………… 497
me ni mono miseru 目に物見せる ………… 496
menjū-fukuhai 面従腹背 ………… 128
menko めんこ，メンコ ………… 339
menkui 面食い ………… 128
menmoku (menboku) o tateru 面目を立てる‥ 128
menmoku (menboku) o ushinau 面目を失う ‥ 128
me no doku 目の毒 ………… 497
me no hoyō o suru 目の保養をする ………… 496
me no kataki ni suru 目の敵にする ………… 497
menotama ga tobideru hodo no nedan 目の玉が飛び出るほどの値段 ………… 497
me no ue no tankobu 目の上のたん瘤 ………… 512
mēn-pōru メーン・ポール ………… 339
menshin-kōzō 免震構造 ………… 415
menshin-sōchi 免震装置 ………… 415
menshin-tatemono 免震建物 ………… 415
menshoku 免職 ………… 241
mentsu 面子 ………… 46
mentsu o tamotsu 面子を保つ ………… 46
mentsu o ushinau 面子を失う ………… 46
me o hikaraseru 目を光らせる ………… 496
me o hosomeru 目を細める ………… 496
me o kakeru 目を掛ける ………… 496
me o maruku suru 目を丸くする ………… 496
me o sankaku ni shite 目を三角にして ………… 496
me o somukeru 目を背ける ………… 496
meoto-chawan 夫婦茶碗 ………… 415
me o tsuburu 目をつぶる（つむる）………… 496
me o tsukete iru 目を付けている ………… 496
merihari めりはり，メリハリ ………… 339
merihari no kiita koe de メリハリの利いた声で ………… 339
merihari o kikaseru メリハリを利かせる ………… 339
meriken-ko メリケン粉 ………… 415
merodorama メロドラマ ………… 326
meron-pan メロン・パン ………… 427
mēru メール ………… 279
mēru o suru メールをする ………… 279
meruto-daun メルト・ダウン（roshin-yōyū 炉心溶融）………… 385
meru-tomo メル友 ………… 128
mesaki ga kiku 目先が利く ………… 497
messhi-hōkō 滅私奉公 ………… 241
messō mo nai 滅相もない ………… 128
metaborikku-shōkōgun メタボリック症候群 ………… 498
me to hana no saki 目と鼻の先 ………… 496
me wa kuchi hodo ni mono o iu 目は口ほどにものを言う ………… 498
meyasu-bako 目安箱 ………… 241
mi 身 ………… 498
miai-kekkon 見合い結婚 ………… 142
miburi-gengo 身振り言語 ………… 537
michikusa o kuu 道草を食う ………… 128
Midori no hi みどりの日 ………… 128
midori no madoguchi みどりの窓口 ………… 387
migamaeru 身構える ………… 498
migi e narae o suru 右へならえをする ………… 129
migikata-agari 右肩上がり ………… 488
migi ni deru 右に出る ………… 129
migi ni deru mono ga (wa) inai 右に出るものが（は）いない ………… 129
mihitsu no koi 未必の故意 ………… 242
mikaku no aki 味覚の秋 ………… 20

mikan みかん …… 415
mikazuki 三日月 …… 12
miken 眉間 …… 499
miken ni shiwa o yoseru 眉間にしわを寄せる …… 499
mikka-bōzu 三日坊主 …… 25
mikka-tenka 三日天下 …… 242
mikkyō 密教 …… 46
miko 巫女 …… 56
mikoshi 神輿(o-mikoshi 御神輿) …… 56
mikoshi o ageru みこしを上げる …… 56
mikoshi o sueru みこしを据える …… 56
mikudari-han 三行半 …… 129
mimi 耳 …… 499
mimi-doshima 耳年増 …… 129
mimi ga itai 耳が痛い …… 499
mimi ga tōi 耳が遠い …… 499
mimi-kaki 耳掻き …… 500
mimi-nari 耳鳴り …… 499
mimi ni tako ga dekiru 耳に胼胝ができる …… 499
mimi o kasanai 耳を貸さない …… 499
mimi o katamukeru 耳を傾ける …… 499
mimi o soroete kaesu 耳を揃えて返す …… 500
mimi o utagau 耳を疑う …… 499
mimiyorina hanashi 耳寄りな話 …… 499
mimi-zawari na 耳障りな …… 499
mimodae suru 身もだえする …… 498
mi mo futa mo nai 身も蓋もない …… 537
minamata-byō 水俣病 …… 415
min'eika 民営化 …… 242
mingei 民芸 …… 339
min-i 民意 …… 242
min-i o sonchō suru 民意を尊重する …… 242
min-i o tou 民意を問う …… 242
mini-amaru 身に余る …… 498
mini-amaru kōei 身に余る光栄 …… 498
mini-komi ミニコミ …… 537
mini-sukāto ミニ・スカート …… 415
mi ni tsumasareru 身につまされる …… 498
minohodo shirazu 身の程知らず …… 499
minoke ga yodatsu 身の毛がよだつ …… 499
mi no okidokoro ga nai 身の置き所がない …… 499
minoue-sōdan 身の上相談 …… 129
minshuku 民宿 …… 339
mi o hiku 身を引く …… 498
mi o ireru 身を入れる …… 498
mi o katameru 身を固める …… 498
mi o kogasu 身を焦がす …… 499
mi o ko ni suru 身を粉にする …… 499
mi o makaseru 身を任せる …… 499
mi-omo 身重 …… 499
mi o mochikuzusu 身を持ち崩す …… 499
mi o sutete koso ukabu se mo are 身を捨ててこそ浮かぶ瀬もあれ …… 499
mi o tateru 身を立てる …… 499
mi o uru 身を売る …… 499
mirin みりん, 味醂 …… 416
miso 味噌 …… 416
misogi みそぎ, 禊 …… 46
miso mo kuso mo issho 味噌も糞も一緒 …… 416
miso o tsukeru 味噌を付ける …… 416
miso-shiru 味噌汁 …… 416
miso-zuke 味噌漬け …… 416
missō 密葬 …… 59
mitarashi (mitarai) 御手洗 …… 57
mite minufuri o suru 見て見ぬふりをする …… 129
mitome-in 認め印 …… 92
mitoru 看取る …… 500
mitsu-domoe 三つ巴 …… 153
mitsu-domoe no arasoi 三つ巴の争い …… 153
mitsugo no tamashī hyaku made 三つ子の魂百まで …… 129
mitsu-mame みつまめ, 蜜豆 …… 416
mitsuyubi o tsuite 三つ指を突いて …… 130
miugoki suru 身動きする …… 498
miya-daiku 宮大工 …… 339
miyage 土産 (o-miyage お土産) …… 416
miyako-ochi 都落ち …… 242
miyako-ochi o suru 都落ちをする …… 242
miya-mairi 宮参り …… 46
mizeni o kiru 身銭を切る …… 499
mizore みぞれ …… 19
mizugiwa-sakusen 水際作戦 …… 242
mizuhiki 水引 …… 130
Mizuho no kuni 瑞穂の国 …… 13
mizukake-ron 水掛け論 …… 537

mizuko-jizō 水子地蔵 …… 40
mizuko-kuyō 水子供養 …… 40
mizu-kusai 水臭い …… 130
mizu-kusai yatsu da na 水臭いやつだな …… 130
mizu-mawari 水回り …… 416
mizu-mono 水物 …… 416
mizu ni nagasu 水に流す …… 130
mizu o akeru 水をあける …… 339
mizu o mukeru 水を向ける …… 537
mizu o sasu 水を差す …… 130
mizu-shōbai 水商売 …… 130
mizuwari 水割り …… 430
mochi もち, 餅 …… 416
mochi-gome もち米 …… 390
mochi-hada もち肌, 餅肌 …… 473
mochi-tsuki 餅つき …… 416
mochitsu motaretsu 持ちつ持たれつ …… 130
mochitsu motaretsu no kankei 持ちつ持たれつの関係 …… 130
mochi wa mochi-ya 餅は餅屋 …… 417
mōdō-ken 盲導犬 …… 494
moenai-gomi 燃えないごみ …… 387
moeru-gomi 燃えるごみ …… 387
moetsuki-shōkōgun 燃え尽き症候群 …… 500
mofuku 喪服 …… 58
mogi-shiken 模擬試験 …… 296
mogura-tataki もぐら叩き …… 340
mogusa もぐさ …… 507
moji-bake 文字化け …… 291
mokke no saiwai もっけの幸い, 勿怪の幸い …… 131
mokudoku 黙読 …… 292
mokudoku suru 黙読する …… 292
mokugyo 木魚 …… 46
mokuhanga 木版画 …… 340
mokutō suru 黙祷する …… 46
momi-de 揉み手 …… 513
momi-de o suru 揉み手をする …… 513
momiji-gari 紅葉狩り …… 131
momohiki ももひき, 股引 …… 446
Momotarō 桃太郎 …… 557
monbatsu 門閥 …… 69
Monbu-kagaku-shō 文部科学省 …… 243
mongai-fushutsu no takara 門外不出の宝 …… 340
Monju-bosatsu 文殊菩薩 …… 46
monju no chie 文殊の智慧 …… 46
monogoshi 物腰 …… 492
monohoshi-ba 物干し場 …… 432
mono ieba kuchibiru samushi 物言えば唇寒し …… 494
mono mo iiyō de kado ga tatsu 物も言いようで角が立つ …… 537
mono no aware ものの哀れ …… 47
mononoke もののけ, 物の怪 …… 557
Mononoke-hime もののけ姫 …… 557
mononoke ni tsukareru 物の怪につかれる …… 557
mono-rēru モノレール …… 417
monpe もんぺ …… 417
monsutā-pearento モンスター・ペアレント …… 292
monto 門徒 …… 29
mon-tsuki 紋付 …… 390
monzen-barai o kuu 門前払いを食う …… 131
monzen-barai o kuwasu 門前払いを食わす …… 131
monzen-machi 門前町 …… 243
monzen no kozō narawanu kyō o yomu 門前の小僧習わぬ経を読む …… 292
morai-naki もらい泣き …… 537
morau mono wa natsu mo kosode 貰うものは夏も小袖 …… 411
mori-shio 盛り塩 …… 131
mori-soba 盛りそば …… 441
moroha no tsurugi 諸刃の剣 …… 131
mōsho 猛暑 …… 13
moshu 喪主 …… 58
mote-amasu 持て余す …… 131
moto-kano 元カノ …… 131
moto-kare 元カレ …… 131
moto mo ko mo nai 元も子もない …… 243
moto no mokuami ni naru 元の木阿弥になる …… 132
mottainai もったいない, 勿体ない …… 47
motte-koi no もってこいの …… 132
moyashi もやし, 萌やし …… 417
moyashikko もやしっ子 …… 417
mubyō-sokusai 無病息災 …… 500
mubyō-sokusai de aru 無病息災である …… 500

muda-ashi 無駄足 ………………………… 465
muda-ashi o fumu 無駄足を踏む …………… 465
muda-bone o oru 無駄骨を折る …………… 479
muda-ge 無駄毛 ………………………… 484
muen-bochi 無縁墓地 ……………………… 132
muen-botoke 無縁仏 ……………………… 132
muen no haka 無縁の墓 …………………… 132
muen-shakai 無縁社会 ……………………… 132
mugi-cha 麦茶 ……………………………… 372
mugon-denwa 無言電話 …………………… 279
muhyō 霧氷 ………………………………… 13
mui-toshoku suru 無為徒食する …………… 386
mujō 無常 …………………………………… 47
mujō-kan 無常観 …………………………… 47
mukae-bi 迎え火 …………………………… 132
mukae-zake 迎え酒 ………………………… 381
mukai-kaze 向かい風 (gyaku-fū 逆風) ……… 9
mukashi totta kinezuka de 昔取った杵柄で … 132
muki-chōeki 無期懲役 ……………………… 261
muki-hiryō 無機肥料 ……………………… 394
muko-yōshi 婿養子 ………………………… 133
mukō-zune 向こう脛 ……………………… 511
mumei-senshi no haka 無名戦士の墓 ……… 132
munagura o tsukamu 胸倉をつかむ ………… 500
muna-kuso ga warui 胸糞が悪い …………… 500
muna-sawagi 胸騒ぎ ……………………… 500
munatsuki-hatchō 胸突き八丁 …………… 340
munazan'yo o suru 胸算用をする ………… 500
mune 胸 ……………………………………… 500
mune ga harisakeru 胸が張り裂ける ……… 500
mune ga ippai ni naru 胸がいっぱいになる ‥ 500
mune ga sawagu 胸が騒ぐ ………………… 500
mune ni himeru 胸に秘める ……………… 500
mune ni te o atete kangaeru 胸に手を当てて考える ……………………………… 500
munen-musō 無念無想 ……………………… 48
mune o nadeorosu 胸をなでおろす ………… 500
mune o utareru 胸を打たれる ……………… 500
mune o utsu 胸を打つ ……………………… 500
mu-nōyaku 無農薬 ………………………… 422
munōyaku-nōgyō 無農薬農業 ……………… 247
mura-hachibu 村八分 ……………………… 133
mura-shakai ムラ社会, 村社会 …………… 133
muri-shinju 無理心中 ……………………… 162
muri-shinju o suru 無理心中をする ……… 162
Muromachi-jidai 室町時代 ………………… 243
musebi-naki むせび泣き …………………… 537
musei-eiga 無声映画 ……………………… 313
musha-ningyō 武者人形 …………………… 173
musha-shugyō 武者修行 …………………… 243
musha-shugyō ni dekakeru 武者修行に出かける ……………………………… 243
mushiba 虫歯 ……………………………… 501
mushi-boshi 虫干し ……………………… 417
mushi-buro 蒸し風呂 ……………………… 346
mushi-fūji 虫封じ ………………………… 557
mushi ga ii 虫がいい ……………………… 558
mushi ga sukanai 虫が好かない …………… 558
mushi no idokoro ga warui 虫の居所が悪い ……………………………… 475
mushi-no-iki de aru 虫の息である ………… 481
mushi no ne 虫の音 ……………………… 122
mushi no shirase 虫の知らせ ……………… 558
mushiro むしろ, 莚 ……………………… 417
mushizu 虫唾 ……………………………… 501
mushizu ga hashiru 虫唾が走る …………… 501
mushūkyō 無宗教 ………………………… 48
mutekatsu-ryū 無手勝流 ………………… 340
muteppō na 無鉄砲な ……………………… 133
mutōha-sō 無党派層 ……………………… 266
mutsū-bunben 無痛分娩 …………………… 510
myaku 脈 …………………………………… 501
myaku ga nai 脈が無い …………………… 501
Myōhōrengekyō 妙法蓮華経 ……………… 48
myō-ji 名字, 苗字 ………………………… 133
myōji-taitō-gomen 名字帯刀御免 ………… 243

N

nabe なべ, 鍋 ……………………………… 417
nabe-bugyō 鍋奉行 ………………………… 417
nabe-mono 鍋物 (nabe-ryōri 鍋料理) ……… 417
nabe o kakomu 鍋を囲む ………………… 417
nadare なだれ, 雪崩 ……………………… 13
nadare-genshō o okosu 雪崩現象を起こす …. 13
nade-gata なで肩, 撫で肩 ………………… 488

nagai me de mireba　長い目で見れば………… 497
nagai mono ni wa makarero　長いものには巻かれろ…………………………………… 133
Nagaoka-kyō　長岡京……………………………… 243
nagare ni sao sasu　流れに掉さす……………… 133
Nagasaki　長崎……………………………………… 13
nagashi-me o tsukau　流し目を使う………… 497
nagashi-sōmen　流し素麺……………………… 442
Nagata-chō　永田町……………………………… 243
nagatchiri　長っ尻………………………………… 508
nagauta 長唄……………………………………… 341
nagaya　長屋(家)………………………………… 418
nageire　投げ入れ………………………………… 327
nage-kisu　投げキス……………………………… 537
nage-kisu o suru　投げキスをする…………… 537
nagi　なぎ, 凪……………………………………… 18
naginata　なぎなた, 薙刀……………………… 341
naibu-kokuhatsusha　内部告発者……………… 134
naien　内縁 (naien-kankei 内縁関係)…· 134, 244
naien-kankei o musubu　内縁関係を結ぶ…… 134
naifuku-yaku　内服薬…………………………… 501
naijo no kō　内助の功…………………………… 134
naiju　内需………………………………………… 208
naiju-kakudai　内需拡大………………………… 208
naika-i　内科医…………………………………… 506
naikaku-fushinninan o kaketsu suru　内閣不信任案を可決する…………………………… 244
naikaku-fushinninan o teishutsu suru　内閣不信任案を提出する…………………………… 244
naikaku-kaizō　内閣改造………………………… 244
naikaku-sōjishoku　内閣総辞職………………… 244
naimono-nedari o suru　無い物ねだりをする‥ 134
naishin-sho　内申書……………………………… 293
nai sode wa furenu　ない袖は振れぬ………… 442
naisu-midoru　ナイス・ミドル………………… 134
naitā　ナイター…………………………………… 341
naite mo waratte mo　泣いても笑っても…… 134
naiyū-gaikan　内憂外患………………………… 244
naiyū-gaikan komogomo itaru　内憂外患こもごも至る…………………………………… 244
nakama-uchi de　仲間内で……………………… 134
Nakasendō　中山道………………………………… 13
naka-yubi　中指…………………………………… 517
nakazu tobazu　鳴かず飛ばず………………… 134
naki-bokuro　泣きぼくろ……………………… 478
naki-jōgo　泣き上戸……………………………… 421
naki-kuzureru　泣き崩れる…………………… 537
naki-mushi　泣き虫……………………………… 538
naki-neiri suru　泣き寝入りする…………… 537
naki o ireru　泣きを入れる…………………… 537
naki-otoshi ni kakeru　泣き落としにかける… 537
nakittsura　泣きっ面…………………………… 515
nakittsura ni hachi　泣きっ面に蜂………… 537
nakōdo　仲人 (baishaku-nin 媒酌人)………… 142
nakōdo-guchi wa ate ni naranai　仲人口は当てにならない………………………………… 142
naku ko to jitō ni wa katenu　泣く子と地頭には勝てぬ…………………………………… 537
nakute nanakuse　無くて七癖………………… 134
nama-bīru　生ビール…………………………… 418
nama-byōhō wa ōkega no moto　生兵法は大怪我のもと………………………………… 293
namae-make shite iru　名前負けしている…· 135
nama-gomi　生ごみ……………………………… 418
namagusa-bōzu　生臭坊主………………………… 25
nama-henji　生返事……………………………… 538
nama-henji o suru　生返事をする…………… 538
nama-hōsō　生放送……………………………… 341
nama-hōsō suru　生放送する………………… 341
namako　なまこ, 海鼠………………………… 419
namasu　なます…………………………………… 419
namazu　なまず, 鯰……………………………… 558
namida　涙………………………………………… 501
namida ga komiageru　涙がこみ上げる…… 501
namidagumu　涙ぐむ…………………………… 501
namida ni kureru　涙に暮れる……………… 501
namida ni musebu　涙に咽ぶ………………… 501
namu(namo)amidabutsu　南無阿弥陀仏……… 48
nana-korobi ya-oki　七転び八起き………… 134
nana-korobi ya-oki suru　七転び八起きする‥ 134
nanakusa-gayu　七草粥………………………… 419
Nanban-bunka　南蛮文化……………………… 244
Nanban-jin　南蛮人……………………………… 244
Nanbokuchō-jidai　南北朝時代……………… 244
nanbyō　難病……………………………………… 501
nandemo-ya　何でも屋………………………… 419

nani-kuwanu kao o suru 何食わぬ顔をする… 485
naniwa-bushi 浪花節 (rōkyoku 浪曲) ……… 341
Nankin-daigyakusatsu 南京大虐殺………… 244
nankin-jō 南京錠……………………………… 407
nankin-tama-sudare 南京玉簾 ……………… 341
nankō 軟膏……………………………………… 501
nanmin 難民…………………………………… 244
Nanmin-jōyaku 難民条約…………………… 244
nanmin-kyūsai 難民救済…………………… 244
nanpa suru ナンパする, 軟派する ………… 135
nanzan 難産 …………………………………… 510
Nara-jidai 奈良時代………………………… 244
narau yori nareyo 習うより慣れよ ………… 293
narazuke 奈良漬……………………………… 419
narifuri なりふり, なり振り ………………… 135
narifuri o kamawazu なり振りを構わず…… 135
narimono-iri de 鳴り物入りで ……………… 341
nashi no tsubute なしのつぶて, 梨の礫 …… 538
natane-zuyu 菜種梅雨 ………………………… 13
natsu-bate 夏バテ, 夏ばて ………………… 501
natsu-bate suru 夏ばてする ……………… 501
natsu-bi 夏日 …………………………………… 12
natsu-matsuri 夏祭り ………………………… 48
natsu-mero 懐メロ…………………………… 342
nattō 納豆 …………………………………… 419
nawabari なわばり, 縄張り ………………… 135
nawabari-arasoi 縄張り争い……………… 135
nawabari o arasu 縄張りを荒らす ………… 135
nawa-noren 縄のれん……………………… 421
na wa tai o arawasu 名は体を表わす ……… 135
nawa-tobi 縄跳び …………………………… 342
nawa-tobi no nawa 縄跳びの縄…………… 342
nawa-tobi o suru 縄跳びをする…………… 342
nawa-tsuki 縄付き …………………………… 245
nayamashii 悩ましい ………………………… 135
neboke-manako 寝ぼけ眼………………… 498
nebokeru 寝ぼける…………………………… 502
ne-chigai 寝違い …………………………… 502
negaeru 寝返る (negaeri o utsu 寝返りを打つ)
…………………………………………… 502
negattari kanattari 願ったり叶ったり ……… 135
negoto o iu 寝言を言う …………………… 502
negurije ネグリジェ ………………………… 419
neguse 寝癖…………………………………… 502
nehan 涅槃……………………………………… 48
nehori-hahori kiku 根掘り葉掘り聞く……… 538
nejiri-hachimaki ねじり鉢巻 ……………… 388
neko 猫………………………………………… 419
neko-baba 猫ばば, 猫糞 …………………… 135
neko-jita 猫舌 ………………………………… 419
neko-kaburi 猫かぶり ……………………… 420
neko mo shahushi mo 猫も杓子も ………… 436
neko-nade-goe de hanasu 猫なで声で話す‥ 420
neko ni katsuo-bushi 猫に鰹節……………… 405
neko ni katsuo-bushi no ban o saseru 猫に鰹節
の番をさせる ……………………………… 420
neko ni koban 猫に小判…………………… 233
neko no hitai hodo no tochi 猫の額ほどの土地
…………………………………………… 419
neko no me no yō ni kawaru 猫の目のように
変わる …………………………………… 420
neko no te mo karitai 猫の手も借りたい …. 420
neko o kaburu 猫をかぶる ………………… 420
nekoze 猫背 ………………………………… 505
nekoze ni naru 猫背になる………………… 505
nekubi o kaku 寝首をかく ………………… 493
ne-mawashi 根回し………………………… 136
nemimi ni mizu 寝耳に水 ………………… 499
ne mo ha mo nai hanashi 根も葉もない話… 538
nenbutsu 念仏………………………………… 48
nenga-jō 年賀状……………………………… 136
nenga-ketsurei 年賀欠礼…………………… 136
nengu 年貢…………………………………… 245
nengu-mai 年貢米 ………………………… 247
nengu no osamedoki ga kita 年貢の納め時が
来た ……………………………………… 245
ne ni motsu 根に持つ……………………… 136
nenkin 年金…………………………………… 502
nenkin-kaikaku 年金改革…………………… 502
nenkōgata-chingin-shisutemu 年功型賃金シス
テム ……………………………………… 245
nenkō-joretsu 年功序列…………………… 245
nenkō-joretsu-seido 年功序列制度………… 245
nenriki 念力 ………………………………… 137
neoki ga warui 寝起きが悪い ……………… 502
neoki no warui hito 寝起きの悪い人……… 502

neta ネタ, ねた……538
netakiri-rōjin 寝たきり老人……484
neta ko o okosuna 寝た子を起こすな……137
netchū-shō 熱中症……502
netsuke 根付……342
netsuki ga warui 寝つきが悪い……502
nettai-ya 熱帯夜……11
netto-kafe-nanmin ネットカフェ難民……137
netto-tsūshin ネット通信……538
newaza 寝技, 寝業……342
newaza-shi 寝業師……342
neyuki 根雪……22
nezame ga warui 寝覚めが悪い……502
nezumi-kō ねずみ講……245
nezumi-zan 鼠算……293
nezumi-zan-shiki ni fueru 鼠算式に増える……293
nia-misu ニア・ミス……420
nibemonaku kotowaru にべもなく断る……539
niboshi 煮干……420
Nichidoku-bōkyō-kyōtei 日独防共協定……245
Nichi-doku kokkō no hajimari 日独国交の始まり……245
Nichi-ei-dōmei 日英同盟……246
nichijō-sahanji 日常茶飯事……420
Nichiro-sensō 日露戦争……246
nie-yu 煮え湯……420
nie-yu o nomasareru 煮え湯を飲まされる……420
nigamushi o kami-tsubushita yō na kao o suru 苦虫を噛み潰したような顔をする……485
nigao-e 似顔絵……342
niga-warai 苦笑い……519
nige-goshi ni naru 逃げ腰になる……491
nige-mizu 逃げ水……18
nihai-zu 二杯酢……420
nihon bare (nippon bare) 日本晴れ……14
nihon-gaku 日本学……14
nihon-gakusha 日本学者……14
nihon-gami 日本髪……73
nihonjin-ron 日本人論……14
Nihon-kai 日本海……14
Nihon-kaikō 日本海溝……14
Nihon-kairyū 日本海流……7
Nihonkoku-kenpō 日本国憲法……246
Nihon-kyōshokuin-kumiai 日本教職員組合 (Nikkyōso 日教組)……293
Nihon-sankei 日本三景……14
Nihon-shirīzu 日本シリーズ……342
Nihon-shoki 日本書紀……246
nihon-tō 日本刀……342
nihon-tsū 日本通……14
nihyaku-tōka 二百十日……14
niji-kai 二次会……71
niki-saku 二期作……246
nikkan-shi 日刊紙……547
nikkei-heikin-kabuka-shisū 日経平均株価指数……272
nikkorogashi 煮っころがし……420
niku-gan de miru 肉眼で見る……497
niku-jaga 肉じゃが……420
niku-manjū 肉饅頭……413
nikumarekko yo ni habakaru 憎まれっれっ子世にはばかる……137
nikushoku-kei-joshi 肉食系女子……170
nimai-jita 二枚舌……509
nimai-jita o tsukau 二枚舌を使う……509
nimai-me 二枚目……343
nimai-me-han 二枚目半……343
nimōsaku 二毛作……246
ninchi-shō 認知症……502
ningen 人間……52
ningen-dokku 人間ドック……502
ningen-kokuhō 人間国宝……343
ninin-sankyaku 二人三脚……343
Nīnīroku-jiken 2・26事件……246
ninja 忍者……247
ninjō 人情……86
ninjō-bon 人情本……343
ninjō-zata 刃傷沙汰……311
ninoashi o fumu 二の足を踏む……465
ni-no-ku ga tsugenai 二の句が継げない……539
ni-no-mai 二の舞……343
ni-no-mai o enjiru 二の舞を演じる……343
ni-no-maru 二の丸……270
ni no ude 二の腕……515
ninshin 妊娠……503
ninshin-chūzetsu 妊娠中絶……503

ninshin-sankagetsu de aru　妊娠三ヶ月である ……… 503
ninshin-tesuto　妊娠テスト ……… 503
ninshin-tsuwari　妊娠つわり ……… 503
ninsō-uranai　人相占い ……… 562
Nippon (Nihon)　日本 ……… 14
nippon-biiki　日本贔屓 ……… 14
nippon-girai 日本嫌い ……… 14
Nippon-kabushiki-gaisha　日本株式会社 ……… 14
Nippon-rettō　日本列島 ……… 14
Nippon-rettō-kaizō-ron　日本列島改造論 ……… 247
niramekko　にらめっこ ……… 343
nisetai-jūtaku　二世帯住宅 ……… 421
nishiki　錦 ……… 421
nishiki-goi　錦鯉 ……… 343
nishime　煮しめ ……… 421
nishin-soba　にしんそば ……… 441
nisoku no waraji o haku　二足の草鞋を履く · 456
nisoku-sanmon de　二束三文で ……… 460
nissha-byō　日射病 ……… 503
nissha-byō ni kakaru　日射病にかかる ……… 503
nisshō-ken　日照権 ……… 421
nisshin-geppo　日進月歩 ……… 293
nisshin-geppo no　日進月歩の ……… 293
Nisshin-sensō　日清戦争 ……… 247
nitamono-fūfu　似たもの夫婦 ……… 137
nitchi-mo-satchi mo ikanai　にっちもさっちもいかない ……… 137
Nitchū-sensō　日中戦争 ……… 239
nō　能 ……… 344
nō aru taka wa tsume o kakusu　能ある鷹は爪を隠す ……… 138
nobe-okuri　野辺送り ……… 58
nobi　野火 ……… 138
nō-bura　ノーブラ ……… 371
no-bushi　野武士 ……… 197
nōchi-kaikaku　農地改革 ……… 247
nodate　野点 ……… 310
nodo　のど, 喉, 咽, 咽喉 ……… 503
nodo-biko　のど彦, 咽喉彦 ……… 503
nodo-botoke　のど仏, 咽喉仏 ……… 503
nodo-jiman　のど自慢 ……… 344
nodo kara te ga deru hodo hoshii　咽喉から手が出るほど欲しい ……… 503
nodo made dekakatte iru　咽喉まで出かかっている ……… 503
nodomoto sugireba atsusa o wasureru　咽喉もと過ぎれば熱さを忘れる ……… 503
nodo o uruosu　咽喉を潤す ……… 503
nōgaku-dō　能楽堂 ……… 344
nōgyō　農業 ……… 247
nōgyō-gijutsu　農業技術 ……… 247
nōgyō-jinkō　農業人口 ……… 247
nōgyō-kyōdō-kumiai　農業協同組合 ……… 248
nō-katto no eiga　ノーカットの映画 ……… 344
nokorimono ni wa fuku ga aru　残り物には福がある ……… 138
nō-men　能面 ……… 344
nomi no fūfu　蚤の夫婦 ……… 138
nomi-tomodachi　飲み友達 ……… 421
nōmu　濃霧 ……… 19
nonbē　のんべえ, 飲ん兵衛 ……… 421
non-pori-gakusei　ノンポリ学生 ……… 283
nōpan-kissa　ノーパン喫茶 ……… 84
nopperabō　のっぺらぼう ……… 548
nora-inu　野良犬 ……… 109
nora-neko　野良猫 ……… 420
noren　のれん, 暖簾 ……… 421
noren ni ude-oshi　暖簾に腕押し ……… 422
noren o orosu　暖簾を下ろす ……… 422
noren o wakeru　暖簾を分ける ……… 422
nori　のり, 海苔 ……… 422
nori-kakatta fune　乗りかかった船 ……… 458
norikoshi-jōsha　乗り越し乗車 ……… 422
norikoshi-kyaku　乗り越し客 ……… 422
norikoshi-ryōkin　乗り越し料金 ……… 422
norimaki　海苔巻き ……… 422
norito　祝詞 ……… 56
noroi　呪い ……… 558
noroi o kakeru　呪いをかける ……… 558
noroi o toku　呪いを解く ……… 558
noroke o iu　のろけを言う ……… 539
noshi　のし, 熨斗 ……… 138
nōshi　脳死 ……… 503
noshibukuro　のし袋, 熨斗袋 ……… 138

nōshi-hantei-kijun 脳死判定基準 503
nōshi-jōtai 脳死状態 503
notare-jini suru 野垂れ死にする 138
nōto-pasokon ノート・パソコン 294
nowaki (nowake) 野分 15
no-yaki 野焼き 138
nōyaku 農薬 422
nōyaku-kōgai 農薬公害 422
nue 鵺 558
nukamiso 糠味噌 422
nukamiso-nyōbō 糠味噌女房 422
nukamiso-zuke 糠味噌漬 422
nuka ni kugi de aru 糠に釘である 422
nuka-yorokobi ぬかよろこび, 糠喜び 138
nuka-yorokobi suru 糠喜びする 138
nukegake o suru 抜け駆けをする 138
nukiashi-sashiashi de iku 抜き足差し足でいく 465
nureginu 濡れ衣 248
nure-nezumi ぬれねずみ, 濡れ鼠 139
nure-ochiba 濡れ落ち葉 139
nurete de awa o tsukamu 濡れ手で粟をつかむ 248
nyōbō 女房 139
nyōbō-kotoba 女房言葉, 女房詞 539
nyōbō no shiri ni shikareru 女房の尻に敷かれる 139
nyōbō no shiri ni shikareta otto 女房の尻に敷かれた夫 139
nyōbō-yaku 女房役 139
nyogo-ga-shima 女護が島 (nyogo-no-shima 女護の島) 558
nyonin-kinsei 女人禁制 49
Nyorai 如来 49
nyoze-gamon 如是我聞 (gamon-nyoze 我聞如是) 49
nyūgan 乳がん 468
nyū-hāfu ニュー・ハーフ 139
nyū-refuto ニュー・レフト 283
nyūrin 乳輪 468
nyūseki 入籍 114
nyūseki suru 入籍する 114
nyūshi 乳歯 472
nyū-taun ニュー・タウン 422
nyūyoku-zai 入浴剤 503

O

obake お化け 548
ō-bakuchi o utsu 大博打を打つ 317
ō-ban 大判 234
obasute-yama 姨捨山 (ubasute-yama) 139
obi 帯 407
obi ni mijikashi tasuki ni nagashi 帯に短したすきに長し 448
oboreru-mono wa wara o mo tsukamu 溺れる者は藁をも摑む 140
oborozuki おぼろ月, 朧月 12
oborozuki-yo おぼろ月夜, 朧月夜 12
ō-buroshiki 大風呂敷 383
ocha no ko saisai お茶の子さいさい 372
ocha o nigosu お茶を濁す 372
ochi 落ち 349
ochi-kobore 落ちこぼれ 293
ochi-koboreru 落ちこぼれる 293
ochi-musha 落ち武者 248
ochobo-guchi おちょぼ口 494
ōdan-hodō 横断歩道 394
odawara-hyōjō 小田原評定 140
oden おでん 422
ofuisu-redī オフイス・レディー, オーエル, OL 140
ofukuro no aji お袋の味 405
ofu-reko オフレコ 539
ogoru mono (wa) hisashi-karazu 驕る者(は)久しからず 140
ōguchi o tataku 大口を叩く 494
ōgui no 大食いの 439
o-hachi ga mawatte-kuru お鉢が回ってくる 422
ohagi おはぎ, お萩 (botamochi ぼたもち, 牡丹餅) 423
ohaguro おはぐろ, お歯黒, 鉄漿 140
ohako おはこ, 十八番 345
oharai おはらい, お祓い 49
oharaibako ni naru お払い箱になる 140

oharai o suru　お祓いをする ······ 49
ohiraki ni suru　お開きにする ······ 423
ohitori-sama　おひとりさま ······ 140
ohizamoto de　お膝元で ······ 478
ohyakudo-mairi　お百度参り ······ 49
oibara o kiru　追い腹を切る ······ 260
oidashi-konpa　追い出しコンパ ······ 291
oie-gei　お家芸 ······ 345
oie-sōdō　お家騒動 ······ 248
oi-kaze　追い風 ······ 9
oi-kaze o ukeru　追い風を受ける ······ 9
oiran　おいらん, 花魁 ······ 364
ōiri-bukuro　大入り袋 ······ 345
oiro-naoshi　お色直し ······ 114
oiru-shokku　オイル・ショック ······ 259
oishasan-gokko o suru　お医者さんごっこをする ······ 345
oite masumasu sakan de aru　老いてますます盛んである ······ 140
oi-uchi o kakeru　追い撃ちをかける ······ 93
ojigi　おじぎ, お辞儀 ······ 539
ojigi o suru　お辞儀をする ······ 539
ō-jinushi　大地主 ······ 247
ōjō-giwa　往生際 ······ 50
ōjō-giwa ga warui　往生際が悪い ······ 50
ōjō suru　往生する ······ 49
o-juken　お受験 ······ 293
okabu o ubau　お株を奪う ······ 141
okado-chigai o suru　お門違いをする ······ 141
okaeshi　お返し ······ 141
okagede　おかげで (okage-sama de　おかげさまで, お陰さまで) ······ 141
okama　お釜 ······ 141
okame-hachimoku　岡目(傍目)八目 ······ 142
okami　おかみ, 女将 ······ 430
oka ni agatta kappa　陸に上がった河童 ······ 554
okappa おかっぱ, お河童 ······ 554
okappiki おかっぴき ······ 249
okashira-tsuki　尾頭付き ······ 446
okiagari-koboshi　起き上がりこぼうし, 起き上がり小法師 ······ 345
oki-gotatsu　置きこたつ ······ 411
oki-gusuri　置き薬 ······ 503
Okiku　お菊 ······ 558
oki-miyage　置き土産 ······ 416
ōkina kao o suru　大きな顔をする ······ 486
okiniiri　お気に入り ······ 287
okkake　追っかけ ······ 345
okoge　おこげ ······ 423
okonomiyaki　お好み焼き ······ 423
okosama-ranchi　お子様ランチ ······ 423
o-kotoba ni amaete　お言葉に甘えて ······ 539
okuba　奥歯 ······ 472
okuba ni mono ga hasamatta yō na iikata o suru　奥歯にものが挟まったような言い方をする ······ 472
okubi ni mo dasanai　おくびにも出さない ·· 539
oku-jō oku o kasu　屋上屋を架す ······ 424
okumen　臆面 ······ 515
okumen mo naku…suru　臆面もなく～する ·· 515
Oku no hosomichi　奥の細道 ······ 345
oku-no-in　奥の院 ······ 50
okunote ga aru　奥の手がある ······ 512
okura-iri　お蔵入り ······ 346
okuri-bi　送り火 ······ 132
okuri-gana　送り仮名 ······ 540
okuri-ōkami　送り狼 ······ 142
okushon　億ション ······ 424
oku-yama　奥山 ······ 16
oku-zashiki　奥座敷 ······ 424
okyū o sueru　お灸をすえる ······ 507
omamori　お守り ······ 50
ōmata de aruku　大股で歩く ······ 495
omatsuri-kibun　お祭り気分 ······ 42
omatsuri-sawagi　お祭り騒ぎ ······ 339
omawari(san)　お巡り(さん) ······ 249
ō-medama　大目玉 ······ 497
omei　汚名 ······ 142
omei o kōmuru　汚名をこうむる ······ 142
omei o sosogu　汚名をそそぐ ······ 142
ō-me ni miru　大目に見る ······ 498
omiai　お見合い ······ 142
ō-mie　大見得 ······ 346
(o)-mikoshi　御神輿 ······ 56
omikuji　おみくじ, 御神籤 ······ 50
Ōmisoka　大晦日 ······ 143

Omizutori　お水取り …… 143
omoidashi-warai　思い出し笑い …… 519
omoi koshi o ageru　重い腰を上げる …… 491
omou tsubo ni hamaru　思う壺にはまる …… 143
omowaseburi　思わせぶり …… 143
omowaseburi o suru　思わせぶりをする …… 143
ōmu-gaeshi ni iu　鸚鵡返しに言う …… 540
omu-raisu　オム・ライス …… 424
omutsu　おむつ …… 503
omutsu o ateteiru おむつをあてている …… 503
on　恩 …… 143
onaji ana no mujina de aru　同じ穴の狢である …… 144
onaji kama no meshi o kuu　同じ釜の飯を食う …… 424
onamida-chōdai　お涙ちょうだい …… 346
onamida-chōdai no koimonogatari　お涙ちょうだいの恋物語 …… 346
onara　おなら …… 504
onara o suru　おならをする …… 504
ō-nata 大なた, 大鉈 …… 249
ō-nata o furuu　大鉈を振るう …… 249
onbin　音便 …… 540
onbu　負んぶ …… 504
onbu ni dakko　負んぶに抱っこ …… 504
onchi　音痴 …… 346
ondan-zensen　温暖前線 …… 10
ondoku　音読 …… 292
ondoku suru　音読する …… 292
ondo o toru　音頭を取る …… 346
oni　鬼 …… 50
oni ga deru ka ja ga deru ka　鬼が出るか蛇が出るか …… 51
Oni-ga-shima　鬼が島 …… 559
oni-gawara　鬼瓦 …… 424
onigiri　おにぎり (omusubi おむすび) …… 424
oni-gokko　鬼ごっこ …… 346
oni ni kanabō　鬼に金棒 …… 50
oni no inu ma ni sentaku　鬼のいぬ間に洗濯 …… 50
oni no kakuran　鬼の霍乱 …… 51
oni no kubi o totta yō ni yorokobu　鬼の首を取ったように喜ぶ …… 50
Ōnin no ran　応仁の乱 …… 249
oni no me ni mo namida　鬼の目にも涙 …… 50
on-jin　恩人 …… 144
onko-chishin　温故知新 …… 294
onna datera ni　女だてらに …… 144
Onmyōdō (On'yōdō)　陰陽道 …… 51
onmyōji　陰陽師 …… 51
onna-gata (oyama)　女形 …… 346
onna-gokoro to aki no sora　女心と秋の空 …… 1
onna-kotoba　女言葉 (josei-go 女性語) …… 540
onna-moji　女文字 …… 540
on ni kiru　恩に着る …… 143
on ni kiseru　恩に着せる …… 143
on o ada de kaesu　恩を仇で返す …… 143
on no ji　御の字 …… 144
onryō　怨霊 …… 51
onsen　温泉 …… 346
onshi　恩師 …… 144
onshin-futsū　音信不通 …… 538
on-shirazu　恩知らず …… 143
onshitsu-kōka　温室効果 …… 413
onshitu-kōka-gasu　温室効果ガス …… 413
ontai　温帯 …… 15
ontai-chihō　温帯地方 …… 15
on-yomi　音読み …… 532
on-yomi suru　音読みする …… 532
ōoka-sabaki　大岡裁き …… 249
ōoku　大奥 …… 249
orenji-kādo　オレンジ・カード …… 387
ori-gami　折り紙 …… 347
origami-tsuki no　折り紙付きの …… 347
Orinpikku　オリンピック …… 347
oroshi-gane　おろし金 …… 375
osechi-ryōri　おせち料理 …… 425
oshibori　おしぼり …… 453
oshi-dashi　押し出し …… 356
oshidori-fūfu　おしどり夫婦 …… 137
oshiire　押入れ …… 425
oshikise　お仕着せ …… 425
oshikura-manjū　おしくらまんじゅう, 押し競饅頭 …… 347
ōshio　大潮 …… 12
oshi-ya　押し屋 …… 144

osomatsu-sama deshita　お粗末さまでした… 529
osui　汚水…… 425
osui-shori　汚水処理…… 425
osui-shori-jō　汚水処理場…… 425
osumitsuki　お墨付き…… 249
osuso-wake suru　おすそ分けする, お裾分けする…… 425
otafuku　お多福…… 322
otafuku-kaze　お多福風邪…… 322
otaku　おたく…… 144
otame-gokashi　おためごかし, お為ごかし… 145
otame-gokashini　お為ごかしに…… 145
oteage　お手上げ…… 512
otedama (tedama)　(お)手玉…… 347
otemae　お手前…… 310
otemori　お手盛り…… 249
otemori-yosan　お手盛り予算…… 249
o-tenami　お手並み…… 512
Otogi-zōshi　御伽草子…… 348
otohime　乙姫, 音姫…… 425
otoko ga sutaru　男がすたる…… 145
otoko-gokoro to aki no sora　男心と秋の空…… 1
otoko-myōri ni tsukiru　男冥利に尽きる…… 145
otoko-naki　男泣き…… 537
otoko no naka no otoko　男の中の男…… 145
otoko o ageru　男を上げる…… 145
otori-sōsa　おとり捜査…… 249
otoshidama　お年玉…… 165
otoshidamatsuki-nenga-hagaki　お年玉つき年賀はがき…… 136
otoshimae o tsukeru　落とし前をつける…… 145
otsubone-sama お局様…… 146
otsukare-sama deshita　お疲れさまでした… 540
ottori-gatana de　押っ取り刀で…… 146
oya-baka　親馬鹿…… 146
oyabun　親分…… 146
oyabun-hada　親分肌…… 146
oyabun-kaze o fukaseru　親分風を吹かせる… 146
oyabun to kobun　親分と子分…… 146
oya-gaisha　親会社…… 200
oyakata-hinomaru　親方日の丸…… 250
oyako-donburi　親子丼…… 378
oya-kōkō　親孝行…… 146
oya no iken to hiyazake wa atode kiku　親の意見と冷や酒は後で効く…… 431
oya no inga ga ko ni mukui　親の因果が子に報い…… 37
oya no nana-hikari　親の七光り…… 147
Oya-shio　親潮…… 12
oya-shirazu　親知らず…… 472
oyatoi-gaikokujin　お雇い外国人…… 294
oyatsu　おやつ…… 426
oya-yubi　親指…… 517
oyayubi-sedai　親指世代…… 147
oyobi-goshi　及び腰…… 491
(o)yuwari　(お)湯割り…… 430
ozen-date o suru　お膳立てをする…… 426
ozon-hōru　オゾンホール…… 426
ozonsō　オゾン層…… 426
ozonsō-hakai　オゾン層破壊…… 426
ozonsō-hakai-busshitsu　オゾン層破壊物質…… 426
ozonsō-hogo　オゾン層保護…… 426
ōzumō　大相撲…… 356
ōzumo-hatsubasho　大相撲初場所…… 356

P

pachinko　パチンコ…… 348
pachinko-dai　パチンコ台…… 348
pachinko-ya　パチンコ屋 (pachinko-ten パチンコ店)…… 348
pajama　パジャマ…… 419
pakkēji-tsuā　パッケージ・ツアー…… 426
pan　パン…… 426
panpan　ぱんぱん, パンパン…… 147
Pararinpikku　パラリンピック…… 347
pasokon　パソコン…… 294
pasokon-tsūshin　パソコン通信…… 294
pasokon-tsūshin-gyōsha　パソコン通信業者…… 294
pasu-wādo　パスワード…… 276
pāto　パート (pāto-taimā パート・タイマー)… 123
patokā　パトカー…… 250
pawa-hara　パワハラ…… 147
pen-nēmu　ペンネーム…… 524

pēpā-doraibā　ペーパー・ドライバー……… 147
petto-botoru　ペット・ボトル………………… 427
pinchi　ピンチ………………………………… 147
pinchi-hittā　ピンチ・ヒッター……………… 348
pinchi no toki ni　ピンチのときに…………… 147
pinchi o kiri-nukeru　ピンチを切り抜ける… 147
pin kara kiri made　ピンからキリまで……… 148
pōkā-feisu　ポーカー・フェイス……………… 486
Pokemon　ポケモン…………………………… 348
ponsu (ponzu)　ポンス, ポン酢……………… 427
Potsudamu-sengen　ポツダム宣言…………… 250
Pōtsumasu-jōyaku　ポーツマス条約………… 246
puraibashī　プライバシー……………………… 148
puraibashī no kenri　プライバシーの権利… 148
puraibashī no shingai　プライバシーの侵害… 148
pura-moderu　プラ・モデル…………………… 348
purasu-arufā　プラス・アルファ……………… 294
purē-gaido　プレー・ガイド…………………… 348
purehabu　プレハブ…………………………… 427
puresshā　プレッシャー……………………… 148
puresshā o kakeru　プレッシャーをかける‥ 148
puro-resu　プロレス…………………………… 348
puro-resurā　プロレスラー…………………… 348
puro-yakyū　プロ野球………………………… 348
pusshu-hon　プッシュホン…………………… 279

R

rabu-hoteru　ラブホテル……………………… 148
rabu-kōru　ラブ・コール……………………… 540
rachi　拉致…………………………………… 250
rachi ga akanai　埒が明かない……………… 148
rachi-higaisha-kazoku　拉致被害者家族…… 250
ragan de miru　裸眼で見る…………………… 497
raifu-rain　ライフ・ライン…………………… 427
raifu-saiensu　ライフ・サイエンス………… 294
rainen no koto o iu to oni ga warau　来年のことを言うと鬼が笑う……………………… 50
rain-mākā　ライン・マーカー………………… 297
raitoban　ライト・バン……………………… 427
raiu　雷雨……………………………………… 8
rajio-taisō　ラジオ体操……………………… 349
rakugaki　落書き……………………………… 540
rakugaki-kinshi　落書き禁止!……………… 540
rakugaki (o) suru　落書き(を)する………… 540
Rakugo　落語………………………………… 349
rakugo-ka　落語家…………………………… 349
raku-inkyo　楽隠居…………………………… 103
raku-inkyo shiteiru　楽隠居している……… 103
rakunō 酪農…………………………………… 251
rakurai　落雷…………………………………… 8
rakurai ni yoru higai　落雷による被害………… 8
rāmen　ラーメン, 拉麺……………………… 427
randoseru　ランドセル……………………… 294
ran-gaku　蘭学………………………………… 294
ran-gaku-sha　蘭学者………………………… 295
ran-kaku　乱獲………………………………… 428
rappa-nomi suru　ラッパ飲みする………… 428
rappu　ラップ………………………………… 428
rapputoppu-pasokon　ラップトップ・パソコン……………………………………………… 294
rasuto-supāto　ラスト・スパート…………… 349
rasuto-supāto o kakeru　ラスト・スパートをかける………………………………………… 349
reddo-pāji　レッド・パージ………………… 251
rei-fuku　礼服………………………………… 428
rei-fuku o chakuyōno koto　礼服を着用のこと……………………………………………… 428
rei-fuku o chakuyō suru　礼服を着用する…. 428
reika　冷夏……………………………………… 15
reikan-shōhō　霊感商法……………………… 251
reikyū-sha　霊柩車…………………………… 59
reisai-kigyō　零細企業……………………… 232
reisai-nōgyō　零細農業……………………… 247
reisui-masatsu　冷水摩擦…………………… 504
reitō-hozon　冷凍保存……………………… 428
reitō-ko　冷凍庫……………………………… 428
reitō-niku　冷凍肉…………………………… 428
reitō-shokuhin　冷凍食品…………………… 428
reitō suru　冷凍する………………………… 428
reitō-yasai　冷凍野菜………………………… 428
ren'ai-kekkon　恋愛結婚…………………… 142
renga　連歌…………………………………… 318
renge-za　蓮華坐……………………………… 157
Rengōkoku-sōshireibu　連合国総司令部…… 251
renkyū　連休…………………………………… 88

rentaru-bideo レンタルビデオ 349
rentaru-bideo-ten レンタルビデオ店 349
renza-sei 連座制 251
renzu レンズ 286
reshipiento レシピエント 518
rettō 列島 15
riasu-shiki-kaigan リアス式海岸 15
rikon 離婚 148
rikon-ritsu 離婚率 148
rikon-soshō 離婚訴訟 149
rikon-soshō o okosu 離婚訴訟を起こす 149
rikon suru 離婚する 148
rikon-todoke 離婚届 149
rikōru リコール 252
Rikujō-jieitai 陸上自衛隊 221
rikurūto-fasshon リクルート・ファッション 428
riku-un 陸運 225
rimokon リモコン(rimōto-kontorōru リモート・コントロール) 295
rimokon de sōsa suru リモコンで操作する 295
rimokon de terebi no suitchi o ireru リモコンでテレビのスイッチを入れる 295
ringi 稟議 149
ringi-sho 稟議書 252
rinia-mōtā-kā リニア・モーターカー 428
rinkai-gakkō 臨海学校 295
rinkai-jiko 臨界事故 385
rinkan-gakkō 林間学校 295
rinki-ōhen ni 臨機応変に 149
rinki-ōhen no shochi o toru 臨機応変の処置をとる 149
rinne 輪廻 51
rinyū-ki 離乳期 429
rinyū saseru 離乳させる 429
rinyū-shoku 離乳食 429
risshin-shusse 立身出世 149
risshin-shusse-shugisha 立身出世主義者 149
risshin-shusse (o) suru 立身出世(を)する 149
risshū 立秋 149
risshun 立春 149
risutora リストラ 252
risutora-utsubyō リストラ鬱病 252
ritānaburu-bin リターナブル瓶 429
ritānaburu-yōki リターナブル容器 429
ritō 離島 15
ritsuryō 律令 252
Ritsuryō-jidai 律令時代 252
Ritsuryō-seido 律令制度 252
riya-kā リヤカー 429
rōba-shin 老婆心 149
rōba-shin kara 老婆心から 149
rōdō-kumiai 労働組合 253
rōdo-mappu ロード・マップ 429
rō-gan 老眼 497
rōjin-hōmu 老人ホーム 504
rōjin-kaigo 老人介護 484
rōjinsei-chihō 老人性痴呆 504
roji-saibai 露地栽培 429
roji-saibai no tomato 露地栽培のトマト 429
rōjū 老中 253
rokkon-shōjō 六根清浄 52
Rokokyō-jiken 盧溝橋事件 253
rōkotsu ni muchi utte 老骨に鞭打って 479
roku-dō 六道 52
roku-ga o hōsō suru 録画を放送する 341
rokujū no tenarai 六十の手習い 295
rokuro-kubi ろくろ首, 轆轤首 548
rokuyō 六曜 (rokki 六輝) 149
rōmaji ローマ字 540
romansu-gurē ロマンス・グレー 150
romen-tōketsu 路面凍結 19
rō-nanushi 牢名主 253
rongu-sukāto ロング・スカート 416
rōnin 浪人 295
rōnin suru 浪人する 295
ronjutsu-tesuto 論述テスト 296
ronkō-kōshō 論功行賞 253
ronkō-kōshō o okonau 論功行賞を行なう 253
ronri no hiyaku 論理の飛躍 541
ronriteki kiketsu 論理的帰結 541
ron yori shōko 論より証拠 295
rōrei-nenkin 老齢年金 502
rōreisha-fujo 老齢者扶助 504
rorikon ロリコン 150
rōsai-hoken 労災保険 489

rōshō-fujō 老少不定 …… 52
roshutsu 露出 …… 286
roshutsu-jikan 露出時間 …… 286
roten 露店 …… 80
roten-buro 露天風呂 …… 346
roten o dasu 露店を出す …… 80
rotō ni mayou 路頭に迷う …… 429
ruishin-kazei 累進課税 …… 264
rui wa tomo o yobu 類は友を呼ぶ …… 150
runpen ルンペン …… 429
rusu-den 留守電 …… 279
ruzai 流罪 …… 253
rūzu-sokkusu ルーズソックス …… 150
ryō 良 …… 300
ryōdo 領土 …… 254
ryōdo-mondai 領土問題 …… 254
ryōhanten 量販店 …… 254
ryōkai 領海 …… 254
ryōkai ga tsuku 了解がつく …… 520
ryōkai ni kurushimu 了解に苦しむ …… 520
ryōkai-shinpan 領海侵犯 …… 254
ryokan 旅館 …… 429
ryokan ni tomaru 旅館に泊まる …… 430
ryokan no shujin 旅館の主人 …… 430
ryōkei 量刑 …… 199
ryōkū 領空 …… 254
ryoku-cha 緑茶 …… 372
ryokunaishō 緑内障 …… 473
ryōkū-shinpan 領空侵犯 …… 254
ryō-shorui ni wari-in o osu 両書類に割り印を押す …… 92
ryōtei 料亭 …… 430
ryōte ni hana 両手に花 …… 150
ryōtō-zukai 両刀使い …… 384
ryōyaku wa kuchi ni nigashi 良薬は口に苦し …… 501
ryūbi o sakadateru 柳眉を逆立てる …… 496
ryū-hyō 流氷 …… 15
ryūin 溜飲 …… 504
ryūin o sageru 溜飲を下げる …… 504
Ryūkyū 琉球 …… 15
ryūnen 留年 …… 295
ryūnen-sei 留年生 …… 295
ryūtō-dabi 竜頭蛇尾 …… 150
ryūtsū-gyōsha 流通業者 …… 254
ryūtsū-kakumei 流通革命 …… 254
ryūtsū-keiro 流通経路 …… 254
ryūtsū-kikō 流通機構 …… 254
ryūtsū-sangyō 流通産業 …… 254
ryūzan 流産 …… 503
ryūzan saseru 流産させる …… 503
ryūzan suru 流産する …… 503

S

saba さば, 鯖 …… 430, 445
sabaku-ha 佐幕派 …… 233
saba o yomu 鯖を読む …… 430
sabi さび …… 61
sābisu-eria サービス・エリア …… 411
sābisu-zangyō サービス残業 …… 254
sadō(chadō) 茶道 …… 309
sadō no gosanke 茶道の御三家 …… 310
saguri-bashi 探り箸 …… 391
saibai-gyogyō 栽培漁業 …… 206
saiban 裁判 …… 254
saibanin 裁判員 …… 254
saibanin-seido 裁判員制度 …… 254
saiban ni kakeru 裁判にかける …… 254
saiban ni katsu 裁判に勝つ …… 254
saiban ni makeru 裁判に負ける …… 254
saiban o ukeru 裁判を受ける …… 254
saibansho 裁判所 …… 254
saifu no himo o shimeru 財布の紐を締める …… 150
saigo no kirifuda 最後の切り札 …… 332
saigo no kirifuda o dasu 最後の切り札を出す …… 332
sai-hōsō 再放送 …… 341
sai-hōsō suru 再放送する …… 341
saijiki 歳時記 …… 534
saikai-mokuyoku 斎戒沐浴 …… 52
saikai-mokuyoku suru 斎戒沐浴する …… 52
saikeikoku-taigū 最恵国待遇 …… 255
saikeikoku-taigū o ataeru 最恵国待遇を与える …… 255

saikō-kion　最高気温 ………… 10
saikō-saibansho　最高裁判所 ………… 254
sai no kawara　賽の河原 ………… 52
sain-pen　サインペン ………… 297
saiō ga uma　塞翁が馬 ………… 150
saisaki ga ii　幸先がいい ………… 150
saisei-itchi　祭政一致 ………… 52
saisei-shi　再生紙 ………… 430
saisen-bako　賽銭箱 ………… 56
saishoku　菜食 ………… 430
saishoku-shugi　菜食主義 ………… 430
saishoku-shugi-sha　菜食主義者 ………… 430
saishoku suru　菜食する ………… 430
saishū-shorijō　最終処理場 ………… 395
saitei-kion　最低気温 ………… 10
saji o nageru　さじを投げる ………… 504
saka-agari　逆上がり ………… 360
saka-dachi　逆立ち（tōritsu 倒立）………… 361
saka-dachi o shite aruku　逆立ち（を）して歩く ………… 361
saka-dachi o suru　逆立ち（を）する ………… 361
saka-mushi ni suru　酒蒸しにする ………… 430
sakariba　盛り場 ………… 349
saka-urami　逆恨み ………… 151
saka-yume　逆夢 ………… 93
sakazuki-goto　杯（盃）事 ………… 151
sake　酒 ………… 430
sake-kuse (guse) ga warui　酒癖が悪い ………… 421
sake no ue de no jōdan　酒の上での冗談 ………… 541
sake wa hyakuyaku no chō　酒は百薬の長 ………… 430
sakimori　防人 ………… 255
sakoku　鎖国 ………… 255
sakoku-seisaku　鎖国政策 ………… 255
sakoku suru　鎖国する ………… 255
sakura (no hana)　桜（の花）………… 151
sakura　さくら ………… 152
sakura-fubuki　桜吹雪 ………… 151
sakura-mochi　桜餅 ………… 417
sakura no sono　桜の園 ………… 152
sakura-zensen　桜前線 ………… 151
sakyū　砂丘 ………… 15
samā-taimu　サマー・タイム ………… 152
same-hada　鮫肌 ………… 473
samidare　さみだれ, 五月雨 ………… 16
samidare-shiki ni　さみだれ式に ………… 16
samitto　サミット ………… 255
samurai　侍 ………… 255
sanbai-zu　三杯酢 ………… 420
sanbō-honbu　参謀本部 ………… 201
sanbō-sōchō　参謀総長 ………… 201
sanbyaku-daigen　三百代言 ………… 256
sando-gasa　三度笠 ………… 431
sando-me no shōjiki　三度目の正直 ………… 152
san-en (san-zaru)　三猿 ………… 349
san-fujinka-i　産婦人科医 ………… 506
sangaku-kyōdō　産学協同 ………… 295
sange　散華 ………… 53
sangiin　参議院 ………… 265
sangiin-giin　参議院議員 ………… 265
Sangoku-dōmei　三国同盟 ………… 256
sangoku-ichi no hanamuko　三国一の花婿 ………… 152
Sangoku-kanshō　三国干渉 ………… 256
sango-shō　さんご礁, 珊瑚礁 ………… 16
sangyōbetsu-kumiai　産業別組合 ………… 253
sangyō-haikibutsu　産業廃棄物 ………… 387
sanji-kai　三次会 ………… 71
sankai no chinmi　山海の珍味 ………… 431
sankaku-kankei　三角関係 ………… 152
sankan-shion　三寒四温 ………… 16
sanken-bunritsu　三権分立 ………… 256
sankin-kōtai　参勤交代 ………… 256
sankō　三高（結婚の条件）………… 153
san-ko no rei　三顧の礼 ………… 153
sankotsu　散骨 ………… 53
sankyū　産休 ………… 505
sankyū o toru　産休を取る ………… 505
sanma　さんま, 秋刀魚 ………… 431
sanmai-me　三枚目 ………… 343
sanmen-kiji　三面記事 ………… 541
sanmon-ban　三文判 ………… 92
sannin yoreba monju no chie　三人寄れば文殊の智慧 ………… 47
san-no-maru　三の丸 ………… 270
sanrinbō　三隣亡 ………… 559
sansai　山菜 ………… 431
sansai-ryōri　山菜料理 ………… 431

sansan-gogo 三々五々 153
sansankudo 三々九度 142
sansei-u 酸性雨 431
sanshin-seido 三審制度 254
sanshi-suimei 山紫水明 16
sanshō 山椒 432
sanshō wa kotsubu de mo piriri to karai 山椒は小粒でもぴりりと辛い 432
Sanshu no jingi 三種の神器 53
sansui-ga 山水画 350
san-sukumi ni naru 三すくみになる 153
santa-kurōsu サンタ・クロース 45
Sanzu no kawa 三途の川 53
sao-dake 竿竹 432
saotome 早乙女 173
sapōtā サポーター 350
sarakin サラ金 (sararīman-kin'yū サラリーマン金融) 257
sararī-man サラリーマン 153
sarashi-kubi さらし首, 晒し首 257
sarugaku 猿楽 344
sarumata さるまた, 猿股 432
saru mo ki kara ochiru 猿も木から落ちる 290
saru mono wa hibi ni utoshi 去る者は日々に疎し 154
saru-shibai 猿芝居 350
Sarutobi Sasuke 猿飛佐助 559
sasame-yuki 細雪 16
sasen 左遷 79
sashiba 差し歯 501
sashi-chigaeru 刺し違える 154
sashi-gane さしがね, 差し金, 指矩 154
sashi-ire 差し入れ 432
sashimi 刺身 (o-tsukuri お造り) 432
sashimi no mori-awase 刺身の盛り合わせ 432
sashimi no tsuma 刺身のつま 432
sashimi-teishoku 刺身定食 (o-tsukuri-teishoku お造り定食) 432
sashitsu-sasaretsu 差しつ差されつ 433
satō 左党 384
sato-gaeri 里帰り 154
sato-go 里子 155
sato-oya 里親 154
satori 悟り 53
sato-yama 里山 16
satsuki-bare 五月晴れ 14
satsuma-age 薩摩揚げ 444
satsuma-imo さつま芋, 薩摩芋 433
satsuma-jiru 薩摩汁 371
satsuma-no-kami 薩摩守 433
sawaranu kami ni tatari nashi 触らぬ神に祟りなし 45
sayaate さや当て, 鞘当 155
Sazae-san サザエさん 350
sazare-ishi さざれ石, 細石 16
se 背 505
sebumi o suru 瀬踏みをする 155
sēfutī-netto セーフティー・ネット 350
seiaku-setsu 性悪説 53
seibo 歳暮 (o-seibo お歳暮) 74
seibu-geki 西部劇 326
seidaku awase-nomu 清濁併せ呑む 155
sei-dōitsusei-shōgai 性同一性障害 505
seifu-kaihatsu-enjo 政府開発援助 257
seifuku 制服 433
seihin 清貧 53
seii-taishōgun 征夷大将軍 257
seiji-kenkin 政治献金 266
seijin-kyōiku 成人教育 295
Seijin no hi 成人の日 155
seijin-shiki 成人式 155
seiji-shikin 政治資金 266
Seiji-shikin-kisei-hō 政治資金規正法 257, 266
seijun-ha kashu 清純派歌手 350
sei-kansen-shō 性感染症 505
Seikan-tonneru 青函トンネル 8
seika-shugi 成果主義 257
seikatsu-hogo 生活保護 434
Seikatsu-hogo-hō 生活保護法 435
Seikatsu-hogo-jukyūsha 生活保護受給者 434
seikatsu-hogo-setai 生活保護世帯 435
seikatsu-shūkan-byō 生活習慣病 505
seikō-tōtei-gata no kiatsu-haichi 西高東低型の気圧配置 16
seikotsu-shi 整骨師 506
seikotsu suru 整骨する 506

seikō-udoku 晴耕雨読 ··· 350
seikyō 生協 ··· 258
seikyō bunri 政教分離 ··· 258
seikyō-itchi 政教一致 ··· 258
seikyō no baiten 生協の売店 ··· 258
seimei-handan 姓名判断 ··· 562
seiran 青嵐 ··· 12
seirei 政令 ··· 258
seirei-shitei-toshi 政令指定都市 ··· 17
seiri 生理 (gekkei 月経) ··· 506
seiri-dansu (tansu) 整理たんす ··· 448
seiri-tsū 生理痛 ··· 506
seiri-yōhin 生理用品 ··· 506
seiriyō napukin 生理用ナプキン ··· 506
seiriyō-tanpon 生理用タンポン ··· 506
seirui tomoni kudaru 声涙ともに下る ··· 541
seishi-ga 静止画 ··· 278
seishin-eisei 精神衛生 ··· 470
seishin-ittō nanigotoka narazaran 精神一到何事か成らざらん ··· 155
seishinka-i 精神科医 ··· 506
seishō 政商 ··· 258
sei-tenkan 性転換 ··· 505
seiten no hekireki 晴天の霹靂 ··· 17
seite wa koto o shisonzuru 急いてはことを仕損ずる ··· 155
seitō-bōei 正当防衛 ··· 259
seiun no kokorozashi o idaku 青雲の志を抱く ··· 295
seiyō-kabure 西洋かぶれ ··· 156
seiyō-kabure shita 西洋かぶれした ··· 156
seiza 正座 ··· 156
seiza suru 正座する ··· 156
seizen-setsu 性善説 ··· 53
sekai-isan 世界遺産 ··· 17
sekai-keizai-fōramu 世界経済フォーラム ··· 259
sekai o mata ni kake te aruku 世界を股にかけて歩く ··· 495
sekai-senshuken 世界選手権 ··· 352
seken 世間 ··· 157
seken-banashi o suru 世間話をする ··· 541
seken no jimoku o hiku 世間の耳目を引く ·· 500
seken-tei 世間体 ··· 157
seken-tei o kinisuru 世間体を気にする ··· 157
seken-tei o tsukurou 世間体を繕う ··· 157
sekibarai 咳払い ··· 506
sekibarai o suru 咳払いをする ··· 506
Sekigahara 関が原 ··· 17
sekihan 赤飯 ··· 435
sekihin 赤貧 ··· 259
sekiji 席次 ··· 110
sekimen suru 赤面する ··· 515
seki-no-yama 関の山 ··· 157
seki o keru 席を蹴る ··· 157
sekisho 関所 ··· 259
sekisho-yaburi 関所破り ··· 259
sekiyu-kiki 石油危機 ··· 259
sekkan 折檻 ··· 287
sekkan suru 折檻する ··· 287
Sekki-jidai 石器時代 ··· 259
sekkotsu-i 接骨医 ··· 506
sekkotsu-in 接骨院 ··· 506
sekuhara セクハラ ··· 157
semi せみ, 蝉 ··· 157
semi-shigure せみ時雨 ··· 158
senba-zuru 千羽鶴 ··· 350
senbei せんべい, 煎餅 ··· 435
senbei-buton せんべい布団, 煎餅布団 ··· 435
sen-cha 煎茶 ··· 372
sendan wa futaba yori kanbashi 栴檀は双葉より芳し ··· 296
sendō ōku shite fune yama e (ni) noboru 船頭多くして船山へ(に)登る ··· 158
sengaku-hisai no 浅学非才の ··· 296
Sengoku-jidai 戦国時代 ··· 260
sengyō-nōka 専業農家 ··· 231
sengyō-shufu 専業主婦 ··· 123
se ni hara wa kaerarenu 背に腹はかえられぬ ··· 505
senja-fuda 千社札 ··· 54
senji-gusuri せんじ薬 ··· 501
sen-kō 線香 ··· 26
senkō-hanabi 線香花火 ··· 91
senmon-gakkō 専門学校 ··· 296
senmon-i 専門医 ··· 506
senmon-ten 専門店 ··· 254

senmu-torishimari-yaku　専務取締役 ………… 159
sennin　仙人 ………… 559
sennin-bari　千人針 ………… 199
sennō　洗脳 ………… 260
sennō suru　洗脳する ………… 260
senobi suru　背伸びする ………… 505
senpai　先輩 ………… 158
senpai-kaze o fukaseru 先輩風を吹かせる ………… 158
senpatsu-jishin　浅発地震 ………… 6
senri no michi mo ippo kara　千里の道も一歩から ………… 296
senryō-yakusha　千両役者 ………… 350
senryū　川柳 ………… 351
sensei-kōgeki　先制攻撃 ………… 260
sensei-kōgeki o kuwaeru　先制攻撃を加える ………… 260
senshinkōgyo-koku　先進工業国 ………… 200
senshinkoku　先進国 ………… 260
senshinkoku-shunō-kaigi　先進国首脳会議 ………… 260
senshu-bōei　専守防衛 ………… 260
senshūraku　千秋楽 ………… 351
sensu　扇子（ōgi 扇）………… 351, 454
sentaku-ki　洗濯機 ………… 435
sentā-shiken　センター試験 ………… 296
sentei　剪定 ………… 308
sentei suru　剪定する ………… 308
sentō　銭湯 ………… 435
senzai-ichigū no kōki　千載一遇の好機 ………… 158
seppa-tsumaru　切羽詰まる ………… 158
seppuku　切腹 ………… 260
serohan-tēpu　セロハン・テープ（sero-tēpu セロ・テープ）………… 384
serufu-taimā　セルフタイマー ………… 286
sesshi-yakuwan suru　切歯扼腕する ………… 472
sesshō　殺生 ………… 54
sesuji ga samukunaru　背筋が寒くなる ………… 505
setogiwa-seisaku　瀬戸際政策 ………… 260
Seto-naikai　瀬戸内海 ………… 17
Seto-ōhashi　瀬戸大橋 ………… 18
setsubun　節分 ………… 159
setsujoku-sen　雪辱戦 ………… 351
setsushoku-shōgai　摂食障害 ………… 506
setta　せった, 雪駄 ………… 460
shabushabu　しゃぶしゃぶ ………… 435
shachō　社長 ………… 159
shagamu　しゃがむ ………… 506
shajō-arashi　車上荒らし ………… 159
shakaijin　社会人 ………… 159
shakaijin-nyūgaku　社会人入学 ………… 159
shakaijin-saikyōiku　社会人再教育 ………… 159
Shaka ni seppō　釈迦に説法 ………… 54
Shaka-nyorai　釈迦如来 ………… 54
shaken　車検 ………… 296
shaken ni dasu　車検に出す ………… 296
shakkan-hō　尺貫法 ………… 296
shaken-shō　車検証 ………… 296
shakkei　借景 ………… 351
shakkin o fumitaosu　借金を踏み倒す ………… 207
shako-shōmei　車庫証明 ………… 159
shakuhachi　尺八 ………… 351
shakui　爵位 ………… 159
shakushi　杓子 ………… 435
shakushi-jōgi　杓子定規 ………… 159
shakushi-jōgi ni furumau　杓子定規に振る舞う ………… 160
Shakuson　釈尊 ………… 54
shakuya　借家 ………… 400
shakyō 写経 ………… 45
shamisen (samisen)　三味線 ………… 351
shamoji　しゃもじ（shakushi 杓子）………… 435
sha ni kamaeru　斜に構える ………… 160
sha ni kamaete jinsei o okuru　斜に構えて人生を送る ………… 160
shaon-kai　謝恩会 ………… 144
shāpu-penshiru　シャープ・ペンシル ………… 297
shashin-shūkanshi　写真週刊誌 ………… 542
shataku　社宅 ………… 400
shattā　シャッター ………… 286
shayō-zoku　斜陽族 ………… 160
shayō-zoku　社用族 ………… 160
shiai　試合 ………… 352
shiatsu-ryōhō　指圧療法 ………… 506
shibire o kirasu　しびれをきらす ………… 507
shibireru　しびれる ………… 506
shibori　絞り ………… 286
shibō-todoke　死亡届 ………… 123

shibui kao o suru　渋い顔をする ……………… 486
Shichi-fukujin　七福神 …………………………… 54
shichi-go-chō　七五調 ………………………… 352
Shichi-go-san　七五三 ………………………… 160
shichi-mi　七味（shichimi-tōgarashi 七味唐辛子）………………………………………………… 436
shichirin　七輪 ………………………………… 393
shichiten-battō　七転八倒 …………………… 134
shichiten-battō suru　七転八倒する ………… 134
shichi-ire suru　質入する …………………… 261
shichi-ya　質屋 ………………………………… 261
shicho-ritsu　視聴率 ………………………… 352
shichōsha- sanka- bangumi　視聴者参加番組 ………………………………………………… 335
shidare-yanagi　しだれ柳 …………………… 188
shidashi　仕出し ……………………………… 436
shidashi-ryōri　仕出し料理 ………………… 436
shidashi-ya　仕出し屋 ……………………… 436
shidoro-modoro ni naru　しどろもどろになる ………………………………………………… 541
shidoro-modoro no　しどろもどろの ……… 541
shifuku　雌伏 ………………………………… 161
shifuku o koyasu　私腹を肥やす …………… 475
shifuku suru　雌伏する ……………………… 161
shiga ni mo kakenai　歯牙にも掛けない …… 161
shigarami　しがらみ ………………………… 161
shīgata-kan'en　C型肝炎 …………………… 485
shigin　詩吟 …………………………………… 352
shigure　しぐれ, 時雨 ………………………… 18
shigure-moyō　時雨模様 ……………………… 18
shigyō-shiki　始業式 ………………………… 297
shijūhatte　四十八手 ………………………… 356
shijū-kata　四十肩 …………………………… 488
shijūku-nichi-hōyō　四十九日法要 ………… 34
Shika-i　歯科医（haisha 歯医者）…………… 501
shi-kazan　死火山 ……………………………… 9
shike　しけ, 時化 ……………………………… 18
shiken-jigoku　試験地獄 ……………………… 39
shikei　死刑 …………………………………… 261
shikei-haishi　死刑廃止 …………………… 261
shikei o shikkō suru　死刑を執行する ……… 261
shikei-shikkō　死刑執行 …………………… 261
shikei-shū　死刑囚 ………………………… 261
shikeru　しける, 時化る ……………………… 18
shiki　四季 …………………………………… 161
shikii ga takai　敷居が高い ………………… 161
shikiji-ritsu　識字率 ………………………… 297
shikin-senjō　資金洗浄 …………………… 261
shikiri-naoshi　仕切り直し ………………… 356
shikki　漆器 …………………………………… 362
shikkō-yūyo　執行猶予 …………………… 198
shikkō-yūyo ni naru　執行猶予になる ……… 199
shikku-birudingu-shōkōgun　シック・ビルディング症候群（shikku-hausu-shōkōgun シックハウス症候群）………………………………………… 507
shiko　四股 …………………………………… 357
Shikoku　四国 ………………………………… 18
Shikoku-hachijūhachi-kasho　四国八十八箇所 ………………………………………………… 54
shikori　しこり ……………………………… 507
shikori o nokosu　しこりを残す …………… 507
shiku-hakku　四苦八苦 ……………………… 55
Shimabara-no-ran　島原の乱 ……………… 261
shimaguni　島国 ……………………………… 15
shimaguni-konjō　島国根性 ……………… 43, 161
shimei-tehai　指名手配 …………………… 262
shimei-tehai suru　指名手配する ………… 262
shimekazari　注連飾り ……………………… 55
shime-nawa　しめ縄, 注連縄 ………………… 55
shimen-soka　四面楚歌 …………………… 161
shimo　霜 ……………………………………… 19
shimo-goe　下肥 ……………………………… 436
shimo-neta　下ねた, 下ネタ ………………… 541
shimon-ōnatsu　指紋押捺 ………………… 262
Shimonoseki-jōyaku　下関条約 …………… 247
shimo no sewa o suru　下の世話をする …… 507
shimo-za　下座 ……………………………… 110
shimo-za ni tsuku　下座に着く …………… 110
shinai　竹刀 …………………………………… 332
shinbutsu-shūgō　神仏習合 ………………… 55
shinde hanami ga saku mono ka　死んで花実が咲くものか …………………………………… 161
shindemo shini-kirenai　死んでも死に切れない ………………………………………………… 162
shindo yon no jishin　震度4の地震 ………… 6
shingaku-kibōsha　進学希望者 …………… 298

shingaku-kōsu　進学コース……………………298
shingaku-ritsu　進学率……………………………298
shingaku suru　進学する…………………………298
shingā-songu-raitā　シンガーソングライター
……………………………………………………352
Shingo-ryūkōgo-taishō　新語・流行語大賞…541
shinguru-fāzā　シングル・ファーザー…………71
shinguru-mazā　シングル・マザー………………71
shinime ni au　死に目に会う……………………127
shini-mizu o toru　死に水をとる………………162
shinin ni kuchi nashi　死人に口なし…………494
shini-shōzoku　死に装束…………………………58
shini-tai　死に体……………………………………352
shini-tai de aru　死に体である…………………352
shin-jinrui　新人類…………………………………162
shinjū　心中…………………………………………162
Shinjuwan-kōgeki　真珠湾攻撃…………………262
shin-kanazukai　新仮名遣い……………………531
shinkansen　新幹線…………………………………436
shinkei　神経…………………………………………507
shinkei ni sawaru　神経にさわる………………507
shinkei o sakanade suru　神経を逆なでする…507
shinkei o sakanade suru yō na koto o iu　神経を
逆なでするようなことを言う…………507
shinkei o togisumashite　神経を研ぎ澄まして
……………………………………………………507
shinkei o togisumasu　神経を研ぎ澄ます……507
shinkirō　蜃気楼……………………………………18
shinkū-pakku　真空パック………………………437
shinkū-pakku no shokuhin　真空パックの食品
……………………………………………………437
shinkū-pakku suru　真空パックする…………437
shinku-tanku　シンク・タンク…………………262
shinkyū　鍼灸, 針灸………………………………507
shinkyū-shi　鍼灸師………………………………507
shinnen-kai　新年会…………………………………71
shinobi-naki　忍び泣き……………………………537
shinobi-warai　忍び笑い…………………………519
shinogi o kezuru　しのぎをけずる, 鎬を削る
……………………………………………………162
shi-nō-kō-shō　士農工商…………………………262
shinpatsu-jishin　深発地震…………………………6
shinrin　森林…………………………………………18
shinrin no koshi　森林の枯死……………………446
shinrin-yoku　森林浴………………………………507
shinsai no giseisha-tachi ni ippun-kan no mokutō
o suru　震災の犠牲者達に対して一分間
の黙祷をする……………………………46
Shinsen-gumi　新撰組………………………………262
shin-shin-shūkyō　新新宗教…………………………55
shinshō-bōdai ni iu　針小棒大に言う…………541
shinshoku o wasurete　寝食を忘れて…………437
shin-shūkyō　新宗教…………………………………55
shinshutsu-kibotsu　神出鬼没………………………51
shinsui　浸水…………………………………………11
shinsui-kaoku　浸水家屋……………………………11
shintai-eisei　身体衛生……………………………470
shintai kiwamaru　進退きわまる………………163
shintai-shōgaisha　身体障がい者 (shinshōsha
身障者)……………………………………509
Shintō　神道…………………………………………56
shin'uchi　真打(ち)………………………………352
shin'yō-jurin　針葉樹林……………………………18
shinzō　心臓…………………………………………508
shinzō ga tsuyoi　心臓が強い……………………508
shinzō ga yowai　心臓が弱い……………………508
shinzō ni ke ga haeteiru　心臓に毛が生えて
いる……………………………………………508
shiohigari　潮干狩り………………………………163
shiokara　塩辛………………………………………410
shiome 潮目……………………………………………12
shio o maku　塩を撒く……………………………163
shippai wa seikō no moto　失敗は成功の因‥163
shippe(i)-gaeshi o suru　しっぺ(い)返しを
する, 竹篦返しをする……………………163
shippō-yaki　七宝焼………………………………360
shiraha no ya　白羽の矢…………………………559
shiraha no ya ga tatsu　白羽の矢が立つ……559
shiranu ga hotoke　知らぬが仏……………………35
shiranu kao no Hanbē o kimekomu　知らぬ顔
の半兵衛を決め込む………………………163
shira o kiru　白を切る……………………………542
shirataki　白滝………………………………………410
shī-rēn　シー・レーン……………………………262
shiri　尻………………………………………………508
shiri ga karui　尻が軽い…………………………508

shiri ga nagai　尻が長い …… 508
shiri ga ochitsukanai　尻が落ち着かない …… 508
shirigaru onna　尻軽女 …… 508
shirigomi suru　尻込みする …… 508
shirikire-tonbo ni naru　尻切れとんぼになる …… 508
shirime ni kakeru 尻目にかける …… 497
shiri-metsuretsu no　支離滅裂の …… 541
shiri-mochi　しりもち, 尻餅 …… 508
shiri-mochi o tsuku　尻餅をつく …… 508
shiri ni hi ga tsuku　尻に火がつく …… 508
shiri no omoi 尻の重い …… 508
shiri-nugui　尻拭い …… 508
shiri o karageru　尻を絡げる …… 508
shiri o makuru　尻をまくる（ketsu o makuru けつを捲くる） …… 508
shiri o ochitsukeru　尻を落ち着ける …… 508
shiri-subomi no　尻すぼみの（shiri-subomari no 尻すぼまりの） …… 508
shiri-tori　尻取り …… 352
shiriuma ni noru　尻馬に乗る …… 163
shiro-bai　白バイ …… 250
shiro-boshi　白星 …… 353
shiroi me de miru　白い目で見る …… 497
shiro-kuro o tsukeru　白黒をつける …… 353
shiro-muku　白無垢 …… 437
shiro-obi　白帯 …… 335
shiro o kuro to iikurumeru　白を黒と言いくるめる …… 542
shirōto-me ni　素人目に …… 497
shirubā シルバー …… 437
shirubā-jinzai-sentā　シルバー人材センター …… 263
shirubā-shīto　シルバー・シート …… 508
shiruko　しるこ, 汁粉 …… 437
shirushi-banten　印半纏 …… 437
shi-ryō　死霊 …… 51
shisha-gonyū　四捨五入 …… 298
shisha-gonyū suru　四捨五入する …… 298
shishi　四肢 …… 509
shishi-mai　獅子舞 …… 164
shishi-shinchū no mushi　獅子身中の虫 …… 164
shīsō　シ-ソー …… 328
shisshō　失笑 …… 519
shita　舌 …… 509
shita ga koeteiru　舌が肥えている（kuchi ga koeteiru 口が肥えている） …… 509
shita-gokoro　下心 …… 57
shita-gokoro ga aru　下心がある …… 57
shītake　しいたけ, 椎茸 …… 437
Shitakiri-suzume　舌切り雀 …… 559
shita-namezuri suru　舌なめずりする …… 509
shita no ne no kawakanu uchi ni　舌の根の乾かぬうちに …… 509
shita o kamu　舌をかむ …… 509
shita o maku　舌を巻く …… 509
shitari-gao　したり顔 …… 486
shitasaki sanzun　舌先三寸 …… 509
shitashiki naka ni mo reigi ari　親しき仲にも礼儀あり …… 164
shita-tarazu no　舌足らずの …… 509
shita-tsuzumi o utsu　舌鼓を打つ …… 509
shita-uchi suru　舌打ちする …… 509
shitauke-gyōsha　下請け業者 …… 263
shitauke-kaisha　下請け会社 …… 263
shitauke-kōjō　下請け工場 …… 263
shitauke-shigoto　下請け仕事 …… 263
shite　シテ …… 344
shitetsu　私鉄 …… 436
shīto-beruto　シート・ベルト …… 437
shīto-beruto o shimeru　シート・ベルトを締める …… 437
shitsugyō-hoken　失業保険 …… 263
shitsugyō-ritsu　失業率 …… 263
shitsuke　しつけ …… 298
shitsuke ga kibishii　しつけが厳しい …… 298
shitsuke ga warui　しつけが悪い …… 298
shitsuke ga yoi　しつけが良い …… 298
shitsukeru　しつける …… 298
shitsuzetsu　湿舌 …… 20
shitta suru　叱咤する …… 36
shiyū o kessuru　雌雄を決する …… 164
shizen-bunben　自然分娩 …… 510
shizen-shoku　自然食 …… 438
shizen-shokuhin-ten　自然食品店 …… 438
shōbi no kyū　焦眉の急 …… 495

shōbu-fuku 勝負服 ………… 438
shōbu-yu 菖蒲湯 ………… 164
shō-chiku-bai 松竹梅 ………… 164
shochō 初潮 ………… 506
shōchū 焼酎 ………… 438
shochū-mimai 暑中見舞い ………… 164
shodō 書道 ………… 353
shōen 荘園 ………… 263
shō-ene 省エネ (shō-enerugī 省エネルギー) ………… 438
shō-ene gijutsu 省エネ技術 ………… 438
shō-ene jūtaku 省エネ住宅 ………… 438
shōga 生姜 ………… 438
shōgai-kyōiku 生涯教育 ………… 298
shōgaisha 障がい者, 障害者 ………… 509
shōgakkō 小学校 ………… 284
Shogatsu 正月 ………… 165
shōgi 将棋 ………… 353
shōgi-ban 将棋盤 ………… 353
shōgi-daoshi 将棋倒し ………… 353
shōgi-daoshi ni naru 将棋倒しになる ………… 353
shōgi no koma 将棋の駒 ………… 353
shōgun 将軍 ………… 263
shogyō-mujō 諸行無常 ………… 57
shōhisha 消費者 ………… 438
shōhisha-bukka 消費者物価 ………… 438
shōhisha-bukka-shisū 消費者物価指数 ………… 438
shōhisha-kin'yū 消費者金融 ………… 438
shōhi-zei 消費税 ………… 263
shoin-zukuri 書院造り ………… 438
shōja-hitsumetsu 生者必滅 ………… 57
shōji 障子 ………… 439
shōjin kankyo shite fuzen o nasu 小人閑居して不善をなす ………… 165
shōjin-ryōri 精進料理 ………… 439
Shōjō-bukkyō 小乗仏教 ………… 28
shōjo-kageki 少女歌劇 ………… 353
shōkō 焼香 ………… 58
shōkō-kaigisho 商工会議所 ………… 264
shōkō-kaigisho kaitō 商工会議所会頭 ………… 264
shōkon-sha 招魂社 ………… 57
shoku-atari 食あたり ………… 471
shokubutsu-ningen 植物人間 ………… 484
shoku ga hosoi 食が細い ………… 439
shokuhin-tenkabutsu 食品添加物 ………… 438
shoku-iku 食育 ………… 439
shokumotsu-arerugī 食物アレルギー ………… 462
shokumotsu-rensa 食物連鎖 ………… 439
shokuryō-jikyū-ritsu 食料自給率 ………… 440
shokushi ga ugoku 食指が動く ………… 517
shōmi-kigen 賞味期限 ………… 440
sho-nanuka (sho-nanoka) 初七日 ………… 34
shōnen-ba 正念場 ………… 353
shōnen-hikō 少年非行 ………… 264
shōnen-hō 少年法 ………… 264
shōnen-in 少年院 ………… 264
shōri 勝利 ………… 352
Shōrui-awaremi no rei 生類憐みの令 ………… 264
shōryō-nagashi 精霊流し ………… 166
shō-senkyoku-sei 小選挙区制 ………… 266
shōshika 少子化 ………… 166
shōshika-shakai 少子化社会 ………… 166
shōsoku-suji 消息筋 ………… 542
shōsoku-tsū 消息通 ………… 542
Shotoku-baizō-seisaku 所得倍増政策 ………… 264
shotoku-kakusa 所得格差 ………… 264
shotokuzei no datsuzei 所得税の脱税 ………… 202
Shōwa-jidai 昭和時代 ………… 264
Shōwa no hi 昭和の日 ………… 166
shōya 庄屋 ………… 264
shōyu しょう油, 醤油 ………… 440
shuchi-nikurin 酒池肉林 ………… 441
shuchō 首長 ………… 264
shūchū-gōu 集中豪雨 ………… 18
shūdan-shikō 集団志向 ………… 166
shūdan-shūshoku 集団就職 ………… 265
shūdan-sokai 集団疎開 ………… 167
shūdanteki-jieiken 集団的自衛権 ………… 221
shūgaku-ryokō 修学旅行 ………… 298
shūgen 祝言 ………… 167
shugen-dō 修験道 ………… 57
shūgi 祝儀 ………… 167
shūgi-bukuro 祝儀袋 ………… 167
Shūgiin 衆議院 ………… 265
shūgiin-giin 衆議院議員 ………… 265
shūgō-jūtaku 集合住宅 ………… 400

shūha o okuru　秋波を送る …… 542
shuin-chō　朱印帳 …… 57
shūkan-shi　週刊誌 …… 542
shūkan-tenki-yohō　週間天気予報 …… 10
shukiobi-unten　酒気帯び運転 …… 167
shukuba　宿場 …… 441
shukuba-machi　宿場町 …… 441
shukubō　宿坊 …… 58
shū-kurīmu　シュー・クリーム …… 441
shūkyō-hōjin　宗教法人 …… 219
shūmatsu-iryō　終末医療（tāminaru-kea ターミナル・ケア）…… 509
shūmei　襲名 …… 354
shūmei-hirōen　襲名披露宴 …… 354
shūmei-kōgyō　襲名興行 …… 354
shun　旬 …… 441
Shunbun no hi　春分の日 …… 167
shun-ga　春画 …… 354
shuniku　朱肉 …… 92
shu ni majiwareba akaku naru　朱に交われば赤くなる …… 167
shun-ka　春歌 …… 354
shun no yasai　旬の野菜 …… 441
shun-tō　春闘 …… 265
shuppan no jiyū　出版の自由 …… 210
shura　修羅 …… 52
shura-ba (shura-jō)　修羅場 …… 168
shuran　酒乱 …… 462
shūshin　修身 …… 298
shūshin-kei　終身刑 …… 261
shūshin-koyō-seido　終身雇用制度 …… 265
shushō　首相 …… 265
shūshoku　就職 …… 265
shūshoku-jōhō-shi　就職情報誌 …… 265
shūshoku-katsudō　就職活動 …… 168, 265
shūshoku-rōnin　就職浪人 …… 265
shushō no sokkin　首相の側近 …… 169
shūsō-retsujitsu　秋霜烈日 …… 265
shussan　出産 …… 510
shussan suru　出産する …… 510
shussan yoteibi　出産予定日 …… 510
shusse-uo　出世魚 …… 441
shusshō-ritsu　出生率 …… 168
shusshō-ritsu ga teigen suru　出生率が低減する …… 168
shusshō-todoke　出生届 …… 123
Shuten-dōji　酒呑童子 …… 560
shutoken　首都圏 …… 18
shutsuran no homare　出藍の誉れ …… 298
shuwa　手話 …… 542
shūwai　収賄 …… 266
shūwai-jiken　収賄事件 …… 266
shūwai suru　収賄する …… 266
shuwan o miseru　手腕を見せる …… 513
shuwa-tsūyaku　手話通訳 …… 542
shuwa-tsūyaku-sha　手話通訳者 …… 542
shūyaku-nōgyō　集約農業 …… 247
soba　そば, 蕎麦 …… 441
soba-kasu　そばかす …… 510
soba-ya　そば屋, 蕎麦屋 …… 441
soba-zue o kuu　側（傍）杖を食う …… 168
sodai-gomi　粗大ごみ …… 168, 387
sode　袖 …… 441
sode furiau mo tashō no en　袖振り合うも他生の縁 …… 442
sode ni suru　袖にする …… 441
sode no shita　袖の下 …… 441
sode no shita o morau　袖の下をもらう …… 441
sode no shita o nigiraseru　袖の下を握らせる …… 441
sōgi　葬儀（sōshiki 葬式）…… 58
sōgi-sha　葬儀社 …… 58
sōgō o kuzusu　相好を崩す …… 519
sōgō-shōsha　総合商社 …… 266
sōhei　僧兵 …… 59
soi-soshoku　粗衣粗食 …… 442
soi-soshoku ni amanjiru　粗衣粗食に甘んじる …… 442
sōji-dōgu　掃除道具 …… 442
sōji-ki　掃除機 …… 442
sōji suru　掃除する …… 442
sojō no uo mo dōzen de aru　俎上の魚も同然である …… 413
sōkai-ya　総会屋 …… 224
sōken ni kakaru　双肩に掛る …… 488
sokkin　側近 …… 169

sokobie　底冷え 19
sokobie ga suru　底冷えがする 19
sōkō no tsuma　糟糠の妻 169
soko o tsuku　底をつく 266
soko-ware　底割れ 266
sōku　走狗 169
sokushin-jōbutsu　即身成仏 59
sokuten-kyoshi　則天去私 59
sōmatō　走馬灯 452
sōmen　そうめん, 素麺 442
sonae areba urei nashi　備えあれば憂いなし 442
songen-shi　尊厳死 510
sonkei-go　尊敬語 542
sonnō-jōi-undō　尊皇攘夷運動 266
sonohi-gurashi o suru　その日暮らしをする 442
sono te wa kuwanai　その手は食わない 513
sōon-kōgai　騒音公害 442
soppo o muku　そっぽを向く 169
sōpu-rando　ソープ・ランド 169
sora-mimi　空耳 499
sora-namida　空涙 501
sori ga awanai　反りが合わない 169
soroban　そろばん, 算盤 299
soroban ga au　そろばんが合う, 算盤が合う 299
soroban ga awanai　そろばんが合わない, 算盤が合わない 299
soroban-zu no　そろばんずくの(soroban-dakai 算盤高い) 299
sōrō-bun　候文 542
sō-senkyo　総選挙 266
sosen-sūhai　祖先崇拝 59
soshina　粗品 169
sōsho　草書 531
sōshoku-kei-danshi　草食系男子 169
sōsō　早々 530
so-sukan o kuu　総すかんを食う, 総スカンを食う 170
sotobori o umeru　外堀を埋める 270
soto-zura　外づら, 外面 514
sotsugyō-shiki　卒業式 299
sō wa ton'ya ga orosanai　そうは問屋が卸さない 272
sōzō-ninshin　想像妊娠 503
suberi-dai　滑り台 328
sudare　すだれ, 簾 442
sū-doku　数独 354
suezen　据え膳 442
suezen kuwanu wa otoko no haji　据え膳食わぬは男の恥 443
suezen o kuu　据え膳を食う 443
sugao　素顔 443
sugao no Nippon　素顔の日本 443
sugi-kafun　杉花粉 483
sugoroku　すごろく, 双六 354
suiden-nōkō　水田農耕 248
suika　西瓜 443
suika-wari　西瓜割り, スイカ割り 443
suiri-shōsetsu　推理小説 355
suiryoku-hatsuden　水力発電 392
suiryoku-hatsuden-sho　水力発電所 392
suisen-toire　水洗トイレ 451
suishō-uranai　水晶占い 563
suiun　水運 225
sūjiku-koku　枢軸国 266
sūji ni yowai　数字に弱い 299
sukebe-jijī　スケベじじい, 助平じじい 170
sukebe-konjō　助平根性 43
sukebe na　助平な 170
suki koso mono no jōzu nare　好きこそ物の上手なれ 355
sukin-shippu スキン・シップ 542
sukippu suru　スキップする 510
sukiyaki　すき焼き 443
sukūpu　スクープ 543
sukūpu suru スクープする 543
sukuranburu-kōsaten　スクランブル交差点 394
sumashi-jiru　すまし汁 443
sumeba-miyako　住めば都 443
sumi　墨 315
sumi-e　墨絵(suiboku-ga 水墨画) 355
sumi ni okenai hito　隅に置けない人 170
su-miso　酢味噌 444
sumō　相撲 355

sumō-beya 相撲部屋 …… 356
sumoggu スモッグ …… 444
sun 寸 …… 299
suna-ba 砂場 …… 328
suna-buro 砂風呂 …… 346
sune すね, 脛 …… 510
sune-kajiri 脛かじり …… 510
sune ni kizu o motsu 脛に傷を持つ …… 510
sunīkā スニーカー …… 444
sunomono すのもの, 酢の物 …… 444
supai-eisei スパイ衛星 …… 302
supōtsu-shinbun スポーツ新聞 …… 357
suppa-nuku スッパ抜く, すっぱ抜く …… 543
suri-ashi de aruku すり足で歩く …… 465
suri-bachi すり鉢 …… 444
suri-bachi de suru すり鉢でする …… 444
suri-bachi-gata すり鉢形 …… 444
surikogi すりこ木 …… 444
surikogi de suru すりこ木でする …… 444
suri-mi すり身 …… 444
surī-saizu スリー・サイズ …… 511
surō-raifu スロー・ライフ …… 444
surume するめ …… 444
sushi 寿司, 鮨 …… 445
sushi-ya すし屋, 寿司屋, 鮨屋 …… 445
sushi-zume すし詰め …… 445
sushi-zume no すし詰めの …… 445
sutamina o tsukeru スタミナをつける …… 445
sutamina-ryōri スタミナ料理 …… 445
sutando-purē スタンド・プレー …… 357
sutando-purē o suru スタンド・プレーをする …… 357
sute-ishi 捨石, 捨て石 …… 357
sute-ishi ni naru 捨石になる …… 357
suteteko すててこ, ステテコ …… 446
sute-zerifu 捨てぜりふ, 捨て台詞 …… 543
sutōkā ストーカー …… 170
sutoresu ストレス …… 511
sutoresu ga tamaru ストレスがたまる …… 511
sutoresu o kaishō suru ストレスを解消する …… 511
sutta-monda すったもんだ, 擦った揉んだ …… 170
sutta-monda no ageku すったもんだの挙句 …… 170
suzume hyaku made odori wasurezu 雀百まで踊り忘れず …… 357
suzuri すずり, 硯 …… 315
suzushii kao o shiteiru 涼しい顔をしている …… 486

T

tabi たび, 足袋 …… 386
tabi-garasu 旅がらす …… 414
tabi no haji wa kaki-sute 旅の恥は掻き捨て …… 446
tabi wa michizure, yo wa nasake 旅は道連れ世は情け …… 446
tachi-gare suru 立ち枯れする …… 446
tachi-gare no taiboku 立ち枯れの大木 …… 446
tachi-gui 立ち食い …… 446
tachi-gui suru 立ち食いする …… 446
tachi-itta koto o kiku 立ち入ったことを聞く …… 543
tachi-kurami 立ちくらみ, 立ち眩み …… 511
tachi-kurami suru 立ちくらみする …… 511
tachi-nomi 立ち飲み …… 446
tachi-nomi suru 立ち飲みする …… 446
tachi-ōjō suru 立ち往生する …… 49
tachi-uchi dekiru 太刀打ちできる …… 357
tachi-uchi suru 太刀打ちする …… 357
tada yori takai mono wa nai ただより高いものは無い …… 170
tade kuu mushi mo suki-zuki 蓼食う虫も好き好き …… 413
taga たが, 箍 …… 446
taga ga hazureru たがが外れる …… 446
taga ga yurumu たがが緩む …… 446
tai たい, 鯛 …… 445, 446
taian 大安 …… 170
tai-batsu 体罰 …… 299
taifū 台風 …… 19
taifū-ken 台風圏 …… 19
taifū ni mimawareru 台風に見舞われる …… 19
taifū no me 台風の目 …… 19
taifū no shūrai 台風の襲来 …… 19
taifū no tsumeato 台風の爪あと …… 19

taiga-dorama 大河ドラマ 357
taigan no kaji (kasai) shi suru 対岸の火事(火災)視する 171
taigi-meibun 大義名分 59
Taigyaku-jiken 大逆事件 267
Taiheiyō-sensō 太平洋戦争 267
taiho 逮捕 267
taiho-jō 逮捕状 267
Taihō-ritsuryō 大宝律令 252
taiho-suru 逮捕する 267
Taiiku no hi 体育の日 171
taiiku-sai 体育祭 300
Taiin-reki 太陰暦 171
Taika no kaishin 大化の改新 267
taiki-bansei 大器晩成 300
taiko-ban 太鼓判 92
taiko-bara 太鼓腹 511
taikōbō 太公望 318
taiko-mochi 太鼓持ち 171
taikyoku 対局 323
taikyū-shōhizai 耐久消費財 447
taima 大麻 240
Tainichi-kōwa-jōyaku 対日講和条約 267
tairyō-hakai-heiki 大量破壊兵器 267
Taisei-hōkan 大政奉還 268
Taisei-yokusan-kai 大政翼賛会 268
taishibō 体脂肪 511
tai-shibō-ritsu 体脂肪率 511
taishin 耐震 406
Taishō-jidai 大正時代 268
taishoku-kan 大食漢 439
taishoku-kin 退職金 196
taishō-ryōhō 対症療法 511
Taiwan-sōtokufu 台湾総督府 268
tai-yaki 鯛焼 396
taiyō-enerugī 太陽エネルギー 447
taiyōkō-hatsuden-sōchi 太陽光発電装置 447
taiyōnetsu hatsuden 太陽熱発電 392
Taiyō-reki 太陽暦 171
Taiyō-zoku 太陽族 171
tajū-saimusha 多重債務者 268
taka-bisha 高飛車 357
taka-bisha ni deru 高飛車に出る 357
takaku-keiei 多角経営 268
Takamagahara (Takama no hara) 高天原 59
takami no kenbutsu o suru 高みの見物をする 172
takane no hana 高嶺の花 447
taka o kukuru 高を括る 172
takara-kuji 宝くじ 268
takara-kuji de ittō ni ataru 宝くじで一等に当たる 268
takashio 高潮 12
taka-warai 高笑い 519
takenoko たけのこ, 筍 447
takenoko-seikatsu o suru 筍生活をする 447
take-tonbo 竹とんぼ 358
Taketori-monogatari 竹取物語 553
take-uma 竹馬 358
takidashi o suru 炊き出しをする 447
takigi-nō 薪能 344
takikomi-gohan 炊き込みご飯 447
tako たこ, 蛸 445, 447
tako たこ, 胼胝 511
tako-age 凧揚げ 358
takoashi-haisen o suru たこ足配線をする 447
takokuseki-kigyō 多国籍企業 268
takoyaki たこ焼き 423
takuan たくあん, 沢庵 453
takuhaibin 宅配便 447
takuhaibin-gyōsha 宅配便業者 447
tamago-yaki 卵焼き 447
tamagushi 玉串 60
tama migakazareba hikari nashi 玉磨かざれば光なし 358
tamamushi-iro no 玉虫色の 543
tama ni kizu 玉に瑕 358
tama no koshi 玉の輿 114
tameru nara wakagi no uchi 矯めるなら若木のうち 358
tana-age suru 棚上げする 172
Tanabata 七夕 172
tana-da 棚田 (senmai-da 千枚田) 447
tanagokoro たなごころ, 掌 511
tanagokoro o kaesu ga gotoku 掌を反すがごとく 512

tanagokoro o kaesu ma mo naku　掌を反す間もなく ………… 511
tana kara botamochi　棚からぼたもち ………… 371
tana-zarashi　たなざらし, 店晒し, 棚晒し ………… 269
tanbo　田んぼ ………… 173
Tanegashima　種子島 ………… 19
Tango no sekku　端午の節句 ………… 172
tanimachi　谷町 ………… 356
tanka　短歌（waka 和歌）………… 358
tanki-daigaku　短期大学 ………… 300
tanki wa sonki　短気は損気 ………… 173
tankobu　たん瘤 ………… 512
tanomoshi-kō　頼母子講 ………… 269
tanshin-funin　単身赴任 ………… 173
tansu　たんす, 箪笥 ………… 448
tansu-yokin　たんす預金 ………… 269
tantō-chokunyū ni　単刀直入に ………… 543
tanuki　狸 ………… 560
tanuki-bayashi　狸囃し ………… 561
tanuki-neiri　狸寝入り ………… 561
tanuki-oyaji　狸親父 ………… 561
tanuki to kitsune no bakashiai　狸と狐の化かしあい ………… 560
tanzen　丹前 ………… 448
tarai-mawashi　たらい回し, 盥回し ………… 173
tariki-hongan　他力本願 ………… 60
tasūketsu　多数決 ………… 269
tasūketsu de kimeru　多数決で決める ………… 269
tasūketsu ni shitagau　多数決に従う ………… 269
tasuki　たすき, 襷 ………… 448
tasukigake　たすきがけ, 襷がけ ………… 448
tataki　たたき ………… 433
tataki-dai　たたき台 ………… 543
tatami　畳 ………… 448
tatami no ue de shinu　畳の上で死ぬ ………… 448
tatari　祟り ………… 561
tate　殺陣 ………… 359
tateana-jūkyo　竪穴住居 ………… 448
tateba shakuyaku suwareba botan aruku sugata wa yuri no hana　立てば芍薬, 座れば牡丹, 歩く姿は百合の花 ………… 173
tate-gaki　たて書き, 縦書き ………… 543
tate-ita ni mizu o nagasu yō ni　立て板に水を流すように ………… 544
tatemae　建前 ………… 35
tate ni toru　盾（楯）に取る ………… 173
tate-shakai　タテ社会, 縦社会 ………… 269
tate-shi　殺陣師 ………… 359
tateuri-jūtaku　建売り住宅 ………… 400
tatewari-gyōsei 縦割り行政 ………… 269
tatsumaki　竜巻 ………… 19
tatsu tori ato o nigosazu　立つ鳥跡を濁さず ………… 449
taue　田植え ………… 173
taue-ki　田植え機 ………… 173
taue-uta　田植え歌 ………… 173
tazan no ishi　他山の石 ………… 300
tazei ni buzei de aru　多勢に無勢である ………… 173
te　手 ………… 512
te-bentō de　手弁当で ………… 370
tēburu-sentā　テーブル・センター ………… 449
te-byōshi　手拍子 ………… 359
tedama ni toru　手玉に取る ………… 173
te ga hayai　手が早い ………… 512
tegatana　手刀 ………… 359
tegatana o kiru　手刀を切る ………… 359
te ga ushiro ni mawaru　手が後ろに回る ………… 512
tegokoro o kuwaeru　手心を加える ………… 513
tegome　手込め, 手籠め ………… 513
tegusune hiku　手ぐすね引く ………… 513
teihatsu　てい髪, 剃髪 ………… 60
tei-ketsuatsu　低血圧 ………… 489
teiki-ken　定期券 ………… 449
tei-kōgai-sha　低公害車 ………… 449
teinei-go　丁寧語 ………… 544
teinen de taishoku suru　定年で退職する ………… 174
teinen-taishoku　定年退職 ………… 174
teiō-sekkai　帝王切開 ………… 510
teiō-sekkai-bunben　帝王切開分娩 ………… 510
te-ippai shigoto ga aru　手一杯仕事がある ………… 512
teire　手入れ ………… 513
teishoku　定食 ………… 449
teishu-kanpaku　亭主関白 ………… 109
teishu o shiri ni shiku　亭主を尻に敷く ………… 508
teitai-zensen　停滞前線 ………… 19

tejime　手締め …… 174
tejina　手品 …… 359
tejina no tane o akasu　手品の種を明かす …… 359
tejō　手錠 …… 267
teki ni shio o okuru　敵に塩を送る …… 269
tekuse ga warui　手癖が悪い …… 512
temae-miso　手前みそ，手前味噌 …… 416
temae-miso o iu　手前みそを言う …… 416
temaki-zushi　手巻き寿司 …… 445
tēma-pāku　テーマ・パーク …… 359
tēma-songu　テーマ・ソング …… 359
te mo ashi mo denai　手も足も出ない …… 512
temochi-busata de aru　手持ち無沙汰である …… 512
ten　天 …… 52
tenanto　テナント …… 460
tenarai　手習い …… 295
tenazukeru　手なずける …… 513
tenchi-shinmei　天地神明 …… 60
tenchi-shinmei ni chikau　天地神明に誓う …… 60
tenchū o kuwaeru　天誅を加える …… 174
tengu　天狗 …… 561
tengu ni naru　天狗になる …… 561
te ni amaru　手に余る …… 512
te ni ase o nigiru　手に汗を握る …… 512
ten'i-muhō na　天衣無縫な …… 174
te ni oenai　手に負えない …… 512
tenji　点字 …… 544
tenji-burokku　点字ブロック …… 494
tenji-hon'yakusha　点字翻訳者 …… 544
Tenjin-Matsuri　天神祭り …… 60
Tenjin-sama　天神様 …… 60
tenji-toshokan　点字図書館 …… 544
tenka-wakeme no tatakai　天下分け目の戦い …… 17
tenki-yohō　天気予報 …… 19
ten-koku　篆刻 …… 359
tennen-kinenbutsu　天然記念物 …… 20
ten ni (mukatte) tsuba suru　天に（向かって）唾する …… 174
Tennō　天皇 …… 270
Tennō-hai　天皇杯 …… 270
tennō-kikan setsu　天皇機関説 …… 270
Tennō-sei　天皇制 …… 270
Tennō-tanjōbi　天皇誕生日 …… 174
Tennō-zan　天王山 …… 20
tenohira　手のひら …… 512
te no kō　手の甲 …… 512
te no tsukerarenai　手のつけられない …… 513
te no uchi o miseru　手の内を見せる …… 512
te no uchi o misukasareru　手の内を見透かされる …… 512
tenpura　てんぷら，天麩羅 …… 449
tenpura-soba　てんぷらそば …… 441
tensai　天災 …… 20
tensai ni mimawareru　天災に見舞われる …… 20
tensho　篆書 …… 531
tenshukaku　天守閣 …… 270
tensū-hyōka　点数評価 …… 300
tensū ni geta o hakaseru　点数に下駄をはかせる …… 385
ten takaku uma koyuru aki　天高く馬肥ゆる秋 …… 20
tenteko-mai　てんてこ舞い …… 449
tentekomai de aru　てんてこ舞いである …… 449
tentō-kakaku　店頭価格 …… 232
tenugui　手ぬぐい …… 450
ten'ya-mono　店屋物 …… 380
teoi　手負い …… 513
te o kae shina o kae　手を変え品を変え …… 512
te o kiru　手を切る …… 512
te o mawasu　手を回す …… 512
te o nuku　手を抜く …… 512
te o someru　手を染める …… 512
te o utsu　手を打つ …… 512
te o yaku　手を焼く …… 512
teppan-yaki　鉄板焼き …… 450
teppō-denrai　鉄砲伝来 …… 270
teppō-mizu　鉄砲水 …… 11
terakoya　寺子屋 …… 300
tera-machi　寺町 …… 223
terebi　テレビ（受像器） …… 300
terebi-dorama　テレビ・ドラマ …… 359
terebi-gēmu　テレビ・ゲーム …… 360
terebi-gēmu-otaku　テレビ・ゲームおたく …… 360
terebi-shoppingu　テレビ・ショッピング …… 270

teren-tekuda　手練手管 513
teren-tekuda o rōsuru　手練手管を弄する 513
teriyaki　照り焼き 450
teruteru-bōzu　照る照る坊主 175
te-ryōri 手料理 405
teshio ni kakeru　手塩に掛ける 301
tesō-uranai　手相占い 562
te-tori ashi-tori shite oshieru　手取り足取りして教える 512
tetsubō　鉄棒 360
tetsumenpi　鉄面皮 515
Tetsuwan Atomu　鉄腕アトム 360
teuchi-soba　手打ちそば 441
tezumari ni naru　手詰まりになる 513
tōban　登板 360
tobiishi-renkyū　飛び石連休 88
tobi-shoku　とび職, 鳶職 175
tobokeru　とぼける 175
tobokeru no ga umai　とぼけるのがうまい 175
tobu-tori o otosu ikioi de aru　飛ぶ鳥を落とす勢いである 175
tobu yō ni ureru　飛ぶように売れる 270
tochi-kan　土地勘 450
tochi-kan ga aru　土地勘がある 450
tōdai　灯台, 燈台 450
tōdai moto kurashi　灯台下暗し 450
tōfu　豆腐 450
tō-garashi　唐辛子 451
tōge o kosu　峠を越す 175
tōgō-shitchō-shō　統合失調症 513
toire　トイレ 451
toire ga chikai　トイレが近い 451
tōji　冬至 175
tōji　湯治 360
tōji-ba　湯治場 360
tōjiki　陶磁器 360
tokage no shippo-kiri　トカゲのしっぽ切り, 蜥蜴の尻尾切り 175
Tōkaidō　東海道 20
Tōkaidō-gojūsan-tsugi　東海道五十三次 441
tokei-mawari ni　時計回りに 301
tōki　陶器 360
Tōki-Orinpikku　冬季オリンピック 347
tokkō　特高 270
tokkō-yaku　特効薬 501
tokkuri　徳利 430
toko-bashira　床柱 451
tōkō-kyohi　登校拒否 301
tokonoma　床の間 451
tokonoma no okimono　床の間の置物 451
tokoroten　ところてん, 心太 451
tokubetsu-shien-gakkō　特別支援学校 303
tokubetsu-yōgo-rōjin-hōmu　特別養護老人ホーム 517
tokudo　得度 60
tokudo suru　得度する 60
tokuha-in　特派員 544
toku-ju　特需 271
tōku no shinseki yori chikaku no tanin　遠くの親戚より近くの他人 176
Tōkyō-orinpikku　東京オリンピック 347
Tōkyō-sento　東京遷都 271
tomobiki　友引 176
tomokasegi-fūfu　共稼ぎ夫婦 176
tomokasegi no katei　共稼ぎの家庭 176
tomurai-gassen　弔い合戦 271
tōnamento　トーナメント 352
tonari-gumi　隣組 271
tonbi ni aburage o sarawareru　鳶に油揚げをさらわれる 367
tonbo　トンボ, とんぼ, 蜻蛉 176
tonbo-gaeri　とんぼ返り 176
tonkatsu　豚カツ 451
tonosama-shōhō　殿様商法 271
tonton-byōshi ni　とんとん拍子に 360
ton'ya　問屋 272
tōnyōbyō　糖尿病 513
tōnyōbyō-kanja　糖尿病患者 514
tōnyū　豆乳 452
torafu　トラフ 7
torankusu　トランクス 432
tora no i o karu kitsune 虎の威を借る狐 176
tora-no-ko　虎の子 176
tora-no-ko no yō ni daiji ni suru　虎の子のように大事にする 176

tora-no-maki 虎の巻 …… 301
toranu tanuki no kawa-zan'yō 取らぬ狸の皮算用 …… 561
tori-hada ga tatsu 鳥肌が立つ …… 473
torii 鳥居 …… 56
toriāji トリアージ …… 514
tōri-ma 通り魔 …… 176
tori no karaage 鶏の空揚げ …… 452
toritomemonai hanashi o suru とりとめのない話をする …… 544
toritomenonai koto o kangaeru とりとめの無いことを考える …… 544
toritsuku shima mo nai 取り付く島もない …… 544
tōrō 灯篭 …… 452
tōryū-mon 登竜門 …… 177
toshi (nenrei) ga hitomawari chigau 年(年齢)が一回り違う …… 177
toshikoshi-soba 年越しそば …… 441
toshima 年増 …… 177
toshi ni wa katenai 年には勝てない …… 177
toshiyori no hiya-mizu 年寄りの冷や水 …… 177
Tōshō 東証 …… 272
Tōshō-ichibu-jōjō 東証一部上場 …… 272
Tōshō-kabuka-shisū 東証株価指数 …… 272
toshokan 図書館 …… 301
toso 屠蘇 …… 452
toso-kibun no 屠蘇気分の …… 452
totan no kurushimi 塗炭の苦しみ …… 178
totte-tsuketa yō na 取って付けたような …… 178
totte-tsuketa yō na oseji o iu 取って付けたようなお世辞を言う …… 178
tou ni ochizu, kataru ni ochiru 問うに落ちず, 語るに落ちる …… 533
tōyō-kanji 当用漢字 …… 544
tsuba o tsukeru 唾をつける …… 514
tsuba-zeriai つばぜり合い, 鍔ぜり合い …… 178
tsube-kobe iu つべこべ言う …… 544
tsube-kobe iuna つべこべ言うな …… 544
tsubo つぼ …… 507
tsubu-an 粒あん …… 368
tsubushi ga kiku つぶしがきく …… 178
tsūchi-bo 通知簿 (tsūshin-bo 通信簿) …… 301
tsuchinoko つちのこ …… 561
Tsugaru-kaikyō 津軽海峡 …… 7
tsūkā つうかあ, ツーカー …… 545
tsukaisute-bin 使い捨てびん …… 452
tsukaisute-chūshabari 使い捨て注射針 …… 452
tsukaisute-hōsō 使い捨て包装 …… 452
tsukaisute (no) jidai 使い捨ての時代 …… 453
tsukaisute (no) raitā 使い捨て(の)ライター 452
tsukaisute (no) taoru 使い捨て(の)タオル .. 453
tsūkā no naka つうかあ(ツーカー)の仲 …… 545
tsukanu-koto o otazune shimasuga つかぬことをお尋ねしますが …… 545
tsukazu-hanarezu 付かず離れず …… 178
tsukazu-hanarezu no kankei 付かず離れずの関係 …… 178
tsuke-bokuro 付けぼくろ …… 478
tsuke ga mawatte kuru 付けが回ってくる .. 178
tsukemono つけもの, 漬物 …… 453
tsuke-todoke 付け届け …… 178
tsuke-yakiba 付け焼刃 …… 361
tsukidashi 突き出し (o-tōshi お通し) …… 453
tsukimi 月見 …… 179
tsukimi-udon 月見うどん …… 454
tsukimono つきもの, 憑き物 …… 561
tsūkin-densha 通勤電車 …… 453
tsūkin-jigoku 通勤地獄 …… 39
tsuki no usagi 月の兎 …… 562
tsukiokure no o-bon 月遅れのお盆 …… 24
tsukisoi-kangoshi 付き添い看護師 …… 485
tsuki to suppon hodo chigau 月とすっぽんほど違う …… 179
tsukuda-ni 佃煮 …… 453
tsukuri-warai 作り笑い …… 519
tsumabiku 爪弾く …… 514
tsuma-hajiki つま弾き, 爪弾き …… 514
tsumami つまみ (o-tsumami おつまみ) …… 453
tsume 爪 …… 514
tsumebara o kiraseru 詰め腹を切らせる …… 475
tsumekomi-kyōiku 詰め込み教育 …… 302
tsume ni hi o tomosu 爪に火をともす …… 514
tsume no aka 爪の垢 …… 514
tsume no aka o senjite nomu 爪の垢を煎じて飲む …… 514
tsumuji つむじ …… 514

tsumuji-magari　つむじ曲がり……………… 514
tsuna-hiki　綱引き ………………………… 361
tsunami　津波 ………………………………… 20
tsunami-keihō　津波警報 ……………………… 20
tsuna-watari　綱渡り ………………………… 361
tsuno-kakushi　角隠し ……………………… 179
tsuno o tamete ushi o korosu　角を矯めて牛を殺す ………………………………………… 179
tsura (men)　面 ……………………………… 514
tsura-ate　面当て …………………………… 514
tsura no kawa no atsui　面の皮の厚い ……… 514
tsura-yogoshi　面汚し……………………… 515
tsura-yogoshi ni naru　面汚しになる ……… 515
tsurego　連れ子……………………………… 179
Tsurezure-gusa　徒然草 …………………… 361
tsuri-dashi　つり出し ……………………… 356
tsuri-tōrō　釣り灯篭………………………… 452
tsuru　鶴 …………………………………… 179
tsurube-otoshi no aki no hi　つるべ落としの秋の日 ……………………………………… 21
tsuru no hitokoe　鶴の一声 ………………… 180
Tsuru no ongaeshi　鶴の恩返し …………… 562
Tsushima-kairyū　対馬海流 …………………… 7
tsūshin-eisei　通信衛星……………………… 302
tsūshin-hanbai　通信販売 ………………… 453
tsūshin-hanbai de kau　通信販売で買う …… 453
tsūshin-hanbai-katarogu　通信販売カタログ 454
tsutsuji　つつじ, 躑躅 ……………………… 180
tsutsumotase　つつもたせ, 美人局………… 180
tsuya　通夜…………………………………… 60
tsuyu-ake　梅雨明け ………………………… 2
tsuyu-iri　梅雨入り …………………………… 2
tsuyu-zamu　梅雨寒 ………………………… 2

U

uba-zakura　姥桜 …………………………… 152
ubuyu　産湯 ………………………………… 515
ubuyu o tsukawaseru　産湯をつかわせる …. 515
uchiage-hanabi　打ち上げ花火………………… 90
uchi-benkei　内弁慶………………………… 180
uchide no kozuchi　打出の小槌…………… 552
uchi-geba　内ゲバ…………………………… 180
uchiiri　討ち入り ……………………………311
uchi-iwai　内祝い …………………………… 180
uchi-iwai o suru　内祝いをする …………… 180
uchi-jini suru　討ち死にする ……………… 178
uchi-mizu　打ち水 ………………………… 454
uchiwa　うちわ, 団扇 ………………… 361, 454
uchiwa to sunsu　うちわと扇子 …………… 454
uchōten　有頂天……………………………… 61
uchōten ni naru　有頂天になる ……………… 61
uchū　宇宙 ………………………………… 302
uchū-butsurigaku　宇宙物理学…………… 302
uchū-fuku　宇宙服 ………………………… 302
uchū-hikō　宇宙飛行……………………… 302
uchū-hikōshi　宇宙飛行士………………… 302
uchū-kagaku　宇宙科学 …………………… 302
uchū-kaihatsu　宇宙開発………………… 302
Uchū-kaihatsu-jigyōdan　宇宙開発事業団…. 302
uchū-kaihatsu-keikaku　宇宙開発計画……… 302
uchū-kōgaku　宇宙工学…………………… 302
Uchū-kōkū-kenkyū-kaihatsu-kikō　宇宙航空研究開発機構 ……………………………… 302
uchū-shoku　宇宙食 ……………………… 302
uchū-tansa　宇宙探査……………………… 302
udatsu ga agaranai　うだつが上がらない …. 180
ude　腕 ……………………………………… 515
ude-dameshi　腕試し……………………… 515
ude-dameshi o suru　腕試しをする ………… 515
ude ga naru　腕が鳴る …………………… 515
ude ga tatsu　腕が立つ…………………… 515
ude ni oboe ga aru　腕に覚えがある ……… 515
ude ni yori o kakeru　腕によりをかける…… 515
ude o ageru　腕を上げる………………… 515
ude o komanuku　腕を拱く ……………… 515
ude o makuri-ageru　腕を捲り上げる……… 515
ude o migaku　腕を磨く ………………… 515
udetate-fuse　腕立て伏せ ………………… 361
ude-zumō　腕相撲 ………………………… 361
udo　うど, 独活 …………………………… 454
udon　うどん, 饂飩 ……………………… 454
udo no taiboku　うどの大木 ……………… 454
udon-ya　うどん屋 ……………………… 454
ugo no takenoko no yō ni arawareru　雨後の筍のように現われる………………………… 447

uguisu うぐいす, 鶯 …… 180
ujigami 氏神 …… 61
ujiko 氏子 …… 61
uji yori sodachi 氏より育ち …… 302
ukabareru 浮かばれる …… 181
ukai 鵜飼い …… 181
ukanu kao o shiteiru 浮かぬ顔をしている …… 485
uke ni iru 有卦に入る …… 181
ukete tatsu 受けてたつ …… 181
uke-uri 受け売り …… 545
uke-uri suru 受け売りする …… 545
ukezara 受け皿 …… 454
uki-ashi datsu 浮き足立つ …… 465
ukikusa-kagyō 浮き草稼業 …… 455
ukikusa no yō na seikatsu 浮き草のような生活 …… 455
ukiyo 浮き世, 浮世 …… 361
ukiyo-banare no shita 浮き世離れのした …… 362
ukiyo-e 浮世絵 …… 362
ukiyo no aka ni somaru 浮き世の垢にそまる …… 362
ukiyo no aka o nagasu 浮き世の垢を流す …… 461
ukiyo no hakanasa 浮き世のはかなさ …… 362
ukiyo-zōshi 浮世草子 …… 334
uko-saben suru 右顧左眄する …… 181
uma ga au 馬が合う …… 181
umami-chōmiryō 旨み調味料 …… 374
uma no hone 馬の骨 …… 181
uma no mimi ni nenbutsu 馬の耳に念仏 …… 49
uma no se o wakeru 馬の背を分ける …… 22
uma-tobi 馬跳び …… 516
uma-tobi o suru 馬跳びをする …… 516
uma-zura 馬づら, 馬面 …… 515
umeboshi 梅干 …… 455
umi-biraki 海開き …… 181
umi-bōzu 海坊主 …… 562
Umi-no-hi 海の日 …… 182
umi no oya yori sodate no oya 生みの親より育ての親 …… 302
umi no sachi yama no sachi 海の幸山の幸 …… 431
umi o dasu 膿を出す …… 515
umisen-yamasen no shitataka-mono 海千山千のしたたか者 …… 182
unadon うな丼, 鰻丼 …… 378, 455
unagi うなぎ, 鰻 …… 445, 455
unagi-nobori うなぎ登り, 鰻登り …… 455
unagi no kabayaki 鰻の蒲焼 …… 455
unagi no nedoko うなぎの寝床 …… 455
una-jū うな重 …… 455
unchiku 薀蓄 …… 302
unchiku o katamukeru 薀蓄を傾ける …… 302
undei no sa 雲泥の差 …… 182
undō-kai 運動会 …… 300
undō-shinkei 運動神経 …… 515
undō-shinkei ga nibui 運動神経が鈍い …… 515
uni うに, 雲丹 …… 445
unomi うのみ, 鵜呑み …… 181
unsui 雲水 …… 61
un to mo sun to mo iwanai うんともすんとも言わない …… 545
uōmu-bizu ウオーム・ビズ …… 124
uo-no-me 魚の目 …… 515
uoshuretto ウォシュレット …… 455
uraguchi-nyūgaku o suru 裏口入学をする …… 302
urakata 裏方 …… 362
urame ni deru 裏目に出る …… 362
urami kotsuzui ni tessu 恨み骨髄に徹す …… 492
urami-tsurami 恨みつらみ …… 182
uranai 占い …… 562
uranai-shi ni mitemorau 占い師に見てもらう …… 563
Ura-Nihon (Ura-Nippon) 裏日本 …… 21
Urashima Tarō 浦島太郎 …… 563
ureshi-naki うれし泣き …… 537
uri futatsu de aru 瓜二つである …… 182
uri kotoba ni kai kotoba 売り言葉に買い言葉 …… 545
urushi 漆 …… 362
urushi-shokunin 漆職人 …… 362
urushi-ya 漆屋 …… 362
urushi-zaiku 漆細工 …… 362
usagi-goya ウサギ小屋, 兎小屋 …… 455
usagi-tobi うさぎ跳び …… 516
usan-kusai 胡散臭い …… 182
usan-kusaku omoeru 胡散臭く思える …… 182
usa o harasu 憂さを晴らす …… 182

ushimitsu-doki　丑三つ時 …… 183
ushinawareta-jūnen　失われた10年 …… 272
ushinawareta nijūnen　失われた20年 …… 272
ushi-no-toki mairi　丑の時参り(ushi-no-koku mairi 丑の刻参り) …… 182
ushiro-gami　後ろ髪 …… 484
ushiro-gami o hikareru omoi de　後ろ髪を引かれる思いで …… 484
ushiro-yubi o sasareru　後ろ指を指される …… 517
uso mo hōben　嘘も方便 …… 545
usugata-terebi　薄型テレビ …… 301
usu-geshō suru　薄化粧する …… 443
utakai-hajime　歌会始め …… 362
uten-junen　雨天順延 …… 21
uten-kekkō　雨天決行 …… 21
utsubuse　うつ伏せ …… 462
utsubuse ni naru　うつ伏せになる …… 462
utsubuse ni natte iru　うつ伏せになっている …… 462
utsubuse ni taoreru　うつ伏せに倒れる …… 462
utsu-byō　うつ病, 鬱病 …… 516
utsutsu o nukasu　現を抜かす …… 183
uwabami　うわばみ …… 384
uwagoto o iu　うわごとを言う …… 545
uwaki　浮気 …… 82
uwamae o haneru　上前をはねる …… 183
uwame-zukai ni 上目遣いに …… 498
uwa no sora de　上の空で …… 183
uwasa o sureba kage ga sasu　噂をすれば影がさす …… 545
uya-muya ni shiteoku　うやむやにしておく 183
uyo-kyokusetsu　紆余曲折 …… 183
uyo-kyokusetsu o hete　紆余曲折を経て …… 183

W

wa　和 …… 61
wabi　わび, 侘び …… 61
wabun　和文 …… 545
wabun-dokuyaku　和文独訳 …… 545
wafuku to yōfuku　和服と洋服 …… 455
wagami o tsunette hito no itasa o shire　わが身をつねって人の痛さを知れ …… 183
wagamono-gao ni furumau　我が物顔に振る舞う …… 486
wagashi　和菓子 …… 456
wago　和語 …… 546
waidan　猥談 …… 546
waidan o suru　猥談をする …… 546
waido-shō　ワイド・ショー …… 363
wairo o morau　賄賂をもらう …… 266
wai-shatsu ワイシャツ …… 456
wakage no itari　若気の至り …… 183
wakage no itaride　若気の至りで …… 183
waka-hage　若はげ …… 473
wākahorikku　ワカーホリック …… 272
waki　ワキ …… 344
wākingu-pua　ワーキングプア …… 272
waki-zashi　脇差 …… 343
wakō　倭寇 …… 272
wāku-shearingu　ワーク・シェアリング …… 273
wan　椀, 碗 …… 373
wan-koin　ワン・コイン …… 184
wan-man　ワン・マン, ワンマン …… 184
wan-man-basu　ワンマン・バス …… 184
wan-man-kā　ワンマン・カー …… 184
wanrūmu-manshon　ワンルーム・マンション …… 414
wan-sutoppu-sābisu　ワン・ストップ・サービス …… 273
wan-sutoppu-shoppingu　ワン・ストップ・ショッピング …… 273
wan-tatchi　ワンタッチ …… 302
warabuki-yane　わらぶき屋根 …… 406
warabuki no ie　わらぶきの家 …… 406
warai-jōgo　笑い上戸 …… 421
waraji　わらじ, 草鞋 …… 456
Warashibe-chōja　藁しべ長者 …… 563
warau kado ni wa fuku kitaru　笑う門には福来る …… 519
ware-nabe ni toji-buta　破れ鍋に綴じ蓋 …… 456
waribashi　割り箸 …… 390
warikan ni suru　割り勘にする …… 184
waruagaki suru　悪あがきする, 悪足掻きする …… 184
warunori suru　悪乗りする …… 184

wasabi　わさび, 山葵 ………… 432
wasabi-jōyu　わさび醤油 ………… 440
wasan　和算 ………… 303
wasan　和讃 ………… 61
wasei-eigo　和製英語 ………… 546
washi-bana　鷲鼻 ………… 473
wa-shitsu　和室 ………… 457
wa-shoku　和食 (nihon-ryōri 日本料理) ………… 457
watagashi　綿菓子 (wata-ame 綿飴) ………… 458
watakushi-shōsetsu　私小説 ………… 363
watari-au　渡り合う ………… 184
watari-dori　渡り鳥 ………… 184
watari ni fune　渡りに船 ………… 458
watashi no me ga kuroi uchi wa　私の目が黒いうちは ………… 497
wayō-setchū　和洋折衷 ………… 457

Y

yabo na　野暮な ………… 185
yaboten　野暮天 ………… 185
yabu-hebi　やぶ蛇 ………… 185
yabu-iri　藪入り ………… 185
yabu-isha　藪医者 ………… 516
yabu-kara-bō ni　藪から棒に ………… 185
yabure-kabure de　やぶれかぶれで ………… 185
yabusame　流鏑馬 ………… 363
yagō　屋号 ………… 185
yajirobē　やじろべえ, 弥次郎兵衛 ………… 363
yajiuma　やじ馬, 野次馬, 弥次馬 ………… 186
yake-bokkui ni hi ga tsuku　焼けぼっくいに火がつく, 焼け木杭に火が付く ………… 186
yake-butori　焼け太り ………… 186
yake-ishi ni mizu de aru　焼け石に水である　186
yake-zake　やけ酒, 自棄酒 ………… 381
yake-zake o aoru　やけ酒(自棄酒)をあおる ………… 381
yaki ga mawaru　焼きが回る ………… 363
yaki-mochi　やきもち, 焼餅 ………… 417
yaki-niku　焼肉 ………… 458
yakiniku-teishoku　焼肉定食 ………… 449
yaki-nori　焼き海苔 ………… 422
yaki-soba　焼きそば ………… 441
yaki-tori　焼き鳥 ………… 458
yakizakana-teishoku　焼魚定食 ………… 449
yaku-doshi　厄年 ………… 186
yakugai-eizu　薬害エイズ ………… 470
yaku-otoshi　厄落とし (yaku-barai 厄払い) ‥ 186
yakurō　薬籠 ………… 516
yakuza　やくざ ………… 187
yakyū　野球 ………… 363
yama-biraki　山開き ………… 182
yamaboko　山鉾 ………… 75
yamabushi　山伏 ………… 62
yamai kōkō ni iru　病膏肓に入る ………… 516
yamaimo　山芋 ………… 459
yamakake-soba　山かけそば ………… 441
yamanba　山姥 ………… 564
yamanba-gyaru　ヤマンバ・ギャル ………… 564
yama-no-kami　山の神 ………… 187
Yamata no orochi　やまたのおろち, 八岐大蛇 ………… 564
Yamatai-koku　邪馬台国 ………… 273
Yamato　大和 ………… 21
yamato-damashī　大和魂 ………… 21
yamato-kotoba　大和言葉 ………… 21
yamato-nadeshiko　やまとなでしこ, 大和撫子 ………… 187
yamato-ni　大和煮 ………… 459
Yamato Takeru no mikoto　日本武尊 ………… 62
yama-yaki　山焼き ………… 138
yama-zakura　山桜 ………… 152
yami-kin'yū　闇金融 ………… 257
yami-kumo ni　やみくもに, 闇雲に ………… 187
yami-tsuki　病み付き ………… 517
yami-tsuki ni naru　病み付きになる ………… 517
yami-uchi　闇討ち ………… 93
ya mo tate mo tamarazu　矢も楯もたまらず · 187
yanagawa-nabe　柳川鍋 ………… 418
yanagi　柳 ………… 187
yanagi-goshi　柳腰 ………… 492
yanagi no shita ni itsumo dojō wa inai　柳の下にいつも泥鰌はおらぬ ………… 187
yaochō　八百長 ………… 364
yaochō o suru　八百長をする ………… 364
yaochō-shiai　八百長試合 ………… 364

yaoyorozu no kami 八百万の神 ……… 62
yarase やらせ ……… 364
yarazu-buttakuri 遣らずぶったくり ……… 188
yarōjidai 夜郎自大 ……… 188
yase-gaman suru やせ我慢する ……… 188
yashi 香具師 ……… 188
Yasukuni-jinja 靖国神社 ……… 62
Yasukuni-jinja kōshiki sanpai 靖国神社公式参拝 ……… 62
yasumono kai no zeni ushinai 安物買いの銭失い ……… 273
yasu-ukeai 安請け合い ……… 188
yasu-ukeai suru 安受請け合いする ……… 188
yatai 屋台 ……… 459
yatai no rāmen-ya 屋台のラーメン屋 ……… 459
yatsu-atari suru 八つ当たりする ……… 188
yatsugi-baya ni 矢継ぎ早に ……… 188
yawa-hada 柔肌 ……… 473
Yayoi-jidai 弥生時代 ……… 273
yobai 夜這い ……… 188
yobikō 予備校 ……… 303
yobi-mizu 呼び水 ……… 303
yobi-mizu o suru 呼び水をする（yobi-mizu o sasu 呼び水を差す）……… 303
yōchien 幼稚園 ……… 303
yōfuku-dansu 洋服だんす ……… 448
yōgo-gakkō 養護学校 ……… 303
yōgo-rōjin-hōmu 養護老人ホーム ……… 517
yōgo-shisetsu 養護施設 ……… 517
yoi-dome 酔い止め ……… 517
yoi no kuchi 宵の口 ……… 189
yoi no kuchi ni 宵の口に ……… 189
yoisho よいしょ ……… 546
yojō-han 四畳半 ……… 448
yō-kaigo-rōjin 要介護老人 ……… 484
yō-kaigo-sha 要介護者 ……… 484
yōkan 羊羹 ……… 459
yoko-bai 横ばい ……… 189
yoko-gaki 横書き ……… 546
yoko-gaki suru 横書きする ……… 546
yokogami-yaburi no 横紙破りの ……… 189
yoko-guruma 横車 ……… 189
yoko-michi ni soreru 横道にそれる ……… 546
yoko-moji 横文字 ……… 546
yoko-renbo suru 横恋慕する ……… 189
yoko-yari 横やり，横槍 ……… 189
yoko-yari o ireru 横やりを入れる ……… 189
yōkyoku 謡曲 ……… 344
yome-ibiri 嫁いびり ……… 189
yonaki-soba 夜鳴きそば ……… 459
yonhyaku-ji-zume no genko-yōshi 400字詰めの原稿用紙 ……… 284
yonige 夜逃げ ……… 189
yon-koma manga 4コマ漫画 ……… 337
yononaka no sui mo amai mo kamiwaketa hito 世の中の酸いも甘いもかみ分けた人 ‥ 459
yō o tasu 用を足す ……… 459
yori-kiri 寄り切り ……… 356
yori より，縒り ……… 189
yori o modosu よりを戻す ……… 189
yorishiro よりしろ，依り代 ……… 62
yōsan 養蚕 ……… 274
yosan 予算 ……… 274
yosan no bundori-gassen 予算の分捕り合戦 ……… 274
yosan o seiritsu saseru 予算を成立させる … 274
yose 寄席 ……… 364
yosen 予選 ……… 352
yose-bashi 寄せ箸 ……… 391
yose-gaki 寄せ書き ……… 547
yose-nabe 寄せ鍋 ……… 417
yōshiki-toire 洋式トイレ ……… 451
yoshin 余震 ……… 6
yō-shoku 洋食 ……… 457
yōshoku-gyogyō 養殖漁業 ……… 206
yōtō-kuniku 羊頭狗肉 ……… 274
yotsunbai 四つん這い ……… 462
yotsunbai ni natte susumu 四つん這いになって進む ……… 462
Yotsuya-kaidan 四谷怪談 ……… 564
yowa-goshi 弱腰 ……… 492
yowaimono ijime 弱い者いじめ ……… 287
yowaimono-ijime o suru 弱い者いじめをする ……… 287
yowaimono-ijime o suru yatsu 弱い者いじめをする奴 ……… 287

yowami ni tsukekomu　弱みに付け込む …… 189
yowami o miseru　弱みを見せる …… 189
yowami o nigiru　弱みを握る …… 190
yozakura　夜桜 …… 151
yū　優 …… 300
yuba　湯葉 …… 459
yubi　指 …… 517
yubikiri　指切り …… 190
yubi o kuwaete mite iru　指をくわえてみている …… 517
yubi-ori kazoeru　指折り数える …… 517
yubi-ori-kazoete matsu　指折り数えて待つ …… 517
yūdachi　夕立 …… 22
yudan-taiteki　油断大敵 …… 190
yude-tamago　ゆで卵 …… 447
yudōfu　湯豆腐 …… 451
yūgen　幽玄 …… 62
yūgun-kisha　遊軍記者 …… 544
yuinō　結納 …… 190
yūjin-uchū-hikō　有人宇宙飛行 …… 302
yūji-rippō　有事立法 …… 274
yūkaku　遊郭 …… 364
yūkan　夕刊 …… 547
yukashita-shinsui　床下浸水 …… 11
yukata　ゆかた, 浴衣 …… 408
yukaue-shinsui　床上浸水 …… 11
yuketsu　輸血 …… 517
yuketsu o suru　輸血をする …… 517
yuki　雪 …… 19
yuki-akari　雪明り …… 22
yuki-daruma　雪だるま …… 190
yuki-daruma-shiki ni ōkiku naru　雪だるま式に大きくなる …… 190
yuki-gakoi　雪囲い …… 22
yuki-gassen　雪合戦 …… 364
yuki-gassen o suru　雪合戦をする …… 364
yuki-geshiki　雪景色 …… 22
yuki-geshō　雪化粧 …… 22
yuki-guni　雪国 …… 22
yūki-hiryō　有機肥料 …… 394
yuki-matsuri　雪祭り …… 364
yuki-mi　雪見 …… 190
yukimi-tōrō　雪見灯篭 …… 452
yukimi-zake　雪見酒 …… 190
yuki-moyoi　雪催い …… 22
yūki-nōgyō　有機農業 …… 248
Yuki-onna　雪女 …… 564
yuki-oroshi　雪下ろし …… 22
yūki-saibai-nōen　有機栽培農園 …… 418
yūki-saibai-nōka　有機栽培農家 …… 418
yūkō-kyūjin-bairitsu　有効求人倍率 …… 274
yūmei-zei　有名税 …… 364
yūmei-zei o harau　有名税を払う …… 365
yume-makura ni tatsu　夢枕に立つ …… 62
yumizu no yō ni kane o tsukau　湯水のように金を使う …… 274
yūrei　幽霊 …… 548
yusaburi o kakeru　揺さぶりをかける …… 190
Yūsei-hogo-hō　優生保護法 …… 518
yushi-menshoku　諭旨免職 …… 241
yūshū no bi o kazaru　有終の美を飾る …… 365
yū-tān　ユーターン, Uターン …… 408
yutori-kyōiku to sono minaoshi　ゆとり教育とその見直し …… 303
yuwari　湯割り (oyu-wari お湯割り) …… 430
yūyū-jiteki no seikatsu　悠々自適の生活 …… 459
yūzen-zome　友禅染 …… 459

Z

zabuton　座布団 …… 460
zabuton o shiku　座布団を敷く …… 460
za ga shirakeru　座が白ける …… 190
zaibatsu　財閥 …… 69, 274
zaibatsu-kaitai　財閥解体 …… 274
zaidan-hōjin　財団法人 …… 219
zainichi　在日 …… 275
zainichi-beigun　在日米軍 …… 275
zainichi-beigun no kichi-mondai　在日米軍の基地問題 …… 193, 275
Zai-Nihon-Daikanminkoku-Mindan　在日本大韓民国民団 (Mindan 民団) …… 275
Zai-Nippon-Chōsenjin-sōrengōkai　在日本朝鮮人総連合会 (Chōsen-sōren 朝鮮総連) …… 275
zairai-sen　在来線 …… 436
zairyū-kādo　在留カード …… 208

zaitaku-kaigo　在宅介護 …… 484
zaitaku-kinmu　在宅勤務 …… 116
zakkyo-biru　雑居ビル …… 460
zako　雑魚 …… 460
zako-ne suru　雑魚寝する …… 460
zamā miro　ざまあ見ろ …… 547
zanki　慙愧 …… 63
zanki ni taenai　慙愧に耐えない …… 63
zansho　残暑 …… 13
zansho-mimai　残暑見舞 …… 165
zantei-yosan　暫定予算 …… 274
zaru-hō　ざる法 …… 275
zaru-soba　ざるそば …… 441
zashiki　座敷 …… 460
zashiki ni tōsu　座敷に通す …… 460
zashiki-warashi　座敷童, 座敷童子 …… 564
zatto me o tōsu　ざっと目を通す …… 498
zayaku　座薬 …… 501
zazen　座禅 …… 63
zeiniku　贅肉 …… 518
zeiniku ga tsuku　贅肉がつく …… 518
zekka　舌禍 …… 547
zekka-jiken　舌禍事件 …… 547
zen　禅 …… 63
zen　膳 …… 460
zen-date　膳立て …… 460
zenekon　ゼネコン …… 275
Zengakuren　全学連 …… 282
zenka　前科 …… 275
zenka-sanpan no otoko　前科3犯の男 …… 275
zenka-mono　前科者 …… 275
zenkoku-shi　全国紙 …… 547
Zenkyōtō　全共闘 …… 283
zen-mondō　禅問答 …… 63
zenpō-kōenfun 前方後円墳 …… 234
zen-shū　禅宗 …… 63
zensoku　ぜんそく, 喘息 …… 518
zensoku-kanja　喘息患者 …… 518
zensoku ni kakatteiru　喘息にかかっている · 518
zen wa isoge　善は急げ …… 155
zen-za　前座 …… 352
zeppitsu　絶筆 …… 326
zeppō surudoku　舌鋒鋭く …… 509
zessei no bijin　絶世の美人 …… 70
zessen o majieru　舌戦を交える …… 509
zōge no tō　象牙の塔 …… 304
zōge no tō ni tojikomoru(hikikomoru)　象牙の塔に閉じこもる(引きこもる) …… 304
zōki-ishoku　臓器移植 …… 518
Zōki-ishoku-hō　臓器移植法 …… 518
zōki-teikyō-sha　臓器提供者(donā ドナー) · 518
zōni　雑煮 …… 460
zōri　ぞうり, 草履 …… 460
zōri o haku　ぞうりを履く …… 460
zōshokugata-genshiro　増殖型原子炉 …… 284
zōshūwai　贈収賄 …… 266
zōsui　雑炊 …… 460
zōwai　贈賄 …… 266
zōwai suru　贈賄する …… 266
zuboshi　図星 …… 365
zuboshi ni ataru　図星に当たる …… 365
zuboshi o sasareru　図星を指される …… 365
zutsū　頭痛 …… 518
zutsū no tane　頭痛の種 …… 518

参考文献

Literatur

[和独辞典その他]

奥津彦重編『和独辞典』白水社 1959.

木村謹治『和独大辞典』(第10版) 博友社 1963.

国松孝二 (編集代表)/真鍋良一/藤田五郎/栗原兵吾/岩崎英二郎/若林光夫/早川東三『コンサイス和独辞典』三省堂 1966.

シンチンゲル, ロベルト/山本 明/南原 実『現代和独辞典』三修社 1980.

冨山芳正/三浦靭郎/山口一雄『郁文堂 和独辞典』(第2版) 郁文堂 1983.

伊藤小枝子/クルマス, フロリアン共編『会話作文ドイツ語表現辞典』朝日出版社 1984

早川東三/カピッツア, ペータ/伊藤小枝子/木藤冬樹著『日独口語辞典』朝日出版社 1985.

宮内敬太郎/アルノルト, ジークリト共著『日独おもしろ表現』白水社 1992.

国松孝二 (編集代表)『新コンサイス和独辞典』三省堂 2003.

Ulrich Apels Japanisch-Deutsches Wörterbuch.-(C) Hans-Jörg Bibiko 2003. www.wadoku.de

Moriwaki, Arno/ Puster, Aya: Praxisorientiertes Wörterbuch Japanisch-Deutsch. Aya Puster Verlag 2003.

Stalph, Jürgen/ Hijiya-Kirschnereit, Irmela/Schlecht, Wolfgang E./ Ueda, Kōji (Hrsg.): Großes Japanisch-Deutsches Wörterbuch Band 1: A-I iudicium verlag 2009.

在間 進 (編集責任)『アクセス和独辞典』三修社 2012.

[独和関係]

山川丈平編『ドイツ語ことわざ辞典』白水社 1975.

冨山芳正 (編集主幹)『郁文堂 独和辞典』(第2版) 郁文堂 1993.

国松孝二 (編者代表)『小学館 独和大辞典』(第2版) 小学館 1998.

濱川祥枝 (監修) 信岡資生 (編集主幹)『クラウン独和辞典』(第3版) 三省堂 2002.

[日本語関係]

日本大辞典刊行会編『日本国語大辞典』(縮刷版, 10冊) 小学館 1979–81.

尚学図書辞書編集部『故事俗信ことわざ大辞典』小学館 1982.

吹野 安編『四字熟語新辞典』旺文社 1987.

松村 明編『大辞林』三省堂 1988.

梅棹忠夫/金田一春彦/阪倉篤義/日野原重明監修『日本語大辞典』講談社 1989.

戸谷高明監修『文芸作品例解 故事ことわざ活用辞典』創拓社 1993.

立川昭二著『からだことば』早川書房 2000.

山口佳紀編『暮らしのことば語源辞典』(第6刷) 講談社 2001.

米川明彦編『日本俗語大辞典』東京堂出版 2003.

北原保雄 (監修)『岩波 日本語 使い方考え方辞典』岩波書店 2003.

前田富祺監修『日本語源大辞典』小学館 2005.

米川明彦／大谷伊都子編『日本語慣用句辞典』東京堂出版 2005.
西垣幸夫著『日本語の語源辞典』文芸社 2005.
イミダス編集部編『imidas 現代人のカタカナ語　欧文略語辞典』集英社 2006.
山田忠雄（主幹）／柴田武／酒井憲二／倉持保男／山田明雄編『新明解国語辞典』（第6版）三省堂 2007.
時田昌瑞著『岩波ことわざ辞典』（第13刷）岩波書店 2008.
新村　出編『広辞苑』（第6版）岩波書店 2008.
坪内忠太著『にほん語おもしろい』新講社 2008.
出口宗和著『答えられそうで答えられない語源』二見書房 2010.
小松寿雄／鈴木英夫編『新明解語源辞典』三省堂 2011.

［日本文化・歴史関係］

多田道太郎著『しぐさの日本文化』筑摩書房 1972.
Lewin, Bruno (Hrsg.): Kleines Wörterbuch der Japanologie. 2. Aufl. Otto Harrassowitz 1981.
Hammitzsch, Horst: Japan-Handbuch. 2.unveränderte Auflage. Franz Steiner Verlag 1984.
大島建彦・大森志郎・後藤　淑・斉藤正二・村武精一・吉田光邦編『日本を知る事典』（初版第16刷）社会思想社 1984.
昭和史研究会（代表　原田勝正）編 『事件・世相・記録　昭和史事典』講談社 1984.
野村雅一・岩田慶治・竹内　実著『ボディランゲージを読む ― 身ぶり空間の文化』平凡社 1984.
毎日新聞社編『最新昭和史事典』毎日新聞社 1986.
大隈和雄・西郷信綱・阪下圭八・服部幸雄・廣末保・山本吉左右編『日本架空・伝承人名事典』平凡社 1986.
中村　元・福永光司・田村芳朗・今野　建編『岩波　仏教辞典』岩波書店 1989.
宇野俊一・大石学・小林達雄・佐藤和彦・鈴木靖民・竹内誠・濱田隆士・三宅明正編『日本全史（ジャパン・クロニック）』1991
水谷修・佐々木瑞枝・細川英雄・池田裕編『日本事情ハンドブック』大修館書店 1995.
Pohl, Manfred: Kleines Japan Lexikon. Verlag C.H. Beck 1996.
講談社インターナショナル編集局『対訳日本事典』講談社インターナショナル 1998.
佐々木宏幹・宮田　登・山折哲雄監修『日本民族宗教辞典』東京堂出版 1998.
平凡社編『日本史事典』平凡社 2001.
稲田浩二・稲田和子編『日本昔話ハンドブック』三省堂 2001.
樋口清之著『日本の風俗　起源を知る楽しみ』大和書房 2002.
佐藤方彦編集『日本人の事典』朝倉書店 2003.
塩田丸男著『人体表現読本』文藝春秋（文春文庫）2003.
佐藤猛郎著『ハンドブック　英語で紹介する日本』創元社 2004.
研究社辞書編集部編『和英日本文化表現辞典』研究社 2007.
丁　宗鐵著『正座と日本人』講談社 2009.

［その他］

Watanabe-Rögner, Yoshiko: Bildwörterbuch zur Einführung in die japanische Kultur Architektur und Religion Helmut Buske Verlag 2008.

Haschke, Barbara/ Thomas, Gothild: Kleines Lexikon deutscher Wörter Japanischer Herkunft Von Aikido bis Zen Verlag C.H. Beck 2008.

Böhm, Klaus-Dieter: Japan-Glossar Informationen zur Landeskunde be.bra wissenschaft verlag 2010.

Duden Unsere Wörter des Jahrzehnts 2000-2010 Duden 2011.

鶴見俊輔・粉川哲夫編『コミュニケーション事典』平凡社 1988.

山田　晟著『ドイツ法律用語辞典』大学書林 1989.

自由国民社『現代用語の基礎知識』各年版

■著者紹介｜Autoren

中埜芳之（なかのよしゆき）

1943年福井県生まれ，1968年京都大学大学院文学研究科修士課程修了（独語独文学専攻），京都薬科大学専任講師を経て1970年より大阪大学勤務 （この間にDAAD奨学生としてボン大学とミュンヘン大学に留学）。2006年3月末をもって大阪大学を定年により退職。現在大阪大学名誉教授。著書：『ドイツ人がみた日本―ドイツ人の日本観形成に関する史的研究』（三修社 2005）その他。Nakano Yoshiyuki, Professor emeritus an der Universität Ōsaka. 1943 in Fukui geboren. Studium der Germanistik in Kyōto, Bonn und München. Seit 1970 an der Universität Ōsaka tätig, Emeritierung März 2006. Veröffentlichungen: Das Japanbild der Deutschen – eine historische Untersuchung von Marco Polo bis zur Gegenwart (Sanshusha Verlag 2005) u.a.

Oliver Aumann（オリヴァー アウマン）

1967年ライン河畔のヴォルムス生まれ，ハイデルベルク大学，九州大学，ミュンヘン大学において日本学，東洋美術史，哲学，宗教学を学び，親鸞と道元に関する研究で2000年にミュンヘン大学で博士号を取得。なおその学位論文はペーター・ラング社から刊行されている。2003年より大阪大学に勤務し，現在大学院言語文化研究科所属の外国人教師としてドイツ語（共通教育）並びに比較言語文化論（大学院）を担当している。1967 in Worms am Rhein geboren. Studium der Japanologie, Ostasiatischen Kunstgeschichte, Philosophie und Religionswissenschaft in Heidelberg, Fukuoka und München, dort 2000 Promotion in Japanologie. Lektor am Graduiertenkolleg für Sprache und Kultur der Universität Ōsaka. Dissertation: Die Frage nach dem Selbst im Amida-Buddhismus bei Shinran und im Zen-Buddhismus bei Dōgen (Peter Lang Verlag).

日本文化紹介 和独事典

定価：本体 5,500円 +税

検印
省略

©2014年10月1日　第1刷発行
2016年 3 月1日　第2刷発行

著　者　中 埜 芳 之
Oliver Aumann
発行者　原　雅 久
発行所　朝日出版社
〒101-0065 東京都千代田区西神田3－3－5
電話（03）3263-3321（代表）

乱丁、落丁本はお取り替えいたします
ISBN978-4-255-00799-1 C0584　*Printed in Japan*